현대정치의
이론과 실천

정치학

현대정치의
이론과 실천
POLITICS

정치학

개정
신판

지은이 | 앤드류 헤이우드

옮긴이 | 조현수

성균관대학교
출판부

개정신판 서문

이 책은 정치학 연구에 대한 포괄적인 개론서로 최근의 경향을 소개하고 있다. 이 책은 정치학을 공부하는 학생뿐만 아니라, 정치학에 관심을 가지고 있는 일반 독자들에게도 유익하게 만들어졌다.

특히 이번 판은 여태까지 정치학 분야에서 발전되어 온 변화들을 고려하여, 대폭적으로 수정하고 재구성했다. 국내·국제적 발전과 지구적인 정치발전들 간의 상호의존성을 점증시킨 변화들이 다수 참작됐다. 이전 판에서처럼 단 하나의 장을 통해 국제적 차원의 정치 논의를 전격적으로 시도하는 대신, 이번 판은 정치와 국제관계 간의 학문적 구분과 국내·국제적 구분의 적절성이 쇠퇴하고 있다는 점을 인정했다. 따라서 정치경제학과 지구화, 다차원적 정치, 안전 그리고 지구적 거버넌스 및 세계질서와 같은 문제들을 논의하는 새로운 장들이 있다. 새롭게 추가된 마지막 장은 갈수록 정치가 위기에 처해 간다는 관념에 초점을 맞춰, 이 책의 여러 곳에서 논의되었던 주제들을 함께 논의하려 했다. 다섯 개의 중심적 주제들로 이뤄졌던 이전 판의 구성은 사라졌고, 그런 구분들의 자의성과 본질적으로는 정치 분석의 전체론적 성격을 인정하게 되었다. 그럼에도 불구하고, 이 책의 구성은 설명적인 논리를 따르며, 여러 가지 새로운 특징을 포함하고 있다. 이들의 주목적은 독자들로 하여금 자시의 견해뿐만 아니라 비판적 의식을 발전시키도록 자극함에 있다.

나는 이전 판들의 간행에서 논평을 해주었던 존 그린어웨이John Greenaway, 윈 그랜트Wyn Grant, 크리스 브라운Chris Brown 그리고 게리 스토커Gerry Stoker와 이번 판 원고에 논평을 해주었던 조너던 모제스 Jonathon Moses에게 진심으로 감사드린다. 이들의 조언과 비판 그리고 출판사의 많은 다른 논평자들의 조언과 비판으로 인해 많은 곳에서 이 책을 건설적이고 통찰력 있게 그리고 분명히 향상시켰다. 동료와 친구들, 특히 캐론Karon과 도우 우드워드Doug Woodward와의 토론 역시 이 책에서 탄생한 이념과 논의들을 뚜렷하게 하는 데 도움을 주었다. 발행자인 스티븐 케네디Steven Kennedy는 이번 판을 계획하는 데 깊이 관여하였고, 헬렌 콘스Helen Caunce는 펄그레이브 맥밀런Palgrave Macmillan 출판사를 위해 이 프로젝트를 감독함에 있어, 지원, 격려 그리고 인내심의 적절한 균형을 보여주었다. 생산 과정에서 수고한 케이스 포베이Keith Povey와 얀 윌레먼Ian Wileman에게도 감사드린다. 나의 아내 진Jean에게도 진심에서 우러나오는 감사의 말을 전하고 싶다. 그녀는 이 책의 원고를 책임지고 타이핑해 주었을 뿐만 아니라 문체와 내용에 대해서도 조언을 해주었다. 이 조언은 내가 일관적이지 못할 때, 특히 유용하였다.

앤드류 헤이우드, 2013년

개정판 서문

정치학은 조용히 있기를 완강하게(그리고 굉장히) 거부한다. 역사가 재빠르게 움직이고 있다는 생각은 단지 세기의 종말이라는 걱정을 나타내는 징후만은 아니었다. 어떤 의미에서 역사는 더 속력을 내고 있다. 가령, 20세기의 마지막 10년 동안에 공산주의 붕괴, 내정 종식, 지구경제 출현, 생산과 의사소통에서의 기술적 혁명 그리고 정치적 이슬람의 부흥이 일어났다. 정말로 우리는 일종의 '탈세계post-world' 속에 살고 있는 것처럼 보인다. 탈근대주의postmodernism, 탈물질주의postmaterialism, 탈포드주의post-Fordism, 탈사회주의post-socialism, 탈산업주의postindustrialism와 같은 이념들은 친숙하게 접한 세계가 얼마나 많이 사라졌으며, 또한 이 친숙한 세계의 어떤 부분은 이제 사라졌다는 것을 입증하기 위해 서로 경쟁하고 있다. 그러나 모든 것이 유동적이고 혼란스러운 것은 아니다. 변화의 속도는 증가할 수 있을 것이다. 하지만 사회생활의 상황들과 정치적 전망의 중요한 특징들은 변화에 대해 현저하게 기운을 회복하고 있다는 점이 판명되었다. 따라서 이 책은 지구화, 여성해방주의의 성장, 녹색정치, 인종적 민족주의의 창궐, 신사회운동의 출현과 같은 현대에 일어나고 있는 발전에 중점을 두면서, 정치학에 대한 전통적 접근방법도 무시하지 않았다. 또한 이 책은 플라톤, 아리스토텔레스, 맑스 그리고 밀과 같은 고전 사상가들이 행한 공적도 소홀히 다루지 않았다.

이 책은 수많은 화제와 부가적인 자료들에 대해 더 광범위하게 토론하고 있다. 대중매체와 정치 커뮤니케이션이라는 새로운 장이 추가되었는데, 이는 동시대에 정치와 대중매체가 풀기 어렵게 뒤엉켜 있는 정도를 반영하고 있다. 지구화시대에서 탈냉전 세계질서, '테러와의 전쟁', 정체성 정치와 다문화주의의 부흥 그리고 국가변형의 부흥 등과 같은 확대된 발전범위도 존재한다. 이 책의 전체에 걸쳐 정치에 대한 점점 더 중요한 지구적 차원에 대한 더 큰 관심이 주어졌다.

　이 책은 5개의 중심적인 주제로 구성되어 있다. 제1부인 정치이론에서는 정치학의 연구를 지탱하고 있는 개념적이며 방법론적인 문제를 검토한다. 따라서 제1부는 이 책 전체에 걸쳐 다루고 있는 이론과 이념들에 대한 서설이다. 제2부인 민족과 지구화에서는 특히 국제화와 지구정치의 출현이라는 관점에서 민족국가가 지니는 역할과 의미를 논의한다. 제3부인 정치상호작용에서는 정치적인 세계와 비정치적인 세계 사이의 연결과 정부와 인민 사이의 의사소통채널에 관해 논의하고 있다. 제4부인 정부기구에서는 정부의 성격과 정부의 기능방식에 영향을 미치는 제도적·정치적 과정을 고찰한다. 제5부인 정책과 성과에서는 정책이 어떻게 입안되고, 정치제도의 성과가 어떻게 판단될 수 있는지에 관해 분석하며, 그리하여 제1부에서 논의된 이론적·이데올로기적 문제들과 연결을 모색한다.

　각 장은 주요한 주제에 관한 개관과 각 장에서 논의되는 중심적인 화제를 나타내는 일련의 질문을 가지고 출발한다. 각 장의 말미에는 요약, 토론사항, 참고문헌을 적었다. 또한 이 책은 개념설명과 초점사항의 형태로 보충설명을 하고 있으며, 중요한 정치사상가와 정치인물들이 행한 이론적 역할과 중요성을 곁들이면서 이들에 관해 간단하게 해설한다. 개념설명은 특히 복잡하거나 논쟁적인 의미를 가진 중요한 정치적 용어와 개념에 관해 더 상세하게 소개한다. 초점사항은 특별한 이론이나 접근방법에 대한 심도 깊은 통찰을 제공하거나 의미 있는 논의와 주장에 대해 개관한다. 개념설명과 초점사항들은 정치학의 여러 분야가 가지는 상호연관적 성격을 강조한다는 의미에서 포괄적으로 전후 참조적이다. 제3판의 지침 웹사이트는 www.palgrave.com/foundations/heywood에서 볼 수 있다. 이 웹사이트에는 유용한 웹사이트 주소, 장에 대한 주석, (대답과 함께) 질문 그리고 보충적인 자료들이 들어있다.

나는 이 책의 초기 원고에 대해 논평해 주었던 John Greenaway, Wyn Grant, Chris Brown, Gerry Stoker에게 진심으로 감사한다. 그들이 행한 조언과 비판은 건설적이고 분별력이 있으며, 의심할 바 없이 많은 점에서 이 책에 도움을 주었다. 동료이자 친구들, 특히 Karon과 Doug Woodward와 한 토론도 이 책에서 발전시킨 생각들과 주장들을 엄밀하게 하는 데 도움을 주었다. 이 책의 출판사에서 일하는 Frances Arnold, Steven Kennedy, Suzannah Burywood는 지속적으로 지원하고 격려해 주었다. 하지만 나는 아주 절실한 마음으로 나의 아내 Jean에게 감사한다. 그녀는 이 책의 원고를 쳐주었으며, 문체와 내용에 대해 조언해 주었다. 이는 내가 일관되지 못한 행동에 빠질 위험에 처해 있을 때, 특히 유익하였다. 나는 이 책을 나의 아들 Mark와 Robin에게 바친다.

앤드류 헤이우드, 2007년

한국어판 서문

이 책은 정치학 연구에 대한 포괄적인 개론서로 최근의 경향을 소개하고 있다.

현대세계를 형성하고 있는 변화와 연속성이라는 서로 경쟁하는 많은 힘들이 한국사회에서 명백하게 나타났다. 1970년대와 1980년대에 이룩한 괄목할 만한 경제성장을 통해 한국은 출현하는 지구경제에 자신을 통합하고자 하였으며, 지구화로부터 혜택을 받고자 하였다. 한국의 국내총생산은 최근에 인도의 국내총생산량과 비교해 볼 때 7배에 달했다. 그러나 지구화는 1997년에서 1998년의 아시아의 재정적 위기와 그 후에 일어나는 기업과 재정의 재구조화를 통해 나타났던 것처럼 한국에 불안정도 가져다 주었다. 또한 지구화는 현대사회의 특징이 된 현대와 전통, 세계와 민족국가 사이에 긴장관계를 초래하였다. 이에 덧붙여 한국은 민주화운동에서 하나의 중요한 사례연구 대상이다. 가령, 대통령의 권한은 1988년 헌법에 의해 제한되었으며, 야당과 노동조직에 대한 제한도 1990년대에 완화되었다. 더군다나 2000년 6월에 이루어진 역사적인 남북 정상회담으로 인해 통일의 가능성이 더 높아졌고, 이러한 과정에서 냉전의 '한국적 국면'이 종식될 수 있을 것이라 전망하게 되었다.

내가 저술한 『정치학』은 많은 국가들에서 성공적이었다. 그리고 나는 한국어판이 출간된다는 소식을 듣고 매우 기쁘다. 나는 성균관대학교 출판부와 번역을 해주신 조현수 박사께 진심으로 감사의 마음을 전한다.

앤드류 헤이우드, 2002년

개정신판 역자 서문

이 책은 앤드류 헤이우드의 『정치학Politics』(2013, 제4판)을 번역한 것입니다. 2007년에 출간된 제3판과 비교해 볼 때, 제4판은 많은 부분이 수정되고 내용 또한 많이 추가되었습니다. 또한 각 장의 목차별 주제와 배열 역시 체계적으로 대폭 수정되었습니다. 3판과 비교할 때 4판의 또 다른 특징은 국내적·국제적 현실정치와 관련하여 시사적인 사항으로 '정치행동'이라는 부분이 각 장마다 추가되었다는 점입니다. 또한 토론 분야를 더 강화하여 각 장마다 주제별 토론 부분이 찬성과 반대로 나누어져 논의되고 있다는 점입니다.

책의 번역과 관련하여서는 원서에 있는 '이 책을 사용하는 법'과 '중요한 특징들에 대한 안내'는 따로 번역하지 않았습니다. 이 책의 내용과 구성에 대해 매우 간략하게 말하고 있기 때문입니다. 번역상의 오류는 전적으로 역자의 책임임은 두 말할 필요가 없습니다.

역자가 보기에, 이 책은 내용에 있어서 일관성, 통일성, 연관성 그리고 균형적 관점을 견지하고 있다는 점이 가장 큰 장점이라는 생각이 듭니다. 덧붙여 개념설명이 가해짐으로서 독자들은 좀 더 이해하기 쉽고 편안한 독서를 할 수 있을 것입니다. 아무쪼록 이 책이 정치학 일반에 관한 지식 축적과 이를 바탕으로 하는 현실정치의 이해와 비판에 일조했으면 하는 바람입니다. 끝으로 역자가 항상 도움을 받았고, 도움을 주신 많은 분들과 특히 상당히 많은 분량의 원고를 꼼꼼하게 수정하고 편집하는 데 많은 공을 들인 성균관대학교 출판부에 이 짧은 지면을 통해 진심으로 다시 한 번 감사를 드립니다.

2014년 8월

조현수

개정판 역자 서문

이 책은 앤드류 헤이우드의 『정치학Politics』(2007, 제3판)을 번역한 것입니다. 역자가 이 책을 번역하게 된 계기는 이 책이 정치학을 이해하는 데 상당히 좋은 안내를 제공한다고 확신하였기 때문입니다. 독일의 정치학자인 게르트 크렐Gert Krell은 앤드류 헤이우드의 『정치학』에 관해 이렇게 평가하고 있습니다. "내가 지금까지 접했던 가장 좋은 교과서." 역자가 판단하기에 이 평가는 결코 과장된 것이 아니라고 생각합니다. 사실 역자도 정치학 강의를 위해 이 책을 정독하면서 크렐과 동일한 생각을 가졌습니다. 그러나 주지하다시피 '가장 좋은 교과서'라는 평가는 결코 절대적일 수 없습니다.

가장 광의의 의미에서 정치학은 결국 인간에 관한 연구로 축약될 수 있을 것입니다. 그런데 인간이라는 생명체가 가지는 특징이 한마디로 규정할 수 없기에 정치학에 관한 연구는 상당히 복잡하고 미묘한 것이라고 할 수 있습니다. 어떤 사회심리학자는 인간이 가지고 있는 공격성과 관련하여 인간은 원래 살인자이며, 동시에 인간이 행하는 파괴적인 행동은 여러 생명체 중에서도 아주 특이한 것이라고 규정하면서 인간에 대해 다음과 같이 진술하고 있습니다. "일반적으로 인간의 잔인성을 가장 나쁘게 예를 들 때 잔인하다든지 또는 짐승같다고 하면서, 그런 잔인한 행동을 마치 인간보다 덜 발달된 동물의 특징인 것처럼 말한다. 그러나 사실 가장 극단적인 잔인한 행동은 인간에게만 국한된다." 만약 우리가 인간에 대한 이러한 규정을 받아들인다면, 인간을 연구하는 정치학은 상당히 난해한 학문이라고 간주할 수 있을 것입니다. 왜냐하면 아주 특이한 유형의 행동을 하는 인간의 특징을 한마디로 규정할 수 없기 때문입니다. 그런 까닭에 다른 사회과학과 마찬가지로 정치학에는 하나의 '이론'이 존재하는 것이 아니라 '이론들'이 존재합니다.

적어도 역자가 볼 때, 앤드류 헤이우드의 『정치학』은 한쪽으로 치우침이 없이 나름대로 객관성을 견지하면서 각 주제에 관해 논리정연한 설명을 행하고 있다고 생각합니다. 물론 이 책이 가지는 장점은 독자들이 직접 이 책을 접하고 스스로 판단해야 할 사항이라 여겨집니다. 따라서 역자는 이 책의 내용에 관해서 일일이 평가하고 설명하지 않겠습니다.

역자는 이 책의 번역과 관련하여 몇 자 적고자 합니다. 사실 이 책은 1997년에 1판이 출간되었고, 역자는 1997년 1판을 번역하였습니다. 그런데 책을 출판하고자 하였을 때, 2판이 출간(2002년)되었던 것입니다. 따라서 역자는 1판과 2판을 대조하였고, 바뀐 부분을 새로이 번역해야 했습니다. 그런데 저자가 2판을 완전히 새롭게 구성하였던 것은 아니고, 중간에 삽입하는 정도로, 또는 1판에서 썼던 부분을 부분적으로 생략하는 정도로 수정이 되었기에 역자는 일일이 이러한 부분들을 검토해야 했습니다. 이러한 수정과정으로 인해 상당히 많은 시간이 소모되었습니다. 또한 역자는 한국어판 편집과 관련하여 저자 서문 중에서 불필요하다고 생각되는 부분과 개념설명 일부는 생략했습니다. 이 책에 대한 더 자세한 정보는 www.palgrave.com/foundations/heywood에서 확인하실 수 있습니다. 그런데 2007년에 다시 이 책의 개정판이 나왔습니다. 2002년판까지 이 책은 19장으로 구성되었는데 2007년판에도 20장으로 변경되었습니다. 따라서 역자는 다시 번역과 수정작업을 해야만 했습니다. 여하튼 이 수정작업의 실수에 관해서는 두말할 필요 없이 역자가 책임을 져야 할 것입니다. 따라서 독자들이 이 책을 읽고 잘못된 부분을 지적해 주신다면, 역자로서는 더할 나위없이 감사할 것입니다.

주지하다시피 정치학, 나아가 사회과학의 모든 이론은 현실을 설명하는 하나의 분석도구이며, 동시에 현실의 잘잘못을 판단하고 대안적 체계를 제공해주기 위한 도구입니다. 부언하면, 이론 그 자체가 어떤 의미를 지닌다는 주장은 수용하기 곤란하다는 말입니다. 이러한 점에서 이론과 현실 사이의 관계는 변증법적 관계이며, 이 변증법적 관계 속에서 비로소 그 의미를 가질 수 있다고 봅니다.

주지하다시피 현대의 정치는 정당정치입니다. 그리고 정당정치의 본질은 생활정치에서 나온 것입니다. 정치가 다양한 이익집단들 사이의 타협과 거래를 통한 갈등해소라고 규정할 경우, 정당은 이 갈등해소에 일차적 책임이 있다고 볼 수 있습니다. 이러한 점에서 한국의 정당정치는 새로운 모습으로 이면들에게 다가가야 한다고 생각합니다. 이 번역서에 대해 역자가 가지는 소박한 바람이 있다면, 이 책이 현실정치를 이해하는 데 조그마한 보탬이 되었으면 합니다.

끝으로 역자가 항상 도움을 받았고, 도움을 주신 많은 분들과 성균관대학교 출판부에 이 짧은 지면을 통해 감사를 드립니다.

2009년 1월

조현수

목차

정치란 무엇인가?

"인간은 본래 정치적 동물이다."

Aristotle, *Politics*, 1

개관

개념설명

협력Cooperation
함께 일하는 행위 혹은 집
단적 행동을 통해 목표를
달성하는 것을 의미한다.

갈등Conflict
다양한 견해·선호·욕구
혹은 관심사를 반영하는
대립되는 힘 사이의 경쟁.

사람들이 의견의 일치를 보지 못하는 까닭에 정치는 흥미로운 것이다. 그들은 어떻게 살아야만 하는가에 대해 의견을 달리한다. 누가 취하고, 무엇을 취할 것인가? 권력과 다른 재원이 어떻게 분배되어야 하는가? 사회는 **협력** 혹은 **갈등**에 토대를 두고 있는가? 그리고 기타 등등의 문제들이 존재한다. 인간은 또한 이러한 문제들을 어떻게 해결해야 하는가에 대해 의견을 달리하고 있다. 어떻게 집단적 결정이 만들어지는가? 각 개인은 얼마나 많은 영향력을 행사하는가? 아리스토텔레스의 견해에 따르면, 이러한 문제로 인해 정치학은 '제1의 학문master science'이 되었다. 부언하면 정치는 인간이 자신의 삶을 향상시키고자 하는 활동이며, 행복한 사회the Good Society를 만들고자 하는 활동이다. 무엇보다 정치는 하나의 사회적 활동이다. 정치는 항상 하나의 대화이며, 결코 독백이 아니다. 로빈슨 크루소Robinson Crusoe와 같은 홀로 생활하는 개인은 단순경제를 발전시키고 기술을 생산할 수 있을 것이다. 그러나 이 고립적 개인이 정치에 종사할 수는 없다. 로빈슨에게 프라이데이와 같은 친구(남자건 여자건)가 생길 경우에야 비로소 정치라는 것이 생겨난다. 그럼에도 정치의 핵심에 놓여 있는 불일치로 인해 주제의 성격이 확대되고, 그 주제의 연구 방식에 있어서도 범위가 넓어진다. 인간은 사회적 상호작용을 '정치적'으로 만드는 것이 무엇인지에 관해 의견을 달리한다. 그 사회적 상호작용이 어디에서 일어나든지(정부·국가 혹은 일반적으로 공공 영역 내에서) 혹은 그 상호작용이 포함하고 있는 활동의 종류가 무엇이든지(평화적으로 갈등을 해결하거나 힘이 약한 집단에 대해 통제를 행사하는) 간에 말이다. 학문 영역으로서 정치학의 성격에 관한 불일치는 다음의 사실을 의미한다. 즉 정치학이 일련의 이론적 연구들과 다양한 학파의 분석을 포함한다는 점이다. 마지막으로 지구화하는 경향들로 인해 어떤 사람들은 정치학과 국제관계 간의 학문적인 구분이 이제 쓸모없게 되었다고 생각하였다.

쟁점

(1) 하나의 활동으로서 정치에 대한 규정적 특징은 무엇인가?

(2) 정치는 많은 사상가와 다양한 전통에 의해 어떻게 이해되었는가?

(3) 학문 분야로서 정치학 연구를 위한 주요 접근법들은 무엇인가?

(4) 정치학 연구는 과학적일 수 있는가?

(5) 정치분석에서 개념·모델·이론은 어떤 역할을 하는가?

(6) 지구화 경향들은 정치학과 국제관계들 간의 관계에 어떻게 영향을 미쳤는가?

정치에 대한 정의

가장 넓은 의미에서 정치는 인간이 생활을 영위하는 데 필요한 일반적 규칙을 만들고 보존하고 수정하는 활동이다. 정치는 또한 하나의 학문적 주제 — 때때로 '정치Politics'라는 말의 사용을 대문자 P로 나타내면서 — 이지만, 정치학은 분명히 이러한 활동에 관한 연구이다. 그리하여 정치는 불가피하게 갈등과 협력이라는 현상과 연관된다. 한편으로, 경쟁적인 의견, 다른 욕구, 상반되는 이해관계로 인해 인간은 삶을 영위하는 규칙에 관해 상이한 의견을 가지게 된다. 다른 한편으로, 인간은 이러한 규칙에 영향을 미치기 위해 혹은 이러한 규칙이 유지되는 것을 보증하기 위해 타인과 함께 일해야 한다는 점을 인식하게 된다. 따라서 한나 아렌트Hannah Arendt는 정치권력을 '공동행위(협동행위)acting in concert'로 정의하고 있다. 정치의 본질이 종종 갈등해소 과정으로서 나타나게 되는 이유가 바로 여기에 있다. 이러한 갈등해소의 과정에서 대립적인 견해 혹은 경쟁적인 이해관계들이 서로 조정된다. 그러나 넓은 의미에서의 정치란, 모든 갈등이 말끔히 해소될 수 없다는 점에서, 갈등해소 자체보다는 갈등해소를 위한 탐구로 이해하는 것이 좋을 것이다. 그럼에도 다양성과 결핍이라는 필연적 존재로 인해 정치는 인간조건의 불가피한 특징이다.

　'정치'의 의미를 명확하게 하고자 하는 시도는 두 가지 중요한 문제들을 제기한다. 첫 번째 문제는 '정치'라는 단어가 일상 언어에서 사용될 때, 이 단어가 가지는 수많은 연상association이다. 달리 표현하면, 정치라는 단어는 '함축적인loaded' 용어이다. 대부분의 사람들은 언어·경제학·지리학·역사 그리고 생물학을 단지 학문적 주제로 생각하는 반면에, 정치학에 대해서는 선입견을 가지고 대한다. 예를 들면 많은 사람들은 정치학을 공부하는 학생이나 선생은 어떤 점에서 편견을 가지고 있다고 자동적으로 가정한다. 그리고 많은 사람들은 이 주제가 치우침 없이 공평한 방식으로 접근될 수 있다는 점을 믿기 어렵다고 생각한다. 설상가상으로 정치는 보통 '더러운' 단어로 간주되었다. 요컨대 정치는 분쟁·분열 심지어 폭력이라는 이미지를 나타내고, 책략·조작·거짓말이라는 이미지를 자아낸다. 이러한 연상들이 새삼스러운 것은 아니다. 1775년에 사무엘 존슨Samuel Johnson은 '입신출세의 수단a means of rising in the world'으로서의 정치를 거부하였다. 한편 19세기에 미국의 역사학자인 헨리 아담스Henry Adams는 정치를 '증오에 대한 체계적인 조직the systematic organization of hatreds'으로 약술하였다.

　좀 더 처리하기 어려운 두 번째 문제는 존경을 받고 있는 권위자들도 주제가 무엇인가에 관해 의견을 같이할 수 없다는 점이다. 가령 정치는 다음과 같은 여러 방식으로 정의된다. 요컨대 그것은 권력 행사, 권위 행사, 집단 결정 형성, 희소자원 배분, 기만과 조작의 실행 등이다. 이 책에서 행해진 정치에 대한 정의 — 즉, 일반적 사회규칙을 만들고 보존하고 수정하는 것 — 의 장점은, 전부는 아닐지라도 정치에 대한 대부분의 경쟁적인 정의를 포괄하기에 충분할 만큼 폭이 넓다는 점이다. 그러나 이 정의를 풀어헤쳐 보거나 의미를 세밀히 보려 하면 문제가 발생하게 된다. 가령 '정치'는 규칙이 만들어지고, 보존되거나 수정되는 — 다시 말해 평화로운 토론을 통해 — 특정한 방식을 가리키는가? 아니면 그러한 모든 과정과 연관되는가? 이와 유사하게 정치는 모든 사회적 의미맥락과 제도 속에서 실행되는가? 아니면 단지 특정한 영역 — 다시 말해 정부와 공공생활 — 에서만 실행되는가?

　이러한 관점에서 볼 때 정치는 이 단어가 수용할 수 있는 수많은 종류의 정당한 의미를 가지고 있다는 점에서 '본질적으로 논쟁적인' 개념으로 취급될 수 있을 것이다. 또한 다른 한편으로 이러한 견해들은 하나의 동일한 개념에 대해, 그것이 애매모호할 때 생기는 모순적 구상들로 이루어져 있는 것일 수 있다. 우리가 경쟁적인 개념을 언급하든지, 혹은 대안적인 개념화를 취급하고 있든지 간에 "정치란 무엇인가?"에 관한 논의는 추구할 만한 가치가 있다. 왜냐하면 이 논의가 이 주제에 관한 학문적 연구에서 가장 심오한 지적·이데올로기적 불일치 중에서 몇 가지를 폭로하기 때문이다. 이 책에서 고찰하는 정치에 대한 다른 견해들은 다음과 같다.

그림 1.1
정치 정의에 대한
접근법들

	활동 장소로서 정치	과정으로서 정치
정치에 대한 정의	통치기술 공적 영역들	타협과 동의 권력과 자원배분
정치학 연구 접근법들	행태주의 합리적 선택이론 제도주의	여성(해방)주의 맑스주의 탈실증주의 접근법들

개념설명

폴리스Polis
폴리스는 그리스의 도시
국가를 의미하며, 고전
적으로 가장 높거나 가장
바람직한 사회조직형태
를 함축하는 것으로 이해
된다.

통치기술로서 정치

"정치는 과학이 아니라…… 기술이다." 이 말은 독일 수상 비스마르크 Bismarck가 **독일 제국의회**에서 행한 연설로 유명하다. 비스마르크가 마음 속에 품고 있었던 기술은 통치의 기술이었다. 이 통치기술은 집단적 결정을 만들고 강화시킴으로써 사회 내에서 통제를 행사하는 것이었다. 이것은 아 마도 고대 그리스 시대에 정치가 지니는 원래 의미에서 발전된 정치에 관한 고전적 정의이다.

'정치'라는 단어는 문자상으로 도시국가city-state를 의미하는 **폴리스** polis로부터 유래하였다. 고대 그리스 사회는 독립적인 도시국가의 집합으 로 나누어졌다. 각각의 독립적인 도시국가는 자신들의 정부제도를 가지고 있었다. 이 도시국가 중에서 가장 크고 영향력 있는 도시국가는 아테네였 고, 아테네는 종종 민주주의 정부의 발상지로 묘사되었다. 이러한 관점에서 정치는 폴리스의 업무, 즉 '폴리스에 관계되는 일'과 연관되는 것으로 이해 될 수 있다. 따라서 이러한 정의가 가지는 현대적 형태는 '국가에 관련되는 일'이다. 정치에 관한 이러한 견해는 일상적으로 이 용어를 사용함으로써 아 주 명백하게 나타난다. 다시 말해, 사람들이 공적인 직책을 가지고 있을 때 '정치판에 있다in politics'고 말하거나 혹은 그들이 그렇게 하고자 추구할 때 '정치에 입문한다entering politics'고 말한다. 이것은 또한 학문적인 정 치과학을 영속시키는 데 이바지하였던 정의이다.

많은 점에서 정치가 '국가에 관련되는 일'에 해당된다는 생각은 이 분야

역자주

독일 제국의회 Reichstag
독일제국의 국회는 두
개의 국면으로 나누어
진다. 제1국면은 1871
년에서 1918년의 독일
제국의 국회이며, 제
2국면은 1919년에서
1933년까지 입법권을
위임받고 1933년 수권
법에 의해 기능을 빼
앗긴 독일제국의 국회
이다.

권위Authority

권위는 가장 간단하게 '정당한 권력(legitimate power)'으로 정의될 수 있다. 권력(power)이 다른 사람의 행동에 영향을 미치는 능력인 반면에, 권위는 그렇게 할 권리(right)이다. 따라서 권위는 어떤 강요나 조작의 형태라기보다는 복종에 대한 승인된 의무에 기초하고 있다. 이러한 의미에서 권위는 정당성 혹은 적법성(rightfulness) 속에서 행해지는 권력이다. 베버는 복종이 확립될 수 있는 집단에 기초하여 세 가지 종류의 권위를 구별하였다. 전통적 권위(traditional authority)는 역사에 기초를 두고 있고, 카리스마적 권위(charismatic authority)는 인물로부터 발생하며, 합법적-합리적 권위(legal-rational authority)는 일련의 비인격적(impersonal) 지배에 기초하고 있다.

정치체Polity

정치체는 정치적 권위의 행사를 통해 조직된 어떤 사회를 의미하며, 아리스토텔레스가 판단할 때, 이것은 모든 사람의 이해관계를 대변하는 다수에 의한 지배(이러한 의미에서 Polity는 민주정 혹은 공화정으로 번역된다: 옮긴이)를 의미한다.

에 대한 전통적인 관점이며, 이 관점은 학문적인 연구가 정부의 인사와 기구에 초점을 두는 경향에 반영되었다. 정치학을 연구하는 것은 본질적으로 통치를 연구하는 것이다. 좀 더 포괄적으로 말하면, 정치학 연구는 **권위** 행사를 연구하는 것이다. 이 관점은 영향력 있는 미국의 정치학자인 데이비드 이스튼(David Easton, 1978, 1981)의 저작에서 개진되었다. 그는 정치를 '가치의 권위적 배분'으로 정의하였다. 정치를 이렇게 정의함으로써 그는 정치가 여러 다양한 과정을 에워싸고 있으며, 이 다양한 과정을 통해 정부는 더 큰 사회로부터 발생하는 압력에 대응한다고 ― 특히 이익·보상·벌칙을 할당함으로써 ― 생각하였다. 따라서 '권위적 가치들'은 사회에서 널리 수용되고 있으며, 그런 까닭에 많은 시민들을 구속하고 있는 것으로 간주된다. 이러한 관점에서 정치는 '정책'과 연관된다. 즉 정치는 공동체를 위한 행동계획을 확립하는 공식적 혹은 권위적 결정과 연관을 맺고 있다.

하지만 이러한 정의에서 주의해야 할 것은, 이 정의가 정치에 대해 매우 제한된 견해를 제공하고 있다는 점이다. 정치는 어떤 **정치체**polity, 즉 정부기구에 집중된 사회조직제도 내에서 일어난다. 따라서 정치는 내각·입법부·정부부서에서 실행된다. 그래서 제한되고 특수한 인간집단, 그중에서도 특히 정치가·공무원·로비스트만이 정치에 종사하게 된다. 이 사실은 대부분의 국민, 기관과 사회적 활동들은 정치의 '외부에' 존재하는 것으로 간주될 수 있다는 것을 의미한다. 기업, 학교, 기타 교육기관, 공동체 집단, 가족 등은 '비정치적'인데, 그 이유는 이 기관들이 '국가를 경영하는 데' 종사하지 않기 때문이다. 다음의 주요 절에서 논의되듯이 이러한 관점에서 볼 때, 정치를 국가에 한정된 활동으로 묘사하는 것은 현대생활에 미치는 국제적 혹은 지구적 영향력의 증대를 무시하는 결과를 낳게 된다.

그러나 이 정의는 훨씬 더 좁아질 수 있다. 이는 정치를 정당정치의 등가물로 취급하려는 경향에서 명백하게 나타난다. 달리 표현하면 '정치적인 것 the political'의 영역은 의식적으로 이데올로기적 믿음에 의해 동기화되고, 정당과 같은 어떤 형식적 조직의 구성원을 통해 이데올로기적 믿음을 추구하고자 하는 그러한 국가행위자에 한정된다는 것이다. 이 점은 정치가가 '정

반정치는 형식적이며 확립된 정치과정에 대해 가지는 환멸을 의미한다. 이 반정치는 비참여, 반제도(antisystem) 정당, 혹은 직접적인 행동을 사용함으로써 나타난다.

권력 Power
가장 넓은 의미에서 권력은 희망했던 결과를 달성할 수 있는 능력이며, 때때로 힘의 의미에서 어떤 것을 행하는 것과 연관된다. 이것은 자기 자신을 살아 있게 하는 능력에서부터 경제성장을 촉진시키는 정부의 능력을 포함한다. 하지만 정치에서 권력은 일반적으로 어떤 관계, 즉 다른 사람이 선택하지 않은 방식으로 다른 사람의 행위에 영향을 주는 능력으로 간주된다. 이것은 사람에 대해 권력을 행사한다는 의미와 관련된다. 좀 더 협소하게 정의하면, 권력은 합리적 설득을 에워싸고 있는 '영향력(influence)'과는 대조적으로 벌이나 보상하는 능력과 연관을 맺으며, 강제(force)나 조작에 가깝다.

치적인'것으로 묘사되고, 반면에 공무원은 중립적이고 전문적인 방식으로 행위하는 한에서 '비정치적인' 것으로 묘사된다는 의미이다. 이와 유사하게 재판관들은 그들이 법을 공정하고 법리에 따라 해석하는 한에서 '비정치적인' 인물로 간주된다. 그러나 그들이 내리는 판결이 개인적 선호에 의해서나 어떤 다른 형태의 편견에 의해 영향을 받게 된다면 그들은 '정치적인' 것으로 비난받을 수 있다.

정치와 국가 업무 사이의 연결은 또한 부정적이거나 경멸적인 이미지가 왜 그렇게 자주 정치에 귀속되었는지에 관한 이유를 설명하는 데 도움이 된다. 이것은 대중이 생각할 때 정치가 정치가의 활동과 밀접하게 연관되기 때문이다. 거칠게 표현하면 정치가는 공공 서비스와 이데올로기적 확신이라는 수사학 뒤에 개인적 야망을 숨기는 권력추구적인 위선자hypocrite로 종종 간주된다. 사실상 이러한 인식은 현대에 더 일상적인 것이 되었는데, 그 이유는 강렬한 대중매체를 통한 폭로가 **반정치** 현상을 야기하는 부패와 부정의 예를 좀 더 효과적으로 비추어 주었기 때문이다. 관습적인 정치생활에 속해 있는 개인과 기구에 대한 이러한 거부는 자기 잇속만 차리고 위선적이며 줏대없는 활동으로 정치를 보는 견해 속에 그 뿌리를 두고 있다. 이러한 생각은 '점포 정치office politics', '정치공작politicking'과 같은, 명예를 손상시키는 어법을 사용하는 데서 명백하게 나타난다. 정치에 대해 가지는 이런 이미지는 때때로 니콜로 마키아벨리의 저작에서 그 흔적을 찾아볼 수 있다. 그는 『군주The Prince』([1531] 1961)에서 정치에 대해 매우 현실주의적인 설명을 발전시켰는데, 이 현실주의적 설명은 정치지도자가 교활함·잔혹함·조작을 사용하는 것에 주목하였다.

정치에 대한 이러한 부정적 관점은 본질적으로 자유주의적 인식을 반영하고 있다. 자유주의적 인지에 따르면 개인은 이기적이기 때문에 정치권력은 부패하게 된다는 것이다. 왜냐하면 정치권력은 '**권력**'을 장악하고 있는' 사람으로 하여금 다른 사람의 이익을 희생시키면서 사적인 이익을 위해 자신이 가진 지위를 이용하도록 조장하기 때문이다. 이것은 액튼 경(Lord Acton; 1834~1902)이 말한 격언 속에서 잘 표현되고 있다. 즉 "권력은 부패하

니콜로 마키아벨리 (Niccolo Machiavelli; 1469~1527)

이탈리아의 정치가이며 저술가. 변호사의 아들인 마키아벨리가 가지고 있던 공적 생활에 대한 지식은 정치적으로 불안정한 피렌체(Florence)의 환경과 남의 의지에 따라 결정되는 생활에서 획득되었다. 그는 피렌체의 제2서기관장(Second Chancellor; 1498~1512)으로 일했고, 대사의 임무를 띠고 프랑스·독일·이탈리아 등지에서 근무하기도 했다. 짧은 기간 동안의 감옥생활을 마치고 메디치(Medici) 지배가 복고된 후에 마키아벨리는 저술활동을 시작하였다. 그가 쓴 중요한 저작인 『군주*The Prince*』는 1531년에 출간되었다. 이 저작은 체사레 보르자(Cesare Borgia; 1475~1507)가 행한 정치적 수완과 마키아벨리 시대를 지배하였던 힘의 정치에 대해 그 자신이 직접적으로 체험한 관찰에 의존하였다. 이 책은 미래의 통일 이탈리아에서 군주가 행해야 할 하나의 안내서로 집필되었다. 형용사 '마키아벨리적(Marchiavellian)'이라는 말은 그 후에 '교활하고 이중적'이라는 말을 의미하게 되었다.

는 경향이 있으며, 절대적 권력은 절대적으로 부패한다." 그럼에도 정치를 부정적으로 보는 사람도 정치적 활동이 사회생활에 나타나는 필연적이며 영속적인 특징이라는 점을 별로 의심하지 않는다. 정치가들이 부패할 수 있다 할지라도 그들은 항상 우리와 함께 있다는 어떤 일반적—마음이 내키지는 않는다 할지라도—용인을 지니고 있다. 권위적 가치를 할당하는 어떤 메커니즘이 존재하지 않는다면 사회는 단지 초기의 사회계약론자가 논의하였던 것처럼 만인에 대해 투쟁하는 내전으로 분열될 것이다. 따라서 과제는 정치가를 없애고 정치를 종결시키는 것이 아니라 오히려 정부 권한이 남용되지 않도록 견제와 억제의 틀 내에서 정치가 수행되는 것을 보장하는 것이다.

공적 업무로서 정치

정치에 대한 두 번째의, 그리고 더 넓은 개념화는 정부라는 좁은 영역을 넘어서 '공적 생활' 혹은 '공적 업무'로 간주되는 영역으로 정치를 이동시킨다. 달리 표현하면 '정치적인 것'과 '비정치적인 것' 사이의 경계는 본질적으로 시민사회라는 단어는 다양한 방식으로 정의되었다. 원래 시민사회는 '정치적 공동체', 즉 국가의 권위하에서 법에 의해 통치되는 사회를 의미하였다. 좀 더 일반적으로 시민사회는 국가와 구별되었으며, 이 단어는 '사적' 제도를 묘사하는 데 이용되곤 하였다. 이 제도는 정부로부터 독립적이며, 개인이 가진 목적을 추구하기 위해 개인에 의해 조직되었다는 점에서 '사적'이다. 따라서 시민사회는 자율적 집단과 단체(기업·이익집단·클럽·가족 등)의 영역과 연관이 있다. 하지만 헤겔(Hegel)은 가족과 시민사회를 구별하였고, 시민사회를 자기 본위(egoism)와 이기심(selfishness)의 영역으로 간주하였다. 그리고 '지구적 시민사회(global civil society)'라는 단어는 '사적'이고 이윤을 추구하지 않으며, 자치적이고 자발적인 비정부기구들과 사회운동과 같은 초국가적 기구들을 의미한다.

공적 생활영역과 사적 영역으로 구분하는 것과 일치한다. 정치에 대한 이러한 관점은 종종 그리스의 유명한 철학자 아리스토텔레스의 저작으로 거슬러 올라가게 된다. 『정치학*Politics*』에서 아리스토텔레스는 "인간은 본래 정치적 동물이다."라고 단언하였으며, 그는 이 단언으로 단지 정치적 공동체 내에서만 인간은 '행복한 생활the good life'을 영위할 수 있다고 파악하였다. 이러한 관점에서 볼 때 정치는 '정의로운 사회just society'를 창조하는 것과 관련된 하나의 윤리적 활동이며, 아리스토텔레스는 정치학을 '제1의 학문master science'이라고 불렀다.

하지만 '공적' 생활과 '사적' 생활의 경계는 어디인가? 공적 영역과 사적 영역 사이의 전통적인 구분은 국가와 **시민사회**의 분리에 따른다. 국가의 제도(정부기구·사법부·경찰·군대·사회보장제도 등)는 공동생활의 집단적 조직에 책임이 있다는 점에서 '공적인 것'으로 간주될 수 있다. 더욱이 이 제도는 징세를 통한 공공비용으로 자금이 충당된다. 이와는 대조적으로 시민사회는 에드먼드 버크Edmund Burke가 '작은 소대little platoon'라고 불렀던 것으로 구성된다. 가족, 혈족관계 집단, 사기업, 노동조합, 클럽, 공동체 집단 등의 제도는 더 큰 사회의 이익을 위해서라기보다는 그들 자신의 만족스러운 이익을 위해 개별적 시민에 의해 만들어지고 자금이 충당된다는 점에서 '사적'인 것이다. '공적/사적' 분리를 토대로 정치는 국가 자체의 활동과 공공기관에 의해 적절하게 행사되는 책무에 제한된다. 따라서 개인이 스스로 관리할 수 있고, 관리하는 생활영역(경제적·사회적·가정적·개인적·문화적·예술적 영역 등)은 명백하게 '비정치적'이다.

대안적인 '공적/사적' 분리는 때때로 훨씬 더 미묘한 차이, 요컨대 '정치적인 것'과 '개인적인 것'에 의해 정의된다(그림 1.2 참조). 시민사회는 국가와 구별될 수 있지만 공중이 접근할 수 있는 공적으로 기능하는 개방적 제도라는 폭넓은 의미에서 '공적인 것'으로 간주되는 제도들을 포함하고 있다. 이러한 사실이 지니는 중요한 함의 중 하나는 그것이 정치적인 것에 대한 지평을 넓히며 경제를 특별한 형태로 사적 영역에서 공적 영역으로 옮겨 놓는다는 점이다. 그리하여 어떤 형태의 정치가 노동현장에서 발견될 수 있다. 따

아리스토텔레스 (Aristotle; 384~322 B.C.)

그리스의 철학자. 아리스토텔레스는 플라톤의 제자였으며, 동시에 젊은 알렉산더 (Alexander) 대왕의 스승이었다. 그는 기원전 335년에 아테네에서 철학학교를 설립하였다. 이 학교는 그가 말을 할 때 이리저리 걸어다니는 경향에 따라 소요학파(peripatetic school)로 불렸다. 그가 쓴 22개의 현존하는 논문들은 강의노트·논리학·물리학·형이상학·천문학·기상학·생물학·윤리학·정치학으로 편집되었다. 중세시대에 아리스토텔레스의 저작은 이슬람 철학의 토대가 되었고, 후에 그리스도신학과 결합되었다. 그가 저술한 가장 잘 알려진 정치적 작품은 이상적인 정체(constitution)에 관한 연구를 담고 있는 『정치학Politics』이다.

라서 이 관점은 기업, 공동체 집단, 클럽, 노동조합과 같은 제도를 '공적인' 것으로 간주하지만 정치에 대한 제한적 관점으로 남게 된다. 이 관점에 따르면 정치는 '개인적' 업무와 제도를 침해하지 못하며 침해해서도 안 된다. 특히 여성주의 사상가에 따르면 이 관점은 정치가 현관 정면의 입구에서 효과적으로 멈춘다는 점을 내포하고 있다. 부언하면 정치는 가족·가정생활 혹은 개인적 관계에서는 일어나지 않는다는 것이다. 예를 들면 이 관점은 전문적인 행동과 개인적 혹은 가정적 행위 사이를 명백하게 구별하고자 하는 정치가의 경향을 통해 입증되었다. 정치가는 자신의 파트너를 구별하고 속이며 자신의 아이들을 학대하는 것을 개인적인 문제로 다루며, 이러한 행동이 자신들이 행하는 공적 업무와는 상관이 없다는 이유로 자신이 행한 행위가 지니는 정치적 의미를 부정할 수 있다는 것이다.

그림 1. 2
공적/사적 구분의 두 가지 관점

공적	사적
국가 : 정부기구	시민사회 : 자율 단체 – 기업·노동조합·클럽·가족 등

공적	사적
공적 영역 : 정치·상업·노동·예술·문화 등	개인적 영역 : 가족과 가정생활

한나 아렌트 (Hannah Arendt; 1906~1975)

독일의 정치이론가이며 철학자. 한나 아렌트는 중산계층의 유태인 가정에서 태어났다. 그녀는 1933년에 나치즘을 피해 독일에서 탈출하였고, 결국 미국에 정착하였다. 미국에서 그녀는 중요한 글들을 집필하였다. 그녀가 쓴 폭넓고도 특이한 글은 하이데거(Heidegger; 1889~1976)와 야스퍼스(Jaspers; 1883~1969)의 실존주의에 의해 영향을 받았다. 그녀는 이것을 "장벽없는 사고(thinking without barriers)"로 묘사하였다. 그녀가 쓴 주요한 저작으로는 『전체주의의 기원The Origins of Totalitarianism』(1951), 『인간 조건The Human Condition』(1958), 『혁명에 관하여On Revolution』(1963) 그리고 『예루살렘의 아이히만Eichmann in Jerusalem』(1963) 등이 있다. 『예루살렘의 아이히만』은 특별한 논쟁을 자극하였는데, 그 이유는 이 책이 아이히만을 훌륭한 이데올로그로서보다는 나치의 공무원으로 묘사함으로써 '악의 진부함'을 강조하였기 때문이다. 그녀는 『예루살렘의 아이히만』을 '악의 진부함'에 관한 연구로 평가하였다.

정치를 본질적으로 '공적' 활동으로 보는 관점은 정치에 대한 긍정적 이미지와 동시에 부정적 이미지로부터 발생하였다. 아리스토텔레스로 거슬러 올라가는 전통 속에서 정치는 엄밀하게 정치가 지니는 공적인 성격으로 인해 신성하고 계몽적인 활동으로 간주되었다. 이 견해는 한나 아렌트를 통해 확고하게 보증되었다. 『인간 조건The Human Condition』(1958)에서 한나 아렌트는 정치는 자유롭고 평등한 시민 사이에서 일어나는 상호작용을 포함하고 있기 때문에 인간활동에서 가장 중요한 형태라고 주장하였다. 그리하여 정치는 삶에 의미를 부여하고, 각 개인이 지니고 있는 개성을 확인한다. 정치참여를 선good 자체로 묘사하였던 장-자크 루소Jean-Jacques Rousseau와 존 스튜어트 밀John Stuart Mill과 같은 이론가도 유사한 결론을 내렸다. 루소는 정치생활에서 모든 시민의 직접적이고 지속적인 참여를 통해서만이 국가를 공공선common good, 혹은 그 자신이 '일반의지general will'라고 불렀던 것에 묶어 둘 수 있다고 주장하였다. 밀의 견해에 따르면 공적 업무에 참여하는 것은 이 참여가 개인의 도덕적·지적 발전을 증진시킨다는 점에서 교육적이라는 것이다.

하지만 이와는 첨예하게 대립되는 관점에서, 공적 활동으로서의 정치합의라는 단어는 동의를 의미한다. 그러나 합의는 일반적으로 특정한 종류의 동의에 관련된다. 첫째, 합의는 폭넓은 동의를 함축하는데, 폭넓은 동의라는 말은 광범위한 개인 혹은 집단에 의해 수용된다. 둘째, 합의는 엄밀하거나 정확한 동의와는 반대되는 것으로 근본적인 원칙 또는 기초를 이루는 원칙에 관한 동의를 함축하고 있다. 달리 표현하면, 하나의 합의는 강조할 문제나 세부적인 문제에 대해 의견의 불일치를 허용하고 있다. '합의 정치(consensus politics)'라는 단어는 두 가지 의미에서 사용된다. 절차적(procedural) 합의는 정당 사이에서 혹은 정부와 중요한 세력 사이에서 협의와 협상을 통해 기꺼이 결정을 하고자 하는 자세이다. 실질적(sub−stantive) 합의는 근본적인 정책 목표에 관한 동의 속에 반영되는 둘 또는 더 많은 정당이 가지고 있는 이데올로기적 입장의 부분적 일치(overlap)이다. 이 사례로 영국에서 1945년 후에 이루어진 사회민주주의적 합의와 독일의 사회시장(social market)에 대한 합의를 들 수 있다.

는 달갑지 않은 간섭 형태로 묘사되기도 했다. 특히 자유주의 이론가는 '사적' 생활이 선택, 개인적 자유, 개인적 책임의 영역이라는 이유를 들어 국가보다는 시민사회를 선호하였다. 이 관점은 '정치적인 것'의 영역을 축소하려는 시도를 통해 가장 분명하게 입증되었고, 일반적으로 "정치를 기업·스포츠·가족생활과 같은 사적 활동에 끼어들지 못하게 하려는" 소망 속에서 표현되었다. 이러한 관점을 따르면 정치는 단지 인간이 선택한 대로 행동하는 것을 방해하기 때문에 유해하다. 예를 들어 정치는 기업이 사업을 어떻게 꾸려가는지, 우리가 누구와 함께 또 어떤 방식으로 스포츠를 즐기는지, 혹은 아이들을 어떻게 키우는가 하는 것에 이르기까지 간섭하는 것이다.

타협과 합의로서 정치

정치에 대한 세 번째 개념화는 정치가 수행되는 영역보다는 결정이 이루어지는 방법과 관련을 맺고 있다. 특히 정치는 강제나 노골적인 힘을 통해서라기보다는 타협·화해·협상을 통해 갈등을 해소하는 하나의 특별한 수단이다. 이러한 개념화는 정치가 '가능성의 기술 the art of the possible'로 묘사될 때 암시된 개념이다. 이 정의는 정치라는 단어를 일상적으로 사용하는 경우에 내재되어 있다. 예를 들면 '정치적' 해결로서 어떤 문제를 해결하고자 하는 것은 종종 '군사적' 해결이라고 칭해진 것과는 대조적으로 평화로운 토론과 조정을 의미한다. 정치에 대한 이러한 관점에 있어서도 우리는 아리스토텔레스의 저작으로 거슬러 올라가 그 흔적을 찾을 수 있으며, 특히 그가 민주정이라고 불렀던 것을 이상적인 정부제도라고 생각한 그의 믿음으로 소급해 갈 수 있다. 민주정 Polity은 귀족적인 특징과 동시에 민주적인 특징을 결합시키고 있다는 점에서 '혼합적'인 정체인 까닭에 이상적인 통치제도이다. 이 관점에 대한 현대의 선구적 대표자 중의 한 사람은 버나드 크릭 Bernard Crick이다. 크릭은 『정치를 지키기 위해서 In Defence of Politics』라는 고전적 연구에서 다음과 같은 정의를 내렸다.

정치는 활동이다. 이 활동을 통해 전체 공동체의 복지와 생존을 위해 여러 다른 세력들이 차지하고 있는 중요성에 따라 이 세력들에게 권력을 할당해 줌으로써 주어진 지배단위 내에서 존재하는 여러 다른 세력들이 화해하게 된다(Crick, [1962] 2000: 21).

따라서 이러한 관점에서 볼 때 정치에 대한 해결의 실마리는 권력을 보다 폭넓게 분산시키는 것이다. 갈등이 필연적이라는 사실을 수용하면서 크릭은 사회집단과 세력들이 권력을 소유할 때 이것들은 조정되어야 하며 단지 분쇄될 수만은 없다고 논의하였다. 이것이 그가 정치를 "폭력이나 강제보다는 조정을 선택함으로써 질서의 문제를 해결"하는 것으로 묘사하였던 이유이다. 정치에 대한 이러한 관점은 자유주의와 합리주의적 원칙에 대한 뿌리 깊은 공약을 반영하고 있다. 이 원칙은 논의와 토론의 효율성에 대한 확고한 믿음에 기초하고 있으며, 사회는 화해할 수 없는 갈등에 의해서라기보다는 합의에 의해 특징지워진다는 신념에 토대를 두고 있다. 달리 표현하면 상존하는 의견의 불일치는 협박과 폭력에 호소하지 않고 해결될 수 있다는 것이다. 하지만 비판가들은 정치에 대해 크릭이 내린 개념화는 서구의 다원주의적 민주주의에서 발생하는 정치형태에 지나치게 치우쳐 있다는 점을 지적하였다. 정작 그는 정치를 선거를 통한 선택, 정당경쟁과 동일시하였다. 결과적으로 그가 제시한 모델은 하나의 정당을 가지고 있는 국가나 군사정권에 관해서는 우리에게 시사해 주는 바가 별로 없다.

정치에 대한 이러한 관점은 분명히 긍정적인 성격을 가지고 있다. 정치는 분명히 이상향적인 해결이 아니다. 타협은 어떤 사람을 완전히 만족시키지는 못하지만 어떤 측면에서 양보가 이루어졌다는 것을 의미한다. 정치는 분명히 대안들에 대한 더 나은—예를 들면 학살과 잔혹한 행위에 대한—선택이다. 이러한 점에서 정치는 문명화된, 문명적인 강제force로 간주될 수 있다. 인간은 정치를 하나의 활동으로 존중하도록 장려되어야 하며, 자신이 속한 공동체의 정치생활에 참여할 각오가 되어 있어야 한다. 그럼에도 타협과 조정의 과정으로서의 정치는 불가피하게 실망스럽고 어렵다(왜냐하면 다른 사람의 의견들을 주의 깊게 듣는 것을 포함하기 때문에)는 점을 이해하는 데 있어서의 실패가 발전된 많은 세계에 걸쳐 민주적 정치에 대해 점점 더 증대하는 대중의 각성에 기여했을지도 모른다. 스토커(Stoker, 2006: 10)가 언급했듯이 '정치는 좌절시키기 위해 의도됐다.' 정치의 결과물들은 '종종 번잡스럽고, 모호해져, 결코 종국적이지 않다.' 이것은 우리가 이 책의 마지막 장에서 돌아갈 문제이다.

권력으로서 정치

정치에 대한 네 번째 정의는 가장 광범위하고 급진적이다. 이 관점은 정치를 특정한 영역(정부 · 국가 혹은 '공적' 영역)에 한정시키기보다는 모든 사회활동과 인간생활의 모든 면에서 작동하고 있는 것으로 보고 있다. 아드리안 레프트위치Adrian Leftwich가 『정치란 무엇인가? 활동과 그에 관한 연구 What is Politics? The Activity and Its Study』(1984: 64)에서 선언하였던 것처럼 "정치는 모든 인간집단 · 제도 · 사회에서 일어나는 모든 집단적 사회활동 – 공식적 · 비공식적 활동과 공적 · 사적 활동을 포함하여 – 의 핵심"이다. 이러한 의미에서 볼 때 정치는 모든 수준의 사회적 상호작용 속에서 일어난다. 정치는 국가 사이, 지구적 무대에서와 마찬가지로 가족 내에서, 소규모 친구집단 사이에서도 발견될 수 있다. 그러나 정치활동의 두드러진 특징은 무엇인가? 무엇이 정치를 다른 형태의 사회행위와 구별하게 만드는가?

가장 포괄적인 차원에서 정치는 사회생활 과정에서 자원의 생산 · 분배 · 소비와 관계한다. 본질적으로 정치는 권력이다. 다시 말해 정치는 어떤 수단을 사용하여 원하는 성과를 달성해 내는 능력이다. 해롤드 라스웰 Harold Lasswell은 그가 쓴 『정치학: 누가, 무엇을, 언제, 어떻게 취하는가? Politics: Who Gets What, When, How?』(1936)에서 이 생각을 깔끔하게 정리하였다. 이러한 관점에서 볼 때 정치는 다양성과 갈등에 관한 것이다. 그러나 본질적인 요소는 희소성의 존재, 즉 인간의 욕구와 욕망은 무한한데 이를 충족시키기 위해 이용할 수 있는 자원은 항상 제한되어 있다는 점이

권력의 모습들Faces of power

권력은 B가 강요받지 않으면 행하지 않았을 어떤 것을 A가 B에게 강제할 때마다 행사된다고 말할 수 있다. 하지만 A는 B에게 여러 가지 방식으로 영향을 미칠 수 있다. 이러한 사실로 인해 우리는 다른 차원들 혹은 권력이 가지고 있는 '모습'을 구별하게 된다.

▶ **결정으로서 권력**(power as decision−making): 권력이 가지는 이 모습은 어떤 점에서 결정 내용에 영향을 미치는 의식적 행동으로 구성된다. 이러한 권력형태에 대한 고전적 설명은 로버트 달(Robert Dahl)이 쓴『누가 통치하는가? 한 미국 도시에서 나타난 민주주의와 권력Who Governs? Democracy and Power in an American City』(1961)에서 나타나고 있다. 이 책은 선호도의 관점에서 연루된 행위자가 가지고 있는 결정을 분석함으로써 누가 권력을 가졌는가에 관해 판단을 내리고 있는데, 이러한 결정은 다양한 방식으로 영향을 받을 수 있다.『권력이 지니는 세 개의 모습들Three Faces of Power』(1989)에서 케네스 보울딩(Kenneth Boulding)은 강제 혹은 협박의 사용(채찍the stick), 상호이익을 포함하는 생산적 교환(거래the deal), 의무, 충성 그리고 언질의 부여(당근the kiss)를 구별하였다.

▶ **의제설정으로서 권력**(power as agenda setting): 바흐라흐와 바라츠(Bachrach and Baratz, 1962)가 암시하였던 것처럼 권력이 가지는 두 번째 모습은 만들어진 결정을 방해하는 능력이다. 이것은 사실상 '비결정(non−decision−making)'이다. 이것은 정치적 의제설정이나 혹은 통제하는 능력을 포함하며, 그럼으로써 쟁점이나 혹은 제안이 우선적으로 발표되지 못하게 방해한다. 예를 들어, 민간기업은 제안된 소비자보호 입법을 좌절시키기 위한 운동을 벌임으로써(권력의 첫 번째 모습), 소비자권리에 관한 문제가 공적으로 토론되는 것을 방해하기 위해 정당과 정치가에게 로비를 함으로써(권력의 두 번째 모습) 권력을 행사할 수 있다.

▶ **사상통제로서 권력**(power as thought control): 권력이 가지는 세 번째 모습은 사람들이 생각하고, 원하고, 요구하는 것을 형성함으로써 다른 사람에게 영향력을 행하는 능력이다(Lukes, 1974). 이것은 이데올로기적 교화 혹은 심리적 통제로 표현되는 권력이다. 이것은 소비자의 이해관계가 이미 기업에 의해 추구되었다는 점을 설득함으로써 빡빡한 소비자보호법을 위한 압력을 제거하고자 하는 능력일 것이다(예를 들면 '환경에 친화적인' 생산물이라는 형태로). 정치생활에서 이러한 형태의 권력행사는 선전 속에서 나타나며, 좀 더 일반적으로 이데올로기의 영향 속에서 나타난다.

다. 따라서 정치는 희소 자원을 둘러싸고 벌어지는 투쟁으로, 권력은 수단으로 간주될 수 있으며, 이 수단을 통해 희소 자원을 둘러싼 투쟁이 일어나게 된다.

여성주의자와 맑스주의자도 권력에 대해 이러한 관점을 지지하고 있다.

여성해방주의에 관심을 증대시킨 1960년대와 1970년대의 여성해방운동의 부흥은 '정치적인 것'에 대해 좀 더 급진적인 생각을 고무하였다. 현대의 여성주의자들은 정치가 일어날 수 있는 장소, 즉 '개인적인 것은 정치적인 것이다'라는 급진적 여성주의적 슬로건을 통해 가장 대담하게 주장된 생각을 확대하고자 하였을 뿐만 아니라 특히 다른 사람들에 대한 권력행사와 관련된 하나의 과정으로서 정치를 파악하고자 하였다. 케이트 밀렛Kate Millett은 『성의 정치Sexual Politics』(1969: 23)에서 이 관점을 정리하였다. 그녀는 정치를 "권력으로 구조화된 관계, 즉 어떤 집단이 다른 집단에 의해 통제받는 장치"로 정의하였다.

맑스주의자는 두 가지 의미에서 '정치'라는 단어를 사용하였다. 먼저 맑스는 '정치'를 관습적인 의미에서 국가기구와 연관시켜 사용하였다. 그리하여 『공산주의자 선언The Communist manifesto』([1848] 1967)에서 그는 정치권력을 "단지 다른 계급을 억압하기 위한 한 계급의 조직화된 권력"으로 언급하였다. 맑스가 보기에 법률·문화와 함께 정치는 '상부구조'의 부분이며, 이 '상부구조'는 사회생활의 진정한 토대인 경제적 '기초'와 구별된다. 하지만 그는 경제적 '기초'와 법적·정치적 '상부구조'를 전적으로 분리된 것으로 보지 않았다. 그는 '상부구조'는 경제적 '기초'로부터 발생하며, 이 '기초'를 반영한다고 믿었다. 그의 관점에서는 더 심층적인 차원에서 정치권력은 계급제도에 그 뿌리를 두고 있다. 레닌Lenin이 진술하였던 것처럼 "정치는 가장 집중화된 경제형태"이다. 정치가 국가와 좁은 공공영역에 제한될 수 있다는 믿음과는 반대로, 맑스주의자는 "경제적인 것은 정치적이다."라는 점을 믿었다고 볼 수 있다. 이러한 관점에서 볼 때 맑스주의자가 계급투쟁에 의한 것이라고 특징지웠던 시민사회는 바로 정치의 핵심이다.

이와 같은 견해는 정치를 대개 부정적으로 묘사하고 있다. 아주 간단히 말하면 정치는 억압과 종속에 관한 것이다. 급진적 여성주의자는 여성이 체계적으로 종속되고 남성권력에 지배당한다는 점에서 사회가 가부장적이라고 주장한다. 전통적으로 맑스주의자는 자본주의 사회에서 정치는 프롤레타리아 계급에 대한 부르주아 계급의 착취로 특징지워진다고 주장하였다.

여성해방의 부흥: 정치를 개인적인 것으로 만드는가?

사건: 조직화된 여성운동이 여성참정권을 위한 운동에 초점을 맞추어 처음으로 19세기 중반에 등장하였지만 여성운동이 여성 해방운동의 탄생을 통해 다시 일어났던 것은 1960년대였다. 종종 여성주의의 '제2의 물결'로 간주된 이 운동은 다음의 믿음을 나타내었다. 여성의 위상을 시정하는 것은 단지 정치개혁이 아니라 급진적이고 특히 문화적 변화를 필요로 한다는 것이다. 이 변화는 여성들 사이에서의 '의식의 고양', 가족변형, 가정생활과 개인생활에 의해 초래되었다. '여자다움'에 대한 관습적인 고정관념에 도전하고자 행해진 항의들이 일어났다. 예를 들어 1968년과 1969년에 미스 아메리카 행렬들(힐 구두와 다른 억압의 상징들을 '자유 쓰레기통'으로 던져 넣음으로써 시위자들은 상당한 관심을 요구하였고 또한 브래지어를 태운 것에 대한 나쁜 평판을 받았다)에서 그리고 1970년 미스월드 미인대회(여기서는 수백만의 텔레비전 시청자들이 지켜보는 가운데 약 50명의 여성들과 몇 명의 남성들이 무대에서 분말 폭탄, 악취 폭탄, 잉크 폭탄 그리고 전단지 등을 던지기 시작하였다)에서 이에 대한 항의들이 발생하였다. 이 급진적인 여성주의적 행동주의의 국면은 1970년대 초부터 가라앉았다. 그럼에도 여성운동은 계속 증대하였고 점점 더 두드러지게 국제적 차원을 획득하였다.

의의: 19세기와 20세기 초에 일어난 여성주의적 행동주의의 '제1의 물결'은 일반적으로 '정치'에 대한 관습적인 관념 내에서 이루어졌다. 이 기간 동안에 여성주의의 일차적 목표는 '여성참정권'이었기 때문에 이것은 정치가 정부제도·정당·이익집단 그리고 공적 논의라는 '공적' 영역 내에서 일어난다는 이념에 따랐다. 따라서 여성해방은 공적 영역으로의 접근 그래서 특히 남성들이 이미 향유하고 있었던 정치적 권리들의 획득이라는 관점에서 정의되었다. 하지만 여성주의의 '제2의 물결'이 가지는 중요한 주제 가운데 하나는 이 물결이 정치의 본성과 정치가 일어나고 있는 두 측면 모두에서 정치에 관한 전통적인 생각에 도전하고 무너뜨리고자 하였다는 것이다. 특히 급진적 여성주의자들은 정치가 공적/사적 분리에 그 뿌리를 두고 있다는 이념을 거부하였다. 우선적으로 이들은 다음과 같이 주장하였다. 정치를 단지 공적 영역에서 일어나는 활동과 연관 짓는 것은 효과적으로 정치생활로부터 여성들을 배제시킨다는 것이다. 이것은 정도의 차이가 있음에도 모든 동시대적이고 역사적 사회들이 노동에 대한 성적sexual인 분할에 의해 특징지워지기 때문이다. 노동에 대한 성적 분할 속에서 정치(관습적으로 이해된 것으로서), 일, 예술 그리고 문학을 포함하는 공적 영역은 남성의 영역이었고, 반면에 여성은 압도적으로 가족과 가정에 대한 책임이 중심적이었던 '사적' 생활에 한정되었다. 게다가 정치가 단지 공적 활동과 제도들에 초점을 둔다면, '공적인' 남성과 '사적인' 여성 간의 노동에 대한 성적 분할은 남성의 권력제도가 확립되고 보존되는 핵심적인 장치라기보다는 오히려 아무래도 자연스러운 삶의 현실인 것처럼 보인다.

그럼에도 정치에 대한 관습적인 견해에 대한 급진적 여성주의 비판이 지니는 가장 영향력 있는 특징은 이 비판이 정치가 공적 영역에서뿐 아니라 좀 더 중요하게는 사적 영역에서도 일어난다는 점을 강조하고 있다는 것이다. 이 생각은 다음의 구호를 통해 전개되었다. 즉 '개인적인 것이 정치적인 것이다'. 정치를 권력, 통제 그리고 지배의 의미에서 다시 정의함으로써 급진적 여성주의자들은 가족과 가정생활을 중요한 정치무대로 묘사하였다. 왜냐하면 아내와 아이들에 대한 남편-아버지의 지배는 아주 다른 사회적 역할과 아주 다른 삶에 대한 기대감을 받아들이기 위하여 소녀와 소년을 설정하는 조건이기 때문이다. 그리하여 가족 생활의 가부장적 구조는 사회 일반에서 세대에 걸쳐 남성적 지배를 재생산한다. 이러한 관점에서 볼 때 여성들이 가부장적 억압에 도전하려고 한다면 여성들은 '개인적인 것'에서 출발해야만 한다. 일차적으로 공적 생활의 고위직 여성들의 저조한 대표성과 같은 문제들을 다루기보다 여성들은 이 문제의 근원적 원인에 초점을 두어야만 한다. 즉 이 근원적 원인은 가족 내에서 교육받았고 남성들을 지배에 익숙하게 하고 여성들에게 복종을 받아들이게끔 장려하는 '남성성'과 '여성성'에 대한 대립되는 고정관념인 것이다.

다른 한편으로 이러한 부정적인 함의는 정치가 불의와 지배에 도전할 수 있는 수단으로도 간주된다는 사실과 균형을 이루게 된다. 가령, 맑스는 계급 착취가 프롤레타리아 혁명을 통해 전복될 것이라고 예언하였고, 급진적 여성주의자는 성의 혁명을 통해 성의 관계가 다시 정리되어야 한다는 필요성을 선언하였다. 하지만 정치가 권력과 지배로 묘사될 때 정치가 사회생활의 필연적 특징으로 간주될 필요가 없다는 점도 명백하다. 여성주의자는 성 구별이 없는 사회를 건설함으로써 달성되는 '성의 정치sexual politics'를 목표로 삼고 있다. 성의 구별이 없는 사회에서 인간은 성의 기준에 따라서가 아니라 개인에 따라 가치를 부여받게 될 것이다. 맑스주의자는 '계급정치'는 계급 없는 공산주의 사회를 확립함으로써 종말을 고할 것이라고 믿고 있다. 마침내 그것은 국가의 소멸과 더불어 관습적인 의미에서의 정치마저 종식시키는 결과를 가져올 것이다.

정치학 연구

정치학 연구를 위한 접근법

정치활동의 성격을 규정할 경우에 발생하는 의견의 불일치는 학문 분야로서 정치학의 성격에 관한 논쟁과 연결된다. 지적 탐구의 영역에서 가장 오래된 영역 중의 하나인 정치학은 원래 철학·역사 혹은 법의 한 부분으로 간

규범적Normative
가치 규정과 행동 기준
을 의미하며, 무엇이 '존
재하는가'라기보다는 무
엇'이어야' 하는가를 의
미한다.

주되었다. 정치학의 중심 목적은 인간 사회가 기초해야 하는 원칙을 발견하는 것이었다. 하지만 19세기 말부터 이러한 철학적 강조는 점차 정치학을 하나의 과학적인 분야로 바꾸고자 하는 시도로 옮겨 간다. 이러한 발전은 1950년대와 60년대 들어 절정에 달했으며, 이 시기에 초기의 전통은 의미 없는 형이상학으로 간주되었고 노골적으로 거부당하였다. 하지만 그 이후로 엄격한 과학으로서의 정치학에 대한 의욕은 쇠퇴하였고, 정치적 가치와 규범적 이론에 대한 중요성이 새롭게 인식되었다. 비록 모든 사람이 수용할 수 있는 보편적 가치를 추구한다는 전통을 포기할지라도 오직 과학만이 진리를 드러내는 수단을 제공할 것이라는 주장이 제기되었다. 종합과학the resulting discipline은 더 풍부하고 흥미롭다. 왜냐하면 이 종합과학은 일련의 이론적 접근법과 다양한 학파의 분석을 기꺼이 받아들이고 있기 때문이다.

철학적 전통

정치분석의 기원은 고대 그리스로 거슬러 올라가며 이 전통은 일반적으로 '정치철학'으로 언급되었다. 이 전통은 본질적으로 윤리적·규정적 prescriptive 혹은 **규범적** 문제에 몰두하였다. 요컨대 이 전통은 무엇이 '존재하는가(what 'is')'라는 문제보다는 '무엇이 초래되어야만should, ought, must' 하는가에 관심을 나타내고 있다. 플라톤과 아리스토텔레스는 일반적으로 이 전통을 창시한 선구자로 규정된다. 이들의 사상은 아우구스티누스(Augustine; 354~430)와 아퀴나스(Aquinas; 1225~1274)의 저작에서 다시 나타나고 있다. 예를 들면, 플라톤 저작의 중심적인 주제는 이상사회의 본성을 묘사하고자 하는 시도였다. 그의 견해에 따르면 이상사회는 철인왕 Philosopher Kings 계급을 통해 지배하는 인자한 독재정치다.

이러한 저술들은 정치학에 대한 '전통적' 접근방법이라 일컬어지는 것의 기초를 형성하였다. 이 전통적 접근방법은 정치사상에 중요한 이념과 학설에 관한 분석적 연구를 포함하고 있다. 아주 일반적으로 전통적 접근방법은 중요한 사상가(예를 들면, 플라톤에서 맑스까지)와 '고전적' 원문의 정전에 초

플라톤 (Plato; 427~347 B.C.)

그리스의 철학자. 플라톤은 귀족가문에서 태어났다. 그는 소크라테스(Socrates)의 신봉자였다. 소크라테스는 플라톤의 윤리적·철학적 대화에서 중요한 인물이다. 기원전 399년 소크라테스가 사망한 후, 플라톤은 새로운 아테네의 지배계급을 교육하기 위해 학교를 세웠다. 플라톤은 물질세계는 추상적이며 불변적인(eternal) '이념들'의 불완전한 복사판으로 구성되어 있다고 가르쳤다. 『국가The Republic』와 『법률The Laws』에서 상세하게 설명된 그의 정치철학은 정의론에 의거하여 이상국가를 묘사하고자 한다. 플라톤의 업적은 일반적으로 기독교와 유럽문화에 폭넓은 영향을 끼쳤다.

개념설명

객관적Objective
관찰자의 외부세계. 입증할 수 있는 것을 의미한다. 또한 감정, 가치 혹은 편견에 의해 더럽혀지지 않는 것을 의미한다.

경험적Empirical
경험적이라는 단어는 관찰과 실험에 기초하는 것을 의미한다. 경험적 지식은 판단자료(sense data)와 경험으로부터 유래된다.

점을 두는 정치사상사의 형태를 취하였다. 이 접근방법은 문헌 분석literary analysis의 성격을 지니고 있다. 즉 이 접근방법은 중요한 사상가들이 무엇을 이야기하였고, 그들은 자신의 견해를 어떻게 발전시키고 정당화하였는지를 검토하고, 나아가 그들이 활동하였던 지적인 전후관계를 검토하는 데 일차적인 관심을 가진다. 이러한 분석은 비판적이고 정확하게 실행될 수 있지만 과학적 의미에서 **객관적**일 수 없다. 왜냐하면 전통적 접근방법은 규범적인 문제, 즉 "왜 나는 국가에 복종해야 하는가?", "보상은 어떻게 분배되어야 하는가?", "개인의 자유의 한계는 무엇이어야 하는가?" 하는 문제를 다루기 때문이다.

경험적 전통

규범적 이론화보다는 덜 유명하지만, 기술적 혹은 **경험적** 전통은 최초의 정치사상으로 거슬러 올라갈 수 있다. 이 전통은 아리스토텔레스가 시도한 정체에 대한 분류, 정치가에 대해 현실주의적 설명을 시도한 마키아벨리, 그리고 정부와 법에 대한 몽테스키외Montesquieu의 사회학 이론에서 찾아볼 수 있다. 많은 점에서 이러한 저술은 현재 비교정부라고 칭해지는 것의 기초를 구성하고 있으며, 학문에 대해 본질적으로 제도적 접근방법을 발생시켰다. 특히 미국과 영국에서 이 전통은 지배적 전통으로 성장했다. 정치 분석을 위한 경험적 접근방법은 정치현실에 대해 공평하고 객관적인 설명

행태주의Behaviouralism
사회이론은 단지 연구를
위해 계량화할 수 있는
자료를 제공해 주는 관
찰할 수 있는 행위를 토
대로 건설되어야 한다는
믿음.

을 제공하고자 하는 것이 특징이다. 이 접근방법은 대상을 분석하고 설명한
다는 점에서 '기술적'이다. 반면에 규범적 접근방법은 대상에 대해 판단을
내리고 권고를 한다는 의미에서 '규정적'이다.

기술적 정치분석은 존 로크John Locke와 데이비드 흄(David Hume;
1711~1776)과 같은 이론가의 연구를 통해 17세기부터 널리 유포되었던 경
험주의에서 철학적 토대를 획득하였다. 경험주의는 경험이 지식의 유일한
토대이며, 따라서 모든 가설과 이론은 관찰과정을 통해 검증되어야 한다
는 믿음을 발전시켰다. 19세기에 이런 생각은 특히 오귀스트 콩트(Auguste
Comte; 1798~1857)의 저작과 연관된 지적 운동인 실증주의로 발전되었다.
이 실증주의는 사회과학과 모든 형태의 철학적 탐구는 엄격하게 자연과학
의 방법을 고수해야 한다고 주장하였다. 일단 과학이 유일하게 신뢰할 수
있는 진리를 폭로하는 수단이라고 생각되기 시작하자 정치과학을 발전시키
고자 하는 압력은 불가항력이 되었다.

행태주의

19세기 중반 이후 주류적 정치분석은 증대하는 **실증주의** 영향을 반영하는
'과학적' 전통에 의해 지배되었다. 1870년대에 '정치과학political science'
과정이 옥스포드·파리·콜롬비아 대학에 도입되었고, 1906년에 『미국정치
학비평 *American Political Science Review*』이 출간되었다. 그러나 정치학
의 과학화를 위한 열정은 1950년대와 1960년대에 가장 강력하게 미국에서
행태주의에 관심을 집중시켰던 정치분석의 출현으로 인해 절정에 달했다.
처음으로 이 행태주의는 정치학에 신뢰할 만한 과학적 신임장을 주었다. 왜
냐하면 행태주의가 이전에 부족하였던 것을 제공하였기 때문이다. 즉 행태
주의는 가설들이 검증될 수 있는 객관적·양적 자료들을 제공하였다. 데이
비드 이스튼(David Easton, 1979, 1981)과 같은 정치분석가는 정치학이 자연
과학의 방법론을 채택할 수 있을 것이라고 주장하였다. 이러한 견해는 가장
적합한 영역, 즉 투표행위, 입법자의 행위, 지방자치의 정치가와 로비스트
의 행위를 분석함에 있어서 양적 연구방법의 사용을 확산시켰다. 국제관계

들의 객관적인 법칙들을 발전시키고자 하는 희망 속에서 또한 행태주의를 국제관계(IR)에 적용시키고자 하는 시도들도 이루어졌다.

하지만 행태주의는 1960년대부터 점점 더 많은 압력에 처하게 되었다. 우선 행태주의가 정치분석의 영역을 심각하게 제한했다는 주장이 일어났다. 즉 행태주의가 직접적으로 관찰될 수 있는 것을 넘어서는 정치분석 연구를 방해하였다는 것이다. 행태분석이 분명히 투표연구와 같은 분야에서 매우 귀중한 통찰력을 산출하였고 계속해서 산출하고 있지만, 계량화할 수 있는 자료에 너무 집착함으로써 정치학이라는 분야를 무언가 사소한 것으로 환원시킬 우려가 있다는 점이다. 더욱더 걱정스러운 점은 행태주의가 한 세대의 정치과학자를 규범적인 정치사상이 가지고 있는 모든 전통에서 벗어나게 하였다는 것이다. '자유'·'평등'·'정의'·'권리'와 같은 개념은 경험적으로 확증할 수 있는 실체가 아니기 때문에 때로는 의미 없는 것으로 간주되었다. 1970년대에 규범적 문제에 관한 관심이 부활함에 따라 행태주의에 대한 불만은 증대되었다. 규범적인 문제에 대한 관심은 존 롤즈John Rawls와 로버트 노직Robert Nozick과 같은 이론가의 저작에서 나타났다.

나아가 행태주의에 부여한 과학적 신임장에 의문이 제기되기 시작했다. 행태주의가 객관적이고 신뢰할 만하다는 주장의 토대는 행태주의가 '가치중립적'이라는 사실에 있다. 다시 말해 행태주의는 윤리적 혹은 규범적 믿음에 의해 오염되지 않았다는 것이다. 하지만 분석의 초점이 관찰할 수 있는 행위라고 한다면, 존재하고 있는 정치적 배열들을 기술하는 것 이상의 작업을 기대하기란 어려운 일이다. 그리고 이러한 점은 함축적으로 현상 유지가 정당화된다는 점을 의미한다. 이러한 보수주의적 가치성향은 '민주주의'가 사실상 관찰할 수 있는 행위라는 점에서 다시 정의되고 있다는 사실을 통해 입증되었다. 그리하여 '대중자치정부(말 그대로 '인민에 의한 정부')라는 의미 대신에, 민주주의는 보통선거제도를 통해 권력을 획득하고자 하는 경쟁적인 엘리트 사이의 투쟁을 나타내게 되었다. 달리 표현하면 민주주의는 이른바 발전된 서구의 민주주의 정치제도를 의미하게 되었다.

합리적 선택이론

정치학에 관한 최근의 이론적 접근 중에는 '정치경제학', '공공선택이론 public-choice theory', '합리적 선택이론rational-choice theory' 등으로 알려진 이른바 형식정치이론Formal political theory으로 칭해지는 접근방법이 존재한다. 이 접근방법은 일반적으로 개인의 합리적인 이기적 행동에 관한 절차적 규칙을 토대로 모델을 확립함에 있어서 경제이론의 표본에 의존한다. 미국에서 확고하게 확립되었으며, 특히 버지니아 학파와 관련된 형식정치이론은 투표자·로비스트·관료·정치가의 행위뿐 아니라 적어도 국제체계 내에서 일어나는 국가의 행위에 대한 통찰을 제공할 수 있는 유용한 분석적 장치이다. 이 연구방법은 제도적 공공선택이론이라 칭해지는 형태로 정치분석에 가장 큰 영향을 미쳤다. 이 연구방법은 앤소니 다운즈Anthony Downs(1957), 맨커 올슨Mancur Olson(1968)과 윌리암 니스카넨William Niskanen(1971) 등과 같은 학자에 의해 정당경쟁, 이익집단행위, 관료의 정책영향과 같은 분야에서 사용되었다. 이 점은 나중에 논의할 것이다. 또한 이 연구방법은 게임이론의 형태에도 적용되었다. 게임이론은 경제학보다는 수학의 영역에서 더 발전되었고, 게임이론에서 가장 잘 알려진 예는 '죄수의 딜레마prisoners'dilemma'(그림 1.3 참조)이다. 게임이론은 국가가 바다에서의 물고기 남획이나 달갑지 않은 정권의 무역 수준을 억제하는 것이 왜 어려운 일인지를 설명하기 위해 국제관계 이론가들에 의해 사용되었다.

하지만 정치분석에 대한 '합리적 선택' 연구방법은 결코 보편적으로 수용되지 않았다. 이 연구방법을 지지하는 사람들은 이 연구방법이 정치현상을 토론함에 있어 훨씬 더 정밀한 방법이라고 주장하고 있지만, 비판가들은 이 연구방법이 지니고 있는 근본 가정에 의문을 제기하였다. 가령 이 연구방법은 사람들이 명확하게 선호하는 일련의 목표를 가지고 있지 않으며, 완전하고 정확한 지식의 관점으로 좀처럼 결정을 하지 않는다는 점에서 인간의 합리성을 지나치게 과대평가하고 있다는 것이다. 더욱이 개인에 대한 추상적 모델로부터 발생하는 합리적 선택이론은 사회·역사적 요인을 충분하게 고려하고 있지 않으며, 무엇보다도 인간의 이기심이 단지 본성적인 것이 아니라 사회적으로 조건지워진다는 점을 인식하는 데 실패하고 있다.

신제도주의

1950년대까지 정치학 연구는 일반적으로 **제도**에 대한 연구를 포함하였다. 이 '전통적' 혹은 '구' 제도주의는 정부의 규정, 절차 그리고 공식적인 조직에 초점을 두었고 법과 역사에 대한 연구에서 사용된 방법들과 유사한 방법들을 사용하였다. 비반성적이고 본질적으로 기술적인 방법들(이 방법들은 때때로 정치학을 기구적인 규정과 구조들의 집합으로 축소하려 하였다)에 대해 증대하는 관심들과 연결된 '행태적' 혁명의 출현으로 인해 제도주의는 1960년대와 1970년대 동안에 무시되었다. 그러나 제도주의에 대한 관심이 이른바 '신제도주의'로 칭해졌던 것의 출현으로 인해 1980년대부터 부활되었다. 정치구조들은 정치적 행동을 형성하는 것으로 간주된다는 의미에서 '제도들이 중요하다'는 핵심적인 제도주의적 믿음을 충실히 지키면서 신제도주의는 몇 가지 관점에서 제도를 구성하는 것에 대한 우리의 이해를 수정하였다.

정치제도들은 이제 더 이상 정치조직들과 동등한 게 아니다. 정치제도들은 '물건'이 아니라 일련의 규칙들로 간주된다. 그리고 이 규칙들은 개별적 행위자들의 행동을 안내하거나 통제한다. 더욱이 이 규칙들은 형식적인 만큼이나 비형식적일 가능성이 있다. 때때로 정책 입안과정들은 형식적인 장치보다 성문화되지 않은 관습이나 이해에 의해 더 형성된다. 어떤 다른 것은 별도로 하고 이 점은 제도들이 종종 개혁되거나 변형 아니면 교체되는 것이 왜 어려운지를 설명해 줄 수 있다. 마지막으로 그 어떤 경우에 제도들이 거의 시간과 공간의 외부에서 존재한다고 하는 독립적인 실재로 제도들을 보는 대신에 신제도주의자들은 다음의 사실을 강조한다. 즉 제도들은 특별한 규범적이고 역사적인 맥락 속에 묻혀 있다는 점이다. 그리하여 제도적 장치 내에 있는 행위자들이 중요한 규칙과 절차들을 수용하기 위해 사회화되는 것과 마찬가지로 제도 그 자체도 더 크고 근본적인 가정과 관례들 내에서 작동한다. 그러나 이러한 변천에도 제도주의는 비판을 계속 받았다. 예

죄수의 딜레마 The Prisoners' dilemma

분리된 방에 감금되어 있는 두 명의 범인들은 서로 '밀고'하든가 '밀고하지 않'든가 하는 선택에 직면하게 된다. 만약 그들 중에 한 명만이 자백할 경우, 그는 다른 범인을 유죄로 선고할 증거를 제공하고 책임 없이 풀려나게 될 것이다. 그러나 그의 동료는 모든 책임을 질 것이고 10년 동안 투옥될 것이다. 만약 이 두 범인들이 자백할 경우, 그들 각각은 6년 동안 투옥될 것이다. 만약 두 명 모두 자백을 거부할 경우, 그들은 각각 1년형을 선고받을 것이다. 이 선택들은 〈그림 1. 3〉에서 다음과 같이 나타난다.

이 두 명의 범인이 직면하는 딜레마의 관점에서 볼 때, 이 두 명의 범인은 모두 다 자백할 것이다. 왜냐하면 범인들은 상대방이 '밀고'할 것이고, 그래서 그들은 최고형을 선고받을 것이라고 두려워하기 때문이다. 이 게임은 합리적 행동이 가장 불리한 결과(이 죄수들은 통틀어 12년 동안을 감옥소에서 생활하게 된다)를 가져다줄 수 있다는 점을 보여 주고 있다. 사실상 그들은 서로 협동하거나 신뢰하는 데 실패했기 때문에 벌을 받게 된다. 하지만 이 게임이 여러 번 반복될 경우, 범인들은 이기심이 협동을 통해 진척된다는 사실을 배울 것이고, 이 협동은 그들에게 자백을 거부하게 할 것이다.

그림 1. 3
죄수의 딜레마에서 선택들

		죄수 B	
		자백	자백하지 않음
죄수 A	자백	A: B: 6 6	A: B: 0, 10
	자백하지 않음	A: B: 10 0,	A: B: 1, 1

를 들어 제도주의는 구조주의적 논리에 동의하고 있다는 이유로 비난을 당하였다. 이 구조주의적 논리 속에서 정치행위자들이 다소 이들이 기능하고 있는 제도적 내용들의 '죄수'로 간주된다.

비판적 접근법들

1980년대 이후 정치학에 대한 비판적 접근법의 범위는 상당히 확대되었다. 그 시점까지 맑스주의는 주류 정치학에 대한 제1차적인 대안을 구성하였

구성주의Constructivism
구성주의(혹은 사회적 구성주의)는 우리의 이해와는 무관하게 존재하는 객관적이고 사회적 혹은 정치적 실체는 존재하지 않는다는 믿음에 기초를 둔 분석방법이다. 따라서 구성주의자들은 사회세계를 구체적인 대상들의 외부세계라는 의미에서 '그 밖에' 존재하는 어떤 것으로 간주하지 않는다. 대신에 사회세계는 일종의 간주관적(inter−subjective)인지로서 단지 '내부적으로' 존재한다. 최종 분석에서 개인들로서 행위하든 아니면 사회집단으로서 행위하든 간에 사람들은 이 구성에 따라 세계를 구성한다. 사람들의 믿음과 가정들은 특히 중요하게 되는데, 이 믿음과 가정들이 널리 공유되고 정체성이나 특징적인 이해관계를 형성할 때는 더욱 그러하다.

다. 사실상 칼 맑스는 과학적 의미에서 정치학을 기술하고자 하였던 첫 번째 이론가였다. 이른바 '역사에 대한 유물주의적 개념'을 사용하면서 맑스는 역사발전의 추동력을 발견하고자 노력하였다. 이를 통해 그는 입증의 의미에서 자연과학에서의 법칙과 동일한 위상을 가졌던 '법칙들'에 기초한 미래에 관한 예언을 할 수 있었다. 그러나 현대의 정치분석은 여성주의·비판이론·녹색정치·**구성주의**·후기구조주의 그리고 후기식민지주의 등을 포함하여 새로운 비판적 관점들이 출현함으로써 더 풍부하고 더 다양하게 되었다. 이러한 새로운 비판적 목소리들은 공통적으로 무엇을 가지며, 어떠한 의미에서 이 목소리들은 '비판적'인가? 이들이 지니는 다양한 철학적 토대와 대조적인 정치적 관점들의 의미에서 이들을 통합하는 단 하나의 유일한 것은 주류적 사고에 대해 반감을 공유하고 있다는 점을 논의하게끔 부추긴다는 것이다.

그럼에도 이 목소리들은 두 개의 광범위하고 때로는 연결된 특징을 예시하고 있다. 그 첫 번째는 다음과 같다. 즉 이 목소리들은 다양한 방식으로 (일반적으로) 자신들을 주변 집단 혹은 반대 집단의 이해관계들에 대해 같은 태도를 취함으로써 정치적 현상유지에 이의를 제기하고자 한다는 점에서 '비판적'이라는 점이다. 그리하여 각각의 목소리들은 주류 접근법이 무시하는 불평등과 비대칭들을 밝혀 내고자 한다. 예를 들어 여성주의는 모든 형태와 각각의 수준에서 정치를 특징짓고 있는 젠더 불평등에 대한 체계적이고 스며들어 있는 구조들에 주목하였다. 프랑크푸르트 학파의 신맑스주의에 뿌리를 두고 있는 비판이론은 프로이트와 베버를 포함하여 광범위한 영향에 주목하면서 비판 개념을 모든 사회적 관습으로 확대하였다. 녹색정치 혹은 생태주의는 확립된 정치·사회이론의 인간 중심적인 강조에 도전하였고 정치적·사회적 이해에 대한 전체론적 접근법을 옹호하였다. 후기식민지주의는 식민지적 지배의 문화적 차원을 강조하며, 여타의 세계에 대한 서구의 문화적·정치적 헤게모니가 거의 모든 개발도상국가에 걸쳐 일어난 공식적인 정치적 독립에도 어떻게 유지되었는가를 보여 주고 있다.

정치에 대한 비판적 접근의 두 번째 특징은 다음과 같다. 즉 다른 방식과

탈실증주의Postpositivism
'객관적'인 실체에 대한
이념에 의문을 제기하는
지식에 대한 접근법. 탈
실증주의는 사람들이 생
각하거나 구성하는 외연
대신에 사람들이 살고
있는 세계를 강조.

탈근대주의
Postmodernism
탈근대주의는 일반적으
로 서구의 예술, 건축 그
리고 문화적 발전에서
나타나는 실험적인 운동
을 기술하기 위해 처음
으로 사용되었던 용어이
다. 사회적·정치적 분
석도구로서 탈근대주의
는 산업화와 계급연대에
의해 구조화된 사회에서
점점 더 파편화되고 다
원주의적인 '정보'사회로
의 이동을 강조한다. 이
정보사회에서 개인들은
생산자에서 소비자로 전
환되고 개인주의가 계
급, 종교적·인종적 충성
들을 대신한다. 탈근대
주의자들은 다음과 같이
논의한다. 즉 확실성과
같은 것은 존재하지 않
는다. 절대적이고 보편
적 진리에 대한 이념은
거만한 허식으로 폐기되
어야 한다.

다른 정도를 보이기는 하지만 이 비판적 접근법들은 주류적 정치과학의 실증주의를 초월하고자 노력하였다는 점이다. 그래서 이 접근법들은 사회적 행동과 정치적 세계를 형성함에 있어 의식의 역할을 강조하였다. 따라서 이른바 탈실증주의 접근법들(때때로 '해석주의interpretivism' 혹은 '반토대주의'로 불린다)은 '비판적'인데, 그 이유는 이 접근법들이 주류 접근법들의 결론을 문제삼을 뿐만 아니라 주류 접근법들을 비판적으로 검토하기 때문이다. 또한 이 **탈실증주의** 접근법들은 주류 접근법 내에서 작동하는 편견들을 드러내고 이들이 지니는 함의들을 검사하기 때문이다. 특히 이 점은 구성주의와 후기구조주의에 대한 관계 속에서 드러날 수 있다. 구성주의는 정치과학에 대한 영향보다 구성주의를 주류 국제관계론으로서 다루는 많은 사람들과 함께 국제관계에 상당히 큰 영향을 미쳤다. 그러나 구성주의는 실질적인 이론이라기보다는 하나의 분석도구이다. 사실상 사람들이 자신들이 살고 있는 세계를 '구성한다'고 논의함에 있어, 그리고 세계가 일종의 '간주관적'인지를 통해 작동한다는 점을 시사함에 있어 구성주의자들은 객관성에 대한 주류 정치분석의 주장에 의문을 제기하였다. 예를 들어 주관적 존재로서 정치행위자들은 고정적인 혹은 객관적인 이해관계나 정체성을 가지고 있지 않다. 오히려 이해관계나 정체성들은 전통, 가치 그리고 어떤 시기에 유행하는 감정을 통해 형성되거나 재형성될 수 있다.

후기구조주의는 **탈근대주의**와 나란히 등장하였다. 이 두 가지 단어들은 때때로 상호교환적으로 사용된다. 후기구조주의는 다음의 사실을 강조한다. 즉 모든 이념과 개념들은 복잡한 권력관계 속으로 말려든 언어로 표현된다는 점이다. 특별히 프랑스의 철학자이자 급진적 지식인인 미셸 푸코(1926~1984)의 저술에 영향을 받은 후기 구조주의자들은 **담론** 혹은 '권력담론'에 대한 이념을 사용하는 권력과 사상체계 간의 연결에 주목하였다. 조야한 의미로 이것은 다음의 사실을 함축한다. 즉 지식은 힘이다. 그러나 보편적인 관계틀 혹은 지배적인 관점의 부재로 단지 일련의 경쟁적인 관점들이 존재할 뿐이다. 각각의 경쟁적인 관점들은 특별한 권력담론을 표현한다. 후기구조주의와 탈근대주의가 절대적이고 보편적인 진리(토대주의)라는 이념을 거부하고 있지만 후기구조주의자들은 다음의 사실을 논의한다. 즉 해체 과정을 통해 특별한 개념, 이론 그리고 해석들 속에서 숨겨진 의미들을 폭로하는 것이 가능하다는 점이다.

개념, 모델, 이론

개념·모델·이론은 정치분석을 위한 도구들이다. 하지만 정치학에 존재하는 대부분의 도구처럼, 이 분석적 도구들은 신중하게 사용해야 한다. 첫째, 개념에 관해 생각해 보자. 하나의 개념은 어떤 것에 관한 일반적 생각이며, 보통 간단한 단어나 짧은 문구로 표현된다. 하나의 개념은 적당한 명사나 한 사물이 가지고 있는 이름 이상의 것이다. 예를 들면 한 마리의 고양이에 관해 말하는 것 – 어떤 특별하고 독특한 고양이 – 과 '고양이'에 대한 개념을 가지는 것 – 고양이에 대한 관념 – 사이에는 차이가 있다. 고양이라는 개념은 하나의 '사물'이 아니라 하나의 '관념'이다. 즉 그것은 고양이에게 특징적인 성격을 부여하는 다양한 속성으로 구성된 하나의 관념이다. 요컨대 고양이가 지니는 특징적 성격은 '부드러운 털을 가진 포유동물', '작은', '길들여진' 동물, '쥐를 잡는' 동물 등이다. 한편 '평등' 개념은 하나의 원칙 혹은 이상이다. 이 개념은 한 육상선수의 기록이 세계기록과 동등하다거나 혹은 유산은 두 형제에게 '동등하게' 분배되어야 한다고 말하기 위해 그 용어를 사용한 것과는 다르다. 동일한 방식으로 '대통령직'이라는 개념은 어떤 특정한 대통령을 언급하는 것이 아니라 집행적 권력의 조직에 관한 일련의 이념에 관련된다.

　그렇다면 개념이 가지는 가치는 무엇인가? 개념은 우리들이 생각하고, 비판하고, 논증하고, 설명하고, 분석하는 도구이다. 외부 세계를 지각하는 것만으로는 외부 세계에 대한 지식을 가질 수 없다. 세계를 이해하기 위해 우리는 세계에 의미를 부여해야 하며, 우리는 이것을 개념의 구성을 통해 행한다. 예를 들면 어떤 고양이를 고양이로서 취급하기 위해 우리는 우선 그것이 무엇인가에 대한 개념을 가져야 한다. 개념이 비슷한 형태나 속성을

개념설명

이념형 Ideal Type
이념형[때때로 '순수형
(pure type)']은 하나의
정신적 구성이며, 이 구
성 속에서 논리적인 극
단화를 통해 거의 무한
정으로 복합적인 현실로
부터 의미를 끌어내려는
시도가 이루어진다.

가지고 있다는 점을 인식함으로써 개념은 우리에게 대상을 분류하도록 해준다. 가령 한 마리의 고양이는 '고양이들'이라는 사회의 한 구성원이다. 그런 까닭에 개념은 '일반적'인 것이고, 일반적 관념 자체의 특징에 따르는 어떤 대상과도 관련될 수 있다. 정치세계에 대한 우리의 지식은 우리에게 세계를 이해하도록 도와주는 개념들을 발전시키고 정제시킴으로써 형성된다. 이러한 의미에서 개념은 인간의 지식을 형성하는 받침대이다.

하지만 또한 개념은 교활한 소비자가 될 수 있다. 우선 우리가 이해하고자 하는 정치현실은 끊임없이 움직이며 매우 복잡하다. '민주주의'·'인간권리'·'자본주의' 등과 같은 개념은 이것들이 묘사하고자 하는 보기 흉한 현실보다 더 세련되고 일관된 것일 수 있는 위험이 항상 존재한다. 막스 베버 Max Weber는 '**이념형**ideal types'이라는 특별한 개념을 생각해 냄으로써 이 문제를 극복하고자 하였다. 이 관점은 우리가 사용하는 개념이 문제가 되고 있는 현상의 어떤 기본적인 혹은 중심적인 특징을 골라냄으로써 구성된다는 점을 함축하고 있다. 이 점은 현상이 가지고 있는 다른 특징은 격하되거나 혹은 무시된다는 것을 의미한다. '혁명' 개념은 이념형으로 간주될 수 있는데, 그 이유는 혁명이 근본적이며 대개 폭력적인 정치변화 과정에 주목하기 때문이다. 예를 들면 '혁명'이라는 개념은 1789년에 일어난 프랑스 혁명과 1989년에서 1991년 사이에 일어난 동유럽 혁명이 갖는 유사성을 강조함으로써 이들 혁명이 갖는 성격을 이해하게 한다. 하지만 개념은 주의 깊게 사용되어야 하는데, 그 이유는 개념이 중대한 차이를 숨길 수 있고 혁명이 가지는 이데올로기적·사회적 성격에 관한 이해를 왜곡시킬 수 있기 때문이다. 이런 이유로 개념이나 이념형은 '진실한' 것 혹은 '거짓인' 것으로 파악할 것이 아니라, 더 '유용한' 것 혹은 덜 '유용한' 것으로 파악하는 것이 좋다.

이에 덧붙여 또 다른 문제는 정치개념이 종종 심각한 이데올로기적 논쟁의 주제라는 점이다. 정치학은 부분적으로 단어와 개념에 대한 정당한 의미를 둘러싼 싸움이다. 적들은 '자유수호', '민주주의 지지', '정의구현' 등을 주장하면서 논쟁하고 싸우고 심지어 무력에 호소할 수 있다. 문제는 '자유'·

모델Model
의미있는 관계와 상호작
용을 강조함으로써 이해
를 증진시키는 것을 목
표로 하는 경험적 자료
에 대한 이론적 설명.

'민주주의'·'정의' 등과 같은 단어는 사회 구성원의 계층에 따라 각기 상이한 의미를 가진다는 데 있다. 우리는 '진정한' 민주주의, '진정한' 자유, '진정한' 정의가 무엇인지를 어떻게 확립할 수 있을까? 간단히 대답하면 우리는 이 것을 확립할 수 없다. 앞에서 행한 정치학을 정의하고자 하는 시도와 마찬 가지로 우리는 많은 정치개념을 다양하고도 경쟁적으로 해석하려는 시도도 존재한다는 점을 수용해야 한다. 중립적 혹은 합의를 본 정의가 내려질 수 없다는 점에서, 이러한 정치적 개념(민주주의·자유·정의)은 '본질적으로 논 쟁적인' 것으로 간주된다(Gallie, 1955, 1956). 사실상 하나의 단어는 수많은 경 쟁적인 개념을 표현할 수 있지만, 이 경쟁적 개념 중에 어떤 개념도 '진정한' 의미를 가지는 것으로 수용될 수 없다. 예를 들면 정치학을 국가에 관련되 는 것으로, 공적 삶의 행동으로서, 토론과 화해로서, 권력과 자원의 배분으 로서 정의하는 것은 모두 동등하게 정당하다.

모델과 이론은 개념보다 더 광범위하다. 이것들은 단일한 관념보다는 일 련의 관념들을 포함한다. **모델**은 인형의 집 혹은 장난감 무선전화기처럼 일 반적으로 더 작은 규모에서 보통 어떤 것을 대표하는 것으로 간주된다. 이 러한 의미에서 모델이 가지는 목적은 가능한 충실하게 원래의 대상을 모방 하는 것이다. 하지만 개념적 모델은 어떤 식으로도 하나의 대상과 비슷할 필요가 없다. 가령 경제에 관한 어떤 컴퓨터 모델이 경제 자체와의 유사성 을 산출해야 한다고 주장하는 것은 터무니없다. 오히려 개념적 모델은 분석 적 도구이다. 개념적 모델이 가지는 가치는 이것이 고안품이며, 이 고안품 을 통해 난잡하고 비조직화된 집합적 사실에 의미가 부여될 수 있다는 데 있 다. 사실은 스스로 어떤 것을 말하지 않는다. 다시 말해 사실은 해석되고 조 직되어야 한다. 모델은 이러한 일을 수행하는 데 도움을 준다. 왜냐하면 모 델은 중요한 경험적 자료가 가지는 의미와 중요성을 뚜렷하게 드러내는 관 계망을 포함하기 때문이다. 이 관계망을 이해하는 가장 좋은 방법은 사례를 이용하는 것이다. 정치분석에서 가장 영향력 있는 모델 중의 하나는 데이비 드 이스튼(1979, 1981)에 의해 발전된 정치체계 모델이다. 이 모델은 도표로 표현할 수 있다(그림 1.4 참조).

이 야심찬 모델은 체계분석이라 칭하는 것을 적용함으로써 중요한 정치 행위자가 가지는 기능과 전체의 정치과정을 설명하고자 한다. 하나의 체계는 조직체이거나 복합적인 전체로서 집합적 전체를 형성하는, 서로 연관되어 있고 상호의존적인 일련의 부분이다. 정치체계에서 이스튼이 '투입'과 '산출'이라 부르는 것은 연결되어 있다. 정치체계 속의 투입은 공중의 요구와 지지로 구성된다. 요구는 더 높은 생활수준, 고용에 대한 기대감, 좀 더 관대한 복지지출을 위한 압력에서부터 소수 민족과 개인의 권리에 대한 더 큰 보호까지를 망라한다. 한편 지지는 국민이 세금을 납부하고, 동의하고, 공적 생활에 기꺼이 참여함으로써 정치체계에 기여하는 방법이다. 산출은 정부의 결정과 행동으로 구성되는데 정책결정, 법률통과, 세금부과, 공공기금 배당 등이 포함된다. 산출은 '환류feedback'를 발생시키고, 이 '환류'는 또 다른 요구와 지지를 만들어 낸다. 이스튼 모델이 제시하고 있는 핵심적 통찰은 이 모델의 생존이 투입과 일치하여 초래된 산출에 의존할 때 정치체계가 장기적 균형 혹은 정치적 안정을 향해 나아가는 경향이 있다는 것이다.

하지만 개념적 모델은 기껏해야 이 모델이 설명하고자 하는 현실을 단순화한 것에 불과하다는 사실을 기억해야 한다. 개념적 모델은 단지 이해를 이끌어 내기 위한 고안물에 불과하며 신뢰할 만한 지식은 아니다. 예를 들면 이스튼이 제시하고 있는 모델의 경우에 정당과 이익집단은 '문지기'로 묘

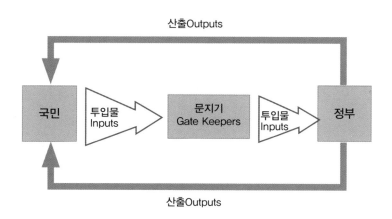

그림 1. 4
정치체계

사된다. 그리고 이 문지기가 행하는 주기능은 정치체계 속으로 투입의 흐름을 조절하는 것이다. 이 기능은 문지기가 가지는 중요한 기능 중의 하나이지만 정당과 이익집단도 역시 여론을 관리하고 공적 요구의 성격을 형성하는 데 기여한다. 요컨대 정당과 이익집단은 현실에서 체계 모델이 암시하는 것보다 더 흥미롭고 복잡한 제도이다. 동일한 방식으로 이스턴이 제시한 모델은 정치체계가 왜 압력과 강제를 사용하는지를 설명하는 것보다는 정치체계가 어떻게, 왜 대중의 압력에 반응하는지를 설명하는 데 좀 더 효율적이다.

이론과 모델이라는 용어는 종종 정치학에서 서로 교환되어 사용되었다. 이론과 모델은 정치분석의 도구로 사용되었던 개념적 구성물이다. 하지만 엄격하게 말하면 이론은 하나의 진술proposition이다. 이론은 경험적 자료에 대한 체계적 설명을 제공한다. 이에 반해 모델은 단지 설명적인 고안물에 불과하다. 모델은 아직도 검증되어야 하는 하나의 가설에 더 가깝다. 따라서 정치학에서 이론은 다소 '진실한' 것이라고 말할 수 있는 반면에, 모델은 단지 다소 '유용한' 것이라고 말할 수 있다. 하지만 이론과 모델은 때때로 명백하게 연결되어 있다. 즉 포괄적인 정치이론은 일련의 모델에 의해 설명될 수 있다. 가령 다원주의 이론(4장과 5장에서 논의할 것이다)은 국가에 대한 모델, 선거경쟁 모델, 집단정치 모델 등을 포괄한다.

하지만 사실상 모든 개념적 고안물, 이론과 모델은 감추어진 가치나 함축적인 가정을 지니고 있다. 이런 이유로 순수하게 경험적인 이론을 구축하는 것은 어려운 일이다. 가치와 규범적 믿음의 개입은 언제나 존재한다. 개념의 경우에 이 점은 '환호hurrah!의 단어'(예를 들면 '민주주의'·'자유'·'정의')나 '야유boo!의 단어'(예를 들면 '갈등'·'무정부'·'이데올로기' 심지어 '정치')로서 용어를 사용하는 사람들의 경향을 통해 증명된다. 모델과 이론은 또한 일련의 선입견을 포함하고 있다는 의미에서 다양하게 해석될 수 있다. 예를 들면 합리적 선택이론이 가치중립적이라는 주장은 수용하기 어렵다. 이 이론은 인간이 기본적으로 자기중심적이고 이기적이라는 가정에 기초를 두기 때문에, 정치적으로 보수적인 정책결론에 종종 관심을 가졌다는 점은 놀라운 일이 아니다. 마찬가지로 맑스주의자가 발전시킨 정치학에서 계급이론은 역사와 사회에 관한 더 광범위한 이론에 기초를 두고 있으며, 사실상 이 이론은 궁극적으로 사회철학의 타당성에 의존한다.

따라서 모델, 거시이론과 같은 분석적 고안물은 더 광범위한 거시이론에 기초하여 구성된다. 정치분석에 대한 이러한 중요한 이론적 도구들은 권력문제와 국가의 역할문제, 즉 다원주의·엘리트주의·계급분석 등에 주의를 기울인다. 이 이론은 4장과 5장에서 논의될 것이다. 하지만 훨씬 더 깊은 수준에서 많은 거시이론들은 중요한 이데올로기 전통이 가지고 있는 가정과 믿음을 반영하고 있다. 이 전통은 토마스 쿤이 『과학혁명의 구조The Structure of Scientific Revolutions』(1962)에서 패러다임으로 불렸던 것과 같이 작동한다. 패러다임은 지적 탐구과정을 구조화하는 데 도움을 주는 일련의 연관된 원칙·학설·이론 들이다. 사실상 패러다임은 지식 연구가 이루어지는 틀framework을 구성한다. 경제학의 경우 이것은 케인즈주의가 통화주의로 대체되는 데서 – 그리고 아마 그 후에 신케인즈주의로 옮기는 데서 – 찾아볼 수 있다. 그리고 운송정책의 경우 이것은 녹색이념의 발흥에서 나타났다.

쿤의 견해에 따르면 자연과학은 항상 하나의 단순한 패러다임에 의해 지배되었다. 과학은 일련의 '혁명'을 통해 발전하며 이 혁명 속에서 낡은 패러다임은 새로운 패러다임에 의해 대체된다. 하지만 정치·사회적 탐구는 투쟁적이고 경쟁적인 패러다임들의 전쟁터라는 점에서 다르다. 이 패러다임은 보통 정치이데올로기(자유주의·보수주의·사회주의·파시즘·여성주의 등)로 칭해지는 광범위한 사회철학의 형태를 취한다. 이들은 각각 사회생활에 대해 자신들이 가지고 있는 해석을 표현하며, 특별한 세계관을 제공한다. 이 이데올로기를 이론적 패러다임으로 묘사하는 것이, 전부는 아니라 할지라도 대부분의 정치분석이 특수한 집단과 계급의 이해관계를 발전시킨다는 의미에서 편협한 이데올로기라고 말하는 것은 아니다. 오히려 이것은 단지 정치분석이 일반적으로 특정한 이데올로기적 전통을 토대로 이루어진다는 것을 인정하는 것이다. 예를 들면 학문적 정치과학에서 많은 것이 자유주

정치학도들은 객관적이고 정치적으로 중립적이 되려고 해야만 하는가?

많은 사람들은 다음과 같이 믿는다. 정치학을 공부하는 것과 정치를 하는 것 간에, 즉 이 주제에 학문적 관심을 가지는 것과 정치적으로 관여하거나 전념하는 것 간에는 엄격한 구분이 있어야만 한다는 것이다. 그러나 이 구분은 시험에 서 있는가? 우리(학생뿐 아니라 교수자도)는 '과학적'인 객관성의 자세를 채택하면서 중립적인 태도로 정치학 연구에 접근해야만 하는가? 아니면, 우리는 정치에서 이해관계와 약속은 필연적으로 연결되어 있고 심지어 정치적 신념이 정치적 이해를 몰아낼지도 모른다는 점을 받아들여야만 하는가?

찬성

설명하고자 하는 욕구. 정치학을 연구하고 정치를 실천하는 동기들은 다르다(혹은 달라야만 한다). 정치학도들은 무엇보다도 (상당히 복잡하고 당황스러운) 정치세계를 이해하고 설명하려고 노력해야만 한다. 이들은 사물에 의미를 부여하기 때문에 그들이 가지고 있을지 모르는 어떤 개인적인 선호들은 엄격하게 이차적인 의미를 지니는 것으로 간주되어야만 한다. 이와는 대조적으로 정치의 개업자들(정치가, 활동가 그리고 이와 유사한 사람들)은 일차적으로 그들 자신의 신념이나 선호에 따라 정치세계를 재형성하는 데 관심이 있다. 그리하여 정치적 신념들은 사람들을 '불편한' 진리에 눈멀게 하며, 정치 분석을 정치적 옹호의 요구들에 봉사하게 만든다.

객관적 지식. 과학적 방법의 형태에 절대적인 권위를 가지고 있는 지식습득에 대한 하나의 접근법이 있다. 그리고 이것은 포함된 모든 영역의 학습, 정치학(혹은 '정치과학')에 적용되어야만 한다. 관찰, 측정 그리고 경험들을 사용하는 과학적 방법은 우리가 '현실세계'에 관해 알고 있는 것과 가설들을 비교함으로써 가설들이 입증되게 하거나 잘못됨 것임을 알 수 있게 해준다. 그러한 과학적 원칙들에 의해 인도된 체계적인 연구는 지식을 생산하고 축적하는 유일하게 믿을 수 있는 수단이다. 이 지식은 '객관적'인데, 그 이유는 이 지식이 경험적 문제들과 연관이 있고 규범적인 판단들을 만들려고 하지 않는 가치중립적 접근을 통해 형성되었기 때문이다.

자유롭게 부유하는 지식인들. 교육적이고 지적인 연구들은 공정한 학문에 있어 훈련적인 토대이며, 학생이나 교수자로 하여금 시간이 경과함에 따라 사회적·가족적 배경으로부터 유래하는 주장이나 편견으로부터 그 자신을 떼어 놓게 한다. 그리하여 독일의 사회학자 칼 만하임(1893~1947)은 다음과 같이 주장하였다. 객관성은 엄격하게 '사회적으로 소속되지 않은 인텔리겐차'의 영역인 것이다. 이 지식인 계급은 학문적이고 공정한 연구에 홀로 종사할 수 있는 사람들이다. 자유롭게 부유하는 지식인으로서 이들은 그들이 이해하려고 하는 세계로부터 물러나 서 있을 수 있고, 그래서 이 세계를 좀 더 분명하게 볼 수 있다.

반대

중립성의 신화. 자연과학자들은 그들의 연구를 객관적이고 공정한 관점에서 접근할 수 있을지도 모른다. 반면에 이것은 정치학에 있어서 불가능하다. 정치학이 어떻게 정의된다 할지라도 정치학은 우리가 살고 성장하였던 사회의 구조와 기능에 관한 문제들을 다룬다. 따라서 가족배경, 사회경험, 경제적 지위, 정치적 공감과 기타 등등은 우리 각자에게 그리고 우리 모두에게 우리가 연구하고자 하는 정치세계에 관한 편견을 형성한다. 사실 아마도 신뢰할 만한 지식에 대한 가장 큰 위협은 그러한 것으로서의 편견에서 오는 것이 아니라 정치적 중립성에 대한 믿을 수 없는 주장에서 반영된 편견을 인정하지 않는 것에서 발생한다.

해방적 지식. 지식 자체에 대한 공정한 연구를 통하여 정치학 연구를 행하는 사람은 별로 없다. 대신에 이들은 어떤 목적을 위해 지식을 추구하며, 그 목적은 항상 규범적인 요소를 가지고 있다. 널리 알려진 맑스의 말처럼, '철학자들은 다양한 방식으로 단지 세계를 해석하였을 따름이다. 중요한 것은 그 세계를 변화시키는 것이다'. 이러한 접근법은 현대의 비판이론가들에 의해 가장 분명하게 수용되었다. 이 이론가들은 해방적 정치에 대해 분명하게 약속하고 있다. 비판이론의 목적은 개인적이고 집단적인 자유를 위한 운동을 증진시키기 위하여 국내적·지구적 정치에서 존재하는 억압과 부정의의 구조들을 폭로하는 것이다.

경쟁하는 현실들. 탈실증주의 이론가들은 과학적 객관성이라는 바로 그 생각에 의문을 제기한다. 그리고 이들은 세계가 이해될 수 있는 하나의 방법 그 이상이 존재한다고 주장한다. 그리하여 관찰자의 믿음, 이념 그리고 가정과는 떨어져서 '현실세계'에 관해 단 하나의 전체를 지배하는 진리는 존재하지 않는다. 주체(정치학도)가 어떤 의지할 만한 방식으로 객체로부터 구별될 수 없다면, 공정한 학문은 기껏해야 이룰 수 없는 이상으로 취급되어야만 한다. 그래서 사회적·정치적 분석은 불가피하게 가치를 적재한 활동이다.

의-합리주의적 가정에 의거하여 구성되었고, 그리하여 자유주의의 유산이라는 흔적을 지니고 있다.

다양한 수준의 개념적 분석은 그림 1.5와 같이 도식화된다.

그림 1. 5
개념적 분석 수준들

개념	보기: 권력, 사회계급, 권리, 법
모델들 혹은 미시이론들	보기: 체계분석, 공공선택, 게임이론
거시이론들	보기: 다원주의, 엘리트주의, 기능주의
이데올로기 전통들/패러다임들	보기: 자유주의, 맑스주의, 여성해방주의

지구화 시대의 정치학

국내적/국제적 구분을 넘어서서?

학문적 분야로서 정치학은 관습적으로 국가 특히 국가의 통치기구들에 초점을 두었다. 즉 정치학은 국가의 제도적 구성, 권력은 국가 내에서 어디에 놓여 있는가, 결정들은 어떻게 만들어지는가, 그리고 기타 등등의 문제에 관심을 두었다. 국가에 기반한 이러한 패러다임은 정치가 명백하게 공간적이고 영토적인 성격을 가지고 있다는 것이다. 간단히 말해 국경과 경계가 중요하다는 점이다. 이 점은 특히 국내정치와 국제정치 간의 차이의 경우에 적용된다. 국내정치는 그 자신의 경계 내에서 질서를 유지하고 통제를 수행하는 국가기능과 연관을 맺으며, 국제정치는 국가간 혹은 국가들 사이의 관계와 연관을 맺고 있다. 이런 점에서 국가 최고의 혹은 절대적인 권위인 주권은 정치의 '내부'와 '외부'를 구분하는 '견고한 방'인 것이다. 국내적/국제적, 내부/외부 구분은 전통적으로 두 개의 아주 다른 정치적 상호작용의 영역으로 간주되었던 것을 분리시키고 있다(그림 1.6).

정치 내부가 위로부터의 지배를 강요하는 국내영역 내에서 국가의 기능으로부터 발생하는 명령적이고 통제적인 성격을 지니는 반면, 정치 '외부'는 무정부적 성격을 지니며, 이러한 성격은 국제적인 영역에서 주권국가보다 더 높은 권위가 없다는 데서 비롯된다. 나아가 국가에 기초한 패러다임이 가르쳤던 공간적 분할은 '정치학'과 '국제관계' 간의 전통적인 하위학문 분야

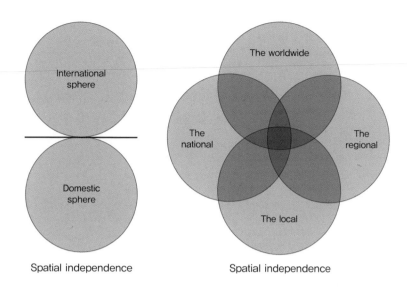

그림 1. 6
공간정치의
대조적 모델들

의 분업에서 반영된다. 정치학이 정치세계 내에서 국가를 거시적 수준의 행위자로 간주하려는 경향이 있었던 반면에 국제관계는 전형적으로 더 큰 국제적 무대 내에서 국가를 미시적 수준의 행위자로 다루었다.

그럼에도 정치에 대한 국가에 기초한 패러다임은 특히 지구화와 연관된 최근의 경향과 발전으로 인해 압박을 받게 되었다. 특히 경계를 가로질러, 혹은 초국가적인 사람·상품·화폐·정보 그리고 이념들의 흐름과 상호작용의 실질적인 증대가 있었다. 국가 경계들의 의미가 점점 더 약화되기 때문에 관습적인 국내적/국제적 혹은 '내부/외부' 분할은 유지되기 더 힘들게 되었다. 이 현상은 2007~2009년의 지구적 재정위기의 광범위한 충격에서 드러났던 것처럼 세계의 도처에서 발생하고 있는 사건들에 대해 상당히 큰 국내경제의 취약성에 의해 그리고 국가의 정부들이 통제하기에 매우 어려운 이동전화와 인터넷과 같은 수단들을 통해 사람들이 서로 소통할 수 있는 디지털 기술의 광범위한 사용에 의해 설명될 수 있다. 공간적 상호의존성의 규모·범위 그리고 종종 성격에서의 증대로 인해 사람들은 정치학과 국제관계 간의 학문적 분할이 폐지되어야만 한다는 생각에 동의하기 시작하였다 (Hat, 2010). 정치활동이 이제 더 이상 별개의 국내적 영역과 국제적 영역 내에서 일어나는 것으로 생각될 수 없다고 한다면 정치는 수많은 영역들 간에 그리고 이 영역들 사이에서 ─지구적·지역적·국가적·지방적(그림 1.6 참조)에서─ 중첩과 상호연관성의 의미에서 아마도 가장 잘 이해된다. 그럼에도 불구하고 정치를 전적으로 소설과 같은 그러한 접근으로 묘사하는 것은 잘 못일 것이다. 왜냐하면 국내적/국제적 분할이 보통 하나의 엄격한 교의로서 보다는 특별한 국면과 일련의 상호작용에 우선순위를 매기는 방식으로 더 다루어졌기 때문이다. 예를 들어 자유주의적 국제관계 이론가들은 오랫동 안 다음과 같이 논의하였다. 즉 국가의 헌법적 구조는 국가의 대외적 행동 에 영향을 미쳤다고 말이다. 반면에 혁명의 원인들을 연구하는 정치학자들 은 항상 다음의 사실을 수용하였다. 즉 전쟁과 침략이 이들의 발생에 종종 결정적인 요인일 수 있다고 말이다.

정치분석과 연관되는 한에서 이러한 점은 우리를 어디에 남겨 두는가?

정치가 지구적·지역적·국가적·지방적 영역에서 일어날 뿐만 아니라 결정적으로 이 다양한 영역들 간의 관계를 통해 일어난다는 점을 수용하는 것이 지니는 하나의 함의는 다음의 사실이다. 정치는 정치의 요소와 복합성 을 확대시켜 전체로서 정치의 의미를 파악하는 것이 어렵게 되고 불가능하 게 된다는 것이다. 예를 들어 이 점은 다음의 사실을 요구할 것이다. 즉 우리 는 전쟁·평화·핵확산·테러·빈곤 그리고 발전·국제기구 그리고 기타 등 등과 같은 주제들과 병행하여 선거·정당·헌법·의회 그리고 국가정부의 다른 양상 등과 같은 주제들을 연구한다는 점이다. 더욱이 국내적/국제적 분할이 분명히 지구화하는 경향들에 의해 손상을 입기는 하였지만 이 분할 이 전적으로 의미가 없게 되었다고 주장하기는 어렵다. 정치가 부분들의 모 두를 보이지 않는 지구적 전체로 효과적으로 흡수하는 상호연결성의 소용 돌이 속에 포획당했다는 공상적인 생각에 동의하는 이른바 '선전적 지구화 주의자들hyperglobalizer'은 다음의 사실을 인정하지 못한다. 즉 종종 변 화가 있기는 하였지만 국가는 국내적·국제적 영역에서 계속 가장 중요한 행위자라는 점이다. 주권은 정치 '내부'를 정치 '외부'로부터 분리하는 '굳건 한 방'이 더 이상 아닐지도 모른다. 그러나 주권은 적어도 '연한 방soft cell'

정치학과 국제관계: 두 개의 학문인가 아니면 하나의 학문인가?

정치학과 국제관계학(IR)은 두 개의 분리된 학문인가? 아니면 이것들은 동일한 광범위한 학문 내에서 즉 정치학 혹은 정치분석 내에서 하위 분야 혹은 다른 분석 수준으로 간주되어야만 하는가? 대부분의 맥락에서 정치학과 국제관계학은 서로 독립적으로 등장하였다. 정치학은 미국과 유럽에서 19세기 중반부터 하나의 학문 분야로 확립되었다. 반면에 국제관계학은 제1차 세계대전의 결과 발전하였고 일반적으로 지속적인 평화를 위한 조건들을 규명하고자 하는 열망에 의해 형성되었다(동일한 방식으로 정치학에 결코 적용되지 않았던 연구의 정책적 중요성에 관한 관심). 정치학과 국제관계학은 분리된 지식분야를 구성하는데, 그것은 정치학이 국내문제와 발전들(국가 내에서 일어나는 것에 관심)을 다루는 반면에 국제관계학은 '국제적'인 문제와 발전들(국가 간에 발생하는 것에 대한 관심)을 다룬다는 점에서 그렇다. 따라서 정치학과 국제관계학은 그들 자신의 분석도구와 이론적 관점들을 발전시켰고, 이를 통해 정치학과 국제관계학은 말하자면 경제학이나 사회학처럼 동일한 정도의 학문적 신빙성을 향유하게 되었다.

하지만 정치학과 국제관계학 간의 학문적 구분은 항상 임의적이었을지 모른다. 이러한 관점에서 정치학과 국제관계학은 별개의 학문이 아니라 중첩되는 학문으로 간주될 수 있다. 즉 이 학문들은 다른(항상 연관된) 수준의 정치적 상호작용에도 불구하고 아주 유사한 질문들을 한다. 정치학과 국제관계학은 일차적으로 권력에 관한 질문에 관심을 가졌다(권력의 배분·행사·결과 그리고 기타 등등). 그리고 물론 정치학이 국가를 거시 수준의 행위자로 간주하는 반면, 국제관계학은 국가를 미시 수준의 행위자로 간주함에도 이 두 학문들은 국가의 성격, 역할 그리고 활동을 특히 강조한다. 사회관계들에서 갈등과 협력 간의 균형에 관한 질문들은 또한 이 두 학문에 있어 중심을 이룬다. 학문적 구분에 대한 생각은 점점 더 상호의존적인 세계의 출현으로 인해 특히 문제의 소지가 많게 되었다. 상호의존적 세계에서 '국내적인 것'과 '국제적인 것'은 이전보다 더 크게 서로 영향을 주고받는다. 지구화, 기후변화, 다차원적 거버넌스, 안보 그리고 범죄는 전통적인 국내/국제 구분을 당황케 하는 그러한 문제들이다. 그리고 이 문제들은 아마도 엄격한 학문적 혹은 하위학문적 단층선들이 필요없게 되어야만 한다는 점을 시사한다(Hay, 2002).

으로 남아 있다. 이 책이 공간적 상호의존성의 의미들과 특히 국가 내에서 일어나고 있는 것과 국가들 간에 일어나고 있는 것이 전보다 더 큰 정도로 서로에게 영향을 미치고 있다는 전체론적 접근법을 수용하고 있지만 이 책은 근본적으로 국내적 관점에서 정치의 상호작용들을 고려하고 있다. 이와는 대조적으로 이 책과 짝을 이루는 『지구정치학*Global Politics*』(2011)은 근본적으로 국제적 혹은 지구적 관점에서 정치의 상호작용들을 검토하고 있다. 그래서 『지구정치학』은 관습적으로 국제관계 분야 내에서 관습적으로 연구되었던 이념·쟁점·이론들에 특별히 관심을 두고 있다.

요약

(1) 정치는 사람들이 살아가면서 지켜야 할 일반적 규칙을 만들고, 보존하고 수정하는 활동이다. 그렇기 때문에 한편으로 정치는 불가피하게 다양성과 갈등에 관계되며, 다른 한편으로는 집단적으로 행동하고, 협력하고자 하는 의지와 연결되는, 본질적으로 사회적인 활동이다. 모든 갈등이 해결되거나 혹은 해결될 수 없는 까닭에 갈등 해소를 위한 연구로 보는 것이 옳다.

(2) 정치는 여러 사상가와 다양한 전통 내에서 다르게 이해되었다. 정치는 통치기술로, 혹은 '국가에 관련되는 것'으로, 공적 문제를 수행하고 관리하는 것으로, 토론과 화해를 통해 갈등을 해소하는 것으로, 그리고 사회생활에서 자원의 생산·배분·사용으로서 이해되었다.

(3) '정치적인 것'의 영역에 관해 많은 토론이 행해졌다. 관습적으로 정치는 좁은 의미에서 사회생활의 집단적 조직과 관련된 공공 영역에서 기능하는 제도와 행위자를 포함하는 것으로 이해되었다. 하지만 정치가 권력구조적 관계라는 의미에서 파악될 때, 그것은 또한 사적 영역에서도 기능하는 것으로 이해된다.

(4) 다양한 연구방법이 학문적 분야로서 정치학의 연구를 위해 채택되었다. 이 연구방법은 정치철학 혹은 규범적 이론에 대한 분석을 포함하며, 특히 제도와 구조의 연구와 관련된 경험적 전통은 행위분석을 통해 과학적 엄격함을 도입하고자 한다. 그리고 현대의 다양한 연구방법으로 공공선택이론과 합리적 선택이론 등을 들 수 있다.

(5) 개념·모델·이론은 정치분석의 도구이며, 지식을 형성하는 토대를 제공해 준다. 하지만 이것들은 단지 분석적 장치이다. 개념·모델·이론이 이해를 진척시키는 데 기여하지만, 이 장치들은 저마다 묘사하고자 하는 다듬어지지 않은 복잡한 현실보다 매끈하고 일관성이 있다. 궁극적으로 모든 정치적·사회적 탐구는 특정한 지적 틀이나 이데올로기적 패러다임 내에서 이루어진다.

(6) 국가 내에서 일어나는 일과 국가간 관계 속에서 일어나는 일 사이의 차이점을 반영하면서 전통적으로 국내정치적 영역과 국제정치적 영역 간의 차이점에 주목하였다. 이러한 국내적/국제적 구분으로 인해 정치과학과 국제관계 간의 학문적 차이가 유지되었다. 그러나 지구화와 상호의존적인 세계의 출현으로 인해 이러한 차이의 유효성에 상당한 의문이 쏟아졌다.

토론사항

(1) 정치가 본질적으로 사회적이라면, 왜 모든 사회적 활동이 정치적인 것은 아닌가?

(2) 정치는 하나의 활동무대 혹은 하나의 과정으로 간주되어야만 하는가?

(3) 권력은 왜 자주 정치를 정의하는 특징으로 간주되었는가?

(4) 무슨 근거로 정치는 옹호될 수 있는가?

(5) 정치는 필연적인가? 정치는 종국을 맞을 수 있을까?

(6) 정치학 연구에 주류적 접근법과 비판적 접근법들은 어떻게 다른가?

(7) 정치과학에 대한 이념이 왜 그렇게 매혹적이었는가?

(8) 정치를 객관적으로 편견없이 연구하는 것이 가능한가?

(9) 국내정치적 영역과 국제정치적 영역 간의 구별이 더 오래 유지될 수 있는가?

더 읽을 거리

• Hay, C.,(ed.), *New Directions in Political Science: Responding to the Challenge of an Independent World*(2010). 정치와 정치적 문제들에 대한 지구적 상호의존성의 성격, 범위 그리고 함의에 대한 일련의 빈틈없는

반성들

- Leftwich, A.(ed.) *What is politics? The Activity and Its Study*(2004). 정치학에서 나타나는 대립적 관점뿐 아니라 다양한 개념들을 검토하는 매우 유익한 논문 모음집.

- Marsh, D. and G. Stoker(eds), *Theory and Methods in Political Science*, 3rd edn(2010). 정치과학의 성격과 영역에 대해 접근하기 쉽지만 포괄적이고 복잡한 설명을 담고 있는 서적.

- Savigny, H. and L. Marsden, *Doing Political Science and International relations: Theories in Action*(2011). 광범위한 이론과 접근법들을 검토하기 위해 사례연구들을 사용하는 정치학 입문서.

정치이념과 이데올로기

"철학자는 단지 다양한 방식으로 세계를 해석하였을 뿐이다.
이제 문제는 세계를 변화시키는 것이다."

Karl Marx, *Theses Feuerbach*(1845)

개관

모든 사람들은 정치 사상가들이다. 이 사실을 알든 모르든 간에 사람들은
그들이 자신의 의견이나 마음을 표현하고 말할 때마다 정치적 이념과 개념
들을 사용한다. 일상 언어는 자유·공정성·평등·정의·권리 등과 같은 단
어들을 어질러 놓고 있다. 동일한 방식으로 보수주의자·자유주의자·파시
스트·사회주의자 혹은 여성주의자 등과 같은 단어들은 사람들이 자신의 견
해나 타인의 견해들을 기술하기 위해 정기적으로 사용되었다. 그러나 그러
한 단어들이 친숙하고 심지어 평범하다 할지라도 이 단어들은 의미에 대한
정확성이나 분명한 이해를 가진 채 사용되지는 않았다. 가령, '평등'이란 무
엇인가? 모든 사람들이 평등하다고 말하는 것은 무엇을 의미하는가? 사람들
이 평등하게 태어났다고 한다면 그들이 평등한 것처럼 사회에 의해 그들은
대접받아야만 하는가? 사람들은 동등한 권리, 동등한 기회, 동등한 정치적
영향력, 동등한 임금 등을 가져야 하는가? 마찬가지로 공산주의자 혹은 파
시스트와 같은 단어들은 일반적으로 잘못 사용되었다. 어떤 사람을 '파시스
트'로 칭한다는 것은 무엇을 의미하는가? 파시스트들은 어떤 가치 혹은 믿음
을 가지고 있는가? 그리고 그들은 왜 이 가치나 믿음들을 주장하는가? 공산

주의적 견해들은 예를 들어 자유주의자, 보수주의자, 혹은 사회주의자들의 견해와 어떻게 다른가? 이 장은 중요한 이데올로기적 전통의 관점에서 정치 이념들을 검토하려 한다. 특히 이 장은 '고전적' 이데올로기들(자유주의, 보수주의 그리고 사회주의)에 초점을 둔다. 그러나 이 장은 또한 고전적 전통을 벗어나거나 반대하여 일어났던 다른 이데올로기적 전통들도 고려한다. 각각의 이데올로기적 전통은 특징적인 지적인 틀이나 패러다임을 구성하고 있으며, 그래서 정치세계에 대한 특별한 '렌즈'를 제공해 준다. 그러나 다양한 이데올로기적 전통을 검토하기 전에 정치이데올로기 자체의 성격을 고찰하는 것이 필요하다.

쟁점

---

(1) 정치이데올로기란 무엇인가?

(2) 정치는 본질적으로 이데올로기와 연관이 있는가? 이데올로기는 종식될 수 있는가?

(3) 주요한 이데올로기적 전통에 대한 핵심적인 이념과 이론들은 무엇인가?

(4) 주요한 이데올로기들 각각은 어떠한 내적 긴장들을 포함하고 있는가?

(5) 이데올로기적 사고는 시간의 흐름에 따라 어떻게 변화했는가?

(6) 이데올로기의 흥망성쇠는 어떻게 설명될 수 있는가?

정치이데올로기란 무엇인가?

이데올로기는 정치분석에서 접하는 가장 논쟁적인 개념 중의 하나이다. 이 단어는 이제 발전된 사회철학 혹은 세계관을 언급하기 위해 중립적 의미로 사용되는 경향이 있지만, 이것은 과거에 주로 부정적 혹은 경멸적인 함의를 가졌다. 때때로 이데올로기가 왜곡되어 사용되는 동안, 이데올로기 개념은 보통 신조나 교의를 비난하거나 비판하기 위한 정치적 무기로 사용되었다.

'이데올로기'라는 단어는 1796년 프랑스의 철학자 데스튀트 드 트라시(Destutt de Tracy; 1754~1836)가 만들었다. 그는 '이데올로기'라는 단어를 의식적인 사상과 관념의 기원을 밝히고자 하였던 새로운 '관념학science of ideas'–문자상으로 관념-학문idea-ology–을 언급하기 위해 사용하였다. 트라시는 이데올로기도 궁극적으로 동물학·생물학과 같이 확립된 과학으로서 동등한 위상을 누리길 바랐다. 하지만 이 단어가 가지는 좀 더 지속적인 의미는 19세기에 칼 맑스의 저작 속에서 언급되었다. 맑스가 판단하기에 이데올로기는 '지배계급'이 가지고 있는 이념이었다. 다시 말해 이데올로기는 계급지배를 지지하고 착취를 지속시키고자 하는 이념이었다. 맑스와 엥겔스는 『독일 이데올로기』에서 다음과 같이 적었다.

> 지배계급이 지니고 있는 이념은 모든 시기에 지배적인 이념이다. 사회에서 지배적이며 물질적인 힘인 계급은, 동시에 지배적이며 정신적인 힘이다. 물질적 생산수단을 소유하고 있는 계급은, 동시에 정신적 생산수단을 통제한다(Marx and Engels, [1846] 1970: 64).

맑스주의적 의미에서 이데올로기가 지니는 규정적 특징은 이데올로기가 거짓이라는 점이다. 요컨대 이데올로기는 모든 계급사회의 토대에 놓여 있는 모순을 은폐함으로써 예속적 계급을 신비화하고 혼동시킨다는 점이다. 자본주의가 관련되는 한에서, 재산을 소유하고 있는 부르주아의 이데올로기는 착취당하는 프롤레타리아 사이에서 기만과 '허위의식'을 촉진시키며, 이 이데올로기는 프롤레타리아가 착취를 당하고 있다는 사실을 인식하지 못하게 한다. 그렇지만 맑스는 모든 정치적 관점이 이데올로기적 성격을 가졌다고는 믿지 않았다. 그는 계급수탈과 억압의 과정을 폭로하고자 시도하였던 자신의 연구를 과학적이라고 주장하였다. 그의 관점에서 볼 때 과학과 이데올로기, 진실과 허위는 또렷이 구분된다. 하지만 이 구분은 레닌, 그람시Gramsci와 같은 후기 맑스주의자의 글 속에서 약화되는 경향을 띠었다. 레닌과 그람시는 '부르주아 이데올로기'뿐 아니라, 맑스가 터무니없다고 생각하였을 '사회주의 이데올로기' 혹은 '프롤레타리아 이데올로기'라는 단어에 관해서도 언급하였다.

자유주의자와 보수주의자도 이데올로기에 대한 대안적 사용을 발전시켰다. 1차 세계대전과 2차 세계대전 사이에 대두한 전체주의 독재는 칼 포퍼, 탈몬J. L. Talmon, 한나 아렌트와 같은 학자를 고무하였다. 그들은 이데올로기를 순응과 복종을 확실하게 하기 위한 사회통제 수단으로 간주하였다. 파시즘과 공산주의에 대한 예를 들면서, 냉전이라는 단어를 자유주의적으로 사용해 이데올로기를 '폐쇄적'인 사상체계로 취급하였다. 이 '폐쇄적' 사상체계는 진리에 대한 독점권을 주장하면서, 반대 의견과 경쟁적 믿음을 너그럽게 받아들이는 것을 거부하였다는 것이다. 이와는 대조적으로 개인의 자유를 근본적으로 허용하고 있는 자유주의와 폭넓게 자유주의 원칙을 인정하고 있는 보수주의, 민주사회주의와 같은 교리는 명백하게 이데올로기가 아니라는 것이다. 이 교리는 자유토론·반대·비판을 허용하고 주장한다는 의미에서 '개방적'이다.

마이클 오크쇼트Michael Oakeshott와 같은 사상가는 '이데올로기'라는 단어를 유달리 보수적으로 사용하였다. 이 관점은 그 특징에 있어 **합리주의**가 지니는 가치에 대한 보수주의적 회의를 반영하고 있다. 보수주의적 회의는 세계가 일반적으로 인간 정신의 능력을 넘어서 있다는 믿음에서 탄생했다. 오크쇼트가 적고 있는 것처럼 정치활동에서 "인간은 경계가 없고 바닥이 없는 바다를 항해한다." 이러한 관점에서 이데올로기는 추상적 '사상체계', 즉 정치현실을 왜곡하는 일련의 관념으로 간주된다. 왜냐하면 이데올

개념설명

실용주의Pragmatism
실천적인 환경 혹은 목
표를 일차적으로 강조하
는 이론 혹은 실습을 의
미한다. 실용주의는 추
상적 이념에 대한 불신
을 내포하고 있다.

로기는 이해할 수 없는 것을 설명할 수 있다고 주장하기 때문이다. 이것은 전통적으로 보수주의자가 이데올로기로 용인한 개념을 거부하였던 이유이다. 대신에 보수주의자는 보수주의를 하나의 성향 혹은 '마음의 자세'로 묘사하는 것을 좋아하며, 자신들이 지니고 있는 믿음을 **실용주의** · 전통 · 역사 속에서 찾고 있다.

하지만 이러한 각각의 사용이 안고 있는 단점은 이 사용이 부정적이거나 경멸적이기 때문에 단어 적용을 제한한다는 점이다. 달리 표현하면, 어떤 정치적 교리는 '이데올로기'의 범주에서 제외된다. 예를 들어 맑스는 자신의 생각이 이데올로기적이 아니라 과학적이라고 주장하였다. 자유주의자는 자유주의가 하나의 이데올로기로 간주된다는 것을 부인하였고, 보수주의자는 이데올로기적 정치 스타일보다 실용적인 스타일을 포용한다고 주장하였다. 더욱이 이러한 각각의 정의는 특정한 정치적 교의의 가치와 정향이 내포되어 있다. 그러므로 '이데올로기'에 대한 포괄적 정의(모든 정치적 전통에 적용되는 정의)는 중립적이어야 한다. 다시 말해 이 정의는 이데올로기가 '좋다', '나쁘다', '진실하다', '거짓이다' 혹은 '해방적이다', '억압적이다'는 의미를 거부해야 한다는 점이다. 이것은 이데올로기에 대한 현대적 · 사회과학적 의미가 지니는 미덕이다. 그리고 이 가치는 이데올로기를 행동지향적 믿음체계, 즉 어떤 방식으로 정치행위를 인도하고 고무하는 일련의 상호 연관된 이념으로 취급한다.

그러나 20세기 중반 이후 이데올로기에 관한 수많은 토론들이 이데올로기의 종언 혹은 적어도 이데올로기의 쇠퇴에 대한 예언에 초점을 맞추었다. 이러한 현상은 '이데올로기의 종말'에 관한 토론으로 알려지게 되었다. 이 토론은 1950년대에 시작되었고 제2차 세계대전의 종결과 함께 파시즘의 붕괴와 선진 서구에서 공산주의의 쇠퇴로 인해 고무되었다. 『이데올로기 종말 *The End of Ideology*』(1960)에서 미국의 사회학자 다니엘 벨(1919~2011)은 정치이념에 대한 신용이 고갈되었다고 천명하였다. 그가 볼 때 윤리적이고 이데올로기적인 문제들이 별로 중요하지 않게 되었는데, 그 이유는 대부분의 서구사회에서 정당들은 높은 수준의 경제성장과 물질적 풍요를 약속함

정치는 이데올로기 없이도 존재할 수 있는가?

'이데올로기'라는 단어는 전통적으로 경멸적인 의미들을 가지고 있었고, 종종 긴급한(그리고 일반적으로 환영받는) 소멸에 대한 예언을 통하여 표현되었다. 하지만 가지각색의 사망기사에도 불구하고 정치이데올로기는 완강히 죽기를 거부하였다. 즉 특별한 이데올로기들이 부흥하거나 쇠퇴할 수도 있는 반면, 이데올로기적 정치형태는 세계사의 지속적인 특징인 것처럼 보인다. 정치는 본질적으로 이데올로기와 연결되었는가? 아니면 정치는 궁극적으로 이데올로기적 믿음에 의해 던져진 그림자로부터 출현할 수도 있는가?

찬성

거짓과 기만의 극복. 대부분의 이데올로기 비판들은 이데올로기를 거짓 그리고 조작과 연관시킨다. 이것은 이성과 비판적 이해가 우리를 이데올로기적 정치로부터 해방시킬 수 있고 해방시킬 것이라는 점을 함축한다. 이 관점에서 이데올로기들은 사실상 정치적 종교, 일련의 가치, 이론들이며, '신자들'로부터 믿음과 헌신을 요구하는 교의이다. 이럴 경우 신자들은 그가 선택한 세계관 밖에서 혹은 세계관을 초월하여 생각할 수 없다. 이데올로기들이 지적 감옥소라면, 그 해결책은 세계를 있는 그대로 이해하는 것이다. 이것은 가치중립적인 과학적 방법의 적용을 통해서 이루어질 수 있는 그 어떤 것이다. 그리하여 정치학의 목적은 정치를 이데올로기로부터 떼어 놓는 것이다.

기술관료적 정치의 증대. 정치이데올로기는 출현하는 산업사회를 형성하고자 하는 대조적인 시도의 형태로 일어났다. 좌/우 구분과 사회주의와 자본주의 간의 싸움은 항상 이데올로기적 논의의 핵심이었다. 하지만 공산주의의 붕괴와 거의 전 세계에 걸친 시장자본주의의 수용은 이 경쟁이 현대정치에서 별로 중요하지 않게 되었다는 점을 뜻한다. 따라서 정치는 소유와 부의 분배와 관계있는 이데올로기적 질문들이 아니라 자본주의 제도의 효과적인 관리와 관계있는 '더 작은' 질문으로 순환하게 된다. 이데올로기적 정치는 기술관료적 정치에 자리를 내주었다.

소비자주의적 정치의 증대. 이데올로기는 선거경쟁의 논리로 인해 현대 민주주의 제도에서 별로 설 자리가 없다. 선거들은 정당으로 하여금 시장에서 기업과 같이 행동할 것을 강요한다. 그래서 선거들은 가장 큰 수의 '소비자들'(투표자)을 매혹시키고자 하는 희망 속에서 '생산물'(정책)을 만들어 낸다. 그리하여 정당들은 이전에 존재한 이데올로기적 비전의 관점에서 이 요구들을 재형성하고자 노력하는 것보다는 오히려 점점 더 소비자/투표자 요구에 반응한다. 정당들이 역사적으로 좌파, 우파 혹은 극단주의자였든 간에 이들은 이데올로기적 의미에서는 '가볍게 여행'하는 것이 지니는 선거상의 가치를 알고 있다. 따라서 선거정치는 정당의 탈이데올로기화 과정에 기여한다.

반대

지적 틀로서의 이데올로기. 정치이데올로기는 정치가, 정당 그리고 다른 정치행위자들에게 그들이 살고 있는 세계를 의미있게 만들게 하는 데 도움을 주는 지적 틀을 제공해 주기 때문에 항상 생존할 것이다. 이데올로기들은 체계적인 미혹이 아니라 오히려 정치세계에 대한 경쟁적인 비전들이다. 이 비전들은 복잡하고 다면적인 현실의 특수한 면을 설명해 준다. 따라서 이데올로기들은 단순한 의미에서 진리도 거짓도 아니다. 아마도 가장 위험한 기만은 과학과 이데올로기 간의 명백한 차이에 대한 관념이다. 과학 자체는 시간이 경과함에 따라 대체되는 그러한 패러다임의 토대 위에서 건설되었다.

이데올로기적 갱신. 이데올로기의 생존과 그 지속적인 중요성의 비밀은 이데올로기의 유연성에 있다. 이것은 이데올로기적 전통들이 외관상으로 끊임없는 재정의와 갱신의 과정을 거친다는 사실이다. 낡은 이데올로기들이 사라져 갈 때 새로운 이데올로기들이 출현한다. 이데올로기의 세계는 멈추어 있는 것이 아니라 사회적·역사적 환경의 변화에 반응하여 변화한다. 좌/우 구분의 중요성의 쇠퇴는 '이데올로기의 종말' 혹은 '역사의 종말'을 초래하였던 것이 아니다. 이 구분의 쇠퇴는 단지 새로운 이데올로기 공간들을 열었다는 것이다. 이 새로운 이데올로기 공간들은 여성주의, 녹색정치, 다문화주의 그리고 세계주의와 같은 종류에 의해 채워졌다.

'선견지명적인 것(vision thing)'. 정치에 있어 의미와 이상주의의 주요한 원천으로서 이데올로기는 다른 정치형태들이 도달할 수 없는 정치의 모습들에 영향을 미친다. 이데올로기는 사람들 자신보다 더 큰 어떤 것을 믿을 이유를 사람들에게 준다. 왜냐하면 사람들의 개인적 이야기들은 이 이야기들이 더 광범한 역사적 이야기 내에 위치할 때 비로소 의미가 있기 때문이다. 따라서 탈이데올로기 시대는 희망과 비전이 없는 하나의 시대가 될 것이다. 정치가들이 이데올로기적 목적에서 그들의 권력추구를 은폐할 수 없다면 이들은 단지 권력을 추구하는 실용주의자로 보일 위험이 있고, 그래서 그들의 정책 프로그램들은 일관성과 방향성이 없는 것처럼 보일 것이다.

으로써 단순히 권력을 장악하기 위해 경쟁하기 때문이라는 것이다. 이 토론은 후쿠야마와 같은 '역사의 종말' 이론가들에 의해 부활되었다. 후쿠야마는 다음과 같이 시사하였다. 즉 자유민주주의라는 하나의 이데올로기가 그의 모든 경쟁자들을 물리치고 승리하였고, 이 승리는 최종적이었다는 것이다. 이러한 토론들의 핵심에는 정치와 이데올로기 간의 관계, 특히 정치가 이데올로기 없이도 존재할 수 있는지에 관한 문제가 놓여 있다.

고전적 이데올로기적 전통들

메타이데올로기

Meta-ideology

이데올로기적 토론이 일
어날 수 있는 토대를 세
우는 더 높은 혹은 이차
적 순위의 이데올로기.

정치이데올로기는 봉건제에서 산업자본주의로의 이행과정에서 발생하였
다. 단순한 의미에서 가장 초기의 혹은 '고전적' 이데올로기들－자유주의,
보수주의 그리고 사회주의－은 출현하는 산업사회에 대한 대조적인 시도
들로서 발전하였다. 이 점은 다음의 사실을 의미하였다. 즉 이 시기 동안에
그리고 이 시기를 넘어서 이데올로기 토론과 논쟁에서 중심적인 주제는 자
본주의와 사회주의라는 두 가지 경쟁적인 경제철학 간의 전쟁이었다는 점
이다. 그리하여 정치이데올로기는 강력한 경제적 초점을 가지고 있었다. 자
본주의와 사회주의 간의 전쟁노선들은 세계에서 첫 번째 사회주의 국가를
탄생시켰던 1917년 러시아혁명에 의해 상당한 정도로 첨예화되었다. 참으
로 때때로 '짧은' 20세기(제1차 세계대전에서 공산주의의 붕괴 1989~1991까지)로
칭해졌던 시기를 관통하여 그리고 특히 냉전 시기(1945~1990) 동안에 국제정
치는 이데올로기적 노선에 따라 구조화되었는데, 그 이유는 자본주의 서구
와 공산주의 동구가 대립하였기 때문이다. 이데올로기 토론이 1960년대 이
후로 특히 여성주의·녹색정치와 같은 이른바 '새로운' 이데올로기들의 발
전의 결과로서 더 풍부하고 확실히 점점 더 다양해졌지만 고전적 이데올로
기들은 여전히 기본적인 중요성을 유지하였다. 이것은 주로 고전적 이데올
로기 스스로가 자신을 개혁하는 능력 덕분이었다. 그렇게 하는 과정에서 이
들 간의 구분적인 노선들이 종종 희미해졌다.

자유주의

정치이데올로기에 대한 설명은 자유주의에서 시작해야 한다. 왜냐하면 자
유주의는 사실상 산업화된 서구의 이데올로기이기 때문이다. 그리고 자유
주의는 종종 광범위하게 경쟁적 가치나 믿음을 포용할 수 있는 **메타이데올
로기**로 표현되기 때문이다. 자유주의가 19세기 초까지 발전된 정치적 신조
로 출현하지는 않았지만, 특수하게 자유주의 이론과 원칙은 300년 전부터

자유주의: 핵심이념들

① **개인주의**: 개인주의는 자유주의 이데올로기의 핵심적 원칙이다. 이것은 어떤 사회집단 혹은 집합체에 반대되는 것으로서 개인을 가장 중요하게 여긴다는 믿음을 반영한다. 인간은 무엇보다도 개인으로 간주된다. 이것은 개인이 동등한 도덕적 가치를 가짐과 동시에, 분리되고 독특한 정체성을 가지고 있다는 점을 함축한다. 그러므로 자유주의의 목표는 개인이 번영하고 발전할 수 있는 하나의 사회를 건설하는 것이다. 각 개인은 능력을 최대한 발휘하여 자신들이 정의하는 '선the good'을 추구한다. 이것은 자유주의가 개인으로 하여금 도덕적 결정을 하게끔 허용하는 일련의 규칙을 확립한다는 의미에서 도덕적으로 중립적이라는 견해에 기여하였다.

② **자유**: 개인의 자유(freedom, liberty: 이 두 단어는 서로 교환할 수 있다)는 자유주의가 지니는 핵심적 가치이다. 이 가치는 평등, 정의 혹은 권위에 우선한다. 이것은 개인에 대한 믿음과 각 개인이 즐기고 선택하는 대로 행동할 수 있다는 것을 보장하고자 하는 욕망으로부터 자연스럽게 발생한다. 그럼에도 자유주의자는 '법 아래 자유freedom under the law'를 지지한다. 왜냐하면 자유주의자는 한 개인의 자유가 다른 사람의 자유를 위협할 수 있다는 점을 인정하기 때문이다. 자유는 방종으로 흐를 수도 있다. 그런 까닭에 자유주의자는 개인이 모든 사람을 위한 자유와 양립 가능한 최대한의 자유를 누려야 한다는 이상을 따른다.

③ **이성**: 자유주의자는 세계가 이성적인 구조를 가지고 있다고 믿는다. 또한 세계는 인간 이성의 활동과 비판적 탐구를 통해 규명될 수 있다고 믿는다. 이러한 믿음으로 인해 자유주의자는 개인 자신을 위해, 즉 대부분의 경우에 개인 자신의 이해관계에서 가장 현명한 판단을 하기 위해 개인이 지닌 능력에 의존하는 경향이 있다. 이것은 또한 자유주의자로 하여금 피와 전쟁보다 토론과 논쟁을 통해 인간 사이에 존재하는 차이를 해결하고자 하는 인간의 능력과 진보에 대한 믿음을 갖도록 장려한다.

④ **평등**: 개인주의는 근본적 평등에 대한 믿음을 내포한다. 즉 이 믿음은 개인이 적어도 도덕적 가치라는 의미에서 "평등하게 태어났다"는 것이다. 이것은 법적 평등('법 앞에서 평등')과 정치적 평등('일인 일표: 하나의 투표, 하나의 가치')의 형태로 동등한 권리와 요구에 대한 자유주의자의 승인 속에 반영되어 있다. 하지만 사람들은 일을 함에 있어 동등한 자질과 의지를 갖고 있지 못하기 때문에 자유주의자는 사회적 평등 혹은 산출의 평등을 인정하지 않는다. 오히려 자유주의자는 개인이 지니고 있는 불평등한 잠재력을 실현하기 위해 모든 개인에게 동등한 기회를 부여하는 기회균등을 지지한다. 따라서 자유주의자는 성실한 노력에 더불어 재능을 아쉬운 대로나마 고려한다는 장점을 가진 실적주의 원칙을 지지한다.

⑤ **관용**: 자유주의자는 관용toleration , 즉 관용forbearance(다른 사람들이 자신의 방식대로 생각하고, 말하고, 행동하는 것을 허용하는 인간의 의지)이 개인의 자유를 보장하고 사회를 풍요롭게 하는 수단이라고 믿는다. 또한 자유주의자는 도덕적·문화적·정치적 다양성의 형태 속에서 다원주의를 확실히 유익하다고 믿고 있다. 요컨대 다원주의는 모든 믿음이 자유로운 관념의 시장에서 시험되는 것을 보장함으로써 토

론과 지적 과정을 증진시킨다. 더욱이 자유주의자는 경쟁적 견해와 이해관계 사이에는 균형 혹은 자연적 조화가 있다고 믿는 경향이 있다. 따라서 화해할 수 없는 갈등에 대한 생각을 대체적으로 무시하고자 하는 경향이 있다.

⑥ **동의**: 자유주의 관점에서 권위와 사회적 관계는 항상 동의와 자발적 승낙에 바탕을 두어야 한다. 따라서 정부는 '피치자의 동의'에 바탕을 두어야 한다. 이것은 자유주의자로 하여금 대의제와 민주주의를 옹호하도록 장려하는 하나의 교리이다. 마찬가지로 사회집단과 결사체는 자신의 이해관계를 추구하고자 동의하는 개인의 자발적 참여에 의한 계약을 통해 형성된다. 이러한 의미에서 권위는 '아래로부터' 발생하며 항상 정당성에 기초한다.

⑦ **입헌주의**constitutionalism: 자유주의자는 정부를 사회의 질서와 안정을 위한 중요한 보증으로 간주하지만, 정부가 개인에 반대하는 폭군정이 될 수 있다는 위험을 항상 의식하고 있다(예를 들어 액튼 경Lord Acton은 "권력은 타락하는 경향을 띤다"고 말한다). 따라서 자유주의자는 제한정부를 지지한다. 이 목표는 정부권력의 분산을 통해, 정부의 다양한 제도 사이의 견제와 균형에 의해, 국가와 개인 사이의 관계를 정의하는 기본적 인권을 구체화하는 성문법의 확립을 통해 달성될 수 있다.

개념설명

진보Progress
앞으로 움직이는 것. 지식과 지혜의 축적을 바탕으로 역사는 인간진보를 통해 특징지워진다는 믿음.

실적주의Meritocracy
능력 있는 사람에 의한 지배. 보상과 지위는 능력을 토대로 배분되어야 한다는 원칙.

점진적으로 발전하였다. 자유주의는 봉건주의 붕괴, 시장사회 혹은 자본주의 사회의 성장의 산물이었다. 초기 자유주의는 확실히 부흥하는 산업 중간계급의 영감을 반영하였고, 그 이후로 자유주의와 자본주의는 밀접하게 연결되었다(혹자는 내재적으로 연결되었다고 주장하였다). 자유주의의 최초의 형태는 정치적 교리였다. 존 로크와 같은 사상가들의 이념에서 나타났던 것처럼 자유주의는 절대주의와 봉건적 특권을 공격하였고, 입헌적 정부와 나아가 대의정부를 지지하였다. 19세기 초에 발전한 특징적인 자유주의 경제신조는 자유방임 자본주의의 미덕을 찬양하였으며, 모든 형태의 정부 간섭을 비난하였다. 이것은 고전적 혹은 19세기 자유주의의 중심이 되었다. 그러나 19세기 후반에 출현한 사회자유주의는 복지개혁과 경제 간섭을 좀 더 중시하였다. 이 점은 현대 혹은 20세기 자유주의의 특징적 주제가 되었다.

고전적 자유주의
고전적 자유주의의 중심 주제는 극단적 형태의 개인주의를 허용하는 것

존 로크 (John Locke; 1632~1704)

영국의 철학자이며 정치가. 영국의 섬머셋(Somerset)에서 태어났다. 옥스퍼드 대학에서 의학을 공부했으며, 훗날 샤프츠베리 백작(First Earl of Shaftsbury)이 되는 애슐리 쿠퍼(Anthony Ashley Cooper)의 비서로도 일했다. 로크의 정치적 견해는 영국혁명의 배경에 반대하여 발전하였다. 따라서 그의 정치적 견해는 1688년에 일어난 명예혁명을 정당화하는 것으로 간주된다. 1688년에 일어난 명예혁명은 절대주의 지배를 종식시켰고, 영국에서 윌리암 오렌지(William of Orange) 공 하에서 입헌군주제를 확립하였다. 로크는 초기 자유주의 발전에서 중요한 사상가였다. 그는 생명·자유·재산권과 같은 '자연적' 혹은 신에게 받은 권리를 특별히 강조하였다. 그는 대의제 정부와 신교의 자유를 지지하였기 때문에 그의 견해는 미국혁명에 상당한 영향을 주었다. 가장 중요한 로크의 정치적 저작은 『신교의 자유에 관한 서한*A Letter Concerning Toleration*』(1689)과 『통치론*Two Treatises of Government*』([1690] 1965)이 있다.

개념설명

원자화atomism
사회는 서로 거의 빚을 지고 있지 않거나 빚진 것이 없는 자립적인 개인들의 집합으로 구성되어 있다는 믿음.

경제적 자유주의
Economic liberalism
일반적 번영과 모든 사람을 위한 기회를 자연스럽게 제공해주는 자기조절적 장치인 시장에 대한 믿음.

이다. 인간들은 이기적이고 자아를 추구하며, 일반적으로 자기를 신뢰하는 생명체이다. 맥퍼슨C. B. Macpherson이 '소유적 개인주의possessive individualism'라고 불렀던 차원에서, 인간은 자신의 개성과 능력의 소유자로 간주되며 사회나 다른 개인에게 어떠한 빚도 지지 않는다. 사회에 대한 이러한 **원자화**된 견해는 불간섭을 의미하는 '소극적negative' 자유나 개인에 대한 외부강제가 없다는 믿음을 통해 유지된다. 이것은 국가와 모든 형태의 정부간섭에 대해 상당히 동의하지 않는 태도를 함축한다.

토마스 페인Thomas Paine의 말로 표현하면, 국가는 '필요악necessary evil'이다. 국가는 "필요하다." 왜냐하면 국가는 적어도 질서와 안전을 확립하고, 계약이 실행되는 것을 보장하기 때문이다. 그러나 국가는 '악'이다. 왜냐하면 국가는 사회에 집단적 의지를 강요하고, 개인의 자유와 책무를 제한하기 때문이다. 따라서 고전적 자유주의 이념은 최소한의, 또는 '야경'국가를 확립하는 것이다. 국가의 역할은 동료 시민의 침해로부터 시민을 보호하는 것으로 제한된다. **경제적 자유주의** 형태 속에서 이 견해는 자유시장의 메커니즘과 경제는 정부가 간섭하지 않을 때 가장 잘 작동한다는 깊은 믿음에 의해 지탱된다. 그리하여 자유방임 자본주의는 번영을 보장하고 개인의 자유를 고무하는 것으로 간주된다. 개인적 자유가 개인으로 하여금 실적에 따

존 스튜어트 밀 (John Stuart Mill; 1806~1873)

영국의 철학자. 경제학자이자 정치가. 밀은 공리주의 이론가인 그의 아버지 제임스 밀(James Mill; 1773~1836)에 의해 강도 높고 엄격한 교육을 받았다. 이로 인해 그는 20세의 나이에 정신적 좌절을 겪었다. 그 후에 그는 코올리지(Coleridge; 1772~1834)와 독일 관념주의자의 영향을 받아 좀 더 인간적인 철학을 발전시켰다. 그의 주요 저서인 『자유론*On Liberty*』(1859), 『대의제 정부에 관한 고찰*Considerations on Representative Government*』(1861) 그리고 『여성의 예속*The Subjection of Woman*』(1869)은 자유주의 사상 발전에 상당한 영향을 미쳤다. 여러 가지 점에서 밀의 다양하고 복잡한 작품은 고전적 자유주의와 현대적 자유주의 사이에 걸치고 있었다. 국가간섭에 대해 그가 가지는 불신감은 확고하게 19세기의 원칙에 그 뿌리를 두고 있었다. 그러나 ('개인성'에 대한 위탁 속에서 반영되는) 개인적 생활의 질에 대한 강조, 여성 참정권, 노동자의 협동과 같은 운동에 대한 그의 공감은 분명하게 20세기 발전을 미리 예견하였다.

개념설명

큰 정부 Big government 일반적으로 경제적 관리와 사회적 조정을 내포하고 있는 것으로 이해되는 간섭주의 정부.

라 출세하고 도태되는 것을 허락할 때 사회정의는 확고하게 된다.

현대자유주의

현대자유주의의 특징은 국가의 간섭에 대해 좀 더 공감하는 태도를 보인다는 점이다. 사실 미국에서 '자유주의적liberal'이라는 단어는 '최소한'의 정부라기보다 **큰 정부**big government에 대한 지지를 내포하는 것으로 간주되었다. 이러한 움직임은 산업자본주의가 단지 새로운 형태의 불의를 발생시켰고 국민대중을 시장의 몹쓸 장난에 예속시켰다는 인식으로부터 발생하였다. 존 스튜어트 밀의 연구로부터 영향을 받은 이른바 신자유주의자 New Liberalist – 그린(T. H. Green; 1836~1882), 홉하우스(L. T. Hobhouse; 1864~1929), 홉슨(J. A. Hobson; 1858~1940)과 같은 인물들 – 는 더 광범위하고 '적극적positive' 자유를 옹호하였다. 이러한 관점에서 볼 때 자유는 홀로 남겨진 것을 의미하는 것이 아니다. "단지 홀로 남겨졌다"는 것은 자유를 죽게 한다는 점을 함축할 것이다. 오히려 자유는 인격적 발전, 개인의 번영과 연결되어 있다. 다시 말해 자유란 자아실현을 이행하고 획득하기 위해 개인이 지닌 능력이다.

존 롤즈 (John Rawls; 1921~2002)

미국의 학자이자 정치철학자. 그의 주요 저작인 『정의론 *A Theory of Justice*』(1970)은 제2차 세계대전 이후 영어로 씌어진 가장 중요한 정치철학서로 간주된다. 이 저작은 현대의 자유주의자와 사회민주주의자에게 영향을 미쳤다. 롤즈는 '공평함으로서 정의(justice as fairness)'에 관한 이론을 제안하였다. 이 이론은 사회적 불평등이 가장 적은 혜택을 받는 사람에게 유익할 경우에만 정당화될 수 있다는 믿음에 기초를 두고 있다. 이 사회적 불평등이 가장 적은 혜택을 받는 사람들에게 노동할 동기를 제공해 준다는 점에서, 평등에 대한 이러한 가정은 롤즈가 지니고 있는 믿음에 그 뿌리를 두고 있다. 이 믿음에 따르면, 그들 자신의 재능과 능력에 관한 지식을 박탈당한 대부분의 사람은 불평등한 사회보다는 평등한 사회에서 생활하는 것을 선택할 것이라는 점이다. 대부분의 경우는 가난해지는 것에 대한 두려움이 부자가 되려는 욕망을 압도하기 때문에 재분배와 복지는 공평함을 근거로 방어될 수 있다. 그가 초기 저작에서 행한 보편적 가정은 어느 정도 『정치적 자유주의 *Political Liberalism*』(1993)에서 수정되었다.

개념설명

재분배 Redistribution
누진세와 복지 제공을 통해 초래된 물질적 불평등의 축소.

이 견해는 사회 혹은 복지자유주의의 토대를 마련하였다. 이는 특히 사회복지의 형태로 국가간섭이 개인적 존재를 망치는 사회악으로부터 개인을 안전하게 인도함으로써 자유를 확대시킬 수 있다는 점을 인정하고 있다. 이 악들은 1942년 비버리지 보고서Beveridge Report에 의해 영국에서 '다섯 거인five giants'으로 규정되었다. '다섯 거인'은 궁핍·무지·게으름·더러움·질병이다. 동일한 방식으로 현대자유주의자는 중요한 경제적 책임을 국가의 수중에 두면서, 성장과 번영은 오로지 관리 혹은 통제자본주의 체계를 통해 유지될 수 있다는 케인즈J. M. Keynes의 통찰에 의지하여 자유방임 자본주의에 대한 그들의 믿음을 포기하였다. 그러나 집단적 규정과 정부간섭에 대한 현대자유주의자의 지지는 항상 조건적이었다. 그들은 약하고, 상처받기 쉽고, 정말 스스로 도울 수 없는 사람이 처한 상황에 관심을 가졌다. 현대자유주의자의 목표는 이러한 사람들이 자신의 환경에 책임을 지고 도덕적 선택을 할 수 있도록 개인을 일으켜 세우는 것이다. 자유주의가 지니는 원칙과 복지와 **재분배** 정치를 화해시키고자 하는 가장 영향력 있는 현대적 시도가 존 롤즈John Rawls에 의해 이루어졌다(국제정치에 대한 자유주의 접근법은 18장에서 검토된다).

개념설명

구체제Ancien régime
문자상으로 구질서(old order). 이 질서는 일반적으로 프랑스혁명에 앞서 존재하였던 절대주의 구조와 연관이 있다.

자연적 귀족정
Natural aristocracy
능력과 지도력은 노력이나 자기발전을 통해 획득될 수 없는 선천적인 자질이라는 생각.

보수주의

보수적 이념과 교리는 18세기 후반과 19세기 초에 처음으로 나타났다. 이 이념과 교리는 증대하는 경제적·정치적 변화의 속도에 대항하는 반작용으로 일어났고, 이 경제적·정치적 변화는 여러 방면에서 프랑스혁명으로 상징화되었다. 이러한 의미에서 보수주의는 **구체제**로의 복귀에 관심을 기울였다. 자유주의·사회주의·민족주의의 성장으로 가해진 압력에 저항하고자 보수주의는 점점 더 정돈된 전통적 사회질서를 방어하였다. 하지만 출발부터 보수주의 사상에서 나타난 분열은 명백하였다. 유럽대륙에서 조셉 드 메스트르(Joseph de Maistre; 1753~1821)와 같은 사상가의 연구에 의해 특징지워진 한 형태의 보수주의가 출현하였다. 이 보수주의는 매우 독재적이고 반동적이었으며, 개혁에 대해 깊이 숙고하려 하지 않고 거부하였다. 그럼에도 좀 더 주의깊고 유연하며, 결국에는 성공한 보수주의 형태가 영국과 미국에서 발전하였다. 이 보수주의는 에드먼드 버크Edmund Burke의 '보존을 위한 변화'에 대한 믿음을 통해 자리 잡았다. 이러한 자세로 인해 19세기의 보수주의자는 '한 민족One Nation'이라는 온정주의적 기치 아래 사회개혁운동을 포용할 수 있었다. 영국에서 이 전통의 절정기는 보수당이 전쟁 후의

에드먼드 버크 (Edmund Burke; 1729~1997)

더블린(Dublin)에서 태어난 영국의 정치가이자 정치이론가. 에드먼드 버크는 종종 앵글로-아메리칸의 보수적 전통의 선구자로 간주된다. 버크가 지니는 지속적인 명성은 일련의 작품에 기초를 두고 있다. 그가 저술한 『프랑스혁명에 대한 성찰 *Reflections on the Revolution in France*』([1790] 1968)은 프랑스혁명을 비판하였다. 버크는 미국혁명에 대해 공감을 표시하였지만, 자유·평등·박애와 같은 추상적 원칙에 의거하여 프랑스의 정치를 다시 만들고자 하는 시도에 대해 상당히 비판적이었다. 그에 따르면 지혜는 일반적으로 경험·전통·역사 속에 존재하였다는 것이다. 그럼에도 그는 프랑스 군주정은 그 자신의 운명에 부분적으로 책임이 있다고 주장하였는데, 그 이유는 프랑스 군주정이 완고하게 '보존을 위한 변화'를 거부하였기 때문이라는 것이다. 버크는 정부에 대해 희망 없는 견해를 가졌다. 그는 정부가 악을 저지할 수는 있으나 선을 증진시킬 수는 없다는 점을 인정하였다. 그는 시장의 힘을 '자연 법칙'으로 간주하였다.

보수주의: 핵심이념들

① **전통:** 보수주의 사상의 중심적 주제인 '보존하고자 하는 욕망'은 인지된 전통에 대한 미덕, 확립된 관습에 대한 존경, 시대를 통해 지속하였던 제도와 밀접하게 연관되어 있다. 이러한 관점에서 전통은 과거에 축적된 지혜, 시간에 의해 검증된 제도와 실천을 반영하며, 현재의 사람과 다가올 세대를 위해 보존되어야 한다. 전통은 또한 안정과 안전을 증진시키는 미덕을 가지고 있으며 개인에게 사회적·역사적 소속감을 준다.

② **실용주의:** 보수주의자는 전통적으로 인간 이성의 한계를 강조한다. 이 한계는 우리가 살고 있는 세계의 무한한 복합성으로부터 발생한다. 그러므로 추상적 원칙과 사상체계는 신임을 얻지 못하며, 대신에 신념은 경험과 역사 그리고 무엇보다도 실용주의에 근거해야 한다. 다시 말해 이것은 행동이 실제적인 환경과 목표, 요컨대 "무엇이 작동하는가"에 의해 구체화되어야 한다는 믿음이다. 그리하여 보수주의자는 자신들이 가지고 있는 믿음을 하나의 이데올로기로서가 아니라 '마음자세', '생활에 대한 접근방법'으로 묘사하기를 더 좋아하였다. 그리고 보수주의자는 이것이 무원칙적인 기회주의에 해당한다는 생각을 거부하였다.

③ **인간의 불완전성:** 인간의 본성에 대한 보수주의적 견해는 대체로 비관적이다. 보수주의 관점에서 볼 때 인간은 제한적이고 의존적이며 안전을 추구하는 생명체이다. 또 안정적이고 질서가 잡힌 공동체 속에서 살고자 하는 욕구를 가지고 있다. 게다가 개인은 도덕적으로 타락하였다. 즉 개인은 이기심·욕망·권력에 대한 목마름으로 타락하였다. 그러므로 죄와 무질서의 근원은 사회 속에서보다는 오히려 개인 속에 정주하고 있다. 따라서 질서유지를 위해 강력한 국가, 엄격한 법의 강화, 엄정한 벌이 필요하다.

④ **유기체:** 보수주의자는 사회를 인간이 지니고 있는 독창성의 산물인 인공물로 파악하지 않는다. 보수주의자는 전통적으로 사회를 유기체적 구성 혹은 살아 움직이는 실체로 보았다. 그리하여 사회는 건강하고 안정적인 사회 유지에 기여하는 다양한 제도 혹은 '사회의 구조물'—가족·지역공동체·민족 등—을 가지고 자연적 필요에 의해 구조화된다. 전체는 개별적 부분의 집합 이상의 것이다. 공유된 (종종 '전통적') 가치와 공통의 문화는 또한 공동체와 사회적 응집력의 유지에 필요한 것으로 여겨진다.

⑤ **위계조직:** 보수주의 관점에서 사회적 지위와 신분의 등급은 유기적 사회 속에서 자연적이며 필연적이다. 예를 들면 이것들은 고용인과 피고용인, 선생과 학생, 부모와 자식 사이에 다른 역할과 책임을 반영한다. 그럼에도 위계조직과 불평등은 갈등을 일으키지 않는다. 왜냐하면 사회는 상호책무와 의무에 의해 함께 묶여 있기 때문이다. 실제로 한 개인이 가지는 '인생의 신분'은 대개 행운과 출생에 의해 결정되며, 부자와 특권 계급은 행운을 덜 가진 자를 특별히 보호할 책임을 진다.

⑥ **권위:** 보수주의자는 권위가 어느 정도는 항상 '위로부터' 행사된다고 주장한다. 그리고 권위는 지식, 경험 혹은 교육이 부족한 사람을 위해 이러한 사람들이 자신의 이해관계를 행함에 있어서 현명하게 행동하도록 지도, 인도, 지원한다(예를 들면 자식에 대한 부모의 권위). **자연적 귀족정**에 대한 생각이 한때 영향을 끼

쳤지만, 권위와 지도는 이제 경험과 교육의 결과로서 좀 더 일반적인 것으로 간주된다. 권위가 지니는 미덕은 이것이 사회적 응집력의 근원이며, 사람에게 자신이 누구이고, 자신에게 무엇이 기대되는가에 대한 명확한 감각을 제공해 주는 데 있다. 그러므로 자유는 책임과 공존하며, 그런 까닭에 자유는 책무와 의무를 자발적으로 수용하는 것으로 구성된다.

⑦ **재산**: 보수주의자는 재산권을 중요하게 여긴다. 왜냐하면 재산권은 사람에게 안전과 정부로부터 독립하는 수단을 제공하며, 법과 다른 사람의 재산을 존중하도록 장려하기 때문이다. 재산은 또한 사람들이 가지는 인격의 외면화인데, 그것은 사람들 스스로 그들이 무엇을 – 주택·자동차 등 – 소유하고 있다는 사실에서 찾기 때문이다. 하지만 재산권은 권리뿐 아니라 의무를 포함한다. 이 관점에서 볼 때 우리는 어떤 의미에서 '과거 세대들the family silver'로부터 상속을 받았거나 미래 세대에게 가치가 될 재산을 단지 보관하고 있는 사람이다.

개념설명

가부장주의Paternalism
아버지와 자식 간의 (가정된) 관계에서처럼 스스로를 도울 수 없는 사람들에 대한 배려 혹은 관심을 보여주는 태도 혹은 정책.

도덕적 의무

Noblesse Oblige
문자상으로 귀족의 의무를 의미한다. 일반적으로 덜 부유하거나 혹은 덜 특권화된 사람을 인도하거나 보호할 책임감을 의미한다.

토리주의Toryism
위계에 대한 믿음과 전통에 대한 강조, 그리고 의무와 유기체에 대한 지지를 통해 특징화된 보수주의 내에 존재하는 이데올로기적 심급.

생활 안정정책을 받아들이고 케인즈적 사회민주주의에 대한 해석을 지지하게 되었던 1950년대에 일어났다. 그러나 이러한 견해는 1970년대부터 신우파New Right가 출현함으로써 압박을 받는다. 보수주의에 대한 신우파의 급진적인 국가통제주의에 대한 반대와 반온정주의적 상표는 고전적 자유주의가 가졌던 주제와 가치에 상당 부분 의존한다.

가부장적 보수주의

보수주의 사상에서 차지하고 있는 가부장적 요소는 유기체·위계조직·의무와 같은 원칙과 전적으로 병행한다. 따라서 이 요소는 전통적 보수주의의 부산물로 간주될 수 있다. 종종 벤자민 디스레일리(Benjamin Disraeli; 1804~1881)의 초기 저작으로 거슬러 올라가는 온정주의는 신중함과 원칙의 결합에 의존한다. '부자와 빈자라는 두 개의 민족'으로 양분되던 영국에 던지는 경고 속에서 디스레일리는 사회혁명에 대한 광범위한 불안을 표현하였다. 이 경고는 특권층이 지니고 있는 이기주의에 대한 호소였다. 이 특권층은 '위로부터의 개혁'이 '아래로부터의 혁명'보다 더 유익하다는 인식을 필요로 하는 사람이었다. 이 메시지는 "높은 신분에는 **도덕적 의무가 수반된다**"는 신봉건적 이념에 기원을 둔 의무와 사회적 책무의 원칙에 대한 호소를 통해 지탱되었다. 사실 이 관점에서 볼 때 의무는 특권의 대가이다. 권력가와 재산가는 사회적 응집력과 통일이라는 일반적 이해관계에서 가난한 자를 돌볼 책임을 물려받았다. 영국 **보수당**Tory의 견해라 적절하게 불릴 수 있는 것의 초석인 한-민족one-nation 원칙은 사회평등의 이념이라기보다는 유기적으로 발생하는 응집력 있고 안정적인 계급제도를 나타낸다.

한-민족 전통은 사회개혁에 대한 성향을 구체화할 뿐만 아니라 본질적으로 경제정책에 대한 실용주의적 태도를 구체화한다. 이것은 해럴드 맥밀런(Harold Macmillan; 1894~1986), 버틀러(R. A. Butler; 1902~1982), 얀 매클라우드(Iain Macleod; 1913~1970)와 같은 영국 보수주의자에 의해 채택된 '중간 노선middle way'적 접근에서 명백하게 나타나고 있다. 이 접근법은 두 가지 이데올로기적 경제조직의 모델, 즉 한편으로는 자유방임 자본주의를, 다른 한편으로는 국가사회주의와 중앙집권적 계획을 기피하였다. 자유방임 자본주의는 거부되었는데, 그 이유는 이것이 결과에 대해 아무도 책임을 지지 않기 때문이라는 것이다. 또한 자유방임 자본주의는 사회적 응집력을 불가능하게 하고 약한 자에게 불이익을 주기 때문이다. 국가사회주의와 중앙집권적 계획도 거부되었는데, 그 이유는 이것이 국가라는 단일체를 생산하고 모든 형태의 소득과 기업을 파괴하기 때문이다. 따라서 해결책은 시장경쟁과 정부규제를 혼합['이기심 없는 사기업'(H. Macmillan)]하는 것이다.

1945년 후에 유럽대륙의 보수주의자도 비슷한 결론을 내렸다. 이 유럽대륙의 보수주의자는 **기독교 민주주의**의 원칙을 포용하였고, 이 원칙은 매우 엄격하게 독일의 기독교 민주주의자[기독교 민주연합(Christlich Democratische Union, CDU)]의 '사회시장social market'이라는 철학 속에서 발전되었다. 이 철학이 사기업과 경쟁의 미덕을 강조하는 한, 시장전략을 포용한다. 하지만 이 철학은 사기업과 경쟁의 원칙 속에서 획득된 번영이 사회의 전반적인 이익을 위해 사용되어야 한다는 점에서 사회적이다. 그러한 입장은 가톨릭의 사회이론에서 비롯된다. 이 사회이론은 사회 조화를 강조하는 유기적 사회관을 전개한다. 그리하여 기독교 민주주의는 교회, '사회적 동반자' 개념과 결합된 노동조합과 기업집단 등과 같은 매개적인 기관들의 중요성을 부각시킨다. 현대 보수주의 사상의 온정주의적인 요소는 종

종 '인정 많은 보수주의compassionate conservatism' 이념과 연결된다.

신우파

신우파는 전쟁 후에 국가간섭이라는 경향과 자유주의적 혹은 진보적 가치에 대항하는 일종의 반혁명에 해당하는 보수주의 사상의 새로운 발전을 나타낸다. 신우파 이념은 1970년대로 거슬러 올라가서 전쟁 후의 경기 호황 말기에 나타난 케인즈적 사회민주주의의 명백한 실패, 사회적 좌절, 권위의 쇠퇴에 대해 증대하는 관심과 연관하여 추적할 수 있다. 이 이념은 영국과 미국에서 가장 큰 영향력을 행사하였다. 이 이념은 이들 국가에서 1980년대에 각각 대처리즘과 레이거니즘으로 나타났다. 그러나 신우파는 일관되고 체계적인 철학을 구성하기보다는 보통 '신자유주의'와 '신보수주의'로 불리는 2개의 차별적인 전통을 결합시키고자 한다. 이 두 가지 이념 사이에는 정치적·이데올로기적 긴장이 존재한다. 그러나 이 이념은 강하지만 최소한의 정부를 지지한다는 점, 요컨대 앤드류 갬블(Andrew Gamble, 1981)의 표현에 의하면 '자유경제와 강한 국가'를 지지한다는 점에서 결합될 수 있다.

신자유주의

신자유주의는 프리드리히 하이에크Friedrich Hayek와 밀튼 프리드먼Milton Friedman과 같은 자유시장 경제학자와 로버트 노직Robert Nozick

유모국가 Nanny state
광범위한 사회적 책임들
을 가진 국가. 이 단어는
복지 프로그램들이 개
인들에게 정당하지 않고
품위를 떨어뜨린다는 점
을 나타낸다.

허용 Permissiveness
사람들에게 그들 자신의
도덕적 선택을 행하는
것을 허용하고자 하는
입장. 허용은 그 어떤 권
위적인 가치가 존재하지
않는다는 점을 암시하고
있다.

과 같은 철학자가 발전시킨 고전정치경제학에 대한 최근 해석이다. 신자유주의가 지니는 중심적 지주는 시장과 개인이다. 신자유주의 목표의 원칙은 통제받지 않는 시장자본주의 효율성, 성장, 포괄적인 번영을 가져다줄 것이라는 믿음 속에서 '국가의 영역을 줄이는 것'이다. 이 관점에서 볼 때 국가의 '죽은 손'은 창의성을 약화시키고 기업에게 용기를 주지 못한다. 잘 계획된 정부라 할지라도 정부는 항상 인간의 문제에 해로운 영향을 끼친다. 이 입장은 소유권에 대한 정치와 국영기업 혹은 국유화에 반해 사기업을 선호하는 신우파의 관심 속에서 표현된다. 간단히 표현하면 "사적인 것은 좋고, 공적인 것은 나쁘다." 이 이념은 "사회와 같은 그런 물건은 없고, 단지 개인과 가족만이 있다"는 마가렛 대처의 유명한 주장 속에 표현된 조야한 개인주의 형태와 연관된다. **유모국가**는 의존문화를 낳고, 시장에서 선택의 자유로서 파악되는 자유를 해치는 것으로 간주된다. 대신에 신뢰는 자립, 개인적 책임, 기업가주의 속에서 자리잡게 된다.

신보수주의

신보수주의는 19세기 보수주의가 지닌 사회원칙을 다시 주장한다. 보수주의 신우파는 무엇보다도 권위의 복구, 가족·종교·민족과 연관된 전통적 가치로 회귀하기를 원한다. 권위는 사회안정을 보장하는 것으로 간주되는데, 그 이유는 권위가 기율과 존경을 초래하고, 공동의 가치와 문화는 사회적 응집력을 낳고 문명화된 존재를 가능하게 한다고 믿기 때문이다. 따라서 신보수주의의 적은 1960년대의 가치로 생각한 **허용**, 자아예찬, '자신의 것을 하는 것' 등이다. 사실 미국에서 그들 자신을 신보수주의자라고 칭하는 사람 가운데 많은 사람들이 이전에는 자유주의자였다. 이 사람들은 케네디 – 존슨 시대의 진보적 개혁에 점점 더 환멸을 느꼈다. 신보수주의가 지니는 또다른 면은 다문화적·다종교적 사회의 출현에 관심을 가지려는 경향이 있다. 그 이유는 이 사회가 갈등으로 인해 괴로움을 당하고, 내적으로 불안정하기 때문이다. 이는 또한 이민과 유엔, 유럽연합과 같은 초국가적 조직의 점증하는 영향에 반하여 회의적이고 편협한 민족주의 형태와 연결되는 경향이 있다. 신보수주의는 또한 특히 조지 부시George Bush Jr. 정권하에서 부분적으로 군사적으로 강요된 '정권교체'를 통해 미국의 지구적 지배를 공고히 하고자 하는 시도와 연관된 미국의 대외정책에 대한 차별적인 접근으로 발전되었다.

사회주의

사회주의 이념은 17세기의 수평파(水平派, Levellers)와 개간파(開墾派, Digger), 토마스 모어Thomas More의 『유토피아Utopia』([1516] 1965) 혹은 플라톤의 『국가Republics』에서 그 흔적을 찾아볼 수 있지만, 사회주의는 19세기 초까지 하나의 정치적 신념으로서의 형태를 취하지는 않았다. 사회주의는 산업자본주의의 출현에 대항하는 하나의 반작용으로 발전하였다. 사회주의는 처음에는 공장생산의 확산에 의해 위협받게 된 장인과 직공의 이해관계를 대변하였다. 그러나 이것은 곧 증대하는 산업노동자, 즉 초기 산업화의 '공장소모품factory fodder'과 연결되었다. 초기 사회주의는 근본주의적이고 이상적이며, 혁명적 성격을 띠었다. 사회주의의 목표는 시장교환에 기초한 자본주의 경제를 폐지하고, 자본주의 경제를 질적으로 다른 사회주의 사회로 바꾸는 것이었다. 이러한 사회주의가 지니는 브랜드에서 가장 영향력 있는 대표자는 칼 맑스이다. 그의 이념은 20세기 공산주의의 기초가 되었다.

하지만 19세기 후부터 노동조건과 임금, 노동조합의 성장, 사회주의 정당들의 증진을 통해 노동자 계급을 자본주의 사회 속으로 점진적으로 통합하고자 하였던 개혁적 사회주의 전통이 출현하였다. 이 사회주의 상표는 사회주의로 평화적·점진적·합법적인 이행이 가능하다고 주장하였고, 이것은 '의회주의적 길'을 채택함으로써 일어났다. 개혁사회주의는 두 가지 기원에 의존하였다. 첫 번째 것은 로버트 오웬(Robert Owen; 1771~1858), 찰스 푸리에(Charles Fourier; 1772~1837), 윌리엄 모리스(William Morris; 1834~1896)와 같은 사상가와 연결된 윤리적 사회주의의 휴머니즘적 전통이다. 두 번째

사회주의: 핵심이념들

① **공동체**: 사회주의의 핵심은 공통된 인간성의 존재에 의해 연결된 사회적 생명체로서 인간에 대한 해석이다. 시인 존 던John Donne이 적고 있는 것처럼 "어떤 인간도 그 자체로 전체인 하나의 섬이 아니다. 모든 인간은 대륙의 조각이며 망망대해의 한 부분이다." 이것은 공동체의 중요성과 관련되며, 개인의 정체성이 사회적 상호작용과 사회집단, 집단적 조직체의 구성원에 의해 만들어지는 정도를 부각시킨다. 사회주의자는 천성에 반하여 교육을 강조하고, 내적인 질보다는 주로 사회적 요인의 차원에서 개인행위를 설명하는 성향이 있다.

② **박애**fraternity: 인간은 공통의 인간성을 공유하기 때문에 동료애 혹은 형제애─문자상으로 '형제애brotherhood'를 의미하지만 이 맥락에서는 모든 인간을 포용하는 것으로 넓게 해석된다─에 의해 함께 묶인다. 이것은 사회주의자로 하여금 경쟁보다는 협동을 선호하도록 장려하며, 개인주의보다 집단주의를 좋아하도록 북돋운다. 이 관점에서 볼 때 협동은 사람으로 하여금 집단적 에너지를 동력화하게 하고 공동체의 유대를 강화하게 한다. 반면에 경쟁은 개인을 서로 싸우게 하며 분노와 갈등 그리고 적대를 낳는다.

③ **사회적 평등**: 평등은 사회주의가 지니는 중심가치이다. 사회주의는 때때로 다른 가치에 대해 평등을 우선시하는 평등주의의 형태로 표현된다. 특히 사회주의자는 사회적 평등, 즉 기회 균등에 반대되는 것으로 산출의 평등을 강조한다. 사회주의자는 사회적 평등의 척도가 사회안정과 응집력을 본질적으로 보장한다고 믿으며, 개인으로 하여금 동료들과 동일시하도록 장려한다. 사회적 평등은 또한 법적·정치적 권리 행사의 토대를 제공한다.

④ **필요**need: 평등에 대한 공감은 또한 물질적 이득이 단순히 업적이나 노동의 기초 위에서보다 필요의 기초 위에서 배분되어야 한다는 사회주의자의 믿음을 나타낸다. 이 원칙의 계급적 정식화는 다음과 같은 맑스의 공산주의 분배원칙 속에서 발견된다. '능력에 따라, 필요에 따라.' 이 분배원칙은 기본적 욕구의 만족(배고픔·목마름·은신처·건강·개인 안전 등)이 가치 있는 인간 존재와 사회생활의 참여를 위한 전제조건이라는 사실을 반영하고 있다. 하지만 명백히 필요에 따른 분배는 사람에게 단지 물질적 유인보다는 도덕적 유인에 의해 동기화되도록 요구한다.

⑤ **사회계급**: 사회주의는 계급정치의 형태와 자주 연관되었다. 첫째, 사회주의자는 소득 혹은 부의 분배라는 의미에서 사회를 분석하려는 경향을 띠었다. 따라서 사회주의자는 계급을 하나의 중요한 사회적 균열로 보았다. 둘째, 사회주의는 전통적으로 피억압자이며 피착취자인 노동계급의 이해관계와 연관되었고, 노동계급을 사회변화 심지어 사회혁명의 담당자로 간주하였다. 그럼에도 계급적 차이는 교정될 수 있다. 사회주의 목표는 경제적·사회적 불평등을 제거하거나 사회적 불평등을 실질적으로 축소하는 것이다.

⑥ **공동소유**: 사회주의와 공동소유의 관계는 상당히 논쟁적이었다. 어떤 사람들은 이 관계를 사회주의 자체의 목표로 보고, 또 어떤 사람들은 이 관계를 더 넓은 평등을 산출하는 수단으로 본다. 공동소유에 대한 사회주의 경우─소비에트 스타일의 국가집단화의 형태 혹은 선택적 국유화(혼합경제)─는 이 공동소유가 공공선을 위해 필요한 동력적인 물질적 자원을 채우는 수단이라는 점이다. 사적 소유는 이기심, 욕심, 사회적 분열을 장려하는 것으로 간주된다. 하지만 현대사회주의는 이처럼 편협한 소유의 정치에 대한 관심에서 벗어났다.

에두아르트 베른슈타인(Eduard Bernstein; 1850~1932)

독일의 사회주의 정치가이자 이론가. 독일사회민주당의 초기 당원인 베른슈타인은 수정주의를 지지하는 선도적 인물 중의 한 사람이었다. 이 수정주의는 정통 맑스주의를 수정하고 현대화하고자 하는 시도이다. 영국의 페이비언주의(Fabianism)와 칸트 철학에 영향을 받은 베른슈타인은 계급적 전쟁의 부재를 강조하였던 경험적 비판을 발전시켰고, 사회주의로의 평화적 이행 가능성을 주장하였다. 이 점은 『진화적 사회주의 *Evolutionary Socialism*』([1898] 1962)에서 서술되고 있다. 그는 제1차 세계대전에 반대함으로써 독일사회민주당을 떠났지만 결국에는 돌아왔다. 베른슈타인은 종종 현대사회민주주의를 건설한 한 인물로 간주된다.

개념설명

수정주의Revisionism
원래의 믿음이나 확립된 믿음의 수정. 수정주의는 원칙의 포기나 확신의 상실을 내포할 수 있다.

는 주로 에두아르트 베른슈타인Eduard Bernstein에 의해 발전된 **수정주의적 맑스주의**의 형태이다.

그리하여 20세기에 사회주의 운동은 두 개의 경쟁적 진영으로 나누어졌다. 레닌과 볼셰비키의 모범을 따르는 혁명적 사회주의자는 자신들을 공산주의자라고 불렀다. 반면에 입헌정치의 형태를 실천하였던 개혁사회주의자는 점차적으로 사회민주주의라고 불리게 된 것을 채택하였다. 이 경쟁자들은 사회주의를 달성하는 데 가장 적절한 수단뿐 아니라 사회주의 목표 자체의 성격에도 초점을 맞췄다. 사회민주주의자는 공동소유와 계획 등과 같은 근본주의적 원칙에는 등을 돌렸고, 복지·분배·경제관리 차원에서 사회주의를 개조하였다. 하지만 이 사회주의 형태들은 20세기 후반에 '사회주의의 죽음'과 탈사회주의 사회를 천명하도록 고무하였던 위기를 경험하게 되었다. 이 과정에서 가장 극적인 사건은 1989년부터 1991년까지 일어난 동유럽혁명에 의해 촉발된 공산주의의 붕괴였다. 그러나 또한 일부 사람들이 논의하는 것처럼 사회민주주의는 현대자유주의와 차이를 만들면서 전통적 원칙으로부터 지속적으로 퇴각하였다.

맑스주의

하나의 이론체계로서 맑스주의는 현대 서구문명과 지적 탐구를 지배하였

칼 맑스(Karl Marx; 1818~1883)

독일의 철학자, 경제학자 그리고 정치사상가인 맑스는 일반적으로 20세기 공산주의의 선구자로 묘사된다. 짧은 기간 동안 대학 교수로 지냈고 신문사 일을 맡기도 했으나 점점 더 사회주의 운동에 연루되었다. 그는 1843년에 파리로 옮겨갔다. 그는 프러시아에서 추방된 후에 최종적으로 런던에 정착하였고, 그의 친구이자 일생의 협력자인 프리드리히 엥겔스의 지원을 받으면서 여생을 활동적인 혁명가와 작가로서 활동하였다. 1864년에 맑스는 제1차 인터내셔널을 설립하는 데 기여하였다. 제1차 인터내셔널은 1871년에 붕괴되었는데, 그 이유는 맑스를 지지한 사람들과 바쿠닌(Bakunin)이 이끈 무정부주의자들 사이에 적대감이 증대하였기 때문이다. 맑스는 사망시에 상당한 분량의 글을 출간하지 않은 채 남겨 놓았는데, 맑스의 고전적 작품은 세 권으로 된 『자본』([1867, 1885, 1894] 1970)이었다. 그가 쓴 글 중에서 가장 잘 알려졌고 가장 접근하기 쉬운 글은 『공산주의자 선언 The Communist Manifesto』([1848] 1967)이다.

개념설명

레닌주의Leninism
맑스주의에 대한 레닌의 이론적 공헌. 특히 프롤레타리아를 계급의식으로 고양시키기 위해 '전위적' 당의 필요성에 대한 그의 믿음.

스탈린주의Stalinism
스탈린의 소비에트공화국의 구조들. 특히 체계적이고 잔혹한 정치억압과 연관된 중앙집권적 경제.

변증법적 유물론
Dialectical materialism
정통 공산주의 국가에서 지적인 생활을 지배하였던 결정주의적이며 조야한 맑스주의 형태를 의미한다.

던 자유주의적 합리주의에 대한 제1의 대안을 구성하였다. 국제공산주의운동의 형태 속에서, 하나의 정치적 힘으로서 맑스주의는 적어도 1917년부터 1991년까지 서구 자본주의의 주요한 적으로 간주되었다. 이 점은 맑스주의를 다루는 데 있어서 중요한 어려움을 부각시킨다. 다시 말해 이 어려움은 칼 맑스와 프리드리히 엥겔스(Friedrich Engels; 1820~1895)의 고전적 저술로부터 유래하는 하나의 사회철학으로서의 맑스주의와, 여러 가지 점에서 고전적 원칙들로부터 벗어나 수정된 20세기 공산주의라는 현상 사이에 나타나는 차이이다. 그러므로 20세기 말에 발생한 공산주의 붕괴는 정치이데올로기로서 맑스주의의 죽음을 나타내는 것이 아니다. 오히려 공산주의 붕괴로 인해 이제 **레닌주의**와 **스탈린주의**로부터 분리된 맑스주의는 수명이 더 늘어날 수 있을 것이다.

맑스가 지닌 이념과 이론은 그가 사망한 후에 그의 평생 동지였던 엥겔스, 독일사회주의 지도자인 칼 카우츠키(Karl Kautsky; 1856~1938), 러시아의 이론가인 게오르기 플레하노프(Georgi Plekhanov; 1856~1918)의 저술을 통해 폭넓은 청중을 획득하였다. 보통 **변증법적 유물론**-이 단어는 맑스가 아니라 플레하노프가 만들었다-으로 칭해졌던 정통 맑스주의 형태는 후에

역사적 유물론

Historical materilism
경제적 조건들이 궁극적
으로 법·정치·문화 그
리고 사회적 존재의 다
른 면들을 조직화한다는
맑스주의 이론.

프롤레타리아 독재

Dictatorship of the pro-
letariat
반혁명을 저지하고 자본
주의에서 공산주의 이행
을 감독하기 위해 확립
된 일시적인 프롤레타리
아 국가.

소비에트 공산주의의 토대로 사용되었다. 이 '통속적vulgar' 맑스주의는 의심의 여지없이 맑스 자신의 글이 보여 주었던 것보다 더 강하게 기계적 이론과 역사적 결정주의를 강조하였다.

고전적 맑스주의

고전적 맑스주의의 핵심 − 맑스의 맑스주의 − 은 엥겔스가 '역사에 대한 유물론적 개념' 혹은 **역사적 유물론**으로 묘사하였던 역사철학이다. 이 철학은 사람들이 자신들의 생계수단들을 생산하고 재생산하는 경제생활과 그 조건들을 강조한다. 맑스는 다음과 같이 주장하였다. 본질적으로 '생산양식, 혹은 경제체제를 구성하는 경제적 '토대'가 이데올로기적·정치적 상부구조를 조건 지우거나 규정한다는 것이다. 헤겔을 따르면서 맑스는 역사변화의 추동력이 변증법적이라고 믿었다. 이 변증법은 더 높은 발전단계를 초래하는 경쟁적인 힘들간의 상호작용 과정을 의미한다. 유물론적 해석에서 이 역사적 유물론적 모델은 다음의 사실을 함축하고 있다. 즉 역사변화는 계급갈등 속에 반영된 '생산양식' 내에서의 내적 갈등의 결과라는 점이다. 따라서 초기의 모든 계급사회들처럼 자본주의는 붕괴할 운명에 처해 있는데, 자본주의의 경우, 생산적 부의 소유자인 부르주아계급 혹은 자본가계급과 사실상 '임금노예'인 프롤레타리아계급 간의 갈등의 결과 붕괴한다는 것이다. 이 갈등은 화해할 수 없는 성격을 가진다. 왜냐하면 프롤레타리아계급은 자본주의 밑에서 필연적으로 그리고 체계적으로 착취당하기 때문이다. 부르주아계급은 프롤레타리아계급의 노동에서 '잉여가치'를 추출함으로써 살아간다.

맑스에 따르면, 일련의 첨예한 위기들이 프롤레타리아에게 완전한 계급의식을 제공하였을 경우 프롤레타리아 혁명이 필연적으로 일어날 것이라는 점이다. 계급의식은 노동대중으로 하여금 그들 자신의 착취에 대한 사실을 인식하게 하여 혁명적인 힘이 되게 할 것이다. 프롤레타리아 혁명은 '**프롤레타리아 독재**'로 특징지워진 과도기적인 '사회주의적' 발전시기를 선도할 것이다. 그러나 계급적대가 사라지고 완전하게 공산주의 사회가 존재하게 될 때 이 프롤레타리아 국가는 '소멸할' 것이다. 이것은 공산주의 사회가 계급성과 국가의 착취적 성격을 가지고 있지 않다는 점을 의미한다. '공산주의 생산'체제는 '사용을 위한 생산'에 기반을 둔 체제와 진정으로 인간욕구의 만족에 기반한 체제를 초래함에 따라 '각 개인의 자유로운 발전이 만인의 자유로운 발전을 위한 전제조건이 될 것이다'(Marx).

정통 공산주의

실천적 맑스주의는 소비에트 공산주의의 경험과 불가분하게 연결되어 있고, 특히 처음 두 명의 소비에트 지도자인 레닌과 조셉 스탈린의 공적과 연관을 맺고 있다. 사실 20세기 공산주의는 맑스－레닌주의의 형태, 즉 일련의 레닌주의 이론과 교리에 의해 변형된 정통 맑스주의로 가장 잘 이해된다. 맑스주의에 레닌이 행한 핵심적인 공헌은 혁명적 혹은 전위적vanguard 당이론이다. 이것은 부르주아의 이념과 믿음에 의해 기만된 프롤레타리아 계급 '노동조합의식', 즉 자본주의를 전복하기보다는 노동조건과 생활조건들을 향상시키고자 하는 것을 넘어서 발전할 수 없기 때문에 자신의 혁명적 잠재력을 실현시키지 못할 것이라는 레닌의 두려움을 반영하였다. 따라서 맑스주의로 무장된 혁명적인 당은 '노동자계급의 전위'로서 봉사하기 위해 필요하였다. 머지 않아 전문적이고 헌신적인 혁명가들로 구성된 이 '전위적' 혹은 '레닌주의적' 정당은 전 지구상에서 공산주의 정당을 위한 모델이 되었다.

하지만 소련사회주의연방공화국USSR은 1917년의 볼셰비키혁명보다는 1930년대에 스탈린의 '제2혁명'에 의해 더 심각하게 영향을 받았다. 소비에트 사회를 재형성함에 있어서 스탈린은 전쟁 후에 중국·북한·쿠바 그리고 동유럽과 같은 국가가 따랐던 정통 공산주의 모델을 만들었다. 경제적 사회주의로 칭해질 수 있는 것은 1928년에 제1차 5개년 계획의 착수로 시작되었다. 이 제1차 5개년 계획으로 인해 사기업은 전반적이면서 빠르게 제거되었다. 이것은 1929년에 농업의 집단화를 통해 일어났다. 모든 자원은 국가통제 하에 놓였고, 국가계획위원회가 지배하는 중앙계획체계Gosplan가 확립되

공산주의의 붕괴: 자유민주주의의 승리인가?

사건: 공산주의의 붕괴는 1989년이라는 중대한 해 동안에 발생하였던 일련의 혁명에 의해 예견되었다. 1989 년에 공산주의 정권에 대한 대중의 첫 번째 도전은 중국 베이징의 천안문 광장 시위였다. 이 시위는 4월에 시작하였지만 6월 4일 군사적 강경조처에 의해 진압되었다. 그럼에도 새롭게 합법화된 독립노동조합운동 인 연대Solidarity(폴란드의 자유노동조합, 1980년 9월 결성: 옮긴이)가 의회선거들에서 압승하였고, 그 결과 9 월에 동유럽 블록에서 첫 번째 비공산주의 정부를 초래하였을 때인 그 다음날에 동유럽에서 일어난 사건들 은 그 여세를 모았다. 10월에 헝가리 의회는 복수정당선거와 결국에는 비공산주의 정권의 확립을 제공해 주는 입법을 승인하였다. 수천 명의 동독인들이 헝가리를 경유하여 서독으로 탈출하였을 때, 정치변화를 위한 압력은 소련의 가장 굳건한 동유럽 블록 동맹국인 동독에서 증대하였다. 마침내 점증하는 시위 물결 이 냉전과 유럽의 동·서 분할의 주요한 상징인 베를린 벽이 무너진 11월 9, 10일 밤에 절정에 달하였다. 12 월 체코슬로바키아에서 그리고 1990년 2월 불가리아에서 평화시위가 공산주의 지배의 붕괴를 초래하였던 반면('벨벳velvet 혁명'), 루마니아에서 그 과정은 더 격렬하였다. 이곳에서 공산주의 지도자인 체우체스쿠 Ceausescu와 그의 아내 엘레나는 1989년 크리스마스날에 즉석에서 처형되었다. 마침내 혁명적 봉기의 기 간은 세계에서 첫 번째 공산주의 국가인 소련의 공식적 해체일인 1991년 12월에 절정에 달하였고, 다민족적 인 소비에트 국가에 걸쳐 민족주의적인 반란이 연속해서 일어났다.

의의: 공산주의 붕괴의 이데올로기적인 의의는 심오하고 광대하였다. 몇 가지 점에서 이 붕괴는 계속적인 과정으로 남아 있다. 공산주의 붕괴에 대한 초기의 지배적인 해석은 후쿠야마와 같은, 소위 말하는 '역사의 종말' 이론가들에 의해 개진되었다. 이 관점에서 볼 때 동유럽에 걸쳐 그리고 이 지역을 넘어서서 정통 공산 주의 정권들의 붕괴는 세계사적 중요성을 지닌 하나의 이데올로기인 맑스주의의 죽음을 표시하였고, 서구 유형의 그리고 좀 더 특수하게는 미국 유형의 자유민주주의를 인간 역사를 결정하는 종점으로 계시하였다. 따라서 1989~1991년의 사건들은 다음과 같은 반박할 수 없는 사실을 예증해 준다. 즉 인간사회들이 본질 적으로 자유주의적 경제·사회 발전모델로 수렴할 것이라는 점이다. 왜냐하면 오로지 서구의 자유주의만 이 사회적 유동성과 물질적 안전의 혜택을 제공해 줄 수 있고 또한 국가의 간섭 없이 개인의 자기발전의 기 회를 제공해 줄 수 있기 때문이다. 이러한 분석은 공산주의가 힘이 빠진 이데올로기적 세력일 뿐만 아니라 더 광범한 형태로 존재하는 사회주의도 세계에서 유일하게 의미있는 비자본주의 경제제도들의 극적인 실 패로 인해 상당히 위태롭게 되었다는 점을 시사한다. 그 결과 사회민주당들은 탈급진화 과정을 겪었고 이 로 인해 혹자는 하나의 차별적인 이데올로기로서 사회주의는 죽었다고 주장하기에 이르렀다.
하지만 '역사의 종말'이라는 명제가 기껏해야 미성숙한 것이었고 최악의 경우에는 전적으로 잘못되었다는 생각에 대한 이유들이 있다. 첫째, 1989~1991년 이후의 기간에 확실히 세계에 걸쳐 자유민주주의 원칙으 로 향하는 이데올로기적 수렴이 목격되지 않았다는 점이다. 사실, 비서구세계에서 자유주의는 때로로 이 전보다 더 모질게 특히 이슬람 세계에서 인종적 민족주의와 종교적 근본주의 세력으로부터 공격을 받았다.

중국에서 그리고 동남아시아의 많은 국가들에 걸쳐 유교와 다른 토착이념들이 새롭게 정치적으로 널리 유포되었고, 원자적이고 권리지향적인 자유주의 생각의 확산에 저항하고자 하는 열망으로부터 많은 지역에서 힘을 얻게 되었다. 마찬가지로 서구의 심장지대에서 자유주의의 우세는 녹색정치 그리고 여성주의 내에서의 압력에서 공동체주의, 다문화주의 그리고 탈근대주의에까지 이르는 이데올로기 세력들에 의해 도전을 받았다. 마지막으로 자유주의가 가지는 확실한 탄성에도 자유자본주의가 사회불평등과 불안정을 향한 그 자신의 내적 경향이 주어질 때 하나의 보편적 호소력을 어떻게 이룰 것인가를 이해하기란 어려운 일이다.

었다. 스탈린이 행한 정치적 변화도 이에 못지않게 극적이었다. 1930년대에 스탈린은 공산당·국가관료·군부로부터 그 어떤 반대와 토론의 흔적도 남기지 않은 일련의 숙청을 통해 소련을 일인독재로 변형시켰다. 사실, 스탈린은 소련을 체계적인 협박·억압·폭력을 통해 작동하는 전체주의적 독재로 바꿔 놓았다.

좀 더 난폭한 정통 공산주의의 특징이 1953년에 스탈린의 사망으로 살아남지 못하였지만, 레닌주의적 당(위계 조직과 기율)과 경제적 스탈린주의(국가집단화와 중앙계획)의 핵심 원칙은 개혁 압력과 항상 대립하였다. 이것은 고르바초프Gorbachev의 **개혁**이라는 개혁과정(1985~1991)에 의해 부각되었다. 이 개혁은 단지 계획체계의 실패를 폭로하고, 장기간의 억압적 정치력을 해체하는 데 성공하였다. 이것은 결국 트로츠키Trotsky가 소비에트 공산주의를 매우 다른 환경에서 '역사의 쓰레기통'으로 불렀던 것에 회부되었다. 그러나 정치적 스탈린주의는 시장개혁을 수용하면서도 중국에서 존속하고 있으며, 북한은 철저한 정통 공산주의 정권으로 남아 있다. 1989~1991년 기간 동안에 일어난 공산주의의 붕괴는 현대 시기에 일어난 가장 의미있는 이데올로기적 사건으로 간주된다.

신맑스주의

좀 더 복잡하고 미묘한 형태의 맑스주의가 서유럽에서 발전하였다. 기계주의적이고 승인된 소비에트 맑스주의가 지니는 의미와는 대조적으로, 서구 맑스주의는 헤겔적 이념과 맑스의 초기 저작에서 발견된 '창조자인 인간'에 대한 강조를 통해 영향받은 경향을 보이고 있다. 달리 표현하면 인간은 역사의 창조자로서 간주되었고, 비인격적인 물질적 힘에 의해 통제되는 단순한 꼭두각시로 여겨지지 않았다. 경제와 정치, 생활의 물질적 환경과 자신의 운명을 만들 능력을 가지고 있는 인간 사이에 상호작용이 존재한다는 점을 주장함으로써 서구 맑스주의자는 엄격한 '토대－상부구조'의 도식으로부터 자유롭게 벗어날 수 있었다. 따라서 서구 맑스주의자가 지닌 이념은 때때로 신맑스주의자neo－Marxist로 칭해졌다. 신맑스주의자는 계급투쟁을 사회분석의 시작과 끝으로 다루는 것에 대해 별로 공감하지 않았다.

헝가리의 맑스주의자인 게오르그 루카치(Georg Lukacs; 1885~1971)는 맑스주의를 인간주의 철학으로 표현한 1세대 중 한 사람이었다. 그는 자본주의가 노동자를 수동적 대상 혹은 시장화할 수 있는 상품으로 환원시킴으로써 노동자를 비인간화하는 '물화reification'의 과정을 강조하였다. 1929년에서 1935년 사이에 쓴『옥중수고Prison Notebooks』에서 안토니오 그람시Antonio Gramsci는 자본주의가 경제적 지배에 의해서만 아니라 정치적·문화적 요소에 의해서도 유지된다는 점을 강조하였다. 그는 이것을 이데올로기적 '헤게모니Hegemony'라고 불렀다. 맑스주의에 대한 좀 더 명백한 헤겔적 브랜드는 소위 프랑크푸르트 학파에 의해 발전되었는데, 이 학파의

헤르베르트 마르쿠제 (Herbert Marcuse; 1898~1979)

독일의 정치철학자이자 사회이론가이며, 프랑크푸르트 학파의 공동설립자. 히틀러가 지배한 독일에서 망명한 마르쿠제는 1934년부터 미국에서 살았다. 그는 헤겔과 프로이트에 강하게 의존하는 하나의 신맑스주의 형태를 발전시켰다. 마르쿠제는 1960년대에 신좌파의 지도적 사상가와 학생운동의 '교도사(guru)'로서 유명하게 되었다. 마르쿠제는 선진 산업사회를, 논의와 토론을 억누르며 반대파를 동화시켰던 포괄적인 억압체계로 묘사하였다. 그가 가진 희망은 프롤레타리아에 의존하였던 것이 아니라, 학생·소수인종·여성 그리고 제3세계 국가와 같은 주변집단에 의존하였다. 그가 저술한 가장 중요한 작품은 『이성과 혁명 Reason and Revolution』(1941), 『에로스와 문명 Eros and Civilization』(1958), 『일차원적 인간: 선진 산업사회의 이데올로기 연구 One-Dimensional Man: Studies in the Ideology of Advanced Industrial Society』(1964) 등이다.

개념설명

근본주의적 사회주의
Fundamentalist socialism
자본주의를 폐지하고 질
적으로 다른 종류의 사
회로 대체하고자 하는
사회주의 형태

선도적 구성원은 테오도르 아도르노(Theodor Adorno; 1903~1969), 막스 호르크하이머(Max Horkheimer; 1895~1973), 헤르베르트 마르쿠제이다. 프랑크푸르트 이론가들은 '비판이론'을 발전시켰다. 이 '비판이론'은 맑스주의 정치경제학, 헤겔 철학 그리고 프로이트 심리학의 혼합체였고, 1960년대에 신좌파에 상당한 영향을 끼쳤다. 프랑크푸르트 학파의 나중 세대로 위르겐 하버마스Jürgen Habermas가 포함되었다.

초기의 비판이론가들이 개별적인 사회의 분석에 주로 관심을 두고 있었던 반면에, 후기의 이론가들은 세계적인 문제들에서 나타나는 불평등과 불균형을 밝히는 데 더 큰 관심을 나타내는 경향을 보였다. 이것은 미국의 헤게모니적 권력에 대한 강조(Cox, 1987)와 '세계체제'로서의 자본주의에 대한 분석에서 분명하게 드러났다(Wallerstein, 1984).

사회민주주의Social democracy

사회민주주의는 고전적 자유주의 혹은 **근본주의적 사회주의**가 지니는 이론적 일관성을 결여하고 있다. 고전적 자유주의가 이데올로기적으로 시장을 허용하고, 근본주의적 사회주의가 공동소유주의를 옹호하고 있는 반면에, 사회민주주의는 시장과 국가, 개인과 공동체 사이의 균형을 지지한다. 사회민주주의의 핵심에는, 한편으로 부를 생산하는 데 있어서 유일하게 신뢰할 만한 메커니즘으로서 자본주의의 수용과 다른 한편으로 시장보다는 도덕적 원칙에 따라 부를 분배하고자 하는 욕망 사이에서 하나의 타협이 존재한다. 사회주의자에게 시장에 대한 이러한 변형은 어렵고 때때로 고통스러운 과정이었다. 이 과정은 이데올로기적 확신에 의해서라기보다 실제적인 환경과 선거에서의 이점으로 인해 더 부과되었다.

현대 사회민주주의 사상이 가지는 주요한 특징은 사회 속에서 허약하고 힘없는 약자에 대한 관심이다. 하지만 사회민주주의에는 단순히 사회주의 전통에 한정시킬 수 없는 하나의 의식이 있다. 사회민주주의는 연민과 공동이라는 인간성에 대한 사회주의적 믿음에 의존하며, 적극적 자유와 동등한 기회에 의존하거나 가부장적 의무와 보호라는 보수주의적 감각에 의존

'제3의 길'은 자본주의와 사회주의에 대한 하나의 대안이라는 생각을 담고 있다. '제3의 길'은 파시즘·사회민주주의 그리고 가장 최근의 탈사회주의를 포함하여 다양한 전통의 정치사상가들을 끌어들였던 어떤 이데올로기적 견해에 주목한다. 현대적 형태에서 볼 때 '제3의 길'은 낡은 양식의 사회민주주의와 신자유주의에 대한 하나의 대안이다. 낡은 사회민주주의는 '제3의 길'에서 거부당하는데, 그 이유는 낡은 양식의 사회민주주의는 현대의 지식에 기반한 경제와 시장경제에 적당하지 못한 국가주의적 구조와 결합되어 있기 때문이다. 신자유주의도 또한 거부당하는데, 그 이유는 신자유주의가 사회의 도덕적 기초를 손상시키는 자유방임(free-for-all)을 초래하기 때문이다. '제3의 길'이 가지고 있는 핵심적 가치는 기회, 책임 그리고 공동체이다. '제3의 길'이 때때로 '새로운' 혹은 현대화된 사회민주주의로 묘사되지만, 반대자들은 '제3의 길'이 시장과 민간부문을 포용함으로써 전적으로 사회주의 전통을 포기하였다고 시사한다.

한다. 기원이 무엇이든지 사회민주주의는 보통 복지주의·재분배·사회정의와 같은 원칙의 기초 위에서 접합되었다. 2차 세계대전 후의 초기에 폭넓게 수용되었던 케인즈주의적 사회민주주의 형태 속에서, 사회민주주의는 국가개입을 통해 자본주의를 '인간화'하고자 하는 명백한 희망과 연관되었다. 사회민주주의자들은 케인즈적 경제정책은 완전고용을 보장할 것이고, 혼합경제는 정부로 하여금 경제활동을 조정하게 할 것이고, 누진세를 통해 재정화된 포괄적 복지 제공은 부자와 가난한 자의 차이를 좁힐 것이라고 믿었다.

1980년대 이후 더 진전된 수정주의 과정이 사회민주주의 내에서 발생하였다. 이러한 현상은 다양한 이유에서 일어났다. 첫째, 계급구조의 변화들 그리고 특히 전문적이고 사무직 직업들의 증대는 전통적인 노동계급이 이해관계를 대변하였던 사회민주주의 정책들이 더 이상 선거의 관점에서 볼 때 실현 가능하지 않았다는 점을 의미하였다. 둘째, 지구화로 인해 케인즈주의와 같은 경제관리의 모든 국가적 형태가 쓸모없게 되는 것처럼 보였다. 셋째, 적어도 발전된 국가에서 국영기업들과 경제적 계획은 비효율적인 것으로 판명되었다. 넷째, 공산주의의 붕괴는 국가집단화뿐 아니라 '하향식' 사회주의 모델에 대한 지적이며 이데올로기적인 신뢰감을 손상시켰다. 이러한 맥락에서 정치가와 정치사상가들에게는 '전통적'인 사회민주주의를 다시 생각하거나 수정하는 일이 점점 더 유행하게 되었다.

'신'사회민주주의

'신'사회민주주의(때때로 '신수정주의' 혹은 '제3의 길'로 칭해짐)는 독일·이탈리아·네덜란드에서 영국과 뉴질랜들에 걸친 나라들에서 이전 양식의 사회민주주의와 적어도 선거상으로 매혹적인 신자유의의의 관점들을 조화시키기 위해 사회민주당에 의해 이루어진 다양한 시도들을 언급하는 단어이다. '신'사회민주주의는 엄밀하지 못하고 이 단어에 수많은 해석들이 가해질 수 있지만 몇몇 특징적인 논지가 확인될 수 있다. 이 논지 중의 첫 번째는 다음과 같은 믿음이다. 즉 적어도 '하향식' 국가간섭의 형태로 존재한 사회주의는 사라졌다는 점이다. 다시 말해 1995년에 개정된 영국노동당 규약의 제4조는 '역동적인 시장경제'로서 언급되고 있는 것에 대한 대안은 없다는 것이다. 이와 함께 지구화와 자본주의가 정보기술, 개인적인 능력 그리고 노동과 기업의 유연성에 중점을 두는 '지식경제'로 변화하였다는 믿음을 일반적으로 수용하고 있다. 이러한 관점에서 국가는 사회의 전체적인 재구성을 위한 수단으로서가 아니라 특히 교육과 기술을 함양시킴으로써 국제적인 경쟁력을 증진시키는 수단으로 이해되었다.

'신'사회민주주의 정치의 또 다른 특징은 그것이 사회주의적 평등주의('수평적'인 형태로 파악되는)와 결별하였고, 대신에 기회와 실적주의라는 자유주의적 이념들을 수용하였다는 점이다. 신수정주의 정치가들은 일반적으로 복지개혁에 동의한다. 이들은 '스스로 돕는 자를 돕는다'라는 본질적으로 현대자유주의적 믿음이나 혹은 미국의 빌 클린턴 전 대통령이 말한 것처럼 '인도하십시오, 그러나 돈을 주지는 마십시오.'라는 입장에서 '자립하라'고 강조하는 신자유주의와 '요람에서 무덤까지'라는 전통적인 사회민주주의적 복지에 대한 약속을 거부하고 있다. 이러한 입장은 '노동자 재교육 국가 workfare state'로 칭해졌던 것을 지지하였다. 이 국가에서 혜택이나 교육적 의미의 정부서비스는 일자리를 찾고 자립하려고 하는 개인들에게 한정된다. 다른 한편으로 '신'사회민주주의에 대한 비판가들은 다음과 같이 주장한다. 즉 신사회민주주의가 시장의 역동성에 동의하면서 사회해체에 대한 시장의 경향에 대해서는 경고하고 있다는 점에서 모순적이라는 것이다. 또한 신사회민주주의는 중도좌파의 기획과는 거리가 먼 우파로의 이동을 행하고 있다는 것이다.

다른 이데올로기 전통

자유주의, 보수주의 그리고 사회주의가 이데올로기 정치의 영역을 남김없이 논의하고 있는 것은 결코 아니다. 다른 이데올로기 전통들이 이러한 중요한 이데올로기들을 벗어나거나 반대하여 발전하였다. 이 다른 이데올로기 전통들이 상당한 정도로 자유주의적 사상, 보수주의적 사상 혹은 사회주의적 사상에 주목하였던 곳에서 다른 이데올로기들이 '더 큰' 이데올로기 전통들로부터 온 요소들을 편입시키고 있다는 점에서 '교차적'인 성격을 지닌다. 다른 방식이긴 하지만 이러한 현상은 무정부주의, 여성주의, 녹색정치 그리고 세계주의, 민족주의 그리고 다문화주의에도 적용된다. 이 이데올로기 전통들은 각각 5장과 7장에서 검토된다. 다른 이데올로기 전통들이 일반적으로 자유주의, 보수주의 그리고 사회주의에 반대하여 등장하였던 곳에서 이 다른 이데올로기 전통들은 서구의 정치적 전통 그 자체의 핵심적인 특징들에 도전하거나 전복하고자 하는 시도로 특징지워진다. 이 점은 파시즘과 특히 정치 이슬람이라는 비서구적 이데올로기 사상에서 나타나는 일정한 추세들의 경우에 적용된다.

파시즘

자유주의 · 보수주의 · 사회주의가 19세기 이데올로기인 반면에, 파시즘은 20세기의 자손이다. 어떤 사람들은 파시즘이 특히 1차 세계대전과 2차 세계대전 사이에 일어난 현상이라고 말한다. 파시스트적 신념은 19세기 후반으로 거슬러 올라가 그 흔적을 찾아볼 수 있지만, 이들은 1차 세계대전과 이 전쟁의 영향, 특히 이 시기를 특징짓는 전쟁과 혁명의 심한 뒤섞임에 의해 서로 결합되고 형성되었다. 파시즘이 지니는 두 가지 주요한 표현은 1922년부터 1943년 사이에 이탈리아에서 발생한 무솔리니Mussolini의 파시스트적 독재와 1933년부터 1945년까지 독일에서 발생한 히틀러의 나치Nazi 독재였다. 또한 20세기의 마지막 해에 신파시즘과 신나치즘적 형태는 공산주의 붕괴를 낳게 하였던 경제적 위기와 정치적 불안정의 결합을 이용하면서 다시 등장하였거나 좀 더 광범위하게는 이민과 다문화주의에 대해 늘어난 불안감으로 다시 등장하였다.

많은 점에서 파시즘은 프랑스혁명 이후 서구정치사상을 지배하였던 이

념과 가치에 대항하는 반란을 구성하였다. 이탈리아의 파시스트적 슬로건으로 표현하면, "1789년은 죽었다"는 것이다. 그리하여 합리주의·진보·자유·평등과 같은 가치는 투쟁·지도·권력·영웅주의·전쟁이라는 명목으로 와해되었다. 이러한 의미에서 파시즘은 '반대 특성anticharacter'을 가지고 있다. 파시즘은 일반적으로 이것이 반대하는 것에 의해 정의되는데, 파시즘은 반자본주의·반자유주의·반개인주의·반공산주의 등의 형태를 띤다. 그러나 파시즘을 일관되게 묶어 주는 핵심적 특징이 존재하는데, 그것은 유기적으로 통일된 민족공동체에 대한 이미지이다. 이것은 '일체를 통한 강함'이라는 믿음에서 드러난다. 문자적 의미에서 개인은 아무것도 아니다. 개인의 정체성은 전적으로 공동체 혹은 사회집단의 정체성으로 흡수된다. 파시스트적 이상은 의무·명예·자기희생에 의해 동기화된 '새로운 인간', 즉 영웅에 대한 이상이며, 이 '새로운 인간'은 민족과 인종의 영광을 위해 그의 생애를 헌신하고, 초월적 지도자를 위해 맹목적으로 복종할 각오가 되어 있다.

하지만 모든 파시스트가 동일한 생각을 가지고 있는 것은 아니다. 이탈리아의 파시즘은 본질적으로 '전체주의' 국가에 대한 맹목적 존경과 절대적 충성에 기초한 극단적인 스탈린주의의 형태를 가진다. 파시스트 철학자인 젠틸레(Gentile; 1875~1944)가 적고 있는 것처럼 "국가를 위해 모든 것을; 국가에 대항함이 없이; 국가의 밖에서는 아무것도 없다". 다른 한편, 독일의 국가사회주의는 일반적으로 인종주의의 토대 위에서 구성되었다. 이 국가사회주의가 지니는 두 가지 핵심이론은 아리안주의Aryanism – 독일 국민이 '최고의 인종'을 구성하고 세계를 지배할 운명을 가지고 있다 – 와 악성적인 반유태주의의 형태이다. 이 악성적 반유태주의는 유태인을 근본적으로 사악한 존재로 표현하였고 유태인 근절을 목표로 삼았다.

무정부주의

무정부주의는 어떠한 무정부주의당도 적어도 국가적 수준에서 일찍이 권력을 획득하는 데 성공하지 못하였다는 점에서 특이하다. 그럼에도 20세기 초에 무정부주의 운동은 스페인·프랑스·러시아·멕시코에 걸쳐 강렬하게 일어났다. 무정부주의자가 가지는 이념은 법·정부·국가가 유익하거나 불가피하다는 관습적 믿음에 도전함으로써 정치적 토론을 풍부하게 만들어 주었다. 무정부주의 내에서 중심적 주제는 모든 형태의 정치적 권위, 특히 국가 형태의 정치적 권위는 사악한 것이며 불필요한 – 무정부는 문자 그대로 '통치가 없는'을 의미한다 – 것이라는 믿음이다. 그럼에도 자유로운 개인이 자발적 동의와 협동을 통해 자신의 문제를 관리하는 국가 없는 사회에 대한 무정부주의자의 선호는 두 가지 경쟁적 전통, 즉 자유주의적 개인주의와 사회주의적 공동체주의의 토대 위에서 발전되었다. 따라서 무정부주의는 개인주의와 사회주의 사이의 교차점, '극단적 자유주의ultraliberalism'와 '극단적 사회주의ultrasocialism'의 형태로 간주될 수 있다.

국가에 대항하는 자유주의는 개인주의, 자유 그리고 선택을 극대화하고자 하는 욕구에 기초하고 있다. 자유주의자와는 달리, 윌리엄 고드윈(William Godwin; 1756~1836)과 같은 개인주의적 무정부주의자는 자유롭고 합리적인 인간은 자신의 문제를 평화롭고 자발적으로 관리할 수 있다고 믿었다. 그리고 정부는 단지 원하지 않는 강압의 형태에 불과하다는 것이다. 현대의 개인주의자들은 대개 사회가 어떻게 국가권위의 부재 속에서 조절

개념설명

무정부-자본주의
Anarcho-capitalism
규제받지 않는 시장경쟁은 국가를 불필요하게 만들면서 모든 사회적 장치들에 적용될 수 있고 적용되어야만 한다고 주장하는 무정부의 전통.

상호주의 Mutualism
공정하고 동등한 교환체계. 이 체계 속에서 개인이나 집단들이 이윤과 착취 없이 서로 상품과 서비스를 교환.

무정부-공산주의
Anarcho-communism
사회안정을 위해 공동소유가 유일하게 신뢰할 만한 토대라고 하는 무정부의 전통. 국가의 비존재는 무계급성과 연결된다.

되는지를 설명하기 위해 시장에 관심을 돌렸고, 무정부-자본주의의 형태, 즉 극단적인 자유시장경제학이라는 형태를 발전시켰다. 하지만 좀 더 폭넓게 승인된 무정부주의적 전통은 공동체·협동·평등·공동소유와 같은 사회주의 이념에 의존한다. 따라서 집단주의적 무정부주의자는 사교적이며 더불어 살기를 좋아하고, 본질적으로 협동적 본성으로부터 일어나는 사회연대를 위한 인간 능력을 강조한다. 가령 이러한 토대 위에서 프랑스의 무정부주의자인 피에르 조셉 프루동Pierre-Joseph Proudhon은 자신이 **상호주의**mutualism라고 불렀던 것을 발전시켰다. 상호주의란 독립적인 농부·공예가·장인의 작은 공동체는 자본주의의 부정과 착취를 피하면서 공평하고 평등한 교환체계를 사용함으로써 자신의 삶을 관리할 수 있을 것이라는 믿음을 의미한다. 러시아의 표트르 크로포트킨(Peter Kropotkin; 1842~1921)과 같은 무정부주의자는 **무정부-공산주의** 형태를 발전시켰는데, 이것이 지니는 중심적 원칙은 공동소유·탈중앙화·자치였다. 무정부주의의 영향을 받은 현대의 사상가들로는 노엄 촘스키와 미국의 자유지상주의자이자 사회생태주의자인 머레이 북친(Murray Bookchin; 1921~2006)을 들 수 있다.

여성주의

여성주의적 열망은 이미 고대 중국 사회에서 표현되었지만, 이것은 메리 울스턴크래프트Mary Wollstonecraft가 쓴 『여성 권리의 옹호*A Vindication of the Rights of Women*』([1792] 1985)가 출판될 때까지는 발전된 정치이론에 의해 지탱되지 못하였다. 사실 여성주의 이념이 이른바 '제1차 여성주의 물결first-wave feminism'이라는 형태 속에서 폭넓은 지지를 획득한 것은 1840년대와 1850년대의 여성참정권운동의 출현에 인해서였다. 20세기 초에 대부분의 서구 국가에서 여성참정권의 획득은 여성운동의 중심적 목표와 조직적인 원칙을 빼앗아 버렸다. 그러나 '제2차 여성주의 물결'이 1960년대에 나났다. 이것은 증대하는 여성해방운동(Women's Liberation Movement, WLM)에 대해 더 급진적이고 때로는 혁명적 요구를 나타내었다. 여성주의 이론과

자유주의 여성주의
Liberal feminism
핵심적인 목표가 성의 구분이 없는 개인의 믿음에 기반한 공적 영역으로의 여성과 남성의 동등한 접근을 주장하는 여성주의 전통.

사회주의 여성주의
Social feminism
가부장제와 자본주의 간의 연관에 기초하여 젠더 평등을 달성하기 위해 경제생활의 재구성을 추구하는 여성주의 전통.

급진적 여성주의
Radical feminism
삶의 모든 영역, 특히 개인 영역에서의 급진적 변형을 통해 가부장제를 전복시키고자 하는 여성주의 전통.

교리는 다양하다. 하지만 이것이 지니는 통일적인 특징은 어떤 수단을 통해서라도 여성의 사회적 역할을 강화하고자 하는 공통된 바람을 가지고 있다는 점이다. 따라서 여성주의의 주요 주제는 첫째, 사회가 성적·육체적 불평등에 의해 특징지워진다는 점, 둘째, 이러한 남성권력의 구조는 전복될 수 있고 되어야 한다는 점이다.

여성주의 사상은 전통적으로 자유주의 사상, 사회주의 사상 그리고 급진적 사상 간의 구분이라는 의미에서 분석되었다. 울스턴크래프트와 베티 프리던Betty Friedan과 같은 **자유주의 여성주의**자는 사회에서 권리와 기회의 불평등한 배분이라는 의미에서 여성의 종속을 이해하고자 하는 경향을 보였다. 이러한 '동등한 권리 추구 여성주의'는 본질적으로 개혁주의적이다. 이것은 '사적' 혹은 가정생활의 재정(돈)에 관심을 두기보다는 '공적' 영역의 개혁, 다시 말해 여성의 법적·정치적 위상을 강화하고 여성의 교육적·직업적 전망을 향상시키는 데 더 관심을 둔다. 이와 대조적으로 **사회주의 여성주의**자는 전형적으로 여성종속과 자본주의적 생산양식 사이의 연결을 부각시키며 가족 혹은 가정생활에 한정된 여성이 가지는 경제적 중요성에 관심을 기울인다. 예를 들면 가족 혹은 가정생활에서 여성은 남성노동자로 하여금 가사노동의 짐을 덜게 하며, 다음 세대의 자본주의 노동자를 교육하고 양육함으로써 노동의 산업예비군으로 행동한다.

메리 울스턴크래프트 (Mary Wollstonecraft; 1759~1797)

영국의 사회이론가이자 여성주의자. 루소의 민주주의적 급진주의에 의해 상당히 영향을 받은 울스턴크래프트는 여성참정운동이 일어나기 약 50년 전에 처음으로 체계적인 여성주의적 비판을 발전시켰다. 그녀의 가장 중요한 작품인 『여성 권리의 옹호A Vindication of the Rights of Women』([1792] 1985)는 로크적 자유주의의 영향을 받았다. 이 글은 '인간임(personhood)'이라는 개념을 토대로 여성에 대한 동등한 권리, 특히 교육을 받을 권리를 강조하였다. 하지만 이 글은 여성 자체에 대한 좀 더 복잡한 분석을 발전시켰고, 이 분석은 동시대의 여성주의라는 문제에 중요하다. 울스턴크래프트는 무정부주의자인 윌리엄 고드윈(William Godwin)과 결혼하였으며, 『프랑켄슈타인 Frankenstein』의 저자인 메리 셸리(Mary Shelley)의 어머니다.

생태학Ecology,
생태주의Ecologism
생태학[그리스어의 오이코스(oikos)와 로고스(logos)에서 유래하였으며, '가정생활에 대한 연구(study of the home)'를 의미한다]은 살아 있는 유기체와 환경 사이의 관계를 연구한다. 그리하여 생태학은 모든 형태의 생명을 유지하는 관계망에 주목하고 있으며, 자연의 상호연관성을 강조하고 있다. 생태학[에른스트 헤켈(Ernst Haeckel)에 의해 1873년에 처음 사용되었던 단어]은 하나의 과학, 기술적 원리(descriptive principle), 심지어 하나의 도덕적 가치로 간주될 수 있다. 생태주의는 인간과 자연계 사이의 본질에 관한 생태학적 가정을 토대로 건설되는 정치적 교의, 혹은 이데올로기이다. 즉 인간은 자연의 한 부분이지 자연의 '주인'이 아니라는 것이다. 생태주의가 생물중심적(biocentric) 혹은 생태중심적 관점을 내포하고 있는 반면에, 환경주의는 궁극적으로 인간의 이익을 위해 자연을 보호하는 데 관심을 가지고 있다는 점에서 생태주의는 때때로 환경주의(environmentalism)와 구별된다.

하지만 제2차 여성주의의 독특한 정취는 주로 관습적 정치 교리에 뿌리를 두지 않는 여성주의의 비판으로부터 발생한다. 요컨대 이것은 **급진적 여성주의**이다. 급진적 여성주의자는 성적 구분이 사회에서 가장 근본적이며, 정치적으로 의미 있는 분열이라고 믿고 있다. 이들의 관점에서 볼 때 과거와 현재의 모든 사회는 가부장제에 의해 특징지워진다. 케이트 밀렛(Kate Millett, 1969)이 적고 있는 것처럼 가부장제는 "인구의 1/2인 여성이 인구의 1/2인 남성에 의해 통제되는" 제도이다. 따라서 급진적 여성주의자는 성적 혁명, 특히 개인적·가정적·가족생활을 재구조화하고자 하는 혁명의 필요성을 천명한다. 그리하여 급진적 여성주의의 특징적 슬로건은 "개인적인 것이 정치적인 것이다."라는 구호이다. 하지만 단지 극단적 형태 속에서만 **급진적 여성주의**는 남성을 '적'으로 묘사하고, 여성이 남성사회에서 탈퇴할 것을 천명한다. 이러한 예는 종종 정치적 동성연애주의lesbianism의 형태로 나타난다. 그러나 1970년대 이후 여성주의는 많은 점에서 자유주의와 사회주의 그리고 급진적 전통이라는 세 가지 구분을 넘어서 발전하였다. '신여성주의' 혹은 '제3의 여성주의 물결'이 다양한 요소들을 포함하고 있지만 이 여성주의는 젠더 평등의 관습적 목표에 대한 불신으로 특징지워지며, 여성과 남성 그리고 여성 자신들간의 차이를 강조한다.

녹색정치

녹색정치 혹은 **생태주의**는 일반적으로 20세기 후반의 환경운동 출현과 연결된 하나의 새로운 이데올로기로 간주되지만, 그것의 기원은 산업화에 반대하는 19세기의 반란으로까지 소급해 간다. 따라서 녹색정치는 증대하는 경제발전 속도에 의해 자연계에 가해진 손상들(20세기 중반 이후 핵기술의 출현, 산성비, 오존파괴, 지구적 경고 등에 의해 가속화되었다)에 관심을 나타내며, 퇴보하는 인간생활의 질에 관한 염려와 궁극적으로 인간의 생존에 관심을 나타낸다. 이러한 관심은 종종 관습적 이데올로기의 매개를 통해 표현된다. 예를 들면 생태사회주의ecosocialism는 자본주의의 탐욕스러운 이윤추구

인간중심주의

Anthropocentrism

인간욕구와 이해관계가
도덕적·철학적 중요성
을 유린하고 있다는 믿
음을 의미하며, 생태중
심주의(ecocentrism)와
반대된다.

전체론 Holism

부분보다 전체가 더 중
요하다는 믿음. 이것은
이해는 오로지 부분들
사이의 관계를 연구함으
로써만 획득된다는 점을
함축한다.

라는 욕망을 보는 관점에서 환경파괴를 설명한다. 생태보수주의는 전통적 가치와 확립된 제도를 보존하고자 하는 욕구를 위해 보존운동과 연결된다. 생태여성주의는 환경위기의 기원을 남성권력체계에서 찾고 있으며, 이것은 자연과정과 자연계에 대해 남성이 여성보다 덜 민감하다는 사실을 반영한다.

하지만 무엇보다도 환경주의는 그것이 모든 다른 이데올로기에 의해 수용된 **인간중심주의**나 인간중심적 자세에 대한 하나의 대안을 제공하고 있다는 사실이다. 환경주의는 자연계를 단지 인간의 욕구를 만족시키기 위해 이용할 수 있는 편리한 자원으로 간주하지 않는다. 환경의 중요성을 부각시킴으로써 환경주의, 혹은 그 지지자들이 부르기 좋아하는 것처럼, 생태주의는 인간을 단지 자연의 일부로 표현하는 생태중심적 세계관을 발전시킨다. 이 분야에서 가장 영향력 있는 이론 중의 하나는 제임스 러브룩(James Lovelock, 1979, 2006)이 발전시킨 가이아Gaia 가설이다. 이 가설은 주로 자신의 생존에 관심이 있는 살아 있는 유기체로 지구를 표현한다. 또 다른 이론은 도교와 선종과 같은, 삶의 전일성을 강조하는 동양의 종교들에 주목하면서 그러한 급진적 **전체론**에 공감을 나타냈다(Capra, 1983). 어떤 환경압력단체에서처럼 '얕은shallow' 생태주의자은 이기심과 상식에 대한 호소가 인간으로 하여금 생태학적으로 굳건한 정책과 생활양식을 수용하게끔 설득할 것이라고 믿는다. 다른 한편으로 '심층적deep' 생태주의자는 정치적 우

그림 2. 1 페리브리지

개념설명

세계정부

World government

초국가적인 권위를 가진 중앙집권적 세계국가이든 아니면 국민국가들이 주권을 나누어 가지는 연방적 단체이든 간에 하나의 공동적 정치권위 밑에 통합된 모든 인간에 대한 이념.

선순위의 근본적 재배치, 요컨대 어떤 개별적 종의 이해관계에 우선하여 생태체계의 이해관계를 재배치하는 것을 제외하고는 궁극적으로 지구와 인간의 생존을 보장하지 못할 것이라고 주장한다. 두 단체의 회원들은 1970년대 이후 독일, 오스트리아 그리고 유럽의 다른 곳에서 발생하였던 '반정당적 antiparty' 녹색정당에서 발견될 수 있다.

세계주의

세계주의 이념들은 고대 그리스의 견유학파와 고대 로마의 스토아학파로 소급될 수 있지만 세계주의는 1990년대 이후 당연하게 하나의 이데올로기 전통으로 취급되었다. 이 이념은 점증하는 지구적 상호연결성에 대한 도덕적, 정치적 그리고 문화적 함의들이 점점 더 명백하게 되었을 때 발생하였다. 이러한 의미에서 세계주의는 지구화의 이데올로기적 표현으로 이해될 수 있다(지구화와 세계주의 간의 관계가 복잡하기는 하지만 세계주의자들은 종종 현재의 지배적인 지구화 형태에 있어서의 급진적 변화들을 요구하고 있다). 문자상의 의미로 지구적인 정치제도들을 확립하고자 하는 시도 속에 반영되고 있는 세계주의는 **세계정부**라는 유행에 뒤떨어진 이념을 연상하게 하는 현대의 세계주의적 사고와 제한적인 관련성을 가지고 있다. 따라서 현대의 세계주의는 도덕적 혹은 문화적 성격을 띠는 경향이 있다.

반지구화 행동주의를 지지하는 관념인 '도덕적' 세계주의는 세계가 단 하나의 도덕적 공동체를 구성한다는 믿음이다. 이 점은 다음의 사실을 함축한다. 즉 사람들은 국적·종교·인종 그리고 기타 등등에 상관없이 세계에서 생활하고 있는 모든 다른 사람들에 대해 (잠재적으로) 의무들을 가지고 있다는 점이다. 그러한 윤리적 생각은 어떤 정치공동체보다는 개인이 도덕적 관심의 일차적 초점이라는 핵심적인 이념에 그 기초를 두고 있다. 가장 평범하게 이 점은 인간권리라는 교의를 통해 주장되었다. 그럼에도 도덕적 세계주의는 대조적인 자유주의적·사회주의적 형태들을 띠고 있다.

자유주의적 세계주의는 두 가지 방식으로 표현되었다. 그 첫 번째는 시민권과 정치권, 특히 생명권, 자유권과 재산권, 표현의 자유 그리고 임의 체포로부터의 자유 등과 같은 고전적인 '자유주의적' 권리들을 보편화하고자 하는 시도이다. 이러한 형태의 세계주의는 무엇보다도 인간주의적 개입을 지지하고 무엇보다도 국제적인 법정과 재판소의 구성을 강화시키고자 하는 시도와 연관을 맺고 있다. 두 번째 형태의 자유주의적 세계주의는 경제자유주의로부터 유래하며, 개인의 자유를 확대하고 물질적 발전을 증진시키는 수단으로 간주되는 시장사회를 보편화하고자 하는 시도에 특히 역점을 두고 있다. 이와는 뚜렷하게 대조되는 사회주의적 세계주의는 프롤레타리아계급의 연대가 초국가적인 성격을 가지고 있다는 맑스주의 믿음에 그 뿌리를 두고 있다. 이 계급적 연대는 『공산주의자 선언 *The Communist Manifesto*』의 유명한 마지막 문구에서 사실적으로 표현되었다. "세계의 노동자들이여 단결하라!" 그럼에도 이러한 생각의 현대적 해석들은 맑스주의 분석보다 경제적·사회적 권리 개념에 더 기반하고 있는 것 같다. 이러한 형태의 세계주의의 핵심적 주제는 지구적인 사회정의를 위한 추구이다. 이 지구적 사회정의는 북반구에서 남반구로까지의 실질적인 부의 재분배와 지구적인 경제 거버넌스 제도의 급진적 개혁을 함축하고 있다(19장에서 토론된다).

이러한 생각은 종종 '문화적' 세계주의와 연관을 맺고 있다. 이 문화적 세계주의는 사람들의 가치와 생활양식들이 심화되고 있는 지구적 상호의존성의 결과로 그 모습이 변형되었던 정도를 강조한다. 이러한 의미에서 정치공동체는 사람들이 단지 특정한 국가의 시민이라기보다는 '지구적 시민'으로서 자신들을 생각하게 됨에 따라 다시 정의되고 있는 과정에 있다는 것이다. 이를 위한 가정된 증거는 민족주의에서 다문화주의로의 이동이거나 적어도 잡종성과 문화적 혼합 혹은 '잡종화'를 강조하는 다문화주의 형태이다(Waldron, 1995). 그러나 세계주의가 윤리적 사고에 점점 더 큰 영향을 주었지만 세계주의는 문화적 재구성의 의미에서 단지 제한적인 충격만을 주었다. 민족주의는 내부와 외부의 세력으로부터 점점 더 증대하는 압력을 받을 수도 있을 것이다 그러나 (5장에서 토론되는 것처럼) 국가는 정치공동체를 위

탈식민지주의는 식민지
지배의 문화적·심리학
적 차원들을 폭로하고
전복시키고자 하는 문학
적·문화적·정치적 연구
들에서의 경향이다. 그
러한 것으로서 탈식민
지주의는 '내적'인 종속
은 식민지주의의 정치적
구조들이 제거된 후에도
오랫동안 지속할 수 있
다는 점을 인정한다. 탈
식민지주의의 주요한 취
지는 비서구적 정통성
그리고 때때로 반서구적
인 정치적 이념과 전통
들을 확립하는 것이었
다. 그럼에도 탈식민지
주의는 다양한 형태들을
띠었다. 이 다양한 형태
들은 인도의 민족주의와
힌두교에 뿌리를 둔 이
념들을 융합하고자 하는
간디의 시도에서 종교적
근본주의에까지 이른다.

한 굉장한 토대로 남아 있다. 감정과 시민적 충성을 촉진시키는 능력에 가깝게 다가서는 유럽연합을 포함하여 그 어떤 국제적인 단체도 국가에 미치지는 못한다.

비서구 이데올로기적 동향들

원래 정치이데올로기는 특수하게 서구의 구조물이었다. 주요 이데올로기적 전통들은 산업사회의 등장을 구체화하기 위한 대조적인 시도로써 발전하였다. 이 전통들의 이념과 이론들은 유럽과 북아메리카의 역사적 경험에 의해 형성되었다. 게다가 특히 자유주의와 사회주의의 경우에 정치이데올로기는 이성과 진보에 대한 이념을 강조하였던 계몽주의 전통에서 끌어내었다. 그래서 정치이데올로기는 서구에서 더 광범위한 지적·문화적 발전들을 실현하는 데 기여하였다. 정치이데올로기가 유행하였을 때 이 이데올로기는 세계의 나머지 지역에 본질적으로 근대성의 서구적 모델, 더 정확하게 경쟁적인 서구의 근대성 모델들을 수출하였다. '아랍 민족주의', '아프리카 사회주의' 혹은 '중국 공산주의' 등과 같은 이데올기적 경향들은 비서구적 맥락에서 서구 이념들을 적용하려는 시도에 해당한다. 물론 때때로 서구의 교리들이 토착인의 가치와 이념들과 분규를 일으켰지만 말이다. 1964년에서 1985년까지 탄자니아의 대통령을 지냈던 줄리우스 나이레레 Julius Nyerere가 지적하였듯이 '우리는 아프리카에서 우리가 민주주의에 대해 배우지 못한 것과 같이 사회주의로 전환되어야 할 필요성도 가지고 있지 않다.' 따라서 그는 그 자신의 견해를 '부족 사회주의 tribal socialism'로 묘사하였다.

탈식민지주의

그럼에도 정치이데올로기에 비서구적 정체성을 제공하고자 하는 좀 더 명백한 시도들이 **탈식민지주의**와 연관된 추세들에서 나타났다. 탈식민지주의의 특징적인 모습은 다음과 같다. 즉 탈식민지주의는 특히 자유주의와 사회

모한다 카람찬드 간디 (Mohandas Karamchand Gandhi; 1869~1948)

인도의 정신적·정치적 지도자(마하트마Mahatma, 즉 '위대한 영혼'으로 불림). 간디는 영국에서 변호사로 훈련받았고 남아프리카에서 일하였다. 남아프리카에서 그는 인종 차별에 대항하여 시위를 조직하였다. 1915년 인도로 돌아온 후에 그는 민족운동의 지도 자가 되었으며 정력적으로 독립을 위해 투쟁하였고 마침내 1947년에 그 목표를 달성하 였다. 미학적인 생활양식에 의해 강화된 비폭력저항satyagraha에 대한 간디의 윤리는 인도 독립운동에 엄청난 도덕적 권위를 부여해 주었다. 힌두교에서 유래된 간디의 정 치철학은 다음의 가정에 그 기초를 두고 있었다. 즉 우주는 진리에 의해 통제되고 인간 은 '궁극적으로 하나'라는 것이다. 간디는 1948년 광신적인 힌두교인에 의해 암살당했 고 독립 후에 일어났던 잔혹했던 힌두교·이슬람교 충돌의 희생자가 되었다.

개념설명

비동맹운동

Non-Aligned Movement
1961년 벨그라드에서 창
립된 국가들의 조직. 자
본주의 서구나 공산주의
동구와의 공식적인 정치
적·경제적 동맹을 피하
고자 하였던 운동.

주의의 보편주의적 주장과는 분리되는 특징적인 정치적 목소리를 비서구세계에 주고자 하였다는 점이다. 이것을 행하고자 하는 초기의 영향력 있는 시도가 1955년 반둥회의에서 착수되었다. 이 회의에서 이집트·가나·인도·인도네시아 등을 포함하여 대부분 신생독립국인 29개의 아프리카·아시아 국가들은 나중에 **비동맹운동**으로 알려졌던 것을 발기하였다. 이 국가들은 자신들을 독립적인 세력블록으로 간주하였고 지구적인 정치적, 경제적 그리고 문화적인 우선성들에 대한 '제3세계' 관점을 제공하였다. 이 '제3세계주의'는 서구의 발전모델과 소비에트 발전모델과 대비하여 그 자신을 규정하였다.

그러나 탈식민지 이데올로기적 추세들은 상당히 다른 모습을 띠었다. 이 추세들은 간디의 정치철학에 반영되었는데, 그의 정치철학은 궁극적으로 힌두교에 뿌리를 두고 있었던 비폭력과 자기 희생이라는 종교적 윤리에 그 기반을 두었다. 이 견해에 따르면 '총검의 교의'인 폭력은 서구가 인도에 사용한 것이었다. 이와는 대조적으로 마르티니크martinique에서 출생한 프랑스 혁명이론가인 프란츠 파농(Franz Fanon; 1926~1961)은 식민지 지배가 '백인'과 '흑인' 간의 비균형적인 관계를 통해 심리적·정치적 수준에서 작동하는 정도를 부각시켰다. 그리고 그는 이 관계는 오로지 '절대적 폭력'의 힘을 제거함으로써 소멸될 수 있을 것이라고 하였다(Fanon, 1968).

종교적 근본주의

그럼에도 탈식민지주의는 특히 1970년대 후반 이후 종교적 **근본주의**와, 가장 현저하게는 이슬람 근본주의 혹은 정치적 이슬람교에서의 고조를 통해 가장 강력하게 표현되었다. 이슬람교적 믿음들이 사회생활과 정치의 압도적인 원칙을 구성한다는 강렬하고 전투적인 신념이 세이드 쿠틉(Sayyid Qutb; 1906~1966)과 같은 사상가들의 저술에서 그리고 이슬람 단체의 활동들을 통해 처음으로 나타났다. 이 활동의 목표는 사리아shari'a 법의 원칙에 토대를 둔 이슬람 국가의 확립이었다. 정치적 이슬람교는 1979년의 이슬람혁명에 의해 두드러지게 되었다. 이 혁명은 아야툴라 호메이니 Ayatollah Khomeini의 지도하에 세계에서 첫 번째 이슬람 국가를 탄생시켰다. 이 혁명은 그 후에 중동 전역에 걸쳐, 북아프리카를 가로질러 아시아 지역으로 널리 퍼졌다. 이란의 시아shi'a 근본주의가 가장 맹렬한 서약과 헌신을 초래하였지만 일반적으로 이슬람주의는 서구세력들의 신식민지 정책들에 대한 반감과 허용적이고 물질적인 가치들의 '속임수imposition'에 대한 근심을 나타내는 반서구주의적 표출의 수단이었다. 이 점은 아프카니스탄의 탈리반 정권(1997~2001)에서 분명하게 나타났고 또한 알카에다와 같은 **지하드**주의적 단체들의 성장에서도 나타났다. 이들에게 있어 정신적 추구는 전투적인 정치, 무장투쟁 그리고 아마도 순교자의 기념성당과 동의어가 되었다.

아시아적 가치들

또 다른 비서구적인 이데올로기 추세들은 근본주의적 종교와 아무런 연관이 없다. 예를 들어 1980년대와 1990년대 동안에 이른바 '**아시아적 가치들**'에 대한 이념이 점점 더 주목을 받았고 경제 강국으로서의 일본과 홍콩, 대한민국, 대만 그리고 싱가포르의 '호랑이' 경제로 인해 고무되었다. 보편적인 인간권리들을 부인하지 않으면서 아시아적 가치들은 서구의 가치체계와 아시아의 가치체계 간의 차이점들에 주목하였다. 그리고 아시아적 가치들은 인간권리들이 전통적·문화적으로 편협한 서구의 가정들을 기초로 구성되었다는 점을 강조하였다. 아시아적 가치들은 권위에 대한 충성, 의무 그

아시아적 가치들
Asian Values
아시아 사회들의 역사,
문화 그리고 종교적 배경
들을 반영하는 가치들.
그 예로서 사회적 조화,
권위에 대한 존경 그리고
가족에 대한 믿음 등을
들 수 있다.

이원론 Dualism
현실은 종종 마음과 질
료로 취해지는 두 개의
기본적인 원칙들로 구성
되는 믿음. 그러나 이
믿음은 다른 이원성으로
확대될 수도 있을 것이
다.

리고 존경을 토대로 사회적 조화와 협동에 대한 해석을 제공함으로써 이 편협함을 고치고자 하였다. 아시아적 가치들의 영향이 1997~1998년 아시아의 재정위기로 인해 현저하게 쇠퇴하였지만 이 가치들은 유교와의 관계를 통해 수면 위로 등장하였고 중국의 부흥에 의해 강화되었다.

이원론을 넘어서

대안적인 비서구의 이데올로기적 경향들은 몇몇의 비서구적 철학전통들에서 발견되는 비이원론에 대한 강조와 전통적인 서구철학의 확고한 **이원론**을 대비시켰다. '모든 것은 존재하든가 아니면 존재하지 않든가'라는 이념을 통해 표현되는 모든 것은 특징적인 본질을 가지고 있다는 아리스토텔레스의 주장은 불교철학자 나가르주나(Nagarjuna; 약 150~250)의 '무상sunyata'에 대한 교리와 대비될 수 있다. 이 교리에 따르면 모든 개념과 대상들은 '자신의 존재own-being'를 결여하고 있다는 것이다. 그래서 이 교리는 본질적인 상호의존성을 강조한다. 불교 혹은 도교에 의해 종종 영향을 받은 그러한 사유는 또한 니사다 키타로(Nishada Kitaro; 1870~1945)와 같은 일본의 교토학파 철학자에 의해서도 나타난다. 니사다 키타로는 다음과 같이 주장하였다. 즉 세계는 '대립물들의 절대적인 통일'로 특징지워진다는 것이다. 서구의 '이것이냐/저것이냐' 식의 사유가 통합과 단일성을 강조하는 세계관을 지지하여 포기된다고 한다면, 모든 다른 형태의 이원론－마음/육체, 선/악, 주체/객체, 인간/자연 등등－은 붕괴되기 시작한다. 비이원론적 사고는 녹색정치와 관련하여 가장 큰 이데올로기적 영향을 미쳤다. 녹색정치에서 비이원론적 사고는 수많은 형태의 심층생태학을 위한 철학적 토대를 제공해 준다.

요약

(1) 이데올로기는 때때로 부정적 의미를 가졌던 논쟁적인 정치용어다. 사회

과학적 의미에서 정치이데올로기는 조직적인 정치행동을 위한 토대를 제공하는 다소 일관적인 이념이다. 이데올로기가 지니는 중심적 특징은 현존하는 권력관계에 대한 설명, 원하는 미래에 대한 모델, 그리고 어떻게 정치변화가 초래될 수 있고 초래되어야 하는가에 대한 개관이다.

(2) 이데올로기는 정치이론을 정치적 실천과 연결시킨다. 어떤 수준에서 이데올로기는 가치, 이론, 교리의 집합, 즉 특징적인 세계관을 구성한다는 의미에서 정치철학과 비슷하다. 하지만 다른 수준에서 이데올로기는 포괄적인 정치운동의 형태를 취하며, 정치지도자·정당·집단들의 활동을 통해 접합된다.

(3) 모든 이데올로기는 특징적인 원칙과 이념의 장치와 연관될 수 있다. 이 이념은 특징적인 방법으로 서로 연결된다는 의미에서 '함께 걸려' 있지만, 이념은 상대적 의미에서 단지 체계적이며 응집적이다. 그리하여 모든 이데올로기는 경쟁적 전통과 내적 긴장의 범위를 구체화한다. 따라서 이데올로기 내에서 발생하는 갈등은 종종 이데올로기 사이에서 발생하는 갈등보다 더 치열하다.

(4) 이데올로기는 결코 완전하게 봉쇄되지 않으며 불변적인 사상체계가 아니다. 이데올로기는 여러 가지 점에서 서로 중복되고 종종 관심과 공통의 어휘를 공유한다. 또한 이데올로기는 항상 정치적 혹은 지적 갱신에 종속된다. 왜냐하면 이데올로기는 다른 이데올로기와 상호작용하며 영향을 받기 때문이다. 그리고 이데올로기는 변화하는 역사적 환경에 적용될 때 시대를 통해 변화하기 때문이다.

(5) 특별한 이데올로기가 가지는 의미는 정치적·사회적·경제적 환경과 이론적 혁신을 위해 이데올로기가 지니고 있는 능력의 중요성과 관련하여 부흥하고 쇠퇴한다. 20세기 동안과 그 이후의 발전은 자유주의·보수주의·사회주의 같은 주요한 이데올로기들이 가지고 있는 전통적 원칙들을 재검토하게 하였다. 약 1960년대 이후 이데올로기적 전망은 이른바 여성주의·녹색정치·세계주의 같은 '신'이데올로기들의 출현과 비서구적 이념과 이론들의 이데올로기적 중요성에 대한 점증하는 인식을 통해 변형되었다.

토론사항

(1) 이데올로기 개념은 왜 자주 부정적인 연상을 동반하였는가?

(2) 자유주의와 사회주의를 구분하는 것이 더 이상 가능한가?

(3) 신우파 이념은 전통적 보수주의의 이념과 어느 정도로 갈등관계에 있는가?

(4) '신'사회민주주의는 의미 있고 일관적인 이데올로기적 위상이 있는가?

(5) 맑스주의는 미래가 있는가?

(5) 어떤 환경이 파시즘의 부흥에 가장 전도력이 있는가?

(6) 무정부주의자는 불가능한 것을 요구하는가?

(7) 왜 여성주의 · 녹색정치 · 세계주의는 그 의미가 증대하였는가?

(8) 비서구의 이데올로기적 경향들이 서구의 이데올로기들에 어느 정도로 도전하고 있는가?

더 읽을 거리

- Freedman, M., *Ideology: A Very short Introduction*(Oxford: Oxford University Press, 2003). 이데올로기의 본성과 현대세계에서의 이데올로기의 위상에 대한 간단하지만 권위적인 안내서.
- Heywood, A., *Political Ideologies: An Introduction*(5nd ed. 2012). 주요한 이데올로기적 전통에 대해 서술한 최근에 나온 쉽고 포괄적인 안내서.
- 개별적인 이데올로기에 관해 좋은 소개를 하고 있는 책으로, 자유주의에 관해서는 Arblaster(1984), 보수주의에 관해서는 O'Sullivan(1976), 사회주의에 관해서는 Wright(1987), '제3의 길'에 관해서는 Giddens(2001), 무정부주의에 관해서는 Marshall(1991), 파시즘에 관해서는 Laqueur(1979), 여성주의에 관해서는 Bryson(2003), 녹색정치에 관해서는 Dobson(1990),

세계주의에 관해서는 Appiah(2007), 종교적 근본주의에 관해서는 Marty and Appleby(1993) 참조.

정치와 국가

"국가의 목적은 항상 동일하다. 국가의 목적은 개인을 제한하고 길들이며, 종속시키고 복종시키는 데 있다."

Max Stirner, *The Ego and His Own*(1845)

개관

국가의 영향력은 거의 모든 인간활동에 미친다. 교육에서 경제적 관리, 사회복지에서 위생, 국내질서에서 국방에 이르기까지 국가는 계획하고 통제한다. 그리고 국가가 계획하고 통제하지 못하는 곳에서 국가는 조정하고 감독하며 허가하거나 박탈한다. 일반적으로 사적인 것(결혼, 이혼, 낙태, 종교적 숭배 등)으로 여겨지는 생활 양상은 궁극적으로 국가의 권위에 예속된다. 따라서 정치학이 왕왕 국가에 대한 연구, 국가의 제도적 조직에 대한 분석, 사회에 미치는 국가의 영향에 대한 평가 등에 관한 연구로 이해되는 것은 놀라운 일이 아니다. 이데올로기적 토론과 정당정치는 확실히 국가의 적당한 기능과 역할에 관한 것으로부터 일어난다. 요컨대 무엇이 국가에 의해 행해져야 하는가? 사적 개인과 결사체에게 무엇이 남겨져야 하는가? 그리하여 국가권력의 본성은 정치분석의 중심적 관심사 가운데 하나가 된다. 이 장은 국내적 관점과 국제적 관점에서 일반적으로 국가와 연관된 특징들을 검토한다. 이 장은 국가권력의 성격에 대한 문제를 고려하며, 그 과정에서 정치이론에서 가장 심층적이고 가장 오래 지속되고 있는 몇몇 분열들에 대해 언급한다. 이 점은 국가의 대조적인 역할과 책임 그리고 국가들이 가정하였던 다른 형태들에 관한 토론으로 이끈다. 마지막으로 이 장은 지구화와 다른 발전들의 관점에서 국가가 정치에 있어서 중요한 의미를 상실하고 있는지를 살펴본다.

쟁점

---

(1) 국가는 무엇인가? 국가는 정부와 어떻게 구분할 수 있는가?

(2) 국가권력은 어떻게 분석되고 설명되었는가?

(3) 국가는 선을 위한 힘인가, 아니면 악을 위한 힘인가?

(4) 어떤 역할이 국가에 지정되었는가? 국가와 시민사회 사이에 존재하는 책임은 어떻게 배분되었는가?

(5) 이제 어느 정도로 정치는 국가의 밖에서 혹은 국가를 넘어서서 작동하는가?

국가에 대한 정의

국가

국가는 제한된 영토적 한계 내에서 독립적 사법권을 확립하고, 일련의 영속적인 제도를 통해 권위를 행사하는 정치적 결사체이다. 이 제도는 공동생활의 집단적 조직에 책임이 있고, 공공기금으로 운영된다는 점에서 분명하게 '공적' 제도이다. 그래서 국가는 다양한 정부제도를 가지고 있다. 그러나 국가는 또한 사법부·국유산업·사회보장제도 등으로 확장된다. 국가는 총체적인 '정치체(body politic)'와 동일시될 수 있다. 독일의 사회학자 막스 베버는 국가를 '정당한 폭력'이라는 수단의 독점으로 정의하였다. 국가권력의 본성과 국가역할에 대한 논의는 논란의 여지가 있기는 하지만 정치사상에서 주요한 주제이다.

관념론 Idealism
도덕과 이념들의 중요성을 강조하는 정치에 대한 관점. 철학적 이상주의는 이념들이 물질세계보다 더 '현실적'이라는 점을 의미한다.

'**국가**'라는 단어는 사물의 혼동스러운 배열, 즉 제도의 집합, 영토적 단위, 철학적 이념, 강제와 압력장치 등을 지시하는 것으로 사용되었다. 이 혼동은 부분적으로 국가가 세 가지 다른 방식, 즉 **관념적**idealist 관점, 기능적funcionalist 관점, 조직적organizational 관점이라는 차원에서 파악되었다는 사실에서 유래한다. 국가에 대한 관념적 접근방법은 헤겔의 저술에서 명백하게 드러난다.

헤겔은 사회적 존재의 세 가지 '계기', 즉 가족·시민사회·국가를 정확하게 규정하였다. 그에 따르면 가족 내에 존재하는 '특수한 이타주의'는 사람으로 하여금 자식이나 나이가 든 친척의 행복을 위해 자신의 이익을 포기하도록 고무하는 기능을 한다. 이와 대조적으로 시민사회는 '보편적 이기주의'의 국면으로 간주되었다. 이 속에서 개인은 다른 사람의 이익보다 자신의 이익을 우선시한다. 헤겔은 국가를 상호공감 - '보편적 이타주의' - 에 의해 지탱되는 하나의 윤리공동체로 생각하였다. 하지만 이 관념주의의 약점은 국가를 위한 무비판적 존경을 장려하고, 윤리적 의미에서 국가를 정의함으로써 국가의 일부인 제도와 국가 외부에 있는 제도를 분명하게 구분하는 데 실패한다는 점이다.

국가에 대한 기능적 접근방법은 국가제도가 행하는 역할이나 목적에 초점을 둔다. 국가의 중심적 기능은 변함없이 사회질서를 유지하는 것으로 간주된다. 그리고 국가는 질서를 유지하고 사회안정을 제공하는 제도적 장치로 정의된다. 이러한 접근방법은 현대의 맑스주의자들이 채택하였다. 이들은 자본주의체제의 장기적 생존을 보장하기 위해 계급갈등을 개선시키는 하나의 메커니즘으로 국가를 파악하는 경향이 있었다. 하지만 국가에 대한 기능적 관점이 지니는 약점은 질서를 유지하는 어떤 제도(가족, 대중매체, 노동조합과 교회)와 국가 자체를 결합시키는 경향도 있다는 점이다. 따라서 반대의 견해를 논외로 친다면 이것이 바로 이 책에서 국가의 정의에 대한 조직적 접근방법이 채택된 이유이다.

게오르그 빌헬름 프리드리히 헤겔 (Georg Wilhelm Friedrich Hegel; 1770~1831)

독일의 철학자. 헤겔은 현대 관념론의 창설자이며, 의식과 물질적 대상이 사실상 통일되어 있다는 생각을 발전시켰다. 『정신현상학Phenomenology of Spirit』(1807)에서 그는 자아실현을 향한 절대정신의 발전이라는 의미에서 인간사의 전 과정—사실상 보편성 자체—을 설명함으로써 전통적 기독교를 대체하는 합리적 체계를 발전시키고자 하였다. 그의 견해에 따르면 역사는 본질적으로 결정적인 최종점을 향해 나아가는 인간 정신의 행진이다. 그가 쓴 주요한 정치적 저작인 『법철학Philosophy of Right』(1821)은 국가를 하나의 윤리적 이상과 인간자유의 최상의 표현으로 묘사하였다. 헤겔의 저작은 맑스와 이른바 '청년 헤겔파' 및 후대의 맑스주의자, 가령 프랑크푸르트 학파 등에 심대한 영향을 끼쳤다. 그것은 또한 그린(T. H. Green; 1836~1882)과 같은 자유주의자의 이념 및 파시스트 사상의 형성에 기여하였다.

개념설명

시민사회 Civil society
국가나 공적 권위에서 독립한 자율적 집단이나 결사들의 사적 영역.

조직적 관점이란 국가를 가장 넓은 의미에서 정부의 장치로 정의한다. 즉 국가는 제도가 사회생활의 집합적 조직에 책임을 지고, 공공비용에 의해 재정화된다는 점에서 '공적'인 것으로 승인될 수 있는 제도의 집합체이다. 이러한 정의가 가지는 미덕은 국가와 **시민사회**를 명백하게 구분한다는 점이다. 국가는 다양한 정부제도, 즉 경찰·법정·사회안전체계 등을 포함한다. 국가는 전반적인 '정치체(통치체)body politic'와 동일시될 수 있다. 이것은 15~16세기에 다른 모든 제도와 정신적이거나 세속적인 집단을 예속시키는 데 성공한 중앙집권적 체계의 유럽국가의 출현 속에서 현대국가의 기원을 확인하는 것을 가능케 한다. 더욱이 조직적 접근방법은 우리로 하여금 국가의 책임을 확대하고 축소한다는 의미에서, 또 국가의 제도적 장치를 확대하고 감소한다는 의미에서 국가의 '개입rolling forward'과 '불간섭rolling back'에 관해 이야기할 수 있게 해 준다.

이러한 관점에서 국가가 지니는 다섯 가지 핵심적 특징을 확인할 수 있다.

① 국가는 **주권**이다. 국가는 무엇보다도 사회에 존재하는 다른 결사체와 집단을 대변한다는 점에서 절대적이며 제한당하지 않는 권력이다. 토마스 홉스는 국가를 바다에 사는 거대한 괴물인 '리바이어던(괴수)leviathan'으로 표현함으로써 이 이념을 제공하였다.

가장 간단한 의미에서 주권은 절대적이고 제한받지 않는 권력이다. 그러나 주권은 여러 다른 방식으로 이해될 수 있다. 법적 주권은 복종을 명령하는 권리의 의미에서 정의된 최고의 법적 권위와 연관된다. 반면에 정치적 주권은 복종을 명령할 수 있는 능력의 의미에서 정의된 절대적인 정치권력과 연관된다. 내적 주권은 국가 내에서(예를 들어 의회주권) 최고권력 및 권위에 대한 관념이다. 외적 주권은 국제질서에서의 국가의 위상과 연관되며 독립적이고 자율적 실체로서 행동하는 국가의 능력과 연관된다.

② 국가의 제도는 시민사회의 '사적' 제도와는 대조적으로 '공적'이다. 공적 집단은 집단적 결정을 하고 시행하는 책임을 진다. 반면에 가족·사기업·노동조합과 같은 사적 집단은 개인의 이익을 만족시키기 위해 존재한다.

③ 국가는 정당한 집행권력이다. 국가가 내린 결정은 일반적으로 – 필연적인 것은 아니지만 – 사회의 구성원을 구속하는 것으로 받아들여진다. 왜냐하면 국가가 내린 결정은 공동선을 위한 공적 이해관계 속에서 이루어진다고 주장되기 때문이다. 요컨대 국가는 지속적으로 사회의 이해관계를 반영한다.

④ 국가는 지배 도구이다. 국가권위는 강제에 의해 지탱된다. 국가는 국가의 법을 따르게 하고 범법자는 벌을 받아야 한다는 것을 보장할 능력을 가지고 있어야 한다. 따라서 '정당한 폭력'의 독점 – 막스 베버 – 은 국가주권의 실천적 표현이다.

⑤ 국가는 영토적 결사체이다. 국가가 내리는 판결은 지리학적으로 정의되고, 이것은 국가의 경계 내에 살고 있는 모든 사람 – 그들이 시민이든 시민이 아니든 – 을 포함한다. 따라서 국제적 무대에서 국가는 – 적어도 이론적으로 – 하나의 자율적 실체로 간주된다.

국가에 대한 국제적 접근법은 국가를 주로 세계무대의 행위자로 간주한다. 사실상 이 접근법은 국가를 국제정치의 기본적 '단위'로 본다. 이것은 국가가 가지고 있는 두 가지 면들인 국가의 이중적인 구조를 부각시킨다. 그 하나는 외부에서 국가를 보는 것이며, 또 다른 하나는 내부에서 국가를 보는 것이다. 이전의 정의들이 국가의 내부를 보는 모습, 즉 국가의 경계 내에서 생활하는 개인과 집단 그리고 국내질서를 유지하는 국가의 능력과 연관을 맺었던 반면에, 국제적 접근법은 국가 외부의 외부를 보는 모습을 다루고 있다. 즉 국제적 접근법은 다른 국가와의 관계, 따라서 외부공격에 대항하여 방어할 수 있는 능력을 취급하고 있다. 국제법에서 국가의 고전적 정의는 국가의 권리와 의무에 관한 몬테비데오협정(1933)에서 찾을 수 있다.

강대국 Great power
약소국에 대한 강대국의
영향력을 나타내는 위계
적인 국가체계에서 가장
강력한 국가들로 분류되
는 국가.

몬테비데오협정 제1조에 따르면 국가는 네 가지 특징들을 가진다.

① 명확한 영토

② 영구적인 주민

③ 효과적 정부

④ 다른 국가들과 관계를 맺을 수 있는 능력

이러한 국가접근법은 한 '국가'에 대한 관념과 아주 친숙한 것이다. 국가가 정치철학자와 사회학자에 의해 어떻게 이해되는가와 국가가 국제관계학자들에 의해 어떻게 이해되는가 사이에 존재하는 주요한 차이점은 다음과 같다. 전자가 시민사회를 국가에서 분리된 것으로서 다루고 있는 반면에, 후자는 국가가 효과적인 정부뿐 아니라 영구적인 주민도 포함하고 있다는 점에서 시민사회를 국가의 부분으로 다루고 있다는 점이다. 혹자가 보기에 국제적 접근법은 국가를 본질적으로 법인격체로 간주한다는 것이다. 이러한 경우에 국가로서의 지위는 다른 국가나 국제단체들에 의한 공식적인 승인에 의존한다. 이러한 관점에서 유엔은 정회원제를 부여함으로써 새로운 국가가 존재하게 될 때 결정을 주는 단체로서 널리 수용되었다. 그럼에도 이러한 관점에서 볼 때 국가들은 법적으로 동등할지도 모르는 반면에 이들은 정치적 의미에서 아주 상이하다. 국제법에 명시된 것처럼 국가들의 권리와 책임들이 동일하다 할지라도 세계적인 문제에 있어 국가들의 정치적 비중은 상당히 다르다. 몇몇 국가들은 '**강대국**' 혹은 심지어 '초강대국'으로 분류된다. 반면에 다른 국가들은 '중간' 혹은 '작은' 국가로 분류된다. 그래서 카리브해와 태평양의 작은 산지국가의 경우처럼 이 국가들은 '미소국가 micro-state'로 간주될 수도 있을 것이다.

국가가 이해되었던 다양한 방식과는 상관없이 국가가 언제 그리고 어디에서 출현하였는지에 관해 일반적인 동의가 있다. 국가는 역사적 제도이다. 즉 국가는 16~17세기 유럽에서 중앙집권적 통치제도로 등장하였다. 이 중앙집권적 통치제도는 특히 교회를 포함하여 모든 다른 제도와 집단들을 복

국민국가 Nation - state
주권적 정치결사체. 이
결사체 내에서 시민권과
국적은 중첩된다.

종시키고, 그리하여 중세유럽을 특징지웠던 경쟁적이고 중첩적인 권위제도들을 종식시키는 데 성공하였다. 영토주권원칙을 확립함으로써 30년전쟁을 끝내었던 웨스트팔리아 강화조약(1648)은 국가를 국내적 문제와 국제적 문제들에서 주요 행위자로 확립함으로써 국가지위에 대한 현대적 관념을 정식화하였던 것으로 종종 간주된다. 그러나 국가가 왜 존재하게 되었는지에 대해서는 의견이 분분하다. 찰스 틸리(1990)에 따르면, 가령 현대국가의 발전을 설명하는 주요인은 전쟁을 수행하는 능력이었다는 것이다. 이 견해에 있어 16세기부터 일어났던 군사적 충돌의 규모와 성격의 변형(가령 화약의 도입, 조직적인 보병과 포병의 사용 그리고 상비군의 출현 등을 통해서)은 지배자들이 행사할 수 있었던 강제적인 힘을 상당히 증대시켰을 뿐만 아니라 조세와 행정의 더 광범위한 제도들을 발전시킴으로써 주민들에 대한 국가의 통제를 확대시켰다. 그리하여 틸리(1975)가 언급하였듯이 '전쟁이 국가를 만들었고, 국가는 전쟁을 행하였다'는 것이다. 이와는 대조적으로 맑스주의자들은 국가의 출현을 경제적 의미에서 설명하였고, 그래서 국가의 기원을 봉건제에서 자본주의로의 이행으로 거슬러 올라가 추적하였다. 이들은 국가를 본질적으로 부르주아계급이 출현함으로써 사용된 하나의 도구로 생각한다(Engels, [1884], 1972). 미셸 만(1993)은 이데올로기적, 경제적, 군사적 그리고 정치적 형태의 힘을 결합시키고자 하는 국가의 능력을 강조하는 국가의 출현에 대한 설명을 제공하였다(때때로 'IEMP 모델'로 불림).

그럼에도 국가는 변화하는 환경의 관점에서 계속 진화하였다. 19세기 동안에 **국민국가**로 발전하고 그런 다음 점진적인 민주화의 과정을 통해 나아가고 있는 국가는 20세기 동안에 그리고 특히 1945년 시기 이후 더 광범위한 경제적·사회적 책임들을 획득하였고 1980년대와 1990년대부터 경제적·사회적 책임으로부터 '후퇴하는' 경향을 보였다. 더군다나 유럽국가모델은 다른 나라와 다른 대륙으로 퍼져 나갔다. 이 현상은 제2차 세계대전 후 수십 년 동안 가속화된 탈식민지화 과정, 즉 주권국가의 지위를 획득하는 것을 내포하는 독립으로 일어났다. 이 과정의 한 결과는 유엔 회원국의 급속한 증가였다. 유엔은 1945년에 51개 회원국에서 1970년에 127개 회원국으로 그리고

2011년(남수단의 승인으로)에는 193개 회원국으로 늘어났다. 따라서 국가는 세계에 걸쳐 보편적인 정치조직형태가 되었다. 그러나 국가의 중요성을 평가하기 위해서 그리고 정치에 대한 국가의 중요한 관계를 조사하기 위해서 두 가지 중요한 문제가 논의되어야만 한다. 이 문제들은 국가권력의 성격과 국가가 떠맡았고 떠맡아야만 하는 기능과 책임들을 다룬다.

국가에 대한 토론

경쟁적인 국가이론들

국가권력의 본성은 무엇인가? 그리고 국가는 어떤 이해관계를 대변하는가? 이러한 관점에서 볼 때 국가는 '본질적으로 논쟁적인' 개념이다. 국가에 관한 다양한 경쟁적 이론들이 존재하며, 각각의 이론은 국가의 기원·발전·사회의 영향에 대해 다른 해석을 내리고 있다. 사실 국가권력의 본성에 관한 논쟁은 점점 더 현대의 정치분석을 지배하였고, 이 분야에서 이데올로기적·이론적 불일치의 핵심을 이루고 있다. 예를 들면 이것은 국가가 자율적이면서 사회에 대해 독립적인 것인지, 아니면 본질적으로 권력과 자원의 차원에서 좀 더 광범위한 배분을 반영하는 사회의 산물인지의 문제와 관련된다. 나아가 국가는 공동의, 혹은 집단적 선을 위해 봉사하는가의 문제와 국가는 특권계급이나 지배계급을 위해 편협하게 행동하는가의 문제와 연관된다. 또한 이와 비슷한 질문으로서, 국가는 책임을 지고 확장되어야 하는 긍정적이거나 건설적인 힘인지, 아니면 국가는 제한되거나 분쇄되어야 하는 부정적·파괴적 존재인지의 문제와도 연관된다.

　다음과 같이 국가에 대한 네 가지 대조적인 이론이 존재한다.

　　① 다원주의 국가
　　② 자본주의 국가

다원주의Pluralism
다양성 혹은 다중성에 대한 믿음이나 공약. 혹은 현대사회에서 권력은 널리 대등하게 배분되어 있다는 믿음.

정치적 의무
Political obligation
국가에 대한 시민의 의무를 의미한다. 국가가 통치할 수 있는 권리의 토대이다.

자연상태State of nature
개인에 대한 정치적 권위와 공식적(합법적) 견제가 존재하지 않는 하나의 사회. 이 자연상태는 일반적으로 이론적 장치로 도입되었다.

③ 리바이어던leviathan 국가

④ 가부장적patriarchal 국가

다원주의 국가

다원주의 국가이론은 아주 명백히 자유주의 계통에 서 있다. 이 이론은 국가가 사회에서 '중재인' 혹은 '심판인'으로 행동한다는 믿음에서 유래한다. 이 관점은 또한 주류정치분석을 지배하였다. 그리고 이 주류정치분석은 적어도 앵글로-아메리칸 사상 내에서 국가와 국가조직을 평가절하하고 대신 '정부'에 초점을 두는 경향을 띤다. 사실 이러한 전통에서 볼 때 국가를 더 넓은 국가장치의 요소라기보다는 독립적 행위자로 간주되는 법정·공무원·군부와 같은 제도를 가진 하나의 추상적 개념으로 취급하는 것이 드문 일은 아니다. 그렇지만 이 접근방법이 가능한 것은 그것이 모호하고도 때로는 승인되기 힘든 가정에 기초하고 있기 때문이다. 국가는 현 정부의 의사에 굴복될 수 있는 편파적 조정자 혹은 심판관으로 간주되기 때문에 무시될 수 있다.

이러한 국가이론의 기원은 토마스 홉스, 존 로크와 같은 17세기 사회계약론자의 글에서 찾을 수 있다. 이 사상가들의 주관심사는 개인이 국가에 복종하고 존경할 의무가 지워진 **정치적 의무**의 근거를 고찰하는 것이었다. 그들은 자발적 동의나 주권의 확립만이 스스로를 **자연상태**의 불안전·무질서·난폭성에서 지켜 줄 수 있을 거라 여기는 개인들간에 이루어진 사회계약 혹은 자발적 합의로부터 국가가 발생하였다고 주장한다. 국가가 없으면 개인은 다른 사람을 악용하고 착취하며 노예로 만들 것이다. 국가가 존재하면 질서와 문명화된 존재가 보장되고 자유가 보호된다. 로크의 말처럼 "법이 없는 곳에 자유도 없다."

그리하여 자유주의 이론에서 국가는 사회 속에서 경쟁하는 집단과 개인 사이에서 존재하는 중립적 중재자로 간주된다. 국가는 각 시민을 동료 시민의 침해로부터 보호할 수 있는 하나의 '중재자' 혹은 '심판관'이다. 국가의 중립성은 국가가 모든 시민의 이익을 위해 행동하고, 따라서 공동선 혹은 공

토마스 홉스(Thomas Hobbes; 1588~1679)

영국의 정치철학자. 홉스는 나중에 그의 가족을 포기하였던. 대단하지 않은 성직자의 아들이었다. 그는 추방된 웨일즈의 찰스 스튜어트 왕자의 가정교사가 되었고 카벤디쉬(Cavendish) 가의 후원하에 생활하였다. 영국혁명에 의해 촉진된 불확실성과 내전의 시기에 저술활동을 한 홉스는 아리스토텔레스 이후 자연과 인간행위에 관한 첫 번째 포괄적인 이론을 발전시켰다. 그의 고전적인 저술인 『리바이던 Leviathan』(1651)은 정치적 의무의 토대들에 관해 토론하였고 분명히 내전의 충격을 반영하였다. 이 책은 사회계약의 형태로 이성적인 논의에 호소함으로써 절대주의 정부를 옹호하였으나 **왕권신수설**의 지지자들을 실망시켰다.

개념설명

무정부Anarchy
문자상으로 지배가 없는 상태. 무정부는 종종 불안정, 심지어 혼란을 암시하는 것으로 경멸적으로 사용되었다.

왕권신수설Divine right
세속적인 지배자들은 왕에 의해 선택되었고 그리하여 절대적 권위에 복종한다는 교리. 절대 군주정을 옹호.

공의 이익을 대변한다는 사실을 반영하고 있다. 홉스의 관점에서 볼 때 안정과 질서는 도전받거나 의문시될 수 없는 권력을 가진 절대적·무제한적 국가의 확립을 통해서만 보장될 수 있다. 달리 표현하면 그는 시민이 절대주의와 **무정부**상태 사이에서 준엄한 선택에 직면한다고 주장하였다.

다른 한편, 로크는 좀 더 전형적으로 제한정부에 대한 자유주의적 변론을 펼쳤다. 그의 관점에서 볼 때 국가의 목적은 매우 특수하다. 요컨대 국가는 '자연권' 혹은 신이 준 개인적 권리, 예를 들면 '생명·자유·재산'을 보호하는 데 한정된다. 이 관점은 국가의 책임 — 본질적으로 국내질서의 유지와 재산보호 — 과 개별적 시민의 책임 — 일반적으로 시민사회의 영역으로 간주된 — 을 선명히 구분한다. 더욱이 국가는 자연적 권리를 지지하는 만큼 쉽게 자연적 권리를 위협할 수 있기 때문에 시민은 국가에 대항하여 어떤 보호형태를 향유해야 한다. 로크는 이러한 보호형태가 입헌적·대의제적 정부의 메커니즘을 통해서만 제공될 수 있을 것이라고 믿었다.

이 이념은 20세기에 다원주의 국가이론으로 발전되었다. 하나의 사회이론으로서 다원주의는 국가가 다양한 집단과 이해관계 그리고 모든 사회계급의 동향에 민감하다는 점에서 중립적이라고 주장한다. 국가는 어떤 특정 이익이나 집단에 치우쳐 있지 않으며, 사회이익과 분리되는 그 자신의 이해관계를 가지고 있지 않다. 슈바르츠만텔(Schwarzmantel, 1994; 52)이 적고 있

사회계약론social-contract theory

사회계약은 개인 사이에서 행해지는 자발적 동의이다. 이 동의를 통해 조직화된 사회 혹은 국가가 존재하게 된다. 홉스·로크·루소와 같은 사상가에 의해 이론적 장치로 사용된 사회계약은 존 롤즈와 같은 현대 이론가에 의해 부활되었다. 사회계약은 하나의 역사적 행위로 간주되지 않는다. 오히려 사회계약은 정부의 가치와 정치적 의무의 근거를 증명하는 수단으로 사용되었다. 사회계약론자는 개인이 계약 당사자인 것처럼 행동하기를 원한다. 사회계약의 고전적 형태에서 볼 때, 사회계약론은 세 가지 요소를 지니고 있다.

▶ 가설적인 국가 없는 사회의 이미지['자연상태(a state of nature)']가 확립된다. 제한받지 않는 자유는 생활이 '고독하고(solitary), 가난하고(poor), 역겹고(nasty), 잔인하고(brutish), 단명한(short)' 것을 의미한다(홉스).

▶ 따라서 개인은 사회계약을 맺고 단지 주권만이 질서와 안정을 보장할 수 있다는 점을 인식함으로써 자연상태로부터 탈출하고자 노력한다.

▶ 사회계약은 궁극적으로 정치지배체계만이 제공할 수 있는 안정과 안전에 대해 감사하면서, 시민으로 하여금 국가에 복종하고 국가를 존경하도록 강제한다.

듯이, 국가는 "사회의 봉사자이지 주인이 아니다." 그리하여 국가는 국가에 대해 가해진 압력과 힘을 수동적으로 흡수하는 '바늘방석pincushion'으로 묘사될 수 있다. 이러한 관점에는 두 가지 가정이 있다. 첫 번째 가정은 국가가 효율적으로 정부에 예속된다는 것이다. 비선거 국가집단(공무원·사법부·경찰·군부 등)은 엄격하게 공정하며, 그들의 정치적 주인의 권위에 예속된다. 따라서 국가기구는 공공봉사와 정치적 책임의 원칙을 일치시키는 것으로 간주된다. 두 번째 가정은 민주주의 과정이 의미 있고 효율적이라는 점이다. 달리 표현하면 정당경쟁과 이익집단의 활동은 현 정부가 여론에 민감하고 반응적이라는 점을 보장한다. 따라서 궁극적으로 국가는 국민이 지시하는 대로 움직이는 풍향계이다.

하지만 현대의 다원주의자는 **신다원주의** 국가이론이라 불리는, 국가에 대한 좀 더 비판적인 견해를 종종 채택하였다. 찰스 린드블롬과 갈브레

신다원주의Neopluralism
신다원주의는 엘리트론, 맑스주의 이론, 신우파 이론의 관점에서 고전적 다원주의를 수정하거나 새롭게 하고자 하는 욕구를 인정하면서도 다원주의 이론에 충실하게 사회적 이론화를 시도하는 유형이다. 신다원주의는 폭넓은 관점과 입장을 포용하고 있으면서도 다음과 같은 특징적인 주요 주제들도 확인된다. 첫째, 신다원주의는 후기산업사회와 후기자본주의 사회의 출현과 같은 현대적 경향을 고려하고자 한다. 둘째, 자본주의가 확실히 사회주의보다 선호되는 반면에, 자유시장경제원리는 일반적으로 시대에 뒤떨어진 것으로 간주된다. 셋째, 서구민주주의는 주요한 기업이 불균형한 영향력을 행사하고 있는 '변형된 다두정(de-formed polyarchy)'으로 간주된다.

이드J.K. Galbraith는 산업화된 현대국가는 고전적 다원주의가 암시한 것보다 더 복잡하고, 대중의 압력에 덜 반응한다고 주장하였다. 예를 들면 신다원주의자는 대기업이 정부와 관련하여 다른 집단이 경쟁할 수 없는 '특권화한 지위'를 누리고 있다는 점에 주목한다. 『정치와 시장들*Politics and Markets*』(1977)이라는 글에서 린드블롬은 사회에서 주요한 투자자이며 가장 큰 고용주로서 기업은 국가의 이데올로기적 경향이나 선언공약에 상관없이 정부에 대해 상당한 지배를 행사하고자 한다는 점을 지적하였다. 더욱이 신다원주의자는 국가가 그 자신의 부분적 이해관계를 날조할 수 있고, 또 날조한다는 점을 수용하였다. 이러한 점에서 상급 공무원·재판관·경찰간부·군부지도자 등으로 구성되는 국가 엘리트는 국가 행정부서 관료들의 이익과 의뢰인 집단의 이익을 추구한다. 사실 국가가 고유한 권리를 가지고 있는 정치행위자로 간주된다면, 국가는 사회에서 강력한(아마도 가장 강력한) 이익집단일 것이다. 이러한 논의에 따라 에릭 노드링어(Eric Nordlinger, 1981)는 '민주주의 국가의 자율성'에 기초한 국가중심적 자유민주주의 모델을 발전시켰다.

자본주의 국가

자본주의 국가에 대한 맑스주의 생각은 중립적 조정자 혹은 중재자로서 국가의 다원주의 이미지에 대한 명백한 하나의 대안을 제공한다. 맑스주의자는 전형적으로 국가는 사회의 경제구조로부터 분리되어 이해될 수 없다고 주장하였다. 이 견해는 일반적으로 국가는 계급압제의 수단에 지나지 않는다는 고전적 정식화의 의미에서 이해되었다. 국가는 계급체계로부터 출현하였고, 어떤 의미에서 계급체계를 반영한다. 그럼에도 최근 맑스주의 이론 내에서 일어난 풍부한 논의들은 맑스주의 국가이론을 이러한 고전적 정식화로부터 훨씬 더 멀리 나아가게 하였다. 국가에 대한 맑스주의적 태도를 수정하고자 하는 활동은 맑스 자신의 저술에서 발견될 수 있는 애매모호함에서 유래한다.

맑스는 체계적 혹은 일관된 국가이론을 발전시키지 않았다. 일반적 의

개념설명

부르주아계급Bourgeoisie
부르주아지. 생산적 부
의 소유자인 자본주의
사회의 지배계급을 나타
내는 맑스주의 단어.

미에서 그는 국가란 경제적 '토대'에 의해 결정되거나 조건지워지는 '상부구조'의 한 부분이라고 믿었다. 이 경제적 토대는 사회생활의 현실적인 토대로 간주될 수 있다. 하지만 토대와 상부구조 사이에 존재하는 엄밀한 관계, 특히 이 경우에 국가와 자본주의 생산양식 사이의 관계는 불분명하다.

국가에 대한 두 가지 이론은 맑스의 저작에서 확인할 수 있다. 그 첫 번째 이론은 『공산주의자 선언*The Communist Manifesto*』([1848] 1967)에서 종종 인용되는 문구 속에 표현된다. "근대국가의 행정부는 단지 전체 부르주아의 공동 문제를 관리하는 위원회에 불과하다." 이러한 관점에서 볼 때 국가는 명백하게 사회에 의존하고 경제적으로 지배계급, 즉 자본주의에서는 **부르주아계급**에 전적으로 의존한다. 그런 까닭에 레닌은 강한 어조로 국가를 '피착취 계급을 억압하기 위한 도구'로 기술하였다.

하지만 국가에 대한 더 복잡하고 미묘한 두 번째 이론은 1848년에서 1851년 사이에 프랑스에서 일어난 혁명적 사건에 대한 맑스의 분석인 『루이 보나파르트의 뷔르메르 18일*The Eighteenth Brumaire of Louis Bonaparte*』([1852] 1963)에서 발견할 수 있다. 맑스는 국가가 계급체계로부터의 '상대적 자율성relative autonomy'을 향유할 수 있을 것이라고 암시하였다. 나폴레옹 3세 시대의 국가는 '소름 끼치는 기생적 기관appalling parasitic body'으로 행위함으로써 자신의 의지를 사회에 강요할 수 있었다는 것이다. 국가가 어떤 계급의 이해관계를 표현하였다면, 그것은 부르주아의 이해관계가 아니라 프랑스 사회에 존재하는 가장 대중적 계급인 소농의 이해관계였다. 맑스가 상세하게 이 견해를 발전시키지는 않았지만, 이 관점에서 볼 때 국가는 갈등하는 계급 사이를 매개하는 것처럼 보이고, 계급 자체를 존재하게 한다는 점에서 국가의 자율성은 단지 상대적인 것일 뿐이다.

이 두 가지 이론은 국가권력에 대한 자유주의 모델, 다원주의 모델과는 현저하게 다르다. 특히 이 두 가지 이론은 국가가 불평등한 계급권력의 내용을 도외시하고는 이해될 수 없다는 점을 강조하고 있다. 그리고 이 이론은 국가가 지배계급에 의해 행해진 압제의 수단으로, 혹은 좀 더 미묘하게 계급적대가 개선되는 메커니즘으로 행동함으로써 자본주의 사회로부터 발

프롤레타리아계급
Proletariat
프롤레타리아트. 노동력의 판매를 통해 생계를 유지하는 계급을 지시하는 맑스주의 용어. 엄격히 말하면 프롤레타리아트는 노동계급과 같은 말이 아니다.

신맑스주의Neo-Marxism
신맑스주의[때때로 현대맑스주의(modern Marxism)를 의미한다]는 맑스주의 원칙 혹은 맑스주의적 방법들에 관해서 충실하면서도 맑스에 대한 고전적인 생각을 수정하거나 재조명하고자 하는 시도와 연관된다. 신맑스주의자는 전형적으로 맑스주의가 독점적인 진리를 향유하고 있다는 점을 받아들이는 것을 거부하며, 그리하여 헤겔철학·무정부주의·자유주의·여성주의, 심지어 합리적 선택이론에도 주목하였다. 여전히 사회정의와 연관을 맺고 있지만 신맑스주의자들은 다른 요인들에 대해 경제의 우위성을 거부하며, 역사가 예측할 수 있는 성격을 지닌다는 관념도 거부한다.

생하고, 이 사회를 반영한다고 강조한다. 그럼에도 국가에 대해 맑스가 취한 태도는 전적으로 부정적인 것만은 아니었다. 그는 국가가 '**프롤레타리아계급의 혁명적 독재**'의 형태로 자본주의에서 공산주의로 이행하는 동안에 건설적으로 이용될 수 있을 것이라고 주장하였다. 자본주의의 전복을 통해 부르주아 국가는 붕괴될 것이며, 하나의 대안적인 프롤레타리아계급 국가가 만들어질 것이다.

국가를 프롤레타리아계급의 '독재'로 기술하면서, 맑스는 국가를 경제적 지배계급이 다른 계급을 억압하고 종속시키는 하나의 도구로 보는 첫 번째 이론을 이용하였다. 이러한 관점에서 볼 때 모든 국가는 계급독재이다. '프롤레타리아 계급독재'는 재산을 빼앗긴 부르주아지가 일으키는 반혁명을 저지함으로써 혁명의 성과를 안전하게 인도하는 수단으로 간주되었다. 그럼에도 맑스는 국가를 하나의 필연적 혹은 지속적인 사회적 형성물로 여기지 않았다. 그는 계급적대가 사라지면 국가는 사라질 것이라고 예언하였다. 그리고 이는 또한 완전한 공산주의 사회에서는 국가가 존재하지 않는다는 것을 의미하였다. 국가가 계급제도에서 출현하였기 때문에 계급제도가 일단 폐지될 경우, 요컨대 국가는 자신의 존재 이유를 상실한다.

맑스가 남긴 양면적인 유산은 현대의 맑스주의자 혹은 **신맑스주의**자에게 국가권력에 대해 지속적으로 분석할 수 있게 하였다. 이는 또한 이탈리아의 맑스주의자인 안토니오 그람시의 저술을 통해 고무되었다. 안토니오 그람시는 지배계급의 지배가 노골적인 강제보다는 이데올로기적 조작에 의해 달성되는 정도를 강조하였다. 이 관점에서 볼 때 부르주아 지배는 대개 '헤게모니', 즉 지적 리더십 혹은 문화적 통제를 통해 유지된다. 이 과정에서 국가는 중요한 역할을 수행한다.

1960년대 이후 국가에 관한 맑스주의 이론화 작업은 국가에 대한 경쟁적인 도구주의 관점과 구조주의 관점에 의해 지배당하였다.

『자본주의 사회의 국가*The State in Capitalist Society*』(1969)에서 밀리반드는 국가를 지배계급의 대리자 혹은 도구로 묘사하였다. 그리고 그는 국가엘리트가 불균형적으로 특권층과 재산가층에서 충원되는 정도를 강조하였다. 따라서 자본주의를 위해 일하는 국가의 편협성은 한편으로는 공무원과 다른 공직자 사이, 다른 한편으로는 은행가, 기업지도자와 산업지도자 사이의 사회적 배경이 중첩됨으로써 유래한다. 니코스 폴란차스Nicos Poulantzas는 『정치권력과 사회계급Political Power and Social Classes』(1968)에서 이러한 사회학적 접근방법을 거부하였고, 대신에 경제적·사회적 권력 구조가 국가자율성을 제한하는 정도를 강조하였다. 이 관점은 국가는 자신을 기능하게 만드는 사회제도를 지속시키기 위해 행동할 수밖에 없다는 점을 시사한다. 자본주의 국가에서 국가의 역할은 자본주의의 장기적 이해관계에 봉사하는 것이다. 물론 이러한 행동은 자본가계급 자체에서 발생하는 분파의 저항을 받을 수 있다. 신맑스주의자들은 점점 더 국가를 이해관계, 집단 그리고 계급들 사이의 투쟁이 이루어지는 영역으로 간주하였다. 지배집단 혹은 지배계급에 의해 지배된 하나의 '도구'라기보다 국가는 주어진 시기에 사회 내에서 힘의 균형과 헤게모니를 위한 지속적인 투쟁을 반영하는 역동적인 실체이다.

리바이어던leviathan 국가

하나의 '리바이어던'(확대와 증대에 집착하는 이기적 괴수)으로서 국가에 대한 이미지는 현대정치학에서 신우파와 연관된다. 이 견해는 초기 혹은 고전적 자유주의에 뿌리를 두고 있고, 특히 급진적 개인주의 형태에 대한 승인이다. 신우파나 적어도 신우파의 신자유주의적 진영은 경제·사회생활에 대한 국가간섭에 대해 강한 반감을 통해 구별되며, 이 반감은 국가가 개인의 자유와 경제적 안전을 위협하는 하나의 기생적 성장이라는 믿음으로부터 나타났다. 이 관점에서 볼 때 국가는 다원주의자가 암시하는 것처럼 공정한 중재자나 조정자가 아니라 인간생활의 모든 면에 참견하거나 개입하기 위해 필사적인 위압적 '유모'이다. 이 관점이 가지는 중심적 특징은 국가가 사회의 이익과는 분리되는 이해관계—맑스주의와는 별도로 국가를 보류하면서—를 추구하며, 그러한 이해관계는 가치 없는 국가 자체의 책임이나 역할의 증대를 요구한다는 점이다. 따라서 신우파 사상가에 따르면, 국가간섭에 대한 20세기 경향은 경제적·사회적 안전에 대한 대중의 압력 혹은 계급 긴장을 개선함으로써 자본주의를 안정시키고자 하는 욕구를 반영하는 것이 아니라 국가의 내적 역학관계를 반영한다.

신우파 이론가는 수요와 공급 측면에서 가해지는 압력들을 참조하면서 국가권력의 팽창주의적 역학을 설명하고 있다. 수요 측면의 압력은 일반적으로 선거민주주의를 통해 사회 자체를 발산시키는 압력이다. 4장에서 논의되겠지만, 신우파는 선거경쟁이 정치가로 하여금 그들이 제시한 정책이 세금 증대, 높은 인플레이션, 투자감소의 형태로 경제에 미치는 장기적 손실과는 무관하게 지출증대와 더 관용적인 정부 프로그램을 약속함으로써 서로 경쟁에서 이기도록 종용한다고 주장한다. 다른 한편, 공급 측면의 압력은 국가 내부에서 발생하는 압력이다. 따라서 이들은 국가장치의 제도와 인사의 차원에서 설명될 수 있다. 이러한 압력의 가장 영향력 있는 형태는 정부의 과잉공급 명제oversupply thesis로 알려져 있다.

과잉공급 명제는 일반적으로 공공선택 이론가와 연관이 있다. 공공선택 이론가는 개인이 합리적으로 자신의 이해관계를 추구하는 방식으로 행동한다는 가정 위에서 공적 결정이 어떻게 이루어지는가를 시험한다. 예를 들면, 윌리엄 니스카넨(William Niskanen, 1971)은 미국 의회와 같이 입법부의 예산통제가 전형적으로 약한 경우, 예산결정이라는 임무는 대개 정부기관과 상급관료에 의해 이루어진다고 주장하였다. 이것이 정부가 국가―국가 엘리트는 선출된 정치가의 생각을 실현할 수 있다―에 의해 지배된다는 점을 함축한다는 점, 공공선택 모델과 위에서 논의한 맑스주의 관점 사이에는 유사성이 존재한다. 하지만 이 두 관점이 수렴하는 것은 국가장치가 봉사하는 이해관계와 관련된 부분으로 한정된다. 맑스주의자는 국가가 더 넓은 계급과 다른 사회적 이해관계를 반영한다고 주장하는 반면에, 신우파는 국가를 자신의 이해관계를 추구하는 독립적 혹은 자율적 존재로 묘사한다. 이 관점에서 볼 때 관료주의적 이기심은 필연적으로 '큰' 정부와 국가간섭을 지지한다. 왜냐하면 이것은 관료주의 자체의 확대를 초래하기 때문이다. 이 관료주의의 확대로 인해 관료는 직업적 안전을 보장받고, 그들의 월급은 늘어나며, 승진에 대한 기대가 열리며, 공직자의 위상은 높아진다. 이기심을 추구하는 관료에 대한 이러한 이미지는 명백히 공적 봉사의 윤리로 고취되고, 확고하게 정치적 통제에 예속되는 국가장치에 대한 다원주의 개념과는 조화될 수 없다.

가부장적 국가

가부장적 국가에 관한 현대의 이념은 궁극적으로 여성주의 이론이 지니는 의미를 고려해야 한다. 하지만 이것이 국가에 대한 체계적인 여성주의 이론이 있다는 것을 의미하지는 않는다. 2장에서 강조되었던 것처럼, 여성주의 이론은 많은 전통과 관점을 에워싸고 있다. 그리하여 여성주의 이론은 국가권력에 대해 매우 다른 태도를 초래하였다. 더욱이 여성주의자는 일반적으로 국가권력의 본성을 중심적인 정치적 문제로 간주하지 않았다. 대신에 여성주의자는 가족과 경제제도와 같은 제도에 초점을 두며, 남성권력의 구조에 관해 더 깊이 연구하는 것을 선호하였다. 사실 어떤 여성주의자는 국가에 대한 관습적인 정의에 의문을 제기할 것이다. 가령, 여성주의자는 국가가 정당한 폭력의 독점을 행사한다는 이념이 가족·가정생활에서 폭력과 협박이 일상적으로 사용된다는 점과 일치하고 있다는 점을 주장하였다. 그럼에도 여성주의자는 때로는 함축적으로, 때로는 명시적으로 국가권력에 대해 새롭고 도전적인 관점을 발전시킴으로써 국가에 대한 논쟁을 풍부하게 하였다.

성적sexual 혹은 젠더gender 평등이 점증주의적 개혁을 통해 이루어질 수 있다고 믿는 자유주의 여성주의자는 본질적으로 국가에 대한 다원주의적 관점을 수용하는 경향을 띠었다. 이들은 만약에 여성의 법적·정치적 평등과 특히 투표할 권리가 부정될 경우, 국가가 남성의 이익에 치우쳐 있다는 점을 인정하였다. 하지만 국가의 기본적 중립성에 대해 그들이 가지고 있는 믿음은 어떤 편견이 개혁과정에 의해 극복될 수 있고, 극복될 것이라는 믿음 속에서 나타난다. 이러한 의미에서 자유주의 여성주의자는 여성을 포함하는 모든 집단은 잠재적으로 국가권력에 대해 동등한 기회를 가지고 있고, 이것은 공평하게 정의와 공동선을 향상시키는 데 사용될 수 있다고

가부장제 Patriarchy

가부장제는 문자 상으로 '아버지에 의한 지배', 가족 내에서의 남편-아버지의 지배와 아내와 아이의 종속을 의미한다. 하지만 이 단어는 일반적으로 '남성에 의한 지배'라는 좀 더 일반적인 의미로 사용되며, 여성이 종속되는 억압과 착취라는 총체성에 주목한다. 그리하여 가부장제라는 단어의 사용은 사회에서 남성권력체계가 대개 가족 내에서 아버지의 지배를 반영하며, 이 지배로부터 유래한다는 점을 함축하고 있다. 가부장제는 급진적 여성주의 분석에서 핵심적 개념인데, 그 이유는 이 단어가 성적 불평등이 체계적이며 제도화되고 침투적이라는 점을 강조하고 있기 때문이다. 이와는 대조적으로 사회주의 여성주의자는 성적 불평등과 사적 소유 사이의 연결을 부각시키며, 가부장제와 자본주의를 병행적인 지배체계로 간주하고 있다.

믿는다. 따라서 자유주의 여성주의자는 국가를 긍정적 의미로 해석하였고, 국가간섭을 성불평등을 개선하고 여성의 역할을 증진시키는 하나의 수단으로 보았다. 이것은 평등한 임금, 낙태, 어린이 보호시설 제공, 복지혜택 확대 등의 입법화를 위한 구호 속에서 나타난다. 그러나 국가에 대해 좀 더 비판적이고 부정적인 관점이 급진적 여성주의자에 의해 발전되었다. 급진적 여성주의자는 국가권력이 더 깊은 가부장적 형태의 억압구조를 반영한다고 주장한다.

국가권력에 대해 맑스주의자와 급진적 여성주의자 사이에는 유사한 점이 많다. 예를 들면 이 두 집단은 국가가 자신의 이해관계를 추구하고 있다는 점에서 하나의 자율적 존재라는 점을 부정한다. 대신에 국가의 성격은 대개 사회에 깊이 뿌리박혀 있는 권력구조와 연관되어 설명된다. 맑스주의자가 국가를 경제적 의미에서 설명한다면, 급진적 여성주의자는 국가를 성의 불평등이라는 차원에서 파악하고 있으며, 국가가 본질적으로 남성권력의 제도라고 주장한다. 맑스주의와 마찬가지로 급진적 여성주의자도 국가에 대한 특징적인 도구주의적·구조주의적 해석을 발전시켰다. 도구주의적 논점은 국가를 남성에 의해 그들 자신의 이해관계를 방어하고, 가부장적 구조를 지지하기 위해 사용되는 '대리자' 혹은 '도구'로 파악하였다. 이러한 논의의 노선은 **가부장제**에 의해 사회가 '공적' 영역과 '사적' 영역으로 분리됨으로써 유지된다는 핵심적인 여성주의적 믿음에 의거한다. 여성의 종속은 전통적으로 여성을 가족과 가정적 책임이라는 사적 영역에 한정시킴으로써 이루어졌다는 점이다. 요컨대 여성의 종속은 여성을 아내와 어머니의 역할로 돌리고, 정치와 경제가 중심인 '공적' 영역으로부터 여성을 배제시킴으로써 이루어졌다는 점이다. 가장 간단히 말해 이 관점에서 볼 때 국가는 남성에 의해, 남성을 위해 운영된다.

도구주의적 논의가 국가의 인사, 특히 국가엘리트에 초점을 두는 반면에, 구조주의적 논의는 국가제도가 더 넓은 가부장적 제도에 깊숙이 파묻혀 있는 정도를 강조하는 경향이 있다. 현대의 급진적 여성주의자는 복지국가의 출현에 특별한 관심을 가졌고, 복지국가를 일종의 새로운 가부장적 권력의 표현으로 간주하였다. 복지는 사적 의존－이 속에서 여성들은 '가정부'로서 '밥벌이'하는 남성에 의존하게 된다－에서 여성이 점점 더 확대된 국가의 제도에 의해 통제되는 공적 의존체계로의 이행을 초래 함으로써 가부장제를 지원할 것이다. 예를 들면 여성은 국가서비스(어린이보호시설·탁아소·교육·사회복지사업)의 고객으로서, 그리고 특히 이른바 '간호직업'(양육·사회복지사업·교육)에서 피고용인으로서 국가에 점점 더 의존하게 되었다.

국가의 기능

국가권력에 대한 대조적인 해석들은 국가의 바람직한 역할과 책임에 관해 분명히 어떤 함의들을 지닌다. 국가는 무엇을 해야 하는가? 국가는 어떤 기능과 책임을 수행해야 하는가? 그리고 사적 개인의 수중에 어떤 것이 남겨져야 하는가? 많은 점에서 선거정치와 정당경쟁은 곰곰이 숙고해야 할 문제를 지니고 있다. 국가를 근본적으로 나쁘고 불필요한 것으로 생각하는 무정부주의자를 제외하면, 모든 정치사상가는 국가를 어떤 의미에서 가치 있는 것으로 간주하였다. "국가를 분쇄하라"는 레닌주의 구호로 고무된 혁명적 사회주의자조차도 '프롤레타리아 계급독재'의 형태로 자본주의에서 공산주의로 이행을 주도하기 위해 일시적인 프롤레타리아 국가의 필요성을 수용하였다. 그럼에도 국가의 역할에 대해서는 의견의 일치가 존재하지 않으며, 국가와 시민사회 사이의 적당한 균형에 대해서도 심각한 불일치가 존재한다. 발전한 국가형태 중에는 다음과 같은 국가형태가 있다.

① 최소국가 the minimal state
② 발전국가 the developmental state
③ 사회민주국가 the social-democratic state
④ 집단국가 the collectivized state
⑤ 전체주의 국가 the totalitarian state
⑥ 종교적 국가 religious states

최소국가

최소국가는 고전적 자유주의자의 이상이다. 고전적 자유주의자의 목적은 개인이 가능한 가장 넓은 영역의 자유를 향유하도록 보장하는 것이다. 이 관점은 사회계약론에 뿌리를 두고 있다. 그러나 이 관점은 본질적으로 국가에 대한 '부정적' 견해를 발전시키고 있다. 이 관점에서 볼 때 국가의 가치는 국가가 인간행위를 제한할 힘을 가지고 있고, 그리하여 개인으로 하여금 다른 사람의 **권리**와 자유를 침해하지 못하도록 억제하는 데 있다. 국가는 단지 방어적 단체이며, 국가가 가지는 핵심적 기능은 시민이 가장 잘 생각한 대로 자신의 생활을 영위할 수 있는 평화와 사회질서의 틀을 제공하는 것이다. 로크의 유명한 비유처럼 국가는 야경꾼으로 행동한다. 그리고 이 야경꾼의 봉사는 단지 질서 상태가 위협받을 때만 요청된다. 이것은 '최소한의' 국가 혹은 '야경꾼' 국가에게 세 가지 핵심적 기능을 남겨 놓는다. 가장 중요한 기능으로는 첫째, 국가는 국내질서를 유지하기 위해 존재한다. 둘째, 국가는 사적 시민들 사이에 이루어진 계약 혹은 자발적 동의가 시행되도록 보장한다. 셋째, 국가는 외부의 공격에 대항하여 방어하는 것이다. 그리하여 최소국가의 제도적 장치는 경찰력과 사법제도와 모종의 군사력에 제한된다. 경제적·사회적·문화적·도덕적 책임과 여타의 책임은 개인에 속하며, 이 책임은 확고하게 시민사회의 부분이다.

현대정치 논의에서 최소국가주의는 신우파에 의해 채택되었다. 초기 자유주의 이념, 특히 자유시장 혹은 고전경제이론에 의존하면서, 신우파는 '국가의 영역으로 물러날' 필요성을 선언하였다. 로버트 노직의 저술에서 이것은 개인적 권리, 특히 재산권의 방어에 기초한 로크적 자유주의의 재진술에 해당한다. 프리드리히 하이에크와 밀턴 프리드만과 같은 자유시장 경제학자는 국가간섭을 경쟁·효율성·생산성을 감소시키는 '죽은 손'으로 간주했다. 신우파의 관점에서 볼 때 국가의 경제적 역할은 두 가지 기능에 한정되어야 한다. 첫째는 안정적 환율과 '견고한 통화'(낮은 혹은 0%의 인플레이션)의 유지이며, 둘째는 독점권력에 대한 통제, 가격 고정 price fixing 등을 통한 경쟁의 촉진이다.

로버트 노직 (Robert Nozick; 1938~2002)

미국의 학자이며 정치철학자. 노직의 주요 저작인 『무정부, 국가, 이상사회*Anarchy, State and Utopia*』(1974)는 동시대의 가장 중요한 정치철학에 관한 저작의 하나로 간주된다. 이 저작은 신우파 이론과 믿음에 심오한 영향을 미쳤다. 그는 로크(Locke)에 가까웠으며, 스푸너(Spooner; 1808~1887)와 터커(Tucker; 1854~1939)와 같은 19세기 미국 개인주의자의 영향을 받았던 자유지상주의(libertarianism) 형태를 발전시켰다. 그는 부가 무엇보다도 정당하게 획득되고, 정당하게 한 개인에서 다른 개인으로 이전되었다는 가정하에서 재산권은 엄격하게 지지되어야 한다고 주장하였다. 이러한 입장은 최소정부와 최소과세를 지지하는 것을 의미하여 복지와 재분배 운동을 손상시킨다. 노직의 권리에 기초한 정의론은 존 롤즈의 생각에 대한 반론으로 전개되었다.

발전국가

최소국가에 대한 가장 좋은 역사적 보기는 19세기 초기 산업화 시기의 영국·미국 같은 국가이다. 하지만 일반적으로 한 국가가 더 늦게 산업화할수록 국가의 경제적 역할은 더 광범위하게 된다. 예를 들면 일본과 독일에서 국가는 출발부터 더 적극적인 '발전적' 역할을 취하였다. 발전국가는 산업성장과 경제발전을 촉진시키고자 하는 특수한 목적을 가지고 경제생활에 간섭한다. 이것은 시장을 계획과 통제에 기초한 '사회주의적' 체제로 대체하고자 하는 시도가 아니라 종종 보수주의적·민족주의적 우선성에 의해 지탱된 국가와 주요한 경제적 집단 사이의 협력관계를 건설하고자 하는 시도이다.

발전국가의 고전적 예는 일본이다. 1868년에서 1912년 사이의 메이지 시기에 일본이라는 국가는 2차 세계대전까지 일본경제를 지배하였던 대족벌 기업제국인 자이부추zaibutsu와 긴밀한 관계를 진척시켰다. 1945년 이후 일본이라는 국가가 행한 발전적 역할은 일본의 국제무역산업부(Ministry of International Trade and Industry, MITI)를 통해 이루어졌다. 이 부서는 일본은행과 함께 사적인 투자결정을 형성하는 데 도움을 주고, 국제적 경쟁력을

경쟁국가

Competition state

지구적 경제에서 장기적인 경쟁을 보장하기 위한 전략들을 추구하는 국가.

호랑이 경제

Tiger economies

일본의 발전모델을 따라 만들어진 성장과 수출지향적 경제. 한국·대만·싱가포르 등이 그 사례이다.

사회정의Social justice

도덕적으로 정당화할 수 있는 물질적 보상의 배분. 사회정의는 종종 평등을 지지하는 성향을 내포하는 것으로 간주된다.

향해 일본경제를 조정하는 데 도움을 준다. 발전적 간섭에 대한 유사한 모델은 프랑스에도 있었다. 프랑스에서 좌파와 우파의 정부는 경제적 계획의 필요성을 인정하는 경향이 있었고, 국가관료주의는 그 자체를 국가 이익의 관리자로 간주하였다. 오스트리아와 독일 같은 국가에서 경제발전은 '동반자 국가partnership state'의 건설을 통해 이루어졌다. 이 속에서는 국가와 주요 경제집단, 즉 대기업과 조직화된 노동 사이에 긴밀한 관계를 유지하는 것이 강조되었다. 좀 더 최근에 경제적 지구화는 '**경쟁국가**'의 출현을 촉진시켰다. 이것의 예로는 동아시아의 **호랑이 경제**에서 발견된다. 경쟁국가의 역할은 초국가적 경쟁을 강화한다는 의미에서 국가번영을 위한 전략을 발전시키는 것이다.

사회민주국가

발전국가가 경제적 진보를 장려하기 위해 간섭주의를 실행한 반면, 사회민주국가는 일반적으로 공평·평등·**사회정의**와 같은 원칙에 상응하게 더 광범위한 사회적 재구조화를 초래하고자 하는 관점에서 간섭한다. 오스트리아와 스웨덴 같은 국가에서 국가간섭은 발전적·사회민주적 우선성에 의해 인도되었다. 그렇지만 발전주의와 사회민주주의가 항상 병행하는 것은 아니다. 데이비드 마콴드(David Marquand, 1988)가 지적하였던 것처럼, 영국은 2차 세계대전 직후에 사회민주주의 노선을 지키면서 상당히 확장되었지만 발전국가로 발전하는 데 실패하였다. 사회민주국가를 이해하는 데 있어서 핵심은 단지 필요악으로 간주하는 '부정적' 관점에서 국가를 자유와 정의를 증진시키는 수단으로 보는 '긍정적' 관점으로 이동한다는 점이다. 그런 점에서 사회민주국가는 현대의 자유주의자와 민주사회주의자의 이상이다.

　사회민주국가는 잘 정돈된 조건에 안주하기보다는 특히 시장경제의 불균형과 불공평을 교정하는 적극적인 참여자이다. 따라서 사회민주국가는 부의 생산보다는 부의 동등한 혹은 정당한 배분에 초점을 둔다. 실제로 이는 빈곤을 제거하고 사회적 불평등을 감소시키고자 하는 시도를 통해 강화된다. 따라서 사회민주국가가 가지는 쌍둥이적 특징은 케인즈주의와 사

시민의 사회복지에 대
해 일차적인 책임을 지
는 국가. 이 국가는 사회
안전, 건강, 교육 그리고
다른 서비스들(사회마다
다르기는 하지만)을 제
공한다.

집단화Collectivization
공동 혹은 공공소유제도
를 지지하기 위해 사적
소유의 폐지를 의미한
다.

국가주의Statism
국가통제(국가주의)는
국가간섭이 정치적 문제
를 해결하거나 혹은 경
제적·사회적 발전을 초
래하는 가장 적절한 수
단이라는 믿음이다. 이
견해는 집단적 행동이
조직될 수 있고, 공공의
목표가 이루어질 수 있
는 하나의 장치로서 국
가에 대한 심오하고도
확고한 신념을 통해 지
탱된다. 그리하여 국가
는 윤리적 이상(헤겔)이
나 '일반의지'에, 혹은 공
공의 이익에 봉사하는
것으로 간주된다. 국가
통제는 경제생활을 조정
하고 통제하는 정부정책
에서 가장 명백하게 나
타나고 있다. 정부정책
은 선택적 국유화와 경
제적 관리에서부터 조합
주의와 소련식 국가집단
화에까지 이른다.

회복지이다. 케인즈 경제정책의 목적은 성장을 장려하고 완전고용을 유지
하고자 하는 관점을 가지고 자본주의를 '관리'하거나 혹은 '조정'하는 것이
다. 이것은 계획의 요소를 포함할 수 있지만, 고전적 케인즈적 전략은 재정
정책, 즉 공공지출과 세금수준의 조정을 통한 '수요관리'를 포함한다. 복지
정책의 수용으로 인해 이른바 **복지국가**가 출현하게 되었다. 복지국가의 책
임은 시민의 사회복지 증진으로까지 확대되었다. 이러한 의미에서 사회
민주국가는 개인적 권한 부여의 원칙에 헌신적인 '권능을 부여하는 국가
enabling state'이다.

집단국가

발전국가와 사회민주국가는 대개 사적 경제를 인도하거나 지지하고자 하
는 관점에서 경제생활에 간섭하는 반면에, 집단국가는 경제생활 전체를 국
가의 통제하에 둔다. 이 국가에 대한 가장 좋은 보기는 소련과 동유럽 같은
정통 공산주의 국가이다. 이 국가들은 사적 기업을 폐지하고자 하였고, 경
제부서와 계획위원회의 조직망을 통해 관리되는 중앙계획경제를 건설하였
다. 따라서 이른바 '명령경제'는 '지시적' 계획체계를 통해 조직화된 체계를
확립하였다. 이 '지시적' 계획은 궁극적으로 가장 높은 공산당기관에 의해
통제되었다. 국가**집단화**의 정당화는 근본적으로 사적 소유보다는 공동소
유를 선호하는 사회주의에서 유래한다. 하지만 이 목적을 달성하기 위해 이
용되는 국가는 맑스와 엥겔스(Engels; 1820~1895)의 저술에서 입안되었던 것
보다 국가권력에 대해 좀 더 긍정적인 의미를 갖는다.

맑스와 엥겔스는 국유화를 결코 거부하지 않았다. 엥겔스는 특히 '프롤레
타리아 계급독재' 동안에 국가통제는 공장·은행·운송 등을 포함하는 것으
로 확대될 것이라는 점을 인정하였다. 그럼에도 그들은 프롤레타리아 국가
는 엄격하게 일시적일 것이며, 계급적대가 줄어들었을 때 프롤레타리아 국
가는 사라질 것이라고 생각하였다. 이와는 대조적으로 소련의 집단국가는
지속적이며 점점 더 강력하게 관료적으로 되었다. 스탈린체제하에서 사회
주의는 사실상 **국가주의**와 동일하게 되었고, 사회주의의 발전은 국가장치

개념설명

전체주의Totalitarianism
전반적인 이데올로기적
조작과 노골적인 폭력을
포함하는 포괄적인 정치
지배체제.

의 폭넓은 책임과 권력 속에서 반영되었다. 사실 흐루시초프Khrushchev가 1962년에 프롤레타리아 계급독재가 끝났다고 선언한 후에, 국가는 형식적으로 '소비에트의 모든 인민'의 이해관계와 동일시되었다.

전체주의 국가

가장 극단적이고 광범위한 형태를 취하는 간섭주의는 전체주의 국가에서 발견된다. **전체주의**의 본질은 모든 것을 포괄하는 국가의 건설이다. 그리고 국가는 인간생활의 모든 면에 영향을 끼친다. 국가는 경제뿐 아니라 교육·문화·종교·가족생활 등을 통제한다. 전체주의 국가에 대한 가장 좋은 사례는 히틀러가 지배한 독일과 스탈린이 지배한 소련이다. 물론 사담 후세인 Saddam Hussein이 지배하는 이라크와 같은 현대의 정권도 성격이 비슷하다. 이 정권의 중심적 지주는 포괄적인 감시와 폭력적 통제과정이며, 널리 퍼진 이데올로기적 조작과 통제체계이다. 이러한 의미에서 전체주의 국가는 효율적으로 시민사회를 죽이고 사적 영역의 생활을 폐지한다. 이것은 사회 내에서 개인적 정체성을 와해시키려는 파시스트만이 노골적으로 권력을 양도할 준비가 되어 있음을 의미한다. 전체주의 국가에 대해 무솔리니가 가졌던 생각은 사회구성원의 이타주의와 상호공감을 반영하는 '윤리 공동체'로서 국가를 보는 헤겔의 믿음으로부터 유래하였다. 이러한 관점에서 볼 때 인간문명의 진보는 명백하게 국가의 증대, 국가책임의 확대와 연결되어 있다.

종교적 국가

분명하게 종교적 국가는 의미상으로 하나의 모순이다. 현대국가는 대개 종교적 권위에 대해 시민적 권위가 승리함으로써 출현하였다. 그리고 종교는 교회와 국가의 분리를 통해 점점 더 사적 영역에 한정되게 되었다. 그리하여 국가주권의 발전은 보통 세속화의 발전과 병행하여 진행되었다. 미국에서 국가의 세속적 성격은 헌법의 제1조 수정조항에서 기록되었다. 이 조항은 예배의 자유가 강탈되지 않을 것이라는 점을 보장하고 있다. 반면에 프

불간섭 Laïcité
정부의 문제에 종교적 간섭부재의 원칙 그리고 종교적 문제에 정부간섭 부재의 원칙.

국가종교 State religion
국가에 의해 공식적으로 승인된 종교적 단체. 국가는 이 종교에게 특권을 부여해 주지만 국가종교는 (일반적으로) 공식적인 정치권위는 아니다.

랑스에서 교회와 국가의 분리는 **불간섭** laïcité 원칙을 엄격하게 강조함으로써 유지되었다. 노르웨이·덴마크·영국 등과 같은 나라에서 **국가종교**가 발전하였다. 물론 이 종교들이 누린 특권들이 신정정치의 지배를 중단시키고 그래서 이들의 정치적 영향력이 일반적으로 높은 수준의 사회적 세속화에 의해 제한당했지만 말이다.

그럼에도 종교적 국가의 부흥이 1980년대 이후의 시기에 나타났다. 이 현상은 공적/사적 영역의 구분을 거부하고 종교를 정치의 토대로 간주하려는 종교적 근본주의 내에서의 경향에 의해 이루어졌다. 정치영역을 본질적으로 타락한 것으로 간주하는 것과는 거리가 멀게 근본주의적 운동들은 전형적으로 국가의 통제를 붙잡고 국가를 도덕적·정신적 쇄신의 도구로 사용하였다. 가령, 이 점은 1978년 지아 울 하크 Zia-ul-Haq 장군하에 파키스탄에서 도입된 '이슬람화'의 과정에서, 그리고 1979년 혁명의 결과로 이란의 '이슬람 국가' 탄생에서 분명하게 나타났다. 그리고 이 점은 또한 세속화에 대한 형식적인 서약에도 불구하고 타밀 분리주의에 반대하는 격렬한 싸움이 있었던 동안에 스리랑카 국가와 신할라 Sinhala 불교 간의 긴밀한 관계에서도 분명하게 나타났다. 엄격하게 말하면 종교적 국가들은 종교원칙을 기초로 세워졌고 이란의 모델에서 명백하게 신정정치의 모습을 포함하고 있지만 다른 경우들에서 종교적으로 지향된 정부들은 헌법적 세속주의의 맥락에서 작동하고 있다. 이 점은 터키에서 AKP의 경우와 2012년 이후 이집트의 무슬림 Muslim 단체에 적용된다.

국가의 실추?

1980년대 후반 이후 국가에 관한 토론은 국가의 '퇴각' 혹은 '쇠퇴'에 관한 주장에 의해 빛을 잃게 되었다. 이전에 강력했던 국가 — 정치 자체와 같은 시간에 걸치는 것으로 널리 이해된 — 는 외관상으로 초라하게 되었고 국가권위는 무엇보다도 지구적 경제, 시장, 대기업들, 비국가 행위자 그리고 국제조직들이 점점 더 중요하게 됨에 따라 훼손되었다. 따라서 국내적 정치와 국제적 정치에 대한 '국가중심적' 접근법들을 다시 생각하거나 포기하고자 하는 외침이 증대하였다. 그러나 '국가중심주의'와 '퇴각주의' 중에서 단순하게 하나를 선택하는 것은 아무리 잘 되더라도 일을 그르치기 쉽다. 가령 국가와 시장이 일반적으로 경쟁적인 힘으로 기술되지만 이것들은 또한 서로 연결되어 있고 서로를 보완한다. 어떤 다른 것과는 별도로 시장은 단지 국가만이 확립하고 보호해 줄 수 있는 재산권 제도 없이는 기능할 수 없다. 게다가 국가가 어떤 점에서 권위를 상실할 수도 있지만 다른 점들에 있어 국가는 더 강력하게 될지도 모른다.

국가의 쇠퇴와 하강

지구화와 국가변형

지구화의 증대는 지구화된 세계에서 국가의 힘과 그 중요성에 관한 주요한 논의를 자극하였다. 세 가지 대조적인 입장들이 확인될 수 있다. 첫째, 몇몇 이론가들은 대담하게 '탈주권 거버넌스'(Scholte, 2005)의 출현을 천명하면서 지구화의 증대가 필연적으로 주요한 행위자로서의 국가의 쇠퇴를 두드러지게 한다고 말하였다. 권력은 국가로부터 벗어나서 세계적인 시장과 특히 다국적 기업들(TNCs)로 이동한다는 것이다. 이 논의에 대한 가장 극단적인 해석, 이른바 광신적인 세계주의자가 발전시킨 논의에 의하면 국가는 '공동화되어' 사실상 쓸모없게 된 것으로 간주된다. 하지만 다른 이론가들은 지구화가 세계정치의 핵심적인 특징을 변화시켰다는 점을 부인한다. 즉 초기 시기에서처럼 주권국가들은 그들의 국경선 내에서 일어나고 있는 일에 대한 일차적인 결정인자들이며, 세계무대에서 제1의 행위자로 남아 있다는 점이다. 이 관점에 따르면 지구화와 국가는 분리되거나 혹은 더군다나 대립적인 힘들이 아니라는 것이다. 오히려 놀라운 정도로 지구화는 국가들에 의해 만들어졌고, 그래서 이들의 이해관계를 위해 봉사하는 것으로 존재한다는 점이다. 하지만 이 두 가지 견해들 사이에 세 번째 입장이 있다. 이 입장은 지

초영토권

Supraterritoriality

국경, 지리적 거리와 영
토적 위치의 중요성이
쇠퇴함으로써 발생하였
던 지리의 재배치.

경제주권

Economic sovereignty

국가가 국경 내에서 이
루어진 경제생활에 대해
행사하는 절대적 권위로
서, 이는 재정 및 통화정
책에 대한 독립적인 통
제와 무역과 자본의 유
입출에 대한 통제를 포
함하고 있다.

거버넌스Governance

거버넌스는 정부보다 더
광범위한 단어이다. 해
결되거나 의견의 일치를
본 정의는 없지만 가장
광범위한 의미에서 거버
넌스는 사회생활이 통합
되는 다양한 방식을 언
급한다. 따라서 정부는
거버넌스에 포함된 제
도 가운데 하나인 것으
로 간주될 수 있다. 정부
없이 거버넌스를 가지는
것이 가능하다(Rhodes,
1996). 이 단어의 더 넓은
사용은 국가와 사회의
구분을 흐리게 하는데,
이는 새로운 형태의 공
적 관리의 발전과 공적-
사적 파트너십의 증대와
같은 변화에서 비롯된다
(17장 다차원적 정치 참
조).

구화가 국가의 역할, 중요성 그리고 주권의 성격에 있어서의 질적인 변화들을 야기하였다는 점을 인정하고 있다. 하지만 이 입장은 이 변화들이 단지 국가의 힘을 감소시키거나 혹은 증대시켰다기보다는 국가를 변형시켰다는 점을 강조하고 있다.

국제적인 이민의 증대와 문화적 지구화의 확산과 같은 발전들은 국가의 경계선들을 점점 더 '침투 가능한 것으로' 만드는 경향이 있었다. 하지만 국가의 변화하는 성격과 힘에 관한 대부분의 토론은 경제적 지구화의 충격과 연관되었다. 경제적 지구화의 주요한 특징은 '**초영토권**supraterritoriality' 의 증대이다. 이것은 경제적 활동이 점점 더 '국경없는 세계' 내에서 일어나고 있는 과정을 의미한다(Ohmae, 1989). 이 점은 특히 금융시장과 관련하여 분명하게 나타난다. 금융시장은 자본의 흐름이 겉으로 보기에 동시에 발생한다는 점에서 정말로 지구화되었으며, 이는 어떠한 국가도 세계의 다른 지역에서 발생하는 금융위기의 충격으로부터 자유로울 수 없다는 점을 의미한다. 국가의 경계선들이 침투하기 쉽게 되었고, 이전의 지리적인 확실성들이 불안정해졌다면, 적어도 전통적 의미에서 국가주권은 존속할 수 없다. 이 점은 21세기에 거버넌스가 정말로 탈주권적 성격을 전제하였다는 의미이다. 특히 **경제주권**이 어떻게 지구화된 경제와 화해될 수 있는지를 알아보는 것은 어려운 일이다. 경제생활에 대한 주권통제는 분리된 국가경제의 세계에서만 가능하였을 뿐이고, 그래서 이 국가경제들이 단 하나의 지구화된 경제로 병합되었거나 병합되고 있는 만큼 경제주권은 의미를 잃게 된다. 하지만 '국경 없는' 지구경제의 수사학은 아주 멀리 취해질 수 있다. 예를 들어 그게 무엇이든, 시장에 기반을 둔 경제는 단지 국가가 보장할 수 있는 법적·사회적 질서의 맥락 내에서만 성공적으로 작동할 수 있다는 점진적인 인식이 있었다(Fukuyama, 2005).

증대된 지구적 경쟁은 또한 공공정책을 발전시키고 공공서비스들을 제공하는 더 효과적이고 반응적인 수단을 개발하고자 하는 압력을 초래하였다. 많은 경우에 이 점은 정부에서 '**거버넌스**'로의 이동을 나타내었다. 사회가 더 복잡하고 유동적이 됨에 따라 새로운 통치방법들이 고안되었는데, 이 통치방법들은 위계적 국가제도에 덜 의존적이었고 네트워크와 시장에 더 의존적이었다. 그리하여 이 통치방법은 국가와 사회의 구별을 흐릿하게 하였다. 정치에서의 '거버넌스로의 방향전환governance turn'은 정부의 '재발견'으로 불렸던 것에 의해 특징지워졌다. 이 점은 특히 국가에 의한 직접적인 서비스 제공에서 '가능성을 주는' 혹은 '조정적'인 역할로의 이동 속에서 나타났다. 혹자들이 논의하듯이 그러한 발전들은 국가 자체의 변형을 초래하였으며 다양하게 '경쟁'국가, '시장'국가 혹은 '탈근대'국가로 불렸던 것의 증대를 나타내고 있다. 필립 보빗(2002)은 국민국가에서 그가 **시장국가**로 칭했던 것으로의 이행이 세계정치에 있어 심오한 변화를 예고하였다고 논의하였는데, 이 이행이 국민국가의 헌법적인 형태를 정의하기 위해 자유주의·전체주의·공산주의 간의 '기나긴 전쟁'의 종식을 특징지웠다는 점에서 그렇다. 시장국가의 핵심적인 특징은 별개의 국가경제에 기초한 '하향식' 경제관리에서 유일하게 신뢰할 만한 경제조직 원칙으로서의 시장의 수용으로의 이동에 있다. '무기력한' 자본주의 대신에 시장국가는 '유동적으로 흘러간다'. 국가들은 성장과 변영을 장려함에 있어 효과성을 사전에 판단하고, 빈곤을 줄이고 사회적 불균형을 좁힌다. 반면에 시장국가들은 시민들이 이용할 수 있는 기회들을 최대화하고 효과적이고 방해받지 않는 시장경쟁을 보장하는 자신들의 능력에 정당성의 기초를 둔다. 이것이 일어났던 속도는 세계 각 지역에서 다른데, 그 이유는 국가들이 더 큰 열정을 가지거나 아니면 더 적은 열정을 가지고 시장국가 모델을 받아들이며, 이 시장국가를 자신들의 정치문화와 경제적 필요에 맞추고자 하기 때문이다.

비국가행위자와 국제단체

국가쇠퇴에 관한 더 진전된 표명은 비국가행위자나 초국가적 행위자의 증대와 점증하는 국제조직의 중요성에서 명백하게 드러났다. 이 점은 다음의 사실에 드러나고 있다. 즉 점점 더 정치의 주요한 사건들이 단지 국가 속에서 그리고 국가를 통해 더 이상 나타나지 않고 오히려 국가의 외부에서 혹은 국가를 넘어서서 발생하고 있다는 것이다. 비국가행위자 중에서 초국적 기

정치적 지구화
Political globalization
여러 국가들을 포함하는
국제적 지역 내에서 사
법권을 행사하는 국제단
체와 국제조직들의 점증
하는 중요성.

업들은 종종 가장 중요한 행위자로 간주되었고, 그들의 수는 1970년에 7천 개에서 2009년에는 3만 8천 개로 증대하였다. 초국적기업들은 종종 경제적 규모의 의미에서 국가를 작게 만든다. 기업의 매상과 국가의 국내총생산 간의 (단순한) 비교에 기초해서 볼 때 세계의 가장 큰 100개의 경제 중에서 51개는 기업들이고 단지 49개만이 국가들이다. GM은 이러한 의미에서 대체로 덴마크와 대등하며, 월마트는 거칠게 말해 폴란드와 같은 규모이다. 그리고 Exxon Mobil은 남아프리카와 같은 경제적 비중을 가지고 있다. 그러나 경제적 규모가 필연적으로 정치적 힘 혹은 영향력으로 전환하지는 않는다. 결국 국가는 법률을 제정하고 무기들을 증대시키는 것 등과 같은 초국적기업들이 단지 꿈에만 그릴 수 있는 것들을 할 수 있다. 비정부기구들도 특히 1990년대 이후 수와 그 영향력이라는 점에서 꾸준하게 성장해 왔다. 국제적인 비정부기구들의 전체 수는 일반적으로 3만 개를 넘어섰으며, 1천 개 이상의 단체들이 유엔에서 공식적인 자문으로서 위상을 누리고 있다. 이들의 전문적이고 도덕적인 권위와 높은 공적인 모습들로 인해 그린피스, 국제사면위원회 그리고 국제원조물자협회Care International 등과 같은 비정부기구들은 때때로 국가적 정부의 영향력에 필적하거나 능가할지도 모르는 국제조직 내에서 영향력을 행사한다. 따라서 비정부기구들은 점점 더 '지구적 시민사회'로 칭해졌던 것의 중요한 대리자들이다. 다른 비정부행위자들은 여성운동과 반자본주의 운동에서 테러적 네트워크에까지 이르는데, 알카에다와 게릴라 군대 그리고 초국가적 범죄조직들이 이에 해당된다. 이러한 단체들이 '초경계적' 성격을 가지기 때문에 이 단체들은 종종 어떤 국가의 사법권을 교묘히 피해 나가는 방식으로 작동할 수 있다.

국가를 초월한 정치의 성장은 또한 **정치적 지구화**의 추세 속에서 명백하게 나타났다. 하지만 정치적 지구화의 충격은 복잡했고, 어떤 점에서 모순적이었다. 한편으로 유엔UN · 유럽연합EU · 세계무역기구는 자치적인 정치단위로서 기능하는 국가의 능력을 약화시켰다. 정부간 혹은 초국가적 수준에서 만들어졌던 결정들의 범위와 중요성이 증대하였기 때문에 국가들은 지역적 혹은 지구적 단체에서 그리고 이 단체들을 통해 영향력을 행사하거

군벌지배Warlordism
여러 국가들을 포함하는
주권국가의 부재 속에서
권력을 향해 나아가는
지방에 근거를 둔 군사
화된 집단들이 존재하는
상황.

실패한 국가 Failed state
실패한 국가는 영토 내
에서 강제력의 사용을
독점함으로써 국내질서
를 완전하게 하는 중요
한 기능을 행사할 수 없
는 국가이다. 최근에 실
패한 국가의 예로는 캄
보디아·하이티·르완
다·라이베리아·소말리
아 등을 들 수 있다. 실
패한 국가는 더 이상 생
명력 있는 정치조직으로
기능할 수 없는데, 그 이
유는 이 국가들이 신뢰
할만한 법과 질서를 갖
추고 있지 못하기 때문
이다. 또한 이 국가들이
시민들에게 서비스들을
제공해 줄 수 없고 기능
적인 산업기반을 가지
고 있지 않다는 점에서
더 이상 생명력 있는 경
제조직으로 기능할 수도
없다. 상대적으로 붕괴
한 국가들은 별로 없지
만 훨씬 더 많은 수의 국
가들이 별로 제 기능을
다하지 못하며, 붕괴 일
보 직전에 놓여 있다.

나 이 단체들에 의해 확립된 틀 내에서 작동하게 되었다. 유럽연합의 경우 점증하는 결정의 범위(예를 들어 통화정책, 농업 및 어업정책, 방위와 대외문제 등)가 회원국보다는 유럽연합기구들에 의해 이루어진다. 이 점은 17장에서 토론 될것인데, 다차원적 거버넌스의 형상을 초래하였다). 세계무역기구는 세계무역분쟁의 재판관과 배심원으로 행동하며, 회원국 중에 그리고 회원국들 사이에서 무역거래 협상이 이루어지는 하나의 광장forum 역할을 한다. 다른 한편으로 정치적 지구화는 국가들에게 기회들을 열어 주는 동시에 기회들을 줄이고 있다. 이것은 주권의 '공동관리pooling'를 통해 발생한다. 예를 들어 유럽연합에서 가장 강력한 정책결정기관인 유럽연합 장관협의회 Council of Ministers는 다름 아닌 회원국가들의 산물이며 각국의 정치가들로 하여금 초국가적 수준의 결정을 하게 하는 광장을 제공해 주고 있다. 주권을 '공동관리함'으로써 유럽연합의 회원국들은 어쩌면 더 크고 더 의미 있는 형태의 주권에 도달할 수도 있다. 그러므로 유럽연합의 '공동관리된' 주권은 다양한 회원국들의 결합된 국가적 주권들보다 클 수도 있다.

실패한 국가와 국가건설

개발도상국에서 국가쇠퇴에 관한 토론은 때때로 허약하고 실패하거나 붕괴된 국가에 관한 관심으로 대체되곤 하였다. 로버트 쿠퍼(Robert Cooper, 2004)는 그 자신이 '전근대적'으로 칭하였던 것을 탈식민지적 혼란의 세계로 묘사하였다. 이 혼란의 세계 속에서 그러한 국가들은(베버가 썼던 것처럼) 권력의 사용에 대한 정당한 독점을 확립할 수 없고, 그리하여 **군벌지배** warlordism와 광범위한 범죄, 그리고 사회적 혼란에 빠져든다. 그러나 그러한 조건들은 일관되게 개발도상국에 걸쳐 적용되는 것은 아니다. 인도·한국·대만 등과 같은 경우에 개발도상국가들은 경제발전과 사회발전의 전략들을 추구함에 있어 대단히 성공적이었다. 그럼에도 다른 나라들은 그들의 허약함으로 인해 차별화되었고, 때때로 '표면상의 국가quasi-state', 혹은 **실패한 국가**로 묘사되었다. 세계에서 가장 약한 국가의 대부분은 아프리카 사하라 밑에 몰려 있는데, 전형적 사례로는 소말리아, 시에라 리온

Sierra Leone, 라이베리아, 콩고 등을 들 수 있다. 이 국가들은 국가권력의 가장 기본적인 시험을 통과하지 못하였다. 즉 이들 국가들은 국내질서와 개인적 안전을 유지할 수 없으며, 이는 시민의 분쟁과 심지어 내전이 거의 일상화되어 있다는 점을 의미한다.

이러한 국가의 실패는 일차적으로 식민지 경험에서 비롯되는데, 이것이 끝났을 때(주로 1945년 이후에) 이들 국가들은 형식적인 정치적 독립을 사회에 남겨 주었지만, 이 사회는 효과적으로 분리된 실체로서 기능하기 위해 필요한 적절한 수준의 정치적·경제적·사회적·교육적 발전을 이루지 못하였다. 그러한 국가들의 경계는 문화적으로 응집적인 주민들의 존재보다는 전형적으로 식민지적 희망의 정도를 표현하고 있었기 때문에 탈식민지적 국가들은 또한 종종 심층적인 인종적, 종교적 그리고 부족적인 분열을 포함하고 있다. 혹자는 1990년대 이후 국가의 실패가 증대한 이유를 국내적인 요인들의 의미에서(전산업적이고 농업적인 사회에서 근대적인 산업사회로의 이행을 방해하는 권위주의 지배 경향, 후진적인 제도 그리고 향리적인 가치체계들) 설명하고 있지만 외부적인 요인들도 중요한 역할을 하였다. 이 점은 적어도 지구화의 경향을 통해 국내적인 필요이기보다는 지구적 시장의 명령 주변으로 발전하고 있는 세계경제들을 재정립하고 불평등을 심화시키는 데 적용되었다.

하지만 국가의 실패는 단지 하나의 국내적인 문제만은 아니다. 실패한 국가들은 종종 예를 들어 난민 위기상황이 돌발하고 마약 판매자, 무기 밀수업자 그리고 테러조직들의 은신처를 제공하고 때때로 인간주의적 구제나 평화를 지키기 위해 외부간섭을 야기함으로써 더 큰 충격을 받는다. 이러한 관점에서 전형적으로 더 큰 평화건설의 과정과 갈등을 벗어나고자 하는 상황에서 깊게 뿌리 박혀 있는 폭력의 구조적인 원인들을 다루고자 하는 시도와 연관된 **국가건설**에 대한 강조가 증대하였다. 인간주의적 구제와 갈등해결의 과제는 기능적인 법과 질서의 제도가 부재한 상황에서 거의 극복할 수 없을 정도의 어려움을 가지고 있다. 1990년대 초기 이후 인간주의적 개입의 더 폭넓은 수용은 다음의 사실을 의미하였다. 즉 잘 정돈된 지배가 초기에

라이베리아: 재건설된 실패한 국가인가?

사건: 1990년대 동안에 라이베리아는 종종 실패한 국가의 고전적 실례로 인용되었다. 이 국가의 인종적·종교적 혼합, 광범한 빈곤, 풍토성의 부패, 기관과 기간시설의 붕괴 그리고 군벌지배와 폭력으로의 추세는 시민들의 안전과 복지를 위태롭게 하였고 다른 국가들에게 영향을 미쳤는데, 그중에서도 특히 인접국가인 시에라리온Sierra Leone에게 영향을 미쳤다. 아프리카에서 가장 오래된 공화국인 라이베리아는 1980년대 말에 내전으로 인해 붕괴하였다. 이 내전에서 찰스 테일러의 라이베리아 민족애국전선(National Patriotic Front of Liberia, NPFL)의 반란자들은 많은 시골지역들을 침략하였고, 1990년에 수도 몬로비아를 장악하였다. 약 25만 명의 사람들이 살해당하였고, 반란 분파집단, 라이베리아 군과 서아프리카 평화유지군 간에 싸움이 심해졌을 때 수천 명이 넘는 사람들이 그 나라에서 도망쳤다. 14년 간의 내전은 2003년에 끝났다. 그 당시에 국제적인 압력의 증가로 인해 그리고 반란군에 의해 포위된 테일러는 사임하였고 나이지리아로 망명하였다(그는 그 후에 시에라리온에서 행해진 잔악행위와 연관되어 헤이그의 국제재판소에서 전쟁범죄로 유죄판결을 받았다). 과도정부는 2005년에 이 나라를 선거로 향하게 하였고, 이 선거에서 하버드에서 교육받은 경제학자인 엘레인 존슨-서리프 Elaine Johnson-Sirleaf가 권력을 잡았고, 아프리카의 첫 번째 여성 국가수장이 되었다. 서리프는 2011년 11월에 경쟁자가 없는 2차 투표의 대통령 선거에서 재선출되었다.

의의: 성공적인 국가건설은 적어도 세 가지 도전들을 극복해야만 하였다. 첫째, 새로운 제도와 구조들은 종종 심원한 정치적·인종적 긴장, 경제적·사회적 혼란 그리고 풍토적 빈곤의 맥락에서 건설되어야만 하였다. 라이베리아에서 경제적·사회적 산업기반을 재구성하는 과정은 서리프와 그녀의 통일당(Unity Party, UP)이 2005년에 권력을 장악하자마자 가속화되었다. 몬로비아의 중심에는 도로가 건설되었고 새로운 건물들이 들어섰다. 교육과 건강에서의 투자로 인해 수백 개의 새로운 학교와 건강시설들이 들어섰고 이것들 중에 몇 개의 시설들은 자유롭게 입수가 가능하였다. 그리고 선출직 대통령직과 입법부와 나란히 독립적인 사법부, 기율화된 경찰과 군대도 확립하게 되었다. 다른 중요한 제도들로는 남아프리카의 경험을 모델로 만들어진 라이베리아의 진리·화해위원회와 국가선거위원회(National Election Commission, NEC) 등을 들 수 있다. 국가선거위원회는 2011년에 열린 선거를 처음으로 관장하였다. 하지만 국제기증자들에 의해 제공되었던 상당히 많은 돈이 있음에도 아직도 많은 발전목표들이 달성되어야만 한다. 예를 들어 몬로비아에 거주하는 대부분의 사람들은 아직도 전기나 수도를 사용하지 못하며, 젊은 사람들에게 가장 영향을 미치는 실업이 상당히 높다.

둘째, 토착적인 리더십과 새로운 제도들은 상당한 정도의 정당성을 누릴 필요가 있다. 이것은 국가건설이 불가피하게 핵심적인 목표인 부패의 근절로서 '좋은 거버넌스'의 증진과 연결되어 있는 이유이다. 대통령직을 경쟁하기 전에 서리프는 거버넌스개혁위원회 의장에서 사임하였고, 부패와 싸우는 과도정부의 무능력을 비판하였다. 하지만 그녀의 반대자들은 다음과 같이 주장한다. 즉 그녀의 행정부가 이전의 정부와 연관을 맺는 몇몇 범죄들에 대해 죄가 있다는 것이다. 2009년에 진리·화해위원회는 서리프를 내전과 연관시

컸고 그녀가 30년 동안 공직에서 파면되어야만 한다고 권고하였다. 2011년 선거들 역시 상당히 불화를 일으켰다. 서리프의 주요 반대자인 윈스톤 툽만Winston Tubman은 2차 투표선거에 참가하기를 거부하였고, 다음과 같이 주장하였다. 국가선거위원회는 그 대통령(서리프)을 편파적으로 지지하였고 그녀를 위해 투표 집계를 조작하였다는 것이다.

셋째, 성공적인 국가건설은 종종 외부의 지원을 필요로 한다. 물론 이 점이 도움보다는 방해가 될지도 모르지만 말이다. 아프가니스탄과 이라크에서처럼 군사적 개입과 연관된 '위로부터' 국가건설은 분명히 결점들을 가지고 있는데, 특히 토착적인 리더들과 새로운 제도들이 국내의 이해관계보다 오히려 외부의 이해관계에 봉사하는 것으로 보일 위험이 있기 때문이다. 라이베리아의 경우에, 서아프리카 국가 경제공동체(Economic Community of West African States, ECOWAS)의 지지와 1만 5천 명의 강력한 유엔평화군의 존재는 확실히 경제발전을 원조하였고, 사회적 갈등을 통제하는 데 도움을 주었다. 그럼에도 라이베리아의 평화는 허약할지도 모르며, 이 평화는 유엔평화군이 철수하거나 서리프 대통령이 공직에서 떠날 때 시험받을지도 모른다.

는 적어도 외부의 힘에 의해 종종 제공된다는 점이다. 하지만 이것은 장기적인 해결책이 아니다. 소말리아·이라크·아프가니스탄 등과 같은 경우에서 나타나듯이 외부에서 강요된 질서는 단지 한정적인 기간 동안만 유지될 수 있다. 그 이유는 외부세력의 개입에 드는 경제적 비용과 인권비가 장기적으로는 지탱될 수 없고 외국 군대와 경찰의 주둔이 분개와 적대감을 야기시키기 때문이다. 따라서 외국의 간섭은 시간이 흐름에 따라 점점 더 효과적이고 권위 있는 리더십의 건설과 군대·경찰·사법부·중앙은행·세무서 그리고 교육기관·운송제도·에너지제도·건강제도 등과 같은 정당한 국가제도를 건설하는 데 초점을 맞추게 된다. 라이베리아와 같은 보기들이 입증하듯이 국가건설은 종종 상당히 어려운 과제이다.

국가의 복귀?

21세기 초기에 국가에 관한 토론은 퇴각·쇠퇴, 심지어 붕괴라는 화제가 지배적이었다. 그러나 현실은 더 복잡하다. 가령, 지구화가 국가경계선을 더 '침투하게 만들지도 모르지만 지구화는 반항적인 국가들에게 강요되지 않았다. 오히려 지구화는 하나의 과정인데, 그 과정은 국가들이 자신들의 국가이익으로 생각한 것을 추구하면서 국가에 의해 고안되었다. 마찬가지로 국제기구들은 전형적으로 광장으로 행동하는데, 이 광장을 통해 국가들은 국가권력을 찬탈하는 데 전념하는 단체라기보다 상호이익의 문제들에 대해 공동행위를 할 수 있다. 게다가 최근에 수많은 발전들은 국가를 강화시키고 국가의 본질적인 중요성을 강조하는 데 기여하였다. 무엇이 국가의 복귀를 설명해 주고 있는가? 첫째, 국내질서를 유지하고 외부의 공격으로부터 시민들을 보호하는 국가의 유일무이한 능력이 21세기에 나타났던 새로운 안전위협에 의해 강력하게 강조되었다. 예를 들어 초국가적 테러와 관련된 안전위협을 들 수 있다(18장에서 토론될 것이다). 이 점은 보빗(2002)이 기본적 진실로 간주하였던 것을 강조한다. 즉 '국가는 폭력을 제어하기 위해 존재한다'. 따라서 국가는 본질적으로 '전쟁을 만드는 제도'이다. 냉전의 말기에 일어났던 군비감소, 이른바 '평화분담금'은 9월 11일 테러의 공격과 '테러와의 전쟁' 후에 가파르게 증대하는 지구적 군비지출과 함께 1990년대 후반에는 역전되기 시작하였다. 게다가 반테러주의 전략들은 종종 다음의 사실을 의미하였다. 즉 국가는 더 강한 국경선통제들을 강요하였고 감시와 통제 그리고 때로는 구금이라는 더 광범위한 권력을 사용하였고 심지어 '국가적인 안전국가'로 되었다.

둘째, 명령과 통제의 시기에 경제관리는 종식될 수도 있지만 국가는 때때로 자신을 근대화의 대리자로 거듭 주장하였다. 경쟁국가들은 생산성을 증대시키고 중요한 수출산업에 대한 지원을 제공하기 위해 교육과 직업훈련을 개선함으로써 이러한 대리자 역할을 행하였다. 중국과 러시아 같은 국가들은 시장에 대한 중요한 허가를 함으로써 자신들의 경제를 근대화하였다. 그러나 국가통제의 중요한 요소는 유지되거나 다시 부과되었다(이 발전들은 '국가자본주의'와 관련하여 6장에서 더 상세하게 검토된다). 더 광범위한 수준의 경제문제에 있어 국가의 중요한 기능은 2007~2009년의 지구적 재정위기에 의해 강조되었다. G20이 동등한 지구적 대응을 발전시키고자 국가들에게 공개토론회를 제공할 수도 있었지만 동의하였던 대규모의 재정적 간섭과 다른 간섭들은 국가들에 의해 이행되었고 단지 이행될 수 있었다. 사실

2007~2009년의 파산과 그 뒤에 이어져 나오는 재정적·금융적 위기가 주는 교훈 중의 하나는 다음과 같은 것인지도 모른다. 즉 지구적 경제는 국가에 의해 홀로 남겨질 때 가장 잘 작동한다는 생각은 하나의 신화로 판명되었다는 점이다.

요약

(1) 국가는 일정한 영토적 한계 내에서 주권을 행사하는 정치적 결사체이다. 국가의 한 부분일 뿐인 정부와는 대조적으로 국가는 모든 공적 기관을 포괄하고, 어떤 정치가 집단에 대한 부분적 공감보다는 지속적인 사회의 이해관계를 대변한다는 가정 위에서 비인격적 권위를 행사한다.

(2) 국가에 관한 수많은 경쟁적 이론이 있다. 다원주의자는 국가가 사회의 경쟁적인 이해관계를 조정하는 중립적 단체라고 주장한다. 맑스주의자는 국가가 종속적 계급을 억압하거나 계급갈등을 완화시킴으로써 계급 체계를 유지한다고 주장한다. 신우파는 국가를 확장과 확대를 의도하는 이기적 괴물로 묘사한다. 급진적 여성주의자는 남성권력체계를 지지하는 국가 내에 존재하는 가부장적 편견을 지적한다.

(3) 국가를 지지하는 사람들은 국가를 동료 시민의 침해로부터 개인을 보호하는 수단으로, 혹은 집단적 행동이 조직화될 수 있는 메커니즘으로 간주한다. 하지만 비판가들은 국가가 지배적 사회집단의 이해관계나 혹은 반명제인 사회로부터 분리되는 이해관계를 반영한다고 암시하는 경향이 있다.

(4) 국가는 매우 다른 역할을 수행하였다. 최소국가는 단지 잘 정돈된 존재를 위한 조건을 열거한다. 발전국가는 성장과 경제발전을 증진하고자 한다. 사회민주국가는 시장경제의 불균형과 부정을 시정하고자 한다. 집단국가는 경제생활의 전체에 대해 통제한다. 전체주의 국가는 광범위한 정치화를 발생시키고 사실상 시민사회를 제거한다.

(5) 국가에 관한 현대의 토론은 퇴각·쇠퇴, 심지어 붕괴라는 논의가 지배적이었다. 국가의 쇠퇴는 종종 지구화의 충격, 비국가행위자의 증대와 국제기구들의 점증하는 중요성의 의미에서 설명되었다. 가장 극적으로 몇몇 탈식민지 국가들은 붕괴하였거나 국가로서 거의 기능하지 못하였고 질서를 유지할 능력도 없었다. 그러나 국가의 퇴각은 과장되었을지도 모른다. 특히 안전과 경제발전과 관련하여 국가는 그 중요성을 소생시킬지도 모른다.

토론사항

(1) 국가는 어떻게 정의되어야만 하는가?
(2) 국가가 존재하지 않는 사회에서 삶은 정말로 '험악하고, 잔혹하며, 단명한가'?
(3) 정치는 전통적으로 왜 국가의 문제와 연관되었는가?
(4) 국가는 경쟁적인 사회이익집단들과 관련하여 중립적 단체로 간주될 수 있는가?
(5) 국가엘리트의 본성과 배경은 필연적으로 편견을 낳는가?
(6) 국가와 시민사회의 적절한 관계는 무엇인가?
(7) 지구화는 국가가 중요하지 않게 되었다는 것을 의미하는가?
(8) 국민국가들은 시장국가로 변형되었는가?
(9) 어느 정도로 국가 능력이 '재구성'될 수 있는가?

더 읽을 거리

• Hay, C., M. Lister and D. Marsh, *The State: Theories and Issues* (Basingstoke and New York: Palgrave Macmillan, 2006). 국가에 대한 이론

적 관점과 핵심 쟁점과 논의에 대한, 이해하기 쉽고 포괄적인 당대의 입문서.

- Jessop, B., *State Theory: Putting Capitalist States in Their Place* (Oxford: Polity Press, 1990). 지식을 요하지만 가치 있는 논문 모음집.
- Pierre, J. and B. Guy Peters, *Governance, Politics and the State* (Basingstoke: Palgrave, 2000). 거버넌스의 현상과 국가의 역할과 성격에 대한 함의를 담고 있는 유익한 토론서.
- Sørensen, G., *The Transformation of the State: Beyond the Myth of Retreat* (Basingstoke and New York: Palgrave Macmillan, 2004). 지구적 시대에 국가변형의 성격과 범위를 평가하고 있는 동시대의 국가에 대한 체계적인 분석을 담고 있는 서적.

민주주의와 정당성

"민주주의는 때때로 추구되었던 모든 다른 형태를
제외하고는 가장 나쁜 통치형태이다."

윈스턴 처칠Winston Churchill이 영국 하원에서 행한 연설(1947. 11. 11)

개관

국가들이 강제적 권력의 독점을 향유할 수도 있지만 힘 자체의 행사를 통해
존재하지는 못한다. 장 자크 루소가 기술하였듯이 '가장 강력한 자가 권리와
복종을 의무로 전환시키지 못한다고 한다면, 가장 강력한 자도 결코 충분하
게 강하지는 못하다'. 이것은 모든 지배체제들이 정당성 혹은 '적법성'을 추
구하는지에 대한 그 이유이다. 정당성이나 적법성은 모든 지배체제들로 하
여금 그들 시민이나 혹은 신민들로부터의 복종을 허용하게 해준다. 그리하
여 정당성은 정치안정에 핵심적인 문제이다. 정당성은 참으로 정권의 생존
과 성공의 원천이다. 현대정치학에서 정당성에 관한 토론은 민주주의 문제
에 의해 지배되었다. 그래서 '민주주의 정당성'은 때때로 유일하게 의미 있
는 정당성의 형태로 간주되었다. 그러나 정당성과 민주주의 간의 관계는 상
대적으로 새로운 이념이자 문화적으로 특수한 이념이다. 19세기까지 '민주
주의'라는 용어는 경멸적인 의미들을 가졌고 '폭도적 지배mob rule' 형태를
시사하였다. 그리고 개발도상국의 지역들에서 민주주의 신장은 '서구화'와
계속 연관을 가졌다. 그럼에도 우리 모두가 이제 민주주의자들이라는 의미
속에 존재한다. 자유주의자·보수주의자·사회주의자·공산주의자·파시스

트들조차도 민주주의 미덕을 천명하고자 열망하며, 자신들의 민주주의 자격증을 검증받고자 한다. 사실 20세기 후반에 주요한 이데올로기 체계들이 비틀거리고 몰락하였을 때도 민주주의의 불꽃은 아직도 더 강하게 불타고 있는 것처럼 보였다. 사회주의에 대한 매력이 약화되고 자본주의의 장점에 대해 의문이 제기되었을 때 민주주의는 탈근대적 정치 전망 속에서 아마도 유일하게 안정적이고 지속적인 원칙으로 나타났다.

쟁점

---

(1) 국가들은 정당성을 어떻게 유지하는가?

(2) 현대사회들은 정당성의 위기에 직면하고 있는가?

(3) 정치적 정당성은 왜 그렇게 자주 민주주의적이라는 주장과 연관을 맺고 있는가?

(4) 민주주의 지배의 중요한 특징들은 무엇인가?

(5) 어떤 종류의 민주주의 지배모델이 발전되었는가?

(6) 민주주의 체계는 실제로 어떤 방식으로 작동하는가?

정당성과 정치안정

정당성이라는 단어-라 틴어의 legitimare에서 유래, '합법적인 것으로 천명하는 것'을 의미한 다-는 포괄적으로 정당 함(rightfulness)을 의미 한다. 따라서 정당성은 하나의 명령을 부여해 주 거나 권위적 혹은 구속 력이 있는 성격을 명령 한다. 그리하여 정당성 은 힘을 권위로 변형시 킨다. 정당성은 합법성 (Legality)과는 다르다. 합법성은 어떤 정부가 존 경을 받거나, 정부에 속 한 시민이 복종의 의무를 인정하고 있다는 점을 필 연적으로 보장하지는 않 기 때문이다. 정치철학 자는 정당성을 도덕적 혹 은 합리적 원칙으로 다루 고 있다. 요컨대 정당성 은 정부가 시민에게 복종 을 요구할 수 있는 토대 이다. 그리하여 정당성 에 대한 요구는 복종의 사실보다 더 중요하다. 하지만 정치과학자는 일 반적으로 사회학적 의미 에서 정당성을 이해하고 있다. 즉 그들은 정당성 을 규칙제도가 어떻게 달 성되는가와는 무관하게 기꺼이 규칙제도를 따르 고자 하는 마음으로 이해 하고 있다. 베버를 따르 는 이러한 관점은 정당성 을 정당성에 대한 믿음, 즉 '다스릴 권리(right to rule)'에 대한 믿음을 의 미하는 것으로 다루고 있 다.

정당성, 즉 한 체제 혹은 통치체계의 정당성에 관한 문제는 정치적 논의에서 가장 오래되고 가장 근본적인 논의에 속하는 정치적 의무의 문제와 관련되 어 있다. 왜 시민은 정부의 권위를 인정해야 하는가? 그들은 국가를 존중하 고 국가의 법에 복종할 의무가 있는가? 하지만 현대의 정치적 논의에서 정 당성은 일반적으로 도덕적 의무의 차원보다는 정치적 행위와 믿음의 차원 에서 이해되었다. 달리 표현하면, 정당성은 추상적 의미에서 왜 인민이 국 가에 복종해야 하는가에 관한 질문을 제기하는 것이 아니라, 왜 그들은 특 정한 국가 혹은 통치체계에 복종하는가에 대한 질문을 제기한다. 인민에게 권위를 정당한 것으로 여기게 하며, 한 정권의 안정을 지탱하는 조건과 과 정은 어떤 것인가? 이것은 철학에서 사회학으로의 이동을 나타낸다. 그러나 이것은 또한 정당성 개념이 가지는 논쟁적인 성격을 부각시킨다.

정당한 권력

사회학적 현상으로서 정당성의 이해에 대한 고전적 기여는 막스 베버의 것이다. 베버는 특별한 '지배체계'를 범주화하고, 각각의 경우에 정당성이 확립된 토대를 확인하는 데 관심을 가졌다. 그는 세 개의 이상적 유형 혹 은 개념적 모델을 설계하였다. 그는 이상적 유형 혹은 개념적 모델이 상당 히 복잡한 정치적 지배의 성격을 의미 있게 만드는 데 기여하기를 희망하 였다. 이 이상적 유형은 세 가지 종류의 권위, 즉 전통적 권위, 카리스마적 charismatic 권위, 법적-합리적legal-rational 권위에 해당된다. 각각의 권 위는 특별한 정치적 정당성의 근원에 의해 그리고 사람들이 어떤 정권에 복 종하는 여러 가지 다른 이유에 의해 특징지어진다. 이러한 과정 속에서 베 버는 사회 자체의 변형을 이해하려 하였고, 상대적으로 단순한 전통사회에 서 발견되는 지배체계와 고도의 관료적 산업사회에서 발견되는 지배체계를 대비시켰다.

정치적 정당성에 대해 베버가 제시한 첫 번째 유형은 오래전에 확립된 관습과 **전통**에 기초를 두었다. 사실상 전통적 권위는 정당한 것으로 간주된다. 왜냐하면 이 권위는 '항상 존재하였기' 때문이다. 이것은 역사를 통해 정당화되었다. 왜냐하면 이전의 세대는 이것을 받아들였기 때문이다. 전형적으로 이 권위는 구체적인 규칙, 즉 확고하고 의문의 여지가 없는 관습에 따라 작동한다. 관습은 사물이 항상 있었던 방식을 반영하기 때문에 정당화될 필요가 없다. 가장 분명한 전통적 권위의 예는 가부장제(가족 내에서 아버지의 지배 혹은 하인에 대한 주인의 지배)와 원로정치(Gerontocracy: 일반적으로 마을에서 연장자의 권위 속에 반영된 나이든 사람의 지배)의 형태로 종족 혹은 소집단 사이에서 발견된다. 예를 들면 전통적 권위는 사우디아라비아·쿠웨이트·모로코에서 왕조지배의 생존에서 반영된 것처럼 권력과 특권의 세습적인 체계와 긴밀하게 연관된다. 발전된 산업사회에서 전통적 권위는 별로 중요성을 가지지 못하지만, 입헌적 형태이기는 하더라도 영국·벨기에·네덜란드·스페인에서 군주제의 생존은 복종·존경·의무와 같은 가치를 존속시킴으로써 정치문화를 형성하는 데 기여한다.

정당한 지배에 대해 베버가 제시한 두 번째 형태는 카리스마적 권위이다. 이 권위형태는 개별적인 개인의 권력, 즉 **카리스마**에 기초를 두고 있다.

전통Tradition

전통이라는 단어는 과거에서 현재로 전래된 어떤 것을 포괄한다(오랫동안 지속된 관습과 실천, 제도, 사회 혹은 정치적 제도, 가치와 믿음 등). 엄격하게 말하면, 전통은 '시간을 뒤로 돌리고자 하는' 시도라기보다는 과거와의 지속성을 나타내고 과거를 재확립하고자 한다는 점에서 반동(reaction)과는 다르다. 지속성은 일반적으로 세대를 연결시켜 주는 것으로 이해된다. 물론 전통과 유행 사이의 선은 종종 뚜렷하지는 않다. 전통이라는 단어는 또한 '전통적' 사회와 '현대적' 사회를 대조하는 데 사용되었다. '전통적' 사회는 일반적으로 신분, 유기적 위계질서를 토대로 구성되는 것으로 이해되며, '현대적' 사회는 계약에 의한 동의와 민주주의 과정을 토대로 구성되는 것으로 간주한다.

개인의 신분, 사회적 지위 혹은 관직과는 별도로 카리스마적 권위는 전적으로 일종의 영웅 혹은 성인처럼 추종자에게 직접적이고 개인적인 호소를 하는 한 지도자의 능력을 통해 작동한다. 드골·케네디·대처와 같은 현대의 정치지도자는 그들이 지닌 개인적 능력과 충성을 불러일으키는 능력을 통해 자신들의 권위를 분명히 확대하였지만, 이것은 카리스마적 정당성에 해당되지는 않는다. 왜냐하면 그들의 권위는 본질적으로 그들이 가진 관직의 공권력에 기초를 두고 있기 때문이다. 나폴레옹·무솔리니·히틀러·아야톨라 호메이니·피델 카스트로·콜로넬 가다피 등이 적절한 사례이다.

하지만 카리스마적 권위는 단지 하나의 재능 혹은 타고난 성향이 아니다. 개인적 통치체계는 항상 '개인에 대한 숭배'를 통해 지탱된다. 개인적 숭배가 지니는 명백한 의도는 카리스마를 '만드는'것이다. 그럼에도 정당성이 지도자의 개인적 힘에 의해 크게 혹은 전적으로 구축될 때 대개 두 가지 결과가 나온다. 첫째, 카리스마적 권위는 형식적인 규칙 혹은 절차에 기반을 두지 않기 때문에 이 권위는 종종 제한이 없다. 지도자는 절대적으로 확실하며 의문의 여지가 없는 구세주이다. 대중은 추종자 혹은 문하생이 되며, 이들에게는 단지 복종만이 요구된다. 둘째, 권위는 매우 밀접하게 어떤 특별한 개인과 연관되어서, 개인적 지배체계가 이 지배를 만든 인물을 오래 살아 남게 하기란 어려운 일이다. 이 점은 분명히 나폴레옹·무솔리니·히틀러 정권에 적용된다.

정치적 정당성에 대해 베버가 제시한 세 번째 유형인 법적-합리적 권위는 권위를 명백하고 법적으로 정의된 일련의 규칙에 연결시킨다. 베버의 관점에서 볼 때 법적-합리적 권위는 대부분의 현대국가에서 기능하고 있는 전형적인 권위형태이다. 대통령, 수상 혹은 정부관료가 가지는 권한은 최종적 분석에서 공식적·헌법적 규칙을 통해 결정된다. 이 규칙은 공무원의 권한을 강제하거나 제한한다. 전통적 권위와 카리스마적 권위에 대해 이 권위형태가 가지는 장점은 이 권위가 한 개인보다는 공직에 귀속되기 때문에 남용되거나 불공정함을 야기할 가능성이 훨씬 더 적다는 데 있다. 따라서 법적-합리적 권위는 제한정부를 유지하고, 이에 덧붙여 노동의 합리적 배분을 통

카리스마 Charisma
카리스마는 원래 '신이 내린 은총의 선물(gift of grace)'을 의미하는 신학적인 단어이다. 이것은 예수가 그의 제자에게 행사하였던 힘의 원천이다. 힘은 가톨릭 신학에서 성자에게 귀속되었다. 하지만 사회정치적 현상으로서 카리스마는 마력 혹은 개인적인 힘과 연관된다. 즉 카리스마는 다른 사람에 대한 심리적 통제를 통해 지도력을 확립하는 능력이다. 따라서 카리스마적 권위는 신비에 가까운 성격을 지니며 충성, 감정적 의존, 심지어 헌신을 고무하는 능력을 포함한다. 카리스마는 일반적으로 '타고난' 능력으로 간주되지만, 모든 정치지도자는 선전, 웅변, 표상적인 기술 등을 통해 그들의 카리스마적 자질을 연마한다. 베버는 한 개인과 연관된 개인적(individual) 카리스마와 어떤 지위와 연관된 공직 카리스마(charisma of office)를 구분하였다.

해 효율성을 증진시킨다. 하지만 베버는 이 형태의 정치적 정당성이 가지는 더 어두운 측면도 인식하고 있었다. 그가 염려한 것은, 더 큰 효율성을 위해 관료적 조직형태의 가차없는 확산에 의해 유형화되는 좀 더 비인격적이며 비인간적인 사회환경이 초래될 것이라는 점이다.

베버가 분류한 정당성의 유형이 여전히 의미 있는 것으로 간주되기는 하지만 이 분류유형도 역시 한계를 지니고 있다. 그중의 하나는 어떤 정치적 정권 혹은 지배체계가 가지는 정당성에 초점을 맞출 경우, 이 분류유형은 비대중적 정책 혹은 신뢰가 없는 지도자 혹은 정부의 결과로서 정치적 권위가 도전을 받게 되는 환경에 관해서는 별로 말해 주는 것이 없다는 점이다. 예를 들면 1990년 영국에서 일어난 반인두세Antipoll-tax 운동은 명백하게 정책에 대한 광범위한 대중적 적대감을 나타내었고, 그해 11월 마가렛 대처 수상의 몰락에 기여하였다. 하지만 이것이 정치제도의 정당함에 의문을 제기하였던 것은 아니라는 점에서 정당성의 손실에 해당되는 것은 아니다. 좀 더 의미심장하게, 비담(Beetham, 1991)은 베버가 정의하였던 것처럼 정당성을 단지 '정당성에 대한 믿음'으로 간주하는 것은 정당성이 어떻게 성립하는가를 무시하는 것이라고 지적하였다. 이러한 무시는 정당성에 대한 결정을 여론과 같은 운동을 통해 정당함을 인위적으로 만들 수 있는 힘 있는 사람의 수중에 남겨 둘 수 있을 것이다.

비담은 세 가지 조건이 충족될 경우에만 권력은 정당하다고 말할 수 있다고 시사하였다. 첫째, 권력은 확립되어 있는 규칙—이것이 형식적인 법적 법전에서든 혹은 비형식적 관습에 따라 실현되든지 간에—에 따라 행사되어야 한다. 둘째, 이 규칙은 정부와 피치자의 공유된 믿음의 의미에서 정당화되어야 한다. 셋째, 정당성은 피치자의 동의의 표현을 통해 증명되어야 한다. 이것은 정당성의 과정에 대한 두 가지 핵심적인 특징을 부각시킨다. 그 하나는 대중의 동의가 행사될 수 있는 체계(이후 민주주의 정당성과 관련하여 논의된다)인 선거와 정당경쟁의 존재이다. 다른 하나는 헌법 규정의 존재이다. 헌법 규정은 일반적으로 정치에 대해 인민이 어떻게 느끼는가를 반영하고 있다(15장에서 논의된다).

정당성의 위기와 혁명

베버적인 정당성에 관한 접근방법에 대한 하나의 대안이 신맑스주의 이론 가에 의해 발전되었다. 정통 맑스주의자는 정당성을 사이비적인 것으로 처리하고, 이것을 부르주아의 신화로 간주해 버리는 경향이 있었던 반면에, 그람시의 입장을 따르는 현대 맑스주의자는 자본주의가 부분적으로 정치적 지지를 확실하게 하고자 하는 능력을 통해 지탱된다는 점을 인정하였다. 따라서 위르겐 하버마스나 클라우스 오페(Claus Offe, 1984)는 계급체계뿐 아니라 정당성이 유지되는 장치(민주주의 과정, 정당경쟁, 복지와 사회개혁 등)에도 관심을 두었다. 그러나 그들은 또한 불평등한 계급권력에 기초한 정치체계를 정당화하는 데 있어서 나타나는 내적 어려움이라 여기는 것에도 주목했다. 『정당성의 위기』(1973)에서 하버마스는 자본주의 사회 내에 존재하는 일련의 '위기 경향들'을 확인하였다. 자본주의 사회에서 이 '위기 경향들'은 동의만으로는 정치적 안정을 유지하기가 어렵다는 것을 뜻한다. 하버마스가 논의하였던 것처럼, 한편으로는 자본축적의 논리와 다른 한편으로는 민주주의 정치가 다른 것을 풀어놓게 하는 대중적 압력 간의 모순과 갈등이 자본주의 긴장의 핵심을 이룬다.

이런 관점에서 볼 때 자본주의 경제는 이윤추구에 의해 추동된 가차없는 확장을 위해 진력하는 것으로 간주된다. 하지만 이 체계 내에서 정당성을 건설하려는 시도는 정치적·사회적 권리의 확대로 인해 대항적 압력을 자극한다. 특히 민주주의 과정은 증대된 대중참여와 사회평등뿐 아니라 사회복지에 대한 요구를 증가시켰다. 그렇지만 경제적·사회적 생활에 대한 국가책임의 확대, 세금의 무자비한 증대와 공공지출은 이윤율을 제한하고 기업을 좌절시킴으로써 자본축적을 방해한다. 하버마스의 관점에서 볼 때 자본주의적 민주주의는 사회안전과 복지에 대한 대중적 요구와 사적 이윤에 기초한 시장경제의 요구를 지속적으로 만족시킬 수 없다. 대중적 압력에 저항하거나 경제적 붕괴의 위험으로 강요된 사회는 정당성을 유지하기에는 점점 더 어렵고, 결국에는 불가능하다는 것을 알게 된다는 것이다(경제적·재정

위르겐 하버마스 (Jürgen Habermas; 1929년 출생)

독일의 철학자이며 사회이론가. 나치 시기에 유년시절을 보낸 후 하버마스는 뉘른베르크 공판을 통해 정치화되었으며, 정치범포로수용소는 죽음의 수용소라는 의식이 전쟁 후에 점점 싹트게 되었다. 그는 아도르노(Adorno; 1903~1969)와 호르크하이머(Horkheimer; 1895~1973)에게서 배웠고, 비판이론의 프랑크푸르트학파 '2세대'의 선도적 대표자가 되었다. 하버마스의 작품은 현상학, 선진자본주의의 역학, 합리성에 대한 성격, 사회과학과 철학의 관계에 관한 연구에까지 이른다. 1970년대에 그는 정통 맑스주의로부터 멀리 벗어났으며, 비판이론을 '소통행위(communication action)'에 관한 이론으로 발전시켰다. 그가 쓴 주요 작품으로는 『이론과 실천*Theory and Practice*』 (1974), 『합리적 사회를 향하여*Towards a Rational Society*』(1970), 『소통행위이론*the Theory of Communicative Competence*』(1984, 1988) 등이 있다.

개념설명

복지국가의 재정위기
Fiscal crisis of the welfare state
늘어나는 사회지출이 경기후퇴와 세수입감소와 동시에 일어날 때 발생하는 국가재정 위기.

적 위기들의 정치적 안정에 대한 의미들은 6장에서 토론된다).

매우 유사한 문제가 이른바 정부의 '과부하overload'라 불린 형태로 1970년대에 확인되었다. 앤서니 킹(Anthony King, 1975)과 리차드 로즈(Richard Rose, 1980) 같은 학자는 정부는 통치하기에 점점 더 어렵다는 것을 발견하게 되었다고 논의하였다. 왜냐하면 정부는 너무 많은 요구에 의해 지배당하고 있기 때문이다. 이것은 정치가와 정당이 권력을 장악하고자 함에 있어서 서로 이기기 위해 혈안이 되고, 압력단체는 무자비하고 모순되는 요구를 가지고 정부를 괴롭히기 때문에 초래되었다고 한다. 나아가 정부의 공급능력은 정부기관과 조직집단 사이의 상호의존성을 증대시켰던 조합주의를 향한 일반적 이동에 의해 손상되었다는 것이다. 하지만 신맑스주의자는 1970년대에 확인된 '위기 경향들'이 자본주의적 민주주의가 지니는 통제능력을 초과하였다고 믿었던 반면에, 과부하이론가는 '큰' 정부의 접근방법을 포기하는 형태로 정치적·이데올로기적 우선권에 대한 의미 있는 이동을 요구하는 경향이 있었다.

많은 점에서 1980년대 이후 신우파의 발흥은 이러한 정당화 혹은 과부하, 위기에 대한 대응으로 간주할 수 있다. 점증하는 **복지국가의 재정위기**에 관한 관심에 영향을 받은 신우파는 이전에 국가의 책임들의 전진적인 확대를 정당화하였던 이론과 가치들에 도전하고 교체하고자 하였다. 이러한 의미에서 신우파는 개인적 가치와 시장가치, 이론을 지지하는 경쟁적 장치를 확립하고자 노력하였던 '헤게모니적 기획'에 해당하였다. 이것은 조야한 개인주의를 격찬하였고, '유모국가nanny state'를 경멸하였던 하나의 공공철학을 구성하였다. 이 기획의 성공은 영국·프랑스·스페인·오스트리아·뉴질랜드 등 다른 국가에서 사회주의 정당이 일반적으로 비슷한 목표와 가치에 순응하였다는 사실을 증명하였다. 이러한 일이 발생하자, 한때 사회정의·복지·공적 책임을 강조하였던 정치문화는 선택·기업·경쟁·개인적 책임을 강조한 정치문화에 굴복하였다.

그러나 정당성 위기들은 좀 더 극적인 결과들을 가질지도 모른다. 한 정권에 대해 비틀거리는 지지가 공공정책의 조정이나 리더십의 변화를 통해 더 이상 관리될 수 없을 때 정당성은 총체적으로 붕괴할지도 모르며, 결국 억압에 의지하거나 **혁명**이 초래된다. 진화적 변화는 대개 **개혁**으로 간주되는 반면에, 혁명은 근본적인 변화를 포함한다. 혁명은 전체적으로 정치질서를 바꾸며, 전형적으로 과거와의 급진적이고 종종 폭력적인 단절을 초래한다. 혁명의 원인들에 관해서는 많은 토론이 있지만 혁명이 현대세계를 형성하는 데 결정적인 역할을 행하였다는 것은 분명하다. 미국혁명(1776)은 영국으로부터 독립한 입헌공화국을 탄생하게 하였고 대의제원직을 표명하였다. 프랑스혁명(1789)은 '자유·평등·박애'라는 기치하에 구질서를 파괴하였으며 민주주의 이상들을 발전시키고 19세기 초 유럽에서 '혁명의 시대'를 발화시켰다. 첫 번째 공산주의 혁명인 러시아혁명(1917)은 중국혁명(1949), 쿠바혁명(1959), 베트남혁명(1975) 그리고 니카라과혁명(1979) 등을 포함하여 그 후에 일어나는 20세기 혁명들의 모델을 제공하였다. 그럼에도 동유럽 혁명들(1989~1991)과 **아랍의 봄**Arab Spring의 폭동들(2011)은 혁명과 정치민주주의의 추구 간의 관계를 재확립하였다.

혁명은 왜 일어나는가?

정권들은 왜 붕괴하는가? 혁명들은 주로 정치적 의미에서 이해되어야 하는가? 아니면 혁명들은 더 심오한 경제적 혹은 사회적 발전을 더 많이 나타내는가? 혁명에 대한 대조적인 이론들이 맑스주의자와 비맑스주의자에 의해 개진되었다. 맑스주의 이론에서 혁명은 사회경제적 수준에서 존재하는 모순들로부터 출현한다. 맑스는 다음과 같이 믿었다. 혁명은 계급투쟁이 노골적인 갈등으로 발전하는 그 시점을 명시하며, 한 계급이 다른 계급을 전복시키고 대체한다는 것이다. 프랑스혁명이 '부르주아' 혁명으로 해석되었던 것처럼 러시아혁명은 나중에 '프롤레타리아' 혁명으로 이해되었다. 이 '프롤레타리아' 혁명은 사회주의의 확립에서 그리고 결국에는 완전한 공산주의의 확립에서 그 절정에 달하게 되는 하나의 과정을 착수하였던 것이다. 하지만 혁명들은 맑스가 예언한 것처럼 일어나지 않았다. 혁명들은 단지 상대적으로 후진사회들에서 일어나는 경향이 있었고, (그가 예언하였던 것처럼) 선진자본주의 국가들에서는 일어나지 않았다. 그러나 맑스주의 혁명들은 종종 대중혁명이라기보다는 쿠데타였다.

다양한 비맑스주의 혁명이론들이 개진되었다. 체계이론가들은 다음과 같이 주장하였다. 혁명들은 체계 자체가 반응할 수 없었던―정부의 '산출'은 구조적으로 '투입'에 상응하지 않게 된다―경제적·사회적·문화적·국제적 변화들에 의해 초래된 정치체계의 '불균형'으로부터 발생한다는 것이다. '증대하는 기대감의 혁명'에 대한 이념은 다음의 사실을 시사한다. 혁명들은 경제적·사회적 발전의 시기가 갑작스럽게 역전되었을 때 일어나고, 그래서 대중의 기대감과 정부의 능력 간의 광범위한 간극을 만들어 낸다는 것이다. 이 이론에 대한 고전적 진술은 테드 구어Ted Gurr의 『사람들은 왜 반란을 일으키는가Why Men Rebel』(1970)에서 발견되었다. 이 연구는 반란을 '상대적 박탈감'과 연결시키고 있다.

사회구조적 혁명이론은 다음의 사실을 함축한다. 국제적 허약성과 (혹은) 국내적인 비능률성을 통해 정권들이 강제력을 행사하고 통제를 유지할 수 있는 능력이나 정치적 의지를 상실할 때 이 정권들은 일반적으로 혁명에 굴복한다. 테다 스카치폴Theda Skocpol(1979)은 이러한 의미에서 프랑스혁명, 러시아혁명 그리고 중국혁명의 발발을 설명하였다. 그러나 이 혁명들은 1989년의 가을과 겨울에 있었던 신속하고 일반적으로 피를 흘리지 않은 동유럽 공산주의 정권들의 붕괴에 동일하게 적용될 수 있을 것이다.

민주주의 정당성

정당성에 관한 현대의 토론들은 정당성과 민주주의의 관계로 특징지워진다. 그래서 민주주의 정당성은 이제 널리 유일하게 의미 있는 정당성의 형태로 수용된다. 따라서 정치조직이 정당하다는 주장은 본질적으로 정치조직이 민주주의적이라는 주장과 연결된다. 다음의 절은 민주주의 지배의 경쟁적 모델들을 검토하고 민주주의가 실제로 어떻게 작동하고 있는지에 관

개념설명

동의Consent
찬성 혹은 허용. 정치에
서 일반적으로 통치되거
나 지배되는 것에 대한
동의.

해 토론한다. 그러나 이 절은 민주주의와 정당성 간의 관계에 대한 성격을 고려한다. 민주주의는 적어도 세 가지 점에서 정당성을 조장하는 것으로 이해될 수 있다. 첫째, 민주주의는 **동의**를 통해 정당성을 조장한다. 시민들이 통치되는 것에 노골적으로 동의를 표시하는 것은 아니고 정치적 권위에 형식적인 '통치권'을 부여하지는 않지만 그들은 매번 자신들이 정치과정에 참여할 때마다 암묵적으로 그렇게 행한다. 이러한 점에서 민주주의는 정치참여의 기회를 확대함으로써 정당성을 지지한다. 정치참여는 가장 중요하게 투표행위를 통해 또한 정당이나 이익집단에 가입하는 활동들을 통해 혹은 시위나 데모에 참여함으로써 이루어진다. 이러한 점에서 정치참여는 정부와 국민을 묶어 주며, 국민으로 하여금 정치게임의 규칙들을 적법한 것으로 간주하게 해 준다. 그래서 정치참여는 국민들이 존중해야 할 의무를 받아들이고 권위에 복종하게 해 준다.

둘째, 민주주의 거버넌스의 본질은 타협·조정·협상 등의 과정이다. 이 과정을 통해 경쟁적인 이해관계와 집단들이 상대적으로 평화롭게 함께 생활하는 방법을 찾는다. 그리하여 이러한 비폭력적인 갈등해소가 일어나는 메커니즘들, 예를 들어 선거·의회토론·정당경쟁 등등은 폭넓은 대중적 지지를 누리는 경향을 보이는데, 그 이유는 이 메커니즘들이 권력이 넓게 분산되는 것을 확실하게 하기 때문이다. 그래서 각각의 집단은 이런저런 종류의 정치적 목소리를 가진다. 셋째, 민주주의는 환류체계로 작동하며 장기적인 정치안정으로 향하는 경향을 나타낸다. 왜냐하면 민주주의는 '투입'이나 정부에 가해진 압력과 병행하여 정부의 '산출'을 가져다주기 때문이다. 민주주의는 정부가 교체될 수 있고 공공정책이 변화될 수 있는 메커니즘을 제공하기 때문에 민주주의는 정치체계에서 최소한도의 '불균형'을 유지하려는 경향을 보이고 있으며, 정당성 위기를 효과적으로 관리할 수 있게 하고 실질적으로 민간의 분쟁, 폭동 혹은 혁명을 위한 잠재력을 침식시킨다.

그럼에도 또한 정당성과 민주주의 간의 본질적 관계에 대한 생각에 의문이 제기되었다. 예를 들어 혹자는 이렇게 주장한다. 즉 민주주의 사회에서 높은 수준의 정치안정과 민간 분쟁과 대중적 폭동의 낮은 발생률은 민주주

신뢰 Trust

신뢰는 타인에 대한 신의, 믿음 혹은 신용, 정직, 가치 그리고 확실성을 의미한다. 따라서 신뢰는 다른 사람의 미래 행동들에 대한 기대감에 기반을 두고 있다. 정치적 신뢰는 사람들이 그들의 시민적 책임들을 이행함에 있어 서로에 대해 가지고 있는 신용의 수준으로 구성된다. 결정적으로 정치적 신뢰는 정치가들이 일반적으로 그리고 특히 지도자들이 그들의 약속을 지킬 것이고 정직하고 공정하게 그들의 공적인 의무들을 수행할 것이라는 점에 대해 시민들이 가지고 있는 신용인 것이다. 자유주의 이론에서 신뢰는 우리가 상호 자기이익을 통해 지지하는 자발적 계약을 통해 발생한다. 공동체주의 이론에서 신뢰는 사회적 의무감과 공동의 도덕에 기반을 두고 있다.

의와는 다른 요소들에 의해 좀 더 설득력 있게 설명될 수 있다고 말이다. 이 점은 다음의 사실을 포함하고 있다. 주요한 선진자본주의 경제에서 민주주의 사회들은 광범위한 번영을 누리는 경향이 있고 재화들을 공급하는 데 효과적이라는 것이다. 따라서 민주주의 정당성은 '자본주의 정당성'보다 덜 중요할지도 모른다. 또 다른 요인은 민주주의 사회가 민주주의적일 뿐만 아니라 자유주의적인 경향을 보이고 있다는 점이다. 그래서 자유민주주의는 세계적으로 지배적인 민주주의 형태라는 것이다. 자유주의 사회는 개인의 자유, 자기표현 그리고 사회적 이동성을 위한 폭넓은 기회들을 제공해 준다. 그래서 이것들은 민주주의가 정치참여를 제공해 주는 기회보다 정당성을 유지하는 데 중요한 혹은 아마도 더 중요한 것일지도 모른다.

심지어 민주주의가 정당성이 장려되는 주요한 메커니즘으로 수용되는 경우조차도 이 점에서 민주주의 효과성이 비틀거릴지도 모른다는 생각에는 이유들이 있다. 특히 성숙한 민주주의 사회들은 점증하는 정치적 각성이나 반감으로 인해 괴로워하고 있다. 이 현상은 감소하는 선거상의 투표 수와 주요 정당들의 당원 수의 하락에서 가장 명백하게 드러났다. 어떤 사람들에게 이러한 '민주주의에 대한 막연한 불안'은 정치가들이 제공할 수 있는 것보다 더 많은 것을 약속함으로써 권력을 추구하고자 하고 이로 인해 기대의 간격이 발생하는 민주주의 제도 내에서 존재하는 경향의 산물이다. 이 간격이 넓어지게 됨에 따라 정치가에 대한 **신뢰**는 줄어들고 정치과정에 관한 건전한 회의감은 신랄한 냉소로 변하게 된다. 정치적 반감에 대한 문제는 20장에서 더 상세하게 검토된다.

비민주주의 정당성?

민주주의가 정당성을 위한 유일하게 진정한 토대로 간주된다고 한다면, 이 점은 다음의 사실을 의미한다. 즉 비민주주의 정권들은 성격상 정당하지 않다는 것이다. 그럼에도 몇몇 권위주의 정권들은 수십 년 동안 상대적으로 대중의 정치적 반감이나 하물며 공동으로 행해진 반대에 대한 명백한 증거도 없이 생존하고 있다. 분명히 이러한 현상은 시민들이 국가에 복종하도록 조장되는 주요한 수단인 동의보다는 다름 아닌 강제와 억압, 공포의 사용을 통해 설명될 수 있다. 그러나 비민주주의 정권들은 단지 강제만을 통해 권력장악을 공고히 하고자 추구하지는 않는다. 이들 정권은 전형적으로 두 개로 갈라진 접근을 채택한다. 이 접근 속에서 정치적 통제는 정당성에 대한 주장과 나란히 행사된다. 그러나 민주주의의 부재 속에서 그러한 정권들은 정당성을 위해 어떠한 수단들을 사용하는가?

비민주주의 정당성의 세 가지 핵심적인 형태들이 사용되었다. 첫째, 하나의 정당, 때때로 비경쟁적 혹은 '사전에 짜여진' 선거라 할지라도 선거는 정권에게 민주주의적 외관을 부여해 주기 위해 사용되었다. 그리고 선거는 대중적 지지의 표현을 창출하고 국민들을 정권에 대한 의식화된 수용으로 몰고 가는 데 기여하였다. 이 정당성 고안은 나치 독일과 파쇼 이탈리아에서 사용되었고 아프리카의 일당제 국가들과 공산주의 정권에서도 사용되었다. 둘째, 비민주주의 정권들은 특히 생활수준, 공공질서, 개선된 교육과 건강시설 등등을 제공하는 능력에 기반을 둔 성과 정당성을 추구하였다. 그리하여 공산주의 정권들은 그들의 시민들에게 사회경제적 혜택의 제공을 강조하였다. 이것은 높은 수준의 경제성장을 창출함으로써 중국에 의해 지속적으로 실행된 하나의 전략이었다.

셋째, 지도자의 통치권리, 군부나 정당의 통치권리를 지지하고자 하는 시도 속에서 혹은 더 큰 정권에 적법성을 제공하는 더 광범위한 목표나 원칙들을 확립하려는 시도 속에서 이데올로기적 정당성이 사용되었다. 전자의 예로 1952년 쿠데타 이후 '혁명전위대'로 자신을 표현한 가말 압델 나세르의 이집트 군부와 1969년 리비아에서 정권을 장악한 이후에 나온 '녹색혁명'이라는 코로넬 가다피의 선언을 들 수 있다. 후자의 예로는 공산주의 국가들에서 맑스-레닌주의의 강조와 사우디아라비아에서 군주통치를 지지하기 위한 와하브주의Wahhabism의 사용을 들 수 있다. 그러나 그러한 전략들이 실패할 때, 겉보기 식의 모든 정당성은 증발하고 비민주주의 정권들은 전진적으로 좀 더 엄중한 생존수단에 호소해야 하거나 아니면 이 정권들은 대중폭동에 직면하여 붕괴한다. 이 점은 이른바 2011년의 '아랍의 봄'의 경우

아랍의 봄Arab Spring: 민주주의가 아랍세계에 오는가?

사건: '아랍의 봄'('아랍혁명' 혹은 '아랍의 폭동'으로도 알려진)은 혁명적인 시위와 항의물결이었고, 이 혁명적 물결은 2011년 동안에 북아프리카와 중동의 지역들을 휘몰아쳤고, 4명의 독재자들을 전복시켰다. 이 과정은 튀니지의 '재스민' 혁명에 의해 시작되었다. 이 혁명에서 1월 초에 점증하는 반정부 집회물결은 경찰진압사건으로 인해 전국적인 폭동으로 전환하였다. 1월 14일, 벤 알리Ben Ali 대통령은 그 나라에서 도망쳤고, 그의 23년의 지배가 종말을 고하였다. 튀니지 사건에 의해 고무된 이집트의 시위자들은 1월 25일에 거리로 나섰고, 호스니 무바라크Hosni Mubarak 대통령의 해임을 요구하였다. 카이로의 타히르 광장은 항의의 중심장소가 되었다. 이집트 군부의 점증하는 압력하에서 그리고 18일 동안의 항의 후에 무바라크는 2월 11일 사임하였다. 리비아에서 무암마르 가다피Muammar Gaddafi 대통령의 42년 간의 지배는 8개월 동안의 내전으로 인해 끝나게 되었다. 이 내전에서 반란세력들은 유엔안전보장이사회가 강요한 비행금지구역 덕택으로 나토의 공습지원을 받았다. 10월 22일 가다피의 사망은 그의 정권의 최종적 붕괴를 알렸다. 아랍세계에서 또 다른 중요한 대중봉기들은 예멘Yemen에서(여기서 살레Saleh 대통령은 2011년 11월에 권력에서 밀려났다), 시리아에서(아사드 대통령에 반대하여) 그리고 바레인에서 일어났다.

의의: 아랍의 봄의 원인과 결과들에 관한 상당한 논의들이 있다. 이 봉기는 왜 일어났는가? 분명히 1989년의 동유럽 혁명으로 인해 시위자들은 세계에서 일어나는 발전으로 인해 고무되거나 자극되고 용기를 얻었다. 항의라는 반작용의 고리를 만들어 내었고, 이 경우에 반작용의 고리는 종종 인터넷이나 페이스북과 같은 사회적 네트워크에 의해 용이하게 되었다. 그럼에도 근본적인 요소들은 많은 아랍세계에 공통적이었다. 그것은 빈곤한 생활수준, 불평등의 확산, 만연한 실업(특히 젊은이들에게 영향을 미치는), 경찰폭력과 인간권리들의 부재 등이었다. 인종적·종교적 긴장들 역시 시리아, 리비아 그리고 바레인 등과 같은 나라들에서 중요하였다. 그럼에도 그러한 환경들이 항상 성공적인 혁명으로 전환되거나 수단과 사우디아라비아와 같은 경우처럼 대중봉기로 전환되는 것은 아니었다. 이 혁명들이 성공을 거두었던 곳에서는 세 가지 요소들이 중요하였다. 인종적·종교적 집단 그리고 사회경제적 계층들에 걸치는 광범한 주민들이 동원되었다는 점이다. 핵심 엘리트의 충성 특히 군부의 충성이 무너졌다는 점이다. 그리고 국제세력들이 진을 친 정부들을 방어하기를 거부하였거나 아니면 정권의 반대자들에 도덕적이고 (리비아의 경우에) 군사적 지원을 주었다는 점이다.

아랍의 봄은 어떤 종류의 정치변화를 초래할 것인가? 세 개의 가능성들이 제공된다. 그 첫째는 민주주의 지배로의 이행인데, 이것은 '후진적인' 문화적·종교적 믿음에 빠져 있는 아랍세계가 민주주의를 위한 준비가 되어 있지 않다는 견해를 제공해 준다.

확실히 항의자들의 핵심적 요구들은 특히 자유경쟁선거, 법의 지배 그리고 시민의 자유 보호라는 서구양식의 민주주의 개혁들의 도입이었다. 게다가 2011년 동안에 튀니지에서 10월에 그리고 이집트에서 11~12월에 일어났던 것처럼 정권들이 붕괴하였던 곳에서 이 점은 항상 자유선거를 개최한다는 약속을 동반하였다.

두 번째 가능성은 안정적인 민주주의로의 순조로운 이행을 위한 희망은 일단 혁명 후의 협조관계가 끝나자 마자 어떤 종류의 다시 고쳐진 권위주의가 출현할 때 좌절될 것이라는 점이다. 이 시나리오는 특히 이집트에서 여전히 군부가 한 중요한 역할에 의해 지지받았다. 또한 이 시나리오는 이전의 반대세력 내에서 분열이 표면화하기 시작할 때, 아마도 장기적인 기간의 정치적 불안정과 정책반전이 발전할지도 모른다는 가능성에 의해 지지를 받았다. 세 번째 가능성은 이렇다. 혁명들이 상대적으로 비종교적인 북아프리카의 아랍공화국들에서 가장 강력하였지만 아랍의 도약의 장기적인 수혜자들은 이슬람 급진주의자들일 것이다. 이들은 초기에는 주변적인 역할을 한 것처럼 보였다. 이슬람 형제애Muslim Brotherhood와 같은 이슬람 집단들은 경쟁자보다 일반적으로 더 잘 조직화되었을 뿐만 아니라 혁명 후의 혼란과 불확실성은 종교적 갱생의 정치를 진척시키기 위한 비옥한 토양을 제공해 준다.

에서 목격될 수 있다.

민주주의

민주주의에 대한 이해

민주주의에 관한 토론들은 정당성에 대한 관계를 넘어서서 확대된다. 이 토론들은 가장 기본적으로 민주주의의 성격에 대한 혼란에서 비롯된다. 민주주의라는 단어의 기원은 고대 그리스로 소급해 갈 수 있다. '크라시cracy'로 끝나는 다른 단어처럼(예를 들면 독재정autocracy, 귀족정aristocracy, 관료정bureaucracy) 민주주의는 권력 혹은 지배를 의미하는 그리스의 단어인 크라토스kratos에서 유래하였다. 그리하여 민주주의는 '인민에 의한 지배rule by the demos'─그리스어로 데모스demos는 원래 '가난한 자' 혹은 '다수the many'라는 의미로 사용되었지만, 데모스는 '인민the people'을 나타낸다─를 의미한다. 하지만 우리는 '인민에 의한 지배'라는 단순한 개념을 그렇게 잘 이해하지 못한다. 민주주의의 문제는 다름 아닌 대중성에 있었다. 이 대중성은 민주주의라는 용어가 갖는 정치적 개념으로서의 의미를 위협하였다. 거의 보편적으로 '좋은 것good thing'으로 간주된다는 점에서 민주주의는 특별한 일련의 이념 혹은 지배체계에 대한 승인을 함축하는 '만세hurrah!'보다도 오히려 더 많이 사용되었다. 버나드 크릭(Bernard Crick, 1993)의 표현을 빌면, "민주주의는 공적 문제의 세계에서 아마도 가장 혼잡한promiscuous 단어이다." 아무에게나 아무 것이든 의미할 수 있다는 것은 전혀 의미를 가질 수 없다는 위험에 빠진다. '민주주의'라는 단어에 부착되었던 의미는 다음과 같다.

① 가난한 자와 불이익을 당하는 자에 의한 지배체계
② 인민이 직접적으로, 지속적으로 전문적 정치가나 관료의 도움 없이 스스로 통치하는 정부형태
③ 위계조직과 특권보다는 동등한 기회와 개인적 장점에 기초한 사회
④ 사회적 불평등의 축소를 목표로 하는 복지와 재분배체계
⑤ 다수지배원칙에 기초한 의사결정체계
⑥ 다수의 권력에 대한 견제를 통해 소수의 권리와 이해관계를 보장하는 지배체계
⑦ 보통선거라는 경쟁적 투쟁을 통해 공직을 수행하는 수단
⑧ 정치생활에 대한 인민의 참여에 관계없이 인민의 이해관계에 봉사하는 정부체계

아마도 민주주의의 본성을 고려할 때 더 유익한 출발점은 에이브러햄 링컨Abraham Lincoln이 행한 게티스버그 연설(1863)이다. 링컨은 그가 '인민의, 인민에 의한, 인민을 위한 정부'라고 불렀던 것의 가치를 찬양하였다. 이것이 분명하게 제시하고 있는 점은 민주주의가 정부를 인민에 연결시킨다는 것이다. 이러한 연결은 여러 가지 방법으로 진행될 수 있다. 즉 인민의 정부, 인민에 의한 정부, 인민을 위한 정부 등이다. 이 절은 세 가지 문제들을 고려함으로써 이 관계들의 의미를 탐구한다. 인민은 누구인가? 어떠한 점에서 인민이 통치해야만 하는가? 그리고 대중통치는 어느 정도로 확대해야만 하는가?

넓은 의미에서 정치적 평등은 정치적 권력과 영향력의 동등한 배분을 의미한다. 그리하여 정치적 평등은 '국민'이 어떻게 정의되든지 각 개인이 동일한 비중을 가지고 있다는 점을 보장한다는 의미에서, 민주주의가 지니는 핵심적인 원칙으로 간주될 수 있다. 요컨대 모든 목소리는 동등하게 큰 소리를 낸다는 점이다. 이 점은 두 가지 방법으로 이해될 수 있다. 자유민주주의 이론에서 정치적 평등은 정치적 권리(투표권, 입후보할 수 있는 권리 등)를 동등하게 배분하는 것을 의미한다. 이것은 종종 '일인 일표; 하나의 투표, 하나의 가치'로 요약된다. 이와는 대조적으로 사회주의자는 정치적 영향력을 경제적 자원에 대한 통제와 대중소통수단에 대한 용이한 접근과 같은 요소를 연관시킨다. 이러한 관점에서 볼 때 정치적 평등은 단지 동등한 투표권뿐 아니라 상당한 수준의 사회적 평등도 내포하고 있다.

인민은 누구인가?

민주주의가 지니는 핵심적 특징 중의 하나는 **정치적 평등** 원칙이다. 즉 정치권력이 가능한 넓고 균등하게 배분되어야 한다는 생각이다. 하지만 어떤 단체 혹은 집단 내에서 이 권력이 배분되어야 하는가? 간단히 말해 누가 '인민'을 구성하는가? 이러한 문제에 대한 대답은 간단하다. '민중the demos' 혹은 '인민the people'은 확실히 모든 국민, 즉 국가의 모든 주민을 나타낸다. 하지만 실제로 모든 민주주의 체제는 때로는 심할 정도로 정치참여를 제한하였다.

앞에서 언급한 것처럼 초기 그리스의 저술가는 일반적으로 민중demos을 '다수', 즉 불이익을 당한 자와 재산이 없는 대중을 나타내는 것으로 사용하였다. 따라서 민주주의는 정치적 평등이 아니라 가난한 자에 대한 편견을 함축하였다. 그리스 도시국가에서 정치참여는 인구 중에서 차지하는 비율이 매우 적은 20세 이상의 남자시민에게 한정되었고, 모든 여성과 노예, 외국인은 제외되었다. 투표에 있어서의 엄격한 제한은 보통 재산자격 혹은 여성 배제의 형태로 20세기까지도 대부분의 서구국가에서 존재하였다. 보통선거권은 영국에서 여성이 완전한 투표권을 획득하였던 1928년까지 확립되지 않았고, 미국에서는 남부의 많은 주에서 아프리카계 아메리카인이 처음으로 투표할 수 있었던 1960년대 초까지 달성되지 않았으며, 스위스에서는 여성이 마침내 선거권을 획득하였던 1971년에 확립되었다. 다수의 연령이 15세부터 21세까지(이란 대통령 선거)지만, 어린이를 정치참여로부터 배제하는 형태의 중대한 제한이 모든 민주주의적 체계에서 실제로 계속되었다. 또한 기술적 제한이 광인과 감금된 범죄자에게 가해졌다.

'인민'은 오늘날 실제로 모든 성인 시민을 의미하는 것으로 받아들여지지만, 그 의미는 여러 다른 방법으로 구성될 수 있다. 예를 들면 인민은 공동의, 혹은 집단적 이해관계에 의해 결속된 하나의 응집성 있는 단체로 간주될 수 있다. 다시 말해 이러한 의미에서 인민은 하나이고 분리될 수 없다. 이러한 견해는 루소의 이론처럼 — 다음 절에서 설명할 것이다 — 각 개인의 '사적 의지'보다는 '일반의지general will' 혹은 집단의지에 초점을 두는 민주주

다수지배 Majority rule
다수의 의사 혹은 수적
으로 가장 강한 의사가
소수의 의사를 압도하는
지배. 소수의 의사는 다
수의 견해들을 수용해야
함을 의미한다.

세계민주주의
Cosmopolitan democracy
초국가적 거버넌스의 수
준에서 기능하는 민주주
의 형태이며, 다국적 혹
은 세계적 시민권의 이념
에 그 기초를 두고 있다.

전체주의적 민주주의
Totalitarian democracy
하나의 민주주의로 가장
하는 절대적 독재. 이 민
주주의는 전형적으로 지
도자가 이데올로기적 지
혜의 독점을 주장하고
있다는 점에 기초하고
있다.

의 모델을 만들어 내려고 한다. 분할과 불일치가 모든 공동체 내에서 존재
하기 때문에 '인민'이 사실상 '다수'를 의미하는 것으로 간주되는 것은 어쩔
수 없는 일이다. 이 경우에 민주주의는 **다수지배** 원칙을 엄격하게 적용하는
것을 의미하게 된다. 그러나 이것은 민주주의가 '다수의 폭정'으로 타락하는
것을 의미할 수 있다. 마지막으로 민주주의 정치가 그 속에서 작동하게 되
는 국민의 집합체라는 문제가 있다. 민주주의의 위치 혹은 '장소'는 어디에
있어야 하는가? 정치적 민족주의의 잠재력으로 인해 '인민'에 대한 정의는
일반적으로 국가적 의미에서 정의되기는 하지만 지방적 민주주의에 대한
이념과 지구화의 관점에서 **세계주의적인 민주주의**가 또한 발전되었다(이 장
의 마지막 절에서 토론된다).

어떤 방식으로 인민이 지배해야 하는가?

대부분의 민주주의 개념들은 '인민에 의한 정부government by the
people'에 기초하고 있다. 사실상 이것은 인민이 스스로 지배하며, 자신의
생활을 설계하고, 자신이 속한 사회의 운명을 결정하는 일에 참여한다는 것
을 의미한다. 하지만 이 참여는 많은 형태로 이루어질 수 있다. 직접민주주
의의 경우에 대중참여는 국민투표referendum, 대중집회 혹은 쌍방향 텔레
비전을 통해 결정과정에 직접적이고 지속적으로 연계된다. 더 평범한 대안
적인 민주주의 참여형태는 투표행위이다. 투표행위는 보통 대의민주주의
라고 불리는 것의 핵심적인 특징이다. 시민은 투표할 때 자신의 생활을 구
조화하는 결정을 내리기보다는 자신을 위해 그러한 결정을 하는 사람을 선
택한다. 하지만 선거가 경쟁적이라고 가정한다면, 투표에 민주주의 성격을
부여하는 것은 투표가 공중에게 '불량배를 몰아내게' 하는 힘을 부여하며,
정치가에게 공적으로 책임을 지게 한다는 점이다.

또한 '인민을 위한 정부government for the people'의 원칙 위에서 세
워지지만 직간접적으로 어떤 종류의 공중참여를 위한 여지를 거의 주지 않
는 민주주의 모델도 있다. 이 모델의 가장 일그러진grotesque 사례는 이른
바 무솔리니·히틀러와 같은 파시스트적 독재자의 통치하에서 발전했던 **전**

직접민주주의와 대의민주주의

직접민주주의[종종 '참여민주주의(participatory democracy)']는 정부의 일에 직접적으로 매개됨이 없이 지속적으로 시민이 참여하는 데 토대를 두고 있다. 그리하여 직접민주주의는 정부와 피통치자, 국가와 시민사회의 구별을 두지 않는다. 그것은 대중의 자치정부체계이다. 이것은 고대 아테네에서 민회에 의한 정부형태를 통해 이루어졌다. 직접민주주의의 가장 평범한 현대적인 표명은 국민투표의 사용이다. 직접민주주의가 지니는 장점은 다음과 같다.

① 직접민주주의는 유일하게 순수한 민주주의 형태로서, 그것은 시민이 자신의 운명에 행사할 수 있는 통제를 강화한다.
② 직접민주주의는 더 잘 알고 있고 정치적으로 더 훈련된 시민을 만들고, 그런 점에서 교육적 유익함을 가지고 있다.
③ 직접민주주의는 공중으로 하여금 자기 잇속만 차리는 정치가에 의존하지 않고 자신의 견해와 이해관계를 표현할 수 있게 한다.
④ 직접민주주의는 사람들이 그들 스스로 만든 결정을 더 잘 받아들인다는 점에서 지배가 정당하다는 점을 보장한다.

대의민주주의는 제한적이고 간접적인 민주주의 형태이다. 대의민주주의는 정부에 대중참여가 드물고 일시적이라는 점에서 제한적이다. 대의민주주의는 몇 년마다 거행되는 투표행위에 제한된다. 대의민주주의는 대중이 스스로 권력을 행사하지 못한다는 점에서 간접적이다. 국민은 자신의 이해관계를 위해 통치하고자 하는 사람을 단지 선출할 뿐이다. 이 통치형태는 대의제도가 정부와 피통치자 사이에 신뢰할 수 있고 효과적인 연결을 확립하는 한에서만 민주적이다. 이것은 때때로 선거위임이라는 개념 속에서 표현된다. 대의민주주의가 가지는 강점은 다음과 같다.

① 대의민주주의는 실천적인 민주주의 형태를 제공한다(직접적 대중참여는 소공동체에서만 이루어질 수 있다).
② 대의민주주의는 평범한 시민에게 결정과정의 짐을 덜어 준다. 그리하여 정치에서 분업을 가능하게 만든다.
③ 대의민주주의는 더 나은 교육, 전문지식 및 더 큰 경험을 가진 사람의 수중에 정부를 놓이도록 할 수 있다.
④ 대의민주주의는 평범한 시민을 정치로부터 일정한 거리를 두게 함으로써 안정을 유지한다. 그럼으로써 평범한 시민으로 하여금 타협을 수용하도록 장려한다.

체주의적 민주주의이다. 이러한 정권의 민주주의적 자질은 지도자만이 국민의 진정한 이해관계를 표현한다는 주장에 근거를 두고 있었고, 따라서 '진

Plebiscitary democracy
국민투표 민주주의는 국민투표(referendum)에 의해 확립된 지배자와 피지배자 사이의 직접적인 연결을 통해 작동하는 민주주의 지배형태이다. 국민투표는 정치적 문제에 있어서 직접적으로 공중의 견해를 표현하는 것을 허용한다. 그리하여 이것은 직접적 혹은 참여적 민주주의이다. 하지만 이러한 형태의 민주주의는 선동정치(웅변과 대중이 지니고 있는 편견과 열정에 호소함으로써 대중을 조작하는 정치지도자에 의한 지배)를 제공한다는 이유로 종종 비판을 받았다. 이러한 형태의 민주주의는 독재정치에 대중적 허영을 주는 환호에 해당한다. 그럼에도 국민투표 민주주의와 대의민주주의 제도를 보충하기 위해 사용한 국민투표 사이에는 차이가 있다.

급진적 민주주의
Radical democracy
탈중앙집권화와 참여, 정치권력의 가장 폭넓은 분산을 지지하는 민주주의 형태이다.

정한' 민주주의는 절대적 독재와 동일시될 수 있다는 것을 뜻했다. 그러한 경우에 대중지배는 단지 집회·행진·시위로 연출ochestrated된 전지전능한 지도자의 의지에 대한 의식화된 복종을 의미하였을 뿐이다. 이것은 종종 **국민투표 민주주의**로 표현되었다. 전체주의적 민주주의가 민주주의 통치에 대한 통념의 희화화에 불과한 것으로 증명되긴 했지만, 그것은 '인민에 의한 정부'(혹은 대중참여)와 '인민을 위한 정부'(공적 이해관계 속에서의 통치) 사이의 긴장을 드러내 주었다. 예를 들면 대의민주주의의 옹호자들은 정치의 대중참여를 투표행위에 한정시키기를 원하였다. 왜냐하면 그들은 다름 아닌 대중이 그들 자신을 위해 현명하게 통치할 지혜·교육·경험을 결핍하고 있다는 사실을 두려워하기 때문이다.

어느 정도로 인민통치는 확대되어야 하는가?

우리는 인민이 누구인가와 인민이 어떻게 통치하는가를 결정하였고, 이제 인민의 통치가 어느 정도로 확대되어야 하는가를 고려해야 한다. 민주주의의 적당한 범위는 무엇인가? 인민이 어떤 문제를 결정하는 것이 옳고, 개개의 시민에게 무엇이 남겨져야 하는가? 많은 점에서 이러한 질문은 1장에서 논의된 공적 영역과 사적 영역 사이에 존재하는 적당한 관계에 관한 토론을 다시금 진행시킨다. 자유주의적 개인주의의 기초 위에 건설된 민주주의 모델은 일반적으로 민주주의가 좁게 정의된 정치와 함께 정치생활에 제한되어야 한다는 점을 제안하였다. 이 관점에서 볼 때 민주주의의 목적은 대중참여의 어떤 과정을 통해 개인이 자신의 문제를 관리하고, 자신의 사적 이해관계를 추구할 수 있는 법의 틀을 확립하는 것이다. 그럴 경우 민주주의적 해결은 특히 공동체에 관련되는 문제에 한해서만 적절할 뿐이다. 다른 환경에서 적용된 민주주의는 자유의 침해에 해당된다. 일반적으로 민주주의에 대한 이러한 두려움은 직접적 혹은 참여적 민주주의 형태를 거부하는 것으로 나타난다.

하지만 민주주의에 대한 대안적 견해는 때때로 사회주의자와 급진적 민주주의자에 의해 발전되었다. **급진적 민주주의**에서 민주주의는 개인이 자

민주주의는 항상 가장 좋은 정부형태인가?

현대정치에서 민주주의는 매우 널리 수용되었고 그래서 민주주의에 의문을 제기하는 것은 정치적으로 적절하지 않은 것처럼 보인다. 그리하여 어떤 정치적 문제에 대한 '올바른' 해결책은 민주주의적 해결이다. 즉 이 해결은 인민들에 의해 혹은 인민들에 책임이 있는 정치가에 의해 만들어진 것이다. 그러나 민주주의는 왜 그렇게 널리 존경받았는가? 그리고 민주주의 지배가 부적당하고 바람직스럽지 못한 그러한 환경이 존재하는가?

찬성

가장 높은 형태의 정치. 민주주의의 특유의 강점은 이렇다. 민주주의는 유혈참사나 폭력을 저지하면서 정치에 대한 주요한 도전들, 즉 동일한 사회 내에 존재하는 경쟁적 관점과 이해관계들을 다룰 수 있다는 것이다. 간단히 말해, 민주주의 사회들은 안정적이고 평화롭다. 이 점은 민주주의가 공개토론, 설득 그리고 타협에 의존하기 때문에 일어난다. 경쟁적 관점이나 경쟁적 이해관계들을 가진 사람들은 상대적 조화 속에서 함께 생활하는 하나의 방법을 찾게끔 장려되는데, 그 이유는 사람들은 각자 하나의 정치적 목소리를 가지고 있기 때문이다. 따라서 민주주의는 일종의 정치적 안전판이며, 민주적 참여는 분노와 좌절의 증대를 방해하고 그럼으로써 정치적 극단주의를 저지한다.

보편적 가치로서 민주주의. 민주주의가 하나의 인간권리라는 점은 이제 널리 논파되었다. 즉 민주주의는 국가·종교·젠더 그리고 다른 차이에 상관없이 모든 사람들에게 속하는 근본적이며 절대적 권리인 것이다. 정치참여와 권력으로의 접근권리, 특히 투표권은 보편적으로 적용되는데, 그 이유는 이 권리들이 자신의 생활에 영향을 미치는 결정들을 형성할 기본적 권한, 즉 자치권에서 유래하기 때문이다. 사실, 권력에 대한 동등한 접근과 정치참여권은 단지 이 권리들 자신의 권리 속에 존재하는 미덕으로 간주될 수 있는 것이 아니라 모든 다른 권리와 자유의 유지를 위한 전제조건으로 간주될 수 있을 것이다.

폭군정의 저지. 모든 지배제도들은 인민의 뜻을 거슬리는 폭군정으로 되기 쉬운 경향이 있다. 이 점은 군력을 장악하고 있는 사람들(그리고 그 문제에 대해 모든 사람들)은 다른 사람의 이해관계보다 자신의 이해관계를 먼저 생각하는 경향이 있다는 사실을 나타낸다. 따라서 정부와 리더들은 견제되거나 저지될 필요가 있고 민주주의보다 더 효과적인 저지책은 없다. 이것은 민주주의 지배가 책임이라는 장치를 통하여 작동하기 때문이다. 이 책임장치는 공중으로 하여금 '악당들을 쫓아내게' 한다. 따라서 민주주의 사회들은 세계에서 유일하게 안정적인 사회들일 뿐만 아니라 시민들이 가장 광범한 영역의 자유를 향유하는 사회들이다.

반대

민주주의의 부조화. 안정보장과는 거리가 먼 민주주의는 갈등과 부조화를 지지하는 쪽으로 치우진다. 이것은 민주주의가 반대자들간의 선거전쟁을 행하기 때문이다. 반대자들은 서로를 비난하며 서로의 결점을 과장하고 성과들을 부정하도록 부추겨진다. 그 결과 민주주의 정치는 종종 잡음이 많고 유지하지 못하다. 민주주의의 부조화는 성숙하고 상대적으로 번영한 사회에서 구조적 붕괴를 위협할 가능성은 별로 없는 반면, 개발도상국가에서 민주주의는 상황들을 더 좋게 만들기보다는 오히려 더 나쁘게 만들지도 모른다(Hawsley, 2009). 따라서 '민주화'는 부족적·종교적·인종적 긴장들을 심화시키고 카리스마적 리더십의 경향을 강화시키며, 그럼으로써 권위주의를 초래할지도 모른다.

서구화로서의 민주주의. 민주주의가 보편적으로 적용되기보다는 이것은 서구의 심장지대의 문화적 성향들을 드러내는 가치와 가정들에 기반한다. 민주주의는 특히 동등한 시민권과 '일인일표' 원칙 그리고 본질적으로 그 성격상 자유주의적인 다원주의와 경쟁이라는 관념을 통한 개인주의와 같은 이념들에 그 뿌리를 두고 있다. 따라서 지배적인 민주주의 형태는 서구양식의 민주주의이다. 그래서 때때로 비서구세계에 부과되고 항상 장려된 민주주의 확산은 하나의 문화적 제국주의 형태로 간주될 수 있다.

대중정부가 아닌 좋은 정부. 문제들에 대한 민주주의 해결들은 종종 현명하지도 않고 분별력이 있지도 않다. 민주주의가 가진 문제는 이렇다. 즉 잘 교육받은 소수의 견해들이 교육받지 못한 다수의 견해로 압도당하기 때문에 현명하고 경험이 풍부한 지시들이 무시되는 경향이 있다는 것이다. 정치적 평등원칙에 서명한 민주주의는 다수가 항상 옳은 것은 아니라는 사실에 대처할 수 없다. 이 점은 경제정책에서 특별한 관심사인데, 이 정책에서 장기적인 경제발전을 가장 잘 증진시킬지도 모르는 세금인상이나 정부지출감소 등과 같은 선택들이 단지 대중의 지지를 받지 못한다는 이유로 배제될지도 모른다.

개념설명

경제민주주의

Economic democracy
작업장에 민주주의 원칙들을 적용하고자 하는 시도들을 포함하는 민주주의형태. 경제민주주의는 그 범위가 이익을 공유하고 노동자 심의회에서 노동자의 완전한 자치관리에 까지 이른다.

신의 일을 행할 수 있는 하나의 틀을 세우는 수단으로서보다는 사회생활의 모든 영역에 적용될 수 있는 일반적 원칙으로 간주된다. 사람들은 오직 집단적 과정인 민주주의를 통해 그들의 생활에 영향을 미치는 어떤 결정과정에 참여할 기본적 권리를 가지는 것이다. 이 입장은 부의 집단화와 노동자 자치의 도입을 위한 사회주의적 요구에서 분명히 드러난다. 부의 집단화와 자치의 도입은 경제생활을 민주화하는 방식으로 간주된다. 따라서 단지 정치적 민주주의를 승인하는 대신에, 사회주의자는 '사회민주주의' 혹은 '**경제민주주의**'를 요구하였다. 비슷하게 여성주의자는 가족생활의 민주화를 요구하였다. 이것은 가정 혹은 사적 영역에서 결정과정에 참여하는 모든 사람의 권리로 이해되었다. 이러한 관점에서 민주주의는 자유의 적이 아니라 자유의 친구로 간주된다. 단지 이러한 원칙이 무시될 때만이 억압과 착취가 번성한다.

민주주의 모델들

너무나도 빈번히 민주주의는 간단하고 명백한 현상으로 취급된다. 대부분의 서구사회에서 민주주의(보통선거권에 기초한 정규적이고 경쟁적인 선거제도)로 통용되는 것이 유일하게 정당한 민주주의 형태라고 왕왕 가정된다. 때때로 민주주의에 대한 이러한 생각은 '자유주의적liberal'이라는 단어를 첨가함으로써 자격을 얻었고, 민주주의를 자유민주주의로 바꾸었다. 하지만 현실에서는 대중통치에 대해 나름대로 해석을 내리는 많은 경쟁적 이론 혹은 민주주의 모델이 있다. 이것은 다양한 민주주의 형태와 메커니즘을 부각시킬 뿐만 아니라 좀 더 근본적으로 민주주의 통치가 정당화될 수 있는 매우 다른 이유를 부각시킨다. 민주주의 조직에 대한 경쟁적인 자유주의적 관점이 확인될 수 있을 때 자유민주주의조차도 오해를 불러일으킨다. 다음과 같은 4개의 대조적인 민주주의가 확인될 수 있다.

① 고전적classical 민주주의
② 방어적protective 민주주의
③ 발전적developmental 민주주의
④ 인민민주주의people's democracy

고전적 민주주의

고전적 민주주의 모델은 고대 그리스의 폴리스polis 혹은 도시국가에 기초를 두고 있고, 특히 가장 크고 가장 강력한 도시국가인 아테네에서 발전한 통치체계에 기초를 두고 있다. 기원전 4세기와 5세기에 아테네에서 행해졌던 직접민주주의 형태는 종종 유일하게 순수한 혹은 이상적인 대중참여제 아테네 민주주의는 도시 국가의 문제에서 높은 수준으로 시민들이 관계한다는 사실로 특징지워진다. 주요한 결정들은 의회에서 이루어지며, 모든 시민들은 의회의 구성원이다. 상근 공무원들이 필요할 때, 이들은 자신들이 더 큰 시민의 축도를 구성하고 있다는 점을 보장하기 위해 추첨이나 순번제를 통해 선택되었다. 500명의 시민들로 구성되는 평의회council는 집행부 혹은 의회의 운영위원회로 활동하였고 50개의 위원회는 평의회에 계획안들을 만들었다. 위원회의 의장은 단 하루 동안만 재직하였고 그래서 아테네인들은 그 누구도 그의 생에서 단 한 번의 이러한 명예를 가질 수 있었다.

도로 표현된다. 루소와 맑스 같은 사상가에게 상당한 영향을 주긴 했지만, 아테네의 민주주의가 발전시킨 아주 특별한 종류의 직접적인 대중통치는 현대 세계에서 매우 제한적으로만 적용되었다. **아테네 민주주의**는 대중집회에 의한 정부형태에 해당하였다.

아테네의 민주주의를 주목할 만하게 만든 것은 아테네 시민이 행한 정치활동의 수준이었다. 그들은 단지 의회의 정규적인 회의에만 참가한 것이 아니라, 수적으로 많은 공직과 결정과정에 책임질 준비가 되어 있었다. 이러한 민주주의 형태에 대한 가장 영향력 있는 비판가는 철학자 플라톤이었다. 플라톤은 많은 국민이 그들 자신을 위해 현명하게 통치할 지혜와 경험을 소유하고 있지 못하다는 이유로 정치평등의 원칙을 공격하였다. 『국가*The Republic*』에서 그가 제시한 해결책은 정부를 철인왕 계급의 수중에 두어야 한다는 것이었다. 이들의 지배는 일종의 계몽적 독재에 해당될 것이다. 하지만 실천적 수준에서 아테네 민주주의가 가지는 주요한 결점은 이 제도가 단지 많은 수의 주민을 정치활동으로부터 배제함으로써 작동할 수 있었다는 점이다. 참여는 20세가 넘은 아테네 출생의 남성에 한정되었다. 노예(인구의 다수), 여성, 외국인은 어떠한 정치적 권리도 가지지 못하였다. 아테네 시민은 그들 생활의 많은 부분을 정치에 몰두할 수 있었는데, 그 이유는 노예제도로 인해 힘든 노동을 할 필요가 없었고, 여성의 활동을 사적 영역에 한정시킴으로써 가정적 책임으로부터 벗어날 수 있었기 때문이다. 그럼에도 정치생활에 직접적이고 지속적으로 대중이 참여한 고전적 모델은 세계의 어떤 지역들, 가령 미국 뉴잉글랜드New England의 타운십township 집회와 스위스의 작은 주 캔턴canton과 더 넓은 국민투표의 사용에서 기능하는 지역의회에서 생생하게 존속되었다.

방어적 민주주의

민주주의 이념이 17세기와 18세기에 부활되었을 때, 이 이념은 고대 그리스의 고전적 민주주의와는 매우 다른 형태로, 즉 민주주의는 공중이 정치생활에 참여할 수 있는 메커니즘이라기보다는 시민이 정부의 침해로부터 자신을 보호할 수 있는 하나의 장치, 즉 방어적 민주주의로 나타났다. 이 견해는 특히 초기 자유주의 사상가의 마음에 들었다. 초기 자유주의 사상가의 관심은 무엇보다도 폭넓은 개인적 자유의 영역을 창조하는 것이었다. 강력한 정부로부터 개인을 보호하고자 하는 욕구는 아마도 최초의 모든 민주주의적 감정, 요컨대 플라톤에 대한 아리스토텔레스의 대응, 즉 '누가 수호자를 인도하기를 원하는가?'로 표현되었다.

이와 동일하게 견제받지 않는 권력에 대한 관심이 17세기에 존 로크에서 나타났다. 그는 투표할 권리가 **자연권**의 존재에 기초를 두고 있으며, 특히 소유권에 기초를 두고 있다는 점을 논증하였다. 정부가 세금을 통해 재산을 점유할 권력을 소유하였다면, 시민은 입법부의 구성을 통제함으로써 자신을 보호할 권한이 있다. 달리 표현하면, 민주주의는 대의제를 통해 작동하는 '동의에 의한 정부'체계인 것이다. 하지만 로크 자신은 현대적 기준에 의한 민주주의자는 아니었다. 왜냐하면 그는 단지 재산소유자만이 정부에 의해 침해당할 수 있는 자연권을 가졌다는 생각을 바탕으로 재산소유자만이 투표해야 한다고 믿었기 때문이다. 보편적 선거권에 대한 더 급진적인 생각은 18세기 후반부터 제레미 벤덤Jeremy Bentham과 제임스 밀(James Mill; 1773~1836) 같은 공리주의 이론가에 의해 발전되었다. 민주주의에 대한 공리주의적 해석은 또한 개인적 이해관계를 방어하거나 발전시킬 필요에 기초하고 있다. 벤덤은 모든 개인이 즐거움과 고통의 회피를 추구하기 때문에 보편적 참정권—그의 시대에서 이것은 성년 남자의 선거권으로 간주되었다—은 '최대 다수의 최대 행복'을 증진시키는 유일한 방법이라고 생각했다.

하지만 방어적 근거에서 민주주의를 정당화하는 것은 민주주의 지배를 제한적qualified으로 승인하는 것이다. 간단히 말해 방어적 민주주의는 단지 제한적이고 간접적인 민주주의 형태이다. 실제로 피치자의 동의는 정규적이고 경쟁적 선거에서 투표를 통해 행사된다. 그럼으로써 통치하는 사람의 책임을 보장한다. 그리하여 정치평등은 엄격한 기술적 의미에서 동등한 투표권을 의미하는 것으로 이해된다. 더욱이 이것은 무엇보다도 정부권력의 행사를 견제하는 일련의 형식적 혹은 비형식적 통치 내에서 작동하는 입헌적 민주주의 체계이다. 투표할 권리가 개인적 자유를 방어하는 수단이라면, 자유는 행정부·입법부·사법부의 분리를 통해 엄격하게 강화된 권력분산에 의해 보장되어야 하고, 기본권과 표현의 자유, 운동의 자유, 임의체포로부터의 자유와 같은 기본권을 유지함으로써 보장되어야 한다. 궁극적으로 방어적 민주주의는 시민이 선택한 자신들의 생활을 영위할 수 있도록 가능한 가장 폭넓은 활동영역을 시민에게 제공하는 것을 목표로 한다. 따라서 방어적 민주주의는 자유방임 자본주의와 양립하고 개인이 전적으로 자신의 경제적·사회적 환경들에 책임을 져야 한다는 믿음과 양립한다. 따라서 방어적 민주주의는 특히 고전적 자유주의자로부터 호응을 얻었고, 현대정치학에서 신우파의 지지자로부터 호응을 얻었다.

발전적 민주주의

초기 민주주의 이론이 개인적 권리와 이해관계들을 보호하고자 하는 필요에 초점을 두었지만, 이것은 곧 하나의 대안적 초점, 즉 개인과 공동체의 발전에 관한 관심을 발전시켰다. 이것은 일반적으로 발전적 민주주의 체계로서 언급될 수 있는 아주 새로운 민주주의 통치모델을 초래하였다. 가장 새롭고 급진적인 모델은 장 자크 루소에 의해 발전되었다. 여러 가지 점에서 루소의 이념은 민주주의에 대한 지배적인 자유주의적 개념으로부터 출발한다. 이것은 맑스주의·무정부주의적 전통과 나중에는 신좌파New Left 전통에 영향을 주게 되었다. 루소의 판단에 따르면, 민주주의는 궁극적으로 인간이 자유, 혹은 '사람들이 자신을 명령하는 법에 대한 복종'이라는 의미에서 자율성을 획득할 수 있는 수단이다. 달리 표현하면, 시민은 오직 그들이 직접적이며 지속적으로 공동체의 생활을 형성하는 일에 참여할 때 '자유롭다.' 이것은 선거민주주의의 관습적인 생각을 넘어서는 이념이고, 직접민주주의에 대한 좀 더 급진적 이상을 지지하는 이념이다. 사실 루소는 영국에서 실행된 선거운용에 대해 열렬하게 비판하였다. 그는 『사회계약*The Social Contract*』([1762] 1913)에서 다음과 같이 논의한다.

제레미 벤덤 (Jeremy Bentham; 1748~1832)

영국 철학자, 합법적 개혁주의자이며 공리주의의 창시자. 벤덤은 인간이 합리적으로 자기이해를 추구하는 생명체이거나 **효용**을 극대화하는 사람이라는 생각을 토대로 도덕철학체계를 발전시켰다. 벤덤은 인간이 추구하는 효용극대화가 합법적·정치적 개혁을 위한 과학적 토대를 제공해 주었다고 믿었다. 그의 추종자들인 철학적 급진주의자들은 '최대의 행복'이라는 원칙을 사용하면서, 19세기 영국에서 사회행정, 법, 정부와 경제에서 행해진 많은 개혁에 책임을 맡았다. 자유방임경제의 지지자인 벤덤은 나중에 정치적 민주주의의 확고한 지지자가 되었다. 그가 가진 공리주의적 교의는 『정부에 대한 단편들*Fragments on Government*』([1776] 1948)과 좀 더 풍부하게는 『도덕과 입법의 원칙*Principles of Morals and Legislation*』(1789)에서 전개되었다.

개념설명

효용 Utility
사용가치를 의미하며, 물질적 소비로부터 발생하는 만족이다.

일반의지 General will
집단의 진정한 이익을 의미하며, 공공선과 동등한 개념이다. 각 개인이 사심 없이 행동한다는 가정하에서 이루어지는 모든 사람의 의지.

영국 국민은 자신들이 자유롭다고 믿는다. 이것은 중대한 실수다. 영국 국민은 의회의 의원을 선출할 때만 자유로울 뿐이다. 의회의 구성원이 선출되자마자 국민은 노예가 된다. 그들은 아무것도 아니다. 자유를 누리는 짧은 순간에 영국 국민들이 자유를 사용하는 것을 보면, 그들이 자유를 상실하는 것도 당연하다고 볼 수 있다.

하지만 루소가 제시한 모델에서 새로운 점은 자유가 궁극적으로 **일반의지**에 대한 복종을 의미한다는 점이다. 루소는 일반의지가 '사적' 혹은 이기적 의지와는 대조적으로 각 시민의 '진정한' 의지라고 믿었다. 따라서 일반의지에 복종함으로써 시민은 단지 그들 자신의 '진정한' 본성에 순응한다. 그리고 일반의지는 개인이 이기적이지 않게 행동하고자 할 경우, 개인이 원하는 의지이다. 루소의 관점에서 볼 때 그러한 근본적인 발전적 민주주의 체계는 단지 정치적 평등뿐 아니라 상대적으로 높은 수준의 경제적 평등을 요구하였다. 공동소유의 옹호자는 아니었지만, 루소는 "어떤 시민이 다른 사람을 살 만큼 충분히 부유하지 않고 어떤 시민도 자신을 팔 정도로 가난하지 않을 것"을 주장했다.

루소의 이론은 1960년대와 1970년대에 신좌파 사상가에 의해 착수된 참여민주주의에 대한 현대적 이념을 형성하는 데 기여하였다. 이것은 '참여사

장 자크 루소 (Jean-Jacques Rousseau; 1712~1778)

제네바(Geneva)에서 출생. 프랑스의 도덕철학자이자 정치철학자인 루소는 프랑스혁명에 중요한 지적 영향력을 행사하였다. 루소는 전적으로 독학하였다. 그는 1742년 파리로 가서 선도적인 프랑스 계몽주의자의 친구가 되었는데, 특히 디드로(Diderot)의 친구가 되었다. 교육·예술·과학·문학·철학에까지 이르는 그의 저술은 자연적 인간의 선함(goodness)과 '사회인(social man)'의 타락에 대한 깊은 믿음을 반영하고 있다. 『에밀Emile』(1762)에서 요약되고 『사회계약The Social Contract』([1762] 1913)에서 발전된 루소의 정치적 가르침은 자유주의·사회주의·무정부주의, 그리고 혹자가 주장하는 것처럼 파시즘에 영향을 미쳤던 급진적 민주주의 형태를 지지하고 있다. 그의 자서전인 『고백Confessions』(1770)은 그의 생을 상당히 솔직하게 음미하고 있으며, 그가 저지른 실수와 약점을 거리낌없이 폭로하고 있다.

개념설명

책무Accountability
책임. 사람의 행동을 설명할 의무와 다른 사람에 의한 비판을 받아들이는 의무감.

회'와 같은 미덕을 찬양한다. '참여사회'는 각각의 모든 시민이 자신의 삶을 형성하는 결정에 참여함으로써 자기발전을 획득할 수 있는 사회이다. 이 목표는 개방, **책무** 그리고 사회의 모든 중요한 제도 내에서 탈중앙화, 즉 가족, 노동현장, 지역공동체 및 정당, 이익집단과 입법단체 같은 '정치적' 제도 내에서 탈중앙화의 증진을 통해서만 달성될 수 있다. 이 모델의 핵심은 '풀뿌리 민주주의grass-roots democracy'에 대한 이념이다. 즉 이 정치권력이 가능한 가장 낮은 수준에서 행사되어야 한다는 믿음이다. 그럼에도 루소 자신이 제시한 이론은 시민의 '진정한true' 의지와 그들의 '감정적felt' 혹은 주관적 의지를 구분했기 때문에 비판당하였다. 이러한 구분의 위험은 만약 일반의지가 시민이 원하는 것을 단지 시민에게 물음으로써 확립될 수 없다면(왜냐하면 시민은 이기심으로 눈이 멀 수 있기 때문에), 아마도 '진정한' 사회의 이해관계를 위해 행동한다고 주장하는 독재자에 의해 일반의지가 위로부터 정의될 여지가 있다는 것이다. 따라서 루소는 때때로 이른바 전체주의적 민주주의의 설계자로 간주된다(Talmon, 1952).

하지만 자유주의적 대의민주주의 모델과 양립할 수 있는 좀 더 온건한 발전적 민주주의 형태도 발전되었다. 발전적 민주주의에 대한 이 관점은 존 스튜어트 밀의 저술에 그 뿌리를 두고 있다. 밀이 판단하기에 민주주의가

Deliberative democracy
공공의 이익을 정의하는
데 기여하고자 담론과
논의의 필요성을 강조하
는 민주주의 형태이다.

의회민주주의

Parliamentary democracy
국민에 의해 선출된 협의
적 의회를 통해 작동하는
민주주의 지배형태이다.
이 협의적 의회는 정부와
피통치자 사이를 간접적
으로 연결해 준다. 이러
한 의미에서 민주주의는
본질적으로 책임 있고,
대의적인 정부를 뜻한다.
그리하여 엘리트 지배
와 민중참여 사이의 균형
을 맞춘다. 즉 정부는 국
민에게 직접적으로 책임
을 지는 것이 아니라 국
민에 의해 선출된 대표자
에 대해 책임을 진다. 이
러한 제도가 지니는 매력
은 대표자들이 그들이 받
은 교육과 협의하고 토론
하는 기회로 인해 아마도
시민들이 가장 원하는 이
익을 정의하기에 시민 자
신보다 더 능력이 있다는
것이다. 존 스튜어트 밀
과 에드먼드 버크와 연관
된 고전적 의회민주주의
형태에서 의원은 선거구
민의 이익을 고려하도록
요구된다. 하지만 현대의
정당정치는 의회민주주
의와 정당위임민주주의
(mandate democracy)
의 이념을 융합시켰다.

지니는 중심적 미덕은 민주주의가 '가장 높고 조화로운' 개인 능력의 발전을
증진시킨다는 점이다. 정치생활에 참여함으로써 시민은 자신의 이해를 높
이고 감수성을 강화시키며 더 높은 개인적 발전의 수준을 달성한다. 간단히
말해 민주주의는 본질적으로 하나의 교육적 경험이다. 그런 까닭에 밀은 대
중참여의 확대를 제안하였고, 선거권이 문맹자를 제외한 모든 사람에게 확
대되어야 한다고 주장하였다. 그 과정에서 그는 또한 ─ 그 당시로 보아서는
급진적으로 ─ 선거권이 여성에게로 확대되어야 한다는 점을 시사하였다.
더욱이 그는 강하고 독립적인 지역조직을 지지하였다. 왜냐하면 그는 지역
조직이 공공기관을 유지하기 위해 활용할 수 있는 기회를 확대할 것이라고
믿었기 때문이다.

다른 한편, 다른 모든 자유주의자들과 마찬가지로 밀도 민주주의의 위험
을 인식하고 있었다. 사실 밀의 관점은 그가 형식적 정치평등의 이념을 부
정하였다는 점에서 주류 자유주의 사상으로부터 벗어나 있다. 플라톤을 따
르면서 밀은 모든 정치의견이 동등한 가치가 있다는 생각에 반대하였다. 결
과적으로 그는 복수plural투표제도를 제안하였다. 요컨대 비숙련 노동자는
1표의 투표권을 가지고, 숙련 노동자는 2표의 투표권을, 대학교육을 받은
사람과 학식 있는 전문인은 5표 혹은 6표의 투표권을 가진다. 하지만 민주주
의에 관해 그가 내린 중요한 유보는 알렉시스 드 토크빌이 '다수의 폭정'으
로 묘사하였던 전형적인 자유주의적 두려움으로부터 유래하였다. 달리 표
현하면, 민주주의는 개인의 자유와 소수의 권리가 국민의 이름으로 훼손될
수 있는 위험을 항상 품고 있다는 점이다. 밀이 보여 준 특별한 관심은 민주
주의가 다수의사를 받아들일 것을 조장하고, 그럼으로써 획일성과 대세순
응주의conformism를 증진시키며, 그 결과 토론·비판 그리고 일반적인 지
적 생활을 해친다는 것이었다. 요컨대 다수가 항상 옳은 것은 아니다. 지혜
는 단순한 거수장치에 의해 결정될 수 없다. 따라서 밀의 이념은 **심의민주주
의** 혹은 **의회민주주의**의 이념을 지지하고 있다.

인민민주주의

'인민'민주주의라는 단어는 2차 세계대전 이후에 소비에트 모델에서 발생하였던 정통 공산주의 정권에서 유래한다. 하지만 여기서는 일반적으로 맑스주의 전통에 의해 발생되었던 다양한 민주주의 모델을 나타내는 것으로 사용된다. 그것들은 물론 서로 구별되지만, 좀 더 친숙한 자유주의적 민주주의 모델과는 명백한 대조를 이룬다는 점에서는 비슷하다. 맑스주의자는 자유주의 혹은 의회민주주의를 거부하는 경향을 띠었고, 이 민주주의를 '부르주아' 혹은 '자본주의적' 민주주의 형태로 간주하였다. 그럼에도 맑스주의자는 민주주의가 가지는 명백한 평등주의적 함의 덕분에 민주주의 개념 혹은 이상에 접근한다. 특히 인민민주주의는 단지 외형적 평등만을 확립하였던 '정치적' 민주주의와는 대조적으로, 공동소유를 통해 실현되는 사회적 평등이라는 목표 – 본래 의미에서 '사회민주주의' – 를 일컫는 데 사용되었다.

맑스는 자본주의의 전복이 진정한 민주주의를 번성하게 하는 방아쇠일 것이라고 믿었다. 그의 관점에 따르면, 완전한 공산주의 사회는 '프롤레타리아계급의 혁명적 독재'에 의해 특징지워지는 과도기 이후에 비로소 도래할 것이다. 사실 '부르주아' 민주주의 체계는 '프롤레타리아' 민주주의라는 매우 다른 체계에 의해 대체될 것이다. 맑스는 이러한 과도기적 사회가 어떻게 조직되는지에 대해서는 상세하게 묘사하지는 않았지만, 이것의 일반적인 모습은 1871년의 파리코뮌Paris Commune에 대한 찬사에서 찾아볼 수 있다. 파리코뮌은 직접민주주의에 적당한 것이 무엇인지에 관한 짧지만 생생한 실험이었다.

그러나 20세기 공산주의 국가에서 발전되었던 민주주의 형태는 맑스보다는 레닌의 이념에 도움을 받은 바가 더 크다. 레닌이 행한 1917년의 슬로건 "모든 권력을 소비에트로" – 노동자·군인·선원의 평의회 – 는 자치민주주의의 이념을 생생하게 지켰지만, 현실에서 소비에트 러시아의 권력은 재빨리 볼셰비키당 – 곧 공산당으로 개명하였다 – 의 수중에 떨어졌다. 레닌의 관점에 따르면, 이 당은 단지 '노동자계급의 전위대'에 불과하다. 맑스주의와 손잡은 이 당은 진정한 프롤레타리아계급의 이해관계를 파악할 수 있

러시아 맑스주의 이론가이자 활동적 혁명가. 볼셰비키당의 지도자로서 레닌은 1917년에 러시아 볼셰비키 혁명을 배후에서 지휘하였고, 소련의 첫 번째 지도자가 되었다. 맑스주의에 대해 그가 행한 공적은 혁명적 혹은 전위대적 당이론이었다. 이 이론은 『무엇을 해야 할 것인가?*What is to be done?*』([1902] 1968)에서 개관되었다. 경제적 현상으로서 식민지주의에 대해 그가 행한 분석은 『제국주의, 자본주의의 최고발전단계*Imperialism, the Highest Stage of Capitalism*』([1916] 1970)에서 기술되었다. '사회주의로의 선동적인 길(insurrectionary road to socialism)'에 대해 그가 가진 확고한 생각은 『국가와 혁명*State and Revolution*』(1917)에서 발전되었다. 레닌이 가진 명성은 소련의 역사와 불가분하게 연결되어 있다. 어떤 사람들은 레닌을 스탈린주의적 억압의 선구자로 간주하며, 다른 사람들은 레닌을 관료제에 대한 비판가이자 토론과 논쟁을 옹호한 인물로 여긴다.

개념설명

레닌주의적 민주주의
Leninist democraacy
공산당이 '민주집중제'를 토대로 조직하였던 민주주의 형태로 프롤레타리아계급의 이해관계를 대변한다.

었고, 프롤레타리아계급을 혁명적 잠재력의 실현으로 인도할 수 있었다고 주장하였다. 이 이론은 소비에트사회주의연방공화국USSR에서 '레닌주의적 민주주의'의 초석이 되었고, 맑스-레닌주의Marxism-Leninism의 핵심적 특징 중의 하나로서 모든 다른 정통 공산주의 정권에 의해 수용되었다. 하지만 이 모델의 약점은 레닌이 이것을 공산당의 권력(그리고 특히 공산당의 지도자)을 견제하기 위한 메커니즘으로 건설하는 데 실패하였고, 프롤레타리아계급에 대해 반응하고 책임있게 머물러 있도록 하는 데 실패하였다는 것이다. 아리스토텔레스의 표현으로 고쳐 말하면, 그것은 "누가 공산당을 인도할 것인가?" 하는 문제이다.

운용되는 민주주의: 경쟁적 견해들

가장 바람직한 민주주의 형태가 어떤 것인가에 관한 논쟁이 계속되고 있지만, 동시대에 진행되고 있는 많은 토론은 실제로 어떻게 민주주의가 작동하고 있는가에 관한 것으로 선회하고 있다. 이것은 일반적으로 자유민주주의로 일컬어졌던 특별한 민주주의 모델에 대한 넓고도 세계적인 수용이 있다는 사실을 반영한다. 이러한 넓은 범주 내에서 경쟁적인 경향이 존재하는 것이 사실이지만, 다음과 같은 중심적 특징 또한 명백하게 나타난다.

① 자유민주주의는 정치적 공직이 형식적인 정치적 평등의 기초 위에서 이루어지는 정기적인 선거에서 성공을 통해 획득된다는 점에서 간접적·대의제적 민주주의 형태이다.

② 자유민주주의는 경쟁과 선거에 의한 선택에 기초한다. 경쟁과 선거는 정치적 다원주의, 광범위한 경쟁적 믿음에 대한 관용, 갈등적인 사회철학과 경쟁적 정치운동과 정당을 통해 이루어진다.

③ 자유민주주의는 국가와 시민사회 간의 명백한 차이에 의해 특징지워진다. 이 차이는 자발적 집단과 이해관계의 존재, 시장 혹은 경제생활의 자본주의적 조직을 통해 유지된다.

④ 자유민주주의는 소수자와 개인들의 보호를 제공한다. 자유민주주의는 특히 다수의 의사로부터 이들을 안전하게 보호하는 기본권의 할당을 통해서 소수자와 개인들을 보호한다.

그럼에도 자유민주주의가 가지는 의미와 중요성에 관해 상당한 정도의 의견의 불일치가 존재한다. 예를 들면 그것은 진정하고 건강한 정치권력의 조정을 보장하는가? 민주주의 과정은 정말로 장기적인 이익을 증진시키는가? 혹은 이 과정은 자기부정Self-defeating인가? 정치적 평등은 경제적 불평등과 공존할 수 있는가? 요컨대 이러한 민주주의 형태는 다양한 이론가에 의해 다른 방식으로 해석된다. 이러한 해석 가운데 가장 중요한 것이 다원주의, 엘리트주의, 조합주의 그리고 신우파와 맑스주의에 의해 발전되었다.

① 다원주의
② 엘리트주의
③ 조합주의corporatism
④ 신우파
⑤ 맑스주의

다원주의라는 단어는 두 가지 의미에서 사용된다. 넓은 의미에서 다원주의는 다양성 혹은 다수(많은 사물의 존재)에 대한 믿음이다. 기술적 의미로서 다원주의는 정당경쟁(정치적 다원주의), 다양한 윤리적 가치(도덕적 다원주의) 혹은 다양한 문화적 규범(문화적 다원주의)의 존재를 나타내는 것으로 사용될 수 있다. 규범적 의미로서 다원주의는 다양성이 건강한 것이며 바람직하다는 점을 시사하고 있다. 왜냐하면 일반적으로 다양성은 개인의 자유를 안전하게 인도하고 토론·논쟁·이해를 증진시키기 때문이다. 좀 더 좁은 의미에서 다원주의는 정치적 권력의 배분에 관한 이론이다. 이 다원주의는 권력이 한 엘리트 혹은 지배계급의 수중에 집중되기보다는 사회에서 넓고 고르게 분산되는 것을 주장하고 있다. 이러한 형태에서 다원주의는 일반적으로 '집단정치(group politics)'이론으로 간주된다. 이 '집단정치'에서 개인은 일반적으로 자신이 속해 있는 조직집단의 구성원이라는 점을 통해 대변되며, 모든 집단은 정책과정에 접근할 수 있다.

다원주의 관점

다원주의 이념은 초기의 자유주의 정치철학, 즉 로크와 몽테스키외의 이념으로 거슬러 올라가 그 흔적을 찾을 수 있다. 하지만 다원주의 이념에 대한 최초의 체계적 발전은 『연방주의 논문들*The Federalist Papers*』(Hamilton, Jay and Madison, [1787~1789] 1961)이라는 제임스 매디슨James Madison의 기고에서 발견된다. 느슨한 주 연합에서 연방적 미국으로 전환을 고려할 때 매디슨이 특히 우려한 것은 '파벌faction의 문제'였다. 대부분의 자유주의자와 마찬가지로 매디슨은 견제되지 않은 민주주의 통치는 단지 다수결주의majoritarianism, 개인적 권리의 침해, 인민의 이름하에서 재산의 몰수를 초래할 것이라고 주장하였다. 하지만 매디슨의 연구를 주목할 만하게 만든 것은 사회에 존재하고 있는 이해관계와 집단의 다중성에 대한 강조와 그러한 각각의 집단이 정치적 목소리를 가지고 있지 않을 경우 안정과 질서가 불가능할 것이라는 그의 주장이었다. 따라서 그는 경쟁적 집단과 이해관계에 다양하게 접근할 수 있게 하였던 권력분산·**양원제**·연방주의에 기초한 분리된 정부제도를 제안하였다. 다양한 소수에 의한 지배체계는 가끔 '**매디슨적 민주주의**'로서 언급된다. 이 민주주의가 사회에서 다양성 혹은 다중성의 존재 및 그러한 다중성이 바람직하다는 사실을 인정한다는 점에서, 매디슨의 모델은 최초의 발전된 다원주의 원칙에 관한 진술이다.

다원주의 이론에 대해 가장 큰 영향력을 미친 현대의 대표자는 로버트 달이다. 『누가 통치하는가? 한 아메리카 도시의 민주주의와 권력*Who Governs? Democracy and Power in an American City*』(1961)에서 묘사된 바, 달은 미국의 코네티컷 주, 뉴헤이븐New Haven 시의 권력분산에 대한 경험적 연구를 행하였다. 그는 정치적으로 특권화되고 경제적으로 강력한 사람이 평범한 시민보다 더 큰 권력을 행사하였지만, 어떤 지배적 혹은 영속한 엘리트도 정치과정을 지배할 수 없었다고 결론지었다. 그가 내린 결론은 "뉴헤이븐 시가 결점과 약점을 가진 민주주의 제도의 한 보기라는 것이다." 달은 현대 민주주의 제도는 고대 그리스의 고전적 민주주의와는 현저하게 다르다는 점을 인정하였다. 찰스 린드블롬Charles Lindblom과 함께 그는 모든 시민에 의한 통치와는 다른 것으로서, 다수의 통치를 의미하는 '다두정'이라는 말을 만들었다. 그러한 **다원주의적 민주주의** 제도가 가지는 핵심적 특징은, 선거를 할 때 정당과 자신의 견해를 자유롭게 표현하고자 하는 이익 혹은 압력단체가 지니고 있는 능력들 간의 경쟁이 정부와 피치자 사이에 신뢰할 만한 연결을 확립하고, 이 둘 사이의 소통을 위한 통로를 만든다는 점이다. 대중자치정부의 이상에는 아주 못 미치는 것일 수는 있지만 다원주의적 민주주의의 옹호자는 이것이 충분한 수준의 책임과 민주주의적인 것으로 간주되게 하는 대중적 대응성을 보장한다고 주장한다.

하지만 다원주의와 민주주의의 상호관련성이 그리 확실한 것이 아닐 수도 있다. 예를 들면 매디슨 제도의 목적 중 하나는 재산을 안전하게 지키고자 하는 바람에서, 다소 미심쩍게도, 민주주의를 강제하는 것이었다. 달리 표현하면 다중적인 소수에 의한 지배체계는 단지 다수(재산이 없는 대중들)로 하여금 정치권력을 행사하지 못하게 방해하는 하나의 장치일 수 있을 것이다. 또 다른 문제는 '다원주의적 침체pluralist stagnation'라고 일컬어진 것의 위험이다. 이것은 조직화된 집단이나 경제적 세력이 매우 강력해서 이것들이 정부의 '과부하overload'의 문제를 초래하는 정체를 만들 때 발생한다. 그러한 환경에서 다원주의적 체계는 통치할 수 없게 될 수 있다. 마지막으로 『경제민주주의 서문*A Preface to Economic Democracy*』(1985)과 같은 달의 후기 저술에서 확인된 문제가 있다. 즉 경제적 자원의 불평등한 소유는 소수의 수중으로 정치권력을 집중시키고, 다수에게서 정치권력을 빼앗는 경향이 있다. 이러한 주장은 다원주의적 민주주의에 대한 맑스주의 비판에 나란히 놓여 있으며, 신다원주의를 불러일으켰다.

엘리트주의 관점

엘리트주의는 민주주의·사회주의와 같은 평등주의 이념에 대한 비판으로 발전하였다. 엘리트주의는 사회생활의 불가피하고 바람직한 특징으로서, 혹은 치료해야 하는 유감스러운 특징으로서 엘리트 지배라는 사실에 주목한다. 빌프레도 파레토(Vilfredo Pareto; 1848~1923), 가에타노 모스카

다원주의적 민주주의라
는 단어는 때때로 정당
사이의 선거경쟁에 바
탕을 둔 민주주의 제도
를 지시하는 자유민주주
의와 교환하여 사용되었
다. 좀 더 특수하게 다원
주의적 민주주의는 국민
의 요구를 접합하고 정
부의 대표성을 확실하게
하기 위해 조직화된 집
단과 이익집단의 능력을
통해 작동하는 민주주의
형태와 연관된다. 이것
으로 다원주의적 민주주
의는 의회민주주의와 어
떤 다수결의 형태에 대
한 대안으로서 간주된
다. 건강한 다원주의적
민주주의를 위한 조건은
다음과 같다.
• 경쟁집단 사이에서 정
치권력의 폭넓은 분산이
존재한다. 특히 엘리트집
단은 존재하지 않는다.
• 구성원에 대해 책임을
지는 집단지도자를 가진
높은 수준의 내적 대응
성이 존재한다.
• 집단에게 정책에 접근
할 수 있게 할 정도로 충
분하게 분산된 중립적
정부기구가 존재한다.

(Gaetano Mosca; 1857~1941), 로베르트 미헬스(Robert Michels; 1876~1936)와 같은 고전적 엘리트주의자는 전자의 입장을 취하는 경향이 있다. 그들이 볼 때 민주주의는 단지 어리석은 기만에 불과하다. 왜냐하면 정치권력은 항상 특권적 소수에 의해 행사되기 때문이다. 예를 들면 『지배계급*The ruling class*』([1896] 1939)에서 모스카는 모든 사회에는 두 개의 계급―지배하는 계급과 지배당하는 계급―이 나타난다고 주장하였다. 그의 관점에서 볼 때 지배를 위해 필요한 자원 혹은 속성은 항상 불평등하게 배분된다. 나아가 응집력 있는 소수는 의회민주주의에서조차 항상 대중을 조작하고 통제할 수 있다는 것이다.

파레토는 통치를 위해 필요한 특성은 두 가지 심리학적 유형, 즉 '여우형foxes'―간지cunning를 통해 통치하고, 대중의 동의를 조작할 수 있는 자―과 '사자형lions'―이 유형의 지배는 전형적으로 강제와 폭력을 통해 이루어진다―중의 한 가지 유형이 가지는 특성이라고 암시한다. 미헬스는 조직이 민주주의적으로 보일지라도 무관심한 집단의 수중에 있는 것보다 모든 조직 내에서 권력이 조직될 수 있고 결정을 할 수 있는 작은 집단의 지배적 인물의 수중에 집중되는 경향에 기초한 대안적 논의를 발전시켰다. 그는 이것을 '과두제의 철칙the iron law of oligarchy'이라고 불렀다.

고전적 엘리트주의자는 민주주의가 항상 하나의 신화였다는 점을 증명하고자 노력하였던 반면에, 현대의 엘리트주의 이론가는 특별한 정치체계가 어느 정도로 민주주의적 이상을 결여하고 있는가를 부각시키고자 하는 경향이 있었다. 이러한 예는 라이트 밀즈(C. Wright Mills; 1916~1962)가 행한 미국의 권력구조에 대한 영향력 있는 설명에서 찾을 수 있다. 권력에 대한 폭넓은 민주주의적 조정에 관한 다원주의적 생각과는 대조적으로, 밀즈는 『권력엘리트*Power Elite*』(1956)에서 지도적 집단의 연결에 의해 지배되는 미국의 초상을 보여 주었다. 그의 견해에서 볼 때 '권력엘리트'는 대기업(특히 군수산업과 관련된), 미국 군부, 대통령을 둘러싸고 있는 정치집단political cliques으로 구성되는 삼두체제를 지녔다. 경제적 권력과 관료적 통제의 결합, 정부 집행부의 가장 높은 수준으로의 접근에 주목하면서, 권력엘리트는

엘리트Elite,
엘리트주의elitism

엘리트라는 단어는 원래 가장 높은 사람, 가장 좋은 사람 혹은 가장 탁월한 사람을 의미하였고, 아직도 이것을 의미할 수 있다. 하지만 중립적 혹은 경험적 의미에서 사용되는 엘리트라는 단어는 소수와 연관되며, 권력·부 혹은 특권이 정당하게 혹은 그렇지 않은 방법으로 소수의 수중에 집중된다는 점과 연관된다. 엘리트주의는 한 엘리트 혹은 소수에 의한 지배에 대한 믿음 혹은 실천이다. 규범적(normative) 엘리트주의는 엘리트 지배가 바람직하다는 점을 시사하고 있다. 요컨대 정치권력은 현명한 소수 혹은 계몽된 소수의 수중에 귀속되어야 한다는 점이다. (모스카·파레토·미헬스에 의해 발전된) 고전적(classical) 엘리트주의는 (규범적인 믿음이 종종 들어 있기는 하지만) 경험적이라는 점을 주장하였고, 엘리트 지배를 불가피한 것, 즉 변화시킬 수 없는 사회생활의 요소로 간주하였다. 현대적 엘리트주의도 경험적 분석을 발전시켰다. 그러나 이 현대적 엘리트주의는 엘리트 지배의 원인에 관해 좀 더 비판적이며 차별적이

특히 국방과 대외정책 분야에서 중요한 역사적 결정을 만들 수 있었다. 권력엘리트 모델은 미국에서 자유민주주의가 본질적으로 하나의 기만이라는 점을 시사한다. 선거에 대한 압력은 '중간 수준의 권력'(의회·주정부 등)에 의해 흡수되는 경향이 있으며, 조직화된 노동·소기업·소비자단체와 같은 집단은 정치과정에서 주변적인 영향력만 행사하였다는 것이다. 더군다나 엘리트주의자는 경험적 연구가 단지 다원주의적 결론들만 지지하였다고 주장하였다. 왜냐하면 달과 다른 학자들이 권력의 표명으로서 비결정집단이 갖는 중요성을 무시하였기 때문이다.

그러나 어떤 엘리트 이론가는 민주주의적 책임에 대한 측정이 엘리트 지배와 양립한다고 주장하였다. 권력엘리트 모델이 엘리트를 공동의 혹은 중첩되는 이해관계에 의해 결합된 응집력 있는 집단으로 나타내는 반면에, 경쟁적 엘리트주의—종종 민주주의적 엘리트주의라고 불린다—는 엘리트 경쟁의 중요성을 부각시킨다(그림 4.1 참조). 달리 표현하면 많은 경쟁적 집단과 이익집단의 지도적 인물로 구성되는 엘리트는 분열된다. 이 관점은 종종 조셉 슘페터Joseph Schumpeter의 『자본주의, 사회주의 그리고 민주주의Capitalism, Socialism and Democracy』(1942)에서 입안된 '현실적'인 민주주의 모델이다.

민주주의적 방법은 정치적 결정에 도달하는 제도적 장치이다. 이 속에서 개인은 국민투표를 위한 경쟁적 투쟁과 같은 수단을 통해 결정할 수 있는 권력을 획득한다.

유권자는 엘리트가 통치하는 것을 결정할 수 있다. 그러나 유권자는 권력이 항상 한 엘리트에 의해 행사된다는 사실을 변화시킬 수 없다. 이러한 경쟁적 엘리트주의 모델은 앤소니 다운즈(Anthony Downs, 1957)에 의해 '경제적 민주주의론economic theory of democracy'으로 발전하였다. 사실 선거경쟁은 정치시장을 창조한다. 이 정치시장 속에서 정치가는 정치권력을 장악하고자 결심한 기업가로서 행동하며, 개인 투표자는 자신들의 선호

다. 라이트 밀즈와 같은
현대의 엘리트주의자는
엘리트 지배를 설명하
고 이에 도전한다는 희
망 속에서 엘리트 지배
를 부각시키는 데 관심
을 가졌다.

를 가장 가깝게 반영하는 정책을 가진 정당에 투표하는 소비자와 같이 행동
한다. 다운즈는 개방적이고 경쟁적인 선거제도는 민주주의 지배를 보장하
는데, 그 이유는 이것이 철학·가치·정책이 가장 큰 유권자집단의 선호에
가장 가깝게 상응하는 정당의 수중에 정부를 두기 때문이라고 주장한다. 슘
페터가 적고 있는 것처럼 "민주주의는 정치가의 지배이다."

　　민주주의 정치모델로서 경쟁적 엘리트주의는 적어도 자유민주주의 정
치체계의 기능과 밀접하게 상응한다는 미덕을 가지고 있다. 정말로 경쟁적
엘리트주의는 어떤 가치와 원칙 – 정치평등·대중참여·자유 등 – 을 지정
하고자 하는 욕망을 통해서보다는 민주주의 과정이 어떻게 작동하는가를

권력엘리트 모델: 단일의 통일적 엘리트

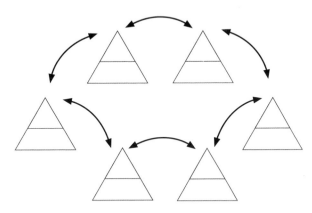

경쟁적 엘리트 모델: 분열된 엘리트

그림 4.1 엘리트 모델

신조합주의

Neocorporatism
조직화된 이익집단이 정
책형성에 특권화되고,
제도화된 접근이 보장
되는 서구의 다두정에서
발견되었던 경향을 의미
한다.

기술하고자 하는 하나의 시도로 출현하였다.

조합주의 관점

조합주의의 기원은 경영자와 노동자를 통치과정으로 통합시킴으로써 이른
바 '조합국가corporate state'를 건설하기 위해 파시스트 이탈리아에서 행해
진 시도로 거슬러 올라간다. 하지만 조합주의 이론가는 세계의 주요 산업국
가에서 나타난 병행적 발전에 주목하였다. **신조합주의** 혹은 자유주의적 조
합주의의 형태 속에서 이것은 '삼자연합 정부tripartite government'라는
유령spectre을 만들어 냈다. 이 스펙트럼 속에서 정부는 국가공직자·고용
자집단·노동조합으로 하여금 서로 직접적으로 다루게 하는 조직을 통해 행
동한다. 광범위하게 경제적 세력들을 정부 속으로 통합시키고자 하는 이 경
향은-이 경향은 전후 시기에 공통적이었고, 특히 스웨덴·노르웨이·네덜
란드·오스트리아에서 두드러졌다-경제적 관리와 개입이라는 활동의 결
과였다. 정부가 경제생활을 관리하고 점점 더 확대된 공공서비스를 전달하
고자 노력하였을 때, 정부는 협동을 보장하고 주요한 경제집단의 지지를 위
해 고안된 제도적 장치에 대한 필요성을 인식하였다. 국가간섭의 배제와 자
유시장-1979년 이후의 영국에 있어서와 같이-에 입각한 경제정책이 시도
되었던 곳에서 조합주의의 영향은 현저하게 감소하였다.

　민주주의 과정이라는 의미에서 조합주의가 지니는 중요성은 분명하게
고려할 만하다. 영국의 길드 사회주의자와 같이 개인의 견해와 이해관계가
경쟁적 선거메커니즘을 통해서보다는 개인이 속해 있는 집단에 의해 표현
된다는 점에서, 조합주의가 기능적 대표제의 형태를 가능하게 만들었다고
주장하는 학자들이 있다. 그리하여 '조합적 다원주의'라고 불렸던 것은 '삼
자연합주의'를 사회에 존재하는 중요한 집단과 이익집단이 정부정책을 형
성하는 데 경쟁하는 메커니즘으로 묘사되었다.

　하지만 대부분의 비평가들은 조합주의를 민주주의에 대한 하나의 위협
으로 간주한다. 첫째, 조합주의는 정부에 대한 특권화된 접근이 할당된 집
단에게만 이익을 준다는 것이다. 따라서 '체제 내부적' 집단은 정치적 목소

정상 집단

Peak association

기업이나 노동자의 일반
적 혹은 집단적 이익을
대변하는 것으로 정부에
의해 인정된 집단.

리를 소유하지만, '체제 외부적' 집단은 그렇지 못하다. 둘째, 정부가 협상하기 위해 선택하는 **정상 집단**이 자신의 구성원에 대해 규율을 행사할 수 있다는 점에서, 조합주의는 주요한 경제적 집단보다는 국가의 이익을 위해 작동할 수 있다. 마지막으로 조합주의는 선거민주주의 혹은 의회민주주의의 과정을 폭력적으로 변화시키기 위해 위협을 가한다. 정책은 대의제적 의회의 협의를 통해서보다는 정부공직자와 강력한 경제적 집단 사이의 협상을 통해 형성된다. 그리하여 이익집단의 지도자 스스로는 공적인 책임을 지지 않으며, 자신이 행한 영향도 공공의 감시에 예속되지 않으면서 상당한 정치권력을 행사한다.

신우파 관점

1970년대부터 신우파의 출현은 민주주의 정치에 대해 매우 특별한 비판을 야기하였다. 이 비판은 '민주주의의 과부하'라 불린 것들에 대한 위험에 초점을 두었다. 요컨대 '민주주의 과부하'는 통제되지 않은 집단과 선거압력에 예속된 정치체계의 마비상태를 의미한다. 이러한 비판의 한 가지 관점은 조합주의가 지니는 좋지 못한 모습을 부각시켰다. 신우파 이론가는 자유시장의 열렬한 옹호자이며, 경제는 정부가 간섭하지 않을 때 가장 잘 작동한다고 믿는다. 이 관점에서 조합주의가 지니는 위험은 조합주의가 부문집단과 경제집단들로 하여금 증대된 지출·공공투자·국가보조금·국가보호 등을 위해 국가에 대한 수요를 만들 수 있도록 권한을 부여하는 데 있다. 사실 조합주의는 강력한 이익집단으로 하여금 정부를 지배하고 정부에 지시하도록 허락한다. 신우파에 따르면 그 결과는 국가간섭과 경제적 정체라는 불가항력적인 경향이라는 것이다(Olson, 1982).

정부의 '과부하'는 또한 선거과정의 결과로 볼 수 있다. 이것은 사무엘 브리탄(Samuel Brittan, 1977)이 '민주주의의 경제적 결과'라고 언급한 것이었다. 이 관점에서 볼 때 선거정치는 결국 자멸의 과정이 된다. 이 과정에서 정치가는 유권자에 대해 점점 더 현실성 없는 약속을 제공함으로써 권력을 위한 경쟁을 하도록 고무된다. 투표자와 정치가 모두 이 지점에서 비난으로부터 자유롭지 못하다. 투표자는 더 높은 공공지출이라는 약속에 관심을 가지게 된다. 왜냐하면 투표자는 그 비용(그리고 세금증대에 의한 짐)이 전체 주민에게 퍼지게 될 것이라 계산하기 때문이다. 권력을 획득하고자 하는 욕망에 사로잡힌 정치가는 투표자에게 좀 더 포용적인 지출보증을 행함으로써 서로 이기려 한다.

브리탄에 따르면, 제한받지 않은 민주주의의 경제적 결과는 공적 차용과 기업을 파괴하고 성장을 저해하는 세금부담에 의해 적재되는 높은 수준의 인플레이션이다. 또한 데이비드 마칸드(David Marquand, 1988)에 의해 특징지어진 것으로, 신우파의 견해는 "성인에게 민주주의란 아이에게 주어진 초콜릿과 같다. 요컨대 그것은 끝없이 유혹적이고, 적은 양을 복용할 경우에는 해가 없지만 과다할 경우에는 화를 부르는 것이다." 따라서 신우파 이론가는 엄격하게 방어적 의미에서 민주주의를 보려는 경향이 있고, 민주주의를 본질적으로 사회변형을 일으키는 수단이라기보다 자의적 정부에 대항하는 하나의 방어로 간주한다.

맑스주의 관점

인민민주주의와 관련하여 지적하였던 것처럼, 민주주의 정치에 대한 맑스주의 관점은 계급분석에 그 뿌리를 두고 있다. 이 관점에서 볼 때 정치권력은 협소하게 선거권의 의미에서, 혹은 로비와 운동을 통해 집단이 자신의 이익을 표현할 수 있는 능력의 의미에서 파악될 수 없다. 오히려 더 심도 깊은 수준에서 정치권력은 경제권력의 배분, 특히 생산적 부의 불평등한 소유를 반영한다. 그리하여 자유민주주의에 대한 맑스주의 비판은 민주주의와 자본주의, 즉 자유민주주의가 천명하는 정치적 평등과 자본주의 경제가 필연적으로 창출하는 사회적 불평등 사이의 내적 긴장에 초점을 둔다. 그리하여 자유민주주의는 **지배계급**의 권력에 의해 조작되고 통제되는 '자본주의적' 혹은 '부르주아적' 민주주의로 간주된다.

그리하여 맑스주의는 다원주의적 민주주의에 대한 특징적인 비판을 제공한다. 계급권력이 불평등하게 배분되는 한, 권력은 사회에서 넓고 균등하게 분산될 수 없다는 것이다. 사실 여러 가지 점에서 맑스주의 관점은 다원주의에 대한 엘리트주의적 비판과 유사하다. 이 둘의 관점은 권력이 궁극적으로 소수의 수중에 놓인다는 점을 암시한다. 그리고 주된 차이는 소수가 '권력엘리트'로서 혹은 '지배계급'으로서 간주되는가 하는 점이다. 하지만 그보다 중요한 차이가 또 확인된다. 무엇보다도 엘리트주의자는 권력이 다양한 근원(교육, 사회적 신분, 관료적 지위들, 정치적 인맥, 부 등)으로부터 유래될 수 있다고 암시하는 반면에, 맑스주의자는 경제적 요인들, 즉 소유와 생산수단의 통제가 지니는 중요성을 상당히 강조한다. 하지만 현대 맑스주의자는 선거민주주의를 단순히 기만적 술수라고 치부하려 하지 않는다. 예를 들면 **유럽공산주의**자는 혁명이념을 포기하였고, 대신에 평화롭고 합법적이며 민주주의적인 '사회주의로 가는 길'을 채택하였다.

세계주의적 민주주의를 향하여

세계주의적 민주주의 이념은 지구화의 발전과 국민국가에 초점을 둔 국내적인 민주주의 과정의 명백한 '공동화' 현상으로 인해 점점 더 많이 주목받았다. 지구적 상호연관성이 정책형성 기관이 국가의 정부에서 국제기구로 이동하였다는 점을 의미한다고 한다면, 확실히 민주주의는 이러한 현상과 병행하여 다시 만들어져야만 하는가? 그러나 세계주의적 민주주의는 무엇과 같이 보일 것인가? 그리고 세계주의적 민주주의는 어떻게 작동할 것인가? 두 개의 기본적 모델들이 발전되었다. 그 첫째는 세계의회의 구성인데, 이 기관은 유엔·세계무역기구·국제통화기금 등등과 같은 견고한 국제기구들에 책임을 지게 함으로써 지구적 결정과정에 대한 더 큰 조사와 개방성을 도입하는 기능을 수행할 것이다. 이러한 생각에 대한 극히 소수의 지지자들은 성숙한 세계정부나 지구적 국가의 창설을 기대하고 있다. 대신에 대부분의 사람들은 다차원적인 탈주권적 거버넌스를 지지하는데, 이 탈주권적 거버넌스에서 그 어떤 단체나 수준도 최종적 권한을 행사할 수 없다. 헬드(1995)는 일련의 방책들을 제시하였는데, 그 방책들로는 '지구적 의회'의

지구적 시민사회

Global civil society

지구적 시민사회는 초국
가적 비정부집단과 결사
체들이 상호작용하는 하
나의 영역을 언급한다.
이 집단들은 전형적으
로 자발적이고 비영리적
이며, 그래서 자신들을
초국적 기업들과는 따
로 분리한다. 하지만 '지
구적 시민사회'라는 단
어는 복잡하고 논쟁적이
다. '활동주의적' 해석에
따르면 초국적 사회운동
들은 지구적 시민사회의
중요한 대리자이며, 지
구적 시민사회에 '부외자
(outsider)'적 방침을 제
공하며, 세계주의적 이
상들에 강력하게 초점을
맞춘다. 지구적 시민사
회의 '정책'적 해석에 따
르면, 비정부기구들은
지구적 시민사회의 중
요한 대리자이며, 지구
적 시민사회의 '내부자
(insider)'적 방침과 지구
적 거버넌스와 중첩되는
의미를 제공해 준다.

확립, 개혁적이고 더 책임있는 국제기구들 그리고 '국민국가의 강제력을 점점 더 큰 비율로 지역적·지구적 제도로의 영원한 이동' 등을 들 수 있다. 몬비오트(2004)는 대중적으로 선출된 세계의회의 창설을 지지하였다. 이 세계의회는 600명의 대의원으로 구성되며, 각각의 대의원은 약 1천만 명의 유권자를 가진 하나의 선거구를 가지며, 많은 유권자들이 국가의 경계들에 걸치고 있을 것이다.

세계주의적 민주주의의 대안적 모델은 덜 야심적이고 형식화되었다. 이 대안적 모델은 새로운 기관들의 건설에 덜 의존하며, 기존의 국제기구들의 개혁에 더 의존한다. 이 모델은 종종 **지구적 시민사회**의 강화와 연관을 맺고 있다. 이 모델은 하향식 통일적인 지구화에 대한 대안을 제공함으로써 지구적 권력을 재구성하기 위해 비정부기구들에 대한 믿음에 역점을 둔다. '아래로부터의 지구화'의 이념은 문명화하는 세계질서에 대한 상향식 민주주의 해석에 해당한다. 그러한 접근은 비정부기구와 초국적 사회운동들이 국제기관들, 회의들, 수뇌회의들 그리고 그와 같은 것의 활동에 대해 공적 조사와 책임성의 요소를 도입할 수 있을 정도로 효과적일 것이다. 그리고 이 점은 지구적 시민사회가 개인과 지구적 제도들 간의 소통채널로 기능한다는 점을 의미한다.

하지만 세계주의적 민주주의에 대한 전망들이 결코 낙관적이지 않다. 첫째, 국가 그리고 특히 주요 국가들이 지구적 민주주의를 향한 어떤 경향들을 방해할 것 같아 보이며, 만들어질지도 모르는 어떤 '대안적'인 단체들이 신뢰성을 결핍하고 지구적 결정에 그다지 중요하지 않을 것이라는 점을 보장할 것 같다. 그리하여 더 넓은 의미에서 세계주의적 민주주의 이념 속에 함축되어 있는 평등주의적 신뢰는 기존의 지구적 체계에서 존재하는 상당한 경제적·정치적·군사적 차이와 조화를 이룰 수 없다. 세계주의적 민주주의로의 이행에서 직면하는 방해물과는 별도로 비판가들은 다음의 사실을 주장하였다. 기획 그 자체가 상당히 오해될지도 모른다는 점이다. 첫째, 구조화되고 건설된다 할지라도 공적 책임을 확실하게 하는 과제를 가진 어떤 지구적 제도는 실패할 것이라는 점이다. 대중에 의해 선출된 지구적인 정치제도들과 세계에 걸친 평범한 시민들간의 필연적인 '간극'은 다음의 사실을 의미할 것이다. 즉 이 제도들이 민주주의적이라는 어떤 주장은 단지 겉치레일 뿐이라는 점이다. 이 관점에서 민주주의가 지방적이거나 아니면 국가적이라면, 그리고 지역적이든 아니면 지구적이든 간에 모든 국제기구들이 쇠약한 '민주주의 결핍'으로부터 고통을 받을 운명이라고 할 경우에만 민주주의는 아마도 의미를 지닐 뿐이다. 둘째, 비정부기구들의 민주주의적 신임과 그 문제에 관해 사회운동들은 전적으로 믿을 수 없는 것일지도 모른다. 많은 회원들, 헌신적인 행동주의자들 그리고 대중 시위와 데모들을 동원하는 능력은 분명히 사회운동과 비정부기구들에 정치적 영향력을 제공해 주지만 민주주의적 권위를 부여하지는 않는다. 아주 간단히 말해 일반 주민의 견해에 대해 그들의 견해의 영향력을 시험할 방법이 없다.

요약

(1) 정당성은 정치안정을 유지한다. 왜냐하면 정당성은 정치의 통치할 권리를 확립시켜 주고 국민들에 대해 정권의 권위를 지탱해 주고 있기 때문이다. 정당성은 전통적·카리스마적, 혹은 법적·합리적 권위에 그 토대를 두고 있을 수 있다. 그럼에도 현대사회에서 구조적 불균형들이 정당성을 유지하기에 점점 더 어렵게 만들고 있을 것이다. 정당성 위기들은 한편으로 민주주의에 의해 만들어진 사회경제적 개입에 대한 압력과 다른 한편으로 시장경제에 의해 만들어진 압력 간의 갈등에서 초래될지도 모른다.

(2) 민주주의 정당성은 이제 널리 유일하게 의미 있는 형태의 정당성으로 수용되고 있다. 하지만 경제적 요인과 다른 요인들이 정당성을 유지하는데 있어 민주주의보다 더 효과적일지도 모른다는 점이 시사되었다. 그리고 성숙한 민주주의들에서 정치적 이탈이 점점 더 늘어나고 있다는 증거는 정당성을 제공하고자 하는 민주주의의 능력이 쇠퇴하고 있고 비민주

주의 정권들이 적어도 정당성을 누릴지도 모른다는 점을 가리키고 있다.

(3) 민주주의에 관한 경쟁적 모델이 많이 있다. 각각의 모델은 대중통치에 대해 나름대로의 해석을 내린다. 이 모델은 대중의 자치원칙에 기초한 고전적 민주주의, 자유주의의 개인주의적 가정에 뿌리를 둔 방어적 민주주의, 대중참여의 영역을 넓히는 데 관심을 두는 발전적 민주주의, 계급권력의 배분에 특별한 관심을 두는 인민민주주의 등이다.

(4) 실제로 자유민주주의 제도가 어떻게 작동하는가에 관한 많은 토론이 있다. 다원주의자는 대중의 반응과 공적 책임을 보장하는 이 제도들의 능력을 칭찬한다. 엘리트주의자는 정치권력이 특권화된 소수의 수중에 집중되는 경향을 부각시킨다. 조합주의자는 정부에 대해 집단이 행하는 협력에 관심을 기울인다. 신우파는 '민주주의 과부하'가 초래하는 위험에 초점을 둔다. 그리고 맑스주의자는 민주주의와 자본주의 사이에 발생하는 긴장에 주목한다.

(5) 점증하는 지구적 상호의존성은 민주주의가 어떤 종류의 세계의회의 건설을 통해서 아니면 지구적 시민사회를 통해 지구적 혹은 세계주의적 수준에서 작동할 수 있고 작동해야만 하는지에 대한 관심을 자극하였다. 하지만 주요한 장애물들이 이 이념을 원칙적으로 실현 불가능한 것으로 거부하면서 세계주의적 민주주의의 도상에 서 있었다.

토론사항

(1) 권력은 왜 정당성을 필요로 하는가?
(2) 자본주의 사회는 필연적으로 정당성 위기의 경향이 있는가?
(3) 민주주의 정당성은 유일하게 의미 있는 정당성 형태인가?
(4) 직접민주주의는 어떤 방식으로 현대의 환경에 적용될 수 있는가?
(5) 민주주의 미덕들이 과장되었는가?
(6) 어떤 민주주의 모델이 가장 매혹적인가? 그 까닭은 무엇인가?

(7) 현대적 형태의 대의제 민주주의는 민주적인 것으로 기술될 만한 가치가 있는가?

(8) 현대사회 속에서 민주주의에 대한 중요한 위협은 어떤 것인가?

(9) 세계주의적 민주주의는 가능한가, 아니면 갖고 싶은 것인가?

더 읽을 거리

- Beetham, D., *The Legitimation of Power*(1991). 정당성 이념에 대한 분명하고 권위적인 소개서. 이 책은 또한 정당화하는 권력에 있어 민주주의 역할과 다른 요소들을 검토하고 있다.

- Dahl, R., *Democracy and its Critics*(New Haven, CT: Yale University Press, 1991). 민주주의 이념과 실재에 관한 폭넓고 철저한 토론서.

- Gill, G., *The Dynamics of Democratization: Elite, Civil Society and the Transition Process*(Basingstoke: Palgrave Macmillam, 2000). 동시대의 민주화에 대한 규모, 범위, 그리고 특징들에 관한 명확하고 접근이 용이한 개괄서.

- Held, D., *Models of Democracy*, 3nd ed. (Oxford: Polity Press, 2006). 경쟁적 민주주의 모델과 현재의 민주주의 이론의 서술에 관한 엄격하고 고무적인 시험서.

민족과 민족주의

"민족주의는 유아적 질병이다. 이것은 인류의 홍역이다."

Albert Einstein, *Letter*(1921)

개관

지난 200년 동안 민족은 가장 적당한—아마도 유일하게 적당한—정치적 지배 단위로 간주되었다. 사실 국제법은 일반적으로 개인처럼 민족도 침해할 수 없는 권리, 가령 정치적 독립과 자치에 대한 권리가 있다는 가정에 기초를 두고 있다. 하지만 민족이 가지는 중요성은 정치적 신념으로서 민족주의의 위세에서보다 더 극적으로 나타난 적은 없다. 많은 점에서 민족주의는 2장에서 논의된 더 정확하고 체계적인 정치이데올로기를 방해하였다. 민족주의는 전쟁과 혁명의 발발에 기여하였다. 그것은 새로운 국가의 탄생, 제국의 해체, 새로운 국경을 발생시켰다. 그리고 민족주의는 정권을 지지할 뿐만 아니라 기존의 정권을 재형성하는 데 이용되곤 하였다. 하지만 민족주의는 복잡하고 상당히 다양한 정치현상이다. 차별적인 정치적·문화적 형태의 민족주의가 존재할 뿐만 아니라 민족주의의 정치적 함의들도 광범위하였고 때때로 모순적이었다. 이러한 현상은 민족주의가 자유주의에서 파시즘에 이르기까지 아주 다른 이데올로기적 전통들과 연결되었기 때문에 발생하였다. 따라서 민족주의는 가령 민족독립의 추구와 제국적 팽창의 기획과 연관을 맺었다. 그럼에도 민족의 시대는 종말을 고할지도 모른다고 생각하는 데에는 이유가 있다. 민족주의자가 성취하고자 노력하였던 목표인 국민국가nation-state는 점점 더 내적·외적인 압력에 의해 어려움에 처하게 되었다.

쟁점

(1) 민족이란 무엇인가?

(2) 문화적 민족주의와 정치적 민족주의는 어떻게 다른가?

(3) 민족주의의 출현과 성장은 어떻게 설명할 수 있는가?

(4) 민족주의는 어떤 정치형태를 상정하였는가? 민족주의는 어떤 운동들(주의들)을 표현하였는가?

(5) 국민국가의 매력과 강점은 무엇인가?

(6) 국민국가는 미래가 있는가?

민족이란 무엇인가?

민족Nation

민족(라틴어의 nasci로 '태어난'이라는 의미를 지니고 있다)은 문화적·정치적·심리적 요인에 의해 형성된 복합적인 현상이다. 문화적으로 민족이 다양한 수준의 이질성을 나타낸다 할지라도, 민족은 공통의 언어·종교·역사·전통에 의해 함께 묶여진 인간집단이다. 정치적인 면에서 민족은 자신들을 하나의 자연적 정치공동체로 간주하는 인간집단이다. 이것은 전통적으로 국가를 확립하고, 유지하고자 하는 바람의 형태로 표현되지만, 또한 시민의식의 형태를 취할 수도 있다. 심리적 측면에서 민족은 애국주의 형태로 공유하고 있는 충성 혹은 애정을 통해 구별되는 인간집단이다. 그러나 이러한 애착이 민족구성원을 위한 필요조건은 아니다. 민족적 자부심이 결여된 사람조차도 그들이 민족에 속해 있다는 점을 여전히 인정할 수 있을 것이다.

민족주의라는 현상을 둘러싼 수많은 논의들은 **민족**을 구성하는 것이 무엇인가라는 경쟁적 견해들로 소급해 간다. 민족에 대한 이념은 매우 광범위하게 받아들여져서 민족이 지니고 있는 뚜렷한 특징은 좀처럼 시험되거나 의문시되지 않았다. 민족은 그저 당연한 것으로 여겨졌다. 그럼에도 많은 혼란이 존재한다. '민족'이라는 단어는 엄밀하게 사용되지 않는 경향이 있고, 종종 국가state·나라country·인종집단·인종과 같은 단어와 번갈아 가면서 사용되었다. 예를 들면 유엔은 명백하게 잘못된 명칭이다. 왜냐하면 유엔은 민족적인 인구의 조직이 아니라 국가의 조직이기 때문이다. 그렇다면 민족이 지니는 특징적인 속성은 무엇인가? 무엇이 민족을 다른 사회집단 혹은 집단적 정체성과 구별짓는가?

민족이라는 단어를 정의할 때 어려움은 모든 민족이 객관적·주관적 특징, 즉 문화적·정치적 특징을 동시에 가지고 있다는 사실로부터 발생한다. 객관적 의미에서 민족은 문화적 존재이다. 다시 말해, 같은 언어와 종교를 가지고 있는 사람들의 집단은 함께 나눈 과거와 그 밖의 것에 의해 결속되어 있다. 이 요소는 의심할 바 없이 민족주의 정치를 형성한다. 예를 들어 캐나다의 퀘벡코이스Quebecois의 민족주의는 일반적으로 불어를 사용하는 퀘벡quebec과 압도적으로 영어를 사용하는 그 외의 캐나다 지역 사이에 존재하는 언어적 차이에 토대를 두고 있다. 인도에서 민족주의 긴장감은 예외없이 종교적 분리에서 발생한다. 이에 대한 예로 분리된 조국Khalistan을 원하는 편잡punjub 지역의 시크인Sikhs의 투쟁과 카슈미르Kashmir가 파키스탄과 통합되기를 원하는, 카슈미르에 거주하는 무슬림의 정치운동을 들 수 있다. 하지만 객관적 요소만을 가지고 민족을 정의하는 것은 불가능하다. 모든 민족은 문화적·종족적ethnic·인종적racial 다양성의 척도를 포괄한다. 스위스 민족은 세 개의 주요한 언어(불어·독어·이탈리아어)와 다양한 사투리를 사용하는데도 지속적이고 생명력 있는 것으로 판명되었다. 북아일랜드에서 경쟁적 민족주의를 초래하였던 가톨릭과 프로테스탄트의 분리

종족집단 Ethnic group
공통의 문화적·역사적
정체성을 공유하고 있는
인간집단을 의미한다.
이 집단은 전형적으로
공통적인 혈통에 대한
믿음과 연관되어 있다.

는 일반적으로 영국에서는 중요하지 않았고, 독일 등에서는 단지 주변적인 의미만을 지녔을 뿐이다.

이것은 궁극적으로 민족이 민족 구성원에 의해 주관적으로만 정의될 수 있다는 사실을 강조한다. 끝까지 분석해 보면 민족은 정치심리적 구성체다. 민족을 어떤 다른 집단 혹은 어떤 다른 집합과 구별하는 것은 민족의 구성원이 자신들을 하나의 민족이라고 간주하는 데서 이루어진다. 이것은 무엇을 의미하는가? 민족은 그 자신을 특징적인 정치공동체로 생각한다. 이것이 민족을 **종족집단** ethnic group과 구별짓게 한다. 종족집단은 의심할 바 없이 공동의 정체성과 문화적 자긍심을 소유하고 있다. 그러나 민족과는 달리 종족집단은 집단적인 정치적 열망이 부족하다. 이 열망은 전통적으로 정치적 독립이나 국가의 독립을 추구하는 형태 혹은 정치적 독립이나 국가의 독립을 유지하고자 하는 형태를 띠었다. 하지만 좀 더 온건한 수준에서 이 열망은 아마도 하나의 국가연방 혹은 연합 confederation의 부분으로서 어떤 자율성을 성취하고자 하는 바람으로 구성된다.

하지만 여기에서 복잡한 문제가 해결되는 것은 아니다. 민족주의는 난해한 정치적 현상이다. 왜냐하면 다양한 민족주의 전통은 다른 방식으로 민족에 대한 개념을 해석하기 때문이다. 특히 두 가지 대조적인 개념이 영향을 끼쳤다. 그 하나는 민족을 주로 문화공동체로 묘사한다. 이 개념은 인종적 연대와 충성심을 강조한다. 또 다른 하나는 민족을 본질적으로 정치공동체로 간주하며, 시민적 결속과 신민적 의무의 중요성을 부각시킨다. 이 경쟁적 견해는 민족의 기원에 대안적 설명을 제공할 뿐만 아니라 매우 다른 민족주의 형태와 연계되었다.

문화공동체로서 민족

민족이 본질적으로 인종적·문화적 존재라는 생각은 민족에 대한 '일차적' 개념으로 기술되었다(Lafont, 1968). 이 생각의 기원은 18세기 후반 독일의 헤르더Herder, 피히테Fichte와 같은 인물이 쓴 저술로 거슬러 올라가 그 흔적

민족정신Volksgeist
문자상으로 국민정신을
의미한다. 문화와 특히
언어에서 반영된 어떤
국민이 지니는 유기적
정체성을 의미한다.

문화주의Culturalism
인간들은 문화적으로 정
의된 생명체이며, 문화
는 개인적·사회적 정체
성을 위한 보편적인 토
대라는 믿음.

을 찾을 수 있다. 헤르더가 판단할 때, 각각의 민족집단이 지니는 고유한 성격은 궁극적으로 자연적 환경, 즉 기후적·물리적 지리에 의해 결정된다. 이 자연적 환경은 한 민족의 생활습관, 노동습관, 태도, 창조적 성향을 형성한다. 무엇보다도 그는 언어의 중요성을 강조하였다. 그의 견해에 따르면, 언어는 한 민족이 가지는 특징적인 전통과 역사적 기억을 구체화하였다는 것이다. 그래서 그의 관점에서는 각 민족에 **민족정신**이 있다. 민족정신은 노래·신비·전설로 표현되고, 한 민족에게 창조성의 근원을 제공한다. 따라서 헤르더의 민족주의는 확실히 국가독립을 위한 정치적 노력 대신에, 민족 전통과 집단적 기억에 대한 인식과 이해를 강조하는 하나의 문화주의의 형태이다. 이 이념은 19세기 독일에서 민족의식의 자각에 심대한 영향을 끼쳤다. 예를 들어 이 이념은 **그림 형제들**의 민족이야기와 리하르트 바그너(Richard Wagner; 1813~1883)의 오페라 속에 들어 있는 고대의 신비와 전설의 재발견 속에서 나타난다.

　헤르더의 **문화주의**가 지니는 함의는 민족이 '자연적' 혹은 유기적 존재라는 점이다. 이 존재는 고대로 거슬러 올라가 그 흔적을 찾을 수 있으며, 같은 이유로 인간이 존재하는 한 계속 존재한다. 현대 사회심리학자들도 유사한 견해를 발전시켰다. 이들은 안전·정체성·소속감을 획득하기 위해 집단을 형성하고자 하는 인간이 가지는 경향을 지적하고 있다. 이러한 관점에서 민족으로 인간을 분할하는 것은 자신과 비슷한 문화·배경·생활양식을 공유하고자 하는 사람에게 친밀한 것을 그려내기 위한 인간의 자연적 성향을 반영하는 것일 뿐이다. 하지만 이러한 심리학적 통찰은 역사적 현상으로서 민족주의를 설명해 주지 못한다. 요컨대 이 통찰은 특정한 시간과 장소, 특히 19세기 초 유럽에서 일어난 역사적 사건으로서 민족주의를 규명하지 못한다.

역자주

그림Grimm **형제들**
야콥 그림(Jakob Gri-
mm; 1785~1863)과
빌헬름 그림(Wilhelm
Grimm; 1786~1859).
독일의 언어학자이며
동화작가.

　『민족과 민족주의*Nations and Nationalism*』(1983)에서 에른스트 겔너 Ernst Gellner는 민족주의가 현대화, 특히 산업화의 과정과 연결되어 있는 정도를 강조하였다. 그는 전근대적 혹은 '농업적' 사회가 봉건적 구속과 충성심이라는 조직망에 의해 구조화되었던 반면에, 신생 산업사회는 사회적

요한 고트프리트 헤르더(Johan Gottfried Herder; 1744~1803)

독일의 시인, 비평가, 철학자. 종종 문화적 민족주의의 선구자로 묘사된다. 교사이자 루터파 목사인 그는 1776년에 바이마르(Weimar)에서 대공국 성직자의 수장으로 정착하기 전까지 유럽을 여행하였다. 그는 인생의 초기에 칸트·루소·몽테스키외와 같은 사상가로부터 영향을 받았지만, 계몽주의에 대한 선도적인 지적 반대자가 되었으며, 낭만주의 운동이 독일에서 성장하는 데 있어서 중요한 영향을 미쳤다. 그는 독특한 언어, 문화, '정신'에 의해 특징화된 하나의 유기적 집단으로서 민족을 강조하였고, 이 점은 문화적 역사를 설립하고 민족 문화의 내적인 가치를 강조하였던 특정한 형태의 민족주의를 초래하는 데 기여하였다.

이동성, (자기)이익추구와 경쟁을 장려하였고, 그래서 새로운 문화적 응집력의 근원을 요구하였다는 점을 강조하였다. 이것은 민족주의에 의해 제공되었다. 따라서 민족주의는 특정한 사회적 조건과 환경의 요구에 대처하기 위해 발전한 것이다. 다른 한편으로, 겔너의 이론은 전근대적 충성과 정체성을 되돌려 놓을 수 없는 것과 마찬가지로 이제 지울 수 없다는 점을 암시한다. 하지만 『민족의 종족적 기원*The Ethnic Origins of Nations*』(1986)에서 앤서니 스미스Anthony Smith는 현대의 민족과 그가 '종족ethnies'이라고 불렀던 인종공동체 사이의 연속성을 부각시킴으로써 민족주의와 근대화 사이의 연결이라는 이념에 도전하였다. 이 관점에서 볼 때 민족은 역사적으로 구체화된다. 즉 민족은 국가 독립의 달성이나 민족의 독립을 위한 노력보다 더 이전으로 올라가는 공동의 문화적 유산과 언어에 그 뿌리를 두고 있는 것이다. 그러나 스미스는 종족성ethnicity이 민족주의의 전임자이긴 하지만, 현대의 국민은 확립된 인종ethnies이 정치주권이라는 교리와 연결될 때만 존재하게 된다는 점을 인정하였다. 이러한 접합은 18세기 후반과 19세기 초 유럽에서 일어났고, 아시아와 아프리카에서는 20세기에 일어났다.

민족의 기원과는 무관하게 어떤 민족주의 형태는 정치적 성격보다는 특징적인 문화적 성격을 띤다. **문화민족주의**는 공통으로 민족적 자기확증의 형태를 보인다. 그리고 문화적 민족주의는 한 민족이 민족적 자긍심과 자존

문화민족주의

Cultural nationalism

문화민족주의는 하나의 분리된 정치공동체로서 보다는 차별적인 문명으로서 민족의 재건을 일차적으로 강조하는 민족주의 형태이다. 일반적으로 문화민족주의자는 국가가 이질적인 것은 아니라 할지라도 하나의 주변적인 실재로 간주한다. 정치적 민족주의가 '합리적'이고 일반적으로 원리를 가진 반면에, 문화민족주의는 민족이 가지고 있는 '정신'에 의해 생명을 불어넣게 되는 유일무이한 역사와 유기적 전체로서 민족이라는 믿음에 기초하고 있다는 점에서 '신비주의적'이다. 전형적으로 문화민족주의는 엘리트 혹은 '더 높은' 문화보다는 '대중적' 의식, 전통, 전설에 의존하는 '상향적' 형태의 민족주의이다. 종종 반현대적인(antimodern) 성격을 나타내지만, 문화민족주의는 또한 민족으로 하여금 자신을 재창조할 수 있게 함으로써 근대화의 대리자로서 봉사할 수 있다.

역자주

앤잭Anzac

1차 세계대전 때의 오스트레일리아와 뉴질랜드의 연합군을 의미하는 말로 Australian and New Zealand Army Corps의 약칭.

감을 부각시킴으로써 자신의 정체성에 대해 더 명백한 느낌을 획득할 수 있는 하나의 수단이다. 이것은 웨일즈인의 민족주의에서 증명된다. 이 민족주의는 정치적 독립의 추구보다는 일반적으로 웨일즈인의 언어와 문화를 보존하는 데 훨씬 더 초점을 둔다. 미국의 흑인민족주의, 서인도제도, 유럽의 여러 지역도 또한 강한 문화적 성격을 가지고 있다. 이 지역의 민족주의는 현저하게 흑인이라는 의식과 민족적 자긍심의 발전을 강조하고 있다. 마커스 가비Marcus Garvey와 말콤 엑스Malcolm X의 표현에 따르면, 이것은 정신적·문화적 '조국'으로서 아프리카의 재발견과 연관이 있다. 유사한 과정이 현대의 오스트레일리아에서 진행되고 있고, 뉴질랜드에서도 어느 정도 진행되고 있다. 예를 들면 오스트레일리아에서 공화주의자의 운동은 대영제국으로부터 하나의 정치적·문화적 단위로 민족을 재정의하고자 하는 희망을 나타내고 있다. 이것은 **앤잭**Anzac의 신화, 토착주민과의 관계, 그리고 이주자 민족문화의 재발견에 압도적으로 의존하는 자기확정의 과정이다.

독일 역사가인 프리드리히 마이네케(Friedrich Meineke, 1907)는 논의를 더 진전시켜 '문화민족'과 '정치민족'을 구분하였다. '문화적' 민족은 높은 수준의 인종적 동질성에 의해 특징화된다. 사실 민족적 정체성과 인종적 정체성은 중첩된다. 마이네케는 문화적 민족의 예로서 그리스인·독일인·러시아인·영국인·에이레인을 동일시하였다. 그러나 이 점은 동등하게 쿠르드족·타밀족·체첸족과 같은 인종집단에게도 적용된다. 이 민족은 정치적 힘에 의해서라기보다는 자연적 혹은 역사적 힘에 의해 형성되었다는 점에서 '유기적'인 것으로 간주될 수 있다. 문화적 민족이 가지는 강점은 강력하고 역사적인 민족적 일체라는 느낌으로 결합되어, 안정적이고 응집력 있는 경향을 가지고 있다는 점이다. 다른 한편으로, 문화적 민족은 자신들을 배타적 집단으로 보는 경향이 있다. 민족의 구성원은 자발적으로 맺어진 정치적 동맹이 아니라 물려받은 인종적 정체성에서 유래하는 것으로 간주된다. 그리하여 문화적 민족은 자신들을 공통의 혈통에 의해 구별되는 확대된 친족으로 보는 경향이 있다. 이러한 의미에서 민족이 단지 언어와 믿음을 받아

인종Race

인종은 피부, 머리 색깔 그리고 얼굴 특징 등과 같은 생물학적 근거로 하나의 인간집단을 다른 인간집단으로부터 구별하는 인간들 사이의 육체적 혹은 유전자적 차이를 언급한다. 그리하여 인종은 공통의 선조와 '하나의 핏줄'을 공유하는 인간집단이다. 하지만 이 용어는 과학적으로 그리고 정치적으로 논쟁적이다. 과학적인 증거는 다음의 사실을 시사하고 있다. 즉 인간들 사이의 종유형적 차이의 의미에서 '인종'과 같은 그러한 것은 없다. 정치적으로 인종적 범주화는 문화적 고정관념에 공통적으로 그 기반을 두고 있다. 이 범주화는 기껏해야 극단적으로 단순화한 것이며, 최악의 경우 악성적인 것이다.

들임으로써 독일인·러시아인·쿠르드인이 되는 것은 불가능하다. 이 배타성은 편협하고 퇴행적인 민족주의 형태를 낳는 경향이 있고, 민족과 **인종** 사이의 구별을 약화시키는 경향이 있다.

정치공동체로서 민족

민족이 본질적으로 정치적 실체라는 견해는 문화적 정체성보다 오히려 시민적 충성과 정치적 동맹을 강조한다. 그리하여 민족은 문화적·인종적 충성심과 다른 충성심과는 무관하게 주로 공유된 시민의식에 의해 묶여진 인간집단이다. 민족에 대한 이러한 견해는 종종 현대민족주의의 '선구자'로 간주되는 장 자크 루소의 저술 속에서 찾을 수 있다. 루소는 전문적으로 민족문제에 몰두하거나 민족주의의 현상에 관해 논의하지 않았지만, '일반의지 general will' – 사실상 사회의 공동선 – 의 이념 속에 표현된 인민주권에 대한 그의 강조는 1789년 프랑스혁명 시기에 싹튼 민족주의 학설의 맹아였다. 정부는 일반의지의 기초 위에서 세워져야 한다고 선언하면서, 루소는 군주권력과 귀족적 특권에 대해 강력하게 비판하였다. 프랑스혁명 시기의 급진적 민주주의의 원칙은 프랑스 국민이 양도할 수 없는 권리와 자유를 소유하며, 더 이상 왕의 신민이 아니라는 주장 속에서 나타나고 있다. 그리하여 주권은 '프랑스 민족'에 귀속되었다. 따라서 프랑스혁명으로부터 출현하였던 민족주의 형태는 자신을 다스리는 국민 혹은 민족에 대한 비전을 구체화하였고, 이 형태는 불가피하게 자유·평등·박애와 연결되었다.

　민족이 인종적 공동체가 아니라 정치공동체라는 이념은 수많은 민족주의 이론에 의해 지지되었다. 예를 들면 에릭 홉스봄(Eric Hobsbawm, 1983)은 민족이 '만들어진 전통'이라는 점을 부각시켰다. 홉스봄은, 현대의 민족은 오래전에 확립된 인종공동체로부터 발전되었다는 견해를 수용하지 않고, 역사공동체와 문화적 순수성에 대한 믿음은 불가피하게 하나의 신화 혹은 더 나아가 민족주의 자체에 의해 만들어진 신화였다고 주장하였다. 이 관점에서 볼 때 민족주의는 다른 길을 선회하지 않고 민족을 만들어 낸다는 점이다. 예를 들어 민족에 대한 폭넓은 의식―종종 대중민족주의라고 불린다―은 19세기 후반까지 발전하지 않았고, 아마도 국가와 국기, 초등학교 교육의 확대를 통해 형성되었다. 확실히 '모국어'에 대한 이념이 세대를 통해 거쳐 왔고 하나의 민족문화를 실현한다는 견해는 매우 의심스럽다. 실제로 각 세대가 자신의 특징적인 요구와 환경에 맞는 언어를 채택할 때 언어는 살고 성장한다. 더욱이 19세기까지 많은 사람들이 문자로 표기된 언어형태를 알지 못했고, 교육받은 엘리트의 언어와는 별로 공통성을 가지고 있지 않았다는 사실을 생각한다면 '민족적' 언어라는 관념은 터무니없다.

베네딕트 앤더슨(Benedict Anderson, 1983) 또한 근대의 민족을 하나의 인공물로 묘사하였다. 그의 표현에 따르면, 근대의 민족은 '상상의 공동체 imagined community'였다. 앤더슨은 민족이 하나의 공통적 정체성에 대한 생각을 유지하기 위해 서로 얼굴을 맞대고 상호작용하는 수준을 요구하는 참된 공동체이기보다는 정신적 이미지로서 존재한다는 점을 지적하였다. 민족 내에서 개인들은 아마도 어떤 민족적 정체성을 공유하고 있다고 하는 사람들 중에서 단지 몇몇 사람들만을 접할 뿐이다. 민족이 존재한다면, 민족은 우리에게 교육·대중매체·정치사회화의 과정을 통해 건설된 상상화된 인공물로서 존재한다는 것이다. 루소의 관점에서 민족은 민주주의와 정치자유에 대한 이념에 의해 생명이 불어넣어지는 반면에, 민족이 '창조된' 혹은 '상상화된' 공동체라는 생각은 민족주의가 일종의 부르주아 이데올로기라는 맑스주의 믿음과 더 일치한다. 정통 맑스주의 관점에서 볼 때 민족주의는 하나의 장치이다. 이 장치를 통해 지배계급은 민족적 충성이 계급연대보다 더 강하고, 그리하여 노동계급을 기존의 권력구조에 묶어 둠으로써 사회혁명의 위협에 대항한다.

민족이 자유나 민주주의를 위한 소망으로부터 발생하든지 아니면 민족이 단지 정치엘리트 혹은 지배계급의 교활한 창작물이든지 간에 몇몇 민족들이 정치적 성격을 띠는 것은 확실하다. 마이네케의 관점에 따르면 이 민족들은 '정치적 민족'으로 분류될 수 있다. '정치적' 민족은 시민권이 인종적 정체성보다 더 큰 정치적 의미를 가지고 있는 민족이다. 일반적으로 정치적 민족은 수많은 인종집단을 포함하기 때문에 문화적 이질성에 의해 특징지워진다. 영국·미국·프랑스는 종종 고전적인 정치적 민족의 사례로 간주되었다. 영국은 사실상 4개의 '문화적' 민족, 즉 영국인·스코틀랜드인·웨일즈인·북에이레인 – 북에이레인은 두 개의 민족, 즉 프로테스탄트적 연합주의자와 가톨릭적 공화주의자로 구성된다 – 으로 구성되어 있다. 영국 민족이 지니는 특징적인 정체성이 있다면, 이것은 왕에 대한 공통의 충성, 웨스터민스터 의회에 대한 존경, 영국 국민이 지니고 있는 역사적 권리와 자유에 대한 믿음과 같은 정치적 요소에 기초한다. 이주자의 땅으로서 미국은 또렷한 다인종적·다문화적 성격을 가지고 있다. 그래서 이러한 성격으로 인해 미국이 공유하고 있는 문화적·역사적 연대 위에서 하나의 민족적 정체성을 세우는 것은 불가능하다. 대신에 아메리카의 국민이라는 감정은 교육제도와 공통의 가치에 대한 존경심의 양성을 통해 의식적으로 발전되었다. 이 공통의 가치는 미국독립선언서와 미국헌법에서 초안되었다. 비슷하게 프랑스의 민족적 정체성은 1789년의 프랑스혁명 전통과 원칙에 긴밀히 결합되었다.

이론적으로 이러한 민족의 공통점은 기존의 문화적 정체성과는 반대되는 것으로 일련의 공통적 원칙과 목표를 자발적으로 수용하고 있다는 것이다. 이 사회에서 발전한 민족주의 양식이 전형적으로 포용적이고 민주주의적이라는 점이 종종 논의되고 있다. 만약에 한 민족이 주로 정치적 실체라면, 그것은 구성원들이 특별한 언어, 종교적·인종적 기준 혹은 그와 같은 기준을 충족시키는 사람들에 제한되지 않는다는 점에서 포괄적 집단이다. 이에 대한 고전적 예는 '여러 인종이 혼합된' 국가로서의 이미지를 가진 미국과 '무지개사회'로 간주되는 '새로운' 남아프리카이다. 다른 한편으로, 정치적 민족은 문화적 민족주의에서 발견되는 유기체적 통일과 역사적 뿌리의식을 경험하는 데 실패할 수 있다. 이것은 예를 들면 스코틀랜드와 웨일즈의 민족주의 그리고 종종 '작은 영국인' 민족주의라고 불리는 편협한 형태의 영국English 민족주의와 비교해 볼 때, 대영제국에서 브리튼British의 민족주의가 지니고 있는 상대적 허약함을 설명해 줄 것이다.

캐나다: 하나의 국가인가 두 개의 국가인가?

사건: 캐나다는 10개의 주와 3개의 준주territory로 구성되어 있는 연방국이다. 주는 준주보다 더 광범한 정치적 자율성을 누린다. 캐나다인들의 약 24퍼센트는 프랑스어를 쓰는 주민이며, 이들은 제1 언어로 프랑스어를 말하고 일반적으로 퀘벡의 대서양지역(85퍼센트)에 살고 있다. 1970년대 이후 캐나다의 국내정치는 압도적으로 영어를 사용하는 캐나다에 대해 퀘벡의 관계가 지배적이었다. 의회의 퀘벡해방전선은 1963~1970년 동안에 활동하였고, 분리주의 정당인 퀘벡당Parti Québécois(PQ)은 1976년에 퀘벡에서 권력을 장악하였고, 1990년 이후 퀘벡당은 퀘벡사람 블록Bloc Québécois을 통하여 연방 수준에서 활동하였다. 퀘벡 독립을 위한 국민투표가 1980년과 1995년에 개최되었지만 두 번 다 실패하였다. 1995년의 국민투표는 1퍼센트 차로 실패하였다. 입헌적 개혁, 특히 1987년의 미치 레이크 협정Meech Lake Accord을 통해 퀘벡 민족주의의 요구를 논의하고자 하는 시도들도 역시 실패하였다. 하지만 다문화주의와 양문화주의의 원칙은 1982년 캐나다 권리 및 자유헌장의 27개 조항에서 그리고 1988년 캐나다 다문화주의 조례를 통하여 법률로 정식으로 기술되었다. 2006년에 캐나다 하원은 프랑스계 퀘벡 사람들이 캐나다 내에서 한 국민을 형성한다는 것을 인정하는 발의를 가결시켰다.

의의: 캐나다의 퀘벡 사람의 민족주의는 민족주의와 그것이 흥하거나 쇠퇴하는 환경에 관하여 의문을 제기하였다. 19세기 중엽부터 20세기 중엽까지 그 방향에 있어 특징적으로 문화적이었고 가톨릭 교회에 중심을 두었던 보수적인 성직자적 신의에 의해 형성되었다. 그리고 퀘벡의 민족주의는 역사적으로 농경사회의 시골적·가족적 가치들을 나타내었다. 하지만 1960년대에 사회에 대한 이러한 엘리트적 해석은 도시화·세속화·아메리카화 그리고 자유주의적·진보적 가치들의 확산 등과 같은 경향에 의해 흔들리게 되었다. 이러한 맥락에서 퀘벡 사람의 정체성은 다시 표현되기 시작하였고 점점 더 정치적 요구들, 특히 독립을 위한 정치적 요구들을 통하여 표현되었다. 정치적 요소들 역시 이 과정을 용이하게 해주었다. 1960년대 초에 그 지역의 자유주의 정부에 의한 소위 말하는 '조용한 혁명' 도입으로 인해 사회적·문화적 근대화가 촉진되었고, 지역정부의 권력이 증대함으로써 분리에 대한 대중의 요구들이 증대하기 시작하였다. 마찬가지로 피에르 트루도Pierre Trudeau의 통치하에서(1968~1979, 1980~1984) 캐나다 정부는 언어적 권리의 의미에서 허가를 해 주고 캐나다의 헌법적 위상과 퀘벡의 헌법적 위상을 조정함으로써 퀘벡의 민족주의를 만족시키고자 하였다. 이 헌법적 위상의 조정은 퀘벡의 민족주의를 억제하기보다는 오히려 민족주의의 경향을 강화시켰다.

하지만 문화적 관심에서 정치적 요구로 이행했음에도 언어는 퀘벡민족주의에 핵심적인 것이었고, 몇 가지 점에서 더 중요하게 되었다. 이 점은 프랑스 사람들이 점증하는 이민으로(캐나다는 세계에서 1인당 가장 높은 이민율을 가진 나라 중 하나였다) 영어가 확산(그리고 다른 언어들)됨에 따라 위협받고 있다는 인식으로 인해 발생하였고, 또한 언어가 점점 더 정체성과 동일시되었고 그리하여 정치적·문화적 자기주장이 정치의 부분으로 되었기 때문에 발생하였다. 그럼에도 1995년의 국민투표에서 실패한 후 그 경향은 분리주의적 민족주의로 방향을 틀기 시작하였다. 2007년 지방선거에서 퀘벡 사람들 당(PQ)은 자유당과 보수적인 퀘벡의 민주
행동당Action democratique du Quebec(ADQ)에 패배하였고 1973년 이후 처음으로 그 당은 정부나 공식
적인 야당을 구성하지 못하였다. 이에 대한 이유로는 캐나다 연방 내에서 남아 있는 것이 가져다주는 경제적
이익에 대한 점증하는 인식과 퀘벡의 문화적 · 언어적 권리들을 보장함에 있어서의 발전은 시간이 경과함에
따라 한때 분리주의 정치를 부추겼던 것에 기여하였던 위협과 부정의에 대한 의식을 약화시켰기 때문이다.
많은 점에서 민족주의보다는 오히려 다문화주의가 '퀘벡 문제'에 대한 해결책임이 판명되었는데, 특히 1990년
대 이후 캐나다가 소위 말하는 '첫번째 민족들'에 대한 영토적 · 자치정부권을 인정하였기 때문이다.

개발도상국가는 하나의 민족적 정체성을 획득하고자 하는 투쟁에서 특
별한 문제에 직면하였다. 이 민족은 두 가지 의미에서 '정치적'인 것으로 기
술될 수 있다. 첫째, 많은 경우 이 민족들은 식민지 지배에 대항하는 투쟁
을 한 후에야 비로소 국가를 달성하였다. 이때 민족이 가지는 민족적 정체
성은 민족해방과 자유를 위한 통일적 노력에 의해 상당한 영향을 받게 되었
다. 따라서 제3세계 민족주의는 강한 반식민지적 성격을 가지는 경향이 있
다. 둘째, 이 민족들은 종종 이전의 식민지 지배자로부터 물려받은 영토적
경계선에 의해 형성되었다. 이것은 특히 아프리카에 해당되었다. 아프리
카의 '민족들'은 종종 공통된 식민지 과정에 의해 함께 묶여진 광범위한 인
종적 · 종교적 · 지역적 집단을 포함한다. 이전에 존재하는 민족적 정체성이
라는 바탕 위에서 국가임을 추구하였던 고전적인 유럽의 문화적 민족 형성
과는 대조적으로, 아프리카는 이에 존재하는 국가의 기초 위에서 민족을
형성하고자 하였다. 하지만 잘못된 정치적 · 인종적 정체성의 결합으로 인
해 정기적인 긴장이 발생하였다. 이러한 예로서 나이지리아 · 수단 · 르완다
Rwanda · 부룬디Burundi 등을 들 수 있다. 하지만 이 갈등은 단순하게 고
대 '**종족주의**tribalism'의 표출이 결코 아니었다. 일반적으로 이 갈등은 식민
지 시대에 이용된 분할통치정책의 결과였다.

다양한 민족주의

민족주의가 지니는 정치적 성격에 관한 광범위한 논쟁이 있다. 한편으로 민족주의는 민족의 통일 혹은 독립의 전망을 제공하는 발전적·해방적 힘으로 나타날 수 있다. 다른 한편으로 민족주의는 정치지도자로 하여금 민족의 이름으로 군사적 팽창과 전쟁정책을 하도록 허락하는 비합리적·반동적 강령이 될 수 있다. 사실 민족주의는 다중적인 개성적 징후들의 정치적 등가물로 괴로워하는 어떤 징조를 보인다. 다양한 시기에 있어서 민족주의는 진보적·반동적, 민주적·권위적, 해방적·억압적, 좌파적·우파적이었다. 이런 이유로 민족주의를 하나의 단일한 혹은 일관적 정치현상이 아니라 일련의 '민족주의들', 즉 단지 하나의 성격을 공유하는 전통의 복합체로 보는 것이 아마도 더 좋을 것이다. 요컨대 특유한 방식으로 각각의 민족주의는 중요한 정치적 의미를 인정한다.

　이러한 혼란은 부분적으로 민족의 개념이 어떻게 이해되어야 하고, 민족을 정의할 때 문화적 기준이 결정적인지 아니면 정치적 기준이 결정적인지에 관한 앞에서의 논쟁들로부터 유래한다. 하지만 민족주의의 성격은 또한 민족주의적 열망이 일어나는 환경과 민족주의가 애착을 느끼는 정치적 운동을 통해 형성되기도 한다. 그리하여 민족주의가 외국의 지배 혹은 식민지 지배의 경험에 대항하는 하나의 반작용이라고 한다면, 그것은 자유·정의·민주주의와 결합되는 하나의 해방적 힘이 될 수도 있다. 민족주의가 사회적 탈구dislocation와 인구학적 변화의 산물일 경우, 그것은 종종 편협하고 배타적 성격을 띠므로 인종주의와 **외국인 증오**를 위한 매개수단이 될 수 있다. 마지막으로 민족주의는 민족주의를 신봉하는 사람의 정치적 이상에 의해 형성된다. 자유주의자·보수주의자·사회주의자·파시스트 그리고 공산주의자조차도―주요한 이데올로기 중에서는 아마도 무정부주의만이 전적으로 민족주의와 사이가 나쁘다―그들 자신의 방법으로 민족주의에 관심을 가졌다. 이러한 의미에서 민족주의는 포괄적인cross-cutting 이데올로기이다. 민족주의가 지니는 중요한 정치적 표현은 다음과 같다.

① 자유민족주의
② 보수적 민족주의
③ 팽창적 민족주의
④ 반식민지 민족주의

자유민족주의

자유민족주의는 고전적인 유럽의 자유주의 형태로 간주될 수 있다. 자유민족주의는 프랑스혁명으로 거슬러 올라간다. 프랑스혁명은 자유민족주의의 많은 가치를 구현했다. 사실 19세기 중반 유럽대륙에서 민족주의자는 자유주의자를 의미하였고, 그 반대도 마찬가지였다. 예를 들면, 1848년의 혁명은 민족독립과 통일을 위한 투쟁과 제한적·입헌적 정부를 위한 요구와 결합하였다. 이 점은 특히 이탈리아 통일의 '대변자'인 주세페 마치니에 의해 표현된 이탈리아 민족주의운동의 '부활Risorgimento'에서 명백하게 나타났다. 유사한 원칙이 시몬 볼리바르(Simon Bolibar; 1783~1830)에 의해 옹호되었다. 시몬 볼리바르는 19세기 초 라틴아메리카의 독립운동을 이끌었고, 스페인을 히스패닉의 아메리카로부터 쫓아내는 데 공헌하였다. 아마도 가장 명백한 자유민족주의의 표현은 우드로 윌슨이 제창한 '14개항'에서 발견된다. 1918년에 작성된 이 조항은 1차 세계대전 후 유럽의 재건설을 위한 기초로 제안되었고, 베르사유Versailles조약(1919)에 의해 이행된 포괄적인 영토 변화를 위한 청사진을 제공하였다.

모든 형태의 민족주의와 공통적으로 자유민족주의는 "인류는 자연적으로 분리된 정체성을 소유하고 있는 민족의 집합으로 나누어진다"는 근본적 가정에 기초하고 있다. 따라서 민족은 진정한 혹은 유기적 공동체이며, 정치지도자나 지배계급의 인위적 창조물이 아니다. 하지만 자유민족주의가 지니는 특징적인 주제는 이것이 궁극적으로 루소에서 유래된 인민주권에 대한 믿음과 민족 개념을 연결시키고 있다는 점이다. 이 융합은 19세기 유럽의 민족주의자가 대항하여 싸웠던 다민족적 제국이 또한 독재적이고 억압

개념설명

민족자결

National self-determination
민족은 주권을 가진 실
체라는 원칙. 자결은 민
족독립과 민주주의 지배
를 내포한다.

적이었기 때문에 일어났다. 예를 들면 마치니는 이탈리아 국가의 통일뿐만
아니라 독재적인 오스트리아의 영향으로부터 벗어나고자 하였다. 따라서
이 형태의 민족주의가 지니는 중심적 주제는 **민족자결**의 원칙에 대한 승인
이다. 이것의 목표는 국민국가, 즉 정부의 경계가 가능한 한 민족의 경계와
일치하는 하나의 국가를 건설하는 것이다. 존 스튜어트 밀([1861] 1951)의 표
현에 따르자면, 국민의 감정이 어떤 힘 속에 존재한다면, 하나의 정부 밑에
서 그리고 구성원과는 별도로 한 정부 밑에서 민족의 모든 구성원을 결합하
는 것은 언뜻 보기에 증거가 확실한 사건이다. 이는 단지 정부의 문제는 피
치자에 의해 결정되어야 한다는 것이다.

자유민족주의는 무엇보다도 원칙에 의거한 민족주의 형태이다. 자유민
족주의는 다른 민족에 반대되는 한 민족의 이해관계를 지지하지 않는다. 대
신에 자유민족주의는 각각의 모든 민족이 자유와 자치권을 가지고 있다는
점을 공표하고 있다. 이러한 의미에서 모든 민족은 동등하다. 그렇다면 자
유민족주의가 가지는 궁극적 목표는 하나의 주권국민국가의 세계를 건설하
는 것이다. 그리하여 마치니는 통일 이탈리아의 이념을 장려하기 위해 비밀
조직인 젊은 이탈리아Young Italy를 만들었고, 또한 그는 대륙 전체에 걸쳐
민족주의 이념을 확산시키고자 하는 희망으로 젊은 유럽Young Europe을

주세페 마치니(Guiseppe Mazzini; 1805~1872)

이탈리아의 민족주의자이며 자유공화주의의 주창자. 마치니는 제노바(Genoa)에서 태
어났으며 의사의 아들이었다. 그는 애국비밀조직인 카르보나리(Carbonari)의 회원으
로서 혁명적 정치와 접촉하였다. 이로 인해 그는 프랑스로 망명하였다. 그리고 프랑스
에서 추방된 후에 영국으로 망명하였다. 그는 1848년 혁명 시기에 이탈리아로 돌아와
서 밀란(Milan)을 해방시키는 데 기여하였고, 단기간 존재하였던 로마공화국(Roman
Republic)의 우두머리가 되었다. 가리발디(Garibaldi; 1807~1882)를 포함하는 다른 민
족주의 지도자가 이탈리아 통일을 달성하기 위해 왕립원(House of Savoy)에 주의를
기울였을 때, 공화주의자로서 마치니가 행한 영향력은 쇠퇴하였다. 그는 결코 공식적으
로 이탈리아로 되돌아오지 않았지만, 마치니의 자유민족주의는 유럽 전역에 걸쳐 그리
고 미국의 이주자집단에게 상당한 영향을 미쳤다.

보편주의Universalism
인간에 의해 공유되고
있는 인간 정체성에 대
한 공통의 핵심이 있다
는 이론.

인권Human rights
인간이라는 사실로 인해
자격을 부여받은 권리를
의미하며, 보편적이고 기
본적인 권리를 의미한다.

창건하였다. 이와 유사하게 베르사유조약을 작성하였던 파리평화회담에서 우드로 윌슨은 유럽제국의 붕괴가 단지 미국의 국가적 이익에 도움이 되었기 때문만이 아니라, 폴란드인·체코인·유고슬라브인·헝가리인 모두가 아메리카인이 이미 향유하였던 정치적 독립권을 동등하게 가지고 있기 때문에 자치원칙을 발전시킬 수 있었다.

이러한 관점에서 볼 때 민족주의는 정치적 자유를 확대하는 수단일 뿐만 아니라 평화롭고 안정적인 세계질서를 추구하는 하나의 메커니즘이다. 예를 들면, 윌슨은 1차 세계대전은 팽창주의와 전쟁에 얽매인 독재적·군사적 제국에 의해 지배되었던 '낡은 질서'로 인해 일어났다고 믿었다. 하지만 그의 관점에서 볼 때 민주주의 국민국가는 본질적으로 평화롭다. 왜냐하면 문화적·정치적 정체성을 가진 이 국가들은 전쟁을 일으키거나 혹은 다른 민족을 예속화할 수 있는 동기가 부족했기 때문이다. 이러한 관점에서 민족주의는 불신·의심·경쟁의 근원으로 간주되지 않았다. 오히려 민족주의는 민족적 권리와 특징을 상호 존중한다는 기초 위에서 각각의 민족과 형제애 내에서 통일을 장려할 수 있는 힘이다.

그럼에도 자유주의에는 민족을 넘어서는 의미가 있다. 이것은 두 가지 이유에서 발생한다. 그 첫째는 개인주의에 대한 승인은 자유주의자가 모든 인간－인종, 신념, 사회적 배경 그리고 국적과 같은 요소와는 무관하게－은 동등한 도덕적 가치를 지니고 있다고 믿는다는 점을 내포한다. 따라서 자유주의는 개인이 어디에서나 동등한 위상과 권리를 가지고 있다는 점을 수용하고 있다는 점에서 **보편주의**를 인정한다. 이것은 오늘날 공통적으로 **인권**의 개념 속에서 반영된다. 자유주의자들은 민족보다 개인을 우선으로 생각하기 때문에, 그들은 '백인' 남아프리카에게 인종차별정책을 포기하도록 압력을 넣는 국제적 운동에서처럼 국가의 주권을 침해할 수 있는 하나의 기초를 확립한다. 둘째, 자유주의자는 주권을 가진 하나의 국민국가로 구성된 세계는 하나의 국제적인 '자연상태'로 타락할지도 모른다는 점을 두려워한다는 것이다. 무제한적 자유가 개인으로 하여금 다른 사람을 가혹하게 다루고 노예화하는 것을 허용하는 것과 같이, 민족주권은 팽창주의와 정복을 위

국제주의

Internationalism

국제주의는 초국가적 혹은 지구적 협동에 대한 이론이나 실천이다. 국제주의는 정치적 민족주의와 사이가 좋지 않은 인간 본성에 관한 보편주의적 가정에 그 기초를 두고 있다. 주요한 국제주의적 전통들은 자유주의와 사회주의에서 유래된다. 자유주의 국제주의는 인간권리들이 국가주권에 기초한 주장들보다 더 높은 위상을 가지고 있다는 가정에 반영되는 개인주의에 그 기초를 두고 있다. 사회주의 국제주의는 국제적인 계급연대에 대한 믿음(프롤레타리아 국제주의)에 그 근거를 두고 있으며, 공통의 인간성에 관한 가정에 의해 지탱된다. 여성해방주의와 녹색정치는 특징적으로 국제주의 입장들을 발전시켰다.

한 구실cloak로 사용될 수 있을 것이다. 자유는 항상 법에 종속되어야 하고, 이것은 개인과 민족에게도 동등하게 적용된다. 결과적으로 자유주의자는 국제연맹League of Nations·유엔·유럽연합과 같은 초국가적 단체에 의해 감시받는 국제법제도를 확립하고자 하는 운동에서 선두에 섰다. 이러한 관점에서 민족주의와 **국제주의**는 대립적이거나 서로간의 배타적인 원칙들이 아니다. 오히려 자유주의적 관점에서 후자는 전자에게 찬사를 보낸다.

자유민족주의에 대한 비판은 두 가지 범주로 나뉘는 경향이 있다. 첫 번째 범주에서, 자유민족주의자는 소박하고 낭만적이라는 이유로 비난당할 수 있다. 자유민족주의자는 민족주의가 지니는 진보적·해방적 힘을 알고 있다. 자유민족주의는 포용적·합리적 민족주의이다. 하지만 자유민족주의자는 아마도 민족주의에 대한 부정적인 면, 다시 말해 비합리적 속박과 '우리'를 외국인과 구별하고, '외국인'을 위협하는 종족주의를 간과한다. 자유주의자는 민족주의를 하나의 보편적 원칙으로 간주한다. 그러나 자유주의자는 민족주의가 가지는 감정적 힘에 대한 이해가 부족하다. 이 감정적 힘은 전쟁이 일어날 경우 민족운동의 정당함과는 거의 무관하게 싸우고 죽이며, '자신'의 조국을 위해 죽으라고 설득할 수 있다. 이러한 견지는 "나의 조국이여, 정의를 택할 것인가 불의를 택할 것인가"라는 주장에서 표현된다.

둘째, 자유민족주의의 목표-하나의 국민국가의 세계를 구성하는 것-는 근본적으로 잘못 인도될 수 있다. 윌슨적 민족주의-이 기초 위에서 유럽지도의 큰 부분이 다시 그려졌다-가 저지른 실수는 민족이 안락하고 분리된 지역에서 생활하고, 국가는 이 지역에 상응하게 세워질 수 있다고 가정하였다는 점에 있다. 실제로 모든 국민국가는 자신을 '민족'이라고 생각할 수 있는 수많은 언어적·종교적·인종적·지역적 집단을 포괄한다. 이것은 베르사유에서 평화협상국가peacemaker에 의해 '슬라브인의 국가'로 간주되었던 국가인 이전의 유고슬라비아에서 가장 명백하게 증명되었다. 하지만 사실 유고는 인종적 공동체·종교·언어와 다른 역사를 가진 집단으로 구성되었다. 더군다나 1990년 초의 유고슬라비아 해체에서 나타났던 것처럼 유고슬라비아를 구성하는 각각의 공화국은 그 자체로 하나의 인종적 작

인종청소Ethnic cleansing
다수의 의사 혹은 수적
'이방인'에 대한 강제
적 배제 혹은 절멸을 의
미하며, 종종 대량학살
(Genocide)에 대한 완곡
한 어법으로 사용된다.

유럽회의주의
Euroscepticism
더 진전된 유럽통합에
대한 반대. 일반적으로
유럽연합으로부터의 탈
피에 대한 욕구(반유럽
주의)로는 확장되지 않
는다.

애국주의Patriotism
애국주의-'조 국'을 의
미 하는 라틴어의patria
에서 유래한다-는 한 민
족에 대한 감정 혹은 심
리적 애착(한 국가에 대
한 사랑)이다. 민족주의
와 애국주의라는 단어
는 종종 혼동된다. 민족
주의는 교의적인 성격을
가지며, 민족이 어떤 점
에서 정치조직의 중심적
원리라는 믿음을 구체화
한다. 애국주의는 이러
한 믿음을 위한 감정적
인 토대를 제공한다. 그
리하여 애국주의는 모든
형태의 민족주의를 지
탱하고 있다. 어떤 민족
적 집단의 요구, 말하자
면 적어도 애국적 충성
이나 혹은 민족적 의식
을 가지고 있지 않은 정
치적 독립을 생각하는
것은 어려운 일이다. 하

품이었다. 사실 나치와 나중에 보스니아의 세르비아인이 알아차렸던 것처럼 정치적으로 통일되고 문화적으로 동질적인 국민국가를 이루는 유일하게 확실한 방법은 **인종청소**이다.

보수적 민족주의

역사적으로 보수적 민족주의는 오히려 자유민족주의보다 더 늦게 발전하였다. 19세기 중반에서 말까지 보수적 정치가는 민족주의를 혁명적이지는 않지만 국가의 전복을 기도하는 강령으로 다루었다. 하지만 세기가 흘러감에 따라 보수주의와 민족주의의 결합은 점점 더 명백하게 되었다. 이러한 결합의 예로 디스레일리Disraeli의 '한 민족' 이상, 프로이센의 확장주의운동으로 독일민족주의를 재편성하고자 하는 비스마르크의 의지, 차르 알렉산더 3세의 범슬라브 민족주의에 대한 승인 등을 들 수 있다. 현대정치학에서 민족주의는, 모두는 아니지만 대부분의 보수주의자에게 하나의 신조가 되었다. 영국에서 이는 1982년 포클랜드전쟁의 승리에 대한 마가렛 대처의 승리주의적 반응에서 가장 명백하게 증명되었고, 특히 되풀이되는 외침인 '유럽연방federal Europe'과 관련하여 보수주의 우파가 지니고 있는 완강한 '유럽에 대한 회의' 속에서 명백하게 나타나고 있다. 유사한 형태의 민족주의가 미국에서는 좀 더 적극적인 대외정책, 즉 레이건정부의 그레나다Grenada 침공(1983)과 리비아에 대한 폭탄세례(1986), 조지 부시정부의 아프가니스탄 침공(2001)과 이라크 침공(2003)에서 다시 일어났다.

보수적 민족주의는 보편적 자치라는 원리화된 민족주의와는 관련성이 미약하며, 민족적 **애국주의** 감정 속에서 구체화된 사회응집력과 공공질서라는 약속과 관련을 더 맺고 있다. 무엇보다도 보수주의자는 민족을 동일한 관점·습관·생활양식 그리고 외관을 가진 사람을 향해 이끌리는 경향이 있는 인간의 기본적 욕구로부터 발생하는 하나의 유기적 존재로 본다. 간단히 말해, 인간은 하나의 민족공동체의 구성원을 통해 안전과 정체성을 추구한다. 이러한 관점에서 애국적 충성심과 민족의식은 일반적으로 함께 나눈 과

지만 모든 애국주의자
가 다 민족주의자는 아
니다. 자신들의 민족과
정체성을 가지고자 하는
모든 사람의 정치적 요
구가 표현될 수 있는 수
단으로 민족을 간주하는
것은 아니다.

거에 대한 생각에 뿌리를 두고 있고, 이 의식은 민족주의를 역사가 인정한 가치와 제도를 방어하는 것으로 전환시킨다. 그리하여 민족주의는 전통주의의 한 형태가 된다. 이 사실로 인해 보수적 민족주의는 특징적으로 향수적·회고적 성격을 지닌다. 미국의 경우, 이것은 **필그림 파더스**, 독립전쟁, 필라델피아회의 등에 대한 강조를 통해 이루어졌다. 브리튼 민족주의의 경우—좀 더 정확하게 영국English 민족주의—민족적 애국심은 군주제와 밀접하게 연관되는 상징에 의거하고 있다. 영국의 국가는 "신이 여왕을 구한다"이다. 그리고 왕족은 1차 세계대전 휴전기념일과 같은 국경일이나 의회의 개원과 같은 국가의 문제에 중요한 역할을 한다.

보수적 민족주의는 민족형성의 과정에 있는 국민국가보다 오히려 확립된 국민국가에서 발전하는 경향을 띤다. 보수적 민족주의는 전형적으로 민족이 얼마간 내부로부터 혹은 외부로부터 위협을 당하고 있다는 인식을 통해 고무된다. 전통적인 '내부의 적'은 계급적대와 사회혁명에 대한 극단적인 위험이었다. 이러한 점에서 보수주의자는 민족주의를 사회주의에 대한 해독제로 간주하였다. 다시 말해 애국적 충성심이 계급적 연대보다 더 강할 때 노동계급은 효과적으로 민족 속으로 통합된다. 따라서 민족통일을 위한 요구와 뻔뻔스러운 애국주의는 하나의 시민적 덕이라는 믿음이 보수주의 사상에서 되풀이되는 주제였다. 이민과 초민족주의도 민족적 정체성을 위협하는 '내부의 적'이다.

보수적 민족주의 관점에서 볼 때 이민은 위협을 야기시킨다. 왜냐하면 이것은 확립된 민족문화와 인종적 정체성을 약화시키며, 그럼으로써 적대와 갈등을 자극하는 경향이 있기 때문이다. 이러한 공포는 1960년대 영국에서 에녹 포웰Enoch Powell에 의해 표현되었다. 그는 대영제국의 이민은 인종적 갈등과 폭력을 초래할 것이라고 경고하였다. 유사한 경우가 1979년 마가렛 대처에 의해 취해졌는데, 그녀는 이주자로 넘쳐나는 영국의 위험에 관해 언급하였다. 영국의 민족당national party, 프랑스의 르펜Le Pen이 이끄는 민족전선National Front, 그리고 독일의 공화주의자Republicans와 같은 극우집단이 이끈 반이민운동은 또한 보수적 민족주의로부터 자극받고

역자주
필그림 파더스
Pilgrim Fathers
1620년에 메이플라워
Mayflower호로 미국
으로 건너가 플라이마
우스Plymouth에 정착
한 영국 청교도단을
의미함.

racialism보다 racism이 현대의 사용에서 좀 더 일반적이지만, 종종 서로 교환하여 사용된다. racialism은 인간이 생물학적으로 다른 인종으로 나누어진다는 생각으로부터 정치적 혹은 사회적 결론을 이끌어내는 어떤 믿음·교의를 포함하고 있다. 그리하여 인종주의 이론은 두 가지 가정에 기초하고 있다. 첫째, 유전학적인 차이는 인간을 인종집합으로 취급하는 것을 정당화한다. 둘째, 인간 사이에 존재하는 문화적·지적·도덕적 차이는 좀 더 근본적인 유전학적 차이에서 유래한다. 정치적 의미에서 racism은 인종차별(apartheid)에 대한 요구와 혈통의 우월성과 열등성(예를 들면 아리안족과 반유태주의)이라는 주의에서 명확하게 나타나고 있다. racism은 인종적 기원을 토대로 사람에 대한 편견이나 적대를 지시하는 것으로 좀 더 좁은 의미에서 사용될 수 있다.

있다. 안전과 귀속감의 원천인 민족적 정체성은 동일한 방식으로 초민족적 집단과 문화의 지구화로 인해 위협당하고 있다. 단일유럽통화에 대한 대영제국과 다른 유럽연합 회원국의 저항은 단지 경제적 주권의 손실에 대한 관심을 반영할 뿐만 아니라 동시에 하나의 국가통화가 특징적인 민족정체성을 유지하는 데 중요하다는 믿음을 반영한다.

보수적 민족주의는 군사적 모험 및 팽창과 연관되었지만, 보수적 민족주의가 가지는 특징적인 성격은 내부지향적이고 편협하다는 점이다. 보수정부들이 대외정책을 국민의 열정을 이끌기 위한 하나의 장치로써 이용했다면, 이것은 보수적 민족주의가 잔혹하게 공격적이거나 원래 군사적이기 때문이기보다는 오히려 정치적으로 보수적 민족주의가 가지는 기회주의적인 행동 때문이다. 이러한 점은 보수적 민족주의가 본질적으로 엘리트조작 혹은 지배계급이 가지는 이데올로기 형태라는 비판을 낳게 한다. 이 관점에서 볼 때 '민족'은 동의를 만들고, 정치적 수동성을 조직화하고자 하는 생각을 가진 정치지도자나 지배엘리트에 의해 창조되고 확실하게 정의된다. 거칠게 표현하면, 곤경에 처해 있는 모든 정부는 '민족주의 카드'를 사용한다. 하지만 보수적 민족주의에 대한 좀 더 신중한 비판은 보수적 민족주의가 배제와 열광을 고무한다는 점이다. 편협한 민족주의는 민족에 대한 좁은 의미의 문화적 개념에 의지한다. 즉 편협한 민족주의는 민족이 넓은 의미에서 확대된 가족과 유사한 배타적 인종공동체라는 믿음에 의존한다. 따라서 민족의 구성원인 사람과 민족에서 소외된 사람 사이에는 매우 명백한 노선이 세워진다. 문화적 순수성과 확립된 전통의 유지를 주장함으로써 보수주의자는 일반적으로 이민자 혹은 외국인을 하나의 위협으로 묘사한다. 그래서 **인종주의**와 외국인 증오심을 촉진시키거나 적어도 정당화한다.

팽창적 민족주의

민족주의의 세 번째 형태는 공격적·군사적·팽창적 성격을 가진다. 여러 가지 점에서 이 형태의 민족주의는 자유민족주의의 핵심인 동등권과 자치라는 원리화된 믿음에 대한 반테제이다. 민족주의가 지니는 공격적인 면은 유럽의 열강이 민족적 영광과 '태양 속의 민족'이라는 명목으로 '아프리카 쟁탈'에 빠져 있었던 19세기 후반에 처음으로 나타났다. 19세기 유럽제국주의는 이것이 대중민족주의의 분위기 속에서 이루어졌다는 점에서 초기의 식민지적 팽창과는 다르다. 대중민족주의 속에서 민족적 위신은 점점 더 하나의 제국을 소유하는 것과 연결되었고, 모든 식민지 쟁탈전에서 거둔 승리는 대중적 열광 혹은 **국수주의**의 표현을 통해 고무되었다. 20세기에 일어난 두 차례의 세계대전은 상당한 정도로 이러한 팽창적 민족주의 형태로부터 일어났다. 무기경쟁과 국제적 위기의 연속 속에서 1914년 8월 1차 세계대전이 일어났을 때, 정복과 군사적 영광에 대한 전망은 유럽의 모든 중요한 자본을 기쁘게 하는 자발적 여론을 자극하였다. 2차 세계대전은 일반적으로 일본·이탈리아·독일에 의해 고무된 민족주의자에게 제국주의적 팽창이라는 계획을 자극한 결과였다. 유럽에서 이러한 민족주의 형태로 현대에 일어난 가장 파괴적인 예는 1990년대 초에 유고슬라비아 해체의 여파로 '더 위대한 세르비아'를 건설하고자 하는 보스니아의 세르비아인에 의해 추구되었다.

극단적 형태로 이러한 민족주의는 긴장감, 심지어 종종 통합적 민족주의로 언급되는 신경질적인 민족주의적 열광으로부터 발생한다. 통합적 민족주의integral nationalism라는 의미는 프랑스의 민족주의자인 샤를 모라스(Charles Maurras; 1868~1952)가 만들었다. 그는 우파적인 프랑스 행동Action Française의 지도자였다. 모라스의 정치의 핵심은 우선 민족의 중요성을 주장하는 것이었다. 다시 말해 민족은 모든 것이고, 개인은 아무것도 아니다. 그리하여 민족은 개인의 생활을 넘어서는 존재이며 의미를 가진다. 그리고 개인의 존재는 민족의 통일과 생존에 헌신할 때 의미를 지닌다. 이러한 열광적 애국주의는 특히 소외되고 고독하며 힘이 없는 사람에게 강력한 호소력을 가진다. 이 사람들에게 민족주의는 하나의 매개수단이며, 이를 통해 자부심과 자긍심이 다시 획득될 수 있다. 하지만 통합적 민족주의는 이전에 민족주의와 민주주의 사이에서 확립된 연관성을 깨뜨리고 있다. '통합적' 민족은 자발적인 정치적 복종보다는 원초적인 충성심에 의해 결합된 배타적인 인종적 공동체이다. 민족통일은 자유로운 토론과 권력을 향한 개방적·경쟁적 투쟁을 요구하는 것이 아니다. 민족통일은 단 한 명의 최고지도자에 대한 기율과 복종을 요구한다. 이러한 생각을 토대로 모라스는 민주주의를 허약함과 몰락의 원천으로 묘사하였고, 대신에 군주적 절대주의의 재확립을 요구하였다.

이러한 군사적이며 강력한 형태의 민족주의는 일정하게 광신적인 애국주의적 믿음·교리와 연관을 맺고 있다. 광신적 애국주의chauvinism는 니콜라스 쇼뱅Nicolas Chauvin의 이름에서 유래하였다. 그는 프랑스 병사였고, 나폴레옹과 프랑스를 위해 열광적으로 헌신하였다. 광신적 애국주의는 자신이 속한 집단이나 사람에 대한 우월성과 지배에 대한 비합리적 믿음이다. 따라서 민족적 쇼비니즘은 민족이 특별한 특징과 성향을 가지고 있고, 그래서 매우 다른 운명을 가지고 있다는 신념을 지지하면서, 모든 민족이 동등하다는 이념을 거부한다. 어떤 민족은 지배할 능력이 있고 어떤 민족은 지배당하기에 적합하다. 전형적으로 이러한 형태의 민족주의는 인종적 우월성의 교리를 통해 표현되고, 그럼으로써 민족주의와 인종주의를 융합한다. 광신적 애국주의자가 속한 민족은 독특하고 특수한 것으로 간주되며, 어떤 면에서 '선택된 사람'으로 여겨진다. 피히테Fichte·얀Jahn과 같은 초기의 독일 민족주의자가 보기에, 독일인만이 하나의 진정한 민족(하나의 유기적 국민)이었다. 그들만이 혈통의 순수성을 유지하였고, 그들이 사용하고 있는 언어가 오염되는 것을 피하였다. 모라스가 판단하기에 프랑스는 필적할 상대가 없는 놀라운 국가이며, 모든 기독교인과 고전적 미덕의 저장소였던 것이다.

하지만 이러한 유형의 민족주의에서 다른 민족이나 인종에 대해 가지는 이미지는 위협이나 적으로만 의미를 갖는 것이다. 적과 마주하여 민족은 서로 끌어당기고 강렬한 자신의 정체성과 의미를 획득하며, 일종의 '부정적 통합'을 달성한다. 따라서 광신적인 애국주의적 민족주의는 '그들'과 '우리' 사이를 명백하게 구별한다. '우리'라는 의식을 모조하기 위해 '그들'이 가진 의식을 조롱하거나 증오해야 한다. 그리하여 세상은 일반적으로 인종적 범주

반유태주의 Anti-Semitism
유태인(semite)은 전통적으로 노아(Noah)의 아들인 셈(Shem)의 자손이다. 유태인은 중동지역에서 가장 많은 사람을 가지고 있다. 반유태주의는 유태인(Jew)에 대한 편견 혹은 증오심을 의미한다. 이 편견에 대한 가장 초기의 형태에 있어서, 반유태주의는 종교적 성격을 가졌다. 이것은 유태인에 대한 기독교인의 적대를 나타내었고, 이 적대는 예수의 살해에 유태인이 공모했다는 것과 예수를 신의 아들로 인정하는 것을 유태인이 거부하였다는 점에 기초를 두고 있었다. 경제적 반유태주의는 중세시대부터 발전하였고, 고리대금업자와 무역상으로서 가지는 유태인의 능력에 대한 혐오감을 표현하였다. 그리하여 유태인은 동업조합의 회원에서 제외되었고, 토지를 소유하는 것을 금지당하였다. 19세기에 바그너(Wagner)와 챔벌레인(H. S. Chamberlain; 1855~1929)의 작품에서 인종적 반유태주의가 탄생되었다. 이들은 유태인을 근본적으로 악하고 파괴적이라고 비난하였다. 이러한 생각은 독일 나치즘에 이데올로기적 기초를 제공하였고, 대량학살이라는 기괴한 형태로 나타났다.

에 의해 '내부집단'과 '외부집단'으로 나누어진다. '외부집단'은 '내부집단'이 고통을 받고 있는 모든 불행과 실패에 대한 희생양으로 기능한다. 이것은 독일 나치체제의 토대였던 독살스러운 **반유태인주의**에 의해 가장 도식적으로 증명되었다. 히틀러가 쓴 『나의 투쟁*Mein Kampf*』([1925] 1969)은 역사를 각각 빛과 어둠 혹은 선과 악의 힘을 대변하는 아리아인과 유태인 사이의 마니교적 투쟁으로 묘사하였다.

팽창적 민족주의의 정기적 주제는 민족적 부활 혹은 재건에 관한 이념이다. 이 형태의 민족주의는 공통적으로 과거의 위대함, 민족적 영광의 신화에 의존한다. 자신의 정권을 '제3제국Third Reich'으로 묘사하면서, 나치 독일은 비스마르크의 '제2제국'과 '제1제국'인 샤를마뉴Charlemagne 대제의 신성로마제국으로 되돌아갔다. 이 신화는 명백하게 팽창적 민족주의에 퇴행적 성격을 부여하였다. 그러나 이 신화는 또한 민족의 운명을 설계하였다는 점에서 미래에 주의를 기울였다. 민족주의가 위대함을 재확립하고 민족적 영광을 다시 찾고자 하는 매개수단이라면, 이것은 반드시 군사적·팽창적 성격을 가진다. 통합적 민족주의의 핵심에는 종종 제국주의적 기획, 즉 팽창 추구나 식민지 개척이 놓여 있다. 이것은 **범민족주의** 형태에서 볼 수 있다. 나치 독일은 가장 잘 알려진 사례이다. 히틀러의 저술은 팽창을 위한 3단계 프로그램을 세웠다. 첫째, 나치체제는 확장된 제국 내에서 오스트리아·체코슬로바키아·폴란드로 독일인종을 이주시킴으로써 '더 위대한 독일'을 확립하고자 하였다. 둘째, 나치체제는 러시아로 확장되는 독일제국을 확립함으로써 생활공간을 넓히고자 하는 의도가 있었다. 셋째, 히틀러는 궁극적으로 아리아인의 세계지배를 꿈꾸었다.

반식민지·탈식민지 민족주의

개발도상국가는 다양한 형태의 민족주의를 낳았고, 이 다양한 형태의 민족주의는 어떤 점에서 식민지 지배에 대항하는 투쟁으로부터 고무되었다. 이러한 형태의 민족주의가 가졌던 예상치 못한 결과는 이것이 유럽 열강들 자

Pan-nationalism

팽창주의나 정치적 연대
-pan이라는 단어는 모든
것을 의미한다-를 통해
이질적인 사람을 통합하
고자 하는 민족주의 유
형.

식민지주의 Colonialism

식민지주의는 외국의 영
토에 대해 통제를 확립
하고 이 영토를 '식민지'
로 전환하고자 하는 이
론 혹은 실천이다. 그리
하여 식민지주의는 제
국주의의 특수한 형태
이다. 식민지주의는 일
반적으로 정착과 경제
적 지배를 통해 구별된
다. 전형적으로 아프리
카와 동남아시아에서 있
었던 식민지 정부는 인
종적으로 원주민과 구별
되었던 '모국'으로부터
온 이주민공동체를 통해
실행되었다. 프랑스 식
민지주의에서 식민지는
모국의 부분으로 간주되
었으며, 이것은 식민지
의 국민이 공식적으로
시민권을 보장받았다는
점을 의미하였다. 이와
는 대조적으로, 신식민
지주의는 덜 발전된 국
가로 선진국가의 자본수
출에 기초를 둔 본질적
으로 하나의 경제적 현
상이다. 예를 들어 라틴
아메리카에서 일어나고
있는, 소위 말하는 미국
의 '달러 제국주의(dollar
imperialism)'가 있다.

체에 반대하는 유럽에서의 '민족형성' 과정을 통해 처음으로 발전된 교리
와 원리를 유럽 열강에 대항하는 것으로 전환시켰다는 것이다. 달리 표현하
면, **식민지주의**는 민족주의를 세계적 의미를 가지는 하나의 정치적 강령으
로 전환시키는 데 성공하였다. 아프리카와 아시아에서 식민지주의는 '민족
해방'이라는 욕구에 의해 공유된 민족의식을 형성하는 데 기여하였다. 20세
기에 사실상 세계의 많은 곳에서 정치적 지리가 반식민지주의를 통해 변형
되었다. 1차 세계대전과 2차 세계대전 사이에 일어났던 독립운동은 제2차
세계대전이 끝난 후에 새로운 자극을 얻었다. 광범위한 지역으로 확장된 영
국·프랑스·네덜란드·포르투갈 제국은 흥기하는 민족주의에 직면하여 붕
괴하게 되었다.

인도는 2차 세계대전 중에 독립을 약속받았고, 마침내 1947년에 승인받
았다. 중국은 일본의 점령에 대항하는 8년 동안의 전쟁을 치렀고, 1949년의
공산주의 혁명을 거친 후에 진정한 통일과 독립을 달성하였다. 인도네시아
공화국은 네덜란드에 대항하여 3년 간의 전쟁을 치르고 난 후에 1949년에 공
포되었다. 군사적 봉기로 인해 프랑스는 1954년에 베트남으로부터 물러날
것을 강요당하였다. 하지만 남베트남과 북베트남의 통일, 다시 말해 베트
남의 최종적 해방은 미국에 대항하여 14년에 걸친 전쟁을 치른 후인 1975년
에 이루어졌다. 동남아시아에서 민족주의 투쟁은 가나의 크루마Nkrumah,
나이지리아의 아지키웨Azikiwe 박사, 탄가니카Tanganyika-후에는 탄자
니아Tanzania-의 율리우스 니에르에레Julius Nyerere, 그리고 나살랜드
Nyasaland-후에는 말라위Malawi-와 같은 아프리카 지도자에게서 나타
나는 해방운동과 비슷하게 고무되었다. 아프리카에서의 탈식민지화 속도
는 1950년대 후반부터 가속화되었고, 나이지리아는 1960년에 대영제국으로
부터 독립하였다. 알제리는 프랑스와 오랜 싸움을 치른 후 1962년에 독립하
였다. 케냐는 1963년에 독립하였고, 탄자니아와 말라위는 다음 해에 독립하
였다. 아프리카의 마지막 식민지로 남아 있던 남서아프리카는 1990년에 나
미비아Namibia가 되었다.

반식민지주의의 초기 형태는 주로 '고전적'인 유럽 민족주의에 의존하였

고, 민족자치 이념에 의해 고무되었다. 하지만 아프리카와 아시아 민족은 19세기에 새롭게 탄생된 유럽 국가들과는 매우 다른 입장에 서 있었다. 아프리카와 아시아 민족에 있어서 정치적 독립을 위한 노력은 불가피하게 사회발전을 위한 욕구와 산업화된 유럽 국가 및 미국에 대한 종속의 종식을 향한 욕구와 결합되었다. 따라서 '민족해방'의 목표는 경제적·정치적 차원을 띤다. 이것은 반식민지 운동이 전형적으로 민족주의적 희망을 표현하는 매개수단으로서 자유주의에 의존하지 않고, 사회주의와 특히 맑스-레닌주의에 관심을 가지는 이유를 설명해 준다. 표면적으로 민족주의와 사회주의는 상충되는 정치적 강령인 것처럼 보인다. 사회주의자는 전통적으로 국제주의를 전파하였다. 왜냐하면 사회주의자는 인간을 단일적 존재로 간주하고, 분리된 민족으로 인간을 구분하는 것은 단지 의심과 적대를 낳을 뿐이라고 주장하기 때문이다. 특히 맑스주의자는 계급연대의 끈이 민족의 연대보다 더 강하고 더 진실하다는 점을 강조하였다. 더욱이 맑스는 『공산주의자 선언 *The Communist Manifesto*』([1848] 1976: 102)에서 "노동자계급은 국가가 없다"고 적고 있기 때문이다.

개발도상국가의 사회주의에 대한 호소는 사회주의가 실현하고자 하는 공동체의 가치와 협력이 전통적·전산업적preindustrial 사회의 문화 속에서 깊게 확립된다는 사실에 기초를 두고 있다. 이러한 의미로 민족주의와 사회주의가 사회적 연대와 집단적 행동을 강조한다는 점에서 이 둘은 결합된다. 이러한 기준에 따르면 민족주의는 단지 약한 형태의 사회주의일 것이다. 민족주의는 '사회적' 원리를 민족에 적용하고, 사회주의는 사회적 원리를 모든 인류에 확대시킨다. 더 특수하게 사회주의 특히 맑스주의는 불평등과 착취에 대한 분석을 제공해 준다. 이 분석을 통해 식민지적 경험이 이해될 수 있고, 식민지 지배가 도전받게 된다. 동일한 방식으로 억압당하고 착취당하는 프롤레타리아계급이 자본주의의 혁명적인 전복을 통해 해방을 이룰 수 있을 것이라고 인식하였던 것처럼 제3세계 민족주의자는 '무장투쟁'을 정치적·경제적 해방을 달성하는 수단으로 간주하였고, 그리하여 정치적 독립과 사회혁명의 목표를 융합하였다. 중국·북한·베트남·캄보디아와 같은 국가에서 반식민지운동은 노골적으로 맑스-레닌주의를 받아들였다. 권력을 장악한 후에 이들 국가는 외국자산을 몰수하였고 경제적 자원을 국유화하고, 소비에트 방식의 계획경제를 만들었다. 아프리카와 중동 국가는 덜 이데올로기적인 민족주의적 사회주의 형태를 발전시켰다. 알제리·리비아·잠비아·이라크·남예멘 그리고 그 밖의 국가들은 민족주의적 사회주의를 발전시켰다. 이들 국가에서 선언된 '사회주의'는 일반적으로 강력한 '카리스마적' 지도자에 의해 공포된 통일적인 민족적 주장이나 이익을 위해 호소하는 형태를 취한다.

하지만 개발도상국가의 민족주의자는 서구로부터 차용한 사회주의 혹은 맑스주의의 언어 속에서 자신의 민족주의를 표현하는 데 항상 만족한 것은 아니다. 특히 1970년대 이후, 맑스-레닌주의는 종종 종교적 근본주의 특히 이슬람적 근본주의의 형태로 대치되었다. 이로 인해 개발도상국가는 특히 비서구적이며 사실상 반서구적 목소리를 내게 되었다. 적어도 이론적으로 이슬람교는 '이슬람의 길'과 '이슬람 민족' 내에서 예언자 무하마드 Muhammad의 가르침을 인정하는 모든 사람을 통일시키는 초민족적인 정치적 정체성을 장려하고자 시도한다. 하지만 아야톨라 호메이니(Ayatollah Khomeini; 1900~1989)가 정권을 장악하였던 1979년의 이란혁명은 민족적·정신적 갱신에 대한 하나의 강령으로서 이슬람적 근본주의가 갖는 잠재력을 증명해 보였다. '이슬람공화국'의 확립은 사리아Shari'a, 신성한 이슬람의 법 속에서 구현된 전통적 가치와 원칙으로의 복귀를 통해, 일반적으로 서구의 물질주의와 특히 '위대한 사탄Great Satan'인 미국의 타락적인 영향으로부터 이란을 깨끗하게 하기 위해 고안되었다. 하지만 이슬람 민족주의는 결코 통일적인 성격을 가지고 있지 않다. 예를 들어 수단과 파키스탄에서 이슬람화는 본질적으로 지배엘리트의 권력을 공고화하기 위한 정치의 수단으로 이용되었다.

국민국가의 미래?

국민국가는 정치조직 형태이며, 하나의 정치적 이상이다. 전자의 경우에서, 국민국가는 시민권과 국적이라는 중첩적인 끈으로 함께 묶인 하나의 자발적인 정치공동체이다. 그리하여 국민국가는 다민족으로 구성된 제국과 도시국가에 대한 하나의 대안이다. 후자의 경우에, 국민국가는 마치니(Mazzini)의 목표, 즉 "모든 민족은 하나의 국가를 가지며, 모든 민족을 위한 유일한 하나의 국가"라는 목표 속에 나타난 원리 혹은 이상형이다. 이 점은 그 어떤 현대국가도 문화적으로 동질적이지 않으며, 동질적으로 될 수도 없다는 점을 인정하고 있다. 국민국가에 관해 두 가지 대조적인 관점이 존재한다. 자유주의자와 대부분의 사회주의자가 보기에 국민국가는 일반적으로 시민적 충성과 의무로부터 형성되었다. 보수주의자와 통합적 민족주의자가 볼 때 국민국가는 인종적 혹은 유기적 단일체에 기반을 두고 있다.

20세기 말 이후 민족주의의 시대는 끝났다는 주장이 널리 퍼지게 되었다. 이것은 민족주의가 '더 높은' 초민족적 충성에 의해 대체되었기 때문이 아니라 민족주의가 지니는 임무가 끝났기 때문이었다. 부언하면, **국민국가**의 세계가 되었다는 것이다. 사실 민족은 정치적 지배의 유일하게 정당한 단위로 받아들여졌다. 확실히 1789년 이후, 세계는 근본적으로 민족주의 노선 위에서 다시 만들어졌다. 1910년에는 1989년에 유엔의 완전회원국으로 존재한 159개의 국가 중에서 단지 15개국만이 승인을 받았다. 20세기에 들어와서도 세계의 대부분의 국민은 아직도 유럽제국 중에서 한 제국의 식민지 국민이었다. 현재 중동과 아프리카의 65개국 중에서 3개의 국가만이 1910년 이전에 존재하였고, 74개의 국가들은 1959년 이후 탄생하였다. 이 변화는 대개 민족독립을 추구하는 노력에 의해 변함없이 국민국가의 외피를 가정하는 새로운 국가로 채워졌다.

의심할 바 없이 역사는 국민국가의 편에 서 있는 것처럼 보인다. 20세기의 주요한 세 가지 지정학적 대변동(1차 세계대전, 2차 세계대전, 동유럽의 공산주의 붕괴)은 정치조직의 원리로서 민족 개념을 상당히 자극하였다. 1991년 이후, 적어도 18개의 신생국가가 탄생하였고 ─ 이들 국가 중에서 14개국은 소련의 해체로 인하여 탄생되었다 ─ 이들 모든 국가는 국민국가임을 주장하였다. 국민국가가 지니는 큰 강점은 국민국가가 문화적 응집력과 정치적 통일에 대한 기대를 제공한다는 점이다. 공통의 문화 혹은 인종적 정체성을 공유하는 국민이 자치정부의 권리를 획득할 때 공동체와 시민권은 일치한다. 이것은 민족주의자가 독립적인 국민국가의 세계를 창조하였던 힘은 자연적이고 저항할 수 없는 것이며, 어떤 다른 사회집단도 의미 있는 정치공동체를 구성할 수 없을 것이라고 믿었던 이유이다. 민족주의자는 국민국가가 궁극적으로 유일하게 생존할 수 있는 정치단위라고 믿고 있다. 이를테면 이 견해는 유럽연합과 같은 초국가적 집단이 정당성을 확립하고, 대중의 충성을 명령하는 민족정부의 능력과 결코 경쟁할 수 없을 것이라는 점을 내포한다. 따라서 유럽통합의 과정에 명백한 한계가 있다. 왜냐하면 다른 언어·문화·역사를 가진 국민은 결코 그들 자신을 하나의 통합된 정치공동체의 구성원으로 생각하지 않을 것이기 때문이다.

그럼에도 국민국가의 원칙이 가장 폭넓은 지지를 얻었던 것처럼 국민국가를 쓸모없게 만들도록 위협하는 매우 강력한 다른 힘이 나타났다. 내적 압력과 외적 위협의 결합으로 인해 일반적으로 '국민국가의 위기'로 언급되는 현상이 나타나게 되었다. 내적으로 국민국가는 인종적·지역적 정치의 증대에 의해 발생된 원심적 압력에 예속되었다. 인종에 대해 증대된 관심은 사실상 경제적·문화적 지구화의 맥락에서 민족이 의미 있는 집단적 정체성이나 사회적 귀속감을 더 이상 제공할 수 없다는 사실을 반영한다. 모든 국민국가가 문화적 다양성의 척도를 구체화한다는 사실이 주어질 때 인종적 결합력에 기초한 정치는 민족의 원칙에 대한 도전을 표현할 수밖에 없다. 민족과는 달리, 인종적·지역적 집단은 그들 자신의 권리를 주장하면서 생존할 수 있는 정치적 실체가 아니다. 그리하여 이 집단은 정치적 민족주의에 대한 하나의 대안을 제공하기 위해 연방주의나 연합주의confederalism 형태에 주의를 기울인다. 예를 들면 유럽연합에 의해 제공된 틀 내에서 벨기에의 플랜더스Flanders와 월로니아Wallonia 지역은 벨기에가 단지 엄밀하게 형식적 의미에서만 국민국가로 남아 있는 수준의 자치정부를 달성하였다. 이러한 원심력에 대한 성격은 17장에서 더 풍부하게 논의된다.

국민국가가 직면하는 외적 위협은 다양한 형태로 존재한다. 첫째, 전쟁 기술의 발전과 특히 핵시대의 도래는 세계평화가 초국가적·국제적 단체에 의해 유지되어야 한다는 요구를 낳았다. 이로 인해 국제연맹이, 나중에는 유엔이 만들어졌다. 둘째, 경제생활은 점진적으로 지구화되었다. 시장은 이제 세계시장이고 기업은 점점 더 초국가적 기업이 되었으며 자본은 재빠르게 지구를 돌고 있다. 어떤 민족정부도 자신의 경제적 운명을 통제할 수 없는 세계 속에서 국민국가의 미래는 존재할 수 있을까? 셋째, 국민국가는 자연환경에 대한 적이고, 지구적 생태균형에 대한 하나의 위협일지도 모른다. 민족은 그들 자신의 전략적·경제적 이익에 주로 관심을 가지고 있고,

민족은 '자연적' 정치공동체인가?

민족주의는 두 가지 핵심적인 가정들에 기반하고 있다. 첫째, 인간은 자연적으로 특징적인 민족들로 나누어진다는 가정. 둘째, 민족은 가장 적당한 그리고 아마도 유일하게 정당한 정치적 지배단위라는 가정이다. 이 점은 민족주의자들이 가능하다면 국가의 경계를 민족의 경계와 병행시키기 위하여 싸웠던 이유이다. 그러나 인간은 '자연적으로' 특징적인 민족들로 나누어지는가? 그리고 민족공동체들은 이러한 특수하고, 사실상 독특한 정치적 위상과 왜 일치되어야만 하는가?

찬성

'자연적' 공동체들. 근본주의적 학자들이 볼 때 민족적 정체성은 역사적으로 각인되었다. 민족들은 공동의 문화유산과 언어에 그 뿌리를 두었다. 이 공동의 문화유산과 언어는 국가로서의 지위나 독립추구보다 훨씬 앞설지도 모른다(Smith, 1986). 이 관점에서 볼 때 민족들은 유기적으로 더 단순한 인종적 공동체로부터 진화하며, 사람들이 선천적으로 집단지향적이라는 사실을 반영한다. 이 집단지향성은 자연적으로 그들 자신과 비슷한 다른 사람들을 향해 나아가게 되는데, 그 이유는 사람들이 동일한 문화적 특징들을 공유하기 때문이다. 무엇보다도 민족적 정체성은 영토적 소속감과 공유된 생활방식(일반적으로 공통의 언어에 의해 용이하게 되는)의 결합에 의해 세워진다. 민족적 정체성은 친족관계 연분과 유사한 깊은 감정적 애착을 만들어 낸다.

민주주의를 위한 매개물. 민족주의 교의 덕택으로 민족이 자치의 이상적 단위로 이해되었을 때에만 민족은 하나의 정치적 성격을 획득하였다. 이것은 민족적 자결원칙에서 구체화된 관념이다. 따라서 민족주의와 민주주의는 나란히 병행한다. 민족적 연대라는 고리에 의해 함께 묶인 사람들은 공유된 시민적 신의를 채택하고 완전하게 그들 사회의 생활에 참여하도록 고무된다. 게다가 민주주의 국가들은 일체를 포함하고 소수집단들의 분리된 정체성들을 존중할 수 있을 만큼 포용적이다. 그리하여 국적은 인종과 종교와 같은 개인적 정체성의 다른 근원들을 억압하지 않는다.

민족적 편애의 이익들. 민족주의는 불가피하게 다른 사람들의 이해관계에 대해 자신의 사람들의 욕구와 이해관계들을 지지하는 성향인 편애를 함축한다. 공동체주의 이론가들이 주장하듯이 이 점은 도덕성은 집에서 시작한다는 사실을 반영한다. 이러한 관점에서 도덕성은 이것이 지역에 기반할 때, 즉 우리가 속하고 우리의 삶과 가치들을 형성시켰던 공동체에 기반할 때에만 의미가 있다. 그리하여 민족적 편애는 우리가 가장 잘 아는 사람들, 특히 우리의 가족과 친한 친구들에게 도덕적 우선권을 부여하려고 하는 거의 보편적 성향의 확대인 것이다. 게다가 민족적 편애가 왜 '이방인들'에 대한 도덕적 관심을 미리 배제해야만 하는가에 대한 이유는 없다.

반대

'고안된' 공동체들. 민족들은 자연적이거나 유기적 실체라기보다는 다소 정치적 설계물들이다. 민족들은 확실히 '상상의 공동체'인데, 그것은 사람들이 필경 하나의 민족적 정체성을 공유하고 있는 사람들의 아주 작은 부분과 단지 접한다는 의미에서이다(Anderson, 1983). 맑스주의자와 다른 사람들은 더 나아가 다음과 같이 주장하였다. 지배집단이나 엘리트 집단들은 노동계급과 일반적으로 불리한 상황에 놓인 사람들을 기존의 권력구조에 묶어 두기 위하여 민족주의를 '만들었다'는 것이다(Hobsbawm, 1983). 그리하여 국가, 국기 그리고 민족의 신화와 전설들은 단지 이데올로기 조작형태일 뿐이다.

'속이 빈' 민족들. 국가는 의미심장한 정치단위로서 그리고 민주주의와 시민권의 토대로서 국경일을 가졌다. 국가들은 상대적으로 별개의 민족경제의 발전을 통하여 형성되었던 산업시대 동안에 적절한 정치공동체들이었다. 하지만 상호의존적 세계의 성장과 국가 차원의 정부에서 정부간 혹은 초국가적 단체로의 결정권한의 이전은 국가의 정치적 의미를 심각하게 약화시켰다. 민족들은 그들의 정치적 역할의 의미에서 '공동화'되었을 뿐만 아니라 외관상 국제이주로의 냉혹한 경향과 문화적 다양성은 국가의 유기적 통일(설령 민족이 존재하였다 할지라도)을 치명적으로 손상시켰다.

인간의 소형화. 민족적 정체성은 사람들로 하여금 전체로서의 인간보다는 인간의 부분과 동일시하도록 장려한다. 그러한 것으로서 민족적 정체성은 우리의 도덕적 감수성을 협소하게 하고 공통의 인간이라는 의식을 파괴한다. 더 나쁜 것은 민족주의가 필연적으로 분열과 갈등을 발생시킨다는 것이다. 우리 자신의 민족이 독특하거나 '특별하다'고 한다면, 다른 민족들은 필연적으로 열등하거나 아마도 위협적인 것으로 이해된다. 따라서 민족주의는 독립적인 국민국가의 세계가 아니라 군국주의, 공격 그리고 정부에 의해 위협되는 그러한 세계를 야기한다. 인간들이 싸움과 전쟁을 넘어서서 진보하기 위하여 민족주의는 포기되어야만 하고 항상 그랬던 것처럼 유아적 질병과 같이 다루어져야만 한다.

대부분의 국민국가는 자신의 행위가 초래하는 생태적 결과에 대해서는 별로 관심을 가지고 있지 않다. 이러한 어리석은 행동은 1986년 우크라이나에서 발생한 체르노빌Chernobyl 핵사건에 의해 증명되었다. 이 핵사건으로 인해 북유럽을 가로질러 핵방사물이 방출되었고, 이것은 유럽에서 50년 이상 암과 관련된 2천여 명의 죽음을 초래할 것으로 추산되었다.

마지막으로 국민국가를 다른 형태의 정치적 조직으로부터 구별하게 하는 응집력의 원천인 특징적인 민족적 문화와 전통은 초국가적, 심지어 지구적 문화의 출현에 의해 약화되었다. 이것은 국제여행과 인공위성 텔레비전에서 '초고속 정보'에 이르는 통신기술의 엄청난 성장을 통해 용이하게 되었다. 미국 영화와 텔레비전 프로그램이 세계에 방영될 때, 인도와 중국의 요리가 유럽에서 국내 요리처럼 대중적이 될 때, 그래서 사람들은 그들의 이웃 마을에서처럼 쉽게 세계의 다른 편과 대화할 수 있을 때 과연 국민국가가 더 이상 의미 있는 존재일까? 이 문제와 이와 관련된 문제는 8장에서 더 깊이 있게 논의된다.

요약

(1) 민족은 문화적·정치적 요소들의 결합에 의해 정의된다. 문화적으로 민족은 공통의 언어·종교·역사·전통에 의해 함께 묶여진 인간집단이다. 하지만 궁극적으로 민족은 고전적으로 주권을 달성하거나 혹은 유지하고자 하는 욕구로 표현되는 공유된 시민의식의 존재를 통해 자기를 규정한다.

(2) 특징적인 문화적·정치적 형태의 민족주의가 확인될 수 있다. 문화적 민족주의는 독특하고 역사적이며, 유기적 전체로서 민족에 대한 믿음을 기초로 하나의 특징적인 문명화로써 민족의 부활을 강조한다. 다른 한편으로, 정치적 민족주의는 민족을 분리된 정치공동체로 인식한다. 그리하여 정치적 민족주의는 주권·자결과 같은 이념과 연결된다.

(3) 어떤 정치사상가는 민족주의를 산업화와 민주주의의 부흥과 관련된 현대적 현상으로 묘사한다. 반면에 다른 정치사상가는 민족주의를 전근대적인 인종적 충성과 정체성으로 거슬러 올라간다. 민족주의가 지니는 성격은 상당히 변하였고, 민족주의가 일어났던 역사적 환경과 민족주의가 매료되었던 정치적 운동에 의해 영향을 받았다.

(4) 정치적 민족주의의 대조적인 표현이 수없이 존재해 왔다. 자유민족주의는 자치라는 보편적 권리에 대한 믿음에 기초한다. 보수적 민족주의는 사회적 응집력과 정치적 통일을 제공하는 민족적 애국주의의 능력을 평

가한다. 팽창적 민족주의는 공격과 제국주의적 정복을 위한 매개수단이다. 반식민지 민족주의는 민족적 해방을 위한 투쟁과 관련되며, 사회발전을 위한 노력과 종종 융합된다.

(5) 전 세계에 걸쳐 가장 넓게 승인된 정치조직의 형태는 국민국가이다. 국민국가는 종종 유일하게 정당한 정치지배의 단위이다. 민족주의가 지니는 강점은 민족주의가 문화적 응집력과 정치적 통일에 대한 기대를 제공한다는 점이다. 그리하여 민족주의는 공통의 문화 혹은 인종적 정체성을 공유하는 사람으로 하여금 독립과 자치정부에 대한 권리를 행사하도록 한다.

(6) 국민국가는 현재 수많은 도전에 직면해 있다. 국민국가는 인종정치의 성장에 의해 발생된 원심적 압력에 예속되었다. 외적으로 국민국가는 증대하는 초국가적 집단의 권력과 경제적·문화적 지구화의 발전으로 인해, 또 환경위기에 대한 국제적 해결책을 찾고자 하는 필요에 의해 도전을 받았다.

토론사항

(1) 민족은 어디에서 오는가? 민족은 자연적 형성물인가 아니면 인공적 형성물인가?

(2) 민족적 자부심과 애국적 충성은 왜 평가받는가?

(3) 문화적 민족주의는 단지 민족을 과거 속에 가두는가?

(4) 민족주의는 왜 잠재적인 정치적 힘으로 증명되었는가?

(5) 민족주의는 필연적으로 편협함과 갈등을 낳는가?

(6) 민족주의는 엘리트조작의 형태로 간주될 수 있는가?

(7) 민족주의와 국제주의는 양립하는가?

(8) 국민국가는 정치적 지배의 유일하게 정당한 단위인가?

(9) 탈민족주의적 세계는 가능한가?

더 읽을 거리

• Brown, D., *Contemporary Nationalism: Civic, Ethnocultural and Multicultural Politics*(London and New York: Routledge, 2000). 민족주의적 정치의 이해를 위한 분명하고 계몽적인 틀을 제공해 주고 있는 서적.

• Hearn, J., *Rethinking Nationalism: A Critical Introduction*(Basingstoke and New York: Palgrave Macmillan, 2006). 사회학·정치학·인류학·역사학에 걸친 민족주의를 이해하려는 접근법들에 대한 포괄적 설명을 담고 있는 서적.

• Hobsbawm, E., *Nations and Nationalism Since 1780*, 2nd ed. (Cambridge: Cambridge University Press, 1993). 현대의 맑스주의 관점에서 민족주의의 현상을 분석하고 있는 서적.

• Spencer, P. and H. Wollman(eds), *Nations and Nationalism: A Reader*(Edinburgh: Edinburgh University Press, 2005). 민족주의에 대한 주류와 덜 주류적인 저술을 모아 놓은 광범위하고 고무적인 서적.

정치경제학과 지구화

"중요한 건 경제라구, 이 멍청아."

1992년 미국의 대통령선거운동 기간에 빌 클린턴의 사무실 벽에 붙어 있던 말.

개관

거의 모든 층위에서 정치는 경제와 얽혀 있다. 정치는 재산권이 보호되고 계약이 준수되는 공공 질서의 틀을 확실하게 하는 국가의 능력에서부터 경제를 통제하거나 심지어 계획과 국유화를 통해 경제생활에 대한 직접적인 통제를 행사하는 정부의 능력에 이르기까지 여러 가지 점에서 경제적 산출에 영향을 미친다. 경제가 정치적 산출에 미치는 바로 그 방식은 확실히 중요하다. 가령, 정당은 경제성장을 증대시키고 인플레이션을 감소시키며 빈곤을 퇴치한다는 등의 약속을 통해 권력을 장악하기 위해 경쟁을 한다. 클린턴 대통령이 인정하였던 것처럼 선거결과는 종종 경제상황에 의해 결정된다. 정부는 경제가 호황일 때 선거에서 승리하지만, 경기후퇴나 불황일 때는 패배하는 것 같다. 사실 정통 맑스주의자는 정치가 단지 경제적 '기초'에 의해 결정되거나 조건지워지는 '상부구조'의 한 부분에 불과하며, 정치과정은 단지 계급제도의 반영에 지나지 않는다는 점을 시사하고 있다. (맑스주의자를 포함하여) 거의 대부분의 사람들은 이제 이 소박한 견해를 지지하지는 않지만, 그 누구도 정치생활이 직접적으로 경제상황, 가장 중요하게는 경제제도의 성격과 연결되어 있다는 점을 부인하지 않을 것이다. 그럼에도 지구화의 도래는 정치와 경제 간의 관계에 관한 전통적인 가정들을 전복하려 한다. 그래서 혹자들은 이렇게 논의한다. 경제가 정치에 대해 최종적으로 승리하였다고 말이다. 거의 모든 곳에서 정부들이 지구적 시장과 국제적인 경쟁의 강화를 통해 행사된 압력에 직면하여 힘을 상실한 것처럼 보일 때, 정치에 어떠한 역할이 남겨지는가?

쟁점

(1) 정치와 경제는 본질적으로 왜 그리고 어떻게 연결되는가?

(2) 국가와 시장 간의 관계는 무엇인가?

(3) 자본주의는 단 하나의 경제형태인가? 아니면 다양한 자본주의가 있는가?

(4) 자본주의에 대한 실행 가능한 대안들이 존재하는가?

(5) 경제적 지구화는 무엇인가? 경제와 정치는 어떻게 재구성되었는가?

(6) 2007~2009 파산의 유산은 무엇이었는가?

정치경제학

정치경제학에 대한 접근법들

개념설명

정치경제학

포괄적으로 정치경제학
은 정치와 경제의 상호
작용에 관한 연구이다.
하나의 논제로서 정치경
제학은 국가와 시장 간
의 관계에 초점을 둔다.
이러한 의미에서 정치경
제학이 다양한 접근법들
을 포함하고 있지만 이
단어는 맑스주의와 오
랜 연관성을 지니며, 권
력을 부의 소유와 연결
시키고자 하는 맑스주의
분석 내에서의 경향을
반영한다. 하나의 방법
으로서 정치경제은 정
치를 분석하기 위해 경
제학 내에서 발전된 이
론과 접근법들의 사용과
연관이 있다. 그리고 정
치경제학은 합리적 선택
이론, 공공선택이론 그
리고 사회적 선택 및 게
임이론 등을 포함한다.

'정치경제학'이라는 단어는 다음의 사실을 내포한다. 즉 '경제학'으로부터
'정치학'의 학문적인 분리가 궁극적으로 유지될 수 없다는 점이다. 정치적
요인들은 경제적 산출을 결정하는 데 중요하고, 동시에 경제적 요인들은 정
치적 산출을 결정하는 데 중요하다. 간단히 말해 정치경제학에서 달아날 방
법이 없다는 것이다. 이 과목이 특히 이른바 '신정치경제학'이 출현함으로
써 정치경제학에 대한 점증하는 동시대의 관심에 의해 강조되었지만 이 과
목은 오래되고 존경스러운 역사를 지니고 있다. 이 역사는 아담 스미스의
『국부론』([1776] 1930)과 데이비드 리카아도의『정치경제학과 조세의 원리』
(1817)에서 칼 맑스의『경제·철학 수고』(1844)와 존 스튜어트 밀의『정치경제
학 원리』(1848)에까지 이른다. 이제 '경제학'으로 불리는 이 과목은 일반적으
로 '정치경제학'으로 언급되었다. 하지만 어떠한 점에서 정치학과 경제학은
얽혀 있는가? '정치적인 것'과 '경제적인 것'은 어떻게 연결되었는가? 그러한
질문들을 가진 이 문제는 이 질문들이 많고 다양한 대응을 초래한다는 점이
다. 그리고 이 대응은 정치경제학이 다양한 관점과 접근들을 에워싸고 있다
는 점을 시사한다. 예를 들어 정치경제학은 경제와 관련하여 국가의 책임에
주로 그 초점을 맞출지도 모른다. 이러한 의미에서 정치경제학은 성장과 번
영을 위한 국가개입의 의미, 국가의 개별적인 힘 그리고 부를 배분하는 수
단으로서의 시장 등과 같은 문제들을 검토한다. 대안적으로 정치경제학은
경제적 요인들이 정치결정에 영향을 미치는 방식들에 초점을 맞출지도 모
른다(Lindblom, 1977). 이러한 의미에서 정치경제학은 기업집단들에 대한 정
치적 영향과 지구적 시장이 국가적 정부들에 대한 억제로 이용되는 범위 등
과 같은 문제와 연관을 가진다. 하지만 더 깊숙한 수준에서 정치경제학은
경쟁적인 전통들을 포함하고 있다. 이러한 전통 중에 가장 중요한 전통은
다음과 같다.

중상주의 Merchantilism
국가를 가장 중요한 경
제행위자로 간주하는 경
제철학. 경제관계들이
정치권력에 의해 결정되
는 정도를 강조한다.

보호무역주의

Protectionism
할당제와 세금 등과 같
은 수입제한. 국내생산
자들을 보호하기 위해
만들어진다.

근린궁핍정책

Beggar-thy-neighbour
Policies
단기적으로 자신의 국가
에게 가장 좋은 이익을
가져다준다고 믿으면서
다른 국가들의 희생의
대가로 추구된 정책들.

① 국가중심적 정치경제학State-centric political economy

② 고전·신고전 정치경제학Classical/neo-classical political economy

③ 맑스주의 정치경제학Marxist political economy

국가중심적 정치경제학

국가중심적 정치경제학은 **중상주의**, 때때로 '경제적 민족주의'로 칭해진 것
으로부터 발전하였다. 이 중상주의는 15세기에서 17세기 말까지 유럽에서
가장 영향력이 있었다. 이 견해에서 볼 때 경제적 시장들은 '중립적'이 아니
라 일반적으로 국가권력의 행사에 의해 형성된 사회적 맥락 내에서 존재한
다. 고전적인 중상주의 전략은 상품 수입을 낮게 유지하면서 수출을 위해
상품들을 생산함으로써 유리한 무역균형을 발전시킴으로써 국가의 부와 권
력 그리고 명성을 증대하고자 하는 것이었다. 이렇게 하기 위해 행해진 중
요한 생각은 **보호무역주의**였다. 방어적인 중상주의는 '초기infant' 산업과
강한 경제들의 '불공정한' 경쟁으로부터 더 허약한 경제를 보호하고자 만들
어졌으며, 반면에 공격적인 중상주의는 팽창주의와 전쟁을 위한 토대를 제
공하기 위해 국가경제를 강력하게 하는 데 그 목적이 있었다. 정치경제학에
대한 국가중심적 접근법은 1930년대의 **'근린궁핍화정책'**과의 연관으로 인해
그 중요성이 쇠퇴하였다. 이 정책으로 인해 세계대공황이 더 심화되었거나
적어도 연장되었다는 주장이 있었다. 하지만 국가중심적 접근법은 나중에
이 장에서 토론되지만 '국가자본주의' 이념을 통해 부활되었다.

고전·신고전 정치경제학

고전정치경제학은 아담 스미스와 데이비드 리카아도(1772~1823)의 저술에
서 유래한다. 이 고전정치경제학은 분명히 인간 본성에 관한 자유주의적 가
정들에 그 기초를 두고 있다. 말하자면 그 가정이란 합리적으로 이기적인
생명체로서의 개인 혹은 '효용을 극대화하는 사람'으로서의 개인이 핵심적
인 경제적 행위자라는 이념이다(효용을 극대화하는 사람들은 물질적 소비의 의
미에서 계산된 고통에 대해 가장 큰 즐거움을 달성하기 위해 행동한다). 경쟁적인

가설적인 시장구조. 이
시장구조 속에서 시장들
은 자유롭고 개방되어
있으며, 소비자들은 완
전한 지식을 가지고 있
고 그 어떤 생산자도 상
품가격에 더 큰 영향을
끼칠 수 없다.

자본주의 Capitalism
자본주의는 경제제도나
이데올로기로서 간주될
수 있다. 경제제도로서
자본주의는 일반화된 상
품생산제도이다. 자본주
의의 핵심적 특징은 ①
생산적 부는 현저하게
사적으로 소유되며, ②
경제생활은 시장원칙,
즉 가격메커니즘을 통
해 할당되는 자원에 따
라 조직되고, ③ 임금노
동이 예속적인 농노제를
대신하며, ④ 물질적인
이기심과 이윤극대화는
기업과 힘든 노동을 위
한 동기를 부여한다. 이
데올로기로서 자본주의
는 사실상 사유재산, 개
인적인 노력과 실적주의
를 옹호하는 고전적 자
유주의와 중복된다.

잉여가치 Surplus value
자본주의 착취메커니즘
을 통해 프롤레타리아의
노동으로부터 추출된 가
치를 나타내는 맑스주의
단어.

힘들 사이의 균형이나 조화에 대한 더 깊숙한 자유주의적 믿음과 병행하여
고전정치경제학의 핵심적 이념은 다음과 같다. 즉 가격메커니즘−스미스
가 적고 있듯이 시장의 '보이지 않는 손'−이 공급(생산자가 기꺼이 생산하고
생산할 수 있는 것)과 수요(소비자들이 기꺼이 소비하고 소비할 수 있는 것)를 서로
일치하게끔 한다는 점에서 통제받지 않는 시장경제는 장기적 균형을 향해
나아간다는 것이다. 고전정치경제학의 관점에서 볼 때 이것은 자유방임정
책을 의미하는데, 이 정책에서 국가는 경제를 홀로 내버려두며, 시장은 그
자신이 경영하게끔 남겨진다. 따라서 시장을 통한 경제적 교환은 더 큰 효
율성이 경제성장을 산출하고 모든 사람들에게 이익을 가져다준다는 점에서
포지티브섬positive-sum 게임이다. 신고전정치경제학은 19세기 말부터 발
전하였고 고전정치경제학의 이념과 가정들을 좀 더 발전된 이론으로 흡수
하였다. 특히 신고전정치경제학은 기업행위론과 **완전경쟁**의 조건에서 희소
자원들의 최적의 사용에 관한 이론을 발전시켰다.

맑스주의 정치경제학

맑스주의 정치경제학은 **자본주의**를 계급착취제도로 묘사하며 사회계급들
을 중요한 경제적 행위자로 다루고 있다. 칼 맑스는 경제적 힘의 의미에서
계급을 정의하였는데, 그것은 특수하게 사람들이 생산적 부의 소유, 즉 '생
산수단'의 소유와 연관을 맺고 있는 곳에서 그렇다. 그는 다음과 같이 믿었
다. 즉 자본주의 사회는 점점 더 '두 개의 큰 계급들'로 나누어졌는데, 그것은
다름 아닌 부르주아계급(자본가계급, 생산적 부의 소유자)과 프롤레타리아계
급(비소유자, 자신의 노동력을 판매함으로써 생활을 하는 사람)이었다. 결정적으
로 맑스와 맑스주의자들이 볼 때 이 계급들간의 관계는 화해할 수 없는 적대
적 관계이며, 그래서 프롤레타리아계급은 필연적으로 그리고 체계적으로
'지배계급'인 부르주아계급에 의해 착취당한다는 것이다. 맑스가 **잉여가치**
이념을 언급함으로써 설명하였던 것이 바로 이 점이다. 자본주의의 이윤추
구는 노동자의 노동이 생산한 가치보다 노동자들에게 더 적은 임금을 지불
하고 노동자로부터 잉여가치를 추출해야만 만족될 수 있다. 따라서 경제적

Economic system
자본주의 착취메커니즘
상품과 서비스들이 생산
되고 분배되며 교환되는
조직형태. 맑스주의자들
은 이것을 '생산양식'으
로 이해한다.

착취는 자본주의 생산양식의 본질적인 특성이며, 이 착취는 특별한 고용주들의 야비함이나 관대함과는 무관하게 작동한다. 이 화해할 수 없는 계급갈등은 자본주의에게 내재적이고 궁극적으로 치명적인 불안정을 부여한다. 자본주의는 과잉생산의 첨예한 위기를 경험하기 때문에 프롤레타리아는 궁극적으로 계급의식을 가지게 되고 '자본주의의 무덤을 파는 사람'으로서의 자신의 운명을 실현할 것이다.

다양한 자본주의

가장 광범위한 형태에서 볼 때 정치경제학은 **경제제도**들이 제도적·정치적 장치들에 얼마나 다르게 영향을 미치는지 그리고 경제제도들이 정치적 결정과정에 의해 얼마나 다르게 영향을 받는지를 검토한다. 전통적으로 정치경제학은 두 개의 경쟁적인 경제제도들, 즉 자본주의와 사회주의의 성격과 의미를 분석하였다. '자본주의 서구'처럼 경제생활이 사적 소유에 기반을 두고 시장에 의해 조직되거나 아니면 '공산주의 동구'처럼 경제생활은 국가소유에 기반을 두고 중앙계획제도를 통해 조직된다. 하지만 사실상 경제제도들은 간단하게 '자본주의 대 사회주의' 경제조직 모델이 함축하였던 것보다 범주화하기에는 항상 더 복잡하며 어려웠다. 다양한 사회들이 자신들이 처한 특수한 경제적·정치적 환경 그리고 자신들의 문화적·역사적 유산에 의존하여 그들 자신의 자본주의와 사회주의 모델들을 건설하였다. '순수' 자본주의제도나 '순수' 사회주의제도에 대한 관념은 언제나 하나의 환상이었다. 어떠한 자본주의제도도 노동법과 적어도 복지의 안전망 수준 등과 같은 '사회주의적' 불순물로부터 완전하게 자유로운 것은 아니다. 또한 노동시장과 어떤 형태의 '지하'경제 등과 같은 '자본주의적' 불순물을 가지지 않았던 사회주의제도도 결코 존재하지 않았다. 그럼에도 1989~1991년의 동유럽 혁명에 이어서 발생하는 중앙계획의 갑작스러운 포기와 중국에서의 시장개혁의 도입 그리고 다른 잔존하는 공산주의 국가들은 급진적으로 정치경제학의 범위를 변경시켰다. 그래서 자본주의가 세계에 걸쳐 경제조직에 관한 한 자유방임-프랑스어 문자상으로 '~하게 내버려두는' 의미-은 경제문제들에, 정부의 불간섭 원칙이다. 이 교리의 핵심은 정부가 경제를 홀로 내버려 둘 때 가장 잘 작동한다는 것이다. 자유방임의 중요한 가정은 규제받지 않는 시장경제는 자연적으로 균형을 향해 나아가는 경향이 있다는 것이다. 이 점은 일반적으로 '완전경쟁'이론에 의해 설명된다. 이러한 관점에서 볼 때 정부간섭은 독점의 견제와 안정적인 가격유지와 같은 시장경쟁을 촉진시키는 행동들에 제한되지 않을 경우 해로운 것으로 간주된다.

유일하게 생명력 있는 기초로 남겨진 것처럼 보인다. 하지만 이러한 현상은 다음의 의식을 증대시켰다. 즉 자본주의는 단 하나의 유일한 경제형태가 아니라 오히려 다양한 경제형태들을 구성한다는 점이다(Brown, 1995; Hall and Soskice, 2001). 세 가지 유형의 자본주의체제를 현대세계에서 확인할 수 있다.

① 기업자본주의 enterprise capitalism
② 사회자본주의 social capitalism
③ 국가자본주의 state capitalism

기업자본주의

기업자본주의(때때로 '아메리카 기업모델'로 불린다)는 특히 앵글로-아메리카 세계에서 '순수'자본주의로 널리 이해되고 있다. 순수자본주의란 여러 가지 다른 자본주의가 필연적으로 나아가게 되는 하나의 이상이다(Friedman, 1962). 그렇지만 이 모델은 미국(기업자본주의의 본국)과 전쟁 후 초기의 케인즈적 사회민주주의와 가벼운 유착관계에 있었음에도 영국을 제외하고는 대부분의 국가에서 거부당했다. 기업자본주의는 밀튼 프리드만과 프리드리히 하이에크와 같은 현대 이론가에 의해 새롭게 정립된, 스미스와 리카아도와 같은 고전경제학자의 이념에 기초하고 있다. 기업자본주의가 지니는 핵심적 특징은 자유로운 시장경쟁의 작동에 대한 믿음이다. 이것은 시장이 **자유방임** 원칙과 병행하여 자기조절적 메커니즘-아담 스미스의 표현을 빌면 '보이지 않는 손'-이라는 것으로부터 탄생되었다. 이 이념은 아담 스미드가 쓴 유명한 글 속에 표현된다. "우리가 기대하는 저녁식사는 푸주한·양조자·빵제조업자의 자비심에 의한 것이 아니라, 그들의 이해관계에 있는 것이다." 미국에서 자유시장원칙은 공적 소유권을 최소한으로 하는 데 기여하였고, 복지설비는 단지 안전망 정도로 작동하는 것을 보장할 뿐이었다. 미국의 기업은 전형적으로 이윤을 통해 동기화되고, 우선순위를 높은 생산성과 노동유연성에 두고 있다. 노동조합은 일반적으로 허약하다. 이는 강력한

아담 스미스(Adam Smith; 1723~1790)

스코틀랜드의 경제학자이며 철학자. 그는 일반적으로 '음울한 학문'(Dismal Science: 경제학의 별칭)의 창시자로 간주된다. 글래스고우(Glasgow)대학에서 논리학·도덕철학 교수를 지낸 후에 그는 버클루Buccleuch 대공의 개인교사가 되었다. 이 직업을 가짐으로써 그는 프랑스와 제네바를 방문할 수 있었고, 자신의 경제이론을 발전시킬 수 있었다. 『도덕감정론The Theory of Moral Sentiment』(1759)은 인간의 이기심과 통제되지 않은 사회질서를 화해시키고자 하였던 동기(Motivation)에 관한 이론을 발전시켰다. 스미드의 가장 유명한 작품인 『국부론The Wealth of Nations』([1776] 1930)은 분업의 중요성을 강조하면서 시장의 측면에서 경제를 설명하고자 한 첫 번째 제도적인 시도였고, 스미드는 종종 자유시장이론가로 간주되지만, 그는 또한 시장이 가지는 한계를 알고 있었다.

개념설명

경제적 지구화

Economic globalization
초국적 생산과 자본유통들을 통해 국가경제가 하나의 '경계가 없는' 지구경제로 편입되는 것.

노동조직은 이윤을 극대화하는 데 있어서 하나의 장애물이라는 우려를 나타낸다. 이러한 자본주의 형태에 있어 성장과 기업에 대한 강조는 부분적으로 생산적 자본을 일반적으로 보험회사와 연금과 같은 투자에 대한 높은 이율의 수익을 요구하는 금융기관이 소유하고 있다는 사실로부터 유래한다.

의심할 바 없는 미국의 경제력은 기업자본주의의 활동력을 입증하였다. 상대적으로 명백히 쇠퇴하였다는 증거가 있는데도－미국은 1945년에 세계 제조업 매출의 반을 차지하였지만, 1990년에는 1/5로 떨어졌다－미국의 평균생산성은 여전히 독일과 일본보다 더 높다. 미국은 확실히 시장원칙을 적용함으로써 이익을 얻을 수 있는 자연적 이점, 즉 넓은 국내시장, 풍부한 천연자원, '개척자 이데올로기'로 간주되는 거친 개인주의적 대중문화를 향유한다. 하지만 미국의 성공을 단지 시장의 덕으로만 볼 수는 없다. 가령 미국은 대체로 강하고 분명한 민족적 목적의식을 소유하고 있으며, 가장 나쁜 경쟁적 행위가 저지르는 과도함을 자제시킬 수 있는 조절적 기관망을 가지고 있다. 그럼에도 기업자본주의의 원칙은 1980년대 이후 더 두드러지게 되었다. 이것은 미국에서 레이건 행정부와 영국에서 대처 정부에 정책적 수용에 의해 이루어진 변화였다. 이들 정부는 정부를 '기업에서 물러가라'고 하기 위해 고안된 신자유주의정책을 추진하였다. **경제적 지구화**와 신자유주의 간의 연결은 또한 다음의 사실을 보장하였다. 즉 이 장의 뒷부분에서 토

'사회시장경제'라는 이념
은 1950년대에 독일에서
출현하였다. 사회시장은
시장원칙에 의해 구조화
되는 경제이며, 일반적
으로 정부간섭으로부터
자유롭다. 이 사회시장
은 포괄적인 복지제도와
효과적인 공공서비스를
통해 응집성이 유지되는
사회 속에서 작동한다.
그리하여 시장은 그 자
체가 목적이 아니라, 더
광범위한 사회목적을 달
성하기 위해 부를 생산
해 내는 하나의 수단이
다. 동반자·협력·보완
성(subsidiarity, 중앙정
부는 지방정부가 담당하
기 어려운 업무를 보완
해준다는 원칙.─옮긴이)
은 사회시장을 자유시장
과 구별하게 해 준다.

론되는 것처럼 기업자본주의를 향한 추세가 앵글로-아메리카의 심장지대
를 넘어서 훨씬 더 멀리 확대되었다는 점이다.

하지만 기업자본주의는 또한 심각한 단점도 가지고 있다. 아마도 이 단
점 중에서 가장 중요한 것은 광범위한 물질적 불평등과 사회의 파편화 경향
이다. 예를 들면 이것은 유럽에서는 발견되지 않았던 절대빈곤층이 미국에
서 나타났으며, 교육을 받지 못하고 복지에 의존하는 하층계급이 증대한 데
에서 볼 수 있다. 그러한 문제들이 발생시킨 긴장은 사회적 유동성mobility
에 대한 기대를 살아 있게 하는 성장수준에 의해 억제될 수 있다. 하지만 미
국이 가진 문화적·경제적 재원이 부족한 영국과 같은 사회에서, 기업자본
주의는 장기적으로 견딜 수 없을 정도의 심각한 사회적 긴장을 산출할 수 있
다. 또 다른 문제는, 기업자본주의가 가지는 '가속화하는' 특징들이 시장 혹
은 기술혁신의 역동성과 연관을 가지기보다는 지출하고 차용하고자 하는
소비자의 의지, 투자하고자 하는 기업들의 의지와 더 관련된다는 점이다.
따라서 이러한 경제모델은 아마도 2007~2009년의 지구적 재정위기를 통해
나타났듯이 금융시장의 변덕스러움이나 소비자 혹은 기업의 신뢰감의 변화
에 특히 취약하다(이 장의 마지막 절에서 토론된다).

사회자본주의

사회자본주의는 중·서유럽의 많은 국가에서 발전하였던 자본주의 형태와
관련된다. 독일은 사회자본주의의 본고장이다. 그러나 사회자본주의 원칙
은 오스트리아, 베네룩스 국가들, 스웨덴, 프랑스 그리고 많은 스칸디나비
아 국가에서 채택되었다. 이 경제형태는 스미스와 리카아도에 의해 정식화
된 고전정치경제학에서 주장하는 엄격한 시장원칙보다는 프리드리히 리스
트(Friedrich List; 1789~1846)와 같이 유연하고 실용적인 경제학자의 이념에
훨씬 더 많은 관심을 기울인다. 그러나 관세동맹의 선도적 지지자인 리스트
는 정치와 정치력이 가지는 경제적 중요성을 강조하였다. 가령, 그는 국가
개입은 혹심한 대외경쟁으로부터 초기infant 산업을 보호하기 위한 것이어
야 한다고 주장한다. 이 모델의 중심적인 주제는 하나의 **사회시장**이라는 이

념이다. 이는 시장경쟁의 원칙을 사회응집력과 연대의 필요성에 결합시키고자 하는 하나의 시도이다.

독일에서 이 제도는 기업과 지역은행 사이의 긴밀한 관계의 형태로 산업자본과 금융자본이 결합함으로써 이루어졌다. 지역은행은 종종 기업의 대주주들이다. 사회자본주의는 전후의 독일경제를 이끌던 주축이었다. 사회자본주의는 단기간의 이윤보다는 장기적인 투자를 향한 경제로 방향을 잡았다. 라인-알핀 자본주의로 불렸던 기업조직도 사회동반자에 기초하였다는 점에서 앵글로-아메리칸 자본주의와 다르다. 노동조합은 노동협의회를 통해 자신의 이익을 대변하고, 일반적으로 산업 전반에 걸친 임금협상에 해마다 참가한다. 이 관계는 노동자와 다른 약한 단체에 사회보장을 제공하는, 포괄적이며 기금화가 잘된 복지제도에 의해 지탱된다. 이러한 방식으로 '이해관계자 자본주의stakeholder capitalism' 형태가 발전하였으며, 이 형태는 노동자들과 더 넓은 공동체의 이해관계를 고려하였다. 이것은 미국과 영국에서 발견되는 '주주 자본주의shareholder capitalism'와 대조된다(Hutton, 1995).

사회자본주의가 지니는 강점은 전쟁에 의해 폐허가 된 독일을 1960년대에 유럽의 선도적인 경제세력으로 변형시켰던 '경제기적'을 통해 명백하게 증명되었다. 특히 직업기술과 특수한 전문기술에서 교육과 훈련에 대한 강조와 함께, 높고 안전한 투자수준으로 인해 독일은 유럽에서 가장 높은 수준의 생산성을 달성할 수 있었다. 하지만 사회시장 모델이 지니고 있는 미덕이 결코 보편적으로 수용되지는 않았다. 이 모델이 가지는 단점 중의 하나는 이 모델이 협의·협상·동의에 큰 비중을 두기 때문에 경직성을 자극하고, 기업으로 하여금 변화하는 시장조건—예를 들면 경제적 지구화와 동아시아의 경쟁력 강화—에 적응하는 것을 어렵게 만드는 경향이 있다는 점이다. 또 다른 부담은 높은 질의 복지시설을 유지하기 위해 상대적으로 높은 수준의 사회지출을 강요당하고 있다는 점이다. 높은 수준의 사회지출은 세금을 인상하고, 그래서 고용인과 피고용인 양측 모두에 부담을 준다. 사회시장의 지지자는 사회와 시장은 본질적으로 연결되어 있다고 주장하는 반면에, 이 모델의 비판자들은 사회자본주의는 이미 단어 자체에서 모순이 나타난다고 주장한다. 이들의 관점에서 볼 때 사회프로그램에 지출하는 금융비용은 국제경쟁력을 쇠퇴시키고 부를 창조하는 경제의 토대를 허약하게 한다.

국가자본주의

'국가자본주의'라는 단어는 수많은 관점에서 정의되었다. 가령, 트로츠키파들은 이 단어를 자본주의 사회와 유사한 방식으로 노동계급을 억압하기 위해 생산력의 통제를 사용하는 스탈린 지배하의 소련의 경향을 부각시키기 위해 사용하였다. 하지만 이 단어의 현대적 사용에서 볼 때 국가자본주의는 국가가 결정적이고 명령적인 역할을 수행하는 자본주의 경제들을 기술하기 위해 더 일반적으로 사용되었다. 이 자본주의 경제들은 종종 비자유주의적 자본주의 사회들이다. 홀Hall과 소스키체Soskice(Hall, P. and D. Soskice eds, 2001)는 기업들이 경쟁적인 시장장치들을 토대로 자신들의 활동을 조정하는 '자유주의적 시장경제'와 비시장 장치들에 상당히 의존하는 '조정된 시장경제'를 구별하였다. 국가자본주의에 대한 몇몇 관점들은 1945년 후기 일본에서 발견될 수 있을 것이다. 이것은 동남아시아의 '호랑이들'(홍콩·한국·대만·싱가포르 등등)이 열렬하게 채택하였던 모델이었고 출현하는 중국 자본주의에 영향을 미쳤을 뿐만 아니라 몇몇 점들에서 러시아 자본주의에도 영향을 미쳤다.

국가자본주의가 지니는 특징적 성격은 장기적인 협력관계를 강조한다는 점이다. 이러한 이유로 국가자본주의는 때때로 '집단자본주의'로 불린다. 이 모델은 경제를 비인격적인 가격 메커니즘에 의해 통제되게 하는 것이 아니라 '관계적 시장relational market'이라고 불리는 것에 의해 움직인다. 이에 대한 사례로는 일본에서 산업과 금융에 긴밀한 관계가 있다는 것을 보장하는 결합적 주식소유 유형이다. 이러한 소유권의 안정성은 일본 회사에 풍부한 자본을 제공해 준다. 이로 인해 일본 회사는 중·단기적 이윤보다는 장기적 투자에 기초한 전략을 채택할 수 있다. 회사 자체는 국가자본주의에서 핵심적인 사회생활을 제공한다. 노동자(특히 대기업의 여성 노동자)는 미국이나 유럽의 사회시장에서는 결코 있을 수 없는 방식으로 회사의 '구성원'이 된다. 충성, 책무, 고된 노동의 대가로 노동자는 전통적으로 평생고용, 연금, 사회보호, 여가와 레크리에이션의 기회를 기대하였다. 특히 공동작업Team work과 집단정체성의 확립이 강조되었는데, 집단정체성의 확립은 상대적으로 경영자와 노동자 사이의 낮은 소득격차에 의해 지탱되었다. 이 경제혼합의 마지막 요소는 정부이다. 동아시아의 공공지출과 세금의 수준은 국제수준에서 볼 때 상대적으로 낮지만(때로는 국민총생산의 30% 이하), 국가는 투자와 연구 그리고 무역결정을 인도하는 데 중요한 역할을 한다. 여기에서 이 모델은 의심할 바 없이 국제무역산업부(Ministry of International Trade and Industry, MITI)이다. 이 부서는 1945년 후기에 일본의 '경제적 기적'을 감독하였다.

전쟁의 폐허로부터 세계에서 두 번째로 큰 경제로 회복하는 데 있어 일본의 능력에 원인을 맞추어 일본식 자본주의가 1945년 후의 초기에 상당히 성공적이었지만 1990년대 일본의 경제적 경기후퇴 – '잃어버린 10년'이 되게 위협하였던 '잃어버린 10년' – 와 1997년 아시아의 금융위기는 국가자본주의에 더 어두운 암영을 던져 주었다. 국가자본주의 비판가들은 무엇보다도 변화하는 지구적 시장조건들에 대한 경직성과 무반응 그리고 의무와 계급제도와 같은 가치들의 지속적인 강조에 의해 질식된 개인주의와 기업주의를 향한 추세 등을 부각시켰다. 이러한 맥락에서 중국은 국가자본주의의 표준적 국가가 되었다. 그리고 중국은 일관되게 1980년대 말 이후로 약 10%의 성장률을 달성하였고 2011에 두 번째로 가장 큰 경제대국이 되기 위해 일본을 추월하였다. 싹이 트는 자본주의와 스탈린주의적인 정치통제가 혼합된 중국경제는 지속적인 경제성장을 제공하고, 값싼 노동의 엄청난 공급과 경제적 산업 기반시설에서의 대규모 투자로부터 이익을 얻는 데 상당히 효과적이었다. 그럼에도 21세기가 진행됨에 따라 '시장 스탈린주의'가 생명력 있는 경제모델로 남을 것인지에 대해서는 논쟁의 여지가 있다.

국가자본주의로의 러시아의 전환은 '충격요법' 시장개혁들이 보리스 옐

친의 지배하에서 도입되었을 때인 1990년대의 혼란과 이탈의 여파로 발생하였다. 1999년부터 블라디미르 푸틴은 정치생활과 경제생활 모두에서 국가권력을 거듭 주장하였다. 국가권력의 주장은 부분적으로 부를 국외로 빼돌리고 1998년 러시아의 재정위기에 기여하였던 것을 이유로 비판받았던 이른바 '과두제 지배자', 즉 신흥부자 기업 거물들의 권력을 빼앗고자 함이었다. 푸틴 경제전략의 중요한 점은 경제성장의 추동력으로서 러시아의 거대한 에너지 매장량을 활용하고 이웃 국가들에 대해 그리고 사실상 유럽의 많은 국가들에 대해 러시아에게 더 큰 수단을 제공해 주는 것이었다. 하지만 러시아 국가자본주의의 주요한 약점은 경제를 충분히 다양하게 하는 데 실패하였다는 점이다. 그리고 이 점은 러시아의 경제전망들이 국제시장에 의해 결정된 가격, 특히 석유와 천연가스의 가격과 긴밀하게 연결된다는 것을 의미한다. 국가자본주의의 광범위하고 주요한 약점은 경제적 자유주의와 비자유주의적 정치적 기구들 간의 모순이다. 왜냐하면 권위주의는 기업이나 혁신을 속박하거나 아니면 그러한 제도들을 유지할 수 없게 만드는 정치적 자유를 위한 분개나 요구를 야기시킬지도 모르기 때문이다. 국가자본주의는 시장경제가 정치적 자유주의의 부재 속에서 장기적으로 번영할 가능성이 있다고 한다면, 서구에 기반을 둔 자본주의 모델들에 대한 생명력 있는 대안이 될 것이다.

중국의 시장개혁: 실용적인 경제모델인가?

사건: 1949년 중국인민공화국을 설립한 마오쩌뚱이 1976년 사망하였을 때, 농업경제에서 공업경제로 이행하는 중국의 목표는 이행되지 않은 채 남아 있었다. 중국의 경제개혁과정은 1978년에 시작되었고, 한때 지위에서 물러났던 실용주의적 덩샤오핑Deng Xiaoping(1904~1997)의 재빠른 재등장에 의해 고무되었다. '중국적 특징을 가진 사회주의'를 달성하고자 목표한 덩샤오핑의 개혁들은 '하향식' 소비에트 모델로부터 벗어나 중앙계획경제를 시장 메커니즘들을 통한 간접적 관리제도로 변화시켰으며, 또한 그의 개혁들은 더 큰 사유재산제도, 경쟁 그리고 경제적 개방을 장려하였다. 핵심적인 발의들로는 인민의 자치지역들이 사적 구획의 집합으로 나누어지면서 농업의 탈집단화, 외국의 투자와 기업들이 사업을 착수하게끔 하는 기회들을 제공해 주는 특수경제지역의 창설, 그리고 특히 1992년 개혁과정의 재착수 후에 이루어진 많은 국가 소유 산업의 민영화 그리고 가격통제의 철폐와 축소된 보호무역주의와 함께 더 광범한 하청의 사용 등을 들 수 있다. 현대 중국의 정치변화는 경제변화보다는 훨씬 느렸고, 이 점은 중국공산당이 여전히 경제와 사회의 전반적인 통제를 보유하고 있다는 것을 뜻하기 때문에 중국 제도는 아마도 '시장 스탈린주의'의 하나로 가장 잘 간주될 것이다.

의의: 1970년대 말 시장개혁의 도입 이후로 있었던 중국의 경제적 성공은 어떤 기준들로 인해 주목할 만한 것이었다. 30년 이상 해마다 변함없이 이루어진 약 10퍼센트의 성장률은 중국의 경제를 미국 다음으로 세계에서 두 번째로 가장 큰 경제로 만들었다. 중국은 가장 큰 수출국이자 두 번째로 가장 큰 수입국로 세계에서 두 번째로 가장 큰 무역국가이다. 현재의 추세가 유지된다고 한다면, 중국은 2020년대 동안에 세계에서 가장 큰 경제가 될 것이다. 중국의 경제적 성공은 여러 가지 점에서 설명될 수 있다. 첫째, 13억 인구와 농촌에서 빠르게 팽창하고 있는 지방의 중심지나 도시로의 역사적으로 예기치 않았던 인구이동으로 인해 중국은 외견상으로 볼 때 다 소모할 수 없는 값싼 노동의 공급으로부터 이익을 얻었다. 둘째, 중국 이전에 일본과 아시아의 '호랑이들'과 공통으로 중국은 제조업에 토대를 둔 수출주도 성장전략을 채택하였고, 이는 중국을 '세계의 일터'로 만들었다. 셋째, 높은 저축률은 중국에서 투자가 대개 내부의 자원들로부터 발생한다는 점을 뜻하고, 중국 은행체계가 지구적인 금융적 '전염들'에 저항할 수 있다는 점을 뜻한다. 넷째, 중국은 선택적으로 지구화와 관계를 맺었다. 즉 중국은 지구적 시장들의 확대가 가지는 장점을 이용하면서도 미국의 달러와 비교하여 화폐가치를 싸게 유지하였고 그로 인해 중국 수출품들의 경쟁력을 증진시켰다. 다섯째, 중국 정부는 사회간접시설에 상당하게 투자하고 대외정책을 특히 석유·철강석·구리·알루미늄 그리고 다른 산업광물들의 공급을 보장함으로써 자원보호를 달성한다는 목표로 조정하고 있다.

그럼에도 비판가들은 다음과 같이 주장하였다. 중국의 '시장 스탈린주의'는 궁극적으로 결함이 있게 된다고 말이다. 취약성의 중요한 근원들로는 다음의 사실을 포함한다. 즉 2000년대 중반 이후, 중국에서 임금인플레이션의 조짐들이 있었다는 점이다. 이 점은 값싼 노동력이 다 쓸 수 없는 공급상태에 있지 않을 수도 있다는 점을 말해 주고 있으며, 제조품목들에서 세계의 다른 지역들보다 더 싸게 팔 수 있는 중국의 능력을 위태롭게 한다는 점이다. 또 다른 취약성은 일반적으로 중국 제품들이 기술적인 면에서 덜 정교하며, 특히 미국이나 일본 제품이 가지는 브랜드 가치를 가지지 못하고 있다는 사실이다. 수출시장들에 대한 중국의 상당한 의존도와 국내 소비수준들을 촉진시킬 필요성에 관해 의미심장한 관심이 제기되었다. 이러한 점들에서 발전이 지구적인 경기침체로부터 중국을 보호하는 데 기여해 줄 것이지만 이것은 인플레이션의 압박을 증대시키고 현재의 중국의 상당히 강한 무역흑자수지를 감소시킬지도 모른다. 하지만 혹자가 주장하듯이 중국의 경제모델이 직면하고 있는 가장 심각한 도전은 경제체계와 정치체계 성격 간의 근본적인 모순이다. 이 모순은 경제성과를 손상시키고 어쩌면 시장 스탈린주의 자체의 붕괴를 초래할 수 있는 수준의 정치 불안정을 가져올 것이다.

관리 혹은 비관리 자본주의? Managed or unmanaged capitalism?

세계의 자본주의에 대한 이러한 비판이 옳다고 한다면, 경제정책에서 중심적 문제는 정치와 경제, 국가와 시장 사이의 적절한 균형에 관한 것이 된다. 자본주의 경제는 국가가 간섭하지 않고 내버려둘 때 가장 잘 작동하는가, 아니면 경제관리체계를 통해서만 안정적 성장과 복지가 달성될 수 있는가? 실제로 이 질문은 두 개의 경쟁적 전략, 즉 **케인즈주의**와 통화주의에 대한 평가로 요약된다. 『고용, 이자, 화폐에 관한 일반이론*The General Theory of Employment, Interest and Money*』([1936] 1965)에서 전개된 고전정치경제학에 대한 케인즈 도전의 핵심은 자기조절적 시장에 기초한 자연적 경제질서라는 이념을 거부하는 것이었다. 케인즈는 정부와 경제를 엄격하게 구분하였던 자유방임 정책은 1930년대의 대공황 때 여실히 드러난 것처럼 불안정과 실업을 가져왔을 뿐이라고 주장하였다.

케인즈의 관점에서 볼 때 자본주의 경제는 1930년대에 심각한 불황 속으로 떨어졌다. 왜냐하면 실업이 증대되었을 때 시장의 힘은 재화와 서비스의 수요를 감소시키는 임금삭감을 초래하였기 때문이다. 케인즈는 경제활동의 수준은 '총수요', 즉 경제에 있어서 총수요 수준에 따라 조절된다고 주장함으로써 자유시장이론에 대항하였다. 정부는 총수요 수준을 세금과 지출정책을 통해 관리할 수 있는 능력이 있다는 것이다. 실업이 증가할 때 정부는 공공지출을 늘리거나 세금을 내림으로써 경제를 다시 팽창시켜야 한다. 케인즈가 시사했듯이, 이로써 초래되는 예산적자는 감당할 수 있을 것이다.

개념설명

승수효과 Multiplier effect
총수요의 변화는 이것이
경제를 통해 순환하기 때
문에 국민소득을 증대시
키는 효과를 가지게 된다
는 메커니즘.

스태그플레이션 stagflation
높거나 증대하는 실업과
인플레이션의 증가 속에
서 나타나는 경제침체의
결합.

통화주의 Monetarism
인플레이션은 화폐공급
의 증가를 통해 발생된다
는 이론. "너무 많은 화폐
가 너무 적은 상품을 몰
아낸다(too much money
chases too few goods)."

왜냐하면 그로 인해 이루어진 성장은 조세수입을 늘리고 정부차용의 수요를 감소시키기 때문이다. 더욱이 경제에 대한 이런 자극은 **승수효과**에 의해 확대될 것이다.

2차 세계대전 직후 케인즈적 수요관리의 출현은 경제정책에 혁명을 몰고 왔으며, 정부에게 지속적인 성장과 복지의 확대를 제공하는 신뢰할 만한 수단을 제공하는 것처럼 보였다. 많은 사람에게 케인즈주의는 세계가 여태까지 보았던 것 중에서 가장 지속적인 경제성장의 시기인 1950년대와 1960년대의 '장기적 호황'에 대한 열쇠였다. 하지만 케인즈주의에 대한 지식인들의 신뢰는 케인즈의 이론이 예견하지 않았고 설명할 수 없었던 상황인 1970년대에 나타난 **'스태그플레이션'**(실업과 인플레이션의 동반 상승)에 의해 손상당했다. 정치적으로 케인즈적 이념은 자유시장 경제학자가 주장하였던 것처럼, 기업과 창의성을 약화시키고 지속적으로 높은 인플레이션(가격수준의 일반적 증가)을 조성함으로써 성장을 해쳤던 '지출' 정책과의 연관에 의해 손상되었다는 것이다. 그러한 환경 속에서 케인즈 이전의 통화주의 이념은 특히 정치적 정당성에 있어서 수명을 연장받았다.

특히 프리드리히 하이에크와 밀턴 프리드먼과 같은 경제학자들이 행한 연구의 결과로, 신자유주의의 부흥은 정부간섭에서 벗어나 자유시장으로 이동하는 신호였다. 미국의 레이건주의와 영국의 대처에 의해 제창된 행보 속에서 시장의 자연적 동력으로 생각되었던 것을 풀어 놓기 위해 국가의 영역들을 '후퇴시키는' 시도들이 이루어졌다. 따라서 신자유주의는 시장근본주의의 한 형태에 해당한다. 하이에크가 표현하고 있듯이 시장의 핵심적인 미덕은 경제를 통제할 수 있는 광범위한 신경체제로 작동한다는 데 있었다. 왜냐하면 시장은 가격메커니즘을 매개로 하여 동시적으로 거의 무한정의 메시지들을 전달할 수 있기 때문이다. **통화주의**에 영향을 받은 신자유주의자들은 완전고용의 달성을 강조하는 케인즈주의를 낮은 인플레이션 혹은 심지어 제로 인플레이션을 달성함으로써 '견고한 화폐'를 보장하는 것에 초점을 두고자 하였다. 통화주의의 생각은 생산을 고무하고 실업을 감소시키기 위해 고안된 케인즈적 정책이 정부로 하여금 돈을 빌리게 하고 "화폐를

밀턴 프리드먼 (Milton Friedman; 1912~2006)

미국의 경제학자. 그는 1948년부터 시카고대학 경제학 교수이며, 이른바 시카고학파의 창시자이다. 프리드먼은 또한 〈뉴스위크Newsweek〉의 특약기고가, 미국 대통령의 조언자로 활동하였다. 그는 1976년에 노벨경제학상을 받았으며, 통화주의와 자유시장경제의 선도적인 지지자이다. 프리드먼은 케인즈 이론과 정부의 '조세와 지출' 정책에 대한 강력한 비판가이다. 그의 주요 저작인 『자본주의와 자유Capitalism and Freedom』(1962)와 아내 로즈Rose와 함께 쓴 『선택의 자유Free to Choose』(1980)는 신우파의 경제적 사고에 상당한 영향을 주었다.

개념설명

시장근본주의

Market fundamentalism
시장에 대한 절대적 믿음. 시장 메커니즘이 모든 경제적·사회적 문제들의 해결책을 제공해 준다는 믿음에서 나타난다.

사회자본Social capital
사회적 응집성, 정치적 안정, 번영을 증진시키는 데 기여하는 문화적·도덕적 자원을 의미한다.

찍어라"라고 자극함으로써 단지 인플레이션만을 양산한다는 것이다. 그에 대한 대안은 소비자로 하여금 소비하도록 자극하는 수요 위주 정책에서 벗어나, 생산자의 생산활동을 자극하는 공급 위주의 정책으로 이동하는 것이다. 신자유주의자들에게 이것은 반드시 규제완화와 세금인하를 의미한다.

하지만 대부분의 현대경제학은 케인즈주의와 통화주의라는 단순한 묘책을 넘어서 움직였고 좀 더 정교한 경제적 전략, 즉 '신'정치경제학을 발전시켰다. 통화주의는 케인즈주의자에게 인플레이션의 중요성과 경제의 공급 측면의 중요성을 확신시키는 데 별로 성공하지 못하였다. '조야한' 케인즈주의는 경제적 지구화의 결과로 대체되었고, 1950년대와 1960년대 식의 경제관리는 분리된 국가경제의 존재에 기초를 두게 되었다. 다른 한편으로, 규제받지 않은 시장경제에 대한 이념은 또한 특히 이러한 유형의 경제가 낮은 투자, 단기적 이윤추구, 사회적 분절화와 붕괴를 초래하는 경향이 있다는 점에서 유지되기 어려웠다. 프란시스 후쿠야마(1996)가 지적한 것처럼, 어떤 종류의 부의 창출은 비인격적 시장의 힘에 의존하는 것이 아니라 신뢰 형태의 **사회자본**에 의존한다. 하지만 케인즈주의와 신자유주의 간의 새로운 긴장들이 2007~2009년의 지구적 재정위기와 폭발 이후의 지구적 경제가 소생하는 방법에 대한 불일치의 결과로 표면화되었다(이 장의 끝에서 검토된다).

자본주의에 대한 대안들

국가사회주의

State socialism
사회주의의 한 형태로서
이 형태에서 국가는 경제
활동을 통제하고 지시한
다. 이론상 인민의 이해
관계 속에서.

자본주의가 부를 생산해 내는 유일하게 신뢰할 만한 수단이라는 믿음은 상
대적으로 최근의 일이다(1989~1991년의 혁명을 통해 공산주의가 붕괴한 이후로
널리 주장되었다). 그리고 이것은 일시적인 믿음이라는 것이 판명될지도 모
른다. 특히 2000년대 말 이후로 지구적 자본주의 경제에서 나타난 혼란의 관
점에서 보면 그렇다. 자본주의 생산양식에 대한 주요한 대안들은 무엇인가
혹은 무엇이었는가? 어떻게 다른 경제생활이 조직될 수 있는가? 자본주의에
대한 주요한 대안들은 다음과 같다.

① 국가사회주의state socialism
② 시장사회주의market socialism
③ 녹색경제green economics

국가사회주의

20세기에 걸쳐 분명히 **국가사회주의** 혹은 공산주의의 형태로 자본주의
에 대한 생명력 있는 경제적 대안들이 있었다. 1917년에 일어난 볼셰비키
Bolshevik 혁명 후에, 소련은 명백하게 사회주의 경제조직 모델을 채택한
첫 번째 사회가 되었다. 이 모델은 1930년대에 스탈린의 이른바 '2차 혁명'에
와서 비로소 완전하게 발전되었고, 시장조직이 지니는 중요한 관점은 1920
년대 레닌의 신경제정책하에서 계속되었다. 나중에 동유럽에 수출되고, 2
차 세계대전 후에 정통 공산주의를 지배하였던 이 모델은 경제적 스탈린주
의라 명명될 수 있다. 이 제도는 국가집단화에 기초를 두고 있었다. 국가집
단화는 모든 경제적 자원을 당-국가기구의 통제하에 두었다. 소련에서 '명
령적 계획'체계는 공산당의 가장 높은 기관에 경제정책에 대한 전적인 통제
권을 주었다. 이 기관은 계획기관과 위원회의 조직망을 통해 생산목표(1차 5
개년 계획의 형태로)의 작성을 통제하였다.

　1989년에서 1991년에 일어난 동유럽과 소련의 혁명에서 국가사회주의 모

델의 극적인 붕괴는 중앙계획경제의 내적 약점들을 증명하는 데 폭넓게 사용되었고, 계획경제에 대한 이념을 신용하지 않게 만드는 데 큰 효과가 있었다. 하지만 이것은 소비에트 양식의 계획경제가 이루었던 명백한 업적을 무시하는 것이다. 예를 들면 중앙계획체계는 중공업을 건설하는 데 매우 성공적이었고, 1941년 소련이 나치 침공에 저항할 수 있도록 충분하게 강한 산업기반을 제공했다. 더욱이 계획경제가 서구양식의 소비재를 생산하는 데는 크게 실패하였지만, 그럼에도 계획경제로 인해 소련과 많은 동유럽 국가는 몇몇 선진자본주의 국가에서 대도시 중심의 저소득층이 사는 지역에서 일어났던 문제, 예를 들면 무주택·실업·절대적 빈곤을 제거할 수 있었다. 오랜 기간에 걸친 경제적 후진성에도 쿠바는 98% 이상의 문맹퇴치율과 많은 서구 국가 수준의 1차 의료기관제도를 달성하였다.

　하지만 중앙통제계획이 가지는 약점은 은폐될 수 없다. 아마도 이 약점 가운데 가장 근본적인 것은 이 체계가 원래 가지고 있는 비효율성이다. 이 비효율성은 위임받은 유능한 계획입안자라 할지라도 그들이 취급하기에 벅찰 정도로 많은 복잡한 정보에 직면하게 한다. 이를테면 상대적으로 작은 중앙통제계획체계에서 일하는 계획입안자조차도 우주에 있는 원자의 수를 초과하는 선택의 영역에 직면하게 되는 것이다. 공산주의체계의 빈약한 경제적 수행능력에 대한 또 다른 설명은 상대적으로 평등한 분배체계를 가진 중앙통제계획 속에서 만들어진 사회안전장치가 기업을 자극하고 효율을 증진시키는 데 별로 기여하지 못하였다는 것이다. 요컨대 소련의 모든 노동자가 일자리를 가지고 있었다 해도 그들이 실제적으로 일을 하였다고 보기에는 무리가 있다. 마지막으로, 중앙계획경제는 정치적 혹은 관료적 입장에 기초한 새로운 사회적 분할의 출현과 연관되었다. 밀로반 디질라스(Milovan Djilas, 1957)의 표현을 빌면, '신계급new class'인 당-국가 관료가 출현하였고, 이들은 서구사회의 자본가계급과 동등한 지위와 특권을 향유하였다.

시장사회주의

지나치게 중앙집권화된 소련의 경제모델에 대한 하나의 대안으로, 사회주

시장사회주의

Market socialism
자주관리 기업들이 시장
경쟁의 맥락 내에서 작
동하는 경제. 아마도 착
취가 없는 효율성을 제
공.

의원칙과 시장경쟁의 역동성을 조화시키고자 하는 시도가 이루어졌다. 이 모델은 1949년에 유고슬라비아의 티토 대통령과 스탈린 사이에 갈등이 일어난 후, 유고슬라비아에 도입되었다. 또한 이 모델은 소련이 1956년의 정치적 봉기를 진압한 후에 헝가리에서 채택되었다. 유사한 이념이 1985년에서 1990년 사이에 일어난 '경제적 재건'에 대한 미하일 고르바초프의 페레스트로이카 프로그램으로 소련에 적용되었다. 페레스트로이카는 처음에는 중앙통제계획제도를 보충하기 위해 조합의 발전과 단일 소유자기업을 허용하는 단계적 프로그램으로 발전하였으나, 결국에는 소련의 기업으로 하여금 중앙통제계획제도에서 떨어져 자기재정화와 자치를 행하도록 했다. **시장사회주의**의 다른 모델들이 레닌의 신경제정책(NEP, 1921–1928)과 아마도 오늘날의 중국에서 발견될 수 있다.

시장사회주의가 지니는 매력은 중앙통제계획제도가 가지는 심각한 많은 결점들을 보상하는 것처럼 보인다. 시장환경은 소비자에 대한 보답과 효율성을 제공할 뿐만 아니라 관료 권력이 지니는 위험도 저지된다는 것이다. 하지만 이것은 사회주의 시장이 전적으로 무계획적이고 비조절적이라고 말하는 것은 아니다. 사실 '실행할 수 있는' 혹은 '살아남을 수 있는' 사회주의 형태(Nove, 1983; Breitenbach et al, 1990)를 제안하는 대부분의 시도는 협력적·상호작용적 절차를 사용하는 틀이긴 하나, 계획이라는 틀의 필요성을 계속 인정한다. 동시에 자치는 기업을 격려하고 높은 수준의 물질적 평등을 보장하지만, 시장이 가혹한 규율을 강요한다는 점은 부인할 수 없다. 실패한 기업은 몰락하고 이윤을 창출하지 못하는 산업은 쇠퇴한다. 그러나 이것은 장기적으로 보면, 힘차게 번영하는 경제를 위해 지불해야 하는 대가이다.

하지만 초기의 약속에도 유고나 헝가리의 경제는 소비에트의 중앙통제계획제도보다 더 성공적이었거나 지속적이었다고 평가받지는 못했다. 시장사회주의의 중요한 약점 가운데 하나는 자치가 시장원리와 갈등을 일으킨다는 점이다. 이는 시장사회주의가 기업에게 무엇보다도 먼저 노동력의 이해관계에 응하라는 명령을 내릴 때 발생한다. 따라서 자유시장 경제학자

산업주의 Industrialism
대규모의 공장생산과 냉혹한 자본축적에 기반한 경제이론 혹은 경제제도를 의미한다.

지속가능성 Sustainability
건전하고 지속적으로 체계를 유지하는 한 체계의 능력.

생태사회주의
Ecosocialism
환경파괴의 일차적 원인으로 자본주의를 꼽는 녹색정치 내에서의 전통으로 '적색'과 '녹색' 주제들을 결합.

지속가능한 발전
Sustainable development
지속가능한 발전은 자신들의 필요들에 대처하기 위해 미래세대들의 능력을 훼손시키지 않고 현재의 필요들에 대처하는 발전을 언급한다(Brundtland Report, 1987). 하지만 대조적인 지속가능한 발전 모델들이 있다. 이른바 '연성적 지속가능성'은 경제성장을 바람직한 것으로 간주하며, 성장수준들은 환경비용들이 미래세대들의 번영을 위협하지 않는다는 것을 보장하는 정도로 제한되어야만 한다고 주장한다. 강성적 strong 지속가능성은 연성적 지속가능성이 성장에 찬성하는 것을 거부하며, '자연적 자본'을 보존할 필요성에 초점을 둔다.

는 일반적으로 단지 위계적으로 조직된 사기업만이 최적정의 효율성을 달성할 수 있다고 논의한다. 왜냐하면 어떤 다른 고려보다도 이윤의 극대화에 주력한다는 점에서, 사기업만이 일관되게 시장의 요구에 반응할 수 있기 때문이다.

녹색경제

자본주의에 대한 사회주의적 대안들이 쇠퇴하였던 반면에(일시적으로 혹은 다른 점에서) 생태적 대안 혹은 녹색 대안들에 더 큰 관심이 모아졌다. 녹색의 관점에서 볼 때 자본주의와 사회주의는 **산업주의**에 대한 동일한 '거대이데올로기super-ideology'로서 단지 다른 표현방식에 지나지 않는다. 달리 표현하면, 자본주의와 사회주의는 본질적으로 인간의 물질적 욕구를 충족시키기 위해 자연을 착취하는 서로 다른 방법으로 간주된다. 환경주의자는 경제성장에 대한 집착으로 인해 자연환경이 파괴되었을 뿐만 아니라 모두의 삶이 의존하고 있는 약한 생태체계에 손상을 입힘으로써 인류 자체의 생존을 위협하였다고 주장한다. 녹색 대안은 **지속가능성**의 기초 위에서 경제적 우선순위를 수정하는 것이다. **생태사회주의**자는 자본주의의 가혹한 이윤추구가 환경파괴에 책임이 있다고 주장하였지만, '**지속가능한 발전**'을 달성함에 있어서 국가사회주의 정권의 점수는 전혀 고무적이지 않다. 지속성의 원칙은 아마도 부의 소유와 조직에 관한 문제가 인간과 자연세계 사이의 관계라는 더 근본적인 문제보다는 이차적이라는 점을 암시한다. 자연이 본질적으로 인간의 욕구를 충족시키기 위해 이용할 수 있는 자원이라는 견해를 포기하기 위해서는 전적으로 다른 가치체계, 요컨대 경제보다는 생태, 물질주의보다는 도덕성을 건설하는 것이 필요하다. 이 이념은 슈마허(E. F. Schumacher; 1973)에 의해 '불교경제학Buddhist economics'이라는 이념으로 발전되었다. 기후변화에 대한 도전이라는 관점에서 다른 녹색사상가들은 탄소중립적인 경제라는 이념을 옹호하였다.

슈마허(E. F. Schumacher; 1911~1977)

독일 출생의 영국 경제학자이자 환경이론가. 프리츠 슈마허는 옥스퍼드 로즈 장학생으로 1930년에 영국으로 갔다. 그는 학문세계에 다시 입문하기 전에 기업, 농업 그리고 저널리즘에서 실질적인 경험을 얻기 위해 갔던 것이다. 그는 독일에 있는 영국통제위원회(1946~1950)와 영국의 전국석탄청(1950~1970)의 경제적 조언자였다. 그의 중요한 연구, 『작은 것이 아름답다: 사람들이 중요하게 생각하는 경제학에 대한 연구Small is Beautiful: A Study of Economics as if People Mattered』(1973) 는 인간 규모의 생산주의를 옹호하였고 '불교적' 경제철학(사람들이 중요하게 생각하는 경제학)을 제시하였다. 이 경제철학은 도덕과 '올바른 생계'를 강조한다. 슈마허는 그의 이념들을 전파하기 위해 중개적 기술발전모임(Intermediate Technology Development Group)을 설립하였다.

개념설명

지구화Globalization
지구화는 서로 연결된 복합적인 망의 출현이다. 지구화는 우리의 생활이 점점 더 우리와 멀리 떨어져 있는 곳에서 일어나는 사건과 결정에 의해 형성된다는 것을 의미한다. 따라서 지구화가 지니는 중심적인 특징은 지리학적인 거리의 중요성이 쇠퇴하고, 민족국가 사이에 존재하는 영토적인 경계가 덜 중요하게 되었다는 점이다. 하지만 지구화가 '지방'과 '국가'가 '세계'에 종속된다는 것을 함축하는 것은 결코 아니다. 오히려 지구화는 지역적 사건, 국가적 사건, 지구적 사건이 끊임없이 상호작용하고 있다는 의미에서 정치과정의 심화와 확대를 부각시킨다.

지구화

지구화의 이해

지구화는 유동적이고, 정의하기 힘든 개념이다. 1980년대 이후로 지구화의 현상에 관심이 강화되었는데도 이 단어는 여전히 하나의 과정·정책·시장전략·상태, 심지어 이데올로기를 언급하는 것으로 다양하게 사용되고 있다. 지구화가 가지는 문제는 이 지구화가 '단수'가 아니라 '복수의 것'이라는 점이다. 다시 말해 지구화는 하나의 과정이 아니라 복합적인 과정들이라는 것이다. 지구화는 때로는 과정들을 중복시키고 서로 맞물리게 하며, 때로는 모순적이며 대립적인 과정을 의미하기도 한다. 따라서 지구화를 단 하나의 주제로 환원시키는 것은 어려운 일이다. 아마도 이것을 행한 가장 좋은 시도는 케니치 오마에Kenichi Ohmae(1989)의 '국경 없는 세계'라는 이념에서였다. 이 개념은 침투 가능한 민족적·국가적 경계에 기반을 둔 전통적인 정치적 국경에 대한 경향들을 언급할 뿐만 아니라 이전에 시간과 공간에 의해 분리된 국민들 사이의 분할들이 덜 중요하게 되었고 때로는 전적으로 중요하지 않다는 점을 내포하고 있다. 따라서 스콜테Scholte(2005)는 지구화가

초영토성
Supraterritorriality
'초국경'과 '초지구적' 소
통과 상호작용의 증대를
통해 사회생활이 영토를
초월하는 조건.

동질화Homogenization
모든 부분이나 요소들
(이 경우에 국가들)이 비
슷하거나 동일한 것으로
되는 경향.

국민들 사이에서 발생한 '**영토를 초월한**' 관계의 증대, 사회적 공간의 재배치와 연관을 맺고 있다고 주장한다. 이러한 가운데 영토적인 관계는 덜 중요하게 되었다. 왜냐하면 늘어나는 연결의 범위는 '초세계적transworld' 혹은 '국경을 초월하는transborder' 성격을 가지고 있기 때문이다. 가령, 전자화폐의 거대한 유통이 컴퓨터의 스위치를 누름으로써 세계에 걸쳐 쇄도하고 있으며, 통화와 다른 자금시장들은 세계의 어떤 지역에서 일어나는 사건들에 거의 즉각적으로 반응하고 있다. 마찬가지로 케이블과 위성기술로 인해 전화 메시지와 TV 프로그램이 거의 동시에 세계로 전송된다.

지구화가 초래하였던 상호연결망은 다차원적이다. 지구화가 가지는 대중적 이미지는 하향식 과정, 즉 세계의 모든 부분에 강한 인상을 심어 준 단일적 세계체제를 확립시켰다는 점이다. 이러한 관점에서 볼 때 지구화는 어떤 세계에서 존재하고 있는 문화적·사회적·경제적·정치적 다양성이 파괴되는 **동질화**와 연관을 맺고 있다. 이러한 세계에서 우리 모두는 같은 TV 프로그램을 시청하고, 같은 상품을 구매하며, 같은 음식을 먹고, 같은 스포츠 스타를 응원하며, 같은 유명인사의 별난 행동을 따른다. 그럼에도 지구화는 종종 지방화localization, 지역화regionalization 그리고 다문화주의와 병행한다. 이 현상은 여러 가지 이유로 인해 발생한다. 첫째, 국민국가가 의미 있는 방식으로 경제적·정치적 생활을 조직하는 힘이 쇠퇴함으로써 권한이 분산되었다. 그리하여 민족과 정치적 민족주의를 기반으로 한 동맹관계가 쇠퇴함에 따라 이 동맹관계는 종종 지방공동체 혹은 지역 또는 종교적·종족적 정체성과 연관되어 있는 동맹관계로 대체되었다는 점이다. 가령, 종교적 근본주의는 지구화에 대한 하나의 반응으로 파악될 수 있다. 둘째, 동질화가 특히 제국주의의 한 형태로 인지될 때 동질화에 대한 두려움이나 위협은 문화적·정치적 저항을 불러일으킨다. 이 점은 사라져 가는 언어들과 소수민족의 문화에 대한 관심을 부활시킬 수 있고, 또한 '반자본주의적'이며 반자유무역적인 신사회운동을 통해 가장 명백하게 볼 수 있는 것처럼 지구화에 대한 반발을 초래할 수 있다. 셋째, 지구화는 하나의 단일한 보편적인 문화를 초래하기보다는 어떤 점에서 개발도상국가와 선진국가에서 좀 더 복합적인 유형의 사회·문화적 다양성을 만들어 내었다. 개발도상국가에서 서구적인 소비제품들과 이미지들이 **동화**과정을 통해 좀 더 전통적인 문화적 관습에 흡수되었다. 선진국가들도 광범위한 문화적 변화의 충격을 피하지 못했다. 부언하면, 선진국가들은 코가콜라, 맥도날드와 MTV에 대한 답례로 점점 더 비서구적인 종교, 의학과 치료법 그리고 예술, 음악과 문학에 의해 영향을 받았다.

지구화의 특징적인 형태들이 또한 확인될 수 있다. 이들 중에서 가장 중요한 형태들은 다음과 같다.

① 경제적 지구화
② 문화적 지구화
③ 정치적 지구화

경제적 지구화

경제적 지구화는 그 어떤 국가경제도 이제는 하나의 섬이 아니라는 생각을 반영하고 있다. 다시 말해 모든 경제들은 다소 맞물려 있는 하나의 세계경제에 편입돼 있다는 것이다. 그리하여 OECD(Organization for Economic Cooperation and Development, 1995)는 지구화를 '차별적인 국가경제들의 세계에서 생산은 국제화되고, 금융자본은 국가 사이를 자유롭게 즉각적으로 순환하는 하나의 지구경제로의 이동'으로 정의하였다. 공산주의의 붕괴로 인해 자본주의 체제에 편입되지 않았던 마지막 남은 중요한 국가들이 지구적인 자본주의 체제로 전환하였다는 점에서, 공산주의의 붕괴는 경제적 지구화를 강력하게 자극하였다. 1980년대부터 투자자본에 대한 통제를 종식시키고 더 자유로운 투자자본의 이동을 의미하는 더 낮은 관세장벽이 자본주의 서구와 경제적으로 정체상태에 있는 공산주의 동구 사이의 격차를 넓히는 데 기여하였다는 점에서, 사실상 경제적 지구화는 공산주의의 붕괴를 재촉하는 데 기여하기도 하였다. 경제적 지구화가 지니는 중요한 함의 가운데 하나는 국가적 차원의 정부가 경제를 관리하는 능력, 특히 자유시장 노

맥도날드화

McDonaldization
패스트푸드 산업과 연관
된 세계적 상품들과 상
업적·판매적 관습들이
점점 더 경제적 부문들
을 지배하는 과정.

선에 따른 재구조화에 저항할 수 있는 능력을 감소시켰다는 점이다.

문화적 지구화

문화적 지구화는 세계의 한 지역에서 생산되었던 정보·상품·이미지들이
국가, 지역 그리고 개인들 사이에 존재하는 문화적 차이들을 없애는 지구
적 순환이 일어나는 하나의 과정이다. 이 현상은 때때로 **맥도날드화**의 과정
으로 묘사된다. 부분적으로 초국가적 기업들의 증대와 세계적 상품의 출현
으로 인해 이루어진 문화적 지구화는 또한 이른바 정보혁명, 위성통신의 확
산, 원격통신망, 정보기술과 인터넷 그리고 세계적인 방송기업들을 통해서
도 가열되었다. 하지만 앞서 지적하였던 것처럼 문화는 지구화가 지니는 힘
들을 이용하거나 억제한다. 헐리우드의 영화, 나이키 신발 그리고 스타벅스
커피점의 편재와 세계에 걸쳐 판매되고 있는 제품들은 토착문화와 사회적
관습들에 대한 민감성을 요구하고 있다.

정치적 지구화

정치적 지구화는 국제기구가 지니는 증대하는 중요성에서 명백하게 나타나
고 있다. 이 국제기구들은 하나의 국가 내에서가 아니라 여러 국가들을 포
함하는 국제적인 지역 내에서 사법권을 행사하고 있다는 점에서 초국가적
이다. 대부분의 이러한 기구들은 1945년 이후에 출현하였다. 예를 들면 이
기구로는 UN, NATO, 유럽경제공동체EEC, 유럽공동체EC, 유럽연합EU,
세계은행, 국제통화기금IMF, 경제협력개발기구OECD와 세계무역기구
WTO 등을 들 수 있다. 이 기구들이 정부간주의intergovernmentalism라는
원칙에 상응할 때 국제기구들은 적어도 이론상으로 국가로 하여금 주권을
손상시키지 않고서 협력적인 행동을 취할 수 있게 한다. 다른 한편으로, 초
국가적 단체들은 국민국가들에게 자신들의 뜻을 강요할 수 있다. 정치적 지
구화가 행하는 국가연대에 대한 강조는 정치적 지구화를 경제적·문화적 지
구화의 경쟁적 개념과 따로 분리시킨다. 이 경쟁적 개념은 비국가적이며 시
장에 기초한 행위자의 역할을 부각시킨다. 더욱이 정치적 지구화가 국제주

의와 어떤 형태의 세계정부에 대한 이상주의적 약속을 나타낸다는 점에서, 정치적 지구화는 경제적·문화적 지구화에 현저하게 뒤처진다. 하나의 세계국가가 매우 먼 미래의 일로 머물러 있는 반면에, 초국적기업TNCs, 비정부기구 그리고 국제적인 압력단체들에 기반한 세계시민사회는 매우 현실적인 것이 되었다.

신자유주의 지구화의 증대

경제적 지구화의 광범위한 과정에 관한 새로운 것은 없다. 초경계적이고 초국가적인 경제구조들의 발전은 제국주의의 중심적인 특징이었다. 아마도 틀림없이 경제적 지구화의 정점은 아프리카와 아시아에서의 식민지를 위한 유럽 국가들의 쟁탈이 행해지는 19세기 말이었다. 그럼에도 현대와 과거의 지구화 형태들은 중요한 점들에서 상이하다. 때때로 '원시적 지구화proto-globalization'로 이해되는 초기의 지구화 형태들은 일반적으로 팽창주의적 정치기획의 배경을 바탕으로 초국가적 경제조직들을 만들었다. 초국가적 경제조직의 유포와 성공과는 상관없이 제국들은 영역과 경계들을 제거하는 데 결코 성공적이지 못하였다. 제국들은 단지 정치적으로 지배적인 권력의 혜택에 이 경제조직들을 재조정하였고, 종종 '문명화된' 세계와 '야만적인' 세계 간의 새로운 경계들을 확립하였다. 이와는 대조적으로 동시대의 지구화 현상의 경우에 경제적 상호연관성과 상호의존성의 망이 확대되었고 그래서 처음으로 세계경제를 단 하나의 지구적 통일체로 생각하는 것이 가능하다. 이 현상은 경제생활이 '경계가 없게' 되었다는 바로 그 의미이다.

또 다른 차이점은 다음과 같다. 즉 현대의 지구화는 **신자유주의**의 발전과 병행하였다는 점이다. 그래서 두 개의 힘들이 일반적으로 동일하게 더 큰 현상, 즉 신자유주의 지구화의 부분들로 간주된다는 것이다. 경제적 지구화와 신자유주의가 왜 그렇게 긴밀하게 연결되었는가? 이 현상은 여러 가지 이유에서 일어났던 것으로 이해될 수 있다. 특히 강화된 국제경쟁으로 인해 정부들은 자신들의 경제에 대한 규제를 풀고 '국내' 투자를 유치하고 초국

워싱턴 합의

The Washington con-
sensus

워싱턴 합의라는 단어는
워싱턴에 있는 국제기구
들, 즉 국제통화기금·세
계은행·미국재무부 등
이 개발도상국가들의 경
제재건을 지원하기 위
해 행했던 정책들을 기
술하기 위해 존 윌리엄
슨(1990, 1993)에 의해 만
들어졌다. 성장으로서
의 '정통적'인 발전모델
에 기반하고 신자유주의
이념들에 의존하고 있는
워싱턴 합의의 본질은
'안정화·민영화·자유화'
로 요약될 수 있다.

금융재구조화

Financialization

기업, 공공기관 그리고
개별적인 시민들에게 돈
을 빌려 주어 이들의 지
출을 늘리게 하는 금융
의 재건설.

적기업들이 다른 곳으로 옮겨가지 못하도록 세금을 감면하였다. 강력한 아래로의 압박이 공공지출 부문, 특히 복지예산에 가해졌는데, 이것은 강화된 지구적 경쟁의 맥락에서 경제정책의 주요한 목표로서 인플레이션의 통제가 완전고용의 유지를 대체하였다는 사실에 기인한다. 살아난 미국경제의 성장과 생산성과 다른 자본주의 모델들, 특히 일본과 독일에서의 상대적으로 부진한 성과로 인해 그러한 압력들은 다음의 사실을 의미하였다. 즉 1990년대 말에 신자유주의는 '신'세계경제의 지배적 이데올로기로서 전혀 도전을 받지 않은 채 우뚝 서 있는 것처럼 보인다는 점이다. 중국과 같은 단지 몇몇 나라만이 그들 자신의 의미에서 신자유주의 지구화를 다룰 수 있었다. 이들 나라들은 가령 자신들의 환율을 억제함으로써 경쟁에 대한 방향을 제한할 수 있었다.

신자유주의 노선을 토대로 하는 세계경제의 재형성은 또한 1990년대에 지구적 경제 거버넌스, 특히 세계은행과 국제통화기금(IMF) 등이 1990년대에 '워싱턴 합의'라고 불렸던 것에 대한 이념으로의 전환에 의해 자극되었다. 이로 인해 개발도상국가와 공산주의 붕괴 후의 '이행'국가들은 자유무역, 자본시장의 자유화, 유동환율제도, 균형재정 등등의 정책들을 추구하기에 이르렀다. 신자유주의 지구화의 발전은 미국에서의 30년 동안의 성장과 1990년대 미국의 새로운 경제적 지배와 일치하였을 뿐만 아니라 세계경제에서의 30년 간의 성장과 일치하였다. 이 점은 신자유주의의 지지자로 하여금 다음의 사실을 주장하도록 고무하였다. 즉 신자유주의의 성장모델은 분명히 케인즈주의적인 정통 모델보다 우월하다는 점을 입증하였다는 점이다. 케인즈주의 모델은 미국이 1971년에 고정환율제도라는 브레튼우즈제도로부터 탈퇴한 이후 쇠퇴하였다. 금융시장과 '금융재구조화 financialization' 과정은 신자유주의 성장모델의 핵심이다. 이것은 경제에 있어 금융 부문의 대규모적인 확대에 의해 가능하게 되었다. 금융 부문의 대규모적인 확대는 월 스트리트, 런던, 프랑크푸르트, 싱가포르 그리고 다른 지역에서의 점증하는 중요성을 설명해 주고 있다. 그 과정에서 자본주의는 '터보자본주의turbo-capitalism'로 전환되었고 증가된 투자와 더 높은 소비에서 출구를 찾고자 하였던 상당히 늘어난 통화량으로부터 이익을 얻었다. 이 과정이 상당한 정도의 공적 부채와 종종 사적 부채의 증가를 포함하였지만 이것은 부채로 채워진 성장 덕택에 지탱될 수 있는 것으로 간주되었다. 신자유주의 성장모델의 또 다른 핵심적인 특징들은 세계무역기구의 창설과 함께 1995년 이후 장려된 시장개방과 무역자유화에 대한 강한 신념을 가지고 있었다. 또한 이 성장 모델은 많은 선진경제들에서 일어난 제조업에서 서비스업으로의 이동을 포함하고 있었다. 제조업은 점점 더 노동과 다른 비용들이 더 값싼 지역인 개발도상국가로 수출되었다.

그럼에도 신자유주의 지구화는 비판을 받았다. 가령 비판가들은 다음의 사실을 주장하였다. 복지 제공으로부터 후퇴하고 물질적 이기심에 대한 윤리('탐욕은 좋은 것이다')를 촉진시킴으로써 신자유주의는 불평등과 사회적 와해를 확대시키는 것과 연관되기 때문에 신자유주의는 경제적 교의로서의 대중적 정당성을 유지하기 위하여 노력한다. 신자유주의를 부정하지는 않았지만 이로 인해 1990년대에 뉴질랜드·캐나다·영국 등과 같은 나라들에서 '신자유주의 혁명'에 대한 변형이 초래되었으며, 심지어 2009년부터 오바마 정권하의 미국에서 신자유주의 우선성에 대한 재평가가 일어났다. 러시아의 경우 1990년대에 신자유주의 원칙들의 '충격요법' 적용에 의해 일어난 실업의 증대와 인플레이션 그리고 심각한 불안정은 시장개혁에 반대하는 반발이 일어났으며 민족주의적이고 권위주의적인 운동들에 대한 강력한 지지를 초래하기에 이르렀다. 더 깊은 수준에서 로버트 콕스(1987)는 다음의 사실을 주장하였다. 자신이 '과도하게 자유주의적으로 지구화하는 자본주의hyper-liberal globalizing capitalism'라고 칭하였던 것은 주요한 모순들과 싸움 속에 그 뿌리를 두고 있다는 점이다. 이것은 이 자본주의의 지배가 도전받을 것이며 궁극적으로 전복된다는 점을 의미하였다. 이 모순들은 '민주주의적 결핍'을 포함하고 있다. 이 민주주의적 결핍은 '국가의 국제주의화'(공공의 여론보다는 지구적 경제의 명령에 응답하고자 하는 국가의 경향), 지칠 줄 모르는 경제성장으로 인해 초래된 황폐로부터 환경을 보호하려는 압력의 증대, 그리고 집합적인 금융적·경제적 이해관계에 대한 국가권위의 굴

지구자본주의는 본질적으로 불안정하고 위기에 취약한가?

이데올로기적 논의들이 한때 자본주의와 사회주의 간의 싸움에 중점을 두었던 반면에 지금은 특히 탈파산의 시기에는 지구자본주의체계의 이득과 결점에 논의의 초점이 맞춰졌다. 위험, 불확실성 그리고 위기를 향한 경향은 지구자본주의의 불가피한 특징인가? 아니면 불안정은 단지 궁극적으로 지구의 번영을 제공할 수 있는 자본주의의 두드러진 역동성의 징후인가?

찬성

과잉생산의 위기들. 자본주의에 대한 가장 초기적이고 가장 파멸적인 비판은 칼 맑스에 의해 전개되었다. 칼 맑스는 과잉생산의 주기적 위기를 향한 자본주의의 경향에 주목하였다. 호황과 경기후퇴는 성장의 기간 동안에 과잉 확대 산출(과잉생산)과 과잉 축소 산출(저생산)하려는 기업들의 경향으로 인해 필연적이었다. 맑스가 보기에 이러한 위기들은 점진적으로 더 깊게 될 것이고 마침내 체제 붕괴를 초래할 것이라는 점이다. 이 분석은 똑같이 국내자본주의와 지구자본주의에 적용된다.

창조적 파괴. 조셉 슘페터(1942)가 보기에 자본주의의 본질적 불안정은 기존의 기업을 붕괴시키고 새로운 기업들을 만들어 내는 (기술)혁신의 분출에서 유래한다. '창조적 파괴' 관념은 경제를 형성하고 성장을 만들어 내며 그리고 성공이나 실패를 통하여 경제 사이클을 움직이는 것이 기업들이라는 이념과 혁신이 부의 주요한 동륜이라는 이념을 동시에 포섭하고 있다. 슘페터는 자본주의의 장기적 전망에 대해 비관적이었고, 주기적인 경기후퇴의 인간적·사회적 비용들 그리고 엘리트주의와 국가간섭의 증대를 통하여 숨을 막히게 하는 역동성, 창조성 그리고 개인주의는 궁극적으로 자본주의의 붕괴를 초래할 것이라고 주장하였다.

카지노 자본주의. 현대 지구자본주의의 증대된 위기민감성은 지구화된 금융체계의 출현이라는 의미에서 설명될 수 있다. 이 체계는 국가들을 취약하게 내버려두며, 지구적 시장들의 변덕들에 노출시켰다. 수잔 스트레인지(Susan Strange, 1986)가 '카지노 자본주의'로 칭했던 것에서 엄청난 양의 '미친 화폐'가 금융적 전염병을 만들어 내는 세계를 물결치는 대로 떠돌아다닌다는 것이다. 그리고 이 금융적 전염병은 원래의 문제범위를 넘어서서 공황적인 확산으로 일어난다. 그러한 불안정성은 대부분의 현대의 금융적 증대가 순전히 화폐관계 유통과 소위 말하는 '헤지펀드'와 '복합금융상품'과 같은 유가증권 교환의 형태로 발생한다는 사실에 의해 한층 악화되었다. 그리하여 지구화된 금융흐름들은 '실물' 경제의 성과와 별로 관계가 없을지도 모르는 호황과 경기침체들을 만들어 낸다.

반대

균형 내에서의 역동성. 자본주의를 지지하는 사람들도 다음과 같이 주장하지는 않을 것이다. 즉 호황과 경기침체들에 대한 민감성이 자본주의 제도로부터 완전하게 근절될 수 있다고 말이다. 이 점을 부정하는 것은 본질적으로 자본주의의 역동적 성격, 즉 시장경제들이 항상 유동상태로 존재한다는 사실을 오해하는 것일 것이다. 그럼에도 이 유동은 파괴적이기보다는 훨씬 더 창조적이다. 기업과 산업들은 실패하지만 더 성공적인 기업과 산업들에 의해 대체될 뿐이다. 시장경제로부터 위험과 불확실성을 근절하고 당신은 시장경제에서 성장의 잠재력을 빼앗는다. 자본주의 내에서의 유동과 역동성을 향한 경향은 임의적이지도 않고 비조직화된 것도 아니라는 점이다. 균형이나 평행상태를 지지하는 성향이 자본주의 제도의 핵심이다. 이 평행상태는 시장이 이윤이라는 의미에서 자원들을 최선으로 사용하고자 하기 때문에, 그리하여 더 큰 효율성과 시간이 경과함에 따라 더 광범한 번영을 가져다주기 때문에 발생한다. 따라서 호황－불황 주기들은 장기적인 경제발전 과정의 부분으로 이해되어야만 한다.

규제받는 지구화. 지구자본주의에 대한 대안적인 방어라는 점에서 세계경제의 불안정과 위기의 경향은 실제로 조정에 의해 (결코 근절시킬 수는 없지만) 억제될 수 있다. 이 점은 케인즈주의 전략들이 국가의 경제정책 입안을 지배하였고 1944년 구성된 브레튼 우즈 제도에서 구체화되었을 때인 제2차 세계대전 후의 '장기호황'에 의해 입증되었다. 초기의 지구자본주의의 불행은 이 지구자본주의가 자유시장들에 대한 부당한 신념을 조장하였던 신자유주의 철학에 휩쓸리게 되었다는 점, 그리고 지구적 경제 거버넌스 제도들이 효과적인 통제를 행사할 능력을 가지기 전에 지구자본주의가 번성하였다는 점이다. 그 결과는 연속적인 금융위기들이었고, 이 위기들은 2007~2009년의 파산으로 이끌었고 이를 넘어서 계속되었다. 그럼에도 지구자본주의는 그 자신으로부터 보호될 수 있다. 예를 들어 (케인즈가 원래 제안하였듯이) 국제통화기금이 하나의 지구은행으로 되고 최후 수단의 차용자로서 행동한다면 더 큰 안정이 지구적 금융제도에 도입될 수 있을 것이다.

복으로 인해 초래되었다. 신자유주의에 대한 훨씬 더 암울한 해석은 나오미 클라인(2008)에 의해 전개되었다. '재해 자본주의disaster capitalism'의 부흥을 강조함에 있어 그녀는 신자유주의의 발전이 '충격들', 긴급상황 그리고 이런저런 종류의 위기들과 뒤엉키게 되었던 정도에 주목하였다. 그리하여 그녀는 1973년 칠레에서 살바도로 아옌데 정권을 전복함에 있어 CIA가 행한 역할에서부터 '테러와의 전쟁'에 이르기까지 행해진 미국 대외정책의 모험주의가 신자유주의의 유포와 연결되었다는 점을 시사하였다. 많은 사람들에게 신자유주의 지구화에 깔려 있는 약점들이 2007~2009년 지구적 금융위기에 의해 상당히 효과적으로 폭로되었다.

2007~2009년 파산과 그 유산

2007~2009년의 지구적 금융위기에서 가장 인습적인 순간은 2008년 9월 15일에 발생하였다. 그 당시에 158년이나 된 미국 투자은행인 레만 브라더스가 파산을 신청하였다. 이 파산신청은 미국의 금융시장들이 혼란스러운 가운데 발생하였다. 무엇보다도 정부지원을 받은 두 개의 대부기업들인 패니매Fannie Mae와 프레디 맥Freddie Mac은 연방정부의 도움을 받아 구제되었다. 대보험회사인 AIG는 580억 달러의 정부구제금을 받아 살아남게 되었고 4번째로 큰 미국 은행인 워초비아Wachovia는 420억 달러의 부채를 부담하는 시티그룹Citigroup에 팔렸다. 은행들의 위기는 다른 곳에서도 분출하였고 주식시장들은 대규모로 주식가치를 감소시키고 지구적 경기후퇴의 개시를 나타내면서 세계적으로 급락하였다. 하지만 간단히 말해 지구적 자본주의는 깊은 구렁텅이의 직전에서 비틀거리는 것처럼 보였으며 조직적인 실패로 뒤집어 엎어 넘어지는 징후를 보였다.

2007~2009년의 파산이 지니는 함의에 관한 토론들은 파산의 원인에 대한 의견불일치와 긴밀하게 연결되었다. 이 위기는 미국 은행제도, 즉 앵글로-아메리카 기업자본주의에 뿌리박혀 있었던가 아니면 자본주의제도 자체의 성격에 뿌리박혀 있었던가? 어떤 수준에서 이 위기는 미국 은행들과 대부제도, 즉 이른바 '비우량주택담보' 대출시장에 의해 채택된 부적절한 대부전략들과 관계를 맺고 있었다. 신용이 별로 좋지 못하거나 신용이 없는 신청자들에 대한 위험이 높은 대부들은 회수되지 않을 가능성이 높다. 그리고 '해로운 빚'의 규모가 명백하게 되었을 때 그 충격의 여파는 미국 금융제도 전반과 이를 넘어서서 나타났다. 하지만 더 심층적인 수준에서 미국에서 '비우량주택담보대출' 문제는 단지 신자유주의 자본주의가 지니는 약점과 취약성의 징후일 뿐이라는 점이다. 이 약점과 취약성은 자유시장과 팽창되고 별로 통제를 받지 않는 금융제도에 기반을 두고 있는 특히 미국과 영국

Sovereign debt crisis
국가재정의 구조적 불균
형으로, 이것은 공공지
출이 조세수입을 초과할
때 발생한다. 대부 수준
이 지속될 수 없고, 그래
서 이자지불에 대한 채
무를 이행하지 못하게
된다.

에 그 뿌리를 두었다. 이러한 관점에서 생각해 볼 때 2007~2009년의 파산은 시장근본주의의 결점들을 강조하였고 금융적(아마도 더 넓은) 통제의 필요성에 대한 인상적인 조언을 제공하였다. 하지만 여전히 더 심층적 수준에서 이 위기는 특별한 형태의 자본주의뿐 아니라 자본주의 제도 자체에 있어서 심각한 불완전성을 폭로하는 것으로 해석되었다. 이러한 관점에서 지구적 형태와 국가적 형태에서 자본주의는 본질적으로 불안정하고 위기에 취약한 것으로 간주될 수 있다.

2007~2009년 파산은 1970년대의 '스태그플레이션' 위기 이후로 세계경제에서 진정으로 첫 번째 지구적 위기였고 1930년대의 대공황 이후로 지구적 생산수준에서 가장 심각한 하락을 초래하였다. 대부분의 주요한 경제들이 2009년에 성장으로 돌아섰을 때 재빠르게 정부들이 발의하고 G20 국가들—G20은 국제적인 경제정책을 관리하기 위한 주요한 광장으로서 G8을 대신하여 들어섰다—이 조정한 대규모의 노력들이 성공적이었던 것처럼 보였다. 이 노력들은 은행의 자본구성의 개선, 이자율의 대폭적인 할인(통화적 자극체) 그리고 조세를 초과하는 지출을 허용함으로써 국내수요 증대(재정적 자극체) 등이었다. 무엇보다도 국가들간의 국제적인 행동은 1929년 월스트리트 파산의 여파로 만들어진 가장 심각한 실수들의 재발을 방지하였다. 이 실수는 보호무역주의에 대한 호소였는데, 이 보호무역주의는 재정적 위기들이 심각하고 더 늘어난 경제위기로 전환되는 것을 확실하게 하는 데 기여하였다. 하지만 새롭고 심각한 경제문제들이 2010년 말부터 등장하였는데, 특히 '유로존'의 많은 국가에서 **국가채무위기**의 형태로 나타났다. 이 점은 다음의 사실을 시사하였다. 파산의 유산은 얼핏 생각하는 것보다 더 심각하고 광범위할지도 모른다는 점이다. 파산의 결과들이 계속해서 나타났지만 이 결과들 중에서 가장 중요한 결과들은 다음의 것들이다.

① 많은 선진경제들에서 존재하는 광범위하고 유지할 수 없는 부채
② 적자 감소의 역설과 함정들
③ 신자유주의적 지구화의 가능한 종말

④ 지구경제에 존재하는 권력의 주요한 재배분

파산이 보여 주었던 모든 구조적 문제들 중에서 많은 선진경제들에서 존재하였던 만성적인 공적·사적인 부채는 가장 심각한 문제이다. 이 문제는 적어도 세 가지 이유에서 발생하였다. 첫째, 실질임금의 증가를 산출하고자 하는 생산성 증대의 실패—미국에서 이것은 거의 30년 동안 지속하였다—와 증대하는 불평등은 다음의 사실을 의미하였다. 많은 선진경제들이 자신들의 '판로 수단demand engine'을 상실하였다는 것이다. 이러한 맥락에서 성장은 상당히 높은 수준의 대부—모기지론, 은행대출, 신용카드의 사용과 임대구입 그리고 기타 등등의 형태로—를 통해 경제에 주입될 수 있을 뿐이었다. 정부들은 이러한 형태의 대부를 너그럽게 봐주었거나 적극적으로 장려하기까지 하였다. 이것은 '민간화된 케인즈주의'로 칭해졌고(Crouch, 2009) 성장의 주요한 동력으로서 사적인 부채가 공적 부채를 대체하는 정도를 반영하였다. 둘째, 정부들은 국가부채를 높이는 것을 허용하였는데, 그 이유는 성장이 지속되어 조세수입을 건전하게 유지할 수 있다는 점과 또한 정치적 이득 때문에 상응하는 조세증가 없이도 공공지출을 유지하거나 올릴 수 있다고 정부들은 생각하였기 때문이다. 셋째, 특히 선진국가에서 파산의 결과로서 발생하였던 지구적인 경제적 침체는 사실상 조세수입을 감소시켰고 종종 공공재정을 대출의 결과로 일어나는 폭발로 인해 대혼란으로 몰아넣었다.

하지만 높거나 증대하는 수준의 공적 차용에 대한 (분명한) 해결책은 질병보다 더 나빠질 수도 있거나 적어도 이 공적 차용은 이 질병을 더 좋게 하지 않고 더 악화시킬 수 있을 것이다. 만성적인 부채가 문제라고 한다면 그 해결책은 부채감소인 것처럼 보인다. 그리고 이 부채감소는 '재정긴축fiscal retrenchment'(공공지출을 감소시키거나 세금을 증대하는 것)에 의해 초래된다. 그럼에도 이것은 이로 인해 중요한 경제적·정치적 어려움들을 초래한다. 적자감소의 경제적 문제는 다음과 같다. 즉 재정을 건전하게 만들려고 노력하는 단일경제를 위해서는 좋을지도 모르는 것이 대혼란을 초래한다는

개념설명

검약의 역설

The paradox of thrift
개인 가계에 의한 저축의 증대가 소비와 성장에 대한 부정적인 영향으로 인해 전반적으로 보면 감소된 저축을 초래할지도 모른다는 역설.

역자주

저축의 역설

The paradox of saving
케인즈가 주장한 이론으로 사람들이 소비를 줄이고 저축을 늘려 부를 축적하는 것이 내수를 줄이고 경제활동을 저하시켜 경제를 총체적 불황으로 몰고 갈 수 있다는 내용. 사람들이 저축을 늘리고 소비를 감소하면 총수요가 줄어든다. 총수요가 줄이면 기업의 생산활동은 저하되고 고용수준도 감소하게 된다. 이 경우에 저축은 미덕이 아니라 악덕으로 기능한다. 이러한 현상은 경기가 불황일 때 더욱 심해진다.

점이다. 만약에 동시에 수많은 국가들에 의해 도입된다면 말이다. 케인즈에 의해 대중화된 '**검약의 역설**paradox of thrift'에서 암시되었던 것처럼 모든 사람들이 돈을 절약한 결과—이 경우에 정부들은 지출 수준을 줄이거나 세금을 올린다—는 다음의 사실을 초래한다. 즉 경제에 있어 불충분한 수요로 인해 경제침체와 실업의 급등이 초래될 때 모든 사람들이 고통을 받는다는 점이다. 부채감소에 대한 정치적 도전들은 또한 다음의 사실을 포함한다. 즉 부채감소가 '내핍의 시대'를 촉진시킨다는 점이다. 이 내핍의 시대에서 사람들은 설령 생활수준이 전보다 못하다 할지라도 안정적인 생활수준에 만족하고자 하며, 정치안정은 항상 개선되는 번영에 대한 기대감에 의해 더 이상 지탱될 수 없다(이 문제들은 20장에서 더 상세하게 검토된다).

2007~2009년의 파산이 가져다준 가장 폭넓게 예견된 결과 중의 하나는 다음의 것이었다. 즉 이 파산이 신자유주의 모델의 지구화에 대한 재평가나 어쩌면 부정을 초래할 것이라는 점이었다. 이러한 생각을 하게 된 이유는 파산이 가장 열렬하게 신자유주의를 환영하였던(미국과 영국) 경제들에서 시작되었고 최초로 가장 가혹했기 때문이었다. 그리고 또한 그 위기를 설명함에 있어 주요한 요소는 아마도 틀림없이 내재적으로 불안정한 재정부문에 대한 과도한 신뢰였기 때문이다. 게다가 역사는 다음의 사실을 시사하는 것처럼 보인다. 즉 주요한 위기가 세계경제의 관리에서 변형을 초래한다는 점을 말이다(Casey, 2011). 1930년대의 대공황은 미국에서 루즈벨트의 뉴딜정책을 거쳐 1945년 이후 경제에서 케인즈주의를 선호하는 쪽으로 이동을 이끌었다. 반면에 1970년대의 '스태그플레이션' 위기는 케인즈주의를 포기하게 만들었고 신자유주의의 부흥에 기여하였다. 그럼에도 지금까지 2007~2009년 파산에 반응하여 유사한 비율의 이동에 대한 증거는 상대적으로 별로 없었다. 예를 들어 2008년 9월의 직접적인 여파로 인해 광범위하게 약해졌고, 신자유주의로부터 떨어져서 지구적 경제 거버넌스 제도들로 다시 방향을 정한 '신 브레튼 우즈'의 건설에 있어서의 발전은 느리게 진행되었다. 이에 대한 이유들은 다음의 사실을 포함할지도 모른다. 즉 정치적 선택이 신자유주의 지구화와 가장 밀접하게 연결된 구조적 세력—**초국적기업**

초국적기업(TNC)은 두 개 혹은 그 이상의 나라들이 경제활동을 통제하는 하나의 회사이다. 초국적기업이라는 단어는 이제 일반적으로 다국적기업(MNC)보다 선호되는데, 그 이유는 초국적기업은 회사의 전략과 절차들이 단지 국가의 경계를 가로지른다기보다는 초월하는 그 범위를 담고 있기 때문이다. 경제부문들에 걸친 통합과 동일 기업 내의 무역의 증대로 인해 초국적기업들은 자신들이 권한을 가진 경제가 되었으며, 지역적 유동성으로부터의 혜택, 생산혁신에서의 이점 그리고 지구적 마케팅전략들을 추구할 수 있는 능력을 가지게 되었다.

들, 대은행들, 지구적 시장 등등 – 에 의해 강요당하고 있다는 점이다. 하지만 이 점은 또한 정치적 좌파의 지적·이데올로기적 실패를 반영하기도 한다. 물론 경제적으로 그리고 정치적으로 실행 가능한 대안적인 지구화 모델을 발전시키기 위해 이러한 정치적 좌파가 좌파 정당 혹은 중도좌파 정당의 형태 속에서 혹은 반지구화운동의 형태 속에서 이루어진다고 할지라도 말이다. 그럼에도 다음의 사실은 언급할 만하다. 대공황의 완전한 이데올로기적 의미가 거의 10년이 지난 후에 대량실업과 세계대전으로 명백하게 되었다는 사실이다.

마지막으로 2007~2009년 파산은 일반적으로 서구에서 동구에 걸쳐서 그리고 특별하게는 미국에서 중국에 걸친 지구적 경제의 권력이동에서 나타난 중요한 운동으로 간주될지도 모른다. 파산이 일어나기 전 20년 동안에 있었던 세계경제 성장의 많은 것들이 하여튼 중국·인도·브라질 그리고 다른 개발도상국들의 경제적 출현에 의해 야기되었다. 부분적으로 값싼 공산품들을 생산하고자 하는 이들 국가들의 능력은 많은 선진국가의 경제들이 체험하였던 구조적 결함들을 숨기고 있었다. 이에 덧붙여 중국과 많은 신흥경제들은 선진경제들이 하였던 것보다 훨씬 더 잘 2007~2009년의 폭풍들을 헤쳐 나갔다. 가령, 중국은 이 기간 동안에 성장률에 있어서 단지 가벼운 하락만을 경험하였을 뿐이었다. 신흥경제들 역시 이점을 안고 파산 후의 시기에 돌입하였다. 그 이점이란 이들 경제가 일반적으로 상당한 무역흑자를 남겼고 개발도상국가들의 많은 채무들을 사들임으로써 종종 주요한 채권국가들이었다는 점이다. 그러나 그러한 경제적 힘의 균형이동들은 이전보다 더 상호의존적이라는 세계의 맥락 내에서 발생한다. 중국이 미국 부채의 많은 부분들을 차지하고 있기 때문에 미국의 경제회복이 중국에게도 중요한 것과 마찬가지로 개발도상국가들은 공산품 시장을 제공하기 위해 선진국가의 경제회복을 필요로 한다. 그래서 아마도 파산의 중요한 교훈은 다음의 사실이다. 지구화된 세계에서 경제는 결코 하나의 고립된 섬이 아니라는 점이다.

요약

(1) 가장 광의의 의미에서 정치경제학은 정치와 경제의 상호작용과 연관된 다. 하나의 주제로서 정치경제학은 국가와 시장 간의 관계에 대한 일련 의 생각들을 포함한다. 하나의 방법으로서 정치경제학은 정치를 분석하 기 위해 경제 내에서 발전된 접근법들의 사용을 의미한다. 정치경제학에 대한 독특한 국가중심적, 고전적/신고전적 그리고 맑스주의 접근법들 이 확인될 수 있다.

(2) 자본주의는 일반화된 상품생산제도인데, 이 상품생산 속에서 부는 사적 으로 소유되고 경제생활은 시장원칙들에 따라 조직된다. 그럼에도 기업 자본주의·사회자본주의·국가자본주의는 시장과 국가 사이의 균형에 따라 다르다.

(3) 국가사회주의 혹은 공산주의는 자본주의에 대한 주요한 20세기 대안이 었다. 그러나 국가사회주의는 궁극적으로 현대의 소비재들을 생산하고 광범위한 번영을 제공한다는 의미에서 자본주의와의 경쟁에서 실패하 였다. 이로 인해 시장사회주의에 대한 실험들이 야기되었다. 녹색경제는 생태적 균형과 지속성의 원칙에 따라 경제를 재구성하고자 하였다.

(4) 지구화는 복합적인 상호연관성으로 이루어진 거미줄이다. 그리고 이것 은 우리 생활이 점점 더 우리 자신과는 동떨어져 취해진 결정과 행동에 의해 형성된다는 것을 뜻한다. 경제적 지구화는 경제주권에 대한 이념을 파괴하면서 자본과 재화의 초국가적 흐름의 증대를 나타낸다. 문화적 지 구화는 동질화하는 힘이며, 반면에 정치적 지구화는 국제기구들의 점증 하는 중요성과 연결된다.

(5) 경제적 지구화는 신자유주의와 나란히 진행되었다. 그래서 경제적 지구화 와 신자유주의는 하나의 단일현상으로 종종 생각된다. 신자유주의적 지구 화의 탓으로 2007~2009년 파산의 함의들에 대해 신랄한 비판이 있었다. 그 러나 파산이 가져다준 또 다른 중요한 결과들은 많은 선진국가들에서의 엄 청난 부채와 경제적 힘의 지구적 균형에서의 의미심장한 변화를 포함한다.

토론사항

(1) 정치가 경제를 형성하는가 아니면 경제가 정치를 형성하는가?

(2) 어떤 유형의 자본주의 체계가 21세기에 가장 생존력이 있을 것으로 보이는가?

(3) 자유시장경제는 내적으로 불안정하고 불평등을 초래하는 경향이 있는가?

(4) 사회주의 경제모델은 아직도 중요성이 있는가?

(5) 생태학적으로 지속가능한 경제의 특징들은 무엇일까?

(6) 지구화는 하나의 신화인가 아니면 현실인가?

(7) 지구화된 경제는 모든 사람들에게 기회를 제공하는가 아니면 더 큰 불안정과 더 큰 불평등을 의미하는가?

(8) 2007~2009년 파산은 어느 정도로 지구경제의 발전에서 전환점을 나타내는가?

(9) 신자유주의적 지구화는 미래가 있는가?

더 읽을 거리

- Albritton, R., B. Jessop and R. Westra(eds), *Political Economy and Global Capitalism*(2010). 지구적 자본주의 시대에 정치경제학에 대한 비판적 관점을 제공해 주는 유용한 모음서.

- Hall, P. and D. Soskice(eds), *Varieties of Capitalism: The Institutional Foundations of Comparative Advantage*(2001). 국가경제들간의 차이점과 경제적 지구화의 영향에 대한 고무적인 검토서.

- Scholte, A., *Globalization: A Critical Introduction*, 2nd edn(2005). 지구화의 본성에 대한 탁월하고 접근 용이한 설명과 지구화의 함의에 관한 토론을 담고 있는 문헌.

- Stilwell, F., *Political Economy: The Context of Economic Ideas*, 3rd edn(2011). 주요한 경제사상의 전통들을 연구하는 정치경제학에 대한 포괄적이고 통찰력 있는 개관을 담고 있는 문헌.

정치, 사회 그리고 정체성

"사회는 인간의 내부에 있고 인간은 사회의 안에 있다."

Arthur Miller, *The Shadow of the Gods*(1958)

개관

교과서에 적혀 있듯이 정치가 사회적 맥락에서 일어난다는 점을 시사하는 것은 정치생활과 사회생활이 어떻게 밀접하게 연관되어 있는지를 전달하지 못한다. 바로 그 본성상 정치는 하나의 사회적 활동이다. 그리고 혹자는 정치를 사회의 갈등들이 표출되고 아마도 해결되는 과정으로 이해한다. 이러한 의미에서 사회는 단지 '전후관계'만이 아니라 정치 그 자체의 다름 아닌 요소이자 실체이다. 나중의 장들에서 매체·선거·정당·이익집단 등등과 같은 특별한 소통채널과 관련하여 사회와 정치 간의 상호작용을 검토하지만 이 장은 사회가 어떻게 구조화되고 변하였고 계속해서 변화하는가에 대한 더 광범한 정치적 함의들에 초점을 둔다. 예를 들어 농업사회에서 산업사회로 그리고 이른바 탈산업사회로의 이행은 사회연관성의 수준을 상당하게 변화시켰고 새로운 정치적 전투노선들을 초래하였다. 탈산업주의는 사회계급의 쇠퇴하는 중요성과 연관되었을 뿐만 아니라 특히 정보와 소통 분야에서의 기술변화는 사람들간의 연관의 성격뿐 아니라 이들 간의 연관의 폭과 깊이를 변화시켰다. 연관된 이러한 요소들은 주요한 정치적 결과들과 함께 개인주의의 강화와 연결되었다. 그럼에도 정치와 사회 간의 관계에 관한 현대의 생각은 점점 더 정체성에 대한 문제에 초점을 두게 되었고, 많은 사람들이 주장하듯이 이 문제는 집단의 자기 주장이라는 새로운 정치, 곧 정체성 정치를 야기하였다. 무엇보다도 이러한 경향은 인종·종족·젠더·종교·문화의 정치적 중요성을 부각시키는 데 기여하였다.

쟁점

---

(1) 탈산업사회들의 등장이 지니는 정치적 함의들은 무엇이었는가?

(2) '정보사회'는 하나의 신화인가 아니면 현실인가?

(3) 개인주의의 성장이 공동체와 사회응집력에 어떻게 영향을 미쳤는가?

(4) 정체성의 정치는 최근에 왜 그렇게 두드러지게 되었는가?

(5) 인종·종족·젠더·종교·문화는 정체성의 정치를 위한 토대를 어떻게 제공해 주었는가?

(6) 정체성 정치는 하나의 해방적 힘인가 아니면 정치적으로 발전성이 없는 힘인가?

정치와 사회

개념설명

지위Status
지위는 어떤 위계질서 내에서 한 개인이 가지는 위치이다. 지위는 위계질서 속에 있는 다른 구성원과 관련하여 개인이 행하는 역할·권리·의무를 통해 특징지워진다. 지위는 명예·특권·신분·권력과 같은 요소로 구성되기 때문에 계급과 같은 본질적인 경제적 범주보다 규정하기가 더 어렵다. 또한 지위는 어떤 사람이 사회에서 '더 높은가' 혹은 '더 낮은가'에 관한 척도이기 때문에 좀더 주관적이다. 지위체계들이 현대사회에서 그 중요성이 약해졌지만 이 체계들은 지속적으로 가족 배경·젠더·인종·종족과 같은 요소와 관련하여 기능한다.

우리는 '사회'를 무슨 의미로 사용하는가? 가장 일반적 의미에서 사회라 함은 동일한 영토적 영역을 점유하고 있는 사람들의 집합이다. 하지만 사람들의 모든 집단이 하나의 사회를 구성하는 것은 아니다. 사회는 정기적인 사회적 상호작용 유형에 의해 특징지워진다. 이 점은 어떤 종류의 사회구조의 존재, 즉 수많은 요소들 사이의 일반적으로 안정적인 일련의 상호관계의 존재를 말해 준다. 게다가 '사회적' 관계들은 상호의식의 형태로 결속감과 그리고 적어도 협력의 척도를 포함한다. 가령, 엄격하게 말해서 적대적인 부족들은 그들이 서로 가까운 거리에서 생활하고 정기적으로 상호작용하는 경우에 있어서조차도 하나의 '사회'를 구성하지 않는다. 사회들은 또한 일반적으로 사회적 분할에 의해 특징지워지기도 한다. 이 사회적 분할 속에서 집단과 개인들은 매우 다른 위상을 점유하며, 그래서 그 사회 내에서 지위, 부 그리고/혹은 권력의 불평등한 배분을 나타낸다. 이러한 분할이나 균열의 성격 그리고 특별한 분할(계급·인종·젠더·연령·종교 등등)의 정치적 의미도 사회마다 각기 다르다.

하지만 모든 경우에 사회는 수많은 중요한 방식으로 정치를 형성하는 것으로 이해될 수 있다.

① 사회에서 부와 다른 자원들의 배분은 국가권력의 성격을 조건지운다(3장에서 논의하였듯이).
② 사회적 분할과 갈등들은 정당성의 위기라는 형태로 정치변화를 초래하는 데 기여한다(4장에서 논의하였듯이).
③ 사회는 여론과 정치문화에 영향을 미친다(8장에서 논의한다).
④ 사회구조는 정치적 행위, 즉 누가 투표하는가, 그들이 어떻게 투표하는가, 누가 정당과 기타 등등에 가입하는가 등을 형성한다(9~11장에서 논의한다).

사회계급 Social class
넓은 의미에서 한 계급은 비슷한 사회경제적 지위를 공유하고 있는 인간집단이다. 맑스주의자가 볼 때 계급은 경제적 힘과 연관되어 있다. 경제적 힘은 생산수단에 대한 개인의 관계를 통해 정의된다. 이 관점에서 볼 때 계급분할은 생산적 부의 소유자(부르주아계급)와 노동력을 팔아가며 살아가는 사람(프롤레타리아계급) 사이의 분할이다. 계급에 대한 비맑스주의 정의는 일반적으로 소득과 직업적 집단 사이에 존재하는 위상 차이에 토대를 두고 있다. 그리하여 '중간' 계급(혹은 비육체적) 노동자와 '노동계급(혹은 육체적) 노동자 간에 차이들이 만들어졌다.

게마인샤프트
Gemeinschaft
공동체. 전통사회들에서 전형적으로 발견된 사회 연대들을 의미하며, 자연적 감정과 상호 존중이 특징인 사회.

게젤샤프트 Gesellschaft
협회. 도시사회와 산업사회에서 전형적으로 발견되는 느슨하고 인위적이며 계약적 구속을 받는 사회.

하지만 사회의 성격은 정치적·이데올로기적 토론에서 가장 논쟁적인 영역 중의 하나이다. 사실, 인간 본성의 내용을 정의하고자 시도하는 것이 논쟁적인 것이다. 예를 들어 맑스주의자와 다른 사람들은 사회가 화해할 수 없는 갈등으로 특징지워진다고 주장하는 반면, 자유주의자들은 경쟁적인 이해관계와 집단들 사이에서 조화가 존재한다는 점을 강조하려 한다. 마찬가지로 자유주의자들은 사회를 개인들의 다양한 욕구들을 만족시키기 위하여 개인들이 만든 하나의 인공물로 간주하려는 경향이 있는 반면, 보수주의자들은 전통적으로 사회를 궁극적으로 자연적 필요라는 힘들에 형성된 유기체로 묘사하였다. 그럼에도 사회의 성격, 따라서 사회적 연계성의 성격은 시간이 경과함에 따라 상당히 변하였다는 것이다. 현대사회는 사회적 연계성의 '공동화hollowing out'로 특징지워지는 것처럼 보인다. 이것은 긴밀한 사회적 연대와 확립된 동맹이라는 '두터운' 연계에서 좀 더 유동적이고 개인화된 사회적 장치들의 '얇은' 연계로의 이행을 뜻한다. 이 변화들은 '탈산업주의'의 등장과 의미가 점점 더 없어지는 **사회계급** 그리고 소위 말하는 '정보사회'의 등장과 개인주의의 성장 등과 같은 발전들과 연관되었다.

산업주의에서 탈산업주의로

산업화는 현대사회의 구조와 성격을 형성하는 가장 강력한 요소였다. 가령, 산업화는 도시화의 과정을 통해 지리적 이동에서의 엄청난 증대에 기여하였다(2000년대 초에 세계의 63억 인구의 대부분이 시골지역보다는 도시와 읍에 살게 되었다). 이 과정에서 사회적 연계성의 성격은 중요한 변화들을 경험하였다. 이 이행을 전달하고자 한 가장 영향력 있는 시도 가운데 하나가 독일 사회학자 페르디난드 퇴니스(Ferdinand Tönnies; 1855~1936)에 의해 이루어졌다. 퇴니스는 **게마인샤프트**Gemeinschaft와 **게젤샤프트**Gesellschaft를 구별하였다. 산업화의 출현은 또한 좀 더 전통적인 사회들의 고정된 사회 위계질서를 경제적으로 기반을 둔 계급 분할들로 대체함으로써 사회구조 역시 바꾸어 놓았다. 이것은 일반적으로 지위에 기반하였고 토지소유와 연관

계급의식

Class consciousness
계급의 객관적인 상황과
이해관계에 대한 주관적
의식을 의미하는 맑스주
의 용어. '잘못된' 의식의
반대말.

되었다. 그리하여 사회계급은 사회의 중심적인 조직원칙으로 등장하였다.

하지만 계급과 정치 간의 관계에 대한 어떤 분석은 특히 사회계급이 어떻게 정의되어야만 하는가에 관한 문제와 사회계급들이 행하는 기능에 관한 문제로 인해 어려움을 겪게 되었다. 계급정치에 대한 선구적인 주장자들은 맑스주의 전통에서 유래하였다. 맑스주의자들은 계급을 가장 근본적이고 정치적으로 가장 중요한 사회분할로 간주한다. 맑스가 『공산주의자 선언 The Communist Manifesto』([1848] 1967)의 서두에서 적고 있듯이 '지금까지 존재한 사회들의 역사는 계급투쟁의 역사이다'. 맑스주의 관점에서 볼 때, 자본주의 사회는 재산소유자라는 '지배계급(부르주아)'에 의해 지배되었고, 이 계급은 임금노예계급(프롤레타리아)을 억압하고 착취한다는 것이다. 이 점은 산업자본주의의 두 개의 계급모델을 야기하며, 이 계급모델은 화해할 수 없는 갈등과 정치무대에서 핵심적인 행위자들인 사회계급들을 가진 점진적인 양극화를 강조하고 있다. 맑스는 다음과 같이 예언하였다. 자본주의 발전이 심화되는 위기에 의해 특징지워짐에 따라 프롤레타리아는 마침내 **계급의식**을 이룰 것이고 자본주의의 '무덤을 파는 사람'으로서의 자신의 운명을 수행할 것이라고 말이다. 그리하여 프롤레타리아는 '즉자적 계급(경제적으로 정의된 범주)'에서 변형될 것이고 '대자적 계급(혁명적 힘)'이 될 것이라는 점이다.

계급정치의 쇠퇴

하지만 두 개의 맑스주의 계급모델은 적어도 선진자본주의 사회에서 맑스의 예언을 구체화시키는 데 실패하고, 쇠퇴하는 계급투쟁의 증거로 인해 신용을 잃게 되었다. 이미 19세기 말에 산업사회의 계급구조가 점점 더 복잡하게 되었고, 시대에 걸쳐 체제마다 변화한다는 점이 명백해졌다. 막스 베버는 이러한 변화를 평가하였던 첫 번째 학자 중의 한 사람으로서, 경제적 혹은 계급적 차이를 인정하였던 성층화론을 발전시켰고, 또한 정당과 사회적 신분의 중요성을 고려하였다. 어떤 집단의 생활양식에서 표현되는 '명예에 대한 사회적 평가'로서 신분에 주목함으로써 베버는 사회정치과학자에

탈산업사회
Post-industrial society
제조업보다는 서비스산
업에 기반하고 있는 사
회. 화이트 컬러 노동인
구의 상당한 증대를 동반
한 사회.

원자론Atomism
사회가 이기적이고 자기
만족적인 개인들의 집합
으로 구성되는 경향. 개인
들은 분리된 원자로 작동
한다.

포드주의Fordism
탈포드주의Postfordism
포드주의는 미국의 디트
로이트(Detroit)에 있는
헨리 포드(Henry Ford)
에 의해 만들어진 대량생
산방식과 연관된다. 포드
는 표준화되고 상대적으
로 값이 싼 생산물을 생산
하기 위해 기계화와 매우
조직화된 생산라인에 기
초를 둔 노동과정에 의존
하였다. 포드주의 사회는
일반적으로 연대적인 계
급적 충성에 의해 구성된
다. 탈포드주의는 개별적
인 노동자에게 더 큰 자
율성을 주고, 재도급적
(subcontracting) · 배치
(batch) 생산과 같은 혁신
을 가능하게 하였던, 좀
더 유연한 극소전자 공학
에 기초한 기계를 도입함
으로써 출현하였다. 탈포
드주의는 작업현장에서
탈중앙화와 연관되었으
며, 선택과 개별성을 더
강조한다.

의해 폭넓게 사용된 직능계급occupational class에 대한 현대적 사유를 위한 기초를 제공하는 데 기여하였다. 하지만 어떤 사람들은 20세기 후반을 계급정치의 최종적 소멸로 특징짓는다. 1960년대에 헤르베르트 마르쿠제 같은 신맑스주의자는 도시 프롤레타리아의 탈급진화 현상에 대해 비탄해하였고, 대신에 학생·여성·소수인종·제3세계의 혁명적 잠재력에 주목하였다. 사회주의와 노동자계급 사이의 전통적 연결은 앙드레 고르André Gorz의 『노동계급이여, 안녕*Farewell to the Working Class*』(1982)과 같은 책에서 공식적으로 포기되었다.

대부분의 논평자는 계급에 대한 정치적 의미가 쇠퇴하는 배후에는 소위 말하는 '**탈산업사회**'의 출현이라는 사실이 있다는 점에 동의한다. 그러한 사회들의 핵심적인 특징 가운데 하나는 탈산업화의 과정이었고, 이 과정은 석탄·철강·조선 등과 같은 노동집약적 중공업의 쇠퇴에서 나타났다. 이 노동집약적 중공업들은 분명한 정치적 충성에 뿌리를 둔 연대적 문화와 일반적으로 강한 노동조합조직에 의해 특징지워지는 경향이 있었다. 이와는 대조적으로 확대되는 서비스 부문은 더 개인주의적이고 도구주의적 태도를 장려한다. 따라서 탈산업사회들은 점증하는 **원자론**과 사회적 연계성의 약화에 의해 구별된다. '탈산업주의'라는 단어는 『탈산업사회의 도래*The Coming of Post-industrial Society*』(1973)를 저술한 다니엘 벨에 의해 널리 퍼지게 되었다. 벨이 보기에 탈산업사회들은 무엇보다도 노동가치론에서 지식가치이론으로의 이행에 의해 특징지워졌고, 아래에서 논의되는 것처럼 '정보사회'라는 이념에 의해 나타났다. 피오르Piore와 세이블 Sabel(Piore, M. J. and c. Sabel, 1984)은 이 이행을 **포드주의** 시대에서 **탈포드주의** 시대로의 이동의 부분으로 설명하였다. 이러한 관점에서 포드주의의 주요한 특징인 대량생산과 대량소비체계의 소멸은 더 다원화되고 유동적인 계급형성을 야기했다.

전통적 노동계급의 감소로 인해 소위 말하는 '2/3, 1/3, 사회의 발전이 초래되었다. 이 사회의 발전에서 2/3는 상대적으로 부유하였는데, 이것은 대중교육, 점증하는 풍요로움 그리고 소비주의와 연관된 사회적 평준화를 향

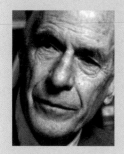

존 케네스 갈브레이드(John Kenneth Galbraith; 1908~2006)

캐나다의 경제학자이며 사회이론가. 미국전략폭격측량부(US Strategic Bombing Survey)의 국장으로 전시에서 복무를 한 후에 그는 하버드대학의 경제학 교수가 되었다. 그는 1961년에서 1963년까지 인도의 미국대사로 활동하였다. 갈브레이드는 민주당과 긴밀하게 행동을 같이 하였다. 아마도 그는 케인즈 경제학의 선도적인 현대적 대표자이다(그는 확실히 케인즈 경제학에 대해 가장 혁신적인 지지자이다). 그는 미국에서 가장 유명한 사회비평가 중의 한 사람이다. 『풍요로운 사회The Affluent Society』(1958)에서 그는 사적인 풍요와 공적인 천박함 사이의 대조를 강조하였고, 경제적 자원들이 종종 사소한 욕구의 사치스러운 만족에 사용된다고 논의하였다. 『신산업국가The New Industrial State』(1967)에서 그는 미국에서의 기업적인 힘에 대해 비판하였다. 그의 다른 주요한 글로는 『만족의 문화The culture of Contentment』(1992)를 들 수 있다.

개념설명

하층계급Underclass
불충분하게 정의되고 정치적으로 논쟁의 여지가 많은 단어로 광범하게 다양한 궁핍(실업 혹은 낮은 임금, 불충분한 주택공급, 부적당한 교육과 기타 등등)으로 고통받는 사람들을 언급한다.

한 특징적인 경향의 산물이었다(Hutton, 1995). 이러한 변화와 그 정치적 함의를 논의하고자 한 시도 중 가장 영향력 있는 하나는 갈브레이드가 쓴 『만족의 문화The Culture of Contentment』(1992)에서 발견된다. 갈브레이드는 현대사회에서 적어도 정치적으로 활동하는 사람 가운데 물질적 풍요와 경제적 안정으로 인해 정치적으로 보수적이 되려 하는 '만족한 다수contented majority'의 출현을 지적하였다. 이 '만족한 다수'는 가령 1970년대 이후 유행하게 되었던 반복지적 정책과 세금인하정책을 위한 선거상의 토대를 제공한다. 현대사회에서 1/3의 어려운 상황과 사회적 불평등 성격에 관한 논의는 점점 더 사회계급보다는 '하층계급'으로 불렸던 것에 주목하였다. 하층계급은 이 계급이 전통적으로 이해하였던 빈곤(물질적인 생활필수품의 궁핍)보다는 경제와 사회에서 의미 있는 참여를 하는 데 나타난 문화적·교육적·사회적 장애물들에서 비롯되는 사회적 배제로 인해 더 고통받았다. 하지만 사회차별화에 대한 태도와 하층계급의 성장에 대한 적절한 대응에 대한 논의는 사회적 불평등의 원인과 정치적 의미들에 관해 존재하는 더 심오한 의견불일치에 그 뿌리를 두고 있다.

신기술과 '정보사회'

개념설명

인터넷Internet
'네트워크들의 지구적 네
트워크'. 이것은 세계에
걸쳐 컴퓨터들을 연결하
며, 사용자들이 온라인 정
보에 접근, 유포시킬 수
있는 '가상' 공간이다.

연결도Connectivity
하나의 장치(일반적으로
하나의 컴퓨터)와 다른 장
치들 간의 연결을 언급하
는 컴퓨터 전문유행어. 이
것은 정보교환의 속도, 용
이함 그리고 범위에 영향
을 미친다.

정보사회
Information society
정보사회는 정보의 창조,
배분 그리고 조작이 경제
적·문화적 활동의 핵심
인 사회를 의미한다. 이
사회는 특히 컴퓨터화된
과정과 인터넷의 폭넓은
사용에 의해 지탱된다. 그
리하여 정보와 지식은 부
의 일차적 원천으로서 물
질적 자본을 대체하였던
것으로 이해된다. '정보
시대' 혹은 '사이버 시대'
에서 정부의 일차적 책임
은 국제경쟁력을 강화하
고 개인들을 위한 기회를
넓히기 위해 교육과 훈련
을 개선함에 있다.

지식경제
Knowledge economy
특히 정보와 소통기술의
적용을 통하여 지식이 경
쟁과 생산성의 핵심적인
원천인 경제.

탈산업주의와 가장 평범하게 관련이 있는 특징 가운데 하나는 일반적으로 지식과 정보에 대한 중요성이 점점 더 증가하였다는 점이다. 다시 말해 탈산업주의에서는 물질적 자본(물건)보다 오히려 지적 자본(생각들)의 중요성이 증대하였다는 점이다. 이 점은 종종 '제3의' 현대 정보혁명으로 불렸던 것에 대한 하나의 결과로 이해되었다. '제3의' 정보혁명은 소위 말하는 '신'매체의 출현, 특히 휴대폰, 케이블과 위성 텔레비전, 더 값싸고 더 강력한 컴퓨터 그리고 가장 중요하게는 **인터넷**의 출현을 입증하였다. (제1혁명은 전신, 전화 그리고 라디오의 발전을 포함하였던 반면, 제2혁명은 텔레비전, 초기 세대의 컴퓨터와 위성에 집중되었다). 제3의 정보혁명은 **연결**의 기술들에 관계되었고 그래서 특히 의미를 가졌다. 정보와 소통교환의 양에 있어 발생하였던 엄청난 증가는 디지털 기술에 의해 가능해졌고 혹자가 논의하듯이 '정보 시대'의 탄생(산업시대라는 그 자리에)을 기록하였다. 사회는 '**정보사회**'로 변형되었고 경제는 '**지식경제**', 심지어 '중량이 없는' 경제로 되었다.

신매체의 출현은 사회연계성의 범위와 성격 둘 다를 변화시키는 데 기여하였다. 사회연계성의 범위와 연관되는 한에서 신매체는 지구화 과정에 거대한 추진력을 제공해 주었다. 사실 소위 말하는 '초지구화hyperglobalist' 이론가들은 가속화된 지구화는 일단 신정보·소통기술들(ICT)이 광범하게 이용될 수 있게 되자마자 필연적으로 되었다고 주장함에 있어 일종의 기술결정론에 동의한다(Ohmae, 1989). 산업시대(그리고 제1, 제2의 소통혁명)는 지방적 수준(국가의 신문들, 전화제도, 라디오 그리고 텔레비전 서비스 등등을 경유하는)보다는 오히려 국가적 수준에서 소통하는 새로운 메커니즘들을 만들어 내었던 반면, 정보시대의 기술들은 그 성격상 초국가적이다. 휴대폰, 위성 텔레비전 그리고 인터넷은 일반적으로 국가경계선을 넘어 작동한다. 이로 인해 국가를 넘어서는 집단들, 기관 그리고 기구들의 성장이 용이하게 되었는데, 이것들은 비정부기구(NGOs)에서 항의운동 그리고 초국적 기업에서 국제범죄조직과 알카에다와 같은 지구적 테러집단에까지 이른다. 국

네트워크 Network
일반적으로 지식 유포나
교환을 위해 사람들이나
조직들간의 느슨하고 비
공식적인 관계를 통해 사
회생활을 통합하는 수단.

가들은 국경이 없는 구조들을 가진 집단이나 조직들을 통제하고자 노력한다. 하지만 그들의 시민들이 보고 듣고 아는 것을 통제할 국가들의 능력은 크게 감소되었다. 가령, 중국·미얀마·이란 등과 같은 국가들은 수차례 휴대폰과 인터넷을 통한 초국경적 소통들을 제한하려고 노력하였지만 기술변화의 속도는 더 장기적으로 그러한 통제들을 약화시킬 가능성이 매우 높다. 이전의 미국 대통령 빌 클린턴은 인터넷을 통제하고자 하는 중국의 시도들을 Jell-O(미국 General Food사 디저트 식품의 일종으로 상표명: 역자) 상표를 벽에 못으로 고정시키고자 하는 노력에 비유하였다.

정보사회들은 더 많은 사람들을 더 많은 다른 사람들과 그리고 점점 더 다른 사회에서 살고 있는 사람들과 연결시킬 뿐만 아니라 그러한 연결의 성격도 변화시켰다. 이 점을 설명하고자 하는 가장 영향력 있는 시도 가운데 하나가 마누엘 카스텔Manuel Castells(1996)의 '네트워크 사회'라는 개념에 의해 이루어졌다. 산업사회에서 지배적인 사회조직 형식은 계급조직이었던 반면, 더 복잡하고 더 다원화된 정보사회들은 시장의 토대 위에서—6장에서 논의하였듯이 경제적 지구화의 영향뿐 아니라 시장경제의 더 넓은 기능을 반영하는—혹은 더 느슨하고 더 널리 퍼진 **네트워크**들의 토대 위에서 활동한다는 것이다. 카스텔에 따르면, 기업들은 점점 더 '네트워크 회사'로 기능한다. 가령, 많은 초국적기업들은 독점판매권과 자회사의 네트워크로 조직된다. 유사한 경향들이 사회생활과 정치생활에서 목격될 수 있다. 예를 들어 노동조합과 압력집단 등과 같은 위계적 기관들은 반지구화운동과 환경운동 등과 같이 네트워크에 기반을 둔 사회운동의 등장을 통해 점점 더 영향력을 상실하였다.

그럼에도 정치와 사회에서 새로운 소통기술들의 더 넓은 사용이 가지는 의미들에 대해서는 의견이 분열되었다. 이반 일리취Ivan Illich의 개척자적인 『연회 도구들Tools for Conviviality』(1973)로 거슬러 올라가는 연구가 있는데, 이 연구에서 개별적인 시민들을 전문적인 지식에 독립적으로 접근하게 하고 그들로 하여금 기술관료 엘리트에 대한 의존성에서 탈출하게 하는 컴퓨터에 기반을 둔 기술의 잠재력이 찬양되었다. 이러한 관점에서 신매체

사회적 평등은 중요한가?

사회적 평등의 문제는 이데올로기적 논의와 논쟁의 핵심을 이룬다. 좌파들은 평등을 지지하고 평등을 사회정의를 위한 열쇠로 이해하는 반면, 우파들은 전형적으로 바람직한 것은 아니라 할지라도 불가피한 것으로 받아들였다. 물질적 불평등, 특히 소득의 불평등은 정치와 사회에 어떻게 영향을 미치는가? 정부들은 사회적 평등을 증진하기 위한 도덕적 의무가 있는가? 만약 그렇다면 어떠한 근거에서 그러한가?

찬성

불평등과 사회적 역기능. 사회주의자들은 오랫동안 다음의 사실을 주장하였다. 사회적 불평등은 분개·적대감·분쟁을 초래한다고 말이다. 심지어 맑스주의자들의 경우에는 계급적 불평등을 필연적인 사회혁명과 연관시켰다. 그러한 관심들은 또한 불평등을 일련의 부정적인 개인적·사회적 결과물들과 연결시킨 경험적 연구들에 의해 입증되었다. 미국·영국·포르투갈 등과 같은 '높은' 불평등 국가들과 일본과 스칸디나비아반도 국가들과 같은 '낮은' 불평등 국가들에 대한 비교 연구들은 다음의 사실을 말해 주고 있다. 즉 불평등이 더 단명하고, 더 건강하지 못하며, 더 불행한 삶을 초래한다는 점이다. 가령, 이러한 점은 10대의 임신·폭력·비만·수감·중독 등의 비율이 증대되었다는 사실에 반영되어 있다(Wilinson and Pickett, 2010).

평등으로서의 정의. 평등을 지지하는 도덕적 경우는 빈곤과 사회적 불이익이 인간의 기회와 삶의 기회들을 손상시킨다는 점을 포함하고 있다. 사회적 차별화가 종종 동등하지 않은 자연적 재능으로부터 비롯되기보다는 사회에 의한 불평등한 대우로부터 비롯되기 때문에 정의는 다음의 사실을 지시한다. 즉 사회적 보상들이 일반적으로 더 동등하게 배분되어야 한다는 점, 그리고 이것은 복지와 재분배의 정책을 통해 행해져야 한다는 점이다. 존 롤스에 따르면, 사람들이 그들의 개인적인 속성과 자질을 잘 알지 못한다고 한다면, 대부분의 사람들은 불평등에 대해 평등을 선호할 것이다. 왜냐하면 빈곤하게 되는 것에 대한 두려움이 많은 부를 위한 갈망보다 더 중요하기 때문일 것이다.

사회적 시민권. 사회적 평등(혹은 좀 더 정확하게 감소된 사회적 불평등)은 건전한 민주주의와 의미 있는 시민권을 위한 필요조건이다. 시민들은 그들이 자신의 공동체의 일에 완전하게 참여하기를 원한다면 빈곤·무지·절망에서 벗어나 자유를 향유해야만 한다. 공동체에 대한 참여는 사회적 시민권 개념에 구현된 하나의 이념이다. 여성, 종족적 소수자, 가난한 사람과 실업자 등과 같은 집단들은 일반적으로 그들 자신을 '제2계급의 시민들'로 간주한다. 만약에 사회적으로 불리한 상황이 그들의 완전한 시민적·정치적 참여를 방해한다면 말이다. 그리하여 사회적 불평등은 저조한 투표율과 서로 연관되며, 반대와 시민적 불안을 부추긴다.

반대

불평등과 경제성장. 자유주의 정치경제학자들은 사회적 평등을 경제적 불황에 연결시킨다. 이러한 점은 사회적 '평준화'가 포부를 없애고 기업과 힘든 노동에 대한 동기를 제거하는 데 기여하기 때문에 발생한다. 그리하여 공산주의 국가들의 불능과 무능력은 대개 높은 수준의 직업안정성과 낮은 소득격차의 결과였다는 것이다. 이와는 대조적으로 세계를 이끄는 경제인 미국은 불평등이 경제적 활력을 증진시키는 방법을 보여 주고 있는데, 그 이유는 부자는 항상 더 부유할 수 있고 가난한 사람은 항상 더 가난하게 될 수 있기 때문이다. 사실, 동기를 강화함으로써 불평등은 실제로 가난한 사람들에게 혜택을 줄지도 모른다. 그리고 이들의 생활수준은 상대적으로 평등한 사회보다 불평등한 사회에서 더 높을 수도 있을 것이다.

불평등으로서의 정의. 불평등은 아주 간단하게 정당화할 수 있는데, 그 이유는 사람들이 서로 다르기 때문이다. 즉 사람들은 다른 포부·재능·성향 등등을 가지고 있다. 따라서 이들을 동등하게 대우하는 것은 부정의를 초래한다. 아리스토텔레스가 적고 있듯이 부정의는 동등한 것이 동등하지 않게 다루어질 때뿐 아니라 동등하지 않은 것이 동등하게 다루어질 때도 발생한다. 정의는 기회의 평등을 요구할지도 모른다. 이 평등은 각각의 사람에게 삶에 있어 동일한 출발점을 제공해 주지만 확실히 산출의 평등을 제공해 주지는 않는다. 실적주의 원칙과 병행하여 재능이 있고 힘든 노동을 하는 사람들은 출세해야 하는 반면, 게으르고 무기력한 사람들은 감소해야만 한다. 그리하여 평등을 추구하는 것은 재능에 벌칙을 가하는 것을 포함한다.

시기의 정치Politics of envy. 사회주의 평등원칙은 사회적 시기심, 즉 다른 사람들이 소유하고 있는 것을 가지려고 하는 갈망에 그 기초를 두고 있다. 그들 자신의 생활수준을 개선하는 데 초점을 두고자 장려하는 대신에 이 원칙은 사람들로 하여금 부유한 사람들을 원망하도록 조장한다. 그리고 이 원칙은 부유한 사람들을 여하튼 자신들의 불행의 설계자로 간주하도록 조장한다. 시기의 정치가 증대함에 따라 개인의 자유는 광범한 조작체계와 '사회적 공학'의 출현을 통하여 그리고 재분배가 사실상 절도를 합법화한다(왜냐하면 정부는 부를 동의를 구하지 않은 채 한 집단의 사람에게서 다른 집단의 사람에게로 이전하기 때문이다)는 사실에 의해 줄어들었다.

는 시민에게 권한을 부여해 주는 하나의 원천이자 정부권력에 대한 중요한 억제책이라는 것이다. 이와는 대조적으로 비판가들은 다음의 사실을 지적하였다. 인터넷은 좋은 생각과 나쁜 생각을 식별하지 못한다는 점이다. 인터넷은 사회적으로 보람이 있고 정치적으로 중립적인 견해들을 유포할 수 있는 광장뿐 아니라 정치적 극단주의, 인종적·종교적 편협성 그리고 다양한 종류의 외설책을 유포할 수 있는 광장도 제공해 준다. 또 다른 위험성은 '정보 숭배'의 증대였다. 이로 인해 자료와 정보의 축적이 그 자체로 목적이 되었고, 이것은 한편으로는 정보와 다른 한편으로 지식, 경험 그리고 지혜 간의 차이를 구별하는 사람들의 능력을 손상시켰다(Roszak, 1994). 그러한 비판은 다음과 같은 주장과 연결되었다. 즉 인터넷이라는 '파도타기'는 사람들로 하여금 한 조각의 정보에서 다음 조각의 정보로 대충 훑어 지나가거나 건너뛰게 조장함으로써 그리고 인간의 집중능력을 피폐하게 함으로써 생각하고 학습하는 인간의 능력을 사실상 해친다는 것이다. 따라서 신매체는 사람들을 정보에 정통하기보다는 오히려 어리석게 만들지도 모른다는 것이다 (Carr, 2008, 2010). 민주주의와 거버넌스에 대한 신매체의 영향은 8장에서 더 상세하게 검토된다.

사회와 같은 그러한 것은 존재하지 않는가?

탈산업사회의 출현과 정보기술에 기초한 네트워크 관계의 확산이 사회적 연계성의 '약화'를 조장하였지만 이러한 추세의 핵심에는 **개인주의**의 증대라는 더 심오한 과정이 놓여 있다. 세계의 많은 지역에서 '개인'이라는 관념은 이제 너무 친숙해서 상대적으로 최근에 발생한 기원뿐 아니라 이것의 정치적·사회적 중요성이 종종 간과되었다. 전통사회에서 자신의 이해관계를 가진다거나 개인적이고 독특한 정체성을 소유한다는 식의 개인에 대한 생각은 전형적으로 별로 없었다. 오히려 사람들은 자신들이 속하였던 사회집단들, 즉 가족·마을·부족·지역공동체 등등의 구성원으로 간주되었다. 이들의 생활과 정체성은 세대를 거쳐 별로 변화하지 않았던 그러한 과정에서 이러한 집단들의 성격에 의해 대개 결정되었다. 개인주의의 증대는 첫째는 서구 사회에서 그리고 지구화로 인해 사회조직의 지배적인 양식으로 산업자본주의의 확립의 결과로 폭넓게 이해되었다. 산업자본주의는 다음의 사실을 뜻했다. 즉 사람들이 더 넓은 범위의 선택과 사회적 가능성들에 직면하게 되었다는 점이다. 이들은 아마도 처음으로 그들 자신을 생각하고 개인

경제적 개인주의

Economic individualism
개인들이 경제적 결정의
문제에 자율성을 가지고
있다는 믿음. 경제적 개
인주의는 느슨하게 재산
권과 연결되었다.

소비자주의 Consumerism
소비자주의는 개인의 행
복이 물질적인 소유물의
소비와 동일시되는 물리
적·사회적 현상이다. 소
비자주의의 성장은 새로
운 광고 및 마케팅 기술
의 발전에 의해 형성되
었다. 이 기술들은 대중
매체의 출현과 대중의
풍요의 확산을 이용하였
다. 소비자주의의 증대
는 중요한 사회경제적·
문화적 의미들을 가진
다. '생산주의적' 사회들
이 기율, 의무 그리고 힘
든 노동(예를 들어 프로
테스탄트의 노동윤리)의
가치를 강조하는 반면,
소비자 사회들은 물질주
의, 향락, 그리고 지체되
기보다는 즉각적인 만족
을 강조한다.

적인 의미에서 그들 자신에 대해 생각하도록 고무되었다. 예를 들어 가족들
이 항상 동일한 토지에서 생활하고 일하였던 농부는 이제 '자유로운 사람'이
되었고, 누가 일할 것인가를 선택할 어떤 능력을 획득하였거나 아니면 함
께 토지를 떠나 발전하고 있는 읍이나 도시에서 일자리를 찾을 기회를 획득
하였다. 개인들로서 사람들은 자기 추구적일 가능성이 더 높았고 그들 자신
의 ─ 일반적으로 물질적인 ─ 이해관계들에 따라 행동하였으며, 그래서 이들
은 자신들의 경제적·사회적 환경들에 대해 책임을 진다는 의미에서 자기만
족적이 되도록 고무되었다. 이러한 현상은 **경제적 개인주의**의 교의를 초래
하였다.

산업자본주의의 산물인 개인주의는 특히 1960년대 이후 소비자 사회의
성장과 그 후에 6장에서 검토하였듯이 신자유주의 경제를 지지하는 일반적
흐름에 의해 더 강화되었다. 반면에 산업자본주의에 대한 초기의 해석들은
사회에서의 사람들의 위상을 그들이 가진 생산적 역할에 연결시켰고 ─ 전
통적으로 사회계급, 소비자 사회 혹은 소비자 자본주의에 두었던 중요성에
의해 가장 분명하게 입증된 ─ 사람들로 하여금 점점 더 이들이 무엇을 가지
고 있고 얼마나 많이 가지고 있는가의 의미에서 정의하도록 자극하였다. 생
산이 사람들이 다른 사람들과 공동으로 가지고 있는 것을 부각시킨다는 점
에서 생산에 대한 강조가 사회적 연대를 촉진시키는 경향이 있는 반면, **소비
자주의**는 사람들로 하여금 개인적인 의미에서 더 생각하고 행동하게 한다.
그래서 소비자주의는 개인적인 만족에 초점을 두며, 심지어 소비를 자기
표현의 한 형태로 보기까지 한다. 다니엘 벨(1976)은 이러한 현상을 자본주
의 제도의 핵심에 놓여 있는 문화적 모순의 증거로 설명하였다. 그리고 그
는 탐욕성과 직접적인 만족의 윤리(소비자로 하여금 소비하게 하는 것)가 금욕
주의의 윤리와 지체된 만족(노동자로 하여금 일하게끔 하는 것)에 대해 승리하
였다고 주장하였다. 1980년대부터 특히 자유시장 이념을 가장 강력하게 환
영하였던 미국·영국 같은 국가들에서 증대하는 신자유주의의 위세는 개인
주의를 더욱 더 강화시켰다. 이 점은 기업주의의 미덕과 개인적 노력의 미
덕을 찬양하는 경향을 통해 그리고 사람들이 '그들 자신의 두 다리로 일어서

는' 바람에 기초한 복지의 후퇴를 통하여 발생하였다. 비판자들은 이러한 경향이 '탐욕은 좋은 것이다'라는 철학을 양산해 내었다고 주장하였다. 마가렛 대처의 유명한 주장, 즉 '사회와 같은 그런 것은 없다⋯⋯ 오로지 개별적인 남성과 여성 그리고 이들의 가족만이 있을 뿐이다'라는 주장은 종종 신자유주의적 개인주의의 요점을 요약하고 있는 것으로 보인다.

하지만 개인주의의 확산이 지니는 함의들에 대해 심각한 의견불일치가 있다. 많은 사람들이 보기에 개인주의의 확산은 상당히 **공동체**와 우리의 사회적 소속감을 약화시켰다. 가령, 학문적인 사회학은 산업화와 도시화의 확산에 대한 – 일반적으로 부정적인 – 사회적 함의들을 탐구하고자 하는 하나의 시도로서 대개 19세기에 발생하였다. 산업화와 도시화 이 모두는 개인주의와 경쟁의 증대를 조장하였다. 그리하여 프랑스 사회학자 에밀 뒤르켐(1858~1917)은 사회적 규약과 규범의 약화가 **'아노미'**의 확산을 초래하였던 정도를 강조하였다. 뒤르켐(1897)이 보기에 이러한 현상은 산업사회에서 자살의 수를 증가시켰다는 것이다. 개인주의의 증대에 관한 유사한 염려들이 현대의 공동체주의 사상가들에 의해 표현되었는데, 이들은 이기주의와 원자론의 증대를 사회적 의무 및 도덕적 책임의 약화와 연결시켰다. 그리하여 마이클 샌들(1982)과 앨리스데어 맥킨타이어Alisdair MacIntyre(1981)와 같은 공동체주의 이론가들은 다음의 사실을 주장하였다. 즉 개인들을 논리적으로 공동체에 선행하고 공동체 '외부'에 존재하는 것으로 간주하면서 자유주의 개인주의는 이기심과 탐욕을 정당화하였고 공공선의 중요성을 격하시켰다는 것이다. 로버트 푸트남(2000)과 다른 사람들은 그러한 경향을 8장에서 더 길게 논의하게 되는 것처럼 많은 현대사회들에 걸쳐 일어나는 사회자본의 쇠퇴와 연관지었다.

다른 한편으로 자유주의 이론가들은 특히 점증하는 개인주의를 사회진보의 한 특징으로 간주하였다. 이 관점에서 개인주의의 앞으로의 행진은 진보적이고 심지어 '계몽적인' 사회가치들, 특히 관용과 기회의 평등의 확산과 연관되었다. 인간들이 무엇보다도 개인들로 간주된다면, 이들은 동일한 권리와 존중을 가질 자격이 있음에 틀림없다. 이것은 다음의 사실을 뜻한다.

사회적 재귀성

Social reflexivity

다소 지속적으로 그들 자신의 행동의 조건들을 나타내려고 하는 개인과 다른 사회적 행위자들의 경향. 이것은 더 높은 수준의 자의식, 자기이해 그리고 관조를 뜻한다.

즉 젠더·인종·색깔·신념·종교 혹은 사회적 배경 등과 같은 요인들에 기반을 둔 모든 형태의 불이익이나 차별은 변호할 여지가 없는 것은 아니라 할지라도 도덕적으로 문제가 있는 것으로 간주된다는 점이다. 어느 정도 모든 현대사회들은 특히 여성주의의 확산으로부터 발생하였던 변화하는 젠더 역할과 가족 구조를 통하여 그러한 이념들의 확산에 의해 영향을 받았다. 개인주의와 선택과 기회의 확대 간의 연결은 또한 현대사회들에서 **사회적 재귀성**social reflexivity의 확산에 의해 부각되었다(Giddens, 1994). 이 점은 다양한 이유로 일어났는데, 그 이유 중에는 대중교육의 발전, 라디오, 텔레비전, 인터넷 그리고 기타 등등을 통한 더 광범한 정보 접근 그리고 사회 내에서 그리고 사회간에 이루어지는 증대된 문화적 유통 등을 들 수 있겠다. 하지만 사회적 재귀성은 혜택과 위험, 이 모두를 가져다준다. 한편으로 사회적 재귀성은 개인의 자유 영역을 크게 확대하였다. 이 영역은 그들이 누구이고 그들이 어떻게 살기를 원하는가에 대해 정의할 수 있게 하는 능력이다. 그리고 이것은 소위 말하는 '생활양식' 문제가 점점 더 정치를 지배하고 있는 사실에서 나타나고 있다. 다른 한편으로 사회적 재귀성의 증대는 소비자주의와 물질주의적 윤리의 강화와 일치하였다.

그럼에도 개인주의의 발전 혹은 그 문제에 관해 공동체의 침식을 과대포장하지 않는 것이 중요하다. 개인주의는 영어권에서 가장 열렬하게 수용되었다. 이곳에서 개인주의는 문화적으로 가장 마음에 드는 것이었는데, 그 이유는 개인의 구원에 관한 프로테스탄트적인 종교이념과 개인의 노력에 대한 도덕적 혜택이라는 영향 때문이었다. 이와는 대조적으로 유럽과 그 밖의 지역에 있는 가톨릭 사회들은 개인주의에 대해 저항하고 사회적 책임윤리를 유지하는 데 더 성공적이었다. 이 점은 사회적 책임의 표현과 사회적 유대감을 지탱하는 수단으로서의 복지 공급을 유지하고자 하는 더 강한 바람 속에서 나타났다. 하지만 성공적인 반개인주의 사회들에 대한 가장 좋은 실례들은 아시아, 특히 일본, 중국 그리고 대만, 한국 그리고 싱가포르와 같은 아시아의 '호랑이' 국가에서 발견될 수 있다. 이로 인해 서구의 자유주의 사회들의 개인주의에 대한 하나의 대안으로 특히 유교와 연관된 이른바 일련의 '아시아 가치들'의 실현 가능성에 관한 하나의 논의가 일어났다. 이에 덧붙여 '빈약한' 형태의 사회적 연계성에 의해 점점 더 지배되는 현대사회의 이미지는 많은 사회들에서 존재하는 '두터운' 사회적 연계성의 부활로 인해 훼손되었다. 이 '두터운' 사회적 연계성의 부활은 특히 세계의 많은 지역들에서 나타나는 정체성 정치의 증대와 종족·젠더·문화·종교의 점증하는 중요성을 통하여 나타났다.

정체성 정치

정체성 정치의 증대

현대정치의 가장 두드러진 특징 중의 하나는 종종 **'정체성 정치'** 혹은 '차이의 정치'로 묘사되는, 사회 내에 존재하는 문화적 차이들의 중요성에 대한 점증하는 인식이었다. 정체성 정치는 해결된 정치적 성격을 가진 일련의 일관적인 이념들이라기보다는 사회적 혹은 정치적 이론화를 향한 하나의 방향이다. 정체성 정치는 정치문화적 자기 주장의 과정에 해당하는 것을 통하여 한 집단의 정체성을 재형성함으로써 압제에 도전하고 이를 전복하고자 한다. 이것은 두 가지 핵심적인 믿음들을 반영한다. 그 첫째는 집단의 주변화는 주변화된 집단들이 그들 자신을 어떻게 보고 다른 집단에 의해 어떻게 보여지는가를 구성하는 지배집단에 의해 발전된 고정관념과 가치들을 통해 작동한다. 이 고정관념과 가치들은 전형적으로 열등감, 심지어 수치심을 주입시킨다. 두 번째 믿음은 예속은 그 집단에 자긍심과 자존심을 주기 위하여 정체성을 재형성함으로써―가령, '검은 것은 아름답다' 혹은 동성애자의 자존심―도전받을 수 있다는 것이다. '순수한' 혹은 '진정한' 정체성 의식을 다시 주장하고자 노력함에 있어 정체성 정치는 주변화와 불이익에 저항하며, 그래서 해방의 원천으로 이용된다. 이것이 바로 정체성 정치에 전형적으로 전투적인 성격을 부여해 주고 심리적·감정적 힘을 고취시키는 것이다.

개념설명

유럽중심주의

Eurocentrism
유럽인과 일반적으로 서
구의 이념, 가치 그리고
전제들을 '자연적인' 것으
로 간주하는 해석에 대한
문화적으로 편견을 가진
접근.

정체성을 위한 토대들은 1945년 이후 유럽 제국들의 붕괴로부터 출현하였던 탈식민지 이론들에 의해 이루어졌다. 탈식민주의의 중요성은 이것이 비서구적이고 때때로 반서구적인 정치이념과 전통들의 정당성을 확립함으로써 제국적 지배의 문화적 차원에 도전하고 전복하려고 하였다는 점이다. 예를 들어 마르티니크 태생의 프랑스 혁명이론가인 프란츠 파농(Franz Fanon; 1926~1961)은 식민지적 복종의 심리적 차원을 특히 강조하였던 제국주의론을 발전시켰다. 파농(1968)이 생각하기에, 탈식민지화는 단지 정치과정이 아니라 새로운 인간이라는 '종species'이 만들어지는 하나의 과정이었다. 그는 이렇게 주장하였다. 오로지 폭력에 대한 카타르시스적인 경험만이 이러한 심리적인 정치적 갱생을 초래하기에 충분할 정도로 강력하다. 에드워드 사이드Edward Said는 '오리엔탈리즘'이라는 개념을 통해 **유럽중심주의**를 비판하였다(Said, 1978). 오리엔탈리즘은 세계의 다른 지역, 특히 동양에 대한 서구의 문화적·정치적 헤게모니가 비서구인과 이들의 문화를 과소평가하고 낮춰 보이게끔 정교하게 다듬어진 판에 박힌 허구들을 통해 유지되었던 정도를 부각시키고 있다. 이에 대한 보기들로는 '신비스러운 동양', '수수께끼 같은 중국' 그리고 '탐욕스러운 터키 사람'과 같은 개념들을 들 수 있다. 하지만 정체성 정치의 표현들은 변했고 다양하다. 이것은 정체성이

에드워드 사이드(Edward Said; 1935~2003)

예루살렘에서 출생한 미국의 학자이자 문학평론가. 그는 팔레스타인 운동의 주요한 지지자였으며, 탈식민지론의 선도적인 인물이었다. 1970년대부터 서구 계몽주의에 대한 인간주의적 비판을 전개하였는데, 여기서 그는 서구 계몽주의와 식민지주의 간의 관계를 폭로하였다. 그리고 그는 '압제의 담화', 즉 식민화된 국민들을 비서구적인 '타인'으로 묘사함으로써 식민화된 국민들의 자격을 박탈하였던 문화적·이데올로기적 편견을 부각시켰다. 그는 '오리엔탈리즘'이라는 개념으로 잘 알려져 있다. 이 오리엔탈리즘은 아랍 이슬람 국민들과 문화들에 반대하는 미묘하고 집요한 유럽중심적인 편견을 통해 기능하였다. 그의 주요한 저서로는 『오리엔탈리즘Orientalism』(1978)과 『문화와 제국주의Culture and Imperialism』(1993)를 들 수 있다.

종족성Ethnicity
종족성은 독특한 주민, 문화적 집단 혹은 영토적 지역을 향한 충성심이다. 이 단어는 복잡한데, 그 이유는 이 단어가 인종적 색채와 문화적 색채를 가지고 있기 때문이다. 종족집단의 구성원들은 종종 정확하게 아니면 부정확하게 공동의 조상으로부터 내려오는 것으로 이해된다. 그리하여 집단들은 피에 의해 통일된 확대된 친족집단으로 간주된다. 좀 더 일반적으로 종족성은 문화적 정체성의 한 형태로 이해된다. 비록 심오하고 감정적인 수준에서 작동할지라도 말이다. 종족문화는 가치, 전통과 관습들을 포함한다. 하지만 결정적으로 종족문화는 사람들에게 공동의 정체성과 차별성을 주는데, 이것들은 일반적으로 이들의 혈통에 초점을 두고 있다.

인종 race
공동의 선조와 '하나의 피'를 공유하는 인간집단. 피부와 머리색깔 그리고 얼굴 모습과 연결된 '인종적' 차이들은 과학적 근거가 없다.

많은 원칙들을 둘러싸고 형성될 수 있기 때문이다. 가장 중요한 원칙들은 다음과 같은 것들이다.

① 인종과 **종족성**
② 젠더
③ 종교
④ 문화

인종과 종족

인종적·종족적 분할은 현대사회의 중요한 특징이다. 하지만 **인종**과 정치를 연결하는 새로운 어떤 것은 없다. 첫 번째 노골적인 인종주의적 정치이론은 유럽의 제국주의에 대항하여 19세기에 발전되었다. 고비뉴Gobineau가 쓴 『인종의 불평등에 관한 논문*Essay on the Inequality of Human Races*』([1855] 1970)과 챔벌레인H. S. Chamberlain이 쓴 『19세기의 토대들 *The Foundations of the Nineteenth Century*』([1899] 1913) 같은 연구는 아프리카와 아시아의 '흑색'·'갈색'·'황색' 인종에 대한 유럽과 북아메리카 '백색' 인종의 지배를 위해 사이비 과학적 정당화를 제공하고자 시도하였다. 반유태 정당과 운동은 19세기 후반에 독일·오스트리아·러시아에서 출현하였다. 20세기에는 인종주의에 대한 가장 웅대한 표출이 독일 나치주의에서 나타났다. 독일 나치주의는 이른바 '최종 해결'을 통해 유럽에 거주하는 유태인을 근절시키려고 하였다. 남아프리카에서 행해진 인종차별정책(공용 네덜란드어로는 '분리apartness')은 1948년에 민족주의당의 선거와 1994년의 아프리카민족회의(African National Congress, ANC)의 지도하에 비인종적 민주주의의 확립 사이에서 백인종과 비백인종의 엄격한 구분으로 구성되었다. 그 밖의 지역에서 인종주의는 이민에 반대하는 정치운동을 통해 계속 유지되었고, 영국민족당(British National Party, BNP)과 프랑스의 르 펭이 이끄는 민족전선(Front National, FN)이 조직되었다.

의식고양

Consciousness raising
자긍심, 자부심 그리고
자기 주장을 강조함으로
써 사회적 정체성을 개
조하고 문화적 열등감에
도전하고자 하는 전략.

매우 다른 형태의 인종적 혹은 종족 정치는 특수하게는 식민지주의에 대항하는 투쟁으로부터, 일반적으로는 인종차별과 불이익의 결과로 발전하였다. 사실, 경제적·사회적 주변화에 도전하고자 추구함에 있어 미국과 그 밖의 다른 곳에서 존재하는 흑인 민족주의는 특히 '**의식고양**'을 강조함으로써 정체성 정치를 위한 표본을 구성하였다. 흑인의식운동의 기원들은 20세기 초와 '아프리카로의 회귀'운동의 등장으로 거슬러 올라간다. '아프리카로의 회귀'운동은 마커스 가비Marcus Garvey와 같은 행동주의자에 의해 고무되었다. 하지만 흑인 정치는 1960년대에 그 운동의 개혁파와 혁명파의 급증으로 인해 더 크게 유명세를 얻었다. 개혁주의적 흑인 정치에서 흑인 정치운동은 마틴 루터 킹(1929~1968)과 '유색인종 발전을 위한 국민연합National Association for the Advancement of Coloured People (NAACP)'이 이끄는 미국에서 국가적 유명세를 얻었던 시민권 투쟁의 형태를 취하였다. 그럼에도 시위와 비폭력시민불복종 전략은 새로 등장하는 흑인세력운동Black Power movement에 의해 거부되었다. 이 운동은 흑인분리주의를 지지하였고, 1966년 창당된 흑표범당Black Panther Party의 리더십하에 물리력의 사용과 무장투쟁을 조장하였다. 하지만 미국정치에서 더 지속적으로 의미가 있었던 것은 흑인 이슬람교도Black Muslims였다. 이들은 흑인 아메리카인들이 고대 이슬람 부족의 자손이었다는 이념에 기반

마커스 가비(Marcus Garvey; 1887~1940)

자메이카의 정치사상가이자 행동주의자이며, 흑인민족주의의 초기 옹호자. 가비는 1914년에 보편적 니그로 개선협회(Universal Negro Improvement Association, UNIA)의 창설자였다. 그는 1916년에 자메이카를 떠나 뉴욕으로 갔고, 여기서 흑인의 자긍심과 경제적 자립에 대한 그의 메시지로 인해 그는 특히 할렘과 같은 빈민가에서 점점 더 많은 추종자들을 얻었다. 그의 흑인기업회사들은 실패였고 아프리카로의 귀환이라는 그의 요구 역시 대개 무시되었지만 하나의 '모국'으로의 흑인 자긍심과 비전에 대한 그의 강조는 나중에 흑인세력운동에 토대를 제공해 주었다. 아프리카복귀주의[(rastafarianism, 티오피아의 황제 Haile Selassie(본명 Ras Tafari)를 신으로 섬기는 자메이카 흑인주의로 아프리카로의 복귀를 주장—옮긴이)] 역시 대개 그의 이념에 기반을 두었다. 가비는 1923년에 우편 사기로 투옥되었고 후에 런던에서 원인불명으로 사망하였다.

을 둔 독립된 신념을 지지하였다. 1930년에 설립된 흑인 이슬람교도는 40년 이상을 엘리야 무하마드(Elijah Muhammad; 1897~1975)가 이끌었다. 이들은 1960년대에 자신들의 가장 탁월한 행동주의자이며 전투적인 흑인 리더 맬컴 엑스Malcolm X(1925~1965)를 생각하였다. 이슬람 민족Nation of Islam으로 이름을 바꾼 이 운동은 루이 파라칸Louis Farrakhan의 지도 아래 미국에서 계속 영향력을 행사하였다. 종족의식의 또 다른 표명들로는 1960년대와 1970년대 초에 서유럽과 북아메리카의 많은 지역에서 발생하였던 분리주의적 민족주의 운동들을 들 수 있겠다. 이 운동은 캐나다의 퀘벡, 영국의 스코틀랜드와 웨일즈, 스페인의 카탈로니아와 바스크 지역, 프랑스의 코르시카 그리고 벨기에의 플랑드르 등에서 가장 명백하게 드러났다.

종족의식의 증대는 결코 서구에서만 일어났던 것은 아니었다. 종족적 경쟁심(종종 '부족주의'로 묘사된다)은 가끔 아프리카 및 아시아 정치의 특징으로 이해되지만 이것은 식민주의와 연결된 하나의 현상으로 더 잘 이해된다. 하지만 식민지 시대의 분리통치정책들이 많은 신생독립국가들에 슬픔과 분노의 유산을 종종 남겨 주었다. 많은 경우에, 이 점은 나중에 '국가건설'의 모습하에 지배를 공공히 하고자 하는 다수 종족집단들의 시도로 인해 악화되었다. 가령, 그러한 긴장들은 1960년대에 나이지리아에서의 비아프라 전쟁, 남수단에서의 장기간 지속되는 내전, 그리고 스리랑카에서 세력을 가진 기독교적인 타밀인들의 테러행위 등을 초래하였다. 하지만 종족의 유혈사태에 대한 가장 나쁜 실례가 1994년 르완다에서 발생하였는데, 이곳에서 약 80만 명의 투치족과 온건한 후투족이 호전적인 후투족에 의한 반란으로 대량학살 당했다. 종족적 경쟁심과 지역적 갈등의 망령은 또한 동유럽의 공산주의 붕괴로 인해 만들어졌다. 예를 들어 이전의 소련·유고슬라비아·체코슬로바키아에서 공산주의의 붕괴로 인해 국가붕괴가 초래되었고 일련의 신생국가가 탄생되었다. 그럼에도 새롭게 탄생된 국가들은 심원한 종족 경쟁심과 긴장들에 예속되었다. 이 점은 러시아에서의 체첸의 반란에 의해 그리고 이전의 보스니아의 유고슬라비아 공화국이 '종족적으로 순수한' 이슬람인인 세르비아와 크로아티아 지역으로의 분열에 의해 입증되었다.

젠더 정치

젠더는 남성과 여성 사이에 존재하는 사회적·문화적 차이를 언급하는 데 사용된다(남성과 여성 사이에 존재하는 지울 수 없는 생물학적 차이를 부각시키는 '성sex'과는 대조적으로). 따라서 젠더는 일반적으로 '여성적', '남성적' 행위라는 상투적인 문구에 기초한 하나의 사회적 구성물이다. 여성주의자들은 전형적으로 육체적 혹은 생물학적 차이[성적 차(sexual difference)]가 여성과 남성이 다른 사회적 역할과 지위[젠더 차이(gender difference)]를 가져야만 한다는 점을 의미할 필요가 없다는 점을 증명하기 위해 이 차이를 부각시킨다. 간단히 말해, 젠더의 평등(gender equality)은 성적 차이(sexual difference)가 그 어떤 사회적 혹은 정치적 중요성을 가지고 있지 않다는 믿음에 기초한다.

제1차 여성주의 물결
First-wave feminism
19세기 중반부터 1960년대에까지 이르는 초기 형태의 여성주의. 이 여성주의는 법적·정치적 권리의 영역, 특히 선거권에서의 젠더 평등을 이룩하고자 노력하였다.

젠더의 정치적 중요성에 대한 의식 이른바 '**제1차 여성주의 물결**'의 등장으로 거슬러 올라간다. 이 물결은 19세기에 출현하였고 무엇보다도 여성참정권(투표권)운동에 의해 형성되었다. 이 여성주의의 핵심적 믿음은 여성들이 투표할 수 있다면, 모든 형태의 다른 성적 차별이나 편견이 재빠르게 사라질 것이라는 이유에서 여성참정권을 특별히 강조함으로써 여성들이 남성과 동일한 법적·정치적 권리들을 누려야만 한다는 점이었다. 그럼에도 본질적으로 이러한 자유주의 형태의 여성주의는 '차이를 인식하지 못하는' 것이었는데, 그것은 이 여성주의의 목표가 젠더가 없는 '개인성'의 달성이었고, 그래서 여성과 남성에게 '차이'를 초월하게 한다는 점에서 그렇다. 하지만 1960년대와 1970년대의 **제2차 여성주의 물결**의 등장은 여성주의를 정체성 정치의 한 형태로 재조명하였다. 케이트 밀렛(1970)과 메리 데일리(1978)와 같은 급진적 여성주의자들은 다음의 사실을 주장하였다. 젠더의 구분들은 모든 사회적 균열들 가운데 가장 심원하고 가장 정치적으로 중요한 구분이라는 점이다. 모든 동시대의 역사적인 사회는 가부장제, 즉 일반적으로 가족 내에서 남편-아버지 역할에 뿌리를 둔 남성지배와 여성의 종속에 의해 특징화된다. 이 관점에서 볼 때 문화적·개인적 관계뿐 아니라 경제적·정치적 구조를 근본적으로 변형시키는 '성적 혁명'을 제외하고는 어떤 것도 성적 불평등을 종식시킬 수 없을 것이다.

정체성과 차이에 대한 여성주의 내에서의 강조는 여성과 남성 간의 근본적이고 변경할 수 없는 차이들을 강조하였던 급진주의 내에서의 긴장상태의 등장으로 증대하였다. 이에 대한 실례는 '여성 찬성pro-woman' 입장이었다. 이 입장은 특히 프랑스와 미국에서 강력하였다. 이 입장은 출산과 모성애의 긍정적 미덕들을 칭찬하였고 여성들이 '더 남성적'이 되도록 노력해야만 한다는 이념을 거부한다. 그보다도 여성들은 그들의 동지적 관계, 즉 자신들을 다른 여성들과 연결시키는 유대를 인정하고 포용해야만 한다는 것이다. 따라서 여성 찬성 입장은 여성들의 태도와 가치들이 사람들과는 다

제2차 여성주의 물결
Second-wave feminism
1960년대와 1970년대에
등장하였던 여성주의 형
태로 아마도 특히 사적
영역에서의 더 급진적인
여성 해방에 의해 특징지
워진다.

혼성성Hybridity
사회적·문화적 혼합상
황. 이 단어는 유전적으
로 이종식물이나 동물간
교차교배에서 유래한다.

르다는 점을 수용한다. 그러나 이 입장은 몇 가지 점들에서 우월하다는 점을 함축하고 있다. 다시 말해 여성들은 남성들이 결코 완전하게 이해하거나 발전시킬 수 없는 창조성, 감성 그리고 배려심을 가지고 있다는 것이다. 여성과 남성 간에 깊고 아마도 지울 수 없는 차이들에 대한 인정이 또한 몇몇 여성주의자들로 하여금 다음의 사실을 주장하게 만들었다. 가부장제도의 뿌리는 남성 그 자체 내에 있다는 점이다. 이 관점에서 볼 때 '모든 남성들'은 육체적으로 심리적으로 '모든 여성들'을 억압하려는 성향이 있다는 것이다. 달리 표현하면 '남성들은 적이다'. 따라서 『우리의 의지에 대항하여*Against Our Will*』(1975)에서 수잔 브라운밀러는 남성들이 물리적·성적 남용을 통하여 여성들을 지배한다고 주장하였다. 남성들은 '강탈의 이데올로기'를 만들어 내었고, 이 이데올로기는 모든 남성들이 모든 여성들을 공포상태에 두는 '의식적인 협박과정'에 해당한다. 그러한 논의 노선은 여성주의적 분리주의 방향으로 이끌고, 이로 인해 여성들은 타락하고 부패한 남성사회에서 물러난다. 몇몇 급진주의 여성주의자들이 보기에 이 점은 여성들의 개인적이고 성적인 행동에 대한 중요한 의미들을 가졌다. 독신주의자로 남거나 아니면 레즈비언을 선택하는 여성들만이 그들 자신을 '여성의 정체성을 가진 여성'으로 간주할 수 있다는 점이다. 티 그레이스 아트킨슨(Ti-Grace Atkinson, 1938년 11월 9일생, 미국의 여성주의 작가)에 딸린 슬로건에 이렇게 쓰여 있다. '여성주의는 이론이다. 레즈비언은 실천이다.'(Charvet, 1982).

1990년대 이후 더 젊은 세대의 여성주의 이론가들은 1960년대와 1970년대 여성운동의 운동 및 요구들과는 다른 '제3차 여성주의 물결'을 표현하려고 노력하였다. 이 여성주의는 특히 여성들이 남성들과는 다르다고 강조하였던 급진적 여성주의 내의 그러한 요소들을 넘어서서 일반적으로 여성들 간의 차이에 대한 관심에까지 차이의 정치에 더 급진적으로 참여하였다. 그렇게 함에 있어 제3차 물결의 여성주의자들은 발전된 사회들의 중산계급, 백인 여성들의 영감과 경험들에 대한 초기 형태의 여성주의 내에서의 과도한 강조를 교정하고자 하였다. 이 점은 동시대의 여성운동이 다양성, **혼성성** 그리고 심지어 모순에 의해 특징지워진다는 점을 뜻한다. 이로 인해 무

세속주의Secularism
종교는 세속적인(세상의) 문제에 침범해서는 안 된다는 믿음으로 일반적으로 교회를 국가로부터 분리시키고자 하는 갈망에서 나타난다.

세속화 테제
Secularization thesis
현대화는 항상 종교에 대한 이성의 승리를 동반하며, 또한 현대화는 세속적인 가치들이 정신적 가치들을 대체한다는 이론.

엇보다도 개발도상국가들의 낮은 소득의 여성과 '유색인 여성'의 목소리를 더 효과적으로 경청하게 되었다. 이러한 점에서 흑인여성주의는 특히 효과적이었다. 이 여성주의는 인종적 차이들을 무시하고자 하는 관습적 형태의 여성주의 내에서의 경향에 도전하고 여성들이 여성이라는 성으로 인해 공통의 억압을 당하고 있다는 점을 말해 주었다. 특히 미국에서 강력하였던 흑인여성주의는 성차별주의와 인종주의를 연결된 억압체계로 묘사하고 특별하고 복잡한 젠더 범주, 유색인 여성들이 직면하는 인종적·경제적 불이익들을 부각시켰다.

종교와 정치

정치생활에 대한 종교의 영향은 자유주의 문화와 이념들의 확산으로 인해 점차적으로 제한되었다. 이 확산은 특히 산업화된 서구에서 두드러졌던 하나의 과정이었다. 그럼에도 자유주의적 **세속주의**는 결코 반종교적 경향이 아니다. 오히려 이 세속주의는 종교의 '적절한' 영역과 기능을 확립하는 것과 연관되었다. 공적/사적 구분의 중요성을 강조하면서 이 세속주의는 종교를 사적 영역에 한정시키고자 하였으며, 공적 영역을 엄격하게 세속적인 토대 위에서 조직되는 것으로 남겨 두었다. 하지만 새롭고 종종 더 단언적인 형태의 믿음성의 출현, 종교적 운동의 점증하는 영향력 그리고 가장 중요하게는 특히 1970년대 이후 종교와 정치 간의 더 긴밀한 관계로 인해 이른바 '**세속화 테제**'는 혼란스럽게 되었다. 이 점은 이란에서의 1979년 '이슬람 혁명'에 의해 극적으로 나타났다. 이 혁명을 통해 아야톨라 호메이니는 세계에서 첫 번째 이슬람 국가의 지도자로서의 권력을 장악하였다. 그럼에도 곧 다음의 사실이 분명하게 되었다. 즉 이 현상이 전적으로 이슬람교적인 발전이 아니었다는 점이다. 왜냐하면 '근본주의적' 운동들이 기독교 내에서도 등장하였는데, 특히 미국에서 이른바 '신기독교적 권리'의 형태로, 그리고 인도에서 힌두교와 시크교도 내에서도 등장하였기 때문이다. 이에 대한 또 다른 표출로는 라틴아메리카, 아프리카 그리고 동아시아에서 미국 양식의 성

아야톨라 호메이니(Ayatollah Khomeini; 1900~1989)

이란의 성직자이자 정치지도자. 호메이니는 1964년 이란에서 추방될 때까지 쿰Qom 의 주요한 신학 센터의 가장 중요한 학자 가운데 한 사람이었다. 1979년 망명에서 돌아온 그는 '이슬람 혁명'을 고무하였다. 이 혁명으로 인해 아야톨라(문자상으로 '알라의 선물 gift of Allah')는 사망하기까지 세계에서 최초의 이슬람국가의 최고지도자로 군림하였다. 성직자들이 정치의 외부에 머물러 있는 시아(Shi'a)파 전통과 결정적으로 단절한 호메이니의 세계관은 피억압자(일반적으로 개발도상국가의 빈민과 배제된 자로 이해되는)와 억압자(미국과 소련, 자본주의와 사회주의라는 쌍생아적 사탄으로 이해되는) 간의 분명한 구분에 그 뿌리를 두고 있다. 그리하여 이슬람교는 외부 세계의 점령과 타락에서 이슬람 세계를 해방시킴으로써 이슬람 세계를 다시 만드는 것을 목표로 하는 신정 정치적 기획으로 이룩되었다.

개념설명

도덕적 상대주의
Moral relativism
도덕적 문제들에 대해 깊고 광범위한 의견의 불일치가 존재하고 있는 상황.

림강령운동(20세기 초 미국에서 시작한 근본주의자와 유사한 종파: 역자)의 확산을 들 수 있겠다. 그리고 또한 중국에서의 팔룬 공Falun Gong의 성장을 들 수 있겠다. 이것은 반공산주의를 표현하고자 하는 기관에 의해 이루어졌고 소문에 의하면 약 7천만 명의 사람들이 지지했다고 하는 하나의 정신적 운동이었다. 또한 근본주의 운동에 대한 실례로 탈공산주의 러시아에서 그리스정교의 갱생, 일본에서 옴진리교의 최후의 심판일 숭배의 출현과 수많은 형태의 동양적 신비주의와 정신적·치료적 제도들(요가·명상·필라테즈·지압 등등)에 대한 서구사회들의 점증하는 관심 등을 들 수 있다.

　종교적 부활이 정체성 정치의 더 큰 급증의 결과로 이해될 수 있지만 종교는 현대의 상황에서 개인적·사회적 정체성을 갱생시키는 특별하게 유력한 수단임이 입증되었다. 현대사회들이 점점 더 원자화되고 분산되며 다원화됨에 따라 종교적 의식이 제공해 주는 것처럼 보이는 의미·목적·확실성에 대한 더 큰 갈증이 아마도 틀림없이 존재한다. 이 점은 종교가 가정컨대 신성한 원천으로부터 유래하는 것이기 때문에 신도들에게 세계관과 더 높거나 아니면 정말로 최고의 권위를 가진 도덕적 비전을 제공해 준다는 이유 때문에 적용된다. 그리하여 종교는 다름 아닌 인간 존재의 이유들을 규정하며, 또한 종교는 사람들에게 점점 더 **도덕적 상대주의**로 특징지워지는 한 세

이슬람주의('정치적 이슬람주의' 혹은 '급진적 이슬람주의'로도 불린다)는 이슬람교에 대한 단순한 믿음과는 반대로 정치·종교적 이데올로기이다. 이슬람주의적 이데올로기가 단순한 교의나 정치적 표명을 가지고 있는 것은 아니지만 다음과 같은 특정한 공통의 믿음들이 확인될 수 있다. (1) 사회는 이슬람교의 이상에 따라 재건설되어야만 한다. (2) 현대의 세속적인 국가는 '이슬람 국가'에 의해 대체되어야만 한다. (3) 서구와 서구의 가치들은 부패하고 타락적인 것으로 간주되며, 혹자가 보기에 이것은 서구와 서구의 가치들에 반대하여 성전에 대한 관념을 정당화하고 있다. 하지만 이슬람주의에 대한 차별적인 수니파와 시아파가 발전되었는데, 수니파는 와하브주의(Koran의 교의 엄수주의: 역자)와 연결되어 있고 시아파는 이란의 '이슬람혁명'과 연결되어 있다.

신정정치Theocracy
사전적으로 신에 의한 지배. 일반적으로 국가에 대해 교회의 지배를 통해 이루어지는 정치적 권위에 대해 종교적 권위가 우세해야만 한다는 원칙.

계의 도덕적 방향성뿐 아니라 최종적인 기준틀을 제공해 준다. 이에 덧붙여 종교는 강력한 사회적 연대감을 만들어 내고 현대사회들에서 양식화된 '엷은' 연계성과는 대조적으로 사람들을 '두터운' 혹은 깊은 수준에서 서로 연결시켜 준다.

종교와 정치 간의 연결은 이슬람교도와 관련하여 가장 분명하게 드러났다. 이곳에서 이 연결은 종종 '**이슬람주의**'로 불리는 이슬람 근본주의의 급증에 반영되었다. 이슬람교도의 근본주의는 코란에 적혀 있는 문자적 진리에 대한 믿음을 의미하는 게 아니다. 왜냐하면 이 믿음은 모든 이슬람교도들에 의해 수용되고 있기 때문이며, 그러한 점에서 모든 이슬람교도들은 근본주의자이기 때문이다. 그보다 이슬람 근본주의는 개인의 도덕성뿐 아니라 사회생활과 정치의 가장 중요한 원칙으로서 이슬람교의 믿음에 대한 강렬하고 호전적인 신념을 뜻한다. 이슬람 근본주의자들은 정치에 대해 종교의 우월성을 확립하고자 한다. 실제로 이 점은 '이슬람 국가'의 건설을 뜻한다. 이 국가는 **신정정치**이며, 속세의 권위보다는 정신적 권위에 의해 지배되며, **이슬람법**Shari'a을 적용한다. 이 법은 법적·종교적 행위를 위한 규약을 정하는데, 이 규약은 남성과 여성 모두를 위한 개인적인 행동규칙뿐 아니라 대부분의 범죄들에 대한 처벌제도를 포함한다. 하지만 이슬람교도는 이슬람주의와 구분되어야만 한다. 이슬람주의는 이슬람교의 이념과 원칙에 기초한 하나의 정치강령을 언급하거나 아니면 그 강령에 의해 고무되었던 정치운동을 언급한다. 이슬람주의는 세 가지 핵심적인 목표들을 가지고 있었다. 첫째, 이슬람주의는 범이슬람적 통일을 장려하며, 이것은 이슬람주의를 전통적인 정치적 민족주의와 구별한다. 둘째, 이슬람주의는 이슬람 국가들을 '변절한' 지도자들(세속화되거나 친서구적 지도자들)의 전복을 통하여 이슬람 세계의 순수화를 추구한다. 셋째, 이슬람주의는 서구의 영향력, 특히 미국의 영향력의 제거를 요구하며, 아마도 서구 그 자체에 대항하는 더 광범한 정치문화적 투쟁을 주장한다. 이슬람주의의 증대는 때때로 이슬람 세계와 서구 세계 간의 증대하는 '**문명의 충돌**'에 대한 증거로 해석되었다. 이것은 지구정치와 많은 이슬람 공동체들을 가지고 있는 서구사회들에

이슬람법Shari'a
사전적으로 '길' 혹은 '통로'. 신성한 이슬람법으로 코란에 표현된 원칙들에 기초하고 있다.

문명의 충돌 테제
Clash of civilizations thesis
21세기의 갈등은 이데올로기적·정치적·경제적이기보다는 오히려 그 성격상 주로 문화적일 것이라는 이념.

집단 이주 Diaspora
문자 그대로 (유대인으로부터의) 이산(dispersion).이주자 집단은 강제적인 이동 혹은 분산을 의미한다. 그러나 집단 이주는 또한 그러한 분산의 결과로 발생하였던 공동체들을 언급하는 데 사용되곤 하였다.

초국적 공동체
Transnational community
초국적 공동체는 문화적 정체성, 정치적 충성 그리고 심리적 정향들이 국경을 가로지르거나 초월하는 공동체이다. 따라서 초국적 공동체들은 '디아스포라 국민들' 혹은 '세계적 종족'으로 간주될 수 있다. 초국가적 충성의 강도는 새로운 국가에서의 이주환경과 체류기간과 같은 요소들에 달려 있다. 그럼에도 초국

상당한 의미들을 가진 관념이다.

문화적 다양성

정체성 정치의 지구적 의미를 지탱해 주는 가장 강력한 요인들 가운데 하나는 특히 1950년대 이후 국제적 이주의 증대였다. 이 현상은 점점 더 많은 사회들에게 특징적으로 다문화적 성격을 부여해 주었고, 일본과 같이 상당히 동질적인 실례들은 점점 더 드물게 되었다. 많은 유럽 국가들에서 제국의 종말과 전쟁 후의 재건설 과정을 돕기 위하여 외국노동자들을 충원하고자 하는 정부들의 세심한 시도의 결과로 종족적 소수 공동체들이 발전하였다. 하지만 1980년대 이후 전 지구에 걸쳐 국경을 넘나드는 이주가 상당히 증가하였고, 이로 인해 혹자들이 '거대 이동 행성hyper-mobile planet'으로 이해하였던 것이 만들어졌다. 이 현상은 두 가지 주요한 이유들로 인해 발생하였다. 첫째, 점점 더 난민들이 증대하였다(1993년에는 약 1,800만 명으로 절정에 달하였다). 난민의 증대는 알제리아, 르완다 그리고 우간다에서 이라크와 아프가니스탄에까지 이르는 지역에서 전쟁, 종족갈등 그리고 정치적 폭동에서 비롯되었다. 둘째, 경제적 지구화는 국제이주에 대한 압력들을 증대시켰는데, 그 이유는 사람들이 지구시장에 의해 발생되었던 압력으로 인해 많은 개발도상국가들의 경제들에 일어나게 되었던 붕괴로 인해 이주하게 되었고, 또한 이들은 선진사회들에서 사람들이 점점 더 기꺼이 메우려고 하지 않는 낮은 임금, 저기술과 좋지 못한 일자리들의 증대로 인해 이민이 이루어지게 되었기 때문이다. 이로 인해 가령, 대략 걸프 국가들 전체 인구의 1/3이 그리고 이들 국가들 노동인구의 2/3(압도적으로 여성)가 대개 남아시아와 동남아시아에서 온 비국민들인 상황이 초래되었다. 그러한 추세들은 많은 국가들에서 국민적 정체성을 상당히 왜곡하였고 때때로 **이산**된diasporic 공동체로 불렸던 이른바 '**초국적 공동체**'의 발전에 기여하였다.

점점 더 많은 국가들이 그들의 주민이 다종족적·다종교적·다문화적 성격을 지닌다는 점을 불가피한 사실로 수용하게 되었기 때문에 문화적 다양

적 공동체들은 전형적으로 복합적인 애착을 가지고 있는데, 그 이유는 원래의 자신들의 국가에 대한 충성이 이주국가에 대한 애착의 형성을 배제하지 않기 때문이다.

다문화주의

Multiculturalism
다문화주의는 기술적인 단어와 규범적인 단어로 사용된다. 기술적인 단어로서 다문화주의는 둘 혹은 더 많은 집단들의 사회 내에서의 생활로부터 발생하는 문화적 다양성을 언급하는데, 이 집단들의 믿음과 관습들은 차별적인 집합적 정체성을 생산해 낸다. 규범적 단어로서 다문화주의는 공동체의 다양성에 대한 긍정적인 승인을 뜻한다. 이는 존중과 인정에 대한 문화적 집단들의 권리나 혹은 더 큰 사회의 도덕적·문화적 다양성에 대한 단언적 혜택에 기초하고 있다. 이러한 의미에서 다문화주의는 개인과 집단들의 자부심을 확립함에 있어 믿음, 가치 그리고 생활양식들의 중요성을 인정한다.

차별시정조치

Affirmative action
과거의 불이익을 토대로 집단들에 대한 차별적인 대우를 하는 역차별 혹은 '규정된' 차별대우.

성 및 정체성과 연관이 있는 차이를 시민적·정치적 단결과 조화시키기 위한 다양한 시도들이 이루어졌다. 하지만 정치적 민족주의라는 단일문화적 연대들이 치명적으로 손상을 입은 사회 안에서 어떻게 정치적 안정이 유지될 수 있는가? 사실상 어떤 사람들은 이것을 21세기의 중요한 정치적 도전으로 여기고 있다. 다양성과 응집성을 조화하려고 하는 시도들은 일반적으로 **다문화주의**로 불린다. 다문화주의는 광범위하고 종종 그릇되게 정의된 단어이다. 이 단어는 단지 현대사회에서 발견되는 문화적 다양성의 범위를 강조하는 것일 수도 있다. 그러한 다양성이 나이, 사회계급, 젠더 혹은 성과 연관이 있을지도 모르지만 다문화주의는 일반적으로 인종, 종족 혹은 언어에 기반을 둔 문화적 차이와 연관을 맺고 있다. 다문화주의는 문화적 다양성이라는 사실을 인정할 뿐만 아니라 그러한 차이들이 존중되고 공개적으로 지지되어야 한다고 주장한다.

이민사회로서 미국은 오래전부터 다문화사회였지만 이러한 의미에서 다문화주의 운동은 1960년대의 흑인의식운동의 출현과 '**차별시정조치** affirmative action'가 출현하기 전까지는 시작되지 않았다. 오스트레일리아는 공식적으로 1970년대 초 이후로 증대하는 '아시아화'를 인정하면서 다문화주의를 승인하였다. 뉴질랜드에서 다문화주의는 차별적인 국민적 정체성을 꾸준히 발전시킴에 있어 마오리Maori 문화의 역할을 인정하는 것과 관계 맺고 있다. 다문화주의에 대해 가장 큰 공식적인 승인을 보여 주었던 국가인 캐나다에서 다문화주의는 불어를 사용하는 퀘벡주와 영어를 사용하는 다수주민 사이의 화해를 이끌어 내고자 하는 시도와 에스키모 토착인의 권리에 대한 승인으로 연결된다. 영국에서 다문화주의는 중요한 흑인 공동체와 아시아 공동체의 존재를 인정하고, 이 공동체들이 백인사회로 **동화**되는 것을 요구하는 것을 포기하고 있다. 독일에서 다문화주의는 터키집단에 적용된다.

모든 형태의 다문화주의 내에서의 주요한 주제는 사람들이 대개 세계에 대한 이해와 도덕적 믿음에 대한 틀을 그들이 생활하고 발전하는 문화로부터 이끌어 낸다는 점에서 개인적 정체성이 문화적으로 새겨지게 된다는 점

개념설명

동화 Assimilation
이주공동체들이 '이민'
사회의 가치, 충성, 그리
고 생활양식에 적응함으
로써 그들 자신의 문화적
차별성을 상실해 가는 과
정.

이다. 따라서 특이한 문화들은 보호되고 강화될 가치가 있다. 특히 이 문화
들이 소수집단이나 취약집단에 속할 때 말이다. 이 점은 때때로 '특별한' 권
리로 간주되는 소수집단에 대한 권리나 혹은 다문화적 권리들을 유도한다.
윌 킴리카Will Kymlicka(1995)는 세 가지 종류의 소수권리를 다루었다. 그
것은 자치권, 다인종적 권리 그리고 대표권representation right이다. 킴리
카가 주장하였던 바와 같이, 자치권은 그가 민족적 소수자로 불렀던 것에
속한다. 즉 이 민족적 소수자는 영토적으로 한 곳에 모여 있으며, 동일한 언
어를 소유하고 '인간 활동의 모든 범위에 걸쳐 의미 있는 생활양식'에 의해
특징지워지는 사람들을 의미한다. 이에 대한 보기들로는 인디언, 캐나다의
에스키모인, 뉴질랜드의 마오리족과 오스트레일리아의 원주민 등을 들 수
있을 것이다. 킴리카가 주장하였던 것처럼, 이 경우들에 있어 자치권은 일
반적으로 연방주의를 통한 정치권력의 이양을 포함해야 한다. 물론 이 자치
권이 탈퇴권과 주권독립권으로 확대될 수도 있지만 말이다. 다인종족적 권
리는 종족집단과 이민을 통해 발전하였던 종교적 소수집단이 그들의 문화
적 차이를 표현하고 유지할 수 있게 도와주는 권리이다. 가령, 이 권리들은
유대인과 무슬림들의 동물살육법으로부터의 면제, 시크교도인의 오토바이
헬멧 착용 의무 면제, 무슬림 여자아이의 학교 교복으로부터의 면제와 같은
법적 면제를 위한 토대를 제공해 줄 것이다. 특별한 대표권은 교육과 정치
적·공적 생활에서의 고위직에서 소수집단과 혜택받지 못한 집단의 비대표
성을 바로잡고자 시도한다. 미국에서 차별시정조치의 형태를 취한 그러한
권리들은 역차별 혹은 '실정적' 차별의 관습을 내포하고 있으며, 이것은 과
거의 차별이나 지속적인 문화적 예속에 대한 보상을 시도한다. 이 권리들의
정당화는 이 권리들이 완전하고 동등한 참여를 보장할 뿐만 아니라 공공정
책이 단지 전통적으로 지배집단의 이해관계가 아니라 모든 집단과 사람들
의 이해관계를 반영하는 것을 보장하는 유일한 수단이라는 점이다.

하지만 다문화사회가 어떻게 작동해야 하는가에 대해서는 아직도 해결
을 본 견해가 없으며, 다문화주의가 어느 정도의 범위로까지 분명하게 승인
을 받는 지방적 다양성까지 나아가야 하는지에 대해서도 마찬가지다. 세 가

가치다원주의

Value pluralism

행복한 삶에 대한 단 하나의 지배적인 개념이 아니라 수많은 경쟁적이고 동등하게 정당한 개념들이 있다는 이론.

지 주요한 다문화주의 모델들이 있다.

① 자유주의적 다문화주의
② 다원주의적 다문화주의
③ 세계주의적 다문화주의

자유주의적 다문화주의는 자유와 관용에 대한 승인에 근거를 두고 있다. 즉 자유주의적 다문화주의는 어떤 사람의 도덕적 믿음, 문화적 관습 그리고 생활양식을 선택할 수 있는 능력에 근거를 두고 있는데, 이는 믿음·관습·생활양식들이 다른 사람들에 의해 승인되는가 아닌가에 좌우되지 않는다. 하지만 다문화주의에 대한 자유주의 모델은 단지 공동체의 다양성에 대한 제한된 승인만을 제공해 주며, 이는 정체성 정치에 내포되어 있을지 모르는 위험성을 부각시키고 있다. 특히 자유주의자들은 단지 그들 자신들의 관용적인 견해, 가치 그리고 사회관습들에 관용을 베풀 준비가 되어 있을 뿐이다. 즉 개인의 자유와 자율성에 양립할 수 있는 관점, 가치 그리고 사회적 관습에만 말이다. 따라서 자유주의적 다문화주의자는 여성의 음핵절제, 강제(어쩌면 중매) 결혼 그리고 여성의 유니폼과 같은 관습들에 동의하지 않을 수도 있다. 관련 집단들이 보기에 이것들이 그들 자신의 문화적 정체성 유지에 중요하다고 할지라도 말이다.

다원주의적 다문화주의는 문화적 다양성의 이론에 대해 더 확고한 토대들을 제공해 주고 있는데, 그 이유는 이 다문화주의가 **가치다원주의** 이념에 기반하고 있기 때문이다. 특히 이사야 벌린Isaiah Berlin의 저술에서 전개된 가치다원주의는 사람들이 삶의 궁극적인 목표들에 관해 반드시 동의하지 않는다고 주장한다. 가치들은 갈등을 일으키기 때문에 인간의 상태는 불가피하게 도덕적 갈등에 의해 특징지어진다는 것이다. 이러한 관점에서 볼 때 개인의 자유, 민주주의, 그리고 세속화와 같은 자유주의적 혹은 서구의 신념들은 경쟁적인 신념보다 더 큰 도덕적 권위를 가지지 못한다. 이러한 형태의 다문화주의는 또한 사회에 존재하는 불평등한 권력관계에 좀 더 분

이사야 벌린(Isaiah Berlin; 1909~1997)

영국의 역사사상가이자 철학자. 벌린은 라트비아(Latvia)의 리가(Riga)에서 출생하였고, 1921년에 영국에 왔다. 그는 경험주의에 대한 몰두와 비코(Vico; 1668~1744), 헤르더 그리고 알렉산더 헤르젠(Alexander Herzen; 1812~1870)을 포함하는 반계몽주의 사상가의 영향을 받은 자유주의적 다원주의 형태를 발전시켰다. 벌린의 철학적 견지는 도덕적 다원주의에 대한 믿음이다. 이 도덕적 다원주의는 가치들의 갈등이 인간생활에 본질적인 것이라는 생각이다. 그가 저술한 가장 잘 알려진 정치적 저술로는 『자유에 대한 네 개의 논문들*Four Essays on Liberty*』(1958)이다. 이 책에서 그는 '적극적' 자유에 대해 '소극적' 자유의 미덕을 찬양하였다. 벌린이 쓴 저술들은 전체주의에 반대하여 서구 자유주의를 방어하고 있다.

명하게 초점을 맞춘다. 특히 서구사회들의 지배적인 문화가 다수집단의 가치와 이해관계들을 반영하고 그래서 소수자 공동체들을 예속하는 정도에 말이다. 따라서 문화적 승인은 압제에 반대하고 식민지주의와 인종주의의 유산에 의해 혹은 물질주의나 '무신론적' 관대함에 의해 더럽혀졌다고 믿는 서구의 문화, 가치 그리고 생활양식들의 부패와 오염적인 성격을 폭로하는 데 기여한다. 그러한 생각은 서구사회에서 이슬람 소수자들과 관련하여 특히 논쟁적이었다.

세계주의적 다문화주의는 문화적 다양성과 정체성 정치를 시인한다. 그러나 자유주의적 견해나 다원주의적 견해와는 대조적으로 이 다문화주의는 이것들을 정치적 감각과 우선순위에 대한 더 폭넓은 재건설의 과정에 있는 과도기적 상태로 간주한다. 이러한 형태의 다문화주의는, 모든 문화는 다른 문화들로부터 배울 수 있으며, 더 넓은 문화적 기회와 생활양식의 선택의 세계에 의해 제공된 개인의 자기발전을 위한 전망을 근거로 다양성을 찬양한다. 다양한 정체성과 혼합성의 수용으로 인해 일종의 다양성 선별pick-and-mix 다문화주의가 초래되었고, 이 점은 분리된 종족적 혹은 종교적 집단들의 '문화적 모자이크'와는 반대되는 것으로 사회를 '용광로'로 묘사한다.

서구의 이슬람교도들: 문명의 내적 충돌인가?

사건: 2011년 유럽연합에 살고 있는 이슬람교도의 수는 1,500만 명에서 2,000만 명으로 추정되었다. 1945년 이후 초기에 이민은 주로 이전의 식민지들에서 왔다. 그리하여 프랑스 이슬람교 인구의 대다수(약 600만 명, 유럽에서 최대)는 알제리아·모로코·튀니지의 유산을 가지고 있다. 반면에 영국의 이슬람교도들 대부분(거의 200만 명)은 원래 파키스탄에서 왔다. 후에 이슬람인의 이민은 종종 보스니아·이라크·아프가니스탄·소말리아 같은 나라들에서 일어난 전쟁·내전과 종종 연결되었다. 그럼에도 최근에 많은 사건들이 특히 서구의 유럽 국가들과 적어도 다음과 같은 사건들을 포함하여 이들 국가의 특정 부류 이슬람 주민들 간의 관계에 관한 문제들을 야기하였다.

- 1989년의 '루시디Rushdie사건'. 이 사건에서 여러 국가들에서 이슬람인의 시위자들은 샐먼 루시디 Salmon Rushdie의 『악마의 시*The Satanic Verses*』를 불경한 것으로 비난하였고 아야톨라 호메이니는 그 저자에게 사형을 선고하는 파트와fatwa(종교상의 문제에 대해 유자격 법관이 내리는 재단: 역자)를 명령하였다.
- 이슬람 국가들의 여성학대를 비판하는 영화를 합작하였던 네덜란드 영화감독인 테오 반 고흐Theo van Gogh의 2004년의 살인.
- 2004년 마드리드 열차 폭탄사건. 이 사건은 알 카에다에 고무된 집단에 의해 수행되었다.
- 2005년 덴마크 만화 사건. 이 사건에서는 질란즈 포스텐Jyllands Posten 신문의 예언자 모하메드에 대한 12개의 만화 출판이 이슬람 세계에 걸쳐 항의를 불러일으켰다.
- 2005년 런던 폭발사건. 이 사건은 이른바 '국내파' 이슬람 테러주의자에 의해 수행되었다.

의의: 혹자는 서구에서 생활하고 있는 많은 이슬람 주민들의 존재를 사회적 유대와 어쩌면 국가 안전에 대한 하나의 위협으로 보았다(Caldwell, 2009). 그러한 견해는 헌팅턴(1996)의 '문명의 충돌' 테제와 병행한다. 이 테제는 이슬람의 가치와 믿음들이 근본적으로 자유민주주의 서구의 가치와 믿음들과 양립하지 않는다는 점을 말해 주고 있다. 그리하여 '신성불가침의' 믿음들을 보호하는 것이 자유로운 연설과 언론의 자유의 박탈을 정당화하는가와 같은 문제들에 대한 충돌은 공적 영역이 엄격하게 세속적이어야만 하는지 아니면 공적 영역이 이슬람의 이념과 가치들에 의해 형성되어야만 하는지에 대한 좀 더 심오한 구분을 부각시킨다. 이 견해에서 볼 때 이슬람교는 반자유주의적이고 반다원주의적이기 때문에 문화적 인정의 정치는 이슬람 분리주의를 정착시키고 시민적 갈등의 씨앗들을 유포시킬 우려가 있다. 따라서 서구의 이슬람 공동체에 대한 가장 적절한 대응은 다문화주의를 거부하고 통합전략을 주장하는 것이다. 이러한 태도는 프랑스에서 가장 명백하게 도입되었다. 이곳에서 2004년에 국가가 지원하는 학교들에서 이슬람 두건, 공적 장소에서 니콰드Niquad와 다른 수건들을 포함하여 얼굴을 가리는 장식의 착용 금지 등을 포함하는 어떤 '겉보기를 꾸미는' 종교적인 물품들의 착용을 금지하는 법률이 통과되었고 2011년에는 효력을 발생하게 된다.

하지만 다른 사람들은 다문화주의를 '이슬람 질문'으로 불렸던 것에 대한 가장 적절한 대응으로 간주한다 (Modood, 2007; Parekh, 2008). 이러한 관점에서 볼 때 '내부의 적'으로서의 서구세계에서 생활하는 이슬람 교도들에 대한 이미지는 이슬람교와 이슬람 주민들의 견해에 대한 심각한 오해에 그 기반을 두고 있다. 가령, 연구들은 일관되게 다음의 사실을 보여 주고 있다. 즉 유럽에서 생활하는 이슬람교도들은 서구사회의 세속적인 성격에 현저하게 만족하고 있고 다른 문화적 집단들과 별 차이가 없는 정치적 견해들을 주장하고 있다는 점이다. 게다가 이슬람교도의 정체성 정치가 극단주의, 심지어 폭력과 얽히게 될 때, 이 점은 문화적 불일치에 의해서보다는 사회적 혹은 정치적 요소들에 의해 더 잘 설명된다. 예를 들어 유럽의 이슬람 공동체들은 사회적으로 주변화되는 경향이 있으며, 더 높은 실업과 빈곤율에 직면하고 있다. 그리고 이들은 일반적 주민보다 더 낮은 교육수준을 가지고 있다. 게다가 9.11 이후 국제적 발전들은 이슬람 국가들에 대항하는 전쟁과 점령에 참가하는 일련의 서구 국가들을 목격하였다. 이러한 관점에서 문화적 인정의 정치는 이슬람 주민들에게 사회에서 더 분명한 참여를 제공해 줌으로써 극단주의와 폭력을 향한 추세들을 약화시킬 가능성이 있다. 반면에 '강압적'인 통합전략은 의도와는 반대되는 결과를 초래할 우려가 있으며, 이슬람증오의 증거로서 간주되고 소외와 분노를 더 깊게 할 것이다.

요약

(1) 사회들은 정기적인 유형의 사회적 상호작용에 의해 특징지워진다. 하지만 긴밀한 연대와 확고한 충성이라는 '두터운' 사회적 결속이 좀 더 유동적이고 개인화된 사회적 배열이라는 '얇은' 결속에 자리를 내주고 있다. 대개 이 현상은 산업사회에서 탈산업사회로의 이행을 나타내며, 특히 사회계급의 중요성이 쇠퇴하고 있다는 점을 반영한다.

(2) 탈산업주의는 특히 '정보사회'를 야기하였던 인터넷의 출현과 컴퓨터에 기초한 기술들의 광범위한 사용과 함께 지식과 정보에 대한 강조의 증대에 의해 특징지워진다. 정보사회는 더 많은 사람들을 더 많은 다른 사람들과 연결시킨다. 뿐만 아니라 그러한 연결의 성격 역시 특히 더 느슨하고 더 널리 퍼진 네트워크들의 발전을 통해 변화하였다.

(3) 개인주의의 증대는 사회적 결속의 '약화'를 향한 추세의 핵심이다. 개인주의는 산업자본주의의 산물이었다. 그러나 개인주의는 점증하는 물질주의와 소비자주의의 윤리에 의해 촉진되었으며, 1980년대부터 이 윤리는 신자유주의 사상 혹은 자유시장 사상이 폭넓게 영향력을 발휘하면서

더 강력한 유명세를 얻었다. 하지만 개인주의의 확산은 공동체와 사람들의 사회적 소속감을 약화시킬지도 모른다. 이 현상은 영어권에서 특히 분명하게 나타났을지도 모른다.

(4) 정체성 정치의 증대는 문화적 그리고 다른 형태들의 차이에 대한 점증하는 인정 속에서 분명하게 나타났다. 이것은 특히 집단들이 좀 더 확정적이고 단언적인 정체성 의식을 도입함으로써 주변화에 도전할 수 있는 하나의 수단을 제공해 주었다. 그럼에도 정체성 정치는 인정을 받은 정치적 성격을 가지고 있지 않으며, 많은 원칙들을 둘러싼 채 형성되었다. 이 원칙들 간운데 가장 중요한 원칙은 인종과 종족성, 젠더, 종교와 문화이다.

(5) 개인적·사회적 정체성을 갱생시키고자 하는 시도들은 새롭고, 때때로 좀 더 급진적인 형태의 정치를 야기하였다. 이것들로는 종종 흑인민족주의와 연관된 종족적 자기주장, 제2의 여성주의 물결, 젠더 평등과 젠더 차이에 대한 더 강력한 강조, 그리고 특히 이슬람교의 근본주의적 운동들을 통해 일반적으로 표현된 종교적 상대주의, 다문화주의 그리고 문화적 다양성의 '기념행사' 등의 형태들을 들 수 있다.

토론사항

(1) 사회적 유대감은 왜 점점 더 '엷어'지는가?

(2) 현대사회에서 계급갈등은 해결되었는가 아니면 단지 억압되었는가?

(3) 네트워크 사회가 현실의 공동체를 '가상' 공동체로 대체시켰는가? 그리고 어떤 결과를 초래하였는가?

(4) 개인주의는 사회연대와 결속의 적인가?

(5) 소비자주의는 사람들을 해방시키는가 아니면 이들을 노예로 만드는가?

(6) 정체성 정치를 설명하는 주요인들은 무엇인가?

(7) 정체성 정치는 해방적인 힘인가 아니면 억압적 힘인가?

(8) 어느 정도로 종족적·젠더적 분할들은 의미 있는 정치변화를 생산해 내었는가?

(9) 현대 사회들은 문화적 다양성으로부터 보호받을 필요가 있는가?

더 읽을 거리

- Bauman, Z., *Liquid Modernity*(2000). '유동적' 혹은 '엷은' 현대성의 출현의 관점에서 변화하는 인간의 연대성 변화에 대한 성격을 검토한다.

- Beck, U. and E. Beck-Gernsheim, *Individualization: Institutionalized Individualism and its Social and Political Consequences*(2001). 개인화의 원인과 그 광범위한 결과들을 논의하는 개인화 과정에 대한 비판적 검토서.

- Kumar, K., *From Post-Industrial to Post-Modern Society: New Theories of the Contemporary World*(2004). 정보사회의 이념과 탈포드주의 및 탈근대성 이론들에 대한 명료하고 통찰력 있는 연구서.

- Parekh, B., *A New Politics of Identity: Political Principles of an Interdependent World*(2008). 종족적, 종교적, 민족적 그리고 다른 정체성들에 대한 지구적 상호연계성의 영향에 대한 광범한 분석서.

정치문화와 대중매체

"일반적으로 인간은 자신들의 손보다 눈을 통해 더 많이 판단한다. 왜냐하면 모든 사람들은 외관을 볼 수 있다. 그러나 소수의 사람만이 현실을 직시할 수 있기 때문이다."

Niccolo Machiavelli, *The Prince*(1532)

개관

거의 정치의 많은 부분이 우리의 머릿속에서 일어난다. 다시 말해 정치는 사회가 어떻게 조직되어야 하는가에 관해 우리가 가지고 있는 이념·가치·가정에 의해 형성되며, 또한 정부에 대해 가지는 기대·희망·두려움에 의해 형성된다. 궁극적으로 우리가 살고 있는 사회에 관해 우리가 믿고 있는 것이 사회 내에 존재하고 있는 권력구조, 자원과 기회의 실질적인 배분보다 더 중요할 수 있을 것이다. 인식은 현실보다 더욱더 중요할 뿐만 아니라 실제적인 의미에서 인식은 현실일 수 있다. 이것은 '정치문화'라고 불리던 것에 의해 수행되는 중요한 역할을 부각시킨다. 국민이 가지고 있는 믿음·상징·가치들은 정치과정에 대해 국민이 가지고 있는 태도와 결정적으로 그들이 그 속에서 생활하고 있는 체제에 대한 견해를 구성한다. 그러나 정치문화의 성격과 역할에 관해서는 상당한 의견의 차이를 보이고 있다. 특히 정치문화가 민주주의를 조장하는지 아니면 지배집단들의 이해관계들과 제휴하는지에 대해서는 상당한 의견의 차이를 나타낸다. 어떤 사람들은 시민참여와 사회적 소속감을 장려함에 있어 정치문화가 (분명히) 그 힘을 잃어 가고 있다는 점을 강조하였다. 따라서 정치문화에 관한 논쟁은 현대사회의 정치가 대중매체 ─ 신문·텔레비전·인터넷·휴대폰 등등 ─ 들을 통해 이루어지는 정도에 주목한다. 대중매체는 단지 하나의 소통채널보다 훨씬 더 많은 것을 구성한다. 대중매체는 정치과정 그 자체의 부분이며, 사회 전체의 권력배분을 단지 반영하는 것이 아니라 영향을 미친다. 민주주의와 대중매체의 관계에 관해 오랫동안 지속되는 토론과 거버넌스의 유형들은 전자기술에 기반한 '신' 대중매체의 출현으로 인해 새로운 진전을 경험하게 되었다. 반면에 대중매체는 일반적으로 정치에서 '뉴스관리news management'과 이른바 '여론몰이spin'에 대한 강조와 점점 더 연관을 맺게 되었다.

쟁점

(1) 개인과 집단은 자신들의 정치적 태도와 가치를 어떻게 획득하는가?

(2) 민주주의 정권은 특징적인 '시민문화'의 존재에 의존하는가?

(3) 현대사회는 가치와 이념 사이의 자유경쟁에 의해, 아니면 '지배적' 문화에 의해 특징지워지는가?

(4) 대중매체는 어느 정도로 정치적 태도들을 형성하는가?

(5) 대중매체는 어떻게 정치권력의 배분에 영향을 미치는가?

(6) '여론몰이spin' 정치는 대중매체시대에 불가피한 것인가?

정치문화

개념설명

정치문화Political Culture
가장 광범위한 의미에서
문화는 한 국민이 가지
고 있는 생활양식이다.
사회학자와 인류학자는
'문화'와 '자연'을 구별하
고자 하는 경향이 있다.
'문화'는 생물학적 유전
을 통해서라기보다는 학
습을 통해서 한 세대에
서 다음 세대로 전달되
는 것을 포함한다. 하지
만 정치과학자는 이 단
어를 좁은 의미에서 한
국민이 가지고 있는 심
리학적 정향을 언급하
기 위해 사용한다. 정치
문화는 정당·정부·헌
법과 같이 정치적 대상
에 대해 가지고 있는 '정
향들의 유형(Pattern of
orientations)'이며, 믿
음·상징·가치 속에서
표현된다. 정치문화는
특수한 정책과 문제에 대
해 국민이 행하는 단순한
반작용이라기보다는 장
기적인 가치로부터 형성
되었다는 점에서 여론과
다르다.

시대를 통해 정치사상가는 태도·가치·믿음이 지니는 중요성을 인정하였
다. 하지만 과거의 사상가는 이것을 **'정치문화'**의 부분으로 간주하지 않았
다. 가령, 버크는 관습과 전통에 관하여 글을 썼고, 맑스는 이데올로기에 관
해, 헤르더는 민족정신에 관한 글을 썼다. 그럼에도 이들은 모두 체제의 안
정과 생존을 증진시킴에 있어서 가치와 믿음이 행하는 중요한 역할에 관해
동의하였다. 정치과학자 사이에서 정치문화라는 이념에 대한 관심은 1950
년대와 1960년대에 나타났다. 이 시기는 행태분석behavioural analysis이
라는 새로운 기술이 전통적·제도적 접근방법을 대체하였다. 이러한 점에
서 고전적 연구는 알몬드Almond와 버바Verba가 함께 쓴 『시민문화*The
Civic Culture*』(1963)였다. 이 연구는 미국·영국·서독·이탈리아·멕시코 등
다섯 국가에 나타나는 정치적 태도와 민주주의를 분석하기 위해 여론조사
를 사용하였다. 이 연구는 부분적으로 제1차 세계대전과 제2차 세계대전 사
이의 이탈리아와 독일, 그 밖의 국가에서 일어난 대의정부의 몰락과 1945년
이후에 탄생한 신생독립국가들이 경험한 민주주의 실패를 설명하고자 하는
욕구에 의해 고무되었다. 정치문화에 대한 관심은 1970년대와 1980년대에
퇴색하였지만, 1990년대에 공산주의에서 벗어나 민주주의를 건설하고자 하
는 동유럽 국가의 노력의 결과로 논의가 다시 활기를 띠었다. 미국과 같은
성숙한 민주주의 국가에서는 사회자본과 시민적 연대성이 명백하게 쇠퇴한
결과, 이에 대한 염려가 증대함으로써 정치문화에 대한 관심이 다시 활기를
되찾았다. 하지만 또한 정치문화가 엘리트집단들이 가지고 있는 이념과 이
해관계를 통해 형성되는지에 관한 논의가 있다. 이 문제는 다시 대중매체에
대한 경쟁적 견해들 및 정부가 정치적 소통을 조작할 수 있는 정도와 관계되
며, 이 장에서 검토될 것이다.

시민문화인가 아니면 이데올로기적 헤게모니인가?

정치문화가 가지는 성격에 관한 논의는 종종 일반적으로 알몬드와 버바(1963, 1980)의 저술과 관련된 **시민문화**의 이념에 초점을 두었다. 알몬드와 버바는 가장 효과적으로 민주주의 정치를 지탱하였던 정치문화를 확인하는 작업을 시도하였다. 그들은 세 가지 일반적인 정치문화 유형을 확인하였다.

① 참여적participant 정치문화. 참여적 정치문화는 시민이 정치에 긴밀한 관심을 가지고 대중참여를 바람직하고 효과적인 것으로 간주하는 정치문화이다.

② 신민적subject 정치문화. 신민적 정치문화는 시민들 사이에 존재하는 더 많은 수동성과 그들이 정부에 대해 단지 매우 제한된 영향력을 행사한다는 인식에 그 특색이 있다.

③ 향리적parochial 정치문화. 향리적 정치문화는 시민의식의 부재라는 특징을 갖는데, 사람들은 민족보다는 지역성으로 자신의 정체성을 확보한다. 그리고 이 정치문화는 정치에 참여하고자 하는 욕망과 능력도 가지고 있지 않다.

알몬드와 버바는 참여적 문화가 민주주의 이상에 가장 가까운 것이라는 점을 받아들였지만, 그들은 '시민문화'란 정치과정으로서의 시민의 참여가 정부의 중요한 통치의 필요성을 조화시킨다는 점에서 세 가지 유형의 혼합물이라고 주장하였다. 그들의 관점에서 볼 때 민주주의 안정은 시민의 능동성, 수동성의 혼합, 정부의 의무와 수행능력 사이의 균형에 의해 특징지워지는 정치문화에 의해 지탱된다는 점이다.

초기 연구(1963)에서 알몬드와 버바는 참여적 특징과 신민적 특징을 나타내는 영국이 시민문화에 가장 가깝다고 결론지었다. 달리 표현하면, 영국 국민은 그들이 정부에 영향력을 행사할 수 있고, 동시에 권위에 기꺼이 복종한다고 생각하였다. 미국 또한 높게 평가되었다. 하지만 미국이 가지는 상대적 약점은 참여적 태도가 신민적 태도를 압도하기 때문에 미국인은 특별히 준법적이지 않다는 점이다. 시민문화를 형성하거나 재형성하는 데 있어서 나타나는 어려움은 서부독일과 이탈리아의 예를 통해 강조되었다. 파시즘이 붕괴된 후 15년 동안 어떤 국가도 강력한 참여 문화를 가지는 것처럼 보이지 않았다. 신민문화는 독일에서 우세하였고, 향리적 태도는 확고하게 이탈리아에 침투하였다. 알몬드와 버바는 후기 연구(1980)에서 수많은 변화, 특히 영국과 미국에서 쇠퇴하는 민족적 자긍심과 확신을 부각시켰다. 미국과 영국에서 일어난 이러한 쇠퇴는 독일에서 일어난 시민적 성향의 부흥과 대조를 이루었다.

하지만 정치태도와 가치의 연구를 위한 시민문화 접근방법은 폭넓게 비판받았다. 첫째, 안정적 민주주의를 만들고자 시도하는 이 모델의 심리학적 경향은 상당히 의심스러운 것이다. 특히 수동성에 대한 강조와 권위에 대한 복종이 유익하다는 인식은 정치참여가 민주주의 정부의 핵심적 요소라고 주장하는 사람에 의해 비판받았다. 알몬드와 버바는 민주주의 문화에 대해 '잠자는 개들'이라는 이론을 제시하였다. 이 이론은 낮은 정치참여는 정치가가 유지하기를 갈망하는 정부에 대한 폭넓은 만족을 나타내는 것이라고 말한다. 다른 한편, 미국에서 정기적으로 일어나는 것처럼 성인의 1/2 이하가 투표하기를 귀찮아할 때, 이것은 폭넓은 소외와 뿌리 깊은 평등을 반영할 수 있을 것이다.

둘째, 시민문화라는 명제는 정치태도와 가치가 행위를 형성하고, 다른 방법으로는 형성되지 않는다는 증명되지 않은 가정에 의존한다. 간단히 말해 시민문화는 민주주의의 원인이기보다는 결과일 수 있을 것이다. 만약 그렇다면 정치문화는 민주주의의 건강함에 대한 하나의 지표를 제공할 것이지만, 정치문화가 안정적인 민주주의 지배를 증진시키는 수단으로 간주될 수는 없다. 마지막으로 알몬드와 버바의 접근방법은 정치문화를 동질적인 것, 다시 말해 국가문화 혹은 국가 성격의 암호로 취급하는 경향이 있다. 이렇게 함으로써 이 접근방법은 정치적 하위문화에는 별로 관심을 기울이지 않고 분열과 사회갈등을 은폐하는 경향이 있다. 이와는 대조적으로 정치문

부르주아 이데올로기
Bourgeois ideology
맑스주의 용어. 자본주의 사회의 모순을 왜곡함으로써 부르주아의 이익에 봉사하는 이념과 이론을 나타내고 있다.

헤게모니 Hegemony
헤게모니 – 그리스어의 Hegemonia에서 유래한 '지도자'를 의미한다 – 는 가장 간단한 의미에서 다른 것(사람)에 대해 어떤 제도에 존재하는 한 요소의 우세 혹은 지배를 의미한다. 맑스주의 이론에서, 이 단어는 좀 더 기술적이며 특수한 의미에서 사용된다. 안토니오 그람시의 글에서, 헤게모니는 강제의 사용에 대한 하나의 대안으로서 지배계급이 복종시키고자 하는 사람의 동의를 얻어냄으로써 권력을 행사할 수 있는 지배계급의 능력과 연관된다. 비강제적인 계급지배의 형태로서, 헤게모니는 전형적으로 사회에 걸쳐 부르주아의 가치와 믿음을 유포시킴으로써 작동하는 문화적 혹은 이데올로기적 과정으로 이해된다.

화에 대한 급진적 접근방법은 계급·인종·성에 기초한 사회분할의 중요성을 부각시키는 경향이 있다(감소하는 참여율과 정치체계의 활력 간의 연관은 20장에서 더 상세하게 토론된다).

정치문화의 역할과 성격에 관한 매우 다른 견해는 맑스주의 전통 내에서 발전되었다. 맑스는 자본주의를 생산수단의 소유를 통해 작동하는 계급 착취와 억압체계로 묘사하였지만, 또한 이념·가치·믿음이 지니는 힘을 인정하였다. 맑스와 엥겔스가 『독일이데올로기』([1846] 1970: 64)에서 적고 있는 것처럼, "지배계급의 이념은 모든 시기에 있어 지배적 이념이다. 요컨대 사회의 지배적인 물질적 힘인 계급은 동시에 지배적인 지적 힘이다." 맑스의 관점에서 볼 때 이념과 문화는 경제적 '토대', 즉 생산양식에 의해 조건지워지거나 결정되는 '상부구조'의 부분이다.

이 이념은 맑스주의에 문화에 관한 두 가지 이론을 제공했다. 첫 번째 문화이론은 문화가 본질적으로 계급에 특수한 것이라는 점을 암시한다. 다시 말해 한 계급의 구성원은 동일한 경험을 가지고 공통의 경제적 지위와 이해관계를 가지고 있는 까닭에, 그들은 일반적으로 비슷한 이념·가치·믿음을 가지고 있다는 점이다. 맑스의 표현에 따르면, "인간의 의식이 인간의 존재를 규정하는 것이 아니라 인간의 사회적 존재가 인간의 의식을 규정한다." 따라서 프롤레타리아의 문화와 이념은 부르주아의 문화와 이념과는 현저하게 다르다. 문화에 대한 두 번째 이론은 지배계급의 이념 – 맑스는 이것을 '이데올로기'라 부른다 – 이 사회에 침투하여 그 시대의 '지배이념'으로 되는 정도를 강조한다. 그리하여 이 관점에서 볼 때 정치문화 혹은 심지어 시민문화는 단지 **부르주아 이데올로기**에 불과하다. 이 견해에서 중요한 것은 문화·가치·믿음을 하나의 권력형태로 본다는 점이다. 맑스주의 관점에서 볼 때 이데올로기가 행하는 기능은 신화·기만·거짓 – 엥겔스의 표현에 따르면 '허위의식' – 을 선전함으로써 종속계급을 부르주아의 착취, 억압과 화해시키는 것이다. 후에 맑스주의자는 이 과정을 부르주아 **'헤게모니'**라는 관점에서 이해하였다.

현대 맑스주의자는 부르주아의 '지배이념'은 모든 경쟁적 견해를 배척하면서 자본주의 사회에서 지적·문화적 생활을 어떤 의미에서도 독점할 수 없다는 점을 인정하였다. 오히려 그들은 문화적·이데올로기적·정치적 경쟁이 존재한다는 것을 받아들이지만, 이 경쟁이 불평등하다는 점을 강조한다. 간단히 말해, 자본주의 질서를 떠받치는 이념과 가치는 이것에 도전하거나 의문을 품는 이념과 가치에 대해 압도적인 장점을 가지고 있다. 사실상 이러한 이데올로기적 헤게모니는 성공적일 수 있다. 왜냐하면 이 헤게모니는 정확하게 자유로운 의사표현, 공개적 경쟁 그리고 헤르베르트 마르쿠제가 '억압적 관용repressive tolerance'이라고 불렀던 정치적 다원주의의 배후에서 작동하기 때문이다.

이 관점에 서 있는 가장 영향력 있는 20세기 지지자는 안토니오 그람시이다. 그람시는 계급체계는 단지 불평등한 경제적·정치적 권력에 의해서뿐 아니라 부르주아 헤게모니에 의해서도 지탱되는 것이라는 점에 주목하였다. 이것은 '시민사회' 즉 (방송언론)매체·교회·청년운동·노동조합에 걸친 부르주아의 가치와 믿음의 확산을 통해 야기되는 지배계급의 정신적·문화적 우월성으로 구성된다. 이 과정을 아주 은밀하고 음험한 것으로 만드는 것은 그것이 공식적인 학습과 교육을 넘어서 당대의 상식으로 확대된다는 점이다. 그람시의 분석이 지니는 중요성은 사회주의가 달성되기 위해 '이념의 전투'가 수행되어야 한다는 데 있다. '이념의 전투'를 통해 프롤레타리아의 원칙·가치·이론이 부르주아의 이념을 대신하거나 적어도 부르주아 이념에 도전한다는 것이다.

이데올로기적 권력으로서 문화에 대한 맑스주의 견해는 주관적 혹은 절실한 이해관계—사람들이 원한다고 생각하는 것—와 객관적 혹은 현실적 이해관계—사람들이 독립적이고 견문이 넓은 선택을 할 수 있을 경우, 사람들이 원하게 될—사이의 구별에 의존한다. 이것은 스테펀 룩스(Stephen Lukes, 1974: 27)가 권력에 대한 급진적 견해라고 불렀던 것에 주목하게 만든다. 즉 "A가 B의 이해관계에 반대되는 방식으로 A가 B에 영향을 미칠 때, A는 B에 대해 권력을 행사한다." 하지만 정치문화에 대한 이 관점은 거세게 비판받았다. 어떤 이는 평범한 사람이 지니고 있는 가치와 믿음이 조작과

개념설명

사회자본 Social capital
자본은 재화와 서비스의 생산에 사용되는 재산을 말한다. '사회자본'이라는 개념은 부의 창출을 지탱하고 있는 사회·문화적 요소들을 부각시키기 위해 1970년대에 발전되었다. 그 이후로 이 단어는 시민참여를 장려하는 네트워크·규범·신뢰를 통해 표현되는 사회적 결합을 언급하기 위해 사용되었다. 그리하여 사회자본은 성공적인 공동체와 좋은 거버넌스를 위한 전제조건이다. 경제적 재산과 마찬가지로 사회자본은 일반적으로 교육과 적극적인 시민에 대한 강조를 통해 쇠퇴하거나 부흥할 수 있다. 현대사회에서 주장되고 있는 사회자본의 쇠퇴는 '양육 결핍(parenting deficit)', 개인주의의 부흥, 사회적·지리적 이동성의 증

교리화에 의해 날조된 것이라고 말하는 것을 부당하게 지지하는 것이라고 주장하였다. 이를테면 자본주의 가치와 신념을 노동자가 수용하는 것은 단지 자본주의가 작동하는 것에 대한 노동자의 인지를 반영한다는 것이다.

또한 정치문화의 지배적 이데올로기 모델은 현대사회의 가치와 신뢰가 지니는 동질성의 정도를 과대평가할 수 있다. '지배적' 이데올로기는 지배계급에 확신과 목적의식을 제공하는 반면에, 아버크롬비Abercrombie, 힐Hill, 터너(Turner, 1980)가 논의하였던 것처럼 종속계급이 성공적으로 이 가치체계에 통합되었다는 것은 덜 명백하다. 마지막으로 불평등한 계급권력과 문화적·이데올로기적 편견 사이의 연결을 확립하고자 하는 맑스주의 견해는 힘 있는 집단이 자기중심적 이념을 선전하고자 하는 모든 사회에서 발견되는 경향을 단지 서술하고 있다고 볼 수 있을 것이다. 이 점-지배적인 가치체계 속에서 응집적이고 일관적인 메시지가 대중매체·학교·교회 등을 통해 유포된다-이 지배적인 가치체계를 구성하는지는 오히려 더 의심스럽다.

사회자본의 쇠퇴인가?

이전의 공산주의 국가에서 진행되고 있는 정치·경제적 과정은 1990년대 이후로 정치문화에 대한 새로운 관심을 자극하였다. 이러한 현상은 수많은 세

대와 연관을 맺었다. 이 단어를 비판하고 있는 사람들은 사회자본이 민주적 정부의 원인이 아니라 결과라고 주장하거나, 사회자본이 시민적 충성을 장려함에 있어서 경제적 복지가 행하는 기능을 무시하고 있다고 주장한다.

공동체주의

Communitarianism

공동체주의는 자아 혹은 개인이 공동체를 통해 구성된다는 믿음이다. 이러한 믿음은 개인들이 그들이 속해 있고 그리하여 공동체에 존중과 배려의 빚을 지고 있다는 의미에서이다. 좌파 공동체주의자는 공동체는 무제한적 자유와 사회적 평등을 요구한다고 주장한다. 중도적 공동체주의자는 공동체는 상호권리와 책임에 기반하고 있다고 주장하며, 우파 공동체주의자는 공동체는 권위와 확립된 가치에 대한 존경을 요구한다고 주장한다.

대에 걸쳐 행해진 국가통제가 사회적 결합과 일반적으로 민주정치를 지탱한 시민들의 책임감을 명백하게 파괴하거나 억압하였기 때문에 나타났다. 달리 표현하면, 기업·이익집단·클럽 등을 포함하여 자율집단과 결사체의 영역이라는 의미에서, 시민사회를 재형성하고자 하는 분명한 요구가 있었다는 점이다. 사실 이러한 생각들은 알렉시스 드 토크빌로 소급해 갈 수 있다. 그는 19세기에 참여와 시민결사체에 대해 미국인이 가지는 성향을 언급함으로써 미국의 평등주의 제도와 민주주의 관행들을 설명하였다. 이 점이 탈공산주의 국가와 관련하여 정치문화에 대한 관심을 부활시키자마자 성숙한 민주정치에서 인지된 문제들에 적용되었다.

예를 들면 로버트 푸트남Robert Putnam(1993)은 이탈리아의 여러 지역에 있는 지방정부의 질적인 변화는 투표율, 신문 독자, 합창단 회원, 축구클럽 회원이라는 여러 가지 다른 수준에서 나타나고 있는 시민참여의 전통이 있는가 없는가에 의해 결정된다고 주장하였다. 『혼자서 볼링하기Bowling Alone』(2000)에서 푸트남은 미국 '**사회자본**'의 쇠퇴에 주목하였고, 다른 산업국가들이 미국의 추세를 따라갈 것 같다고 주장하였다. 그는 '탈시민적post-civic' 세대의 출현을 부각시켰다. 이는 1965년 이후로 자발적인 클럽과 결사체의 수가 25~50%로 줄었다는 점과, 정당의 회원과 정당을 위한 활동뿐 아니라 대중집회, 마을집회, 그리고 학교집회의 참석률이 상당히 떨어졌다는 점을 통해 입증되었다. **공동체주의**에 영향을 받은 푸트남의 입장은 다양하게 나타나는 사회자본의 쇠퇴를 설명해 주고 있다. 이 현상으로는 교외화가 확산되고 있다는 점과 활동에 참여하는 데 드는 시간이 더 길어졌다는 점을 들 수 있다. 맞벌이 부부의 증대와 이것이 양육의 양과 질에 미치는 영향 그리고 여가시간을 혼자 보내게 만드는 TV는 사회적 인지들을 잘못 형성하며 아이들의 성취수준을 감소시킨다. 하지만 대안적인 사회민주주의 관점에서 시민참여의 쇠퇴는 소비자본주의의 승리와 물질적·개인적 가치들의 확산을 통해 설명된다.

보수주의 사상가들은 전통의 형태로 그리고 특히 '전통적 가치'라는 점에서 사회자본에 대한 자신들의 견해를 오랫동안 지지했다. 이것은 아마도 여

로버트 푸트남(Robert D. Putnam; 1941년생)

미국의 정치학자이자 사회평론가. 푸트남의 저술은 정치문화에 관한 관심을 부활시켰고, '나'에서 '우리'로 발전시키는 한 사회에서의 신뢰와 협력의 수준인 '사회자본'의 중요성에 주목하였다. 그가 쓴 가장 영향력 있는 저술인 『혼자서 볼링하기: 미국공동체의 붕괴와 부활Bowling Alone: The Collapse and Revival of American Community』(2000)에서 그는 미국에서 나타나고 있는 정치활동과 정치참여의 쇠퇴를 설명하기 위해 하나의 팀에서보다는 혼자서 볼링하는 한 인간에 대한 이미지를 묘사하였다. 이러한 쇠퇴의 원인으로 푸트남은 TV의 영향력 증대, 가족구조의 변화 그리고 지리적 이동의 증대를 들고 있다.

마이클 오크쇼트(Michael Oakeshott; 1901~1990)

영국의 정치철학자. 오크쇼트는 1951년부터 1968년에 은퇴할 때까지 런던경제대학(London School of Economics)의 정치학과 교수였다. 그의 논문모음집인 『정치에서의 합리주의와 다른 평론들Rationalism in Politics and Other Essays』(1962)과 좀 더 제도적인 정치철학에 관한 연구인 『인간행동에 관하여On Human Conduct』(1975)는 종종 보수주의적 전통주의에 중요한 기여를 한 책으로 간주된다. 시민적 연합이 가지는 중요성을 부각시키고 제한적 정치영역을 주장함으로써 그는 또한 자유주의 사상과 친근한 관계가 있는 주제를 발전시켰다. 그는 자주 정치의 비이데올로기적인 양식을 지지하는 사람으로 간주되었지만 많은 신우파 사상가에게 영향을 미치기도 하였다.

러 세대를 이어왔고, 그래서 일종의 문화적 근원을 구성하는 가치와 믿음이다. 보수적 정치가는 항상 이 가치가 '강화'되거나 '방어'되어야 한다고 주장한다. 그리고 이 가치가 사회응집력과 정치안정을 위한 열쇠라고 믿었다. 예를 들면 1980년대 마가렛 대처는 영국에서 자신이 '빅토리아의 가치'라고 불렀던 것의 부활을 주장하였고, 1990년대에 존 메이저John Major의 운이 나빴던 '기본으로의 복귀Back to Basics'라는 발의는 대처와 많은 부분에서 동일한 것을 시도하였다. 미국에서 로널드 레이건은 '개척자 이데올로기' 이념을 포용하였고, 서부의 정복과 자기신뢰의 미덕, 고된 노동과 그가 '개척자 이데올로기'의 좋은 예라고 생각하였던 모험심으로의 복귀를 선언하였다. 놀라운 것은 아니지만, 이 가치는 가족·교회·국가 등 지속성과 인내의

탈물질주의

Postmaterialism

탈물질주의는 경제발전의 관점에서 정치적 관심사와 가치에 대한 성격을 설명하는 하나의 이론이다. 탈물질주의는 에이브러햄 매슬로(Abraham Maslow; 1908~1970)가 제시한 '욕구의 위계(hierarchy of needs)'에 느슨하게 그 기초를 두고 있다. 이 '욕구의 위계'는 물질적 혹은 경제적 욕구 위에 존경과 자기실현을 놓고 있다. 탈물질주의는 물질적 희소성이라는 조건이 이기적이며 탐욕적인 가치를 낳는다는 점을 가정하고 있다. 그리고 탈물질주의는 정치가 경제적 문제에 의해 지배를 받고 있다고 말한다. 하지만 광범위한 번영의 조건 속에서, 개인은 '탈물질적' 혹은 '생활의 질'과 같은 문제에 더 많은 관심을 나타낸다. 이 문제는 전형적으로 도덕, 정치적 정의, 개인적 성취에 관심을 가지고 있으며, 여성해방주의 · 세계평화 · 인종적 조화 · 생태학과 동물의 권리 등을 포함하고 있다. 탈물질주의는 계급적 이탈(dealignment)과 신사회운동의 흥기와 같은 발전을 설명하기 위해 사용되었다.

미덕을 실현하는 오래전에 확립된 제도와 연결된다.

『정치에서의 합리주의*Rationalism in Politics*』(Oakeshott, 1962)에서 마이클 오크쇼트는 한층 나아가 공동체와 전통의 방어를 발전시켰다. 그는 전통적 가치와 확립된 관습은 이것들이 가지는 친숙함으로 인해 유지되고 존중되어야 한다고 논의하였다. 친숙함은 안심 · 안정 · 안전감을 발생시킨다는 것이다. 이것은 혁신에 대해 전통을, 새로운 것에 대해 확립된 것을 선호하는 일반적 성향이 인간에게 있다는 점을 암시한다. 오크쇼트가 암시하였듯이, 보수주의자란 "알려지지 않은 것보다 친숙함을, 불신보다는 신뢰를, 신비보다는 사실을, 가능성보다는 실재를, 무제한적인 것보다 제한적인 것을, 먼 것보다는 가까움을, 과다함보다는 적당한 것을, 완전한 것보다는 편안함을, 이상적인 천국보다는 현재의 웃음을 선호한다."(Oakeshott, 1962: 169)

전통적 가치와 확립된 믿음에 대한 옹호는, 다니엘 벨(Daniel Bell, 1976)과 어빙 크리스톨(Irving Kristol, 1983) 같은 사회이론가에 의해 미국에서 발전된 신보수주의의 중심적 주제 중의 하나였다. 이들은 시장압력과 비관주의의 확산에 의해 초래된 정신적 가치의 파괴를 경고하였다. 하지만 이 입장이 가지고 있는 문제는 질서와 안정이 기초할 수 있는 권위적 도덕체계가 있다는 점을 가정하고 있다는 점이다. 간단한 사실만 지적해 보자면, 현대의 다문화적 · 다종교적 사회에서 어떤 가치정향이 권위적인 것으로 간주될 수 있는가에 대한 의구심이다. 어떤 가치를 '전통적', '확립된' 혹은 '다수' 가치로 정의하는 것은 단지 사회에 특별한 도덕체계를 강요하는 하나의 시도일 수 있을 것이다. 사실 경험적 증거는 정치문화는 점점 더 단편화되고, 현대사회는 증대하는 도덕적 · 문화적 다양성에 의해 특징지워지고 있다는 견해를 뒷받침하는 듯하다.

사회자본의 논의에서 대안적인 견해는 시민참여나 사회적 결합이 쇠퇴하였다는 점을 시사하는 것이 아니라, 시민참여나 사회적 결합이 취하였던 형태들이 변했다는 점을 시사하고 있다. 잉글하르트(Inglehart, 1977, 1990)에 따르면, 이러한 이동은 풍요의 확산과 특히 젊은 층 사이에서 나타난 '탈물질적' 가치의 증대와 밀접하게 연관되어 있다고 한다. 새로운 세대는 1960년대 이후 적어도 발전된 산업국가에서는, 점점 더 경제적 안전과 물질적 번영에 익숙해졌기 때문에 성·결혼·개인적 행위와 같은 주제에 관한 '전통적' 이념은 더 '자유주의적' 혹은 '비관주의적' 이념에 의해 대체되었다. 동시에 전통적 정치태도와 충성은 여성해방주의·핵무장해제·동물보호·환경보호 등과 같은 문제에 대한 관심의 증대로 인해 약화되었거나 종종 대체되었다. 그리하여 당원과 선거참여율은 쇠퇴하였을지 모르지만 쟁점에 대한 항의정치와 운동집단에 대한 관심은 증대하였다. 탈포드주의 이론가는 이러한 문화적 변화는 어쩔 수 없다고 논의한다. 왜냐하면 이 문화적 변화는 복종의 쇠퇴와 개인주의의 발흥을 초래하는 경제적·정치적 조직에서 발생한 전반적인 변화와 연결되어 있기 때문이다.

대중매체와 정치소통

정치에 대한 사람들의 심리학적 정향에 영향을 미치는 요소들에 대한 어떤 검토는 현대의 분위기에서 **대중매체**에 의해 행해진 중요한 역할을 고려해야만 한다. 이 요소들이 사람들이 정치에 대해 오랜 기간 동안 지니고 있는 믿음이나 가치(정치문화)이든지 아니면 특별한 정책들이나 문제들에 대한 단기적인 반작용(여론)이든지 간에 말이다. 대중매체는 19세기 말에 대중의 해독능력이 증대되고 대중신문이 나타난 이후 정치적으로 그 중요성을 인정받았다. 하지만 사회적·기술적 변화의 결합을 통해 대중매체는 점점 더 강력한 정치행위자가 되었으며, 어느 면에서는 정치과정에 점점 더 깊이 말려들게 되었다. 세 가지 발전은 특히 언급할 만하다. 첫째, 이른바 **정치사회화**의 '일차적' 대리자인 가족과 사회계급이 가지는 영향은 쇠퇴하였다. 사람들은 성인 시기에 변형되거나 심화되는 경향을 보이기는 하지만 좀처럼 급진적으로 변화하지 않는다. 정치적 공감과 학습은 특히 유년기의 말기나 사춘기에 획득되지만, 이 점은 더 큰 사회적·지리적 이동성과 개인주의적인

개념설명

정치사회화
Political socialization
정치사회화는 개인들이 정치적 믿음과 가치들을 획득하는 과정이며, 이 과정에 의해 이러한 믿음과 가치들은 세대를 통해 전해진다. 가족과 학교는 일반적으로 정치사회화의 '일차적' 대리인으로 간주된다. 반면에 작업장, 또래집단 그리고 매체들은 정치사회화의 이차적 대리인으로 간주된다. 정치사회화에 대한 관심은 이른바 '행태주의 혁명' 동안에 절정에 달했는데, 여기서는 외부의 자극들이 정치적 태도나 행위를 설명하는(어쩌면 결정하는) 것으로 이해되었다.

'신'대중매체 'New'media
디지털 기술 혹은 컴퓨터 기술을 통해 가능하게 된 수많은 다양한 형태의 전자소통에 대한 포괄적인 의미.

소비자의 가치가 확산됨으로써 현대사회에서 약화되었다. 그리하여 지속적인 정치적 충성과 관습적인 투표 유형들은 정치에 대해 좀 더 도구적인 접근으로 대체되었다. 정치에 대한 이러한 접근에 있어 사람들은 당면하고 있는 쟁점과 정책입장에 기반을 두고서 개인의 이해관계를 계산함으로써 정치적 선택을 한다. 이는 대중매체가 행사하는 정치적 영향을 위한 공간을 확대한다. 왜냐하면 대중매체는 주요한 장치이고, 이를 통해 쟁점, 정책에 관한 정보와 정치적 선택이 공중에게 전해지기 때문이다.

둘째, 1950년대부터 대규모로 늘어난 TV 시청자와 좀 더 최근에 '신' 대중매체와 연관이 있는 방송들과 매체의 확산으로 인해 대중매체는 사람들의 일상생활 속으로 깊숙이 침투하였다. 이 현상은 공중이 이제는 전보다 훨씬 더 대중매체에 의존한다는 점을 의미한다. 가령, TV는 정치적 모임보다 뉴스와 현재에 일어나는 정보를 얻을 수 있는 훨씬 더 중요한 원천이다. 많은 사람들이 정치적 모임에 참가하기보다는 운동경기를 시청한다. 심지어 쇼핑조차도 점점 더 쇼핑방송과 인터넷을 통해 이루어지고 있다.

셋째, 대중매체는 더 강력한 경제적 행위자가 되었다. 주요한 대중매체 기업들은 영향력이 있는 지구적 행위자가 되었을 뿐만 아니라, 일련의 기업들은 이전에 따로 분리되어 있었던 출판·TV·영화·음악·컴퓨터 그리고 텔레커뮤니케이션을 하나의 거대한 '교육(교양)·오락·프로그램' 산업으로 편입하고자 하는 경향을 보였다(Scammel, 2000). 마이크로소프트Microsoft, AOL타임워너AOL-Time Warner, 디즈니 그리고 루퍼트 머독Rupert Murdoch 방송기업과 같은 대중매체 기업들은 그 어떤 정부도 이들을 무시할 수 없을 정도로 상당한 경제적·경영적 힘을 축적하였다.

대중매체 이론들

정치적 태도와 가치를 형성하거나 쟁점과 문제들이 가지는 성격과 중요성에 관해 대중들이 가지고 있는 인식에 영향을 줌으로써 정치적 선택이나 선거에서의 선택을 할 경우에 대중매체가 가지는 능력을 의심하는 논평가는 별로 없다. 하지만 대중매체가 행사하는 정치적 중요성에 관해 주목할 만한 논의가 있다. 일련의 경쟁적 이론들이 대중매체가 주는 정치적 영향에 대해 대조적인 견해들을 제공하고 있다.

이 이론 중에서 가장 중요한 이론은 다음과 같다.

① 다원주의 모델the pluralist Model
② 지배이데올로기 모델the dominant-ideology Model
③ 엘리트 가치모델the elite-values Model
④ 시장 모델the market Model

다원주의 모델

다원주의는 일반적으로 다양성과 다중성을 부각시킨다. 대중매체에 대한 다원주의 모델은 대중매체를 광범위한 정치적 견해들을 논의하고 토론하는 하나의 이데올로기적 시장으로 설명하고 있다. 대중매체가 정치적 견해와 공감에 영향을 미칠 수 있다는 점을 부정하지는 않지만, 이 모델은 대중매체가 거대한 사회 내에 존재하는 세력들의 균형을 반영하고 있다는 점에서, 대중매체가 미치는 영향이 본질적으로 중립적이라고 본다.

하지만 다원주의 견해는 아주 긍정적인 의미에서 대중매체를 묘사하고 있다. '교양 있는 시민'을 확보하면서 대중매체는 민주주의를 향상시키고 정부권력을 견제할 수 있다는 것이다. 대중매체의 이러한 '경비견Watchdog' 기능은 1974년에 워터게이트Watergate 사건을 보도한 워싱턴 포스트에서 고전적으로 입증되었다. 이 보도로 인해 리차드 닉슨Richard Nixon 대통령은 사임하였다. 더욱이 어떤 사람들은 '신'매체의 출현과 특히 인터넷의 출현으로 인해 '반자본주의' 행동주의자를 포함한 항의집단들에게 상대적으로 힘들이지 않고 매우 효과적인 정보를 보급하고, 캠페인을 조직하게 해줌으로써 다원주의와 정치적 경쟁을 강화하였다고 주장한다. 하지만 다원주의 모델은 중요한 결함으로 인해 골머리를 썩고 있다. 예를 들면 허약하고 조직적이지 못한 집단들은 출판물과 소식들에 접근하지 못한다. 이 점은 매체가 가진 이데올로기 시장이 성격상 상대적으로 좁고 일반적으로 특권 계급에 친화적pro-establishment이라는 것을 뜻한다. 이 외에도 사적 소유와 정부로부터의 형식적인 독립은 정부·언론·방송사 사이에 점점 더 증대하는 공생관계라는 견지에서 대중매체가 지니는 비판적인 성격을 보장하기에는 충분하지 않다는 점을 들 수 있다.

지배이데올로기 모델

지배이데올로기 모델은 대중매체를 경제적·사회적 엘리트의 이해관계와 제휴하는 정치적으로 보수적인 세력으로 묘사하고 있다. 대중매체는 대중의 순종과 정치적 수동성을 양산해 내는 데 이용된다. 이 모델이 가지고 있는-그람시와 같은 이론가들과 연관을 맺고 있는-맑스주의 해석에서 볼때, 이는 대중매체가 주요 기업들과 대중매체들의 실력자들의 이익을 위해 행동하면서 부르주아의 이념을 선전하고 자본주의적 패권을 유지하고 있다는 점을 시사한다. 달리 표현하면, 사적 소유가 대중매체가 유포하는 정치적 견해 등을 결정한다는 것이다. 그리고 소유가 소수의 지구적 대중매체 기업들의 수중으로 집중된다는 것이다. 가장 큰 6개의 대중매체 기업들로는 AOL타임워너AOL-Time Warner, 뉴스 코퍼레이션News Corporation, 바이아컴Viacom, 디즈니, 비벤디 유니버살Vivendi Universal과 버틀스만 AG Bertelsmann AG 등을 들 수 있다. 이러한 관점에서 볼 때, 서구의 소비자문화와 양립하는 이념, 이미지 그리고 가치들을 유포시키는 대중매체가 가지는 경향이 새로운 시장을 개척하고 세계를 향해 기업을 확장시키는 데 기여한다는 점에서, 대중매체는 지구화를 촉진시키는 데 중요한 역할을 한다.

지배이데올로기 모델에 대한 가장 영향력 있고 세련된 해석 중 하나가 노엄 촘스키와 에드 헤르만Ed Herman이 공동으로 저술한 『동의 제작 Manufacturing Consent』(1994)에서 '선전모델'의 형태로 발전되었다. 그들은 5개의 여과장치들을 규정하였다. 이 여과장치들을 통해 뉴스와 정치적

방송은 매체 자체가 지니고 있는 구조에 의해 왜곡된다는 것이다. 이 여과
장치들은 다음과 같다.

① 소유주가 있는 회사의 기업이익
② 고문들과 후원자들의 입장과 관심사에 대해 가지는 민감성
③ 정부와 기업을 뒤에서 밀고 있는 두뇌집단과 같은 '권력의 대리자
agents of power'로부터 소식과 정보를 취득
④ 법적 행동에 대한 위협을 포함하여 언론인들에게 가해지는 '비난'이나
압력
⑤ 시장경쟁과 소비자 자본주의가 가지는 혜택에 대한 절대적인 믿음

촘스키의 분석은 대중매체가 민주주의를 파괴하는 정도를 강조하고 있
다. 예를 들면 촘스키의 분석은 대중매체가 제국주의적 대외정책 목표들을
위해 미국에서 대중적 지지를 동원하는 데 기여하는 정도를 부각시킨다. 하
지만 지배이데올로기 모델 또한 비판을 받고 있다. 그중 하나는 이 모델이
언론과 방송, 특히 국영방송들이 진보적·사회적·인종적 그리고 새로운 쟁
점들에 관심을 쏟는 정도를 과소평가하고 있다는 것이다. 더욱이 대중매체
의 산출물이 정치적 태도를 형성한다는 가정은 결정론적이다. 그리고 여과

노엄 촘스키(Noam Chomsky; 1928년생)

미국의 언어학자이며 급진적 지식인 촘스키는 필라델피아에서 태어났으며, 그의 부
모는 동유럽에서 온 이민자이다. 그는 언어학 분야에서 학자로서 탁월성을 인정받
았다. 그가 쓴 『문법구조*Syntactic Structures*』(1957)는 '변형문법(transformational
grammar)'에 관한 이론으로 이 분야에 혁신을 가져왔다. 이 변형문법론은 인간이 언
어를 습득하고자 하는 내적인 능력을 가지고 있다는 점을 제안하였다. 베트남전쟁 동
안에 급진적으로 된 촘스키는 그 후에 미국 대외정책에 선도적인 급진적 비판가가 되
었으며, 『미국의 힘과 새로운 관리*American Power and the New Mandarins*』(1969),
『동의 제조*Manufacturing Consent*』[1988, 에드워드 헤르만(Edward Herman)과 공저]
와 같은 책에서 자신의 관점을 발전시켰다. 『동의 제조』라는 책은 제국주의를 공격하기
위해 대중적 지지가 어떤 방식으로 동원되는가를 설명하고 있다.

과정에서, 또 대중매체가 전하는 메시지에 대한 저항에서 국민이 가지고 있는 가치가 행하는 역할을 무시하고 있다.

엘리트가치 모델

엘리트가치 모델은 대중매체 기업의 소유권이라는 관심에서 벗어나 대중매체의 산출물을 통제하는 메커니즘에 관심을 기울인다. 이 견해는 편집인·언론인·방송인들이 상당한 정도의 직업적인 독립성을 향유하며, 심지어 대중매체 거물들의 간섭은 단지 광범위한 정치의제만을 정할 수 있을 뿐이며, 날마다 발생하는 편집상의 결정을 통제할 수는 없다는 점을 시사하고 있다. 따라서 대중매체가 가지는 정치적 성향은 집단에서 고위직책을 맡고 있는 사람들 사이에서 불균형적으로 표현되는 집단의 가치를 반영한다. 하지만 이 모델에 대한 수많은 해석이 있으며, 이 해석은 정치적으로 중요하다고 간주되는 특징들에 의존한다.

엘리트가치 모델의 하나의 해석은 대부분의 주요 신문·잡지·TV방송국들이 가지고 있는 반사회주의적이며 정치적으로 보수적인 견해들은 이 기관들의 고위직들이 좋은 대우를 받고 있다는 사실과 일반적으로 중산계급적 배경에서 유래한다고 주장한다. 또 하나의 매우 다른 해석이 때때로 보수주의자들을 통해 일어났다. 이들은 매체가 대학 교육을 받은 자유주의적 지식인들의 견해를 반영한다고 믿고 있다. 이 자유주의적 지식인들이 가지고 있는 가치와 관심사는 대중이 지니고 있는 가치와 관심사와는 매우 다르다는 것이다. 엘리트가치 모델에 대한 여성해방주의적 해석에서 볼 때 이 모델은 고위직 언론인과 방송인 사이에 존재하는 남성의 지배를 부각시키고 있다. 여성해방주의자들에 따르면, 이 점은 여성의 견해와 문제들이 대중매체에 의해 부적절한 관심을 받고 있다는 점을 설명해 주며, 방송인과 언론인들이 채택한 인터뷰와 정치적 토론이 가지는 대결적인 양식을 설명해 주고 있다고 한다. 엘리트가치 모델은 대중매체가 표출하고 있는 정치적 견해들의 범위가 다원주의자들이 시사하고 있는 것보다 종종 더 제한을 받고 있는 이유를 설명하는 데 도움을 주고 있지만, 이 모델 역시 한계가 있다.

이 한계 중에서 주요한 것은 이 모델이 대중매체에서 고위직책을 가진 사람들에게 가해지는 압력을 충분하게 설명해 주지 못한다는 점이다. 이 압력에 소유자의 견해와 이해관계 그리고 상업적 이익의 관점에서 특히 '시청률ratings'을 높이는 인물을 고용하는 것 등을 들 수 있다.

시장 모델

대중매체에 대한 시장모델은 대중매체의 성향에 대한 생각을 가지고 있지 않다는 점에서 다른 모델들과 다르다. 즉 이 모델은 신문과 TV가 공중의 견해를 형성하기보다는 반영한다고 주장한다. 왜냐하면 매체의 소유자와 고위직들이 가지는 개인적인 견해와는 상관없이 사적인 대중매체 대리점들은 무엇보다도 이윤극대화와 시장에서의 점유율을 확대하고자 하는 기업이기 때문이다. 따라서 대중매체는 사람들에게 '그들이 원하는 것'을 제공해 주며, 사람들이 동의하지 않는 정치적 입장들을 표명함으로써 기존에 존재하거나 잠재적인 시청자나 독자들을 소외시킬 여유가 없다. 상업적 압력이나 고문들의 압력으로부터 더 독립되어 있는 BBC방송과 같은 국영방송과 관련하여 볼 때 이러한 상업적 고려들은 덜 긴박하다. 하지만 여기에서도 '시청률'이라는 폭정은 점점 더 명백하게 나타나고 있다.

이 모델이 적어도 사적으로 소유된 대중매체가 정치과정의 부분으로 간주되어야 한다는 생각을 배제하고 있기는 하지만, 이 모델은 정치생활에서의 몇 가지 중요한 경향들을 설명해 주고 있다. 이 경향들 중의 하나는 정치적 보도의 평범화로부터 발생하는 정치에 대한 대중의 환멸이 증대할지도 모른다는 것이다. 특히 '시장점유율'을 잃을까 두려워하는 TV사들은 중대한 정치토론에 대한 보도를 감소시켰고, 그리하여 '오락성 보도 프로그램'을 위해 시민들을 교육하고 시민들에게 정보를 제공하는 책임을 포기하였다.

대중매체, 민주주의 그리고 거버넌스

자유언론Free press
정부에 의한 검열과 정
치적 간섭으로부터 자유
로우며, 일반적으로 사
적으로 소유되는 신문들
(그리고 그 확대에 의한
다른 매체들).

민주주의의 후견인들?

대중매체가 민주주의에 미치는 영향은 대중매체와 정치 사이의 관계에 대해 가장 광범위하게 논의된 측면 중의 하나이다. 많은 사람들이 볼 때 **자유언론**의 존재는 민주적 거버넌스의 핵심적인 특징 중의 하나이다. 하지만 대중매체가 어떻게 민주주의의 후견인으로 행동하는가? 그리고 어떤 사람들은 심지어 대중매체가 민주주의를 손상시킬지도 모른다고 주장하면서 대중매체의 민주주의 신임장에 왜 의문을 제기하였는가? 대중매체는 전통적으로 두 가지 중요한 방식으로 민주주의를 증진시킨다고 말할 수 있다. 그 하나는 공공 토론과 정치참여를 장려함으로써, 또 다른 하나는 권력의 남용을 견제하는 '공적 감시인'으로 행동함으로써 그렇다(좀 더 일반적으로 민주주의와 정치에 대한 신대중매체의 특별한 영향은 이 장의 후반부에서 고려된다).

의미 있고 중대한 정치토론이 일어날 수 있는 시민포럼을 제공하는 능력은 종종 대중매체의 핵심적인 민주주의적 기능으로 간주되었다. 이것의 미덕은 독립적이고 사려 깊은 견해들을 가진 정통한 시민들이 좀 더 정치에 관여하게 될 것이라는 점이다. 따라서 대중매체는 정치교육의 대리자이다. 사실상 대중매체는 민주정치의 재료인 대화, 토론 그리고 심의를 위한 장소로서 의회와 지방협의회와 같은 공식적인 대의제도를 일반적으로 대신할지도 모른다. 논의의 여지는 있지만 이러한 현상은 대중매체가 전통적인 대의기관들보다 이 역할에 더 잘 들어맞기 때문에 일어난 것이다. 공중에게 아마도 활동하고 있는 정치가들을 볼 수 있는 유일하게 중요한 기회들을 제공해 주는 일에 덧붙여―예를 들어 정치가와의 인터뷰와 TV로 방영되는 의회토론을 통해―대중매체는 오로지 선출된 정치가들로 구성되는 대의제도 내에서 가능한 것보다 훨씬 더 폭넓은 관점과 의견들의 표출을 위한 광장을 제공해 준다. 학술자와 과학자, 기업의 지도자 그리고 노동조합장, 이익집단의 대표자, 모든 분야의 로비스트들은 생각을 말할 수 있고, 대중매체의 기구를 통해 공적 토론에 참여할 수 있다. 대중매체는 실제로 정치토론에서

정치적 편견 Political bias
정치적 편견은 제도적으로 다른 집단에 대한 한 집단의 가치나 이해관계들을 지지하는 정치적 견해의 표현을 말한다. 편견은 때때로 사실보다는 의견의 표현과 연관이 있으며, 이 경우에 편견의 반대말은 '객관성'이다. 사실과 의견이 연결되어 있는 것으로 이해된다면, 편견의 반대는 '균형'이다. 하지만 편견은 다양한 형태를 취할지도 모른다(McQuail, 1992). 당파심이 강한 편견은 노골적이고 정교하게 장려된다(신문에서의 사실). 선전적 편견은 정교하고 의도적이지만 승인되지 않는다('게으른' 학생이나 '전투적' 무슬림과 같은 일반화). 고의가 아닌 편견은 겉으로 보기에 직업적인 고려에 기초한 선택과 우선순위의 과정을 통해 일어난다(대중매체의 보도를 결정하기 위한 '뉴스가치'의 사용). 이데올로기적 편견은 은폐되고 의도적이 아니다. 그리고 이 편견은 특별한 믿음 제도 속에 새겨져 있는 가정과 가치판단의 토대 위에서 작동한다(사적 소유, 선거상의 선택 그리고 정치생활의 '정상적' 규범으로 묘사된 세속주의).

표현된 견해와 의견의 범위를 폭넓게 해 줄 뿐만 아니라 또한 형식에 얽매이지 않고, 모든 공중에게 활기차고 매력적인 방식으로 논의와 토론을 표현해 준다.

어떤 의미에서 대중매체의 '감시인' 역할은 한 벌의 작은 정치적 토론 논쟁에 해당된다. 이 관점에서 볼 때 대중매체의 역할은 정부활동을 조사하고 권력남용을 폭로함으로써 공적 책임이 일어나는 것을 보장하는 데 있다. 되풀이 하자면, 이러한 역할을 수행함에 있어 대중매체는 형식적인 대의제도들의 일을 보완하고 어느 정도는 대신하고 있다. 언론가나 TV 사회자와 같은 대중매체 전문가들은 특히 이러한 역할에 적합한데, 그 이유는 이들이 정치의 '외부에' 있으며, 언제 어디에서나 발견될 수 있는 무능과 부패, 그리고 혼란스러운 생각을 폭로하는 것 이상의 다른 이해관계를 가지고 있지 않기 때문이다. 이와는 대조적으로 공적 책임이 단지 직업 정치가의 수중에만 남겨진다면, 그것은 부적당한 행동이나 나쁜 행동을 하려고 시도하는 사람들이 어떤 단계에서는 정부권력을 장악하려고 한다는 사실에 의해 강요될지도 모른다. 이것은 단지 그들의 계기들을 더럽힐 뿐만 아니라 그들로 하여금 그들이 미래에 활용하기를 원할지도 모르는 과정과 실천들을 비판하는 것을 단념하게 할지도 모른다. 하지만 대중매체가 적절하게 독립적이고 정부에 의해 지배를 받지 않는다면, 대중매체는 이 역할을 효과적으로 수행할 수 있다. 따라서 민주주의 거버넌스는 공적으로 재정지원을 받는 매체들은 독립적인 위원회에 책임을 져야 하거나 아니면 '자유롭거나' 혹은 사적으로 재정을 꾸려가는 매체들로부터의 적절한 수준의 경쟁이 있을 것을 요구한다. 그럼에도 위키리크스WikiLeaks의 사례는 대중매체의 '감시인'이 실제로 얼마나 물의를 일의킬 수 있는지를 보여 주고 있다.

하지만 효과적인 민주적 거버넌스를 제공하는 대중매체의 능력에 관한 조건들 역시 표현되었다. 이 중에서 첫 번째 조건은 지배이데올로기 이론가와 엘리트가치 이론가들이 논의하였던 것처럼 시민들에게 폭넓고 균형 있는 정치적 견해들을 제공하는 것과는 거리가 멀게 대중매체의 내용이 명백한 **정치적 편견**으로 인해 더럽혀진다는 것이다. 정치적 편견이 편집자들의 의견과 가치에서 비롯되든지, 아니면 대중매체의 이해관계와 경제적·사회적 엘리트들의 이해관계 간의 좀 더 일반적인 제휴로부터 비롯되든지 간에 객관적인 정보를 제공하고 공공서비스 원칙에 충실하게 남아 있어야 하는 대중매체의 의무가 어떻게 실제로 신뢰할 만하고 일관성 있게 이행될 수 있는지를 알아낸다는 것은 어렵다. 이러한 점에서 대중매체 소유의 의미와 대기업들이나 영향력 있는 인물들의 견해와 이해관계들이 어떤 수준에서 대중매체의 활동에 영향을 미치지 않을 수 없다는 사실이 강조되었다. 대중매체가 정치적 의제에 영향을 미치는 한에서 이 의제는 정치적으로 보수적으로 될 것 같으며, 적어도 사회의 지배집단들의 이해관계와 양립한다.

둘째, 대중매체는 공적 책임에 예속되지 않는다. 대중매체는 '책임이 없는 권력'에 대한 고전적인 보기이다(Curran and Seaton, 2009). 언론가와 방송자가 박식하고 지식이 있으며 자극적이라 할지라도, 그리고 이들이 자신들을 '국민의 소리'로 묘사하기를 열망할지라도 대중매체 전문가들 – 선출 정치인과는 달리 – 은 그들 자신과는 다른 어떤 사람을 대변하지 못하며 여론을 표명하기 위한 주장들에 대한 의미 있는 토대를 가지고 있지 않다. 셋째, 정부로부터 대중매체의 독립을 의심하는 이유들이 있다. 이 장의 마지막 절에서 논의되는 것처럼, 대중매체 전문가들과 정치엘리트 사이에는 너무 자주 공생관계가 발전되며, 이것은 대중매체의 정치적 견해와 효과적인 '감시인'으로 행동하는 대중매체의 능력을 제약한다.

대중매체와 거버넌스

대중매체가 민주주의에 미치는 – 좋거나 아니면 나쁜 – 영향과는 별도로 '정보시대'에 있어서 대중매체의 두드러짐은 다양한 방식으로 거버넌스의 과정들에 영향을 미쳤다. 이 중 가장 중요한 과정으로는 정치 리더십의 변형, 정부권력의 재분배, 그리고 몇몇 사람들이 경고하였던 것처럼, 정치에 대해 늘어만 가는 환멸을 초래하고 사회를 통치하기에 더 어렵게 만드는 정치문화의 변화, 마지막으로 정부행위들에 대한 대안과 정책입안의 성격 등을 들수 있다.

대통령화

Presidentialization
집행적인 대통령의 역할
과 권한들과 병행하여
개인적 리더십에 대해
점증하는 강조.

명사정치 Celebrity politics
선출된 정치인들에 의해
명사 집단의 양성이나
대중문화 스타들의 정치
영역으로 개입에 의한
정치.

공간적 리더십

Spatial leadership
정치지도자들이 그들 자
신을 '제3자'로 표현하거
나 혹은 그들 자신의 정
치적 입장이나 이데올로
기적 입장을 발전시킴으
로써 자신들을 정당이나
정부로부터 거리를 두고
자 하는 정치지도자의
경향.

대중매체가 정치 리더십을 변형시킨 주요한 방식은 진지하고 '건전한' 정책과 이데올로기적 토론을 희생하면서 원로 정치가의 사생활 및 사적 행동에 대한 증대하는 관심을 통해서이다. 부분적으로 이것은 쟁점보다는 이미지, 정책보다는 개인에 대한 대중매체, 특히 TV에 대한 집착에서 비롯된다. 영국 그리고 다른 의회제도들에서 이것은 정치의 '**대통령화**' 혹은 '미국화'를 향한 경향 속에서 분명하게 나타난다. 그러한 경향들은 대중매체의 부분들에 대한 의식적인 편견이라기보다는 쟁점이나 정책에 별로 관심이 없다고 간주되는 대중에게 정치를 '팔고자' 하는 시도를 나타낸다. 이것은 또한 선거를 '경마'로 취급하려는 경향을 설명해 주고 있는데, 공중의 관심은 산출의 정책 중요성에 초점을 맞추기보다는 승리하는 사람에게 더 초점을 맞추고 있기 때문이다. 이 두 가지 경향들은 불가피하게 일치하며, 선거를 선도적 정치인들 사이에서의 '미인대회beauty contest'로 전환시킨다. 이 선도적 정치인들은 그들 정당의 '브랜드 이미지'로 이용된다. 따라서 선두주자들은 일반적으로 정치적 쟁점들에 대한 전문적 지식이나 중요한 정치적 토론에 대한 능력보다는 오히려 '방송용' 지식 — 편안한 태도, 유머감각, '대중적 접촉' 등등 — 을 토대로 평가된다. 그러나 선도적인 정치가들이 저명한 위상을 부여받은 것은 대중매체의 관심이라는 눈부신 조명에 노출되었기 때문인가, 혹은 대중매체의 관심이 정부 체계 안에서의 권력 배치에 영향을 미쳤는가?

'대중매체 시대'의 출현이 정치지도자들의 행위를 변화시키고, 뿐만 아니라 개별 정치인들의 출세 전망에 영향을 미쳤다는 데에 거의 의심의 여지가 없다. 예를 들어 개인의 외모, 머리 모양, 패션 감각 등등의 표상적인 요소들이 정치적 선호나 승진을 결정하는 데 더 중요하게 되었다. 하지만 그러한 발전들은 단지 현대정치의 '모습'만을 변화시켰던 것이 아니라 행정부 내의 그리고 행정부와 의회 간의 권력관계들을 재배치하였다. '**명사정치**'의 증대는 대통령, 수상 그리고 다른 정당 리더들에게 유권자들에 인격적으로 호소를 할 수 있게 해 주고, 이는 **공간적 리더십**spatial leadership를 만들어 준다. 이것은 리더들에게 그들의 선임 동료들, 정당들 그리고 정부기관들을 제쳐놓고 직접적으로 공중에게 호소할 수 있게 해 준다. 더욱이 그들이 주는 메시지, 그들이 채택하는 정책과 이데올로기적 태도들은 대인관계 고문, '언론 담당자spin doctors', 대중매체 경영자들, 여론조사원 그리고 광고감독자와 같은 상당히 넓은 집단들에 의해 개인적으로 지지를 받은 지도적 정치인들에 의해 점점 더 결정되고 있다. 이러한 현상의 결과 중의 하나는 신참 정치인들이 리더들의 의견에 따르는 부가적인 이유를 가질지도 모른다는 점이다. 즉 이들은 자신들의 지도자의 이미지와 명성을 손상시킨다는 두려움을 가질지도 모른다. 만약에 리더가 특히 분열이나 내적인 비판에 의해 손상을 입게 된다면 정당이나 정부의 모든 구성원들은 고통당하게 된다. 그리하여 정치권력은 개별적인 정치인들이 받은 평판이나 대중매체의 관심을 토대로 조직된다. 대중매체에 대한 관심이 크면 클수록 정치적 영향력도 커진다. 하지만 대중매체의 관심이 정치 리더들에게 절대적인 이득은 결코 아니다. 이들의 승리와 성공이 공공연하게 알려질 수 있기는 하지만 이들의 결점, 실수 그리고 위반들 역시 무자비하게 폭로될 수 있다. 사실 동시대 정치 리더들의 궁극적인 취약성은 대중매체의 부정적인 보도가 이들을 '선거상의 책임'을 지도록 하게 할 수도 있으며, 이는 '정당을 구하거나' 아니면 자신들의 정치적 출세를 위해 그들의 정당과 동료들을 정치 리더들에게서 벗어나도록 조장한다.

대중매체가 거버넌스에 영향을 미쳤던 두 번째 방식은 대중매체가 정치문화에 미치는 영향을 통해서이다. 대중매체는 때때로 공중들 사이에서 신랄한 냉소의 분위기가 만들어진 것에 대한 책임이 있으며, 이는 일반적으로 정치에 대한 대중의 환멸을 증대시키고 모든 정부 조직체와 정치인에 대해 신뢰감을 상실케 한다(Lloyd, 2004). 이것은 또한 투표율의 저하와 정당회원의 하락과 같이 특별히 성숙한 민주주의를 괴롭혔던 경향들과 연결될지도 모른다. 영국은 종종 대중매체가 조종한 '모욕의 문화'에 대한 가장 발전된 보기로 간주된다. 하지만 그와 유사한 경향들이 다른 곳, 특히 미국·오스트레일리아·캐나다에서 나타나고 있다. 이러한 현상이 왜 발생하였는가? 물론 정치인 일반과 특별한 정부에 대한 비판적인 태도는 민주주의 거버넌스의 유지에 중요하다. 하지만 정당한 비판과 체계적이고 혹독한 부정 간의 차이점이 실제로 견지되기는 어렵다. 부분적으로 이것은 점점 더 증대하는 강력한 상업적 압박감들이 대중매체에게 정치보도를 '섹시'하고 주목할 만한 것으로 만들도록 강요하기 때문에 발생한다. 결국 대중매체는 하나의 기업이고 그래서 뉴스와 현재의 상황들의 보도에 대해 불가피한 압력이 발생하게 된다. 사실들이 점점 더 빠르게 논평과 해석의 혼란 속으로 빠져들게 되며, 겉으로 보기에 일어나고 있는 일과 사건이 의미하는 것 간의 차이가 희석화된다. 마찬가지로 판에 박힌 정치토론과 정치분석은 점점 더 주목을 받지 못하게 되는데, 그 이유는 대중매체가 다양한 종류의 스캔들―혹은 '과장보도'―과 무능력에 대한 탄원, 정책실패나 단순한 타성에 초점을 맞추기 때문이다. 그 결과 선도적인 정치인들은 매순간 자신들을 난처하게 하고 자신들의 명예를 손상시키는 것과 같은 목적만을 가진, 현재 방송되고 있는 TV프로그램 속에서 생활하게 된다. 공중의 입장에서 정치인들은 신뢰할 수 없고 남을 속이는 사람이며, 그들은 정치인들에게 자신들이 어떤 다른 현실의 TV프로그램 참여자에게 부여해 주는 것과 똑같은 수준의 존경심을 부여하려는 경향이 있다(그러한 발전들의 함의는 20장에서 더 검토된다).

대중매체가 거버넌스에 영향을 미쳤던 마지막 방식은 정책 입안과정에 대해 대중매체가 미치는 영향을 통해서이다. 이것은 적어도 두 가지 방식으로 일어났다. 그 첫 번째 방식은 이렇다. 사회에 존재하는 모든 사람들과 꼭 같이 정부는 거의 직접적으로 아주 많은 양의 정보에 의해 공격받고 있다는 점이다. 너무 많이 안다는 것은 때로는 너무 적게 아는 것만큼이나 위험한 것이다. 이에 대한 보기로는 2001년 9월 11일의 테러리스트 공격을 예견하고 제어할 수 없었던 미국의 무능력에서 발견될 수 있다. 미국이 직면했던 문제는 미국이 알 카에다에 관한 정보가 없었다는 점이 아니라 이용할 수 있는 절대적인 양의 국가안전정보가 효과적인 분석을 거의 불가능하게 만들었다는 데 있었다. 더욱이 뉴스와 정보가 더 빠른 속도로 확산되기 때문에 정부들은 더 빠르게 그리고 종종 뉴스와 정보를 완전하게 논의하고 이해하기 전에 사건들에 대응하도록 강요당하고 있다. '24/7 뉴스'(하루 24시간 7

이메일 민주주의

E-democracy

때때로 '디지털 민주주의'
나 '사이버 민주주의'로
불리는 이메일 민주주의
는 민주주의 과정들에 시
민들의 참여를 늘리기 위
해 컴퓨터에 기반한 기술
의 사용과 연관을 맺는
다. 그럼에도 이것은 다
른 방식으로 일어날지도
모른다. (1) 대의제 모델
에서 이메일 민주주의는
확립된 민주주의 메커니
즘을 강화하고자 한다(이
메일 투표와 이메일 청
원). (2) 심의제 모델에서
이메일 민주주의는 직접
적인 대중참여를 위한 새
로운 기회를 열고자 한다
(전자 직접민주주의). (3)
행동주의 모델에서 이메
일 민주주의는 정치적·
사회적 운동들을 강화하
고자 하며, 일반적으로
시민의 권력을 강화하고
자 한다('실질적' 공동체
와 ICT에 기반한 시위들).

일 동안 행해지는 뉴스-옮긴이)의 시대는 불가피하게 '24/7 정부'의 시대로 된
다. 정치인들은 단지 타성이나 비활동에 대한 비판을 모면하기 위해 쟁점들
에 대한 입장을 취하게끔 조장되고 심지어 강요당하게 된다. 하지만 정치인
들은 정책선택이나 이것의 의미를 분석하는 데는 거의 시간을 사용하지 않
는다. 두 번째, 대중매체에 대한 더 큰 의존은 정치적 의제를 정하고 정책입
안의 방향을 지시하는 것이 정부가 아니라 종종 대중매체라는 점을 의미한
다. 예를 들어 2004년 12월에 아시아의 쓰나미에 대한 TV 사진들이 거의 즉
시 전 지구에 방영되었고, 그리하여 희생자에 대한 일반인들의 공감을 만들
어 내고 전례없는 수준의 민간인들의 자선 기부를 초래하였다는 사실로 인
해 세계 각국의 정부들은 며칠 내에 원조와 지원의 규모를 상당히 증대시켜
야 하였다.

신대중매체와 이메일 정치의 부흥

1990년대 이후, 특히 인공위성·케이블TV·휴대폰·인터넷 그리고 일반적
으로 디지털 기술의 확산으로 인해 야기된 소통기술들의 혁명은 '정보사회'
혹은 '네트워크 사회'(7장에서 논의된 바와 같이)로 불렸던 것을 만들어 내는 데
기여하게끔 대중매체와 사회를 변형시켰다. 이것은 또한 상당히 재빠르게
일어났던 과정이기도 하다. 가령, 전 세계에 걸쳐 인터넷의 보급은 2000년에
세계인구의 17명 중 1명이, 2012년에는 3명 중 약 1명꼴이 되었으며, 몇 년
전만해도 거의 알려지지 않았던 트위터·페이스북·유튜브·위키피디아·
구글이 많은 사람들의 일상생활의 부분이 되었다. 그러나 이 신매체는 어떻
게 어느 정도로 정치에 영향을 미쳤는가? 가장 평범한 주장은 다음과 같다.
신대중매체는 진보적인 힘이며, 정치생활의 질을 향상시키는 데 기여한다
는 것이다. 특히 정부나 정치엘리트로부터 일반 공중으로 권력을 포괄적으
로 이양하는 데 기여함으로써 말이다. 이 점은 종종 '이메일 민주주의'에 대
한 이념으로 요약된다. 하지만 이메일 민주주의는 애매모호하고 논쟁의 여
지가 있는 단어인데, 이 단어는 다양한 범위의 활동들을 망라하고 있다. 이
활동 중의 어떤 활동은 '하향식'-정부나 다른 공공기관들에 의해 발의된-

위키리크스WikiLeaks: 권력에 대해 진실을 천명?

사건: 위키리크스는 2006년에 선사인(Sunshine) 신문의 프로젝트에 착수하였다. 2007년 1월 이후 이 신문의 핵심적인 대표자는 종종 '위키리크스의 창설자'로 기술되는 오스트레일리아의 인터넷 활동가인 줄리안 어산지Julian Assange였다. 위키리크스의 주요 목적은 전자 '우편함'을 통하여 익명으로 보내진 서류와 다른 자료들을 가지고 정부와 기업의 부정행위를 주장하는 누설된 서류들을 발간하고 논평하는 것이었다. 직접적으로 아니면 다른 매체들(타임지, 가디안The Guardian, 뉴욕타임지와 슈피겔Der Spiegel 등을 포함하여)과 협력하여 위키리크스는 전쟁·살인·고문·구금에서 자유연설과 자유언론에 대한 억압 그리고 생태계와 기후변화에까지 이르는 문제들에 대한 상당한 양의 문서들을 발간하였다. 가장 세간의 이목을 끄는 누설 가운데 많은 것들이 미국의 군사적 활동, 안보활동 그리고 정보활동 등에 새로운 정보를 주었다. 이 활동 중에는 이라크전쟁에 관한 거의 4만 개의 은밀한 미국의 군사분야 보고서와 아프가니스탄에서의 전쟁에 대한 미국의 비밀문서도 있었다. 아프가니스탄전쟁에 관한 비밀문서들은 민간인 학살, '우호적인 화재friendly fire' 사망 그리고 특수부대의 활동들을 드러내고 있다. 그리고 누설 문서 가운데에는 세계에 걸쳐 있는 미국대사관으로부터 받았거나 미국대사관에 보내진 25만 번 이상의 미국무성 해외전보(소위 말하는 '케이블 게이트CableGate')도 있었고, 관타나모만Guantánamo Bay 강제수용소에 구금되었던 779명의 억류자들에 대한 비밀스러운 평가를 담고 있는 미국의 군사파일도 있었다.

의의: 신인터넷 문화와 현대기술을 사용함으로써 위키리크스는 역사에 있어 은밀한 정보에 대한 가장 큰 폭로에 책임이 있었다. 하지만 이 일이 지니는 함의와 가치들에 대한 평가는 아주 다양하였다. 지지자들은 대중매체의 자유를 지지하기 위하여 두 가지 핵심적인 주장들을 사용하였다. 그 첫째는 투명성이 음모·부패·착취·억압을 저지하거나 적어도 감소시키는 유일하게 효과적인 수단이라는 점이다. 아주 간단하게 표현하면 정부·군부·안보집단 혹은 기업과 금융에서 권력을 쥐고 있는 사람들이 그들의 행동이 공개적으로 폭로될 것 같다는 사실을 안다면, 그들의 지위를 남용하고 비윤리적 활동들에 별로 참여하지 않을 것이라는 점이다. 그리하여 개방적 거버넌스는 좋은 거버넌스를 촉진시킨다. 둘째, 대중매체의 자유는 민주주의를 지탱한다. 이것은 대중매체의 자유가 시민들로 하여금 그 자신의 마음을 만들게 하고, 단지 '공식적'인 자료가 아니라 모든 자료들로부터 정보를 얻을 수 있게 해 준다. 따라서 '밀고'나 '원칙에 의거한 기밀누설'에 대한 명백한 공적 이해관계의 방어가 있다. 이것은 1971년 '미국 국방부 페이퍼' 소송에서 수용되었다. 이 소송에서 미국 대법원은 다니엘 엘스베르그에 의해 누설된 베트남전쟁의 행위에 관해 기밀문서로 취급된 서류들을 발간한 뉴욕타임즈의 권리를 확정해 주었다. 이 확정판결의 이유로는 '단지 자유롭고 제한받지 않는 보도만이 정부의 기만을 효과적으로 폭로할 수 있다'는 것이었다.

하지만 위키리크스의 활동들은 또한 비판을 불러일으켰다. 이 활동들은 위키리크스가 그 자신을 위한 평판을 불러일으키고 기금을 조성하는 데 너무 과도하게 관심을 가졌다는 것이다(특히 위키리크스에 대한 온라인 지불에 대해 금융산업에 의해 부과된 제한의 관점에서). 하지만 가장 진지한 비판들은 다음과 같이 주장하였다.

위키리크스가 정보를 국가안보를 위협할 수 있고 해외에서 활동하고 있는 정보활동들을 확인과 보복에 취약한 정보활동을 도와주는 그러한 사람들을 방치할 수 있는 공공영역으로 몰고 갔다는 점이다. 이 점은 특히 케이블게이트와 관련하여 주장되었는데, 누설된 대사관 전신의 근거없는 자료들을 제공한 미국무기정보분석가인 민간인 브래들리 마닝Manning은 '적을 도왔다'는 이유로 2011년 12월 재판 전 군법정 청문회에서 고소당하였다. 케이블게이트 문서들의 방출은 세계의 정부들로부터 그리고 인간권리집단과 가디언 Guardian을 포함하여 이전의 공감자와 협력자들로부터 비판의 물결을 자극시켰다. 혹자는 '자유로운 정보 근본주의'를 지지함에 있어 공개성과 투명한 정부에 대한 전통적인 자유주의적 옹호를 넘어선 점을 이유로 위키리크스를 고발하였다. 이 '자유로운 정보 근본주의'는 무정부주의적은 아니라 할지라도 상당히 자유지상주의적 함의들을 가진 자세였다. 예를 들어 비밀공제 조합원the Masons, 몰몬 신도들 그리고 다른 집단들의 사적인 관습(의식)들은 이것이 명백한 정치적 목적에 기여하지 않았을 때조차도 출간되었다.

개념설명

사회적 대중매체

Social media

사용자가 만든 콘텐츠의 교환을 통해 온라인 공동체의 상호작용과 정보를 용이하게 해 주는 전자소통의 형태들.

일 수 있는 반면에 또 다른 활동들은 '상향식'–시민이나 행동주의자들에 의해 발의된–이다. 이 활동들은 정부에서 시민으로의 정보의 일방통행적 흐름을 포함하는 것과 쌍방향식 상호작용과정을 포함하고 있는 그러한 활동들 사이에서 만들어졌던 더 큰 차이를 나타내고 있다. 이메일 민주주의의 보기들은 다음과 같은 것들을 포함한다.

① 선거나 국민투표의 온라인 투표(이메일 투표)
② 정부나 다른 기관들에 의해 조직된 온라인 청원(이메일 청원)
③ 선전하고 조직하고 로비하거나 기금을 조성하기 위한 ICT의 사용(이메일 선거운동)
④ 웹사이트 블로그(웹-로그) 등등을 경유하여 정치적 정보, 뉴스 그리고 논평들에 접근하는 것
⑤ 시민들을 정치토론과 어떻게 해서든지 정책입안에 참여하도록 하기 위해 대화식 텔레비전 혹은 사회망 사이트 혹은 **사회적 대중매체**의 사용
⑥ 대중적 데모나 시위를 조직하기 위해 휴대폰과 사회적 대중매체의 사용

신대중매체는 적어도 세 가지 중요한 점에서 정치를 변화시켰거나 혹

은 변화시키고 있는 것으로 보일 수 있다. 첫째, 선거의 메커니즘들이 선거행위를 변화시켰다. 이 점은 특히 선거캠페인의 경우에 분명하게 드러난다. 선거캠페인은 점점 더 인터넷에 기초한 활동들로 움직인다. 웹사이트, 이메일 그리고 콘텐츠 서비스podcast들은 정치후보자와 정당에게 (잠재적으로) 다수의 청중들에게 자신들의 메시지를 전달하는 빠르고 값싼 수단들을 제공해 준다. 이 과정에서 정치후보자와 정당들은 선거지원자들을 충원하고 선거자금들을 모금하게 된다. 이메일 선거운동은 다음과 같은 장점을 가지고 있다. 즉 이 선거운동이 특히 더 젊은 유권자들을 끌어모으는 데 효과적이라는 점이다. 이 젊은 유권자들은 관습적인 전략들을 통해서 주목을 끌기에는 종종 가장 어려운 집단이다. 인터넷은 미국에서 1990년대 중반 이후 선거에서 사용되었지만 버락 오바마의 2008년 대통령선거 동안에 특히 두드러졌다. 오바마 팀은 특히 지지자와 18세에서 29세 사이의 지지자가될 사람들과의 관계를 형성하고자 포럼을, 그리고 페이스북·마이스페이스 같은 사회적 대중매체들을 사용하였다. 다시 말해 오바마 팀은 웹사이트 MyBarackObama.com를 매개로 하여 더 광범위한 지지망의 확산을 장려하였다. 공감자들은 또한 이메일과 텍스트 메시지를 통해 사건과 정책적 입장들에 대한 최신정보를 정기적으로 받았다. 그럼에도 신기술들이 확실히 오바마 선거운동의 모든 것은 아니었다. 오바마 선거운동은 또한 텔레비전 광고와 포스트 선거운동과 같은 좀 더 전통적인 전략들에 상당히 의존하였고, 여기에 대부분의 돈을 사용하였다.

디지털 혁신들이 선거에 영향을 미쳤던 또 다른 방식은 점증하는 전자투표실험을 통해서이다. 이 전자투표실험은 때때로 'push-button democracy'로 표현되었다. 이메일 투표는 특히 인도와 같은 나라들에서 중요하였는데, 이런 나라들에서 이메일 투표는 선거결과를 공표하는 데 있어 발생하는 사실상의 지체 없이 약 4억의 투표들을 계산하는 문제에 대한 유일하게 실천 가능한 해결책임이 입증되었다. 투표소에 설치된 전자투표기계들의 사용에 있어 인도에서 이루어진 첫 번째 실험은 1982년 시작되었고 그 뒤에 도입된 이메일 투표가 처음에는 주선거들에서 나중에는 국가 차원의 선거에서 이루어졌다. 유사한 전자 메커니즘들이 프랑스, 독일 그리고 핀란드에서부터 루마니아와 필리핀에 이르는 나라들에서 사용되었다. 하지만 인터넷의 사용―때때로 'i-투표'로 불림―을 통해 멀리 떨어진 이메일 투표의 사용이라는 시도들이 일어났지만 이메일 투표의 더 광범위한 도입은 곤란하게 되었는데, 그 이유는 더 크게 일어날 수 있는 선거상의 부정행위에 대한 염려들이 아직도 누그러져야만 했기 때문이다.

둘째, 신대중매체는 시민들에게 정치적 정보와 정치적 논평에 대해 더 넓고 더 용이하게 접근하게 한다. 이 점은 다양한 방식으로 일어났다. 예를 들어 세계의 모든 지역에 있는 정부들은 속도가 서로 다름에도 정부의 정보를 온라인으로 이용할 수 있게 하는 장점을 인식하였고 점점 더 많은 경우에 시민들이 웹사이트, 이른바 '이메일 정부'를 통해 정부 서비스를 이용할 수 있게 되었다. 그럼에도 가장 중요한 새로운 정보의 원천들은 그 성격상 비정부적인 것들이다. 전문집단·기업들·로비단체·싱크탱크들에 의해 다양하게 발전된 웹사이트의 확산은 처음으로 시민과 시민집단들이 정부의 정보에 필적할 만한 정보의 양과 질에 내밀히 관여한다는 점을 의미한다. 이 점은 일반적으로 국가적 정부와 전통적인 정치엘리트들의 희생을 대가로 비국가행위자들에게 권력을 부여해 주었다. 그리하여 비정부기구와 이익집단들은 정부의 위상과 행동들에 도전하는 데 더 효과적이 되었고 때때로 환경과 지구적 빈곤에서 공중건강과 시민의 자유에 이르기까지 전문적인 주제들에 관한 견해와 정보의 권위적 원천으로서 정부를 대체하기까지 하였다. 저널리즘에 신대중매체의 영향이라는 또 다른 발전이 있었다. 이 현상은 두 가지 점에서 일어났다. 첫째, 블로그의 발전은 정치적 논평의 지형들을 크게 확대하였는데, 그 이유는 점점 더 많은 '블로거'가 작가·학자·정치가 그리고 다른 사람들에게 정치적 문제에 관한 자신들의 관찰과 견해들을 이에 흥미를 느끼는 사람들과 공유하게 만들었기 때문이다. 둘째로, 기삿거리가 되거나 정치적으로 부과된 상황에서 사회적 대중매체를 매개로 다른 사람들과 자신들의 생각, 경험 그리고 빈번하게 사진들을 공유하고자 하는 사적 개인들의 증대된 의지에서 비롯되는 '사용자가 만든 콘텐츠user-

개념설명

해크주의Hacktivism
목표로 정해진 웹사이트들에 대한 '서비스의 거부(denial-of-service)' 공격을 포함하는 방법들에 의해 정치적 목적을 달성하기 위해 컴퓨터나 컴퓨터의 네트워크를 사용.

generated content'의 증대가 있었다.

셋째, 신대중매체는 정치적·사회적 운동들의 발전을 지지하였고, 이 운동들의 효과를 증대시켰다. 그리하여 신대중매체는 종종 '새로운 정치'로 불린 새로운 양식의 행동주의 정치를 초래하였고, (혹자는 주장하기를) 정부에서 시민에게로 전반적인 권력이동에 기여하였다. 이 관점에서 볼 때 신대중매체의 핵심적인 장점은 신대중매체가 정치참여를 위한 새로운 기회들을 열 뿐만 아니라 이러한 형태의 참여가 그 성격상 탈중앙화되고 비위계적이라는 것이다. 이동전화와 인터넷의 사용을 통해서 반지구화 혹은 '반자본주의적' 항의들이 데모들을 개최할 수 있었고 소요나 직접적인 행동들에 관여할 수 있었다. 이러한 직접적인 행동은 이른바 1999년의 '시애틀의 전쟁' 동안에 처음으로 드러났는데, 여기서 약 5만 명의 행동주의자들은 세계무역기구회의의 개막식 행사를 취소하라고 주장하였다. 트위터나 페이스북과 같은 사회적 대중매체들은 마찬가지로 '아랍의 봄' 시작에서 2011년 튀니지 혁명 동안에 민주주의 시위의 확산을 촉진시키는 데 도움이 되었다. 자치와 풀뿌리기구를 장려하고자 하는 이 매체들의 능력은 신대중매체를 때때로 '신'무정부의자로 불렸던 현대의 무정부주의적·자유지상주의적 집단들에게 특히 매혹적이었다. 따라서 낡은 유형의 무정부주의 집단들은 '아노니머스Anonymous'와 같은 온라인 무정부주의(혹은 무정부 유형의) 네트워크들에게 자리를 내주었다. 이 아노니머스라는 단체는 2008년 이후로 운동과 시위들에 관여하였고, 일반적으로 인터넷 자유와 연관되었거나 기업의 배임행위를 폭로하였으며, 때때로 '**해크주의**hacktivism'로 불렸던 것과 연관을 맺었다.

그럼에도 신대중매체는 또한 비판을 유발하였다. 가령 신대중매체는 개별화되고 소비자주의적 형태의 시민권의 성장을 지닌 이메일 민주주의를 향한 추세와 연결되었다. 민주주의 참여가 진정으로 공중의 차원을 결핍하고 의미 있는 논의와 토론을 야기하지 못한다고 한다면, 이 민주주의 참여가 얼마가 의미를 지닐 수 있겠는가! 아마도 신대중매체의 영향에 대한 논의가 지닌 근원적인 문제는 정치적 문제들 – 낮은 투표율 혹은 감소하는 정당 회원 등과 같은—이 '기술적인 장치technical fixes'에 의해 해결될 수 있다고 믿는 그러한 경향인 것이다. 마찬가지로 그 자체에 있어 기술이 긍정적이든 부정적이든 특별한 정치적 성격을 가진다고 시사하는 것은 오해일 것이다. 오히려 기술은 해방적이거나 아니면 억압적일지도 모르는데, 그것은 누가 이 기술을 사용하고 있는지 그리고 그 기술이 어떻게 사용되는지에 달려 있다. 가령 다음의 사실은 기억할 만한 가치가 있다. 즉 튀니지혁명 동안에 민주주의를 위한 데모들의 확산과 협동에 기여하였던 동일한 기술들이 단지 6개월 후에는 런던과 다른 영국의 도시들에서 폭동이 일어났던 시기에 약탈행위를 조직하는 데 사용되었다는 점이다.

대중매체의 지구화

점증하는 정치적 관심을 모았던 대중매체의 영향에 대한 관점은 지구화를 강화시키는 데 있어 대중매체가 행하는 역할에 관한 것이다. 라디오와 TV가 이러한 과정을 시작하였는데, 그 이유는 한 나라의 주민들을 다른 나라들의 뉴스와 정보 그리고 이미지 방송으로부터 고립시키기가 점점 더 어렵게 되었기 때문이다. 이에 대한 보기는 동유럽의 공산주의 정권들이 서유럽과 미국으로부터의 점증하는 친서구적 라디오와 TV 그리고 친자본주의적 라디오와 TV 방송에 의해 동요되었던 그 정도였다. 이는 결국 1989~1991년의 혁명들에 기여하였다. '신' 매체 그리고 특히 위성TV, 휴대폰과 인터넷은 극적으로 이 과정을 증대시켰는데, 그 이유는 이 매체들의 엄청난 확산과 이들이 지니고 있는 다국가적 성격 때문이었다. 중국과 싱가포르는 아직도 인터넷을 검열하고 있지만 그러한 시도들은 시간이 지남에 따라 별로 성공하지 못할 것 같다. 대중매체가 지구화를 용이하게 하고 심지어 지구화에 활기를 불어넣는 한에서 대중매체는 지구화된 자본주의 경제의 성장, 국가 역할의 쇠퇴—혹은 적어도 변화—그리고 어떤 사람들이 동질화된 세계문화로서 간주하는 것의 출현 등을 포함하여 상당한 정도의 정치발전에 기여하였다.

문화적 지구화를 증진시킴에 있어 대중매체가 행한 역할은 특별한 논쟁

신매체의 더 광범한 사용이 정치를 풍요롭게 만드는가?

신 디지털 기술이나 컴퓨터 기술이 사회와 정치에 상당한 영향력을 미치고 있다는 사실은 일반적으로 수용되었다. 그러나 그 영향력이 무엇인지는 별로 분명하지 않다. 정보통신기술(ICT)은 탈중앙집권화와 민주주의를 위한 하나의 동력인가? 아니면 신기술들은 정치를 타락시키며 자유를 위협할지도 모르는가?

찬성

정치의 현대화. 기술발전은 인간생활을 더 편안하고 안락하게 만들기 위하여 과학과 기술혁신을 사용하고자 하는 지속적인 욕망을 나타낸다. 그래서 이 점은 다른 생활영역뿐 아니라 정치에 적용된다. 그리하여 이메일 투표와 '가상적인virtual' 국민투표들은 시민들로 하여금 어쩌면 집에 머물면서도 자신들의 견해를 쉽고 편안하게 표현할 수 있게 해 준다. 따라서 투표율 하락은 시민들이 '정보사회'에서 현대식으로 정치에 참여하기를 원하는 그러한 민주적 과정의 실패일지도 모른다.

지식은 힘이다. 신기술들은 정보에 대한 접근성을 상당히 확대시키며, 처음으로 이념과 견해의 전적으로 자유로운 교환을 가능하게 해 준다. 인터넷은 이미 개별적인 시민들에게 이전에는 단지 정부만이 이용할 수 있었던 특별한 정보를 이용할 수 있게 해 준다. 위키피디아와 다른 수많은 온라인 자료들을 통해 정보에 접근하는 것은 거의 동시에 일어나며, 공중에게 급진적이고 의견을 달리하는 견해들을 포함하여 풍부하고 다양한 견해들을 접하게 해 준다.

시민에게 권리 부여. 신기술의 큰 장점은 이 기술들이 양방향의 의견전달을 가능하게 해 주며, 그럼으로써 활동적이고 참여적인 시민권을 증진시킨다는 점이다. 단지 몇 년 마다 치르는 투표행위를 통하여 정치에 참여하는 대신에 시민들은 입법 초안에 대한 온라인 상담과 온라인 청원을 통하여 거의 지속적인 토대 위에서 견해와 의견들을 표현할 수 있다. 더 급진적으로 신매체는 오랫동안 거부되고 실천 불가능하거나 아니면 단지 읍 단위의 모임에서만 적절하게 보였던 아테네 유형의 민주주의인 직접적인 대중적 참여를 장려할지도 모른다.

탈중앙화된 행동주의. 신매체에 대해 가해진 가장 광범한 주장은 정치엘리트에서 일반 대중에게로 전반적인 권력이동에 기여하면서 신매체는 급진적 민주화의 과정을 초래하고 있다는 것이다. 이 점은 신기술들이 암묵적으로 평등주의(상대적으로 값이 싸고 쉽게 이용하고 사용하기에 간단한)이고 또한 탈중앙화되고 자발적인 사회행동을 용이하게 하기 때문에 발생한다. 현대의 항의운동들이 분명하게 보여주는 것처럼 이동전화와 특히 사회매체의 사용은 리더십과 공식적인 조직을 불필요하게, 심지어 부적절한 것으로 만드는 데 기여한다.

반대

기술적인 'Big Brother'. 기술은 엘리트나 힘 있는 집단의 이해관계에 봉사하기 위하여 항상 발전되었다. 그리고 정보통신기술도 예외가 아니다. 이것들이 해방의 도구라는 대중적 이미지와는 대조적으로 이동전화와 인터넷은 사실상 경찰·안전요원·세금공무원 등등에 사적 시민들의 운동, 의견 그리고 활동들에 관해 상당한 양의 정보를 제공해 준다. 그러한 것으로서 신매체는 의견을 달리하는 행동을 통제하고 정치적 반대세력을 제지하는 상당히 효과적인 수단을 제공해 준다.

정보무정부주의의 위험들. 신매체에 의해 개방된 신정치적 공간 가운데 많은 공간들이 신매체들이 행하는 견해의 성격과 그들이 장려하고자 하는 경향이 있는 표현양식에 의해 오염되었다. 인터넷은 종교적 근본주의자, 인종주의자, 인종적 민족주의자 그리고 다른 극단주의자들에게 하나의 광장을 제공해 준다. 이들은 인터넷이 없을 경우, 공중의 시선을 끌기 위하여 싸울 것이다. 마찬가지로 블로거는 외견상으로는 악명을 만들어 내고자 하는 욕망에 의해 만들어진 강렬하고 야만적이며 난폭한 의견들에 의해 지배되는 경향이 있다.

새로운 불평등. 신기술들이 암묵적으로 평등주의라는 주장은 믿을 수 없다. 가장 분명하게 '디지털 분할'은 새로운 통신기술들에 대한 접근이 일반적이지 않다는 사실에 기반하여 시작되었다. '풍요로운 정보'가 '빈약한 정보'를 지배하게 되었다. 이 논쟁의 여성주의 해석에서 볼 때, 컴퓨터와 기술은 일반적으로 남성에게 이익을 주는 것으로 간주되었다. 왜냐하면 이것들은 본질적으로 남성적 이해관계와 사고유형을 반영하기 때문이다. 신매체 또한 민간기업들에게 광고하고 이윤을 창출하며, 그들의 공적 이미지를 향상시킬 새로운 기회들을 제공해 준다.

허약하고 타락한 민주주의. 이메일 민주주의 혹은 '가상적' 민주주의는 민주적 과정을 일련의 누름단추식 국민투표로 전환하려고 위협한다. 시민들을 홀로 그들 자신의 방에 앉아 있게 하면서 말이다. 게다가 이것은 정치참여의 '공적' 차원을 침식하고, 민주시민을 일련의 소비자선택으로 환원시킨다. 이것은 다소 TV에서 빅 브라더Big Brother를 보면서 투표하는 것과 유사하다. 직접적인 인간의 상호작용을 약화시킴으로써 사람들이 그들 자신의 견해에 의해 소비될 것이고 다른 사람들의 의견에 무관심하게 되는 위험성이 있다.

분야였다. 다국적 기업의 증대와 대중 관광사업과 제휴를 맺은 대중매체의 힘은 세계의 모든 지역에 영향을 미치는 단일의 세계체제의 발전에 책임이 있다고 종종 주장되고 있다. 사실상 이로 인해 지구적 단일문화가 초래된다. 이 과정의 가장 두드러진 특징은 발전하는 지구적 자본주의를 지탱해 주는 소비지상주의, 물질주의적 가치들과 기호들의 세계적인 발전이었다. 벤자민 바버(Benjamin Barber, 1995)는 기술과 결합된 대중소통과 현대의 상업이 어느 곳에서나 사람들이 '빠른 음악, 빠른 컴퓨터, 빠른 음식' – 국가들을 상업적으로 하나의 동질적인 테마파크로 밀어붙이는 MTV, 맥킨토시 그리고 맥도날드를 가진 – 에 의해 매혹되는 세계를 만들어 내었다는 생각을 표현하고자 이 세계를 '맥월드McWorld'로 불렀다. 이러한 관점의 문화적 지구화에서 볼 때 세계적 문화·종교·전통·생활양식의 풍부한 다양성은 '대중매체 제국주의'로 불렀던 것에 의해 가능하게 된 '서구화' 혹은 '아메리카화'의 과정에 의해 무너져 버렸다. 문화적 지구화의 서구적 혹은 더 구체적으로는 아메리카적 성격은 단지 서구가 소비자 자본주의의 본고장이라는 사실에서 유래할 뿐만 아니라 지구적 대중매체의 내용을 불균형적으로 서구 그리고 특별하게는 미국으로부터 유래하는 경향에서 비롯된다. 이것은 세계 언어로서 영어의 확대, 할리우드 영화들의 지구적 지배 그리고 미국이 제작한 TV프로그램에서 나타난다.

하지만 지구적 대중매체에 의해 자극된 문화적 동질화에 대한 이러한 이미지는 실제의 복잡하고 종종 모순적인 과정이 무엇인지를 파악하지 못한다. 문화적 차이들을 '균일화하려는' 대중매체의 경향과 함께 다양성과 다원화를 향한 강력한 경향 역시 존재한다. 이 현상은 수많은 방식과 다양한 이유로 발생하였다. 첫째, 바버(1995)가 논의하였던 것처럼 맥월드의 흥기는 공생적으로 대항적인 세력들의 출현 – 이 중에서 가장 현저한 것은 전투적인 이슬람 혹은 바버가 '지하드Jihad'라고 불렀던 것 – 과 연관이 되었다. 두 번째 발전은 '신' 대중매체 특히 컴퓨터화된 인쇄기술·위성TV·인터넷 등은 대중소통의 비용을 크게 감소시켰고, 또한 이에 대한 접근성을 높였다. 이에 대한 보기로는 1996년에 착수된 카타르에 기지를 둔 알 자지라Al Jazeera TV방송국의 성공을 들 수 있다. 이 방송국은 아랍세계와 그 외의 세계에 비서구적 견해와 의견들을 표현하는 광장을 제공해 주었고, 미국의 소리인 CNN과 BBC와 경쟁하였다. 셋째, 대중매체를 통한 문화적 변화는 '하향식' 혹은 일방식 과정이 결코 아니다. 대신에 경제적·정치적으로 힘 있는

선전(신앙과 신입회원
들을 넓히려고 하였던
가톨릭 교회 기관의 활
동으로부터 유래됨. de
propaganda fide)은 의
견을 형성하고 가능한 정
치적 행동을 자극하려는
정교한 시도 속에서 유
포된 정보(혹은 허위정
보)이다. 선전은 경멸적
인 단어이며, 여론을 조
작하고 통제하기 위한 거
짓 혹은 왜곡 그리고 (일
반적으로 조야한) 욕망을
뜻한다. 대중소통수단의
독점에 기반하고 있는 설
득적 선전은 종종 권위주
의의 규정적 특징의 하나
로 간주된다. 이에 대한
고전적 보기로는 나치선
전기구를 들 수 있다. 선
전이 제도적이고 정교한
반면, 정치적 편견은 편
파적이고 무의식적일 수
도 있다는 점에서 선전
은 정치적 편견과는 다르
다. '흑색' 선전(명백한 거
짓말), '회색' 선전(왜곡과
일부만 진실)과 '백색' 선
전(진실)은 때로는 구별
된다.

사회들을 포함하여 모든 사회들은 지구화된 문화적 시장이 출현한 결과 더
변하게 되었고 다양해졌다. 코카콜라, 맥도날드 그리고 MTV에 대한 응답
으로 발전된 국가들은 점점 더 인도 영화산업, 중국의 무협예술, '세계음악'
그리고 비서구적 종교와 치료법들에 의해 '침투'당했다.

정치적 소통

선전기구들

정부와 대중매체가 항상 서로에 대한 반대세력, 즉 대중매체-공중의 이
익이나 상업적 이익에 대해-가 정부의 실패와 결함들을 폭로하는 반대세
력이라는 관념은 상당히 잘못된 것이다. 그 대신에 대중매체는 정부에 의
해 직접적으로 혹은 간접적으로 통제되었으며, **선전기구**의 형태로써 종
종 사용되었다. 선전기구들의 고전적 보기는 나치 독일에서 요제프 괴벨스
Joseph Goebbels의 지휘하에 만들어졌다. 나치체제는 정교한 이데올로기
의 주입과정을 통해 독일사회를 '조정하려고' 계획하였다. 예를 들어 청소
년 조직들은 청년 히틀러단과 독일소녀연맹의 형태로 이루어졌다. 학교 교
과목이 완전히 개편되었고 모든 선생들은 나치교사연맹에 가입할 것을 강
요당하였다. 독일노동전선German Labour Front은 자유노동조합을 대신
하였고 노동자들에게 '즐거움을 통한 강함'이라는 조직을 통해 오락적인 편
의시설을 제공해 주었다. 나치당의 주요한 선전가로서 괴벨스는 1933년에
새로운 부서, 즉 정보 및 선전 제국부서를 만들었는데, 이 부서는 독일을 무
수한 선전으로 넘쳐흐르게 만들었다. 대중소통과 오락의 분야에서 괴벨스
의 부서는 검열을 행하였다. 괴벨스 부서는 저술·음악·연극·춤·그림·조
각·영화·라디오 등을 빠짐없이 관리하였다. 괴벨스는 라디오 방송을 특별
히 강조하였고, 값싼 '인민' 라디오를 제작할 것을 장려하였다. 이로부터 라
디오를 통한 선전을 듣는 청중이 엄청나게 늘어났다. 그는 1935년에 세계에
서 첫 번째로 정기적인 TV사업을 시작하였고, 이는 제2차 세계대전의 끝 무
렵까지 계속 진행되었다. 비록 이것이 베를린 근교 지역으로 제한된 것이는

했지만 말이다.

대중매체 선전은 또한 공산주의 정권의 중요한 특징이었다. 예를 들어 소련은 대중매체에 대한 엄격한 검열제도를 작동시켰을 뿐만 아니라 공산 당 혹은 소련공산당의 이데올로기와 정책들의 전체적인 지지를 요구하는 언론문화('내적인 검열')를 조장하였다. 인쇄물과 방송매체는 소련 역사의 각 단계의 국가정책들을 확고하게 반영하는 대중매체의 내용을 가진 소련기 관들의 선전수단으로 사용되었다(Oates, 2005). 하지만 고르바초프가 1985 년 소련공산당 서기장이 되었을 때, 그가 행한 '글라스노스트(Glasnost)'의 도입은 광범위하고 궁극적으로 제지할 수 없는 정치적 함의들을 가졌던 소 련 대중매체의 변화를 가져왔다. 대중매체가 미치는 영향의 두드러진 특색 은, 1991년 8월 언론가와 방송가들이 고르바초프를 끌어내리고 권위주의 지 배를 복귀시키려고 의도하였던 쿠데타에 도전한 사건에서 볼 수 있다. 그렇 게 함으로써 그들은 쿠데타의 붕괴와 나중에는 소비에트 정권 자체의 몰락 에 기여하였다. 그럼에도 탈공산주의 시기의 대중매체의 자유에 대한 러시 아의 성적은 형편없었다. 1990년에 검열이 공식적으로 폐지되고 1993년에 는 검열로부터 자유로워졌음에도 러시아 헌법(29조), 러시아의 대중매체 그 리고 특히 TV는 계속해서 국가이익에 의해 지배당하였다. Channel 1, NTV 그리고 RTR과 같은 TV채널들은 블라디미르 푸틴과 정부를 등에 업은 연합 러시아당에 편향된 체계적인 선거운동 동안에 비판을 받았고, 그래서 러시 아는 세계에서 저널리스트가 되기에 가장 위험한 장소 중의 하나로 남아 있 다.

하지만 선전기구로서의 대중매체의 사용에 대한 비판들은 전체주의 정 권과 신민주정들에 국한되지 않는다. 가령 1994년과 2001~2006년의 수상 실 비오 베를루스코니Silvio Berlusconi의 시기에 이탈리아에서 논쟁이 일어 났다. 이탈리아의 가장 부유한 인물인 베를루스코니는 대중매체를 소유하 고 있으며, 이 대중매체는 이탈리아의 6개 민간 TV방송 중 세 개를 장악하 고 있다. 1993년에 그는 부분적으로 그 자신의 정치적 야망들을 추진하기 위 해 포르차 이탈리아Forza Italia 정치운동을 만들었다. 포르차 이탈리아는

개념설명

여론몰이spin
바람직한 반응을 이끌어
내기 위한 정보의 발표
나 '진실에 인색한' 정보
의 발표.

확실히 이탈리아의 억눌린 듯한 정당제도에 대한 폭넓은 환멸과 연관이 있었다. 그러나 이 운동은 분명히 베를루스코니 소유의 대중매체에서 받았던 한결같은 긍정적인 보도로부터 도움을 받았다. 하지만 제2기 권력집권 시기 동안에 베를루스코니는 대중매체 채널들을 넘어서서 대중매체 통제를 확대하려고 시도하고, 그래서 공적 소유의 RAI TV채널에도 영향력을 행사하려고 압력을 가했다는 이유로 자주 비판받았다. 비판가들이 주장하였던 것처럼, 이것은 베를루스코니에게 이탈리아에 있는 거의 모든 TV 정보원천들에 대한 통제권을 가져다주었고, 베를루스코니 개인과 포르차 이탈리아의 중도우파적 견해들에 호의적인 보도를 보증해 주었다. 다른 한편으로 베를루스코니의 지지자들은 베를루스코니가 그 자신의 성향을 강요하기보다는 공적 소유의 TV 부문에 깊게 새겨진 중도좌파적 성향들에 반대하였다고 주장하였다. 이탈리아의 사례가 대중매체의 거물과 정치적 리더로서의 베를루스코니의 중첩된 역할 때문에 이례적이긴 하지만 대중매체에 대해 영향력을 행사하려고 하는 민주적 정치인들에 의한 시도들은 결코 드문 현상이 아니다. 사실 이 시도들은 '**여론몰이**' 전략과 뉴스경영의 시대에 정례적인 것이 되었다.

여론몰이spin의 정치

대중매체 속에서 그리고 대중매체를 통해서 작동하는 정치적 성향에 덧붙여, 현대정치와 정부 사이에 존재하는 더 긴밀한 관계에 대해, 그리고 어떠한 방식으로 정부와 대중매체는 자신의 목적을 위해 상대방을 이용하는가에 관한 관심이 증대하였다. 이로 인해 여론과 아마도 정치문화에 영향을 미치는 정치적 의사소통의 방식과 실체에 있어서 전환이 일어났다. 어떤 형태든지, 정부는 항상 진리에 의존할 수 없는 관계를 가졌다. 정치가들은 일차적으로 권력을 획득하고 유지하는 데 관심을 가졌고, 따라서 대중의 지지를 유지하고자 하는 욕구에 민감하다는 것이다. 그러니까 긍정적인 것을 강조하고 부정적인 것을 숨기고자 하는 바람은 불가항력적이다. 자유로운 매체의 존재가 '관선적'인 선전과 조야한 이데올로기적 조작을 불가능하게 한다고 생각하는 자유민주주의적 맥락에서 볼 때, 정부는 종종 '뉴스관리 news management' 혹은 '정치적 마케팅political marketing'이라고 불리는 정보의 통제와 보급을 위한 신기술을 통해 뉴스에 관한 의제를 형성하게 되었다는 것이다. 현대의 정부는 무엇보다도 그 과제로서 정부와 정책에 유리한 발표 혹은 여론몰이spin라고 불리는 것을 해결해야 하였다.

이른바 '언론담당자들spin-doctors'이 실행한 '여론몰이'의 기술은 여러 가지 양상을 띠고 있다. 이 양상들은 다음과 같다.

① 대중매체에 발표하기 전에 정보와 주장들에 대한 주의 깊은 심사
② 단지 공식적인 '노선'만이 발표되는 것을 보장하는 정보원천들에 대한 통제
③ 원인을 알 수 없게 만드는 브리핑이나 '비밀의 누설'을 사용
④ 단지 공감을 얻기 위한 매체의 원천들에 대해 이야기를 제공
⑤ 반대 주장을 검토하거나 확인하는 것을 방해하기 위해 방송의 최종 마감시간이 되어서 정보를 방출
⑥ 더 중요한 다른 사건들이 뉴스 일정을 지배할 때 '나쁜' 뉴스를 방출.

이러한 종류의 새로운 뉴스관리는 미국에서 가장 발전하였다. 미국에서 이러한 종류의 뉴스관리는 선거전략가들과 선거운동 경영자들에게 공통적인 것이 되었다. 이들은 자신들이 지원하고 있는 후보자가 대통령직을 차지할 경우에 백악관의 고위직을 차지하고자 하는 사람들이었다. 클린턴 행정부는 새롭고 좀 더 세련된 수준으로 '홍보'의 기법과 정책발표의 기술을 광범위하게 사용한 것으로 간주된다. 영국에서 블레어 정부도 정책을 포장하는 데 특별한 관심을 나타냈으며, 이로 인해 어떤 사람들은 내용보다는 스타일에 더 많은 관심을 보인다는 이유로 비판받았다. 블레어 정부에서 일어났던 일 중에는 정부의 의사소통채널을 수상 공보실의 통제하에 둠으로써 정부의 의사소통채널을 집중시키는 일이 있었다. 또한 블레어 정부는 우호적인 보도에 대해서는 정보를 제공하고 비판에 대해서는 응징함으로써 언

론인들에게 '당근과 채찍'이라는 기법을 사용하였다. 그리고 블레어 정부는 다우닝가로부터의 통제라는 의무를 통해 각 부서의 홍보실을 정치화하였다. 공적 거래, 마케팅 그리고 광고에 대한 정부지출 역시 1998년과 2006년 사이에 세 배나 증대하였다.

하지만 대중매체가 뉴스관리의 발전에 있어서 마지못해 하거나 수동적인 행위자라고 가정하는 것은 잘못된 것이다. 정부가 대중매체를 필요로 하는 만큼 대중매체는 정부를 필요로 한다. 정부는 항상 뉴스와 정보의 중요한 원천이었다. 하지만 대중매체의 역할은 판로 확장 – TV채널·웹사이트·잡지·신문 – 이 '뉴스로서 가치가 있는' 화제들을 획득해야 한다는 더 큰 압력을 만들어 내었던 것보다 더 중요하게 되었다. 어떤 경우에 출판업자·편집자·언론인들은 상호이익이 되는 뉴스를 다루기 위해 '언론담당자들'과 협력한다. 이 점은 블레어 정부와 머독Murdoch 신문사의 관계에서 나타났다. 예를 들면 사생활 입법을 추진해야 하는 것에 대해 블레어 정부가 가지고 있었던 망설임은 처음에는 영국에서 최대의 판매부수를 자랑하는 선Sun지가, 그 다음에는 타임즈가 노동당을 지원하는 신문으로 전환하는 것과 동시에 일어났다.

정치적 보도의 엄격함과 독립성을 손상시키는 것 이외에도 대중매체 지향적 정부의 출현은 또 다른 함의들을 지니고 있다. 예를 들면 어떤 사람들은 대중매체에 신경을 쓰는 정부가 더 직접적으로 대중과 거래하고, 국민의 견해와 관심사에 대해 더 효과적으로 반응함으로써 민주주의를 강화한다고 주장한다. 하지만 다른 사람들은 이러한 정부가 조작과 부패를 늘리고 의회와 같은 대의제도들의 기능을 약화시킨다는 점에서 민주주의 과정에 대한 하나의 위협으로 간주하고 있다. 더군다나 이러한 정부는 무관심을 야기할 수 있으며, 특히 투표와 당원이라는 관습적인 형태의 정치활동에 대한 관심을 손상시킬 수 있다는 것이다. 이러한 현상은 '홍보' 양식과 발표가 대중매체의 관심의 초점이 되기 때문에 발생한다. 이로 인해 사람들은 평범한 사람들의 생활과 관심사와는 상관이 없는 거대한 홍보기구로서의 정부에 대한 이미지를 더 강하게 받게 된다.

요약

(1) 대중매체의 정치적 영향에 대한 경쟁적 이론들이 있다. 다원주의자들은 대중매체를 토론과 선거상의 선택을 강화하는 이데올로기적 시장으로 묘사한다. 하지만 다른 사람들은 대중매체와 경제적·사회적 엘리트들 간의 관계나 편집자·방송인·언론가들의 개인적 견해에서 비롯되는 체계적인 대중매체의 성향을 부각시킨다. 시장모델은 대중매체의 산물이 단지 공중의 견해를 반영할 뿐이라고 제안한다.

(2) 대중매체는 네 가지 의미에서 중요한 민주주의적 역할을 행한다. 대중매체는 의미 있고 중요한 토론을 위한 공개적인 광장을 제공함으로써 정치적 교육을 증진시킨다. 또한 대중매체는 권력남용을 폭로하는 공적인 감시인으로 행동한다. 그리고 특히 '신' 매체를 통해 정보에 대한 접근성을 높이고 정치적 행동주의를 용이하게 하는 경향이 있다. 대중매체는 또한 민주주의가 발생하는 기구로 이용된다. 그럼에도 대중매체의 정치적 견해, 민주주의 책임의 결핍 그리고 정부와의 유착에 관한 관심들이 제기되었다.

(3) 대중매체는 다양한 방식으로 거버넌스에 영향을 미쳤다. 이 방식으로는 대중매체가 정치 리더십을 변형시켰다는 점, 그리고 그 과정에서 정부권력을 재배분하였다는 점을 들 수 있다. 대중매체는 또한 정치문화를 변화시켰고, 어떤 사람들이 경고하였던 바와 같이 정치인과 정치 일반에 대한 존경심을 하락시키는 데 한몫 하였다. 마지막으로 대중매체의 증대하는 영향력은 좀 더 민첩하게 대응하고 광범위한 양의 정보를 의미 있게 만들어야만 하는 정책 입안과정에서 명백하게 나타난다.

(4) 신대중매체의 사용은 다음과 같은 이유로 옹호되었다. 즉 신대중매체가 정치참여를 용이하게 하며 정보에 대한 시민의 접근을 넓히고 새로운 형태의 탈중앙화된 정치행동주의를 고무한다는 점이다. 그럼에도 비판가들은 소비자주의 형태의 시민권의 성장에 대해 경고하며 기술적 책정에 의혹을 제기한다.

(5) 지구화를 증진시키는 데 대중매체가 행한 역할은 특별한 논쟁을 야기하였다. 어떤 사람들은 '매체 제국주의'에 대해 경고하면서 지구적인 소비자주의 문화를 확산시키고 '서구화' 혹은 '아메리카화'를 강화시키는 데 대중매체가 행한 역할에 주목한다. 하지만 대중매체에 의해 조장된 문화적 변화는 항상 '하향식' 혹은 일방식 과정이 결코 아니다.

(6) 정부들은 때로는 대중매체를 선전기구로 사용하였다. 이것은 단지 '당국으로부터 공인받은' 견해와 이념들이 재분배되는 것을 보증하기 위해 모든 종류의 대중매체의 산물에 대한 직접적인 통제를 포함한다. 이에 대한 고전적인 사례들이 나치 독일과 공산주의 정권들에서 발견된다. 하지만 민주주의 정권들이 새로운 관리와 '홍보'의 정치에 관련되는 경향이 증대하였고, 이는 정부와 대중매체 사이에 발전하는 기미가 보이는 공생적 관계들에 대한 증거를 제공해 준다.

토론사항

(1) 시민문화는 효과적인 민주주의 지배의 원인인가 아니면 결과인가?

(2) 대중매체는 여론을 반영하는가 아니면 여론을 형성하는가?

(3) 자유로운 매체는 민주주의 지배를 위해 중요한가?

(4) 대중매체는 정치리더십의 성격을 어떻게 변화시켰는가? 그 결과 리더들은 더 강해지는가 아니면 더 약하게 되는가?

(5) '신' 대중매체에 관해 무엇이 새로운 것인가?

(6) 대중매체는 문화적 동질화의 대리인가?

(7) 모든 정부들이 선전을 사용하는가? 아니면 단지 몇몇 정부만이 선전을 사용하는가?

(8) 현대의 정부들은 정치적 성과보다는 정치적 마케팅에 더 관심을 가지고 있는가?

더 읽을 거리

- Almond, G. A. and S. Verba(eds), *The Civic Culture Revisited*(1989). 민주주의 안정을 위해 요구되는 조건들에 대한 분석으로 1963년 발간한 저자의 책에 대한 최신 개정판.
- Jemkins, H. and D. Thorburn(eds), *Democracy and New Media*(2004). 다양한 관점에서 민주주의와 사이버공간 사이의 관계를 논의하는 광범위한 논문 모음집.
- Putnam, R., *Bowling Alone: The Collapse and Revival of American Community*(2000). 미국에서 시민참여와 사회참여의 쇠퇴에 대한 상당히 영향력 있는 분석을 담고 있는 서적.
- Street, J., *Mass media, Politics and Democracy*, 2nd edn(2011). 대중매체와 정치 사이의 관계에 대한 모든 관점들을 쉽게 접할 수 있는 광범위한 개관서.

대의제, 선거와 투표

"투표가 어떤 것을 변화시켰다면, 그들은 투표를 폐지하였을 것이다."
아나키스트 슬로건.

개관

선거는 종종 정치과정의 핵심으로 간주된다. 아마도 정치학에서 우리를 통치하는 정치가들을 우리가 선출한다는 문제만큼 중요한 질문은 없을 것이다. 어떤 규칙하에서 선거들이 유지되는가? 선거는 실제로 민주주의로 간주된다. 이는 하나의 수단이다. 이 수단을 통해 사람들은 궁극적으로 '불량배들을 쫓아냄'으로써 자신들의 정부를 통제할 수 있다. 대의제 원칙은 이 개념의 중심이다. 간단히 말하면 이것은 정치가를 국민의 봉사자로 간주하며, 정치가에게 자신을 뽑아 준 사람들을 위해 행동할 책임을 부여한다. 직접적·지속적 대중참여라는 고전적인 의미에서의 민주주의를 희망이 없는 허황된 것으로 간주한다면, 대의제는 우리가 인민에 의한 정부를 달성하기 위해 나아갈 수 있으며, 가장 가깝게 다가갈 수 있는 제도가 될 것이다. 그럼에도 대의제가 무엇을 의미하고 어떻게 실제로 이루어질 수 있는가에 관해서는 상당한 정도로 의견의 일치를 보지 못하고 있는 실정이다. 선거가 대의제 민주주의 과정에서 중요한 역할을 하고 있다는 점이 넓게 수용되고 있지만 선거제도들은 많고 다양하다. 그리고 선거제도에 대해 어떤 제도가 '최상'인가에 대해 오랫동안 논의가 이루어졌다. 다양한 제도들은 다양한 강점이나 장점을 가질 뿐만 아니라 이 다양한 제도들을 평가하기 위해 사용되어야만 하는 기준들에 대한 의견일치도 없는 실정이다. 마지막으로 선거는 투표자를 필요로 한다. 그러나 투표자들은 그들이 행하는 대로 왜 투표하는지에 관해서 의견일치가 존재하지 않으며, 특히 근원적인 심리적, 사회적 혹은 이데올로기적 힘에 의해 영향을 받는 것과는 반대로 그들의 행동이 어느 정도로 합리적인가에 관해서도 의견일치가 거의 없다.

쟁점

---

(1) 대의제란 무엇인가? 어떻게 한 사람이 다른 사람을 '대표'할 수 있는가?

(2) 대의제는 실제로 어떻게 이루어질 수 있는가?

(3) 선거는 무엇을 하는 것인가? 선거가 지니는 기능들은 무엇인가?

(4) 선거제도들은 어떻게 다른가? 선거제도들이 가지는 강점과 약점은 무엇인가?

(5) 선거결과는 무엇을 의미하는가?

(6) 왜 사람들은 그들이 행하는 대로 투표하는가? 선거행위는 어떻게 설명될 수 있는가?

대의제

'represent'라는 말은
어떤 그림이 정경 혹
은 한 인물을 표현한다
(represent)고 말하는 것
처럼, 일상언어에서 '묘
사하다(portray)' 혹은
'표현하다'를 의미한다.
하나의 정치적 원칙으로
서 대의제는 하나의 관
계인데, 이 관계를 통해
서 개인 혹은 집단이 대
변되거나 더 큰 인간집단
을 위해서 행동하게 된
다. 대의제는 정부와 피
통치자 사이의 차이를 인
정하는 반면에, 민주주
의는 적어도 고전적인 형
태에서 판단할 때, 이러
한 차이를 폐지하고 대
중의 자치정부를 확립
하고자 열망한다는 점에
서 대의제와 다르다. 하
지만 만약 국민의 견해
가 접합되고, 그들의 이
해관계가 보장되는 방
식으로 대의제가 정부
와 피통치자를 연결하
고 있다면, 대의제 민
주주의(representative
democracy)는 제한적이
며, 간접적인 형태의 민
주주의 지배를 구성할 수
있다.

대의제 문제는 되풀이되는 중대한 정치적 논쟁을 발생시켰다. 구시대의 절
대군주제조차도 '계급들(estates of the realm: 지주, 성직자 등)'의 충고를 반영
하여 통치하였다. 이러한 의미에서 왕과 의회 사이의 싸움인 17세기의 영국
내전은 주요 집단들과 이해관계들이 대의제를 부정한 결과로 인해 발생하
였다. 유사하게 19세기와 20세기에 민주주의 확산에 관한 논의는 일반적으
로 누가 대표여야 하는가에 관한 문제에 주목하였다. 대의제는 정치에 관
해 진지하게 생각하고 현명하게 행동할 수 있는 능력·교육·여유가 있는 사
람－다양하게 남자들, 재산소유자 혹은 특별한 인종적·종족적 집단들－으
로 제한되어야 하는가? 아니면 대의제는 모든 성인에게 확대되어야 하는가?

이 질문들은 이제 일반적으로 보통선거권과 '일인 일표'라는 형식적 의
미로 광범위한 정치평등의 원칙을 수용함으로써 해결되었다. 예를 들면 복
수투표는 1949년 영국에서 폐지되었고, 스위스에서 여성들은 1971년에 참
정권을 획득하였으며, 투표에 대한 인종적 기준들이 1994년 남아프리카에
서 폐지되었다. 하지만 대의제에 대한 이러한 접근방법은 대의제를 선거 및
투표와 동일시하고, 정치가들은 단지 그들이 선출되었다는 이유 때문에 대
표자로 간주된다는 점에서 단순한 것이다. 이 접근방법은 한 개인이 어떻게
다른 개인을 대표한다고 말할 수 있는지, 한 개인이 대변한다는 것이 무엇
인지에 관한 좀 더 난해한 질문들을 무시하고 있다.

대의제 이론들

대의제에 관해 일치된 이론은 없다. 오히려 수많은 경쟁적 이론들이 있고,
이들 각각은 특별한 이데올로기적·정치적 가정들에 기초한다. 예를 들면
대의제 정부는 정부가 인민보다 "더 잘 알고 있다"는 점을 함축하는가? 대의
제 정부는 정부가 무엇을 하고 어떻게 행동할 것인지에 대해 인민들이 얼마
만큼이라도 지시하였다는 것을 함축하는가? 혹은 대의제 정부는 정부가 인

민이 가지고 있는 특징들을 일반적으로 반영한다는 점에서 인민들과 닮은
듯 보인다는 점을 함축하는가? 이 질문들은 단지 학문적 관심사만은 아니
다. 특별한 대의제 모델은 대의제에 매우 다른 행위를 지시한다. 가령 선출
된 정치가들은 선거 동안에 내놓은 정책과 입장에 묶여 있어야 하고 투표자
에 의해 보증되어야 하는가? 정치가들은 여론을 이끌고 공공의 이익들을 정
의하는 데 기여해야 하는가? 더군다나 많은 대의제 원칙들이 동일한 정치제
도 내에서 작동한다는 것은 놀라운 일이 아니다. 이것은 아마도 하나의 모
델이 그 자체로 대의제 정부를 보장하는 데는 불충분하다는 점을 암시한다.

네 개의 주요한 대의제 모델들이 발전되었다.

① 신탁관리제trusteeship
② 대표위임제delegation
③ (정당)위임통치the mandate
④ 유사대표resemblance

신탁관리 모델Trustee model

신탁관리자는 다른 사람의 재산과 문제에 대해 형식적 책임을 부여받은
한 개인이다. 신탁관리제로서 고전적인 대의제적 표현은 1774년 브리스톨
Bristol의 유권자에 대해 에드먼드 버크가 행한 연설에서 발견된다.

> 당신들은 실제로 한 명의 의원을 선택합니다. 그러나 당신이 그를 선
> 택하였을 때, 그는 브리스톨의 의원이 아니라 의회의 한 구성원입니
> 다······ 당신의 대표는 당신들에게 그의 성실함이 아니라 그의 판단
> 을 표현할 의무가 있습니다. 그래서 그가 여러분들의 의견을 위해 그
> 의 판단을 단념한다면, 그는 당신들에게 봉사하는 것이 아니라 당신
> 들을 배신하는 것입니다(Burke, 1975: 157).

버크가 판단할 때, 대의제의 본질은 '성숙한 판단'과 '계몽된 의식'을 행사

함으로써 선거구민에게 봉사하는 것이었다. 간단히 말해 대의제는 도덕적 의무이다. 즉 교육과 이해를 소유하기에 만족할 만한 재산을 가진 사람들이 덜 유복한 사람들의 이익을 위해 행동해야 한다는 점이다. 이 관점은 상당히 엘리트주의적 함의를 가지고 있다. 왜냐하면 이 관점은 일단 선출된 대표자들은 그들 스스로 생각해야 하고, 대중이 그들 자신을 위해 가장 유리한 이해관계를 알지 못한다는 가정을 전제로 독립적 판단을 해야 한다는 점을 강조하고 있기 때문이다. 유사한 견해가 존 스튜어트 밀에 의해 대의제 자유민주주의의 형태로 발전하였다. 이 관점은 모든 개인이 대표자로 선출될 권리를 가지고 있지만, 모든 정치적 의견이 동등한 가치를 갖지 못한다는 가정에 기초를 두고 있었다. 따라서 밀은 복수투표제a system of plural voting를 제안하였다. 복수투표제에서는 학위소지자에게는 4~5표의 투표권이 할당되고, 숙련 혹은 관리managerial 노동자에게는 2~3표의 투표권이, 평범한 노동자에게는 1표의 투표권이 할당된다. 그는 또한 합리적 투표자는 단지 투표자의 견해를 반영하였던 정치가보다는 현명하게 그들을 위해서 행동할 수 있는 정치가를 지지할 것이라고 논의하였다. 그리하여 신탁 대의제는 전문정치가들이 교육받은 엘리트의 구성원인 한에서, 전문정치가를 대표자로 묘사하였다. 이것은 시민이 모두 그들을 위해 무엇이 가장

존 스튜어트 밀(John Stuart Mill, 1806~1873)

영국의 철학자, 경제학자 그리고 정치가. 밀은 공리주의 이론가인 아버지 제임스 밀(1773~1836)에 의해 집중적이고 엄격한 교육을 받았다. 이로 인해 그는 20세에 정신적 혼란을 겪었다. 그 후에 그는 콜리지(Coleridge)와 독일 관념론자들로부터 영향을 받은 인간철학을 좀 더 발전시켰다. 『자유론On Liberty』(1859), 『대의제 정부에 대한 고찰Considerations on Representative Government』(1861), 『여성의 종속The Subjection of Women』(1869) 등의 그의 주요 저술들은 자유주의 사상의 발전에 상당한 영향을 주었다. 많은 점에서 밀의 연구는 고전적 자유주의와 현대 자유주의 사이의 구분에 양다리를 걸치고 있다. 국가간섭에 대한 그의 불신임은 확실히 19세기 원칙들에 그 뿌리를 두고 있다. 그러나 개인생활의 평등에 관한 강조('개별성'에 대한 헌신에 뿌리를 둔)는 후기의 발전을 기대하였다.

좋은지를 다 아는 것은 아니라는 의미에서, 지식과 이해는 불평등하게 사회에 배분된다는 믿음에 기초를 두고 있다.

하지만 대의제에 대한 버크적인 개념은 또한 혹독한 비판을 받았다. 가령 이 개념은 명백하게 반민주주의적 함의들을 가지고 있는 것처럼 보인다. 대중이 무지하고 교육을 못 받았고 속기 쉽기 때문에 정치가가 스스로 생각해야 한다면, 대중이 그들의 대표자를 선택하게 하는 것은 확실히 잘못된 것이다. 둘째, 대의제와 교육을 연결하는 것에는 의문의 여지가 있다. 교육은 복잡한 정치적·경제적 문제들의 이해를 돕는 데 확실히 중요하긴 하지만, 정치가로 하여금 다른 사람들의 이해관계에 관해 정확한 판단을 하는 데 기여한다는 것은 의문스럽다. 예를 들면 교육이 **이타주의**를 낳고 사람들에게 더 넓은 사회적 책임감을 부여한다는 버크와 밀의 믿음을 지지할 증거는 별로 없다. 마지막으로, 정치가들이 자신의 판단을 행사하도록 허용될 경우, 그들은 단지 이기적 이익을 추구하기 위해 활동할 것이라는, 토마스 페인과 같은 급진적 민주주의자들에 의해 전통적으로 표현된 불안이 있다. 이러한 면에서, 대의제는 단지 민주주의를 위한 하나의 보완물이 될 수 있을 것이다. 『상식 *Common Sense*』([1776] 1987: 68)이라는 책자에서 페인은 "선출된 자들이 스스로를 위해 유권자와 분리되는 어떤 이익을 형성해서는 결코 안 된다"라고 주장하면서, 대표위임 대의제에 대한 경쟁적 이상에 접근하게 되었다.

토마스 페인(Thomas Paine; 1737~1809)

영국 출생의 작가이며 혁명가. 페인은 퀘이커(Quaker) 가문에서 자라났다. 그는 1774년에 미국으로 갔으며, 독립전쟁에서 식민지 개척자를 위해 싸웠다. 그는 1789년에 영국으로 다시 돌아왔으나, 반역죄로 고발된 후에 공화주의적 운동의 지지자로서 프랑스로 도망쳤다. 이곳에서 그는 공포정치 기간 동안에 단두대에서 간신히 탈출하였다. 페인의 급진주의는 정치적 자유에 대한 공약을 인민 주권에 대한 깊은 믿음과 융합시켰고, 자유주의적 공화주의와 사회주의적 평등주의를 위한 영감을 제공해 주었다. 그는 미국, 영국 그리고 프랑스의 혁명적 정치에서 중요한 인물이었다. 그가 쓴 가장 유명한 저술로는 『상식*Common Sense*』([1776] 1987), 『인간권리*The Rights of Man*』(1791, 1792) 그리고 『이성의 시대*The Age of Reason*』(1794) 등이 있다.

대표위임 모델Delegate model

대표위임Delegate
분명한 안내와 교육을
토대로 다른 사람들을
위해 행동하도록 선택된
한 개인. 대표위임은 그
자신을 위해 생각하지
않는다.

발의Initiative
공중이 입법적 제안을
할 수 있는 국민투표의
한 가지 유형.

소환Recall
유권자가 공직자에게 책
임을 묻고 궁극적으로
해고시키기 위해 불만족
스러운 공직자를 소환할
수 있는 하나의 절차.

국민주권
Popular sovereignty
국민의 의지보다 더 높
은 권위는 없다는 원칙
(고전적 민주주의 개념
의 기초).

한 대표자delegate는 분명한 인도 혹은 훈육을 토대로 다른 사람을 위해 행동하도록 선택된 한 개인이다. 달리 표현하면, 한 대표자는 다른 사람들의 견해를 전달하는 도관으로 행동하도록 기대된다. 반면에 이 대표자는 자신의 판단이나 선호를 행사할 능력을 별로 가지고 있지 않다. 그 사례로는 판매대표자sales representatives와 대사들을 들 수 있다. 엄격히 말하면 이들에게는 자기 스스로 생각하는 권한이 부여되지 않는다. 마찬가지로 어떻게 투표하고, 무엇을 말할 것인지에 대해 교육을 받고 회의에 참가하는 노동조합원은 버크적인 대표자로서가 아니라 하나의 대리인으로서 행동한다. 대리인으로서 이러한 대의제 모델을 지지하는 사람들은 일반적으로 정치가들이 대표된 자들의 견해에 가능한 밀접하게 결합하는 것을 보장하는 메커니즘을 지지한다. 이 메커니즘은 페인이 대표자와 선거인 사이에 정기적인 선거와 짧은 공직기관의 형태로 '빈번하게 일어나는 상호작용'이라 부른 것을 포함한다. 게다가 급진적 민주주의자는 대중에게 정치가에 대한 통제를 더 많이 주기 위한 수단으로서 **발의**와 **소환**권의 사용을 옹호하였다. 대표위임이 직접민주주의가 가지는 결함을 보충하고 있지만, 그럼에도 대표위임제도를 지지하는 사람들은 일반적으로 대의제 과정을 보충하기 위해 국민투표referendum를 하는 것을 지지한다.

'대표위임 대의제'라 불린 것의 장점은 이 제도가 대중참여의 기회를 더 넓혀 주고 전문정치인의 이기적 경향을 억제하는 데 이용된다는 점이다. 그리하여 이 제도는 대의제 정부에서처럼 **국민주권**의 이상을 실현하는 데 가까이 다가간다. 그렇지만 이 제도가 지니는 단점도 분명하다. 첫째, 대표자들이 그들의 선거민의 이해관계에 묶여 있다는 점을 확실하게 해 준다는 점에서 이 제도는 편협함을 낳고 갈등을 조장하는 경향이 있다. 버크가 두려워하였던 것처럼, 이것은 엄밀하게 입법부의 의원이 국가의 대표자로서보다는 그들의 선거민으로부터 훈령을 받은 대사처럼 행동할 경우 발생하게 된다. 그가 적고 있는 것처럼 "의회는 하나의 이해관계, 즉 전체의 이해관계를 가진 한 국가의 위임적 집회이다." 두 번째 단점은 전문정치인들이 그들

국민투표Referendums: 찬성과 반대

국민투표는 유권자가 특별한 공공정책의 문제에 입장을 표현할 수 있는 투표이다. 국민투표는 선거가 본질적으로 공적인 직책을 충원하는 하나의 수단이며, 정책 내용에 영향을 미치는 직접적이거나 신뢰할 수 있는 방법을 제공해 주지 않는다는 점에서 선거와 다르다. 따라서 국민투표는 직접민주주의의 장치이다. 국민투표는 대의제도를 대신하기 위해 사용되는 것이 아니라 보충하기 위해 사용되곤 한다. 국민투표는 자문적이거나 구속적일 수 있다. 또한 국민투표는 토론을 위한 쟁점들을 제기하거나(발의initiatives), 정책질의를 결정하기 위해 사용되곤 한다(제안proposition 혹은 국민투표plebiscite).

국민투표가 지니는 장점은 다음과 같다.

▶ 국민투표는 선출된 정부의 권력을 견제하며, 이 정부가 여론에 따라 행동하게끔 한다.
▶ 국민투표는 정치참여를 증진시키며, 그리하여 좀 더 교육받고 더 나은 지식을 가진 유권자를 만들어 내는 데 기여한다.
▶ 국민투표는 공중에게 세부적인 문제에 관해 견해를 표명하는 방식을 제공함으로써 정당성을 강화한다.
▶ 주요한 정당들이 국민투표에 동의하기 때문에 국민투표는 주요한 헌법적 문제들을 푸는 하나의 수단이거나 선거에서 제기되지 않은 여론을 평가하는 수단이다.

국민투표가 지니는 단점은 다음과 같다.

▶ 국민투표는 가장 낮은 교육수준과 경험을 가지고 있는 사람들의 수중에 정치적 결정을 남겨 두며, 매체나 다른 영향들에 가장 감염되기 쉽다.
▶ 국민투표는 기껏해야 어떤 시기에 존재하는 여론의 스냅사진에 불과하다.
▶ 국민투표는 정치가로 하여금 정치적 의제를 조작하도록 하며, 어려운 결정에 대해 정치가가 져야 할 책임을 면제한다.
▶ 국민투표는 정치적 문제들을 단순화하고 왜곡시키는 경향이 있으며, 이 정치적 문제는 예/아니오의 대답을 가지는 질문으로 환원시킨다.

자신이 지니고 있는 판단을 행사할 것으로 생각되지 않기 때문에 위임은 지도력과 정치력을 행사할 영역을 제한한다는 점이다. 정치가들은 유권자의 입장을 반영하도록 강요받거나 그들을 중개하도록 강요당한다. 그리하여 정치인은 비전과 격려를 제공함으로써 사람들을 동원할 수 없게 된다.

정당위임Mandate
정당위임은 복종을 요구
하는 더 높은 기관으로
부터의 지시 혹은 명령
이다. 대중적 위임이라
는 이념은 선거에서 승
리한 당을 지지한다는
주장으로부터 발생하는
데, 승리한 당은 선거에
서 약속한 공약을 보장
하고, 이 공약을 정부 프
로그램으로 전환할 수
있는 권위를 부여받는
다. 그리하여 정당위임
이라는 주의는 여당이
부여받았던 위임 내에서
만 행동할 수 있다는 점
에서 책임 있는 정당정
치를 보장한다. 이것은
하나의 '정책위임(policy
mandate)'이다. '통치위
임(governing mandate)'
혹은 개인적 지도자에게
부여되는 '개인적 위임
(personal mandate)'과
같은 좀 더 유연한 개념
이 종종 발전되었다. 그
러나 이 위임이 일단 권
력을 장악한 정치가를 어
떤 식으로 제한하는지를
파악하는 것은 어렵다.

공약Manifesto
선거에서 선출되기 위해
한 정당이 추구하고자
제안하는 정책이나 프로
그램을 개관하는ㅡ다소
세부적으로ㅡ문서.

(정당)위임 모델Mandate model

신탁통치 모델과 대표위임 모델은 현대 정당들이 출현하기 이전에 발전되었다. 따라서 이 모델들은 본질적으로 대표자를 독립적 행위자로 간주한다. 하지만 개인후보자들은 이제 그들의 개인적 특성과 재능에 의해 선출되지 않는다. 좀 더 일반적으로 그들은 한 정당을 위한 보병으로 간주되며, 정당의 공적 이미지나 정책 프로그램들을 통해 지지된다. 그래서 대의제에 대한 새로운 이론들이 출현하였다. 이 이론 중에 가장 영향력 있는 것은 이른바 **정당위임**원칙doctrine of the mandate이다. 이 원칙은 선거에서 승리함으로써 한 정당이 선거운동기간 동안에 제시하였던 정책들이나 프로그램들을 수행할 수 있는 대중적 위임을 획득한다는 것이다. 대중적 위임은 개별 정치인이기보다는 대의제의 기관이 정당인 까닭에, 정당위임 통치모델은 정당 통일과 규율에 대한 분명한 정당성을 제공한다. 사실 정치가는 스스로 생각하거나 자신들의 견해를 전달하는 채널로 행동함으로써 선거민들에게 봉사하는 것이 아니라 그들이 속한 정당과 정책에 충성함으로써 봉사한다.

정당위임통치주의가 지니는 강점은 이것이 실제적인 정당의 표식과 정당정책을 반영한다는 점이다. 더욱이 이것은 정치인으로 하여금 자신이 한 말을 지키게 하는 방법일 뿐만 아니라, 선거결과에 어떤 종류의 의미를 강요하는 수단을 제공한다. 그럼에도 이 주의는 또한 격렬한 비판을 불러일으켰다. 첫째, 이 주의가 투표자들이 정책과 핵심문제를 근거로 정당을 선택한다는 것을 암시하는 한에서, 상당히 의심스러운 투표행위모델에 기초한다는 점이다. 이 모델이 암시하는 것처럼 투표자들은 항상 합리적이고 좋은 견문을 지닌 존재는 아니다. 그들은 지도자가 지닌 개성, 정당의 이미지, 관습적인 복종과 사회적 조건 같은 '비합리적' 요소에 의해 영향받을 수 있다.

둘째, 투표자들이 정책에 의해 영향을 받게 된다 할지라도 그들이 어떤 선언적인 **공약**에 의해 유혹을 받을 것처럼 보인다. 그러나 그들은 다른 것에 덜 관심을 가지게 되거나, 아니면 아마도 반대하게 될 것이다. 따라서 한 정당에 대한 투표는 정당의 전적인 공약 혹은 정말로 어떤 단순한 선거약속에 대한 보증으로 간주될 수 없다. 셋째, 이 주의는 동일 정당의 공인 후보자 전

소우주Microcosm
문자상으로 작은 세계.
더 큰 단체의 축소적 해
석이지만 더 큰 단체의
특징과 비율을 정확히
반영.

기술적 대의제
Descriptive representation
정치가의 사회적 특징과
다른 특징들을 고려하는
대의제 모델. 이 모델은
일반적으로 정치가들은
더 큰 사회의 '대의제적'
견본이어야만 한다는 이
념에 기반하고 있다.

부에게 투표할 것straight jacket을 강요한다. 이 주의는 정부정책을 정당이 선거기간 동안에 행하였던 입장과 제안에 제한시키며, 환경변화의 관점에서 정책을 조정할 여지를 남겨 놓지 않는다. 정당위임제도는 국제적·경제적 위기에서 어떤 지도를 제공하는가? 마지막으로 – 이 장의 다음 절에서 논의되는 것처럼 – 정당위임통치주의는 다수결선거제도의 경우에서만 적용될 수 있고, 선거에서 승리한 정당이 투표에서 50%를 획득하는 데 실패한다면, 불합리하게 보일지라도 이 주의는 사용될 수 있다.

유사대표 모델Resemblance model

대의제에 대한 마지막 이론은 대표자가 선출되는 방식에 기초한다기보다는 오히려 대표자가 자신이 대표라고 주장하는 집단을 대표하거나, 이에 유사한가에 의존하고 있다. 이 관념은 시장연구자들이나 여론조사가에 의해 사용된 것처럼 '대의제적 축도representative cross-section'라는 이념 속에서 구체화된다. 이 표준에 따르면 대의제 정부는 더 큰 사회의 소우주를 구성한다. 더 큰 사회는 사회 – 사회계급, 성, 종교, 종종 연령 등의 의미에서 – 와 대개 사회에서 집단들의 크기에 비례하는 숫자상으로 존재하는 모든 집단과 파벌로부터 이끌어 낸 회원들을 포함한다. '소우주적 대의제 microcosmic representation'라고 불리는 것처럼 이 **기술적 대의제**가 가지는 이념은 전통적으로 사회주의자와 급진주의 사상가들에 의해 보증되었다. 그들은 중요 기관에서 활동하는 상급 수준에서의 노동자계급, 여성 그리고 소수인종과 같은 집단들의 저조한 활동으로 인해 이들의 이해관계가 주변화되거나 무시된다고 주장하고 있다.

유사대표 모델은 특정 집단 출신의 사람과 그 집단의 경험을 공유하는 사람만이 완전하게 집단의 이해관계와 동일할 수 있다는 점을 암시한다. 이것은 '다른 사람의 신발 속으로 자신을 넣는 것'과 다른 사람들이 경험한 직접적이고 개인적 경험을 갖는 것 사이에 존재하는 차이이다. 가령 '새로운 남성' 혹은 '여성해방주의를 옹호하는' 남성은 여성의 이해관계에 공감을 나타내고, 성적 평등원칙을 지지할 것이다. 그러나 이들은 여성들이 생각하는 만큼 진지하게 여성문제를 다루지는 않을 것이다. 왜냐하면 여성 문제는 남성의 문제가 아니기 때문이다. 다른 한편, 대표자가 피통치자와 비슷해야 한다는 생각은 분명히 수많은 어려움을 유발시킨다.

이러한 어려움 중의 하나는 이 모델이 배타적 혹은 좁은 의미로 대의제를 묘사하고 있다는 점이다. 요컨대 이 모델은 한 여성만이 여성들을 대표할 수 있고, 단지 한 명의 흑인만이 다른 흑인들을 대표할 수 있으며, 어떤 노동자계급만이 노동자계급을 대표할 수 있다는 식의 믿음을 가지고 있다. 모든 대표자들이 그들이 속한 집단의 이해관계만을 발전시킨다면 결과는 사회분열과 갈등이며, 어떤 사람도 공공선을 지키거나 더 넓은 공공의 이해관계를 발전시킬 수 없을 것이다. 나아가 사회의 축도인 정부는 사회의 강점과 허약성을 나타내게 될 것이다. 가령, 다수의 주민들이 인종차별적이고 학식이 없고 교육받지 못할 경우, 사회와 유사한 정부가 가지는 장점은 무엇일까? 마지막으로, 축도적 이념은 선거의 선택과 개인적 자유에 강력한 제한을 강요해야만 이룩될 수 있다. 대의제의 이름으로 정당은 여성의 몫과 소수 후보자를 선택하도록 강요당할 수 있다. 유권자는 특별한 배경을 가진 후보자들을 위해 무시될 수 있을 것이다. 혹은 더 극적으로 투표자들은 계급·젠더·인종 등을 근거로 분류될 수 있을 것이고, 단지 자신들이 속한 후보자에게만 투표하도록 허용될 것이다.

선거

대의제의 성격에 관해 논쟁이 한창 진행되고 있지만, 한 가지 점에서 일반적으로 동의가 이루어지고 있다. 요컨대 대의제 과정은 본질적으로 선거 및 투표와 관련된다는 것이다. 선거는 그 자체로 정치적 대의제를 위한 충분조건이 될 수 없다. 그러나 선거가 필요조건이라는 점에는 의심의 여지가 없다. 사실 어떤 사상가들은 논의를 계속 진행시켜 선거를 다름 아닌 민주주의의 심장으로 묘사하였다. 이것은 조셉 슘페터Joseph Schumpeter가 쓴

『자본주의, 사회주의 그리고 민주주의』에서 발전된 견해다. 이 책에서 민주주의는 '제도적 장치institutional arrangement'로서, 인민들의 투표를 통한 경쟁적 투쟁을 통해 공직을 채우는 수단으로 묘사되었다. 그가 적고 있는 것처럼 "민주주의는 단지 인민들이 그들을 통치할 사람들을 받아들이거나 거부하는 기회를 가진다"는 점만을 의미할 뿐이다. 민주주의를 하나의 정치적 방법에 불과한 것으로 설명하면서, 슘페터는 사실상 민주주의를 선거, 특히 경쟁적 선거와 동일시하였다. 현대의 민주주의 이론가들이 민주주의를 단순하게 경쟁적 선거로 축소시키지는 않지만, 그럼에도 대부분의 민주주의 이론가들은 민주적 정부를 선거행위를 인도하는 규칙들과 메커니즘의 의미에서 이해하고 있다는 점에서 슘페터에 동의한다. 이것은 선거가 취할 수 있는 매우 다른 형태들에 관심을 기울인다.

첫째, 어떤 공직과 지위들이 선거원칙에 예속되는가? 선거가 정책결정에 책임을 지고 있는(특히 입법부와 행정부) 공직들을 충원하는 데 폭넓게 이용되지만, 중요한 정치적 기관들은 종종 예외적인 것으로 취급된다. 가령 이 점은 영국과 캐나다 그리고 입헌적 군주가 아직도 국가의 수장으로 활동하는 국가의 하원에 적용된다. 둘째, 누가 투표할 자격이 있는가? 그리고 참정권이 얼마나 광범위하게 확대되었는가? 위에서 지적하였던 것처럼 재산권·교육·젠더·인종에 토대를 둔 투표권에 대한 제한은 대부분의 국가에서 폐지되었다. 하지만 선거등록을 전적으로 시민의 수중에 내버려두고 있는 미국 대부분의 주에서 행사되고 있는 것처럼, 비등록과 비투표가 확산되는 결과로서 비공식적인 제한이 있을 수 있다. 다른 한편으로 오스트레일리아·벨기에·이탈리아에서 투표는 의무적compulsory이다.

셋째, 어떻게 표를 던지는가? 1989년까지 소련에서 공개투표가 규범이었고, 이것은 작은 조직에서는 거수의 형태로 아직도 널리 행해지지만, 현대의 정치적 선거는 일반적으로 비밀투표로 행해진다. 이것은 1856년에 남오스트레일리아에서 처음 사용되었기 때문에 때때로 '오스트레일리아식 비밀투표Australian ballot'라 불린다. 비밀투표는 부패와 협박의 위험을 방지한다는 점에서, 일반적으로 '공정한' 선거를 보장하는 것으로 간주된다. 하지

조셉 슘페터(Joseph Schumpeter; 1883~1950)

모라비아(Moravia) 출생의 미국 경제학자이며 사회학자. 초기의 학문적 성공과 제1차 세계대전 후, 짧은 기간 동안 오스트리아의 재무부장관을 지낸 슘페터는 1932년에 하버드 대학의 경제학 교수가 되었다. 『경제발전론*Theory of Economic Development*』(1912) 과 『경기순환*Business Cycles*』(1939)에서 전개된 그의 경제사상은 자본주의제도가 가지는 장기적인 동력과 특별히 '모험을 즐기는' 기업가의 역할에 중점을 두었다. 『자본주의, 사회주의 그리고 민주주의*Capitalism, Socialism and Democracy*』(1942)에서, 슘페터는 다름 아닌 서구 자본주의가 거둔 성공으로 인해 서구 자본주의가 어떤 사회주의 형태로 발전하였다는 유명한 논쟁을 진전시키고자 경제·사회·정치 이론에 의존하였다.

만 선거의 공정성은 단순히 국민들이 어떻게 투표하는가에 관한 문제로 환원될 수 없다. 또한 선거의 공정성은 신뢰할 수 있고, 균형적인 정보에 투표자가 접근하게 됨으로써 일어나게 된다. 선거의 공정성은 투표자가 제공받은 선택의 범위, 운동이 이루어지는 환경 그리고 마지막으로 득표가 얼마나 정확하게 계산되는가를 통해 영향받는다.

넷째, 선거는 경쟁적인가 아니면 비경쟁적인가? 이 점은 일반적으로 가장 결정적인 차이로 간주될 수 있는데, 그 이유는 선거를 하는 국가의 약 1/2만이 유권자에게 후보자와 정당을 모두 선택하는 진정한 선택을 하도록 하기 때문이다. 가령 단일후보자 선거는 정통적인 공산주의 국가에서 이루어진 규칙이었다. 이 점은 공직이 공산당에 의해 지배되는 지명과정을 통해 효과적으로 충원되었다는 것을 의미하였다. 선거경쟁은 매우 복잡하고 논쟁적인 문제였다. 선거경쟁은 선거를 대변하는 국민의 권리와 후보자와 운동을 합법적으로 지명하는 정당의 능력에만 관계하는 것이 아니라, 기금출처와 대중매체들에 대한 접근과 같은 정당의 성과에 영향을 미치는 더 광범위한 요소와도 연관된다. 이러한 관점에서 볼 때 정당제도가 가지는 성격은 누가 대표할 수 있고 누가 투표할 수 있는지에 관한 규칙처럼 진정한 경쟁을 유지하는 데 결정적일 수 있다.

마지막으로, 선거는 어떻게 이루어지는가? 나중에 논의되겠지만, 다양

투표는 강제적이어야만 하는가?

2005년에 약 33개의 국가들이 몇몇 선출기관이나 모든 선출기관들에 대해 강제투표제도를 운영하였다. 단지 소수의 경우만이 이 제도가 처벌의 위협(일반적으로 소액의 벌금이나 혹은 공동체 봉사를 통해)을 통하여 집행되었지만 말이다. 하지만 혹자는 강제투표는 시민의 의무라고 간주하면서 민주주의를 강화한다고 주장한다. 반면에 다른 사람들은 '비투표'가 기본적인 시민권이며, 이 권리의 침해는 민주주의 과정을 우롱할지도 모른다고 지적한다.

찬성

참여 증대. 강제투표의 도입이 초래하는 거의 확실한 결과는 투표율이 증가할 것이라는 점이다. 그리하여 오스트레일리아의 투표율은 1924년에 국가 전역에 걸친 강제투표의 도입 이후 변함없이 92~94퍼센트를 맴돌았고, 이전에는 47퍼센트였다. 강제투표는 많은 성숙한 민주정을 괴롭힌 '참여위기'를 단번에 해결할 것이고, 그 과정에서 현대의 개인화되고 소비주의적 사회들에서 투표에 반대하는 장기간에 걸친 반작용적인 추세들을 해결할 것이다.

더 큰 정당성. 강제투표를 기반으로 형성된 정부들은 단지 유권자적인 다수(실제로 투표하는 사람들의 다수)가 아니라 대중적 다수(투표할 자격이 있는 사람들의 다수)에 훨씬 더 의존할 가능성이 클 것이다. 영국의 비강제적 투표제도에서 투표율의 쇠퇴는 다음의 사실을 뜻하였다. 즉 2005년에 노동당이 22퍼센트의 유권자의 지지를 가지고 의회에서 안정적인 다수를 얻을 수 있었다는 점이다. 따라서 강제투표는 민주주의 정당성을 강화하고 정부가 정치적으로 덜 활동적인 사회의 부분들을 무시하지 못한다는 점을 보장할 것이다.

시민의 의무. 시민권은 상호 권리와 책임에 기반하고 있다. 따라서 투표할 권리는 그 권리를 행사할 의무를 포함한다. 그래서 법적 강제는 단지 의무는 이행된다는 점을 보장해 준다(이 의무를 납세, 배심원 활동과 아마도 징병 등과 같은 것으로 취급). 게다가 투표할 책임을 집행하는 것은 교육적인 장점이 있는데, 그것은 투표할 책임성의 집행이 정치적 행동주의를 장려할 것이고 더 잘 정보화된 시민을 양산해 낼 것이라는 점에서 그렇다.

사회적 불이익에 대항. 자발적 투표는 사회에서 가장 취약하기 쉬운 분자들인 가난한 사람과 덜 교육받은 사람의 이익을 효과적으로 해친다. 연구결과가 일관되게 보여 주듯이 이 사람들은 투표할 가능성이 가장 적은 사람들이다. 따라서 비강제투표는 다음의 사실을 뜻한다. 즉 교육받은 사람들의 이해관계가 다른 집단들의 이해관계보다 명확하게 나타나고 더 잘 널리 보급된다는 점이다. 진정한 정치적 평등은 단지 모든 사람들이 투표할 수 있다는 것만이 아니라 모두가 투표한다는 점을 필요로 한다. 단지 그럴 경우에만 정치적 평등은 사회적 평등의 이해관계에 기여할 수 있다.

반대

자유의 남용. 심지어 민주주의의 이름에서조차 강제는 강제로 남는다. 즉 그것은 개인의 자유의 침해이다. 투표하지 않을 권리는 몇 가지 점에서 누구를 위해 투표할 것인가를 선택하는 권리만큼이나 중요할 것이다. 그리하여 비투표는 하나의 양심적인 행동일지도 모른다. 그것은 합리적이고 사려 깊은 반성의 산물일 수 있다. 또한 이 반성은 무엇보다도 주류 정당 사이에서의 선택의 부재에 주목하거나 아마도 정치제도 자체에 대한 원칙적인 거부를 나타내는 하나의 시도인 것이다.

장식적 민주주의. 강제투표는 문제의 원인이 아니라 문제의 징후들에 역점을 두어 다룬다. 강제투표의 시행은 분명히 유권자의 투표율을 증가시킬 것이다. 그러나 강제투표는 시민참여가 점점 더 줄어드는 이유를 설명해 주는 더 깊은 문제들을 다루지 못할 것이다. 따라서 강제투표를 통해 야기된 더 높은 투표율 수준들은 더 심각한 문제들을 은폐할지도 모른다. 이로 인해 정치가에 대한 신뢰의 하락과 효과적인 대응성과 책임성의 부재 등과 같은 문제들이 적절하게 논의될 가능성보다는 오히려 줄어들 가능성이 있다.

가치없는 투표들. 일반적으로 투표를 하지 않는 사람들은 정치에 대한 관심과 정치에 대한 이해를 별로 가지고 있지 않다. 따라서 비투표자가 되려고 하는 사람들을 투표하게 강제하는 것은 단지 임의의 수와 이미 버려진 얼빠진 투표의 수를 증가시킬 뿐이다. 이 점은 특히 몇몇 투표자들이 단지 처벌받을 것을 두려워한 나머지 마음을 돌리기 때문에 그들이 분노를 느끼거나 마음이 상할 때일지도 모른다. 이것은 특히 염려스러운 전망인데, 이러한 '쓸모없는' 투표들이 궁극적으로 한 선거의 결과를 손상시키기 때문에 그렇다.

왜곡된 정치적 초점. 강제투표가 가지는 마지막 문제는 강제투표가 정당들에 의해 채택된 전략들을 왜곡시킬지도 모른다는 점이다. 유권자 대중의 이해관계에 주목하는 대신에 정당들은 더 폭발하기 쉬운 '주변적' 투표자들(비투표자가 되려고 하는)을 매혹하기 위하여 고안된 정책들을 세우도록 고무될지도 모르며, 그럼으로써 일관성의 감소와 양극화의 증대가 초래된다.

한 선거제도가 존재하며, 각각의 선거제도는 특수한 정치적·법적 함의를 지니고 있다.

선거의 기능

다양한 종류의 선거와 선거제도로 인해 선거의 역할 혹은 기능을 일반화하기란 항상 어려운 일이다. 하지만 부분적으로 공산주의의 붕괴로 인해 자극받은 1980년대와 1990년대에 진행된 민주화의 진전은 일반적으로 보통선거권이라는 특징을 지닌 자유민주주의 선거제도의 채택, 비밀투표, 선거경쟁과 연관되었다. 그러나 이 제도의 의미를 규정하는 것은 좀 더 어렵다. 해롭과 밀러(Harrop, M. and W. L. Miller, 1987)가 설명한 것처럼, 경쟁적 선거가 가지는 기능에 대해 두 가지 대조적인 견해가 있다.

관습적인 견해는 선거는 메커니즘이며, 이 메커니즘을 통해 정치인은 다소 여론을 반영하는 정책을 고려하고 도입하도록 강요당할 수 있다는 점이다. 이 점은 선거가 가지는 상향식(bottom-up) 기능을 강조하는데, 이 기능은 정치충원, 대표, 정부 형성, 정책에 대한 영향 등을 포함한다. 다른 한편으로, 긴스베르그(Ginsberg, 1982)와 같은 이론가들이 발전시킨 선거에 대한 급진적 견해는 선거를 정부와 정치엘리트가 그들의 주민을 더 얌전하고 유순하게 그리고 궁극적으로 통치할 수 있게 만들면서 주민을 통제할 수 있는 수단으로 묘사한다. 이 견해는 선거가 가지는 하향식(top-down) 기능을 강조하고 있는데, 이 기능으로는 정당성의 형성, 여론의 형성 그리고 엘리트의 강화 등을 들 수 있다. 하지만 현실에서 선거는 하나의 성격만을 가지고 있는 것이 아니다. 선거는 단순히 공적 책임성의 메커니즘도 아니며, 또한 정치적 통제를 보장하는 수단도 아니다. 모든 정치적 의사소통의 채널과 같이 선거는 정부와 국민, 엘리트와 대중에게 서로 영향을 미칠 수 있는 기회를 제공해 주는 '쌍방도로'인 것이다. 선거가 가지는 중요한 기능은 다음과 같다.

① 정치인의 충원: 민주국가에서 선거는 정치충원을 위한 중요한 원천이며, 또한 당이 후보자를 지명하는 과정을 고려한다. 그리하여 정치인은 카리스마, 웅변술, 좋은 인상과 같은 재능과 기술을 보유하려는 경향이 있다. 그러나 이 재능과 기술은 반드시 정치가가 선거구에 대한 의무를 수행하고, 위원회 활동을 하고, 정부 부서를 관리하는 데에만 적합한 것들은 아니다. 선거는 행정사무와 사법부의 직책처럼 전형적으로 전문적 지식이나 경험을 요구하는 직책들을 충원하는 데 사용되지 않는다.

② 정부 형성: 행정부가 직접적으로 선출되는 미국·프랑스·베네수엘라와 같은 국가에서 선거는 직접적으로 정부를 형성한다. 좀 더 일반적인 의원내각제에서 선거는 정부 형성에 영향을 미치며, 선거제도가 단 하나의 정당에 명백하게 의회에서 다수 의석을 제공하는 경향이 있을 때 정부 형성에 가장 강력하게 영향을 미친다. 비례대표제도는 정부가 선거 후에 협상을 통해 형성된다는 것을, 그래서 정부가 선거 없이 형성될 수도 안될 수도 있다는 점을 의미할 수 있다.

③ 대표성의 제공Providing representation: 선거가 공정하고 경쟁적일 때 선거는 공중으로부터 정부로 요구들이 전해지는 수단이다. 하지만 국민발의와 국민소환제 사용의 부족으로 인해 선거민은 다음 선거에서 자신들이 가진 벌을 줄 수 있는 능력을 제외하고는 별도로 자신의 요구가 실행되는 것을 보장할 그 어떤 효과적 수단을 가지지 못한다. 더군다나 선출된 정부는 어디에서도 더 큰 사회의 축도를 구성하지 못한다.

④ 정책에 대한 영향: 선거는 확실히 정부로 하여금 급진적이며 심각한 정도의 비대중적인 정책을 추구하지 못하게 한다. 그러나 단 하나의 문제가 선거운동을 지배하는 예외적인 경우에서만 선거는 직접적으로 정책에 영향을 미친다고 말할 수 있다. 또한 선거에서 개관된 정책선택의 범위는 너무 협소해서 그 결과는 단지 주변적인 정책적 의미만을 가질 수 있다는 주장이 있을 수 있다. 혹자는 정부정책이 어떤 경우에 선거상의 고려보다는 경제상태와 같은 실제적인 지시에 의해 형성된다는 점을 시사하고 있다.

⑤ 투표자에 대한 교육: 선거운동 과정은 선거민에게 당, 후보자, 정책, 현정부의 성과, 정치제도 등에 관해 풍부한 정보를 제공해 준다. 하지만 제공된 정보와 방법이 공공의 이익에 관여하고 무관심과 소외에 반대되는 것으로 토론을 자극시킬 경우에만 이 선거운동 과정은 선거민에 대한 교육의 기능을 담당하게 된다. 후보자와 당이 교육을 추구하기보다는 설득하고자 할 때도 그들은 불충분하고 왜곡된 정보를 제공하고자 하는 강한 동인을 가진다.

⑥ 정당성의 형성: 선거가 비경쟁적인데도 권위주의 정권이 선거를 행하는 한 가지 이유는 선거가 지배체제에 대한 정당화를 제공해 줌으로써 정당성을 장려하는 데 기여하기 때문이다. 이것은 선거운동에 포함된 의식이 선거라는 행위에 의식적인 위상과 중요성을 부여하기 때문에 일어난다. 가장 중요한 사실은 정치에서, 심지어 제한된 투표형태에서도 시민에게 참여할 것을 장려함으로써 선거는 적극적인 동의를 이끌어 낸다는 점이다.

⑦ 엘리트의 강화: 선거는 또한 엘리트가 대중을 조작하고 통제할 수 있는 매개물일 수 있다. 선거가 가지는 이러한 가능성으로 인해 프루동은 "보통선거는 반혁명이다"라고 경고하였다. 정치적 불평과 반대는 선거를 통해 중화될 수 있다. 선거는 이 불평과 반대를 헌법적인 방식으로 전달해 주며, 정권 자체가 살아남으면서 정부를 변화시킨다. 선거는 이러한 점에서 특히 효과적인데, 그 이유는 선거가 시민으로 하여금 자신들이 정부에 대해 권력을 행사하고 있다는 인상을 갖게 해 주기 때문이다.

선거제도: 논의와 논쟁

선거제도는 선거행위를 관리하는 일련의 규칙이다. 이 규칙은 세계에 걸쳐 다양할 뿐만 아니라 많은 국가에서 격렬한 정치적 논의와 논쟁의 주제가 되고 있다. 이 규칙에는 여러 가지 방식이 있다.

비례대표제도
Proportional representation
비례대표제 원칙은 정당
이 선거에서 얻은 힘에
정비례하여 의회에 대변
되어야 한다는 원칙이
다. 즉 득표율에 동등한
의석비율로 의회에서 대
변되어야 한다는 원칙이
다. 이 용어는 일반적으
로 단 하나의 선거방법
과 관련되어 사용되었던
것이 아니라, 비례적인
결과물을 보장할 수 있
거나 적어도 높고 신뢰
할 수 있는 정도의 비례
를 보장할 수 있는 다양
한 선거메커니즘과 연관
되어 사용되었다. 비례
제도와 다수결제도 사이
를 구분하는 경계가 종
종 불명확하지만, 가장
잘 알려진 비례대표제는
정당명부제도, 단일양도
투표제도와 부가의원제
도 등이다. 일반적으로
유럽대륙에서 사용된 비
례대표제도는 개별적 후
보자가 아니라 정당의
대표성과 연관되며, 특
히 분할된 혹은 다원적
사회에 적합하다.

① 투표자는 후보자나 당을 선택하도록 요구받는다.

② 투표자는 하나의 후보자를 선택하거나 자신이 지지하는 후보자에 등급을 매기면서 차별적으로 투표할 수 있다.

③ 선거민은 선거단위 혹은 선거구로 분류되거나 그렇지 않을 수 있다.

④ 선거구는 하나의 의원이나 많은 의원들을 선출할 수 있다.

⑤ 한 후보자를 선출하기 위해 필요한 지지수준은 **최다득표**에서 '절대적' 다수나 어떤 종류의 할당제에 이르기까지 다양하다.

하지만 일반적인 목적을 위해 이용할 수 있는 제도는 어떤 방식으로 투표가 의석으로 전환되는가를 기초로 두 가지 포괄적인 범주로 나누어질 수 있다. 한편으로는 다수결제도majoritarian systems가 있는데, 이 제도를 통해 더 큰 정당들은 선거에서 획득한 투표율보다 더 많은 비율의 의석을 얻는다. 이 점은 의회에서 다수를 획득하는 단일정당의 기회를 증대시키며, 독자적으로 통치할 수 있는 기회를 증대시킨다. 단 하나의 정당정부가 1945년과 2010년 사이에 유행하였다. 이 기간 동안에 어떤 정당도 선거에서 다수를 획득하지 못했는데도 말이다. 다른 한편으로 **비례대표제도**가 있는데, 이 제도는 한 정당이 얻은 의석과 선거에서 획득한 투표수 간에 평등한(혹은 적어도 더 평등한) 비율을 보장한다. 순수한 비례대표제도에서 45%의 득표율을 획득한 정당은 정확하게 45%라는 의석을 차지할 것이다. 따라서 비례대표제도는 단 하나의 다수당 지배를 가능하게 하지 않으며, 보통 다당제도와 연정과 연관된다. 뒤의 〈초점사항〉에서 서술되는 선거제도들은 가장 다수적인 제도유형에서 가장 순수한 형태의 비례제도를 배열하고 있다.

몇몇 국가에서 선거제도는 논의와 관심을 별로 불러일으키지 못하지만, 다른 국가에서 선거제도는 정치적·헌법적 의미를 강요하는 문제이다. 가령, 프랑스는 선거제도를 여러 번 바꾸어서 선거제도에 관한 어떤 진술은 시대에 뒤떨어진다는 위험을 무릅쓰게 된다. 프랑스가 지역명부제도regional-list system로 바꾸었던 1985년에 의회선거에서 2차 결선투표는 포기되었다. 그러나 2차 결선투표는 1993년 선거에서 다시 도입되었다.

선거제도: 소선거구제도single-member plurality system: first past the post(SMP)

사용국가: 영국(하원선거), 미국, 캐나다, 인도.
유　　형: 다수결

• 특징
① 지역은 일반적으로 동등한 크기의 소선거구(single-member constituency)로 나누어져 있다.
② 투표자는 일반적으로 투표용지의 입후보자 이름에 십자 표시를 함으로써 한 명의 후보자만을 선택한다.
③ 입후보자는 다수의 득표를 획득해야만 승리한다('단순다수the first past the post' 규칙).

• 장점
① 이 제도는 선거민에 대한 의무가 이행되는 것을 보장하는 대표자와 선거구민 사이를 연결하는 명백한 고리를 확립한다.
② 이 제도는 선거민에게 잠재적인 여당을 위한 명백한 선택권을 제공해 준다.
③ 이 제도는 종종 선거민 사이에 존재하는 다수의 지지라는 토대가 있기는 하나, 선거민으로부터 명백한 위임을 가지는 정부를 형성하게 한다.
④ 이 제도는 급진적인 소정당들이 의석이나 신뢰를 얻는 것을 더 어렵게 함으로써 극단주의가 다가오지 못하게 한다.
⑤ 이 제도는 일반적으로 단일정당이 의회에서 다수통제를 가진다는 점에서 강하고 능률적인 정부를 만든다.
⑥ 이 제도는 단일정당정부가 분열이나 내적 알력의 결과로 거의 붕괴되지 않는다는 점에서 안정적인 정부를 산출한다.

• 단점
① 이 제도는 패한 입후보자에게 던진 표와 차점자와의 득표 차에 해당하는 승리한 후보자에게 던진 많은 (혹은 대부분의) 투표를 쓸모없게 만든다.
② 이 제도는 소정당과 지리학적으로 균등하게 배분된 지지를 가진 정당들('제3당 효과the third-party effect')을 '제대로 대변해 주지 못함'으로써 선거에서 나타난 선호도를 왜곡시킨다.
③ 이 제도는 주요한 두 개의 정당에 치우침으로써 단지 제한된 선택만을 제공한다.
④ 이 제도는 정부가 다수지배제도를 생산하면서 단지 소수의 지지만을 종종 향유한다는 점에서 정부의 정당성을 손상시킨다.
⑤ 이 제도는 불안정을 야기하는데, 그 이유는 정부교체가 정책과 방향에서 급진적 변화를 초래할 수 있기 때문이다.
⑥ 이 제도는 입법부 구성원의 다수가 여당의 지지자인 까닭에, 입법부가 일반적으로 행정부에 종속된다는 점에서 무책임한 정부를 초래한다.
⑦ 이 제도는 거대한 투표자 집단에 매력을 느끼는 사람들을 편들어 사회적으로 광범위한 입후보자에 대한 선택을 방해한다.

다수결에 입각한 소선거구제가 총선거에서 지속적으로 사용되곤 하지만, 1999년 이후로 영국에서 더 비례적인 선거제도가 스코틀랜드, 웨일즈 그리고 북아일랜드, 대런던의회Greater London Assembly, 유럽의회에서 이전 기관들의 선거를 치를 때 많이 도입되었다. 선거개혁논의에서 혼란을 일으키는 문제는 일어났던 변화들이 그 어떤 일관적인 유형을 나타내고 있지 않다는 점이다. 뉴질랜드가 소선거구제도 대신에 비례대표제를 채택하였던 1994년에 이탈리아는 반대 방향으로 옮아갔고, 2005년에 정당명부제도로 복귀하기 전에 정당명부제party list를 덜 비례적인 부가의원제도 additional member system로 대체하였다.

선거제도는 부분적으로 관심을 끄는데, 왜냐하면 선거제도는 정당의 성과에 결정적 영향을 미치고, 특히 권력을 획득하는 – 적어도 공유하는 – 선거제도의 전망에 영향을 미치기 때문이다. 선거제도가 가지는 의미가 이렇다면, 선거제도를 대하는 태도가 일반적으로 정당이 가지는 이점에 의해 형성된다는 점을 부정하는 것은 어리석은 짓일 것이다. 1980년대와 1990년대에 프랑스에서 미테랑 대통령의 굴곡twists and turns은 주로 국민의회에서 사회주의당의 대표성을 강화하고자 하는 그의 바람을 통해 이루어졌다. 마찬가지로 1980년대 이후로 영국의 노동당이 비례대표제에 대해 가진 관심은 그 정당이 소선거구제도하에서 이길 수 있을 것처럼 보이는 정도에 따라 증대하고 쇠퇴하였다. 이전 기관들에 대한 선거에서 노동당이 비례대표제도로 전환한 것과 이 정당이 1997년에 영국하원 선거개혁을 위해 국민투표를 실시할 것을 공약한 점은 부분적으로 야당으로 18년을 보낸 결과였다. 1997년과 2001년에 노동당이 거둔 선거에서의 대승리는 변화하고 있는 웨스트민스터 선거들에 대해 당의 관심이 퇴조하고 있다는 점과 일치하였으며, 약속한 국민투표가 일어나지 않았다는 점은 주목할 만하다. 하지만 덜 냉소적이고 더 중요한 논의들이 고려될 필요가 있다. 문제는 '가장 좋은 선거제도'와 같은 그러한 것은 존재하지 않는다는 점이다.

선거개혁에 관한 논의는 본질적으로 바람직한 정부의 성격과 '좋은' 정부를 지탱해 주는 원칙에 관한 논의이다. 가령 대의제 정부는 능률적인 정부

선거제도: 제2차 결선투표제도second ballot system

사용국가: (프랑스에서 선거제도의 변화가 흔히 일어났지만) 전통적으로 프랑스
유   형: 다수결

• 특징
① SMP제도처럼 일인후보자 선거구single-candidate constituency와 일인선택 투표가 있다.
② 제1차 결선투표에서 이기기 위해 입후보자는 투표에서 전체의 과반수를 획득해야 한다.
③ 어떤 입후보자도 제1차 결선투표에서 과반수를 차지하지 못한다면, 제2차 결선투표는 선두를 달리고 있는 두 명의 입후보자 사이에서 행해진다.

• 장점
① 이 제도는 선거에서 선택권을 넓힌다. 다시 말해, 투표자는 제1차 결선투표에서 자신들이 좋아하는 후보자에 진심으로 투표할 수 있고, 제2차 결선투표에서 가장 덜 나쁘다고 생각하는 후보자를 계산하여 투표할 수 있다.
② 후보자가 과반수의 지지를 획득할 때에만 승리할 수 있기 때문에, 후보자는 지지를 위한 호소를 가능한 넓히고자 노력한다.
③ SMP제도처럼 강하고 안정적인 정부가 가능하다.

• 단점
① 이 제도는 SMP처럼 거의 비례적이기 때문에 선호도를 왜곡시키며, '제3당'에 불리하다.
② 결선에 진출한 후보자는 단기간의 인기를 추구하는 과정에서 혹은 패배한 후보자와 협상한 결과로 자신이 가진 원칙을 포기하도록 강요받는다.
③ 제2차 결선투표에 대한 보유holding는 정치에서 선거민들의 인내와 이익을 왜곡할 수 있다.

보다 더 중요한가? 확신과 원칙을 지지하는 성향보다 타협과 합의를 더 선호하는가? 이 문제들은 객관적인 대답을 할 수 없는 규범적인 질문이다. 더욱이 선거가 수행하는 복잡한 역할의 관점에서, 선거는 일반적으로 서로 모순되는 다양한 기준에 따라 판단될 수 있다. 따라서 선거제도는 단지 장점과 단점의 균형과 다른 제도에 대해 상대적인 강점을 반영하는 인증된 증서만을 획득할 뿐이다. 이 기준은 두 개의 일반적인 범주가 된다. 즉 이것들은 대의제의 질과 관련된 범주와 정부의 능률성과 관련된 범주들이다.

개념설명

비례성Proportionatity
정당들 사이의 의석 할
당이 국민투표의 배분을
나타내는 정도.

다수결제도는 이 제도의 대의제적 기능의 의미에서 평가해 볼 때, 일반적으로 가장 취약한 것으로 간주된다. 각각의 다수결제도는 정당이 가지는 대표성이 선거에서 나타난 능력과 조화를 이루지 못한다는 점에서 대중적인 선호도를 다소 왜곡하고 있다. 이 점은 균등하게 배분된 지리적 지원을 가진 소정당과 정당에 대한 '불공평'에서 가장 두드러지게 나타나며, 지리적으로 집중적인 지원을 가진 대정당과 정당들에 대한 '과도한 공평함'에서 가장 두드러진다. 2010년 영국에서 보수당은 30% 득표로써 47%의 의석을 확보하였고, 노동당은 29% 득표로써 40%의 의석을 얻었다. 그리고 자유민주당은 23% 득표를 하였지만 단 9%의 의원을 획득했을 뿐이다. 이러한 편향은 대의제적 의미에서 정당화하는 것이 불가능한데, 특히 불행한 '제3의' 당이 대중적 이미지를 가지는 극단적인 정당이 아니라 중도정당이기 때문에 그러하다.

그리하여 양당제도와 단일정당정부는 다수결 선거제도의 편향으로 인해 '만들어지며', 대중적 선호도의 배분을 반영하는 것이 아니다. 더군다나 겨우 2/5의 국민득표로써 권력을 장악할 수 있다는 사실―예를 들어 영국에서 2005년에 노동당은 35.3%라는 득표로 하원에서 다수를 차지하였다―은 모든 정치제도의 정당성을 왜곡시키고, 이데올로기적으로 급진적 정당들이 그들의 호소를 확대시키고자 하는 압박감을 별로 가지지 않으면서 연장된 기간 동안 권력을 보유할 수 있는 상황을 만들어 낸다. 영국의 보수당은 1980년대와 1990년대에 시장지향적 개혁프로그램을 이행할 수 있었지만 선거에서 결코 43% 이상의 지지를 획득하지는 못했다. 다수의 투표자들이 권력을 장악하고 있는 정당에 반대할 때 정당이 대중적 위임을 받고 있다고 주장하기란 어려운 일이다.

이러한 관점에서 볼 때 비례선거제도는 분명하게 더 대의제적인 것처럼 보인다. 하지만 선거의 공정성을 **비례성**과 동등하게 보는 것은 순진한 생각일 수 있다. 가령 비례대표제도에 대한 많은 비판들은 이 제도가 훨씬 더 연정을 가능하게 만든다는 사실에서 비롯된다. 단일정당정부와는 달리 연정은 적어도 선거권자의 50%의 지지를 누린다는 점이 주장될 수 있기는 하지

선거제도: 대안투표제도alternative vote system(AV); 보충투표supplementary vote(SV)

사용국가: 오스트레일리아(하원: AV)와 영국(런던시장선거: SV)
유　　형: 다수결

• 특징
① 일인 선거구가 존재한다.
② 선호적preferential 투표가 존재한다. 투표자는 선호하는 순서에 따라 후보자를 찍는다. 즉 첫 번째 선호에는 1, 두 번째로 선호하는 후보자에게는 2로 찍는다.
③ 후보자는 모든 결선투표에서 50%를 얻어야 승리한다.
④ 득표는 제1의 선택에 따라 계산된다. 어떤 후보자도 50%를 얻지 못하면, 최소득표 후보자는 배제되고 이 후보자가 얻은 득표는 제2(혹은 그 다음의) 선택에 따라 재배분된다. 이 과정은 한 후보자가 일정 다수나 과반수를 차지할 때까지 계속된다.

• 장점
① 적은 득표는 SMP제도에서보다 더 쓸모없게 된다.
② 제2차 결선투표제도와는 달리, 후보자들 사이에서 이루어진 협상은 결과에 영향을 미칠 수 없다.
③ 후보자는 적어도 50%의 지지를 받아야 승리하지만, 단일정당 다수 정부가 배제되지 않는다.

• 단점
① 이 제도는 SMP제도보다 훨씬 더 비례적인 것이 아니며, 그래서 여전히 대정당을 지지하는 편향이 있다.
② 결과는 작고 아마도 극단주의 정당을 지지하는 사람들의 선택에 의해 결정될 수 있다.
③ 승리한 후보자들은 제1의 지지선택first-preference support을 별로 향유하지 못할 수 있으며, 단지 가장 인기가 없는 후보자를 이용할 수 있는 효력만을 가진다.

만, 연정이 취하는 정책은 전형적으로 선거 후의 협상에서 검토되며, 어떤 선거권자에 의해 서명되는 것은 아니다. 또 다른 위험은 연정을 형성한 정당들은 그들이 선거에서 가진 능력에 따라 영향력을 행사할 수 없다는 점이다. 이에 대한 고전적인 사례로는 중도적인 소정당들-독일의 자유민주당과 같은-은 그들이 선거에서 획득한 지지를 다른 정당과 연합하겠다고 위협함으로써 더 큰 정당들-예를 들면 독일의 기독교민주당과 사회민주당—에게 명령을 내릴 수 있다는 점이다. 그럴 경우, 사실상 '아랫사람이 윗사람을 쥐어 흔드는' 형태가 된다.

다수결제도에 대한 옹호는 좀 더 일반적으로 정부 기능에 기초를 두고 있으며, 특히 안정적이고 효과적인 지배를 제공할 수 있는 능력에 기초를 두고 있다. 달리 표현하면, 비례성의 결핍은 강한 정부strong government를 위해 지불되는 비용에 불과할 수 있다. 이 제도에서 단일정당지배를 지지하는 편향은 선거권자가 일반적으로 두 정당 사이에서 선택할 수 있다는 점을 의미하며, 각각의 정당은 선거에서 공약한 선언들을 정부프로그램으로 전환시킴으로써 선거에서 한 약속을 실현할 능력을 가지고 있다. 의회에서 응집력 있는 다수를 통해 지지받는 정부는 일반적으로 공직기간 동안 살아남을 수 있다. 이와는 반대로 연정은 끊임없이 반대 의견을 조정하는 과정에 관여하고, 내적 분열과 분할의 결과로 항상 붕괴될 수 있다는 점에서 허약하고 불안정하다. 이에 대한 고전적인 사례는 1945년 후의 이탈리아인데, 이탈리아는 2012년까지 거의 63개의 정부를 가졌다.

다른 한편으로, 비례대표제의 지지자들은 정책을 통해 밀고 나갈 수 있는 정부라는 의미에서 강한 정부를 가진다는 것이 결코 절대적인 미덕이 아니며, 강한 정부는 정밀조사와 의회의 책무를 제한하는 경향이 있다고 주장한다. 대신에 그들은 '강한' 정부는 대중의 지지와 정부를 따르고 존경하고자 하는 시민의 의지라는 차원에서 이해되어야 한다고 시사한다. 폭넓은 토대를 가진 연정은 단일정당정부보다 더 많이 이러한 특성을 가질 수 있다. 이러한 점에서 '안정적' 정부는 단순히 선거에서 살아남을 수 있는 능력을 가진 정부라기보다는 몇몇 내각에 대해 일관적인 정부정책을 발전시키는 것을 의미할 것이다. 이것은 단일정당정부—이 단일정당정부에서 권력이 교체될 때, 인사와 (정책)선호도에서 휘몰아치는 변화는 모면할 수 없다—보다 연정—개각을 했음에도 연정에서 하나의 정당 혹은 더 많은 정당이 내각에서 권력을 여전히 유지할 수 있다—에서 더 이루어질 것 같다.

하지만 선거개혁에 관한 논의는 항상 선거제도가 가지는 중요성을 과대평가할 위험을 안고 있다. 실제로 선거는 정치과정을 형성하는 다양한 요소

선거제도: 혼합비례제도mixed-member proportional(MMP) sysytem; additional member system(AMS)

사용국가: 독일, 이탈리아, 뉴질랜드, 영국(스코틀랜드 의회와 웨일즈 의회)
유　　형: 비례제

• 특징
① 의석비율(독일에서는 50%, 이탈리아, 스코틀랜드와 웨일즈에는 더많이)은 소선거구제를 사용하는 SMP제도를 통해 충원된다.
② 남아 있는 의석들은 정당명부(정당명부제도에서 설명되었던 것과 같이)를 사용함으로써 채워진다.
③ 유권자는 2표를 던진다. 한 표는 선거구의 후보자에게 투표하며, 다른 한 표는 정당에 투표한다.

• 장점
① 이 제도가 가지는 혼성적hybrid 성격은 선거의 공정이라는 필요와 선거구대표라는 요구를 균형 잡아 준다. 정당명부식 운영은 전체의 의회가 비례적으로 대표하고 있다는 점을 보장한다.
② 이 제도가 결과의 의미에서 포괄적으로 비례적이지만, 이 제도는 단일정당에 의한 정부(형성)의 가능성을 남겨 두고 있다.
③ 이 제도는 선거민에게 선거구대표를 한 정당으로부터 선택하게 허용하지만, 정부 형성을 위해서는 다른 정당을 지지할 수 있도록 한다.
④ 이 제도는 선거구민을 대표하는 것과 내각에서의 직위를 갖는 것은 매우 다른 재능과 경험들을 요구하는 매우 다른 직업이라는 점을 고려하고 있다.

• 단점
① 소선거구제single-member constituency의 유지는 높은 수준의 비례를 이루는 것을 방해한다.
② 이 제도는 두 가지 등급의 대표를 만들어 낸다. 하나는 불안정과 선거구에 대한 책무를 부과받은 대표이며, 다른 하나는 더 높은 신분과 내각에서의 직위를 유지한다는 전망을 통해 부과되는 대표이다.
③ 선거구 대표는 선거구의 크기로 인해 고통을 당한다(일반적으로 SMP제도보다 두 배 정도로).
④ 이 제도하에서 정당은 더 중앙집권적이며 강력하다. 왜냐하면 정당은 누가 명부에 실리고, 누가 선거구에서 싸워야 하는지를 결정할 뿐만 아니라 명부후보자를 어느 위치에 정렬할 것인가를 결정하기 때문이다.

선거제도: 단일양도투표제도single-transferable-vote system(STV)

사용국가: 아일랜드와 영국(북아일랜드 의회)
유   형: 비례제

• 특징
① 중선거구multimember constituency가 존재하며, 각각의 선거구는 5명까지 의원을 선출한다.
② 정당은 충원해야 할 의석이 있는 한, 많은 후보자를 추천할 수 있다.
③ 차별선거제도처럼 유권자는 차별적으로 투표한다.
④ 후보자들이 어떤 몫을 달성한다면 그들은 선출된다. 이 몫은 규정된 후보자 수를 선출하기 위해 필요한
   최소한의 득표수이며, 다음과 같은 공식에 따라 계산된다.

$$\text{할당수} = \frac{\text{전체 투표수}}{(\text{충원되어야 할 의석수} +1)} +1$$

예를 들어, 4명의 의원을 선출하는 한 선거구에서 10만 표가 던져졌다면, 할당수는 100,000/(4 + 1) + 1 =
20,001이다.
⑤ 투표는 제1선호도에 따라 계산된다. 모든 의석들이 채워지지 않는다면, 최소득표를 한 후보자는 제거된
   다. 이 후보자가 획득한 득표는 모든 의석들이 채워질 때까지 제2선호와 기타 등등에 따라 재분배된다.

• 장점
① 이 제도는 높은 비례적 결과를 달성할 수 있다.
② 동일한 정당에서 후보자들 사이의 경쟁은 입후보자들이 가진 기록을 토대로 평가될 수 있으며, 또한 그
   들은 당 노선의 문제에서 그들이 어디에 서 있는가를 토대로 평가될 수 있다.
③ 여러 의원들을 이용할 수 있다는 점은 선거구민들이 그들의 불평을 고려하는 사람을 선택할 수 있다는
   것을 의미한다.

• 단점
① 달성된 비례의 정도는 일반적으로 정당제도를 토대로 변화한다.
② 강하고 안정적인 단일정당정부는 존재할 가능성이 별로 없다.
③ 당 내부에서 발생하는 경쟁은 불화를 일으킬 수 있고, 의원으로 하여금 선거구에 대해 저야 할 책임을 회
   피하게 할 수 있다.

선거제도: 정당명부제도party-list sysytem

사용국가: 이스라엘 그리고 벨기에, 룩셈부르크, 스위스를 포함하는 유럽 국가들, 유럽의회
유   형: 비례제

• 특징
① 모든 지역이 소선거구로 취급되거나, 지역 정당명부제의 경우에 몇 개의 큰 중선거구가 존재한다.
② 정당은 유권자 앞에 배치하기 위해 선호도에 따라 후보자명부를 편집한다.
③ 유권자들은 후보자에 투표하는 것이 아니라 정당에 투표한다.
④ 정당은 선거에서 얻은 득표에 대해 정비례로 의석을 할당받는다. 정당들은 그들이 제시한 정당명부에
   따라 이 의석을 충원한다.
⑤ 작고 아마도 극단주의적인 정당을 대표로부터 제외시키기 위해 하나의 '제약threshold'이 부과된다(독
   일에서는 5%).

• 장점
① 이 제도는 유일하게 가능성이 있는 순수한 형태의 비례대표제이며, 따라서 모든 정당에 공평하다.
② 이 제도는 유권자들을 하나의 선거구보다는 그들의 국가 혹은 지역과 동일시함으로써 통합을 증대시킨다.
③ 이 제도는―물론 정당명부에 오른―여성과 소수당의 후보가 당선되는 것을 좀 더 용이하게 한다.
④ 많은 소정당들이 대표가 됨으로써 협상·흥정·합의가 존재한다는 점을 보장한다.

• 단점
① 소정당들이 많이 존재함으로써 허약하고 불안정한 정부가 초래될 수 있다.
② 대표자와 선거구 사이의 연결은 완전히 무너진다.
③ 정당명부상의 서열이 좋은 비대중적인 후보자가 공직으로부터 배제될 수 없다.
④ 정당은 상당히 중앙집권적인데, 정당의 지도자가 정당명부를 작성하고 젊은 의원들은 명부상의 순위를
   상승시키고자 하는 희망으로 충성하게 되는 동기를 가지기 때문이다.

중 하나에 불과하며, 가장 결정적인 요소가 아닐 수 있다. 사실 특정한 선거제도의 영향은 일반적으로 다른 환경들, 요컨대 정치문화, 정당제도의 성격 그리고 정치가 이루어지는 경제적·사회적 맥락을 통해 결정된다. 가령 연정이 가지는 성격에 관한 일반화는 항상 매우 의심스럽다. 이탈리아에서 연정은 전형적으로 허약하고 일시적이었던 반면에, 독일에서 연정은 일반적으로 안정적이고 효과적인 정부를 산출했다. 마찬가지로 다수결제도는 하

뉴질랜드 선거개혁: 정치의 갱신인가?

사건: 1992년 뉴질랜드에서 있었던 구속력이 없는 국민투표에서 유권자의 85%가 기존의 소선거구제도(일반적으로 '최다 득표를 당선시키는first past the post' 제도로 알려진)를 바꾸기 위하여 투표하였다. 그리고 투표자의 71%는 자신들이 선호하는 대안으로 혼합비례대표제도mixed-member proportional system(MMP)를 지지하였다. 그 다음 해에 구속력이 있는 두 번째 국민투표에서 혼합비례대표제도는 소선거구제에 반대하는 공명정대한 경쟁에서 54%의 지지를 얻었다. 혼합비례대표제도를 사용하는 첫 번째 선거는 1996년에 실시되었고 이 제도는 그 후에 행해진 선거들에서 사용되었다. 선거개혁의 문제는 점점 더 유명세를 얻었는데, 이것은 두 번의 연속적인 선거들(1978년과 1981년)에서 '잘못된wrong' 정당(노동당이 더 많은 득표를 얻었는데도 국민당National Party이 의회에서 다수를 차지하였다)이 승리하였던 그 후의 일이었다. 다른 요소들로는 1949년에서 1984년 동안에 6년을 제외하고는 권력을 장악하였던 국민당 때문에 노동당의 지지자들 중에서 선거제도에 대한 불만의 증대와 비례대표제가 마우리Maori 대표를 증가시킬 것이라는 믿음 등을 들 수 있다.

의의: 인터넷 뉴질랜드의 선거개혁은 성공적이었는가? 선거개혁에서처럼 논의는 '성공'이 어떻게 정의되는가가 중심적 주제가 된다. 선거개혁의 지지자들은 다음과 같이 주장하였다. 뉴질랜드에서 혼합비례대표제가 더 큰 대응성과 책임성을 가져다주었다는 것이다. 이에 대한 가장 명백한 증거는 의회와 정부 모두에서 정당의 대표성이 상당히 넓어졌다는 것이었다. 노동당과 국민당이라는 양당제도는 분명히 붕괴되었고, 다당제로의 길을 열어 주었다. 혼합비례대표제도하에서 의회에서 대표된 정당들의 평균 수는 1946년에서 1993년 동안에 2.4에서 7로 증가하였다. 가장 유효하게 개혁 이후 국민당도 노동당도 의회에서의 다수를 기반으로 단독으로 통치할 수 없었다. 개혁으로부터 발생하였던 연합정부들의 연속은 뉴질랜드 정치의 중심을 국민당과 노동당 간의 단순한 경쟁에서 벗어나서 좀 더 복잡한 과정의 합의형성으로 향하게끔 옮겨 놓았다. 왜냐하면 두 개의 대정당들은 소정당과의 제휴에 의지하기 때문이다. 가령, 2011년 선거 후에 국민당은 ACT, 연합미래당 그리고 마우리 당과의 동의를 통하여 연합정부를 형성하였다. 게다가 1996년 이후 뉴질랜드 정부들은 2년 동안을 제외하고는 소수 정부들이었다. 이것은 녹색당과 같이 정부의 외부에 있는 정당들로 하여금 정책에 일정 정도 영향력을 행사하게끔 한 하나의 상황이다.

하지만 혼합비례대표제도에 대한 비판들이 뉴질랜드에서 특히 국민당에 의해 계속해서 흘러나왔다. 국민당은 소선거구제도로의 복귀를 여전히 수용하고 있었다. 비판가들은 다음과 같이 주장한다. 두 개의 투표제도는 투표자들에게 혼란을 일으키고 '오염효과'를 초래한다는 것이다. 그리고 이것으로 인해 선거구후보자들에 관한 견해들이 정당명부투표의 분배에 영향을 미친다는 것이다. 또한 혼합비례대표제의 도입이 투표율에 유익한 영향을 미쳤다는 점도 결코 명백하지 않다. 1999년에 혼합비례대표제하의 두 번째 선거는 20세기에 치러진 뉴질랜드 선거에서 가장 낮은 투표율을 기록하였다. 하지만 혼합비례대표제에 관해 두 가지 더 강한 관심들이 계속해서 흘러나왔다. 첫째, 혼합비례대표제는 강한 정부의 적으로 묘사되었는데, 그것은 분할된 연합정부들이 종종 결정적인 리더십을 제공할 수 없다는 점에서 그렇다. 둘째, 이른바 '중추적인 정당들의 권력에 관한 염려들이 표현되었다. 소정당들이 그들의 선거상의 힘을 크게 초과하여 정책에 영향을 미친다는 것이다. 왜냐하면 이 소정당들은 두 개의 주요 정당들과 거래를 할 수 있기 때문이다. 이와 같은 관심들로 인해 국민당은 선거개혁 국민투표를 요구하기에 이르렀고, 이 국민투표는 2011년 총선거와 동시에 개최되었고 투표자들에게 혼합비례대표제와 소선거제도로의 복귀 중에 하나를 선택하도록 하였다. 하지만 혼합비례대표제의 유지에 58퍼센트(1993년 투표보다 4퍼센트 증가)가 찬성하였고, 이 결과는 새로운 제도에 광범한 만족을 나타내었고, 이 제도가 가까운 미래에 포기될 것 같지 않다는 점을 시사한다.

나의 정부가 다른 정부에 뒤이어 등장할 때 정책에서 중요한 변화를 산출하지만, 광범위한 정책합의 또한 보기 드문 것은 아니다. 1950년대와 1960년대에 보수당과 노동당 사이의 정권교체가 있었는데도 영국 정부의 정책은 케인즈주의적 사회민주주의에 대한 당 사이의 공약에 기초를 둔 정책방향에 있어서 주목할 만한 일관성을 드러내었다. 더욱이 선거제도가 어떤 손상을 야기할 수 있는가는 결코 분명하지 않다. 제2차 세계대전 후 자주 오늘날에는 포기된 정당명부제도의 탓으로 여겨진 이탈리아의 유명한 정치적 불안정에도 불구하고, 이탈리아 북부지방은 적어도 1990년대에 이탈리아를 유럽연합에서 세 번째로 번영하는 국가로 만들면서 안정적인 경제성장을 가져다주었다.

선거는 무엇을 의미하는가?

선거의 중요성은 의심받을 수 없다. 가장 낮은 수준의 중요성에서 볼 때 선거는 공중에게 정치과정에 영향을 미칠 수 있는 가장 명백한 공식적인 기회를 제공해 주며, 직·간접적으로 정부권력을 장악하고자 하는 사람을 결정하는 데 기여한다. 이러한 관점에서 볼 때 선거는 결과에 관한 것이다. 달리 표현하면, 선거는 누가 이기고 누가 지는가에 관한 것이다. 이러한 관점은 대중매체가 끼치는 영향을 통해 고무된다. 대중매체는 여론조사의 도움을 받아 선거를 점점 더 경마로 전환시킨다. 하지만 정치인들은 선거가 더 광범위하고 더 심오한 의미를 가진다고 주장함에 있어서 뒤지지 않는다. 이러한 의미에서 선거는 순전히 **공공이익**의 명백한 표명으로 간주된다. 간단히

공공이익Public interest
공공이익은 한 공동체가 가지는 일반적이고 집단적인 이익으로 구성된다. 요컨대 공공이익은 전체로서의 사회를 위해 좋은 것이다. 공공이익에 대한 두 가지 대립적인 견해가 존재한다. 강한 해석(Strong version)은 공적 이익과 사적 이익, 즉 집단적 단체로서의 공공의 이익과 각 개인들의 이기적 혹은 개인적 이익 사이를 분명하게 구분하고 있다. 루소와 많은 사회주의자의 견해에서 볼 때, 공공의 이익은 개인의 이익보다 더 높거나 도덕적으로 우월한 것이다. 약한 해석(Weak version)은 단지 사적 이익만을 인정한다. 따라서 공공의 이익을 단지 사적 이익의 집합으로 간주한다. 모든 개인은 사적 이익을 자신을 위해 유익한 것으로 인정한다. 자유주의적 개인주의들은 자주 '공공의' 이익과 같은 개념을 불합리한 것으로 거부한다.

말하면, "공중이 말하였다." 정치논평자들도 자신들이 생각하고 있는 의견을 표현하며, 선거가 '대중이 가지고 있는 감정의 변화'를 반영한다고 선언한다. 그러나 문제는 이러한 모든 주장과 해석이 매우 자의적인 성격을 가지고 있다는 점이다. 선거에 '의미'를 부여하고자 하는 시도는 위험을 내포하고 있다. 국민들은 말할 수 있을 것이다. 그러나 그들이 말했던 것이 무엇인지를 안다는 것은 어렵다.

이러한 문제 가운데 상당수가 **공공이익**이라는 난해한 관념으로부터 유래한다. 만약 '공공'이익과 같은 것이 존재한다면, 이것은 분명히 모든 시민들이 가지는 공동의 혹은 집단적 이익을 나타낸다. 이 의미는 정확하게 장자크 루소가 '일반의지'라는 이념 속에서 함축한 것이다. 그는 '일반의지'를 각각의 시민이 사심 없이 행동한다는 가정 위에서 이루어지는 모든 시민의 의지를 의미하는 것으로 파악하였다. 이 견해가 가지는 어려움은 명백하다. 간단히 말해, 개인은 실제로 일반 혹은 집단의지에 따라 사심 없이 행동하는 것이 아니다. 불가분의 공공이익과 같은 것은 존재하지 않는다. 따라서 '공중' 혹은 '유권자'에 관해 이루어진 그 어떤 일반화는 매우 미심쩍은 것으로 다루어질 뿐이다. 사심 없이 행동하는 유권자는 없으며, 특별한 이해관계, 공감, 충성 등을 가진 선거인의 집합만이 존재할 뿐이다. 기껏해야 선거결과는 투표자의 다수 혹은 아마도 과반수가 선호하는 것을 나타낸다. 하지만 심지어 이럴 경우에도 이 투표가 무엇을 '의미하는가'를 결정하는 데는 극복하기 어려운 문제가 존재할 것이다.

선거결과를 해석할 때 나타나는 어려움은, 투표자들이 왜 그들이 행한 대로 투표를 하는지에 관해 파악하는 것이 아마도 불가능한 과제라는 점에 있다. 다음 절에서 분명해질 텐데 정치과학자들이 행한 일반화는 선거행위의 문제들을 해결하려고 노력하였지만, 보편적으로 수용되는 투표이론을 발전시키는 데는 실패하였다. 표면적으로 매우 단순한 행위인 투표는 의식적·무의식적, 합리적·비합리적, 이기적·비이기적인 요소들이 복합적으로 작용함으로써 형성된다. 따라서 모든 이론들은 당파적이며 일련의 다른 문제들을 고려함으로써 그 자격을 인정받아야 한다. 이 점은 앤서니 다운즈(1957)에 의해 발전된 이른바 경제적 민주주의론과 관련하여 이해될 수 있다. 이 이론은 투표행위가 투표자의 이기심을 표현한다고 시사하고 있다. 투표자는 소비자가 구매를 위해 상품이나 서비스를 선택하는 것과 동일한 방식으로 정당을 선택한다는 것이다. 이러한 토대 위에서 선거에서 승리한 정당은 자신들이 채택한 정책이 가장 큰 투표자집단의 이익에 가장 가깝게 상응한다는 점을 무리없이 주장할 수 있다.

다른 한편으로 정책을 '구입하기' 보다 투표자는 전형적으로 정치문제에 관해 잘 모르며, 습관이나 사회조건, 정당에 대한 이미지, 정당지도자의 인물과 같은 일련의 '비합리적'인 요소에 의해 영향받는다. 나아가 표를 끌어들이는 정당의 능력은 그러한 상품들이 광고·정치운동·선전 등을 통해 팔리는 방법과 더 관계되며, 정당들이 구매를 위해 게시한 '상품들'과는 별 관련이 없을 수도 있다. 이것이 사실인 한에서, 선거결과는 투표자집단의 이해관계를 반영하기보다는 경쟁적인 정당에 대해 이용할 수 있는 자원과 재정상태를 반영한다.

어떤 이들이 보기에 더 까다로운 문제가 있는데, 그것은 어떤 선거 메커니즘도 투표자가 가지는 다양한 선호를 신뢰할 만하게 표현할 수 없다는 점이다. 이것은 미국의 경제학자 케네스 애로우Kenneth Arrow가 주장한 '불가능성 정리impossibility theorem'라는 용어로 기술하였던 문제이다. 『사회선택과 개인적 가치Social Choice and Individual Values』(1951)에서 애로우는 투표자가 단지 한 표를 던진다기보다는 후보자나 정책선택을 위한 일련의 선호범위를 표현하도록 허용될 때 일어나는 '이행성transitivity'의 문제에 주목한다. 단지 한 표를 행사한다는 것이 가지는 약점은 이 행사가 조잡한 전부 아니면 무all-or-nothing에 의거한 고안물일 뿐만 아니라 어떠한 단일 후보자나 선택이 과반수의 지지를 획득하지 못할 수 있다는 점이다. 가령 후보자 A는 40%의 득표를, 후보자 B는 34%의 득표를, 후보자 C는 26%의 득표를 얻을 수 있다. 하지만 제2차 선택이 고려될 경우, 상황은 더 혼란스럽게 될 것이다.

논의를 위해, 후보자 A를 지지하는 모든 사람들의 제2차 선택이 후보자

C에 가고, 후보자 B의 제2차 선택이 후보자 A를 지지하고 그리고 후보자 C의 제2차 선택이 후보자 B로 옮겨 간다고 가정하자. 이것은 각각의 후보자가 투표자의 다수에 의해 선택되기 위해 주장할 수 있는 어떤 상황을 만들어낸다. 후보자 A가 갖는 제1차 선택과 제2차 선택은 74%(40%+후보자 B의 34%)가 된다. 후보자 B는 60%의 지지(34%+후보자 C의 26%)를 주장할 수 있고, 후보자 C는 66%의 지지(26%+후보자 A의 40%)를 주장할 수 있다. 이러한 '순환적 다수cyclical majority'가 지니는 문제는 개인적 선호와 집단적 선택 사이에 신뢰할 수 있는 연결을 확립하는 것이 가능하지 않을 수 있다는 사실에 주목한다. 달리 표현하면 선거결과는 그들을 대변할 수 없으며, 선거결과에서 의미를 찾고자 주장하는 정치인과 정치논평자들은 어느 정도 자의적으로 행동하고 있다는 점이다. 그럼에도 정치가에게 허락되는 자의적인 행동의 범위는 무제한적이지는 않다. 왜냐하면 정치가는 자신이 다음 선거에서 책임을 추궁당할 것이라는 점을 알고 있기 때문이다. 이러한 점에서 아마도 선거가 행하는 가장 중요한 기능은 공중을 위해 대변한다고 주장하는 정치인이 궁극적으로 공중을 통해 심판받아야 한다는 점을 확실하게 함으로써 자의적 정부에 제한을 가한다는 점이다.

투표행위

투표행위에 대한 학문적 관심의 증대는 행태주의 정치학의 부흥에 일치하였다. 가장 널리 보급되고 계량화할 수 있는 정치행위의 형태로서 투표는 새로운 기술의 표본조사와 통계분석에서 초점의 대상이 되었다. 미시건 대학에 의해 근실하게 이루어진 연구성과인 『미국 투표자*The American Voter*』(Campbell et al., 1960)는 이 분야의 선구적 업적이 되었고, 버틀러 Butler와 스토우크Stoke가 연구한 『영국의 정치변화*Political change in Britain*』(1969)와 같은 많은 유사한 연구들을 자극하였다. 행태주의 혁명의 절정기에 연구자들은 투표란 정치제도가 지니고 있는 모든 수수께끼들을 해결할 수 있는 열쇠이며, 자신들이 아마도 대중정치심리학에 대한 법칙을 발전시켰다고 생각하였다. 이러한 고상한 기대는 충족되지 못했지만, 선거 연구(psephology: 투표행위에 대한 과학적 연구)는 여전히 정치분석에서 중심적인 위치를 차지하고 있다. 이것은 투표가 개인·사회·정치 사이의 상호작용에 관한 정보를 풍부하게 제공하는 원천 중 하나이기 때문이다. 그리하여 투표행위의 신비를 연구함으로써 우리는 정치제도의 성격에 관한 중요한 교훈들을 배울 수 있고, 사회적·정치적 변화과정에 대한 통찰을 얻을 수 있다.

투표행위는 명백하게 단기적 영향과 장기적 영향에 의해 형성된다. 단기적 영향은 특정한 선거에서 특별하게 나타나며, 투표유형에 관한 일반적인 결론을 허용하지 않는다. 중요한 단기적인 영향은 경제상황이다. 경제상황은 일반적으로 정부의 대중성과 실업, 인플레이션 그리고 가처분소득 disposable income과 같은 경제적 변수 사이에 연관이 있다는 사실을 반영한다. 자신이 가지고 있는 물질적 상황에 관한 낙관주의―이른바 '기분이 좋은' 요소―는 특히 여기에서 결정적으로 작용한다. 사실 정부는 정권을 재창출하고자 하는 기회를 증대시키려는 기대를 가지고 선거 전에 경기를 향상시키고자 시도한다는 점이 자주 주장되었다. 정치적·경제적 순환이 호황으로 초래될 수 있는 기회는 명백하게 융통성 있는 선거기일을 통해 강화된다. 이 융통성 있는 선거기일로 인해 정부는 호감을 살 수 있게 된다.

투표에 미치는 또 다른 단기적 영향은 당 지도자가 지닌 개성과 공적인 위치이다. 이것은 특히 중요한데, 그 이유는 대중매체들의 폭로로 인해 지도자들은 그들이 속해 있는 당의 이미지를 나타내는 상징으로 그려지기 때문이다. 이것은 한 당이 선거에서 부담이 된다고 생각되는 한 지도자를 교체함으로써 대중의 지지를 얻고자 노력할 수 있다는 점을 의미한다. 영국의 보수당은 1990년에 마가렛 대처를, 그리고 오스트레일리아의 노동당은 1991년에 봅 호크Bob Hawke를 교체함으로써 대중의 지지를 얻고자 하였다. 또 다른 요소는 정당이 행하는 선거운동에 나타나는 스타일과 효과성이다. 운동기간은 융통성 있는 선거기일에서는 약 3주, 미국의 대통령선거와 같이 고정된 선거기일의 경우에는 2년까지도 변할 수 있다. 여론조사는 일반적으로 이러한 관점에서 의미 있는 것으로 간주되며, 후보자 혹은 당의 선거운동에 자극을 주거나, 아니면 투표자들에게 환멸이나 심지어 불만을 심어 준다.

마지막으로 단기적 영향인 대중매체는 편향적 혹은 당파적 취재가 신문 소유와 같은 구조적이며 지속적인 요소를 반영한다면, 또한 장기적 중요성을 가질 수 있다. 하지만 매체가 취하는 취재유형은 선거마다 변할 수 있다. 닐 킨녹Neil Kinnock은 영국의 대중신문들이 그에 반대하여 행한 개인적인 비방운동이 1992년에 거행된 영국의 총선거에서 노동당의 패배를 가져다주었다고 강조함으로써 매체들이 행한 취재유형의 변화를 부각시켰다. 하지만 이러한 모든 문제들은 투표에 미치는 심리적·사회적·경제적·이데올로기적 영향이라는 맥락 내에서 작동한다. 이 영향들은 경쟁적인 투표모델과 관련하여 가장 잘 고찰된다. 가장 중요한 투표모델은 다음과 같다.

① 당일체성 모델the party-identification model
② 사회학적 모델the sociological model
③ 합리적 선택 모델the rational-choice model
④ 지배이데올로기 모델the dominant-ideology model

투표이론들

당일체성 모델

투표행위에 관한 가장 초기의 이론인 당일체성 모델은 사람들이 당에 대해 가지는 심리적인 애착심에 기초를 두고 있다. 유권자는 당을 '자신의' 당으로 간주하는 장기적인 지지자라는 의미에서 특정 당과 동일한 존재로 간주된다. 따라서 투표는 당파심의 표명이며, 정책·인물·운동·매체들의 취재와 같은 요소에게 영향을 받지 않는다 이 모델은 초기에 이루어지는 정치사회화에 상당한 역점을 두며, 가족을 정치적 충성심이 만들어지는 제1의 수

당파심의 이탈

partisan dealignment

당파 이탈은 사람들이 당과 동일시함으로써 한 당과 제휴하고 있는 정도의 쇠퇴를 의미한다. 당에 대한 충성이 약화될 때 선거행위는 더 변덕스럽게 되고, 더 큰 불확실성과 아마도 새로운 당의 부흥과 오래된 당의 쇠퇴를 초래하는 경향이 있다. 당에 대한 '정상적인' 지지로 간주되는 것이 하락하고, 점점 더 많은 수의 유권자들이 '부동하고(floating)', '동요하는(swing)' 투표자가 된다. 당파적 이탈이 발생하는 주요한 이유는 교육의 확대, 지리적·사회적 동원의 증대, 정치적 정보의 원천으로서의 TV에 대한 점증적인 의존 등을 들 수 있다. 혹자는 당파적 이탈이 관습적인 정치에 대한 각성의 증대와 후기산업사회의 요구에 대응함에 있어 정당제도가 저질렀던 실패를 반영한다고 주장한다.

단으로 간주한다. 대부분의 경우 정치적 충성심은 집단구성원과 나중의 사회적 경험을 통해 강화된다.

이 모델에서 집단과 개인적 이해관계에 관한 인지뿐 아니라 정책과 지도자에 대한 자세는 당일체성이라는 토대 위에서 발전되는 경향이 있다. 그리하여 사건들은 이미 존재하고 있는 충성심과 애착심에 맞추어 설명된다. 이러한 당파적 정렬은 종종 평생에 걸쳐 지속되는 습관적인 투표행위 유형이라는 의미에서 안정과 연속성을 창출한다. 이러한 관점에서 볼 때 당파심의 수준을 언급함으로써 어떤 당에 대한 '정상적normal' 투표를 계산하는 것이 가능하다. 이 '정상적' 수준에서 이탈하는 것은 아마도 단기적 요소의 충격을 반영한다고 볼 수 있다. 이 모델이 가지는 허약성 중의 하나는 몇몇 국가에서 **당파심의 이탈**이라는 사례가 증대하고 있다는 것이다. 이 점은 일반적인 당일체성의 하락과 관습적인 투표행위의 쇠퇴를 나타내고 있다. 미국에서 당파심의 이탈은 등록된 민주당원과 공화당원의 수가 쇠퇴하고 무소속의 수가 증대―1952에 6%에서 2009년에 36%로 증대―하였다는 점에서 잘 나타나고 있다. 영국에서 이 현상은 보수당과 노동당에서 드러난 충성심의 쇠퇴를 통해 입증되었고, 당과의 매우 강한 일체성은 1966년에 43%에서 2005년에 9%로 떨어졌다.

사회학적 모델

사회학적 모델은 투표행위를 집단구성원과 연결시키며, 유권자는 자신이 속해 있는 집단의 경제적·사회적 위치를 반영하는 투표행위를 채택하는 경향이 있다는 점을 시사하고 있다. 이 모델은 가족의 영향을 토대로 어떤 정당에 대한 심리적 애착심을 발전시키기보다는 사회 내에 존재하는 다양한 분할과 긴장을 반영하는 사회적 배열의 중요성을 강조한다. 이러한 분할 중에서 가장 중요한 것은 계급·젠더·인종·종교·지역이다. 사회화의 영향이 이 모델에 무관한 것은 아니지만, 사회적 기초에 의존한 설명은 집단의 이해관계가 당에 대한 충성을 형성하는 데 이바지할 수 있는 한에서 합리성을 고려하고 있다. 많은 분석가들이 보기에 사회학적 모델은 투표에 대한 '이

계급이탈

Class dealignment

계급이탈은 사회계급과 당 지지 사이에 존재하는 관계의 약화를 의미한다. 하지만 사회계급은 선거에서 선택에 영향을 미치는 하나의 중요한 요소로 남아 있을 수 있다. 이탈이 갖는 충격은 특히 좌파적 노동계급 정당과 같이 전통적으로 계급에 기반을 둔 정당들을 손상시켰고, 자주 당제도의 이탈을 가져왔다. 계급이탈에 대한 설명은 일반적으로 계급적 정권성이 갖는 연대적 성격을 약화시켰던 사회구조의 변화에 초점을 둔다. 이 설명으로는 증대하는 풍요에 의해 초래되는 노동자계급의 부르주아지화, 제조업에서 서비스업으로의 이동, 공공부문과 민간부문의 분리에 기초를 둔 부문적인 균열이 가지는 중요성의 증대 등을 들 수 있다.

해관계 더하기 사회화' 접근으로 가장 잘 이해된다. 이 점은 아마도 사회계급과 관련하여 가장 분명하였다.

일반적으로 정당제도는 계급체계를 반영하는 것으로 이해되었다. 중산계급은 우파 정당을 위한 선거적 토대를, 노동자계급은 좌파 정당을 위한 선거적 토대를 제공해 준다. 영국에서 노동당·보수당이라는 양당제도는 전통적으로 엄밀하게 이러한 관점에서 파악되었다. 피터 펄저(Peter Pulzer, 1967: 98)는 "계급이 영국 정당정치의 기초이며, 모든 다른 것은 장식보충물과 사소한 것이다."라고 훌륭하게 선언할 수 있었다. 하지만 사회학적 모델은 사회집단에 초점을 둠으로써 개인과 개인적인 이기심의 역할을 무시하고 있다는 이유로 공격받았다. 더군다나 사회학적 요소와 정당 지지 사이의 결합이 현대사회에서는 약화되었다는 경험적인 증거가 증대하였다. 특히 관심이 **계급이탈** 현상에 모아졌다. 계급이탈에 대한 증거는 대부분의 서구 사회에서 발견될 수 있다. 예를 들면, 절대적으로 계급에 기초한 투표－'자연적'인 계급 정당을 지지하는 투표자의 비율－는 영국에서 1966년에 66%에서 1983년에 47%로 하락하였다. 노동당은 1997년에 처음으로 육체노동자보다는 비육체적 노동자로부터 더 많은 지지를 얻었다.

합리적 선택 모델

투표에 대한 합리적 선택 모델은 사회화와 사회집단의 행위로부터 벗어나서 개인에 관심을 둔다. 이 관점에서 볼 때 투표는 개별적 유권자가 개인의 이기심을 토대로 정당을 선택하기로 결정한다고 믿는다는 점에서 하나의 합리적 행위로 간주된다. 투표는 더 넓은 애착심과 충성심의 표현이라는 습관적인 것이라기보다는 본질적으로 도구, 즉 목적을 위한 하나의 수단으로 간주된다. 합리적 선택 모델은 다시 세분되는데, 가령 케이(V. O. Key, 1966)와 같은 학자들이 투표를 권력을 장악한 정당에 대한 소급적인 논평으로 간주하고, 이 투표의 실행이 시민의 선택에 어떻게 영향을 미쳤는지를 연구한 반면에, 힘멜베이트·험프리스·재거(Himmelveit, H. T., P. Humphreys and M. Jaeger, 1985)와 같은 학자들은 투표자가 이용할 수 있는 정책선택 사이에서 하나의 선택을 하는 소비자와 같이 행동한다는 점에서 투표자를 적극적인 행위자로 간주하고 있다.

후자의 견해는 '**쟁점 투표**issue voting'라 불린 것의 중요성을 강조하며, 정당은 자신의 정책을 수정하고 재형성함으로써 선거결과에 상당한 영향력을 행사할 수 있다는 점을 시사한다. 당파심과 계급이탈이 가지는 결과 중의 하나는 쟁점투표의 확산이었다는 점이 일반적으로 받아들여졌다. 이는 또한 탈근대주의가 장려하였던 다원주의와 개인주의를 통해 촉진되었다. 합리적 선택이론이 지니는 약점은 개인적 투표자가 가지는 사회적·문화적 맥락을 추상화한다는 점이다. 달리 표현하면, 문제를 평가하고 이기심을 계산하는 능력(도구적 투표의 본질)은 어느정도 더 포괄적인 당에 대한 애착심과 집단에 대한 충성을 통해 구조화된다.

지배이데올로기 모델

투표에 대한 급진적 이론은 개인적 선택이 이데올로기적 조작과 통제과정을 통해 형성되는 정도를 강조하는 경향이 있다. 어떤 측면에서 이 이론은 투표를 사회적 위계질서 속에서 개인이 점하고 있는 위치를 반영하는 것으로 이해하는 사회학적 모델과 유사하다. 하지만 이 이론은 사회학적 모델과 다르다. 왜냐하면 이 이론은 집단과 개인들이 그들의 위치를 설명하는 방식이 교육을 통해서, 정부에 의해 그리고 무엇보다도 대중매체를 통해 그들에게 표현되었던 방식에 의존하고 있다는 점을 강조하고 있기 때문이다(정치토론과 정당경쟁에 대한 매체의 영향은 8장에서 좀 더 상세하게 검토되었다).

대중매체가 기존의 선호를 단지 강화시킨다는 초기의 견해와는 대조적으로, 이것은 매체가 논의를 위한 의사일정을 세움으로써 그리고 선호와 공감을 구조화함으로써 정치적 의사소통의 흐름을 왜곡할 수 있다는 점을 시사한다. 이에 대한 결과는, 투표자가 가지는 태도가 어떤 지배이데올로기가 지니는 교리에 순응한다면, 정당은 이 이데올로기를 저버리는 정책을 펼칠 수 없을 것이라는 점이다. 이러한 점에서 사회에서 권력과 자원에 대한 기존의 배분에 도전하기는커녕, 선거과정은 이것을 유지하고자 하는 경향이

있다. 지배이데올로기 모델이 지니는 약점은 사회적 조건화conditioning
의 과정을 과대평가함으로써 개인적 계산과 개인의 자율성을 무의미한 것
으로 간주한다는 점이다.

요약

(1) 대의제는 하나의 관계인데, 이 속에서 개인 혹은 집단이 더 큰 인간집단
을 대변하거나 이 집단을 위해 행동한다. 이것은 교육받은 엘리트들이
가진 지혜를 발휘함으로써, 한 대표에게 부여된 안내 혹은 지시를 통해
서, 대중적인 위임을 얻음으로써 혹은 더 큰 인간집단이 대변하는 집단
으로부터 도출된 대표를 통해서 달성될 수 있을 것이다.

(2) 현대정치에서 대의제는 항상 선거와 관련되어 있다. 선거는 정치적 대의
제를 위한 충분조건은 아니지만 확실히 필요조건이다. 하지만 대의제적
목적에 봉사하기 위해 선거는 경쟁적이며, 자유롭고 공정해야 하며, 보
통선거를 토대로 이루어져야 한다.

(3) 선거는 다양한 기능을 가지고 있다. 한편으로 선거는 정치충원, 대표, 정
부 형성 그리고 정책에 대한 영향과 같은 '상향적' 기능을 가지고 있다. 다
른 한편으로 급진적 이론가들은 선거가 가진 '하향적' 기능을 강조하고
있는데, 이 '하향적' 기능은 정당의 형성, 여론 형성, 엘리트 강화 등이다.

(4) 선거제도는 다수결제도나 비례제도로 자주 분류된다. 다수결제도에서
대정당은 전형적으로 자신들이 득표한 것보다 더 높은 비율의 의석을 획
득하며, 그럼으로써 단일정당에 의한 정부 형성의 기회를 증대시킨다.
비례제도에서 의석과 득표의 비율 사이에는 동등한 혹은 적어도 더 동등
한 관계가 존재하며, 연정의 가능성이 증대된다.

(5) 다수결제도는 일반적으로 이 제도가 유권자에게 명백하게 잠재력이 있
는 정부를 선택하게 하고, 승리한 정당에 정책위임을 부여하며, 강하고
안정적인 정부를 촉진시키는 데 이바지한다는 이유로 옹호되고 있다. 이

와는 대조적으로 비례제도는 이 제도가 일반적으로 정부에 더 폭넓은 선거에서의 토대를 제공해 주며, 몇몇 정당 사이에서 합의와 협동을 촉진시키며, 행정부와 의회 사이에 건강한 균형을 확립한다는 이유로 옹호되고 있다.

(6) 선거가 가지는 의미는 투표행위를 형성하는 요소들과 밀접하게 연관되어 있다. 다양한 투표이론 중에는 당일체성과 습관적인 애착의 중요성을 강조하는 모델이 있으며, 집단구성원과 사회적 정렬을 강조하는 모델과 합리적 선택과 이기심의 계산에 토대를 둔 모델, 개인적 선택이 이데올로기적 조작과 통제를 통해 형성된다는 점을 시사하는 모델이 있다.

토론사항

(1) 대의제는 단지 민주주의의 대용물인가?
(2) 어떤 조건들이 대의정부를 가장 잘 촉진시키는가?
(3) 선거는 정치가에게 책임을 추궁한다는 점에서 더 중요한가, 아니면 한 정권의 생존을 보장한다는 점에서 더 중요한 가?
(4) 선거의 공정성과 강하고 안정적인 정부 사이에는 필연적으로 거래가 존재하는가?
(5) 선거제도는 비례성을 전달하려고 노력해야만 하는가?
(6) '가장 좋은' 선거제도가 있는가?
(7) 공공의 이익을 정의함에 있어서 선거는 얼마나 성공적인가?
(8) 어느 정도로 투표행위는 합리적이고 쟁점에 토대를 둔 활동인가?

더 읽을 거리

• Birch, A. H., *The Concept and Theories of Democracy*, 3rd edn(2007). 대의제 개념과 대의민주주의론에 대한 분명하고 철저한 토론을 담고 있는 서적.

- Farrell, D. M., *Electoral Systems : A Comparative Introduction*, 2nd edn(2011). 현재 통용되고 있는 6가지 주요한 선거제도 유형에 대한 분명한 소개서.

- Gallagher, M. and P. Mitchell (eds), *The Politics of Electoral Systems*(2008). 22개 국가의 선거제도들의 작동에 대한 분석을 행하고 있으며, 선거제도와 더 큰 정치과정 간의 복잡한 관계를 부각시키고 있다.

- LeDuc, L., R. Niemi and P. Norris (eds), *Comparing Democracies3: Elections and Voting in the 21st Century*(2010). 선거민주주의의 성격과 치유력 그리고 선거제도의 중요성에 대한 광범위한 논문 모음집.

정당과 정당제도

개관

정당은 현대정치가 작동하는 데 있어 극히 근본적이어서 그 역할과 의미는 종종 당연한 것으로 간주된다. 가령, 정당이 상대적으로 최근의 고안물이라는 점은 망각된다. 선거에서 승리하고, 정부권력을 장악하기 위해 조직된 정치기구처럼 정당은 19세기 초에 비로소 나타났다. 하지만 이제 정당은 사실상 어디에서나 존재한다. 정당이 존재하지 않는 세계의 유일한 곳은 독재와 군사적 지배가 성행하는 곳이다. 아주 간단히 말해, 정당은 현대정치에서 중요한 조직원리로 되었다. 정당은 국가와 시민사회, 정부제도와 사회 내에서 작동하는 단체와 이해세력 사이를 연결하는 중요한 고리이다. 그러나 정당이 모두 다 똑같은 것은 결코 아니다. 정당은 조직적인 구조와 이데올로기적 정향과 같은 문제에서 다를 뿐만 아니라 더 큰 정치제도 내에서 다른 기능들을 수행한다. 그리하여 정당은 민주주의의 위대한 도구로서 칭찬받았고 폭정과 억압의 원천으로서 비난받았다. 뿐만 아니라 정당의 영향은 정당제도, 즉 특히 기존의 정당 수에 의해 구조화된 정당들간에 그리고 정당들 사이에서의 관계망으로 알려진 것에 의해 결정적으로 영향을 받았다.

일당제도는 경쟁적 정당제도와는 아주 다르게 작동한다. 그러나 양당제도와 다수당 제도 간에는 또한 중요한 차이가 있다. 그럼에도 정당과 정당제도는 점점 더 공격을 받게 되었다. 이 제도는 현대사회에서 나타났던 새롭고 좀 더 다양한 포부들을 접목하는 데 실패하였다는 이유로, 또 현대사회가 안고 있는 많은 골치 아픈 문제를 해결하고 혹은 심지어 관심을 두는 데 실패하였다는 이유로 비난을 받았다.

쟁점

---

(1) 정당이란 무엇인가? 정당은 어떻게 분류되는가?

(2) 정당이 가지는 주요한 기능은 무엇인가?

(3) 정당은 어떻게 조직되고, 정당 내에서 권력은 어디에 위치하고 있는가?

(4) 어떤 종류의 정당제도가 있는가?

(5) 어떻게 정당제도는 광범위한 정치과정을 형성하는가?

(6) 정당은 쇠퇴하고 있는가? 그리고 이 쇠퇴는 구제불능인가?

정당정치

정당은 선거나 다른 수단을 통해 정부권력을 획득하고자 하는 목적을 가지고 조직된 사람의 집단이다. 정당은 종종 이익집단 또는 정치적 운동과 혼동된다. 일반적으로 정당은 다음과 같은 네 가지 특징에서 다른 집단과 구별된다. (1) 정당은 정치적 직책을 획득함으로써 정부권력을 행사하는 것을 목적으로 한다. 하지만 작은 정당들은 권력을 획득하기보다는 토론회장(platform)을 얻기 위해 선거를 이용할 수 있다. (2) 정당은 공식적인 '카드가 있는' 회원을 가진 조직단체이다. 이 점은 정당을 더 폭넓고 분산된 정치운동과 구별하게 한다. (3) 정당은 전형적으로 각각의 주요한 정부정책의 영역에 문제를 제기하는 광범위한 문제에 초점을 둔다. 하지만 작은 정당들은 하나의 문제에만 초점을 둘 수 있고, 그리하여 이익단체와 유사할 수 있다. (4) 정당은 정도차가 있는 대로, 공동의 정치적 선호와 일반적인 이데올로기적 정권성을 통해 결합된다.

정당은 대다수의 국가와 대부분의 정치제도에서 발견된다. 정당은 권위주의적이거나 민주주의적일 수 있다. 정당은 선거를 통해서 혹은 혁명을 통해서 권력을 추구한다. 그리고 정당은 좌파, 우파 혹은 중도 이데올로기를 신봉할 수 있거나 아니면 사실상 정치적 이념을 거부할 수 있다. 하지만 여러 종류의 정당이 브라질에서 부룬디Burundi에 이르기까지 존재하며, 노르웨이에서 뉴질랜드에 이르기까지 존재한다. 정당의 발전과 정당제도의 습득은 정치근대화에 대한 하나의 표시로 인정되었다. 1950년대 말까지 세계에 존재하는 국가 중에 약 80%가 정당을 통해 지배하였다. 하지만 1960년대와 1970년대 초 사이에, 개발도상국가에서 나타난 군부지배와 함께 정당정치가 쇠퇴하게 되었다. 정당은 분열적이라는 이유로 또한 빈곤과 인종적·종족적 문제를 해결하는 데 실패하였다는 이유로 비난을 받았다. 그리고 정당은 경제적 엘리트와 군부 엘리트에게는 불편한 장치라는 점이 드러났다. 하지만 1980년대와 1990년대에 일어난 '민주화'의 증대로 인해 새롭게 정당정치가 번창하게 되었다. 아시아·아프리카·라틴아메리카에서 정당의 재등장은 필연적으로 군부지배의 완화 혹은 붕괴를 수반하였다. 이전의 공산주의 국가에서 일당지배는 경쟁적인 정당제도의 확립으로 대체되었다.

하지만 정당이 항상 우리와 함께 존재하였다고 가정하는 것은 오해일 것이다. 정당은 대중정치구조의 부분이며, 19세기에 대의제정부의 출현과 선거권의 점진적 확대를 통해 발생하였다. 그때까지 '파벌faction' 혹은 '일당party'으로 불리던 것은 같은 생각을 지닌 정치가 집단에 지나지 않았으며, 일반적으로 핵심적 지도자 혹은 가문을 둘러싸고 형성되었다. 가령 '코트court' 정당은 명망가와 고문 사이에서 영향력을 위한 싸움의 결과로서 귀족주의적 군주정 내에서 발전하였다. 그러므로 18세기 말에 에드먼드 버크가 정당party을 '사람들이 모두 동의하는 어떤 특별한 원칙을 토대로 결합된 인간집단'으로 묘사하였을 때, 그가 생각한 것은 조직적이고 점점 더 규율화된 기구에 관한 것이 아니라 휘그당원the Whigs과 토리당원the Tories

같은 유동적이며 비공식적인 집단이었다.

현대적 종류의 정당은 미국에서 처음 나타났다. 미국 헌법을 만들었던 '창시자들'이 정당에 대한 혐오감을 가졌음에도, 연방주의 정당(후에 휘그당 그리고 1860년부터 공화당the Republican Party)이 1800년의 미국 대통령선거 동안에 대중에 기초한 정당으로 출현하였다. 많은 보수주의 정당과 자유주의 정당은 합법적 도당으로 출발하였다. 나중에 계속해서 확대되는 선거민에 대한 호소로 나아가게 된 이 정당들은 선거구·지역대표 등등의 초의회적 장치를 발전시켰다. 이와는 대조적으로 사회주의 정당과 종교적·인종적·언어적 집단을 대표하는 정당은 변함없이 사회운동 혹은 정부 밖에서 작동하는 이익단체로 등장하였다. 나중에 이 단체는 공식적인 대표성을 획득하고 공공정책을 형성하고자 하는 기대감을 가지고 완전하게 성장한 의회의 정당으로 발전하였다. 20세기 초까지 사실상 정당과 정당제도는 일반적으로 사회에 활기를 주었던 사회적 분열과 다른 분열에 대한 정치적 표현이 되었다. 하지만 정당 형태는 상당히 다양하게 변화하였다.

정당 유형

정당에 대해 다양한 분류가 사용되었다. 이 분류 중에서 가장 중요한 것은 다음과 같다.

① 간부cadre 정당과 대중mass 정당
② 대의제representative 정당과 통합integrative 정당
③ 입헌constitutional 정당과 혁명revolutionary 정당
④ 좌파left-wing 정당과 우파right-wing 정당

가장 평범한 구별은 간부 정당과 대중 정당 사이의 구별이다. 간부 정당이라는 의미는 원래 '저명인사 정당'을 의미하였으며, 간부 정당은 대중조직을 건설하는 데 별로 중점을 두지 않았던 비공식적인 지도자집단에 의해 지

파벌Faction,
파벌주의Factionalism

원래 파벌과 일당(party)은 교환하여 사용되었다. 파벌은 좀 더 평범하게 더 큰 조직, 즉 일반적으로 정당 내에서 한 분파나 한 집단을 의미하는 것으로 사용된다. 파벌이 안정적이며 지속적이고 공식적 조직과 회원을 가질 수 있지만, 이 파벌의 목적과 조직상의 위상은 주인 무리(host party)가 가지는 위상과 양립한다. 이 파벌이 더 큰 무리의 부분이 아니라면, 이 집단은 '한 무리(party) 내에서의 무리'로 간주된다. 종종 파벌과 성향(tendency) 사이에 구별이 이루어진다. 성향은 더 느슨하고 비공식적인 집단이며, 단지 공동의 정책이나 이데올로기적 경향에 의해 구별된다. 파벌주의는 파벌의 확산이나 파벌적 경쟁이라는 풍자와 관련된다. 파벌이라는 의미는 자주 경멸적인 것으로 사용된다. 파벌주의라는 의미는 항상 경멸적이며, 내부의 항쟁을 허약하게 한다는 것을 내포하고 있다.

배되었다. 이 정당은 선거권이 제한되었던 시기에 항상 의회적 **파벌** 혹은 도당clique에서 발전되었다. 하지만 간부라는 의미는 좀 더 일반적으로 높은 수준의 정치적 언약과 교리적 기율을 나타내는 것으로 기대되는 교육받은 전문적인 당원을 나타내기 위해 ─ 공산주의 정당에서처럼 ─ 사용되고 있다. 이러한 의미에서 소련 공산당(Communist Party of the Soviet Union, CPSU), 독일의 나치 정당Nazi Party, 이탈리아의 파시스트 정당Fascist Party은 중국 공산당(Chinese Communist Party, CCP)과 마찬가지로 간부 정당이며, 어떤 점에서 현대의 인도의회당Indian Congress Party도 여기에 속한다. 간부 정당이 가지는 뚜렷한 특징은 정치적으로 ─ 일반적으로 준군사적quasi-military 기율에 의존하는 ─ 행동적인 엘리트에 의존한다는 점인데, 이 엘리트는 대중에게 이데올로기적 지도력을 제공할 수 있는 능력을 가지고 있다. 엄격한 정치적 기준이 당원에게 부과되지만, 소련 공산당과 나치당에서 볼 수 있었던 것처럼 경력주의careerism와 단순한 편의convenience가 종종 이러한 정당에 가입하는 데 있어서 강력한 계기가 된다.

다른 한편으로 대중 정당은 당원을 확장하고 광범위한 선거기반을 건설하는 것에 상당히 역점을 두고 있다. 선거권의 확대로 인해 자유주의 정당과 보수주의 정당은 대중에게 호소하도록 강요받지만, 대중 정당에 대한 가장 초기의 사례로는 독일 사회민주당(Social Democratic Party, SPD)과 영국의 노동당Labour Party과 같은 유럽의 사회주의 정당이었다. 이들 정당은 특히 노동자계급의 지지를 이끌어 내기 위해 조직을 건설하였다. 이들 정당은 이데올로기와 정치적 확신보다는 충원과 조직에 더 강한 역점을 두고 있다는 특징을 가지고 있다. 이들 정당은 소수의 활동주의자를 제외하고는 종종 형식적으로 민주주의 조직을 가지고 있지만, 당원은 일반적으로 별로 참여를 하지 못하며 단지 원칙과 목표에 관해 일반적 동의만을 행한다.

가장 현대적 정당은 오토 키르히하이머(Otto Kirchheimer, 1966)가 '범국민 정당catch-all party'이라고 불렀던 범주이다. 이 정당은 가능한 가장 많은 유권자의 수에 호소하기 위해 자신들이 가지고 있는 이데올로기적 수하물을 과감하게 축소시키는 정당이다. 키르히하이머는 특히 독일의 기독교

합리적 선택

Rational choice

개인이 합리적으로 이기적 행위자라는 가정에 기초한 정치에 대한 접근법이며, 정치에 대한 '경제적' 이론이다.

민주당(Christian Democratic Union, CDU)을 염두에 두고 있었다. 그러나 범국민정당에 대한 가장 좋은 사례로는 미국에서 공화당과 민주당의 형태로 발견된다. 독일의 사회민주당과 영국의 노동당과 같은 현대의 탈이데올로기적 사회주의 정당도 이 설명에 적절하다. 이 정당은 특정한 사회계급 혹은 국지적 집단에 의존하기보다는 지도력과 통일을 강조하고, 광범위한 지지연정을 형성하고자 노력함에 있어서 개별적 당원의 역할을 격하시킨다는 점에서 고전적 모델의 대중 정당과는 다르다.

지그문트 노이만(Sigmund Neumann, 1956)에 의해 발전된 당에 대한 두 번째 구별은 이른바 대의제 정당과 통합 정당 사이의 구별이다. 대의제 정당은 자신들의 일차적 기능을 선거에서 득표를 확보하는 것으로 보고 있다. 그리하여 이 정당은 여론을 형성하기보다는 반영하고자 한다. 이러한 점에서 대의제 정당은 범국민 전략을 채택하며 원칙보다는 실용주의를, 대중동원보다는 시장조사를 우선순위로 둔다. 현대정치에서 이러한 정당이 성행하는 것은 조셉 슘페터와 앤서니 다운즈(1957)가 제시한 모델처럼, 정치적 행위의 **합리적 선택** 모델에 기초한 논의에 상당한 힘을 실어 주었다. 이 모델은 정치가를 권력을 추구하는 인물로 묘사하고 있으며, 이 인물은 정책이 자신에게 선거에서의 성공을 가져다준다면 어떤 정책이라도 채택할 용의가 있는 사람이다.

이와는 대조적으로 통합 정당은 반동적인 전략보다는 활동적인 정치적 전략을 택한다. 이 정당은 단지 대중의 관심에 반응하기보다는 대중을 동원하고, 교육하며, 고무하기를 원한다. 노이만은 전형적인 동원 정당을 이데올로기적으로 기율화된 간부 정당으로 보았지만, 대중 정당도 또한 동원적 경향을 나타낼 수 있다. 예를 들면 사회주의 정당은 선거에서 패배함으로써 실망하게 될 때까지 공적 소유, 완전고용, 재분배, 사회복지 등의 이점을 믿고 선거민의 마음을 사로잡는 일에 착수한다. 이 접근법은 오히려 역설적으로 1980년대에 마가렛 대처가 이끄는 영국의 보수당에 의해 채택되었다. 이데올로기와 추상적 원칙에 대해 정당이 가지는 전통적인 혐오감을 포기하면서, 대처는 세금감면정책을 시행함으로써 기업의 지지를 동원하고, 기업을 장려하고, 개인적 책임을 증진시키고, 노동조합세력 및 다른 세력들과 싸울 때 '신념 정치conviction politics'를 채택하였다.

세 번째 분류유형은 입헌 정당과 혁명 정당 사이를 구분한다. 입헌 정당은 다른 정당의 권리와 자격을 인정하고, 규정과 제약이라는 틀 내에서 임무를 수행한다. 특히 이 정당은 정당과 국가 사이에, 즉 권력을 장악하고 있는 정당(정부 여당)과 공식적 독립과 정치적 중립을 누리는 국가제도(관료제도·사법부·경찰 등) 사이에 경계가 있다는 점을 인정한다. 무엇보다도 입헌 정당은 선거경쟁이라는 규칙을 인정하고 존중한다. 이 정당은 투표를 통해 권력을 장악할 수 있는 것처럼 투표를 통해 권력에서 축출될 수 있다는 사실을 인정하고 있다. 자유민주주의체제에서 존재하는 주류 정당은 모두 이러한 입헌적 성격을 지니고 있다.

다른 한편으로, 혁명 정당은 좌파이건 우파이건 반제도 혹은 반입헌적 정당이다. 이 정당은 권력을 장악하는 것을 목표로 하며, 노골적인 폭동과 대중혁명에서 나치와 파시스트에 의해 실행된 유사합법주의quasi-legalism를 아우르는 전술을 사용하면서 기존의 헌법적 구조를 전복하고자 한다. 몇몇 경우에 혁명 정당은 전후 독일에서 일어났던 경우처럼 '극단주의적' 혹은 '반민주주의적'인 것으로 분류됨으로써 공식적으로 금지당하였다. 이러한 정당이 권력을 장악할 때, 이 정당은 항상 '지배' 혹은 제도regime 정당이 되고 경쟁관계에 있는 정당을 억압하며 국가기구와 영속적 관계를 확립한다. 공산주의·파시즘·민족주의의 기치하에서 확립되었든 아니면 다른 기치하에서 확립되었든 간에, 일당제도one-party system에서 당과 국가 사이의 구별은 매우 약화되었고 '지배ruling' 정당이 사실상 정부를 대신하였으며, '당-국가party-state' 장치라는 융합적인 체제가 만들어졌다. 가령 소련 공산당의 서기가 형식적인 국가지위를 가정하는 번거로움 없이 수석간부나 정부의 우두머리로 행동하는 것은 소련에서 일반적인 현상이었다.

정당을 구분하는 마지막 방법은 이데올로기적 정향, 특히 좌파로 분류된 정당과 우파로 분류된 정당 사이의 이데올로기적 정향에 의거한다. '좌

좌/우 구분

좌/우 정치스펙트럼은 정치적 이념과 믿음을 묘사하고, 정치가·정당·운동이 지니고 있는 이데올로기적 입장을 간단하게 요약하는 방법이다. 좌/우 정치적 스펙트럼의 기원은 1789년 프랑스혁명과 프랑스 삼부회의 제1차 회의에서 집단들이 채택한 입장으로 거슬러 올라간다. 하지만 좌(left)와 우(right)라는 단어는 정확한 의미를 가지고 있지 않다. 좁은 의미에서 단선적인 정치스펙트럼(그림 10. 1 참조)은 경제와 국가의 역할에 대한 다른 태도들을 정리하고 있다. 즉 좌파적 견해는 개입주의와 집단주의(collectivism)를 지지하며, 우파적 견해는 시장과 개인주의를 지지한다. 이 점은 아마도 더 깊은 이데올로기적 차이나 가치 차이를 반영하고 있다.

좌(Left)	우(Right)
자유(Liberty)	권위(Authority)
평등(Equality)	위계(Hierarchy)
우애(Fraternity)	명령(Order)
권리(Rights)	의무(Duties)
진보(Progress)	전통(Tradition)
개혁(Reform)	반동(Reaction)
국제주의(Internationalism)	민족주의(Nationalism)

하나의 대안적인 말편자 모양의(horseshoe-shaped) 정치스펙트럼(그림 10. 2 참조)은 주류 강령에서 주장된 포용·개방성과는 대조적으로 파시즘과 공산주의에서 나타나는 전체주의적·일원적(반다원주의적) 경향을 강조하기 위해 전쟁 후에 만들어졌다. 이차원적(two-dimensional) 정치스펙트럼(그림 10. 3 참조)을 발전시켰던 한스 아이젠크(Hans Eysenck, 1964)와 같은 학자는 수직적인 권위주의적─자유주의적 스펙트럼을 첨가함으로써 관습적인 좌/우 스펙트럼이 가지는 조합함과 모순을 보충하고자 하였다. 이 스펙트럼은 경제조직에 대한 입장을 시민적 자유와 관련된 입장에서 벗어나게 할 수 있다.

파' 정당(진보 정당, 사회주의 정당, 공산주의 정당)으로 간주되는 정당은 사회개혁 혹은 전체적 규모의 경제적 변형의 형태로 변화에 대한 공약을 통해 특징지워진다. 이 정당은 전통적으로 가난하고 불이익을 당하는 집단(도시 사회에서 노동자계급)으로부터 지지를 이끌어 내었다. '우파(특히 보수주의적 정당과 파시스트 정당)'를 구성하는 것으로 간주되었던 정당은 일반적으로 기존의 사회질서를 유지하며, 그러한 점에서 연속성을 지지하는 하나의 세력이다. 이 정당을 지지하는 사람은 보통 기업세력과 물질적으로 만족하는 중산계층이다. 하지만 이러한 좌 · 우 정당에 대한 깔끔한 구분은 단순화된 것이며, 가장 나쁜 경우에 상당한 오해를 불러일으킨다. 좌파와 우파는 종종 개혁적/혁명적 그리고 입헌적/폭동적이라는 노선에 따라 구분될 뿐만 아니라, 모든 정당 특히 입헌 정당은 그들 자신이 가지고 있는 좌파와 우파를 아우른다는 점에서 '광범위한 정파'가 되는 경향이 있다. 더욱이 선거경쟁은 이데올로기적 정권성, 즉 보통 투표조사에서는 포기한 것으로 보이는 소중

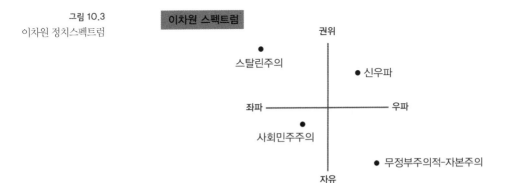

그림 10.1
단선적 정치스펙트럼

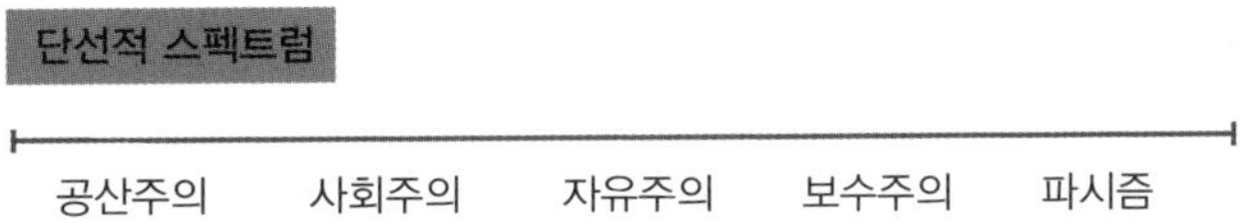

단선적 스펙트럼

공산주의   사회주의   자유주의   보수주의   파시즘

그림 10.2
말편자(Horseshoe) 형
정치스펙트럼

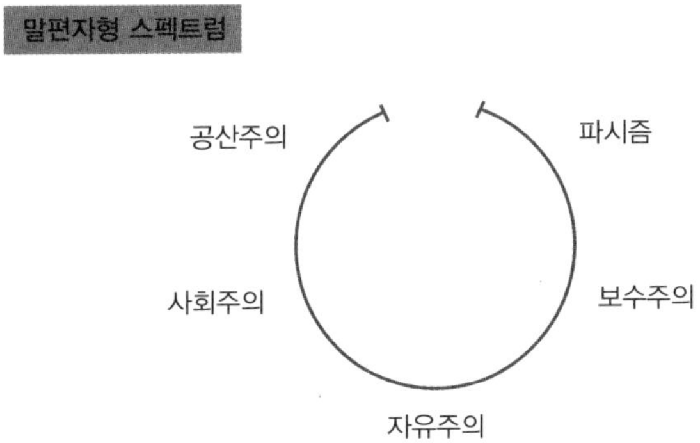

말편자형 스펙트럼

공산주의   파시즘

사회주의   보수주의

자유주의

그림 10.3
이차원 정치스펙트럼

이차원 스펙트럼

권위

스탈린주의   ● 신우파

좌파 ——————————— 우파

사회민주주의

● 무정부주의적-자본주의

자유

한 원칙을 모호하게 하는 영향을 가지고 있다. 마지막으로 이전의 계급적 양극화로부터의 변화와 환경, 동물권리, 여성해방주의와 같은 새로운 정치적 문제의 출현은 아마도 좌파와 우파에 대한 관습적인 이념을 쓸모없게 만들었다(Giddens, 1994).

정당의 기능

정당은 주요한 기능―정치적 임무의 수행과 정부권력의 장악―을 통해 정의되지만, 정당이 정치제도에 미치는 영향은 실제로 더 광범위하고 복잡하다. 정당의 기능을 일반화할 때 위험이 나타난다는 것은 새삼 말할 필요가 없다. 선거경쟁의 차원에서 작동하는 입헌 정당은 민주주의의 요새로 묘사되는 경향이 있다. 사실 정당의 존재는 종종 건강한 민주주의 제도의 시금석litmus test으로 간주된다. 다른 한편으로, 정치권력을 독점적으로 향유하는 정권 정당은 좀 더 일반적으로 조작과 정치적 통제의 수단으로 묘사된다. 게다가 정당의 더 광범위한 영향을 둘러싸고 논쟁이 계속되고 있다. 가령, 토마스 제퍼슨과 미국 헌법의 또 다른 제정자들 그리고 현대에 이른바 **반정당 정당의** 지지자들은 상당히 부정적인 의미에서 정당을 묘사하였다. 이들은 정당을 불화와 정치적 획일화의 원천으로 보았다. 하지만 정당이 가지는 수많은 일반적 기능이 확인되며, 주요 기능은 다음과 같다.

① 대표representation
② 엘리트 형성과 충원elite formation and recruitment
③ 목표의 공식화goal formulation
④ 이해관계 표출과 집약interest articulation and aggregation
⑤ 사회화와 동원화socialization and mobilization
⑥ 정부조직

대표

대표는 종종 정당의 일차적 기능으로 간주된다. 이것은 당원과 투표자의 의견에 대해 반응하고 이를 표현하는 정당이 지닌 능력과 연관된다. 체계이론의 언어로 말하면 정당은 주요한 '투입' 장치이며, 이 장치는 정부가 더 큰 사회가 지니는 욕구와 소망에 관심을 가지고 있다는 점을 보장한다. 분명히 이 기능은 가장 잘 수행되는 기능이며, 혹자는 이 기능이 정당으로 하여금 대중의 기호에 반응하도록 강요하는 개방적이고 경쟁적인 체계에서만 수행되는 기능이라고 말할 것이다. 앤서니 다운즈(1957)와 같은 합리적 선택 이론가는 정치가가 득표를 추구하는 기업가로 행위한다는 점에서, 정치적 시장이 경제적 시장과 유사하다는 점을 시사하면서 이 과정을 설명하고 있다. 이것은 정당이 기업과 매우 동일한 방식으로 행위하고 있다는 점을 의미한다. 그리하여 권력은 궁극적으로 소비자인 투표자와 함께 공존한다. 하지만 이 '경제적 모델'은 정당이 여론에 반응할 뿐만 아니라, 여론을 형성하거나 동원하고자 한다는 가정과 견문이 무척 넓은 투표자의 이미지, 즉 합리적이며 문제를 정확히 인식하고 있는 소비자라는 존재에 대해서는 의문의 여지가 있다는 점, 또한 소비자-혹은 선거에서-의 선택범위가 종종 협소하다는 점에서 비판을 받을 수 있다.

엘리트 형성과 충원

모든 종류의 정당은 국가에 정치적 지도자를 배출할 책임이 있다. 이 규칙에 대한 진기한 예외 중 하나는 드골 장군이었다. 드골 장군은 정당의 경계를 초월하여 존재하는 '구세주'로서 1944년에 자신을 프랑스에게 바쳤다. 그는 신공화국연합(Union for the New Republic, UNR)과 같은 정당을 만들었다. 훨씬 더 일반적으로 정치가는 자신이 가진 정당의 지위에 의해 직책을 획득한다. 대통령 선거에서 경쟁자들은 일반적으로 당의 지도자이다. 반면에 의원내각제에서 의회에 있는 가장 큰 당의 지도자가 일반적으로 수상이 된다. 정당에 소속되지 않은 장관을 임명하도록 허용하는 미국의 대통령제도와 같은 예외가 있기는 하지만, 내각과 다른 행정직은 일반적으로 당의 고참자에 의해 충원된다.

따라서 대부분의 경우, 정당은 정치인에게 교육적인 토대와 숙련된 지식과 경험을 제공하며, 비록 당의 운명에 의존하는 구조라 할지라도, 정치가에게 어떤 형태의 경력구조를 제공한다. 다른 한편으로 정당이 정부의 업무에 대해 행사하는 압박은 정치지도자가 상대적으로 적은 재능, 즉 소수의 주요 정당에 존재하는 고참자로부터 어떤 결론을 끌어내는 것을 보장한다는 이유로 비판을 받을 수 있다. 하지만 미국에서 이 압박이 (대통령)**예비선거**를 통해 약화되었고, 또한 예비선거는 한 정당이 후보자선택과 지명과정에서 행사하는 통제를 감소시켰다.

목표의 공식화

정당은 전통적으로 하나의 수단이었고, 이 수단을 통해 사회는 집단적 목표를 설정한다. 그리고 어떤 경우에 정당은 이 집단적 목표가 수행되는 것을 보장한다. 정당은 이러한 역할을 하는데, 그 이유는 권력을 추구하는 과정에서 대중의 지지를 이끌어 낼 수 있는 견해를 가진 정부프로그램(회의·집회·선거선언 등)을 공식화하기 때문이다. 이것은 정당이 정책발의의 주요한 원천이라는 사실을 의미할 뿐만 아니라, 또한 선거인에게 현실적이며 달성할 수 있는 목표 중에서 선택할 수 있는 권리를 주는 일련의 응집적인 정책적 선택을 형성하도록 정당을 자극한다.

　이 기능은 정당이 권력을 장악할 수 있도록 선출된다면, 자신의 정책을 보충하도록 명령할 수 있는 의원내각제하의 정당을 통해 가장 명백하게 수행된다. 하지만 이 기능은 또한 1994년 미국의 의회선거에서 공화당이 내건 '미국과의 계약'에서처럼 보통 비강령적 정당을 가진 대통령제도에서도 일어날 수 있다. 하지만 탈이데올로기적 범국민정당으로 나아가는 경향과 선거운동이 점점 더 인물, 정책과 쟁점에 대한 이미지에 역점을 둔다는 사실은 정책형성에 미치는 정당의 영향력을 일반적으로 감소시켰다. 더군다나 정당의 강령이 국내·국제적 환경의 관점에서뿐만 아니라 공무원과 이익집단의 압력을 통해 변형된다는 것은 거의 확실하다. 다른 한편으로 정책집행은 '지배'정당이 모든 수준에서 국가장치를 통제하는 정통적 공산주의 국가에서 존재하는 일당제도를 제외하고는 정당보다는 관료제도에 의해 일반적으로 수행된다.

이해관계 표출과 집약

집단적 목표를 발전시키는 과정에서 정당은 또한 사회에 존재하는 여러 가지 다양한 이해관계들을 표현하고 집약하는 데 기여한다. 사실상 정당은 종종 기업집단, 노동집단, 종교적·인종적 집단들 등등이 자신들의 이해관계를 발전시키거나 방어하는 매개물로 발전한다. 가령, 영국의 노동당은 노동자계급의 정치적 대표성을 이룩하기 위한 목적으로 노동조합운동에 의해 만들어졌다. 미국의 정당이 19세기 후반과 20세기 초에 이민집단에 대해 하였던 것처럼 실제로 다른 정당들은 자신들의 선거기반을 넓히기 위해 이해관계세력과 집단들을 충원한다.

　국가의 정당이 항상 다수 집단의 요구를 접목시킨다는 사실은 이해관계세력을 하나의 응집적인 전체로 끌어당김으로써, 즉 경쟁적인 이해관계세력들을 상호간에 균형을 유지하게 함으로써 정당으로 하여금 이 이해관계세력을 결집시키도록 한다는 점이다. 입헌정당은 선거경쟁이라는 압력으로 인해 분명하게 이 기능을 행하도록 강요받는다. 그러나 특히 중앙계획제도에서 독점적인 위치를 점하고 있는 정당도 폐쇄적인 국가와 경제와의 관계를 통해 이해관계들을 표현하고 집약시킨다. 하지만 경쟁적인 정당제도에 있어서도 모든 이해관계들, 즉 소집단, 상대적으로 가난하고 정치적으로 가장 배제되기 쉬운 비조직적 집단의 이해관계가 모두 표현되는 것은 아니다.

사회화와 동원화

운동과 선거경쟁뿐 아니라 내적인 논의와 토론을 통해서도 정당은 정치교육과 사회화의 역할을 담당하는 중요한 대리자이다. 정당이 관심을 두고자 선택한 쟁점은 정치의사 일정에 들어가며, 정당이 표현한 가치와 태도들은 더 큰 정치문화를 구성하는 부분이 된다. 독점적 정당의 경우에 '공식적' 이데올로기─예를 들면 맑스레닌주의, 국가사회주의 혹은 단순히 어떤 카리스마적 지도자에 대한 이념─에 대한 선전이, 최고의 기능은 아니라 할지라도 중심적 기능으로 의식적으로 승인되었다.

경쟁적 제도에서 주류 정당은 집단들이 민주주의적인 게임규칙을 행하도록 자극하고, 그리하여 정권 자체의 지지를 동원함에 있어서 중요한 역할을 행한다. 예를 들면 19세기 후반과 20세기 초에 사회주의 정당의 출현은 노동자계급을 산업사회로 통합시키는 데 중요한 수단이었다. 하지만 동원화하고 사회화할 수 있는 정당의 능력은 많은 국가에서 나타난 당파심으로부터의 강한 이탈과 관습적인 제도지향적pro-system 정당에 대한 각성이 증대됨으로써 의심을 받게 되었다. 정당이 지니고 있는 문제는 어느 정도 정당이 스스로 정부의 경험을 통해 사회화되었다─혹자들은 타락했다고 말한다─는 점이다. 이로 인해 정당은 당파적 공감에 관여하고 감정적 애착을 이끌어 내는 데 별로 효과적이지 못했다(이 문제들은 20장에서 좀 더 충분하게 논의된다).

정부조직

정당이 부재한 상황에서 복잡한 현대사회를 통치할 수 없을 것이라는 주장이 일어났다. 먼저 '정당정치'에 대해 말하는 것이 가능할 정도로 의원내각

정당들은 불화를 초래하고 정치적 논의를 구속하는가?

현대정치에서 정당들은 일반적인 것이어서 정당들이 처음 등장하였을 때 얼마나 논쟁이 많았는가를 종종 잊게 된다. 혹자는 새로운 대중정치 시대의 대리자로서 정당들을 환영하였지만 다른 사람들은 정당들이 갈등을 심화시키고 개인적 의식 정치를 파괴할 것이라고 경고하였다. 현대에서 당원 감소와 당일체성의 쇠퇴 경향은 이러한 비판을 부활시키는 데 기여하였다.

찬성

개인적 양심의 희생. 그 성격상 정당들은 집합적 존재이다. 즉 정당은 공동의 강령에 동의하고 공유된 관점과 의견들을 개진하는 사람들의 집단이다. 통일성과 연대가 없다면 정당은 존재할 이유가 없다. 그러나 어떤 당원이 모든 환경에서 한 정당의 모든 정책들을 진정으로 지지할 것이라고는 생각할 수 없기 때문에 이 통일성은 개인적 양심을 희생시키는 대가로 발생한다. 따라서 작고 때로는 큰 문제에 대하여 정당들은 그들의 당원들의 생각에 대해 생각하게 된다. 이 당원들이 정당 기율과 처벌에 대한 두려움(정당에서 제명)으로 인해, 아니면 좀 더 교활하게 정당과 그 목표에 대한 감정적이거나 이데올로기적인 애착을 통하여 당에 대해 지지를 표명하는지에 대해서 말이다.

부조화와 반대주의. 정당정치는 당파성, 지지 그리고 아마도 특정한 주의 혹은 집단에 대한 헌신에 기반하고 있다. 이 점은 필연적으로 하나의 부족적인 심리상태를 낳고, 이러한 심리상태 속에서 다른 정당들의 결점과 실수는 과장되며, 반면에 그 자신의 정당의 결점과 실수는 일관되게 부인된다. 그리하여 정당들은 정치에 대한 일방적인 견해를 촉진시키고, 이 일방적 견해 속에서 정치적 쟁점과 논의들은 정당의 이익을 고려한 나머지 일관되게 왜곡된다. 이러한 분별없는 반대주의 경향 – 불일치를 위한 불일치 – 은 공공선을 진전시키는 군건한 토대가 결코 아니다.

교활함과 야심에 의한 지배. 정당들은 정치권력을 분산시키기보다는 집중시키는 데 기여한다. '과두제의 철칙'에서 이 경향은 조직의 의미에서 설명되었다. 하지만 엘리트 지배는 또한 다음의 사실을 반영한다. 즉 정당들 내에서 '보병들'(당에서 중요하기는 하지만 실권이 없는 사람: 역자 주)은 복종하고 추종하는 일만을 요구받으며, 충성과 기율이 이루어진다는 경험에 의해 고무된다. 반면에 반대자, 특히 리더십에 대한 비판은 처벌을 받을 것이다. 따라서 당 내에서 곤란한 일을 하고 승진을 하는 사람들은 조지 워싱턴의 말을 빌리면 '교활하고 야심이 있으며, 절조가 없는 사람'일 가능성이 있다. 이러한 의미에서 정당들은 권력 부패의 특별한 실례인 것이다(20장에서 토론되는 것처럼).

반대

논의의 광장들. 자유토론이 당통일 원칙에 의해 희생되는 준엄하고 하나로 된 단체로서의 정당에 대한 이미지는 단지 권위주의라는 맥락에서만 정확한 것이다. 다른 환경에서 정당들은 활력이 넘치고 다양다종하다. 사실 경쟁적인 파벌과 경향들의 존재는 정책문제와 전략적 관심에 관해 끝이 없는 토론을 보장하게 한다. 개인적 양심을 희생하라고 당원들에게 요구하기보다는 오히려 정당들은 당원들에게 정치교육을 제공해 주고, 당원들에게 경험과 기술을 강화하는 데 도움을 주며, 당원들을 좀 더 참여적인 시민으로 만들게 해 준다. 따라서 당원은 개인의 자기발전을 위해 중요한 매개수단이다.

사람들을 참여시킴. 정당들은 소통채널을 제공해 주며, 이 소통채널을 통해 정치 리더들은 시민을 동원하고 시민의 요구와 관심에 대응한다. 이 점은 선거과정이 정당들에게 정부권력에서 승리하거나 정부권력을 보유하기 위하여 대중투표에서 경쟁하도록 강요할 때 가장 명백하게 적용된다. 그러나 이 점은 또한 (제한적 범위라 할지라도) '지배'정당이 정당성을 유지하고자 하는 시도를 통해서 권위주의 제도들에서도 발생한다. 사람들의 생각과 이해관계에 관여할 필요성으로 인해 무비판적인 복종보다는 오히려 당원들 사이의 내적 논의와 논쟁을 허용하며, 심지어 장려하기까지 하는 정당 내에서의 압력이 발생한다.

두 개 이상의 정당들의 상호작용. 양당 제휴는 종종 가정되었던 것보다 더 일반적이다. 가령, 비례선거제도의 사용은 전형적으로 정당들 사이의 합의형성과 제휴를 지지하는 성향을 만들어 내는데, 이 합의형성과 제휴는 그 어떤 단일 정당이 단독으로 지배할 정도로 의회에서 힘을 가질 가능성이 없다는 사실에 기반하고 있다. 이로부터 비롯된 연합정부들은 연관된 정당들간의 갈등이 두 개 정당 사이의 대화과정을 통해 해결된다는 사실에 의해 공동으로 유지된다. 유사한 역학관계가 동거정부로 인해 대통령제에서 발전할 수 있다. 이 동거정부로 인해 행정부는 하나의 정당 수중에, 의회는 또 다른 정당에 의해 지배된다.

제에서 정당은 정부의 형성을 돕는다. 특히 정부의 구성원이 단 하나의 정당으로부터 선택되며, 그런 까닭에 공동의 공감과 애착으로 통합될 경우, 정당은 또한 정부에 안정과 응집성을 제공한다. 심지어 당의 연정을 통해 형성된 정부는 각각의 선호를 지닌 분리된 개인으로 구성되는 정부보다 더 많은 통합과 동의를 이루어 낼 것이다.

더욱이 정당은 정부의 주요한 두 기관, 즉 의회와 행정부 사이의 협력을 용이하게 한다. 의원내각제에서 이 협력은 정부가 의회에서 다수를 차지하정당 민주주의는 민주적인 제도로서의 한 정당이라는 기관을 통해 작동하는 대중적 지배 형태이다. 이것이 어떻게 이루어질 수 있는가에 관한 두 가지 견해가 있다. 첫 번째(당내 민주주의), 민주적 행위자들 내에서의 권력이 광범위하고 균등하게 분산된다는 점에서, 정당들은 민주적 행위자들이다. 가령, 이 점은 리더의 선출, 후보자의 선출 그리고 정책 형성에서의 회의와 집회들의 중요한 역할에서 광범위한 참여가 있어야 한다는 점을 의미한다. 두 번째 모델에서 민주주의 정책입안권이 선출되고 공적으로 책임이 있는 정당 구성원들의 수중에 집중되어야 함을 지시한다. 이 견해에서 볼 때, 당 내에서의 광범위하고 균등한 권력 분산은 비선출의 선거구 행동주의자들의 폭정을 초래할지도 모른다.

고 있는 정당 혹은 정당들로부터 형성된다는 사실로 인해 효과적으로 보장된다. 하지만 대통령제도에서도 주요 행정부는, 통제는 아니라 할지라도 당 통합에 대한 호소를 통해 어떤 영향력을 발휘할 수 있다. 마지막으로, 적어도 경쟁제도에서 정당은 정부의 내부·외부에서 반대와 비판을 가하는 중요한 원천이다. 정당은 정치적 논의를 넓히고 유권자를 교육할 뿐만 아니라 정부정책을 좀 더 철저하게 조사하고 작동할 수 있게 하는 점을 보장하는 데 기여한다.

정당조직: 권력은 어디에 놓여 있는가?

정당이 행하는 결정적 역할 때문에 정당 내에서 권력이 어디에 있는가에 관해 상당한 관심이 있었다. 그리하여 정당의 조직과 구조는 전체 사회 내에서 권력분배에 관해 중요한 실마리를 제공해 준다. 정당은 참여와 권력에 대한 접근을 넓히는 민주적 조직체로 기능할 수 있는가? 혹은 정당은 단지 지도자와 엘리트의 지배만을 보호하는가?

정당의 내부에 존재하는 민주주의를 연구하고자 한 가장 초기 시도 중 하나가 모세이 오스트로고르스키Mosei Ostrogorski가 쓴 『민주주의와 정당 조직Democracy and the Organization of Political Parties』(1902)에서 이루어졌다. 이 책에서 개별적 이해세력들의 대표성은 증대하는 당 기구의 영향력과 당 원로들의 비공식간부회의에 의해 행사되는 통제로 인해 실패하였다는 점이 제기되었다. 이 견해는 '과두제의 철칙'이라는 형태로 혹은 미헬스가 적고 있는 것처럼 '조직을 말하는 사람은 과두제를 말한다'는 형태로 그가 쓴 『정당Political Parties』([1911] 1962)이라는 책에서 의미 있게 표현되었다. 유명한 엘리트 이론가인 미헬스(1876~1936)는 독일 사회민주당의 권력구조를 분석하고자 했다. 그는 정당이 형식적인 민주주의 조직을 가지고 있는데도 권력은 소집단의 정당 지도자의 수중에 집중되었다고 주장하였다.

미헬스가 보기에 이 '법칙'은 민주사회주의의 필연적인 실패를 의미하였

파벌정치Machine politics
정당의 우두머리가 임명
권과 지원의 배분을 통
해 대중조직을 통제하는
정치양식.

비공식간부회의Caucus
공식적 절차에 앞서서
선거후보자들을 지명하
거나 입법적 제안을 토
론하기 위해 소집된 당
원들의 회의.

고, 실로 정치적 민주주의의 신화를 폭로하였다. 하지만 비판가들은 미헬스의 관찰이 특정한 시기에 있는 단 하나의 정당을 토대로 만들어진 일반화이며, 또한 의문의 여지가 많은 심리학적 이론에 의존하고 있다는 점을 지적하였다. 실제로 당 엘리트는 미헬스가 시사했던 것보다 더 당파적이고, 일반 당원에게 덜 공손하며 비활동적이다. 로버트 맥켄지Robert Mckenzie는 『영국의 정당들*British Political Parties*』(1955)에서 이 이론에 대해 좀 더 현대적인 해석을 발전시켰다. 맥켄지는 보수당이 엘리트적이며 지도자에 의해 지배되는 반면에, 노동당은 높은 수준의 내적인 민주주의에 의해 특징지워진다는 이미 확립되어 있는 견해에 도전하였다. 당이 상이한 구조와 가치체계를 가지고 있음에도 맥켄지는 이 두 개의 당 내에서 일어나는 권력분배는 본질적으로 동일하다는 결론을 내렸다. 요컨대 이 두 개의 당은 모두 의회 지도자들과의 관계를 통해 지배받았다는 것이다.

개혁을 통해 민주주의적·참여적인 당의 모습을 강화하고자 하는 시도가 이루어졌다. 이에 대한 가장 명백한 사례 중 하나는 1970년대와 1980년대의 미국에서 볼 수 있다. 미국의 정당은 여러 가지 점에서 유럽의 정당과는 다르다. 다름 아닌 대통령선거에서 경쟁하고자 하는 필요에서 종종 갈등관계에 있는 이해세력들이 함께 손잡고 펼치는 연합으로 인해 미국의 정당은 매우 탈중앙집권적이며, 일반적으로 비강령적이다. 전통적으로 국가 혹은 도시에 기초를 둔 당의 보스들—20세기 초의 **파벌 정치**의 유산—이 권력 중개인으로 행동하였고, 지명대회에서 결정적인 영향력을 행사하였다. 1968년에 시카고에서 개최된 민주당 전당대회에서 항의와 충돌이 이어지면서 지구당 지도자의 권력을 약화시키고, 하층 당원의 역할을 강화시키는 것을 목표로 하는 개혁운동이 폭발하였다.

이것은 일반적으로 예비선거와 **비공식간부회의**의 지명이라는 제도를 폭넓게 사용함으로써 이루어졌다. 예비선거와 비공식간부회의는—처음에는 민주당원으로서, 나중에는 공화당원과 함께—늘어나는 문제와 후보자 활동가를 당정치로 끌어들였고, 1972년에 민주당원에게 조지 맥가번George McGovern과 1980년에 공화당원에게 로날드 레이건과 같은 좀 더 이데올로

과두제의 철칙The iron law of oligarchy

과두제는 소수에 의한 정부 혹은 지배이다. 미헬스에 의해 정식화된([1911] 1962) 과두제의 철칙은 정치조직과 암묵적으로는 모든 조직이 과두제적으로 되는 필연적 경향이 있다는 점을 시사한다. 참여적 혹은 민주주의적 구조도 과두제적 경향을 저지할 수 없다. 이 구조는 과두제적 경향을 단지 은폐할 수 있다. 미헬스는 자신이 정식화한 이 법칙을 위해 수많은 논의를 발전시켰다.

▶ 엘리트 집단은 전문화를 위한 요구로부터 발생한다. 엘리트 구성원은 보통의 구성원들이 소유하고 있는 것보다 더 큰 전문적 지식과 더 조직적인 기술을 가지고 있다.
▶ 지도자는 응집적인 집단을 형성한다. 왜냐하면 지도자는 이 응집적인 집단이 권력을 유지할 기회를 향상시킨다는 점을 알고 있기 때문이다.
▶ 어떤 조직의 하층구성원은 무감각apathetic하게 되는 경향이 있으며, 따라서 일반적으로 복종을 받아들이고 지도자를 숭배하고 싶어한다.

기적인 후보자들을 지명하게 했다. 하지만 이러한 경향은 특히 민주당원 사이에서 관심을 불러일으켰는데, 민주당원은 더 개방적이고 참여적인 구조가 단지 선출할 수 없는 '이방인' 후보자를 지명하는 결과를 낳을 뿐이라는 점을 우려하였다. 미국의 주요 양당은 특히 국가적·의회적 상원의 차원에서 위원회 구조를 현대화하고 강화함으로써 이 우려를 해소하였다. 이 대응은 '당 갱신'과정으로 묘사되었지만, 이것은 유럽 스타일, 즉 당에 초점을 둔 선거의 출현보다는 개별적 후보자에게 선거를 통해 더 나은 지지를 제공하고자 하는 당이 지닌 소망을 보여 주는 증거이다.

파벌과 성향의 존재는 당 내에서 권력위상을 결정할 때 공식적 조직만큼이나 중요하다. 모든 정당 – 심지어 명백하게 일원적 성격을 가진 정당조차도 – 은 어느 정도의 정치적·이데올로기적 경쟁자를 포용한다. 이 경쟁자가 조직적 집단과 응집적 집단 사이에서 발생하는 갈등 속에서 나타나는 정도는 당 지도자의 권위를 결정하는 데 중요하다. 몇 가지 경우에 유럽에서 1917년 러시아혁명 후에 공산당이 종종 사회주의 정당에서 떨어져 나와 출현하였던 방식으로 파벌은 정당에서 이탈할 수 있다. 파벌주의는 정당이 정

개념설명

민주 중앙집권제

Democratic centralism
당조직에 관한 레닌주의
원칙. 이 원칙은 토론의
자유와 엄격한 행동통일
사이에서 가정되고 있는
균형에 기초하고 있다.

치이념과 이데올로기적 정향에 두는 무게와 자주 연결된다. 실용주의적 우파 정당이 일반적으로 단지 경쟁적 성향과 균형을 유지하고 화해하려는 반면에, 이데올로기적으로 좀 더 좌파인 정당은 자주 노골적인 불일치와 제도적 경쟁자에 반대하여 행동한다. 당 내부의 민주주의를 보증하고자 하는 경향과 함께 이 점은 당을 운영함에 있어서 일반적으로 자유주의 정당 혹은 보수주의 정당보다 사회주의 정당을 더 어렵게 만들었다.

하지만 아마도 더 중요하게 고려해야 할 문제는 당이 어느 정도로 권력을 확실하게 유지하는가 하는 점이다. 어떤 의미에서 파벌주의는 단지 장기집권하고 있는 여당만이 할 수 있는 일종의 사치이다. 이 점은 단일적 공산당이 **민주 중앙집권제**라는 탄핵을 통해 강요된 냉혹한 규율을 행사함으로써 파벌주의를 접근하지 못하게 할 수 있는 이유이다. 이 점은 또한 일본의 자유민주당(Liberal Democratic Party, LDP)과 이탈리아 기독교민주당(Democrazia Christiana, DC) 같은 '지배'정당의 심각한 파벌적 성격을 설명해준다. 영국의 보수당은 무엇보다도 복종과 충성을 강조하였던 정신을 가진 정당의 예이다. 하지만 이 보수당은 좀 더 많은 이데올로기적 성격의 결합과 1979년 후 선거에서 거둔 성공을 통해 1980년대와 1990년대에 점점 더 파벌화되었다. 그리하여 상향식bottom-up 압력은 공식적으로 지도자에 의해 지배되는 구조에서 가능하였던 것보다 더 많은 민주주의 성격을 정당에 부여하였다. 이러한 과정에서 가장 뚜렷하게 피해를 입은 사람은 마가렛 대처였다. 그녀는 연속해서 세 번 총선거에서 승리했는데도 1990년에 당 지도자로 받아들여지지 않았다. 정도의 차이가 있기는 하지만 뒤이어 나오는 모든 보수당 지도자들은 의회의 안과 밖에서 파벌적 저항에 직면해야 하는 어려움들을 경험하였다.

정당제도

정당은 자신이 수행하는 기능－대표, 엘리트 충원, 이익집약 등－으로 인해 중요하며, 또한 정당과 정당 사이에 존재하는 복잡한 상호관계는 정치제도가 실제로 어떻게 작동하는가를 구성함에 있어서 결정적이기 때문에 중요하다. 이 관계망은 하나의 **정당제도**라 불린다. 다양한 유형의 정당제도를 구별하는 가장 친숙한 방식은 권력을 장악하기 위해 경쟁하는 정당의 수와 연관된다. 이것을 토대로 뒤베르제(Duverger, 1954)는 '일당제one-party system', '양당제two-party system' 그리고 '다당제multiparty system'를 구분하였다. 이러한 유형학이 일반적으로 사용되고 있지만, 정당제도는 단순하게 '수의 게임'으로 환원될 수는 없다.

정당이 가지고 있는 상대적인 크기도 권력을 장악하기 위해 경쟁하는 정당의 수만큼이나 중요하며, 이 크기는 선거나 입법에서의 힘으로 나타난다. 사토리(Sartori, 1976)가 지적하였던 것처럼 중요한 점은 정부 형성과 관련하여 정당의 '관련성'을 확립하는 것이며, 특히 정당의 크기가 정당에 정부권력을 획득할 전망을 주거나 적어도 공유할 수 있는 전망을 주는가 하는 점이다. 이 접근법은 '큰major' 혹은 정부지향적 정당과 좀 더 주변적인 소수정당 ─ 이 범주는 수학적으로 정확하게 정의될 수 없다 ─ 사이에 만들어진 차이에서 자주 나타난다. 세 번째로 고려해야 할 문제는 정당이 어떻게 서로 연관되는가 하는 점이다. 정당제도는 협력과 교감, 갈등과 양극화를 통해 특징지워지는가? 이 점은 정당제도가 지니는 이데올로기적 외관과 정당제도를 구성하는 정당의 전통과 역사와 밀접하게 연관되어 있다.

하지만 정당이 단순하게 존재한다고 해서 정당제도의 존재가 보장되는 것은 아니다. 정당 사이에 존재하는 관계의 유형은 안정과 질서를 통해 특징지워질 경우에 하나의 제도를 구성한다. 안정도 질서도 존재하지 않는 곳에서 정당제도는 출현의 과정에 있을 수 있거나 하나의 정당제도 유형에서 다른 유형으로의 이행이 일어나고 있을 것이다. 가령 이 현상은 탈공산주의적 러시아를 일컬을 수 있다. 1991년에 발생한 공산주의 지배의 붕괴와 소련 공산당에 대한 최초의 파문은 경쟁적인 정당제도의 출현을 어렵고, 아마도 불안정한 일로 만들고자 하였다. 러시아가 안고 있는 문제는 정당과 정치적 집단의 급격한 증가였다. 이 정당과 정치적 집단 중에서 그 어떤 것도 많은 회원이나 국가적 조직을 확립하지 못했다. 43개나 되는 정당이 1995년 12월에 실시된 의회선거에서 경쟁하였다. 이 정당 중에서 가장 큰 정당인 러시아 공산당은 정확하게 투표자의 22%를 획득하였다. 선거상의 **한계점**과 청원을 토대로 한 등록 등과 같은 이차적인 척도의 도입은 정당 수를 크게 감소시켰는데, 가령 2011년 러시아 의회선거에서 단지 7개의 정당만이 경쟁하였다. 하지만 혹자는 당파적 이탈과 변덕스러운 투표유형이 일어나는 시기에 정당제도들은 이 제도들이 지니고 있는 '제도적' 성격을 일반적으로 잃어버리며, 하나의 제도와 다른 제도를 구별하기 어렵게 만든다고 주장하였다. 더군다나 하위국가적 기관들이 중요한 영향력을 행사하는 곳에서는 상이한 정당제도들은 정치제도 내에서 상이한 수준에서 작동할 수 있을 것이다.

현대정치에서 찾아볼 수 있는 주요 정당제도는 다음과 같다.

① 일당제도one-party systems
② 양당제도two-party systems
③ 다수당제도dominant-party systems
④ 다당제도multiparty systems

일당제도

엄격하게 말하면 일당제도라는 의미는 모순적인데, 왜냐하면 '제도system'라는 것은 수많은 실체들 사이의 상호작용을 내포하고 있기 때문이다. 하지만 이 단어는 단 하나의 정당이 다른 모든 당을 배제시킴으로써 ─ 정치적 혹은 헌법적 수단을 통해 ─ 권력독점을 향유하는 정치제도와 수많은 정당들 사이의 경쟁적인 투쟁을 통해 특징지워진 정치제도를 구별할 때 유용한 단어이다. 독점적 정당은 권력으로부터 물러나게 되는 그 어떤 메커니즘 ─ 쿠데타 혹은 혁명의 결핍 ─ 을 가지지 않고, 영속적인 정부로서 효과적으로 기능하기 때문에 이 독점적 정당은 항상 국가기구로써 엄호된 관계를 발전시킨다. 이로 인해 독점적 정당을 가진 국가는 '일당제 국가one-party states'

전위주의Vanguardism
프롤레타이아계급의 혁명적 운명의 이행을 향해 한 정당이 프롤레타리아 계급을 지도·인도할 필요성이 있다는 레닌주의적 믿음.

로 분류되며, 이 국가가 가지고 있는 기구는 '당–국가Party-state'라는 융합적 장치로 간주된다. 하지만 두 가지 다른 유형의 일당제도가 확인될 수 있다.

첫 번째 유형은 국가사회주의 정권에서 발견되었는데, 이곳에서 '지배적'인 공산당은 사실상 사회의 모든 제도와 상황들을 지시하고 통제하였다. 이 정당은 맑스–레닌주의라는 교의에 따라 엄격한 이데올로기적 규율에 종속되며, 민주주의 중앙집중제 원칙에 따라 내부조직을 구성하였다. 이 정당은 구성원들이 정치적·이데올로기적 토대를 기반으로 제한된다는 점에서 간부 정당이다. 중국 인구의 약 5%가 중국공산당의 당원이며, 소련 인구의 약 9%가 소련공산당에 속하였다. 이러한 정당유형에서 당의 핵심은 좋은 보수를 받는 전일제 공무원들, 즉 아파라치키(apparatchiki, 기관원–옮긴이)로 구성된다. 이들은 당기구를 관리하며, 국가기구와 사회기구를 감독한다.

공산당이 국가, 경제와 사회를 통제하고 '상급' 조직에 대한 '하급' 조직의 복종을 확실하게 하는 주요한 장치는 노멘클라투라nomenklatura 제도이다. 이것은 모든 상급 직위들이 당에 의해 승인을 받은 후보자를 통해 효과적으로 충원되며 엄밀하게 심사를 받은 하나의 지명제도이다. 당의 권력독점과 국가와 사회기관에 대해 행하는 당의 감시에 대한 정당성은 레닌주의적 주장에 따른 것이다. 레닌주의의 주장에 따르면, 당은 프롤레타리아 계급이 자신의 혁명적 운명을 완수하는 것을 확실하게 하기 위해 필요한 이데올로기적 지도와 안내를 노동대중에게 제공함에 있어서 '프롤레타리아 계급의 전위vanguard of the proletariat'로서 행동한다는 점이다. 하지만 **전위주의**vanguardism는 상당히 엘리트주의적이라는 점과 후에 스탈린주의가 자라난 원인을 제공하였다는 이유로 비판을 받았다. 다른 한편으로 트로츠키(Trotsky, 1937)는 소련의 발전을 지배하고 있는 '지배ruling'정당과는 거리가 멀게 당의 공식적인 권력독점은 싹이 트고 있는 국가 관료의 영향력을 단지 은폐하고 있다는 점을 시사함으로써 하나의 대안적 설명을 제공했다.

두 번째 유형의 일당제도는 개발도상국가에 존재하는 반식민지 민족주의와 국가통합과 연관되어 있다. 예를 들면 가나·탄자니아·짐바브웨에서 '지배'정당은 국가건립과 경제발전에 우선적인 관심을 표명하였던 독립운동으로부터 발전하였다. 짐바브웨에서 일당지배는 이전에 게릴라 집단이었던 두 개의 주요 정당인 자누ZANU와 자푸ZAPU가 합병함으로써 1986년(6년 후에 독립)에 발전하였다. 다른 경우에 이 정당은 단지 매개물로서 발전하였다. 방글라데시에서 엘사드Ershad 장군이 이끄는 국민당People's Party과 1965~1997년 자이레에서 모부투Mobutu 대통령이 이끄는 혁명인민운동Popular Movement of the Revolution처럼 이 매개물을 통해 국가의 지도자는 권력을 통합하고자 노력했다.

아프리카와 아시아에 존재하는 일당제도는 일반적으로 카리스마적 지도자의 우세한 역할을 둘러싸고 형성되었으며, 이 일당제도가 가지고 있었던 이데올로기적 정권성이 무엇이든간에 지도자가 가지고 있는 견해로부터 발생하였다. 가나 의회인민당(Convention People's Party, CPP)의 지도자인 쿠와메 느크루마Kwame Nkrumah는 1966년 권좌에서 물러날 때까지 종종 이러한 지도자의 모델로 간주되었다. 그러나 다른 사례로 탄자니아의 줄리어스 네에레레Julius Nyerere와 짐바브웨의 로버트 무가베Robert Mugabe를 들 수 있다. 일반적으로 이 정당들은 허약하게 조직되었고 – 공산주의 일당국가에서 발견되는 것과는 매우 다르다 – 그래서 정당은 정책 입안과정에서 기껏해야 주변적 역할만을 할 뿐이다. 하지만 이 정당이 가지고 있는 독점적 지위는 권위주의를 존속시키고 부패의 위험을 계속 안고 있게 하는 데 이바지한다.

양당제도

양당제도는 정부권력을 획득하는 데 있어 대략 동등한 전망을 가지고 있는 두 개의 '주요' 정당에 의해 지배받고 있다는 점에서 두 정당이 권력을 독점한다. 이 제도의 고전적 형태에서 볼 때 양당제도는 세 가지 기준을 통해 정의될 수 있다.

① 수많은 '소수minor' 정당이 존재하지만, 단지 두 개의 정당만이 정부 권력을 획득할 수 있는 현실주의적 전망을 가지기에 충분한 선거적·입법적 힘을 향유한다.

② 더 큰 정당은 독자적으로 지배할 수 있으며 – 일반적으로 다수의 입법부를 토대로 – 다른 정당은 야당이 된다.

③ 이 정당 사이에서 권력이 교체되고 이 두 개의 당은 선출될 수 있으며, 야당은 '정부 비판세력'으로 활동한다.

캐나다·오스트레일리아·뉴질랜드도 양당제도를 가지고 있지만, 가장 빈번하게 인용되는 양당제도를 가진 국가는 영국과 미국이다. 하지만 양당 정치의 원형적인 사례는 드물다. 가령 양당제도 모델로 자주 묘사된 영국은 특정한 영국 역사의 시기에서만 위에서 정의한 기준에 상응하였다. 제2차 세계대전이 끝난 초기 – 1945년과 1970년 사이에 네 번의 정권교체가 있었다 – 에 명백하게 노동당·보수당이라는 양당주의는 13년 동안의 지속적인 보수당의 지배(1951~1964)로 인해 중단되었다. 이 기간 동안에 노동당의 선출은 회의적이었다. 더군다나 영국에서 하원에서의 주요 정당이 계속 지배했음에도 양당제도가 1974년 이후로 이 국가에 존재했는가는 더 의심스러운 일이다. 이 점은 1979년 이후로 다시 집권하게 된 보수당의 지배뿐 아니라 노동당·보수당에 대한 전체적 지지도의 쇠퇴 – 1950년대 초기에 95%를 상회하는 지지율에서 1974년 이후 지지율이 75% 이하로 감소하였다 – 를 통해 암시되었다.

가령 하원과 상원에서 모든 의석을 공화당과 민주당이 장악하고 있는, 외관상으로 논쟁의 여지가 없는 미국의 양당제도에도 의문이 제기될 수 있다. 한편으로 1984년 이후 발생하였던 것처럼 대통령제는 한 정당이 백악관(대통령직)을 장악하도록 허용하고 있는 반면에, 다른 정당은 의회를 통제한다. 이것은 명백한 정부·야당이라는 구분을 확인하는 것을 불가능하게 할 수 있다는 점을 의미한다. 다른 한편으로 제3당의 후보자는 종종 중요한 의미를 가진다. 1992년의 대통령선거에서 로스 페로Ross Perot 후보가 얻은

정당정치

Party government

정당정치는 단일 정당이
정부를 형성할 수 있고,
정책 프로그램을 수행할
수 있는 하나의 제도이다.
정당정치가 지니는 핵
심적 특징은 다음과 같
다. (1) 주요 정당은 분명
한 프로그램적 성격을 가
지고 있으며, 유권자에
게 잠재적 정부 사이에서
의미 있는 선택을 제공한
다. (2) 여당은 대중적 위
임통치를 주장할 수 있
고, 자신의 공약을 전달
해 줄 수 있는 충분한 이
데올로기적 응집성과 조
직적 통합을 향유한다.
(3) 책임성은 유권자들
의 위임을 통해 정부가
유권자에게 지는 책임과
균형적인 힘으로 행동하
는 신뢰할 수 있는 야당
의 존재를 통해 유지된
다.

16%라는 득표율은 공화당과 민주당의 쇠퇴를 부각시켰고, 클린턴Clinton
이 승리하는 데 결정적인 역할을 한 것으로 판명되었다.

양당정치는 한때 대응성과 질서, 대의제 정부와 능률적 정부를 화해시키
는 가장 확실한 방법으로 묘사되었다. 양당정치가 지니는 중요한 장점은 아
마도 안정성·선택성·책임성에 의해 특징지어진 **정당정치**제도를 가능하게
한다는 점이다. 두 개의 주요 정당은 선거민에게 경쟁적인 프로그램과 대안
적 정부 사이에서 솔직한 선택을 제공할 수 있다는 점이다. 투표자는 한 정
당이 선거에서 이긴다면, 이 정당은 연정 파트너와 협상하거나 타협을 하
지 않고서 자신이 내건 선거공약을 수행할 능력을 가질 것이라는 점을 알고
서 한 정당에 지지표를 던진다. 이 점은 때때로 큰 정당에 대한 지지를 과장
하는 다수결 선거제도가 가지는 매력 중의 하나로 간주된다. 또한 양당제도
는 여당과 야당 사이에 발생하는 냉혹한 경쟁에 기초를 둔 강하고 책임 있
는 정부를 제공한다는 이유로 칭찬을 받았다. 정부는 통치할 수 있지만, 결
코 긴장을 풀거나 자기만족에 빠질 수는 없다. 왜냐하면 정부는 항상 정부
의 비판세력으로 행동하는 야당의 도전을 받기 때문이다. 더욱이 권력 장
악을 위해 두 경쟁자가 중앙에서 '부동'표를 잡기 위해 싸워야 하기 때문에,
양당주의는 중용에 펀드는 성향을 만들어 낸다. 예를 들면 이 점은 1950년
대에서 1970년대에 영국에서 유행하였던 이른바 사회민주주의 합의social-
democratic consensus에서 나타났다.

하지만 양당정치와 정당정치는 1970년대 이후로 그리 주목받지 못했
다. 중용을 보장하는 대신에 영국과 같은 양당제도는 반대정치adversary
politics를 향한 주기적인 경향을 드러내 보였다. 이 점은 이데올로기적 양
극화와 합의 그리고 타협보다는 갈등과 논쟁에 대한 강조 속에서 나타났다.
하나의 새로운 탈대처적post-Thatcherite 합의가 곧 등장하였지만, 1980년
대 초의 영국에서 이 점은 '대처화된' 보수당에 의한 우파운동과 급진화된
노동당에 의한 좌파운동을 통해 가장 잘 입증되었다. 적대적인 양당주의는
정당 지지의 계급적 성격 — 당의 갈등은 궁극적으로 계급투쟁의 반영으로
간주된다 — 에 대한 언급을 통해서 혹은 당민주화와 이데올로기적으로 관

련된 풀뿌리 행동주의자의 영향의 결과로서 종종 설명되었다.

양당제도가 가진 또 다른 문제는 동등하게 경쟁하는 두 개의 정당이 아마도 악성 공공지출과 인플레이션을 유발하는 양자의 선거공약을 능가함으로써 득표를 위해 경쟁하도록 추동된다는 점이다. 정당이 충족시킬 수 없는 선거공약을 토대로 권력을 장악하게 된다는 점에서 무책임한 정당정치를 낳게 된다. 양당제도의 마지막 약점은 정당이 선거적·이데올로기적 선택이라는 의미에서 부과하는 명백한 제한이다. 정부에 대한 단지 두 개의 프로그램 사이에서 하나의 선택이 당파적 제휴와 계급연대의 영역에서는 충분하였던 반면에, 이 선택은 더 큰 개인주의와 사회적 다양성이 존재하는 시대에는 매우 불충분하게 되었다.

다수당제도

비록 다수당제도와 일당제도가 어떤 시기에 유사한 특징을 드러낼 수 있지만, 다수당제도는 일당제도와 혼동되어서는 안 된다. 다수당제도는 수많은 정당이 정기적·보통 선거에서 권력을 장악하기 위해 경쟁한다는 점에서 경쟁적이다. 그러나 다수당제도는 결과적으로 장기적인 권력기간을 향유하는 단 하나의 다수당에 의해 지배된다. 하지만 외관상으로 깔끔하게 보이는 이러한 정의는 명백하게 "한 정당이 '지배적'이라고 간주되게 하는 통치기간이 어떻게 '늘어났는가'" 하는 문제에 봉착한다. 일본은 일반적으로 다수당제도의 고전적 예로써 인용된다. 1993년에 패배할 때까지 자유민주당은 38년 동안 계속해서 권력을 장악하였으며, 단지 1976년, 1979년, 1983년에 하원에서 다수를 획득하는 데 실패하였다. 자유민주당 지배는 일본에서 일어난 '경제적 기적'을 통해 지탱되었다. 또한 이 지배는 아직도 전통적인 일본 시골에 존재하는 의무와 책무에 대한 당의 신유교주의적 원칙에 대한 강력한 호소와 당과 기업 엘리트 사이의 강한 연대를 반영하였다. 자유민주당이 일본에서 여전히 가장 큰 정당이지만, 이 정당은 정부를 형성하기 위해 점점 더 다른 정당들에 의존해야 한다.

인도에서 의회당Congress Party은 1947년에 인도의 독립으로부터 시작해서 30년 동안 계속 권력의 마력을 향유하였다. 1989년까지 의회당은 인디라 간디의 비상사태선언으로 인해 1975년에서 1977년까지 단지 3년 동안 야당생활을 하였다. 아프리카민족회의(African National Congress, ANC)도 마찬가지로 1993년 인종차별이 끝난 이후로 남아프리카에서 제1당이었다. 그리고 이 정당의 위상은 백인지배에 대항하는 장기간의 투쟁에서 행한 탁월한 역할에 그 기반을 두고 있다. 다수당제도에 대한 가장 좋은 유럽의 예로는 스웨덴과 이탈리아를 들 수 있는데, 스웨덴에서 사회민주주의 노동당은 2006년 선거에서 패배할 때까지 74년 중에 65년 동안 권력을 장악하였다. 이탈리아에서 기독교민주당은 1992년에서 1994년까지 부패에 대한 주장이 증대함으로써 사실상 붕괴될 때까지, 2차 세계대전 후에 형성된 52개의 정부에서 모두 지배하였다.

다수당제도의 가장 두드러진 특징은 정치적 초점을 정당 사이의 경쟁에서 다수당 자체 내의 파벌적 갈등으로 이동시키는 경향이다. 예를 들면 이탈리아의 기독교민주당은 거의 이탈리아 사회의 특권적 집단과 이해세력의 연정으로 기능하였다. 요컨대 이 당은 다양한 파벌들의 중개인으로 행동하였다. 이 파벌 중에서 가장 강력한 파벌은 가톨릭교회 – 이 파벌은 가톨릭행동Catholic Action과 같은 조직을 통해 영향력을 행사하였다 – 와 농업단체, 산업단체였다. 이 단체들은 각각 투표를 통한 충성을 교환할 수 있었고, 이탈리아 의회에서 기독교민주당의 구성원들에 대해 영향력을 행사할 수 있었다.

또한 파벌은 일본의 정치과정에서 하나의 통합적 제도이다. 다양한 하위집단이 강력한 개인을 둘러싸고 연합하였기 때문에 자유민주당 내에서 권력투쟁이 계속 발생하였다. 이러한 파벌주의는 정치적 지원을 구성원에게 제공하는 파벌 지도자의 능력을 통해 지역적 수준에서 유지되었고, 고급 관료직과 당직을 할당함으로써 의회 수준에서도 유지되었다. 소정당은 일반적으로 주변화되는 어떤 제도 속에서 내분이 논의와 토론을 보장하는 하나의 수단으로 간주될 수 있지만, 일본에서 파벌주의는 정책 혹은 이데올로기

아프리카 민족회의: 해방운동인가 아니면 '지배' 정당인가?

사건: 1994년 4월, 남아프리카는 처음으로 비인종적 선거를 개최하였다. 아프리카민족회의(African National Congress, ANC)는 선거에서 승리하였고 투표와 의석에서 63퍼센트를 얻었다. 그 다음달에 넬슨 만델라는 남아프리카의 대통령으로 취임하였다. ANC는 그 후에 남아프리카 탈인종차별이라는 지배정당으로 발전하였다. 국민회의에서의 이 정당의 다수는 1999년 선거에서 66퍼센트로 증가하였고, 2004년 선거에서는 다시 70퍼센트로 증가하였지만 2009년 선거에서는 65퍼센트로 하락하였다. 이 현상은 1990년까지 금지되었고 그 리더십이 1960년대 초 이후로 대부분 감옥이나 망명생활이었던 정치운동을 생각해 볼 때 주목할 만한 성과였다.

의의: 남아프리카 정치에서 아프리카민족회의의 두드러진 위상은 어떻게 설명할 것인가? 핵심적인 설명은 이 당이 극단적인 아프리카인의 민족주의에 대항하는 운동에서 그리고 인종차별정책에 대한 저항을 촉진시키는 데 기여하였던 선도적인 역할에 있다. 하나의 전통적인 정당보다는 오히려 '해방운동'으로서 그 자신을 기술하면서 아프리카민족회의는 그 자신을 남아프리카의 '민족 민주주의 혁명'의 지도자로 계속해서 기술하였다. 이 입장은 두 가지 요소들에 의해 지지되었다. 첫째, 아프리카민족회의는 광범하게 다양한 이해관계와 목소리들에 반응하고 조화시킨다. 이러한 점에서 남아프리카 노동조합회의(Congress of South African Trade Unions, COSATU), 남아프리카 공산당(South African Communist Party, SACP)과 맺은 ANC의 '삼자간' 동맹은 특히 중요하였다. 단일 정당 정부가 아니라 (신) 민족당New National Party(이 정당은 인종차별에 대한 지지를 포기하였다)과 인카타 자유당Inkatha Freedom Party(역사적으로 줄루Zulu 민족주의의 목소리)을 포함하여 국민통일정부를 형성하고자 하였던 1994년 ANC의 의지도 특히 중요하였다. 둘째, ANC는 민족적 화해를 상당히 강조하였고 단 하나의 남아프리카 정체성과 다양하고 쪼개진 주민들 사이에서 목적의식을 세우고자 하였다. 비인종주의에 대한 ANC의 오래된 서약에 의해 가능하게 된 이 노력은 1995년에 진리와 화해위원회Truth and Reconciliation Commission의 확립에서 반영되었다. 이 위원회는 처벌을 하기보다는 싸움의 모든 측면에서 저질러진 범죄와 부정의를 폭로함으로써 인종차별시대의 상처들을 치유하고자 하였다.

하지만 ANC는 적어도 세 가지 주요한 도전들에 직면한다. 첫째, 해방투쟁의 의미에서 그 자신을 정의하고자 하는 이 정당의 능력은 시간이 경과함에 따라 쇠퇴할 것이 확실하다. ANC의 당원의 비율－그리고 당연한 추세로 반인종차별 행동주의의 직접적인 경험을 가지고 있는 리더십도－이 꾸준하게 감소하고 있을 뿐만 아니라 사람들의 폭넓은 인지에서도 ANC는 점진적으로 해방을 위한 수단으로서가 아니라 통치를 위한 수단으로 더 간주될 것이 확실하다. 둘째, 다른 지배정당들과 공통으로 ANC는 파벌주의와 때로는 소란스러운 내부의 갈등에 의해 어려움을 당하게 되었다. 이 어려움 중에 가장 극적인 것은 타보 엠베키Thabo Mbeki의 지지자들－엠베키는 남아프리카의 2대 탈인종차별 대통령이 되었고 1999년에서 2008년까지 재임하였다－과 야콥 주마Jacob Zuma－주마는 ANC의 대통령직 경선에서 엠베키에 승리하였고, 2009년 남아프리카의 대통령이 될 예정이었다 – 의 지지들 사이에서 벌어졌다. 셋째, 탈인종차별 남아프리카가 분명히 자유민주주의 원칙과 구조들을 가지고 있었지만 ANC의 우세는 좀 더 일반적으로 일당국가들과 연관이 있는 발전들을 조장하였다. 특히 ANC의 외관상 선거상의 강력함은 당과 국가 간의 차이를 희미하게 하였고 부패를 위한 여지를 만들어 내었다. 탈인종차별적인 남아프리카에서 가장 세간의 이목을 끄는 부패사건은 2005년에 등장하였고 야콥 주마의 재정 조언자인 사비르 사익Schabir Shaik의 1999년 무기거래에서 행한 역할에 대해 유죄판결을 초래하였다. 주마 그 자신은 엠베키 대통령에 의해 부통령 자리에서 해고되었고, 그 후에 부패에 책임을 졌다. 그러나 이러한 발전이 ANC 내에서 주마의 권력 토대를 감소시키거나 나중에 일어나는 그의 경력을 손상시키지는 않았다.

적 구분을 둘러싸고 일어난다기보다는 개인적인 차이를 둘러싸고 일어나는 경향이 있다. 이것에 대한 한 가지 사례는 1970년대와 1980년대에 일어났던 후쿠다Fukuda와 다나카Tanaka 사이의 갈등이다. 이 갈등은 두 인물이 정계를 떠난 후에도 오랫동안 지속되었다.

다른 경쟁적 정당제도가 지지자를 가지거나 적어도 옹호자를 가지는 반면에, 다수당제도를 옹호할 각오가 되어 있는 사람들은 별로 없다. 안정성과 예견을 향한 경향과는 별도로, 다수당제도는 일반적으로 유감스럽고 건강하지 못한 현상으로 간주된다. 첫째, 다수당제도는 국가와 권력을 장악하고 있는 당 사이에 존재하는 중요한 헌법적 차이를 부식시키는 경향이 있다. 정부가 우유부단하지 않을 때 방심할 수 없는 정치화의 과정이 발생하고, 이 과정을 통해 국가공무원과 기관은 제1당의 이데올로기적·정치적 우선순위에 적응한다. 둘째, 권력의 연장은 제1당의 자기만족, 교만, 심지어 부패를 낳을 수 있다. 예를 들면 이탈리아와 일본 정치의 과정은 일반적으로 금전적 부패를 주장하는 스캔들을 통해 정기적으로 중단되었다. 셋째, 허약하고 비능률적인 야당은 제1당제도가 가지는 특성을 나타낸다. 비판과 항의가 더 이상 권력장악을 위한 진정한 경쟁자가 아닌 당에서 유래한다면, 이것들은 쉽게 무시될 수 있다. 마지막으로, 하나의 '영원한' 집권당의 존재는 선거인으로 하여금 변화를 두려워하고 '자연적'인 집권당에 매달리게 자극함으로써 민주주의 정신을 부식시킬 수 있다.

다당제도

연정은 공동의 위협세력을 인지함으로써 혹은 자신의 목표들이 흩어져서 활동해서는 이루어질 수 없다는 점을 인식함으로써 초래된 경쟁적 정치행위자의 집단화이다. 선거연합은 정당이 자신의 대표성을 최대화한다는 생각에서 서로 경쟁하지 않을 것을 동의하는 동맹이다. 입법상의 연합은 특별한 법안이나 프로그램을 지지하기 위해 둘 혹은 그 이상의 정당 사이에 일어나는 협정이다. 연정은 장관직의 상호배분을 포함하는, 둘 혹은 그 이상의 정당 사이에 이루어지는 공식적 협정이다. 연정은 일반적으로 의회에서의 다수통제를 보장하고자 하는 필요에 의해 동기가 부여된다. '대연정(grand coalition)', '국민정부(national government)'는 모든 주요한 정당을 포함하지만, 일반적으로 국가위기나 경제적 위기가 발생할 경우에만 형성된다.

다당제도는 단 하나의 정당이 정부를 구성할 기회를 감소시키고, 연정의 가능성을 증대시키는 두 개 이상의 정당 사이에서 발생하는 경쟁이라는 특성을 나타내고 있다. 하지만 이 제도가 종종 특별하게 대정당을 정부에서 배제시키고자 의도된 소정당의 연정을 통해 작동하기 때문에 주요 정당의 수라는 의미에서 다당제를 정의하는 것은 어려운 일이다. 이 현상은 엄밀하게 1950년대에 프랑스 공산당(Parti Communiste Francais, PCF)과 이탈리아 공산당에서 일어났다. **연정** 가능성이 다당제의 지표라면, 이 분류는 수많은 하위범주들을 포함한다.

예를 들면 독일은 기독교민주연합(CDU)과 독일사회민주당(SPD)이 영국의 보수당과 노동당이 가지고 있는 선거에서의 힘과 동등한 힘을 가지고 있다는 점에서 '2와 1/2'정당(two-and-a-half-party)제도를 가지고 있는 것처럼 보인다. 하지만 이 정당들은 부가의원선거제도additional member electoral system의 작용으로 인해, 소정당인 자유민주당(Free Democrat Party, FDP)-이 당은 보통 약 10%의 지지율을 가지고 있다-과 연정을 강요받게 되었다. 이와는 대조적으로 이탈리아의 다당제도는 상대적으로 더 많은 수의 소정당을 포함한다. 그리하여 심지어 기독교민주당도 투표자의 40% 지지율을 달성하는 데 좀처럼 근접하지 못했다. 사토리(Sartori, 1976)는 두 가지 유형의 다당제도를 구별하였는데, 그는 이 두 가지 유형의 다당제도를 온건적 다원주의 제도moderate pluralist system와 양극적 다원주의 제도polarized pluralist system라 불렀다. 이 범주에서 온건적 다원주의 제도는 벨기에·네덜란드·노르웨이와 같은 국가에 존재하는데, 이들 국가에서는 주요 정당 사이의 이데올로기적 차이가 미세하고, 연정을 형성하고자 하며, 중간적 토대를 향해 움직이는 일반적 경향이 존재한다. 다른 한편으로 양극적 다원주의 제도는 좀 더 뚜렷한 이데올로기적 차이가 주요 정당을 분리시키는 곳에서 존재한다. 이 주요 정당 중에서 몇몇 정당은 반제도적 자세를 채택한다. 프랑스·이탈리아·스페인에서처럼 선거에서 강한 공산당의 존재나 혹은 이탈리아 사회운동(Movimento Sociale Italiano, MSI)−이 당은 1995년에 '후기파시스트적post-Fascist' 알레안차 나치오날레Alleanza Nazionale로서 다시 부활되었다−과 같은 중요한 파시스트 운동의 존재는 양극화된 다원주의 제도의 증거이다.

다당제도가 가지는 강점은 정부 내에서 내적 견제와 균형을 창출하고, 토론·화해·타협을 지지하는 성향을 나타낸다는 점이다. 연정 형성과정과 연정 유지의 동학은 경쟁적인 견해와 이해관계들을 고려하지 않을 수 없는 광범위한 대응성을 보장한다. 그리하여 독일에서 자유주의적인 자유민주당은 보수주의적인 기독교민주당과 사회주의적인 사회민주당에 대해 온건한 영향력을 행사하는 세력으로 행동한다. 사회민주당과 녹색당의 연정이 형성되었던 주들에서 녹색당의 존재는 환경문제를 정치적 의제로 밀어 넣는 데 기여하였다. 마찬가지로 연정을 좀 더 일반적인 것으로 만들었던 스웨덴식 다당제도의 특징은 사회민주당으로 하여금 광범위한 복지합의를 형성하도록 자극하였으며, 기업의 이해관계가 소외되지 않는 온건한 정책을 추구하도록 자극하였다.

다당제도에 대한 주요한 비판은 연정 형성의 함정과 어려움에 관련된다. 단 하나의 정당이 홀로 통치하기에 충분한 힘을 가지지 못할 때 발생하는 선거 후의 협상과 거래horse trading는 연정 형성을 완성시키는 데 수주일 혹은, 이스라엘과 이탈리아에서처럼 몇 달이 걸릴 수 있다. 더 심각한 것은 연정이 좌절될 수 있고 불안정할 수 있다는 점인데, 왜냐하면 연정은 정부가 해야 할 일보다는 연정 파트너 사이에서 일어나는 사소한 싸움에 더 많이 신경을 쓰게 만들기 때문이다. 이탈리아는 일반적으로 이에 대한 고전적인 예로 인용되는데, 그 이유는 전후에 탄생한 이탈리아 정부는 평균적으로 불과 10개월 정도로 지속되었을 뿐이기 때문이다. 하지만 독일과 스웨덴에 안정적이고 효과적인 연정에 대한 기록이 명백하게 입증하고 있는 것처럼 연정이 항상 불안정과 연관되어 있다고 시사하는 것은 잘못일 것이다. 사실 어떤 점에서 이탈리아의 경험은 특이한데, 이것은 다당제도가 가지는 역동성만큼이나 이 국가가 가지고 있는 정치문화와 정당제도가 가지는 이데올로기적 양상 때문이다.

마지막 문제는 중용과 타협을 향한 경향이 다당제도가 분명한 이데올로기적 대안을 제공할 수 없는 정치적 중심에 의해 지배당한다는 것을 의미한다는 점이다. 연정정치는 확신이나 원칙의 정치라기보다는 협상과 화해, 공동의 토대를 위한 추구라는 특징을 자연스럽게 나타내는 경향이 있다. 이 과정은 정당이 권력장악을 추구함으로써 정책과 원칙들을 포기하도록 조장된다는 점에서, 타락하게 된다는 이유로 비판을 받았다. 또한 독일에서처럼 특히 중도적인 소정당이 더 큰 보수당과 사회주의 정당에 대해 유일하게 생존할 수 있는 연정 파트너일 때, 이 과정은 중도적인 정당과 중도적인 정당이 지니고 있는 이해관계를 너무 많이 대변할 수 있다. 실제로 이 점은 때때로 비례대표제 선거제도의 약점 중 하나로 간주된다. 정당의 입법상의 규모에 따라 정당이 선거에서 가지는 강점을 반영하고 있는 이 비례대표제도는 다당제 정치와 연정을 편드는 성향이 있다.

정당의 쇠퇴?

정당에 관한 현대의 관심은 주로 대표기관과 정부와 국민 사이를 연결하는 효과적인 고리로서 정당이 가지는 기능의 쇠퇴에 대한 증거로부터 유래한다. '정당정치의 위기'에 대한 증거는 당 회원과 당파심이 모두 쇠퇴하고 있다는 사실에서 찾아볼 수 있다. 당파심에 대한 쇠퇴는 당파적 이탈에서 나타난다. 예를 들면 2007년에 영국 국민의 1%가 채 안 되는 사람들만이 정당에 속했으며, 약 50년 전에 비해 7%에서 하락하였다. 노동당원은 1956년 100만 명에서 2009년에는 16만 6천 명으로 감소하였다. 반면에 보수당원은 같은 기간에 약 280만 명에서 약 25만 명으로 감소하였다. 당원들의 연령에서의 외관상의 냉혹한 증대도 중요한데, 보수당원의 평균연령은 1998년에 63세로 높아졌다. 여당에 반대하는 극적인 선거 경향들은 그러한 관심들을 강화시켰다. 이에 대한 실례로는 1993년 프랑스 사회주의 정당의 쇠퇴로 이 정당은

282석에서 단지 70석만을 획득하였다. 또한 같은 기간에 캐나다의 진보적 보수당의 사실상의 폐지를 들 수 있는데, 이 정당은 단지 2석만을 보유하면서 공직에서 물러나게 되었다. 하락하는 투표자 수 역시 선거의 지지를 동원하는 데 있어 정당의 능력이 쇠퇴하고 있다는 점을 예증하고 있다. 가령 와텐베르크(Wattenberg, 2000)는 다음의 사실을 발견하였다. 즉 19개의 자유민주주의 체제에서 투표자 수는 1950년대와 1990년대 사이에 평균 10% 감소하였고 이러한 경향은 특히 미국·서유럽·일본·라틴아메리카에서 현저하게 나타났다.

이러한 변화와 나란히 '반정치'라 불렸던 현상에 대한 증거가 존재한다. 이 반정치는 정치운동과 조직의 증대에서 나타나는데, 이것은 관습적인 권력중심에 대한 반감과 확립되어 있는 정부의 정당에 대해 반대하는 공동의 특징을 가지고 있다. 이 점은 신정치운동의 출현에서 반영되었다. 이 운동이 가지는 중요한 매혹은 권력을 장악한다고 할지라도 타락하지 않는다는 점이다. 이에 대한 사례로는 1992년에 실시된 미국의 대통령선거에서 억만장자 로스 페로Ross Perot가 자신의 노력으로 얻었던 19%의 득표율과 1994년에 미디어의 거물인 실비오 베를루스코니가 새로 만든 포르차 이탈리아 Forza Italia의 극적인 성공을 들 수 있다. 또한 여성운동·평화운동·환경운동과 같은 신사회운동의 증대도 동일한 현상에 속한다. 이 운동은 자신이 가진 견해를 녹색정당의 경우처럼 당조직을 통해 표현할 때조차도 이 운동은 반정당 정당이라는 외형을 취하는 경향이 있다('반정치'의 표출적 형태로 나타나는 그러한 정당과 운동들의 역할은 20장에서 검토된다).

정당의 쇠퇴를 어떻게 설명할 수 있을까? 정당이 고통을 당하고 있는 문제 중의 하나는 정당이 실제로 가지고 있거나 인지하고 있는 과두제적 성격이다. 정당은 관료화된 정치기구로 간주되며, 이 기구를 구성하고 있는 평당원은 소극적이거나 단조롭고 틀에 밝힌 임무-회의 참석, 위원회 조사 등-에 종사할 뿐이다. 이와는 대조적으로, 쟁점 집단들은 특히 젊은 층의 회원과 지지를 끌어들이는 데 좀 더 성공적이었다. 왜냐하면 부분적으로 이 집단은 좀 더 느슨하게 조직되고 지역에 기초를 두며, 부분적으로 이 집단은 참여와 행동주의에 더 역점을 두기 때문이다. 정당이 가지는 공적 이미지는 정부와 직업적인 정치인이 연결됨으로써 더욱 더럽혀졌다. 정치적 '내부집단insider'으로서 정당은 권력·야망·고위직과 연관되어 있는 부패로 얼룩지게 된다. 달리 표현하면 정당은 '국민의' 것으로 간주되지 않는다. 매우 빈번하게 정당은 정치적 내분과 권력쟁탈에 의해 소모되며, 그래서 보통 국민의 관심에서 벗어나게 된다.

정당의 쇠퇴를 설명하는 하나의 대안적 방식은 정당의 쇠퇴를, 복잡한 현대사회가 통치하기에 점점 더 어렵다는 사실에 대한 징후로 간주하는 것이다. 정당이 문제를 풀고 조건을 개선하고자 하는 자신이 지닌 능력을 표명함으로써 권력을 추구하지만, 여당으로서 자신들이 표명한 능력을 제공하는 데 실패할 경우 환멸과 냉소주의가 증대한다. 이 점은 증대하는 이익집단의 힘과 점점 더 지구화되는 경제 형태 속에서 정부의 어떤 부분이 직면하게 되는 더 큰 어려움을 반영한다. 마지막 설명은 정당을 발생시켰던 사회적 정권성과 전통적 충성심이 무엇보다도 쇠퇴하기 시작했기 때문에 정당이 쇠퇴하고 있다는 점이다. 이 점은 탈포드주의post-Fordism라는 현상과 연결된 고전적 정치의 쇠퇴에서 분명하게 찾아볼 수 있다. 이에 덧붙여 낡은 사회적·종교적 연대성 및 여타 연대성의 쇠퇴로 인해 현저하게 탈물질주의와 연관된 새로운 야망과 감각들이 정치무대에 등장하게 되었다. 포괄적이고 강령적인 정당은 일단 대다수의 유권자가 가지는 목표를 표현하는 데 성공하였던 반면에, 성평등·핵무기·동물권리·공해와 같은 문제는 이 문제를 표현하기 위해 새롭고 어려운 정치적 구성을 요구할 수 있다. 그리하여 단일한 쟁점을 가진 집단과 사회운동은 정부와 사회 사이를 연결하는 중요한 고리로서 정당을 대신하는 과정에 있다고 하겠다.

요약

(1) 정당은 정부권력을 획득하기 위한 목적으로 조직된 인간집단이며, 일반

적으로 어떤 정도의 이데올로기적 결합력을 드러내 보인다. 당에 대한 주요한 분류는 간부, 대중 혹은 후에 범국민 정당, 대의제 정당과 통합 정당, 입헌 혹은 '주류mainstream' 정당과 혁명 혹은 반체제 정당, 좌파 정당과 우파 정당을 구별한다.

(2) 정당은 정치제도에서 많은 기능을 담당한다. 이 기능은 대표기관, 정치 엘리트와 충원, 사회목표와 정부정책의 형성, 이해관계 표출과 집약, 유권자의 동원과 사회화 그리고 정부과정과 제도적 관계의 조직으로서 역할 등을 들 수 있다.

(3) 정당의 조직과 구조는 일반적으로 사회 내의 권력배분에 결정적인 영향력을 행사한다. 당 민주주의는 당 내부의 광범위한 권력분산을 통해 혹은 공적으로 책임질 수 있는 선출된 당원의 수중으로 권력을 집중시킴으로써 증대될 수 있다. 과두제적 경향은 조직이 지니는 불가피한 결과일 수 있다. 또한 이 경향은 당통합과 선거에서 신뢰감을 획득하기 위한 필요에서 발생할 수 있다.

(4) 정당제도는 정당이 정치과정에 상호작용하고 영향을 미치는 관계망이다. 일당제도에서 '지배'정당은 영속적인 정부로서 효과적으로 기능한다. 양당제도에서 두 개의 주요 정당 사이에서 정권이 교체한다. 다수당제도에서 단 하나의 주요 정당이 연장된 기간 동안 권력을 보유한다. 다당제도에서 어떤 정당도 단독으로 통치하기에는 충분하지 않으며, 이로 인해 연정이 발생하게 된다.

(5) 정당제도는 다양한 방식으로 더 광범위한 정치과정을 형성한다. 정당제도는 유권자가 이용할 수 있는 선택의 범위와 성격에 영향을 미치며, 정부의 응집성과 안정에 영향을 미친다. 정당제도는 행정부와 의회 사이의 관계를 구조화하며, 갈등 혹은 합의를 지지하는 성향을 확립한다. 그리고 정치문화의 일반적 성격을 형성한다.

(6) 정당정치의 위기에 대한 증거는 '반정당antiparty' 운동의 증대에서뿐만 아니라 당원과 당파심의 쇠퇴에서 발견될 수 있다. 이 점은 정당이 권력·야망·부패를 통해 타락되며, 정당은 약속을 제대로 지키지 못하는 정부

의 무능력 증대로 인해 야기된 일반적인 환멸의 결과로 고통을 당하였다는 점을 통해 설명될 수 있다. 정당은 또한 탈물질주의와 연관되거나 탈산업사회 내에서 야기된 포부와 민감성을 접합하는 데 실패한 것으로 간주된다.

토론사항

(1) 현대의 모든 정당은 본질적으로 범국민 정당인가?

(2) '탈이데올로기적' 정당이 가능한가?

(3) 정부는 정당을 가지지 않고 동시대의 환경에서 기능할 수 있는가?

(4) 어떤 방식과 정도로 정당은 민주주의를 강화시키는가?

(5) 왜 정당은 지도자에 의해 자주 지배되는 경향이 있는가?

(6) 정당제도는 어떠한 기준을 통해 판단되어야 하는가?

(7) 현대 정당은 고전적 정치의 쇠퇴와 전통적 충성의 약화에 어떻게 적응하였는가?

(8) 정당정치의 시대는 막을 내렸는가?

더 읽을 거리

- Dalton, R. and D. Farrell, *Political Parties and Democratic Linkage: How Parties Organize Democracy* (2011). 선거과정과 정부에 대한 영향에 초점을 두는 정당과 대의제 정부 간의 연결에 대한 검토.

- Katz, R. and W. Crotty(eds), *Handbook of Party Politics*(2006). 정당의 성격, 기능 그리고 조직과 사회와 국가에 대한 정당의 관계를 논의하는 광범위한 논문 모음집.

- Sartori, G., *Parties and Party Systems: A Framework for Analysis*

(2005). 정당의 역할과 정당제도의 성격에 관한 고전적이며 도전적인 분석서.

• Wolinetz, S. (ed.), *Political Parties*(1997). 정당이 지니는 기능과 의미에 대해 고찰하는 모든 관점들은 검토하는 포괄적인 논문 모음집.

집단, 이익단체와 운동

"지껄이고 있는 10명의 개인들이 조용하게 있는 10,000명의 사람보다
더 시끄럽다."

Napoleon, *Maxims*

개관

20세기에 정치적 상호작용의 유형은 증대하는 조직화된 집단과 이해관계
세력의 부상으로 인해 변형되었다. 사실상 '집단정치group politics'의 절정
기인 1950년대와 1960년대에 기업세력, 노동조합, 농업 압력단체와 같은 단
체가 중요한 정치행위자인 의회와 정당들을 대체하였다는 점이 폭넓게 주
장되었다. 이익집단 세계는 특히 1960년대부터 소비자 보호에서 동물의 권
리, 성적 평등에서 환경보호를 위한 운동을 하는 쟁점집단들이 증대함으로
써 확대되었다. 이 집단들은 종종 더 광범위한 사회운동 — 여성운동, 시민권
운동, 녹색운동 등 — 과 연결되었고, '신정치new politics'로 불린 새로운 양
식의 행동주의와 운동을 채택하는 것으로 특징화되었다. 그럼에도 특히 민
주주의 과정에 미치는 영향력과 관련하여 집단, 이해관계 세력과 운동이 가
지는 성격과 의미를 둘러싸고 많은 논의가 있었다. 집단들은 형태와 크기로
나타나며 광범위한 기능을 수행하는데, 가령 정부기구 내에서 역할을 할 뿐
만 아니라 시민의 권한의 대리자로서 말이다. 집단정치의 정치적 함의들에
관해서는 특별한 의견 불일치가 있다. 어떤 사람들은 조직적인 집단들이 사

회 속에서 좀 더 광범위하고 공평하게 정치권력을 배분하는 데 기여한다고 믿는다. 반면에 다른 사람들은 집단들이 이미 힘을 가진 사람에게 권한을 부여하고 공적 이익을 파괴한다고 주장한다. 이 문제들은 집단들이 어떻게 영향력을 행사하는지 그리고 이들에게 정치적 영향력을 행사하게끔 하는 요소들에 관한 질문과 연관을 맺고 있다. 마지막으로 이른바 '신'사회운동들은 탈중앙화된 정치적 참여의 새로운 형태를 고무한다는 이유로 칭찬받았고 사람들로 하여금 공식적인 대의제 과정을 포기하도록 조장했다는 이유로 비난받았다.

쟁점

---

(1) 이익집단은 무엇인가? 그리고 이 집단은 어떤 다른 형태를 취하는가?

(2) 집단정치의 주요 이론들은 무엇이었는가?

(3) 집단은 민주주의와 효과적인 정부에 도움이 되는가, 아니면 방해가 되는가?

(4) 이익집단은 어떻게 영향력을 행사하는가?

(5) 무엇이 이익집단의 성공 혹은 실패를 결정하는가?

(6) 신사회운동은 왜 출현하였으며, 이것이 가지는 더 넓은 의미는 무엇인가?

집단정치

분열Cleavage
분할의 양면에 대한 집단적 정권성을 만드는 사회적 분할.

곡물법Corn Law
곡물법은 곡물 수입에 중과세를 부과한 법률로서 1846년에 폐지.

결사체Association
자발적 행동에 의해 형성된 하나의 집단. 결사체는 공동의 가치와 관심에 대한 승인을 나타낸다.

정당과 마찬가지로 이익집단은 현대사회에서 정부와 피통치자 사이를 연결하는 주요한 고리를 구성하고 있다. 몇 가지 점에서 이익집단의 기원은 정당의 기원과 유사하다. 이익집단은 새로운 시대의 대의제 정부의 소산이며, 산업사회의 출현으로 증대하는 복잡한 **분열**과 균열을 접목하기 위해 존재하게 되었다. 선거에서의 승리에 관심을 두는 정당이 지지 연정을 구성하고 자신의 호소를 널리 알리고자 추구하였던 반면에, 이익집단은 일반적으로 자신이 대변하였던 사람들의 특정한 포부와 가치에 따라 좀 더 차별적이고 분명한 견해를 주장하였다.

  가장 초기에 존재하였던 이러한 집단을 규명하는 것은 어려운 일이다. 몇 개의 집단들은 대의제 정부 시대보다 더 일찍 존재하였는데, 예를 들면 노예무역을 반대하기 위해 1787년에 영국에서 설립된 노예제도 폐지단체 Abolition Society를 들 수 있다. 1839년에 확립된 반**곡물법** 단체Anti-Corn Law League는 정부에 압력을 행사하려는 특수한 목적을 가지고 시작되었다는 점에서, 후에 종종 영국에 존재하는 집단들의 모델로 간주된다. 알렉시스 드 토크빌은 1830년대에 미국을 방문하고 나서 자신이 **결사체**라고 불렀던 것이 이미 '강력한 행동수단'이 되었다는 사실을 보고하였다. 1831년 이탈리아의 애국자 주세페 마치니가 만든 젊은 이탈리아Young Italy는 나중에 유럽 전역에서 나타났던 민족주의 조직단체의 모델이 되었다. 마찬가지로 1866년 프랑스에서 설립된 여성권리단체Society for Women's Rights는 세계적으로 여성보통선거권 운동을 자극하였다. 19세기 말에 증대하는 노동조합운동과 나란히 강력한 농업 이익단체와 기업 이익단체들이 대부분의 산업사회에서 활동하였다. 하지만 현재 존재하고 있는 대부분의 이익집단들은 그 기원이 시기상 훨씬 더 최근에 가깝다. 이 이익집단들은 주로 1960년대 이후 압력정치와 항의정치가 폭발함으로써 발생한 하나의 산물이다. 따라서 이익집단은 정당정치의 쇠퇴, 동원화, 대변인 격으로 조직화된 집단과 사회운동에 대한 점증하는 중요성을 파악하였던 더 광범위한 과정의 부

개념설명

이익 혹은 이해관계

Interest

한 개인이나 집단에 이익을 주는 것. 욕구 혹은 선호도와는 달리, 이해관계들은 일반적으로 물질적(objective)이거나 '현실적'인 것으로 이해된다.

분일 수 있을 것이다.

집단의 유형

집단을 정의하고 분류하는 일은 집단의 성격이 부정확하고 다양한 형태들이 존재할 때 위험을 내포하게 된다. 예를 들면 우리는 집단에 관계하고 있는가, 아니면 **이익단체**interest에 관심을 보이고 있는가? 달리 표현하면 우리는 집단을 일정한 수준의 응집력과 조직을 가지고 있는 결사체로서만 인정하는가? 아니면 동일한 이해관계를 공유하고 있지만 이 사실에 대한 의식을 결핍하고 있는 사람의 집합으로서만 인정하는가? 마찬가지로 이익집단은 단지 이기적이며 물질적 이익에만 관계하는가? 아니면 **이익집단**도 더 광범위한 운동이나 공공의 목표를 추구할 수 있는가? 이익집단과 정부 사이의 관계에서 어려운 문제가 존재한다. 이익집단은 외부에서 영향력을 발휘하는 항상 자율적인 집단인가? 혹은 아마도 정부기구 자체의 부분인 정부 내에서 그리고 정부를 통해서 작동하는가?

이 혼란은 이 분야에서 활동 중인 정치과학자 사이에 합의를 본 용어가 없기 때문에 생겨났다. 가령 '이익집단'이라는 단어는 미국과 다른 곳에서

이익집단(혹은 압력집
단)은 조직화된 결사체
이며, 이 결사체는 정부
의 정책이나 행동에 영
향을 주는 것을 목표로
한다. 이익집단은 정부
권력을 획득하거나 행사
하기보다는 외부에서 영
향력을 발휘하고자 한다
는 점에서 정당과 다르
다. 또한 이익집단은 일
반적으로 어떤 특정한
집단의 특별한 운동이나
이해관계에 관심을 두고
있다는 점에서 전형적으
로 협소한 문제에 초점
을 두고 있다. 그래서 이
익집단은 일반적으로 정
당과 연결되는 광범위한
강령적 혹은 이데올로기
적 특징을 좀처럼 가지
고 있지 않다. 이익집단
은 더 큰 정도의 형식적
조직을 가지고 있는 사
회운동과 구별된다. 그
럼에도 모든 이익집단
이 형식적 의미에서 회
원들을 가지고 있는 것
은 아니다. 그래서 어떤
논평자들은 '조직화된 이
해당사자들(organised
interests)'이라는 더 느
슨한 의미 사용을 선호
한다.

조직화된 모든 집단을 묘사하는 데 사용되곤 하였던 반면에, 영국에서 이
단어는 단지 구성원들의 이익을 진전시키고 방어하는 집단을 가리키는 데
만 사용되는 경향이 있다. 따라서 '압력집단pressure group'이라는 단어는
일반적으로 영국에서 선호되었으며, '이익집단'이라는 단어는 더 넓은 분류
의 하위범주로 사용되는 경향이 있다.

그럼에도 집단은 세 가지 유형으로 분류될 수 있다.

① 자치단체 집단communal groups
② 제도적 집단institutional groups
③ 조합집단associational groups

자치단체 집단

공동체 집단의 주요한 특징은 구성원이 충원보다는 출생에 기초하고 있다
는 점에서 이 집단이 사회구조 속에 포섭되어 있다는 점이다. 이 집단의 보
기로는 가족·종족·카스트caste·인종 집단 등을 들 수 있다. 구성원이 선
택하고 형식적 구조와 조직을 가지고 있는 관습적인 이익집단과는 달리, 공
동체 집단은 공유하고 있는 유산과 전통적 유대와 충성을 토대로 만들어진
다. 이러한 집단은 개발도상국가에서 여전히 중요한 역할을 하고 있다. 예
를 들면 아프리카에서 인종적·종족적·친족적 유대는 종종 이해관계를 접
합하는 데 있어서 가장 중요한 기초이다. 또한 공동체 집단은 인종적 민족
주의의 부활과 이탈리아·아일랜드와 같은 국가에 존재하는 가톨릭 집단의
중요성이 입증하고 있는 것처럼 발전된 산업국가에서 지속적으로 영향력을
발휘하고 있다.

제도적 집단

제도적 집단은 정부기구의 부분이며, 정부기구 내에서 그리고 정부기구를
통해 영향력을 발휘하고자 하는 집단이다. 이 집단은 자율성이나 독립성을
향유하지 못한다는 점에서 이익집단과 다르다. 관료와 군부는 가장 명백한

제도적 집단의 보기이며, 보통 이 집단들의 각 집단은 많은 경쟁적인 이해관계를 가지고 있다. 전형적으로 자율적 집단과 운동을 억압하는 권위주의 혹은 전체주의 국가의 경우에 제도적 집단 사이의 경쟁이 이해관계를 표현하는 중요한 형태가 될 수 있다. 예를 들어 매우 중앙집권화된 소련의 스탈린 체제는 특히 중공업에 집중된 관료적·경제적 이해관계에 의해 일반적으로 관리되었다. 마찬가지로 1933년에서 1945년 사이 독일에 존재하였던 히틀러 통치의 명백하게 단일한 성격은 나치 지도자들이 권력을 향한 끝없는 투쟁 속에서 볼품없이 뻗어 있는 제국을 쌓아 올렸던 것처럼 관료적 내분이라는 현실을 숨기고 있었다.

제도적 집단은 비민주주의 정권에서만 중요한 것은 아니다. 어떤 사람들은 성ministry, 국department, 민주주의 제도의 정부기관에서 발전한 관료 엘리트와 기득권 집단이 사실상 정책과정을 형성하고 있다는 논의도 한다. 이 집단은 선출 정치가와 정부에 명령을 강제하는 데 이용된다. 이 집단은 유명한 '군산복합체military-industrial complex'의 경우처럼 확실히 관습적인 이익집단과 동맹을 형성하기도 한다. 관료와 군부의 중요성과 이 집단 내에서 그리고 이 집단을 통해 작동하는 이해관계(세력)의 중요성은 16장과 18장에서 각각 논의된다.

조합집단

조합집단은 공동의 제한적인 목표를 함께 추구하는 사람들에 의해 형성된 집단이다. 조합으로서 기능하는 이 집단은 자발적 행동과 공동의 관심사, 포부 혹은 태도를 가지고 있다는 점에서 특징적이다. 따라서 가장 명백한 조합집단의 보기로는 일반적으로 이익집단이나 압력집단으로 간주되는 집단이다. 하지만 이익집단 혹은 압력집단과 공동체 집단 사이의 차이는 때때로 애매하다. 예를 들어 계급적 충성이 강하고 연대적일 때 노동조합과 같은 어떤 조합집단의 회원은 하나의 특정한 목표를 의도하였던 도구적 행위보다는 사회적 정권성을 더 많이 표현할 수 있다. 조합집단이 개발도상국가에서 점점 더 중요해질지라도 이 집단은 일반적으로 산업사회에서 나타나

흑표범단Black Panther
미국의 흑인 과격파.

북아일랜드 공화국군
Irish Republican Army,
IRA
영국에 반대하여 북아일
랜드의 독립을 위해 투쟁
하는 지하조직.

직접적 행동 Direct action
헌법적·합법적 틀 밖에
서 일어난 정치적 행동을
의미하며, 직접적 행동은
수동적 저항에서 테러리
즘에까지 이를 수 있다.

는 하나의 특징으로 간주된다. 산업화는 복잡한 경쟁적인 이해관계망의 형태와 적어도 자본주의 환경에서 사회적 분화를 발생시켰으며, 관습과 전통에 의해 형성된 유형을 대신하여 이기적이고 개인화된 행위유형을 증대시켰다. 조합집단의 일차적 기능이 정부와 다른 공공기관과 거래하는 데 있다고 한다면, 이러한 집단은 일반적으로 이익집단으로 불린다.

이익집단은 다양한 모습과 크기로 나타난다. 이 집단은 엄청난 쟁점과 운동에 관계하고 있으며, 공공기관에 봉사하고 정부계획을 관리하는 것을 도와주는 일에서부터 시민불복종운동과 대중시위를 조직하는 일에 이르는 전술을 사용하고 있다. 하지만 반헌법적·준군사적paramilitary 집단들은 이 분류에서 제외된다. **흑표범단**과 **북아일랜드 공화국군**과 같은 집단은 이익집단으로 범주화할 수 없는데, 왜냐하면 이 집단은 근본적으로 단지 정치제도에 영향을 주고자 하기보다는 정치제도의 재구조화를 추구하며 압력정치 대신에 **직접적 행동**이라는 전술을 사용하기 때문이다. 하지만 다른 집단유형들을 확인하고자 하는 시도를 통해 분명히 일정한 형태가 없는 이익집단 세계에 구조가 부과된다. 가장 일반적인 두 가지 분류는 아래와 같다.

① 특정부문적·장려 집단sectional and promotional groups
② 원내·원외 집단insider and outsider groups

특정부문적 집단 — 때때로 보호적protective 또는 기능적functional 집단이라 불린다 — 은 구성원들의 (일반적으로 물질적) 이해관계를 증진시키거나 보호하기 위해 존재한다. 노동조합·기업협동·무역협회와 직업단체들은 이 집단형태의 주요한 보기이다. 이 집단이 지니는 '특정부문적' 성격은 사회의 한 부분, 즉 노동자·고용자·소비자·인종적·종교적 집단 등을 나타내고 있다는 사실에서 유래한다. 하지만 엄격히 말하면 재화와 서비스의 생산·분배·교환에 종사하는 집단만이 '기능적' 집단으로 간주될 수 있다. 미국에서 특정부문적 집단은 종종 '사적 이익집단'으로 분류되는데, 그 이유는 이 집단의 주관심사가 일반적으로 사회의 개선과 복지가 아니라 회원들

비정부기구 NGO는 비상
업적인 민간집단 혹은 단
체이며, 비폭력 수단들을
통해 자신의 목적을 달성
하려고 노력한다. 비정
부기구들은 일반적으로
국제정치에서 활동하며
UN이나 유럽연합(EU)과
같은 단체들에 의한 형식
적인 헌법적 권리들에 부
합할 수 있다. 이 기구들
은 때때로 국제적인 비
정부기구 혹은 INGOs로
불린다. 기능적인 비정부
기구들은 종종 특정주의
를 지지하는 비정부기구
들과는 구별된다. 기능적
인 비정부기구들은 제1
의 목적이 일반적으로 발
전과 연관이 있거나 구조
와 연관이 있는 고안과
기획을 수행하는 기구이
다. 특정주의를 지지하는
비정부기구들은 특정한
운동을 증진시키거나 방
어하기위해 존재하며, 기
능적인 능력보다는 전문
적 지식이나 특수한 지식
과 더 연관이 있다. 비정
부기구들은 때때로 출현
하는 지구적 시민사회의
초석으로 간주된다. 많은
사람들은 비정부기구들
을 또한 다국적기업이나
혹은 TNCs에 대한 평형
추로 간주한다.

의 개선과 복지에 있다는 점을 강조하기 때문이다.

　이와는 대조적으로 장려집단 – 때때로 운동cause 혹은 태도attitude 집
단이라 불린다 – 은 공동의 가치, 이상 혹은 원칙을 진척시키기 위해 창설
된다. 이러한 운동은 많다. 이 운동은 낙태에 대한 '찬성pro-choice'과 '생명
존중pro-life' 압력단체, 시민적 자유를 위한 운동 혹은 TV의 섹스와 폭력에
반대하는 운동, 공해와 동물학대에 대한 항의, 전통적 혹은 종교적 가치를
옹호하는 운동 등을 포함한다. 미국에서 장려집단은 '공적 이익집단public
interest group'이라 불리는데, 그 이유는 이 집단이 선택적인 이익보다는
집단적 이익을 먼저 생각한다는 점을 강조하기 때문이다. 국제정치와 관
련될 때 이 집단들은 종종 **비정부기구** 혹은 NGOs로 불린다. 따라서 장려
집단들은 자신의 회원들보다는 다른 단체들을 지원하는 것을 목표로 한다
는 사실에 의해 정의된다. 예를 들면 고래를 구하는 것은 고래를 위한 단체
a organization for whales이지 고래의 단체a organization of whales가 아
니다. 물론 어떤 단체는 특정부문적이며 장려적 특징을 모두 지니고 있다.
유색인간의 증진을 위한 국가단체(National Association for the Advancement
of Coloured People, NAACP)는 미국에 살고 있는 흑인의 특정부문적 이해관
계 – 차별화에 반대하고 고용의 기회를 향상시킴으로써 – 에 대한 문제를
다루고 있다. 그러나 이 단체는 또한 사회정의와 인종적 조화와 같은 운동
에도 관계하고 있다.

　대안적 분류제도는 집단들이 정부에 대해 가지고 있는 위상과 그들이 압
력을 행사하기 위해 채택한 전략에 토대를 두고 있다. 원내집단은 정부기관
에 대해 행하는 관례적인 협의 혹은 대표를 통해 정부에 대해 특권화되고,
일반적으로 제도화된 접근성을 갖는다. 많은 경우, 특정부문적 분류와 원내
분류 사이에는 중복이 있다. 이 중복은 기업집단과 노동조합의 입장이 정부
에 의해 무시될 경우, 이들 집단과 같은 핵심적인 경제적 이해관계세력들이
강력한 제재를 가할 능력을 반영하고 있다. 또한 정부는 실행할 수 있는 정
책을 입안할 때 도와주는 전문적인 지식과 정보를 소유하는 집단과 협의하
는 경향이 있다. 하지만 원내가 가지는 위상이 항상 하나의 장점은 아니다.

왜냐하면 원내적 위상은 정부의 목표와 폭넓게 양립할 수 있는 목표를 가진 집단에 부여되며, 또한 원내에 속한 회원들이 동의한 결정을 따를 것을 보장할 수 있는 능력을 가진 집단에 부여되기 때문이다.

다른 한편으로 원외집단은 정부가 의견을 물어보지 않거나 혹은 단지 불규칙적이며 특이하게 원로의 수준에서 자문을 받게 된다. 많은 경우에 원외의 위상은 정부에 대한 공식적인 출입을 할 수 없기 때문에, 이 집단은 정책과정에 간접적인 영향력을 행사한다는 희망을 가지고 '공적인 것을 행하도록' 강요당하게 된다. 그럴 경우 반어적으로 어떤 이익집단이 가지는 공적인 모습과 이 이익집단이 발휘하는 정치적 영향 사이에는 종종 뒤집힌 관계가 존재한다. 환경보호와 동물의 권리와 같은 분야에서 행해지는 급진적 항의집단은 원외집단이 되는 것에 관한 기회를 별로 가질 수 없을 것이다. 그러나 이 집단의 회원과 지지자들은 이러한 집단이 정부와의 긴밀한 연결로 인해 타락하지 않는다는 사실에 종종 관심을 가진다. 그러한 의미에서 집단들은 자신들이 지니고 있는 이데올로기적 순수함과 독립성을 유지하고, 자신들의 탈중앙집권적인 권력구조들을 지켜 가면서 외부자로 남아 있기를 선택할 수 있다.

집단정치의 모델들

몇몇 논평자들은 집단정치의 유형과 의미가 전적으로 각 정치제도의 특수한 요소로부터 유래한다고 믿고 있다. 이에 따르면 집단의 역할은 특정한 정치문화, 정당제도, 일련의 제도적 배열 등을 나타낸다. 이는 집단정치에 관해 일반적인 결론이 도출될 수 없다는 것을 의미한다. 다른 한편으로, 집단정치에 대한 이해는 정치과정의 성격과 사회에서의 권력배분에 관한 광범위한 가정을 통해 종종 형성된다. 이 가정들은 3장에서 논의된 경쟁적인 국가이론과 밀접하게 연관된다. 이익집단 정치의 모델로서 이들 가운데 가장 영향력 있는 이론은 다음과 같다.

① 다원주의

② 조합주의

③ 신우파

다원주의 모델

다원주의 이론은 가장 긍정적인 집단정치의 이미지를 보여 주고 있다. 이 이론은 정부로부터 개인을 보호하고 민주주의적 반응성을 촉진시키는 집단의 능력을 강조한다. 다원주의의 핵심 주제는 정치권력이 파편화되고 넓게 분산된다는 점이다. 결정은 수많은 집단들의 견해와 이해관계를 고려하여 복잡한 흥정과정과 상호작용과정을 통해 이루어진다. 다원주의적 '집단이론'을 발전시키고자 하는 시도 중에서 가장 초기에 이루어진 가장 영향력 있는 것 중의 하나가 아서 벤틀리Arthur Bentley가 쓴 『통치과정 *The Process of Government*』([1908] 1948)이다. 벤틀리는 통치과정의 토대가 되는 주춧돌로서의 조직화된 집단에 대한 강조와 관련하여, 자신의 유명한 격언으로 세련되게 요약하였다. "집단들이 적절하게 설명될 때 모든 것이 설명된다." 데이비드 트루먼David Truman이 쓴 『통치과정 *The Governmental Process*』(1951)은, 그 결론이 훨씬 더 좁게 미국의 정치과정에 초점을 맞추었다 할지라도, 일반적으로 이 전통을 계승한 것으로 보인다.

이해관계를 표현하고 집약하는 대리자로서 기능하는 집단에 대한 열정은 1950년대와 1960년대 초 행태주의의 확산을 통해 강화되었다. 예를 들면 제도분석은 이익집단을 정부에 대해 행한 다수의 요구를 처리하기 쉬운 투입물로서 여과하는 '문지기'로 묘사하였다. 동시에 로버트 달(Robert Dahl, 1961)과 넬슨 폴스비(Nelson Polsby, 1963)와 같은 분석가들이 수행하였던 공동체의 권력 연구는 그 어떤 지역 엘리트가 공동체의 결정을 지배할 수 없다는 다원주의적 주장에 대한 실제적 지지층을 발견하였다고 주장하였다.

다원주의적 관점에서 볼 때 집단정치는 다름 아닌 민주주의 과정의 재료이다. 사실상 집단과 조직화된 이해관계 세력이 정부와 피통치자 사이를 연결하는 주요한 고리로 작용하는 정당을 대체하였다는 점에서, 1960년대

에는 다원주의적 민주주의 형태가 좀 더 관습적인 선거민주주의를 대신하였다는 것이 일반적인 주장이다. 이 이론의 중심적인 가정들은 모든 집단과 이해관계세력이 조직할 수 있는 잠재력과 정부에 접근할 수 있는 잠재력을 가지고 있다는 것과 지도자가 광범위하게 구성원들이 가지고 있는 관심과 가치들을 표현한다는 점과 마찬가지로, 이 집단과 이해관계세력 내적으로 민감하게 반응한다는 것, 그리고 그들이 행하는 정치적 영향력은 집단의 규모와 지지의 강도와 대충 일치한다는 것 등이다. 이러한 사실을 입증하는 하나의 방법은 정치권력이 파편화되어서 어떤 집단이나 이해관계세력이 일정한 기간 동안 지배할 수 없게 되었다는 증거를 대는 것이다. 달(Dahl, 1956: 145)이 기술하였던 것처럼 "주민들 속에 존재하는 활동적이며 정당한 모든 집단은 중요한 결정과정의 단계에서 의견을 표명할 수 있다." 갈브레이드가 초기 저술에서 발전시킨 '상쇄세력countervailing power'이라는 대안적 개념은 동적인 균형이 경쟁 집단 사이에서 자연스럽게 발생한다는 점을 시사하고 있는데, 왜냐하면 기업의 성공이 노동 혹은 소비자와 같은 대항자로 하여금 이 성공에 대항하기 위해 자신들을 조직하도록 장려하기 때문이다. 따라서 집단정치는 거친 세력균형에 의해 특징지워진다.

가장 넓은 의미에서 조합
주의는 조직화된 집단을
정부의 과정 속으로 편입
시키는 수단이다. 조합주
의는 두 가지 모습을 가지
고 있다. 첫째, 권위주의적
조합주의(authoritarian
corporatism)는 이탈리
아의 파시즘과 밀접하게
연관된 이데올로기 혹
은 경제적 형태이다. 이
는 기업에 대한 정치적
협박과 독립적 노동조합
에 대한 파괴를 통해 특
징지어진다. 둘째, 자유
주의적 조합주의['사회
적(societal)'조합주의 혹
은, '신조합주의(neo-
corporatism)']는 조직화
된 이해세력이 정책형성
에 특권적이며 제도화된
접근을 하는 것을 당연
한 것으로 간주하는 성
숙한 자유주의적 민주주
의에서 발견된 경향과
관련된다. 집단통합의
정도에 따라 이것이 이
루어지는 메커니즘은 상
당히 달라지게 된다. 권
위주의적 변종과는 대조
적으로, 자유주의적 조
합주의는 정부에 대해
집단을 강화시킨다.

집단정치에 대한 매우 낙관적인 이러한 견해는 엘리트주의자와 맑스주의자에 의해 심한 비판을 받았다. 엘리트주의자는 다원주의의 경험적 주장은 권력이 가지는 단 하나의 '모습', 즉 결정에 영향을 미치고자 하는 능력만을 인정하고 있다는 점을 시사함으로써 다원주의의 경험적 주장에 도전하고 있다. 권력이 폭넓고 고르게 분배된다는 생각과는 대조적으로, 엘리트 이론가들은 기업의 경영진, 정치지도자, 군 수뇌부를 포함하는 어떤 '권력 엘리트power elite'의 존재에 주목한다(Mills, 1956). 맑스주의자는 전통적으로 정치권력이 자본주의적 '지배계급'의 존재를 시사하는 생산적 부의 소유와 밀접하게 연관되어 있다는 점을 강조하였다. 랄프 밀리반드(Ralph Miliband, 2009)와 같은 신맑스주의자들이 볼 때, 이 점은 기업과 노동집단 사이의 '불평등한 경쟁'에서 나타나는데, 기업은 노동집단이 어울릴 수 없는 경제적 자원 통제, 공적 위상, 정부에 대한 출입을 향유하고 있다는 점이다. 지구화의 증대로 인해 그러한 논의들은 갱신되었고, 그래서 혹자는 다음과 같은 점을 시사하였다. 즉 증대된 자본의 이동과 자유무역국제제도는 정부의 '공동적 기업인수'를 초래하였다는 것이다. 이러한 비판에 직면하여 좀 더 비판적이고 검증을 받은 다원주의 형태인 신다원주의가 등장하였다. 이 입장은 찰스 린드블롬Charles Lindblom이 쓴 『정치와 시장*Politics and Markets*』(1980)에서 가장 분명하게 표현되었다. 이 책은 기업집단이 서구의 다두정에서 향유하는 특권적 위치를 강조하면서, 이것은 서구사회들이 민주주의적이라는 주장을 심각하게 손상시키고 있다는 점을 인정하고 있다.

조합주의 모델

집단정치에서 조합주의 모델은 산업사회에서 집단과 국가 사이에서 발전한, 더 긴밀한 결합이 지니는 의미를 추적하고자 한다는 점에서 다원주의와 다르다. **조합주의**는 하나의 사회이론으로서 특정한 집단이 정부와의 관계에서 향유하는 지위를 강조하고 있으며, 이 특권적 지위를 통해 특정한 집단은 공공정책의 형성과 집행에 영향을 미칠 수 있게 된다. 몇몇 논평자들은 조합주의를 특정한 국가에 역사적·정치적 환경을 통해 형성된 특수한

삼자주의Tripartitism
삼자주의는 정부·기업·
노동조합을 대변하는 조
직체의 구성을 의미하
며, 집단협의를 제도화
하기 위해 고안되었다.

현상으로 간주한다. 그래서 그들은 조합주의를 오스트리아·스웨덴·네덜
란드 그리고 어느 정도 독일·일본과 같은 국가와 연관시킨다. 이 국가에서
정부는 관례적으로 경제적 관리형태를 실행하였다.

하지만 다른 논평자들은 조합주의를 경제적·사회적 발전 속에 내재한
경향으로부터 발생하는 일반적 현상으로 간주하며, 그리하여 조합주의가
이런저런 형태로 발전된 모든 산업국가에서 나타나고 있다고 생각한다. 일
반적으로 다원주의적 민주주의 모델로 묘사되는 미국에서조차도 통제기관
에 유사입법적 권한을 부여해 주었고, 그럼으로써 정부와 주요 이해세력 사
이의 형식적 결속을 장려하였다. 이러한 관점에서 볼 때 조합주의적 경향은
집단과 정부 사이에 존재하는 공생관계를 나타내는 것에 불과하다. 집단은
'원내insider' 위상을 추구하는데, 그 이유는 원내 위상이 집단을 정책형성
에 접근할 수 있도록 하기 때문이다. 이러한 접근을 통해 집단은 구성원들
의 이익을 더 잘 방어할 수 있게 된다. 다른 한편으로, 정부가 지식과 정보의
원천으로서의 집단을 필요로 하는데, 그것은 정책이 집행되기 위해서는 주
요 이해세력들의 동의가 중요하기 때문이다. 점점 더 분화되고 복잡한 산업
사회에서 협의와 흥정을 위한 필요가 아마도 필연적으로 제도적 과정이 이
요구를 용이하게 함에 따라 계속해서 증대한다.

발전된 자본주의 국가에서, 특히 1960년대와 1970년대에 표명되었던 조
합주의의 경향은 이익집단의 역할과 권력에 관해 깊은 우려를 불러일으켰
다. 첫째, 조합주의가 정부에 접근할 수 있는 집단의 수와 범위를 상당한 정
도로 줄였다는 점이다. 조합주의는 필연적으로 경제적 혹은 기능적 집단에
특권을 부여한다. 왜냐하면 조합주의는 정부를 기업과 조직된 노동에 묶어
주는 **삼자주의**의 형태를 띠게 하기 때문이다. 하지만 조합주의는 소비자집
단 혹은 장려집단을 외면할 수 있고, 그래서 제도화된 접근은 조직과 단체
를 대표하여 말하는 이른바 '정상'에 있는 단체에 제한될 것이다. 오스트리
아에서 상공회의소Chamber of Commerce와 노동조합연맹Trade Union
Federation이 이 역할을 행하며, 영국에서는 영국산업연맹(Confederation
of British Industry, CBI)과 노동조합회의(Trade Union Congress, TUC)가 이

이익집단들은 민주주의를 증진시키는가?

이익집단들에 관한 논쟁은 대개 민주주의와 정치권력 배분에 대한 이 집단들의 영향력에 집중한다. 다원주의자들은 집단정치를 다름 아닌 민주주의의 요소로 간주하는 반면, 엘리트주의자와 다른 사람들은 집단정치가 민주주의 과정을 약화시키거나 손상시킨다고 주장한다. 이익집단들은 시민들에게 힘을 실어주며 정부에 대한 접근성을 넓히는가? 아니면 이익집단들은 특수 이익들을 강화하고 권력배분을 협소하게 하는가?

찬성

권력분산. 이익집단들은 주변적이 되거나 정치적 대표를 결여하고 사람들의 집단에 권력을 부여해 준다. 가령, 조직화된 이해관계들은 선거상의 압력으로 인해 수적으로 강한 집단들의 견해에 관해 더 관심을 가지고 있는 정당들에 의해 무시당하는 경향이 있는 소수에 정치적 힘을 제공해 준다. 게다가 소수자는 이익집단 영역의 외부에서 존재한다. 그리하여 장려promotional집단들은 사람들을 위해 - 가난한 사람, 노인 혹은 소비자들 등과 같은 - 행동하기 위해 형성된다. 이 사람들은 여러 가지 이유로 그들 자신을 조직화하기 어려운 사람들이다. 그리고 '외부자' 전술의 사용으로 인해 집단들은 돈이 없고 제도적인 권력이 없다 할지라도 영향력을 행사할 수 있게 된다.

정치교육. 집단들은 논의와 토론을 고무하며, 더 좋은 정보와 더 많이 교육받은 유권자들을 만들어 내는데 기여한다. 이익집단들은 시민들에게 대안적인 정보원천을 제공해 줄 뿐만 아니라 이 집단들의 전문지식과 기술능력 수준이 때로는 정부의 그것들과 경쟁할지도 모른다. 이 점은 급진적이거나 비판적인 견해들 - 정치 기득권층에게는 불편한 - 이 표현될 수 있을 때 특히 중요하다. 게다가 이익집단들은 하나의 관점을 지지하는 것이 아니라 경쟁적인 견해들을 지지한다. 가장 고무적인 정치논의는 종종 이익집단과 정부 사이에서가 아니라 이익집단들간에 발생한다.

참여 증대. 당원과 투표율은 쇠퇴하는 반면, 집단의 수와 그 구성원들의 크기는 꾸준히 증가해 왔다. 이 점은 조직화된 이해관계들이 현대 정치제도에서 참여의 일차적 대리자가 되었다는 것을 뜻한다. 특히 NGO뿐 아니라 운동이나 장려집단들의 팽창이 있었다. 단일쟁점정치가 대중적이 될 뿐만 아니라 많은 운동집단들에 의해 수용된 풀뿌리 행동주의와 탈중앙집권적 조직들이 종종 젊은 세대와 관습적 정치에 실망을 느낀 그런 사람에게 매력적이 되었다.

반대

정치적 불평등의 정착. 이익집단들은 전형적으로 이미 힘 있는 사람들에게 권력을 부여해 준다. 돈, 전문성, 제도적 세력과 정부와의 특권화된 연결을 소유하는 이익집단들은 실질적으로 다른 집단들보다 더 힘이 있고 '파워 엘리트'를 양산해 내는 데 기여한다. 이 엘리트의 핵심에는 대부분의 경우에 노동조합, 자선단체 혹은 환경단체들의 영향력을 크게 앞지르는 대기업이 존재한다. 마찬가지로 이익집단 대표로부터 별로 혜택을 보지 못하는 중요하고도 때로는 큰 사회의 부분들이 존재한다. 이것은 보통 이 부분들이 자원들을 가지고 있지 못하며 조직화되기에 어렵거나 불가능하기 때문에 그렇다.

부당한 권력. 관습적인 정치가들과는 달리 이익집단 리더들은 대중에 의해 선출되는 게 아니다. 따라서 이익집단들은 공적으로 책임을 지지 않는다. 이것은 이익집단들이 행사하는 영향력은 민주주의적으로 정당하지 않다는 점을 뜻한다. 이 문제는 바로 그 이익집단들이 내적인 민주주의의 토대 위에서 작동하지 않는다는 사실에 의해 만들어진다. 리더들은 그들 구성원들에 의해 선출되는 것이 아니다. 그리고 리더들이 그들 구성원들에 의해 선출될 때 – 때때로 노동조합의 경우에서처럼 – 투표자 수준은 전형적으로 낮다. 사실 이익집단들에 있어 소수의 고참 전문가들에 의해 지배되는 경향이 점점 더 증대하였다.

대의제 민주주의의 파괴. 이익집단들은 민주주의적으로 의문의 여지가 있는 방식으로 영향력을 행사한다. 내부 집단들은 '폐쇄된 문 뒤에서' 일한다. 공중, 매체 혹은 민주적 대표 등은 이들 집단과 내각 및 정부공무원들과의 모임을 볼 수 없다. (경우에 따라 발생하는 누설은 별도로 하고) 그 누구도 누가 누구에게 무엇을 말하였는지를 모르거나 혹은 누가 누구에게 그리고 어떻게 영향력을 행사하였는지를 모른다. 집단들은 의회들을 함정에 빠뜨리고 행정부와의 직접적 연결을 날조하며, 선거비용을 제공함으로써 그리고 정당과 정치가들에 대한 통제를 행사함으로써 대의제 민주주의를 파괴한다. 항의집단들은 또한 그들이 확립된 법적·헌법적 틀 밖에서 직접적인 행동을 사용함으로써 목적을 달성할 때 민주주의를 손상시킨다.

역할을 수행하고, 미국에서는 국가제조업자협회National Association of Manufacturers와 미국산업조직 노동회의연맹(American Federation of Labor-Congress of Industrial Organizations, AFL–CIO)이 이 역할을 행하고 있다.

둘째, 다원주의 모델과는 대조적으로 조합주의는 이익집단이 직접적으로 구성원에 대해 책임이 없는 지도자를 통해 위계적으로 명령을 받고, 지배되는 것으로 묘사한다는 점이다. 사실상 집단의 지도자가 정부에 대해 가

공공선택

public choice

공공선택 이론은 합리적 선택이론의 하부영역이다. 공공선택 이론의 '공적' 성격은 이른바 '공공재화들'의 조달과 연관이되는 데서 유래한다. 공공재화들은 시장보다는 국가에 의해 조달되는 재화들이다. 왜냐하면 (깨끗한 공기에서처럼) 이 재화들의 혜택은 이 재화들의 공급에 기여하지 않기로 선택한 개인들에게 보류될 수 없기 때문이다. 공공선택 이론가들은 일반적으로 이러한 점에서 정부의 실패와 결함을 부각시켰고 이기적인 관료들의 정책 영향과 이익집단 정치의 결과들과 같은 문제들에 초점을 맞추었다.

지고 있는 특권적 접근을 위해 지불하는 가격이 구성원들이 가지고 있는 추종을 기꺼이 전달하고자 하는 마음이라는 점이 때때로 논의되었다. 이러한 관점에서 볼 때 '협의를 통한 정부'는 조합주의가 사회통제의 메커니즘으로 작동한다는 사실을 은폐하는 하나의 속임수일 수 있다. 셋째, 조합주의는 대의제 민주주의에 대해 취하는 위협에 관해 관심을 표현하였다. 다원주의에서 집단정치가 대의제적 과정을 보충하고 있다는 점이 시사되고 있는 반면에, 조합주의는 민주주의 통제 범위 밖에서 협상과정을 통해 공적인 정밀조사에 결코 영향을 받지 않는 기이한 결정을 만들어 낸다는 점이다.

마지막으로 조합주의는 정부의 '과부하' 문제와 연결되었다. '과부하' 속에서 정부는 협의집단에 의해 효과적으로 포획되어 이들의 요구에 대해 저항할 수 없을 것이라는 점이다. 이 비판은 신우파에 의해 제도적으로 발전되었다.

신우파 모델

이익집단에 대한 신우파의 반감은 이데올로기적으로 신자유주의 경제학의 핵심을 구성하고 있는 개인주의로부터 유래한다. 따라서 사회집단과 모든 종류의 집단적 조직체는 의심의 눈초리를 받게 된다. 이 점은 자기의존과 모험주의가 이끄는 시장경제에 대한 신우파의 선호에서 명백하게 나타난다. 하지만 신우파는 조합주의와 점증하는 공공지출, 지나친 정부통제와 연관된 문제 사이에 주장된 연관성에 대해 특별한 관심을 나타내었다. 신우파가 가지는 반조합주의는 분명히 **공공선택** 이론, 즉 맨커 올슨Mancur Olson이 쓴 『집단적 행동논리: 공공 재화와 집단이론*The Logic of Collective Action: Public Goods and the Theory of Groups*』(1974)에 의해 영향을 받았다. 올슨은 사람들이 '공공 재화'를 획득하기 위해서만 단지 이익집단에 참여한다고 주장한다. 이 공공재화는 이 재화의 공급에 기여하지 않은 개인도 이 재화를 향유하는 것을 방해받을 수 없다는 점에서 어느 정도 분할할 수 없는 재화이다.

따라서 조합원이 아닌 노동자나 임금인상을 추진함에 있어 파업을 선택하지 않은 노동자도 조합원과 파업을 하였던 사람들과 동등하게 혜택을 받는다는 점에서 임금인상도 하나의 공공재화이다. 이 점은 개인에게 집단의 회원이 부과할 수 있는 여러 가지 비용을 지불하지 않고 혜택을 얻는 '무임승차'의 기회를 제공해 준다. 이 분석은 의미가 있는데, 왜냐하면 이 분석은 하나의 공동의 이해관계의 존재가 이 이해관계를 발전시키거나 방어하기 위해 어떤 조직의 형성을 가져올 것을 보장하고 있지 않다는 점을 내포하기 때문이다. 그러므로 모든 집단이 어떤 종류의 정치적 목소리를 낸다는 다원주의의 가정은 매우 의심스럽다는 것이다. 또한 올슨은 집단정치가 종종 큰 집단을 희생시키면서 소집단에 권한을 부여할 수 있다고 주장하였다. 더 많은 회원들이 자유롭게 승마할 것을 장려받게 되는데, 그 이유는 집단이 가지고 있는 능률성은 개인들이 참여하지 않을지라도 별로 손해를 입지 않을 것이라는 점을 개인들은 계산할 수 있기 때문이다.

올슨은 후기 저작인 『국가의 부흥과 쇠퇴The Rise and Decline of Nations』(1984)에서 이 분석을 더욱 발전시켰다. 이 책에서 올슨은 이익집단의 활동에 대해 통렬한 비판을 가하였으며, 이익집단의 활동을 특정한 국가의 번영 혹은 경제적 실패의 주요한 결정인자로 간주하였다. 예를 들면 영국과 오스트레일리아는 '제도적 경화증institutional sclerosis'으로 인해 고통을 받고 있는 것으로 간주되었다. 노동조합·기업단체·직업단체를 포함하는 좁고 특별부문적인 이해세력들의 연정을 통해 전형적으로 지배되었던 강력한 이익집단망이 출현하였을 때 이러한 현상이 발생하였다. 강력하고 잘 조직된 이익집단과 경제적 번영과 국가의 번영 사이에 역의 관계가 존재한다는 메시지는 신우파의 정책과 우선순위에 강력한 영향력을 행사하였다. 이에 대한 가장 명백한 증거는 조합주의에 대항하여 1980년대에 미국의 레이건과 영국의 대처가 앞장 서서 취했던 반격 정책이었다. 미국에서 이 반격 정책은 통제기관을 약화시킴으로써 경제를 탈규제화하고자 하는 형태를 취하였으며, 영국에서 이 정책은 국가경제발전협의회(National Economic Development Council, NEDC)—이 협의회는 멍청이라 불렸다—와 같은 조합주의적 기관의 주변화와 나중에는 이 기관의 폐지와 노동조합세력에 대해 행한 단호한 공격에서 명백하게 나타났다.

집단정치의 유형들

이익집단은 얼마나 중요한가?

이익집단의 활동이 경제적·사회적 발전과 밀접하게 연관되어 있다는 점이 널리 수용되었다. 농업적 혹은 전통적 사회는 적은 수의 세력에 의해 지배되는 경향이 있는 반면에, 발전된 산업사회는 복잡하고 많이 분화되어 있다. 그리하여 특히 교육의 확산이 정치의식과 조직상의 숙련을 확대시킬 때 이익집단은 국가와 좀 더 분산된 사회를 중재하는 중요한 역할을 맡게 된다. 예를 들어 이는 소련에서 일어났는데, 소련에서 1970년대에 공식적으로 정치적 단일주의를 지속했는데도 대부분의 논평자들은 '제도적 다원주의'로 간주되었던 것의 존재를 받아들이게 되었다. 하지만 조직화된 이해세력의 역할과 의미는 제도마다 다르고 국가마다 다르며 시간에 따라 변화한다. 집단에 영향을 주는 주요소들은 다음과 같다.

① 정치문화
② 제도적 구조
③ 정당제도의 성격
④ 공공정책의 성격과 양식

정치문화는 두 가지 이유에서 중요하다. 첫째, 정치문화는 이익집단이 합법적 행위자로 간주되는지 아니면 비합법적 행위자로 간주되는지, 그리고 이 행위자의 형성과 영향이 허용되거나 장려되는지 아니면 그 반대인지를 결정한다. 둘째, 정치문화는 조직화된 이해세력을 형성하거나 혹은 이에 참여하거나 집단정치에 관여하고자 하는 사람들의 의지에 영향을 미친다. 극단적으로 생각해서 정권은 **일원론**을 실행할 수 있고, 그리하여 감히 도전할 수 없는 유일한 국가권력의 중심을 확실하게 하기 위해 모든 형태의 자발

일원론Monism
오로지 하나의 이론 혹은 가치에 대한 믿음. 일원론은 정치적으로 단일적 권력에 대한 강요된 복종에서 표현되며, 그리하여 암묵적으로 전체주의적이다.

적인 조합적 활동을 억압할 수 있다. 이 점은 전형적으로 군사정권과 일당제 국가에서 발생한다. 동시대의 그 어떤 국가나 역사상의 그 어떤 국가도 모든 형태의 집단이나 파벌적 활동을 근절시키는 데 성공하지 못했지만, 일원적 정권은 적어도 집단활동을 지하로 내몰거나 당-국가장치를 통해 표현하게 한다. 그리하여 일원적 국가는 정권이 가지는 정치적·이데올로기적 목표와 뒤얽히게 된다. 중국의 경우 공식적인 정치적 획일주의의 지속에도 시장개혁과 30년에 걸친 지속적인 경제성장으로 인해 기업과 이주노동자와 같은 새로운 사회행위자들이 출현하였고 국가조합주의 형태가 만들어졌다.

다른 한편으로, 다원주의적 정권은 집단정치를 허용할 뿐만 아니라 장려하며, 심지어 몇몇 경우에는 집단정치를 요구하기까지 한다. 집단은 정책형성에 참가하도록 요청받을 수 있으며, 공공단체나 비정부기구들을 대표하도록 요청받을 수 있다. 가령, 미국에서 찾아볼 수 있는 일반적으로 높은 수준의 집단활동에 대한 한 가지 이유로서 미국 정치문화에 존재하는 사적 집단의 권리에 대한 용인을 들 수 있다. 이 점은 자유로운 연설, 언론·집회의 자유 등에 대한 헌법적 보장으로 이루어진다. 일본에서는 공적 영역과 사적 영역 사이의 명백한 구별이 없는 까닭에 전민주주의predemocratic 시대나 민주주의 시대나 마찬가지로, 정부와 기업 사이에 존재하는 긴밀한 관계를 당연한 것으로 생각하는 정치문화가 형성되었다.

대조적으로 몇몇 유럽 국가에서 조직화된 세력들은 의심을 받았다. 이점은 전통적으로 프랑스의 경우였다. 프랑스에서는 자코뱅 이데올로기에 영향을 받은 집단들은 국민의 '일반의지'를 해치고 동시에 프랑스 국가의 힘과 통일에 도전하는 것으로 간주되었다. 가령, 자코뱅 이데올로기가 절정에 달했던 1975년에 프랑스 노동력의 24%만이 조합에 속하였고, 1989년에는 13%로 떨어졌다. 하지만 프랑스의 정치문화는 또한 직접적 행동이라는 전통을 구현하고 있는데, 이 전통은 프랑스 농민들이 이용하는 도로 차단, 심지어 화물차 강탈과 1968년 5월에 일어난 정치적 분쟁 동안에 학생과 노동조합주의자들이 일으킨 봉기에서 입증되었다.

이익집단의 활동이라는 점에서 볼 때 정부의 제도적 구조는 정책과정에 접근할 수 있는 기회를 확립한다는 점에서 분명히 중요하다. 영국과 같은 일원적·중앙집권적 정치제도는 집단정치의 공간을 협소하게 하는 경향이 있으며, 집단정치를 정부의 행정부 주위로 집중시키는 경향이 있다. 이 점이 집단을 주변적 존재로 운명짓는 것은 아니지만, 이것은 '원내' 위상을 매우 중시하고, 집단의 압력에 반응할 것인지 반응하지 않을 것인지를 선택할 수 있는 현 정부의 능력을 확대시킨다. 이 점은 조합주의 단체의 지위를 격하시키고 노동조합을 황무지에 내버려두는 정책을 취하였던 1980년대의 대처가 이끄는 영국에서 나타났다. 특히 제5공화국하에서 대통령이 지배하는 정부가 강화되고 국민의회가 약화된 이후로, 프랑스에서 이익집단 활동도 유사하게 정부와의 직접적인 협의에 초점을 두었다.

다른 한편으로, 미국 정부는 파편화되고 탈중앙집권화되었다. 이 점은 양원제·권력분산·연방주의·합헌심사의 영향을 반영하고 있다. 이것이 이익집단에 제공하는 '접근기회'의 범위로 인해 미국 제도는 특이하게 집단의 압력에 취약성을 노출시키고 있다. 가령, 집단들은 의회에서 진 싸움이 주나 지방정부의 수준 그리고 다른 수준에서 법정싸움을 다시 할 수 있다는 사실을 알고 있다. 이 점이 의심할 여지 없이 집단형성을 위한 자극제로 기능하고 영향력 있는 집단의 수를 확대시키지만, 한편으로 자기 패배적일 수 있다. 왜냐하면 집단의 활동은 상쇄됨으로써 끝날 수 있기 때문이다. 그리하여 조직적 세력들은 단지 '거부집단'으로서만 행동할 수 있다.

정당과 이익집단 사이의 관계는 항상 복잡하다. 몇 가지 점에서 이들은 분명히 경쟁자이다. 정당이 이해관계를 집약하고 전형적으로 광범위한 이데올로기적 목표를 토대로 정치적 강령을 형성하고자 하는 반면에, 이익집단은 더 협소하고 더 세부적인 문제와 목적에 관심을 가진다. 그럼에도 이익집단은 종종 정당 속에서 그리고 정당을 통해 영향력을 발휘하고자 하며, 심지어 어떤 경우에 있어서는 권력에 직접 접근하고자 시도하면서 정당을 형성하기까지 한다. 영국의 노동당과 같은 많은 사회주의 정당은 노동조합에 의해 효과적으로 만들어졌으며, 제도적·재정적 고리들은 변화되었음

개입주의Interventionism
정부정책은 경제생활
을 조절하거나 관리하
기 위해 고안된다. 좀 더
포괄적으로 말하면, 개
입주의는 하나의 관여
(engagement) 혹은 연
루(involvement) 정책이
다.

에도 오늘날까지 지속되고 있다.

또한 이익집단 정치의 유형은 정당제도를 통해 영향을 받게 된다. 다스당제도는 아주 자연스럽게 집단정치의 초점을 협소화하는 경향이 있으며, 집단정치를 여당에 집중시키는 경향이 있다. 따라서 이탈리아와 일본에서 중요한 산업적·상업적 세력들은 기독교민주당원과 자유민주당과 같은 '지배' 정당을 통해 압력을 행사하였다. 지배정당은 그 과정에서 정당 내에 존재하고 있는 파벌적 성향들을 지키기 위해 많은 노력을 했다. 다른 한편으로 다당제는 이익집단 활동을 위한 비옥한 토양을 지니고 있는데, 그 이유는 다당제가 접근의 범위가 넓기 때문이다. 이익집단이 가지는 입법적 영향은 아마도 미국과 같은 정당제도에서 가장 크다. 이 정당제도 속에서 정당은 조직과 기율이라는 점에서 허약하다. 이 점은 1970년대 후반 상·하 양원에서 민주당이 다수당이었는데도 카터 대통령의 에너지 프로그램을 효과적으로 파기하였던 기업세력이 행한 능력을 통해 입증되었다.

마지막으로 집단활동의 수준은 공공정책의 이동에 따라 변동하는데, 특히 국가가 경제적·사회적 생활에 간섭하는 정도에 따라 변동한다. 일반적 규칙으로서 어느 것이 원인이고 결과인가에 관한 논의가 있지만, **개입주의**는 조합주의와 보조를 맞춘다. 개입주의 정책은 정보·조언·협력을 얻는다는 기대감 속에서 정부에 조직적인 이해세력과 더 긴밀한 관계를 갖도록 강요하는가? 혹은 집단은 그들 구성원을 위해 보조금, 지원, 다른 혜택을 얻고자 하는 목적으로 그들이 행하는 정부출입을 이용하는가? 이에 대한 답변이 무엇이든지 서구의 국가 중에 조직적 세력의 통합, 특히 기능적 세력의 공적 생활로의 통합은 사회민주주의 정책이 추구되었던 곳에서 상당한 수준으로 행해졌다.

스웨덴식 제도는 이에 대한 고전적 사례이다. 이익집단은 모든 수준에서 스웨덴의 정치적 환경에서 하나의 통합적 부분을 구성하고 있다. 제도적이지는 않다 할지라도 노동조합과 사회민주노동당 사이에 긴밀한 연결이 존재한다. 릭스닥(Riksdag: 스웨덴 국회)에서의 입법과정은 세력집단과의 폭넓은 협의를 갈망하고 있으며, 국가 공무원은 스웨덴 노동조합연맹과 고용자연맹과 같은 '정상에 있는' 조합들을 '사회적 동반자'로 인정하고 있다. 유사한 형태의 조합적 대의제도가 오스트리아의 '의회chamber' 제도에서 발전되었는데, 이 제도는 법령적 대의제도statutory representation를 상업·농업·노동과 같은 주요 세력집단에 부여하고 있다. 독일에서는 독일고용자단체연맹Federation of German Employers' Associations, 독일산업연맹Federation of German Industry과 독일노동조합연맹과 같은 중요한 경제적 집단들은 '다두정치적 엘리트주의'의 하나로 묘사되었을 정도로 정책형성에 매우 긴밀하게 연루되어 있다.

집단은 어떻게 영향력을 발휘하는가?

이익집단은 임의로 처분할 수 있는 포괄적인 전술과 정치적 전략을 가지고 있다. 사실상 하나의 집단이 단 하나의 전략에 자신을 한정시키거나 단 하나의 채널을 통해 영향력을 발휘하고자 노력한다는 점은 거의 생각할 수 없는 일이다. 집단들이 사용하는 방법은 수많은 요소에 따라 변화한다. 이 방법들은 집단이 관심을 두고 있는 문제와 그 영역에서 정책이 어떻게 형성되는가에 관한 문제를 포함하고 있다. 가령, 영국에서 시민적 자유와 정치적 권리에 관련되는 대부분의 정책은 내무부를 통해 발전되기 때문에 자유Liberty ― 이전에는 '시민 자유를 위한 국가협의회National Council for Civil Liberties'라고 불렀다 ― 와 같은 집단은 어쩔 수 없이 '원내' 위상을 추구하였고, '자유'라는 집단은 이 집단이 가지는 전문적 지식과 정치적 위신을 강조함으로써 '원내' 위상을 추구한다. 마찬가지로 집단의 성격과 집단이 마음대로 처리할 수 있는 재원들은 정치적 전략을 세우는 데 있어서 중요한 결정요소이다. 이 재원들은 다음과 같다.

① 집단과 집단의 목표에 대한 대중의 공감
② 집단 구성원의 크기 혹은 활동주의적 토대
③ 집단의 재정적 능력과 조직적 능력
④ 어떤 방식으로 정부에 폐를 끼치거나 분열시키는 것에 대해 제재할 수

있는 집단의 능력

⑤ 집단이 정당이나 정부기관에 대해 가지는 개인적 또는 제도적 연결고리

정상집단Peak group
위계적으로 조직된 집단
으로 이 집단은 같은 이
해관계 영역에서 일하는
집단들의 일을 조정한
다. 일반적으로 정부와
의 연결을 강화하기 위
해 형성된다.

기업집단은 노동조합이나 소비자단체보다 전문 로비스트를 고용하거나
비용이 많이 드는 공적 관계에 관련되는 운동을 행하는 데 더 유망할 것 같
다. 아주 간단히 생각하면, 기업집단은 그렇게 할 수 있는 재정적 능력을 보
유하고 있기 때문이다. 이익집단에 의해 사용되는 방법은 접근이라는 채널
을 통해 형성되며, 이 채널을 통해 영향력을 발휘한다. 이용할 수 있는 주요
한 접근 채널은 다음과 같다.

① 관료제도　② 의회
③ 법정　④ 정당
⑤ 대중매체　⑥ 국제기구들

모든 국가에서 이익집단 활동은 정책형성 과정에서 핵심적 제도인 관료
제도에 집중되는 경향이 있다. 이 채널을 통한 접근은 대개 대기업, 고용자
단체, 노동조합, 농업단체 그리고 중요한 직업단체와 같은 주요 경제적·기
능적 집단에 한정된다. 예를 들면 오스트리아, 네덜란드, 스칸디나비아 국
가에서 조합주의적 제도는 일반적으로 **'정상집단에 있는'** 고용자와 피고용
자에게 형식적인 대의제의 기준을 부여하면서, 특별히 집단협의를 장려하
기 위해 발전되었다. 좀 더 일반적으로 협의과정은 비공식적이지만 제도화
되며, 좀처럼 공표되지 않고 공적인 정밀조사의 범위를 넘어서지 않는 회의
와 정기적인 모임을 통해 일어난다.

여기서 결정적인 관계는 일반적으로 원로관료와 선도적인 기업 또는 산
업세력 사이의 관계이다. 이 관점에서 기업집단들이 향유하는 장점은 그들
이 생산자·투자자·고용주로서 경제에서 행하는 핵심적 역할, 기업지도자
와 장관, 원로관료 사이의 사회적 배경과 정치적 출구의 부분적 일치 그리
고 기업의 이익은 국가이익과 일치한다―"제너럴 모터스General Motors

로비lobby

로비라는 단어는 공중이 입법자에게 청원하고, 혹은 정치가들이 정치적 문제를 토론하기 위해 만나는 의회(parliment 혹은 assembly)의 영역에서 유래한다. 현대적 사용에서 볼 때, 이 단어는 하나의 동사이며, 동시에 명사이다. 로비를 한다는 동사는 주장이나 혹은 설득을 사용하면서, 어떤 정책입안자에게 직접 대변한다는 것을 의미한다. 폭넓은 의미에서 로비라는 명사는 농업로비, 환경로비와 도로로비(roads lobby)와 같은 공공정책에 영향을 미치는 것을 목적으로 하는 하나의 이익단체와 동등한 말이다. 좁은 의미에서 미국에서의 관행을 따르면, 로비스트는 '전문적인 설득자(professional persuader)', 즉 이익단체 의뢰인의 주장을 대변하기 위해 고용된 사람이다. 전문적인 원외 압력활동(lobbying)은 정치적 영향을 '구매하는 것(buying)'에 해당한다는 이유로 비판받았다.

회사를 위해 좋은 것은 미국을 위해서도 좋다."─는 널리 주장된 공적인 믿음 등이다. 이 관계는 종종 '낙하산 인사revolving door'를 통해 강화되었다. 이 '낙하산 인사'를 통해 은퇴한 관료들은 민간기업에서 좋은 보수를 받고 활동한다. 일본에서 이러한 관례는 문자상으로 '하늘로부터의 하강 descent from heaven'을 의미하는 아마쿠다리amakudari로 알려졌을 정도로 매우 확실하게 확립되어 있다. 장관들과 관료들에 대한 대기업의 통제를 더욱 강화시켰던 두 가지 요소는 훨씬 더 쉬운 요소들이다. 이 요소들을 가지고 기업들은 하나의 지구경제에서 생산과 투자를 재배치할 수 있다. 또한 기업들은 정부들이 공공서비스에서 그리고 때로는 공공서비스를 조달함에 있어 투자를 유치하기 위해 민간부문에 점점 더 의존하게 되는 '신'공공관리라는 경영기법이 출현함으로써 생산과 투자를 재배치할 수 있다 (Monbiot, 2001).

종종 원외활동으로 칭해지는 의회를 통해 행사되는 영향은 또 다른 중요한 형태의 이익집단 활동이다. 이 형태는 직업적인 **로비스트**의 수가 증대하였다는 데서 나타나고 있다. 이 직업적인 로비스트 중에서 1만 5천 명 이상이 2009년에 워싱턴 DC에 등록하였다. 이러한 점에서 의회 혹은 입법부가 가지는 중요성은 두 가지 요소에 의거하고 있다. 그 첫째는 의회가 정치제도에서 행하는 역할과 의회가 정책을 형성할 수 있는 정도이며, 둘째로 정당제도의 강도와 기율이다. 미국 의회를 둘러싸고 있는 이익집단 활동은 일반적으로 세계에서 가장 강력하다. 이 점은 의회가 가지는 헌법적 독립성과 강력한 위원회제도라는 의미에서 의회의 강도를 나타내며, 탈중앙집권화된 정당제도가 개별적인 대표자들에게 쉽게 집단과 운동을 통해 보충될 수 있도록 허용한다는 사실을 반영하고 있다. 이러한 영향 중에 많은 것들은 정치행동위원회(political action committees, PACs)에 의해 선거운동을 위해 조성된 재정적 기부를 통해 행사된다. 하지만 1990년대 이후 그리고 선거자금법의 결과로 인해 정치행동위원회가 기부한 '소액정치헌금hard money' (법률 규제를 받는 개인의 연방선거 후보에 대한 헌금을 의미: 역자)은 '선거기부금 soft money'(간접적이며 규제를 받지 않는 기부금; 선거관리위원회의 규제를 받

철의 삼각지대
Iron triangle
미국 정치에서 행정기관, 특별한 이익집단과 입법의원회 혹은 분과위원회 사이에 존재하는 폐쇄적이며 상호간에 지지가 되는 관계(정부에 압력을 가하는 기업·국회의원·관료를 의미 – 옮긴이).

지 않는 노동조합 혹은 기업 등의 선거 기부금을 의미 – 옮긴이)으로 교체되는 경향을 띠었다.

정책망은 또한 입법자(특히 입법위원회에서 핵심적 인물들)와 '영향을 입은' 집단들과 세력집단 사이에서 제도화된 접촉을 통해 발전하였다. 미국에서 이들은 국내의 많은 정책입안을 지배하고 있는 이른바 '**철의 삼각지대**'에서 두 개의 '다리leg' – 행정기관은 세 번째 다리를 형성한다 – 를 형성하고 있다. 의회에 초점을 둔 원외 압력활동은 캐나다나 영국 같은 국가에서는 덜 광대하며 덜 중요하다. 이들 국가에서는 정당기율이 강하고 의회는 보통 행정적인 통제에 종속된다. 그럼에도 1980년대에 영국에서 미국 스타일의 원외활동 산업이 직업적인 원외 압력활동에 세 배나 되는 돈을 지출하면서 발전하였다. 이 현상은 부분적으로 영국에서 조합주의가 해체된 결과이다. 하지만 이것은 일반적으로 공적 생활의 쇠퇴에 관해 관심을 증대시켰고, 그리하여 특히 하원의원들 사이에서 공적 생활에 대한 기준을 심의하는 놀란Nolan위원회가 형성되었다.

재판소가 입법에 도전할 수 없고 좀처럼 집행적 행동을 견제할 수 없는 제도에서 사법부에 초점을 둔 이익집단 활동은 단지 제한적인 의미를 가질 뿐이다. 이 점은 1980년대와 1990년대에 시민적 자유와 환경단체로 하여금 특히 법정을 통해 그들의 운동을 위해 싸우도록 장려한 사법적 행동주의라는 일반적 경향이 있음에도 영국과 뉴질랜드 같은 국가에 적용된다. 하지만 오스트레일리아와 미국같이 성문법이 재판관에게 합헌심사에 대한 공식적 권한을 부여하는 국가에서 재판제도는 이익집단에 훨씬 더 큰 관심을 끌고 있다. 미국에서 이에 대한 고전적 사례는 1954년에 최고재판소가 판결한 브라운 교육위원회 사건이었다. 이 판결에서 최고재판소는 인종차별법의 합법성을 거부하였다. 유색인종 장려를 위한 국가단체(National Association for the Advancement of Colored People, NAACP)는 인종과 인종차별과 같은 문제에 대한 태도를 변화시키고자 여러 해 동안 미국의 법률단체에 로비를 하였고, 이 사건을 발의하는 데 기여하였다. 마찬가지로 1980년대와 1990년대에 미국의 생명존중단체(prolife: 낙태법 반대운동)의 원외운동은 특히 1974년의로 대 웨이드Roe vs. Wade 판결을 뒤집고자 하는 노력에서 대개 연방최고재판소로 향해졌다. 로 대 웨이드 판결은 낙태의 합법성을 확립하였다.

이익집단의 압력은 종종 정당을 통해서도 발휘된다. 몇몇 경우에 정당과 집단은 동일한 사회운동을 행하는 단지 두 개의 날개로서 역사적·이데올로기적으로 심지어 제도적 유대를 통해 매우 밀접하게 연관되어 있다. 영국과 오스트레일리아의 노동당은 이러한 방식으로 시작했고, 비록 작은 범위에 불과하다 할지라도 여전히 포괄적인 노동운동의 부분으로 기능하고 있다. 스웨덴과 노르웨이에서 중앙당과 같은 농업정당은 여전히 광범위한 농민운동의 부분을 형성하며, 심지어 중유럽의 기독교민주당은 광범위한 가톨릭 운동의 부분으로 간주될 수 있다. 하지만 다른 경우에 정당과 집단 사이의 관계는 좀 더 실용적이며 도구적이다.

단체가 정당에 영향을 미치는 주요한 수단은 선거자금이며, 그래서 단체가 얻고자 하는 혜택은 명백하다. 요컨대 "비용을 부담한 사람이 조율한다." 세계에 걸쳐 보수 혹은 우파 정당은 대개 기업으로부터 기부금을 받아 자금을 조성했으며, 반면에 사회주의 혹은 좌파 정당에 대한 지원은 주로 조직화된 노동으로부터 온다. 가령, 2004년 재당선을 위한 조지 부시의 노력은 미국 역사에서 가장 비싼 운동이었을 뿐만 아니라 주로 유명한 기업의 산업적 이해관계자들로부터 재정적 지원을 받았다. 하지만 단체들은 또한 정당과의 교제를 너무 가까이하는 것을 피해야 하는 좋은 이유가 있다. 그 하나의 이유로 만약 단체들이 가깝게 지냈던 정당이 야당이 된다면, 현정부는 이 단체의 이해관계에 덜 공감할 수 있을 것이다. 또 다른 이유로 공개적인 당파심은 집단의 구성원을 다른 정당의 지지자로부터 충원하는 것을 제한할 수 있다. 이 결과 영국의 피난단체Shelter와 빈곤아동행동단체Child Poverty Action Group와 같은 단체들은 비당파적 위상을 변함없이 지켰다. 이에 덧붙여 이익단체로부터 자신을 분리시키고자 하였던 정당의 예도 있다. 1990년대에 영국의 노동당은 이 당이 단지 조합운동의 꼭두각시에 불과하다는 이미지를 없애고자 당내의 모든 수준에서 연관되어 있는 노동조합의 영향력을 감소시켰다. 하지만 이것이 달성되었을 때 노동당은 또한 기

Civil disobedience
시민불복종은 '더 숭고
한' 종교적, 도덕적 혹은
정치적 원칙을 언급함으
로써 정당화되는 법파괴
(law breaking)이다. 시
민불복종은 하나의 명백
한 공적인 행위이다. 시
민불복종은 어떤 점을 모
면하기 위해서가 아니라
어떤 사실을 주장하기 위
해 어떤 법을 파괴하는
것을 목적으로 한다. 사
실 시민불복종이 가지는
도덕적 힘은 일반적으로
법을 파괴함으로써 초래
되는 처벌을 기꺼이 받아
들이겠다는 자세에 기초
하고 있다. 시민불복종
은 행위가 가지는 양심적
혹은 원칙적인 성격을 강
조함과 동시에 시민불복
종 배후에 놓여 있는 감
정 혹은 공약의 깊이에
대한 증거를 제공해 준
다. 시민불복종의 도덕적
성격은 보통 엄격한 폭
력거부를 통해 입증되는
데, 이에 대한 예로서 간
디(Gandhi)가 사용한 사
타그라하(satyagraha, 문
자상으로 '진리를 주장하
는 것'), 즉 비폭력저항운
동을 들 수 있다. 시민불
복종을 지지하는 또 다
른 사람으로 소로(D. H.
Thoreau)와 마틴 루터
킹(Martin Luther King)
을 들 수 있다.

업의 지지자들을 끌어모으기 위해 '애교공세charm offensive'를 펼쳤다. 이 공세의 성공으로 인해 노동당은 이데올로기적 중간노선으로의 변화를 굳건하게 다졌다.

대중매체와 여론을 통해 간접적으로 정부에 영향력을 추구하는 단체들은 아주 다른 방법들을 도입하였다. 여기서 채택되고 있는 전술은 청원·항의·시위에서 **시민불복종**과 심지어 전술적으로 폭력사용에까지 이른다. 이익단체는 두 가지 이유 중에 한 가지 이유를 내세워 그러한 방법들을 사용한다. 이 방법은 집단의 원외 위상과 정책입안자에 직접적으로 접근할 수 없는 집단의 무능력을 반영하거나, 집단 활동의 토대의 성격이나 집단의 이데올로기적 목표가 가지고 있는 성격에 따라 일어날 수 있다. 이 정치형태의 전통적인 종사자는 노동조합이며, 노동조합은 파업·데모대·행진의 형태로 그들이 가진 '산업적 완력'을 이용하였다.

하지만 1960년대 이후로 장려적·주의적cause 단체들의 눈부신 발전을 통해 평화운동, 환경 로비스트, 동물권리단체, 도로건설 반대 항의자 등에 의해 실행된 새로운 양식의 활동적 정치가 나타나게 되었다. 이 단체가 지향하는 공동의 목표는 대중 매체의 관심을 끄는 것이고, 공중의 의식과 공감을 자극하는 것이다. 예를 들어 그린피스와 지구의 친구들Friends of the Earth은 핵실험, 공기와 물의 오염 그리고 비재생 에너지 자원의 사용에 반대하는 항의들을 연출함에 있어서 창조력이 풍부하였다. 신사회운동과 관련하여 이러한 활동이 지니는 성격과 의미는 다음 절에서 고찰할 것이다.

마지막으로, 20세기를 마감하는 10년 동안 이익집단 활동은 지구화의 충격과 초국가적 단체의 강화에 점점 더 적응하였다. 이러한 변화의 장점을 취하기에 가장 적합한 단체 중에는 이미 초국가적 구성과 국제적인 회원을 가지고 있는 자선단체와 환경운동단체 — '그린피스'와 '지구의 친구들'과 같은 — 들이 있다. 예를 들면 1971년에 창설된 이후 그린피스는 30개국 이상에서 사무실을 열었고, 5천만 달러나 되는 연간수입을 쌓아 올렸다. 이 중에서 많은 단체들이 브라질에서 개최된 1992년 환경과 발전에 관한 유엔회의(1992 UN Conference on Environment and Development: 일반적으로 지구정상

사회운동은 특별한 형태의 집단적 행위이며, 이 행위 속에서 행동하고자 하는 계기는 일반적으로 회원들이 지닌 태도와 포부로부터 발생한다. 전형적으로 이 구성원들은 느슨한 조직적인 틀 내에서 행동한다. 하나의 사회운동의 부분이 되는 것은 형식적 혹은 카드를 가지고 있는 회원보다는 어떤 수준의 언약과 정치적 행동주의를 요구한다. 무엇보다도 운동은 행동을 요구한다. 하나의 운동은 승인된 사회목표를 추구하는 어떤 수준의 의도적이며 계획된 행동을 함축하고 있다는 점에서 자발적 대중행동과는 다르다.

회담the Earth Summit으로 알려졌다)에서 비정부기구로 공식적인 대표성을 획득하였다. 기금을 더 잘 조성하고 있는 비정부기구는 이제 유엔과 유럽연합의 일을 감시하고, 정규적인 원외 압력활동을 행하고 있는 상설 사무소를 워싱턴과 브뤼셀에 두고 있다.

또한 유럽연합 회원국에서 활동하고 있는 국지적 이익단체는 수많은 정책영역에서 이루어지는 중요한 결정들이 국가적 기관보다는 유럽연합기관을 통해 점점 더 많이 이루어지고 있다는 사실에 초점을 맞추었다. 이 점은 특히 농업, 무역협정, 경쟁정책, 사회적 권리와 노동자의 권리 등에 적용되었다. 유럽연합의 수준에서 재정적으로 가장 강력하고 잘 조직된 단체는 의심할 여지 없이 기업 압력단체이다. 이 단체가 행하는 영향력은 여러 가지 방식으로 행사된다. 즉 이들이 행하는 영향력은 대기업, 국가무역기관과 '정상에 있는' 조합들에 의한 원외 압력활동을 통해서, 유럽 산업주의자 원탁회의European Round Table of Industrialists와 유럽 산업고용자 동맹연합(Union of Industrial and Employers' Confederations of Europe, UNICE)과 같은 유럽연합의 새로운 정상단체들의 활동을 통해서 행사된다. 유럽연합에서 발전하였던 로비 방식은 대개 브뤼셀에 있는 위원회에 초점을 두고 있다. 그리고 이 로비 방식은 미국과 또 다른 국내적 상황에서 발견되었던 공격적인 로비와는 다르게 신뢰와 상호관계를 바탕으로 한 장기적인 관계를 형성하고자 하는 경향을 보였다.

사회운동

사회운동에 관한 관심은 1960년대 이후로 이른바 '신'사회운동, 즉 여성운동, 환경·녹색운동, 평화운동 그리고 그밖의 운동의 출현을 통해 부활되었다. 하지만 사회운동은 19세기 초로 거슬러 올라갈 수 있다. 가장 초기의 사회운동은 증대하는 노동자계급의 생활조건 향상을 위해 투쟁하였던 노동운동, 특히 중유럽 국가에서 다민족적 유럽제국으로부터의 독립을 위해 투쟁한

점거 운동: 반헤게모니적 세력인가?

사건: 2011년 9월 17일에 약 5천 명의 사람들-깃발들을 들고 슬로건을 외치고 드럼을 치는-이 뉴욕에 모였고, 월가의 금융구역에 위치한 쭈고티Zuccotti공원으로 출발하였다. 거기에 이들은 텐트를 쳤고 부엌을 설치하였으며 평화스러운 바리케이드를 만들었다. 그리하여 점거운동이 월가 점거(Occupy Wall Street, OWS)로 탄생되었고, 재빠르게 진정으로 지구적 항의물결로 발전되었다. 10월 15일 수만 명의 시위자들이 세계의 약 82개국에서 월가에 모였고, 750개 이상의 도회지와 도시들에 영향을 주었다. 많은 데모 참가자들은 공원이나 일반적으로 금융센터 가까운 곳에 있는 다른 유명한 공공 장소에 반영구적인 항의 캠프들을 설치함에 있어 '쭈고티'의 실례를 따랐다. 여러 국가들에서 항의들은 종종 지역적 쟁점과 관심에 의해 형성되었지만 점거운동의 공통적 목적들은 사회적·경제적 불평등을 부각시키는 것이었고 대기업과 지구적 금융체계에 의한 세계경제의 지배를 불공평하고 불안정한 것으로 비난하는 것이었다.

의의: 하나의 수준에서 점거운동은 단지 반자본주의 행동의 더 진전된 표현이다. 이것은 1999년 '시애틀의 전쟁'으로 거슬러 올라간다. 하지만 점거 시위들의 급증은 적어도 두 가지 점에서 특히 의미가 있었다. 첫째 그리고 가장 중요하게 이것은 2007~2009년의 지구적 금융위기와 그 결과에 대한 하나의 반응이었고, 그리하여 가치들에 도전하고 가정컨대 그 위기를 지탱해 주었던 권력불균형을 시정하고자 하는 하나의 시도를 구성하였다. 이 점은 은행과 금융기관들이 30년 동안의 신자유주의적 지구화의 결과로서 획득하였던 지배적 지위에서 흘러나오는 취약성과 부정의에 대한 그 운동의 정기적인 초점에서 명백하게 드러났다. 남유럽의 많은 지역과 그 밖의 지역에서 점거 행동주의는 긴축정치에 대한 분노를 표현하였다. 이러한 점에서 점거운동은 주류 정당과 전통적인 이익집단들이 명백하게 표현하려고 노력하였던 근심과 조절을 표현하였다. 둘째, 점거운동은 점거운동의 '타이르Tahir 계기'-2011년 5월에 무바라크 대통령의 붕괴를 초래하는 데 기여하였던 카이로의 타이르 광장에서의 시위물결을 상기하는-로 종종 묘사되는 월가 점거(OWS)와 함께 아랍의 봄으로부터 영감을 얻었다. 그러한 것으로서 점거 항의자들은 '인민 권력'을 위하여 지구적 정치에서의 주요한 변화로 이해되었던 것의 장점을 취하고자 노력하였다.

점거 항의들은 얼마나 효과적이었는가? 이것은 대답하기에 어려운 질문인데, 그 이유는 신사회운동들이 특별한 공공정책에 영향을 미치기보다는 전형적으로 정치의식을 고양시키고, 가치와 태도들을 변화시키고자 노력하기 때문이다. 점거의 경우에 그것은 계량화하기에는 아주 어려운 것으로 '지구적인 정신적 봉기'를 촉진시키는 것이었다. 하지만 이 운동은 또한 비판을 받았다. 첫째, 이 운동이 신자유주의적 지구화에 대한 체계적이고 일관적인 비판을 발전시키는 데 있어 혹은 실현 가능한 대안을 그리는 데 있어 이전의 반자본주의운동의 모습과 별로 다르지 않는 것처럼 보였다. 이 점은 부분적으로 그 운동 자체 내에 존재하는 정치적·이데올로기적 다양성을 반영하고 있다. 어떤 점거 시위들은 진정으로 자본주의에 대한 맑스 스타일의 분석을 채택하는 '반자본주의자'였던 반면, 그 운동에 참가한 많은 사람들은 단지 자본주의의 '가장 나쁜 지나친 행위'를 제거하기를 원하였다. 둘째, 특히 젊은 세대와 소외된 사람들이 연관되는 한에서 급진적 탈중앙집권화와 참여적 결정구조들이 점거에 대한 호소의 부분이었을지 모르지만 '무정부주의적 군중들'을 지속 가능한 대중운동으로 변형시키는 것은 어려운 일이다. 마지막으로 항의캠프들을 확립하는 점거전술은 명백한 결점들을 가지고 있었는데, 특히 그러한 캠프들이 영원히 존재하게 될 가능성은 별로 없었기 때문이다. 이 점은 항의의 초점이 상실될 것이라는 점을 뜻한다. 그리하여 시간이 경과함에 따라 점거운동은 전술적으로 좀 더 유연하게 되었고 반영구적인 항의캠프들이 덜 강조되었고 그래서 더 광범하고 더 혁신적인 형태의 항의들이 채택되었다.

개념설명

신좌파 New Left
신좌파는 발전된 산업사회에 대해 급진적 비판을 발전시킴으로써 사회주의사상을 부흥시키고자 하였던–1960년대와 1970년 초에 두드러진–사상가와 지적 운동들을 포함한다. 신좌파는 '이전의(old)' 좌파적 대안, 즉 소련식 국가사회주의와 탈급진화된 서구사회민주주의를 거부하였다. '청년(young)' 맑스의 인간주의적 저술에 영향을 받은 무정부주의와 급진적 형태의 현상학과 실존주의, 신좌파이론은 종종 분산되었다. 그럼에도 공동의 주제들은 관습적 사회('제도')를 억압적인 것으로 보고 이에 대한 근본적인 거부, 개인의 자율성과 '해방'의 형태에서 자기성취, 혁명적 대리자로서 노동자계급의 역할에 대한 환멸, 탈중앙집권화와 참여적 민주주의 등이다.

다양한 민족운동, 가톨릭에 대한 합법적·정치적 권리의 승인을 통한 해방투쟁 등이었다. 또한 20세기에 파시스트와 우파적 권위주의 집단들이 관습적인 정당으로서보다는 운동으로 간주되는 것도 일반적인 현상이었다.

신사회운동

20세기 후반 수십 년 동안에 출현하였던 사회운동에서 '신'이란 무엇인가? 첫째, 사회운동의 좀 더 전통적인 대응물은 피억압자 혹은 사회에서 불이익을 당하고 있는 사람들의 운동이었던 반면에, 동시대의 사회운동은 좀 더 일반적으로 젊은이들, 더 좋은 교육을 받은 자, 상대적으로 부유한 사람들을 끌어들였다. 이는 두 번째 차이와 연결된다. 즉 '신'운동은 전형적으로 탈물질적 정향을 가지고 있으며, 사회발전보다는 '생활의 질'에 더 많은 관심을 두고 있다. 예를 들면 여성운동이 평등한 급료와 기회와 같은 물질적 문제들을 제기하고 있기는 해도, 이 운동은 성평등과 가부장제에 대한 반대와 연관된 일련의 광범위한 가치로부터 일어난다. 셋째, 전통적 운동이 별로 공통성을 가지지 않으면서 앞뒤로 나란히 서서 행동하였던 반면에, 신사회운동은 항상 명백하게 정의되지는 않는다 할지라도 공동의 이데올로기에 동의하고 있다.

넓은 의미에서 신사회운동이 가지는 이데올로기적 위상은 **신좌파**와 연관되어 있다. 신좌파는 기존의 사회적 목표와 정치양식에 도전하며, 개인적 실현과 자기표현과 같은 자유지상주의적 열망을 포용하고 있다. 따라서 여성운동·환경운동·동물권리운동·평화운동 그리고 그 밖의 운동 사이에는

개념설명

대중사회 Mass society
원자화(atomism)와 문화적·정치적으로 토대가 없는 것을 통해 특징화된 사회. 이 개념은 현대사회의 비관주의적 경향을 강조한다.

후기산업사회
Postindustrial society
사회는 이제 더 이상 제조업에 의존하는 것이 아니라, 지식과 소통수단에 더 의존한다. 후기산업사회는 '정보사회'이다.

상호공감뿐 아니라 이 운동에 속한 회원들이 중복된다는 점은 놀라운 일이 아니다.

전통적 운동과 신사회운동 사이의 마지막 차이점은 신사회운동이 탈중앙집권화와 참여적 결정을 강조하고, 또한 새로운 형태의 정치행동주의를 발전시켰다는 점이다. 그리하여 신사회운동은 종종 '신정치'라고 불린 것을 실천한다. '신정치'는 '확립되어 있는' 정당, 이익집단과 대의제 과정으로부터 좀 더 혁신적이고 극적인 항의정치의 형태로 나아간다. 이것에 대한 가장 극적인 사례는 이른바 1999년에 일어난 '시애틀의 전쟁Battle of Seattle'을 들 수 있다. 이 사건에서 세계무역기구에 반대하는 대중시위는 경찰과 시위자집단 사이에서 격렬한 충돌로 변했다. 그리고 이와 유사한 다른 시위들이 2011년에 일어났던 점거운동에서 '반자본주의' 혹은 '반지구화'의 시위로 일어났다. 이러한 시위들은 본질적으로 다른 종류의 환경집단, 발전집단, 인종민족주의집단, 무정부주의집단 그리고 혁명적 사회주의 집단들을 포함하고 있다. 새로 나타난 반지구화 운동에 대한 이념들은 노엄 촘스키와 나오미 클라인(Naomi Klein, 2000) 같은 저자들의 저술에서 표현되었다.

새로운 양식의 행동주의를 실천하는 새로운 세대의 사회운동의 출현은 운동 자체가 가지는 성격과 의미에 관한 생각을 상당히 변화시켰다. 양차 세계대전 기간 동안의 전체주의에 대한 경험은 에리히 프롬(Erich Fromm; 1900~1980)과 한나 아렌트와 같은 **대중사회** 이론가로 하여금 뚜렷하게 부정적 관점에서 운동을 바라보게 하였다. 대중사회 관점에서 볼 때, 사회운동은 하나의 주의(운동)에 대한 열광적인 위탁과 (일반적으로 파시스트) 지도자에 대한 복종을 통해 안전과 정권성을 이루고자 하는 소외된 개인들에 의한 시도를 의미하는 '자유로부터의 고양flight from freedom'(Fromm, 1941)을 나타낸다. 이와는 대조적으로 신사회운동은 일반적으로 합리적·도구적 행위자로 해석된다. 이 행위자가 사용하는 비공식적이며 비관습적인 수단은 단지 이 운동을 위해 이용할 수 있는 자원을 나타낸다(Zald and MaCarthy, 1987). 신사회운동의 출현은 **후기산업사회**에서 권력이 점점 더 분산되고 파편화된다는 사실의 증거로 이해된다. 그리하여 계급에 기초한 낡은 정치는

나오미 클라인(Naomi Klein; 1970년 출생)

캐나다의 언론인, 작가 그리고 반기업적 행동주의자. 클라인이 쓴 『상표거부: 상표 가해 집단을 목표로*No Logo: Taking Aim at the Brand Bullies*』(2000)는 생활양식 등급과 노동남용에 대해 포괄적으로 비판하고 있다. 그리고 이 책은 지구화와 기업적 지배에 대한 새로 나타나는 저항형태들을 논의한다. 이 책은 '운동의 부분이 되었지만 소비자본주의의 본성과 상표문화의 폭정에 대한 반성을 불러일으키는 데 더 포괄적인 의미를 가졌던 서적'으로 묘사되었다. 클라인은 영향력 있는 단골 대중매체 논평가이다. 그녀는 토론토에 살고 있지만 반기업적 행동주의의 흥기를 추적하면서 북아메리카, 아시아, 라틴아메리카 그리고 유럽을 여행한다. 그리고 그녀는 지구화의 부정적 영향들에 대항하는 운동을 지원한다. 그녀의 저술로는 또한 『충격교의*The Shock Doctrine*』(2007)를 들 수 있다. 이 글에서 그녀는 '재해 자본주의disaster Capitalism'의 흥기를 분석하고 있다.

라클라우와 무페(Laclau, E. and C. Mouffe, 2001)가 '민주주의적 다원주의'라고 불렀던 것에 기초한 신정치에 의해 대체되었다. 신운동은 새롭고 경쟁적인 권력중심을 제공할 뿐만 아니라, 또한 관료화에 저항하는, 더 자발적이고 정서적이며 탈중앙집권화된 조직형태를 발전시킴으로써 좀 더 효과적으로 권력을 분산시킨다.

그럼에도 사회운동의 파급력은 정당이나 이익단체의 그것보다 측정하기 더 어렵다. 이것은 사회운동의 목표가 가지는 더 포괄적인 성격 때문이며, 또한 사회운동은 어느 정도 덜 명백한 문화적 전략을 통해 영향력을 발휘하기 때문이다. 하지만 여성운동과 환경운동 같은 경우 의미심장한 정치변화가 오랜 시간을 통해 일어났던 문화적 가치와 도덕적 태도에서의 변화를 통해 이루어졌다는 점은 분명하다. 예를 들면 여성해방운동(Women's Liberation Movement, WLM)은 베티 프리단Betty Friedan, 제르마이네 그리어(Germaine Greer; 1939년 출생) 그리고 케이트 밀렛(Kate Millett; 1934년 출생)의 저술에서 표현된 여성해방주의의 '제2의 물결'이라는 이념에 의해 동원된 단체와 조직의 집합으로 1960년대에 나타났다. 평등한 급료와 낙태법과 같은 특수한 영역에서 이룩한 여성운동의 성과 외에, 아마도 이 운동에서 가장 의미 있는 성과는 성문제에 대해 일반적 의식이 증대하였다는 점과 가

부장적 태도와 제도에 대한 지지가 줄었다는 점일 것이다. 이것은 양적으로 측정할 수는 없지만 여러 수준에서 공공정책에 상당한 충격을 주었던 하나의 문화적 변화였다.

환경운동은 유사한 정치-문화적 변화를 가져왔다. 정부들은 그린피스, 지구의 친구 그리고 자연애호를 위한 세계기금에 대한 선호로 인해 달아오른 이익집단 운동에 직면하게 되었고, 또한 그러한 단체들의 공식적인 회원에 의해 표현되었던 것보다 더 넓게 환경에 관한 우려가 존재한다는 사실을 통해 영향을 받게 되었다. 또한 1970년대 이후, 이러한 관심은 녹색당을 통해 표현되었다. 전형적으로 이 정당은 자신을 '반제도anti-system' 정당으로 양식화하는 '신정치'의 이념을 포용하였고, 탈중앙집권화와 대중적 행동주의를 상당히 강조하였다. 환경운동이 끼친 영향은 또한 관습적 혹은 '회색grey' 정당으로 퍼졌고, 이 정당 중 많은 정당들은 녹색신임장을 확립하고자 노력함으로써 새로운 대중적 감수성에 대응하였다. 대조적으로 '반자본주의' 운동이나, 좀 더 정확하게는, 지구화와 연관을 맺고 있는 소비자주의적 가치와 자유무역 관행에 함께 저항하였던 집단들의 느슨한 연합은 지금까지는 별로 성공적이지 못했다. 국제정상회담들이 개최되는 것이 훨씬 더 어려워졌지만, 정부나 주요 정당들이 자유무역과 경제적 탈규제화에 대한 자신들의 지지를 수정하고자 하는 징표는 별로 없다.

요약

(1) 이익 혹은 압력단체는 정부의 정책이나 행동에 영향을 미치고자 하는 하나의 조직적 결사체이다. 특별부문적 단체들은 회원의 – 일반적으로 물질적 – 이익을 진척시키거나 방어하는 반면에, 장려적 단체들은 공동의 가치·이상·원칙에 관심을 가진다. 원내집단은 정책형성에 접근할 수 있는 특권을 향유하는 반면에, 원외집단은 정부의 접근을 회피하고 있고, 그래서 공적으로 나아가도록 강요당한다.

(2) 집단정치는 수많은 방식으로 이해되었다. 다원주의는 권력분산과 민주주의적 책임을 보장하는 집단의 능력을 강조한다. 조합주의는 일정한 집단이 정부에 대해 향유하는 특권적 입장을 강조한다. 신우파는 과부하된 정부와 경제적 비효율성이라는 의미에서 집단들이 제기하는 위협에 주목한다.

(3) 조직단체는 대표성을 강화하고, 논의와 토론을 장려하며 정치참여를 넓히고, 정부권력에 대한 견제를 행함으로써 정치제도에 이득을 준다. 하지만 조직단체는 정치적 불평등을 에워싸고 사회적·정치적으로 분열적이고, 비합법적·비책임적 권력을 행사하며, 정책과정을 좀 더 폐쇄적이고 은밀하게 한다는 점에서 하나의 위협을 제기할 수 있다.

(4) 이익단체는 관료·의회·법정·대중매체·정당·국제단체 등과 같은 다양한 채널을 통해 영향력을 발휘한다. 하지만 단체가 특정한 제도에서 행하는 영향의 수준은 제도가 일반적으로 집단활동에 얼마나 적응하는가 그리고 정책입안의 권한을 배분한다는 의미에서 제도가 집단에 제공하는 접근의 기회와 연관된다.

(5) 이익단체들은 그들이 이용할 수 있는 폭넓은 전술과 전략을 가지고 있다. 이익단체가 가지고 있는 자원들은 단체와 단체의 목표에 대한 공감,

단체회원, 행동적 토대의 크기, 재정적 능력과 조직적 능력, 정부에 대해 제재를 가할 수 있는 능력 그리고 정당과 정부기관과의 개인적 혹은 제도적 연결 등을 포함할 수 있다.

(6) 사회운동은 필연적으로 공식적 조직에 기초를 둔 것은 아니지만 높은 수준의 공약과 정치적 행동주의가 존재하는 집단적 조직체이다. 신사회운동은 젊은 층, 더 나은 교육을 받은 자, 상대적으로 부유한 자 등이 일반적으로 가지고 있는 탈물질적 정향과 종종 '신정치'로 불리는 새로운 형태의 정치적 행동주의에 대한 언약을 끌어들이는 능력을 통해 구별된다.

토론사항

(1) 왜 이익단체와 정당을 구별하는 것이 종종 어려운가?

(2) 집단정치는 사적 이익으로 하여금 공적인 선에 이기려고 하는가?

(3) 조직적 집단은 현대사회에서 이해관계를 접목하는 주요한 수단인가?

(4) 조합주의는 단체에 더 유익하게 작용하는가, 아니면 정부에 더 유익하게 작용하는가?

(5) 이익단체는 민주주의를 장려하는 데 이바지하는가, 아니면 민주주의를 손상시키는가?

(6) 왜 어떤 이익단체는 다른 이익단체보다 더 큰 영향력을 행사하는가?

(7) 어떤 점에서 신사회운동들은 '새로운' 것인가?

(8) 신사회운동은 어느 정도로 공공정책에 영향을 미쳤는가?

더 읽을 거리

- Cigler, C. and B. Loomis(eds), *Interest Group Politics*(2011). 주로 미국에 초점을 맞추고 있는 집단정치의 다양한 관점들에 대한 광범위한 검토.

- Jordan, G. and W. Maloney, *Democracy and Interest Groups: Enhancing Democracy?*(2007). 증대하는 시민 불참여를 고려하면서 이 익집단들이 민주주의를 진척시키는 방식과 정도에 대한 분석.
- Tarrow, S., *Power in Movement: Social Movements and Contentious Politics*(2011). 사회운동들의 성격과 의미에 관한 유용한 소개서.
- Wilson, G., *Interest Groups* (1990). 자유민주주의에서 집단이 행하는 역할에 관한 분명하고 간결한 토론서.

정부, 체제 그리고 정권

"전혀 통치하지 않는 정부가 가장 좋은 정부이다."

Henry David Thoreau, *Civil Disobedience*, 1849

개관

정치분석에서 다양한 정부형태를 분류하는 연구는 오랜 세월에 걸친 주관
심사 중의 하나였다. 이 과정은 기원전 4세기로 거슬러 올라갈 수 있다. 아
리스토텔레스는 오늘날에도 일반적으로 사용되는 '중우정democracy', '과
두정oligarchy', '폭군정tyranny'과 같은 단어를 사용하면서, 실제로 존재하
는 정권을 처음으로 기술하고자 하였다. 18세기부터 정부는 군주정 혹은 공
화정, 전제군주정 혹은 입헌정으로 분류되었다. 20세기에 이러한 구별은 더
심화되었다. 특히 냉전기간 동안에 유행하였던 '3개의 세계'라는 구분은 민
주주의와 전체주의 사이의 투쟁에 의해 지배된 세계정치의 이미지를 만들
어 냈다. 하지만 공산주의 붕괴, 동아시아 부흥, 정치적 이슬람의 출현과 같
은 현대에 일어난 발전의 관점에서 이러한 모든 구분은 진부하게 보인다.
그럼에도 이러한 변화가 무엇을 의미하는지는 그렇게 명확하지 않다. 어떤
사람들은 이러한 변화들을 서구의 자유민주주의의 원칙과 구조들을 둘러싸
고 설계된 민주화가 자연적이고 필연적인 과정이라는 징후로 해석한다. 그
럼에도 다른 사람들은 현대세계가 정치적으로 더 분산되고 파편화되어 가
고 있다고 주장한다. 이러한 관점에서 볼 때 자유민주주의는 보편적으로 적

용할 수 있는 것이라기보다는 오히려 문화적으로 한정된 것이라는 점이다. 또한 권위주의 체제와 비자유주의적 민주주의 형태를 포함하여 대안적 정권들이 기대하였던 것보다 더 성공적이고 지속적인 것으로 입증될지도 모른다.

쟁점

---

(1) 정부, 정치체계, 정권 사이의 차이점은 무엇인가?

(2) 정부체계를 분류하는 목적은 무엇인가?

(3) 정권은 어떤 기초 위에서 분류되었고, 되어야 하는가?

(4) 현대세계에 존재하는 주요한 정권들은 어떤 것인가?

(5) 서구 자유민주주의가 세계적으로 승리하였는가?

전통적 분류체계

상이한 지배체계가 어떻게 분류되었는가를 살펴보기 전에, '무엇이 분류되고 있는가?' 그리고 '왜 그러한 분류가 행해졌는가?'에 관해 심사숙고하는 것이 필요하다. 첫째, '**정부**'는 무엇이고, '정부'가 '정치체계'나 '정권'와 어떻게 다른가? '정부'는 집단적이며, 일반적으로 구속력 있는 결정이 만들어지는 제도적 과정과 관련된다. 정부가 가지고 있는 다양한 제도는 이 책 12~16장의 주제다. 다른 한편으로, **정치체계**나 정권은 더 넓은 의미를 가진다. 정치체계나 정권은 정부 메커니즘과 국가 제도뿐 아니라, 정부와 국가제도가 더 큰 사회와 상호작용하는 구조와 과정을 포함하고 있다.

사실상 정치체계는 더 큰 사회체계의 하위체계subsystem이다. 이것은 복잡한 전체 내에서 상호연관성이 있다는 점에서 하나의 '체계'이며, 이러한 상호연관성이 사회에 존재하는 권력·부·자원의 배분과 관련된다는 점에서 '정치적'이다. 그리하여 정치적 정권들은 자신이 기능하는 정부의 과정에 의해서처럼 경제생활의 조직에 의해 효과적으로 특징지워질 수 있다. 그러므로 정권은 정부들이 교체된다는 사실에도 불구하고 지속되는 '지배체계'이다. 정부가 선거, 왕조의 계승, 그리고 **쿠데타** 등에 의해 교체될 수 있는 반면에, 정권은 내부로부터의 일종의 혁명적 변화에 의해 혹은 군사적 개입에 의해 변화될 수 있다.

왜 정치체계를 분류하는가?

정치체계를 분류하는 것에 대한 관심은 두 가지 이유에서 유래한다. 첫째, 정치체계를 분류하는 것은 정치와 정부를 이해하는 데 본질적으로 도움이 된다. 대부분의 사회과학에서, 특히 경험적 방법이 일반적으로 적용될 수 없을 경우, 정치에 대한 이해는 일반적으로 비교과정을 통해 획득된다. 가령 "미국 정부가 권력분립을 포기한다면 미국 정부는 제도적인 **정부의 마비**에 영향을 덜 받지 않았을까, 혹은 소련에서 개혁이 더 빨리 이루어졌다면

개념설명

쿠데타 Coup d'état
비합법적이고 비헌정적
행동을 통한 정부권력의
급작스럽고 강제적인 장
악.

정부의 마비
Government gridlock
정부 내에 존재하는 기관
사이의 경쟁이나 갈등을
겪고 있는 국민의 요구에
대응함에 있어 발생하는
무능을 의미한다.

자민족중심주의
Ethnocentrism
자신의 문화로부터 도출
된 가치와 이론을 다른
집단과 사람에게 적용하
는 것을 의미한다. 자민
족중심주의는 편견 혹은
왜곡을 내포한다.

공산주의는 살아남을 수 있지 않았을까"라는 생각을 실험하는 것은 불가능
하다. 그렇기 때문에 우리는 연구하고 있는 것에 대한 구제책으로 비교분석
에 주목한다. 혼란스러운 사실 사이의 유사성과 차이점을 부각시킴으로써
비교분석은 무엇이 중요하고 의미가 있는 것인가를 식별해 내는 데 도움을
주고 있다. 이 과정에서 사람들은 이론·가설·개념을 발전시키고 시험할
수 있다. 토크빌Alexis de Tocqueville이 언급하였던 것처럼 "비교를 행하
지 않고서는 인간의 마음은 어떻게 해나가야 하는지를 알지 못한다." 그러
므로 지배체계를 분류하고자 하는 시도는 단지 비교과정을 좀 더 조직적이
며 체계적으로 행하고자 하는 하나의 장치에 불과하다.

　분류를 행하는 두 번째 목적은 분석보다는 평가를 용이하게 하는 데 있
다. 아리스토텔레스 이래로 정권을 이해하고자 했던 사람들은 종종 정부
를 이해하는 만큼이나 정부를 개선시키는 데 몰두하였다. 달리 표현하
면 기술적descriptive 이해는 규범적 판단과 밀접하게 연결되어 있다. 요
컨대 '무엇인가what is'(존재에 관한 문제)에 관한 질문은 '무엇이어야 하는
가what should be'(당위에 관한 문제)에 관한 질문과 연관되어 있다. 기술
적 이해의 극단적 형태에서 이 과정은 '이상적' 지배체계, 혹은 하나의 **이상
사회**를 위한 연구를 포함할 수 있다. 이것은 플라톤의 『국가Republic』, 토
마스 모어Thomas More의 『유토피아Utopia』([1516] 1965), 표트르 크로포
트킨Peter Kropotkin의 『들판, 공장 그리고 작업장Fields, Factories and
Workshops』(1912)이라는 글에서 볼 수 있다. 좀 더 온화한 형태로, 이 분류
유형을 통해 정치구조와 정부형태와 관련되어 행해지는 질적 판단이 이루
어질 수 있다. 가령, 오직 비교적인 접근방법을 통해 사람들은 '러시아와 이
전의 공산주의 국가에 있어서 자유민주주의로의 이행이 환영받고 고무되어
야 하는가?', '인도는 통일적 체제나 지역적 독립을 위해 연방주의를 포기해
야 하는가?', '영국은 성문법과 권리장전을 채택해야 하는가?'라는 질문에 관
해 심사숙고할 수 있게 된다.

　하지만 모든 분류체계는 결점을 안고 있다. 우선 첫째로 지적할 수 있는
것은 모든 분석적 장치가 그러하듯이 단순화의 위험이다. 동일한 표제하에

이상사회 Utopia,
이상주의 Utopianism
이상사회는 그리스어의
오우토피아(outopia)에
서 유래하며 '어디에도
존재하지 않는다'를 의미
하거나, 그리스어의 오
이토피아(eutopia)에서
유래하는 '좋은 곳'이라
는 의미이다. 따라서 이
상사회는 문자상으로 이
상적 혹은 완전한 사회이
다. 여러 가지 종류의 이
상사회가 그려질 수 있지
만 대부분의 이상사회는
결핍 제거, 갈등의 부재,
폭력과 억압의 부재를 통
해 특징지워진다. 이상주
의는 이상적 혹은 완전한
대안적 모델을 구성함으
로써 현존하는 질서를 비
판하는 정치적 이론화의
스타일이다. 이에 대한
좋은 예로는 무정부주의
와 맑스주의가 있다. 이
상주의 이론은 일반적으
로 무제한적인 인간발전
의 가능성에 대한 가정을
기초로 하고 있다. 이상
주의는 종종 경멸적인 의
미에서 기만적인 혹은 환
상적인 생각을 함축하는
것으로 사용된다. 또한
이상주의라는 단어는 비
현실주의적이며, 달성할
수 없는 목표에 대한 믿
음을 함축하는 것으로 사
용된다.

서 정권의 분류는 이 정권이 공유하고 있는 유사성에 주목할 경우 정권을 구
분짓는 차이점들이 무시되고 왜곡될 위험이 있다. 이와 관련된 문제로 하나
의 현상이 다른 맥락에서 다른 의미를 가질 수 있다는 점을 파악하는 데 실
패할 수 있다는 점이다. 예를 들면 일본과 아시아 국가에서 '국가'는 서구에
서 일반적으로 이해되는 내용과는 종류와 의미에서 다를 수 있다. 그러므로
비교분석은 **자민족중심주의**라는 위험에 늘 노출되어 있다.

둘째, 분류과정에서 가치편견이 개입하게 된다. 가치편견은 공산주의자
와 파시스트를 '전체주의자'로 분류하고, 서구의 자유민주주의 체제가 2차
세계대전에서 그랬던 것처럼, 냉전에서 동일한 적과 싸우고 있다는 점을 함
축하고 있는 경향에서 찾아볼 수 있다. 마지막으로, 모든 분류체계는 필연
적으로 국가에 묶여 있다는 단점을 가지고 있다. 즉 모든 분류체계는 개별
국가를 권리를 가지고 있는 응집력 있고 독립적인 실체로 취급한다. 이 접
근방법이 유효하지 않은 것은 아니지만 오늘날 지구화라는 현상의 관점에
서는 불충분한 것으로 여겨진다.

고전적 유형학

가장 영향력 있는 분류체계는 의심의 여지 없이 기원전 4세기에 아리스토텔
레스에 의해 고안된 것이다. 이 분류체계는 실제로 존재하였던 158개의 그
리스 도시국가에 대한 분석에 기초를 두었다. 이 체계는 향후 2,500년 간 이
주제에 관한 사유를 지배했다. 아리스토텔레스는 정부가 두 가지 질문을 토
대로 범주화될 수 있다고 주장하였다. 즉 '누가 지배하는가who rules?' 그리
고 '누가 지배로부터 이익을 얻는가who benefits from rule?'이다. 그는 정
부가 한 개인의 수중에, 소수집단의 수중에, 혹은 많은 사람들의 수중에 장
악될 수 있다고 믿었다. 하지만 이 모든의 경우에, 정부는 지배자의 이기적
인 이익이나 전체 공동체의 이익을 위해 행동할 수 있을 것이다. 그리하여
그는 6가지의 정부형태를 확인하였다(그림 12.1).

아리스토텔레스가 지닌 목적은 '이상적'인 정권을 확인하고자 하는 희망

을 가지고 규범적 근거 위에서 정부형태를 평가하는 것이었다. 그가 보기에 폭군정·과두정·중우정은 타락하고 잘못된 지배형태이다. 이 타락한 지배형태 속에서는 한 개인, 소수 집단, 대중이 다른 사람들을 희생시키면서 자신의 이익을 위해 통치한다. 이와는 반대로 군주정·귀족정·민주정이 선호되었는데, 그 이유는 이 정부형태에서는 개인, 소수 집단, 대중이 모든 사람의 이익을 위해 통치하기 때문이었다. 아리스토텔레스는 현실에 존재할 수 있는 정권 중에서 폭군정을 가장 나쁜 형태로 천명하였다. 왜냐하면 폭군정은 시민을 노예상태로 환원시키기 때문이었다. 한편, 군주정과 귀족정은 비실용적이었다. 왜냐하면 이 정권은 지배자 자신의 이해관계에 앞서 공동체의 선the Good을 놓고자 하는 신과 같은 의지에 기초를 두고 있었기 때문이다. 민주정Polity—모든 사람의 이익을 위한 다수의 지배—은 실천 가능성이 가장 높은 정권으로 받아들여졌다. 그러나 20세기까지 지속되었던 전통 속에서 나타났던 것처럼, 아리스토텔레스는 대중이 소수가 가지고 있는 부에 대해 분개하고 너무 쉽게 **선동정치**가의 지배하에 놓인다는 이유로 대중지배를 비판하였다. 그래서 그는 민주정과 귀족정의 요소가 결합된 혼합적인 정권과 가난하지도 부유하지도 않은 '중간 계층'의 수중에 정부를 맡기는 것을 옹호하였다.

아리스토텔레스가 분류한 체계는 후에 토마스 홉스Thomas Hobbes와 장 보댕(Jean Bodin; 1530~1596)과 같은 사상가에 의해 발전되었다. 이들이 가진 특별한 관심사는 안정적 정권의 기초로 간주되는 주권의 원리에 관한

그림 12.1
아리스토텔레스의
6가지 정부형태

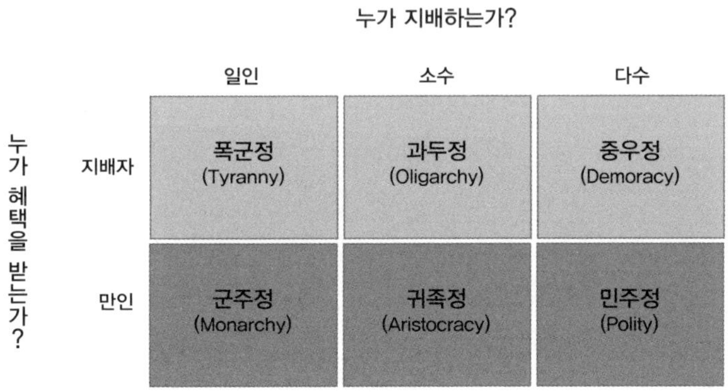

		누가 지배하는가?		
		일인	소수	다수
누가 혜택을 받는가?	지배자	폭군정 (Tyranny)	과두정 (Oligarchy)	중우정 (Demoracy)
	만인	군주정 (Monarchy)	귀족정 (Aristocracy)	민주정 (Polity)

절대주의는 가장 일반적
으로 절대군주정과 연관
된 절대적 정부에 관한
이론 혹은 실재를 의미한
다. 정부는 구속받지 않
는 권력을 소유하고 있다
는 점에서 '절대적'이다.
정부는 외부단체(기관)
에 의해 제약을 당하지
않는다. 그럼에도 절대
주의적 원칙은 도전받을
수 없는 권력행사를 주장
하기보다는 (신의 권리처
럼) 무제한적인 통치권
을 주장한다. 절대적 권
력에 관한 합리적 이론은
일반적으로 절대적 정부
만이 질서와 사회안정을
보장할 수 있다는 믿음
을 발전시키고 있다. 그
러나 절대주의는 독재정
치(Autocracy)와는 구별
되어야 한다. 종교적이든
합리적이든 간에 절대주
의는 원리화된 주장에 기
초를 두고 있기 때문에,
정부에게 임의적이며 무
제한적 권력을 부여하지
않는다.

공화주의Republicanism
정치적 권위는 궁극적으
로 인민의 동의로부터 유
래한다는 원칙을 의미하
며, 군주적·왕조적 원칙
을 부정한다.

것이었다. 주권은 '가장 높고 영속적'인 힘을 의미하였고, 이 힘만이 질서 정
연한 지배를 보장할 수 있었다. 보댕이 저술한 『공화국에 관한 여섯 권의 책
The Six Books of Commonweal』([1576] 1962)은 동시대와 이전에 존재하였
던 정권들의 주권의 소재에 대해 광범위하게 설명하였다. 그는 절대주의가
가장 정당한 정권이라고 결론지었다. 왜냐하면 절대주의는 법을 만들기는 하
지만 법률에 제약을 당하지 않는 주권자를 확립하기 때문이다. 한 개인이
주권을 행사할 경우, 가장 큰 장점은 주권이 분리될 수 없다는 것이다. 즉 주
권은 최종적 권위를 주장할 수 있는 한 개인의 목소리를 통해 표현된다는
것이다. 그럼에도 보댕은 절대군주는 신의 의지나 자연법의 형태로 더 높
은 법의 존재를 통해 제약받는다고 주장하였다. 한편, 홉스는 『리바이어던
Leviathan』([1651] 1968)에서 주권을 강제력의 독점으로 묘사하였고, 이는 주
권이 전적으로 구속당하지 않는다는 점을 함축하였다.

이러한 생각은 후에 존 로크John Locke, 몽테스키외 같은 초기 자유주
의자에 의해 수정되었다. 이들은 입헌정부를 지지하였다. 로크는 『통치론
Two Treatises of Government』([1690] 1965)에서 주권은 군주에게 속하는
것이 아니라 인민에게 속한다고 주장하였고, 자연권, 즉 생명권·자유권·
재산권의 보호를 위해 제한정부론을 지지하였다. 몽테스키외는 『법의 정신
The Spirit of the Laws』([1748] 1949)에서 인간사회에 대한 '과학적' 연구를 발
전시키고자 하였고, 개인의 자유를 가장 잘 보호하는 입헌적 환경을 발견하
고자 하였다. 절대주의에 대한 혹독한 비판가이자 영국 의회 전통의 찬미자
인 몽테스키외는 행정부·입법부·사법부 사이의 '권력분산'의 형태 속에서
견제와 균형이라는 제도를 제안하였다. 이 원칙은 미국헌법(1787)에서 구현
되었고, 후에 자유민주주의 정부를 규정하는 하나의 특징으로 간주되었다.

아리스토텔레스의 저술에서 유래하는 정권에 대한 '고전적' 분류는 18
세기 이후로 현대적 헌법제도의 발전으로 인해 점점 더 진부하게 되었다.
1775~1783년의 미국 독립전쟁에 이어 입헌**공화주의**가 다른 방식으로 미국
에서 확립되었고, 민주적 급진주의는 1789년 프랑스혁명을 통해 일어났다.
그리고 영국에서 점진적으로 나타난 의회정부 형태는 초기 사상가들이 상

전체주의Totalitarianism
전체주의는 전형적으로
이데올로기적 조작과 노
골적인 폭력, 포악함을
통해 확립된 포괄적인 정
치지배체계이다. 전체주
의는 귀족정이나 권위주
의와는 다른데, 그 이유
는 전체주의가 사회적·
개인적 생활의 모든 면을
정치화함으로써 '전면적
인 권력(total power)'을 추
구하기 때문이다. 독재적
이며 권위주의적인 정권
은 정치권력 독점이라는
좀 더 온건한 목표를 가
지고 있으며, 이 목표는
일반적으로 대중을 정치
로부터 배제함으로써 달
성된다. 그리하여 전체주
의는 시민사회(civil society
자율적 집단과 단체의 영
역, 공적 권위로부터 독
립적인 사적 영역을 의미
한다), 즉 '사적 영역'을
노골적으로 폐지하는 것
을 함축하고 있다. 전체
주의 정권은 때때로 '여
섯 가지 증후군(six point
syndrome)'을 통해 확인
된다. (1) 공식 이데올로
기. (2) 일반적으로 전능
한 지도자에 의해 통솔
되는 일당국가. (3) 폭력
적 경찰체계. (4) 대중매
체의 독점. (5) 군부의 독
점. (6) 경제생활에서 국가
통제

상하였던 것보다 실제적으로 더 복잡한 정치 현실을 만들어 냈다. 따라서 전통적 분류체계는 정치적 지배가 가지는 헌법적·제도적 특징을 점점 더 강조하는 방향으로 옮아가게 되었다. 이는 정부의 여러 부서들 사이의 관계에 특별한 관심을 가졌다는 점에서 몽테스키외가 행한 작업을 부흥시켰다. 그리하여 군주정은 공화정과 구별되었으며, 내각제는 대통령제와 구별되었고, 중앙집권제는 연방제와 구별되었다.

'3개의 세계' 유형학

20세기에 이루어진 역사적 발전은 다시 한 번 정치적 분류의 토대를 변화시켰다. 제1차·2차 세계대전 동안 출현한 권위주의의 새로운 형태, 특히 러시아의 스탈린주의자, 이탈리아의 파시스트, 독일의 나치는 세계가 두 가지 종류의 정권, 즉 민주 국가와 **전체주의** 국가로 양분된다는 견해를 조장하였다. 민주주의와 전체주의 사이의 강한 대조는 파시스트체제와 나치체제가 2차 세계대전 말에 붕괴하였는데도 1950년대와 1960년대를 통해 정권분류의 시도를 지배하였다. 그렇지만 이 접근방법은 냉전하에서 적대주의에 의해 만들어졌으며, 일종의 냉전 이데올로기로 간주될 수 있다는 인식이 증대하였다. 이러한 인식은 더 가치중립적이고, 이데올로기적으로 치우침이 없는 분류체계를 연구하도록 고무하였다. 이러한 분위기로 인해 소위 '3개의 세계'라는 접근방법이 인기를 누리게 되었다. 즉, 정치세계는 세 개의 다른 진영으로 나뉠 수 있다는 믿음이 확산된 것이다.

① 자본주의 '제1세계a capitalist first world'
② 공산주의 '제2세계a communist second world'
③ 개발도상에 있는 '제3세계a developing third world'

'3개의 세계'라는 분류는 경제적·이데올로기적·정치적·전략적 차원을 가지고 있다. 산업화된 서구의 정권은 국민이 가장 높은 생활수준을 누렸다

Gross domestic product
1년을 단위로 한 경제에서
생산된 최종적 재화와 서
비스가 가지는 재정적 총
가치를 의미한다.

자유민주주의
Liberal democracy
자유민주주의는 제한정
부에 대한 자유주의적
서약과 대중지배에 대한
민주주의적 믿음이 융합
되는 하나의 정권이다.
자유민주주의의 핵심적
특징은 다음과 같다.
(1) 지배에 대한 권리는 보
통선거권에 기반을 둔 정
기적이고 경쟁적인 선거
를 통해 획득된다. (2) 헌
법에 의해 부과되는 정
부에 대한 강제, 제도적
견제와 균형, 그리고 개
인 및 소수자의 권리보
호. (3) 민간기업경제, 독
립적 노동조합과 자유언
론 등을 포함하는 활발
한 시민사회.
자유민주주의와 다원주
의적 민주주의라는 단어
들은 종종 교환하여 사
용된다.

는 경제적 의미에서 '제1세계'였다. 1983년에 이들 국가는 세계인구의 15%만을 차지하면서도 세계 **국내총생산**의 63%를 생산하였다(World Bank, 1985). 공산주의 정권은 대개 산업화되고 국민의 기본적인 물질적 욕구들을 만족시킬 수 있다는 점에서 '제2세계'였다. 이 국가는 세계인구의 33%를 차지하며, 세계 국내총생산의 19%를 생산하였다. 아프리카·아시아·라틴아메리카와 같이 덜 발전된 국가들은 '제3세계'인데, 그 이유는 이 국가가 경제적으로 의존적이고 종종 광범위한 빈곤 때문에 고통당하기 때문이다. 이 국가는 세계인구의 52%를 차지하며, 세계 국내총생산의 18%를 생산하였다.

제1세계와 제2세계는 격렬한 이데올로기 경쟁에 의해 더 날카롭게 양분되었다. 제1세계는 사적 기업, 물질적 동기 부여, 자유시장과 같은 '자본주의' 원칙과 결합되었다. 제2세계는 사회적 평등, 집단적 노력, 중앙집중화된 계획과 같은 '공산주의' 가치와 연관되었다. 이러한 이데올로기 차이는 명백한 정치적 강령들을 지니고 있었다. 제1세계 정권은 선거에서 권력을 장악하기 위해 경쟁적 싸움에 기초를 둔 **자유민주주의** 정책을 실행하였다. 제2세계 정권은 지배적인 공산당이 다스리는 일당one-party 국가였다. 제3세계 정권은 전형적으로 권위주의적이었고, 전통적인 군주, 독재자 혹은 군부가 통치하였다. '3개의 세계' 분류는 양극적 세계질서에 의해 유지되었다. 이 양극적 세계질서 속에서 미국이 지배한 서구는 소련이 지배한 동구와 대결하였다. 이 질서는 북대서양조약기구와 바르샤바조약기구라는 두 개의 군사진영의 출현으로 유지되었다. '중립화된' 제3세계가 이러한 지형적 투쟁이 수행되는 전쟁터였던 일이 드물지 않았다.

그러나 1970년대 이후 이 분류체계는 점점 더 유지되기 어려워졌다. 새로운 유형의 경제발전은 제3세계, 특히 석유가 풍부한 중동지역, 동아시아와 동남아시아의 신흥공업국, 라틴아메리카 국가에게 물질적 풍요를 가져다 주었다. 이와는 대조적으로 아프리카 사하라 이남의 지역에서는 빈곤이 더욱더 심화되었고, 이 지역은 이제 일종의 '제4세계'를 구성하고 있다. 특히 1980년대에 아시아·라틴아메리카·아프리카에서 일어난 민주화의 진전으로 인해 제3세계 정권은 더 이상 일률적으로 권위주의적이지 않다. 사실 '제

프란시스 후쿠야마(Francis Fukuyama; 1952년 출생)

미국의 사회분석가이자 정치평론가. 후쿠야마는 미국의 시카고에서 출생하였으며, 개신교 전도사의 아들이다. 그는 학자가 되기 전에 미국무성의 정책계획 참모진에 속해 있었으며, 현재 존스 홉킨스 대학에 재직하고 있다. 충실한 공화주의자인 그는 『역사의 종말?*The End of History?*』(1989)이라는 글로 국제적 명성을 얻게 되었다. 나중에 이 글을 『역사의 종말과 마지막 인간*The End of History and the Last Man*』(1992)으로 발전시켰다. 이 글에서 그는 이념사가 '최종적인 인간정부의 형태'인 자유민주주의를 승인함으로써 종말을 고하였다고 주장했다. 『신뢰*Trust*』(1996)와 『거대한 붕괴*The Great Disruption*』(1999)에서는 경제발전과 사회적 응집력 사이의 관계를 논의하였다. 『정치질서의 기원*The Origins of political Order*』(2011)에서 그는 정치발전론을 위한 토대를 입안하였다.

3세계'라는 말은 품위를 떨어뜨리는 것으로 분노를 샀다. 왜냐하면 이 말은 불이익을 내포하기 때문이다. '개발도상국'이라는 단어가 일반적으로 더 좋은 것으로 간주된다.

하지만 의심할 바 없이 '3개의 세계'라는 모델에 대한 가장 큰 재앙적인 기습이 1989~1991년 사이에 일어난 동유럽혁명으로부터 발생하였다. 이 사건으로 인해 소련과 다른 정통 공산주의 국가의 정권은 붕괴되었고, 정치적 자유화와 시장개혁 과정이 자유롭게 되었다. 사실 프란시스 후쿠야마는 이 발전이 '역사의 종말'에 해당한다고 선언하였다(Fukuyama, 1989). 즉 그는 이 발전으로 인해 이데올로기적 논의는 사실상 서구 자유민주주의의 세계적 승리와 함께 종말을 고하였다고 생각하였다. 간단히 말하면, 제2세계와 제3세계 정권은 오직 자본주의적 제1세계만이 경제번영과 정치안정에 대한 기대를 제공하였다는 점을 승인한 결과로 붕괴하였다는 것이다.

현대세계의 정권

1980년대 후반 이후, 정권 분류작업은 잊혀졌다. 특히 '3개의 세계' 구분과 같은 더 낡은 범주는 확실히 유용성을 상실하였다. 그러나 새로운 세계에 대한 정치적 구분은 결코 명백하지 않았다. 더군다나 '역사의 종말'이라는 시나리오는 단지 일시적인 매혹이었을 뿐이다. 이것은 1980년대 후반과 1990년대 초에 일어난 민주화의 물결에 의해 지탱되었고, 특히 공산주의 붕괴로부터 자극을 받았다. 이 자유민주주의적 승리주의는 몇 가지 의미에서 서구중심적 관점을 유지하였는데, 이것은 냉전시대의 유물일 수 있었다. '자유민주주의 세계'에 대한 이미지는 특히 미국에 기초한 특수한 서구발전모델이 우수하다는 점을 시사했다. 그리고 이러한 이미지는 개인주의·권리·선택과 같은 가치가 보편적으로 적용될 수 있다는 것을 내포하였다. 이러한 견해에서 도출되는 하나의 결과는 이슬람과 유교의 정치적 형태가 지니는 의미를 인식하는 데 실패하였다는 것이다. 이 형태는 단지 탈선으로 혹은 자유민주주의의 거침없는 진보에 대한 저항의 증거로 처리되어 버렸다.

하지만 새로운 분류체계를 확립하고자 하는 경우에 나타나는 어려움 가운데 하나는 그러한 체계가 기초해야 하는 기준에 관한 합의가 없다는 점이다. 어떠한 분류체계도 유일하고도 핵심적인 요소에만 의존하지는 않는다. 그럼에도 특정한 체계는 다양한 일련의 기준들을 선호하는 경향이 있었다. 공통으로 사용된 매개변수는 다음과 같다.

① 누가 지배하는가? 정치참여는 엘리트집단이나 특권집단에 한정되는가? 아니면 정치참여는 전 국민을 포함하는가?

② 어떻게 복종이 이루어지는가? 정부는 힘의 행사와 협박의 결과로서 복종을 얻어내는가? 아니면 협정과 타협을 통해 복종을 얻어내는가?

③ 정부권력이 중앙집권화되었는가 아니면 분산화되었는가? 어떤 종류의 견제와 균형이 정치체계 속에서 작동하는가?

④ 어떻게 정부권력이 획득되고 이행되는가? 즉 정권은 개방적이고 경쟁적인가? 아니면 단일적monolithic인가?

⑤ 국가와 개인 사이의 균형은 무엇인가? 정부와 시민 사이의 권리배분과 책임배분은 무엇인가?

⑥ 물질적 발전수준은 어떠한가? 사회는 얼마나 물질적으로 풍요롭고 얼마나 평등하게 부가 배분되는가?

⑦ 경제생활은 어떻게 조직되는가? 경제가 시장에 의해 조정되는가 아니면 계획에 의해 조정되는가? 그리고 정부는 어떤 경제적 역할을 하는가?

⑧ 정권이 얼마나 안정적인가? 정권은 지속적으로 존재하였는가? 그리고 정권은 새로운 요구와 도전에 대응할 능력을 가지고 있는가?

'고전적' 유형학에 의해 영향을 받았던 법적-제도적 분류방법은 19세기와 20세기 초에 채택되었다. 가령, 이 접근방법은 성문법과 불문법, 내각제와 대통령제, 연방제와 중앙정부제도 사이의 차이점을 뚜렷하게 드러내었다. 하지만 구조기능적 접근방법이 1950년대와 1960년대에 점점 더 유명하게 되었던 체계이론으로부터 발전하였다. 이 접근방법은 제도적 장치에는 관심을 별로 보이지 않았고, 정치체계가 실제로 어떻게 작동하는가에 관심을 쏟았다. 요컨대 이 접근방법은 정치체계가 '투입'을 어떻게 '산출'로 변형시키는가에 관심을 가진다. '3개의 세계' 접근방법은 경제적-이데올로기적이었다. 왜냐하면 이 접근방법은 체계의 물질적 발전수준과 더 광범위한 이데올로기적 방향에 특별한 관심을 쏟았기 때문이다. 하지만 여기서 채택된 접근방법은 몇 가지 점에서 '3개의 세계' 접근방법과는 다르다. 이 접근방법은 한 정권이 지니는 세 가지 핵심적 특징, 즉 정치적·경제적·문화적 관점을 고려하고자 한다. 이 접근방법이 세운 가정은 정권이 특별한 정치적·경제적·문화적 요인들에 의해 특징화되기보다는 이 요인들이 실제로 서로 밀접하게 관련되는 방식을 통해 특징화된다는 것이다(그림 12.2 참조).

이 접근방법이 가지는 중요성은 형식적인 정치적·경제적 장치가 문화적 내용에 의존하면서 다르게 작용하는 정도를 강조한다는 점이다. 가령, 서구 자유주의 사회에서 다당제 선거제와 시장경제는 비서구사회에서 행해지는 것과는 매우 다른 함축적 의미를 지닐 수 있을 것이다. 그럼에도 20세기 후반에 일어난 엄청난 정치적 변혁의 관점에서, 어떤 분류체계는 결코

그림 12.2
정권의 핵심적 특징들

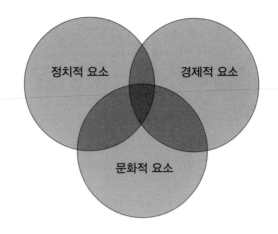

다두정polyarchy
다두정[문자상으로 다수에 의한 지배(rule by many)를 의미한다]은 일반적으로 현대의 대의제 민주주의의 제도와 과정에 연관된다. 정권 유형으로서 다두정은 모든 비민주적 제도와 고전적 혹은 아테네식 직접 참여모델에 기초한 소규모의 민주주의 제도와 구별될 수 있다. 다두정은 거친 혹은 조야한 민주주의 접근으로 이해될 수 있는데, 그 이유는 다두정이 지배자에게 선거구민의 이익과 소망을 고려하도록 강요하는 제도를 통해 작동하기 때문이다. 다두정이 가지는 중심적인 특징은 다음과 같다(Dahl, 1989: 211). (1) 정부는 선출된 공무원의 수중에 있다. (2) 선거는 자유롭고 공평하다. (3) 실제적으로 모든 성인은 투표권을 가지고 있다. (4) 공직에 입후보할 권리는 제한적이지 않다. (5) 자유롭게 표현하고 비판하고 항의할 권리가 있다. (6) 시민은 대안적인 정보원천에 접근할 수 있다. (7) 집단과 결사체는 적어도 정부로부터 상대적인 독립을 향유한다.

잠정적이 아닐 수 있다고 시사하는 것은 어리석은 일이다. 사실 정권 그 자체는 유동적이며, 정권 분류작업은 끊임없이 변화하는 정치현실에 뒤지지 않기 위해 항상 노력하고 있다. 그럼에도 5개의 정권유형을 현대세계에서 확인할 수 있다.

① 서구의 다두정polyarchy
② 신민주정
③ 동아시아 정권
④ 이슬람 정권
⑤ 군사정권

서구의 다두정

서구의 **다두정**은 일반적으로 '자유민주주의' 또는 간단히 '민주주의'로 범주화된 정권과 동일한 의미이다. 따라서 다두정의 중심 지역들은 북아메리카, 서유럽과 오스트랄라시아(Australasia, 오스트레일리아, 뉴질랜드 및 그 부근 지역의 섬들을 총칭—옮긴이) 등이다. 헌팅턴은 다음과 같이 주장하였다. 그러한 정권들은 민주화의 첫 번째 두개의 '물결'이다. 민주화의 첫 번째 물결은 1828년과 1926년에 일어났고, 미국·프랑스·영국 등과 같은 국가들을 포

민주화Democratization
민주화는 권위주의에서 자유민주주의로의 이행 과정을 언급한다. 민주화는 세 가지, 때로는 중첩되는 과정을 포함한다. (1) 구정권의 붕괴로 이것은 일반적으로 정당성의 상실과 경찰과 군부의 충성심의 저하를 포함한다. (2) 민주적 이행은 새로운 민주주의 구조와 과정의 건설을 입증한다. (3) '민주주의적 강화'는 이러한 새로운 구조와 과정들을 이해함으로써 엘리트와 대중의 마음 속에 깊이 새겨져서 민주주의는 '읍town에서 유일한 게임'이 된다(Przeworski, 1991).

자유화Liberalization
정부권력에 대한 내적·외적 견제들의 도입과 민간기업과 시장을 향한 이동.

함하였다. 두 번째 물결은 1943년과 1962년 사이에 일어났고, 서독·이탈리아·일본·인도 등과 같은 국가들을 포괄하였다. 다두정은 일반적으로 **민주화**와 **자유화**를 향한 운동을 통해 발전하였지만, '다두정'이라는 말은 두 가지 이유에서 '자유민주주의'를 선호한다. 첫째, 자유민주주의는 종종 하나의 정치적 이상으로 취급되고, 그리하여 자유민주주의는 더 넓은 규범적 함의를 지니게 된다. 둘째, '다두정'이라는 용어의 사용은 이 정권이 중요한 점에 있어서 민주주의의 목표를 결핍하고 있다는 것을 인정하고 있다.

'다두정'이라는 단어는 달Dahl과 린드블룸Lindblom이 쓴『정치, 경제 그리고 복지*Politics, Economics and Welfare*』(1953)라는 책에서 지배체계를 묘사하는 데 처음으로 사용되었고, 후에 달은『다두정: 참여와 반대 *Polyarchy: Participation and Opposition*』(1971)에서 이 지배체계를 정교화하였다. 이 저자들의 관점에서 볼 때, 다두정적 정권은 두 가지 일반적인 특징의 결합을 통해 구별된다. 무엇보다 적어도 정부의 임의적인 성향을 견제하기 위해 충분할 정도로 야당에 대해 상대적으로 높은 관용을 베푼다는 점이다. 이것은 실제로 경쟁적 정당제도를 통해 제도적으로 보장되고 보호되는 시민적 자유와 활기차고 건강한 시민사회를 통해 보장된다. 다두정의 두 번째 특징은 정치참여를 위한 기회가 신뢰할 만한 수준의 대중적 대응성을 보장할 정도로 충분히 퍼져 있어야 한다는 점이다. 여기서 결정적 요소는 국민이 통제할 수 있고, 필요하다면 지배자를 교체할 수 있는 하나의 장치로 작동하는 규칙적인 경쟁 선거가 존재한다는 점이다. 이러한 의미에서 조셉 슘페터Joseph Schumpeter가『자본주의, 사회주의, 민주주의 *Capitalism, Socialism and Democracy*』(1942)에서 묘사한 민주적 엘리트주의와 다두정 사이에는 밀접한 유사성이 있다. 그럼에도 린드블룸(1977)과 달(1985)은 대기업들의 비대한 힘에 대해 다두정이 끼치는 영향력을 인정하였다. 이런 이유로 '변형된 다두정deformed polyarchy'이라는 개념이 종종 선호되었다.

이렇게 정의를 내리고 보면, '다두정'이라는 말은 세계의 전역에서 점점 더 늘어나는 정권을 묘사하기 위해 사용될 수 있을 것이다. 다당제를 주장하는 모든 국가는 다두정적인 특징을 가지고 있다. 그런데 서구의 다두정은 더 또렷이 구별되는 특별한 성격을 가지고 있다. 이 정권은 대의민주주의와 자본주의 경제조직뿐 아니라 대개 서구 자유주의로부터 유래하는 문화적·이데올로기적 성향을 통해 특징화된다. 이러한 유산이 가지는 가장 결정적인 관점은 자유주의적 개인주의를 광범위하게 수용하고 있다는 점이다. 개인주의는 서구의 가장 특징적인 가치이며, 각 개인이 가지고 있는 고유성을 강조한다. 그리고 개인주의는 사회가 이것을 구성하는 개인의 요구와 이해관계에 가장 잘 대처하도록 조직되어야 한다고 주장한다. 서구 다두정의 정치문화는 다양한 방식으로 자유주의적 개인주의에 의해 영향을 받았다. 예를 들면 이 정치문화는 개인적 권리─아마도 의무보다 우선하여─에 대해 매우 민감하며, 선택과 경쟁─정치적 생활과 경제적 생활에서─이 사회발전을 위해 좋다는 일반적 인식을 만들어 낸다. 이 정치문화는 정부를 두려워하는 경향이 있으며, 국가를 적어도 자유에 대한 잠재적 위협세력으로 간주한다.

하지만 서구의 다두정이 모두 다 동일한 것은 아니다. 몇몇 서구의 다두정은 중앙집권화와 다수지배의 원리에 치우쳐 있으며, 또 다른 다두정은 분산화와 다원주의로 향하는 경향을 띠고 있다. 리파트(Lijphart, 1990, 1999)는 '다수majority' 민주주의와 '동의consensus' 민주주의 사이의 차이점을 설명할 때, 이 사실을 부각시켰다. 다수민주주의는 이른바 **웨스트민스터 모델**에 의거하여 의회노선에 따라 조직된다. 이 모델의 가장 분명한 예는 영국제도이다. 그러나 이 모델은 또한 어떤 측면에서는 뉴질랜드·오스트레일리아·캐나다·이스라엘·인도에서 채택되었다고 할 수 있다. 다수민주주의 경향은 다음과 같은 특징 가운데 몇 가지 혹은 모두와 관련된다.

① 단일 정당single-party 정부
② 행정부와 의회 사이의 권력연합
③ 단원제 혹은 약한 양원제 의회
④ 양당제도

협의민주주의
consociational democracy
권력공유와 몇 개의 정당 혹은 정치적 구성 사이에서 일어나는 긴밀한 제휴를 통해 작동하는 민주주의 형태.

예외주의Exceptionalism
독특하고 특수한 어떤 정치제도의 특징을 의미하며, 그리하여 이 특징은 더 광범위한 범주의 적용을 제한한다.

서구The West
서구라는 단어는 두 가지 중첩적 의미를 가지고 있다. 일반적 의미에서 이 단어는 유럽의 문화적·철학적 유산과 연관된다. 이 유산은 종종 이민 혹은 식민지주의를 통해 수출되었다. 이 유산의 뿌리는 유태기독교, '전통적' 그리스와 로마의 학문에 있으며, 현대의 자유주의 이념과 가치를 통해 형성되었다. 동양(The East)이라는 단어는 일반적으로 아시아를 언급하며, 특수하게는 동구를 언급한다. 냉전기간 동안에 유행하였던 좁은 의미의 '서구'는 소련이 지배하는 동구에 반대되는 것으로 미국이 지배하는 자본주의 진영을 의미하였다. 동유럽이 더 이상 이러한 의미에서 동구에 속하지 않지만, 러시아가 넓은 의미에서 서구에 속하는지는 항상 불명확하였다.

⑤ 소선거구제a simple plurality system 혹은 단순다수선거제도first-past-the-post electoral system

⑥ 단일 혹은 중앙집권적 정부

⑦ 불문법과 의회주권a sovereign assembly

이와는 대조적으로 서구의 다른 다두정은 정부와 정당제도의 도처에 존재하는 권력융합에 의해 특징지워진다. 미국의 다원주의적 민주주의 모델은 헌법 그 자체의 조치 속에 포함된 제도적 분산에 그 기초를 크게 두고 있다. 그 밖에 특히 유럽대륙에서 합의는 정당제도와 협상과 권력공유의 경향에 의해 지탱된다. 네덜란드·벨기에·오스트리아·스위스와 같은 국가에서 **협의민주주의** 제도는 특히 뿌리깊은 종교적·이데올로기적·지역적·문화적 혹은 다른 차이에 의해 분열된 사회에 적절한 것을 발전시켰다. 협의적 혹은 다원주의적 경향은 종종 다음과 같은 특징과 연관을 맺고 있다.

① 연합정부

② 행정부와 의회 사이의 권력분산

③ 효과적 양원제도

④ 다당제도a multiparty system

⑤ 비례대표제

⑥ 연방주의 혹은 이양devolution

⑦ 성문법과 권리장전

물론 각각의 다두정적인 정권과 사실상 모든 정권은 다양한 수준에서 독특하고, 그런 까닭에 예외적이다. 예를 들면 미국의 **예외주의**는 종종 봉건적 과거의 부재, 이주와 개척을 위한 확장과 연결된다. 이 사실은 깊이 뿌리박혀 있는 미국의 개인주의적 정치문화를 설명해 줄 수 있을 것이다. 이 개인주의적 정치문화는 **서구**의 다두정 중에서 특이하게 사회주의 정당이나 어떤 특정한 운동을 수용하지 않고 있다. 또한 미국은 서구의 가장 노골적

공산주의Communism
가장 간단한 의미에서
공산주의는 집단적 재산
소유에 기반하고 있는
사회생활의 공동체적 조
직이다. 맑스주의에 관
한 한 공산주의는 무계
급성, 합리적 경제조직
과 국가의 소멸 등에 의
해 특징지워지는 하나의
이론적 이상이다. '정통'
공산주의는 아마도 맑스
주의 원칙의 토대 위에
서 20세기에 설립된 사
회들을 언급한다. 그러
한 사회에서 (1) 맑스–
레닌주의는 '공식적' 이
데올로기로 사용되었다.
(2) 공산당은 사회에서
'선도적·지도적' 역할에
기반하여 권력을 독점하
였다. 그리고 (3) 경제생
활은 중앙계획체계를 통
해 집단화되고 조직화되
었다.

이행국가들
Transition countries
중앙계획경제에서 시장
자본주의로 이행하는 과
정에 있는 이전의 소비
에트 블록 국가들.

신민주정
New democracies
민주주의 강화과정이 불
완전한 정권들. 이 정권
에서는 민주주의가 아직
'읍에서 유일한 게임'이
아니다.

인 종교적 정권으로 그리스도교적 근본주의가 주요한 정치적 힘으로 발전한 유일한 정권이다.

인도의 경우는 훨씬 더 어렵다. 인도는 문화적·철학적·종교적 의미에서 확실히 서구에 해당되지 않는다. 유럽과 북아메리카에서 '발전된' 다두정과는 대조적으로 인도는 시골에 거주하는 주민이 많고 문맹율은 약 50%에 이른다. 그럼에도 인도는 1947년 독립한 이후 다두정이 효율적으로 기능하였고, 이 다두정은 1975년에서 1977년 동안의 인디라 간디Indira Gandhi의 '비상사태'에서도 살아남았다. 인도의 정치적 안정은 의심할 바 없이 의회당Congress Party의 카스트제도에 대한 반대와 네루–간디Nehru-Gandhi 왕조의 신화를 통해 증진되었다. 하지만 네루의 쇠퇴와 간디의 종말로 인해 1990년대의 인도는 협의민주주의로 접근하는 정권으로 변형되었다. 터키는 몇 가지 점에서 동양과 서양 사이를 맴도는 정치체계의 또 다른 실례이다.

신민주정

헌팅턴(Huntington, 1991)에 따르면, 제3의 민주화물결은 1974년에 시작되었다고 한다. 이 점은 그리스·포르투갈의 우파 독재정 붕괴, 라틴아메리카 장군들의 퇴장, 그리고 가장 현저하게는 **공산주의** 붕괴에서 나타났다. 1973년 당시에 세계를 구성하는 151개 국가 중에서 단지 45개 국가만이 선거민주주의 국가였다.

2003년에 세계인구의 약 70퍼센트를 차지하는 국가들의 63퍼센트는 자유민주주의 통치의 핵심적인 특징 중의 몇 가지를 드러내 보였다. 이 과정은 복수정당제 선거와 시장에 기반한 경제개혁의 도입이라는 특징을 가장 현저하게 보여 주고 있다. 그럼에도 이 국가들 중 다수는 '이행국가들'이며, **신민주정** 혹은 반민주정으로 분류되는 것이 가장 적합하다. 민주주의 이행과정은 복잡하고 어려웠으며, 이 과정은 민주주의가 단지 인간사회를 위한 '초기화 상태default position'로 간주되어서는 안 된다는 사실을 부각시키고 있다. 신민주정은 발전된 민주주의 정치문화들을 지니지 못하고 있을 뿐만 아니라 급속한 내적 변화와 더불어 지구화라는 외적인 힘들에 의해 나타난 긴장들에 잘 대처해야 한다. 신민주정이 안고 있는 취약성의 가장 극적인(드라마틱한) 증거는 군부의 정치적 부활로서, 1979년 파키스탄과 2006년 태국에서 일어났던 군부쿠데타를 그 예로 들 수 있다. 그러나 민주화를 이룩하려는 탈공산주의 국가들은 특정한 문제들에 직면하게 되었다. 이것은 신민주정 혹은 반민주정으로 더 잘 분류된다.

탈공산주의 정권이 가지는 한 가지 특징은 공산주의 지배의 정치·문화적 결과, 특히 스탈린주의적 전체주의의 결과를 처리해야 하는 필요성이다. 공산당의 권력독점을 지탱하였던 반대파에 대한 혹독한 검열과 압박으로 인해 참여 및 협상과 동의를 강조하는 시민문화는 발전하지 못하였다. 러시아에서 이것은 사회의 중요한 이해관계를 접합하고 집약할 능력이 없는 허약하고 파편화된 정당제도를 생산하였다. 그 결과, 공산당 혹은 이전의 공산당은 종종 안정된 시대를 제공하고자 노력하였다. 예를 들면 과거형의 공산주의제도는 루마니아와 불가리아에서 공산주의 이후의 시대에도 생존하였다. 반면에 헝가리·폴란드·러시아와 같은 국가에서는 신념의 정도에 따라 차이는 있지만, 사회민주주의 원칙을 포용하고 있는 공산주의 정당이 선거에 대한 신뢰를 유지하였다.

두 번째 문제는 경제적 이행과정에서 발생한다. 중앙통제적 계획경제에서 국제통화기금에 의해 옹호된 자유방임laissez faire 자본주의로의 '충격요법shock therapy'적 이행은 실업과 인플레이션의 증가로 인해 심각한 불안정을 야기했고, 심각할 정도로 사회적 불평등을 증대시켰다. 판단력을 마비시키는 1990년대 초 이후, 공산당 혹은 민족주의당에 대한 지지도의 증가로 시장개혁에 반대하는 추세가 발생한 나머지 경제자유화의 속도는 크게 감소하였다.

마지막 문제는 국가권력의 허약성에서 발생한다. 국가권력의 허약성은 국가가 공산주의 시기 동안에 효과적으로 억압되었던 원심적인 힘에 의해 도전받을 때 특히 부각된다. 이것은 인종적·민족적 긴장의 재발을 통해 가장 분명히 드러났다. 소련에서 공산주의 붕괴로 인해 이전의 소련제국이 붕괴되고 15개의 새로운 독립국가가 탄생하였다. 러시아를 포함해 이 신생독립국가들 가운데 여러 국가가 인종갈등으로 어려움을 겪고 있다. 체코슬로바키아Czechoslovakia는 1992년에 체코연방공화국Czech Republic과 슬로바키아Slovakia로 분리되었다. 인종갈등은 유고슬라비아Jugoslavia에서 가장 심각하였는데, 유고에서는 인종갈등으로 인해 1991년에 세르비아Serbia와 크로아티아Croatia 사이에 대규모 전쟁이 일어났고, 이 전쟁은 1992년부터 1996년 사이에 일어난 보스니아Bosnia 내전을 야기하였다.

또한 탈공산주의 국가 사이에서 중요한 차이점을 확인할 수 있다. 이 차이점 중에서 가장 결정적인 것은 산업적으로 좀 더 발전되고 서구화된 중유럽 국가인 체코공화국·헝가리·폴란드와 발전이 더딘 동유럽 국가인 루마니아·불가리아 그리고 어떤 면에서 러시아 사이의 차이점이다. 전자는 시장개혁을 신속하고 상대적으로 무난하게 진행하였던 반면에, 후자는 시장개혁을 어쩔 수 없이 혹은 불완전하게 진행하였고, 이 시장개혁은 심대한 정치적 긴장을 초래하였다. 이 점은 2004년 유럽연합에 가입한 체코공화국·헝가리·폴란드·슬로바키아·슬로베니아, 그리고 발틱 국가들(에스토니아·라트비아·리투아니아)과 같은 초기 회원국에서 드러났다. 하지만 불가리아와 루마니아는 2007년에 유럽연합에 가입했고, 크로아티아·알바니아·보스니아-헤르체고비나·세르비아를 포함하여 다른 발칸의 탈공산주의 국가들은 아직도 가입을 기다리고 있다. 또 다른 차이는 제2차 세계대전말에 소련의 붉은 군대에 의해 공산주의가 강요된 국가와 소련의 일부였던 국가 사이의 차이점이다.

1990년대 말 이후 소련연방국에 대한 많은 후계자 국가들에서 일어난 민주화 과정은 느리게 진행되었다. 몇몇 경우에는 반대의 상황이 발생하였고 이들 국가는 캐로더스(Carothers, 2004)가 독재정과 자유민주주의 사이의 '회색지대'로 불렀던 곳에 남게 되었다. 종종 '유럽의 마지막 독재정'으로 별명이 붙은 몰도바·카자흐스탄·우즈베키스탄·벨라루스 같은 나라들에서 다른 방식이기는 하나 민주주의적 정당성에 대한 공식적 수용이 집행권의 견제에 대한 체계적인 이전과 법지배의 침식을 동반하였다. 러시아의 경우 정

자유민주주의는 인간사회에 대해 '채무 불이행 상태default position' 인가?

19세기 초 이후로 외관상 거침이 없는 민주화의 진척으로 인해 혹자는 이 민주화는 자연적이고 불가피한 과정이라고 믿게 되었다. 이러한 관점에서 모든 지배체계들은 붕괴할 운명이고 자유민주주의 노선으로 재형성될 것이라는 점이다. 자유민주주의가 유일하게 '정상적'인 정치 정권인가?

찬성

역사의 명령. 근대화는 분명히 자유민주주의 모습을 띠고 있다. 제한정부와 대중통치의 자유민주주의적 혼합이 약 200년 동안 유일하게 이곳저곳에서 존재하였지만 이 혼합은 세계에 걸쳐 지배적인 정부 형태가 되었다. 원래 서유럽과 북아메리카에 한정되었지만 자유민주주의는 제2차 세계대전 후에 인도와 일본으로의 확산을 통해 그리고 라틴아메리카와 1980년대부터 동유럽을 가로질러 최근에는 아랍의 봄을 통해 이슬람 세계로 확산됨에 따라 그 자신의 보편적인 힘을 보여 주었다. 이러한 계속되는 민주화의 물결들은 하나의 자유민주주의 세계의 확립에서 그 절정에 달하는 것처럼 보인다.

'이행 범례transition paradigm'. 민주화는 강력한 내적인 원동력을 통해 앞으로 나아갔고 자유민주주의의 발전에 직면하여 독재가 결국에는 무너지는 이유를 설명해 준다. 정당성을 상실한 독재정권에서 균열이 나타나는 초기 국면에 뒤이어 정권 자체가 붕괴하고 새로운 민주주의 제도가 그 자리에 들어선다. 시간이 경과함에 따라 민주주의 구조들은 더 큰 내용을 얻는데, 그 이유는 새로운 민주적 '게임지배'는 정치엘리트와 다수의 대중에 의해 수용되기 때문이다. 이러한 관점에서 선거경쟁이 행해지게 되면 민주적 불완전성이 일정 기간 존재할 경우에도 독재로의 복귀는 일어나지 않을 것 같고 불가능할지도 모른다.

필적될 수 없는 성과. 자유민주주의는 상당히 인간주의적이고 경제적이며 정치적인 혜택들을 가져다 준다. 자유민주주의가 제공하는 인간주의적 혜택들은 인간의 권리들을 지지해 주고 시민들에게 국가에 의해 견제받지 않는 가능한 한 가장 광범한 자유의 영역을 제공해 주는 능력에서 발생한다. 자유민주주의가 제공하는 경제적 혜택들은 자본주의 경제구조와의 본질적 관계에서 비롯되며, 이 점은 자유민주적 정권들이 또한 번영하고 발전하는 이유를 설명해 준다. 자유민주주의가 제공하는 정치적 혜택들은 안정과 동의 그리고 개방적이고 다원주의적 정치를 향한 경향에서 명백하게 드러난다. 이 점은 상당 부분의 주민들이 영원히 무시되지 않는다는 점을 보장한다.

반대

지구적 맥락. 제2차 세계대전의 여파로 자유민주주의의 전개는 미국의 지구적 패권에 의해 의미심장한 방식으로 지탱되었다. 이 점은 미국 유형의 자유민주주의에게 세계에 걸쳐 강력한 힘을 부여해 주었고 외교적·경제적 그리고 종종 군사적 수단을 사용하면서 '민주주의 증진' 전략이라는 미국의 도입에서 드러났다. 하지만 미국이 이끈 서구에서 특히 아시아로의 지구적 권력의 이동은 어느 곳에서나 민주주의를 증진시키고자 하는 미국의 의지와 능력을 감소시켰을 뿐만 아니라 미국의 정치적·경제적 모델의 가치를 저하시켰다. 이 점은 중국과 러시아 같은 부흥하는 세력들이 아주 다른 정치모델들을 대변하고 있다는 사실에서 현저하게 나타나다.

비자유민주주의의 부흥. 1990년 말 이후 민주화 과정은 속도가 떨어졌고 21세기의 첫 10년 동안에 '민주주의 후퇴'가 초래되었다(Fukuyama, 2011). 독재의 전복과 불가피하게 민주주의적 강화를 초래하는 선거유지 대신에 많은 과도기 국가들은 아마도 영원히 '회색지대'에 남게 되었다. 이 국가들은 '조종받는 managed' 혹은 '비민주적' 민주정들이 되었는데, 이 민주정에 있어 선거민주주의 형태는 허약한 견제와 균형 그리고 반대세력에 대한 일상적인 협박에 따라 작동한다. 이러한 제도들은 정치엘리트들이 그들 자신의 목적에 민주주의 정치를 이용하는 능력을 반영하고 있다.

자유민주주의에 대한 불만들. 자유민주주의가 다른 지배제도에 대해 성과면에서 우월하다는 점은 결코 확실한 게 아니다. 자유민주주의의 어려움과 불만들로는 다음과 같은 것들을 들 수 있다. 금권정치의 경향인데, 이것은 자본주의자 대중통치와 궁극적으로 양립하지 않는다는 사실을 반영한다. 원자화와 시민의 참여 감소를 향한 추세 그리고 자유주의와 민주주의 간의 내적인 긴장으로부터 흘러나오는 개인의 자유와 다수 의견 간의 자리바꿈 등이다. 국가자본주의의 증대는 또한 자유민주주의 정권들이 다른 정권보다 항상 더 번영을 가져다줄 것이라는 이념에 정면으로 도전하고 있다. 그래서 자유민주주의는 문화적으로 비서구세계에 맞지 않을지도 모른다는 것이다.

부의 지도적인 힘으로서의 푸틴의 등장으로 인해 잠재적 반대세력에 대한 더 무자비한 행동뿐 아니라 TV, 사법부 그리고 지방에 대한 행정권의 강화 현상이 일어났다. 하지만 푸틴의 러시아연합당은 4년 전 64%에서 49%로 떨어졌고 또한 푸틴 시대에 전례가 없었던 투표장치에 반대하여 대중적 시위가 발생하였기 때문에 러시아의 '관리민주주의' 혹은 '선거**권위주의**'로 다양하게 묘사되었던 시도들은 2011년 12월 의회선거 후에 명백하게 드러났다.

동아시아 정권

권위주의는 '위로부터의 (from above)' 정부에 대한 믿음 혹은 '위로부터의' 정부를 실행한다. 이 정부에서 권위는 인민의 동의와는 무관하게 행사된다. 그리하여 권위주의는 권위와는 다르다. 권위는 정당성에 의존하며, 이러한 의미에서 권위는 '아래로부터(from below)' 발생한다. 따라서 권위주의 정권은 개인의 자유에 대해 권위를 강조한다. 하지만 권위주의는 일반적으로 전체주의와 구별된다. 군주적 절대주의, 전통적 독재 그리고 대부분의 군부통치 형태와 연관된 '위로부터의' 정부는 국가와 시민사회의 차이를 말살하고자 하는 더 급진적인 목표와 연관되기보다는, 반대파와 정치적 자유에 대한 억압과 연관된다. 따라서 권위주의 정권은 경제적·종교적 자유와 다른 자유에 대해 상당한 관용을 베풀 수도 있을 것이다.

20세기 후반에 일어난 동아시아의 부흥은 궁극적으로 공산주의 붕괴보다 더 중요한 세계사적 사건으로 판명될 수 있을 것이다. 확실히 세계경제의 균형은 이 시기 동안 주목할 정도로 서양에서 동양으로 이동하였다. 20세기의 마지막 20년 간, 태평양 서쪽 가장자리 지역에서 이룩한 경제성장율은 유럽과 북아메리카와 같은 발전된 경제보다 2배 혹은 4배나 더 높았다. 하지만 동아시아 정치 형태가 아주 독특하다는 생각은 다소 낯선 느낌을 준다. 근대화는 곧 서구화라는 견해가 널리 유포됐기 때문이다. 정치적 의미에서 해석해 보면, 이것은 산업자본주의가 항상 자유민주주의를 동반하였다는 것을 의미한다. 이 입장을 지지하는 사람들은 미국에 의해 전해진 일본의 1946년 헌법과 1980년대와 1990년대의 태국·한국·대만에서 이루어진 다당제 도입을 예로 든다. 하지만 이러한 해석은 다두정이라는 제도가 서구에서 행해지고 있는 내용과는 다르게 어느 정도로 아시아적 맥락 속에서 작동하고 있는지를 설명해 주지는 못한다. 가장 중요한 점은 이 해석이 **유교** 관념과 가치에 의해 영향을 받은 문화와 자유주의적 개인주의에 의해 형성된 관념과 가치 사이에 존재하는 차이점을 무시한다는 것이다. 이 결과 서구의 가치와는 다른 일련의 특별한 **아시아적 가치**라는 이념이 발생하였다. 물론 이 이념이 1997~1998년의 아시아 금융위기 이후에는 덜 주목을 받았지만 말이다.

동아시아 정권은 특징들이 서로 비슷하다. 첫째, 이 정권은 정치적 목적보다 경제적 목적에 더 치중하고 있다. 이 정권은 서구적 의미의 시민적 자유라는 차원에서 개인적 자유의 확대보다는 경제성장을 우선으로 여기며 번영을 이루고자 한다. 이 정권이 가지는 본질적으로 실용적인 관심은 동아시아·동남아시아의 '호랑이' 경제―한국·대만·홍콩·싱가포르·말레이지아―에서 분명히 나타난다. 그러나 또한 이러한 실용적 관심은 독점적 공산주의 지배가 존속하는데도 1970년 후반 이후 중국의 활발한 시장경제 건설을 통해 입증되었다. 둘째, '강한strong' 정부가 폭넓은 지지를 얻는다. 강력한 '지배'정당이 관용을 얻는 경향이 보이며, 국가에 대한 일반적인 존경

유교 Confucianism

유교는 공자(B.C. 551
~479)와 주로 『논어』에서
약술되었던 그의 문하생
에 의해 형성된 윤리체계
이다. 유교사상은 인간관
계와 자아 수양이라는 쌍
을 이루는 주제에 관심을
가졌다. 인간애 혹은 사
랑에 대한 강조는 말하자
면 효도(filial piety)·존
경·충성·자비와 같은 전
통적인 이념과 가치를 지
지하는 것을 내포하고 있
다고 해석되었다. 덕이
있는 인간(군자)에 대한
강조는 특별히 교육을 통
해 실현되는 인간발전과
완전함을 위한 잠재력에
대한 능력을 암시하고 있
다. 많은 사람들이 유교
이념을 중국문명과 공존
하는 것으로 간주하고 있
지만, 도교(taoism)·불
교와 함께 유교는 중국의
주요한 세 가지 사상체계
의 하나였다.

아시아적 가치

Asian values
일반적으로 아시아 사회
의 역사, 문화와 종교적
배경들을 반영하는 가치.
예를 들면 사회적 조화,
권위에 대한 존경과 가족
구성원 사이의 믿음 등을
들 수 있다.

이 존재한다. 낮은 세금과 상대적으로 낮은 공공지출 ─ 대개 국내총생산의
30% 이하 ─ 때문에 서구적 복지국가 모델을 위한 여지는 별로 없다. 그럼에
도 '아버지 상'으로서 국가는 공적 집단의 결정뿐 아니라 사적 집단의 결정
을 이끌어야 하고 국가발전을 위해 전략을 마련한다는 것을 대부분의 국민
이 수용한다. 셋째, 이 특징은 충성·기율·의무에 대한 유교적 강조로 인해
지도자를 존경하는 일반적 성향에 의해 이루어진다. 서구의 관점에서 볼 때
이것은 동아시아 정권에 함축적이고 때때로 숨김없는 권위주의를 부여해
준다. 마지막으로, 공동체와 가족에 따른 중심적 역할 속에서 구체화된 사
회적 응집력이 크게 강조된다. 일본인이 '집단을 위한 생각group think'이
라고 부르는 것을 강조한 결과, 적어도 서양에서 이해되는 것과 같은 개인
주의·인간권리 같은 관념에 동화되는 것은 제한받게 된다.

물론 동아시아 정권 사이에서도 차이점은 있다. 가장 중요한 차이는 상
당한 정치적 대조점들이 있다는 것이다. 비록 중국의 자본주의 수용이 중국
과 다른 아시아의 정권들 사이의 차이를 희석화하기는 하였지만 말이다. 적
어도 정치적 의미에서의 중국과 정치적·경제적 의미에서의 북한이 재조직
되지 않은 공산주의 정권이며, 이러한 정권 속에서 독점적인 공산당이 여전
히 국가기구를 지배하고 있다. 중국의 '시장 스탈린주의'는 일본에서 확립
된 성공적인 선거민주주의와는 첨예하게 대조된다. 더욱이 다른 동아시아
정권은 이제 산업화되고 점점 더 도시화되는 반면에, 중국은 아직도 농업이
지배적이다. 또한 이 점은 어느 정도 다른 유형의 경제발전을 설명해 준다.
일본·대만·싱가포르와 같은 '호랑이' 경제에서 일어난 성장은 이제 일반적
으로 기술혁신·교육·훈련에 대한 강조에 기초를 두고 있다. 반면에 중국은
어떤 점에서는 계속해서 값싸고 풍부한 노동력을 제공해 주는 많은 시골 주
민에 의존하고 있다. 마지막 차이의 범위는 대만과 중국같이 압도적인 중국
의 국가들과 일본 및 종족적으로 혼합국가인 싱가포르와 말레이시아 사이
에 존재하는 문화적 대조에서 비롯된다. 예를 들어 싱가포르 학교들에서 유
교적 원칙들을 도입하고자 하는 계획들은 말레이 주민과 인도네시아 주민
의 비위를 건드린다는 이유로 중단되었다. 이와 유사하게, 말레이시아의 발

신정Theocracy
신정(사전적으로 '신에 의한 통치')은 종교적 권위가 정치적 권위에 대해 우월해야 한다는 원칙이다. 따라서 신정은 정부의 직위가 종교적 위계질서에서 차지하는 개인의 위상을 토대로 충원되는 정권이다. 이 정권은 정치적·종교적 위치가 엄격하게 분리되는 세속적인 국가와는 대조를 이룬다. 신정통치는 두 가지 의미에서 자유주의적이지 못하다. 첫째, 이 통치는 종교적 통치와 계율을 개인적 생활과 정치적 행위를 인도하는 원칙으로 간주하고 있다는 점에서 사적 영역과 공적 영역 사이의 구별을 침해한다. 둘째, 이 통치는 정치적 권위체에 잠재적으로 무한한 권력을 부여해 준다. 왜냐하면 이러한 유형의 정권에서는 속세의 권력이 정신적인 지혜로부터 발생하기 때문에, 이 통치는 인민의 동의에 기초할 수 없거나 제도적 틀 내에서 적절하게 강제될 수 없기 때문이다.

전은 중국의 영향력을 감소시키려는 정교한 시도에 기반을 두었으며, 말레이 문화에 특징적인 이슬람적 성격을 강조하고 있다.

이슬람 정권

정치적 힘으로서 이슬람의 부흥은 북아프리카와 중동 아시아 지역에서 정치에 중대한 영향을 미쳤다. 몇 가지 경우에 군사적 이슬람집단은 기존 정권에 도전하였고, 종종 1970년대에 맑스-레닌주의에 대해 실망한 이후로 도시빈민층의 이해관계를 접합시켰다. 하지만 다른 경우에 정권은 이슬람적 노선을 기초로 건설되었거나 재건설되었다. 1932년 초 이후로 사우디아라비아는 이슬람 국가였다. 1979년엔 이란에서도 혁명으로 인해 아야톨라 호메이니(Ayatollah Khomeini; 1900~1989)가 이끄는 이슬람공화국이 건설되었고, 수단과 아프가니스탄에서도 이슬람 정권이 세워졌다.

하지만 이슬람은 단지 하나의 종교가 아니며, 결코 단순한 종교가 아니다. 오히려 이것은 개인과 국가의 엄밀한 도덕적·정치적·경제적 행위를 규정하는 하나의 완전한 생활양식이다. '이슬람의 길'은 코란Koran에 나타난 예언자 무함마드(Muhammad; 570~632)의 가르침에 기초를 두고 있으며, 모든 이슬람교도에게 신의 계시로 간주되었다. 또 예언자 자신의 삶에 바탕을 두었다는 경건한 이슬람교도에게 나타나는 전통적 관습인 수나Sunna 혹은 '이례적인 길'로 생각되었다. 그리하여 정치적 이슬람은 정치적인 일과 다른 일들이 더 높은 종교적 원칙들에 따라 구조화되는 하나의 **신정** 건설을 목표로 한다. 그럼에도 정치적 이슬람은 확실히 근본주의자에서부터 다원주의적 극단에까지 배열되는 대조적 형태를 취하였다.

이슬람에 대한 근본주의적 해석은 가장 일반적으로 이란과 관련된다. 호메이니는 1989년에 사망하기까지 제도화된 정신적 지배체계를 이끌었는데, 이 정신적 지배체계는 15명의 장로 성직자로 구성된 이슬람혁명평의회를 통해 작동하였다. 보통선거를 통해 선출된 국회는 이슬람 자문의회Islamic Consultative Assembly의 형태로 확립되었지만, 모든 입법은 헌법수호평

터키: 동양과 서양 사이에 존재하는가?

사건: 1923년 무스타파 케말 아타투르크(Mustafa Kemal Atatürk; 1881~1938)에 의해 건설된 터키공화국은 확고하게 종교분리주의에 그 뿌리를 두었지만 이슬람 정당들은 1990년대 이후 강세를 얻었다. 복지정당Welfare Party은 군대에 의해 해산되기 전인 1996년에 연합정부를 이끌었고, 2002년 의회 선거들에서 정의발전당(Justice and Development Party, AKP)은 34%의 득표율을 토대로 — 두 정당들을 제외하고는 의회선출에서 배제되었던 10% 선거상의 협약 덕택으로 — 의석의 2/3를 차지하였다. 2007년 선거에서 AKP는 47%로 증가하였고, 2011년 선거에서는 50%를 차지하였다. 2003년 이후 AKP는 에르도간Recep Tayyip Erdogan이 국무총리였고 압둘라 굴Abdullah Gül이 2007년 대통령에 임명되었을 때, 그는 현대의 터키 역사에서 처음으로 노골적으로 열렬한 이슬람 대통령이 되었다.

의의: 7천 9백만 인구를 가진 터키는 유럽과 아시아의 교차로에 위치하고 있다. 그럼에도 터키의 지형적 위치는 또한 정치적 성격에서 반영되었다. 이 정치적 성격은 다두정적·군사적·이슬람적 특징들의 결합에 의해 형성되었다. '케말리즘Kemalism' — 케말 아타투르크 후에 — 과 병행하여 현대의 터키는 법치, 인민주권 그리고 정치와 종교의 엄격한 분리에 서약한 입헌공화국이다. 이러한 맥락에서 1990년대 동안에 그리고 특히 2002년 이후 AKP의 통치 동안에 정치적 이슬람의 증대는 미래의 터키의 정치적 방향에 관한 주요한 문제들을 제기하였다. 비판가들은 다음과 같이 경고한다. 즉 AKP는 터키 국가의 종교분리주의 성격을 없애고자 계획하고 있으며, 어쩌면 이란 유형의 이슬람공화국을 확립하려고 한다는 것이다. 터키 대학들에서 이슬람 머리스카프의 착용금지령 — 1980년대 이후 시행되었다 — 은 2010년에 해제되었고 알코올 판매에 대한 제한들은 터키의 몇몇 지역에 부과되었다. 터키는 또한 아랍세계와 점점 더 연대를 형성하기를 기대하였고 이스라엘에 대해 점점 더 비판적이 되었다 — 특히 이스라엘 병사들이 9명의 터키 민간인이 사망한 사건을 일으킨 2010년 5월 가자 지역에 대해 터키가 이끄는 원조함대를 공격하였던 후로 — . 하지만 AKP의 지지자들은 다음과 같이 주장한다. 즉 AKP는 이란에서 건설된 것과는 아주 다른 입헌적 형태의 이슬람주의를 실천하고 있다는 것이다. 이란에서는 터키의 정경분리적인 민주주의 틀의 수용에 반대하여 이슬람 가치들에 기반한 온건한 보수정치가 행해지고 있다는 것이다. 그리하여 동양과 서양의 중간을 선택하기보다 AKP는 두 개의 부분인 것을 확신하는 그 어떤 터키 정체성을 확립하려고 노력한다는 것이다. 이러한 타협의 핵심적인 점은 AKP의 통치하에서 유럽연합의 회원국을 위한 추구였고 이와 관련하여 여성권, 그리고 쿠르드 언어와 문화권 등과 같은 영역에서 개혁을 하고자 하는 의지였다.

그럼에도 이 발전들은 터키에서 군부-민간인 관계를 위해 중요한 함의들을 가졌다. 군부는 터키공화국의 확립에 결정적 역할을 하였다. 군부는 '케말주의'의 관리인이 되고, 관료제·사법부·매체와 강력한 결합을 확립하였다. 1960년과 1997년 사이에 4번이나 터키 장군들은 군사쿠데타를 일으켰고, 마지막 쿠데타는 터키의 첫 이슬람 국무총리를 공직에서 끌어 내렸다. 혹자는 백만의 강력한 군대를 민주주의와 유럽연합 회원국을 향한 전진에 가장 큰 장애물로 간주하는 반면, 다른 사람들은 군부를 정경분리적이고 개방적인 정치를 위한 중요한 보장으로 간주한다. 즉 군부는 AKP의 온건 이슬람주의가 혁명적 이슬람주의로 되는 것을 방해하는 하나의 장애물인 것이다. AKP 정부와 터키 장군들 간의 관계들이 너덜너덜해졌지만 군부에서 민간인으로의 권력의 점진적 이동, 가령 군부가 민간법정에 더 책임을 지게 되는 것은 터키 군부가 미래에 병영에 남아 정치에 참여하지 않을지도 모르는 그러한 가능성을 만들어 낸다.

개념설명

사리아Shari'a
이슬람법을 말하며, 신의 계시를 믿고 있으며, 코란(Koran), 무함마드(Muhammad)의 가르침 그리고 다른 근거로부터 유래한다.

의회에 의해 비준된다. 이 헌법수호평의회는 이슬람 원칙을 확실하게 준수하고 있다. 더 실용적이고 덜 이데올로기적인 접근방법이 1990년대에 하세미 라프자냐니Hashemi Rafsanjani 지배하에서 채택되었지만, **사리아** 법은 합법적·도덕적 규범으로서 이란 전역에 걸쳐 엄격하게 지속적으로 강화되었다. 근본주의는 사우디아라비아에서도 여전히 중요한 의미를 지닌다. 비록 본질적으로 보수적인 수니파 정권의 기질이 시아파인 이란의 혁명적 대중주의와는 현저하게 다르다 할지라도 사우디아라비아에서도 근본주의는 비슷하게 절대적 의미를 내포한다.

하지만 무슬림 자체는 종종 '근본주의자'로서 어떤 이슬람 정권을 분류하는 것에 반대하였다. 왜냐하면 이 분류는 '오리엔탈리즘'의 보기들로 이용되는 '이국적'이고 '억압적'인 동양에 반대하는 서구의 오래된 편견이라는 이유 때문이다(Said, 1978). 이슬람이 정치적 다원주의와 양립한다는 증거는 말레이시아에서 찾아볼 수 있다. 이슬람교는 종교적 지도자이자 국가의 수장으로서 봉사하는 군주통치자를 가진 말레이시아의 공식적인 국교이지만, 말레이시아 연합국민조직(United Malays National Organization: UMNO)의 지배를 통한 '지도guided' 민주주의 형태가 작동하고 있으며, 이것은 다당제의 틀 내에서 광범위한 연정, 즉 브리상 나시오날Brisan Nasional을 통해 작동하고 있다. 1981년 이후, UMNO는 명백하게 일본의 경제발전과 혼합되고 협소하게 이슬람적인, 말레이시아인을 위한 전략을 추구하였다. 그럼에도 권위주의적 경향은 정치적 억압과 언론검열에 대한 강요를 동반하면서, 사법부 독립이 효과적으로 붕괴된 1988년 이후에 다시 나타났다. 이집트·튀니지·리비아 같은 나라들에서 아랍의 봄과 발전들에서 일어난 것처럼 터키 역시 이슬람과 민주주의 사이의 관계에 대한 흥미로운 예를 제공해 주고 있다.

군사정권

독재Dictatorship
엄격히 말해 독재는 지배
형태인데, 이 형태 속에
서 절대적 권력이 한 개
인에게 부여된다. 이러
한 의미에서 독재는 독재
정autocracy과 동의어이
다. 그리하여 독재자들
은 법 위에 군림하며 헌
법적 제약을 넘어서 행
동한다. 독재자들에 대
한 초기의 실례로서 술
라Sulla, 율리어스 시저
Julius Caesar 그리고 로
마의 아우구스투스 시저
Augustus Caesar 등을
들 수 있다. 좀 더 최근의
독재자들로는 히틀러, 무
솔리니 그리고 사담 후
세인을 들 수 있다. 좀 더
일반적으로 독재는 '계급
독재', '당독재', '군사독
재' 그리고 '개인적 독재'
등에서처럼 자의적이고
견제받지 않는 권력행사
를 통해 특징화된다.

혁명위원회Junta
문자상으로 평의회(co
uncil)를 의미한다. 일반
적으로 혁명이나 쿠데타
를 통해 권력을 장악하는
군벌을 의미한다.

대부분의 정권이 정치적·경제적·문화적·이데올로기적 요인의 결합에 의
해 형성되었던 반면에, 어떤 정권은 무엇보다도 군사력과 체계적 억압의 행
사를 통해 생존한다. 이러한 의미에서 군사정권은 넓게 보아 **독재**의 범주에
속한다. 군사적 권위주의는 라틴아메리카·중동·아프리카·동남아시아에
서 가장 공통적이었다. 그러나 이 군사적 권위주의는 또한 스페인·포르투
갈·그리스에서 제2차 세계대전 후에 출현하였다. 군사정권의 핵심적인 특
징은 정부의 지도적 직위들이 군사적 명령계통 내에서 개인이 차지하고 있
는 위치에 따라 충원된다는 점이다. 대개 정상적인 정치적·헌법적 장치는
정지되고, 선거로 선출된 의회나 자유언론과 같이 반대파가 의견을 표현할
수 있는 제도는 약화되거나 폐지된다.

모든 형태의 군부통치가 엄청나게 억압적이지만, 이 분류는 많은 정권유
형을 포함하고 있다. 어떤 군사정권에서는 군이 직접적으로 정부를 통제한
다. 이 유형에 대한 고전적 형태는 라틴아메리카에서 가장 흔히 볼 수 있는
군사**혁명위원회**military junta이다. 이 혁명위원회는 일반적으로 3개의 군
부집단인 육군·해군·공군을 대표하는 장교명령위원회에 중점을 둔 집단
적 군사정부 형태로 작동한다. 군사혁명위원회 정권은 종종 지도적 인물과
인물에 대해 봉사하는 집단 사이의 경쟁에 의해 그 특징이 표현되는데, 그
결과는 공식적인 권력의 위치가 상대적으로 자주 바뀌는 경향을 나타낸다.

군사정권의 두 번째 형태는 군의 배경을 장악하고 있는 개인적인 독재이
다. 이 경우에 한 개인이 군사혁명위원회나 정권 내에서 주도적 지위를 장
악하고, 종종 카리스마적 권위를 가공하기 위해 고안된 개인숭배에 의해 지
탱된다. 예를 들면 1974년부터 1980년까지 그리스의 코로넬 파파도폴로스
Colonel Papadopoulos, 1973년의 군사쿠데타로 정권을 장악한 칠레의 피
노체트Pinochet, 1993~1998년 나이지리아의 아바차Abacha 등이다. 군사
정권의 마지막 형태로서 군부에 대한 충성은 정권을 지탱하는 결정적 요인
이다. 그러나 군부지도자는 무대 뒤에서 조종하는 데 만족한다. 이는 전쟁

후 브라질에서 발생한 사례를 예로 들 수 있다. 군부는 정권의 정당성이 정치적·군사적 직무와 개인 사이의 구별을 유지함으로써 강화될 것이라는 점을 일반적으로 인정하였기 때문이다. 하지만 그러한 구별은 헌법적·대의제적 정치를 위한 욕구를 채워 주고 직접적인 군사 개입을 감소시킬 것이다. 그럼으로써 이러한 구별은 시간이 흐름에 따라 다두정치적 경향을 장려하게 될 것이다. 하지만 어떤 환경에서 군부가 권력을 탈취하는가? 군사쿠데타는 4가지 중요한 환경들과 연관된 것처럼 보인다. 첫째, 군사쿠데타와 경제발전 사이에는 분명한 연관이 있다. 군사쿠데타를 경험하였던 나라들의 대다수가 개발도상국이다. 그 증거로 1970년대 이후 군대가 막사로 돌아가는 라틴아메리카의 경향에서 입증되었듯이 증대하는 번영은 군사적 개입에 대한 대책인 것처럼 보인다. 둘째, 군부는 기존의 제도와 지배엘리트의 정당성이 도전받는다고 생각할 경우에만 그리고 군사적 개입이 성공할 것 같다는 생각이 들 경우에만 정치에 간섭할 것 같다. 그리하여 안정적인 민주문화가 성공적으로 확립되었을 경우에 무력은 정치에 직접 간섭하는 일이 거의 없다. 셋째, 군사적 개입은 군사력의 가치, 목표 그리고 이해관계가 더 넓은 정권의 그것들과 어느 정도로 다른가와 연관을 맺고 있다. 그리하여 많은 신생독립국가들에서 군부는 '민족을 구한다'는 임무를 접수하고 그 자신을 전통적이고 시골적이며 위계적이고 자주 분열된 정치엘리트에 대항하는 '서구화한' 혹은 '현대화한' 세력으로 간주한다. 가령, 이 점은 나이지리아, 인도네시아, 그리고 파키스탄에서 일어났다. 마지막으로 권력을 강탈하고자 하는 군부의 결정은 또한 국제적인 사정에 의해 영향을 받을 수도 있다. 어떤 경우들에 있어 국제적 압력들은 분명히 군사적 행동을 조장한다. 이 점은 분명하게 칠레에서 피노체트가 일으킨 쿠데타의 경우에 해당하였다. 피노체트는 미국 CIA로부터 은밀한 조언과 격려를 받았을 뿐만 아니라 그의 신생 군사정권이 확립되자마자 그는 미국의 외교적 지원을 보장받았다.

요약

(1) 정부는 정돈된 통치가 유지되는 어떤 메커니즘이다. 정부가 가지는 중심적인 특징은 집단적 결정을 만들고 집행할 수 있는 능력이다. 하지만 정치체계 혹은 정권은 정부의 장치와 국가의 제도를 포함할 뿐만 아니라 더 큰 사회와 상호작용하는 구조와 과정을 포함한다.

(2) 정치체계의 분류는 두 가지 목적에 이용된다. 첫째, 정치체계의 분류는 비교를 가능하게 만들고, 형상이 없는 사실 사이에 존재하는 유사성과 차이를 뚜렷하게 하는 데 도움을 줌으로써 쉽게 이해하도록 한다. 둘째, 정치체계의 분류는 다른 정치체계가 가지는 효율성과 성공을 평가하는 데 도움을 준다.

(3) 정권은 다양한 기초 위에서 분류되었다. 아리스토텔레스로부터 유래하는 '고전적' 유형학은 헌법적 장치와 제도적 구조에 관심을 쏟았던 반면에, '3개의 세계' 접근방법은 '제1세계' 자본주의, '제2세계' 공산주의, '제3세계' 개발도상국에서 발견된 제도 사이의 물질적·이데올로기적 차이를 부각시켰다.

(4) 공산주의 붕괴와 민주화 진전으로 인해 현대세계의 정치적 외형을 확인하는 것이 더 어렵게 되었다. 그러나 모든 분류체계가 임시적이라 할지라도 정권이 지니는 정치적·경제적·문화적 특징이 실제로 어떻게 서로 연관되는가를 기초로 정권을 구분하는 것은 아직도 가능하다.

(5) '역사의 종말' 이론가는 서구 자유민주주의의 승리로 인해 역사가 끝났거나 끝날 운명에 처해 있다고 주장하였다. 하지만 정권의 유형은 더 복잡하고 다양해졌다. 현대세계에서 발견된 주요한 정권은 서구의 다두정, 탈공산주의 정권, 동아시아 정권, 이슬람 정권 그리고 군사정권이다.

(6) 민주화를 필연적인 과정으로 간주하는 사람들은 일반적으로 다음과 같이 논의한다. 일단 선동된 민주주의 개혁은 내적 계기를 획득하는데, 이 내적 계기는 경쟁적 선거들의 지지가 정치과정에 관한 공중의 기대감을 변화시키는 방식에서 유래한다. 하지만 다른 사람들은 다음의 사실을 지

적한다. 많은 과도기적 국가들은 민주주의와 권위주의 사이에 존재하는 '회색지대'에 아마도 영원히 남게 된다고 말이다.

토론사항

(1) 아리스토텔레스가 행한 정치체계 분류는 현대세계에서 어떠한 의미를 가지는가?

(2) '제3세계'와 같은 것은 아직도 존재하는가?

(3) 탈공산주의 정권은 과거의 공산주의를 어느 정도로 내버렸는가?

(4) 왜 자유민주주의 구조는 효과적이고 성공적인 것으로 증명되었는가?

(5) 몇몇 신민주정들은 독재와 자유민주주의 사이에 존재하는 '회색지대'에 머물러 있었는가?

(6) 서구의 다두정은 얼마나 민주주의적인가?

(7) 유교와 이슬람은 현대정권의 기초로서 서구 자유주의에 대해 살아남을 수 있는 대안인가?

(8) 군사정권은 단기간 존재할 운명인가?

더 읽을 거리

- Brooker, P., *Non-Democratic Regimes: Theory, Government and Politics*(2009). 다양한 형태의 비민주정권에 대한 유익하고 광범위한 탐구서.
- Carothers, T., *Critical Mission: Essays on Democracy Promotion*(2004). 민주주의를 지원하는 전략과 민주적 과정의 성격을 보여 주고 있는 고무적인 논문 모음집.
- Hague, R., M. Harrop, *Comparative Government and Politics: An*

Introduction(2013). 진정으로 국제적 접근방법을 채택하고 있는 비교정치에 관한 간명하고 고무적인 소개서.

- Lijphart, A., *Patterns of Democracies: Government Forms and performance in Thirty Six Countries*(1999). 민주주의 지배형태의 차이를 설명하고자 하는 고전적이며 상당히 영향력 있는 시도를 담은 해설서.

행정부와 리더십

"지배자는 선한 것보다는 다른 것이 되는 것을 배워야 한다."

Niccolo Machiavelli, *The Prince*(1532)

개관

행정부는 축소할 수 없는 정부의 핵심이다. 정치제도는 헌법, 의회, 사법부 그리고 정당 없이도 작동할 수 있다. 그러나 정치제도는 정부의 정책을 형성하고 정부의 정책이 집행되는 행정부가 없다면 살아남을 수 없다. 이렇듯이 행정부는 잠재적 힘을 가지고 있기 때문에 많은 정치발전이 행정부에게 헌법적 틀 내에서 기능하도록 강요하거나 혹은 의회나 민주주의적 장치에 책임을 지도록 함으로써 행정부를 견제하거나 억제하는 형태의 시도들을 취하였다. 행정부와 특히 주요한 행정부는 확실히 일반 공중에게 가장 친숙한 정치의 모습이다. 이는 행정부가 정치리더십의 원천이기 때문이다. 이 역할은 대개 대내외적인 영역에서 행하는 국가의 광범위한 책임과 인격체라는 의미에서 정치를 묘사하고자 하는 매체의 경향에 의해 강화되었다. 하지만 행정부에 대한 희망과 기대는 또한 행정부의 파멸로 드러날 수 있을 것이다. 많은 정치제도에서 지도자들은 '대중이 원하는 재화를 제공하는 것'이 점점 더 어렵다는 것을 알게 된다. 그럼에도 행정권의 성격과 범위 그리고 함의에 관한 논의들은 정치적 리더십의 더 광범위한 문제와 연결된다. 정치에 목적과 방향에 대한 필요한 의미를 제공해 주면서 정치의 활기찬 구성요소로 넓게 이해되는 리더십은 개인의 재능에서 관료적 장치에 이르기까지 다양한 방식으로 해석되었다. 마찬가지로 리더십은 다양한 유형, 전략 그리고 접근법 등을 포함한다. 그리고 이러한 것들은 리더십이 얼마나 효과적인가에 대해서뿐 아니라 리더십과 민주주의 관계에도 영향을 미친다.

쟁점

---

(1) 정부의 행정부서는 무엇인가? 이 행정부서는 어떤 부서를 포함하고 있는가?

(2) 행정부의 주요한 기능은 무엇인가?

(3) 대통령제가 행하는 행정과 의원내각제가 행하는 행정은 어떻게 다른가?

(4) 행정부에서 권력은 어디에 있는가?

(5) 정치리더십을 어떻게 이해하고 설명해야 하는가?

(6) 현대정치에서 리더십의 위기가 존재하는가?

행정부의 역할

행정부에서 누가 누구인가?

행정부는 기술적으로 정부를 구성하고 있는 영역이며, 정책집행에 책임을 지고 있다. 행정부·입법부·사법부로의 정부의 분할은 권력분립이라는 교의에 의해 유지되었고 몽테스키외 이후로 정부를 분석할 전통적 토대였다. 이러한 관점에서 볼 때 세 개의 다른 정부 영역이 확인될 수 있다.

① 입법부는 법을 제정한다; 입법부는 입법을 제정한다.
② 행정부는 법을 시행한다; 행정부는 법을 집행한다.
③ 사법부는 법을 해석한다; 사법부는 법의 의미를 판결한다.

그런데 실제로 행정부가 지는 책임은 좀 더 복잡할 뿐만 아니라 실질적으로 더 광범위해지는 경향이 있다. 또한 이 복잡성은 행정부 구성을 확대한다. 행정부의 구성원은 두 가지 방식 중에서 한 가지 방식으로 범주화되었다. 첫째, '정치적' 행정부와 '관료적' 행정부 사이에는 종종 차이점이 존재한다. 이 점은 정치가와 공무원 사이에 존재하는 차이점을 부각시키며, 좀 더 광범위하게 정치와 행정의 차이를 드러낸다. 둘째, 다양한 수준의 위상과 책임이 행정부 내에서 확인되었다. 의회는 적어도 자기 구성원의 형식적 자격을 존중하는 데 반해, 행정부는 분명한 리더십 구조에 따라 조직된 전형적인 피라미드 구조이다.

정치적 직위와 관료적 혹은 공무상의 직위 사이에 존재하는 차이점은 **의원제 행정부**에서 가장 뚜렷하게 나타난다. 의원제 행정부에서는 충원, 책임, 위상 그리고 정치적 지향이라는 점에서 차이를 확인할 수 있다. 의회내각제에서 행정부는 선출정치가와 의회로부터 승인을 받고, 의회에 대해 책임을 지는 장관들로 구성된다. 그들이 행해야 할 일은 그들이 속한 당의 정치적·이데올로기적 선호도에 의거하여 정책을 만들고, 이 정책의 집행을

행정부Executive
가장 폭넓은 의미에서 행정부는 법률의 집행과 입법부에 의해 만들어진 정책에 대해 책임을 지는 정부 부서이다. 행정부는 정부의 수장에서 경찰과 군대와 같은 강제기관의 구성원에까지 확대되며, 장관과 공무원들을 포함한다. 좀 더 일반적으로 이 단어는 더 좁은 의미에서 현재 정부정책의 감독과 조정에 대해 전반적인 책임을 지는 더 작은 집단의 정책결정자를 묘사하기 위해 사용된다. 이러한 핵심적인 상급인물들은 공적(official) 행정부 혹은 관료제에 반대되는 것으로 종종 행정부(political executive)-간단히 말하면 '현재의 정부' 혹은 대통령제의 '행정부(administration)'와 동일하다-라 불린다.

의회제 행정부
Parliamentary executive
전형적으로 수상과 내각으로 구성된 행정부. 의회로부터 충원되고 의회에 책임을 지며, 의회선거를 통해 구성된다.

대통령제 행정부

Presidential executive
따로 선출된 대통령이 수
장이 되는 행정부. 대통
령은 의회로부터 정치
적·헌법적 독립을 누린
다.

국가의 수장 Head of state
국가의 수장은 국가의 권
력과 권위의 개인적 구현
이다. 국가의 지도적인
대표자로서 국가수장은
국가에서 가장 높은 위
상을 누린다. 하지만 국
가수장은 본질적으로 상
징적 혹은 형식적 의미
를 가진 인물이며, 진정
한 권한은 정부의 수장–
동일한 인물이 보유할 수
있으며, 그렇지 않을 수
도 있는 직위–의 수중에
있다. 국가의 수장은 훈
장을 수여하고, 입법과
조약에 동의하며, 국가
의 수장들의 방문을 영접
하는 것과 같은 의전적인
권한과 책무를 행사한다.
하지만 정부의 수장을 임
명하는 권한–이 권한이
중요하다–은 약간의 정
치적 영향력을 행사할 수
있는 공간을 허용할 수
있다. 국가의 수장은 일
반적으로 대통령이나 군
주이다.

감독한다. 공무상의 행정부는 전문적인 임용공무원을 포함하는데, 이들이 해야 할 일은 정치적 중립성을 지키고, 그들이 속한 부서의 장관에 충성하면서 조언하고 정책을 관리하는 것이다.

그럼에도 오스트레일리아·캐나다·인도·영국의 의원내각제에서 정치적/관료적 차이는 상급공무원이 종종 정책입안에 실질적으로 기여한다는 사실을 통해 그리고 일반적으로는 일시적으로 정치적인 공약을 한 조언자가 이용되기 때문에 모호하게 된다. **대통령제 행정부**에서 이 중복은 일반적으로 더 크다. 예를 들면 미국에서 대통령은 행정부에서 유일하게 선출된 정치가이다. 사실상 내각 구성원은 임명된 공무원이며, 모든 상급·중간급 공무원들은 정치적으로 당파적이며 임시적이다. 예를 들면 중국과 이전의 소련과 같은 공산주의 행정부에서 차이는 실질적으로 공산주의 지배정당이 모든 영역에 침투함으로써 의미가 없게 된다. 그리하여 중국의 관료는 이데올로기적으로 공약을 행한 지지자이며, 일반적으로 중국 공산당원이라는 점에서 '정치적'이다.

정치적/관료적 차이와 비교해 볼 때 행정부 내에 존재하는 위계적 분할을 더 쉽게 확인할 수 있다. 무엇보다도 행정부는 단 한 개인의 리더십 주위로 중앙집권화하는 경향이 있다. 몽테스키외가 적었던 것처럼 "신속하게 해결하고자 하는 필요성을 가지고 있는 정부 부서는 많은 사람에 의해서보다는 한 사람에 의해 더 잘 관리된다." 그럼에도 두 개의 분리된 직위–이 직위들이 동일한 사람에 의해 유지될 수 있지만–가 확인될 수 있다. 하나는 형식적인 권위를 나타내고 일반적으로 상징적 의미가 있는 국가의 수장이고 다른 하나는 정부 혹은 주요 행정부의 수장인데, 정책입안과 정치적 책임을 지닌 미국·러시아·프랑스처럼 집행적 대통령은 두 가지 직위를 가지는 반면에, 일반적으로 의원내각제에서는 이것들이 분리된다. 수상은 최고행정관으로 활동하며, 비당파적인 명목상의 우두머리가 **국가의 수장** 직위를 차지한다.

최고행정관 아래 장관과 차관이 특수한 영역에서 정책을 발전시키거나 집행하는 책임을 진다. 보스들이 정책영역–경제장관과 외무장관들은 일

개념설명

내각Cabinet
공식적으로 정기적인 모임을 가지는 장관들의 집단을 의미한다. 내각에서 최고행정관이 의장이 된다. 내각은 정책을 만들거나 자문할 수 있다.

반적으로 선도적 위치를 점유한다 – 에서 행하는 중요성, 혹은 **내각**이나 상급위원회에서 가지는 권한으로 인해 부과된 위계질서가 이러한 부서의 보스들 사이에 때때로 존재한다. 아래에서 계속 논의될 것인데, 내각은 집단적 리더십의 형태로 정책결정권한을 공유하는 것부터 조언하고, 집행적 정책에 대한 광범위한 조정에 이르기까지 그에 대한 책임을 진다. 더 낮은 수준에서는 적어도 이론적으로 정책집행보다는 정책형성에 덜 관여하는 수많은 등급의 관료와 행정관 – 16장에서 논의된다 – 이 활동하고 있다. 마지막으로, 경찰과 군부와 같은 강제기관enforcement agency이 있고, 준자율적 비정부기구로 잘 알려진 준정부단체들이 있다. 이 기구들은 정부정책을 실행하는 데 기여한다는 점에서 행정부의 부분이다. 그러나 이 단체는 적어도 정부 자체로부터 형식적인 독립을 향유하는 인사로 구성된다.

행정부의 기능

가장 단순한 차원에서 행정부가 행하는 과제는 리더십 제공이다. 이러한 의미에서 행정부는 국가기구의 '통솔적 정점', 즉 국가 자체의 핵심으로 기능한다. 이 역할은 다양한 영역으로 확대되며, 이것은 행정부의 구성원들이 여러 가지 기능 – 때로는 자발적으로 – 을 수행해야 한다는 것을 뜻한다. 이 가운데 가장 중요한 영역은 다음과 같다.

① 의전적인 의무ceremonial duty
② 정책입안의 통제control of policy making
③ 대중적 정치리더십popular political leadership
④ 관료적 관리bureaucratic management
⑤ 위기 대응crisis response

의전적 리더십
국가의 수장, 최고행정관 그리고 더 작은 범위에서 원로급 장관 혹은 차관들은 국가를 '대표한다.' 국가권위를 개인적 형태로 부여함에 있어 그들은 더 큰 사회를 대변하고 정확하게 혹은 다양한 방식으로 더 큰 사회를 상징한다. 이 역할은 대개 공식적이며 의전적이다. 그래서 이 역할은 국가의 행사, 외국 방문, 국제회의 그리고 조약과 입법의 비준에 적용된다. 비행정적 대통령과 입헌적 군주들은 때때로 본질적으로 이러한 의전적인 책임을 지게 되며, 다른 행정공무원에게 나날의 정부행사를 진행하도록 한다. 그럼에도 이 역할은 두 가지 이유에서 포괄적인 의미를 지닌다. 첫째, 이 역할은 일치단결과 정치적 충성을 위한 관심을 제공해 정당성을 조성하는 데 기여한다. 둘째, 이 역할은 행정부의 정상에 있는 사람으로 하여금 자신을 '국가 지도자'로 표현하게끔 한다. 이것은 공정한 지지와 선거상의 신뢰를 유지하는 데 중요하다.

정책입안 리더십

행정부의 핵심적인 기능은 정책과정을 지시하고 통제하는 것이다. 간단히 말해 사람들은 행정부에 '통치하는' 것을 기대한다. 이 역할은 실질적으로 정부가 떠맡아야 하는 광범위한 책임에 대응하여 20세기에 확대되었다. 행정부는 특히 더 복잡하고 정치적으로 매우 복잡한 사회의 요구에 대처하는 일관적인 경제·사회 프로그램을 발전시키고, 점증하는 상호의존 속에서 국가가 가지는 다양한 외부관계들을 통제하는 데 주의를 기울였다. 이에 대한 가장 중요한 하나의 결과는 행정부의 입법적 권한 증대와 의회가 지는 전통적인 책임에 대한 행정부의 침해였다.

행정부는 일반적으로 입법 프로그램을 발의하고 설득 혹은 지시에 의해 입법 절차 작업을 행하는 데 기여할 뿐만 아니라, 많은 경우에 법령, 규칙 그리고 다른 수단들을 사용함으로써 폭넓은 법제정 권한을 행사한다. 하지만 행정부가 항상 정책과정을 지배한다고 생각하는 것은 오해이다. 가령 많은 정책이 정당과 이익집단에 의해 발의된다. 전문성과 세부적인 지식을 배경으로 관료나 공무원들은 정책형성에서 중요한 역할을 할 수 있을 것이다. 하지만 그들은 행정부가 정부정책을 전반적으로 감독하게 한다.

대중적 리더십

행정부의 대중성은 정권의 성격과 안정성을 위해 정치제도의 다른 어떤 부분보다 더욱 중요하다. 하나의 정책수준에서 이 대중성은 대중의 양보와 협동을 보장하는 지지를 끌어내는 행정부의 능력이다. 간단히 말해 대중 혹은 사회에서 중요한 집단의 지지가 없다면 정책집행은 어렵게 되고 불가능할 수도 있다. 좀 더 중요한 사실은 특정한 정부 혹은 행정이 지니는 비대중성이 차제에 정치제도의 지지를 약화시키지는 않는다는 것이다. 그러나 이 비대중성은 인기가 없는 정부를 제거하고 교체하기 위한 메커니즘이 부재할 경우, 지지를 약화시킬 수 있을 것이다. 이 점은 정기적이며 경쟁적인 선거가 폭넓게 사용되고 있음을 설명한다. 물론 이것은 비대중적이며 태연자약한 행정부가 항상 체계적인 붕괴를 초래한다고 말하는 것은 아니다. 그러나 그러한 정권은 억압과 이데올로기 조작을 통해 대중의 양보를 획득하는 권위주의에 의존함으로써만 생존할 수 있다.

관료적 리더십

정책집행을 감독하는 임무는 행정부가 주요한 관료적·행정적 책임을 진다는 것을 뜻한다. 이러한 의미에서 최고행정관·장관·차관들은 정부기구를 관리하는 책임이 부과된 '최고의 간부'이다. 이 일은 대개 부서의 방향에 따라 조직되며, 상급 장관들은 특정한 정책영역과 그러한 영역을 관리하는 데 관여한 관료들이 행한 업무에 대해 책임을 진다. 일반적으로 더 높은 수준에서 어떤 종류의 내각제도를 통해 수행되는 정책조정에 대한 요구가 있다.

하지만 이러한 관료적 리더십의 능률성에 관해 의구심이 일어났다. 첫째, 행정부는 정치가에 의해 구성되며, 정치가는 종종 관료기구를 효과적으로 통제할 수 있는 능력, 관리적 경험 그리고 행정지식을 가지고 있지 않다는 점이다. 둘째, 특정한 정부 부서들은, 특히 이 부서들이 강력한 의뢰인집단과 연합할 때 그들 자신의 이익을 도모할 수 있다는 점이다. 셋째, 전체로서 관료제도는 행정부의 이해관계와는 분리된 이해관계를 발전시킬 수 있으며, 이것은 관료제로 하여금 관념적인 정치 지배자의 통제에 저항하도록 한다는 점이다. 이 문제들은 16장에서 관료적인 권력과 관련하여 더 상세하게 논의된다.

위기 리더십

행정부가 의회에 대해 가지는 중요한 장점은 신속하고 과단성 있는 행동을 취할 수 있는 능력이 있다는 점이다. 국내정치나 국제정치에서 위기가 발생할 경우, 위계구조와 개인적 리더십에 제공하는 범위 덕택으로 위기에 대응하는 것은 항상 행정부이다. 따라서 의회가 전시에 행정부에 거의 독재에 가까운 권한을 주는 것은 흔한 일이며, 자연재해, 테러주의자들의 위협, 산업불황과 시민적 무질서가 발생할 때 행정부가 '비상권'을 가지는 것도 평범한 일이다. 하지만 '비상사태'를 선언하고 능률적인 집행 규칙을 강요하는 권한은 분명 남용되기 쉽다. 일반적으로 정부는 입헌주의를 가장하여 정치적 반대파를 약화시키거나 근절하기 위해 이러한 권한들을 사용하였다.

행정부의 권력: 누가 통솔하는가?

이미 언급한 것처럼 행정부가 행하는 역할과 책임은 실질적으로 민주정치의 출현, 점증하는 정부간섭, 정치·경제적 지구화를 통해 강화되었다. 20세기에 행정부는 더 광범위한 정책결정과 입법적 책임을 획득하였고, 길게 늘어진 관료기구들을 통제하였으며, 점점 더 대중정치와 대중매체의 관심의 초점이 되었다. 이러한 발전은 교대로 정부 행정부서의 내부조직과 정부 내에서 권한배분에 영향을 미쳤다. 일반적으로 이러한 과정 속의 주요한 수익자는 최고행정관이었다. 정부 수장들은 일반적으로 제도적 책임, 정치적 위상, 그들이 이끄는 내각 혹은 행정 동료와 명백하게 구분짓는 공적인 얼굴을 가진다. 그럼에도 중앙집권화에 대한 이미지와 개인적 권한의 증대는 리더십이 실패하고 국민이 수장에게 바라는 것을 수행할 능력이 부족해 첨예하게 갈등을 일으킨다. 행정권의 복잡한 역학은 대통령·수상·내각이 행하

대통령제 정부
Presidential government
대통령제는 정부의 입법부
와 행정부 사이의 헌법적·
정치적 권력분산을 통해
특징화된다. 대통령제가
가지는 주요한 특징은 다
음과 같다.
(1) 행정부와 입법부는 분리
하여 선출된다. (2) 입법부
와 행정부의 인사 는 형식
적으로 분리된다. (3) 행정
부는 헌법적으로 입법부에
책임을 지지 않으며 입법
부에 의해 해산될 수 없다.
탄핵을 통해서는 가능하
다. 탄핵(impeachment)
이란 개인적 혹은 직업상
의 잘못을 저지를 경우에
공직자를 면직시키기 위한
공식적 과정을 뜻한다. (4)
대통령이나 행정부는 입법
부를 '해산할 수 없다. (5)
행정적 권한은 대통령에
집중된다.

대통령제 Presidentialism
행정적(집행적)대통령의
의미에서 정당이나 다른
정부기관들로부터 자유
로운 개인화된 리더십.

는 역할을 살펴봄으로써 좀 더 자세히 고찰할 수 있다.

하지만 이 세 가지 경우를 각각 고찰함에 있어 세 가지 차원의 권한이 있다는 사실을 주지해야 한다.

① 공식적formal 차원의 권한: 집행공무원의 헌법적 역할과 책임 그리고 이들이 임무를 행하는 제도적 틀

② 실질적informal 차원의 권한: 개인의 역할, 정치적 숙련과 경험, 정당과 대중매체 같은 요소들이 행하는 영향

③ 외적external 차원의 권한: 정치적·경제적·외교적 차원의 정부환경과 집행영역에서 영향을 끼치는 더 광범위한 압력들

대통령

대통령은 국가의 공식적 수장이며, 다른 국가에서 군주 혹은 황제로 여기는 명칭이다. 하지만 입헌적 대통령과 집행적 대통령 사이에는 중요한 차이가 있어야 한다. 예를 들면 인도·이스라엘·독일에서 헌법적 혹은 비행정적 대통령은 의원내각제가 가지는 하나의 특징이며, 일반적으로 의전적인 의무에 한정되는 책무를 맡고 있다. 이러한 상황에서 대통령은 단지 상징적 수장에 불과하며, 행정권은 수상 그리고/혹은 내각에 의해 장악된다. 이 부문은 행정적 대통령과 연관되며, 행정적 대통령은 국가수장이라는 공식적 책무와 최고행정관이라는 정치적 권한을 결합하고 있다. 이러한 종류의 대통령직은 의원내각제 정부(그림14.1)와는 대조적으로 **대통령제 정부**(그림13.1)라고 불리는 것의 토대를 구성한다.

대통령제 행정부는 제한적이거나 무제한적일 수 있다. 제한적 대통령제 행정부는 헌법, 정치적 민주주의, 정당경쟁 그리고 어떤 형태의 권력분산에 의해 부과된 제약 내에서 작동한다. 무엇보다도 대통령의 권한은 대중에게 책임을 지는 의회의 권한을 통해 견제를 받는다. 가장 잘 알려진 제한적 **대통령제**는 미국에서 찾아볼 수 있다. 그러나 프랑스·핀란드와 같은 **준대통**

Semi-presidential system
단독으로 선출된 대통령
이 의회에 의지하고, 의
회에 책임을 지는 정부의
의장이 되는 정부제도를
뜻한다.

임명권Patronage
공직을 임명하는 업무.
좀 더 넓게는 허가권(The
granting of favours).

령제도 이 모델을 따르고 있다. 한편 무제한적 대통령제 행정부에서 대통령
은 거의 견제받지 않으며, 이는 이 정권이 사실상 독재정이라는 것을 의미
한다. 이러한 정권은 압도적으로 군부의 지지에 의존하는 일당제 국가에서
일반적으로 찾아볼 수 있다. 예를 들면 무제한적 행정부는 수단·벨라루스·
카자흐스탄에서 발견된다.

미국 양식의 대통령제 정부는 주로 라틴아메리카에서, 근래에는 폴란
드·체코공화국·러시아 같은 탈공산주의 국가들을 포함하여 전 세계에 걸
쳐 모방되었다. 대통령직에 행정권을 부여함에 있어서, 미국 헌법의 설계자
들은 그들이 사실상 하나의 '선거에 의한 왕권elective kingship'을 만들었
다고 생각하였다. 그들은 권력남용을 방지하고자 하는 소망이 대영제국하
에서 일어났고, 그 결과 입법부·행정부·사법부 사이에 복잡한 권력분산을
확립했다고 믿었다. 리하르트 노이슈타트(Richard Neustadt, 1990)는 이 점을
'권한을 공유하는 분산된 제도'라고 정확하게 묘사하였다. 그리하여 대통령
은 국가의 수장, 최고행정관, 군의 최고사령관과 최고외교관으로 임명되고
광범위한 **임명권**과 법령을 거부할 권리를 보장받았지만, 의회는 강력한 견
제권을 부여받았다. 특히 의회는 전쟁을 선포하고 대통령의 거부권을 무효
로 할 수 있었다. 상원은 임명동의권과 조약비준권을 가졌다. 실제로 20세
기 초까지 대통령직은 대개 제2의 기관으로 남아 있었고, 요구받은 정책리
더십은 의회를 통해 제공되었다.

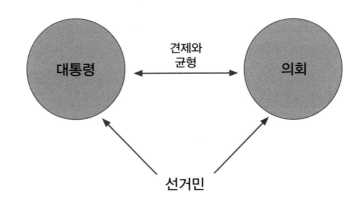

그림 13.1
대통령제 정부
(제한적 대통령제)

미국의 대통령직이 가지는 위상은 두 가지 중요한 발전을 통해 변형되었다. 첫째, 정부로 하여금 정부가 가졌던 전통적인 자유방임정책을 포기하고 경제·사회 생활에 좀 더 간섭주의적으로 접근하도록 하는 국가경제가 발전하였다. 둘째, 미국은 고립주의 정책에서 벗어나 제2차 세계대전 후에 발생한 양극─그리고 지금은 단일세계체제─세계체제에서 초강대국의 위상을 전제하는 세계적 역할을 수용하도록 강요받았다. 프랭클린 루즈벨트가 1930년대에 행한 뉴딜 정책 이후로, 미국 대통령들은 최고입법관의 역할을 하였으며, 1946년 이후로 '자유세계'의 지도자라는 외피를 걸쳤다. 존슨 대통령과 닉슨 대통령이 의회가 공식적으로 선언하지 않은 베트남전쟁을 확전시키는 데 놀란 나머지 아서 슐레진저(Arthur Schlesinger, 1974)는 **'제왕적 대통령직**imperial presidency'의 출현을 천명하기에 이르렀다.

그럼에도 대통령이 가지는 권한은 종종 허약하고 실질적이지 못하다. 노이슈타트가 쓴 고전적 책 『대통령의 권력*Presidential Power*』(1990)은 옳았다. 즉 미국 대통령이 가지는 주요한 힘은 '납득시키는 힘power to persuade'이다. 요컨대 이 힘은 흥정하고 격려하며 명령하는 것은 아니지만 궁극적으로 감언이설로 속이는 능력이다. 자신들의 방식을 취하는 미국 대통령들의 능력은 4가지 중요한 관계, 특히 다음과 같은 기관과 맺는 관계에 의존하고 있다.

① 의회
② 연방관료제
③ 최고재판소
④ 대중매체

의회와 대통령의 관계는 의심할 여지 없이 가장 중요하다. 특정한 대통령들이 거둔 성공은 종종 그들이 의회에 대해 거둔 '성공률'이라는 의미, 즉 의회가 행하는 정밀조사에서 살아남는 대통령들이 행한 입법 프로그램의 비율이라는 의미에서 계량화된다. 하지만 베트남전쟁과 워터게이트 사건

개념설명

탄핵 Impeachment
개인적이거나 직업적인
잘못을 행한 경우에 공직
에서 물러나게 하기 위한
공식적 절차.

후에 대통령들은 잃어버린 권한을 다시 주장하는 의도들에 대해 좀 더 의지를 가진 단호한 의회와 대면하게 되었다. 이에 대한 초기의 사례로는 1974년의 전쟁권한 법령에 대한 가결이었다. 이 법령은 미국 군대가 외국으로 급파되기 위해서는 의회의 지지가 요구된다는 점이다. 더 중요한 것은, 상대적으로 약한 미국의 정당제도는 대통령이 가지고 있는 의회의 행정부에 대해 이용할 수 있는 주요한 의회적 통제의 방편, 즉 정당 통일에 대한 호소를 빼앗아가고 있다는 것이다. 이 점은 1970년대에 발견된 지미 카터 대통령처럼 대통령들이 상·하 양원에서 그들이 속한 정당이 지배한다 할지라도 의회에 의해 저지당할 수 있다는 것을 의미한다.

대통령은 야당이 지배하고 있는 의회와 대립하게 될 때 훨씬 더 약해질 수 있다. 이 점은 클린턴 대통령이 1994년에 공화당이 지배한 후에 경험하였던 문제였다. 의회에 대해 행사하는 조지 부시의 영향력은 또한 2001년 초에 상원에서 공화당이 패배함으로써 민주당원들이 통제력을 행사하였을 때 매우 제한을 당하였다. 대통령이 직면하는 어려움은 당적과는 무관하게 상·하 양원 의원들은 일차적으로 '국내문제'에 관심을 가진다는 점이다. 사실 이는 상·하 양원에 국내문제에 신경을 쓰도록 강요하는 관심사로 인해 논평자들로 하여금 '두 개의 대통령직'에 대해 말하게 하였다. 이 '두 개의 대통령직'은 전형적으로 정책실패와 무능력에 의해 특징지워지며, 대부분의 대통령들이 손을 떼는 '국내의domestic' 대통령직과 대통령들이 행하는 리더십에 대한 자격을 증명한다는 바람으로 행해지는 '대외적foreign' 대통령직이다. 로즈(Rose, 1987)의 표현에 따르면, 경제에서 '레이저 빔과 같은' 약속을 통해 공직에 선출된 클린턴 대통령조차도 '대외적으로 나아가는' 것을 피할 수 없었을 것이라고 한다. 이러한 추세는 2001년 9월 11일에 뉴욕과 워싱턴에서 발생한 폭력사태를 통해 훨씬 더 강화되었다. 의회가 대통령에 대해 행사하는 궁극적 통제는 **탄핵**권에 있다. 물론 이 탄핵권은 1868년 앤드류 존슨과 1998년에 빌 클린턴에 대해 두 번만 행사되었고 이 두 경우에 대통령은 상원에 의해 재판에 회부되었다.

이론적으로 연방관료제도는 대통령의 일을 도와주기 위해 존재한다. 그러나 실제로 연방관료제도는 제약으로써 대통령의 일을 방해하는 경우가 종종 있다. 대통령은 직·간접적으로 자신이 통솔하고 있는 행정부에서 약 3천 명의 상급공무원과 중견공무원을 임용하고 있지만, 이 인원은 200만 명이 넘는 미국의 전문 관료들의 총 인원수와 비교해 볼 때 적은 수이다. 더군다나 이 관료들은 행정의 우선순위와는 맞지 않는 이해관계에 대응한다는 점이 폭넓게 주장되었다. 우드로 윌슨 정권 밑에서의 해군참모총장으로서 루즈벨트는 깃털로 만들어진 매트리스를 때리는 것과 같은 것으로서 해군성에 영향을 미치는 것을 묘사하였다. 즉 "당신은 주먹으로 때리고 또 때리지만 그것은 아무런 효과도 가지지 못합니다." 트루먼Truman 대통령은 그의 계승자인 아이젠하워Eisenhower 장군을 논평할 때 비슷한 문제를 언급하였다.

그는 여기에 앉아서 "이것을 해라! 저것을 해라!"라고 말할 것이다. 그러나 어떤 일도 일어나지 않을 것이다. 가엾은 아이크(Ike, 아이젠하워의 애칭 – 옮긴이). 결코 군대와 같지는 않을 텐데.

비슷한 어려움이 최고재판소와 관련하여 존재한다. 1950년대 이후 이 재판소는 미국의 정치생활에서 중요한 역할을 하였다. 이 재판소는 부분적으로 정치의제에 영향력을 행사함으로써 대통령에게 정치의제를 만들도록 강요하였다. 대통령이 최고재판소의 판사들을 임명하지만, 이 임명은 상원에 의해 거부될 수 있다 – 닉슨은 두 번, 레이건은 한 번 –. 일단 판사로 임명될 경우, 판사들은 정년을 보장받기 때문에 통제를 받지 않는다. 1930년대에 행해진 뉴딜 정책의 많은 정책들은 루즈벨트 대통령이 1937년에 '법정혁명court revolution'을 통해 이데올로기적 균형을 이동시킬 수 있기 전까지 최고재판소에 의해 방해를 받았다. 아이젠하워는 대심원장으로서 얼 워렌 Earl Warren을 임명하였는데, 이 임명은 단지 얼이 가진 사법상의 행동주의와 헌법에 대해 가한 자유주의적 해석을 발견한 후에 이루어졌다.

마지막으로 중요한 관계는 미국 대통령과 대중매체 사이에 존재하는 관계이다. 매체는 '의회의 수장을 넘어서서' 미국의 대중에게 직접적으로 호소할 필요가 있는 대통령에게 중요하다. 이러한 관점에서, 배우이자 언론가였던 로날드 레이건과 같은 대통령은 매체의 취재범위를 관리하고 유리한 논평을 확실하게 쓰게 함으로써 큰 성공을 거두었다. 그럼에도 매체에 의해 살아가는 대통령은 또한 매체를 통해 죽을 수도 있다. 대중매체는 종종 미국의 네 번째 정부기관으로 묘사되며 정치적 독립성과 진리를 추구하는 명성으로 칭찬을 받고 있다. 워싱턴 포스트Washington Post 지가 워터게이트 사건을 폭로함으로써 결국에는 닉슨 대통령이 1974년 사임하게 되었고, 화이트 워터Whitewater 사건에 대한 냉혹한 취재로 인해 1990년대 초에 클린턴 행정부는 상당히 약화되었다.

러시아 의회가 점점 더 옐친이 행한 '충격요법'에 의거한 개혁보따리에 저항하고자 하는 의도를 가진 강경파의 통제하에 놓이게 되었을 때, 대통령제도 내에서 존재하는 제도적 갈등에 대한 잠재성이 초기의 탈공산주의 러시아에서 발생하였다. 궁극적으로 옐친의 대통령직은 단지 1993년 10월에 일어난 의회의 반란을 분쇄함에 있어서 군부의 지지로 인해 살아남았던 것이다. 그러나 러시아에서 무제한적인 대통령제 행정부가 출현할 가능성은 러시아 정치제도 내에서 변덕스럽고 갈등적인 압력을 균형 잡고자 한 옐친의 요구에 의해 상쇄되었다. 하지만 강력한 집행적 리더십에 대한 러시아의 전통이 1999년 이후 푸틴Putin 대통령에 의해 되살아났다. 푸틴 대통령은 그가 '법의 독재'라고 불렀던 것에 기초를 둔 헤게모니적 대통령제를 확립하였다. 이 제도는, 푸틴이 메드베데프 대통령하에서 국무총리로 재직하였던 2008~2012년 동안에 공직에서의 세 번의 연임에 대한 헌법적 제한으로 인해 개정되었다.

또 다른 형태의 대통령제 정부가 프랑스·오스트리아·핀란드·포르투갈 같은 준대통령제도에서 발견된다. 이 제도는 혼성적 제도이다. 이 제도는 대통령제에서처럼 단독으로 선출된 한 명의 대통령에게 행정권이 부여되며, 의원내각제에서처럼 일반적으로 의회에서 승인되고 의회에 대해 책임을 지는 한 명의 수상과 내각으로 구성되는 정부를 포함하고 있다. 예를 들

군주제 논의

군주제는 일인에 의해 지배되는 통치제도이다(군주제는 문자상으로 '일인에 의한 지배'를 뜻한다). 하지만 일반적 용법에 있어 군주제는 국가의 우두머리 지위가 세습이나 왕조적 계승을 통해 이루어지는 제도이다. 절대군주제에서 좀처럼 시행되지는 않지만 군주는 정치권력의 독점을 주장한다(예를 들어 사우디아라비아·스와질랜드·바티칸 시티). 입헌군주제에서 군주는 일반적으로 정치적 의미가 없는 본질적으로 의전적인 기능을 수행한다(예를 들어 스페인·네덜란드·영국).

입헌군주제의 장점들은 다음과 같다.

- 입헌군주제는 정당정치의 '위에 있는' 비당파적 국가수장을 위한 필요성에 대한 하나의 해결책을 제공해 준다.
- 군주는 전통적 권위를 구현하고 그래서 애국적 충성과 국가통일의 상징으로 기능한다.
- 군주는 특히 헌법적 문제와 관련하여 선출 정부들에 유용한 경험과 지혜의 저장소를 구성한다.

입헌군주제의 단점들은 다음과 같다.

- 입헌군주제는 정치적 권위가 대중의 동의에 기반하는 것이 아니고 결코 공적으로 책임을 지지 않는다는 점에서 민주주의 원칙들을 위반한다.
- 군주는 위계, 복종 그리고 세습유산과 사회적 지위에 대한 존중과 같은 보수적 가치들을 상징화한다(그리고 아마도 지지한다).
- 군주는 시대에 뒤떨어진 방식과 과거의 상징으로 국민을 구속하며, 그리하여 진보를 방해한다.

면 핀란드와 오스트리아에서 이 제도는 일반적으로 행정 책임의 배분을 통해 작동한다. 즉 이 제도는 대통령에게 대외문제와 더 광범위한 헌법적 문제들을 부여하며, 반면에 수상과 내각은 국내정책에 대해 책임을 진다.

하지만 프랑스의 제5공화국에서 건설되었고 1962년에 따로 분리하여 선출된 대통령제의 도입으로 완전하게 된 제도는 상당히 복잡하다. 한편으로 프랑스 대통령은 7년 임기의 공직활동을 미국 대통령이 국가수장, 최고행정관 그리고 임명권자로서 행하는 역할 외에 국민의회National Assembly를 해산할 수 있는 권한을 사용함으로써 입법부를 이끌 수 있다. 다른 한편으로 프랑스 대통령은 자신이 이끄는 정부가 의회와 대중의 지지를 유지할

동거Cohabitation
대통령이 경쟁적인 정당 혹은 정당들에 의해 통제를 받는 정부, 의회와 함께 일하는 준대통령제도에서의 배치구도를 의미한다.

필요성에 의해 상당히 제약을 받게 된다. 그리하여 1958년에서 1969년 사이에 드골, 1969년에서 1974년 사이에 퐁피두Pompidou 그리고 1974년에서 1981년 사이에 지스카르 데스텡Giscard d'Estaing과 같은 대통령들이 가진 힘은 대개 드골주의 세력이 의회에서 행사하였던 통제로부터 유래하였다. 하지만 총선거를 소환할 수 있는 권한이 의회에서의 당에 대한 통제를 필연적으로 보장하는 것은 아니다. 이 점은 사회주의 대통령인 미테랑이 1986년과 또한 그가 드골주의 정부들과 **동거**를 하게 되었을 때인 1993년에 다시 나타났다. 유사하게 드골은 선출된 군주와 같은 형식적인 권력을 가지고 있었는데도 그의 대통령직은 1968년 5월에 발생한 학생소요와 재정적 위기 후에 1969년 사임함으로써 끝이 났다. 대통령의 권한이 가지는 허약성은 특히 조스팽이 이끄는 사회주의 정부(1997~2002)가 들어섰을 때, 시라크 대통령에게 가해진 압력을 통해 입증되었다.

수상

현대세계에 존재하는 대부분의 행정부는 의원내각제 행정부로 분류될 수 있다. 의원내각제에서 발견되는 집행권의 구조와 형태는 대통령제에서 존재하는 것과는 상당히 다르다. 첫째, 행정권이 의회에서 유래하고, 정당정치와 밀접한 관계를 맺고 있기 때문에 입헌군주 혹은 비행정적 대통령의 형태로 존재하는 한 명의 독립적 국가수장은 의전적인 의무를 이행하고 애국적 충성 중심으로 행위하도록 요구받는다. 둘째, 행정부는 의회로부터 성립된다. 이는 대통령제도에서 발견되는 입법부와 행정부 사이에 존재하는 인사의 분리가 의원내각제에서는 일어나지 않는다는 것을 뜻한다. 셋째, 행정부는 의회의 신뢰를 유지하는 한에서만 정부에서 살아남는다는 의미에서 의회에 대해 직접 책임을 지거나 적어도 하원에 대해 책임을 진다.

그리하여 의원내각제에서 행정권이 가지는 외적인 역학은 대통령제에서 발견되는 것과는 첨예하게 대조를 이룬다. 간단히 말해, 의원내각제 행정부는 의회 속에서 그리고 의회를 통해서 통치하도록 강요당한다. 반면에 대통령제 행정부는 개인적인 위임과 일련의 독립적인 헌법적 권한에 의존하는 경향이 있다. 또한 이 점은 의심할 여지 없이 권력의 내적인 역학에 영향을 미친다. 특히 이 점은 집단적 정책결정과 정교화를 위해 의원내각제 행정부에서 더 큰 압력을 만들어 내며, 이 압력들은 종종 이 제도에서 내각이 가지는 더 높은 위상 속에 반영된다. 하지만 많은 논평자들은 수상이 행사하는 권한의 증대로 인해 수상들은 효과적으로 준대통령quasi-president으로 전환되었다고 주장했다.

수상－때로는 독일에서처럼 수상chancellor, 네덜란드에서는 수상ministerpresident 혹은 아일랜드의 수상taoiseach과 같이 지역적 명칭으로 언급된다－은 정부의 수장이며, 수상이 가진 권한은 의회에서 다수당을 차지하고 있는 자신들의 지도력 혹은 정당연합에서 유래한다. 수상의 직위에 부여되는 공식적 권한은 행정적 대통령과 비교해 볼 때 전형적으로 온건한 것이다. 이 권한 중에서 가장 중요한 것은 임명권의 통제－장관들을 임명하고 파면시키며 승진시키고 강등시킬 수 있는 권한－이다. 바로 이 권한은 네덜란드와 오스트레일리아에서 의회 혹은 다수당에 의해 행사된다. 수상이라는 직업이 단지 느슨한 헌법적 등급을 가질 수 있기 때문에, 이는 이 직위를 차지하고 있는 사람이 헌법적 등급을 만드는 것을 선택하거나 좀 더 정확하게는 헌법적 등급을 만들 수 있다고 말하는 것이 과장은 아니다.

실제로 이 점은 수상이 가지는 관계에 대한 두 가지 핵심적인 장치로 요약된다. 첫 번째 장치는 내각, 개별적인 장관 그리고 정부 부서에 관한 것이다. 두 번째 장치는 정당에 대해 그리고 정당을 통한 의회와 공중에 대한 것이다. 내각의 지지는 영국과 인도, 오스트레일리아에서처럼 동등한 인물 중에서 첫째로 지명된 수상에게 특히 중요하다. 이 위상은 수상으로 하여금 집단적 내각정부체제를 통해 임무를 수행하도록 강요한다. 따라서 수상이 가지는 권한은 임명권, 내각관리와 정부기구통제에 의해 장관들이 수상에게 봉사하는 것을 확실하게 할 수 있는 정도를 반영한다. 대조적으로 독일 수상은 개인적으로 정부정책에 대한 노선을 결정하도록 규정한 기본법 제65조에 의해 개인적으로 권한이 부여된다. 하지만 동일한 조항은 또한 장관들이 그들의 부서와 관련하여 자율성을 누린다는 점을 규정함으로써 수상의 권한을 제약하기도 한다.

수상의 권한과 영향력에 있어서의 핵심이 당지도자로서 가지는 위상에 있다는 점은 명백하다. 사실 현대의 수상제도는 대개 규율화된 정당이 출현한 결과이다. 수상의 직위는 당지도력을 토대로 배치될 뿐만 아니라 이 직위는 또한 이 직위를 차지하고 있는 사람에게 의회를 통제하는 수단과 국가지도자와 같은 이미지가 건설될 수 있는 토대를 제공해 준다. 따라서 정당이 가지는 일치단결의 정도, 수상이 소속된 정당이 의회에서 차지하는 강도-특히 이 정당이 단독으로 집권하는가 아니면 연정의 구성원으로 집권하는가에 따라-그리고 의회 혹은 적어도 상원에서 부여한 권위의 정도는 수상이 행하는 권한의 중요한 결정인자이다. 가령, 자유민주당LDP 내에서의 파벌경쟁으로 인해 일본 수상들의 재임기간은 짧았고-1974에서 2011년 사이에 17명의 수상이 교체되었다-, 내각은 빈번하게 새로 구성되었다. 유사하게 이탈리아의 파편화된 정당제도는 일반적으로 허약한 연합정부를 구성하는 경향을 지니면서, 수상으로 하여금 하나의 중개인 역할을 하도록 강요하였다. 독일의 수상은 주가 가지는 독립성, 상원의 권한 그리고 헌법재판소의 권위와 연방은행의 자율성에 의해 제약을 받고 있다.

그러나 다른 헌법적·정치적 지위에도 불구하고 최근에 수상의 권한은 증대하였다. 이 점은 부분적으로 수상이 자신이 소속된 정당에 대한 일종의 '브랜드 이미지'가 되었다는 것을 의미하는 개인에 초점을 맞추고자 하는 방송매체의 경향으로부터 발생한다. 또한 국제적인 정상회담과 외국방문의 증대는 수상에게 정치적 수완을 개발하고, 자신들을 국가지도자로 묘사할 수 있는 활동공간을 부여하는 기회를 제공해 준다. 몇 가지 경우를 근거로 수상은 효과적으로 내각의 제약으로부터 자신들을 해방시키고, 수상정부 형태를 확립시켰다고 하는 주장이 제기되었다. 가령 인도에서 제국적 유형의 수상직이 인디라 간디와 그녀의 아들인 라지브Rajiv의 통치 밑에서 발전하였는데, 이 유형은 1975년에서 1977년 사이의 비상사태 동안에 절정에 이르렀다. 이 유형은 의회당Congress party이 의회에서 누렸던 확실한 다수,

대처주의Thatcherism
마가렛 대처에 의해 채택
된 '자유시장/강한 정부'
라는 이데올로기적 태도
를 의미하며, 신우파 정
치적 기획의 영국적 해석
이다.

중앙정부기구에 대해 행사한 무자비한 통제 그리고 간디 왕조가 인도 대중의 상당한 부분에 대해 지속적으로 행사하였던 지배 때문에 가능하였다.

수상정부에 대한 주장들이 영국에서 종종 이루어졌다. 수상들이 행사한 상당한 수준의 권한은 아래와 같은 원천들을 포함하여 다양한 원천으로부터 유래한다.

① 수상이 가지는 임명권의 수준과 범위
② 내각제도에 대해 수상이 행하는 통제, 특히 내각의 위원회를 구성하고 부하직원을 두는 권한
③ 다수인 일당지배와 허약한 상원에 의해 의회를 지배하고자 하는 수상의 능력
④ 공무원의 수장으로서 수상이 가지는 지위와 이 지위가 관료기구에 대해 수상에게 주는 통제권
⑤ 수상으로 하여금 투표자에게 개인적 호소를 할 수 있게 하는 매체에 대한 수상의 직접적인 접근성

수상들은 행정적·정치적 권한의 정점에 서 있으며, 이는 내각이 더 이상 정책입안 책임을 행사하지 않는 미국 양식의 자문집단으로 전환되었다는 점을 의미한다. 수상정부라는 명제는 마가렛 대처가 효과적으로 공직의 성격과 권위를 고쳐 만든 때인 1980년대에 현실로 나타나게 된 것처럼 보였다. 많은 점에서 1997년 후에 토니 블레어가 지닌 수상직은 이러한 토대 위에서 가능했다. 대처가 행한 수상직을 구별하였던 것은 그녀의 역할이 **대처주의**라는 이념으로 불리게 된 이데올로기적 지도력과 정책일관성을 제공해 주면서, 그녀는 자신을 '확신에 찬 수상'으로 간주하였다는 사실이다. 유사하게 블레어는 노동당에 대해 가지는 자신의 리더십을 '현대화' 기획의 발전과 강하게 연관시켰다. 이 '현대화' 기획은 노동당의 이미지를 '신'노동당으로 갱신하였으며, '제3의 길'이라는 이데올로기적 선호도가 구시대적인 사회주의 선호도를 대체하였다. 마이클 폴리(Michael Foley, 2000)가 볼 때, 이 발전

수상정부Prime-ministerial government: 좋은 점과 나쁜 점

수상정부는 두 가지 중요한 특징을 지니고 있다. 첫째, 수상이라는 직위는 입법부와 정부의 행정부 사이를 연결한다. 수상직을 가지고 있는 사람은 의회에서 나오며, 의회에 대해 책임을 져야 한다. 또한 수상은 최고행정관과 관료제의 수장으로서 일한다. 둘째, 수상정부는 수상의 수중으로 집행권의 중앙집권화를 나타내며, 내각과 관련 부서의 장관을 능률적으로 복종시킨다. 이러한 점에 있어 수상정부는 대통령제와 유사하다.

수상정부는 다음과 같은 이유로 비판을 받았다.

• 수상정부는 이전에 내각과 정부 부서들이 행사한 제약들을 약화시킴으로써 중앙집권화를 강화한다.
• 수상정부는 정책논의를 협소화시키고 비판과 대안적인 견해를 배제시킴으로써 정밀조사를 약화시킨다.

하지만 수상정부는 다음과 같은 이유에서 옹호될 수 있다.

• 수상정부는 수상이 총선에서 획득한 개인적 위임을 반영한다.
• 수상정부는 부서 이기주의departmentalism에서 구체적으로 표현되는 원심적 압력과 집단적 결정에서 일어나는 '꾸며댄 일nudge and fudge'을 견제함으로써 정부정책을 더 명확하게 정한다.

은 '진실로 영국의 대통령직'이 존재하게 되었던 정도를 드러내었고 대통령제에 대한 의회제도에서의 더 폭넓은 경향을 부각시킨다.

응집력 있는 의회의 다수를 명령하는 수상은 많은 사람들이 부러워하는 대통령이 되는 권한을 행사할 수 있지만, 그들은 또한 중요한 제약에 예속당한다. 가령, 수상은 임명하고 면직시킨다는 의미에서 자유로운 권한을 가지고 있는 것은 결코 아니다. 당에서 존재하는 다양한 파벌과 이데올로기적 색깔들이 내각에서 대변되는 것을 보장함으로써 당의 일치단결을 유지하고자 하는 필요와 캐나다와 같은 국가에서 지역적·언어적 대표들을 유지하고자 하는 압력은 수상의 권한에 중요한 견제력으로 작용한다. 궁극적으로 수상은 자신이 구성한 내각, 정당 그리고 더 광범위한 정치환경이 자신에게 허용하는 정도만큼 권한을 가진다. 이는 인도에서 찾아볼 수 있다. 1970년대

영국 수상: 이름이 다른 대통령인가?

사건: 2003년 3월 이라크전쟁이 미국과 영국의 침공에 의해 시작되었다. 이 전쟁에 영국의 개입은 수상의 권력에 대한 주목할 만한 실례였다. 이 개입은 그 당시의 수상인 토니 블레어에게 가장 단호하고 열정적이며 심지어 구세주적인 사건으로 보였다. 런던과 영국의 다른 주요 도시들에서 대규모 반전쟁 시위가 벌어졌는데도, 그리고 100년이 넘는 동안에 가장 대규모의 평의원들이 반대했는데도 블레어는 '미국을 지원한다'는 자신의 결정을 고집하였다. 게다가 이 전쟁은 블레어를 위해 선택한 전쟁이었다. 워싱턴의 많은 사람들은 유엔안전보장이사회가 특히 이 전쟁을 정당화하는 의결에 실패할 경우, 영국이 군사적 행동에서 물러날 것이라고 기대하였고, 그래서 이들은 이에 따라 계획을 세웠다. 따라서 이라크전쟁에서 영국의 개입은 블레어 측의 개인적 결정이었다. 즉 블레어가 생각하기에 이 전쟁은 해야 할 정당한 일이었기 때문에 그는 전쟁에 개입하기로 결정하였다. 그러나 그는 또한 자신이 이 일을 할 수 있었기 때문에 이 전쟁에 참여하기로 하였다. 즉 수상으로서 그의 지위는 그에게 이 전쟁에 참여하게끔 허용하였던 것이다.

의의: 많은 사람들이 보기에 전쟁참여 결정은 영국이 이제 더 이상 수상이 아니라 하나의 대통령을 가졌다는 사실을 명백하게 반영하는 것이었다. 개인의 리더십이 집단적 리더십을 대신하였다. 즉 내각 혹은 의회가 책임을 지는 것이 아니라 수상이 책임을 졌다. 1960년대의 해롤드 윌슨과 1980년대의 마가렛 대처로 되돌아가는 추세 속에서 블레어는 전통적으로 의회집행부에 적용한 제약들로부터 그 자신을 해방시킬 수 있었다. 블레어를 후원하고 있었던 두 번의 압도적인 승리(1997, 2001)로 인해 그는 주로 그의 권위에 도전하기를 꺼렸던 내각에 대해 혹은 노동당의 다수가 너무 커서 그를 효과적으로 평의원 압력으로부터 벗어나게 해주었던 의회에 대해 별로 두려움을 느끼지 않았다. 영국은 따로 선출된 행정부를 가지고 있지 않지만 이념과 정책보다는 오히려 개성과 이미지라는 관점에서 정치에 대한 매체의 묘사와 정당의 리더들을 정당의 '브랜드 이미지'로 사용하고자 하는 정당의 경향과의 결합은 승리한 리더가 선거에서의 성공을 바탕으로 개인적 통치를 주장하게 되는 개인화된 선거운동의 증대를 초래하였다. 이로 인해 '공간적 리더십'의 증대가 초래되었다. 즉 그것은 리더 자신들을 '외부자'로 표현하거나 아니면 개인적인 이데올로기 심급을 발전시킴으로써 자신을 자신의 정당과 정부로부터 거리를 두고자 하는 리더의 경향을 의미한다.

하지만 이러한 경향들이 의미가 있을지는 몰라도 이러한 경향이 영국 의회집행부의 구조적 역학관계를 다시 균형 잡게 했다고 주장하기란 어렵다. 2003년 블레어의 결정은 그 자체로 수상 권한에 대한 두드러진 실례였지만 이 결정은 남은 임기 동안에 그의 수상직 수행에 어두운 그림자를 던졌고 결국 그의 정치적 경력의 종말을 초래하게 되었다. 2003년 후에 블레어의 지지율은 급락하였고 2005년 총선거에서 노동당의 다수 의석은 166석에서 65석으로 대폭 줄어들었다. 반항과 불안의 분위기는 노동당의 평의원들에 뿌리를 내리고 점점 더 빈번하게 평의원들의 반항에서 표출되었다. 내각에서도 긴장이 증대하였는데, 고든 브라운과 그의 협력자들이 그들의 정치적 야망을 추구하는 데 관해 더 노골적으로 되었을 때 특히 더하였다. 2005년 선거 직전에 블레어는 사실상 그 자신의 사임을 알리는 첫 번째 수상이 되었다. 그는 그 자신이 세 번째 임기 동안 재선출된다 할지라도 자신은 4번째 임기를 추구하지는 않을 것이라고 약속함으로써 그 자신의 사임을 알렸던 것이다. 이 약속은 그가 2007년 6월에 사임하였을 때 정식으로 이루어졌다. 대통령적 경향들은 블레어에게 우선적으로 운명적인 2003년 결정을 허용했을지도 모른다. 그러나 영국 수상들이 항상 내각과 의회 내에서 임무를 수행하도록 강요받는다는 사실은 그가 그 결정의 결과들을 모면할 수 없었다는 것을 의미하였다.

인도에서 비상사태라는 과다한 조치가 취해진 후, 연정 혹은 소수정부들을 이끈 데사이Desai, 싱Singh 그리고 라오Rao와 같은 수상들은 수상의 참모진을 축소시켰고, 정부 부서의 자율성을 존중하였으며, 주정부의 문제에 덜 간섭하였다.

영국에서 마가렛 대처가 휘두른 권한은 그녀의 굽힐 줄 모르는 성격과 이데올로기적 결의의 결과라기보다는 그녀가 대면하였던 상당히 유리한 환경을 반영한 것이라고 볼 수 있을 것이다. 이 환경 중에서 노동당의 허약하고 분열된 성격, 1982년의 포클랜드 전쟁, 1980년대 중반의 세계경제의 소생 등이 그녀의 지도력하에서 세 번에 걸친 선거에서 연속 승리할 수 있었던 능력의 주요한 환경이었다. 하지만 수상의 권한이 가지는 허약성은 1990년 11월에 그녀가 지도자의 자리에서 해임됨으로써 강조되었다.

1992~1997년에 존 메이저가 행사한 수상직의 상대적 허약성은 그가 지닌 개인적인 무능보다는 그가 이끄는 정부가 직면해야 했던 더 큰 어려움에서 연유하였다. 이 어려움 중에서 주요한 어려움은 의회에서 보수당의 감소된 과반수와 유럽에 대해 깊어만 가는 보수당의 불화였다. 대조적으로 토니 블레어는 그에 대한 상당한 지지와, 보수당이 선거에서 약세를 면치 못했을 뿐만 아니라, 18년 동안의 야당생활을 한 후에 노동당은 강한 리더십과 통일에 대한 요구에 좀 더 민감하게 대응하였다는 사실에 힘입은 바가 컸다. 2007~2010년의 고든 브라운의 수상직은 정치소통자로서의 그의 개인적 한계와 2007~2009년 지구적 금융위기로 인해 유발되었던 혹독한 경기후퇴로 인해 손상되었다. 이 결과 경제적 능력에 대한 브라운과 노동당의 평판은 눈에 띠게 무너졌다.

내각

사실상 모든 행정부는 어떤 종류의 내각이라는 특징을 가지고 있다. 프랑스에서 내각은 장관회의Council of Ministers로 알려져 있으며, 소련에서 내각은 정치서기국Politburo으로 불렸다. 내각은 다양한 정부 부서를 대변하는 장관들의 위원회이다. 이 단어는 프랑스나 유럽연합에서 개별적 장관들을 지원하는 소집단의 정책조언자를 나타내는 것으로 사용되는 내각cabinet과 혼동되어서는 안 된다. 내각이라는 단어의 광범위한 사용은 행정부 내에서 집단적 절차를 위한 정치·행정적 요구를 반영하고 있다. 무엇보다도 내각은 정부로 하여금 의회나 대중에 대해 하나의 집합적 모습을 나타낼 수 있게 해 준다. 내각이 없다면 정부는 단 한 명의 개인에 의해 장악되는 개인적 기구처럼 보일 수 있을 것이다. 둘째, 내각은 정부정책의 효과적인 조정을 보장하기 위해 고안된 하나의 행정적 장치이다. 간단히 말해 내각이 없을 경우, 정부는 나치 독일의 히틀러처럼 자신의 세력강화에 열심인 경쟁적인 관료제국을 구성할 것이다.

내각이 행하는 정확한 역할과 정치적 중요성은 제도에 따라, 국가에 따라 다르다. 미국과 같은 대통령제도에서 내각은 정책결정자라기보다는 정책조언자로 행위함으로써 대통령을 위해 존재한다. 사실 20세기 중반부터 미국에서 일어난 행정부의 증대는 대통령의 행정부라는 건설의 형태로 일반적으로 비내각 수준에서 발생하였다. 이와는 대조적으로 적어도 이론상으로 내각은 영국, 대부분의 영연방국가, 이탈리아, 스웨덴, 노르웨이를 포함하여 여러 유럽 국가에서처럼 내각정부의 원칙을 존중하는 국가에서 행정부의 정점을 형성한다.

그러나 실제로 내각이나 혹은 동등한 집단을 통해 작동하는 집단적 행정부에 대한 사례를 찾기란 어려운 일이다. 이론적으로 집단지도 형태는 소련에서 작동하였다. 이 형태는 단 한 명의 지도자보다는 공산당이 소련사회에서 선도적이며 인도적인 힘이었다는 맑스-레닌주의적 믿음을 반영하고 있다. 실제로 스탈린부터 공산당 서기장들이 정치서기국과 동등한 국가기관,

핵심 행정부
Core executive

핵심 행정부는 정부정책의 전반적인 방향과 협력에서 핵심적 기능들을 행하는 기관과 인물이다. 핵심 행정부는 일반적으로 수상, 원로, 정책조언자, 선도적 각료, 각료위원회, 전략적으로 중요한 정부 부서들의 참모 등을 포함한다. 핵심 정부 모델은 수많은 장점들이 있다. 첫째, 핵심 행정부 모델은 단순한 '수상 대 각료' 토론을 제거한다. 이 기관들이 하나의 제도적 맥락 내에서 작동한다는 것을 인정함으로써 말이다. 둘째, 핵심 정부 모델은 정책 영향이 지지동맹과 지지연합을 이룸으로써 행사되는 정도를 인정한다. 세째, 핵심 정부 모델은 경제적·외교적 발전과 같은 더 광범위한 요소들의 영향을 허용하고 있다. 왜냐하면 이 요소들은 핵심 행정부 행위자들에게 통용되는 자원에 영향을 미치기 때문이다. 마지막으로, 관계들과 자원들의 배분이 시간에 걸쳐 변화함에 따라 이 모델은 행정권의 위상에서의 변화를 설명해 준다.

즉 장관평의회의 간부회를 지배하였고, 모든 서기장들은 1964년에 일어난 당쿠데타의 희생자인 흐루시초프Khrushchev와 고르바초프를 제외하고 죽을 때까지 공직에 남아 있을 수 있었다. 독일과 대부분의 유럽대륙은 부서상의 세분화라는 전통은 장관이 자신을 '팀 플레이어'로 여기지 못하게 했으며, 그리하여 이 전통은 내각정부를 향한 어떤 추세에 반대한다. 추측컨대 내각정부에 대한 원형적인 사례인 영국 제도에서조차 내각을 정책결정 기관과 더욱이 민주적인 광장Forum으로 간주하기란 어려운 일이다.

수상 권한의 증대가 영국 정부의 집단적 성격을 전복시켰을 뿐만 아니라, 정부정책의 범위와 복잡성의 증대는 또한 대부분의 결정이 어디에선가 효과적으로 이루어지고, 그리하여 미리 포장된 형태의 내각에 이르게 하는 것을 보장하였다. 이 점은 정부 부서들이 내각위원회와 분과위원회에 대한 영향뿐 아니라 정책형성을 한다는 중요한 기여를 부각시키고 있다. 영국과 다른 곳에서 완전한 내각은 단지 내각 자체에서 가능한 것보다 더 상세하고 깊게 정책제안을 고찰할 수 있는 주제별 전문가로 구성된 위원회를 포함하는 내각제도의 중심이다. 이 제도는 내각을 약화시켰는데, 그 이유는 이 제도가 위원회들을 구성하고 부하직원을 두는 수상이 이용할 수 있는 통제수단을 강화시키고, 또한 모든 내각들이 일반적으로 위원회가 제출한 제안에 도전할 시간과 전문성을 가지고 있지 않기 때문이다. 몇몇 논평자들은 이것으로부터 발생하였던 복잡한 관계들을 '**핵심 행정부**core executive'라는 이념의 의미에서 설명하였다(Rhodes and Dunleavy, 1995).

다른 한편으로 내각을 단지 '위엄 있는' 기관으로 처리해 버리는 것은 잘못일 것이다. 예를 들면 많은 수상들은 현대 정부 내에 존재하는 집단적 요소들을 무시함으로써 상당한 대가를 치렀다. 독일 수상은 일반적으로 영국 수상보다 더 강하다고 간주되었다. 왜냐하면 독일 수상은 단지 '구성적 불신임constructive no confidence' 투표를 통해서만 해임될 수 있기 때문이다. 이 점은 연방의회가 영국에서처럼 단지 기존의 정부에 대한 지지를 철회함으로써 하나의 정부를 퇴거시키는 것이 아니라, 하나의 대안적인 정부를 승인함으로써 정부를 퇴거시킬 수 있다는 점을 의미한다. 그럼에도 슈미

내각정부Cabinet government: 장점과 단점

내각정부는 두 가지 중요한 특징을 통해 특징화된다. 첫째, 내각은 입법부와 행정부 사이의 주요한 연결 고리이다. 내각의 구성원은 의회로부터 나오며, 의회에 대해 책임을 진다. 그러나 내각은 또한 다양한 정부 부서들의 정치적 수장으로 활동한다. 둘째, 내각은 상급집행기관이며, 정책결정책임은 내각 내에서 나누어진다. 수상은 명목상으로만 제인자이다. 이 제도는 일반적으로 집단적 책임에 의해 지탱된다. 모든 각료들은 '동일한 노래를 부르도록' 요구되며, 공식적인 정부정책을 지지하도록 요구된다.

내각정부가 가지는 장점은 다음과 같다.

- 내각정부는 내각회의의 민주주의 내에서 충분하고 솔직한 정책논의를 조장하며, 정책제안들을 효과적인 정밀조사에 예속시킨다.
- 내각정부는 정부의 일치단결과 응집력을 보장한다. 왜냐하면 내각은 집단적으로 결정을 만들고, 결정을 집단적으로 편들기 때문이다.

하지만 내각정부는 다음과 같은 이유로 비판을 받았다.

- 내각정부는 수상의 권한을 위한 덮개로 행위한다. 왜냐하면 내각정부는 의견을 달리하는 장관에게 공적으로 동의를 받은 정부정책을 지지하도록 강요하기 때문이다.
- 내각정부에서 결정이 경쟁적인 장관과 부서의 이해관계 사이에서의 타협에 바탕을 둘 때, 내각정부는 정부정책이 응집적이지 못하고 일관적이지 못하게 된다는 것을 의미한다.

트Schmidt 수상은 자유민주당FDP이 헬무트 콜Helmut Kohl이 이끄는 기독교민주당CDU과 연합하고자 사회민주당SPD과의 연정에서 퇴거하였을 때인 1982년에 사임을 강요당했다. 이탈리아의 수상들이 정기적으로 경험하였던 것처럼 연정은 확실히 내각 관리에 어려움을 가중시켰다. 그러나 단 하나의 정당으로 구성된 내각은 또한 최고행정관에 대해 문제를 일으킬 수 있다.

당 중진의 지도력 분열이 선거패배로 이어질 가능성이 있다는 염려때문에 내각이 일반적으로 수상에 충성하지만 수상은 때때로 내각 내에서의 압력이나 당 중진들의 압력으로 인해 해임되었다. 대처는 1990년 11월의 사건에 대해 그녀 자신이 내린 해석에서 자신이 제1차 결선투표에서 당지도자로

리더십Leadership

리더십은 행위 패턴 혹은 개인적 자질로 이해될 수 있다. 하나의 행위 패턴으로서 리더십은 소망하고 있는 목표를 달성하고자 하는 더 큰 집단의 노력을 조직하거나 지시하기 위해 더 큰 집단에 대해 개인이나 집단에 의해 행사되는 영향이다. 하나의 개인적 속성으로서 리더십은 지도자가 다른 사람에 대해 영향력을 행사할 수 있게 하는 성격적 특징과 연관된다. 그래서 리더십은 효과적으로 카리스마와 동등하다. 하지만 두 가지의 경우에 리더십은 추종자를 필요로 한다. 리더십을 유지하고자 하는 주장에 대해 다른 사람들, 즉 추종자들은 그 주장을 인정하고 따라야만 한다.

재선되는 데 실패하자, 행정상의 지지가 사라짐으로써 내각쿠데타에 의해 내쫓겼다고 주장했다(Thatcher, 1993). 2010년 오스트레일리아의 수상 케빈 루드의 해임은 다음의 교훈을 강화시켰다. 즉 의회지도자들은 당 중진의 지지가 없이는 오랜 기간 동안 살아남을 수 없다는 점이다. 정부의 인기가 하락하고 리더십에 대한 불만이 점점 더 늘어나게 된 상황에서 루드는 자신의 의원직을 유지하기 위해 수상과 노동당 대표직에서 사퇴하였다. 줄리아 길라드Julia Gillard는 그의 첫 번째 공직 임기 동안에 자신의 당에 의해 공직에서 물러나게 되는 첫 번째 오스트레일리아 수상이 되었다.

리더십의 정치

어떤 관점에서 정치**리더십**이라는 주제는 시대에 뒤진 것처럼 보인다. 사회를 지도자와 추종자로 분할하는 것은 지도자들이 '가장 잘 알고' 대중은 지도를 받고, 동원되거나 인도를 받을 필요가 있다는 복종과 존경이라는 전민주적predemocratic 문화에 그 뿌리를 두고 있다. 민주적 정치도 지도자에 대한 필요를 제거하지 못할 것이다. 그러나 민주적 정치는 확실히 지도자를 공중에게 책임지게 하고 지도자가 제거될 수 있는 제도적 메커니즘을 확립함으로써 리더십에 대해 강력한 제약을 확립하였다. 하지만 다른 관점에서 리더십의 정치는 점점 더 중요하게 되었고, 정치심리학이라는 독립적 학문을 확립시키는 데 기여하였다. 정치심리학의 주요 관심사는 정치지도자의 심리적 구성과 동기에 관한 연구이다(Kressel, 1993).

리더십에 대해 이러한 증대하는 관심은 많은 이유에서 발생하였다. 가령, 민주주의 자체는 어느 정도 정치지도자에게 선거에서 지지를 얻기 위한 바람에서 '자신을 기획하도록' 강요함으로써 개성의 중요성을 강화하였다. 이러한 추세는 확실히 현대의 대중소통수단(특히 TV)을 통해 강화되었다. 현대의 대중소통수단은 정책보다는 개성을 강조하는 경향이 있으며, 지도자에게 자신의 대중적 이미지를 조작할 수 있는 강력한 무기를 제공해 주는 경향이 있다. 나아가 사회가 점점 더 복잡하고 파편화됨에 따라 사람들은 그들이 살고 있는 세계에 대해 응집성과 의미를 주는 개별적 지도자의 개인적 비전에 점점 더 관심을 기울일 수 있다. 그럴 경우 아이러니하게도 리더십이 그렇게 결코 중요한 것도 또한 전달하기에 그렇게 어려운 것도 되지 않았을 것이다.

리더십 이론

정치리더십에 관한 물음은 논쟁으로 둘러싸였다. 리더십은 어느 정도로 자유와 민주주의에 양립하는가? 리더십은 고무하고 동기를 부여하는가? 아니면 억압하고 억누르는가? 지도자들은 찬양되거나 두려워하게 될 정도로 강한가? 정치리더십의 성격에 관해 존재하는 여러 견해들은 이러한 문제에 대해 의견의 일치를 보지 못하고 있다. 무엇이 리더십의 현상을 구성하고 있는가? 리더십은 어디에서 오는가? 리더십에 관한 네 가지 대조적인 이론이 확인될 수 있다. 리더십은 다음과 같은 것으로 이해될 수 있다.

① 자연적 재능
② 사회학적 현상
③ 조직상의 필요성
④ 정치적 기술

자연적 재능

리더십에 관한 전통적인 견해는 리더십을 희귀하면서도 자연스런 재능으로 간주한다. 아리스토텔레스가 기술하였던 것처럼 "인간은 출생의 순간부터 지배하거나 지배당하도록 운명지워진다." 이러한 관점에서 볼 때 리더십은 전통적으로 '운명을 지배하는 사람men of destiny'으로 간주되었던 개인 속에서 나타나는, 엄밀히 말해 개인적 자질이다. 이 이론에 관한 가장 극단적인 해석은 파시스트적 '지도자원칙Führerprinzip'에서 발견된다. 이 이론은 단 한 명의 최고지도자에 관한 이념에 바탕을 두고 있다. 즉 단 한 명의 최고 지도자가 홀로 대중의 운명을 이끌 수 있다는 점이다. 이러한 생각은 부분적으로 프리드리히 니체의 '초인Übermensch' 관념에서 유래하였다. 이 '초인'은 전통적인 도덕에 대한 '군중심리'를 불러일으키고, 그럼으로써 자신의 지배를 달성한다. 좀 더 온건한 형태로 리더십에 관한 이 이론은 일반적으로 개인의 힘을 의미하는 것으로 이해되는 카리스마라는 이념 속에서 구체적으로 표명된다. 좀 더 온건하며 효과적인 루즈벨트의 '노변대담(정치인들의 방송대담―옮긴이)'과 거의 대부분의 현대 지도자들이 실행하고 있는 텔레비전에서의 기술이 또한 카리스마적 자질의 예를 제시하고 있지만, 카리스마적 지도자에 대한 고전적 예는 일반적으로 힘 있는 개인―히틀러·카스트로, 나세르·대처―으로 간주된다. 하지만 불행하게도 넬슨 만델라와 달라이 라마와 같이 진정한 도덕적 권위를 나타내는 지도자들은 드물다.

현대 정치심리학은 인간 개성의 의미에서 리더십을 분석하고 있다는 점에서 유사한 리더십에 관한 견해를 수용하고 있다. 가장 초기에 이루어진 시도 중 하나는 1920년대 후반에 지그문트 프로이트(Sigmund Freud; 1856~1939)와 윌리암 불릿William C. Bullitt에 의해 이루어진 우드로 윌슨 Woodrow Wilson 대통령에 관한 논쟁의 여지가 있는 심리학적 연구였다

프리드리히 니체(Friedrich Nietzsche; 1844~1900)

독일의 철학자. 니체는 25세의 나이로 바젤(Basel)에서 그리스어과 교수가 되었다. 그는 고전문헌학을 공부하기 위해 신학을 포기하였고, 점점 더 쇼펜하우어 (Schopenhauer; 1788~1860)의 이념과 바그너(Wagner; 1813~1883)의 음악에 관심을 가지게 되었다. 병과 정신착란이 더 심해지자, 1889년부터 그는 누이 엘리자베스 (Elizabeth)의 통제를 받았다. 엘리자베스는 니체가 쓴 글을 편집하였고, 왜곡하였다. 니체의 난해하고 야심찬 글은 의지의 중요성, 특히 '권력의지(will to power)'의 중요성을 강조하였다. 이 점은 인간이 자신의 세계를 창조하고, 자신의 가치를 만든다는 점을 강조함으로써 현대의 실존주의를 예기하였다. 가장 잘 알려진 니체의 작품으로는 『짜라투스트라는 이렇게 말했다*Thus Spake Zarathustra*』(1883, 1884), 『선악의 피안 *Beyond Good and Evil*』(1886), 『도덕의 계보*On the Genealogy of Morals*』(1887) 등이 있다.

(Freud and Bullitt, 1967). 해롤드 라스웰Harold Lasswell이 쓴, 토대를 파괴하는 『정신병리학과 정치Psychopathology and Politics』(1930)는 지도자들이 일반적으로 사적인, 즉 거의 병적인 갈등에 의해 동기화되고, 그런 다음 이 갈등은 공적 이익 속에서 다루어지는 행동의 차원에서 합리화된다는 점을 시사하고 있다. 정치리더십에 대해 광범위하게 논의된 현대의 분석이 제임스 바버(James Barber, 1988)에 의해 전개되었다. 바버는 자신이 '대통령의 성격presidential character'이라고 불렀던 것에 초점을 두면서, 두 가지 중요한 변수에 따라 미국의 대통령들을 범주화하였다. 첫째, 미국의 대통령이 자신들의 직업에 쏟는 열정이라는 의미에서, 그들이 '적극적active'인가 아니면 '소극적passive'인가 하는 점이다. 둘째, 그들이 정치적 직무에 대해 어떻게 느끼고 있었는가의 의미에서 그들이 '긍정적positive'인가 아니면 '부정적negative'인가 하는 점이다. 따라서 그는 네 가지 성격유형을 확인하였다.

① 적극적-긍정적
② 적극적-부정적
③ 소극적-긍정적
④ 소극적-부정적

적극적-긍정적 대통령에 대한 예로는 케네디, 조지 부시 그리고 클린턴을 들 수 있다. 적극적-부정적 대통령으로는 하딩(Harding; 1865~1923. 미국의 제29대 대통령 -옮긴이)과 레이건을 들 수 있다. 닉슨은 소극적-긍정적 대통령의 한 예이며, 반면에 쿨리지Coolidge와 아이젠하워는 소극적-부정적 대통령이었다. 하지만 바버가 제시한 분석이 지니는 한계는 아들 조지 부시 대통령이 2001년 9월 11일에 미국에 대해 가해진 폭력사태를 통해 소극적-긍정적 대통령에서 훨씬 더 단언적이며 적극적인 대통령으로 바뀌었다는 점에 의해 입증되었다.

사회학적 현상

보나파르티즘

Bonapartism
개인적 리더십과 보수적
민족주의를 융합시키는
정부유형을 의미한다.
맑스주의자가 보기에,
보나파르티즘은 국가의
상대적 자율성을 나타내
고 있다.

리더십에 관한 대안적인 견해는 리더십을 심리학적 현상이라기보다는 하나의 사회학적 현상으로 간주한다. 이러한 관점에서 볼 때 지도자는 특정한 사회-역사적 요인에 의해 '만들어'진다. 지도자는 자신이 가지고 있는 의지를 세계에 부과하기보다는 역사적 힘이 행사되는 하나의 매개물로서 행위한다는 점이다. 이 해석은 확실히 맑스주의자에 의해 채택된 접근법이다. 맑스주의자는 역사발전이 대개 계급투쟁의 과정 속에서 반영되는 경제적 요인에 의해 구조화된다고 믿고 있다. 그리하여 개별적 지도자가 지니고 있는 개성은 자신이 접목하는 계급적 이해관계보다는 덜 중요하다는 것이다. 그럼에도 맑스는 **보나파르티즘**Bonapartism은 하나의 예외였다는 점을 인정하였다. 보나파르티즘은 1851년 프랑스에서 루이 보나파르트Louis Bonaparte가 일으킨 쿠데타에 기반을 둔 하나의 현상이었다. 이를 통해 부르주아가 권력을 상실하였지만 프롤레타리아는 권력을 장악할 정도로 충분히 발전하지 못한 조건 속에서 개인적 독재가 확립되었다는 점이다. 하지만 이 경우에도 맑스는 보나파르트 독재정치가 프랑스에서 가장 강한 계급인 소작농의 이해관계를 반영한다고 주장하였다. 유사하게 소련의 스탈린주의를 분석함에 있어서, 트로츠키는 스탈린의 권력이 국가관료제도의 지배에 뿌리를 두고 있는 정도를 강조하였다(Trotsky, 1937). 사회학적 요인들은 또한 정치리더십이 대개 집단적 행위의 산물이라는 매우 다른 생각에 토대를 제공해 주었다. 구스타프 르 봉Gustav Le Bon은『대중*The Crowd*』([1895] 1960)이라는 생산적인 글에서 군중심리의 역학을 분석하였다. 그는 지도자들이 다른 길이 아니라 대중의 집단적 행위에 의해 강요된다는 점을 주장하였다.

조직상의 필요성

리더십에 관한 세 번째 이론은 대개 기술적인 의미에서 리더십을 합리적 혹은 관료적 고안품으로 간주한다. 이러한 관점에서 볼 때 리더십은 본질적으로 어떤 복합적인 제도 내에서 응집성, 통일 그리고 감독을 위한 요구로 개인숭배(혹은 리더십의 숭배)는 선전장치이며, 이 선전장치를 통해 한 정치지도자는 하나의 영웅 혹은 신과 같은 인물로 묘사된다. 지도자를 모든 정치적 지혜의 원천으로, 국가이익에 대한 완벽한 심판관으로 취급함으로써 숭배는 어떤 형태의 비판이나 반대는 배반 혹은 정신이상에 해당된다는 점을 내포하고 있다. 개인숭배는 현대의 대중소통수단을 이용하고, 의식적인 우상숭배 형태를 양성하기 위해 국가의 폭력을 사용함으로써 전형적으로 권위주의 정권—처음으로 스탈린에 의해—에서 발전되었다. 하지만 모든 체제에서 발견되는 일상적인 선전이 완전히 성장한 숭배가 되는 지점은 실제로는 불분명할 것이다.

부터 발생하는 조직상의 불가피성이다. 따라서 리더십은 관료제와 병행하여 나아간다. 현대에 존재하는 거대규모의 조직은 세분화와 분업을 요구하며, 이것들은 다시 위계적 업무와 책임을 야기하고 있다. 이 관료적 리더십은 본질적으로 비인격적이며 형식적으로 성문화된 규칙에 기초하고 있다는 점에서 베버가 법적-합리적 권위(지배)라고 칭했던 것에 상응한다. 입헌정부의 부흥은 의심할 여지 없이 권력이 개별적인 직위 소유자보다는 정치적 공직에 귀속되는 것을 보장함으로써 정치리더십에 강한 관료적 성격을 부여해 주었다. 하지만 이 점은 정치지도자에게 카리스마를 강요하고, 권력을 획득하고 보유하기 위해 개인적 능력을 강조하는 민주적 압력과 갈등을 일으킨다.

정치적 기술

리더십에 관한 마지막 이론은 리더십을 다름 아닌 하나의 공예품, 즉 학습되고 실천될 수 있는 하나의 정치기술로 묘사하고 있다. 이러한 의미에서 정치리더십은 아마도 대중소통의 시대에 필연적인 민주정치의 특징인 조작기술에 가깝다. 이 점은 마오쩌둥Mao Zedong, 코로넬 가다피, 사담 후세인과 같은 인물의 독재적 리더십을 지지하기 위해 구축되었던 **개인숭배**에서 가장 도식적으로 찾아볼 수 있다. 사실 카리스마적 리더십에 관한 많은 고전적 사례들은 실제로 가공된 리더십의 형태로 간주될 수 있다. 예를 들면 스탈린Stalin은 1920년대에 정교한 레닌숭배를 만들어 냄으로써 그 자신의 대중성을 공고히 하였다. 그는 동상을 세웠고, 거리와 마을의 이름을 고쳤으며, 묘 속에 썩지 않게 보존된 레닌의 시체를 붉은 광장에 안치하였다. 스탈린은 1930년대에 주의깊게 자신을 레닌이 남긴 유산과 연결시키면서 이 숭배를 자신에게로 이전시켰다. 마찬가지로 뉘른베르크Nuremberg 대회에서 히틀러의 공연은 알버트 슈퍼어Albert Speer에 의해 세심하게 이루어진 무대였다. 히틀러가 사용한 모든 말과 제스처는 세심하게 연습되었고, 춤으로 옮겨졌다. 모든 일은 히틀러의 출현을 통해 풀어지는 감정적 긴장을 증진시키기 위해 계획되었다.

마오쩌둥(Mao Tse-tung; 1893~1976)

중국의 맑스주의 이론가이자 중화인민공화국의 지도자(1949~1976). 마오는 후안에 있는 소작농의 아들이었다. 그는 초기에 사서와 교사로 일하였다. 1921년 그는 중국공산당을 창당하는 데 기여하였고 1935년 중국공산당의 지도자가 되었다. 정치이론가로서 마오는 맑스-레닌주의를 완전히 농업적이고 여전히 전통적인 사회에 적용하였다. 그의 유산은 종종 문화혁명(1966~1970)과 연관되었다. 이 혁명은 급진적인 평등주의 운동으로서 엘리트주의와 '자본주의적 승객들'을 고발하였고(이 사람들은 부르주아 세력의 압력에 고개를 숙이는 경향을 보였다), 그 결과 광범위한 사회적 혼란과 억압 그리고 죽음을 초래하였다. 마오주의는 일반적으로 대중들의 급진적인 열정에 대한 신뢰에 바탕을 두고 있는 반관료적 형태의 맑스주의이다.

개념설명

감정적 지성

Emotional intelligence
자신의 감정과 다른 사람의 감정에 대한 이해에 기반하여 자신을 다루고 성공적인 관계를 만드는 능력.

대중집회와 공중의 데모들에 적합한 기술들과 비교해 볼 때 TV시대에 적절한 기술들이 정제화되고 세련되는 경향이 있지만 현대의 민주적 정치가도 자신과 자신들이 가진 개인적 비전을 기획하고자 하는 강한 욕구를 가지고 있다. 2008년 버락 오바마의 첫 번째 선거에서의 승리를 환호하였던 증대된 낙관주의와 이듬해의 취임 그리고 공직에서 일반적으로 성공적인 초기년도—특히 건강보호개혁의 문제에 대해—등은 종종 두 가지 중요한 리더십 기술들을 발전시킨 그의 능력과 결부되었다. 첫째, 빈틈없고 상당히 유창한 공중연설자인 오바마는 전문가 기질과 엄숙함을 그리고 적절하게 사용하는 유머와 겸손함을 전달할 수 있었다. 둘째, 그는 강한 **감정적 지성**을 보여 주었는데, 이 지성은 그린스타인(2009)에 따르면 성공적인 리더십 유형을 확립하는 데 핵심인 능력을 의미한다. 감정적 지성은 4가지 중요한 능력이나 기술에 의존하는 능력을 나타낸다. 그 4가지 능력이나 기술은 자각(자신의 감정들을 읽는 능력), 자기관리(자신의 감정과 집행관적인 감정들을 통제하는 능력), 감정이입(다른 사람의 감정들을 느끼고 이해하고 반응하는 능력), 상황관리relationship management(어떤 상황에서 가장 큰 영향력을 가지기 위해 이 기술들을 결합하여 사용하는 능력) 등이다(Goleman, 2005). 오바마의 경우 이 기술들은 프랭클린 루즈벨트의 '뉴딜'과 린든 존슨의 '위대한 사회'를 기억나게 하였던 사회정의의 대리자로서 연방정부에 대한 근원적인 시각에 대한 지지를 배경으로 한 초당적인 서약을 유지하고자 하는 시도에서 사용되었다. 하지만 그러한 '유연한' 리더십 기술들에 있을 수 있는 결점(많은 점에서 이 기술들은 '연성' 권력과 유사하다)은 다음과 같다. 즉 이 기술들은 희망과 기대의 수준이 너무 증대해서 지도자로 인해 일어날 수도 있는 환멸이 불가피하게 된다는 점이다.

리더십의 유형

리더십의 유형은 전략과 행위 패턴과 연관되며, 이 전략과 행위 패턴을 통해 지도자는 자신의 목표를 달성하고자 한다. 요컨대 지도자는 모두 똑같지는 않다. 리더십은 수많은 다른 방식으로 행사될 수 있다. 물론 특정한 리더십의 전략이나 스타일을 채용하는 요소들은 상당히 많다. 가장 명백한 요소로는 지도자의 개성과 목표, 지도자가 임무를 수행하는 제도적 틀, 권력이 획득되고 유지되는 정치적 메커니즘, 이용할 수 있는 대중소통수단과 더 광범위한 정치문화의 성격 등이 있다. 세 가지 특징적인 리더십의 유형이 확인되었다(Burns, 1978).

① 자유방임 리더십laissez-faire leadership
② 교류형 리더십transactional leadership
③ 변형적 리더십transformational leadership

자유방임 리더십이 가지는 주요한 특징은 지도자가 자신의 개인적 책임을 벗어나는 문제에 간섭하기를 꺼린다는 점이다. 이러한 지도자는 내각과 부서관리에 '무간섭적' 접근방식을 택하고 있다. 이 리더십의 사례는 레이건의 백악관에서 발견할 수 있을 것이다. 레이건은 그의 행정부가 매일 행하고 있는 일에 상대적으로 적은 관심을 가졌다. 자유방임 유형은 이데올로기적 리더십과 모순되는 것은 아니다. 그러나 이 유형은 확실히 이데올로기적 목표들이 단지 광범위하게 기술된 전략적 비전만을 구성하고 있다는 점을 요구하고 있다. 리더십에 관한 이러한 접근법이 가지는 강점은 부하직원이 더 큰 책임을 지기 때문에 조화와 공동작업을 촉진시킬 수 있다는 점과, 지도자가 관리상의 책임에서 벗어남으로써 정치문제와 선거문제에만 신경을 쓸 수 있다는 점이다. 다른 한편으로 이 유형의 리더십은 또한 장관이나 공무원에게 그들 자신의 이해관계와 발의들을 추구할 수 있도록 너무 많은 활동공간을 허용함으로써 정부정책에 대한 허약한 조정을 초래할 수 있다는 점이다. 예를 들면 반이란 사건Iran-Contra affair은 레이건 대통령이 자신이 추측하기에 책임을 져야 한다고 생각하는 중앙정보국의 관리와 백악관 관리들의 활동에 대해 거의 알지 못했다는 점을 입증하였다.

이와는 대조적으로 교류적 리더십은 좀 더 '간섭적' 유형의 리더십이다. 교류적 지도자는 정책입안과 정부경영에 관련하여 적극적인 역할을 채택하고 있다. 그러나 교류적 지도자는 본질적으로 실용적인 목표와 고려를 통해 동기가 부여된다. 이 리더십에서 가장 두드러진 현상은 당의 일치단결과 정부의 응집성을 유지하는 것처럼 보이며, 대중의 지지와 선거에서의 신뢰를 강화할 것 같다. 이러한 유형의 지도자는 타협하고, 서로 대항하는 경쟁적 개인·파벌·이해관계들의 균형을 잡음으로써 정부라는 단체조직의 모습을 유지하는 데 관심이 있는 중개인으로 행위한다. 미국에서 린든 존슨Lyndon Johnson과 조지 부시는 영국에서 해롤드 윌슨Harold Wilson과 존 메이저가 할 수 있었던 것처럼 교류형 지도자로 간주될 수 있을 것이다. 이것은 무엇보다도 관리적, 심지어는 기술관료적 유형의 리더십이다. 이 유형이 가지는 장점은 매우 실용적이며, 전술적인 유연성을 위한 공간을 허용한다는 점이다. 하지만 이 유형이 가지는 중요한 약점은 이러한 유형의 지도자들이 확고한 원칙이나 깊은 신념이 없는 기회주의적 권모술수가로 간주될 수 있다는 점이다. 이 점은 조지 부시가 '미래상'라고 불렀던 것을 그 자신이 이해하지 못함으로써 1992년에 진행된 미국의 대통령 선거 기간에 손해를 입었다고 고백함으로써 입증되었다.

리더십의 세 번째 유형인 변형적 리더십에서 지도자는 조정자나 관리자이기보다는 고무하는 사람 혹은 공상가visionary이다. 이러한 유형의 지도

대중주의Populism
라틴어의 populus에서 유래하며 '인민(the peo-ple)'을 의미하는 대중주의는 특징적인 정치운동과 정치사상의 특정한 전통을 묘사하는 것으로 사용되었다. 대중주의적인 것으로 묘사되는 운동 혹은 정당은 '부패한' 경제, 정치엘리트에 직면하여 평범한 인민을 지지하고자 하는 운동 혹은 정당의 주장을 통해 특징지워진다. 하나의 정치적 전통으로서 대중주의는 인민이 지니고 있는 직감과 소망이 정치적 행동에 대한 일차적인 정당한 안내를 제공해 준다는 믿음을 나타내고 있다. 따라서 대중주의 정치가들은 인민에게 직접적으로 호소하며, 인민이 가지고 있는 가장 열렬한 희망과 공포를 주장한다. 이 정치가들은 모든 중개적인 제도들을 불신하고 있다. 대중주의가 어떤 주의나 이데올로기와 연관을 맺을 수 있지만, 대중주의는 종종 암묵적으로 권위주의적인 것으로 간주되며, 그래서 '대중주의적' 민주주의는 '다원주의적' 민주주의의 적이다.

자는 강한 이데올로기적 확신에 의해 동기가 부여될 뿐만 아니라 이 이데올로기적 확신을 실천에 옮기고자 하는 개인적 결의와 정치적 의지도 갖고 있다. 변형적 지도자는 타협과 합의를 추구하는 대신에 정부, 자신이 속한 정당 그리고 자신이 가지고 있는 비전의 실현을 위해 대중 속에서 지지를 동원하고자 시도한다. 하워드 가드너(Howard Gardner, 1996)는 한 명의 지도자는 '어떤 이야기를 창조하는 한 개인'이라는 점을 시사하였다. 그러한 지도자가 가지는 능률성은 지도자가 이야기를 구체화하고, 그 이야기가 광범위한 대중의 반향을 얻는 정도에 따라 정해진다.

가령, 드골 장군은 프랑스에서 제5공화국의 형태로 대통령제도를 확립하고 그 자신을 '아버지 상'과 '민족지도자'로 부각시킴으로써 정치리더십의 성격을 개조하였다. 매우 비슷한 유형이 마가렛 대처에 의해 영국에서 일어났다. 공직에 있을 때 그녀가 공언한 목표는 '신념 있는 정부'를 운영하는 것이었다. 드골주의·대처주의 같은 단어들이 계속 사용되었다는 점은 이 지도자들이 가졌던 이데올로기적 비전이 지속적으로 영향을 주었다는 증거이다. 일반적으로 변형적 리더십은 **대중주의**와 연관을 가지고 있으며, 이것은 국민의 관심과 이해관계를 접목하고 있다는 점을 나타내고자 하는 유형의 지도자들이 가지는 소망을 나타낸다. 변형적 리더십이 가지는 강점은 사회, 경제 혹은 정치개혁의 급진적 프로그램을 위한 토대를 제공해 준다는 것이지만, 이 리더십은 또한 권위주의 경향을 장려할 수 있고 이데올로기적 엄격성을 초래할 수 있다. 그리하여 1990년에 대처는 자신이 행한 권위적인 리더십 유형과 이러한 유형이 선거에서 비대중적이 되었을 때조차도 정책순위를 바꾸려 하지 않음으로써 그 대가를 치렀다는 점에서, 대처 자신을 대처주의로 인해 손해를 입은 사람 중의 한 명으로 간주하는 것이 가능하다.

현대의 정치지도자들이 채택한 리더십 유형과는 무관하게 그들은 전임자들이 경험하였던 것보다 더 큰 도전에 직면하고 있다. 이 점은 중요한데, 그 이유는 지도자에 대한 태도와 리더십에 대한 인지된 능률성은 사람들이 가지는 정치과정에 관한 일반적 견해에 많은 영향을 주기 때문이다. 지도자가 직면하는 첫째 어려움은 현대사회가 아마도 너무 복잡하고 지구적 영향

개인화된 리더십은 항상 염려되어야 하는가?

리더십에 관한 질문들은 리더들이 그들의 공직과 공식적인 권한에 덜 의존하고 그들 자신의 개인적 자질과 성격에 더 의존할 때 특히 논쟁적이 된다. 리더십이 제도적 현상보다는 오히려 개인적 현상으로 더 될 때, 리더십은 사악하거나 위협적이 되는가? 아니면 개인화된 리더십이 '관료적' 형태의 리더십보다 더 의미 있고 심지어 고무적인가?

찬성

권위주의를 위한 처방. 민주주의가 발전하였기 때문에 정치리더십은 점점 더 '탈개인화'되었다 ─ 헌법적·제도적 제약에 예속당함으로써 ─ 는 사실은 결코 부합하지 않는 말이다. 이 리더의 권위가 그의 직위보다는 개인에게서 더 유래할 때 정부권력은 남용되기 쉽다. 이 점은 카리스마(매력 혹은 개인의 힘)가 공식적 지배나 절차에 기반을 둔 것이 아닐 때 카리스마는 잠재적으로 제한이 없다는 오래 계속된 관심을 나타낸다. '절대권력은 절대적으로 부패한다'는 액튼 경의 경고에 병행하여 리더들은 더 탐욕적이고 이기적이며 그들이 다른 사람들을 조작할 수 있다고 느끼는 정도에 따라 다른 사람들의 견해에 둔감하게 될지도 모른다.

사회를 어린아이 취급. 개인화된 리더십은 리더들뿐 아니라 일반적으로 대중인 추종자들에게도 영향을 미칠 수 있을 것이다. 카리스마적 리더십은 거의 신비에 가까운 성격을 가지고 있으며, 이 리더십은 리더들이 특별하고 심지어 신과 같은 특성을 가지고 있다는 믿음을 통해 작동한다. 리더와 추종자들 간의 리더십은 유사종교적 차원을 가지고 있기 때문에 이 관계는 아마도 헌신에 해당하는 무비판적인 충성을 초래한다. 개인화된 리더들은 그들이 말한 것이나 행한 것 때문에 복종을 얻어 내는 것이 아니라 그들이 누구인가로 인해 복종을 얻어 낸다. 따라서 개인화된 리더십의 증대는 사회를 어린아이로 만들며, 정치적 수동성과 건강한 민주주의와 양립할 수 없는 질문, 주장 그리고 토론 참여에서의 비자발성을 주입시킨다.

실패할 운명. 일반적으로 개인적 재능이나 특성의 결과로 권력을 장악하는 리더들은 정치적 경력들이 일반적으로 실패로 끝나는 불쌍한 리더들이 되는 경향이 있다. 개인화된 리더들은 그들의 웅변기술 ─ 혹은 종종 텔레비전 방송에 잘 어울리는 ─ 이 가장 명백하게 드러나지만 행정적·정책입안적 기술들은 훨씬 덜 발전될지도 모르는 정치무대에서 빛이 난다. 게다가 낙관주의와 열정을 야기시키는 이들의 능력은 이행될 수 없고, 그럼으로써 필연적으로 실망을 일으키는 수준으로 희망과 기대감을 증대시킨다는 것을 의미할지도 모른다. 마지막으로 리더들이 자신들은 어떤 것에 대해 어떤 사람을 설득할 수 있다고 믿을 때 그들은 자만심과 자기기만으로 되기 쉽다.

반대

카리스마와 민주주의. 카리스마적 리더십이 민주주의와 양립할 수 없다는 생각은 전반적으로 과도한 진술이다. 카리스마가 민주주의 시대에 지속적으로 의미가 있다는 점을 그 누구도 부정하지 못할 것이다. 그런데 카리스마의 정치적 성격은 근본적으로 변하였다. 멀리 떨어져, 권력을 휘두르고 과장되기보다는 현대의 카리스마적 리더들은 '연성적'인 특성들을 개발하며, 두려운 존재보다는 사랑받는 존재가 되기를 희망하며, 지배자보다는 보통 시민과 유사하려고 노력한다. 게다가 한 리더의 개성이 매력이 있다 할지라도 그리고 그가 유창하고 설득력 있는 소통자라 할지라도 그 어떤 현대의 리더들도 민주주의 제도가 가지는 선거적·헌법적 제약들로부터 벗어나기 위하여 자신들의 개인적 기술들을 사용할 능력을 가지지 못한다.

인간의 얼굴을 한 리더십. 리더십은 개인적일 경우에만 작동한다. 리더들은 우리들을 움직여야만 한다. 즉 이들은 우리의 열정에 불을 붙이고 우리 속에 있는 가장 좋은 것을 고무시켜야만 한다. 그리고 그 과정에서 리더들은 우리로 하여금 우리 사회의 잠재력을 알게 하는 데 기여한다. 이들은 그들이 쥐고 있는 공직 때문에 단지 이것을 행하는 것이 아니다. 리더들은 생활하고 있고 인간에게 활기를 불어넣기 때문에 이것을 행하는 것이다. 리더들은 의미 있는 하나의 이야기를 표현할 수 있는데, 이것은 정확하게 이 이야기가 리더의 생활, 가치 그리고 비전으로부터 발생하기 때문이다. 동시대의 환경에서 아마도 리더십의 제1의 특성은 큰 지역의 유권자들과 공명하는 메시지를 정확하게 말하고, 가장 중요하게는 이 메시지를 전달할 수 있는 능력일 것이다.

정치 위에 군림하는 존재. 개인화된 리더들은 자신들을 규정할지도 모르는 정치적·제도적 환경과 거리를 둘 수 있다. 이 점은 정당정치와 정당 리더인 대통령이나 수상이 일차적으로 자신의 정당과 이와 연관된 집단들의 이해관계들을 진척시키기 위하여 자신의 지위를 사용할지도 모른다는 위험성과 관련하여 가장 명백하게 드러난다. 정당 리더십이 당파성을 수반하고 그래서 정치에 대한 일방적인 접근을 초래하는 반면에 개인화된 리더십은 초당파의 가능성을 여는데, 그 이유는 리더가 정당의 경계를 극복하여 더 광범위한 국민과 집단에 호소할 수 있기 때문이다.

들에 얽혀서 정치가들이 당면한 문제를 해결하는 것이 거의 불가능하다는 것을 알게 되었다는 점이다. 따라서 지도자는 실망하고 기대를 안고 살아가는 데 실패한다. 사실상 실제로 모든 정치적 경력들은 실패로 끝나는데, 그 이유는 아마도 지도자 지망생들은 그들이 이행할 능력을 가진 것보다 더 큰 기대감들을 세워야만 살아날 수 있기 때문이다.

둘째, 지도자는 고통을 당하는데, 그 이유는 구시대의 이데올로기적·도덕적 확실성이 붕괴되고 있기 때문이다. 그리고 이것은 폭넓은 대중적 반향을 가지는, 반대할 수 없는 이야기를 구성하는 것을 더 어렵게 만든다. 셋째, 현대사회는 점점 더 다양화·파편화되고 있다. 따라서 정치지도자는 공통의 문화와 일련의 공유가치에 기초한 정치적 호소를 건설하는 것이 점점 더 어렵다는 점을 발견하고 있다. 마지막으로 문화적 차이가 아마도 정치세계와 비정치세계 사이에서 발전하였다는 점이다. 정치지도자는 점점 더 직업정치가가 되어 가며, 생활양식, 감수성 그리고 심지어 언어조차도 사적인 시민의 관심사로부터 멀어져 간다. 격려하고, 대중적 희망과 포부를 접목하는 것과는 거리가 멀게 현대의 지도자는 자기중심적이며 접촉을 피하는 경향이 있다. 이것이 사실인 만큼, 사람들은 관습적 정치로부터 소외되었으며, 아마도 다른 곳에서 정치지도자의 원천을 찾고 있을 것이다.

요약

(1) 정부의 행정부는 정책의 실행 혹은 집행에 책임을 지고 있다. 정치적 행정부는 핵심적 상급인물들을 포함하고 있으며, 거칠게 표현하면 '현재의 정부' 혹은 '행정부'와 동일하다. 관료적 행정부는 공무원으로 구성된다. 하지만 정치적/관료적 차이는 종종 정책 입안과정이 가지는 복합성으로 인해 흐려진다.

(2) 행정부는 국가기구의 '통솔적 정점'으로 행위하며, 수많은 리더십의 역할을 수행한다. 이 수많은 리더십의 역할로는 의전적인 경우에 국가를 대표하고, 전략적 순위도와 관련하여 정책입안 리더십을 제공하고, 정부나 행정부를 위한 대중적 지지를 동원하며, 관료기구를 감독하고, 국내적·국제적 위기 상황이 발생할 경우 발의를 행하는 것 등이다.

(3) 대통령제 행정부는 국가수장과 정부수장의 역할을 행하고 있는 한 명의 대통령 수중에 행정권을 집중시킨다. 그러나 대통령제 행정부는 헌법

적·정치적 독립성을 누리는 의회와 맞서고 있다. 의원내각제에서 수상은 두 가지 핵심적인 관계를 통해 임무를 수행한다. 첫째는 수상이 내각, 각료 그리고 부서에 대해 가지는 관계이며, 둘째는 수상이 속한 정당과 권한이 유래하는 의회와의 관계이다.

(4) 최고행정관의 권한은 개인과 이미지에 관심을 두는 매체, 선거정치의 경향, 국제적 문제와 정상회담을 통해 정치가다움을 나타내고자 하는 기회 그리고 점점 더 커지고 복잡한 행정부 내에서의 정치적·이데올로기적 필요에 의해 강화되었다. 그러나 최고행정관이 가지는 권한은 정부가 가지는 의미와 정당의 일치단결, 의회에서 지지를 유지할 필요성, 넓게 퍼진 관료기구를 통제하는 어려움에 의해 견제를 받게 된다.

(5) 정치리더십은 다양한 방식으로 이해되었다. 정치리더십은 카리스마와 같은 개인적 자질에 기초한 개인적 재능으로, 지도자가 특정한 사회-역사적 세력들을 표현하는 사회학적 현상으로, 응집력과 지시의 통일성을 위한 필요에 뿌리를 둔 조직상의 필연성으로, 지도자가 자신의 동료나 대중을 조작하고자 하는 의도를 가진 지도자에 의해 학습될 수 있는 정치적 기술로 해석되었다.

(6) 지도자는 자신이 가진 목표를 달성하기 위해 매우 다른 전략들을 채택하였다. 자유방임 리더십은 부하직원의 책임성을 넓힘으로써 조화와 공동작업을 장려하고자 한다. 교류형 리더십은 지도자로 하여금 중개인으로 행위하게 하고, 서로 싸우는 경쟁적 파벌과 이해관계들을 균형 잡도록 해 준다. 변형적 리더십은 개인적 비전을 고무하고 발전시키는 지도자의 능력을 통해 지지를 동원하는 것을 상당히 강조하고 있다.

토론사항

(1) 어떤 환경에서 국가의 수장은 중요한 정치적 역할을 행할 수 있는가?
(2) 최고행정관이 설득할 권한을 소유하는 것은 유일한 권한인가?

(3) 대통령이 더 권한이 있는가? 아니면 수상이 더 권한이 있는가?

(4) 집단적 내각정부는 보존할 가치가 있는 하나의 원칙인가?

(5) 지도자들은 '타고나는가' 아니면 '만들어지는가'?

(6) 리더십의 과제가 점점 더 쉬워지는가 아니면 더 어려워지는가?

(7) 강한 지도자는 찬사를 받아야 하는가 아니면 두려움의 대상인가?

(8) 개인숭배는 단지 독재적인 제도만이 아니라 모든 정치제도가 가지는 하나의 특징인가?

(9) 우리는 주목할 만한 가치가 있는 정치지도자를 가지고 있는가?

더 읽을 거리

- Elgie, R., S. Moestrup and Yu-Shan Wu(eds), *Semi-Presidentialism and Democracy*(2011). 준대통령제의 작동과 함의들을 논의하는 광범위한 논문 모음집.

- Gardner, H., *Leading Minds*(1996). 리더십의 성격과 지도자들에 의해 발전된 기술과 전략을 담고 있는 매혹적인 탐구서.

- Helms, L., *Presidents, Prime Ministers and Chancellors: Executive Leadership in Western Democracies*(2004). 미국, 영국 그리고 독일을 비교하고 있는 행정적 리더십에 대한 유용한 토론서.

- Poguntke, T. and P. Webb., *The Presidentialization of Politics: A Comparative Study of Modern Democracies*(2007). 국가들간의 차이점들을 고려하면서 '대통령적 거버넌스의 논리'에 대한 중요한 검토서.

의회

"의회는 다소 게으른 사람들의 큰 모임에 불과하다."

Walter Bagehot, *The English Constitution* (1867)

개관

의회 — 때로는 의회나 입법부라 불린다 — 는 정부기구에서 중요한 위치를 점하고 있다. 전통적으로 의회는 특별한 존중과 위상을 가지고 공적이며 심지어 민주적인 정부의 모습으로 취급되었다. 가령, 성문법에서 의회는 일반적으로 행정부와 사법부에 앞서는 높은 지위가 부여되었다. 의회가 존중받는 이유는, 교육받거나 전문적인 정부공무원보다는 국민을 대변한다고 주장하는 직업정치가로 구성되기 때문이다. 더욱이 의회는 국가적인 일을 논의하는 회의장, 즉 정부정책과 중요한 당면과제들을 공개적으로 토론하고 심의하는 공적인 광장으로 기능한다. 또한 의회는 형식적인 법제정 권한이 있다. 이 점은 의회에 공공정책을 형성하거나 적어도 영향을 미칠 수 있는 어떤 능력을 준다. 하지만 모든 의회들이 같은 것은 아니다. 의회의 기능과 중요성은 더 폭넓은 헌법적·제도적 요소들에 의해 결정적으로 영향을 받게 되며 — 특히 의회가 내각제, 대통령제 혹은 준대통령제 내에서 기능하는가에 따라 — 뿐만 아니라 의회가 두 개의 입법부나 아니면 하나의 입법부로 구성되는가를 포함하여 내적 구조에 의해서도 영향을 받게 된다. 그럼에도 20세기 이후로 행정부와 관련하여 의회의 쇠퇴에서 나타난 의회권력의 점진적인 약화가 있었다는 주장이 널리 유포되었다. 어떤 의회는 아직도 정책과정에서 중요한 역할을 하고 있지만, 많은 의회들이 다른 데에서 만들어진 결정에 대해 생각하지도 않고 찬성하는 단순히 말만 무성한 장소로 축소되었다. 하지만 또 다른 의회들은 여러 가지 이유로 최근 수십 년 간에 의회권력의 부활을 목격했다고 주장한다.

쟁점

(1) 의회란 무엇인가?

(2) 의원내각제는 대통령제와 어떻게 다른가?

(3) 의회의 주요 기능은 무엇인가?

(4) 의회는 어떻게 조직되고, 의회의 내부구조는 어떻게 다른가?

(5) 의회 권한의 주요한 결정인자는 무엇인가?

(6) 왜 의회는 쇠퇴하였는가? 이 쇠퇴는 중대한가?

의회의 역할

실제로 당황스러울 정도로 다양한 단어들이 매우 유사한 기능을 가진 정치기관을 묘사하기 위해 사용되었다. 다시 말해 이 정치기관은 의회congress(미국), 국민의회National assembly(프랑스), 하원house of representatives(일본), 의회parliament(싱가포르), 대리자의 의회congress of deputies(스페인) 등으로 사용되었다. 비교정치학을 공부하는 학생들은 일반적으로 의회assembly, 입법부 혹은 의회parliament와 같은 기관을 분류한다. 가장 단순한 의미에서 의회는 학생회와 같은 사람의 집합 혹은 모임이다. 정치적 용어로서 의회는 대표와 대중적 정부를 연상하게 한다. 특히 프랑스의 전통에서 의회는 국민을 위한 대리자로 간주되었다. 이러한 이유로 이 단어는 때때로 양원제(파키스탄과 프랑스) 혹은 단원제(이집트와 터키)에서 국민이 선출하는 하원을 지칭하기도 한다. 하지만 이 책에서 '의회assembly'라는 단어는 상·하 양원을 지칭하며, '**입법부**'와 '의회parliament'와 상호 교환하여 사용한다.

　의회를 입법부로 간주하는 것은 법제정기관으로 의회가 행하는 일차적 기능에 따라 의회를 분류하는 것이다. 하지만 이 견해는 상당한 오해를 불러일으키고 있다. 형식적으로 입법부로 분류되는 기관은 좀처럼 법제정 권한을 독점하지 못한다. 가령 행정부는 법령decree 혹은 훈령order 등과 같은 장치를 통해 법을 만들 어떤 권한을 가지고 있으며, 일반적으로 형식적인 입법과정을 형성하지는 못한다 할지라도 영향력을 행사할 능력이 있다. 더욱이 법제정은 입법부의 기능 중에서 단지 하나의 기능이며, 필연적으로 입법부의 가장 중요한 기능은 아니다.

　의회parliament라는 단어―프랑스어의 parler에서 유래하며, '말하는 것to speak'을 뜻한다―가 때때로 선호되고 있다. 왜냐하면 이 단어는 의회assembly라는 단어가 지니는 한계와 입법부라는 단어가 지니는 혼동을 피하고 있기 때문이다. 그럼에도 이 단어는 이 기관이 매우 특별한 성격을 가지고 있다는 점을 시사한다. 이 단어는 이 기관이 지니는 규정적인 특징이

Parliamentary government
의원내각제는 정부가 의
회 속에서 그리고 의회
를 통해 통치하며, 그럼
으로써 입법부서와 행정
부서를 융합하는 제도이
다. 의회와 행정부는 형
식적으로는 구분되지만,
이 기관들은 의회제도를
분명하게 대통령제도에
서 따로 떨어져 있게 하
는 권력분산의 원칙을 어
기는 방식으로 함께 결합
된다. 의원내각제의 주요
한 특징은 다음과 같다.
(1) 정부는 정당의 대표성
을 기반으로 하는 의회선
거의 결과에 따라 형성된
다. 따로 독립적인 선출
행정부는 없다. (2) 정부
의 인사는 의회에서 발생
하며, 일반적으로 다수를
통제하고 있는 정당 혹
은 정당의 지도자에서 나
온다. (3) 정부는 의회의
신임에 의존하고, 신임
을 잃을 경우 (일반적으
로 하원에 의해) 물러나
게 될 수 있다는 점에서
의회에 대해 책임을 진
다. (4) 대부분의 경우에,
정부는 의회를 해산할 수
있다. 이 점은 선거상의
의미가 일반적으로 최고
한계 내에서 유연하다는
점을 의미한다. (5) 의원
내각제 행정부가 일반적
으로 집합적이라는 것은
이 행정부들이 적어도 의
원내각제의 형식적인 원
칙을 수용하고 있다는 점

협의적 혹은 심의적 기관이라는 점을 함축한다. 의회가 가지는 입법 권한과
대의제적 특징과는 상관없이 의회는 무엇보다도 모든 것을 논의하는 회의
장이다. 즉 의회는 정책과 정치적 쟁점들을 공개적으로 토론하고 조사할 수
있는 광장이다.

의원내각제, 대통령제 그리고 준대통령제

여하한 정치제도들의 핵심적인 특징 가운데 하나는 의회와 정부 사이의 관
계, 즉 입법부와 행정부 사이에 존재하는 관계이다. 예외적으로 행정권과
입법권이 의회에 부여되는 '의회정부' 형태가 발전할 수 있을 것이다. 그리
고 이 경우에 독립적인 행정기관은 존재하지 않게 된다. 예를 들면 프랑스
혁명 동안에 로베스피에르Robespierre와 자코뱅Jacobins의 통치하에서
짧게 나타났던 이러한 제도는 루소의 급진적 민주주의의 영향을 받았다. 다
른 경우에 정통 공산주의 정권에서 입법기관과 행정기관은 '지배'정당의 절
대적인 권위에 예속되었다. 하지만 의회-행정부 관계는 좀 더 일반적으로
두 가지 제도적 장치 가운데 하나를 따랐다. 이 두 가지 제도적 장치는 다름
아닌 의원내각제와 대통령제였다.

　대부분의 자유민주주의 체제는 일정한 형태의 **의원내각제**를 채택하였다
(그림 14.1). 이 제도는 영국의 의회 모델을 토대로 하였다는 점에서 웨스트민
스터 유형의 제도이다. 자주 '의회들의 모태mother of parliaments'로 묘사
되는 웨스트민스터 의회의 기원은 기사와 공민이 왕과 결합하게 되었을 때
인 13세기로 거슬러 올라간다. 14세기에 따로 분리된 의회들(하원the House
of Commons과 상원the House of Lords)은 한편으로는 기사와 공민을, 다른
한편으로는 남작과 성직자를 대변하기 위해 만들어졌다. 그럼에도 왕에 대
한 의회의 주권은 1688년에 일어난 명예혁명 때까지 확립되지 않았고, 19세
기에 민주주의적 참정권이 점진적으로 출현할 때까지 책임을 묻기 위해 정
부를 소환하는 의회의 권한은 인정되지 않았다.

　유사한 의원내각제들이 독일·스웨덴·인도·일본·뉴질랜드·오스트레

이다. (6) 정부의 수장(일반적으로 수상)이 의회의 공직자이기 때문에 따로 국가수장, 즉 입헌군주 혹은 비집행적 대통령이 존재한다.

책임 정부

Responsible government 선출된 의회에 그리고 의회를 통해 국민에게 책임을 지거나 해명할 의무가 있는 정부.

일리아 같은 국가에 도입되었다. 이 제도의 주요한 특징은 입법적·행정적 권한의 융합이다. 즉 정부는 의회로부터 성립되며, 의회에 대해 책임을 진다는 점에서 의회적이다. 이 제도의 강점은 아마도 능률적이고 **책임 있는 정부**를 제공한다는 점일 것이다. 정부는 의회의 신임에 의존한다는 점에서 능률적이며, 그리하여 대부분의 경우에 정부의 입법 프로그램이 통과되는 것이 보장된다. 간단히 말해 정부는 어떤 일을 실행할 수 있게 한다. 그럼에도 책임정부가 유지되는데, 그 이유는 정부가 의회의 신임을 유지하는 한에서만 통치할 수 있기 때문이다. 이론적으로 의회는 우월한데, 그 이유는 의회가 최종적인 권한을 가지고 있기 때문이다. 다시 말해 의회는 정부를 물러나게 할 수 있는 능력을 가지고 있다.

하지만 불행하게도 의원내각제는 종종 이러한 높은 기대감에 따라 행동을 하지 못한다. 협의와 동반자라는 강한 규범에 의해 지지되는 의회 Riksdag가 정부의 활동을 정지시키려고 위협하지 않고도 정책에 대한 강한 영향력을 행사하는 스웨덴과 같은 보기가 존재한다. 하지만 의원내각제는 종종 행정부의 지배라는 문제와 연관된다. 이는 영국의 경우다. 영국에서 엄격한 당규율과 불비례적 선거제도(단순다수제도)의 결합이 정상적으로 정부가 하원의 응집적이고 신뢰할 수 있는 다수를 통해 의회를 통제하게끔 한

그림 14.1
의원내각제

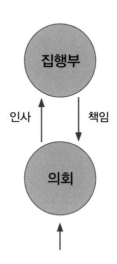

선거독재
행정부와 의회 간의 불균형. 일단 선출된 정부는 다음 선거에서 승리하고자 하는 필요에 의해서만 어떤 행동을 하게 된다.

이익집단에 대한 봉사에만 전념하는 의원
Lobby fodder
정당이 어떤 사실을 지시할 때 일관되게 그리고 주저없이 투표하는 의원들을 나타내는 경멸적인 단어.

정치적 마비 Immobilism
강한 행정부의 부재에서 유래하는 정치적 마비를 의미하며, 이 마비는 의회와 사회에서 존재하는 다중적 분열을 통해 야기된다.

다. 이러한 점 때문에 헤일스햄(Hailsham, 1976) 경은 영국 정부를 '**선거독재** elective dictatorship'라 불렀다. 따라서 역설적이게도 의원내각제는 의회로 하여금 다름 아닌 '이야기하는 가게'가 되게 할 수 있으며, 의원들을 단지 '**이익집단에 대한 봉사에만 전념하는 의원**lobby fodder'으로 축소시킬 수 있을 것이다.

또한 의원내각제는 약한 정부, 정치적 불안정과 연관이 있다. 이 점은 정당제도가 분열되고 종종 고도의 비례선거제도와 연관될 때 일반적으로 일어난다. 1945년에서 1958년 동안에 프랑스의 제4공화국에서 25개의 정부가 약 12년 동안에 등장하고 사라졌다. 이 기간 동안에 그 어떤 프랑스 정부도 국민의회에서 안정적인 다수를 차지할 수 없었다. 국민의회에서 좌파의 공산주의자와 우파의 드골주의자는 정권 자체에서 화해하기 어려울 정도로 적대적이었다. 유사한 문제들이 제2차 세계대전 후에 이탈리아의 정치를 괴롭혔다. 양극화된 다당제도로 인해 1945년부터 1966년 사이에 52개나 되는 정부들이 등장하였다. 하지만 이러한 외견상의 **정치적 마비**는 오해를 불러일으킬 수 있을 것이다. 예를 들면 이탈리아에서 정부 교체는 전형적으로 정치적 대변동이 아니라 행정상의 인사에 대한 개편을 포함하고 단지 가끔씩 총선을 치르게 할 뿐이다.

의원내각제에 대한 주요한 대안은 대통령제이다(그림 13. 1). 대통령제는 **권력분산**의 원칙의 엄격한 적용을 그 기반으로 한다. 이 점은 의회와 행정부

샤를 루이 드 세콩다 몽테스키외(Charles Louis de Secondat Montesquieu; 1689~1775)

프랑스의 정치철학자. 몽테스키외는 귀족가문 출신이고, 『페르시아의 편지*Persian Letters*』(1721)라는 글로 문학적인 명성을 날리기 전에 변호사가 되었다. 1726년 파리에 정착한 후 정치·사회제도를 공부하고자 유럽 전역을 여행하였다. 몽테스키외가 쓴 걸작인 『법의 정신*The Spirit of the Laws*』([1748] 1949)은 정치적·합법적 문제에 대해 길고 두서없는 비교분석을 담고 있다. 그는 로크의 저술과 어느 정도 영국의 정치적 경험에 대한 잘못된 독해에 기초를 둔 의회자유주의 형태를 옹호하였다. 몽테스키외는 정부의 권력을 분산시킴으로써, 특히 권력분산 장치를 통해 폭군정에 저항할 필요성을 강조하였다.

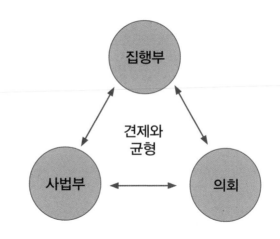

그림 14.2
권력분산

권력분산

Separation of powers
권력분산의 원칙은 정부
가 가지는 세 가지 기능
(입법·행정·사법)이 각각
독립적인 정부기관(입법
부·행정부·사법부)에 위
임되어야 한다는 점이다.
권력분산의 목적은 자유
를 보호하고 폭정을 하지
못하도록 정부권한을 분
산시키는 데 있다. 권력분
산이 가지는 형식적 의미
에서 볼 때 권력분산은 부
서 사이의 인사중복이 없
어야 한다는 점에서 독립
성을 요구하고 있다. 하지
만 권력분산은 견제와 균
형이 존재한다는 점을 보
장하기 위해 권한을 공유
하는 형태로 상호의존성
을 내포하고 있다. 권력
분산은 가장 엄격하게 미
국에서 적용된다. 미국에
서 권력분산은 헌법의 기
초이다. 그러나 이 원칙은
모든 자유민주주의 체제
에서 명백하게 사법부 독
립의 원칙이라는 형태로
존중받고 있다.

견제와 균형

Checks and balances
제도적 파편화로부터 발
생하는 정부제도 내에서
의 내적 긴장을 의미한다.

가 형식적으로 서로 독립되어 있고, 분리되어 선출된다는 점을 보장한다(그림 14. 2). 이 제도에 대한 고전적 사례는 미국에서 발견된다. 미국에서 이른바 '창건자들'은 특히 너무 강한 행정부의 출현을 저지하고자 하였고, 대통령직이 영국 군주의 외피를 취할 수 있다는 점을 염려하였다. 따라서 미국의 제도는 **견제와 균형**이라는 망을 구체화하였다. 의회, 미국의 대통령직, 최고재판소는 인사상의 그 어떤 중복도 허용되지 않는다는 의미에서 독립적 기관이다. 그러나 이 기관들은 상대방의 권한을 제어할 수 있는 능력이 있다. 그리하여 의회는 법을 제정할 수 있는 권한을 가지고 있지만, 대통령은 이 법을 거부할 수 있다. 교대로 의회는 양원에서 2/3 다수로 이 거부권을 거부할 수 있다. 또 대통령은 상급 행정직과 사법직에 대한 임명권을 가지지만, 이 임명권들은 상원의 비준을 받아야 한다.

미국 밖에서 행해지고 있는 미국 양식의 대통령제는 대개 라틴아메리카에 한정된다. 하지만 혼성적 혹은 준대통령semipresidential제가 제5공화국 기간에 프랑스에서 확립되었다. 이 제도에서는 '이원적 행정부dual executive'가 존재하는데, 따로 선출된 대통령은 의회로부터 나오고, 의회에 대해 책임을 지는 총리와 내각과 함께 일한다. 어떻게 이러한 제도가 실제로 작동하는가는 한편으로는 대통령의 개인적 권위와 인기, 다른 한편으로는 국민의회의 정치적 양상 사이에 존재하는 섬세한 균형에 달려 있다. 유사한 준대통령제가 핀란드에 존재한다. 핀란드에서 대통령은 대개 대외

초대통령제

Superpresidentialism
대통령의 비중이 큰 헌
법질서로서 대통령은 상
당한 권한을 부여받는
다. 그리고 의회는 단순
한 '고무도장'으로 기능
할 뿐이다.

문제에 관여하고, 국내문제에 대한 업무는 내각이 행한다. 준대통령제들은 최근 수십 년 동안에 특히 많은 탈공산주의 국가들이 이 제도를 도입함으로써 점점 더 일반적으로 되었다. 하지만 이 제도들은 '균형적balanced' 준대통령제에서 '비대칭적asymmetrical' 준대통령제에 이르기까지 다양하다. '균형적' 준대통령제에서 의회는 대통령에 대한 효과적인 억제를 행사하며, '비대칭적' 준대통령제에서 의회는 독립성을 결여하고 대통령에 의해 상투적으로 통제된다. 러시아에서 이 불균형은 너무 심해서 이 제도는 '**초대통령제**superpresidentialism'의 한 실례로 묘사될 수 있다.

대통령제의 주요한 미덕은 행정권으로부터 입법권을 분리함으로써 대통령제가 개인의 권리와 자유를 보호하는 데 기여하는 내적 긴장을 만들어낸다는 점이다. 홉스의 말대로 '자유는 조각으로 나누어진 권력이다.' 가령 미국에서 행정부 지배에 대한 위험성은 의회에 부여된 권한을 통해 제지된다. 또 의회는 전쟁을 선포하고 세금을 인상할 권한을 가지고 있으며, 상원이 조약을 비준해야 하고 대통령이 행하는 임명들을 추인한다. 그리고 상·하 양원은 대통령에 책임을 묻고 탄핵하기 위해 연합할 수 있다. 하지만 이러한 분산화 역시 결점을 가리고 있다.

특히 대통령제는 비능률적이고 번거로울 수 있다. 왜냐하면 대통령제는 정부의 행정부서와 입법부서 사이에 '투쟁의 빌미'를 줄 수 있기 때문이다. 예를 들면 미국 제도에 대한 비판가들은 대통령이 제안하도록 하고 의회로 하여금 처리하게 허용하기 때문에 미국 제도는 단지 제도적 교착상태deadlock 혹은 정부의 무능에 대한 처방에 불과하다고 주장하고 있다. 이는 백악관(대통령)과 캐피털 힐Capitol Hill(의회)이 경쟁적 정당의 통제를 받을 때 더 일어날 수 있을 것이다. 그러나 이는 또한 1977년부터 1981년까지 카터 행정부에서 입증되었던 것처럼 양 기관이 동일한 정당에 의해 통제받을 경우에도 일어날 수 있다. 비슷한 문제가 프랑스에서 대통령이 적대적인 수상과 국민의회와 함께 일하도록 강요당하는 연합정부의 형태로 발생한다.

의회의 기능

의회를 단순히 입법부, 즉 논의하는 장소 혹은 대표기관으로 분류하는 것은 의회가 가지는 중요한 의미를 모호하게 만든다. 의회가 행하는 역할은 국가와 제도마다 다르다. 경우에 따라 의회는 복합적인 기능을 수행한다. 무엇보다도 의회는 정부와 국민 사이의 연결, 즉 정부를 지지하고 정권을 유지하는 데 기여하며, 정부로 하여금 국민의 요구와 근심거리에 반응하도록 하는 소통의 통로를 제공해 준다. 의회가 행하는 주요 기능은 다음과 같다.

① 입법legislation
② 대표representation
③ 국정조사scrutiny
④ 정치충원political recruitment
⑤ 정당성legitimacy

입법

입법은 의회를 입법부로서 공통적으로 분류함으로써 명백하게 함축되었던 것처럼 의회의 핵심적인 기능으로 간주된다. 의회assembly 혹은 의회parliament는 전형적으로 제정된 법이 권위가 있고, 구속력이 있는 것으로 간주될 것이라는 바람 속에서 입법권을 부여받았다. 이는 두 가지 이유에서 적합하다. 첫째, 의회는 제안된 법률들을 공개적으로 토론하고 논의하는 하나의 광장이다. 둘째, 의회는 국민 - 혹은 전민주주의적pre-democratic 시대에서 사회에 존재하는 주요한 이해세력들 - 이 법률 자체를 제정한다는 점을 시사하기 위해 구성되었다. 하지만 의회가 형식적인 입법적 권위를 가지고 있다는 생각은 상당히 오해를 불러일으킨다. 위에서 지적했던 것처럼 의회는 입법적 권위를 좀처럼 독점하지 못한다. 헌법은 일반적으로 의회의 권한을 넘어서고 있다. 예를 들면 아일랜드에서 헌법은 국민투표referendum를 통해 수정되고, 벨기에에서는 특별한 헌법적 전통을 통해 수정된다. 프랑스 대통령과 같이 집행권이 있는 공직자는 법령을 통해 자주 법률을 제정할 수 있고, 미국 대통령 같은 집행적 공직자는 법률이 통과되었을 때 거부할 수 있다. 유럽의회는 결코 하나의 입법부가 아니다. 유럽연합의 법률은 대개 각료협의회Council of Ministers를 통해 제정된다. 의회가 합법적인 주권을 부여받은 영국에서조차 장관은 별로 효과적이지 못한 의회의 조사에 예속된 법령에 따라 관례적으로 법률을 제정한다.

좀 더 중요한 것은, 의회가 적극적인 입법 권한을 별로 행사하지 못한다는 것이다. 입법적 제안과 프로그램은 주로 행정부로부터 나온다. 행정부는 조직상의 응집력을 가지고 있고, 정책형성에 필요한 조언과 정보에 쉽게 접근할 수 있다. 가령 영국의 하원의원은 아직도 개별적인 의원들의 법안이라는 형태로 입법을 발의할 잔여적residual인 권한을 가지고 있다. 그러나 이 개별적인 법안은 정부가 자신의 입법 프로그램에 따라 검토하고자 할 경우에만 논의된다. 발전된 국가 중에서 가장 독립적이며 강한 의회인 미국 의회에서 논의된 입법 중 약 80%가 현재 대통령의 발의에서 유래한다. 의회가 가지고 있는 소극적 입법 권한, 즉 제안된 법률을 거부하거나 수정할 수 있는 의회의 권한 또한 제한되어 있다. 네덜란드 의회와 같은 경우에 모든 입법적 법안의 반은 의회가 협의한 결과 상당히 수정되었다. 하지만 영국에서 하원이 정부를 굴복시킨다는 것은 좀처럼 드문 일이다. 매우 빈번하게 입법은 의회에 의해서보다는 의회를 통해서 가결된다.

대표

의회는 정부와 국민 사이의 연결고리를 제공하는 데 중요한 대의적 역할을 하고 있다. 이 점은 18세기에 영국의 통치에 반대하여 일어났던 13개 미국 식민지가 채택한 구호를 통해 표현되었다. '대표 없이는 세금도 없다.' 참정권의 확대와 보통 성인 선거권의 획기적인 달성으로 인해 의회는 국민의 광장으로 전환되었다. 요컨대 의회는 국민을 '대변하는' 기관이 되었다. 이러한 이유로 정치제도 내에서 의회가 가지는 권한은 일반적으로 민주정부를 가늠하는 하나의 중요한 지표로 간주된다. 하지만 실제로 의회가 가지는 이

책임Responsibility

책임은 두 가지 대조적인 방식으로 이해할 수 있다. 첫째, 책임은 감지할 수 있고, 이성적인 형태나 혹은 도덕적으로 올바른 형태로 행위하는 것을 의미하며, 종종 행동에 대한 압력에 직면하여 행위하는 것을 의미한다. 그리하여 정부는 선거압력에 저항하고, 장기적이고 공적인 이익을 추구함으로써 인기를 잃어버릴 위험을 무릅쓸 때 책임을 진다고 주장할 수 있을 것이다. 둘째, 책임은 책임(accountability) 혹은 응답(answerability)을 의미한다. 개인 혹은 집단을 예속하고 통제할 수 있는 더 높은 권위가 존재한다는 점을 내포하고 있다. 정부의 행위가 정부를 권한으로부터 물러나게 할 힘이 있는 의회에 의해 조사나 비판을 공개적으로 받는다면, 정부는 책임을 지는 것이 된다. 정부가 가지는 이러한 의미는 또한 중요한 도덕적 차원을 가지고 있다. 이것은 정부가 기꺼이 비난받을 각오가 되어 있으며, 적당한 벌을 감수할 각오가 되어 있음을 의미한다.

러한 대의적 기능이 얼마나 달성되는지에 관해서는 말하기가 어렵다.

대표는 수많은 대조적인 의미들을 가지고 있는 복합적인 원칙이다. 예를 들면 영국 전통에 기초한 웨스트민스터 유형의 의회제도는 대표자들을 피신탁인trustee으로 묘사하였는데, 피신탁인의 일차적인 **책임**은 자신들의 선거구민을 위해 자신의 판단과 지혜를 행사하는 것이다. 하지만 독립적 행위자로서 대표자를 해석하는 이러한 버크적인 생각은 현재 대부분의 의회들, 특히 의회제를 시행하는 의회에서 발견되는 엄격한 당기율과 첨예하게 갈등을 일으킨다. 대의제에 대한 대안적 이론, 즉 정당위임통치 원리는 의회가 아니라 정당을 중심 기구로 간주하며, 정당을 통해 대의제가 발생한다는 것이다.

다른 국가에서 선거구 대의제에 관한 생각은 높은 위상을 차지하고 있다. 이는 특히 상대적으로 허약한 정당제도와 상당히 짧은 2년 동안의 하원의원Representative제의 결과로 특히 미국 의회에 적용된다. 상원과 하원의원들의 일차적 관심은 '성공하는 것'이다. 따라서 의회는 **선심성 정치**를 통해 지배된다. 이는 특정 선거구민들에게 혜택을 주기 위해 고안된 법안을 통해 특정지워지는 정치양식이다. 그런데 그 법안은 '결탁log rolling'으로 알려진 개별 입법자들 사이의 협력형태에 의해 강제로 통과된다. 하지만 의회를 부적당한 정책입안자로 만드는 것은 다름 아닌 의회가 행하는 대의적 기능 속의 능률성이다. 의회는 일관된 대안을 제안하는 것보다 대통령의 프로그램을 방해하는 것을 더 잘할 뿐이다.

선거상의 선택과 정당경쟁이 부재한 소련과 다른 공산주의 국가에서 대표는 의회들이 더 큰 사회와 유사한 정도에 기초를 두었다. 그리하여 최고회의Supreme Soviet는 발전된 서구 국가에서 의회가 행했던 것보다 소비에트 사회의 축도가 되는 것에 훨씬 더 가깝게 되었다(성·민족성·직업 등에 의해서). 마지막으로 의회는 이익(집단)을 대표하는 기구이다. 이 점은 특히 의회가 상당한 정도로 정책에 영향력을 행사하고, 정당제도가 이익집단으로 하여금 접근을 용이하게 할 정도로 충분히 느슨하게 될 때 나타난다. 다시 한 번 더 거론하면, 미국은 이에 대한 중요한 보기인데, 미국에서는 미국

선심성 정치
Pork barrel Politic
유일한 혹은 일차적 목
적이 대의원의 지역 혹
은 선거구에 돈이나 일
자리를 제공해 주는 정
부의 프로젝트. '포크 배
럴'은 연방정부로부터 당
세 확장 따위의 목적을
위해 지급받는 돈을 뜻
함.

상임위원회
Standing committees
입법부 내에 있는 영구
적인 위원회. 이 위원회
는 법안을 심의하거나
행정부의 활동을 감시한
다.

역사에서 처음으로 2008년 대통령 후보자들에 의해 주로 기업으로부터 10억 달러가 넘는 금액이 조달되었다.

조사와 감시

의회가 행하는 입법적·대의적 역할은 상당히 쇠퇴한 반면에, 행정 권한을 억제하고 견제하는 의회의 능력은 더욱 강조되었다. 의회는 점점 더 국정조사기관으로 변모했는데 조사기관으로서 의회가 행하는 주요한 역할은 책임 있는 정부를 만드는 것이다. 대부분의 의회는 이 역할을 용이하게 하기 위해 고안된 제도적 장치들을 발전시켰다. 예를 들면 의원내각제는 일반적으로 장관을 정기적인 구두질문이나 혹은 문서로 된 질문에 답변하게 한다. 이에 대한 고전적 보기로는 영국 하원의 질의시간이다. 이 시간에 수상은 일주일에 두 번 반대심문에 답해야 하고, 다른 상급장관은 2주마다 한 번 유사한 조사에 응해야 한다. 독일과 핀란드는 '장관에 대한 질문'이라는 것을 행하고 있다. 이것은 장관의 대답에 의회의 신임을 확립하고자 하는 의결사항이 뒤따르는 구두질문 과정이다. 의회에서 질문과 논의가 필연적으로 일반화되기 때문에, 의회가 조사하는 많은 일들은 이 목적을 위해 만들어진 위원회를 통해 이루어진다. 미국 의회의 강력한 **상임위원회**는 이러한 점에서 많은 다른 의회들에게 하나의 모델로 이용되었다.

하지만 의회가 책임을 지우기 위해 행정부를 소환하는 것이 늘 효과적인 것은 아니다. 예를 들면 중국의 국가인민회의National People's Congress에서 독점적인 한 당에 의한 통제는 의회를 정부정책을 거의 항상 만장일치로 동의하는 단순한 선전무기로 전환시켰다. 또한 정당기율은 의회의 조사를 압도한다. 가령, 웨스트민스터 양식의 제도에서 의회의 주요한 역할은 의회의 다수당이 여당에 속하기 때문에 정부를 지탱하고 지지하는 것이라고 주장할 수 있다. 그리하여 조사업무는 정부가 다수당을 유지하고 있는 한에서, 정부를 교체할 힘이 없는 야당에게 넘어간다.

더 핵심적인 요소는 행정부로부터 정보를 추출할 수 있는 의회의 능력이다. 지식은 힘이다. 완전하고 정확한 정보가 없다면 의미 있는 조사는 불가능하다. 가령 미국·프랑스·네덜란드·캐나다·오스트레일리아에서 정보행위의 형식적 자유는 정부가 가지고 있는 정보와 기록에 대한 공중의 접근권리를 확립하기 위해 통과되었다. 마지막으로 행정부에 대한 감시는 의회적 대의제가 대책을 잘 세우고, 연구업무와 전문적 조언에 접근할 수 있어야 한다. 이 점에서 미국과 영국의 대조는 극적이다. 미국의 의원들은 충분한 기금과 거대한 참모진을 제공받는 반면에, 영국의 하원의원들은 급료도 적고 재원은 불충분하며 때로 과로에 시달린다.

충원과 훈련

의회는 주요한 충원 통로로 기능하며, 선구자적인 결정자들을 배출하는 원천이 된다. 이는 권위적인 국가에서는 별로 적용되지 않는데, 덮어놓고 찬성만 하는 의회는 진정한 정치가를 좀처럼 낳을 수 없기 때문이다. 이는 또한 대통령제에도 별로 적용되지 못한다. 대통령제에서 권력분산은 행정직을 현재의 의원으로부터 충원하는 것을 막고 있다. 근래 미국 대통령들은 주지사 출신이긴 하지만, 케네디와 닉슨 같은 대통령은 의회의 의원으로서 능력을 발휘하였다. 하지만 의회제도에서 의회의 업무는 장관이나 수상에게 필요한 경력 통로이다. 이들은 자신들이 지닌 행정직과 나란히 의회에서의 의석을 계속 유지한다. 발전된 많은 국가와 개발도상국가에서 의회는 다음 세대의 정치지도자들을 충원하고 교육하며, 그리하여 그들에게 정치적 논의와 정책분석에 대한 경험을 제공한다.

다른 한편, 의회는 이러한 점에서 부적당하다고 할 수 있다. 의회정치에 정통한 사람은 불명예스럽게 '지껄여 대는 것'으로 알려진 **수사학**으로서의 정치에 대한 경험을 획득한다. 그러나 그들은 정부부서를 경영하고 정책 형성과정을 감독하기 위해 필요한 관료적·관리적 기술을 획득할 기회를 별로 얻지 못한다. 더군다나 의회는 선거구민의 요구와 대중을 위해 일하는 당활동가들의 직감과는 거리가 먼 규범과 가치로 사회화함으로써 정치가들을 타락시킨다고 때때로 주장되었다. 예를 들면 의회에서 활동하고 있는 사회주의자들은 사회주의 원칙에 대해서보다는 의회주의의 이상에 더 열정적으로 동의하게 될 수 있을 것이다(Miliband, 1972).

정당성

마지막 기능은 공중에게 지배제도가 '정당한rightful' 것임을 주지해 한 정권의 정당성을 증대시키는 것이다. 이것이 비록 의회가 입법적 독립성 혹은 정책입안권을 가지고 있기는 하지만, 대부분의 권위주의적 국가 심지어 전체주의 국가들이 의회를 허용하는 이유이다. 동의를 동원하는 의회의 능력은 대개 공중의 이름으로 그리고 공중을 대변하여 법률과 정책에 서명하는 대중의 집회로 기능하는 의회의 능력에 달려 있다. 선전가치를 가지는 것에 덧붙여 의회는 또한 좀 더 신뢰할 만한 교육기능을 수행할 수 있을 것이다. 의회에서 이루어진 논의들은 정부의 업무와 주요한 당면과제에 관해 시민에게 정보를 주고 가르치는 데 기여할 수 있다. 1982년에 아르헨티나가 포클랜드를 침공한 것에 대한 영국의 대응은 좀처럼 보기 드문 하원의 토요일 회의를 통해 명백하게 영향을 받은 것이었다. 그리고 미국 국민은 1988년 이란-콘트라 사건에 대한 정보를 대개 상원 정보위원회Senate Committee on Intelligence를 통해 얻었다.

하지만 의회가 행하는 선전/교육 역할을 점점 더 큰 규모로 대중매체가 넘겨받았다. 라디오와 TV 같은 전파매체의 증대로 인해 수백만의 투표자들은 이전처럼 의회의 논의와 토론에 대한 보고에 의존하기보다는 직접적으로 정부에 접근할 수 있게 되었다. 그 결과 의회의 위상은 의회가 가진 헌법적 지위보다는 매체들의 관심에 점점 더 의존하고 있다. 이 점은 의회가 더욱더 TV의 취재를 열망하는 이유를 설명해 준다. 미국 의회 위원회들의 대중에 대한 영향은 위원회의 청문회를 방영함으로써 고양되었다. 영국의 경우, 처음으로 소비에트의회를 소개한 1989년까지 TV 카메라를 하원으로 가지고 들어갈 수 없었다.

의회의 구조

의회들은 수많은 측면들에서 서로 구분된다. 예를 들면 의회의 구성원은 선거를 통해 선출되거나 임명되거나 혹은 심지어 계승을 통해 혹은 이 세 가지 방법의 결합을 통해 선발될 수 있을 것이다. 의회의 구성원들이 선거를 통해 선출될 때, 이것은 주민─동일한 크기의 선거구민 형태─, 지역 혹은 주에 기반을 둘 수 있을 것이다. 참정권은 제한되거나 혹은 보편적일 수 있으며, 다양한 선거제도가 사용될 수 있을 것이다. 의회의 크기도 상당히 다르다. 태평양 중서부에 있는 작은 나우루Nauru공화국의 의회는 18명이다. 각 의원은 주민 440명을 대표한다. 다른 극단적인 경우로, 중국은 2천 명이나 되는 국가인민회의 대의원이 있다. 여기서는 의원 한 명이 35만 명 이상이나 되는 주민을 대표한다. 하지만 의회들 사이에 존재하는 주요한 구조적인 차이점은 의회가 단원제인가 아니면 양원제인가 하는 점과 의회에서 활동하고 있는 위원회제도가 가지는 성격과 역할에 관한 것이다.

단원제 혹은 양원제?

유고슬라비아는 한때 오원제five-chamber를 가진 의회를 실험하였고, 1984년부터 1994년까지 남아프리카는 삼원제 의회를 가졌지만, 대부분의 의회는 단원제 혹은 양원제이다. 단원제single-chamber 혹은 단원제 의회unicameral는 상당수의 아프리카 국가, 중국과 같은 공산주의 국가 그리고 **단원제**unicameralism라는 초기의 전통을 유지하였던 탈공산주의 국가에서 공통적이었다. 사실 제2차 세계대전 후에 단원제를 향한 뚜렷한 추세가 존재했다. 가령 1948년에 이스라엘은 단원제 의회the Knesset를 확립하였다. 그리고 1950년에 뉴질랜드는 상원을 폐지하였고, 1953년에 덴마크가, 1970년에 스웨덴이, 1990년에 아이슬란드가 상원을 폐지하였다. 물론 모로코는 1996년에 반대 방향으로 움직였지만 말이다. 이러한 발전양상은 특히 작고 상대적으로 응집적인 사회의 요구에 대응한다는 의미에서 단원제

양원제Bicameralism
입법부 권한의 분할을 의미하며, 두 개의 (동등한) 의회를 통해 확립되었다. 양원제는 제한정부의 고안물이다.

의회가 양원제보다 좀 더 능률적이며 효과적이라는 견해를 지지하고 있다. 1789년에 아베 시에예스Abbé Sieyès는 다음과 같은 유명한 말을 하였다. "상원이 하원에 동의한다면 상원은 불필요한 것이며, 상원이 동의하지 않는다면 상원은 유독한 것이다." 하지만 세계에 존재하는 국가의 절반 정도가 양원제 의회를 가지고 있다.

의회 내에서 그리고 행정부와 의회 사이에 견제와 균형을 강화한다는 의미에서, **양원제**는 일반적으로 자유입헌주의의 중심적인 원칙으로 간주되었다. 이는 1787년에 미국 헌법을 초안하였던 '창시자들' 사이에 있었던 논의였다. 영국의 상원House of Lords과 같은 초기의 상원은 매개물로서 발전하였다. 이 매개물을 통해 강력한 경제적·사회적 이익세력들은 정부 속에서 대변될 수 있었다. 제임스 매디슨과 같은 대표는 미국의 상원을 입법부의 권한을 분산하는 하나의 수단과 행정부의 지배에 대항하는 하나의 안전장치로 간주하였다.

양원제의 대의제적 장점은 특히 연방국가에서 중요하다. 연방국가에서 주권의 공유는 중앙정부와 지방정부 사이에 존재하는 어쩔 수 없는 갈등이라는 지속적인 위험을 만들어 낸다. 그래서 전 세계 16개 연방국가들은 모두 양원제 입법부를 가지고 있으며, 이 가운데 14개 연방국가의 상원은 지방 혹은 주를 대변한다. 이 지방 혹은 주는 오스트레일리아·스위스·미국에서처

제임스 매디슨(James Madison; 1751~1836)

미국의 정치가이자 정치철학자. 1787년의 헌법회의에 버지니아주 대표로 참석한 매디슨은 미국 민족주의에 대한 강한 지지자였으며, 비준을 강력하게 옹호하였다. 그는 후에 제퍼슨(Jefferson)의 국무장관(1801~1809)으로 일했으며, 미국의 제4대 대통령(1809~1817)이었다. 일반적으로 다원주의와 분할정부에 대한 선도적인 지지자로 간주되었던 매디슨은 연방주의·양원제·권력분산을 채택할 것을 주장하였다. 하지만 그는 정권을 장악하자 민족 정부의 권한을 강화하고자 하였다. 그가 쓴 저술로 가장 잘 알려진 저술은 알렉산더 해밀턴(Alexander Hamilton), 존 제이(John Jay)와 함께 쓴 『연방주의 논문들The Federalist Papers: Hamilton, Jay and Madison』([1787~1789] 1961)이다.

개념설명

법안Bill
초안 법령의 형태로 제
안된 입법을 의미하며,
통과될 경우 법안은 하
나의 법령으로 된다.

럼 동등한 대표성을 누리거나 오스트리아와 독일에서처럼 이들이 가진 주
민 수에 따라 대표될 수 있을 것이다. 몇 개의 비연방국가에 존재하는 상원
은 지역적 차이를 해결하기 위해 사용되었다. 프랑스 상원의원 대부분과 네
덜란드의 모든 상원의원은 지방정부를 경유하여 간접적으로 선출된다.

대부분의 상원은 헌법적·정치적으로 하원에 종속적이며, 하원은 일반
적으로 대중적 권위의 소재지로 간주된다. 이 점은 특히 의원내각제에 해당
되는데, 의원내각제에서 정부는 일반적으로 하원에 책임을 지며, 대개 혹은
전적으로 하원으로부터 구성된다. 노르웨이·네덜란드·피지Fiji에서 모든
법안은 하원에서 제출하고, 인도·캐나다·영국에서는 화폐법안을 하원에
서 제출한다. 상원은 또한 거부권을 거부당할 수 있다. 일본의 하원은 2/3 다
수에 의해 상원을 무효로 할 수 있다. 영국의 상원만이 1년 동안 비재정적 입
법을 연기할 권한을 가지고 있다.

일반적으로 양원제에 대해 가해지는 이러한 더 허약한 해석들은 상원이
가지고 있는 제한적이고 대의적인 기반을 반영하고 있다. 독일·오스트리
아·인도에서는 직접선거를 하고, 벨기에·말레이시아·아일랜드에서는 선
거와 임명을 혼용한다. 캐나다의 상원은 전적으로 지명되며, 영국 상원의
다수는 아직도 세습귀족이다. 양원제에 대한 더 강한 해석은 포괄적으로 동
등한 권한을 가지고 있는 양원제를 가진 의회에서 발견할 수 있다. 예를 들
면 이탈리아의 하원Chamber of Deputies과 상원은 둘 다 보통선거로 선출
되며 입법적으로 동등하다. 상원과 하원을 대표하는 선거인단이 대통령을
선출하고, 수상과 내각은 집단적으로 양 의회에 대해 책임을 진다. 아마도
미국 의회는 상원이 우세한 의회의 유일한 예이다. 모든 조세입법은 하원에
서 제출하지만, 상원만이 비준권과 승인권을 행사한다.

입법부의 분산화가 가지는 가장 큰 결점 중의 하나는 상원과 하원 사이에
일어날 수 있는 갈등이다. 양원이 포괄적으로 동등한 권한을 가지고 있을
때 차이점을 해결하고 제도적인 정치적 마비를 막기 위해 어떤 장치가 요구
된다. 가장 일반적인 장치는 미국 의회에서 사용된 것이다. 미국 의회에서
는 상·하 양원 출신의 원로인물로 구성된 특별합동의회위원회에 타협적인

양원제가 단원제보다 더 좋은가?

의회가 민주주의와 책임 있는 정부를 지탱하는 데 중요한 역할을 한다는 점에 폭넓은 동의가 있지만, 이 임무들이 양원제와 단원제 중에서 어느 제도가 더 잘 이루어질 수 있는지에 관해서는 상당한 의견불일치가 있다. 상원은 정치적 자유를 보호하고 정부와 국민 간의 연결을 강화시키는가? 아니면 상원은 입법부의 교착상태와 정치적 침체의 기회들을 증가시키면서 단지 방해만 할 뿐인가?

찬성

더 강한 견제와 균형. 상원이 가지는 핵심적인 이점은 상원이 하원과 집권정부 모두를 견제한다는 데 있다. 그리하여 양원제는 다음의 사실을 승인한다. 즉 정부의 폭정을 저지하는 가장 좋은 방법은 분산된 정부제도를 통해서이며, 권력으로 하여금 권력을 견제하게 한다는 점이다. 분산된 의회는 입법권을 분산시켜 하나의 의회에 대한 지배를 저지하거나 실제로 의회 내에서 다수당 혹은 다수당들의 지배를 저지한다. 더 중요하게는 분산된 의회는 행정부의 감독을 높이는데, 그 이유는 한 개가 아닌 두 개의 의회가 정부의 결점과 실패를 드러내는 데 책임이 있기 때문이다.

더 넓은 대의제. 상원이 선출되는 한에서 상원은 정부와 국민 간에 더 강한 소통채널을 확립한다. 연방제도에서 지역 혹은 주의 유권자 혹은 지리적으로 넓고 인구가 많은 국가에서 대표를 제공함에 있어 상원이 행하는 기능은 일반적으로 인정되었다. 그럼에도 양원제 의회는 더 넓은 대의제적 혜택을 가져다준다. 다른 선거제도를 채택함으로써 선거들이 더 빈번하게 행해지고 정부는 더 많이 대응하게 된다. 사실 이러한 고려들은 사회 자체가 더 다양해짐에 따라 점점 더 절박하게 될지도 모른다.

더 나은 입법. 상원은 다음의 사실을 보장한다. 즉 하원의 입법적인 짐을 경감하고 하원의 실수나 감독을 교정하면서 입법은 더 철저하게 조사받게 된다는 것이다. 이것은 입법과정을 더 길고 복잡하게 만들기는 하지만 그 결과 입법의 질을 크게 개선시킨다. 이 점은 심지어 상원이 자신의 전문성과 경험을 광범한 원칙에 관해 더 많이 관심을 가진 하원이 무시하려는 경향이 있는 입법적인 세부조항들을 다루기 위해 사용하면서 종종 '교정 의회'로 기능하는 약한 혹은 비대칭적인 양원제의 경우에도 해당된다.

반대

제도적 갈등을 위한 처방. 양원제 의회는 종종 정부의 정체를 초래한다. 분산된 입법권은 단지 지체와 불화를 초래한다. 특히 두 개의 의회가 필연적으로 다른 방식으로 구성되고 따라서 다른 정치적 성격을 가지기 때문에 그렇다. 이와는 대조적으로 단원제 의회들은 더 능률적이고 효율적이다. 게다가 양원제 의회들이 의회간 갈등으로 인해 방해받을 때, 이 양원제 의회가 더 나은 생각을 한 결과물들을 생각할 것이라는 보장은 없다. 대신에 갈등들은 정책입안에 대한 상당히 협소한 접근인 양원 합동위원회에 의해 일반적으로 해결된다. 더 큰 수준에서 강력한 상원은 단지 의회에 대해 과도한 권력을 행사할 수도 있으며, 이로 인해 정부의 현상유지 정책과 정치적 정체가 초래된다.

책임성의 감소. 단원제 의회의 큰 장점은 입법이 가결되지 않거나 인기가 없다고 판명될 경우 입법자들이 다른 의회를 비난할 수 없다는 점이다. 상원의 몇몇 의원들이나 모든 의원들이 비선출이거나 간접적으로 선출될 때 하원에 도전함으로써 민주적 책임성은 약화된다. 상원이 전적으로 선출될 때 이것은 단지 민주주의 권위의 위상에 관한 혼란을 초래한다. 궁극적으로 공적 책임성은 다음의 사실을 요구한다. 즉 특히 당면한 주요한 문제들에 대해 국가이익을 대변한다고 주장하는 오직 하나의 견해가 표현된다. 이 점은 의회가 하나의 의회로 구성되는 하나의 통일적인 기관일 경우에만 행해질 수 있다.

보수주의적 편견. 상원은 종종 보수주의 편에 서고 급진적 변화에 반대하여 정치제도 내에서의 균형을 무너뜨린다. 가령, 상원은 종종 공식적으로 아니면 비공식적으로 헌법의 관리인으로 간주되기 때문에 상원은 헌법개혁을 위한 제안에 관해 일반적으로 신중하다. 상원은 또한 종종 정치적·사회적 기득권층으로 구성된다. 이 점은 임명이나 간접선거를 통하여 상원의원들이 일반적으로 정치나 기업, 학문세계와 공적 생활에서의 유명인사들의 등급에서 차출될 때 발생한다.

동의를 만들어 내도록 권한을 준다. 독일에서 하원Bundestag은 대부분 입법적으로 우월하지만, 상원Bundesrat은 헌법적 문제와 주에 관련된 문제에 대해 상당한 거부권을 누리고 있다. 분쟁이 일어날 경우, 이 분쟁은 상·하원 합동조정위원회가 맡는데, 이 위원회의 위원은 동등한 비율의 상·하 양원으로 구성된다.

위원회제도

거의 모든 의회는 위원회제도를 가지고 있다. 사실 의회나 다른 곳에서 위원회를 사용하는 경향은 현대 정치가 가지는 차별적인 특징 중의 하나로 간

매카시즘McCarthysim
1950년대에 미국의 상
원의원인 조셉 맥카시
(Joseph McCarthy)가 공
산주의자에 반대하여 실
행한 것으로, 정적에 대
한 박해와 파렴치한 조사
들을 의미한다.

주되고 있다. 위원회제도는 점점 더 의회의 권력의사당, 즉 다름 아닌 입법
과정의 중심으로 묘사되었다. 의회가 이야기하기 위한 장소인 데 비해, 위
원회는 업무를 보기 위한 장소이다. 우드로 윌슨(Woodrow Wilson, [1885]
1961)은 다음과 같이 적고 있다. "의회의 정부는 위원회 정부이다. 회기 중에
있는 의회는 공적인 전람회에 있는 의회이다. 위원회의 방에 있는 의회는
업무를 행하고 있는 의회이다." 따라서 의회가 종종 의회에서 활동하고 있
는 위원회에 따라 분류되는 것은 놀라운 일이 아니다. 거칠게 말하면, 강한
의회는 강한 위원회를 가지고 있으며, 약한 의회는 약한 위원회를 가지고
있다.

의회의 위원회는 일반적으로 세 가지 기능 중 하나의 기능을 행하고 있
다. 첫째, 의회의 위원회는 입법적인 척도와 재정적 제안에 대해 세심하게
논의할 수 있다. 그리하여 의회의 위원회는 의회가 지고 있는 입법적 짐을
덜어주는 데 기여할 뿐만 아니라 의사당에서 가능한 것보다 더 철저하고 정
확하게 분석하는 데 기여한다. 이 과제는 일반적으로 상임위원회를 통해 행
해지는데, 상임위원회는 영국과 프랑스에서처럼 광범위하고 유연할 수 있
거나 혹은 독일과 미국에서처럼 영속적이며 매우 전문화될 수 있다. 둘째,
위원회는 정부행정을 조사할 수 있고 집행권의 행사를 감독할 수 있다. 이
러한 위원회는 영구적이며 전문화되어 있다. 왜냐하면 위원회는 능률적이
기 위해 상세한 지식과 전문성이라는 의미에서 행정부와 경쟁해야 하기 때
문이다. 예를 들면 미국 의회에서 입법적이며 조사를 하는 책임은 상임위
원회에 부여되어 있다. 반면에 영국 의회와 프랑스 국민의회에서는 독립
된 특별위원회나 감독위원회가 설치된다. 셋째, 특별위원회들은 공적인
문제를 조사할 수 있다. 조사위원회에 대한 가장 중요한 보기 중에서 몇 가
지가 미국에서 발견되었는데, 워터게이트 사건에 대한 어빈 위원회Irvin
committee, 1950년대에 **매카시즘**을 위한 하나의 매개물인 비미국활동위원
회House Un-American Activities Committee 등이 있다.

강력한 위원회가 강력한 의회를 의미한다면, 무엇이 위원회를 강력하게
만드는가? 미국 의회가 세계에서 가장 강력한 위원회를 가지고 있다는 것

위원회: 장점과 단점

위원회는 더 큰 집단에서 나온 위원으로 구성되고 특수한 책임이 부과된 작은 활동집단이다. 특별위원회는 특별한 목적을 위해 만들어지고 특별한 목적이 끝날 때 해산되는 반면에, 영구적 혹은 상임위원회는 지속적인 책무와 제도화된 역할을 가지고 있다. 위원회 구조는 토의적이며 협의적인 광장과 결정단체로 정부의 집행부와 입법부서에서 점점 더 두드러지게 되었다.

위원회의 장점은 다음과 같다.

- 위원회는 견해·의견·이해관계들을 대변한다.
- 위원회는 더 완전하고, 길고, 상세한 논의를 위한 기회를 제공해 준다.
- 위원회는 반대의견의 범위를 제한함으로써 더 효율적이고 빠르게 결정할 수 있게 장려한다.
- 위원회는 전문기술과 전문지식의 축적을 장려하는 노동분업을 가능하게 한다.

하지만 위원회는 다음과 같은 이유로 비판받았다.

- 위원회는 위원회를 만들고 직원을 둔 사람에 의해 쉽게 조작될 수 있다.
- 위원회는 의장으로 하여금 배후에서 협의 절차를 지배하게 함으로써 중앙집권화를 장려한다.
- 위원회는 결정할 때 고려되는 견해와 이해관계의 범위를 축소시킨다.
- 위원회는 위원회의 위원들을 더 큰 기관으로부터 분리하며, 가짜 대표의 형태를 만든다.

은 일반적으로 인정되었다. 이 위원회는 다른 많은 의회가 채택하고자 시도했던 하나의 모델을 제공한다. 위원회가 가지는 힘은 확실히 이것이 행하는 전문적인 책무, 영구적인 회원, 충분한 재정과 조언에 대한 용이함에서 유래한다. 이는 위원회로 하여금 관료제가 가지는 전문성과 경쟁하게 해준다. 더욱이 입법과정에서 행하는 위원회의 역할은 중요하다. 영국·프랑스·일본에서는 의사당에서 원칙적으로 논의되고 승인된 법안들이 위원회에 가게 되는 반면에, 미국의 의회에서는 위원회 조사가 처음으로 행해진다. 이 것은 많은 법안들이 완전하게 고쳐지거나 아예 빛을 보지 못한다는 점을 의미한다.

그러나 중요한 점은, 미국 의회는 상대적으로 허약한 정당제도를 가지고 있다는 것이다. 이 점은 의회의 위원회에게 대통령으로부터의 상당한 독립성을 허용한다. 오스트레일리아·뉴질랜드·영국처럼 엄격한 당기율이 작동하고 있는 나라의 위원회는 이 위원회에 속한 다수의 위원들이 현 정부에 대해 최우선적인 충성심을 가지고 있기 때문에 효과적으로 중립적이 된다. 독일은 이러한 점에서 하나의 예외이다. 독일은 효과적인 정당제도를 가지고 있지만, 대개 연합정부가 둘 혹은 더 많은 정당의 지지를 유지하기 위해 의회를 포용해야 하기 때문에 강한 위원회를 가지고 있다.

영국에서 행정부에 대항하여 의회를 강화하고자 하는 시도로 1979년에 분과선발위원제도가 확립되었다. 이 위원회는 의식적으로 미국의 예를 토대로 삼았고, 이 제도는 정부보고서에 대한 조사와 장관과 상급공무원에 대한 조사를 허용함으로써 개방정부를 증진시키고자 했다. 그리고 이 위원회가 정부정책에 영향을 미칠 수 있는 효과적인 감시인이 될 것이라고 기대했다. 하지만 이 실험은 많은 이유에서 실망스러웠다고 평가되었다. 첫째, 당기율이 위원회의 업무 속으로 스며드는 것을 정부가 확실하게 하였을 때, 덜 당파적인 성격의 위원회를 구성하기 위한 바람을 구체화하는 것이 실패하게 되었다. 둘째, 선발위원회는 자원들을 불충분하게 배분받고, 제한적 권한을 가진다. 이 위원회는 사람·보고서·기록들에 대해 전할 수는 있지만, 특별한 공무원이나 장관에게 출석을 강요할 수 없다. 또한 이 위원회는 자신이 던진 질문에 대한 완전한 답변을 보장할 수도 없다. 셋째, 그 어떤 대안적인 경력구조도 위원회를 둘러싸고 발전되지 못했다. 영국의 하원의원은 아직도 정부에서 행하는 업무를 통해 자신의 경력을 쌓는 것에 주의를 기울여서 의회의 압력보다는 당이 가하는 압력에 더 민감하다.

의회의 성과

의회는 정책을 입안하는가?

의회의 성과를 평가할 때 나타나는 어려움은 의회가 광범위한 기능을 행하고 있다는 데 있다. 의회는 자신이 가결한 입법의 질, 즉 동의를 동원함에 있어 행한 의회의 능률성, 요컨대 여론을 대변하는 정도를 토대로 판단되어야 하는가? 아니면 무엇을 토대로 판단되어야 하는가? 하지만 가장 큰 정치적 관심은 의회가 행한 정책에 대한 영향, 즉 정부가 실제로 행하는 것을 형성하거나 혹은 적어도 영향을 끼치는 능력과 관련된다. 의회는 공공정책의 내용에 영향을 미친다는 의미에서 힘을 가지고 있는가? 혹은 의회는 정부가 행하는 진정한 일이 일어나는 것과는 동떨어진 관심을 가지고 있는, 단지 지껄이는 상점에 불과한가? 여기에서의 쟁점은 두 개의 중요한 정부부서 사이에 존재하는 의회-행정부 관계에 대한 성격과 권력배분이다. 이러한 토대 위에서 전 세계에 존재하는 의회는 세 개의 범주로 분류될 수 있다.

① 정책입안 의회: 이 의회는 상당한 자율성을 누리며, 정책에 대해 적극적인 영향력을 행사한다.
② 정책에 영향을 주는 의회: 이 의회는 단지 행정부의 발의에 반응함으로써 정책을 변형시킬 수 있다.
③ 행정부가 우월한 의회: 이 의회는 주변적 영향력을 행사하거나 행정부가 내린 결정을 덮어놓고 찬성한다.

정책입안 의회는 좀처럼 드물다. 정책과정에 긍정적인 영향력을 행사하기 위해 의회는 세 가지 기준을 충족해야 한다. 첫째, 의회는 중요한 입헌적 권위와 존중을 명령해야 한다. 둘째, 의회는 행정부로부터 상당한 정치적 독립을 누려야 한다. 셋째, 의회는 합의된 행동을 행하기 위해 충분한 조직상의 응집력을 가져야 한다. 영국 의회에 관한 한, 이러한 조건은 아마도 이른바 '황금시대', 요컨대 1832년의 영국선거개정법Great Reform Act과 1867년의 제2차 선거개정법 사이의 기간 동안에 충족되었다. 이 기간 동안에 의회는 효과적인 정당기율의 출현에 의해 방해받지 않은 참정권의 확대를 통해 권위가 신장되었으며, 정부를 교체시켰고, 개별적인 장관의 해임을 강요하였으며, 정부입법을 거부하였고, 중요한 법안들을 발의하였다.

현대에 정책입안 의회에 대한 가장 좋은 보기 – 혹자는 유일한 보기라고 주장할 것이다 – 는 미국의 의회이다. 미국 의회는 상당한 혜택을 누리고 있다는 점에서 특이하다. 권력분산은 의회에 헌법적 독립성과 강한 인상을 주는 자율권을 부여한다. 상대적으로 허약한 정당의 응집성은 대통령에게서 입법적 통제를 행사하는 통상적인 수단들을 빼앗고 있으며, 그래서 의회는 여하튼 야당에 의해 통제될 수도 있을 것이다. 강력한 위원회제도는 의회 조직상의 능률성을 보장한다. 마지막으로 의회는 행정부의 지원에 의존하지 않고 작동할 수 있는 간부와 정보재원을 보유하게 되었다.

그러나 이러한 장점이 있는데도 미국 의회는 20세기 동안에 어느 정도 영향력을 상실하였다. 뉴딜정책 이후로 미국의 공중과 의회는 점점 더 백악관의 정치리더십에 주목하였다. 따라서 의회가 행하는 주요한 업무는 대통령의 입법 프로그램을 검토하는 것이다. 이로 인해 정책발기인으로서 의회의 역할은 약화되었고, '대통령이 제안하고 의회가 처리하는' 상황이 초래되었다. 사실 의회의 예속에 대한 근심은 이른바 '제국 대통령직imperial presidency'의 출현에 관한 우려 속에서 1960년대에 증대되었다. 하지만 워터게이트 사건의 여파로 부활한 의회는 대통령의 권한에 좀 더 단호한 자세를 취하였고, 위원회와 고참서열제에서 일련의 개혁들을 발의하였다. 의회가 공공정책에 대한 통제를 장악하는 가장 인상적인 보기는 하원의장 뉴트 깅리치Newt Gingrich가 이끈 공화당이 장악하고 있는 의회가 '미국과의 계약Contract with America'이라는 슬로건을 내걸고 조세감면과 지출삭감이라는 급진적인 프로그램들을 추진했을 때인 1994년의 선거 후에 일어났다. 그럼에도 공화당원들이 2002년에서 2006년 동안에 백악관과 의회의 상·하 양원을 통제하였을 때 그 어떤 견제들이 대통령의 권한에 대해 이루어지지

반대자 정치Adversary politics: 찬성과 반대

반대자 정치는 정치생활을 지속적인 선거투쟁으로 전환시키는 주요 정당 사이에 존재하는 적대적 관계를 통해 특징지워지는 정치양식이다. 그리하여 의회의 논의는 '여론의 장소'로서 간주되기 전에 '지속적인 논쟁'이 된다.

반대자주의는 다음과 같은 이유로 옹호되었다.

• 반대자주의는 투표자에게 분명한 선택지를 제공해 선거상의 선택과 민주적 책임을 증진시킨다.
• 반대자주의는 반대와 정밀조사가 있다는 점을 보장함으로써 정부 권한을 견제한다.

그러나 반대자주의가 가지는 위험은 다음과 같다.

• 반대자주의는 냉정하고 합리적인 논의를 방해하며 타협을 배제한다.
• 반대자주의는 양극화를 촉진시키며, 정부가 교체될 때 정치적 불안을 초래한다.

않았고, 특히 대외문제들에 대해서는 그러하였다.

의회제도에서 의회는 일반적으로 정책을 입안하는 역할보다는 정책에 영향을 주는 역할을 행했다. 이탈리아 의회와 프랑스의 제4공화국의 국민의회와 같은 예외적인 현상이 발생하였던 곳에서, 이 역할은 일반적으로 허약한 연합정부와 파편화된 정당제도의 결과였다. 좀더 일반적으로 의회-행정부 관계는 정당분할을 통해 구조화된다. 단 하나의 정당이 다수결선거제도나 비례선거제도를 통해 의회를 통제하게 될 때 가장 명백하게 나타난다. 이 경우는 전통적으로 영국·뉴질랜드·오스트레일리아에서 발생하였다. 이러한 경우에 의원내각제의 중심적 원동력은 일반적으로 '반대자의 정치 adversary politics'라고 불리는, 정부와 야당 사이에 존재하는 적대적 관계이다. 정부는 입법 프로그램들을 형성하고 집행하는 데 책임이 있다는 의식 아래 통치하는 반면에, 의회는 본질적으로 반동 역할을 행한다.

이러한 환경에서 의회가 정책에 영향을 미치는 범위는 대개 두 가지 요소에 의존한다. 그 첫째 요소는 여당이 의회에서 가지는 강도이며, 둘째 요소는 내적 단결을 유지하는 정당의 능력이다. 블레어 정부는 1997년과 2001년에 거둔 선거에서의 대승리와, 또한 노동당이 권력을 장악하기 전에 이 당이 지니고 있었던 상당히 깊은 이데올로기적 분열을 해결하는 데 성공하였기 때문에 영국의 하원을 지배하였다. 그러나 의원내각제에서 정부는 자신이 속한 당의 평의원들의 사기에 지속적으로 민감해야 한다. 상당한 수의 하원의원들을 여전히 통제하고 있는데도 마가렛 대처는 자신이 갑자기 보수당의 지도자와 수상의 자리를 내놓게 되었을 때인 1990년 11월에 비로소 이 사실을 발견했다. 정책에 대해 강한 영향력을 행사하는 다른 의회는 독일의 연방의회와 스웨덴의 릭스닥이다. 하지만 이 두 의회의 경우에 의회가 행사하는 영향력은 반대자의 정치보다는 정치문화와 연합정부에 대한 오랜 경험에 의해 촉진된 협상과 타협이라는 뿌리깊은 관습에 연유한다.

단 하나의 정당에 의해 지속된 지배에 익숙해진 의회제도는 종종 허약하거나 행정부의 지배를 받는 의회를 가진다. 프랑스의 제5공화국에서 제4공화국을 손상시켰던 갈등과 의사방해를 피하기 위해 의회의 권한을 약화시키고자 하는 교묘한 시도가 이루어졌다. 어떤 합리화된 의회제도가 존재하게 되었다. 이 제도는 프랑스 대통령에게 대개 당에 대한 통제를 통해서, 그리고 드골이 1962년과 1968년에, 미테랑이 1981년에 행했던 것처럼 새로운 다수를 얻기 위해 국민의회를 해산할 권한을 대통령에게 부여함으로써 정부를 다스리게 하였다. 드골 또한 정치적 통제라는 의회의 권한을 축소시켰고, 입법부의 법령이 헌법에 따르는 것을 보장하기 위해 헌법심의회Conseil Constitutionnel를 만들어 국민의회가 가지는 입법 권한을 제한하였다. 하지만 1981년에 드골주의자의 지배가 종식됨으로써 의회가 더 큰 영향력을 행사할 기회를 얻었다. 이 점은 특히 사회주의자들이 의회에 대한 통제를 상실하였을 때, 또 미테랑이 자크 시라크가 이끄는 드골주의 정부와 어쩔 수 없이 동거하게 되었을 때, 의회는 더 큰 영향력을 행사할 기회를 가졌다. 시라크 대통령이 조스팽Jospin이 이끄는 사회주의 정부와 대립하게 되었던 1997년 이후에 동일한 현상이 일어났다.

일본 국회Kokkai는 전통적으로 종속적인 의회의 또 다른 예이다. 1980

러시아 의회: '거수기rubber stamp' 의회인가?

사건: 2008년 11월, 러시아 연방의회의 제1차 연례연설에서 디미트리 메드베데프 대통령은 러시아 헌법을 개정할 것을 제안하였다. 이 제안은 대통령의 선거임기를 4년에서 6년으로 늘리는 것이었다. 이 개혁은 연이은 두 번의 임기 동안만 대통령으로 활동한다는 헌법적인 금지로 인해 8년 후에 대통령직에서 은퇴하였던 푸틴이 복귀할 수 있는 가능성을 만들어 내었고 잠재적으로 푸틴은 대통령으로서 앞으로 12년 동안 일할 수 있는 그러한 가능성을 만들어 내었다. 푸틴에 대한 반대자들은 그러한 전개가 '푸틴 독재'의 전망을 만들었다고 경고하였다. 그럼에도 헌법수정은 두 달 내에 인정되었다. 국가의회인 하원에서 2/3 다수가 필요한 이 헌법수정은 393 대 57로 가결되었다. 헌법수정을 위하여 3/4이 필요한 연방심의회Federation Council인 상원에서 헌법수정은 144 대 1로 가결되었다. 2011년 9월 푸틴은 대통령직에 다시 한 번 도전할 것을 알렸고 그는 2012년 3월에 대통령이 되었고, 메드베데프는 푸틴을 대신하여 국무총리가 되었다.

의의: 러시아 연방의회는 극적인 환경에 살아남게 되었다. 소련의 붕괴에 뒤이어 옐친 대통령은 자신의 행정부가 발전시키기 위하여 시도하였던 자유주의 개혁들에 일반적으로 공감하지 않았던 의회(러시아연방 최고 소비에트의 잔존물)와 대립하게 되었다. 대통령과 의회 간의 긴장이 증대함에 따라 1993년 10월에 대통령궁에 대한 군사적 점령, 러시아 최고평의회supreme Soviet의 대포 설치, 그리고 대통령 통치의 시행 등이 초래되었다. 옐친의 신헌법 밑에서 준대통령제가 확립되었고 최고평의회는 양원제 연방의회로 교체되었다. 연방의회는 공식적으로 러시아 연방의 최고대표자와 입법기관으로 지정되었고, 표면상으로 하원state Duma의 권한은 미국 대의제의 권한과 유사하였다. 가령 양원은 대통령의 탄핵을 발의하고 대통령의 입법부에 대한 거부를 무시할 수 있다. 이에 덧붙여 하원은 정부를 무너뜨릴 권한과 국무총리에 대한 대통령의 임명을 추인할 권한을 가졌다. 또한 대통령도 하원을 해산할 수 있다.

하지만 러시아 준대통령제도는 상당히 불균형적이다. 대통령은 법령과 행정명령을 포고함으로써 법률을 제정할 광범한 권한을 가지고 있고, 하원이 아니라 행정부만이 재정법안을 제안할 수 있다는 사실은 대통령 역시 대부분의 정부자원들의 처분을 통제할 수 있다는 것을 뜻한다. 그럼에도 연방의회의 주요한 약점은 행정부로부터의 상당한 정치적 독립이 부재한다는 점에 있다. 1993년과 1995년 의회선거들과는 별도로 크렘린에 반대한 세력들은 좀처럼 상당한 영향력을 획득하기에는 역부족이었다. 옐친이 1999년에 푸틴을 지지하여 권력에서 내려오자 강력하게 푸틴과 메드베데프와 제휴하였던 통합러시아당United Russia party의 성공은 하원을 크렘린에 예속시키는 것을 확고히 하는 데 중요한 역할을 하였다. 통합러시아당은 2007년 하원선거에서 64퍼센트라는 득표율로 정점에 도달하였고 2011년 선거에서 49퍼센트로 하락하였지만 그 정당은 하원에 대한 다수의 통제를 유지하였다. 2011년의 선거는 푸틴 시대의 첫 번째 반크렘린 시위들을 유발시켰고, 부정투표를 포함하여 선거상의 불법에 대한 주장이 흘러나왔다. 러시아의 '초대통령superpresidential'제도에 대한 비판가들은 다음의 사실을 주장하였다. 즉 부패, 정권의 반대자들에 대한 협박, 러시아 매체의 조작 등의 추세에 대한 충분한 견제가 가해지지 않았기 때문에 러시아 의회의 허약함은 자의적인 정부의 성장에 있어 중요한 요소였다는 것이다.

년대까지 일본 국회는 행정부의 결정을 인준하는 정도의 기능을 하도록 요구받았다. 이는 1955년 이후로 자민당이 계속 집권한 결과였다. 경쟁적인 정당들은 영원한 이방인이었고, 자민당 내에서 존재하는 파벌적 분열은 일반적으로 국회와는 멀리 떨어져 행동하였다. 하지만 자민당 다수의석이 점진적으로 쇠퇴함으로써 1970년대에 자민당은 의회의 야당에 대해 덜 적대적이고 더 화해적인 태도를 갖게 되었다. 가령, 상임위원회의 위원은 자민당이 의회과정에 대한 지배력을 느슨하게 취하기 시작했을 때, 소수당을 포함시키기 위해 확대되었다. 일본에서 의회의 조사와 감독에 대한 완전한 제도는 1993년 선거에서 마침내 자민당이 패배함으로써 나타났다.

　주변적인 의회에 대한 덜 모호한 보기들이 공산주의 정권과 개발도상국가에서 발견되었다. 공산주의 정권에서 '지배적'인 공산당에 의한 엄격한 통제와 비경쟁적 선거를 실시하는 것은 의회들이 정부가 제시한 프로그램에 형식적으로 승인하는 것을 보장하였다. 이 통제가 느슨해졌을 때, 결과는 종종 정권에 대해 파괴적이었다. 예를 들면 폴란드에서 1989년에 실시된 의회선거에서 연대Solidarity의 압도적인 승리는 1945년 이후로 정권을 쥐고 있던 공산주의 정부의 몰락을 직접적으로 초래하였다. 아프리카와 아시아와 같은 개발도상국가에서 의회는 정책에 영향을 미치기보다는 대개 통합적인 역할을 했다. 이 의회가 행하는 중심적인 기능은 정당성을 강화하는 것으로 민족형성의 과정을 지원했다. 군부통치의 확립이 일반적으로 의회의 정지 혹은 해산을 동반했다는 것은 의회에 대해 빈정대는 찬사를 의미한다. 이런 현상은 1970년대에 칠레·파키스탄·필리핀에서, 1980년대에는 터키와 나이지리아에서 일어났다.

의회는 왜 쇠퇴하는가?

'의회의 쇠퇴'에 관한 논의에서 새로운 것은 없다. 19세기 말 이후로 의회를 희생시키면서 행정부 특히 관료제가 강해지는 것에 대한 우려가 생겨났다. 이 우려는 로크와 몽테스키외의 시대 이후로 의회가 책임을 지고, 국민을 대변하는 정부를 만들어 내는 주요한 매개물로 간주되면서 고조되었다. 하지만 좋은 정부에는 강한 의회가 필요하다는 생각은 의문의 여지가 있다. 의회의 권한은 특히 이 권한이 정치적 마비와 정책의 마비를 초래할 때 확실히 '과도하게' 될 수 있다. 가령 미국 의회의 모델은 이 모델이 찬사를 받는 만큼 비판도 많이 받는다. 그러나 20세기 동안에 의회의 권한과 위상이 변했고, 더 나빠졌다는 점에는 일반적으로 동의가 이루어지고 있다. 이 점이 일반적인 '의회의 쇠퇴'에 해당되는지 의회가 가지는 목적 혹은 기능의 변화에 해당되는지는 또 다른 문제이다. 이러한 변화를 초래하였던 주요한 요인은 다음과 같다.

① 기율화된 정당의 출현
② 정부 역할의 증대
③ 의회 조직상의 허약성
④ 이익집단과 대중매체의 영향력 증대

기율화된 정당

19세기 후반부터 대중정당의 출현은 많은 점에서 의회를 약화시켰다. 먼저, 느슨한 도당faction에서 기율화된 집단으로 이행하는 것이 자신들의 판단과 양심을 행사함으로써 피신탁인으로서 선거구를 대변하는 개별적인 의원들의 능력을 손상시켰다. 그리하여 의회보다 정당이 위임통치의 원칙을 통해 작동하는 대의제의 주요한 대리자가 되었다. 또한 당에 대한 충성은 논의하는 장소로서 의회가 가지는 기능을 약화시켰다. 의회에 적합한 웅변술이 명석하고 감동적이며 혹은 설득력이 있다 할지라도 이 웅변술은 당이 지배하고 있는 의회에서 선거에 대해 약간의 혹은 그 어떤 영향도 미치지 못한다.

이 점은 논의가 생산적이지 못하거나 혹은 의례적인 것이 된다는 점을 의미한다. 리차드 콥던(Richard Cobden; 1804~1865)이 영국의 하원에 대해 논평하였던 것처럼 "하원에서 나는 사람들로 하여금 눈물을 흘리게 하였던 많은 연설을 들었지만 득표로 전환시켰던 연설을 결코 들어보지 못했다." 하지만 더 중요한 점은 행정적인 지배를 용이하게 해 주는 당의 단결력에 대한 경향이다. 특히 의원내각제에서 당에 대한 충성은 다수당이 볼 때 결국 당의 지도적인 의원들을 포함하고 있는 현 정부에 대한 충성을 의미한다. 따라서 행정부를 견제하거나 혹은 난처하게 하는 것과는 거리가 먼 많은 의회는 자발적인 공범자 혹은 용맹스러운 방어자로서 역할을 하게 된다.

큰 정부

특히 사회복지와 경제적 관리의 영역에서 정부 역할이 증대하는 것은 일반적으로 의회에서 행정부로 권력이 재분배되는 것과 연관이 있다. 이는 세 가지 이유에서 발생한다. 첫째, 정부 역할의 증대는 정부정책을 관리하고 광범위한 공공서비스를 감독하는 책임을 지고 있는 관료제의 크기와 위상의 증대를 초래한다. 둘째, 정부 역할의 증대는 정책발의와 형성과정에 대해 더 큰 중점을 두고 있다. 개별적인 의원들이 특별한 영역에서 정책을 발의할 수 있지만, 광범위하고 응집성 있는 정부 프로그램을 발전시키는 과제는 이 의원들이 지닌 능력과는 매우 동떨어져 있다. 따라서 20세기에 대부분의 의회는 자신들이 행하는 중심적인 역할이 정책을 입안하기보다는 조사하고 비판하는 것이라는 점을 받아들임으로써 적극적 입법권의 손실에 적응하였다. 셋째, '큰' 정부는 정부정책이 점점 더 복잡하게 얽혀 있다는 점을 의미하였다. 이 점은 교대로 '아마추어' 정치가보다는 '전문적인' 관료들이 가지고 있는 좀 더 풍부한 자질, 즉 전문성에 더 높은 프리미엄을 주었다.

리더십의 부재

대의적 광장과 논의장소로서 의회가 가지는 기능에 의해 의회는 많은 조직상의 허약성으로 곤란을 겪고 있다. 특히 의회는 일반적으로 수백 명의 의원들을 보유하고 있으며, 이 의원들은 그들이 표결에 참여할 수 있고 논의에 참여할 수 있다는 점에서 형식적인 평등을 누리고 있다. 다른 점에서 이점을 가지고 있지만, 의회가 가지는 평등적이며 분산적인 성격으로 인해 리더십을 제공하고 일치된 행동을 하는 능력은 약화된다. 이 문제는 국민이 사회문제를 해결하고 지속적인 번영을 조달하는 것을 정부에 의존하는 시대에 그리고 국가가 국제적인 문제와 세계정치에 참여할 수밖에 없는 시대에 더 첨예하게 되었다. 정당으로 조직된 의회는 확실히 명백하고 응집력 있는 대내·대외 정책들을 더 잘 채택할 수 있다. 하지만 이 경우에 리더십은 정당에 의해 그리고 단지 의회를 통해서만 제공되는 경향이 있다. 일반적으로 더 큰 조직상의 응집력에 의해 그리고 단 한 명의 개인, 일반적으로 한 명의 대통령 혹은 수상이 통솔한다는 사실로 인해 리더십의 요구에 대응할 수 있었던 것은 의회보다는 행정부였다.

이익집단과 대중매체세력

권력과 대중의 관심이 의회에서 행정부로 옮겨 갔을 뿐만 아니라 정부 밖에 있는 이익세력과 집단들에게로 넘어갔다. 이익집단의 부흥은 두 가지 중요한 점에서 의회를 위협하였다. 첫째, 이익집단은 대중에게 대의제에 대한 대안적인 장치를 제공했다는 점이다. 종종 이 목적을 위해 만들어진 이익집단은 대중의 불만을 처리하고, 특정한 집단의 관심과 열망을 표현함에 있어서 의회보다 더 능률적인 경향이 있다. 가령 쟁점집단Single-issue group은 이전에는 단지 의회에서만 일어난 공적 토론에 참여하고 이 토론을 증진시켰다. 둘째, 의회가 점점 더 정책 형성과정에서 배제되었던 반면에, 조직적인 이익집단은 '영향력 있는 집단'의 대표로서, 전문적인 조언과 정보의 원천으로서 더 부각되었다. 대중매체 그리고 특히 TV와 새로운 형태의 전자통신도 의회를 불필요하게 보이도록 하는 데 기여하였다. 이러한 현상은 신문과 TV가 정치적 토론의 주요한 광장인 의회를 대신하였기 때문에 발생하였으며, 또한 정치지도자들이 점점 더 간접적으로 의회를 통해서보다는 대중매체를 통해 공중과 거래하고자 원하고 있기 때문에 발생하였다.

의회의 부흥?

많은 사람들은 위에서 행한 분석이 의회에 대해 너무 비관적으로 말하고 있다고 주장한다. '의회의 쇠퇴'는 지나치게 일방적이라는 것이다. 왜냐하면 이 개념은 정치과정에서 의회가 행하는 역할이 근본적으로 변했다는 더 중요한 사실을 숨기고 있기 때문이다. 입법부와 정책형성 기관으로서 의회의 쇠퇴는 거의 의문시될 수 없는 반면에, 많은 사람들은 의회가 '소통 장치'로서 더 중요하게 되었다고 주장하는 블론델(Blondel, 1973)의 생각에 동의한다. 의회가 행하는 발표들을 TV 카메라를 통해 공개하고자 하는 의회의 수가 늘었는데, 이는 확실히 의회가 가지는 공적인 모습을 증대시키고 논의의 장소와 감독기관으로서 의회를 강화하는 데 기여하였다. 유사하게 의회업무의 전문화를 향한 추세도 존재한다. 미국 의회의 예를 따르면서 전문위원회의 도입과 강화가 이루어졌고, 개별적인 의원들이 이용할 수 있는 참모진과 자원의 개선도 이루어졌다.

좀 더 포괄적으로 영국과 다른 곳에서 상당히 기율화된 진영으로서 정당이 쇠퇴한 결과로 더 비판적이며 독립적인 의회에 대한 증거가 존재한다. 지식이 더 있는 투표자는 개별적인 의원들에 대해 더 많은 것을 기대할 뿐만 아니라 교육을 더 받고 더 좋은 재원을 가진 의원들은 당노선에 덜 복종하며 '이익집단에 대한 봉사에만 전념하는 의원'으로서 행위한다. 어떤 다른 것이 존재하지 않는다면, 하나의 정치제도가 가지는 정당성과 안정이 의회가 감지한 능률성과 연관된다는 인식은 의회의 권한이 약화된다 할지라도 반대의 목소리가 커질 것이라는 점을 보장한다. 하지만 궁극적으로 의회와 행정부 사이의 바람직한 균형은 대의제와 책임에 대한 요구와 리더십과 강한 정부에 대한 요구에 관한 규범적 판단으로 요약된다.

요약

(1) '의회assembly', '입법부legislature', '의회parliament'라는 단어는 일반적으로 병행하여 사용된다. 의회assembly라는 단어는 이 기관이 교육받거나 전문적인 정부공무원보다는 국민을 대표한다고 주장하는 비전문적인 정치가로 구성되기 때문에 국민을 위한 대용물이라는 점을 시사하고 있다. 입법부라는 단어는 오해를 불러일으킨다. 왜냐하면 의회는 법제정권을 결코 독점하지 않기 때문이다. 의회Parliament라는 단어는 의회 내에서 토론과 협의의 중요성에 주목한다.

(2) 의회제도는 정부가 의회 속에서, 또 의회를 통해서 통치하며, 행정부는 의회에서 나오고, 의회에 대해 책임을 지는 제도이다. 대통령제는 의회와 행정부 사이의 권력분산에 기초하고 있다. 이 점은 두 기관 사이의 독립성과 상호의존성의 결합을 통해 특징지워지는 관계이다.

(3) 의회는 정부와 국민 사이의 고리, 즉 정부를 지지할 수 있고 정권을 지탱해 줄 수 있으며, 정부가 국민의 요구에 대응하도록 강요할 수 있는 소통의 통로를 제공한다. 의회의 주요한 기능은 법을 제정하고, 대표기관으로 활동하며, 행정부를 감독하고 조사한다. 그리고 의회는 정치가를 충원하고 교육하며, 정치제도의 정당성을 유지하도록 지원한다.

(4) 의회는 일반적으로 단원제 혹은 양원제이다. 양원제의 매력은 양원제가 견제와 균형을 강화하고 대표성을 확대시킨다는 점이다. 양원제는 일반적으로 연방제도에서 특히 유용한 제도이다. 양원제의 단점은 정치적 마비와 정부의 무능이 존재한다는 점이다. 위원회제도는 입법과정에서 점점 더 중요해졌다. 강한 의회는 일반적으로 강한 위원회를 가지며, 약한 의회는 약한 위원회를 갖는다.

(5) 의회는 좀처럼 정책을 입안하지 않는다. 좀 더 일반적으로 의회는 정책에 영향력을 행사하거나 행정부에 의해 지배된다. 의회가 가지고 있는 권한의 정도는 다양한 요소에 의해 결정된다. 이 요소는 의회가 가지는 헌법적 권위의 정도, 행정부에 대한 정치적 독립의 정도, 정당제도의 성

격, 의회가 가지는 조직상의 응집력 수준 등이다.

(6) 의회의 쇠퇴는 염려를 불러일으키고 있다. 왜냐하면 의회의 쇠퇴는 책임 있고 대의적인 정부의 건전성과 연관되기 때문이다. 의회는 기율화된 정당의 출현, 정부 역할의 증대, 정책을 형성하고 리더십을 제공함에 있어서 행정부가 가지는 더 큰 능력, 증대하는 이익집단, 대중매체의 영향 등으로 인해 쇠퇴하였다.

토론사항

(1) 의회는 왜 민주주의 과정에 중요한 것으로 간주되었는가?

(2) 의원내각제의 폭넓은 수용은 이 제도의 성공과 효율성을 반영하고 있는가?

(3) 왜 권력분산은 중요한 자유민주주의 원칙으로 간주되는가?

(4) 어떤 조건들이 책임 있는 정부의 증진을 위해 가장 도움이 되는가?

(5) 위원회들은 입법권을 강화하는가 아니면 의회의 논의를 제한하는가?

(6) 양원제가 항상 단원제보다 좋은가?

(7) 복잡한 현대사회에서 의회는 행정부에 지는 것이 운명인가?

(8) 의회의 쇠퇴는 필연적으로 대의제와 책임을 약화시키는가?

더 읽을 거리

- Davidson, R., W. Oleszek and F. Lee, *Congress and It's Members* (2009). 미국 의회의 역할과 의회 권한의 변화에 대한 유익한 토론서.
- Fish, S. and M. Kroenig, *The Handbook of National Legislature: A Global Survey*(2011). 세계에 존재하는 입법부의 권한과 특징에 대한 철저한 조사를 담고 있는 서적. 참고문헌으로 사용된 가장 좋은 서적.

• Lijphart, A.(ed.), *Parliamentary Versus Presidential Government* (1992). 의원내각제와 대통령제의 장점들에 대해 논의하고 있는 논문 모음집.

• Strøm, K., W. Müller and T. Bergman (eds), *Delegation and Accountability in Parliamentary Democracies*(2006). 서유럽 의회제 민주정들에 있어서의 민주주의적 위임제도들에 대한 포괄적인 설명을 하고 있다.

헌법, 법률과 재판관

"헌법이 없는 정부는 정당성이 없는 권력이다."

Thomas Paine, *The Rights of Man*(1791~2)

개관

1950년대와 1960년대에 헌법과 헌법적인 문제에 관한 연구는 명백하게 낡은 것이 되었다. 대신에 정치분석가들은 정치문화, 경제적·사회적 권력의 배분과 같은 더 절실하게 정치적 현실로 간주되었던 문제에 관심을 돌렸다. 헌법에 관심을 두는 것은 하나의 정치체계가 실제로 어떻게 작동하는가 하는 문제보다는 정치체계가 어떻게 표현되고 있는가에 초점을 둔다. 즉 헌법에 관심을 두는 것은 정치에 대한 진부하고 형식에 구애를 받는 연구방법, 솔직히 말해 지루한 연구방법을 이어가는 것이었다. 하지만 1970년대 이후로 헌법에 관한 질문은 정치무대의 중심이 되었다. 선진국과 개발도상국가는 새로운 헌법을 채택하였고, 정치적 갈등은 점점 더 헌법 개혁을 위한 요구로 나타나게 되었다. 이러한 현상은 헌법의 변화가 상당히 큰 함의들을 가지기 때문에 발생하였다. 헌법의 변화는 결정들이 정부 내에서 어떻게 만들어지고 나아가 이 결정들을 형성하는 정치세력들의 균형에 영향을 미친다. 그럼에도 헌법들이 어떻게 구성되어야만 하는지 그리고 이 헌법들의 정치적 의미의 성격과 범위에 관해 상당한 논의가 있다. 또한 그러한 문제들은 법의 기능과 재판관의 지위에 대한 중요한 함의들을 가졌다. 법은 공중질서의 중요한 보장으로 널리 간주되었다. 하지만 법과 도덕 간의 관계에 대한 의견의 불일치, 특히 법이 어느 범위까지 개인의 자유를 지지해야만 하는지에 대한 의견의 불일치는 오랫동안 정치이론에서 핵심적인 주제였다. 재판관의 지위와 연관되는 한에서 비록 법정들이 일반적으로 엄격하게 정치와 분리되어 있는 것으로 간주되기는 하지만 사실상 세계의 많은 지역에서 재판관들은 공공정책을 형성하는 데 있어 점점 더 많은 능력을 획득하였다. 이로 인해 사법권·행정권·입법권 간의 개정된 균형에 대한 연구가 조장되었고 또한 법정과 사법부의 개혁을 위한 요구가 일어났다.

쟁점

---

(1) 헌법이란 무엇인가 그리고 헌법은 어떤 형태들을 취하는가?

(2) 헌법의 목적은 무엇인가?

(3) 어느 정도로 헌법은 정치적 관례들을 형성하는가?

(4) 법과 정치간의 관계는 무엇인가?

(5) 법정의 정치적 의미는 무엇인가?

(6) 재판관은 정치에 관여하지 않을 수 있는가? 재판관은 정치에서 관여하지 않아야만 하는가?

헌법

헌법Constitution
광범위한 의미에서 헌법
은 다양한 정부기관의 의
무·권한·기능을 확립하
고, 이 다양한 제도 사이
의 관계를 조정하며, 국가
와 개인 사이의 관계를 정
의하는 성문화 혹은 불문
화된 규칙체계이다. 성문
화된 규칙과 불문화된 규
칙(관습적이거나 관례적
인 규칙들)은 제도마다 다
르다. 또한 좀 더 좁은 의
미에서 헌법은 하나의 권
위적인 문서(성문법)와 연
관된다. 이 성문법이 가
지는 목적은 헌법적인 규
정들을 성문화하는 것이
다. 헌법은 국가에서 최상
위의 법을 구성하고 있다.
주요한 모든 규정들이 단
하나의 문서로 장정될 수
없기 때문에, 하나의 헌법
은 헌법적인 법률과 동일
한 범위를 가지는 것은 아
니다.

헌법: 그 성격과 기원

전통적으로 **헌법**은 두 가지 이유 때문에 중요하다. 첫째, 헌법은 정부 자체
에 대한 기술, 중요한 제도와 그것의 역할에 대한 간결한 소개를 제공한다.
둘째, 자유민주주의의 제한적 특징 속에서도 헌법은 자유민주주의의 쐐기
로 간주되었다. 유감스럽게도 이러한 견해들이 정확한 것은 아니다. 헌법은
정부와 정치적 활동이 수행되는 하나의 틀을 세우는 것을 목표로 할 수 있
는데, 어떤 것도 전적으로 성공적이지 못했다. 모든 헌법에서 부정확성·왜
곡·부작위omission 등이 발견될 수 있다. 이와 유사하게, 입헌주의에 대한
견해는 자유주의적 가치와 영감과 긴밀하게 연결되어 있지만, 하나의 헌법
이 비민주주의적이거나 권위주의적으로 되는 것을 막을 수 있는 그 어떤 수
단도 존재하지 않는다. 공산국가와 몇몇 개발도상국가의 경우에 헌법은 사
실상 상당히 비자유주의적이다. 왜 헌법을 가지고 옥신각신하는가? 왜 정
부기구에 대한 설명을 헌법에 관한 토론으로 시작하는가? 그 이유는 헌법의
목적이 정치체계를 위해 필요한 어떤 거대규칙meta-rule을 세우는 데 있기
때문이다. 사실 헌법은 정부 자체를 관리하는 규칙이다. 정부가 일반적으로
사회에서 정돈된 규칙을 확립하는 것처럼, 헌법의 목적은 정부의 행동에 안
정성·예견·질서를 부여하는 데 있다.

　　정부의 행위에 안내 역할을 하는 법전이라는 구상은 오래 전통을 가지
고 있다. 이 법전들은 전통적으로 더 높은 도덕적 힘에 관한 생각에 의존하
였고, 일반적으로 종교적이었다. 속세의 문제는 이 높은 도덕적 힘에 상응
하게끔 되어 있었다. 이집트의 왕들Pharaohs은 마아트Ma'at 혹은 '정의'에
대한 권위를 인정하였고, 중국의 황제들은 티엔Ti'en 혹은 '하늘'에 복종하
였다. 유태인 왕들은 모세의 율법Mosaic Law에 따라 행동하였으며, 이슬
람의 칼리프들caliphs은 사리아의 율법Shari'a Law에 존경을 표했다. 일반
적으로 '더 높은' 원칙들은 예를 들면 노모스nomos – 특별한 절차를 통해서

만 변경될 수 있는 법률－와 프세피스마타psephismata－의회의 결의를 통해 가결될 수 있는 판결－사이에서 아테네의 헌법에 존재하는 차이로 간주되는 보통법ordinary law으로 제정되었다. 하지만 그러한 고대의 법전들은 현대적 의미에서 볼 때 헌법이 아니다. 왜냐하면 다양한 제도가 지니는 권한과 책임에 관련되는 전문적인 규정들을 만드는 데 일반적으로 실패하였고, 규정들이 실행될 수 있고 기본법의 침해에 대해 벌할 수 있는 권위적인 장치들을 거의 확립하지 못하였기 때문이다.

그리하여 헌법은 상대적으로 최근에 발전한 것으로 생각하는 것이 좋다. 영국헌정의 발전은 때때로 1689년의 권리장전Bill of Rights과 1701년의 정주법Act of Settlement, 심지어 1215년의 **대헌장**까지 거슬러 올라가지만, 헌법을 18세기 후반의 고안물로 간주하는 것이 더 유용하다. '헌법의 시대'는 첫 번째 성문법을 제정함으로써 시작되었다. 이 성문법으로는 1787년에 제정된 미국 헌법과 1789년의 인간과 시민의 권리에 관한 프랑스선언The French Declaration of the Rights of Man and the Citizen을 들 수 있다. 미국과 혁명적인 프랑스의 예는 단지 형식과 실제에서 후대의 헌법을 위한 모델로서 헌법제정자들이 따랐을 뿐만 아니라 헌법이 발생한 이유와 방식을 설명하는 데 도움을 주었다.

일반적으로 헌법제정은 전쟁·혁명·국가독립과 같은 대변동을 부르고, 이 대변동은 정치적 연속성을 침해한다. 헌법은 무엇보다도 낡은 질서에 대한 거부, 붕괴 혹은 실패에서 나타나는 새로운 정치질서를 확립하는 하나의 수단이다. 이러한 점에서 1970년대 이후 헌법에 대한 관심의 부활－포르투갈·스페인·캐나다·스웨덴·네덜란드 등은 새로운 헌법을 채택하였고, 영국·인도·오스트레일리아에서는 헌법개혁문제가 대두하게 되었다－은 기존의 정치체계에 대한 각성, 환멸의 증대를 나타낸다. 일반적으로 변화를 요구하는 정치적 갈등이 정치적 게임의 규칙을 단지 조정하고자 하는 것이 아니라 다시 만들고자 할 때만 정치적 갈등은 헌법적 차원을 취한다고 말할 수 있다. 따라서 헌법의 변화는 권력과 정치적 권위를 다시 분배하는 것에 관한 것이다.

역자주

대헌장Magna Carta 영국 왕 존John이 승인한 것으로 영국 국민의 권리·특권·자유를 보장하는 헌장.

헌법의 분류

일상적으로 형식적인 정치모임이나 혹은 토론과 교섭을 통해 이루어진 동의를 의미한다. 하지만 헌법에서 관례는 법에 기초를 둔 것이 아니라 관습과 판례에 기초를 둔 행동 혹은 행위에 관한 규칙이다. 이러한 비합법적인 규칙은 헌법적인 타당성('옳은' 것이)나 실제적인 환경('실행할 수 있는' 것)을 통해 유지된다. 이러한 종류의 관례들은 모든 헌법 체계에 존재하며, 이 관례들은 일반적으로 형식적 규칙이 불명확하거나 불완전한 곳에서 길잡이를 제공한다. 불문법에서 관례는 특히 중요한데, 그 이유는 관례가 중요한 제도의 절차·권한·의무를 규정하고 법전으로 편찬된 문서를 보충하기 때문이다. 전형적으로 관례는 엄격한 법에서 만들어진 권력의 영향을 완화한다.

헌법은 다음과 같이 다양한 방식으로 분류될 수 있다.

① 헌법 형태와 헌법 규정의 위상(헌법이 성문법인지 불문법인지, 혹은 법전으로 편찬되었는지 법전으로 편찬되지 않았는지에 따라)

② 헌법 개정의 용이도(헌법개정이 엄격한지 아니면 유연한지에 따라)

③ 헌법이 실제로 관찰되는 정도(헌법이 능률적, 명목적 혹은 외관상facade의 헌법인가에 따라)

④ 헌법의 내용과 헌법이 확립하고 있는 제도적 구조(예를 들면 헌법이 군주정인지 공화정인지, 연방제인지 중앙집권제인지, 또는 대통령제인지 의회제인지에 따라)

전통적으로 성문법과 불문법의 차이가 상당히 강조되었다. 이것은 법률 속에 간직된 헌법과 관습, 전통 속에 구현된 헌법 사이에 존재하는 구분을 확립하는 것으로 생각되었다. 성문법은 '창안된' 것이기 때문에 인간의 작품이다. 반면에 불문법은 역사를 통해 진화해 온 유기적 실체로 간주되었다. 하지만 현재 이 분류체계는 일반적으로 포기되었다. 무엇보다도 대다수 국가들이 현재 주요한 헌법적 규정을 만드는 성문화된 기본문서를 가지고 있다. 단지 세 개의 자유민주주의 국가—이스라엘·뉴질랜드·영국—만이 부탄·사우디아리비아·오만과 같은 많은 비민주주의 국가와 함께 불문법을 고수하고 있다. 더욱이 이 분류는 항상 오해를 불러일으켰다. 모든 헌법의 규정들이 형식적이고 합법적으로 실행될 수 있다는 의미에서 그 어떤 헌법도 전적으로 성문화된 것은 아니다. 가령 소수의 헌법들은 정당과 이익집단의 역할을 세분화하고 있다. 유사하게, 헌법의 규정들이 **관례**나 관습 혹은 전통이기 때문에 그 어떤 법적 실체를 가지고 있지 않다는 의미에서 그 어떤 헌법도 전적으로 불문법인 것은 아니다.

성문화된 규칙과 불문화된 규칙 사이의 균형이 심하게 변하기는 하지만

성문법

Codified constitution
단 하나의 법적 문서로 중
요한 헌법 조항들이 함께
모아진 헌법. 일반적으로
'성문법(written law)' 혹
은 '헌법(constitution)'.

각각의 헌법에는 성문화된 규칙과 불문화된 규칙이 혼합되어 있다. 헌법적 문서들이 국가법전에 영향을 미치고, 매우 세부적으로 정치기관의 권한과 책임을 세분화하고 있는 프랑스·독일 같은 국가에서는 명확하게 성문화된 규정을 강조하고 있다. 하지만 미국 헌법(세계 최초의 성문법)은 단지 7천 개의 낱말로 이루어진 문서이고, 주로 광범위한 원칙에 한정되며, 정부를 위해 필요한 느슨한 틀만을 세우고 있다. 의회의 위원회, 예비선거와 관료제와 같은 확실한 헌법적 의미를 지닌 미국 제도들은 시간이 흐르면서 발전해왔다. 전적으로 불문법은 아니지만, 다른 헌법은 관습을 상당히 강조하고 있다. 예를 들면 대권Royal Prerogative ─ 기술적으로, 군주의 권한 ─ 을 행사할 수 있는 영국 장관들의 권한과 의회에 대해 개인적·집단적으로 그들이 지는 책임은 전적으로 관습에 그 기초를 두고 있다.

하지만 성문화된 형식적인 규칙을 채택하는 게 세계적인 추세다. 수많은 불문법이 자취를 감췄을 뿐만 아니라 불문법 내에서도 법률적인 규칙에 의존하게 되었다. 이스라엘은 신성한 법에 대한 유태인의 책인 모세오경Torah에 대한 존경심으로 권위적인 입헌적 문서 없이 1948년에 하나의 독립국가를 확립했지만, 2년 내에 이스라엘 국회Knesset는 긴 세월 속에서 진화로 인해 권위를 얻은 헌법적 문서에 기초한 헌법을 채택하기 위해 투표를 행하였다. 영국 문서의 출판은 이전에 잘못 전의된 관습들에 의해 감추어졌던 실천에 대한 상세한 공식적인 내용을 제공해 주었다. 뉴질랜드는 1986년 헌법조항Constitution Act ─ 이 헌법조항은 이전에 산재해 있던 법률과 원칙들을 정리하였다 ─ 을 가결하고 1990년에 권리장전을 수용해 더 이상 불문법을 가진 국가의 대열로 분류되어서는 안 된다는 평을 받게 되었다.

성문법과 불문법의 구분보다 더 유용한(그리고 더 정확한) 것은 법전으로 편찬된 헌법과 법전으로 편찬되지 않은 헌법의 대조이다. 법전으로 편찬된 헌법은 중요한 헌법적 규정들이 일반적으로 '**성문법**' 혹은 '헌법'으로 알려진 단 하나의 합법적인 문서로 정리되는 헌법이다. 헌법적인 세부조항이 세분화되는 정도와 다른 규정들이 불문화되는 정도에 따라 다를 수 있다 할지라도 대부분의 헌법은 위에서 언급한 것처럼 분류될 수 있다. 그럼에도 법전

개념설명

제정법 Statute law
입법부에 의해 제정된 법률.

불문법
Uncodified constitution
단 하나의 권위적인 문서가 없이 다양한 출처에서 이끌어 낸 규칙들로 구성된 헌법.

관습법 Common law
관례와 판례에 기초한 법. 아마도 모든 사람들에게 '상식적인' 법.

편찬이 지니는 의미는 중요하다.

첫째, 법전으로 편찬된 헌법에서 문서 그 자체는 이것이 '더 상위의' 법을 구성하고, 사실상 국가의 최상위 법을 구성한다는 점에서 권위가 있다. 헌법은 보통법을 제정하는 기관을 포함해 모든 정치적 기관들을 구속한다. 그리하여 법전으로 편찬된 헌법의 존재는 법의 위계질서를 확립한다. 중앙집권적 국가에는 두 개의 층으로 된 합법적 제도가 존재하는데, 이 제도에 따르면 헌법이 입법부에 의해 **제정된 성문법**statute law보다 상위에 있다. 연방국가에는 '더 하위의' 주 혹은 지방법의 형태로 세 번째 층이 있다. 둘째, 성문화된 문서의 위상은 그것들을 수정하거나 폐지하는 것이 어렵다는 점에서, 적어도 성문화된 문서의 규정들이 확고하게 유지된다는 것으로 확립된다. 따라서 헌법을 확립하는 절차와 나중에 헌법을 수정하는 절차는 보통의 성문법을 제정하는 절차보다 더 복잡하고 어려워야만 한다. 마지막으로, 법전편찬의 논리는 헌법이 '더 상위의' 법이라는 의미에서 정부기관의 의무·권한·기능을 설명해 주고 있기 때문에 헌법이 정당해야 한다는 점을 지시하고 있다. 또한 법전편찬의 논리는 모든 정치기관들이 법정의 권위, 특히 최고재판소나 헌법재판소에 종속되어야 한다는 점을 의미한다. 이 점은 사실상 재판관의 중요성, 혹은 적어도 상급재판관의 중요성을 높이고 있다. 상급재판관은 사실상 헌법의 최종적인 조정자가 되고, 그리하여 헌법심사권을 획득한다.

숫자상 많지는 않지만 **불문법**은 매우 다른 특징을 가지고 있다. 일반적으로 법전으로 편찬되지는 않았지만 부분적으로 성문화된 헌법으로 간주되는 영국 헌법은 다양한 출처에 의존하고 있다. 이 중에서 중요한 것은 의회가 제정한 성문율, **관습법**, 관습 그리고 헌법에 존재하는 불문화된 요소들을 명확히 설명해 주는 기관의 다양한 작업 등이다. 법전으로 편찬된 문서가 존재하지 않는다는 점이 가장 중요한 사실인데, 이는 입법부가 독립적 혹은 절대적인 권한을 누리고 있다는 것을 내포한다. 입법부는 어떤 법을 제정하거나 제정하지 않을 권한이 있고, 그 어떤 기관도 입법부가 제정한 법률을 무시하거나 거부할 권한을 가지지 못한다. 영국 의회나 이스라엘 의회와 같

Parliamentary sovereignty
의회주권은 의회 혹은
입법부가 가지는 절대
적·무제한적 권위를 언
급하고 있다. 이 권위는
의회가 원하는 어떤 법
을 제정하고 수정하거
나 폐기할 수 있는 의회
가 지닌 힘에서 나타난
다. 의회주권은 일반적
으로 영국 헌법의 중심
적인 원칙으로 간주된
다. 의회주권은 성문법
의 부재, 어떤 다른 형태
의 법에 대한 성문율의
최고권, 경쟁적인 입법
부의 부재와 그 어떤 의
회도 자신의 후임자들을
구속할 수 없다는 관례
로부터 발생한다. 의회
주권을 지지하는 사람들
은 인위적인 지배기관이
나 비선출직 재판관 집
단보다는 대의적 기관에
헌법적 최고권을 부여하
는 원칙을 추천하였다.
의회주권을 비판하고 있
는 사람들은 이 원칙이
암묵적으로 권위주의적
이며, 행정부가 의회를
지배할 때 '선거독재'를
초래한다는 점을 지적하
고 있다.

인민주권

Popular sovereignty
직접적으로 표현된 인민
의 의지보다 더 높은 권
위는 없다는 원칙.

은 기관들은 입법부의 우위로 인해 헌법에 대한 절대적인 조정자로 기능할 수 있다. 요컨대 헌법이란 입법부가 말한 것이다.

특히 영국에서 입법부가 가지는 우위로 인해 상당한 논쟁과 비판이 야기되었다. 헤일즈햄(Hailsham, 1976) 경이 선거독재라고 불렀던 것에 대한 책임이 **의회주권**에 전가되었다. 선거독재는 정부가 하원에 대해 다수적인 통제를 유지하는 한에서 정부가 원하는 방식으로 행위할 수 있다는 것을 의미했다. 행정부에 권력이 집중되고 개인의 권리와 자유에 대해 행정부가 취하는 자세로 인해 당연히 발생하는 위협을 들어 혹자는 영국에는 헌법이 전혀 제약받지 않는다고 주장하였다. 일단 선출된 정부가 자신들이 원하는 방식대로 행동한다면 정부는 확실히 자신의 의지대로 권한을 확대하며, 그럼으로써 어떤 종류의 입헌적 규칙에 의해 제한을 당하지 않게 된다. 그리피스(Griffith, 2010)의 표현을 빌면, 영국의 헌법은 '무슨 일이 일어나는 것what happens'이다. 그러한 관심들은 1980년대와 1990년대 영국에서 급진적인 헌법개혁을 위한 운동을 가열시켰고, 이 운동으로 인해 1979년부터 1997년까지 오랜 기간 동안 야당생활을 하였던 노동당은 결국 개혁주의적 입장으로 방향을 선회하였다. 1997년 이후 블레어 정부는 영국 헌법에서의 중요한 측면들을 재형성하였다. 스코틀랜드·웨일즈·북아일랜드에서는 이양이 이루어졌고 국민투표와 비례선거제도가 더 광범위하게 사용되었다. 유럽인권협정European Convention of Human Rights은 인권헌장Human Rights Act(1998)을 통해 영국의 법률에서 구체화되었다. 세습귀족들은 영국 상원에서 해임되었고, 정보입법의 자유가 통과되었다. 이러한 프로그램이 성문화에는 미치지 못했지만, 어떤 사람들은 이 프로그램이 의회주권에서 **인민주권**으로의 이동을 초래하였다고 주장하였다(Hazell, 2008).

대안적인 분류형태는 경성rigid 헌법과 연성flexible 헌법을 구분하는 것이다. 하나의 헌법을 수정하기 위해 어떤 절차가 존재하는가? 헌법이 얼마나 쉽게 변화하는 환경에 순응하는가? 외관상으로 볼 때 법전으로 편찬된 헌법은 상대적으로 유연하지 않을 것 같다. 왜냐하면 법전으로 편찬된 헌법의 규정은 어떤 점에서 '더 상위의' 법 속에서 지켜지기 때문이다. 법전으로

성문법A codified constitution: 강점과 약점

성문법이 가지는 강점은 다음과 같다.

① 주요한 원칙과 핵심적인 헌법적 규정들이 지켜지고, 성문법은 이들을 현 정부의 간섭으로부터 보호해 준다.
② 입법부의 권한은 억제되고, 입법부가 행하는 권한의 범위를 감소시킨다.
③ 비정치적 재판관은 헌법상의 규정이 다른 공공기관을 통해 유지된다는 점을 보장하기 위해 헌법을 감독할 수 있다.
④ 개인의 자유는 좀 더 안정적으로 보호되며, 권위주의는 접근하지 못한다.
⑤ 성문화된 문서들은 정치제도가 가지는 주요한 가치와 포괄적인 목표들을 부각시킨다는 점에서 교육적인 가치가 있다.

성문화가 가지는 결점 혹은 약점은 다음과 같다.

① 성문법은 좀 더 엄격해 불문법보다 덜 반응적이며, 순응적일 수 있다.
② 헌법적 문서보다 정기적인 선거를 통해 정부권력을 더 효과적으로 제한할 수 있다.
③ 성문법이 가진 헌법적 최고권(supremacy)은 공적으로 책임을 지는 정치가보다 오히려 비선출직 재판관에 귀속된다.
④ 관습과 관례 속에 간직되어 있는 헌법적 규정들이 더 폭넓게 존중을 받을 수 있다. 왜냐하면 이 헌법적 규정은 '만들어진 것'이 아니라 역사를 통해 부여될 것이기 때문이다.
⑤ 헌법적 문서는 불가피하게 치우쳐 있다. 왜냐하면 헌법적 문서는 다른 것보다 일련의 가치 혹은 원칙을 보증하기 때문이다. 이 점은 이 문서들이 갈등을 해결하기보다는 더 많은 갈등을 조장할 수 있음을 뜻한다.

편찬되지 않은 헌법은 유연하고 환경에 잘 적응하는 것으로 보인다. 왜냐하면 헌법적 중요성을 가진 법률들은 정규적인 입법과정을 통해 변경될 수 있고, 관습은 그 성격상 행위와 실제에 그 기초를 두고 있기 때문이다. 하지만 성문법과 엄격성 혹은 불문법과 유연성 사이에 그 어떤 단순한 관계가 존재하지는 않는다.

유연성도 그 정도가 다양하며, 놀랍게도 하나의 헌법이 지니는 유연성은 헌법절차와 헌법상의 규정이 지니는 형식과 직접적으로 비례하는 것은 아니다. 미국 헌법이 1787년 이후로 수정을 거치면서도 지속되었던 반면에, 프랑스는 같은 시기에 17개의 헌법이 있었다. 수정 절차는 다소 복잡하거나 어려울 수 있을 것이다. 예를 들면 오스트레일리아·덴마크·아일랜드·스페인에서 국민투표는 헌법수정을 위해, 필요한 국민의 승인을 얻기 위해 혹은 입법부가 제출한 헌법수정안을 비준하기 위해 실시되었다. 다른 경우에 입법부에서 특정한 다수가 획득되어야 한다. 독일에서는 헌법을 수정할 때 연방의회와 참의원에서 2/3의 지지가 필요하다. 미국에서는 상·하 양원에서 2/3의 지지가 필요하고, 동시에 주들의 3/4이 비준해야 한다. 이러한 요구로 인해 단지 26개의 헌법수정안만이 통과되었고, 이 중에서 10개 - 이른바 권리장전 - 는 헌법이 존재한 처음 2년 동안에 이루어졌다.

하지만 이러한 요구가 낳은 외관상의 엄격성은 오해의 여지가 있다. 미국 헌법의 내용과 법전으로 편찬된 다른 문서들이 변하는 것은 아니지만, 그들이 가지는 의미는 사법부의 해석과 재해석을 통해 일정한 영향을 받게 된다. 이러한 관점에서 사법부가 행하는 역할은 이 장의 마지막 부분에서 논의된다. 성문화된 규정이 유연성을 허용할 수 있는 것처럼 불문화된 규정도 때때로 엄격할 수 있다. 영국에서 행정상의 책임에 대한 관례들은 현 정부의 편리를 위해 거의 재형성될 수 있을 정도로 융통성이 있는 것으로 판명되었던 반면에, 다른 관례들은 정치문화와 대중의 기대 속에 매우 깊숙이 뿌리박혀 있다. 따라서 이 관습들을 포기하거나 변형하는 것은 사실상 생각할 수 없다. 이 점은 분명히 군주의 정치적 역할을 제한하고 군주가 의회의 권위에 도전하지 못하게 하는 관습에 적용된다.

세 번째 분류체계는 한편으로 헌법적인 규칙과 원칙, 다른 한편으로는 정부가 행하는 실무('실행되는' 헌법)의 관계를 고려하는 것이다. 일찍이 1867년에 월터 베지호트Walter Bagehot는 『영국헌법*The English Constitution*』([1867] 1963)에서 대중의 충성도를 높였지만 별로 효력이 있는 권한을 행사하지 못했던 헌법의 '고귀한' 부분들 - 군주와 상원the House of the Lords - 과 '효율적' 부분 - 내각과 하원the House of Commons - 을 구별하였다. 효과적effective인 헌법은 두 기준을 만족시키는 헌법이다. 첫째, 적어도 주요한 점에 있어서 정부가 행하는 실제적인 문제는 헌법의 규정에

Constitutionalism

좁은 의미에서 입헌주의는 하나의 헌법이 존재함으로써 보장된 제한정부의 실행이다. 그리하여 이러한 의미에서 입헌주의는 정부제도와 정치과정이 헌법적 규칙을 통해 효과적으로 제한당할 때 존재한다고 말할 수 있다. 좀 더 넓은 의미에서 입헌주의는 정부권한에 대한 내적·외적 견제를 확립함으로써 자유를 보호하고자 하는 바람을 나타내는 일련의 정치적 가치와 포부들이다. 이러한 의미에서 입헌주의는 정치적 자유주의이다. 이것은 전형적으로 성문법, 권리장전, 권력분립, 양원제, 연방주의 혹은 탈중앙집권화와 같은 목적을 이루고자 하는 헌법적 규정에 대한 지지 형태로 표현된다.

상응한다. 둘째, 이 점은 헌법이 어떤 수단을 통해서든 정부의 행위를 제한하는 능력을 가지고 있기 때문에 일어난다.

따라서 효과적인 헌법은 단지 헌법적인 규칙의 존재를 요구할 뿐만 아니라 정부를 제어하고 **입헌주의**를 확립할 수 있는 능력을 지닌 규칙을 요구한다. 하지만 우리가 아래에서 살펴볼 것처럼 모든 헌법은 다소 위배적이다. 그리하여 진정한 문제는 그러한 위반이 지니는 의미와 질서regularity이다. 몇몇 헌법들은 그 내용이나 원칙이 정부의 행위를 정확하게 기술하고 있지만, 정부의 행위를 제한하는 데는 실패할 수 있다는 점에서 명목적인 것으로 분류될 수 있다. 가령, 소련과 같은 공산주의 국가는 무엇보다도 공산당의 권력독점을 용인하였던 헌법을 가지고 있었다. 그러나 이 헌법은 정치적으로 중요하지 않았다. 왜냐하면 헌법을 해석하는 권한을 가진 사법부가 군건한 당의 통제 밑에 있었기 때문이다. 다른 국가들은 가짜 혹은 외관상의 헌법을 가지고 있다. 이 헌법은 본질적으로 정치적 실제와 다르고, 기껏해야 단지 선전 역할을 수행하는 경향이 있다. 이는 특히 독재적 혹은 권위주의적 국가에 해당된다. 이 국가에서는 개인의 권리와 자유에 대한 언약이 국가의 헌법적 문서에 들어 있는 내용보다 더 확대되지 않는다.

또한 헌법은 그 내용으로 분류되었다. 특히 헌법은 헌법을 지탱하고 있는 제도적 구조에 의해 분류되었다. 이로 인해 수많은 차이점들이 형성되었다. 예를 들면 헌법은 전통적으로 군주적 혹은 공화적인 것으로 범주화되었다. 이론적으로 군주적 헌법은 한 명의 왕조 지배자에게 헌법적 주권을 부여해 주며, 공화적 헌법에서 정치적 권위는 인민에게서 발생한다. 하지만 입헌군주제─입헌군주제에서는 권력이 효과적으로 대의제도로 이전되었다─의 출현은 네팔·사우디아라비아 같은 국가에서 아직도 존재하는 절대군주제를 도외시한다면, 이러한 차이가 더 이상 중요한 의미를 가지지 못한다는 것을 뜻했다. 중앙집권적 헌법과 연방적 헌법 사이의 구별─17장에서 더 충분하게 논의될 것이다─, 즉 단 하나의 국가기관에 주권을 집중시키는 헌법과 두 수준의 정부 사이에서 주권을 나누는 헌법 사이의 차이가 좀 더 광범위하게 사용되었다.

그러나 또 다른 접근법은 의원내각제적 헌법과 대통령제적 헌법으로 간주되는 것을 구분하고 있다. 여기에서 핵심 사항은 행정부와 의회 사이의 관계이다. 의원내각제에서 행정부는 의회로부터 유래하며 의회에 대해 책임을 진다. 반면에 대통령제도에서 행정부와 의회는 권력분립의 기초 위에서 독립적으로 기능한다. 대통령제와 의원내각제는 13장과 14장에서 논의되었다. 마지막으로 다원주의적 헌법은 독점적인 헌법과 대조될 수 있다. 다원주의적 헌법은 일반적으로 정치권력이 참여권과 정당경쟁의 보장을 통해 분산되는 점을 보장하고 있다는 점에서 자유민주주의적이라는 특징을 가지고 있다. 독점적 헌법은 공산국가 혹은 권위주의 국가에서 좀 더 일반적으로 발견되는데 '지배' 정당 혹은 최고지도자의 절대적 권위가 공식적으로 지켜지고 있다. 그러므로 헌법과 자유주의 입헌주의가 반드시 보조를 맞추는 것은 아니다.

헌법의 목적

수많은 국가에는 헌법이 있고, 대부분 기관과 조직집단에는 어떤 종류의 헌법적 영향력을 가지는 규칙이 있다. 이 점은 유엔과 유럽연합과 같은 국제 조직의 경우에도 해당되고, 지역·지방 정부, 정당, 이익집단, 기업, 교회, 클럽 등에도 해당된다. 이러한 헌법적 규칙의 확산은 헌법이 조직을 관리하는 데 다소 중요한 역할을 한다는 사실에 주목하고 있다. 국가와 다른 조직집단이 헌법 없이 기능하는 것이 아마도 불가능하겠지만, 헌법 없이 기능하는 것은 왜 어려운가? 왜 어렵거나, 혹은 불가능한 일일까? 이 문제에 대한 해답이 어려운 것은 헌법이 단 하나의 혹은 단순한 목적만을 가지고 있지 않다는 데 있다. 오히려 헌법은 수많은 기능을 가지고 있으며 다양한 방식으로 사용되고 있다. 헌법의 가장 중요한 목적은 다음과 같다.

① 국가에 권한을 부여.
② 통일적인 가치와 목표를 확립.

③ 정부에 안정을 제공.

④ 자유를 보호.

⑤ 정권의 정당화.

국가에 권한 부여

헌법에 대해 가지는 대중적 이미지는 정부 권한을 제한하고 있다는 것이지만, 헌법의 좀 더 기본적인 기능은 국가의 존재를 계획하고 독립적 권위에 관련되는 영역을 주장하는 데 있다. 새로운 국가의 탄생－식민지주의의 전복을 통해, 더 큰 국가의 분리를 통해, 혹은 더 작은 국가들의 합병을 통해－은 불가피하게 헌법 제정을 수반하게 된다. 사실 그러한 국가들은 하나의 헌법을 가질 때 비로소 존재하게 된다고 주장할 수 있다. 왜냐하면 헌법을 가지지 못하면 국가는 특정한 영토에 대한 공식적인 사법권이 없거나 효과적으로 사법권을 행사할 수 있는 통치기구를 가질 수 없기 때문이다.

그러므로 인도는 1947년 독립 승인과 1950년 연방헌법의 채택 사이에 존재하게 되었다고 말할 수 있다. 이 시기에 영국이 임명한 장군이 통치자로서 인도를 감독하였다. 동일한 방식으로 1776년 미국의 독립선언은 미국이 국가성을 획득하였다는 절차의 시작이었다. 그러나 미국은 1789년에 미국 헌법이 비준됨으로써 비로소 완성되었다. 하위국가적·초국가적 기관에도 권한부여는 필요하다. 예를 들면 연방제도에서 대표자를 선출할 수 있는 권한을 가진 지방이나 주는 중앙정부에 대해 자신들의 권한을 보장하기 위해 그들 자신의 헌법을 가지고 있다. 네덜란드와 프랑스의 거부와 함께 공식적인 유럽연합 헌법에 대한 이념은 2005년에 포기되었지만 일련의 조약들－로마조약(1957), 단일유럽법령(1986) 그리고 유럽연합조약(1993)과 리스본 조약 등을 포함하여(2009)－은 헌법적 효력을 가지는데, 그것은 이 조약들이 유럽연합 기관들에게 회원국들의 일에 다양한 방식으로 간섭하는 권위를 부여해 주기 때문이다. 이 점은 다음의 사실을 부각시킨다. 즉 **조약**이 헌법과는 다르지만 조약은 헌법의 부분을 구성할 수 있다는 점이다. 가령 유럽연합법과 조약들은 각각의 유럽연합 회원국들에게 헌법의 근원으로 기능한다.

가치와 목표의 확립

자유(freedom) 혹은 자유(liberty)라는 단어는 가장 넓은 의미에서 사람이 원하는 대로 생각하거나 행동하는 것을 의미한다. 그럼에도 '소극적' 자유와 '적극적' 자유 사이, 즉 어떤 것으로부터 자유로운 것과 어떤 일을 행하는 것이 자유로운 것을 구분하게 됐다(Berlin, 1958). 소극적 자유는 불간섭, 즉 개인에 대한 외적인 제약의 부재를 의미한다. 그리하여 개인은 자신이 원하는 대로 '자유롭게' 행동한다. 적극적 자유는 확인할 수 있는 목표나 이익, 일반적으로 개인의 발전, 자아실현 혹은 극기의 달성과 연관되어 있다. 하지만 '~으로부터의 자유(freedom from)'와 '~에 대한 자유(freedom to)'의 차이는 오해의 여지가 있다. 왜냐하면 자유에 대한 각각의 보기는 두 가지 방식으로 기술될 수 있기 때문이다. 가령, 무지로부터 자유로운 것은 교육을 받는 것에 대해 자유로운 것을 의미하기 때문이다.

정부의 틀을 세우는 것에 덧붙여, 헌법은 항상 더 광범위한 정치적 가치, 이상, 목표를 구현하고 있다. 이것은 헌법이 중립적일 수 없는 이유이다. 헌법은 늘 많든 적든 노골적으로 이데올로기적 선호와 얽혀 있다. 따라서 헌법 창시자들은 그들의 정권에 일련의 통일적 가치, 이데올로기적 목적의식, 정치행위에 사용할 수 있는 어휘를 부여하고자 노력한다. 많은 경우에서 이러한 목적은 자주 국가가 지니는 이상에 대한 진술로써 기능하는 헌법전문에 명백하게 표현된다. 이 이상은 민주주의, **자유** 혹은 복지국가에서 사회주의, 연방주의 혹은 이슬람에 대한 믿음에 이르기까지 다양할 수 있다. 그리하여 1982년 터키 헌법은 공화국의 설립자인 '아타튀르크Atatürk가 초안한 민족주의 개념'에 헌정되었다. 반면에 독일 헌법은 '세계평화를 위해 봉사하는' 하나의 결의를 담고 있다.

하지만 다른 경우에 이러한 가치와 이데올로기적 선호는 대개 암시적이다. 예를 들면 찰스 비어드(Charles Beard, 1913)는 미국 헌법의 규정이 본질적으로 경제적 이해관계, 특히 무산자 대중의 증대하는 힘에 대항하여 재산을 지키기 위해 만들어졌다고 주장하였다. 유사하게 미국 헌법의 14번째 수정안과 15번째 수정안이 급진적 분열이 가지는 의미를 인정한 반면에, 미국 헌법은 사회계급 혹은 젠더로부터 발생하는 분열들을 효과적으로 은폐하고 있다고 주장할 수 있다. 영국 헌법의 경우, 의회주권이라는 원칙이 초의회적인 정치행위의 형태들을 저지하거나, 심지어 신용되지 않는 하나의 수단으로 해석되었다.

정부에 안정 제공

다양한 정부기관들에 의무·권한·기능을 할당할 때, 헌법은 '조직상의 헌장organizational chart', '규정적인 지도definitional guide', '제도적인 청사진institutional blueprint'으로 기능한다. 이러한 것으로써 헌법은 정치기관 사이의 관계를 형식화하고 조정하며, 갈등을 조정하고 해결할 수 있는 장치를 제공한다. 가령 인도 헌법은 거의 200조항을 담고 있는 긴 문서에서

개념설명

제한정부
Limited government
일반적으로 법률, 헌법 혹은 제도적인 견제와 균형 내에서 활동하는 정부.

권리장전 Bill of Rights
개인의 권리와 자유를 세분해 법적으로 시민의 자유를 정의하는 헌법적 문서를 뜻한다. 확립된 권리장전은 법령에 근거한 권리장전과 구별될 수 있다. 확립된 권리장전은 '더 상위의' 법률을 기술하고 있으며, 그리하여 합헌심사의 토대를 제공해 준다. 법령에 의한 권리장전은, 혹은 권리에 대한 법령은 다른 법령과 동일한 절차들을 통해 수정되거나 폐지될 수 있다. 권리장전의 지지자들은 이렇게 논의한다. 권리장전은 시민들에게 국가에 반대하여 법적 보호나 아마도 헌법적 보호를 제공해 주는 유일하게 효과적인 수단이라고 말이다. 또한 권리장전은 '인권문화'를 증진시키는 교육적 가치를 가지고 있다고 말이다. 권리장전의 반대자들은 다음의 사실을 지적한다. 권리장전이 선출 정치인들을 희생시키면서 재판관의 권한을 확대하고 또한 경직되고 인위적이며, 소송문화를 조장한다고 말이다.

제도적 권한과 관계에 대해 매우 상세하게 기술하고 있다. 헌법이 가지는 다양한 전문성과 능률성의 정도가 다름에도 모든 헌법은 안정성, 질서, 정부의 기능에 대한 기준을 도입해 주는 중요한 기능을 수행한다. 이러한 관점에서 볼 때 입헌적 정부의 반대는 닥치는 대로 행하는 정부, 변덕스러운 정부 혹은 자의적인 정부이다. 이것은 다름 아닌 헌법이 조직과 보조를 맞추는 이유이다. 복잡한 유형의 사회적 상호작용은 연관된 모든 사람이 '게임의 규칙'을 알고, 누가 무엇을 할 것인가를 기대할 수 있는 한에서만 유지될 수 있다.

자유의 보호

자유민주정에서는 종종 헌법의 중심 목적이 개인의 자유를 보호할 목적으로 정부를 강제하는 데 있다는 것을 당연하게 여겼다. 이 점은 헌법이 **제한정부**를 확립하고 유지하기 위한 고안품으로 간주되는 이유이다. 확실히 헌법은 국가와 개인의 관계를 확립하며, 정부의 권한과 개인의 자유에 대한 개별적인 영역을 계획한다. 헌법은 종종 **권리장전**이라는 수단을 통해 일반적으로 시민의 권리와 자유를 정의함으로써 이 업무를 행한다. 자유주의적 입헌주의의 영향으로 많은 경우에 표현의 자유, 종교의 자유, 집회의 자유, 운동의 자유 같은 '고전적' 혹은 전통적인 시민의 자유가 헌법적으로 보장되었다는 점에서 '기본적fundamental'인 것으로 인정되었다. 소위 말하는 이러한 **소극적 권리**는 자유주의적 성격을 지닌다. 왜냐하면 국가가 개인을 침해하는 것이 저지당하고 있기 때문에 이 소극적 권리들은 정부가 활동하지 않아야 할 영역을 표시하기 때문이다.

그 외에도 점점 더 많은 국가들이 건강에 대한 권리, 교육에 대한 권리, 심지어 노동할 권리와 같은 경제적·사회적·문화적 권리로 에워싸이게 되었다. 하지만 이러한 **적극적 권리**는 논쟁을 불러일으켰다. 왜냐하면 이 권리들은 정부의 축소가 아니라 확대와 연관되었기 때문이며, 또 이러한 권리의 제공은 해당 정부가 이용할 수 있는 경제적·사회적 자원에 의존하고 있기 때문이다. 이러한 권리와 자유는 이들의 제공을 보장하는 실제적인 방도

소극적 권리
Negative rights
제한당하지 않는 행동의
영역을 표시하는 권리를
의미하며, 정부의 견제와
책임을 표시하는 권리를
뜻한다.

적극적 권리
Positive rights
재원과 지원이라는 의미
에서 정부에 대해 요구하
는 권리를 말하며, 정부
의 책임을 확대하는 권리
를 의미한다.

가 없을 때 '근본적'인 것으로 간주될 수 있는가? 예를 들면 인도 헌법에서 적극적 권리는 노동할 권리가 '경제적 능력과 발전의 한계 내에서' 보장해 준다는 제한 속에서 인정되었다.

정권의 정당화

헌법이 가지는 마지막 기능은 정당성을 형성하는 데 기여한다는 점이다. 이것은 단지 명목상 혹은 완전히 외형적인 헌법을 가진 국가에서조차도 헌법이 광범위하게 사용되는 이유를 설명해 준다. 이 정당화 과정에는 두 가지 차원이 있다. 첫째, 헌법의 존재는 국제공동체에서 한 국가가 구성원이 되기 위해 그리고 다른 국가들에 의해 인정을 받기 위해 필요한 전제조건이다. 하지만 더 중요한 점은 국민들 사이에서 존경과 충성을 증진시킴으로써 한 국가 내에서 정당성을 형성하기 위해 헌법을 사용하는 능력이다. 이것은 헌법이 지배엘리트의 가치를 상징화하고 유포시키며, 정부 제도에 합법성이라는 의장을 부여하기 때문에 가능하다. 이러한 관점에서 헌법을 좀 더 효과적으로 만들기 위해, 역사적 중요성을 가진 문서로서 아니면 국가의 목적과 정체성의 상징으로서 헌법 자체에 대한 존경심을 증대하고자 하는 시도가 종종 있었다.

헌법은 중요한가?

헌법의 가치는 종종 당연한 것으로 간주되었다. 이미 가정하였던 것처럼 헌법의 존재는 정치안정, 제한정부, 권리와 자유의 보장과 같은 혜택을 제공한다. 헌법에 대한 이러한 신념이 미국보다 더 발전된 곳은 없다. 루이스 하츠(Louis Hartz, 1955)의 표현을 빌면, 미국에서 헌법에 대한 신념은 '헌법숭배에 대한 예찬'에 해당된다는 것이다. 물론 이 신념은 닉슨 대통령이 1972년 선거운동 기간에 상급 백악관 공무원이 저지른 불법 행위를 은폐하는 데 도움을 준 워터게이트 위기 속에서 일어난 주장으로 인해 혹독하게 시험당했다. 그럼에도 1974년에 닉슨이 사임함으로써 그의 계승자인 제럴드 포드는

"우리 헌법이 작동하고 있다"고 천명할 수 있었으며, 입헌주의에 대해 지니고 있던 선통석인 감성을 되풀이할 수 있었다. "우리는 인간의 정부가 아니라 법의 정부를 가지고 있습니다." 하지만 단순히 헌법이 존재한다고 해서 정부가 입헌적이라는 점을 보장하지는 않는다. 사실 헌법이 폭정에 대항하는 중요한 보장책이라는 증거, 더욱이 헌법이 '유토피아로 가는 표'를 제공해 준다는 증거는 별로 없다.

헌법은 특정한 환경에서 "작동한다." 달리 표현하면 헌법이 다른 문화적·정치적·경제적·사회적 조건의 지원을 받을 때 헌법은 단지 다양한 목적을 위해 사용될 뿐이다. 특히 헌법은 정치문화에 상응해야 하고 정치문화를 통해 지지되어야 한다. 성공적인 헌법은 정치문화의 창조자이며 산물이다. 이것은 식민지 지배자가 물러감으로써 개발도상국가에게 물려준 수많은 자유민주주의 헌법 모델이 정착하는 데 실패한 이유이다. 개인의 권리와 정치적 경쟁을 보장하는 헌법적 규칙은 깊숙하게 침투된 집단적 가치와 전통을 가진 사회에서는 전적으로 중요하지 않을 수 있다. 특히 그러한 사회들이 기본적인 경제적·사회적 발전을 이룩하고자 노력할 때 헌법적 규칙은 전혀 중요하지 않을 수 있다.

동일한 점에서 다양한 소비에트 헌법은 인민에 이질적이었던 '사회주의적' 가치를 간직하였을 뿐만 아니라 소련이 존재한 74년 동안에 그러한 가치에 대한 대중적 지지를 발전시키는 데 실패하였다. 미국에서는 광범위하게 제도화된 인종주의의 결과로 내전이 끝난 후에 제정된 미국 흑인들을 위한 시민권과 투표권에 대한 헌법적 보장들이 종종 1960년대까지 남부의 주에서는 지지되지 않았다. 한편 1947년의 일본 헌법은 점령국인 미국이 강요했고, 의무를 강조하는 일본의 전통을 대신하여 개인의 권리를 강조하였음에도 상당히 성공을 거둔 것으로 판명되었으며, 대전 후의 재건설과 정치발전을 위한 안정적인 틀을 제공했다. 하지만 제2차 세계대전 후의 독일처럼 일본 헌법은 '경제적 기적'이라는 이점을 발판으로 지탱되었다.

두 번째 핵심적인 요소는 하나의 헌법이 지배자에 의해 존경을 받는지 그리고 지배집단의 이익과 가치에 상응하고 있는지에 관한 점이다. 예를 들면

법의 중심적 목적은 자유를 보호하는 것인가?

법과 도덕 간의 관계에 관한 문제의 핵심에는 자유의 문제가 놓여 있고 사회에 의해 만들어져야 하고 법을 통해 집행되어야 하는 도덕적 선택들과 개인을 위해 마련되어야만 하는 선택 간의 적절한 균형이 존재한다. 자유주의자들은 전형적으로 법이 자유의 영역을 축소하기보다 확대할 경우에만 정당화될 수 있다고 주장하였다. 반면에 보수주의자와 다른 사람들은 법이 개인들의 이해관계들을 넘어서는 이해관계들을 위해 봉사한다고 주장하였다.

찬성

개인적·사회적 발전 고전적 자유주의의 믿음은 법과 자유는 본질적으로 연관되어 있다는 것이다. 자유는 '법 아래에서'만 가능하다 – 각각의 시민은 모든 다른 시민에 대한 하나의 위협이기 때문이다 –. 그러나 동시에 법의 영역은 자유의 보호를 넘어서서 확대되지 않아야만 한다 – 그렇지 않으면 법은 정당성이 없다 –. 그리하여 『자유론*On Liberty*』([1859] 1982)에서 존 스튜어트 밀은 다음과 같이 주장하였다. "그 자신에 대해, 그 자신의 육체와 마음에 대해 개인은 자주적이다". 밀은 법이 '타인에게 해를 끼치는' 것을 저지하기 위해 만들어졌을 때만 법의 정당성을 수용하고자 하였다. 이른바 이 '해악원칙 harm principle'은 두 가지 점에서 정당화될 수 있다. 첫째, 해악원칙은 인간은 자신에게 도덕적 결정을 허용하면서 가능한 가장 넓은 범위의 제어되지 않는 행동을 향유할 경우에만 성장하고 발전할 것이라는 사실을 반영하고 있다. 둘째, 더 넓은 영역의 자유는 건전한 논의와 토론을 증진시키며, 그래서 이성을 진전시키고 사회진보를 조장한다.

기본적 자유들. 자유에 기반한 법을 위한 하나의 대안적인 방어는 자유를 기본적 가치로 확립하는 시도에서 유래한다. 임마누엘 칸트가 보기에 자유는 어떤 의미에서 그 자신의 결정인 법에 의해 구속되는 것으로 구성되는데, 그 이유는 개인들은 '그 자체로 목적'으로 취급되어야만 하기 때문이다. 하지만 현대의 정치논의에서 자율적 행위자로서 인간에 대한 관념은 가장 일반적으로 인권교리 속에 그 근거를 두고 있다. 인권은 사람들이 인간이라는 사실에 의해 자격이 주어지는 권리이다. 따라서 인권은 '양도할 수 없다'는 점에서 '기본적' 권리인 것이다. 즉 인권은 팔아 버리거나 철회될 수 없다. 인권교리는 다음의 사실을 의미한다. 즉 시민의 자유들 – 특히 연설의 자유, 언론의 자유 그리고 집회와 결사의 자유와 같은 고전적인 시민의 자유들 – 은 기본적 권리들이고, 이 권리들은 모든 사람을 위해 그리고 모든 환경에서 지지된다. 도덕적 절대적인 것으로서가 아니라 편의의 문제로서 권리와 자유를 다루는 것은 폭정과 압제에 방치해 두는 것과 같다.

반대

자유에 대한 질서. 법에 대한 자유주의 이론의 결점은 법이 일차적으로 자유를 보호함에 있는 것이 아니라 질서를 유지함에 있다는 점, 그리고 자유를 넓힘으로써 질서가 위험에 빠질 수 있다는 점을 인식하지 못한다는 것이다. 이러한 관점에서 자유주의자들은 단지 다음의 사실을 주장할 수 있을 뿐이다. 즉 자유주의자들은 인간 본성에 대한 낙관적 모델을 신봉하고 있기 때문에 자유의 보호는 다른 고려들보다 상위에 놓여야 한다는 것이다. 인간 본성에 대한 이러한 낙관적 모델은 인간을 합리적이고 도덕적 생명체로 간주한다. 그리하여 시민들은 자유를 부여받을 수 있는데, 그 이유는 이들이 정상적인 환경에서 동료 시민들을 이용해 먹지 않고 남용하지 않는다는 신뢰를 주기 때문이다. 이와는 대조적으로 보수주의자들은 인간 본성에 대한 비관적인, 심지어 홉스적인 견해를 채택한다. 하지만 보수주의자들이 주장하는 견해는 좀 더 현실주의적이다. 개인들은 탐욕적이고, 이기적이며, 권력을 추구하는 생명체이기 때문에 질서정연한 생활은 엄격한 법, 확고한 집행 그리고 필요하다면 가혹한 형벌을 통해서만 유지될 수 있다는 것이다. '연성' 법률이나 시민의 자유를 기본적 자유로 다루는 것은 범죄나 비행을 초래할 위험을 안고 있다.

도덕성 집행. 개인적·사회적 발전을 장려하는 대신에 무제한적 자유는 사회조직에 해를 입힐지도 모른다. 여기서 문제는 밀의 견해가 허용하는 혹은 심지어 장려하는 도덕적·문화적 다양성이다. 이 입장에 대한 고전적 진술은 『도덕의 집행*The Enforcement of Morals*』(1968)에서 패트릭 데블린에 의해 개진되었다. 이 글은 다음의 사실을 주장하고 있다. 즉 사회가 법제도를 통하여 집행할 권리가 있는 '공중 도덕'이 있다는 것이다. 이러한 입장에 깔려 있는 것은 사회는 무엇이 '선하고', 무엇이 '나쁜가'에 관한 기본적 동의를 의미하는 '공유된' 도덕성에 의해 유지된다는 믿음이다. 특히 데블린은 다음과 같이 주장하였다. 해악에 대한 밀의 관념은 행동들이 적어도 데블린이 단순한 반감이라기보다는 '진정한 느낌의 극도의 혐오감'으로 칭했던 것을 유발할 때, '무례함offence'을 포함하는 것으로 확대되어야만 한다는 것이다. 그러한 논쟁의 중심적 주제는 도덕성이 단순히 너무 중요해서 개인들에게 방임될 수 없다는 것이다. 사회의 이해관계와 개인의 이해관계가 갈등을 일으키는 곳에서 법은 항상 사회의 편을 들어야만 한다.

독일 바이마르헌법은 권리와 자유에 대한 인상적인 장치를 가졌음에도 히틀러가 나치 독재를 세운 1930년대에 간단히 무시되었다. 바이마르헌법의 경쟁적 민주주의는 나치 체제와 기업과 군부의 보수 엘리트들이 품고 있었던 야망과 갈등을 일으킬 뿐만 아니라 대의제 정부에 별로 익숙하지 못했으며, 경제위기를 겪고 있는 국민의 지지를 얻지 못했다. 1975년부터 1977년까지 간디가 통치한 인도와 1977년부터 1981년까지 지아 울-하크Zia ul-haq

개념설명

비상상태
State of emergency
특이한 위협을 취급하도
록 정부가 특별한 권한들
을 맡게 되는 정부의 선
포.

장군이 통치한 파키스탄에서, 헌법의 중요한 규정들이 '비상사태' 선언을 통해 중단되었다. 이 경우에 군부지도력에 대한 지지는 헌법적 엄밀함에 대한 존경보다 훨씬 더 중요한 것으로 판명되었다. 영국의 불문법은 종종 상당한 정도로 남용의 여지가 있었다. 왜냐하면 이 헌법은 현 정부의 자제에 매우 의존하고 있기 때문이다. 이 점은 특히 1980년대와 1990년대의 보수당 정부가 공무원·지방정부·노동조합과 같은 기관의 헌법적 역할을 변경하기 위해 의회주권 속의 고유한 유연성을 빼앗았을 때 명백하게 나타났다. 혹자는 보수당 정부가 시민의 자유를 손상했다고 주장하였다.

마지막 요소는 정치환경의 변화 속에서 중요한 것으로 살아남기 위한 헌법의 적응성과 능력이다. 그 어떤 헌법도 정치적 현실을 나타내지는 않는다. 그리고 많은 헌법들이 특별히 그렇게 하고자 하지 않는다. 일반적으로 성공적인 헌법은 광범위하고 지속적으로 연관된 틀 내에서 변화에 적응하기에 충분할 만큼 유연성을 가지고 있다. 엄밀히 말하면 무한정으로 유연한 헌법은 결코 헌법이 아니다. 미국 헌법은 이러한 점에서 특히 흥미롭다. 미국 헌법의 '특징genius'은 이 헌법이 가진 결핍을 개정하기 위해 광범위한 원칙과 이 헌법이 제공하는 영역에 전력을 다하였다는 점이다. 그리하여 미국정부는 새로운 도전과 요구에 대응하면서 발전할 수 있었다. 예를 들면 공식적인 수정과정으로 미국 기관은 민주화될 수 있었으며, 20세기에 재판관이 한 해석은 대통령이 행사할 수 있는 권한의 증대, 즉 주정부에서 연방정부로의 권한의 이동과 어떤 점에서는 개인의 권리 확대를 가능하게 만들었다.

하지만 그러한 변화들은 권력분립, 연방주의, 개인의 자유와 같은 핵심적인 원칙이 갱신되었음에도 지속적으로 존중되었다는 점에서 헌법 내에서 일어났다고 말할 수 있다. 이와는 대조적으로 프랑스 제4공화국의 헌법은 실행할 수 없는 것으로 판명되었다. 왜냐하면 이 헌법이 국민의회를 강조함으로써 허약하고 불안정한 정부를 낳는 경향이 있었기 때문이다. 프랑스 헌법은 이러한 난국을 해결할 수 없었기 때문에 1958년에 새로운 헌법을 도입했다. 이 헌법으로 제5공화국이 탄생했고 드골 장군이 고안한 청사진에 따라 대통령의 권한이 확대되었다.

법

법, 도덕, 그리고 정치

법Law
정치공동체에 적용하는 공적이며 강제할 수 있는 규칙체계. 법은 일반적으로 구속력이 있는 것으로 인정된다.

인간권리 Human rights
인간의 권리는 인간이라는 사실로 인해 부여받은 권리이다. 이 권리는 자연권에 대한 현대적이며 세속적인 해석이다. 인권은 어떤 특정한 국가·인종·종교·젠더 혹은 다른 집단의 구성원에게보다는 모든 인간에 속한다는 의미에서 '보편적'인 것이다. 또한 인권은 양도할 수 없다는 점에서 '기본적(fundamental)'인 것이다. 인권은 분할할 수 없는 것인데, 그것은 시민적 권리와 정치적 권리, 경제적·사회적·문화적 권리들이 상호연관되어 있고 그 중요성에서 동등하다는 의미에서이다. 그리고 인권은 절대적인 것인데, 참된 인간생활을 하기 위한 기본적 이유에서처럼 인권은 자격화될 수 없다는 점에서이다.

법실증주의
Legal positivism
법은 그것의 도덕적 성격에 의해서가 아니라 도덕을 확립하고 강화하는 능력에 의해서 정의된다는 법철학.

법과 도덕 사이의 관계는 정치이론에서 가장 괴로운 문제 중의 하나이다. 겉으로 볼 때 법과 도덕은 매우 다른 문제이다. 법은 하나의 특징적인 사회통제의 형태이고, 강제라는 수단을 통해 지탱되고 있다. 법은 할 수 있는 것과 할 수 없는 것을 정의하고 있다. 한편, 도덕은 윤리적 문제와 '옳은 것'과 '그른 것'의 차이와 연관을 맺고 있다. 도덕은 해야 하는 것과 하지 말아야 하는 것을 규정한다. 더욱이 법이 하나의 사회적 사실이라는 점에서 객관적인 반면에, 도덕은 일반적으로 하나의 주관적인 실재, 즉 의견 혹은 개인적 판단의 문제로 취급된다. 그럼에도 플라톤과 아리스토텔레스로 소급되는 자연법 이론은 법이 어떤 종류의 도덕체계에 뿌리를 두거나 두어야 한다는 점을 시사하고 있다. 근대 초기에 그러한 이론은 종종 신이 준 '자연권'이라는 이념에 그 기초를 두었다. 법과 도덕 사이의 연결에 대한 이러한 주장은 20세기에 들어서서 다시 유행하게 되었다. 그리고 이 주장은 일반적으로 시민의 자유 혹은 **인간권리**에 관한 이념과 관련되었다.

하지만 19세기에 '실증법학science of positive law'의 부흥으로 인해 법과 도덕의 관계를 설명할 때 매우 다른 견해가 나타났다. 이 견해가 가진 목적은 법에 대한 이해를 도덕적·종교적·신비적 가정으로부터 절대적으로 해방시키는 것이었다. 존 오스틴(John Austin; 1890~1959)은 '**법실증주의**legal positivism' 이론을 발전시켰는데, 이 이론은 더 높은 도덕적 혹은 종교적 원칙과의 일치라는 관점에서 법을 정의하였던 것이 아니라 법이 확립되고 강요된다는 사실을 통해 법을 정의하였다. 요컨대 법은 법이다. 왜냐하면 인간들이 법에 복종하기 때문이다. 하트H. L. A. Hart는 『법의 개념*The Concept of Law*』(1961)에서 이 접근방법을 정교하게 다듬었다. 하트는 법이 '일차적primary' 규칙과 '이차적secondary' 규칙 — 각 규칙들은 특정한 기능을 가지고 있다 — 의 연합에서 유래하였다는 점을 시사하였다. 일차적 규칙

법의 지배 Rule of law

법의 지배는 법이 사회의 모든 구성원들―사적 시민이든 아니면 정부 공직자이든 간에―에게 동등하게 적용하는 모든 행동과 행위에 대한 하나의 틀을 확립하고 있다는 점에서, 법이 '지배'해야 한다는 원칙이다. 그리하여 법의 지배는 입헌주의와 제한정부와 같은 이념을 구현하는 하나의 핵심적인 자유민주주의 원칙이다. 유럽대륙에서 법의 지배는 종종 법치국가(Rechtsstaat), 즉 법에 기초한 국가라는 게르만적 개념 속에 간직되었다. 미국에서 법의 지배는 '상위의' 법으로서 헌법이 가지는 위상과 '정당한 법절차(due process)'의 원칙과 밀접하게 연관되어 있다. 영국에서 법의 지배는 관습법에 그 뿌리를 두고 있으며, 성문법은 요구되지 않는다.

은 사회행위를 규제하고, 법체계의 내용물로 간주될 수 있다. 형사법이 하나의 보기이다. 한편 이차적 규칙은 정부기관에 권한을 부여하는 규칙이다. 이 규칙은 일차적 규칙이 어떻게 만들어지고, 강제되며, 판결되는지에 관한 것을 확립한다.

사회행위를 규제함에 있어서 법이 행하는 결정적인 역할이라는 관점에서, 법이 광범위한 정치적 중요성을 가지고 있다는 점을 그 누구도 의심할 수 없다. 그럼에도 법과 정치의 실제적이며 바람직한 관계에 관한 질문들―이 질문은 법의 성격, 기능, 적절한 정도를 반영하고 있다―은 상당한 논쟁을 불러일으켰다. 우리가 가지고 있는 법에 대한 이해의 많은 부분이 자유주의 이론에서 유래한다. 이 이론은 법을 문명화되고 질서 정연한 생활에 대한 중요한 보장으로 보며, 사회계약론에 상당히 의존하고 있다. 국가와 법체계의 부재, 즉 '자연상태state of nature'에서 각 개인은 자기 멋대로 다른 개인들을 남용하거나 위협한다. 그럴 경우 법이 행하는 역할은 사회의 각 구성원을 그의 동료로부터 보호하는 것이며, 그럼으로써 법은 각 개인이 가진 권리와 자유가 침해당하지 않게 하는 것이다.

이러한 보호가 사회 전반에 걸쳐 사회의 모든 구성원에 확대되기 때문에 법은 자유주의자들이 주장하는 것처럼 중립적인 성격을 가진다. 따라서 법은 정치 '위에' 존재하며, 법과 정치를 엄격하게 분리시킴으로써 법은 개인에 대해 국가를, 가난한 사람에 대해 부자를, 흑인에 대해 백인을 편드는 것 등을 저지하기 위해 유지되어야 한다. 이 점이 바로 자유주의자가 **법의 지배**라는 원칙 속에서 구현된 법의 보편적 권위를 매우 강조하는 이유이다. 또한 법에 대한 이러한 견해는 법을 해석하고, 정당 사이에서 벌어지는 분쟁에 대해 판결을 내리는 사법부에게 중요한 의미를 지닌다. 분명히 재판관은 정부기구의 '위에' 또는 '외부에' 있고 정치적 영향에 예속당하지 않는다는 점에서 독립적이다.

전쟁범죄War crimes
전쟁을 수행함으로써 국
제적 협정들을 위반하는
행위. 이 범죄는 일반적
으로 공격적인 전쟁상태
나 민간인이나 전쟁포로
에 대해 가하는 잔혹행위
를 포함한다.

사법부

사법부는 법적인 분쟁을 결정할 권한이 있는 정부기관이다. 따라서 재판관
이 행하는 중심적인 기능은 법을 해석하거나 확립한다는 의미에서 법의 의
미에 대해 판결을 내리는 것이다. 이 기능이 가지는 중요성은 국가마다 제도
마다 다르다. 하지만 이 역할은 헌법 자체에 대한 해석을 확대하고, 재판관
에게 정부의 주요 기관 사이에서 일어나는 분쟁이나 국가와 개인 사이에 일
어나는 분쟁을 조정하게 허용하는 성문법을 가진 국가에서 특히 중요하다.

사법부가 가지는 의미는 국제법의 중요성이 증대함으로써 고양되었다.
헤이그Hague에 있는 국제사법재판소International Court of Justice - 공
식적으로 세계재판소World Court로 알려져 있다 - 는 유엔의 사법조직이
다. 국제법이 주권원칙을 존중하고 있기 때문에 모든 국가들의 동의를 필요
로 하고 있지만, 이 재판소는 국가들 사이에 발생하는 분쟁들을 해결하는
하나의 광장이다. 국제형사재판소(International Criminal Court, ICC)는 **전쟁
범죄**에 대해 1945년에서 1946년에 이루어진 뉘른베르크Nuremberg 공판이
나 '인류를 해치는 범죄'를 통해 확립된 이념을 소생시켰다. ICC는 집단범
죄라는 이유를 들어 수많은 사람들을 기소하였고 체포하였다. 2001년에 전
유고슬라비아 대통령 슬로반 밀로세비치Slovan Milosevic도 이에 포함되
었다. 이에 덧붙여, 룩셈부르크에 있는 유럽연합의 유럽재판소European
Court of Justice와 스트라스부르크에 있는 유럽인권재판소European
Court of Human Rights와 같은 지역적 사법권을 가진 국제재판소들이 있
다.

사법부의 주요한 특징 중의 하나 - 자유민주주의 체제에서 사법부가 가
지고 있는 특징 - 는 재판관은 엄격하게 독립적·비정치적인 행위자라는 점
이다. 사실 정치 '위에' 있을 수 있는 재판관은 일반적으로 법과 정치의 분리
에 대한 중요한 보장으로 간주된다. 하지만 사법부에 대한 이러한 이미지
는 항상 오해의 여지가 있다. 사법부는 단지 법기관이 아니라 하나의 정치
적 기관으로 가장 잘 간주된다. 법과정에서 중심적인 인물인 재판관은 갈등

중립성Neutrality
중립성은 어떤 형태의 가
담이나 언약이 부재함을
의미한다. 중립성은 '편
드는 것'을 거부하는 것
이다. 국제관계에서 중립
성은 법적인 조건이며,
이 조건을 통해 어떤 국
가는 갈등이나 전쟁에 연
루하지 않는다는 것을 선
언하며, 한쪽 편을 지지
하거나 원조하는 것을 삼
가고자 하는 의도를 나타
낸다. 어떤 개별적인 행
동원칙으로서 재판관, 공
무원, 군부 그리고 다른
공직자에 적용되는 이 중
립성은 엄격하게 말하면,
정치적 공감과 이데올로
기적 편향의 부재를 의미
한다. 그리하여 중립적
행위자들은 정치적으로
거세된 사람들이다. 실
제로는 공평함에 대한 덜
정확한 요구가 일반적으
로 적용된다. 이 점은 정
치적 공감이 직업적 혹은
공적 책임에 관여하지 않
거나 갈등을 일으키지 않
는 한 유지될 수 있다.

을 해결하고 국가권위의 유지와 같은 부인할 수 없는 정치적 활동에서 중요
한 역할을 행한다. 재판관은 자신이 내린 판결들이 명백하게 정치적 영향을
미친다는 점에서 정치적이지만, 사법부가 가지는 정치적 의미에 관한 논의
는 좀 더 논쟁적인 두 가지 문제를 둘러싸고 있었다. 첫째, 재판관은 자신의
행동이 정치적 고려나 압력에 의해 이루어진다는 점에서 정치적인가? 둘째,
재판관은 정치가가 행해야 하는 적당한 책임을 침해한다는 의미에서 정책
을 만드는가?

재판관은 정치적인가?

어떤 정치체계는 사법부의 **중립성**이나 비당파성을 가장하지 않는다. 예를
들면 정통 공산주의 정권에서 '사회주의 합법성' 원칙은 재판관이 국가의 공
산당의 이데올로기적 권위에 복종하여 맑스-레닌주의에 따라 법을 해석하
도록 명령하였다. 그리하여 재판관은 정권 자체가 지니고 있는 정치적·이
데올로기적 목적을 수행하는 단순한 공무원이 되었다. 이 점은 소련에서
1930년대의 '공개재판show trials'을 통해 가장 생생하게 입증되었다. 나치
체제하 독일의 법정도 유사하게 이데올로기적 억압과 정치적 박해의 도구
로 사용되었다. 하지만 다른 국가에서 재판관은 엄격한 정치적 중립성을 준
수하는 것으로 기대되었다. 어떤 형태의 자유주의적 입헌주의에 동의하는
국가에서 법의 권위는 법의 비정치적 성격과 연결된다. 이 점은 법이 독립
적이며 공정한 재판관에 의해 해석된다는 가정에 그 기초를 두고 있다.

외부의 편견

재판관은 두 가지 의미에서 정치적일 수 있다. 즉 재판관은 외적 편견이나
내적인 편견에 예속당할 수 있다는 점이다. 외적인 편견은 정당·의회·정부
와 같은 정치기관들이 사법부에 대해 행사할 수 있는 영향력에서 유래한다.
내적인 편견은 재판관 스스로 가지고 있는 편견과 공감, 특히 사법적인 결
정에 참견하는 편견과 공감에서 발생한다. 외적인 편견은 아마도 **사법부의**

사법부의 독립
Judicial independence
사법부와 정부의 다른 기
관 사이에는 엄격한 분리
가 있어야 한다는 헌법적
원칙을 의미하며, 이는
곧 권력분립에 적용된다.

독립을 존중함으로써 저지된다. 대부분의 자유민주주의 체제에서 사법부의 독립은 임기보장을 통해 보호되며, 재판관과 법원이 내린 결정에 대한 비판을 제한함으로써 보호된다. 하지만 실제로 재판관의 독립은 사법부의 충원과 승진과정에서 정치기관과 맺은 긴밀한 연관으로 인해 손상을 입을 수 있다.

미국에서 재판관은 아마도 '선한 행위good behaviour'라는 조건 위에서 평생 동안 직위를 유지한다. 하지만 최고재판소의 재판관은 대통령이 임명하며 상원에서 추인한다. 루즈벨트 대통령이 1930년대에 법정싸움을 벌인 이후로 이 과정은 공공연하게 정치적 지명이라는 패턴을 만들었다. 대통령들은 정당과의 친화성과 이데올로기적 성향을 토대로 재판관을 선택하며, 1980년대에 로버트 보크Robert Bork에 대해 일어났던 것처럼 상원은 동일한 이유를 들어 재판관을 거부할 수 있다. 그리하여 워렌Warren 법관(1954~1969)이 가진 자유주의적 경향과 버거Burger 법관(1969~1986)과 그 후의 렌퀴스트Rehnquist 법관 그리고 로버츠Roberts 법관(2005년 이후)이 가진 좀 더 보수주의적 성향은 일반적으로 외적인 정치적 압력을 통해 생겨났다.

정치는 또한 논쟁의 여지가 있는 대중선거—몇몇의 대중선거들은 노골적으로 당파심이 강하다—를 통해 몇 명의 판사나 대부분의 판사 그리고 모든 판사들을 뽑는 대부분의 주들에서 존재하는 관행으로 인해 미국의 사법부에 간섭할지도 모른다. 이 관행의 지지자들은 다음과 같이 주장한다. 즉 민주주의는, 선거원칙이 법을 만드는 사람과 마찬가지로 법을 해석하는 사람에게도 적용되어야만 한다는 점을 요구하고 있다고 말이다. 그렇지 않다면 재판관들은 어느 누구에게도 책임을 질 수 없다. 재판관은 공중의 의견과 선호보다는 그들 자신의 의견과 선호에 따라 행동할 수 있다는 점이다. 다른 한편으로 선출 재판관에 대한 비판은, 선거가 불가피하게 재판관들을 당파적 정치로 몰고 가서 사법부의 중립성을 불가능하게 할 뿐만 아니라 대중성을 토대로 선출 재판관들은 그들의 전문성과 특별한 지식을 손상시킬 수도 있다는 점을 지적한다.

선거구개정

Gerrymandering
어떤 정당이나 후보자에
게 정치적 이점을 주기
위해 행해지는 선거구 조
작을 의미한다.

영국의 재판관도 현 정부에 의해 임명되며, 상급재판관은 대법관Lord Chancellor의 권고로 수상이 임명한다. 하지만 2005년 헌법개혁령은 사법부 임명위원회를 창립함으로써 정치적 영역으로부터의 재판관의 임명을 제거하였을 뿐만 아니라 상원의 항소위원회를 대신하여 2009년 영국 최고재판소supreme court의 창설을 통해 사법부의 독립을 상당히 강화하였다.

프랑스의 헌법재판소는 법률의 합법성을 심사할 권한이 있고, 의회와 행정부를 제어할 수 있다. 이 헌법재판소는 특히 두드러진 정치적 영향에 예속되어 있다. 헌법재판소의 재판관들은 주로 직업적인 재판관이라기보다는 오랜 경험을 가진 정치가들이었다. 프랑스 대통령과 국민의회의 의장 그리고 상원은 각각 이 재판소 구성원의 1/3을 선발하며, 정당의 가입은 종종 중요한 요소가 된다. 일본에서 최고재판소는 내각에 의해 효과적으로 임명되며, 최고재판관은 내각의 지명에 의해 천황이 뽑는다. 하지만 제2차 세계대전 후 자유민주당의 장기집권은 자유민주당이 자신의 당을 지지하는 인물로 이 재판소를 충원했다는 것을 의미하며, 이 재판소가 국회Diet에 확고하게 종속당하는 것을 보장하였다. 이것이 낳은 결과 중의 하나는 시골에서 자유민주당에게 유리하도록 광범위하게 **선거구개정**을 했음에도 최고재판소가 선거결과를 결코 무효로 하지 않았다는 점이다. 특히 1983년에서처럼 선거가 불균형적인 의석 할당을 이유로 비합법적인 것으로 선언되었을 때도 그러하였다(Eccleston, 1989).

내부의 편견

사법부의 독립이 유일한 쟁점은 아니다. 편견은 외적인 압력을 통해서뿐만 아니라 사법부가 가지는 가치와 문화를 통해 슬며시 다가올 수 있다. 이러한 관점에서 핵심 요소는 재판관이 어떤 방식으로 충원되는가 하는 것보다는 누가 충원되는가 하는 점이다. 여러 해 동안 사법부에 대해 가해진 사회주의적인 비판은 사법부가 사회의 지배적인 가치를 접합하여 기존의 정치적·사회적 질서를 방어하기 위해 행동하고 있다는 점이다. 이러한 경향은 재판관의 사회적 배타성과 사법적인 직업에 관례적으로 허용되고 있는 특별한 위상과 존중을 통해 지탱되고 있다. 그리피스(Griffith, 2010)는 이러한 보수적인 성향은 특히 영국의 고등법원에서 현저하게 나타나고 있다고 주장하였다. 또한 그는 이 보수적인 성향이 압도적으로 남성이고 백인이며 중상류계급이고, 공립학교와 '옥스브리지Oxbridge'에서 교육받은 상급재판관들이 가지고 있는 뚜렷한 동질성에서 유래한다고 주장하였다. 재판관이 여성, 소수인종 그리고 사실상 어떤 집단에 반대하는 편견이 있다는 점을 시사하기 위해 유사한 주장들이 제기되었다.

미국 최고재판소가 1950년대 이후로 공식적으로 흑인 재판관을 임용하였고 현재 2명의 여성 재판관이 있지만, 최고재판소의 재판관들은 일반적으로 미국의 중산계급과 중상류계급 출신의 백인 앵글로-색슨 계통의 신교도들이었다. 한편, 오스트레일리아 같은 국가에서는 사법부를 좀 더 사회적으로 대표하게끔 함으로써 이러한 경향에 반대하는 시도들이 이루어졌다. 가령 1980년대에 오스트레일리아의 재판관은 변호사뿐 아니라 학문적인 등급the ranks of academics에 의해 충원되었다. 그럼에도 사법부에 대한 비판도 재판관이 사회적으로 대표될 수 있는 정도에는 한계가 있다는 점을 인정하고 있다. 거대한 사회에 대한 하나의 축도라는 사법부를 이루기 위해서는 경험과 직업적인 권능과 같은 기준들이 재판관을 임명할 때 전적으로 무시될 필요가 있을 것이다.

재판관은 정책을 만드는가?

법의 단순한 적용자로서 재판관에 대한 이미지는 항상 하나의 신화였다. 재판관은 이른바 '법문에 대한 사전적인 의미'를 그대로 적용할 수 없다. 왜냐하면 그 어떤 법률적 용어나 원칙도 단 하나의 명백한 의미만을 가지고 있는 것은 아니기 때문이다. 실제로 재판관은 자신에게 수많은 가능한 의미나 해석을 강요하는 '구성construction'과정을 통해 법률에 의미를 부여하고 있다. 이러한 점에서 모든 법은 재판관이 만든 것이다. 하지만 분명히 이 합헌심사는 법률, 법령, 다른 정부기관의 행동, 특히 입법부와 행정부의 행동을 '재심하고', 무효화할 수 있는 사법부의 권한이다. 합헌심사가 가지는 전통적인 의미에서 합헌심사의 원칙은 성문법의 존재로부터 유래하며, 법정에게 헌법에 양립하지 않는다고 여기는 행동을 '비헌법적인' 행동으로 기각하도록 허용한다. 성문화되지 않은 제도에서 발견되는 것으로 좀 더 온화한 형태의 합헌심사는 행정부가 자신이 가진 권한 밖에서 행동하였는지를 결정하기 위해 권한을 넘어서는 (ultra vires) 원칙을 사용하는 보통법(ordinary law)의 관점에서 행정부가 행한 행동에 대한 재심에 한정된다. 합헌심사는 많은 사람들에 의해 자유주의적 입헌주의의 초석을 이루는 제도로 간주된다. 합헌심사는 '법의 정부'를 보장하기 때문에 또한 이 심사는 더 좋은 것 혹은 더 나쁜 것을 확립한다는 점에서 권력분립을 넘어서고 있으며, 사법부의 주권을 확립하고 있다.

정당한 법절차
Due process
공정한 재판을 보장하는 것과 연결된 것으로 엄격하게 확립된 규칙과 원칙에 따른 법적 절차의 행위.

러한 관점에서 재판관들이 이용할 수 있는 재량권의 범위와 그들이 의미를 부여하는 법의 중요성은 상당히 다르다. 여기에서는 두 가지 요소가 결정적이다. 첫째는 법이 세분화되는 명확성과 상세함이다. 일반적으로 틀이 넓은 법률이나 헌법적 원칙은 사법적인 해석을 행함에 있어서 더 큰 여지를 허용한다. 둘째는 성문법의 존재이다. 이 문서의 존재는 사법부의 위상을 강화하며, 사법부에게 **합헌심사**권을 부여한다. 로버트 달(Robert Dahl, 1956)이 언급하였던 것처럼 이 선언으로 인해 최고재판소는 '하나의 정치기관, 즉 국가정책의 논쟁적인 문제에 대해 결정을 내리는 하나의 기관'이 되었다.

정책입안자로서 최고재판소가 지니는 의미는 미국 역사를 통해 분명해졌다. 예를 들면 19세기 후반과 20세기 초에 자유방임적 원칙과 결합된 최고재판소들은 복지와 사회입법을 분쇄하기 위해 **'정당한 법절차'**이라는 원칙을 사용하였다. 특히 이 재판소는 1930년대 초기에 루즈벨트 대통령이 시행한 뉴딜 프로그램 중에서 많은 것들을 방해하였다. 경제적·사회적 간섭이 법적인 보장을 획득한 것은 휴고 블랙Hugo Black과 윌리엄 오더글러스William O'Douglas와 같은 뉴딜 프로그램에 찬성하는 재판관들을 임명하면서 일어난 이른바 1937년의 '법정 혁명' 후의 일이다. 1950년대와 1960년대에 얼 워렌Earl Warren 재판장이 이끄는 최고재판소는 학교에서 인종차별을 비헌법적인 것으로 부정하였던 브라운 대 교육부(Brown vs. Board of Education, 1954) 소송과 미국에서의 입법적인 선거구가 동일한 크기여야 한다는 점을 요구하였던 베이커 대 카(Baker vs. Carr, 1962) 소송에서 자유주의적 결정을 내렸다.

많은 경우에 최고재판소는 의회와 대통령직보다 앞서 있었고, 종종 1960년대 중반의 시민권 개혁처럼 나중의 입법을 위한 길을 닦았다. 유사하게 최고재판소는 선출직 기관들이 매우 논쟁적인 문제들을 제출하는 것을 거부한 로 대 웨이드(Roe vs. Wade, 1973) 소송에서 낙태의 합법성을 지지하였다. 이 시기에 이루어진 **사법부 행동주의**가 그 이후로 가라앉았고, 닉슨·레이건·부시와 같은 공화당 대통령들의 보수적인 임명들을 반영하고 있었지만, 가령 법정은 사형을 점진적으로 다시 도입하는 것을 허용하고 낙태에

사법부 행동주의
Judicial activism
단지 법률이 의미하는 것
을 말하는 것과는 대조적
으로 정치적 논쟁에 있어
기꺼이 중재를 하고자 하
는 재판관들의 의지.

대한 권리를 점점 더 제한하는 데 영향력을 계속 행사하였다. 하지만 아마
도 최고재판소의 판설이 지니는 정치적으로 가장 중요한 의미는 2000년 12
월에 드러났다. 이때에 최고재판소는 플로리다 최고재판소의 결정을 뒤집
었고, 말썽 많은 대통령 선거를 조지 부시에게 유리하도록 판결을 내렸다.

재판관들이 정책입안자라면, 그들은 광범위한 정부기구의 부분으로서
정치문화와 여론에 의해 확립된 제약 내에서 기능해야 한다. 헌법의 안내자
로서 사법부가 자신의 기능을 수행할 때 직면할 수 있는 어려움은 1970년대
에 인디라 간디와 인도 법정 사이에 벌어진 싸움에서 입증되었다. 성문법
인데도 미국 유형의 합헌심사와 인도의 웨스트민스터 유형의 의회주권 사
이의 균형은 결코 완전하게 해결되지 않았다. 간디 수상의 독재적인 리더십
유형에 대한 비판이 한창일 때, 인도의 고등법원은 1975년 6월에 그녀가 저
지른 선거상 배임행위를 선언하였고 5년 동안 정치적 공직에서 활동하는 것
을 금지하였다. 인도의 최고재판소는 상소 중에 자격을 박탈하는 것을 연기
하였지만, 그 기간에 인디라 간디는 수백 명의 정적을 체포하고 엄격한 검
열을 도입하게 했던 '비상사태'를 선언하였다. 1977년 3월에 비상사태가 철
회되었고 사법부는 권위를 회복할 수 있었지만, 이후 더 큰 자제력을 보였
고 현 정부에 대해 매우 노골적으로 재도전하는 것을 망설였다.

재판관이 정책입안자라는 견해는 성문법이 부재할 경우에 설득력이 떨
어진다. 헌법이 성문화되지 않은 곳에서 재판관은 정치적 행위와 정부의 결
정에 대한 합법성을 측정할 법적 기준을 가지지 못한다. 따라서 영국 의회
는 절대적sovereign이며, 사법부는 의회에 확실하게 예속당하게 된다. 영
국에서 1688년 명예혁명이 일어나기 전에, 본햄의 소송(Dr. Bonham's Case,
1610)에서 일어났던 것처럼 재판관들은 그들이 관습법 원칙을 어겼을 때
의회의 법령들을 무시할 각오가 되어 있었다. 하지만 혁명은 성문율(the
statute law: 의회에 의해 만들어진 법)의 최고성을 확립하였는데, 이것은 더 높
은 권위의 유럽연합법과 관련하여 재판소들에 의해 나중에 도전을 받았던
원칙이었다. 그럼에도 합헌심사권은 더 좁은 의미에서 입법할 수 있게 하
는 것으로부터 유래하는 집행권에 대해 적용될 수 있다. 그러한 경우에 월

부시 대 고어: 미국 대법원은 그 자신이 유권자를 대신하는가?

사건: 11월 7일에 치러진 2000년 미국 대통령선거는 민주당 후보인 부통령 알 고어와 공화당 후보이자 텍사스의 통치자인 조지 W. 부시 간의 경쟁이었다. 원래 부시는 박빙의 선거에서 패배를 인정하였지만 그는 11월 8일 이른 아침에 패배에 대한 자신의 인정을 철회하였다. 그 이유는 선거에서 승리하기 위하여 필요한 25명의 선거인단 투표가 어느 한쪽의 후보자에게 절대다수표가 갔을 거라는 플로리다에서의 선거결과에 불확실성이 증대하였기 때문이다. 개표의 정확성에 관한 다양한 종류의 의심들이 일어났는데, 특히 플로리다에서 사용된 펀치 카드 투표의 작동이 문제되었다. 이러한 분위기에서 고어는 플로리다 주의 4곳에서 수작업의 투표계산을 요청하였고 플로리다 대법원은 결국 주 전체에 대해 재개표를 명령하였다. 미국 대법원은 부시 대 고어로 알려진 두 개의 소송들을 심리하였다. 첫 번째 소송에서 대법원은 플로리다 대법원의 명령을 집행함에 있어 일시적인 연기를 승인하였다. 12월 12일에 끝났던 두 번째 소송에서 미국 대법원은 플로리다에서의 재집계가 중지되어야 한다고 판결하였다. 그 결과 고어는 선거집계에 대한 자신의 불복을 철회하였고 부시는 정당하게 미국의 43대 대통령이 되었다. 주 전체에 대해 재집계가 진행되었더라면, 고어는 플로리다와 대통령선거에서 이겼을 것이라는 믿음이 유포되었다.

의의: 2000년 선거를 종결짓고 본질적으로 조지 W. 부시에게 대통령직을 전달하는 미국 대법원의 능력은 미국에서 작동하는 사법적 재심제도에서 유래한다. 미국 헌법은 사법적 재심에 대한 그 어떤 언급도 하지 않고 있다. 그러나 논의의 여지가 있지만 미국 헌법은 사법적 재심의 출현을 불가피하게 만드는 논리를 구체적으로 표현하고 있다. 헌법은 정부제도들의 행위에 대한 법적 기준들을 규정하였기 때문에 이 법적 기준들은 관리되거나 단속될 필요가 있었고 사법부—좀 더 특별하게 대법원—는 이 목적을 위해 마련된 유일한 기관인 것이다. 부시 대 고어 소송에서 미국 대법원은 플로리다 대법원의 행동들이 미국 헌법과 양립하지 않았다고 결정하였던 것이다. 그 이유는 플로리다 대법원의 행동들이 수정헌법 14조에 규정되었던 '법의 동등한 보호'를 부시에게 제공해 주지 않았기 때문이다. 이 판결은 깊고 계속되는 불확실성의 맥락에서 그 문제는 단지 해결되었어야 한다는 이유로 방어되었다. 플로리다의 재집계를 저지함에 있어 미국 대법원은 정치적 불안전의 시기를 종식시키기 위하여 행동하였다. 이 소송의 예외적인 성격은 판결 그 자체에서 인정되었는데, 이 판결이 나중에 행해지는 소송의 판례로 사용되어서는 안 된다고 규정하였다.

하지만 대법원은 적어도 세 가지 이유에서 '사법적 부정행위'로 비난받았다. 첫째, 많은 사람들은 다음과 같이 주장하였다. 즉 대법원이 균형을 잃었다는 것이다. 수정헌법 14조의 동등한 보호조항에 대한 대법원의 해석에 이의가 제기된 것만은 아니었다. 수정헌법 10조에 구체화된 주들의 권리에 대한 믿음은 이 문제가 미국 대법원에 의해서가 아니라 플로리다 대법원에 의해 판결되어야만 했다는 점을 시사한다. 둘째, 그 판결의 심오한 함의와 이 판결을 둘러싸고 벌어진 심한 논쟁을 고려해 볼 때, 대법원은 염려스러운 분열을 보였고 쪼개진 5 대 4라는 갈라진 결정은 그 결과가 단 한 번의 투표에 의해 결정되었다는 것을 의미하였다. 이전의 획기적인 사건의 판결들은 일반적으로 만장일치로 결정되었다. 셋째 그리고 가장 심각하게 이 판결이 당파적인 정치적 이익을 참작함으로써 행해졌다는 점이 주장되었다. 이 판결을 지지하였던 5명의 판사들은 공화당 대통령에 의해 임명되었고 사법부의 보수주의자들이었다. 이들은 일반적으로 국가의 권리와 무엇보다도 사법적 구속을 지지하였다. 따라서 비판가들은 다음의 사실을 넌지시 말하였다. 즉 이 재판관들은 특정한 정당의 이익을 증진시키게끔 행동하였거나 아니면 백악관에 민주당보다는 공화당을 앉힘으로써 미래의 대법원에 또 다른 보수주의적 임명의 기회를 증대시켰다는 것이다.

권ultra vires 원칙은 장관의 행동을 비법률적인 것으로 선언하는 데 사용될 수 있다. 사실 1980년대 이후로 영국에서 재판관의 점증하는 정치적 의미를 부각시키는 사법부 행동주의라는 점에서 주목할 만한 성장이 목격되었다. 이렇게 점증하는 사법부 행동주의는 영국의 사법부 내에서 '인권문화'와 같은 의식의 확산과 영국에서 효과적인 헌법적 견제와 균형의 부재로부터 흘러나오는 집행권 남용에 대한 우려의 증대를 반영한다. 인권법령Human Rights Act(1998)은 테러리즘과 다른 문제들과 관련하여 시민의 자유들을 보호하기 위해 재판관의 권한을 넓힘으로써 이 경향을 지지하였고 이로 인해 종종 장관들과 충돌이 발생하였다.

요약

(1) 헌법은 의무, 권한, 정부기관의 기능을 확립하고, 국가와 개인의 관계를 규정하고자 추구하는 일련의 규칙체계이다. 헌법은 자신이 가지고 있는 규칙들의 위상을 토대로 이 규칙들이 어느 정도로 쉽게 변경될 수 있는지에 따라, 이 규칙들이 실제로 관찰되는 정도에 따라, 규칙의 내용과 규칙들이 확립하고 있는 제도적 구조를 토대로 분류될 수 있다.

(2) 헌법은 단 하나의 혹은 단순한 목적에 봉사하지 않는다. 헌법이 행하는 기능은 헌법이 독립적인 권위의 영역을 정의함으로써 국가에게 권한을 부여하고 사회를 위해 필요한 가치·이상·목표를 확립하며, 안정과 질서 그리고 정부의 활동에 대한 예측을 가져다주며, 국가로부터 개인을 보호

하고 정권을 정당화해 준다.

(3) 하나의 헌법이 가지는 내용과 정치적인 실제 사이에는 불완전한 관계가 존재한다. 헌법은 특정한 조건 속에서 기능한다. 요컨대 헌법이 정치문화에 상응하고 정치문화를 통해 지지되는 경우에, 헌법이 지배자에 의해 존경을 받고 지배적인 집단의 이익과 가치와 조화될 때, 헌법이 정치환경의 변화에 적응하고 관련을 가질 수 있을 때 헌법은 작동한다.

(4) 법과 정치 사이의 실제적이고 바람직한 관계에 관한 문제는 매우 논쟁적이다. 시민의 자유와 인간의 권리에 민감한 자유주의 이론은 단순히 질서정연한 생활을 보장하는 하나의 수단으로 기능하는 법의 제한적인 영역을 강조하는 경향이 있다. 하지만 보수적인 견해는 법과 사회안정 사이의 연결을 강조하며, 법이 공중도덕을 강화하는 데 주요한 역할을 하고 있다는 점을 인정하고 있다.

(5) 정치에서 법을 분리하는 것은 사법부를 독립적이고 공정하게 만들려는 노력을 통해 이루어진다. 하지만 사법부의 독립은 법관의 충원과 승진과정에서 정치기관이 긴밀하게 연관됨으로써 위협받고 있다. 사법부의 공정성은 어디에서도 재판관이 더 큰 사회의 대표자가 아니라는 점으로 인해 손상을 당하게 된다. 가령, 서구의 다두정에서 재판관은 압도적으로 남성이고 백인이며 물질적으로 특권화되어 있으며 상대적으로 나이가 많다.

(6) 재판관들은 법에 의미를 부여하기 때문에 그들은 정책과정에 포함될 수 없다. 그들이 미치는 영향력의 정도는 법이 세분화되는 명확성과 세밀함 그리고 사법부가 해석을 위해 이용할 수 있는 범위에 따라 다르며, 재판관에게 합헌심사권을 부여해 주고 있는 성문법이 존재하는지에 따라 다르다.

토론사항

(1) 정치적 실천을 위한 하나의 안내로서 헌법은 얼마나 유용한가?

(2) 어떤 요소들이 지배자가 자신의 헌법에 대해 보여 주고 있는 존경심의 정도를 결정하는가?

(3) 불문법은 비효과적인 것으로 될 운명인가?

(4) 성문법과 권리장전은 단지 사법부의 폭정을 초래하는가?

(5) 법은 '더 높은' 도덕원칙들에 그 토대를 두어야만 하는가?

(6) 법이 정치로부터 분리되는 것이 바람직한가? 만약 그렇다면, 그 이유는 무엇인가?

(7) 사법부의 독립이 실제로 얼마나 정확하게 유지되는가?

(8) 사법부라는 사회적 조직이 일반적으로 사회의 조직을 반영하고 있지 않다는 점은 중요한 문제인가?

(9) 재판관들은 선출되어야만 하는가?

더 읽을 거리

• Alexander, L.(ed.), *Constitutonalism: Philosophical Foundations* (2001). 헌정주의를 지탱하는 이론과 이념들에 대한 고무적인 반성을 담고 있는 서적.

• Griffiths, J. A. G., *The Politics of the Judiciary*(2010). 영국의 관점에서 본 사법부의 정치적 역할에 대한 비판적인 분석을 담고 있다.

• Lane, J.-E., *Constitutions and Political Theory*(2011). 헌법과 헌정주의와 관련된 핵심적인 논의들에 대한 철저하고 일관적인 토론을 담고 있다.

• Shapiro, M. and A. Stone Sweet, *On Law, Politics and Judicialization*(2002). 광범위한 경험적 설정 속에서 '정치의 사법화'의 원인과 결과들에 대한 권위적 분석서.

CHAPTER 16

공공정책과 관료제

"관료제는 난쟁이들에 의해 작동되는 거대한 조직이다."

Honoré de Balzac, *Epigrams*

개관

어떤 의미에서 정책은 대부분의 국민과 연관된 정치의 국면이다. 가공하지 않은 의미에서 정책은 정치과정의 '산출물'로 구성된다. 정책은 사회에 대한 정부의 영향을 반영한다. 즉 정책은 어떤 문제를 더 좋게 만들거나 더 나쁘게 만드는 정부의 능력을 나타낸다. 사실상 1960년대와 1970년대에 특수한 연구분야, 즉 정책분석이라는 연구분야가 발전하였다. 이 연구분야는 정책이 어떻게 발의되고 입안되며 집행되고, 그리하여 정치과정이 어떻게 향상될 수 있는지를 시험한다. 더 심층적 수준에서 정책분석은 결정이 어떻게 그리고 왜 만들어지는지를 반영한다. 그래서 사실상 정책과정은 연관된 일련의 결정들이나 혹은 일단의 결정들인 것이다. 그럼에도 이 결정들이 어느 정도로 합리적으로 행해졌는지에 대해 특별한 논의가 이루어진다. 하지만 정책과정을 연구하는 것이 종종 실제로는 공공정책의 집행에 책임이 있는 한 무리로 등급화된 공무원과 공적인 관료인 관료제를 연구하는 것을 의미한다. 정부가 커졌고, 책임져야 할 범위가 증대하였기 때문에 관료제는 정치생활에서 점점 더 중요한 역할을 하게 되었다는 점이다. 국가 공무원은 더 이상 행정관 혹은 정책집행자로 간단히 처리해 버릴 수 없다. 오히려 국가공무원은 정치과정에서 핵심적 인물이며, 심지어 때때로 국가를 경영한다. '공무원에 의한 지배'라는 현실은 대의제와 민주주의적 책임성의 배후에 있는 것일 것이다. 따라서 관료적 권력의 통제는 현대정치에서 가장 중요한 문제 중의 하나이며, 어떤 정치제도도 쉽게 해결하지 못했던 문제이다. 관료제가 어떻게 조직되는지에 관한 관심은 또한 관료제의 효율성과 합리성이 공무원들이 주로 출세라는 이기심에 의해 동기화된다고 주장하는 비판가들에 의해 관료제의 효율성과 합리성에 대한 이미지가 도전받게 됨에 따라 점점 더 민감하게 되었다. 이 비난으로 인해 행정국가를 재구조화하고자 하는 급진적인 시도들이 이루어졌다.

쟁점

(1) 공공정책에 대한 결정이 어떻게 이루어지는가?

(2) 정책과정에서 핵심적 단계는 무엇이며, 이것이 가지는 의미는 무엇인가?

(3) 관료제의 기능은 무엇인가?

(4) 관료제는 어떻게 조직되는가? 관료제는 어떻게 조직되어야만 하는가?

(5) 왜 관료는 그렇게 강력한가?

(6) 관료제는 어떻게 그리고 어느 정도로 성공적으로 통제되었는가?

정책과정

정책과정은 공공정책이 만들어지는 메커니즘과 관련된다. 정책입안은 두 가지 의미에서 하나의 과정이다. 첫째, 정책입안은 일련의 연관된 행위나 사건을 포함한다. 이 일련의 행위나 사건은 생각이 나오고 제안이 발의됨으로써 시작되며, 어떤 형태의 토론·분석·평가를 가지고 계속되며, 형식적인 정책결정과 선정된 행위를 통해 이 결정을 집행함으로써 끝나게 된다. 따라서 정책입안은 인간 육체의 소화작용과 유사하다. 즉 정책입안은 특정한 '투입'을 특정한 '산출물'에 연결시킨다. 둘째, 정책과정은 정부의 '방법'과 정부의 '내용'을 구별한다는 점에서 하나의 과정이다. 즉 정책과정은 정책 자체의 내용과 결과(산물)에 초점을 맞춘다기보다는 정책이 만들어지는 방법(과정)에 초점을 두고 있다. 결국 정책은 좋든 나쁘든 '실제로 무슨 일이 일어나고 있는가'에 의거하여 정책의 영향이라는 관점에서만 평가될 수 있다. 이 장의 제1절은 결정이 어떻게 이루어지는가를 검토하고, 정책과정에서 나타나는 다양한 단계들이 가지는 의미를 고찰한다.

의사결정이론

결정, 특히 일단의 **결정**은 분명히 정책과정에서 중요하다. 또한 정책입안이 발의와 실행이라는 행동과 연관되지만 정책결정과 결론의 범위는 보통 정책입안의 중요한 특징으로 간주된다. 하지만 어떻게, 왜 결정이 이루어져야 하는가를 확립하고자 하는 것은 어려운 일이다. 결정은 분명히 개인에 의해, 집단에 의해, 작은 단체와 큰 조직 내에서 그리고 민주적·권위주의적 구조 내에서 여러 다른 방식으로 이루어진다. 그럼에도 수많은 정치적 결정에 관한 일반이론이 발전되었다. 이들 가운데 가장 중요한 이론은 다음과 같다.

① 합리적 행위자 모델rational actors models

정책Policy
일반적 의미에서 정책은 개인·집단·기업·정부에 의해 채택된 행동계획이다. 하나의 정책으로서 어떤 것을 설계한다는 것은 형식적인 결정이 만들어졌고, 특정한 행동과정에 대해 공식적으로 승인한다는 점을 암시한다. 따라서 공공정책은 정부기관의 형식적 혹은 공식적인 결정으로 간주될 수 있다. 그러나 정책은 의도 혹은 행동과 결과 사이의 결합으로 더 잘 이해된다. 의도의 수준에서 정책은 정부의 자세-정책은 정부가 말한 것을 행한다-에서 나타나게 된다. 행동의 수준에서 정책은 정부의 행위-정부가 실제로 행한 것-에서 나타나게 된다. 결과의 수준에서, 정책은 정부행동의 결과-거대사회에 대한 정부의 영향력-에서 반영된다.

결정Dicision
하나의 선택행위 혹은 일련의 선택으로부터 도출된 하나의 선택.

공리주의 Utilitarianism
공리주의는 제레미 벤담
(Jeremy Bentham)과 제
임스 밀(James Mill; 1773
~1836)에 의해 발전된
도덕철학이다. 공리주의
는 '선(good)'을 즐거움·
행복, '악'을 고통·불행
과 동일시함으로써 믿
을 만하며 과학적이기
도 한 윤리론을 제시하
고자 하였다. 개인은 즐
거움을 최대화하고 고통
을 최소화하기 위해 행
동하는 것으로 가정된
다. 즐거움이나 고통은
보통 물질적 소비로부
터 파생된 만족으로 간
주되는 효용 혹은 사용
가치의 의미에서 계산
된다. 일반적·사회적
효용원칙은 '최대 다수
를 위한 최대 행복(the
greatest happiness for
the greatest number)'의
형태로 법·제도·정치제
도를 평가하는 데 사용
될 수 있다. 정치적 의미
에서 공리주의는 이기적
개인주의를 위한 이론
적·도덕적 기초를 제공
해 주는 고전적 자유주
의와 자유시장경제와 연
결되었다.

효용 Utility
(일반적으로)물질적 소
비에서 유래된 고통에
대해 즐거움의 양에 기
반한 만족의 척도.

② 점진주의 모델incremental models

③ 관료조직 모델bureaucratic organization models

④ 믿음체계 모델belief system models

합리적 행위자 모델

인간의 합리성을 강조하는 정책결정모델은 대개 **공리주의**로부터 도출된 경제이론을 기초로 구성되었다. 이 정책모델은 공공선택이론에 기초를 제공하고 있으며, 공공선택이론은 앤서니 다운즈(Anthony Downs, 1957)와 같은 사상가에 의해 발전되었고, 신우파가 열성적으로 연구하였다. 공공선택이론의 핵심을 구성하고 있는 이른바 '경제적 인간'이라는 개념은 **효용**의 의미에서 계산된 물질적 만족에 대해 이기적인 추구를 강조하는 인간 본성에 관한 모델이다. 이러한 관점에서 결정은 다음과 같은 절차에 따라 이루어지는 것으로 이해될 수 있다.

① 문제의 본성이 확인된다.

② 어떤 목표는 개인적 선호도를 토대로 선택된다.

③ 이 목표를 달성하고자 하는 경우에 사용할 수 있는 수단은 이 수단이 가지는 효과성·신뢰도·비용 등의 차원에서 평가된다.

④ 하나의 결정은 소망하는 목표를 가장 잘 보장할 것 같은 수단을 선택함으로써 이루어진다.

과정에 대한 이러한 유형은 뚜렷한 목적이 존재하며, 동시에 인간은 합리적이며 논리적인 방법으로 이 목적을 추구할 수 있다고 가정하고 있다. 이것이 실현되려면, 효용은 동질적이어야 한다. 다시 말해 효용은 어떤 다른 행동으로부터 유래하는 것과 각각의 행동이 가져오는 만족 — 즐거움 혹은 행복 — 의 총량을 비교할 수 있어야 한다.

합리적 행위자 모델은 어느 정도 매혹적이다. 왜냐하면 이 모델은 대부분의 사람들이 결정이 이루어져야 한다는 점을 믿고 있다는 사실을 반영하

점진주의Incrementalism
결정이 뚜렷한 목표의
관점에서 이루어지는 것
이 아니라, 변화하는 환
경에 의해 지시된 작은
조정을 통해 이루어진다
는 이론.

기 때문이다. 확실히 정치가와 다른 사람들은 목적지향적이며 주의 깊은 생각과 숙고의 산물로써 자신들이 행한 행동을 표현하고자 하는 강한 경향을 가지고 있다. 하지만 좀 더 세밀하게 고찰할 경우, 합리적 계산은 특별하게 설득력 있는 결정모델이 아닐 수도 있을 것이다. 무엇보다도 이 모델은 갈등을 일으키는 많은 목적들이 존재하는 집단에서보다는 일련의 정해진 선호도를 가지고 있는 개인에게 좀 더 용이하게 적용된다. 따라서 조직이 고도로 중앙집권화되고, 엄격한 명령구조일 경우에만 합리적 결정이 만들어질 수 있을 것이다.

두 번째 문제는 실제로 결정이 종종 부적당하고 때때로 부정확한 정보를 기반으로 이루어지며, 어떤 경우에 있어서는 다양한 행위가 가지는 장점을 비교할 수 없다는 점이다. 가령 세금 증대의 비용과 의료제공의 감소 비용을 비교하는 것이 가능한가? 이러한 어려움으로 인해 허버트 시몬(Herbert Simon; 1983)은 '제한된 합리성bounded rationality'이라는 개념을 발전시켰다. 이 개념은 일어날 수 있는 행위의 모든 과정을 분석하고 선택하는 일이 불가능한 것처럼, 결정이 본질적이고 차별적으로 가치화된 산출과 부정확하게 계산된 산출물 사이에 일어나는 하나의 타협행위라는 점을 인정하고 있다. 시몬은 이 과정을 '만족하는 것'으로 묘사하였다. 합리적 행위자 모델의 마지막 결점은 인지의 역할을 무시한다는 점이다. 다시 말해 이 모델은 행위들이 현실 자체에 의해서보다는 믿음과 가정에 의해 이루어지는 정도를 무시한다. 그리하여 정책결정자의 가치와 이데올로기적 학습은 그 어떤 중요성도 가지지 못한다.

점진주의 모델

점진주의Incrementalism는 보통 합리적 결정에 대한 중요한 대안으로 묘사된다. 데이비드 브레이브룩과 찰스 린드블롬(Braybrooke and Lindblom, 1963)은 이 모델을 '지리멸렬한 점진주의'라 불렀고, 린드블롬(1959)은 이 모델을 '흐리멍텅한 과학'으로 세련되게 요약하여 말하였다. 이 견해는 실제로 결정이 부적당한 정보와 낮은 이해수준 위에서 이루어지는 경향이 있다

혼합정사

Mixed scanning

점진적인 과정들이 사용되기 전에 기본적 방향을 정하기 위해 합리주의적 혹은 고차적 과정들을 사용하는 결정 방식.

고 주장하며, 그리하여 정책결정자가 대담하고 혁신적인 행위과정을 추구하지 못하게 한다는 것이다. 따라서 정책입안은 지속적이며 탐색적인 과정이다. 중요한 목표와 뚜렷한 목적을 가지지 못할 경우, 정책입안자는 피드백의 관점에서 자신의 의견을 이전에 행한 결정의 효과에 관한 정보의 형태에 맞추면서 기존의 유형 혹은 틀 내에서 임무를 수행하고자 하는 경향이 있다. 사실 점진주의는 회피의 전략을 나타낼 수 있으며, 정책입안자는 문제를 해결하고자 노력하기보다는 문제를 회피하고자 하는 경향이 있다.

점진주의에 대해 행한 린드블롬의 주장은 규범적이며 서술적이다. 현실 세계에서 결정이 어떻게 이루어지는가에 대한 좀 더 정확한 설명에 덧붙여, 그는 또한 이 접근법이 유연성과 다른 견해의 표현을 허용하는 장점도 가지고 있다고 주장하였다. 이러한 의미에서 이 접근법은 뚜렷하게 반유토피아적 성격을 가지고 있고, 다원주의적 민주주의에서의 정책입안에 적합하다. 적어도 '흐리멍텅한muddling through'이라는 말은 반응성과 유연성, 협의, 타협을 내포한다. 하지만 또한 이 모델은 혁신에 반대하는 성향을 정당화하고 타성을 지지하고 있다는 점에서 상당히 보수적인 것으로 비판받았다. 점진주의를 받아들이는 정책입안자는 장기적인 환상을 추구하는 생각에 빠지기보다는 매일매일 일어나는 문제에 더 관심을 가질 것이다. 이 정책입안자는 배가 항로를 이탈하지 못하도록 하는 데 모든 열정을 쏟으며, 이 항로가 어디로 가는지에 관해서는 곰곰이 생각하지 않는다는 것이다.

또 다른 어려운 점은 점진주의가 성격상 급진적이며, 심지어 혁명적인 정치적 결정을 설명하는 데는 거의 도움을 주지 못한다는 점이다. 가령, 1928년 소련의 1차 5개년계획을 착수하고자 하는 스탈린의 결정과 1959년 쿠바에서 일어난 권력장악에 대한 카스트로Castro의 결정, 1980년대 영국에서 행해진 '국가의 후퇴'라는 대처가 내린 결정 등은 점진주의적 조정으로서 전혀 기술될 수 없다. 이러한 어려움을 고려하여 아미타이 에치오니(Amitai Etzioni, 1967)는 '**혼합정사**mixed scanning'라는 개념을 제안하였다. 이 개념은 합리적 접근법과 점진주의 사이의 난관을 극복하고자 시도한다. 혼합정사는 결정을 두 가지 차별적인 국면에서 수행할 수 있도록 한다. 첫째, 정책결정자는 이전에 존재한 목표에 대처함에 있어서, 능률성의 차원에서 이용할 수 있는 모든 정책선택을 포괄적으로 평가하거나 조사한다. 그다음 더 협소하고 더 많은 점진주의적 접근법은 선택된 정책선택의 세목이 다시 검토될 때 채택된다. 이를테면 이러한 방식으로 공공지출을 삭감하는 포괄적인 결정은 영향을 미칠지도 모르는 전문적인 영역이나 프로그램에 관련되는 더 협소하게 초점이 맞춰진 일련의 결정을 통해 이루어진다.

관료조직 모델

합리적 행위자 모델과 점진주의 모델은 본질적으로 결정에 관한 '블랙박스 black box' 이론이다. 이 두 모델 중에 어느 것도 정책 결정과정의 구조가 결과로서 발생한 결정에 대해 미치는 영향력을 고려하지 않고 있다. 다른 한편으로, 관료적·조직적 모델은 과정이 산출에 영향을 미치는 정도를 집중적으로 조명함으로써 블랙박스 안으로 끌어들이고자 시도한다. 이 접근법은 1962년에 발생한 쿠바의 미사일 위기 때 행해진 미국과 소련의 정책결정을 시험하는 과정에서 그래햄 앨리슨(Graham Allison, 1971)에 의해 주창되었다. 대조적이지만 관련된 두 개의 모델이 이 연구로부터 나타났다. 보통 '조직과정 모델'로 불리는 첫 번째 모델은 큰 조직에서 볼 수 있는 가치, 가정, 규칙적인 행위유형에 대한 영향력을 강조한다. 이 모델에서 결정은 합리적 분석과 객관적인 평가에 부합하기보다는 결정을 만드는 정부 부서와 기관에서 유행하고 있는 문화를 반영하는 것으로 간주된다. 두 번째 이론인 '관료정치 모델'은 각각 다른 이해관계를 추구하는 인사집단과 기관 사이의 교섭결정에 대한 영향력을 강조한다. 이 접근법은 하나의 견해 혹은 하나의 이해관계를 둘러싸고 있는 통합된 단일체로서의 국가에 관한 생각을 거부하고 있으며, 결정은 장점의 균형이 끊임없이 움직이고 있는 경쟁의 무대로부터 발생한다는 점을 시사하고 있다.

이 모델은 의심할 여지 없이 결정에 대한 중요한 관점에 주목하고 있기는 하지만, 또한 결점도 가지고 있다. 첫째, 조직과정 모델은 위로부터 강요되는 정치적 리더십이 활동할 공간을 남겨 놓고 있지 않다. 예를 들면 모든 결정이 조직의 압력과 인지에 의해 형성된다는 점을 시사하는 것은 어리석은 일일 것이다. 왜냐하면 이러한 생각은 뉴딜정책을 발의함에 있어서 루즈벨트가 행한 개인적 역할이나 독일이 폴란드를 침공하고자 하는 결정을 내릴 때 히틀러가 행사한 영향력을 무시하고 있기 때문이다. 둘째, 관료정치 모델이 행했던 것처럼 정치행위자는 자신의 의견과 자신이 활동하고 있는 조직의 이해관계에 기반하고 있다는 견해를 단순하게 주장한다고 시사하는 것은 극단적으로 단순화한 것이다. "당신이 어디에 서 있는가는 당신이 어디에 앉아 있는가에 달려 있다"는 격언이 자주 적용될 수 있기는 하지만, 인간적인 공감과 개인적 목표는 도매금으로 평가절하될 수 없다. 마지막으로, 결정을 전적으로 블랙박스의 의미에서 설명하는 것은 광범위한 경제적·정치적·이데올로기적 맥락으로부터 발산되는 외적인 압력이 가지는 그 어떤 중요성을 고려하지 못한다는 점이다.

믿음체계 모델

믿음과 이데올로기의 역할을 강조하는 결정모델은 행위가 인지에 의해 구조화되는 정도를 강조한다. 사람들이 보고 이해하는 것은 어느 정도 사람들이 지닌 생각과 가치가 그들로 하여금 보고 이해하도록 허락하거나 조장한다는 점이다. 특히 대부분의 경우 이러한 경향은 무의식적이기 때문에 잠식된다. 결정자는 자신들이 합리적이고 정확하며 매우 공명정대하다고 믿고 있지만, 그들이 지니고 있는 사회적·정치적 가치는 하나의 강력한 여과기로서 작용할 수 있다. 그리고 이 강력한 여과기는 생각할 수 있고 실현 가능하며, 바람직한 사회적·정치적 가치에 한정된다. 따라서 어떤 정보와 특별한 선택은 진가가 인정되지 않거나 전혀 고려되지 않는다. 반면에 다른 정보와 다른 행위과정은 결정을 내릴 때 현저하게 중요한 것으로 여기게 된다. 실제로 케네스 보울딩(Kenneth Boulding, 1956)은 정보를 여과시키는 장치 없이는 결정자는 단지 자신 앞에 놓여 있는 상당한 양의 여과되지 않은 자료에 당황하게 된다는 사실을 지적함으로써 이 과정이 지니는 엄청난 중요성을 강조하였다.

자민족중심주의는 두 가지 연관된 의미를 가지고 있다. 첫째, 자민족중심주의는 자신이 속한 집단 혹은 인간이 우수하다는 엄격하고도 절대적인 권위주의적 믿음을 통해 특징지워진 인간유형과 연관된다. 이러한 의미에서 자민족중심주의는 인종주의와 중복된다. 둘째, 자민족중심주의는 다른 집단 혹은 사람들의 행위와 의도를 관찰자 자신의 문화에서 도출된 가치와 이론의 적용을 통해 이해하는 하나의 이해양식과 관련된다. 이러한 의미에서 자민족중심주의는 문화적 차별성의 의미를 이해하는 데 실패한 결과 발생하는─전형적으로 무의식적인─편견이다. 자민족중심주의는 특히 비교연구를 어렵게 하며, 아마도 다른 문화를 충분하게 감상하거나 이해하며, 보편적 이론을 발전시키는 것을 불가능하게 할 것이다.

집단사고Groupthink
심리적이고 전문적인 압력들이 결정집단으로 하여금 통일되고 일관적인 입장을 채택하도록 자극하기 위해 협력하는 현상.

하지만 이 여과과정의 기원과 성격에 관해서는 여러 다른 견해가 존재한다. 가령, 로버트 저비스(Robert Jervis, 1968)는 국제적인 사건에서 결정자가 저지른 명백하게 잘못된 생각에 대한 증거에 주목하였다. 그가 보기에 이러한 잘못된 생각은 대개 **자민족중심주의**에서 유래하였다. 1956년 수에즈 위기 동안에 나세르 장군을 '제2의 히틀러'로 간주한 앤서니 에덴Anthony Eden과 영국정부의 경향, 1959년에 피델 카스트로를 맑스주의 혁명가로 간주한 미국의 경향은 이 현상에 대한 사례일 수 있다. 다른 한편으로, 어빙 자니스(Irving Janis, 1972)는 국제관계 분야에서 이루어진 많은 결정이 자신이 '**집단사고**groupthink'이라고 불렀던 의미에서 설명될 수 있을 것이라고 시사하였다. 이것은 심리적·전문적 압박이 결정자 집단으로 하여금 대립적 혹은 불편한 관점을 고려 대상에서 제외시킴으로써 하나의 통일되고 일관적인 입장을 채택하도록 고무하는 현상이다.

폴 사바티어(Paul Sabatier, 1988)는 믿음체계의 영향력을 고려하는 결정에 대해 다른 접근법을 결합하고자 하였다. 사바티어의 주 관심사는 정책변화가 어떻게 발생하는가를 설명하는 것이었다. 특히 그는 어떤 점에서 특정한 분야에서 영향력 있는 정책에 기여하는 사람들의 집합인 '정책 하위체계 Policy subsystem'에 주목하였다. 하나의 정책체계는 단지 정치가집단·공무원·이익집단뿐 아니라, 동시에 종종 **인식공동체**로 간주되는 이 분야에 관련된 연구자·학자·언론인들을 연결하는 것을 포함할 것이다. 사바티어는 이러한 하위체계 내에서 대충 비슷한 믿음과 가치를 공유하는 개인의 집합으로 구성되어 있는 '지지연정advocacy coalition'이 출현한다고 주장하였다. 그럼에도 이러한 믿음들은 세 가지 다른 수준에서 작동한다.

① 뿌리깊은 핵심적 믿음(근본적 도덕이나 철학적 원리들)
② 핵심에 가까운 믿음(정책선호)
③ 이차적 믿음(집행 혹은 적용에 관한 믿음)

이러한 믿음이 가지는 중요성은 사람들을 공동의 믿음과 선호를 토대로

개념설명

인식공동체
Epistemic community
특별한 쟁점 영역에서 전
문적 능력과 정책에 관련
된 지식을 소유하는 것으
로 승인된 전문가 조직.

쟁점Issue
정책의제의 부분으로 인
식된 문제로 이에 대해 공
적 토론이나 의견불일치
가 존재한다.

함께 결합시키면서, 사바티어가 정책의 '아교glue'라고 칭했던 것을 제공한
다는 점이다. 하지만 핵심적인 믿음이 변화에 대해 매우 저항적인 반면에,
더 큰 불만족과 유연성은 대개 핵심에 가까운 믿음과 이차적 수준에서 발
견된다. 이 준거틀을 사용하면서 사바티어는 정책변화가 정책 하위체계 내
에서 변화하는 힘의 균형이라는 차원에서, 특히 다른 연정에 대한 한 지지
연정의 지배를 통해 대개 이해될 수 있다고 제안하였다. 그럼에도 이 과정
은 어떤 믿음체계 내에서 이루어진 토론과 믿음체계 사이에서 발생하는 경
쟁이 '정책지향적 학습'을 장려하는 한에서 합리적인 것으로 간주될 수 있을
것이다.

하지만 맑스주의자와 여성해방주의자가 보기에 이러한 생각은 매우 다
른 결론을 이끌어 내는 데 사용되었다(Hann, 1995). 맑스주의자는 어떤 정책
하위체계 내에서 혹은 정책결정자와 여론형성자 사이에서 핵심적 믿음이
지배계급 이데올로기에 의해 구조화되며, 지배적인 경제적 이해관계의 관
심사를 장려한다고 주장하였다. 여성해방주의자는 정책결정자 중에서 남
성의 우세는 정책의 '아교'가 가부장적 이념과 가치에 의해 제공되는 것을
보증한다고 주장한다. 이 점은 남성권력체계를 유지하는 데 이바지하는 정
책편향을 초래하게 된다.

정책과정 단계

정책입안은 단지 어떻게 결정되었는가의 차원에서만 이해될 수 없다. 정책
은 특정한 정책분야에 연관된 수많은 결정이라는 의미에서 결정들을 포함
할 뿐만 아니라 다른 종류의 결정도 포함한다. 예를 들면 우선 첫째로 '어떤
결정을 만들기 위한 결정'이 있다. 이러한 결정은 해결해야 할 문제가 있고,
제기해야 할 **쟁점**이 있다는 인지로부터 발생한다. 간단히 말해, '어떤 것이
행해져야 한다'는 점이다. 그럴 경우 정책과정은 정확하게 무엇이, 어떻게,
언제 행해져야 하는가에 관해 일련의 다른 결정으로 나아가게 된다. 하지만
문제는 여기서 멈추지 않는다. '행위'가 이루어졌고, 결정이 효과를 발휘하

게 되었을 때조차도 다른 문제가 나타나고 다른 결정이 취해져야 한다. 이 것은 정책산출과 정책의도가 조화를 이루는지, 정책결정 과정뿐 아니라 정 책내용이 미래에 개선되는지에 관한 문제와 연관된다. 따라서 정책과정은 네 가지 차별적 단계로 분류할 수 있다.

① 정책발의policy initiation
② 정책입안policy formulation
③ 정책집행policy implementation
④ 정책평가policy evaluation

정책발의

정책은 어디에서 오는가? 우선 정책제안은 어떻게 발생하는가? 이러한 질문 은 정책이 어떤 곳에서 – 발의가 없이는 입안·집행 등도 없다 – 시작되어야 하기 때문에 중요할 뿐만 아니라, 동시에 정책과정에서 이 단계가 수반하는 논의·토론·정책결정을 구조화하기 때문에 중요하다. 그럴 경우 정책발의 는 어떤 문제를 쟁점사항으로 정의함으로써, 이 쟁점사항이 어떻게 제기되 는가를 결정함으로써 정치적 의제를 정한다는 점에서 중요하다. 예를 들면 일반적으로 소홀히 취급되었던 환경보호는 왜 1980년대에 정치적 의제로 제기되었고, 어떻게 이러한 일이 발생하였는가? 또한 1950년대와 1960년대 에 일반적으로 공공지출을 옹호할 필요성을 함축하였던 것으로 이해된 실 업이 왜 노동유연성 정책과 노동조합의 힘을 약화시켜야 한다는 생각과 연 결되었는가? 왜 다른 정치적 선택들 – 예를 들면 노동자의 자치권 확대 – 이 쟁점사항이 되는 데는 실패하는가?

정책발의를 연구할 때 나타나는 어려운 점은 정책이 사실상 정치제도의 어떤 부분에서 발생한다는 점이다. 정책은 '위로부터' 일어날 수 있다. 즉 정 책은 정치지도자·내각·정부기관 등으로부터 발생할 수 있다는 점이다. 그 리고 정책은 여론·대중매체·정당·이익집단·'두뇌집단' 그리고 이와 같은 것으로부터의 압력을 통해 '아래로부터' 일어날 수 있다. 정치리더십의 형태

개념설명

의제설정 Agenda Setting
어떤 쟁점사항들이 논의
되는 것을 통제하거나 쟁
점사항들의 우선순위를
정함으로써 정책논의를
구성하는 능력.

에서 정책발의는 지도자의 개인적 비전, 지배정당 혹은 집단의 이데올로기적 선호로부터 발산하는 발의에 대한 지지를 이끌어 내는 것으로 구성된다. 이것은 이행적 리더십의 경우—13장에서 논의되었듯이 러시아의 레닌과 볼셰비키, 독일의 히틀러와 나치체제, 영국의 대처와 보수당에 의해 예시되었다—에 가장 분명히 나타난다.

하지만 정치지도자는 독창적 사상가가 아니며 참된 정책혁신의 원천도 아니다. 외견상으로 실제적인 정치세계와 무관한 작가·학자·철학자는 후에 지도자와 정당에 의해 전문적인 정책제안에 반영되는 '핵심적' 가치와 이론을 발전시킴으로써 정책발의의 과정에서 적극적인 역할을 행하게 된다. 제2차 세계대전이 종식된 후 초기에 발전된 서구의 국가에서 행해졌던 많은 경제정책이 존 메이나드 케인즈의 이념으로부터 발생하였다. 이와 마찬가지로 신우파 정책은 '국가의 후퇴', 세금감면을 주장하였고, 복지지출과 기타의 정책들을 비판하였다. 이 정책은 원래 프리드리히 하이에크와 밀턴 프리드만의 저작으로부터 유래한 것이다.

'밑으로부터'의 정책발의는 모든 정치제도에서 중요하다. 정치생활에 있어 결정적 요소에 관해 해롤드 맥밀란Harold Macmillan은 "이 친구들아 사건이야, 사건."이라고 응답하였다. 이 사건들은 파업·폭동·자연재해에서부터 외국의 주식시장의 붕괴, 다국적 기업에 의해 이루어진 투자결정에까지 이른다. 하지만 일반적인 법칙으로서 정치제도가 더 민주적이고 다원주의적일수록 정책발의에 있어서 밑에서 위로의 압력은 더 중요한 의미를 가진다. 정기적이고 경쟁적인 선거가 야망을 가진 지도자로 하여금 대중의 관심과 열망을 고려하는 정책제안을 형성하도록 강요한다는 점에서, 여론은 이 과정에서 중요한 역할을 수행한다. 그러나 이 관심과 열망은 공중의 선택을 대변하고자 주장하는 집단을 통해 표현될 때까지는 엉성하고 미숙한 채로 남아 있게 된다.

대중매체는 대중에 대해 이용할 수 있는 정보를 취사선택함으로써 그리고 사설을 통해 이 정보를 정리하고 해석함으로써 정책과정에서 분명히 중요한 기여를 한다. 또한 정당과 이익집단은 **의제설정**에서 핵심적인 역할을

정책망 혹은 징책 공동제
(policy community)는 특
정한 영역에서 공통의 이
익이나 일반적 정향을 공
유하는 정치행위자들 사
이에 존재하는 일련의 체
계적인 관계이다. 이 관
계는 전형적으로 형식적
인 제도적 배열과 정부와
비정부단체 사이의 구분
을 없앤다. 따라서 정책
망은 정부공무원, 중요
한 입법자, 잘 배치된 로
비스트, 체계적인 학자,
선도적인 언론인과 다른
사람들을 포함할 수 있
다. 정책의 존재에 대한
인지는 정책입안과 특히
정책발의에 있어서 실질
적인 과정과 관계가 지
니는 중요성을 부각시킨
다. 정책망은 외적 영향
에 대해 상대적으로 둔감
하다는 점과 정책과정에
서 대의기관을 통합으로
써 공중의 영향력을 감소
시킨다는 이유로 비판받
았다.

수행한다. 예를 들면 야당이 단지 정부정책을 비판하는 것만은 아니다. 야당은 또한 정부에 대해 살아남을 수 있는 징당으로 보이고자 하는 시도 속에서 정책대안을 발전시킨다. 이익집단은 광범위한 불만거리와 관심사를 강조하고 주장과 이상들을 장려하며, 다양한 집단의 이익과 사회의 부분을 표현한다. 1970년대 이후로 연구자들은 형식적인 대의제도의 역할을 경시하는 경향을 띠었고, 정책이 발의되고 발전되는 비공식적인 과정에 더 큰 비중을 두고자 하였다. 이러한 경향은 **정책망**이 지니는 중요성을 강조한다.

정책입안

일단 하나의 논쟁이나 일련의 논쟁이 정치적 의제로 될 경우, 세부적인 정교화와 분석과정이 체계적인 정책제안을 발전시키기 위해 요구된다. 전통적으로 정책과정에서 가장 중요한 단계로 간주되는 정책입안은 포괄적인 제안들을 전문적이고 세부적인 추천으로 변형시키는 과정을 포함할 뿐만 아니라, 제안들을 여과하고 심의 중에 있는 문제를 근본적으로 다시 만드는 것을 포함하고 있다. 정책 사이클에 대한 분석에서 호그우드와 군(Hogwood and Gunn, 1984)은 정책발의에서 '결정해야 할 결정'에 이르기까지 나타나는 입안과정에서 수많은 단계들을 확인하였다. 첫 번째 단계는 어떻게 결정해야 할 것인가에 관한 결정이다. 다시 말해, 첫 번째 단계는 어떤 메커니즘, 절차, 어떤 정치적 행위자가 정책분석과 정교화에 포함되어야 하는지에 관한 결정이다. 이러한 결정은 분명히 중요하다. 왜냐하면 이러한 결정은 정책이 발전되고 토론될 때, 정책에 영향을 미치게 되는 공감과 관심을 결정하기 때문이다. 두 번째 단계는 문제를 정의하고 예견하는 것을 포함한다. 이 단계는 재해석을 위한 상당한 정도의 여지를 허용하고 있는데, 왜냐하면 정책을 입안하는 사람들이 처음 논쟁을 제기하였던 사람들과는 매우 다르게 '문제'를 바라보기 때문이다. 세 번째 단계로는 목표와 우선순위의 설정이다. 여론과 대중매체, 정당, 이익집단과 단체들의 관심이 목표설정에 영향을 미칠 수 있지만, 우선순위 형성자에 의해 확인된 우선순위가 정책발의자에 의해 행해진 우선순위와 동일할 것이라는 보장은 물론 없다.

마지막 단계로 선호된 선택에 이르면서, 정책선택에 대한 분석과 평가가 있다. 사실상 이것은 하나의 권위적인 결정이 취해졌다는 것을 의미한다. 여러 가지 요소들이 정책입안의 이 단계에서 고려될 것이다. 특정한 선택에 대한 정치적·선거적 결과는 행정적인 효율성과 효과성에 관한 고려만큼이나 중요하다. 그러나 정책입안을 끝내는 최종결정이 의례적인 것에 불과할지도 모른다는 점을 지적하는 것이 중요하다. 왜냐하면 결정적인 논의나 토론은 더 앞선 단계에서 일어났기 때문이다. 그리하여 내각, 입법부, 국제적인 정상회담은 종종 어디에선가 효과적으로 만들어졌던 결정을 비준하거나 이 결정에 대해 "덮어놓고 찬성한다."

정책입안이라는 업무가 다른 체제와 다른 국가에서 동일한 성격을 가진다는 점을 내포하고 있다고 하는 것은 어리석은 생각일 것이다. 리처드슨(Richardson, 1984)은 대조적인 국가의 '정책 스타일'을 확인함으로써 상이한 정책입안 과정들을 해명하고자 하였다. 특히 그는 두 가지 주요한 차원에 주목하였다. 요컨대 이 두 가지 차원은 첫째, 정책입안이 협의consultation 또는 부과imposition에 의존하는지, 둘째, 정부가 장기적인 계획에 관여하는지 아니면 매일 일어나는 사건에 반응하는지에 관한 것이다. 이러한 관점에서 생각해 볼 때 스웨덴과 일본은 아마도 포괄적으로 협의와 장기적 계획을 지지하는 정책 스타일을 가진 국가로 분류될 수 있다. 두 가지 경우에 광범위하게 동의를 얻은 일련의 정책목표와 정책 우선순위를 둘러싸고 있는 정교하며 형식화된 집단체계가 존재한다. 다른 한편으로 미국에서는 연방정부가 가지고 있는 파편적인 성격이 수용되어야 할 정책에 대해 높은 수준의 동의를 요구하고 있지만, 파편적인 성격으로 인해 사실상 장기적 계획은 제외되고 반응적인reactive '소방대' 정책 스타일이 도입된다.

국가정책 스타일에서 나타나는 차이점과는 상관없이 정책입안의 핵심적인 특징은 정책입안이 사실상 정책과정에 포함된 행위자의 범위를 줄인다는 점이다. 폭넓고 다양한 이해관계·집단·운동들이 정책을 발의함에 있어서 역할을 하는 반면에, 정책입안은 '내부사람(insider: 정부관료, 핵심적 충고자, 정치가, 협의집단)', 즉 정부기구의 부서에서 일하거나 이 부서에 제도적으로 접근할 수 있는 사람이 하는 일이다. 이러한 사실로 인해 입안과정은 수많은 비판에 노출되었다. 이러한 비판 중의 하나는 이 장의 후반부에서 더 상세하게 논의되는 것처럼 추측건대 공무원이 정책충고자로서 행한 그들의 역할을 통해 발휘한 부당한 압력으로부터 발생한다. 또 다른 비판은 다음의 사실을 시사하고 있다. 즉 집단 협의를 향한 경향은 정책이 광범위한 공공선에 의해서라기보다는 강력한 분파적 이해관계들에 의해 형성된다는 점을 의미하였다는 것이다(Olson, 1982). 그리고 선출된 정치가들이 정책과정을 감시하고 최종적인 결정을 내리기는 하지만 과정 그 자체는 종종 이들의 기여가 제한적이라는 점이다.

정책집행

정책분석의 영역에서 이루어지는 중요한 발전 중의 하나는 집행단계의 중요성을 강조하는 것이었다. 전통적으로 집행은 당연한 것으로 간주되었고, 정치의 특징이 아니라 하나의 행정적 관점으로 간주되었다. 하지만 1960년대 중반에 미국에서 행해진 위대한 사회 프로그램The Great Society program에 대한 분석은 정치-행정분할이라는 설명을 파기하였고, 정책 '산출물'이 정책결정자의 의도와 얼마나 다를 수 있는가에 관해 도표로 설명하였다. 이러한 이유로 윌다브스키(Wildavsky, 1980)는 정책과정을 '힘에 대한 진리를 말하는 것'으로 묘사하였다. 후드(Hood, 1976)는 정책이 정확하게 의도된 대로 전달되는 것을 보증한다는 의미에서 '완전한' 집행을 달성하는 데 필요한 조건들을 다음과 같이 개관하였다.

① 중앙통제를 보장하는 단일화된 권위를 가진 일원적 행정제도
② 제도를 통해 작동하는 동일한 규범과 규칙
③ 완전한 복종 혹은 완전한 통제
④ 완전한 정보, 완전한 의사소통과 완전한 조정
⑤ 행정적 자원이 동원되기 위해 필요한 충분한 시간
이들을 모두 고사하고라도, 이 조건 중에서 어떤 것을 달성하는 데 나타

나는 어려움을 고찰할 경우 결정과 전달 사이에 존재하는 공백이 종종 넘을 수 없는 한계라는 점은 그리 놀라운 게 아니다. 실제로 중앙통제와 엄격한 복종은 불가능할 뿐만 아니라 탐탁지 않을 수도 있을 것이다. 정책을 만드는 사람은 민주적 정당성을 향유할 수 있지만, 정책을 집행하는 사람─공무원, 지방정부공무원·교사·의사·경찰관 등─은 무엇이 작동하고, 무엇이 작동하지 않을 것인가에 대해 더 좋은 '현장 수준'의 이해를 가질 수 있을 것이다. 이러한 고려로 인해 재량권을 정책집행자의 수중에 맡기는 것에 대한 평가뿐만 아니라 융통성에 대한 필요를 강조하는 정책분석의 '상향식' 전통이 초래되었다. 이것은 집행에 있어서 획일성과 통제를 강조하는 더 전통적인 '하향식' 관점과 대조를 이룬다. 그러나 이제 대부분의 논평자들은 정책집행의 영역에서 나타나는 주요한 딜레마로서 적용상의 중앙통제와 융통성 사이에 발생하는 거래를 인정하고 있다(Barrett and Fudge, 1981).

완전한 집행이 가능하지도 바람직하지도 않을지 모르지만, 정책집행에 관해 표현된 대부분의 관심은 적용에서 나타나는 융통성의 위험성에 초점을 맞추었다. 이 견해는 "워싱턴에서의 엄청나게 큰 기대들이 오클랜드에서 꺾여 버렸는가 혹은 연방 프로그램이 조금이라도 작동하고 있다는 점이 왜 놀라운가……"라는 부제를 달고 정책집행에 대한 선구자적 연구를 행한 프레스만과 윌다브스키(Pressman and Wildavsky, 1973)에 의해 강조되었다. 융통성은 수많은 이유로 인해 생길 수 있을 것이다. 그중 하나는 정책을 집행하는 사람은 집행이 효과적이라는 점을 보증하기 위해 자신들이 가진 경험과 '현장에서 얻은' 지식을 사용하기를 원할 뿐만 아니라, 공공선택 이론가들이 지적하였던 것과 같이 자신들의 출세와 전문적인 이해관계를 보호하고자 원할 것이다. 그럴 경우 공무원과 공공부문에 종사하는 전문가는 위협적이거나 불편해 보이는 공공정책의 관점을 여과하거나 재해석하고자 하는 명백한 동기를 가질 것이다.

정책집행에 관한 다른 사건들은 위로부터 행해지는 정치적 통제의 부적실성으로부터는 덜 일어나고, 아래로부터 발생하는 소비자의 압력부재로부터 더 많이 발생한다. 이러한 관점에서 볼 때, 특히 공공서비스의 조달이

비용편익분석
Cost-benefit analysis
하나의 프로젝트나 계획
의 실현 가능성을 평가
하는 기술. 혹은 정책비
용과 혜택을 계량화함으
로써 어떤 정책의 영향.

라는 점에서 보잘것없는 집행은 정부가 전형적으로 시장메커니즘의 밖에서 작동한다는 사실 그리고 보통 정부가 재화의 독점적 공급자라는 사실로부터 발생한다. 공무원, 지방정부공무원, 공공부문 노동자는 일반적으로 적당히 얼버무리고 비효율적일 수 있다. 왜냐하면 민간기업과 달리 그들은 고객을 만족시킬 필요가 없기 때문이다. 이것에 대한 중요한 대응은 신공공관리의 출현이었다.

정책평가

정책과정은 적어도 이론적으로 문제가 되고 있는 정책을 유지, 계승 혹은 종결할 것인가에 대해 결정을 하면서 정책에 대한 평가와 심사로써 완결된다. 이 단계는 평가를 통해 획득된 정보가 발의와 입안단계로 공급될 수 있다는 점에서 정책순환을 완료한다. 이 과정은 새로운 정책제안을 그만두고 기존의 정책제안을 정제하고 개선하는 작업을 조장할 수 있다(그림 16.1 참조).

평가는 전형적으로 **비용편익분석**의 사용을 통해 수행된 공공정책의 적실성과 능률성에 관련된 실제적인 문제에 착수할 뿐만 아니라 입안단계가 어떻게 조직되었고, 누가 심의하였으며, 언제, 어떻게 집행이 통제되었는가 하는 절차적인 문제의 설명에도 도움을 줄 것이다. 그러나 유감스럽게도 평가의 중요성이 명백한데도 정부는 보통 정책평가에 예산을 배당하는 것을 주저하였다. 1970년대 후반, 미국에서 어떤 기획을 위한 기금의 1%는 평가를 위해 쓰여야 한다는 카터 대통령의 주장은 대담한 혁신이었을 것이다. 그러나 이것은 정책과정이나 정책산출에서 주목할 만한 개선을 하지 못하고 대량의 문서만을 남겼을 뿐이다. 보통 합의된 것처럼 정책평가를 진지하게 고려하는 최선의 국가는 장기적인 계획을 추구하고자 하는 몇 개의 민주국가에 불과하다.

학자들은 1960년대 이후 특히 미국에서 광범위하게 행해진 정책산출연구를 통해 정책평가에 더 많은 관심을 가졌다. 경험적인 연구는 법률, 세금, 프로그램 등—산출—의 의미에서 정부가 무엇을 하고, 그러한 정책의 결과와 영향—정책결과—이 무엇인지를 검사하곤 하였다. 다이(Dye, 1995)가 진

그림 16.1
정책피드백 과정

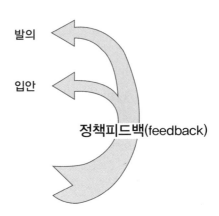

발의

입안

정책피드백(feedback)

술한 것처럼 이 정책분석 형태는 "누가 무엇을 가지는가" 하는 문제와 연관된다.

분명한 사실은 정책과정의 결과가 정책결정을 형성하였거나 행하였던 사람들이 의도하였던 것과는 종종 매우 다르다는 점이다. 이를 위한 많은 사례가 있다. 르 그랑(Le Grand, 1982)의 견해에 따르면 빈곤을 완화하고 모든 시민이 공동체의 생활에 참여할 수 있도록 고안된 복지정책은 중산계층의 불만을 가라앉혔다고 하는 반면에, 머레이(Murray, 1984)의 견해에 따르면 복지의존적 하층을 증대시켰다고 한다. 영국의 인두세에 대한 사례연구에서, 버틀러(Butler et al., 1994)는 일차적으로 지방정부 지출을 통제하기 위해 고안된 정책으로 광범위한 시민적 불안을 초래했던 정부·내각·의회가 저지른 실패와 실수를 강조하였다. 이 연구는 마가렛 대처의 몰락에 기여하였고, 그녀의 후계자인 존 메이저 밑에서 정책을 신속하게 반전시키는 데 기여하였다. 마찬가지로 미국에서 '테러와의 전쟁'의 부분으로서 2003년에 이라크를 침공하고자 하는 부시행정부의 결정으로 인해 활동적인 대파괴활동이 초래되었고, 몇 가지 점에서 전투적인 이슬람을 강화시켰다. 많은 사람들이 생각할 때, 그러한 정책 실패는 개방정부와 공적 책임의 긴급한 중요성을 강조하였다. 정책과정이 투입을 적절한 산출로 효과적으로 변형시키기 위해, 언제나 정밀한 조사와 비판이 개방되어 있어야 한다. 너무 빈번하게 일어나는 비밀주의 문화는 단지 무능력을 은폐하고 자의적이며, 자기 잇속만 차리는 공간을 제공할 뿐이다.

관료제의 역할

외관상으로 볼 때 **관료제**는 하나의, 그러나 중요한 기능을 수행한다. 관료제의 일차적 관심사는 입법부에 의해 제정된 법과 행정부에 의해 결정된 정책을 집행하고 강제하는 것이다. 정부가 하는 다른 기능들－대표, 정책입안과 이해관계 접합－은 다양한 기관에 의해 수행되는 반면에, 정책집행은 비록 자신들의 정치적 주인의 통솔을 받으면서 일하고 있기는 하지만, 오로지 공무원의 책임이다. 나아가 합리적·객관적 기구로서 베버적 관료제의 모델은 행정적인 세계를 정치적 세계로부터 분리시키는 것처럼 보인다. 이러한 관점에서 관료는 단순히 하나의 기계 속에서 움직이고 있는 톱니바퀴로 간주된다. 즉 관료는 고정된 위계질서 내에서 명백하게 규정된 규칙에 따라 임무를 수행하는, 신뢰할 수 있고 효율적인 행정관으로 간주된다. 그러나 현실은 매우 다르다. 관료는 공식적으로 복종과 공정성을 유지해야 하는데도 이들은 정책과정에 상당한 영향력을 행사하며, 그리하여 어떤 정치제도에서는 몇 가지 핵심적인 기능을 수행한다. 이러한 기능 중에서 가장 중요한 것은 다음과 같다.

① 행정 수행
② 정책 조언 제공
③ 이해관계 표출과 집약
④ 정치안정의 유지

관료제의 기능

행정Administration

행정이라는 단어는 다양
한 방식으로 사용된다.
이 단어는 집합적으로
'클린턴 행정'에서처럼 집
행 영역에 있는 상급인사
를 언급하기 위해 사용될
수 있다. 좀 더 일반적으
로, 이 단어는 정책을 조
정하고 집행하는 일을 의
미한다. 행정이라는 단
어는 다른 사람들을 지원
하거나 다른 사람들에 대
해 봉사하는 것을 함축하
고 있다. 이 단어의 뿌리
는 '하인 노릇을 하다(to
minister unto)'이다. 이러
한 의미에서 모든 공무
원은 행정 속에 포함되
어 있다. 좀 더 좁은 의미
에서 행정은 정보를 취
급하고 통제를 유지하는
것을 의미한다. 이때 행
정은 매일 행하는 집행
이라는 일과는 대조적으
로 상급공무원의 관리적
의무와 연관된다. 공공
행정은 공공정책이 실행
되는 메커니즘·제도와
연관되거나 이 메커니즘
을 연구하는 학문 분야
와 연관된다.

행정

관료제의 핵심적 기능은 법과 정책을 수행하거나 집행하는 것이다. 따라
서 관료제는 정부가 하는 업무를 관리하는 책임을 맡게 된다. 이것이 관료
제가 종종 '행정부the administration'라 불리는 반면에, 행정부political
executive는 '정부the government'로 불리는 이유이다. 이러한 구별은 정
치가가 행하는 정책입안이라는 역할과 관료가 행하는 정책집행이라는 역할
사이에는 명백한 선이 그어질 수 있다는 점을 의미한다. 확실히 이 세상에
존재하는 대다수의 공무원들이 복지와 사회안전 프로그램에서 경제의 통
제, 면허증의 승인과 정보제공, 그리고 국내와 국외에서 시민에 대한 조언
에 이르기까지 거의 전적으로 행정적인 책임에 종사한다. 따라서 관료제의
크기는 정부의 더 포괄적인 책임과 긴밀하게 연관되어 있다. 영국에서 행정
사무를 위한 일자리는 20세기에 정부가 행한 역할과 비례하여 확대되었다.
행정사무를 위한 일자리는 1970년대에 73만 5천 명으로 절정을 이루었다.
하지만 그 이후 1980년대부터 시작된 신자유주의 정책으로 인해 2012년에
는 44만 명으로 줄어들었다. 미국에서 연방관료는 뉴딜 정책의 결과로 인해
상당히 확대되었고, 현재 270만 명 이상으로 증대하였다. 그리고 소련의 중
앙계획제도는 이 제도를 관리하기 위해 2천만 명의 국가공무원이 필요하였
다.

그럼에도 규칙을 적용하고 다른 사람에 의해 제기된 주문을 수행하는 단
순한 공무원으로서 관료에 대한 이미지는 혼란스러울 수 있다. 첫째, 행정
적인 많은 업무들이 필연적으로 공무원에게 맡겨지기 때문에 공무원은 어
떤 방식으로 정책을 집행할 것인가를 엄밀하게 결정하는 데 있어서 상당한
재량권을 허용받을 수 있다. 둘째, 관료제도에 대해 행사된 정치적 통제의
정도는 국가마다 매우 다르다. 중국에서 공무원은 엄격하고 지속적인 당의
감독을 받고 있는 반면에, 프랑스와 일본에서는 공무원의 높은 위상과 전문
적 지식에 대한 명성으로 인해 상당한 정도의 자율성을 보장받고 있다. 셋

째, 정책조언자로서 가지는 능력으로 상급 공무원들은 적어도 그들이 나중에 관리하도록 요구받게 되는 정책을 형성할 수 있다.

정책조언

관료제도의 정치적 의미는 대개 정부가 이용할 수 있는 정책정보와 조언의 주요한 원천으로서 관료제가 행하는 역할에서 유래한다. 이러한 정책역할로 인해, 매일 정치가와 접촉하여 정책조언자로서 행위하도록 요구받는 상급공무원은 좀 더 일상적인 행정업무를 취급하는 중·하급의 공무원과 구분된다. 따라서 관료제의 정치적 의미에 관한 논의는 이러한 상급공무원 중에서 엘리트 집단에 집중되는 경향이 있다. 이론적으로 관료가 가지는 정책적 책임과 정치가 사이에는 엄격한 차이가 나타날 수 있다. 정책은 아마도 정치가에 의해 만들어지며, 관료는 단지 조언만 제공한다. 따라서 공무원이 가지는 정책역할은 두 가지 기능으로 요약된다. 즉 장관이 이용할 수 있는 정책선택을 개관하는 기능이며, 또 다른 하나는 정책제안이 야기할 수 있는 영향과 결과의 차원에서 정책제안을 논평하는 기능이다. 상급 공무원의 정책적 영향은 영국·일본·오스트레일리아에서처럼 그들이 정치적으로 중립적일 것을 요구받거나 미국에서처럼 정치적 임명제도에 예속된다는 사실로 인해 더 제한을 받는다.

하지만 공무원이 가지는 정책적 역할이 위에서 시사했던 것보다 정치적으로 더 중요하다고 믿을 만한 이유가 있다. 가령 정책을 입안하는 일과 정책조언을 하는 일 사이에는 명백한 차이가 존재하지 않는다는 점이다. 아주 간단히 말해 결정은 이용할 수 있는 정보를 토대로 이루어진다. 이 점은 결정의 내용이 항상 제공된 조언에 의해 구조화된다는 점을 의미한다. 나아가, 정치가가 이용할 수 있는 조언의 일차적 원천인 관료는 효과적으로 정보의 흐름을 통제한다. 다시 말해 정치가는 공무원이 자신에게 말한 것을 알고 있다는 점이다. 그리하여 정보는 은폐될 수 있거나 아니면 적어도 행정사무의 선호를 반영하기 위해 '만들어'질 수 있다. 그럼에도 관료적 권력의 일차적 원천은 관료제도 내에서 축적하고 있는 전문적 기술과 지식이다. 정부의

공무원은 정치적으로 중립적일 수 있는가?

국가가 일련의 명백한 이데올로기적 목표들을 약속하는 정치제도들과는 별도로 모든 혹은 대부분의 공무원들은 정치적으로 중립적이기를 기대하는데, 이 점은 공무원들이 자신의 견해나 선호들을 그들 자신의 전문적 활동에 영향을 미치지 않게끔 한다는 의미에서 그렇다. 그러나 이러한 의미에서 중립이 가능한가? 행정이 정치와 분리될 수 있는가? 혹은 정치적 중립은 자기 이익이나 다른 편향들을 은폐하고 있는 단순한 가식일 수 있는가?

찬성

합리적 행위자로서의 공무원. 공무원은 일차적으로 당파적 이익의 추구가 아니라 합리적이고 효율적인 사회조직과 연관된다는 점에서 근본적으로 정치가와는 다르다. 막스 베버에 따르면 관료제는 신뢰할 만하고, 예견할 수 있으며 그리고 무엇보다도 효율적인 사회조직의 수단이다. 관료조직은 공무원에게 개인적 재량권을 별로 부여하지 않는다. 그 이유는 공무원은 확고하게 질서가 잡힌 위계구조 내에서 임무를 수행하기 때문이다. 이 위계구조 속에서 하급 공무원은 상급 공무원에 의해 긴밀하게 감독받는다. 증거에 기반한 합리적 결정이 강조되고 임명과 승진은 엄격하게 전문적 기준에 의해 결정된다.

성과와 성과의 함의. 공무원에게 성과와 전문성은 병행한다. 엽관제spoils system가 작동하는 곳을 제외하고 새 정부들은 교체되는 정부를 위해 일하였던 공무원들의 동일한 기관과 대면하게 된다. 이러한 분위기에서 공무원은 정치적 카멜레온이 될 것을 강요받으며, 정부의 정치적 양상이나 이데올로기적 학습과는 상관없이 어떤 정부가 권력을 장악하든 충성을 다해 일할 수 있도록 강요받는다. 따라서 사실상 정치적 중립성은, 공무원들이 가질지도 모르는 어떤 개인적 선호가 이들이 어떤 정치적 주인을 위해 충성스럽게 일하는 것을 방해할 정도로 그렇게 강하지 않다는 것을 의미한다.

공공서비스 정신. 공무원들은 주로 정치적으로 중립적일 것을 강요당할 필요는 없다. 이것은 공무원들이 충원되고 훈련되며 임무를 수행하는 방식에 의해 주입되는 그 어떤 것이다. 이 점은 다양한 방식으로 일어난다. 사람들은 국가와 사회의 더 큰 이해관계를 위한 관심에 의해 공공서비스에 주목한다. 이것은 정치가들에서 발생하는 당파적 열정이나 민간기업에서 일하는 사람들의 이기적 관심과는 분명히 다른 동기인 것이다. 공공서비스 정신은 또한 전문성과 특수한 지식에 대해 상당히 강조함으로써 공무원들이 충원되고 훈련되는 그러한 장치에 의해 주입된다.

반대

관료적 이기심. 공공선택 이론가들이 볼 때 공무원들은 주로 출세라는 자기이익에 의해 동기화되며, 그래서 그들이 일하는 기관이나 부서의 확대와 예산증대를 추구한다는 것이다(Niskanen, 1971). 이 점은 관료적 성장이 직업안정을 보장하고 승진기대감을 높이고 봉급을 인상하며, 고위공무원들에게 적어도 더 큰 권력과 임명권 그리고 특권을 가져다주기 때문이다. 따라서 신우파 지지자들은 종종 '자연의 사회민주당원들'로 행동하는 공무원들에 의해 행사된 정책영향의 의미에서 '큰' 정부를 향한 경향을 설명한다. 자유시장정책들을 성공적으로 발전시키기 위하여 관료적 권력은 견제되거나 아니면 회피되어야만 한다는 것이다.

보수적 권력 블록. 사회주의자들, 특히 맑스주의자들은 국가관료제를 통하여 일어나는 계급적 편향들을 강조한다. 이 계급적 편향들은 고참 공무원들을 보수적 거부집단으로 전환시켜, 사회주의 정부들의 급진적 발의들을 희석화하거나 심지어 차단시키기까지 한다(Miliband, 2009). 이 점은 부분적으로 최고위 공무원들이 산업주의자나 기업경영자와 동일한 교육적·사회적 배경을 공유하고, 그래서 가치, 편견 그리고 일반적 관점을 공유하기 때문에 발생한다는 것이다. 더 고위 공무원들 역시 기업자본주의의 세계와 밀접하게 연관되어 일한다. 이로 인해 특히 '회전문revolving door'(전직 관리가 유관 사기업에 들어가는 현상을 의미 – 옮긴이)이 초래되는데, 이 '회전문'을 통해 관료들은 점점 더 많이 사기업에 충원되고 공무원들은 그들이 은퇴할 때 유리한 고용기회들을 제공받는다.

관료적 형식주의 문화. 정부기관들은 비인격적인 행정기구들 – 베버가 시사하였듯이 – 이 아니라 일련의 공유된 – 그리고 일반적으로 확실한 – 믿음, 가치 그리고 전제들이 발전되는 사회제도들이다. 그러한 '집단사고'는 정치가들에게 강력한 영향력을 행사한다. 정치가들은 자신들이 그 수에 있어 공무원들에 추월당하고 있다는 점에 의해 '순진하게 행동'하게끔 고무되며 일반적으로 공무원들이 자신들보다 더 큰 지식과 전문성을 소유하고 있다고 인식하게끔 고무된다. 일반적으로 관료적 형식주의 문화는 또한 부서가 봉사하는 의뢰인 집단의 성격과 이해관계에 의해 형성된다.

책임이 확대되고 정책이 좀 더 복잡하게 됨에 따라 '아마추어' 정치가는 거의 변함없이 '전문적'인 관료적 조언자에게 의존하게 된다.

이해관계 표출

공식적인 기능 중 하나인 것은 결코 아니지만, 관료제도는 종종 이해관계를 표명하고 집약하는 데 기여한다. 관료제도는 정책집행과 정책입안 그리고

개념설명

의뢰인주의Clientelism
정부기관이 조정하거나 감독할 책임이 있는 의뢰인 집단의 이익에 봉사하게 되는 관계를 의미한다.

엽관제도Spoils system
임용 권한이 정치적 직위를 얻기 위한 보상인 제도. 이 제도는 친구나 지지자들의 승진을 초래한다.

부패Corruption
일반적 의미에서 부패는 타락 혹은 도덕적 부정의 조건이다. 그리하여 권력은 지배욕과 다른 사람들이 겪는 고통에 대해 무감각함을 낳는다는 점에서 부패한다고 한다. 좀 더 특수하게, 부패는 사적 이익의 추구로 인해 '적절한' 혹은 공적 책임을 수행함에 있어서 실패를 의미하는 유사법적(quasi-legal) 단어이다. 대개 부패는 물질적 혹은 좁게는 재정적 성격을 띠며, 부패의 가장 일반적인 정치적 표현은 뇌물수수(bribery) 혹은 '타락(sleaze)'이다. 어떤 기관 혹은 제도 내에서 부패의 수준은 다양한 요소에 의해 규정된다. 이 요소로는 외적 견제의 효과성, 행정기율 수준, 내적 규약과 규범의 강도, 일반적인 경제발전 수준 등을 들 수 있다.

정책조언에 포함됨으로써 이익집단과 접촉하게 된다. 이러한 현상은 조직화된 이익집단과 정부기관 사이의 분할을 흐리게 했던 조합주의적 경향의 결과로 증대되었다. 그리하여 의사·교사·농민·기업 같은 집단은 그들 각각의 대리기관에 의해 서비스를 받는 '의뢰인 집단client group'이 되었고, 매우 귀중한 정보와 조언의 원천으로 봉사하고 있다. 이러한 **의뢰인주의**는 합의를 유지하는 데 기여하는 한에서 정치제도에 이득이 될 수 있을 것이다. 정책형성에 접근할 수 있음으로 해서 조직화된 이익집단은 정부정책에 협력할 가능성이 더 높을 것이다. 다른 한편으로, 의뢰인주의는 또한 공적 책임과 공무원의 의무에 간섭할 수 있다. 가령 이러한 행위는 미국의 규제기관이 아마도 규제하는 산업에 의해 통제를 받을 때 발생한다. 단체의 이익이 관료의 이익과 일치할 때 민주적 정치가들이 파괴하기에 불가능하다고 생각하는 정책망이 발전될 수 있다.

정치 안정

관료제가 행하는 마지막 기능은 정치제도 내에서 안정과 연속성의 중심을 제공한다는 점이다. 이것은 때때로 개발도상국가에서 특히 중요한 것으로 간주된다. 개발도상국가에서 교육받고, 경력이 있는 공무원 집단의 존재는 정부가 질서정연하고 신뢰할 수 있는 방식으로 행동하는 것을 보장할 수 있다. 이 안정은 지속적이고 전문적인 공무원으로서 관료가 가지는 위상에 전적으로 의존한다. 장관과 정부가 이랬다저랬다 하는 반면에, 관료는 항상 제자리를 지킨다. 현대의 영국 행정업무를 만들었던 1870년의 노스코트 트레벨리안Northcote-Trevelyan 개혁은 공정한 선발, 정치적 중립성, 영속성과 익명성이라는 원칙에 기초를 두고 있었다. 상급 공무원이 이른바 '**엽관제도**'를 통해 정치적으로 임명되는 미국에서조차도 다수의 연방관료는 경력이 있는 공무원들이다.

하지만 연속성은 또한 단점을 가지고 있다. 효과적인 공적 조사와 책임이 부재할 경우에 연속성은 의심할 여지 없이 **부패**를 초래할 수 있다. 부패는 많은 개발도상국가에서 발견되는 문제이며, 이들 국가에서 이 문제는 광범위한 빈곤 및 불이익과 혼합되어 있다. 다른 경우에, 연속성은 공무원의 교만과 편협성 혹은 보수주의를 편드는 경향을 낳을 수 있다. 경력이 있는 공무원은 선출된 정치가보다 공공선이나 일반의지를 규정하는 데 더 능력이 있다는 생각을 가질 수 있다. 따라서 그들은 자신들을 국가이익의 관리인으로 간주하면서 급진적 혹은 개혁적인 정치적 경향을 저지하는 것이 정당하다고 느낄 수 있다.

관료조직

베버의 관료제 이론이 가지는 한계 중의 하나는 이 이론이 효율성과 합리성을 위한 흐름이 세계에 걸쳐 본질적으로 유사한 관료적 구조를 채택한다는 것을 시사하고 있다는 점이다. 그리하여 베버가 제시한 '이상형'은 관료제가 조직될 수 있는 다양한 방식과, 그것이 작동하는 정치적·사회적·문화적 맥락으로부터 발생하는 차이점을 간과하고 있다. 관료조직은 두 가지 이유에서 중요하다. 관료조직은 공적 책임과 정치적 통제가 달성될 수 있는 정도에 영향을 미친다. 그리고 1980년대 이후로 점점 더 인식되었던 것처럼 관료조직은 정부의 효율성과 효과성에 영향을 미치며, 정부 성과와 공공서비스의 비용을 위해 중요한 함의들을 가진다.

어떤 면에서 모든 국가관료제는 목적 혹은 기능을 토대로 조직되었다. 이 목적과 기능은 특정한 정책분야, 즉 교육·주택·국방·약물 통제·세금 등에 대해 책임이 부과된 부서, 부 그리고 기관의 건설을 통해 달성된다. 물론 기능적 책임이 분리되고 결합되는 방법이 변화하는 것처럼, 이러한 부서와 기관은 시대에 따라 국가마다 변화한다. 예를 들면 2001년 9월 11일 미국에 대한 공격이 있은 후에 부시 대통령은 백악관 국내안전부White House Office of Homeland Security를 만들었다. 이 부서는 이민·통관수속·국내안전 등의 부서들을 결합시키는 총괄부서super-department이며, 테러의 위협에 완전하게 협력적 대응을 할 수 있도록 고안되었다.

기능적으로 정의된 이러한 관료제가 가지는 가장 중요한 특징은 관료제 내에 존재하는 중앙집권화 혹은 탈중앙집권화의 정도이다. 특히 모든 수준에서 당에 의한 통제와 감독에 종속되어 있는 중국과 같은 현존하는 공산주의 정권에서 발견되는 체제는 세계에서 가장 중앙집권적인 관료제이다. 하지만 공산주의적 관료제의 크기와 복합성은 또한 관료에게 상당한 활동영역을 제공하였고, 부서의 독립성도 제공해 주었다. 예를 들면 소련 공산당의 공식적인 지위하에서도 소비에트의 관료제는 '제도적 다원주의 institutional pluralism'의 형태에 해당하는 이익표출과 이익집약을 행하는 미궁과 같은abyrinthine 메커니즘으로 기능하였다(Hough, 1977). 가장 중앙집권적인 자유민주주의적 관료제는 프랑스였다. 영국·독일과 같은 국가에서 관료제는 개혁과 적응의 과정을 통해 발전하였던 반면에, 프랑스 제도는 나폴레옹적 행정모델을 토대로 구성되었다. 이 모델은 상당히 중앙집권적이며, 위계적으로 구조화된 기술적 전문가 집단의 중요성을 강조하였으며, 프랑스 국가의 장기적 이익과 결합시켰다. 최고행정재판소Conseil d'État는 프랑스 최고의 행정기관이다. 이 기관은 입법적·행정적 문제들을 조언하며, 최고행정재판소로서의 직무를 맡고 있다. 국립행정학교École Nationale d'Administration와 기술전문학교École Polytechnique는 공무원을 교육하는 학교로서 기능하며, 이른바 고위행정관과 기술직 전문가에게 상당한 특권을 주고 있다.

이와는 대조적으로 미국은 탈중앙집권적인 관료제의 보기이다. 연방관료제도는 행정수장으로서 장들이 가지는 공식적인 권위하에서 작동한다. 하지만 이 제도는 매우 분산되고 다루기 힘들어서 모든 기관장들은 활동을 조정하고 지시한다. 이러한 파편화에 대한 첫 번째 이유는 연방정부가 져야 할 책임이 주 혹은 지방정부가 져야 할 책임과 중복된다 – 연방정부는 효과적인 수행을 위해 주 혹은 지방정부와 협동을 필요로 한다 – 는 점이다. 두 번째 이유는 권력분산의 영향이다. 행정부서와 기관들은 그들이 속한 부서의 사무관과 감독관을 경유하여 기관장의 권위하에서 작동하는 반면에, 독립적 조정위원회가 행하는 갈피를 잡지 못하는 배열상태가 의회를 통해 만들어졌고 기금화되었다는 점이다. 기관장들이 이러한 위원회의 위원들을

신공공행정NPM
대략적으로 정부에 민간 부분 행정기술의 사용과 정부 기능들을 민간기관으로의 이양을 지지한다. 신공공행정 철학은 정부는 방향을 잡아야만 하고 (정책결정), 민간기관들이 실무(서비스 제공)를 행해야만 한다는 것이다. 또한 이때 공공기관들은 '기업정신'으로 고취되어야 한다. 이 기업정신에 대한 실례로는 업적과 관련된 월급, 단기계약과 공개적인 충원전략 등을 들 수 있다. 이는 공공기관들에 내재하는 비효율성과 무반응성에 관한 가정에 기초를 두고 있다.

집행기관
Executive agency
일반적으로 정부 부서 내에서 기능하는 기관. 그러나 관리와 예산의 독립이라는 중요한 수단을 가진다.

임명하지만, 그들은 위원회의 위원들을 해고하거나 의회를 통해 만들어진 그들의 책임에 대해 간섭할 수 없다. 세 번째 이유는 경쟁적인 공무원시험을 통해 임명되며, 총일람등급General Schedule grade의 한 직급으로 되는 상임공무원permanent civil servant과 이른바 '스케줄C'(Schedule C) 직위에 있는 훨씬 더 적은 수의 정치적으로 임명된 사람들 사이에 긴장이 존재한다는 점이다. 후자는 그들의 상관에게 충성을 하는 것이 기대되는 반면에, 전자는 그들이 속한 사무국의 증대와 그들의 업무와 계획을 지속적으로 행하는 데 더 많은 신경을 쓴다.

정부관료제도의 관습적인 구조는 1970년대 이후로 특별한 정밀조사와 압력에 직면하게 되었다. 극단적인 경우에, 이 점은 행정국가를 재구성하고자 하는 시도를 초래했다. 가령 클린턴 행정부는 오스본Osborne과 개블러Gaebler가 쓴 『정부의 재창안*Reinventing Government*』(1992)에서 발전된 이념으로 상당히 감화를 받았다. 이 점은 정부의 업무가 노를 '저어가는' 것이 아니라 '조정하는' 것이라는 점을 시사하였다. 달리 표현하면 정부는 정책결정에 관여하고, 서비스의 공급 혹은 정책실행을 국가의 대리자로서 행위하는 다른 기관에게 남겨 둘 때 가장 잘 기능한다는 것이다. 이론적으로 이러한 접근법은 국가책임의 모순과 꼭 연결될 필요는 없다. 그러나 이러한 접근법을 열렬하게 지지하는 사람들은 확실히 신우파의 사람들이었다. 신우파는 이 분석을 '큰' 정부에 대한 더 포괄적인 공격의 부분으로 포용하였다.

이 이념은 미국과 수많은 다른 서구 국가에 영향을 미쳤다. 그러나 '**신공공행정**'으로 불린 것에 기초를 둔 '해골국가skeletal state'의 구축은 뉴질랜드에서 가장 많이 진척되었다. 하지만 이러한 생각은 또한 영국에도 영향을 미쳤고 대처와 메이저는 공무원 개혁을 통해 이 개념을 도입하였다. 그리고 블레어는 이 개념을 더 발전시켰다. 이 노선으로의 중요한 진척은 1988년에 '다음 단계Next Step' 발기의 도입을 통해 이루어졌다. 이 단계는 각각의 성ministry이 행하는 핵심적 정책 기능을 제한하고, 스웨덴에서 행해졌던 것처럼 성과에 대한 책임을 **집행기관**에 양도함으로써 통일된 국가행정을 철회하기 시작했다. 2009년에 국무조정실는 다음과 같이 평가하였다. 영국에는 소위 752개의 독립적인 기관들이 존재하였고 이 기관들은 800억 파운드를 사용하였고 30만 명이 넘은 직원들을 고용하였다.

또한 공공행정에서 주장된 비효율성과 비대응성을 보충하고자 하는 시도로 인해 성과목표와 행정의 질에 대한 광범위한 사용이 이루어졌다. 1997~2007년에 블레어 정부는 영국의 공공부문에 걸쳐 목표를 배양하고 성과에 대한 평가를 확대하고자 했으며, 목표달성을 재정과 연결시켰고, '성과미달'에 대해서는 공개적으로 기꺼이 폭로하고자 하였다. 이러한 혁신들은 또한 건강·교육·도시개발·규제와 같은 서비스행정에서 준자율적 비정부기구들이 행하는 기능들을 실질적으로 증대시켰다. 1996년에 영국에는 약 5,207개의 준자율적 비정부기구가 있었고, 이 기구들은 연간 600억 파운드 이상(총 공공지출의 35%)을 지출하였다. 또한 이 기구들은 6만 명의 직원을 고용하였다.

정부가 공공지출을 통제하에 두려고 할 때, 이러한 발전들 특히 정책조언과 정책집행 사이의 분리는 좀 더 일반적인 것이 될 것 같다. 하지만 행정을 능률적으로 하고 효율성을 증대시키며 비용을 절감하고자 하는 경향은 정치적 비용을 수반한다. 이에 대한 가장 명백한 사례는 공적 책임의 약화와 '민주주의 결핍'의 출현이다. 준독립적semi-independent 집행기관과 특히 준자율적 비정부기관의 형성은 장관들이 매일매일 행해지는 행정적 혹은 조직상의 문제에 더 이상 책임을 지지 않는다는 것을 의미하는 경향이 있다. 두 번째 문제는 민간부문으로부터의 관리기술·구조·인원의 도입은 국가관료제가 여러 해 동안 발전시키고자 노력했던 공적 봉사라는 정신을 약화시킬 수 있다는 점이다. 일본·인도·프랑스·영국에서 각기 다른 행정문화는 이것이 지니는 무관심으로 인해 비판을 당할 수 있다. 그러나 이 문화는 적어도 사적 이익과 기업정신보다는 공적 봉사와 국가이익과 같은 이념과 연관되어 있다. 세번째 단점은 이러한 재조직화의 유형이 국가의 후퇴와 연관되는 경향이 있지만, 이것이 실제로 더 큰 중앙화와 정부통제를 초래할 수 있다는 점이다. 이는 정부가 서비스의 조달에 직접적인 책임을 포기할

준자율적 비정부기구Quango: 장점과 단점

콴고는 준자율적 비정부조직quasi-autonomous nongovernmental organization의 약칭이다. 이 단어는 주지하다시피 느슨하고 혼동스러운 단어이다. 콴고는 가장 일반적인 의미에서, 장관 혹은 국가공무원보다는 임명된 사람에 의해 구성되어 정부기능을 수행하는 어떤 단체와 연관된다. 그리하여 콴고는 자문위원회와 법정에서뿐 아니라 다양한 집행적 기능을 가진 단체들을 포함하고 있다. 콴고가 가지는 준자율적 위상은 콴고가 정부의 부분이라는 점을 의미한다. 콴고가 가지는 비정부적 성격은 콴고가 '비선출 국가'의 부분이라는 점을 의미한다.

콴고가 지니는 장점은 다음과 같다.

- 콴고는 정부로 하여금 외부의 조언자들이 가지고 있는 경험, 전문적인 의견과 지식을 요구하도록 허용한다.
- 콴고는 '공식적'인 정부 부서와 기관이 행해야 하는 일의 짐을 덜어 준다.

콴고는 다음과 같은 이유로 비판을 받았다.

- 콴고는 행정상의 후원 범위를 확대하고 그래서 정치권력의 중앙화에 기여한다.
- 콴고는 정부가 하는 일을 감독하기 위해 대의제도가 할 수 있는 능력을 감소시킴으로써 민주주의적 책임을 약화시킨다.
- 콴고는 공공행정을 좀 더 흐트러뜨리고 덜 체계적으로 만듦으로써 **분열**을 조장한다.

개념설명

분열Balkanization
종종 발칸반도에서 일어났던 것처럼 정치단위를 적대적인 실체의 잡동사니로 파편화하는 것을 의미한다.

때 정부는 재정과 조정적 기능을 수행하기 위해 일련의 기관을 만들도록 강요당하기 때문에 발생한다.

관료권력: 통제불능인가?

관료권력의 근원

충성적이며 부양적인 공무원으로서 관료가 가지는 헌법적 이미지에도 그들은 집합적으로 '정부의 네 번째 기관fourth branch of government'을 구

성하는 강력하고 영향력 있는 인물로 간주되었다. 베버와는 다른 이론가들인 번햄Burnham과 트로츠키는 관료적 힘이라는 현상과 정치가들이 이 힘에 종속되는 정도에 주목하였다. 일본의 공무원, 특히 세상에 알려진 일본의 '국제무역산업부'에서 일하는 공무원은 일반적으로 1950년대와 1960년대에 일어난 일본의 '경제적 기적'을 배후에서 지휘하였던 '영구적인 정치가'로 간주된다. 켈너와 크로우더-헌트(Kellner and Crowther-Hunt, 1980)는 영국의 공무원을 '영국의 지배계급'이라고 불렀다. 유사하게 통화·정치연합의 배후에는 유럽연합의 추진력이 브뤼셀에 기초한 유럽위원회European Commission의 행정간부, 즉 이른바 유럽공동체의 행정관이라는 인식이 있다.

관료세력에 대한 관심은 특히 공무원의 중립성에 대한 전통적인 관념을 거부하였던 정치적 좌파와 우파의 사람들 사이에서 첨예하게 일어났다. 위에서 지적하였던 것처럼 맑스주의자는 전통적으로 계급이익이 관료제를 통해 작동하며, 이 관료제는 특히 사회주의 정부에 의한 급진적 정책발의를 희석시키는 경향이 있다는 점을 주장하였다. 신우파는 이기적인 공무원들이 국가의 증대를 조장하며, 그리하여 신자유주의 정책이나 자유시장정책에 저항하는 경향이 있다는 점을 주장하고 있다. 하지만 관료세력이 가지는 성격이 아마도 필연적으로 신비와 추측으로 가려진다는 점을 기억하는 것이 중요하다. 이는 공무원이 권력을 행사할 경우, 그들은 공적인 정밀조사에 예속당하지 않는 장관과의 사적인 거래를 통해서 그렇게 하기 때문이며, 또한 장관에게 가해지는 수많은 압력이라는 관점에서 공무원의 영향력은 계량화될 수 없기 때문이다. 그럼에도 관료세력에 대한 세 가지 핵심적 원천들이 확인될 수 있다.

① 정책과정에서 관료가 가지는 전략적 위치
② 관료와 장관 사이에 존재하는 업무상의 관계
③ 관료가 가지는 위상과 전문적 지식

전략적 위상

모든 현대 국가에서 정책과정은 공무원에게 상당한 정도의 영향력을 제공해주는 방식으로 구조화되어 있다. 결정적으로 정책 충고자로서 가지는 능력에서 볼 때, 공무원은 정보에 쉽게 접근할 수 있고 그들의 행정상의 수장에 대해 정보의 흐름을 통제할 수 있다. 정부 부서에서 지식은 분명히 힘이다. 그리고 장관이 알고 있는 것과 알지 못하는 것을 결정하는 사람은 바로 공무원이다. 그리하여 정책선택이 행해지고 평가되며, 하나의 바람직한 결정을 달성하는 방식으로 표현된다. 물론 이것이 반드시 관료가 정교하게 조작적이거나 노골적으로 정치적이라는 점을 뜻하지는 않는다. 이는 단지 관료가 가지는 선호도－의식적이든 무의식적이든－가 상당한 정도로 정책토론을 구조화하고 나아가 형성된 결정의 내용에 영향을 미칠 수 있다는 점을 의미할 뿐이다.

관료제와 조직화된 이익집단 사이의 관계를 발전시킨 좌파는 그들이 가지고 있는 입장을 더욱 강화시키고 있다. 정부와 기업, 노동, 전문집단과 다른 집단 사이에 존재하는 주요한 공유 영역interface으로서 관료제도는 강력한 동맹을 형성할 수 있고, 정책선택을 형성하고 비평함에 있어서 결정적인 역할을 행한다. 이로 인해 '정책망'이 출현하게 된다. '정책망'은 상대적으로 공적 혹은 선출된 정치가로부터의 영향에 둔감한 경향이 있는 관료와 이익집단의 대표자 사이에 존재하는 복합적 관계이다. 말할 필요도 없이, 관료적 힘은 일단 정책결정이 행해졌을 경우에도 역할을 멈추지 않는다. 정치가는 정책조언의 대안적 근원들을 추구할 수 있는 반면에, 그들은 통일적 실체로 조직되었든 아니면 일련의 준독립적 기관으로 조직되었든 간에 정책집행을 관료제의 수중에 남겨 두도록 강요당한다. 집행에 대한 통제로 인해 공무원은 정책의 내용을 재해석하고, 정책의 도입을 연기시키거나 심지어 방해할 수 있는 기회를 가지게 된다.

병참학적 관계

관료세력에 대한 두 번째 원천은 장관과 공무원 사이에 존재하는 행정상의 관계와 혜택의 배분이다. 표면상으로 장관은 정치적 주인이며, 임명된 관료는 충성스러운 부하이다. 하지만 이 관계는 달라질 수 있으며, 실재에 있어서는 심지어 역전될 수 있다고 믿을 만한 이유가 있다. 그 이유 가운데 첫 번째는 정치가가 수적으로 지도적 관료에 압도당하고 있다는 점이다. 가령 미국에서 단지 정치적으로 임명된 고위층 – 상원의 승인이 필요한 사람들 – 만 고려한다 할지라도, 20명이 안 되는 미국의 장관들은 600명 이상의 고위 공무원과 대면하게 된다. 두 번째 요소는 공무원과 선출된 정치가가 가지는 다른 경력 구조이다. 미국에서처럼 '엽관제' – 정권을 장악한 정당이 승리에 대한 보상으로 관직이나 그 밖의 이권을 당원에게 배분하는 것 – 가 작동하는 곳을 제외하고, 공무원은 정부가 교체되는 동안에도 공직에 머문다는 의미에서 영구적이다. 이와는 대조적으로 장관은 일시적이며, 인사이동이 빈번한 영국과 같은 의회제도에서 장관은 평균적으로 약 2년 동안 공직에 머무를 수 있다. 국가공무원이 향유하는 세 번째 장점은 그들이 전임제 정책조언자인 반면에, 장관은 단지 일시적으로만 부서의 우두머리라는 점이다. 동시에 정부사업의 규모 증대와 복잡성으로 인해 직무상의 작업책임량이 증가할 때, 장관은 또한 시간과 정력을 더 많이 쏟아부어야 하는 상황에 직면하게 된다. 여기에는 내각과 내각위원회의 의무, 때때로 의회적 책임과 선거구에 대해 행해야 할 업무, 방송 출연, 공적 기념행사 참여 그리고 외국

방문과 정상회담 등이 포함된다. 간단히 표현하면, 장관이 헌신적이며 끈기 있고 수완이 비상하다 할지라도 그들이 행하는 역할은 전략적인 지도를 제공하는 것에 제한되어 있으며, 그들은 상세한 정책과 직무상의 많은 문제들은 임용 공무원이 행해야 한다는 점을 알고 있다.

지위와 전문적 지식

관료권력의 마지막 근원은 종종 공무원에게 허용되는 위상과 존경이다. 이것은 대체로 공무원이 가진 전문성과 특수한 지식에서 연유한다. 많은 제도에서 고위관료들은 실력사회의 엘리트로 간주되며, 국가이익을 위한 책임이 부여된다. 이 점은 확실히 공무원을 충원하고 교육할 때 공적과 업적을 강조함으로써 나타난다. 가령 독일의 최고위직 공무원은 대학 성적의 등급을 통한 경쟁적 시험, 즉 일반적으로 법학에서의 경쟁적 시험을 통해 충원되며, 이 공무원은 제2차 국가시험을 거친 후에 3년 동안의 엄격한 교육프로그램을 참고 견뎌야 한다. 프랑스에서 국립행정학교는 특별히 국가의 최고위 공무원을 충원하고 교육하기 위해 창설되었고, 그리하여 기술적인 전문가를 양산하는 기술전문학교와 같은 학교가 가지는 기능을 보충하였다. 일본의 관료가 지니는 엘리트적 위상은 시험제도를 통해 유지된다. 이 시험제도는 40대 1의 경쟁을 통해 충원되고, 동경대 출신이 우세를 점하는데 이들이 고위직 공무원의 70%를 차지하고 있으며, 이들 중에서 2/3는 법대를 졸업하였다. 이들이 가지는 위상은 상대적으로 혐의가 벗겨지지 않은 일본의 관료들이 전쟁 후의 재건설, 특히 계획시장경제를 확립함에 있어서 떠맡겨진 책임을 통해 강화되었다. 비슷하게 영국의 공무원이 가지는 위상은 옥스브리지Oxbridge 출신에 대한 의존 및 확고한 입사절차의 엄격함과 연관되어 있다.

비교해 보자면, 정부와 장관은 종종 잘 준비되지 않은 직무를 행하게 되고 조언과 지원을 필요로 하게 된다. 정부는 정당 프로그램과 공약을 기초로 형성되지만, 광범위한 정책목표를 실천적이며 작동할 수 있는 입법 프로그램으로 옮기기 위해 공무원에 의존한다. 이 문제는 특히 선거에서 이

나쁜 행정
Maladministration
나쁜 행정을 의미한다.
부적절한 권력의 사용,
규칙들의 편파적인 적용,
절차상의 실수 혹은 단순
한 무능력 등이 이에 포
함된다.

부서이기주의
Departmentalism
부서이기주의는 개별적
인 부서들과 기관들의 정
체성을 강화시키는 정부
구조 내에 존재하는 원심
력적인 압력을 언급한다.
그리하여 기관들은 그들
자신의 개별적인 이익들
을 추구하고 정치적 통제
와 더 넓은 행정기율들
에 저항할 수 있다. 정부
기관의 특징적인 문화는
정책책임, 공무원 단체의
집합적 이해관계 그리고
이 기관이 일하는 의뢰인
집단들의 이해관계 등과
같은 요소들에 의해 형성
된다. 부서이기주의는 또
한 부서의 문화에 흡수됨
으로써 현지인처럼 살려
고 하는 장관과 고참 공
무원의 경향을 통해 작동
한다.

기기 위해 요구되는 기술과 속성과 효과적인 행정을 이루기 위해 필요한 기술과 속성 사이에서 발생하는 부적절한 짝짓기로 인해 첨예화된다. 특히 의회제도에서 장관은 일반적으로 적은 재능을 가진 사람들이 임명되고— 의회에서 다수당 혹은 정당의 의원—, 그래서 자신이 속한 부서에 대해 전문적인 지식이나 대규모의 조직을 관리하는 데 필요한 경험을 가진다는 것은 드문 일이다.

관료는 어떻게 통제될 수 있는가?

관료제도를 통제하고자 하는 필요에 대한 관심이 폭넓게 나타난다. 가장 중요하게 견제를 받지 않는 관료세력은 대의제와 책임 있는 정부의 죽음을 초래한다. 정치적 민주주의가 의미 있도록 하기 위해 임명된 공무원은 어떤 방식으로든 정치가에게 책임을 져야 한다. 또한 정치가는 대중에게 책임을 져야 한다. 사실상 자유민주주의에 대해 오래 지속되고 있는 비판 중의 하나는 정당경쟁과 공적 책임성이라는 외형의 배후에 그 어떤 사람에게도 책임을 지지 않는 관료의 권력이 침투해 있다는 점이다. 따라서 부패, **나쁜 행정**, 정부권한의 임의적인 행사를 방지할 수 있는 보장이 확립되어야 한다.

또한 직업적 안락과 물질적 안전을 유지하는 데 마음이 쏠려 있을 수 있는 관료제도에서 효율성을 증대시키고자 하는 필요와 **부서이기주의**라는 원심력적 압력에 저항하기 위해 필요한 행정적 조정으로 인해 정치적 통제가 요구된다. 엄격한 직업적인 기준과 특히 독일·프랑스·인도·영국에서 발견되는 영구적인 행정사무 속에 상당히 깊게 스며들어 있는 공공봉사정신을 통해 강요된 자기규율화된 관점에서, 관료는 외적인 통제가 불필요하다고 주장할 수 있을 것이다. 다른 한편으로, 그러한 행정문화는 해결의 일부라기보다는 문제의 일부일 수 있을 것이다. 행정문화는 "관료가 가장 잘 안다"는 믿음에 기초를 둔 거만한 오만으로 에워싸일 수 있을 것이다. 관료제에 대한 주요한 통제원칙은 다음과 같이 분류될 수 있다.

행정 책임

Ministerial responsibility
행정책임(개인적 책임)이
라는 원칙은 장관과 그의
부서 사이에 존재하는 관
계를 규정하며, 표면상
으로 공무원은 공적으로
책임을 져야 한다는 점
을 보장하고 있다. 이 원
칙은 대부분의 의회제도,
가장 분명하게는 영국에
서 찾아볼 수 있다. 그리
고 이 원칙은 두 가지 핵
심적 특징을 지니고 있
다. 첫째, 장관은 부서가
행한 행위와 태만에 책임
을 져야 한다. 둘째, 장관
은 부서에서 행해진 어떤
것에 대해 대답해야 한다
는 의미에서 책임을 져야
하고, 자신의 부서의 공
무원이 행한 잘못이나 무
능력으로 인해 해임될 수
있다. 이론적으로, 행정
책임은 장관과 의회를 거
쳐 공무원을 공중에 연결
하는 하나의 책임성의 고
리를 확립하고 있다.

① 정치적 책임이라는 메커니즘의 창출

② 행정사무의 정치화

③ 관료제도에 대항하는 기관의 건설

정치적 책임

국가의 관료제도는 행정부, 의회, 사법기관 혹은 공중에게 책임질 수 있도
록 만들어져야 한다. 행정부는 정부행정에 대해 전반적인 책임을 져야 하
고, 행정과 가깝게 일하는 관계로 인해 이 기관 중에서 가장 중요하다. 가장
정교한 행정적 통제제도는 중국과 소련과 같은 사회주의 정권에서 발견되
었다. 이곳에서는 위계적으로 구조화된 당조직망이 국가행정과 병행하여
구성되고, 국가행정에 대해 감독을 행사하도록 구성되었다. 하지만 이 정권
에서 정부기구는 매우 복잡하고 광범위해서 심지어 하나의 '지도적' 정당이
가지는 침투적인 영향도 공산주의 관료제도가 자신들의 이해관계를 발전시
키고, 경제적·사회적·지역적 이해관계들이 표현될 수 있는 도관으로서 행
위하는 것을 저지하는 데 실패하였다.

특히 의원내각제 행정부를 가진 자유민주주의 제도에서 정치적 통제는
대개 **행정 책임**원칙에 대한 존중에 의존하고 있다. 이 점은 장관들이 부하
직원이 행한 행동과 부서에 의해 추구된 정책에 대해 의회에 책임을 스스로
져야 한다는 점을 주장하고 있다. 직무상의 책임은 영국에서 가장 극단적인
형태로 발전되었다. 영국에서 이 형태는 공무원이 자신의 장관에 대해 그리
고 현 정부에 대해 독점적인 책임을 지고 있다는 점을 의미하는 것으로 행해
졌다. 그러나 정치적 통제를 가하고자 하는 이 원칙은 세 가지 요소에 의해
방해를 받았다. 첫째, 위에서 토론했던 것처럼 현대의 관료제도가 가지는
전문성·크기·복합성으로 인해 효과적인 직무상의 감독이 실제로 불가능
하게 된다. 둘째, 장관은 공무원－혹은 그들 자신－이 저지른 큰 실수로 인
해 사임함으로써 자신의 정치적 성공을 희생할 마음이 없었다. 수상은 불리한
공표를 유인할 사임을 조장하기를 주저했다. 셋째, 의회는 일반적으로 장관이
나 공무원에게 정밀조사를 행할 전문성과 정치적 의지가 부족하다는 점이다.

일본의 '경제 기적': 작동하는 관료적 지배인가?

사건: 일본은 제2차 세계대전 후에 망하였고 경제는 외견상으로 무너졌다. 1950년에 일본의 국내총생산은 거칠게 말해 이디오피아나 소말리아와 같았고 인도보다 40퍼센트나 낮았다. 그러나 1950년대와 1960년대 동안에 일본은 극적인 경제성장의 시기를 향유하였고, 이 경제성장은 종종 '경제기적'으로 불렸다. 일본의 성장은 1964년에 13.9퍼센트로 정점에 달하였고, 1968년부터 2010년까지 — 중국이 대체하기 전까지 — 일본은 세계에서 두 번째로 가장 큰 경제였다. 원래 중공업에 기반을 두었기 때문에 소비재와 차 생산이 점점 더 두드러지게 되면서 '황금의 60개' 품목에서 수출에 대한 결정적인 변화가 일어났다. 1970년대부터 일본의 경제는 컴퓨터와 전자제품들과 같은 지식에 기반한 생산물로 다시 방향을 잡았다. 1980년대에 일본의 수출 지향적 성장모델은 점점 더 동아시아의 다른 나라들에게서 채택되었다. 하지만 성장시기는 1991년 일본 자산가격의 거품이 폭발함으로써 종말을 고하였다. 1990년대 동안의 지속적인 스태그플레이션으로 인해 일본의 '잃어버린 10년'으로 불렸던 시기가 초래되었고, 그 후에 일본경제의 성과는 향상되지 못하였다.

의의: 일본의 경제기적은 무엇보다도 특히 1949년 확립된 통산성(Ministry of International Trade and Industry, MITI)을 통하여 경제발전 과정에서 상대적으로 깨끗하지 않았던 일본 관료제가 행하였던 상당히 두드러진 역할에 관한 토론을 야기하였다(Johnson, 1982). 일본의 최고위 공무원들은 일본의 '혼합' 경제모델을 지탱해 주었던 (특히) 정부-대기업 간의 긴밀한 관계를 초래하였던 것에 책임이 있다. 이러한 지시적 계획모델은 시장의 지배를 허용하거나 시장을 국가에 종속시키기보다는 시장의 힘을 자극하고 인도하고자 하였다. MITI는 미래산업을 확인하고 지원함으로써 성장을 위한 일본의 수출기반적 전략을 발전시킴에 있어 특히 영향을 미쳤다. 이것은 '우승자 선택picking winner'으로 불렸던 정책이었다. 일본 관료제는 공식적인 권력 — 빈약하였던 — 을 통해서가 아니라 40명 중에서 단지 1명만을 충원하였던 시험제도에 의해 그리고 고참 공무원의 70퍼센트를 제공해 주었던 도쿄 대학교 신입생의 우월함에 의해 유지되었던 관료제의 엘리트적 위상을 통하여 그 영향력을 행사하였다. 게다가 관료제 내에서의 경쟁을 유도함으로써 개인적 수준, 부서간 수준 그리고 중앙-지방 정부의 수준에서 일본의 공무원은 무기력한 관료제라는 전통적 이미지와는 아주 대조적으로 빈틈없고 효율적이며 창조적이었다(Kim et al, 1995).

하지만 기술관료적인 경제적 효율성에 대한 이러한 이미지에 대해 많은 이유로 의문이 제기되었다. 가령, 일본의 경제회복은 상당히 외적 요소들에 의해 초래되었다. 이 외적 요소로는 특히 동아시아에서의 공산주의 영향을 상쇄하기 위하여 고안된 미국의 대규모 원조를 들 수 있다. 마찬가지로 일본 관료제의 높은 위상과 강력한 영향은 몇 가지 점에서 일본의 민주주의 이행을 손상시켰다. 권력을 단단하게 연결된 보수적 정치가들에게 이전함으로써 — 항상 지배하는 자유민주당 출신의 — 즉 고참 공무원과 기업 리더들에게 이전함으로써 일본은 정치 엘리트를 확립하고 있었다. 이 정치 엘리트는 시간이 경과함에 따라 대중의 압력에 대응하기보다는 그 자신의 권력과 특권들을 유지하는 데 더 관심을 가졌던 것이다. 마지막으로 일본의 공무원들은 장기적인 유익함을 위해 경제에 너무 영향력을 행사하였던 것으로 보였다. 주장에 의하면, 이 점은

'하향식' 계획과 '우승자 선택'이 경직성을 만들어 내었고 일본 경제를 특히 지구화 시대에 시장압력에 불충분하게 대응하게 만들었기 때문이었다. 그리하여 한때 강력하였던 MITI는 쇠퇴하였고, MITI가 소수의 수출지향적 거대기업의 이익을 보호하는 하나의 수단이 되었다는 인식으로 인해 약화되었다. 2001년에 새로 만들어진 경제무역산업부Ministry of Economic Trade and Industry가 50년 동안 일본의 산업정책의 설계자였던 MITI를 물려받았다.

개념설명

행정법Administrative law 국가 행정기관의 권한과 기능을 규정하는 법.

또한 입법적 감시는 관료가 정치적으로 책임을 지는 것을 보장하는 데 기여할 수 있을 것이다. 1979년에 영국에서 새롭게 만들어진 부서선발위원회 departmental select committee로 하여금 상급 공무원과 장관을 심사하도록 한 결정은 행정적 책임제도의 실패를 암묵적으로 인정하는 것이었다. 하지만 효과적인 입법적 통제는 자금의 공급과 연결되었다. 미국의 의회는 대통령의 생활비를 조사하고 다양한 행정부서와 기관에 기금을 제공하는 헌법적 권한을 가지고 있다. 이는 의회의 위원회에 각 부서의 일을 시험하고 조사하며, 부서가 내린 평가를 조사하고, 나쁜 행정과 횡령사건들을 폭로할 수 있는 기회를 부여한다. 하지만 의회가 행하는 감시는 이른바 '철의 삼각형iron triangles'에서처럼 강력한 동맹을 형성하도록 허용할 수 있다.

관료제도에 대해 행해지는 사법적 조사는 특히 국가 행정기관의 권한과 기능을 규정하는 **행정법**이 공법에서 분리된 영역으로 확립된 제도에서 발견된다. 많은 유럽대륙의 국가에서 이로 인해 정부관료제도와 사적 시민 사이에서 일어나는 분쟁을 해결할 권한을 부여받은 행정재판소와 법정들의 관계망이 만들어졌다. 프랑스에서 콩세이 데타Conseil d'État는 최고행정재판소이다. 이 최고행정재판소는 모든 형태의 프랑스 행정에 대해 총감독을 행사하고 있다. 그러나 이 최고행정재판소는 또한 공무원들의 정치적 주인이 행하는 부당한 간섭으로부터 공무원을 보호함으로써 정치적 통제를 약화시킬 수 있을 것이다.

어느 정도의 형식적·비형식적인 방식으로 공중에 대해 관료가 책임을 지게 할 수 있다. 원래는 스칸디나비아 국가에서, 나중에는 변형된 다른 방식으로 뉴질랜드·오스트레일리아·영국·프랑스로 확대된 한 가지 방식민원조사관은 스칸디나비아의 말이며, 영어에서는 정확하게 동일한 말이 없다. 민원조사관은 국가의 공무원이며, 특별한 부문에서 시민을 인도하고, 권력의 부적절한 사용에서 절차상의 실수와 단순한 무능력에 이르기까지 나쁜 행정에 대한 주장을 조사하기 위해 임명된다. 민원조사관이 행하는 역할은 행정재판소와 선출대의제와 같은 불평을 처리하는 정상적 수단을 대체하는 것이 아니라, 보충하는 것이다. 하지만 민원조사관은 폭넓은 행정적 도덕성과 연관되기 때문에, 그들이 행하는 조사와 조사결과가 법적 강제력을 좀처럼 가지지 못한다. 민원조사관제도는 감독과 구제라는 행사를 강화할 수 있는 반면에, 이 제도는 명목적이라는 이유로 비판을 받았고-민원조사관은 집행권을 가지고 있지 못한다-, 또한 이 제도가 너무 현직자라는 자격-일반적으로 내부자이다-에 의존하고 있다는 이유로 비판받았다.

은 **민원조사관** 제도이다. 민원조사관 제도는 개인적인 불평이 구제될 수 있는 하나의 수단을 제공해 주지만, 민원조사관은 법이라는 강제를 가지고 좀처럼 직무를 수행하지 못하며, 일반적으로 그들이 내린 결정을 강요할 직접적인 수단을 가지고 있지 않다. 영국 행정의회위원UK Parliamentary Commissioner for Administration은 특히 비효과적인데, 그 이유는 불만이 대중에 의해 직접적으로 만들어질 수 있는 것이 아니라 단지 한 하원의원의 소관을 근거로 이루어질 수 있고, 관청과 관청이 행하는 기능에 관해 넓게 퍼져 있는 대중의 무지가 존재하기 때문이다.

관료제도에 대해 가해지는 비공식적인 압력 중에서 대중매체와 잘 조직된 이익집단을 통해 행사되는 압력이 있다. 관료는 형식적인 책임의 메커니즘과는 무관하게 그들이 지닌 위상과 공적인 위치가 스캔들, 부패 그리고 어리석은 행정적인 행위에 대해 폭로당함으로써 손상을 입을 수 있다는 점을 알고 있다. 그리하여 1970년대에 미국에서 발생한 워터게이트 사건에 대해 가해진 공표로 인해 중앙정보국Central Intelligence Agency과 연방수사국Federal Bureau of Investigation과 같은 미국의 정부기관은 더 빈틈없는 감시를 행하게 되었다. 유사하게, 프랑스의 신문인 르 몽드Le Monde지는 그린피스Greenpeace의 배인 레인보우 워리어Rainbow Warrior가 1985년에 침몰하는 것을 폭로하는 데 중요한 역할을 하였고, 그로써 국방부장관을 사임시키는 데 기여하였다. 다른 한편으로, 그러한 조사들은 일반적으로 국가행정을 보급하는 비밀주의 문화와 개방적 정부의 부재로 인해 냉혹하게 저지당할 수 있다.

정치화

정치적 통제를 행사하는 가장 평범한 방식 중 한 가지는 상급 관료조직을 현 정부에 대해 이데올로기적인 열성으로 충원하는 것이다. 이 방식은 정치와 행정, 정치가와 공무원 사이에 존재하는 차이를 효과적으로 흐리게 한다. 통제는 정치적 임명제도를 통해 공공연하게 이루어진다. 엽관제는 19세기에 앤드류 잭슨Andrew Jackson에 의해 미국에서 제도화되었다. 그는 연방

공무원의 약 20%를 자신의 사람으로 교체하였다. 새로운 미국 대통령이 들어설 때 행정도 변한다. 약 3천 명의 고위직 공무원이 정치적 임명에 의해 채워지는데, 이 임명은 대부분 11월의 선거와 1월에 거행되는 새로운 대통령의 취임식 사이에 급격하게 이루어진다. 이 임명 중에서 약 200명은 대통령 개인에 의해 이루어지며, 다른 임명은 대통령의 승인하에서 상급 집행공무원에 의해 이루어진다.

독일에서 행정적 임명을 행하는 형식적 영역은 제한되어 있지만, 임명금지Berufsverbot제도 – 문자상으로 '어떤 직업에 대한 접근 거부' – 는 새로운 장관과 정부에 그들이 원하지 않는 공무원을 퇴직시키고, 이들의 자리에 좀 더 공감적인 공무원들을 임명하는 것을 허용하게 해 준다. 하지만 은밀한 정치화가 더 넓게 퍼져 있다. 영국에서 1981년에 행해진 문관부Civil Service Department의 폐지로 인해 상급 공무원이 '대처화'되었다는 주장이 제기되었다. 이 비판은 마가렛 대처가 새로운 상급임명제도를 장악할 수 있었다는 밀접한 이해관계와, 잘 알려진 대처의 발탁기준, 즉 그들은 '우리 편one of us'인가에서 연유하였다. 잠행성 정치화는 또한 프랑스 행정이 가지는 하나의 특징이 되었다. 약 500개의 상급직은 이제 지도적인 정부 인물의 재량에 의해 충원되며, 1980년대 이후로 임명된 사람들은 일반적으로 상당한 당파적 경력을 가지고 있었거나 개인적·정치적으로 고위 정치가와 연결되어 있었다. 따라서 프랑스의 고위직 공무원은 이제 정당정치 위에 서 있는 통일적 집단이기보다는 정치화된 무리가 모인 잡동사니patchwork와 비슷하다.

정치화된 상급관료제도가 가지는 매력은 노골적으로 이 상급제도가 정치적으로 비당파적 공무원이 행하는 것보다 이 집단 내에서 더 높은 충성과 공약이 존재한다는 점을 보장한다는 점이다. 더욱이 어떤 종류의 정치적 성향이 국가관료제에서 불가피하다고 주장하면서, 정치적 중립성이 항상 신화에 불과하다고 믿는 관찰자들은 일반적으로 공공연한 정치화 제도가 은밀한 정치화의 제도보다 더 나은 것이라고 주장한다. 하지만 또한 정치적 공약은 심각한 불이익을 초래한다. 무엇보다도 정치화는 전문적·영구적 공무원의 이념에 타격을 가한다는 점이다. 일단 관료가 현 정부에 의해 정치적 이유로 선택되거나 이데올로기적 공감을 공유하도록 조장될 경우, 관료의 임명은 이들의 정치적 주인의 임명처럼 일시적인 것이 된다. 이 점은 지식과 경험이 다수의 정부에 축적되지 않는다는 점을 의미하며, 미국에서처럼 이 점은 행정의 변화가 정부의 연속성이라는 점에서 주요한 침해를 초래한다는 점을 의미한다.

더욱이 공무원 집단 내에서 정치적 공약과 능력을 동시에 갖기란 어려운 일이다. 어떤 정치화된 행정에서, 임명은 능력과 교육보다는 정치적 관계와 개인적 충성을 토대로 이루어진다. 그러나 어떤 형태의 직업적 안정보장을 제공해 주지 못하는 일시적인 위치에서 일하고자 하는 높은 능력을 지닌 참모진을 끌어들이기란 어려운 일일 것이다. 좀 더 방심할 수 없는 위험은 이데올로기적 열광으로 인해 공무원은 정책제안이 가지는 결점과 단점을 제대로 식별할 수 없다는 점이다. 이러한 관점에서 볼 때 중립성이라는 미덕은 중립성이 관료와 정치가 사이에 '거리arm's length'를 확립하며, 그리하여 관료로 하여금 자신들이 검토해야 하는 정책선택이 가지는 약점과 강점을 파악하게 한다.

반관료제Counter-bureaucracy

정치적 통제에 대한 마지막 조직은 정치가를 지원 또는 원조하거나 공식적인 관료제도에 대한 견제로 행위하기 위해 고안된 구조를 통해서이다. 가장 단순한 제도는 거의 모든 현대 국가에서 하나의 특징이 된 정치적 조언자 혹은 '제3자'를 사용하는 것이다. 좀 더 의미 있게 다양한 제도들이 장관이 해야 할 일을 분담하고 장관에게 조언하는 인사참모를 제공하기 위해 확립되었다. 영국에서 이것은 특별한 토대 위에서 발생하였다. 에드워드 히스Edward Heath는 1970년에 중앙정책논평참모회(Central Policy Review Staff, CPRS)를 창설하였고, 해롤드 윌슨Harold Wilson은 1974년에 정책단위Policy Unit를 만들었다. 1980년대에 마가렛 대처는 개인 사무실Private Office의 역할을 확대하였으며, 또한 정책연구센터Centre for Policy

Studies와 아담 스미드 연구소Adam Smith Institute와 같은 우파적 '두뇌집단'으로부터 조언을 구하였다. 블레어는 내각부서를 강화하였고 공공정책 연구소Institute of Public Policy Research와 데모스Demos와 같은 기관들로부터 조언을 받았다. 내각행정cabinet ministériel이라는 고안물은 좀 더 일반적인 적용이다. 이 제도는 프랑스에서 오래전에 확립되었고, 이탈리아와 오스트리아 그리고 유럽연합에 의해 행해졌다. 내각들은 개인적으로 장관에게 조언을 하는 참모들—프랑스에서는 일반적으로 15~20명의 강한 참모들이 있었다—이며, 이들은 정책을 형성하고 부서의 활동을 감독하는 것을 지원하며, 장관이 다양한 책무를 수행하도록 도와준다. 반관료제에 대한 이념은 대통령집행사무실(Executive Office of the President, EOP)의 형태로 미국에서 가장 정교하게 발전되었다. 이 기구는 "대통령은 도움을 필요로 한다"는 브라운로우 위원회Brownlow Committee의 선언을 따르면서 루즈벨트 대통령에 의해 확립되었다. EOP는 대통령의 개인적 관료제도이다. 이것은 증대된 협의회와 사무실로 구성되어 있으며 약 1,400명의 참모를 고용하고 있다. EOP의 핵심기관은 대통령과 가장 긴밀한 정치적 조언자를 포함하고 있는 백악관 사무실, 예산과 입법적 제안들을 준비하는 것을 도와주는 경영·예산사무실, 방위와 대외적인 문제에 대해 조언하는 국가안전보장회의(National Security Council, NSC) 그리고 대통령에게 경제정책에 대해 전문적인 조언을 하는 경제고문회의 등이다.

반관료제의 목적은 아마추어적이며 일시적이고 수적으로 많은 정치가와 전문적이며 영구적인 직업공무원 사이에 존재하는 불균형을 보상하는 것이다. 하지만 이러한 형태의 정치적 통제는 약점을 가지고 있다. EOP의 경우에 이것은 정부기관의 중복을 초래하며, 그리하여 사법적 갈등과 관료적 내분을 일으킨다. 이 점은 특히 국가안전보장회의와 국무성 사이에 종종 내포된 관계에서 명백하게 나타났다. 또 다른 어려움은 다음과 같다. 정치가로 하여금 잘 선택한 조언자로 둘러싸이도록 허용하는 것은 정치가가 정치적 현실로부터 삭제될 위험이 있으며, 자신들이 경청하기를 원하는 것만을 경청하게 되는 위험성을 낳는다는 점이다. 이 문제는 닉슨과 레이건이

EOP의 조언자에 너무 의존하게 되었던 워터게이트 사건과 이란 반대문제에 의해 부각되었다. 이것은 부분적으로 그들이 본질적으로 적대적인 연방 관료제도를 신뢰하거나 통제할 수 없을 것이라고 믿었기 때문이다.

요약

(1) 공공정책은 일련의 연결된 결정들을 통해 만들어진다. 결정들은 합리적 행위자들의 목적지향적 행위, 변화하는 환경에 의해 만들어진 점진주의적 판단, 결정과정을 형성하는 관료적 혹은 조직적인 요소들, 그리고 결정자들의 믿음과 가치라는 관점에서 설명될 수 있다.

(2) 4가지 단계의 정책과정이 있다. 발의단계에서 정책제안들이 시작되고 정책의제가 이루어진다. 입안단계에서 광범위한 정책제안들이 특수하고 상세한 권고들로 발전된다. 정책 집행단계는 정책결정들이 효력을 발생하는 과정으로 구성된다. 평가단계는 미래에 정책과정을 개선하기 위해 정책산출물들에 대한 비판적 반영의 형태를 취한다.

(3) 관료제도가 가지는 핵심적 기능은 정부사업의 행정을 통해 법과 정책을 수행 혹은 집행하는 것이다. 하지만 또한 공무원은 장관에게 정책조언을 함에 있어서, 이해관계들을 표명하고 집약함에 있어 ─ 특히 소송의뢰인 집단과의 연결을 통해 ─ 그리고 정부 혹은 행정의 변화가 있을 때 정치적 안정과 지속성을 유지하는 데 중요한 역할을 행한다.

(4) 관료제도는 전통적으로 목적 혹은 기능을 토대로 조직되었고, 그리하여 부·성·기관으로 나누어진다. 관료제도 내에서 중앙집권화 혹은 탈중앙집권화의 정도는 상당히 다르다. 하지만 현대의 추세는 정책형성을 정책 집행과 분리하고, 철저한 사유화는 아니라 할지라도 사적 부문에서 행해지고 있는 관리기법을 결합하고 있다.

(5) 관료제도가 야기하는 민주주의 책임에 대한 위협으로 인해 관료적 권력에 대한 관심이 존재한다. 관료적 힘의 주요한 원천은 공무원들이 정보

를 통제할 수 있고, 그리하여 그들의 정치적 주인이 알고 있는 것을 결정할 수 있는 능력을 포함하고 있다. 또한 관료적 힘의 주요한 원천은 공무원이 영구적이고 완전 고용된 공무원이라는 직위를 향유하고, 국가이익에 대한 전문가이자 관리자로서의 위상을 누리고 있다는 장점 때문이다.

(6) 통제는 다양한 방식으로 관료제도에 대해 행사된다. 장관에 대한 공적 책임성의 메커니즘, 즉 의회, 재판소 혹은 민원조사관과 같은 제도들이 확립될 수 있다. 공무원은 정치화될 수 있고, 그래서 현 정부에 대한 이데올로기적 열정을 공유한다. 반관료제는 대안적인 조언을 제공하고 선출 정치가의 힘을 강화하기 위해 만들어질 수 있다.

토론사항

(1) 사람들은 일반적으로 합리적이고 계산적인 방식으로 결정하는가?

(2) '집단사고'는 회피될 수 있는가, 그리고 이것은 어떻게 가장 잘 달성될 수 있는가?

(3) 정책과정에서 가장 중요한 단계는 무엇인가? 그리고 그 이유는?

(4) 정부는 왜 일반적으로 정책평가에 충분하지 않은 자원을 할당하는가?

(5) 정책입안과 정책조언을 제공하는 것 사이에 분명한 차이가 만들어질 수 있는가?

(6) 공적 관료제도는 본래부터 비효율적인가?

(7) 관료들은 정말로 '그들의 국가를 위해' 일하는가?

(8) 정치적으로 죄를 저지른 공무원들에 대한 연금이 그 비용을 능가하는가?

(9) 관료세력을 통제하는 가장 효과적인 메커니즘은 무엇인가?

더 읽을 거리

- Birkland, T., *An Introduction to the Policy Process: Theories, Concepts and Models of Public Policy Making*(2011). 실천적인 문제들과 이론적 문제들에 대해 균형적 시각을 유지하고 있는 정책과정에 있어 분명하고 포괄적인 입문서.
- Knoepfel, P., C. Larrue, F. Varone and M. Hill, *Public Policy Analysis*(2007). 정책분석과 그 접근법에 대한 이용하기 쉽고 통찰력 있는 입문서.
- Peters, Guy, B., *The Politics of Bureaucracy*(2009). 관료제가 행하는 정치적이며 정책입안적인 역할에 대한 백과사전적인 탐구서.
- Raadschelders, J., T. Toonen and F. Van de Meer(eds), *The Civil Service in the 21st Century: Comparative Perspectives*(2007). 세계에 걸쳐 지역적인 변형과 발전들을 탐구하는 공무원 제도들에 대한 비교연구서.

다차원적 정치

"모든 정치는 지방적이다."

이전의 미국 하원 대변인이 즐겨 사용한 말; Thomas('Tip') O'neill Jr

개관

국민국가는 전통적으로 자연적인 것으로 간주되었고, 그래서 아마도 정치적 지배의 유일하게 정당한 단위로 간주되었다. 따라서 국내정치는 국가적 정부의 활동에 초점을 맞추었다. 반면에 국제정치에 있어 국민국가들은 분별력 있고 통일된 존재로 다루어졌다. 하지만 지구화와 다른 발전들이 하나의 과정에 기여하게 되었는데, 이 과정으로 인해 정치적 권위가 약화되고 소위 '다차원적 거버넌스'로 불렸던 것이 만들어졌다. 국가들은 항상 권한의 내부적 분할과 수준의 범위를 통합시켰다. 가장 중요하게는 중앙정부 혹은 국가적 정부와 다양한 형태의 지방시 혹은 지방정부 간의 영토에 기반한 분할을 들 수 있겠다. 이 분할은 국가의 헌법구조에 의해, 즉 그것이 연방 형태의 정부인지 아니면 중앙정부 체계인지에 의해 결정적으로 형성된다. 각각의 정부는 중심-주변관계들이 이루어질 수 있는 틀 내에서 차별적인 틀을 제공해 주고 있기는 하지만 중앙정부와 지방정부는 최근에 지방분권적 압력과 중앙집권적 압력에 놓이게 되었다. 동시에 초국가적 지역주의를 향한 추세가 다음과 같은 사실로 인해 출현하였다. 즉 국가들이 점점 더 도전들에 직면하게 되었는데, 심지어 가장 강력한 국가조차도 자기 힘으로 이 도전에 대처하기 위해 싸우고 있다는 점이다. 이로 인해 출현하는 '지역들의 세계'라는 유령이 초래되었다. 이 관점에서 지역주의는 국민국가의 계승자이자 지구화의 대안인 것이다. 의심할 바 없이 세계의 도처에서 발견된 가장 발전된 지역주의의 실례는 유럽연합이다. 그러나 이 점은 유럽연합이라는 지역모델이 다른 곳으로 전파되고 실행 가능한 것인지에 대한 문제를 야기한다.

쟁점

(1) 정치는 왜 항상 영토적 차원을 가지는가?

(2) 다차원적 거버넌스란 무엇인가?

(3) 연방적·중앙집권적 정부제도들은 얼마나 성공적으로 영토적 차이와 다른 차이들과 조화를 이루는가?

(4) 초국가적 지역주의는 왜 현저하게 증대하였는가?

(5) 유럽의 지역주의는 세계의 다른 지역의 지역주의와 어떻게 다른가?

정치, 영토적·다차원적 거버넌스

영토Territory
정부 권위의 관할권 밑
에 있는 정해진 범위의
지리학적 영역.

지정학Geopolitics
지정학은 대외정책 분
석에 대한 하나의 접근
법이다. 이 접근법은 지
역, 기후, 천연자원, 물
리적 영토와 인구 등과
같은 지리학적 요소의
의미에서 국가의 행동,
관계 그리고 중요성을
이해한다. 지정학의 중
요한 대표자인 알프레
드 머한(Alfred Mahan;
1840~1914)은 다음과
같이 주장하였다. 바다
를 통제하는 국가는 세
계정치를 통제할 것이
라고 말이다. 그리고 핼
포드 맥킨더(Halford
Mackinder; 1861~1914)
는 다음과 같이 시사하
였다. 독일과 시베리아
의 중앙 사이에 있는 땅
에 대한 통제는 세계정
치를 통제하는 열쇠라고
말이다. 지구화의 진전
은 때때로 지정학을 시
대에 뒤진 것으로 만들
었다.

중앙집권하Centralization
국가 수준의 정치권력이
나 정부 권위의 집중.

정치는 항상 공간적이거나 **영토**적인 범위를 가지고 있었다. 정치적 지배가 특정한 주민들에 대해 포괄적 지배를 하거나 강화하는 것을 포함하기 때문에 이 점은 그러한 사람들이 살고 있는 곳을 고려해야만 한다는 점을 함축하고 있다. 설령 이들의 위치가 불명확하고 이곳저곳을 옮겨다닌다 할지라도 말이다(유목민의 경우처럼). 정치와 영토 간의 결합은 더 공식화되었고 근대국가의 출현으로 16세기부터 명백하게 되었다. 예를 들어 베스트팔렌 평화조약(1648)이 영토적 의미에서 주권을 정의하였기 때문에 국가들은 제도와 자신들의 영토 내에서 생활하고 있는 집단들에 대해 독립적인 통제를 행사할 수 있는 능력에 의해 정의되었다. 두 가지 또 다른 발전들이 영토의 중요성을 견고하게 하였다. 이 중에서 첫 번째 발전은 18세기 후반부터 일어난 민족주의의 출현이었다. 민족주의 교의들이 널리 퍼졌던 것과 마찬가지로 국가공동체들이 부분적으로 '고국'을 가진다는 느낌에 의해 나아가게 되었다는 이념 역시 확산되었다. 국가들이 국민국가로 발전하였기 때문에 영토는 법적 지배의 문제일 뿐만 아니라 또한 정체성과 감정적 애착의 문제가 되었다. 두 번째 발전은 국가의 힘과 제국주의에 의해 야기되었던 영토적 확장 간의 강화된 결합이었다. 정치권력은 항상 영토의 통제와 연결되었는데, 그 이유는 정치권력이 지배자에게 자원을 뽑아내고 지리학적으로 정의된 주민들에 대한 통제를 허용하기 때문이다. 그러나 19세기 동안에 아프리카와 아시아에서의 유럽의 '식민지 쟁탈'은 강화된 이러한 연결에 의해 동기가 부여되었다. 이로 인해 혹자는 다음의 사실을 주장하기에 이르렀다. 즉 국가의 운명은 본질적으로 지리학적 요소들에 의해 결정된다고 말이다. 이 점은 '**지정학**'이라는 분야를 발생시켰다.

그럼에도 확립된 국민국가가 영토적 주권을 유지하고자 하는 능력뿐 아니라 국민국가의 통일과 응집성은 최근 수십 년 동안에 손상되었다. 20세기 동안에 국가의 경제적·사회적 책임의 확대가 정치적 **중앙집권화**에 기여하였지만 1960년대와 1970년대에 이 중앙집권화에 대항하는 세력들이 특히 7

장에서 논의되었듯이 문화 혹은 인종을 토대로 정체성을 다시 정의하려는 경향을 통해 출현하였다. 이 현상은 분리파적 집단과 인종적 민족주의 형태의 출현에서 뚜렷하였는데, 이것들은 캐나다의 퀘벡, 영국의 스코틀랜드와 웨일즈, 스페인의 카타로니아와 바스크, 프랑스의 코르시카, 그리고 벨기에의 플랑드르와 같은 지역들에서 그 모습을 나타내었다. 정치적 **분권화**를 위한 압력이 증대함에 따라 주요한 헌정적인 대변동들이 국가의 수에 있어 초래되었다(이 장의 후반부에서 논의된다). 이탈리아에서 이 과정은 1990년대 롬바르디의 북부 리그가 소생하기 전까지는 별로 강하지 않았다. 캐나다와 미국에서 토착인들 사이에서 인종적 단호함에 대한 유사한 시위들이 있었고 오스트레일리아의 원주민과 뉴질랜드의 마우리족 사이에서도 인종적 단호함에 대한 시위들이 있었다. 후자의 두 경우에 적어도 이 현상은 민족적 정체성에 대한 주요한 재평가를 초래하였고, 아마도 민족주의가 다문화주의에 의해 대체되었다는 점을 시사할지도 모른다.

정치적 권위가 국가 내에서 쇠퇴하게 되었던 그 과정은 또한 정치적 권위가 국가를 초월하려는 경향에 의해 보충되었다. 특히 지역기구들의 창설과 강화를 통해서 말이다. 이러한 현상은 첫째, 경계를 가로지르거나 **초국적**흐름과 교류들-사람의 이동, 재화의 이동 화폐의 이동 정보 및 이념의 이동-의 실질적인 증대를 통해 발생하였다. 달리 표현하면, 국가의 경계선들은 점점 더 침투적으로 되었는데, 이것은 1980년대 이후 '가속화된' 지구화와 연관이 있는 발전이었다. 첫 번째 발전과 연관된 두 번째 발전은 국가들 간의 관계가 점점 더 증대하는 상호의존성과 상호연관성에 의해 특징화되었다는 점이다. 경제성장과 경제번영의 촉진, 지구온난화의 저지, 대량살상무기 확산의 정지 그리고 세계적인 유행병에 대처 등과 같은 과제들은 아무리 강력한 국가라 할지라도 어떤 국가가 홀로 달성하기에는 불가능하다. 이러한 환경에서 국가들은 함께 협력할 수밖에 없으며 집단적 노력과 활동에 의존해야만 한다. 점점 더 증대하는 정치결정에 대한 짐이 국가적 수준에서 '위'와 '아래로' 만들어졌던 과정들의 결합은 영토적 정치를 재형성하는 데 기여하였고 **다차원적 거버넌스**의 현상에 대한 관심을 초래하였다. 이 점은

연방제도Federal system
주권이 중앙정부와 지방
정부 간에 배분된 정부
제도.

중앙집권제도
Unitary system
주권이 단 하나의 국가
제도에 있으며, 중앙정
부가 지방정부를 통제하
는 정부제도.

연합Confederation
각각의 국가가 독립성을
가지고 있는 제한적 국
가연합(qualified union
of states)이며, 이 독립
성은 전형적으로 만장일
치에 의해 보장된다.

각각의 거버넌스 과정을 살펴봄으로써 가장 잘 검토될 수 있을 것이다. 거버넌스의 과정은 하위국가적 수준과 초국가적 수준에서 작동한다.

하위국가적 정치

모든 현대 국가는 중앙(국가)제도와 주변(지역적·지방적) 제도 사이에서 영토를 토대로 나누어진다. 하지만 이러한 각각의 분할이 가지는 성격은 매우 다르다. 한 국가 내에서 중앙집권화와 탈중앙집권화 사이에 존재하는 균형은 폭넓은 역사적·지리적·경제적·정치적 요소에 의해 형성된다. 이들 중에서 가장 두드러진 요소는 국가의 입헌구조, 특히 정치제도에서 주권의 지방화이다. 다른 요소를 통해서도 변형되지만 입헌구조는 적어도 중앙-주변 관계가 구성되는 틀을 제공한다. 현대 국가에서 나타난 두 가지 가장 공통적인 지역조직 형태는 **연방제도**와 **중앙집권제도**이다. 세 번째 형태인 **연합**은 주권을 주변 기관에 귀속시킴으로써 가장 느슨하고 탈중앙집권적인 정치연합의 형태를 확립하기 때문에, 이 형태를 지지한 주요 인물이 피에르 조셉 프루동Pierre Joseph Proudhon과 같은 무정부주의자들이었다는 점은 놀라운 일이 아니다. 사실 연합 원리는 북대서양조약기구, 유엔, 아프리카통일기구(Organization of African Unity, OAU), 영연방the Commonwealth of Nations과 같은 국제기구에서 구체화된 정부간주의의 형태로 가장 평범하게 적용되었다. 하지만 국민국가 수준에서 연합의 보기는 무척 드물다. 미국은 원래 처음에는 대륙의회(Continental Congress; 1774~1981)의 형태로, 그 다음에는 연합(1781~1789) 규약을 맺은 연합confederation이었다. 현대 연합국가의 가장 중요한 예는 1991년에 형식적으로 소련을 대체하였던 독립국가연합(Commonwealth of Independent States, CIS)이다. 독립국가연합은 15개의 이전 소비에트공화국 중에서 11개의 공화국－그루지아Georgia와 3개의 발틱 국가는 결합하기를 거부하였다－으로 구성되었다. 하지만 이 국가연합은 독점적 권위가 부족하고, 토론

과 심판절차에 대해 가끔씩 공청만을 겨우 행하고 있을 뿐이다. 사실 효과적인 중앙기관이 부재할 경우, 국가연합은 미국에서처럼 연방국가로 변형되거나, 독립국가연합의 경우에서 일어났던 것처럼 원심적 압력에 예속되거나 해체되었다는 점이 이를 위한 증거이다.

연방제도

연방정부제도는 연합제도보다 더 일반적이었다. 세계인구의 1/3 이상이 어떤 종류의 연방구조를 가지고 있는 국가에 의해 통치된다. 이 국가로는 미국·브라질·파키스탄·오스트레일리아·멕시코·스위스·나이지리아·말레이지아·캐나다 등을 들 수 있다. 어떤 연방구조도 동일하지는 않지만 각각의 연방구조가 지니는 중심적 특징은 중앙기관과 지방기관이 주권을 나누어 가진다는 점이다. 적어도 이론적으로 이것은 어떤 정부기관이 다른 기관의 권한을 침해할 수 없다는 점을 보장한다(그림 17.1 참조). 이러한 의미에서, 하나의 연방은 하나의 연합 – 주권을 주변 기관에 귀속시킨다 – 과 하나의 중앙 국가 – 여기서는 중앙기관이 권한을 가진다 – 사이의 어딘가에 놓

연방주의Federalism
연방 제 도 – 라 틴 어 의 foedus에서 유래하며, '조약(pact)' 혹은 '계약(covenant)'을 의미한다 – 는 일반적으로 영토적으로 한 국가 내에서 권력을 배분하는 합법적·정치적 구조와 연관된다. 그럼에도 연방제도가 가지는 원래의 의미에 따라 연방제도는 호혜주의(reciprocity) 혹은 상호성(mutuality; 프루동)을 내포하는 것으로 간주되었다. 알렉산터 해밀턴(Alexander Hamilton)과 제임스 매디슨(James Madison)의 글에서 연방제도는 폭넓은 다원주의 이데올로기의 한 부분으로 간주되었다. 하지만 하나의 정치형태로서 연방제도는 두 가지 차별적인 정부 수준의 존재를 요구하며, 이 두 가지 정부 수준은 합법적으로 혹은 정치적으로 다른 것에 종속되지 않는다. 따라서 연방제도가 지니는 중요한 특징은 공유주권(shared sovereignty) 개념이다. 이러한 정의에 기초해 볼 때 '전통적' 연방 – 미국·스위스·벨기에·캐나다·오스트레일리아 – 은 그 수가 적다. 하지만 좀 더 많은 국가가 연방 형태의 특징을 지니고 있다.

그림 17.1
연방국가들

여 있는 중간 형태의 정치조직이다. 연방제도는 단일성과 지역적 다양성, 효과적인 중앙권력을 위한 욕구와 권력에 대한 견제와 제한을 위한 욕구 사이에서 생겨난 타협에 기초한다.

왜 연방제도인가?

연방국가 – 혹은 연방적 유형의 특징을 나타내는 국가 – 에 대한 목록을 보면, 어떤 공통적인 특징이 관찰된다. 그것은 연방 원리가 다른 국가에서보다 몇몇 국가에 더 잘 적용될 수 있다는 점을 암시한다. 우선 역사적 유사성이 확인될 수 있다. 예를 들면 연방은 종종 분리된 정체성과 어느 정도 자율성을 보유하기를 원하는 수많은 확립된 정치공동체에 의해 형성되었다. 이것은 세계에서 첫 번째 연방국가인 미국의 경우에 명백하게 적용되었다. 아메리카에 있는 이전의 13개의 영국식민지는 재빨리 연합조직의 부적당함을 인식하였지만, 각각의 식민지는 특징적인 정치적 정체성과 전통을 가지고 있었다. 그리고 이러한 정치적 정체성과 전통을 새롭고 더 중앙집권화된 헌법적 틀 내에서 보존하기로 결정하였다.

강한 민족정부를 확립하고자 하는 점에 있어서 이전의 식민지가 주저하였다는 것은 미국 헌법을 기초하였던 1787년의 필라델피아 헌법회의에서 비준에 대한 토론이 일어남으로써 드러났다. 비준을 지지한 '민족주의적' 견해는 1787년과 1789년 사이에 출간된 이른바 『연방주의 논문*Federalist*

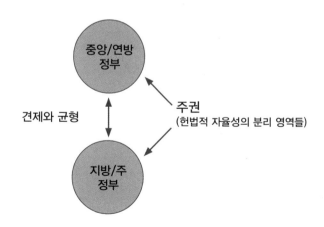

견제와 균형

**중앙/연방
정부**

주권
(헌법적 자율성의 분리 영역들)

**지방/주
정부**

Papers』에서 진척되었다. 이것은 알렉산더 해밀턴Alexander Hamilton, 제임스 매디슨James Madison, 존 제이John Jay에 의해 쓰여졌다. 그들은 국가와 개인의 자유를 보호하면서도 강력한 중앙집권적 정부의 확립을 강조하였다. 결국 권리헌장의 채택과 특히 10개의 수정조항을 통해서 1789년에 비준되었다. 10개의 수정조항은 권한이 연방정부에 주어지는 것이 아니라 각각의 주 혹은 국민에게 주어지는 것을 보증하였다. 이것은 미국 연방제도의 헌법적 기초를 제공하였다. 유사한 과정이 독일에서 일어났다. 1871년의 통일은 증대하는 프러시아의 힘을 반영하였지만, 연방구조는 오랫동안 정치적 독립을 향유한 38개의 독일 주가 가졌던 중앙통제에 대한 두려움을 완화시키는 역할을 하였다. 잠시 동안 나치 시대에 중단되었던 지역적 자율성의 전통은 1949년에 채택한 독일연방공화국 헌법에서 공식화되었다. 이 헌법은 11개 주가 자체 헌법을 가지는 것을 보장하였다. 이 주의 수는 1990년 독일통일의 결과 16개로 늘어났다.

연방의 구성에 영향을 미치는 두 번째 요소는 외적 위협의 존재나 국제 문제에서 좀 더 효과적인 역할을 하고자 하는 욕망이다. 이를테면 작고 전략적으로 취약한 주는 더 넓은 정치적 연합으로 들어가고자 하는 강한 욕망을 가진다. 그러므로 미국의 연합조항Articles of Confederation이 가지는 약점 중의 하나는 새롭게 독립한 미국의 주에 명백한 외교적 목소리를 줄 수 없다는 점과 새롭게 독립한 주가 조약을 체결하거나 연맹에 참가하는 등의 일을 어렵게 한다는 점이었다. 연방연합에 참가하고 효율적인 '프러시아화Prussification'를 받아들이고자 하는 19세기 독일의 주가 가졌던 자발적 의지는 열강의 강도 높은 적대, 특히 오스트리아와 프랑스에 의해 일어난 위협에 힘입은 바가 크다. 비슷하게 하나의 유럽연방의 건설을 향한 움직임 ─ 이 건설은 1952년에 유럽석탄철강공동체(European Coal and Steel Community, ECSC)와 1957년에 유럽경제공동체(European Economic Community, EEC)의 확립으로 시작되었다 ─ 은 부분적으로 소비에트의 침공에 대한 공포와 양극 세계질서의 출현으로 인한 유럽의 영향력 상실에 대한 인식을 통해 초래되었다.

세 번째 요소는 지리적 크기이다. 세계에서 영토가 큰 국가 가운데 많은 국가가 연방제도를 선택하였다. 그 예로서 미국, 캐나다 — 1867년에 연방으로 되었다 —, 브라질(1891), 호주(1901), 멕시코(1917), 인도(1947) 등을 들 수 있다. 지리적으로 큰 국가는 문화적으로 다양한 경향을 보이며, 종종 강한 지역적 전통을 가지고 있다. 이것은 보통 중앙제도 내에서 조화시킬 수 있는 것보다 더 큰 탈중앙화와 권력분산의 압력을 만들어 낸다. 연방제도를 채택하도록 자극하는 마지막 요소는 문화적·인종적 이질성이다. 연방제도는 간단히 말해 종종 사회적 분할과 다양성에 대한 제도적 대응이었다. 가령, 캐나다의 10개의 지역province은 오래전에 확립된 지역적 전통뿐 아니라 영어를 사용하는 지역과 불어를 사용하는 지역 사이에 존재하는 언어적 차이와 문화적 차이를 반영한다. 인도의 25개 자치주는 주로 언어에 의해 규정되었다. 그러나 펀잡과 카슈미르 같은 주의 경우에는 종교적 차이도 고려된다. 비슷하게 나이지리아의 19개의 주연방 헌법은 특히 북쪽 지역과 남동지역 사이에 존재하는 주요한 종족적·종교적 차이를 인정하고 있다.

연방제도의 특징

각각의 연방제도는 연방(국가적)정부와 주(지역적)정부 사이의 관계가 입헌적 통치뿐 아니라 정치적·역사적·지리적·문화적·사회적 환경이 복합됨으로써 결정된다는 의미에서 독특하다. 예를 들면 어떤 점에서 정당제도는 헌법적으로 정부의 각 수준에 할당된 권한만큼이나 연방-주 관계를 결정하는 데 있어 중요하다. 그리하여 미국과는 달리 15개의 공화국에 개별적으로 공산당의 높은 탈퇴권을 보장하였던 소비에트사회주의연방공화국USSR의 연방구조는 엄격하게 위계적인 중앙계획체제는 말할 것도 없이, '지배적인' 강한 중앙집권적 성격에 의해 이루어진 완전한 가짜였던 것이다. 멕시코에서도 유사한 상황이 발견된다. 멕시코에서 지배적인 제도혁명당(Institutional Revolutionary Party, IRP)은 의식적으로 미국의 전형을 바탕으로 만들어졌던 연방제도를 효과적으로 깨뜨렸다. 다른 한편으로 미국·캐나다·호주·인도에서 탈중앙집권화된 정당제도는 국가와 주정부의 권력을

개념설명

집행 연방주의

Executive federalism
연방의 균형이 일반적으로 각각의 수준의 집행부 간의 관계에 의해 결정되는 연방제 유형.

행정 연방주의

Administrative federalism
중앙정부가 핵심적인 정책입안자이며, 지방정부는 정책집행에 대한 책임이 부여되는 연방제 유형.

보호하였다.

행정부와 입법부 사이의 '권력분산'을 작동시키는 연방제도−미국의 대통령제도에 의해 전형화되었다−와 행정부와 입법부의 권력이 결합되는 의원내각제 사이에는 또한 차이가 있다. 연방제도는 정부권력이 영토적·기능적으로 분산되는 것을 보장하는 경향이 있으며, 이것은 정부의 두 수준 사이에는 많은 교차점이 있다는 것을 의미한다. 이로 인해 미국과 스위스 제도에서 발견되는 연방정부와 주정부 사이에 존재하는 복잡한 유형의 상호침투현상이 발생한다. 하지만 의원내각제는 가장 명백하게 캐나다와 호주에서처럼 **'집행 연방주의**executive federalism'로 불리는 것을 종종 만들어 낸다.

모든 연방제도에 해당되는 것은 아니지만 다음과 같은 특징은 대부분의 연방제도에 공통적이다.

① 상대적으로 자율적인 두 개의 정부 수준들: 중앙정부(연방 수준)와 지방정부(주 수준)는 다른 정부가 침해할 수 없는 권한의 영역을 가지고 있다. 이 권한의 범위는 적어도 입법부와 행정부의 권위 정도를 포함하고 조세 권한을 포함하며 어느 정도 재정적 자립을 향유한다. 하지만 각 수준의 정부가 지니는 특수한 사법권의 영역과 각 수준의 정부가 다른 수준의 정부에 영향을 미치는 힘은 매우 다르다. 이를테면 독일과 오스트리아에서는 중앙정부가 핵심적 정책결정자인 **'행정 연방주의**administrative federalism'가 작동하며, 지역정부는 정책 추가물의 사항에 대해 책임이 부과된다.

② 성문법: 각 수준의 정부가 가지는 권한과 책임은 성문법으로 정해진다. 따라서 중앙과 주변의 관계는 형식적인 합법적 틀 내에서 이루어진다. 각 수준이 가지는 자율성은 일반적으로 헌법을 일방적으로 수정할 수 없다는 사실을 통해 보장된다. 예를 들면, 미국 헌법의 수정은 의회의 상·하원에서 2/3와 50개 주 입법부 3/4의 찬성을 요구한다.

이중적 연방주의

Dual federalism
연방정부와 주/지방 정부
는 분리되고 외견상으로
파괴할 수 없는 정책권한
의 분야를 소유하고 있는
연방제 유형.

호주와 스위스에서도 헌법 수정은 국민투표를 통해 비준을 받아야 한
다.

③ 헌법적 중재자: 헌법의 형식적 규정은 최고재판소에 의해 해석된다.
그럼으로써 최고재판소는 연방정부와 주정부 사이에서 일어나는 분
쟁을 중재한다. 각 수준의 사법부가 가지는 각각의 영역을 결정함에
있어서, 연방제도의 사법부는 연방제도가 실제로 어떻게 작동하는가
를 결정할 수 있고, 불가피하게 연방제도는 사법부를 정책과정으로
끌어들인다. 20세기의 모든 연방제도에서 일어났던 중앙집권화는 항
상 법정을 통해 재가받았다.

④ 기관의 연결: 연방정부와 주정부 사이에 협력과 이해를 장려하기 위
해 지역과 지방은 중요한 정책결정과정에서 투표권을 가져야 한다.
이것은 상·하 양원제의 입법부에 의해 이루어진다. 이 속에서 하원이
나 상원이 주의 이해관계를 대변한다. 예를 들어 캐나다 상원에서 105
석은 지역적 토대로 할당되는데, 4개의 주요한 지역의 각 지역은 24석
을 받고 나머지는 더 작은 지역들에 할당된다.

연방제도에 대한 평가

연방제도가 가지는 주요한 강점 중의 하나는, 중앙정부제도와는 달리 지역
적·지방적 이익단체에 헌법적으로 보장된 정치적 투표권을 준다는 점이
다. 주나 지방은 자율적인 권한을 행사하며, 위에서 지적한 것처럼 일반적
으로 연방 입법부의 하원을 통해 중앙정부에서 어느 정도의 대표권을 누린
다. 다른 한편으로 연방제도는 중앙집권화를 향한 20세기의 일반적 경향에
저항할 수 없었다. 연방제도에서 주와 지방의 권리를 보장함에도 중앙정부
가 가지는 권한은 경제적·사회적 개입의 증대와 중앙정부 자신의 더 큰 세
입증대 능력의 결과로 확대되었다.

이를테면 미국의 체제는 원래 '**이중적 연방주의**dual federalism'의 원칙
에 따라 기능한다. 이 원칙에 따르면 연방과 주정부가 분리되고, 외관상으
로는 파괴할 수 없는 정책권한의 국면을 점유하였다. 이는 19세기 후반부터

재정 연방주의

Fiscal federalism
연방의 균형이 일반적으로 자금배치, 특히 중앙정부에서 지방정부로의 양도지불에 의해 결정되는 연방제 유형.

연방정부에서 주정부와 지방정부에 이르기까지 '정부보조금'의 증대에 바탕을 두었던 '협동적 연방주의cooperative federalism' 체계로 가는 길을 제공하였다. 따라서 주정부와 지방정부는 특히 1930년대에 뉴딜정책하에서 경제적·사회적 프로그램이 증대한 후에 점점 더 연방기금의 유통에 의존하게 되었다. 하지만 1960년대 중반 이후 연방정부와 주정부 사이에 존재한 일종의 동반자 관계에 기초한 협동적 연방주의는 '강제적 연방주의coercive federalism'로 불려진 것으로 대체되었다. 이것은 하나의 제도이며, 이를 통해 연방정부는 주정부가 가진 권한을 독점하는 법을 통과시키고, 위임의 형태로 주정부와 지방정부에 제한을 강요함으로써 점점 더 주정부를 예속시켰다.

연방제도가 가지는 두 번째 장점은 정부권한을 분산할 때 연방제도가 개인의 자유를 보호하도록 하는 견제와 균형의 조직망을 만들어 낸다는 점이다. 제임스 매디슨의 표현에 따르면, "야망은 야망을 저지하기 위해 만들어져야 한다." 중앙집권화가 세계적 경향임에도 미국·호주·캐나다와 같은 연방제도는 일반적으로 중앙정부제도보다 민족적 정치가를 강요하는 데 더 효과적이었다. 하지만 정부제도 내에서 건강한 긴장관계를 만들어 내고자 의도되었던 구조는 또한 실패와 마비를 산출할 수도 있을 것이다. 연방제도가 가지는 약점 중의 하나는 중앙적 권위를 강요함으로써 대담한 경제적 혹은 사회적 프로그램의 보충을 더 어렵게 만든다는 점이다. 예를 들면 미국에서 루즈벨트 대통령이 취한 뉴딜정책은 연방정부로 하여금 주정부의 책임을 침해하지 못하도록 의도되었던 최고재판소에 의해 상당히 약화되었다. 1980년대에 로널드 레이건은 연방주의를 정교하게 '큰' 정부, 특히 증대하는 복지예산에 대항하는 무기로 사용하였다. '신연방제도'라는 구호하에서 레이건은 복지에 대한 책임을 연방정부에서 덜 부유한 주정부로 이전시킴으로써 사회지출을 막고자 시도하였다. 이와는 대조적으로, 독일에서 협동적 연방주의의 지배적 유형은 포괄적이고 기금화가 잘 된 복지제도의 건설을 좌절시켰다기보다는 용이하게 하였다. 그럼에도 1990년대 이후 미국은 점점 더 **재정 연방주의**에 의존하였고, 주정부와 지방정부에 대한 연방정부의 보조금은 대통령들이 이어받으면서 꾸준하게 증대하였다.

마지막으로, 연방제도는 제도적 메커니즘을 제공하였다. 이 제도적 메커니즘을 통해 분산된 사회는 통일성과 일관성을 유지하였다. 이러한 점에서 연방을 통한 해결은 수적으로 제한되는 다양한 인종과 지역적으로 분리된 사회에만 적당할지 모르지만 그런 경우에 연방제도는 완전히 생동감으로 충만할 것이다. 가령, 미국의 연방제도가 가지는 독창성은 아마도 이것이 원래의 13개 주 사이의 통일을 위한 기초를 제공하였다기보다는 19세기 중반부터 행사된 영국에 대한 요구를 흡수할 수 있었던 제도적 메커니즘을 미국에 제공하였다는 점이다. 하지만 연방제도가 지니는 위험은 정부의 분리를 낳음으로써 원심적 압력을 강화하고 궁극적으로 해체될지도 모른다는 점이다. 그 결과 어떤 사람은 연방제도가 원래 불안정하고, 중앙정부제도만이 제공할 수 있는 보장된 통일로 향하거나 더 큰 탈중앙집권화와 최종적인 붕괴로 향하는 경향이 있다고 주장하였다. 예를 들어 캐나다 연방제도의 목적이 불어를 사용하는 주민과 영어를 사용하는 주민이 조화롭게 살 수 있는 하나의 정치통일을 건설하는 것이었다면, 이는 실패한 것으로 간주될 수 있다.

중앙집권제도

동시대의 수많은 국가는 중앙집권제도unitary system를 가지고 있다. 이것은 주권을 단 하나의 국가기관에 부여한다. 영국에서 이 기관은 의회이다. 의회는 적어도 이론적으로 경쟁자가 없고, 도전받을 수 없는 입법적 권위를 가지고 있다. 의회는 자신이 원하는 어떤 법을 만들 수 있으며, 또한 만들지 않을 수도 있다. 의회가 가지는 권한은 성문법에 의해 견제당하지 않는다. 요컨대 의회의 권위에 도전할 수 있는 경쟁적인 영국의 입법부는 없다. 그리고 영국의 법률은 다른 형태의 잉글랜드와 스코틀랜드의 법보다 상위에 있다. 중앙집권제도에서 헌법적 우월성이 중앙에 부여되기 때문에 주변 혹은 지방정부의 어떤 제도는 중앙정부의 의지에 달려 있다(그림 17.2 참조).

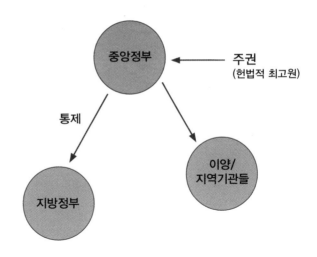

그림 17.2
중앙집권 국가들

중앙정부

주권
(헌법적 최고원)

통제

이양/
지역기관들

지방정부

얼핏 보기에 이것은 견제되지 않는 중앙집권화를 위한 영역을 만들어 낸다. 지방제도는 중앙정부의 의지대로 재형성되고 재조직되며, 심지어 폐지될 수 있다. 지방정부가 가지는 권한과 책임은 확장될 수도 있고 축소될 수도 있다. 하지만 실제로 중앙집권제도의 경우에 중앙과 지방의 관계는 연방제도와 마찬가지로 복잡하다. 정치적·문화적·역사적 요소는 좀 더 공식적인 헌법적 요소와 마찬가지로 중요하다. 그럼에도 두 가지 특징적인 제도적 형태의 주변적 권위, 즉 지방정부와 권리를 부여받은 의회가 중앙정부에 존재한다. 이들 각각은 중앙-주변관계에 특징적인 형상을 부여한다.

지방정부

가장 간단한 의미에서 지방정부local government는 특정 지방, 예를 들면 동village·구district·타운town·시city 혹은 카운티county에 특유한 정부이다. 좀 더 특이하게 지방정부는 주권이 없는 정부형태이며, 전적으로 중앙정부의 권위 혹은 연방제도에 있어서는 주정부 또는 지방정부에 예속된다. 이러한 수준의 정부는 사실 보편적이며 중앙정부제도에서뿐 아니라 연방과 연합제도에서도 찾을 수 있다. 가령, 미국에서는 연방과 주정부의 수준에서 약 8백만 명의 직원을 고용하는 것과 비교해 볼 때, 1천1백만 명을 고용하는 8만 6천 개 이상의 지방정부가 있다. 하지만 중앙집권정부에서 지방

지방민주주의

Local democracy
지방의 자율성에 관한
이념과 대중적 대응성이
라는 목표를 동시에 실
현하는 원리.

정부가 특히 중요하게 만드는 것은 지방정부가 대부분의 경우에 중앙정부의 밖에 놓여 있는 유일한 정부형태라는 것이다.

아울러 지방정부의 헌법적 종속이 지방정부가 정치적으로 중요하지 않다는 것을 의미한다고 가정하는 것은 잘못일 것이다. 다름 아닌 지방정부가 편재한다는 바로 그 사실이 지방정부가 행정적으로 필요하며, 주민에 더 밀착되어 있기 때문에 쉽게 이해할 수 있다는 사실을 반영한다. 더군다나 선출 지방정치가는 그들로 하여금 공식적 권한과 책임을 확대할 수 있게 하는 민주적 정당성을 가지고 있다. 이것은 종종 중앙-주변관계가 위로부터의 독재에 의해서보다는 교섭과 협상의 과정을 통해 이루어진다는 것을 의미한다. 중앙과 주변 사이의 균형은 정치문화―특히 지방적 자율성과 지역적 다양성이라는 확립된 전통에 의한―와 정당제도의 성격과 같은 요소에 의해 더 영향을 받게 된다. 이를테면 국가적 정당이 점점 더 지방정치를 지배하였다는 점에서, 지방정치가 점점 더 '정치화'되는 경향은 일반적으로 지방정치에 더 큰 중앙집권화를 초래하였다. 연방제도가 제공하는 헌법적 틀의 부재 속에서, 지방의 자율성 보존은 많은 부분 중앙정부의 의지에 달려 있다. 이것은 중앙집권제도에서 탈중앙집권화의 정도가 시대마다 국가마다 상당히 다르다는 것을 뜻한다. 이것은 영국과 프랑스의 대조적인 경험을 통해 설명될 수 있다.

영국은 전통적으로 의회에 의해 이루어진 합법적 틀 내에서 상당한 정도로 행동의 자유를 행사하는 지방적 권위를 지닌, 상대적으로 탈중앙집권화된 지방정부를 가졌다. 사실 **지방민주주의**에 대한 존경은 오랫동안 영국 불문법의 특징으로 간주되었다. 존 스튜어트 밀의 견해를 수용하면서, 헌법적 권위는 일반적으로 중앙정부가 행사하는 권력에 대한 견제와 정치참여, 정치교육을 확대할 수 있는 수단으로서 지방정부를 찬양하였다. 하지만 1945년 후에 국가가 행하는 경제적·사회적 역할의 확대는 지방기관이 점점 더 중앙정부를 위한 공공재 제공에 책임이 부과되었다는 점을 의미하였다. 지방-중앙의 관계에 대한 동반자적 접근은 1980년대와 1990년대의 보수주의 정부들에 의해 갑자기 중단되었다. 이것은 지방정부를 다른 중개대리인과

콴고Quango
quasi-autonomous non-governmental organi-
zation(준자율적 비정부
기구)의 첫 글자를 따서
만든 이름. 정치가 혹은
공무원보다는 임명된 사
람에 의해 운영되는 공
공기관.

마찬가지로, 보수주의 정부의 급진적인 시장지향적 정책을 실행함에 있어
서 장애물로 간주하였다는 점이다. 그리하여 중앙정부의 통제는, 지방기관
들이 그들 자신의 세금과 정책지출을 결정하는 권한을 빼앗겼을 때 강화되
었다. 대런던협의회Greater London Council, 수도권협의회metropolitan
county councils와 같이 중앙정부에 도전하였던 지방기관은 폐지되었고,
이 기관들이 행사하였던 기능은 더 작은 구district와 도시평의회, 새롭게 만
들어진 수많은 **준자율적 비정부기구**quango들에 양도되었다. 이러한 정책
의 궁극적인 목적은 근본적으로 '권한을 부여받은' 심의회를 만들어 지방정
부를 개조하는 데 있었다. 이 '권한을 부여받은' 심의회의 역할은 자신들이
서비스를 제공하는 것이 아니라, 유한책임과 민영화를 통해 사적 단체가 제
공하는 서비스를 감시하는 것이다. 나중의 정부들이 대런던기관(2000)의 형
태로 전런던 협의회를 다시 만들었고 읍과 시의 선출 시장들의 도입을 지지
하였지만 영국에서 지방정부에서 중앙정부로의 포괄적인 권력이동은 역전
되지 않았다. 매우 다른 정책이 같은 시기에 프랑스에서 채택되었다. 1980년
대 동안에 미테랑 대통령은 일반적으로 장관들―내무부에 의해 임명되고
직접적으로 내무부에 책임을 지는―을 통해 기능하였던 지방정부들에 있
어서의 엄격한 행정적 통제를 폐지하려 하였다. 이 장관들은 프랑스의 96개
부서의 행정책임자였다. 이 장관들의 집행권한은 지방적으로 선출된 장들
로 이전되었고 장관들은 공화국 위원들로 대체되었다. 이 위원들은 본질적
으로 경제계획에 관계하였다. 이에 덧붙여 지방기관들은 행정적이고 지출
적인 결정을 위한 사전승인을 추구할 필요가 없어졌다. 이 개혁들의 최종적
인 결과는 1789년 이후로 그 어떤 시기보다 더 지방분권적 국가구조를 프랑
스에게 안겨다 주었다는 점이다. 이러한 발전들을 지지하는 것은 지방분권
이 가져다 주는 이익에 대한 신념이었고 정치적 결정들이 가장 낮은 수준에
서 이루어져야만 한다는 믿음을 나타내고 있다.

이양

적어도 입법부의 형태에 있어서, **이양**은 중앙정부제도에서 가능한 가장 큰

이양Devolution

이양은 중앙정부에서 하위의 지역기관으로 권한을 옮기는 것을 의미한다('이양한다'는 것은 권한 혹은 의무를 더 높은 기관에서 더 낮은 기관으로 넘겨준다는 것을 의미한다). 그리하여 이양된 기관은 중앙정부와 지방정부 사이에 존재하는 중간 수준의 정부를 구성한다. 이양과 연방주의가 가지는 영토적 지배권이 유사하기는 하지만, 이양기관이 주권을 공유하지 못한다는 점에서 이양은 연방주의와는 다르다. 이양기관이 가지는 책임과 권한은 중앙정부에서 유래하며, 중앙정부에 의해 부여된다. 이양이 취하는 가장 약한 형태, 즉 행정적 이양의 형태에 있어서, 이양은 단지 지역기관이 다른 곳에서 결정된 정책을 실행한다는 점만을 내포한다. 입법적 이양의 형태─때때로 '자치(home rule)'라고 불린다─에 있어서, 이양은 정책을 결정할 수 있는 책임과 재정적 자립이 부여된 선거를 통한 지역의회의 확립을 포함한다

탈중앙화의 정도, 요컨대 중앙정부제도에서 연방제도로의 변형을 확립한다. 권리를 부여받은 의회는 일반적으로 한 국가 내에서 증대하는 원심적인 긴장에 대응하는 과정에서, 특히 증대하는 지역적이고, 때로는 민족주의적이기도 한 압력을 조정하기 위한 하나의 시도로 만들어졌다. 확고한 권한이 없음에도 일단 권리를 부여받은 의회가 자신의 정치적 정체성을 획득하고 민주적 정당성을 소유하자마자 의회를 약화시키는 것은 매우 어렵고, 정상적인 환경에서 폐지시키는 것은 불가능하게 되었다. 북아일랜드의 스토몽트Stormont 의회는 하나의 예외였다. 스토몽트 의회는 1972년에 중지되었고, 웨스트민스터 의회가 직접적으로 지배하게 되었다. 그러나 이 직접적 지배는 뚜렷하게 프로테스탄트 연합주의당의 지배가 내전을 행하려고 위협하였던 북아일랜드에서 일어나는 지역적 폭력의 경향으로부터 스토몽트 의회를 보호한다는 점이 명백할 때에만 이루어졌다.

유럽에서 이양된 정부에 대한 가장 오래된 전통 중의 하나는 스페인에서 발견된다. 스페인은 1570년대 이후 중앙집권국가였지만 스페인은 50개의 주province로 나누어졌다. 각 주는 지역적 자치를 행사한다. 1975년 프랑코Franco 장군이 사망한 후에 일어나는 민주정부로의 이행 부분으로서 이양과정은 1979년에 17개의 자치공동체의 탄생과 함께 확대되었다. 이러한 새로운 지역정부의 탄생은 국내정책에 광범위한 통제가 부여된 선출의회에 기초를 두었다. 이 개혁은 바스크 지역에서 오랫동안 있어 왔던 카탈루냐의 자율성에 대한 요구에 대처하기 위해 고안된 것이었지만, 분리주의 운동단체인 ETA(Euskadi Ta Askatasuna)에 의해 촉발된 활발한 폭력주의 물결을 불러일으켰을 뿐이다. 프랑스 정부도 지역적 정체성의 주장에 대한 대응수단으로서, 적어도 브르타뉴Brittany와 오키타니아Occitania에서는 인종적 민족주의 형태의 출현에 대응하는 수단으로 이용하였다. 프랑스에서 드페르Defferre개혁의 핵심적 요소는 행정적 이양에서 입법적 이양으로의 이행이었다는 점이다. '기능적 지역주의' 전략의 부분으로서 22개의 지역 공공기관이 1972년에 지방투자와 계획결정에 대한 행정적 협력을 강화하기 위해 만들어졌다. 하지만 이 기관은 민주적 토대가 부족하였고, 단지 제한적 권

정치결정들은 가능한 한 가장 낮은 수준에서 만들어져야 하는가?

모든 현대 국가들이 영토적 토대로 나누어져 있지만 중앙집권과 지방분권 간의 균형이 어디에 있어야만 하는지에 관해 상당한 논의가 있다. 중앙집권의 지지자들은 중앙집권이 민주적 지배의 핵심적 원칙이라고 주장하려는 경향이 있다. 그러나 지방권력은 단지 효율적인 정부 그리고 아마도 사회정의를 희생하여서만 달성되는 것인가?

찬성

참여증대. 지방 혹은 지역정부는 중앙정부보다 좀 더 능률적인 참여대행자이다. 이것은 훨씬 더 많은 사람들이 국가 수준보다 지방 수준에서 공직 활동을 하기 때문이다. 그리고 심지어 더 많은 사람들이 일반적으로 선거나 선거운동을 대변하는 데 연루되어 있기 때문이다. 정치참여를 더 매력있게 함으로써 더 낮은 수준에 결정 책임을 이전하는 것은 정치적으로 '적극적' 소수와 '소극적' 다수 간의 간격을 줄이는 데 기여한다.

더 큰 반응성. 아주 문자 그대로 국민과 '더 가까워'짐으로써 주변 기관들은 국민의 요구에 더 민감하게 된다. 이 점은 대중의 책임성을 강화시키고 정부가 단지 사회의 일반적인 이해관계뿐 아니라 특정한 공동체의 특수한 요구들에 반응하는 것을 보장한다. 지방 혹은 지역 정치가들은 그들이 일하고, 그들이 생활하고 있는 공동체에 대해 개별적인 지식을 가지고 있을 것이라는 점에 대해 확실히 훨씬 더 큰 기회가 있고, 그래서 이 점은 이들의 반응성을 강화하게 된다.

정당성의 증대. 정부로부터의 물리적 거리감은 정치결정의 수용성이나 정당성에 영향을 미친다. 지방 혹은 지역 수준에서 만들어진 결정들은 명료한 것으로 간주될 것 같다. 따라서 정당한 것으로 간주될 것 같다. 반면에 지리적 거리감은 정치적 거리감을 초래하여 정치결정의 구속적 성격을 약화시킨다. 이 점은 특히 중앙집권화된 결정이 공중을 다양한 집단과 다양한 공동체의 집합이라기보다는 무조직적 대중으로 취급할 수 있기 때문이다.

자유의 지지. 지방분권과 지역주의는 폭정을 저지하는 데 기여하며, 개인의 자유를 보호하는 데 기여한다. 이 점은 자유주의자들이 강조하듯이 권력이 더 집중됨에 따라, 정치가의 자기이익 추구 경향에 대한 견제가 별로 이루어지지 않음에 따라 부패가 증가하기 때문에 발생한다. 정치결정들은 점점 더 낮은 심급으로 이양됨에 따라 권력은 더 넓게 분산되고 견제와 균형의 망이 등장한다. 강력한 주변 기관들은 서로에게뿐 아니라 중앙정부 권력을 견제하는 데 더 능률적이다.

반대

국가의 분열. 중앙정부만이 사회의 다양한 부분들의 이해관계보다는 사회 전체의 이해관계를 접합한다. 강한 중앙정부는 정부가 공동의 이해관계와 공동 관심사를 다루는 것을 보장하는 반면, 약한 중앙정부는 사람들로 하여금 그들을 나눈 것에 초점을 두게끔 하며 경쟁과 불화를 만들어 낸다. 낮은 심급으로의 정치결정의 이동은 지방색을 장려할 위험이 있으며 시민들이 정치적인 '큰 그림'을 이해하는 것을 더 어렵게 만들 것이다.

통일성에 대한 위협. 오로지 중앙정부만이 통일적인 법과 공공서비스들을 확립할 수 있다. 이것들은 사람들이 좀 더 쉽게 한 지역에서 다른 지역으로 이동하는 데 도움을 준다. 지리적인 이동성과 사회적 이동성은 정치적 분권화가 국가에 걸쳐 다른 조세행정, 다른 법제도, 교육제도 그리고 사회 안전제도들을 야기하는 정도로 제한될 것 같다. 통일성의 부재는 또한 기업들의 전국적인 성장을 위협할지도 모른다.

사회정의의 억제. 중앙정부로부터 정치결정의 이양은 다음과 같은 단점이 있다. 이 이양은 지방기관들에게 점점 더 그들의 지방이나 지역에서 이용할 수 있는 자원들에 의존하게끔 한다는 것이다. 단지 중앙정부만이 가장 큰 사회적 욕구들을 가진 지역들이 불가피하게 증대하는 재원을 위해 가장 적은 잠재력을 가진 지역들이라는 사실에서 발생하는 불평등을 시정할 수 있다는 것이다. 그리고 중앙정부만이 복지공급의 주요한 프로그램들을 고안하고 실행할 수 있는 재원들을 가지고 있다. 따라서 지방분권화는 사회정의를 위태롭게 한다.

경제발전. 중앙집권화와 경제발전은 필연적으로 병행한다. 중앙정부가 지니는 더 큰 행정능력으로 인해 중앙정부는 지방기관들의 능력을 넘어서는 경제기능들을 수행할 수 있다. 이러한 기능으로는 단일 통화관리, 조세와 지출의 통제 그리고 도로·철도·공항 등등의 형태로 기간산업에 대한 공급 등이 있다. 중앙집권화는 또한 효율성을 증진시키는데, 그 이유는 중앙집권화가 정부로 하여금 규모의 경제로부터 수익을 얻게 하기 때문이다.

한만을 누렸다. 1982년에 이 기관은 각각 직접 선출된 심의회를 가진 완전하게 성숙한 지역정부로 전환하였다.

하지만 유럽에서 일어난 탈중앙집권화를 향한 추세는 또한 유럽연합 내에서 이루어진 발전을 통해 가열되었다. 특히 이 추세는 1980년대 말 이후로 '지역들의 유럽'이라는 이념이 출현함으로써 활기를 띠었다. 지역 및 지방

수준의 정부는 유럽지역개발기금(European Regional Development Fund, ERDF)(1975)의 원조로 혜택을 받았고, 브뤼셀에서 직접적으로 자신의 의사를 대변하고 경제계획과 사회적 기반시설의 발전과의 관련성을 강화함으로써 보답했다.

영국은 이양을 더 느리게 수용하였다. 1960년대 말에 일어난 스코틀랜드와 웨일즈 민족주의의 부활은 이양 문제를 정치의사 일정으로 등장시켰고, 1978년과 1979년에 다시 소수 노동당 정부가 제안한 이양의 문제를 훼방하기까지 했다. 그러나 이양기관은 1999년까지 확립되지 않았다. '비대칭적' 이양제도가 확립되었다. 입법적 이양은 스코틀랜드에서 작동하였는데, 이 이양의 작동은 1파운드 당 3펜스까지 소득세를 올리거나 내릴 수 있는 스코틀랜드 의회의 권한과 그 의회의 **일차적 입법권한**을 통해서였다. 행정적 이양은 웨일즈에서 작동하였는데, 의회는 세금징수에 대한 통제권은 없었고, 단지 **이차적 입법권한**만을 가지고 있었다. 그리고 북아일랜드의 의회권한들이 그 지역의 '평화과정'에서의 발전과 연관되었을 때, 이른바 '회전적 rolling' 이양이 북아일랜드에서 확립되었다. 동시에 영국(UK) 인구의 84%를 차지하고 있는 영국(England)은 전적으로 이양과정의 밖에 머물렀다. 그럼에도 영국(UK)에서의 이양은 빠르게 '**유사 연방주의**quasi-federalism'의 형태로 발전하였고, 이 형태는 조용한 웨스트민스터 의회에 의해 단순한 권한이양을 초월하였다. 스코틀랜드 · 웨일즈 · 북아일랜드 기관들이 헌법적인 권한을 가지고 있지 못하지만 이 현상은, 이들 기관들이 국민투표를 통해 형성되었던 국민의회라는 점으로 인해 민주주의 정당성에 대한 중요한 척도를 향유하고 있기 때문에 일어났다. 더군다나 영국에서의 이양이 가지는 비대칭적인 성격은 이양된 권한들을 서서히 끌어올리는 압력을 만들어낸다. 즉 웨일즈와 북아일랜드 의회는 스코틀랜드 의회의 권한들을 열망하였고 교대로 스코틀랜드 의회는 자신의 우월한 위상을 유지하기 위하여 권한을 확대하고자 하였다. 그리하여 웨일즈 의회는 2011년에 일차적 입법권한들을 획득하였고 스코틀랜드 국민당(SNP)이 2011년에 스코틀랜드 의회의 다수당 통제를 획득하였을 때, 의회는 2014년에 발생하는 스코틀랜드 독립에 대한 국민투표를 언명하였다.

초국가적 지역주의

지역주의: 그 성격과 성장

지역주의의 유형들

일반적 의미에서 지역주의는 하나의 과정인데, 이 과정을 통해 지리적인 지역들이 중요한 정치적 · 경제적 단위가 된다. 하지만 지역주의는 두 가지 모습들이 있다. 첫째, 지역주의는 하위국가적 현상이다. 이 현상은 국가들 내에서 발생하는 탈중앙화의 과정이며, 이미 언급하였듯이 연방주의와 이양과 밀접하게 연관되어 있다. 지역주의의 두 번째 모습은 하위국가적이라기보다는 초국가적이다. 이 점에 있어 지역주의는 세계의 동일한 지역에 있는 국가들간에 일어나는 협력이나 통합의 과정과 연관을 맺는다. 그럼에도 지역주의에서 나타나는 지속적인 문제는 한 지역의 성격과 범위를 확립하는 데 있어 나타나는 어려움이었다. 한 '지역'이란 무엇인가? 표면상으로 한 지역이란 구별적인 지리적 영역이다. 따라서 지역들은 자문을 주는 지도들에 의해 확인될 수 있다. 이를 통해 지역들은 대륙들과 동일시하는 경향을 초래하는데, 그것은 유럽의 경우처럼(유럽연합을 통해), 아프리카의 경우처럼(아프리카연합, AU) 그리고 아메리카의 경우처럼(아메리카 국가들의 기구를 통해) 말이다. 하지만 많은 지역기구들은 동남아시아국가연합(ASEAN), 남아프리카관세연합과 중앙아메리카 공동(협력)시장과 같이 하위대륙적이다. 반면에 다른 지역기구들은 아시아태평양경제협력(APEC)과 북대서양조약기구(NATO) 등과 같이 초대륙적이다. 지역적인 확인에 대한 대안적인 기초는 사회문화적인 것이다. 이 요소는 지역 · 언어 · 역사 혹은 수많은 인접국가들간에 이데올로기적 믿음까지도 그 유사함을 반영하고 있다. 문화적 정체성은 아랍연맹과 북유럽협의회와 같은 단체들의 경우에 특히 중요하다.

안전보장 지역주의
Security regionalism
인접 국가와 원거리 국가들을 포함하는 적들로부터 무엇보다도 국가를 방어하기 위해 만들어진 초국가적인 지역협력 형태.

정치적 지역주의
Political regionalism
공유된 가치들을 강화하거나 보호하기 위해 동일한 지역에 있는 국가들에 의한 시도들. 이를 통해 국가의 이미지, 평판 그리고 외교적인 효과성을 높이고자 한다.

경제적 지역주의
Economic regionalism
일반적으로 무역에서의 결합을 조장함으로써 더 큰 경제적 기회들을 만들고자 고안된 동일 지역에서의 국가간의 협력형태.

그리고 이 요소는 또한 유럽연합의 경우에도 적용될 수 있을 것이다. 유럽연합의 회원자격은 자유민주주의 가치들에 대한 분명한 서약을 요구하고 있다.

지역주의는 수많은 형태들을 취하였고 다양한 요소들로 채워졌다. **안전보장 지역주의**는 냉전으로 인해 초래되었던 새로운 전략적 긴장들을 나타내었던 지역방어기구들의 증대를 통해 1945년 이후의 초기에 출현하였다. 나토와 바르샤바조약기구는 그러한 기구로 가장 유명하였다. 물론 동남아시아조약기구(SEATO)와 같은 다른 기구들도 형성되는 하였지만 말이다. **정치적 지역주의**는 아랍연맹과 같은 기구들의 건설에 서명하였다. 이 연맹은 아랍국가들의 독립과 주권을 보호하기 위하여 1945년에 형성되었다. 유럽 대륙에 걸쳐 공동의 민주적·법적 가치들을 만들고자 하는 목적을 가지고 1949년에 확립되었던 유럽협의회Council of Europe와 아프리카대륙에 걸쳐 자치와 사회발전을 증진시키고자 1963년에 건설되었고 2002년에 아프리카연합(AU)으로 대체되었던 아프리카통일기구(OAU)도 만들어졌다. 하지만 초국가적 지역주의를 향한 가장 의미 있는 추진력은 의심할 여지 없이 경제적인 것이었다. 따라서 **경제적 지역주의**는 지역통합의 제1차적 형태이며 1990년대 초에 이른바 '신'지역주의가 출현한 이후로 점점 더 많아졌다.

지역주의와 지구화

'신'지역주의는 지역적인 무역블록의 증대와 기존의 무역블록의 심화에서 명백하게 드러난다. 이러한 물결은 누그러지지 않은 채 계속되었고 그래서 2005년에 세계무역기구의 단 하나의 국가(몽골)만이 지역적인 무역협정에 가입하지 않았다. 이 무역협정들은 일반적으로 국내관세와 다른 무역장벽의 축소를 통해 자유무역 영역들을 확립한다. 그러나 다른 경우들에 있어 이 협정들은 공동의 대외 관세나 혹은 공동시장들 – 때때로 '단일시장들'로 불리는 – 의 확립을 통해 관세연합을 확립할지도 모른다. 이 공동시장은 노동과 자본의 자유로운 이동과 높은 수준의 경제적 조화가 존재하는 영역들

지역주의는 하나의 지리학적 지역 내에서 사회적·경제적·정치적 활동들에 대한 이론이나 관례이다. 이 지리학적 지역은 한 국가의 부분(하위국가적 지역주의)이거나 수많은 국가들(초국가적 지역주의)을 포함할 수도 있다. 제도적 수준에서 지역주의는 규범, 규칙 그리고 공식적 구조의 증대를 포함하며, 이를 통해 협조가 이루어진다. 정서적 수준에서 지역주의는 국가에서 지역에 이르는 정치적 정체성과 충성의 재편성을 의미한다.

공동주권
Pooled'sovereignty
국제협력제도 내에서 국가들에 의한 결정권한의 공유. 이 협력제도에서 특정한 주권적 권한들은 중앙기관으로 이전된다.

을 의미한다. 그럼에도 '신'지역주의의 출현은 **지역주의**와 지구화 간의 복합적이고 때로는 모순적인 관계를 부각시켰다. 바와티(Bhagwati, 2008)가 언급하였듯이 지역적 무역블록들은 지구체제 내에서 '실책을 저지르는 블록' 혹은 '부설적인 블록building bloc'으로 작동할 수 있다. 경제적 지역주의는 본질적으로 방어적인데, 그것은 지역기구들이 때때로 지구적 경쟁을 강화시키는 영향력을 통해 경제적 생활이나 어쩌면 사회생활의 붕괴에 저항하는 수단으로써 보호주의를 채택하였다는 점에서 그렇다. 이 점은 '요새 유럽'이라는 한때 유행하였던 관념에서 사실상 입증되었듯이 요새로서의 지역에 대한 이념을 야기하였다. 그럼에도 지역적인 무역블록들은 또한 단지 보호주의적인 자극만이 아니라 경쟁적인 자극에 의해 동기화되었다. 이러한 경우에 국가들은 지구적인 시장의 힘에 저항하기 위해서라기보다는 오히려 좀 더 효과적으로 이 지구적 시장의 힘에 참여하기 위하여 지역적 블록들을 만들었다. 국가들이 좀 더 확실하고 더 넓은 시장들에 접근한다는 희망 속에서 무역블록을 공고하게 하거나 혹은 확대하기를 원했지만 국가들은 더 넓은 지구적 시장을 좀처럼 외면하지 않았다. 이 점은 지역주의와 지구화가 경쟁적인 과정이라기보다는 일반적으로 연결되어 있는 과정이라는 점을 뜻한다.

지역주의에 대한 설명

지역주의의 부흥에 대한 폭넓은 설명들이 또한 전개되었다. 지역적 혹은 심지어 지구적 통합에 대한 가장 초기의 이론은 연방주의였고, 국내정치에서 연방주의를 사용하고 있다는 사실에서 영감을 받았다. 초국가적 지역주의에 대한 하나의 설명으로서 연방주의는 정치엘리트들에 의한 의식적인 결정과정에 의존하며, 이 정치엘리트들은 특히 국가로 하여금 더 높은 연방기관으로 적어도 일정한 범위의 국가주권을 이전하도록 장려함으로써 전쟁을 피하고자 하는 소망에 의해 이끌린다. 이 점은 종종 '**공동주권**'으로 언급된다. 하지만 연방주의 관점이 종종 유럽통합의 초기과정을 초래하였다고 언급되지만 연방주의는 더 넓은 지역적 통합과정에 상대적으로 별로 영향을

지역경제블록

- 북아메리카 자유무역협정North American Free Trade Agreement, NAFTA
  이 협정은 캐나다, 멕시코 그리고 미국에 의해 1993년에 서명되었다. NAFTA는 부분적으로 증대하는 유럽통합의 속도에 대응하여 형성되었고 전체 서반구를 에워싸고 있는 더 광범위한 경제적 동반자를 위한 기초를 형성하고자 한다.

- 유럽연합European Union, EU
  유럽연합은 1993년에 형성되었고 유럽경제공동체(1957년에 설립)에서 발전하였다. 유럽연합은 6개 국에서 27개국으로 확대되었으며, 지금은 이전의 많은 공산주의 국가들을 포함하고 있다. 유럽연합은 경제적·정치적 수준에서 지역통합에 대한 가장 발전된 실례이다.

- 아시아태평양경제협력Asia-Pacific Economic Cooperation, APEC
  이 공식적인 포럼은 1989년에 만들어졌고 12개 회원국에서 21개(오스트레일리아, 중국, 러시아, 일 본과 미국을 포함하여) 회원국으로 확대되었다. 전체 공동으로 이 국가들은 세계 인구의 40퍼센트와 지구적 국내총생산의 50퍼센트 이상에 달한다.

- 동남아시아국가연합Association of South-East Asian Nations, ASEAN
  이 기구는 브루나이Brunei, 인도네시아, 말레이시아, 필리핀, 싱가포르 그리고 타일랜드에 의해 1967 년에 만들어졌고 나중에는 베트남, 라오스, 미얀마 그리고 캄보디아가 가입하였다. 동남아시아국가 연합은 동남아시아 국가들의 경제적 독립을 유지하는 데 기여할 자유무역지대를 증진시키고자 하였 다.

- 머르코수르Mercosur
  머르코수르협정(1991)은 관련 회원국가들로 아르헨티나, 브라질, 베네수엘라, 파라과이 그리고 우루 과이를 칠레, 콜롬비아, 에콰도르, 페루 그리고 볼리비아를 연결시킨다.

- 아메리카 자유무역지대Free Trade Area of the Americas, FTAA
  이 기구는 북아메리카 자유무역협정을 확대하기 위해 제안된 것으로 아메리카대륙에 걸쳐 자유무역 지대를 확대하기 위해 1994년 아메리카의 마이애미 정상회담에서 만들어진 협정이다. 아메리카 자 유무역지대는 34개의 잠정적인 회원국들을 가지고 있지만 미국과 캐나다에 의해 지배되고 있다.

받지 않았다. 대신에 유럽 기획의 경우에 있어서조차 연방주의적 생각은 통합에 대한 **기능주의적** 방법보다 덜 영향을 받았다. 기능주의적 관점에서 볼 때 지역협력은 다음과 같은 사실에 대한 승인을 나타내고 있다. 즉 특별한

기능주의

Functionalism
사회적·정치적 현상이 더 큰 전체 내에서의 기능에 의해 설명될 수 있다는 이론으로, 지역통합이 국가 독립에 대해 기능적 장점들을 가지고 있기 때문에 일어난다는 점을 의미한다.

신기능주의

Neofunctionalism
한 영역에서의 지역통합이 일출효과(spillover)의 형태로 또 다른 통합을 위한 압력을 야기한다는 점을 인정하는 기능주의에 대한 수정.

활동들은 개별적으로 행동하는 국가들보다 집단적 행동을 통해 좀 더 효과적으로 수행될 수 있다는 점이다. 이 점은 또한 지역통합이 압도적으로 경제적 성격을 지니는지에 대한 이유를 설명할 수 있게 해 준다. 지역통합은 협력의 기능적 장점들이 가장 잘 드러나는 영역인 것이다. 하지만 기능주의의 약점은 다음과 같다. 즉 기능주의는 기능적 기관들, 특히 기술적이기보다는 정치적인 영역에 있는 기관에게 책임을 넘기고자 하는 국가의 의지를 과대평가하고 있다는 것이다. 더욱이 지역적 기관들이 그들의 기능적 중요성과는 무관하게 국민국가의 기관과 경쟁하는 일정 수준의 정치적 동맹을 획득할 수 있다는 것에 대한 증거는 별로 없다. 이러한 결함의 결과 '**신기능주의**'로 불리는 것에 대한 강조가 점점 더 증대되었다. 신기능주의는 특히 세계에서 가장 발전된 지역통합의 실례인 유럽연합을 설명하는 데 유력하였다.

유럽지역주의

유럽연합이란 무엇인가?

'유럽의 이상'—포괄적으로 역사적·문화적·언어적 차이와는 무관하게 유럽은 하나의 정치공동체를 구성한다—은 1945년 이전에 이미 나타났다. 16세기 종교개혁 이전에, 로마에 대한 공동의 충성은 많은 유럽 국가에 대한 초국가적 권위를 교황에게 부여했다. 유럽국가체제가 존재한 후에도 루소, 생시몽(Saint-Simon; 1760~1825), 마치니와 같은 사상가는 유럽협력주의를 옹호하였고, 어떤 경우에는 유럽 전역에 걸친 정치제도들의 확립을 지지하였다. 하지만 20세기 중반까지 합의—샤를마뉴 대제와 나폴레옹의 경우에 있어서처럼 군사력과 대조적으로—를 통해 이 열망을 달성하고자 하는 생각들은 가망 없는 유토피아에 불과하였다는 점이 판명되었다. 2차 세계대전 이후, 유럽은 역사적으로 선례가 없는 통합과정을 경험하였다. 혹자는 논하기를 이 통합과정은 윈스턴 처칠이 1946년에 '유럽연합국가United States of Europe'로 칭했던 것의 창설을 목표로 하였다고 한다. 사실 국민

유럽연합은 어떻게 기능하는가

• 유럽위원회European Commission

이 기관은 유럽연합의 관료적 기관이다. 이 기관은 27명의 위원(각각의 회원국에서 1명)과 한 명의 의장(호세 마누엘 바로소Jose Manuel Barroso가 2004년에 의장으로서의 공직을 시작)에 의해 인솔된다. 이 기관은 입법을 제안하고, 유럽연합 조약이 존중되도록 보장하는 감시인이다. 그리고 이 기관은 정책집행에 대해 광범위하게 책임진다.

• 각료협의회Council of Ministers

이 기관은 유럽연합의 입법부이며, 자기 국가의 의회와 정부에 책임을 지는 27개국으로부터 온 각료로 구성된다. 각료협의회의 의장직은 6개월마다 회원국 사이에서 번갈아 맡는다. 중요한 결의는 만장일치로 결정하고, 다른 결의 사항은 제한적qualified 다수투표 혹은 단순single 다수로 결정한다.

• 유럽이사회European Council

비공식적으로 유럽 수뇌회담European Summit으로 알려진 이 기관은 외무부장관과 2명의 유럽위원회의 위원을 가진 정부 수뇌들이 연합의 업무에 관한 전체적인 방향을 논의하는 공개토론회이다. 이 이사회는 정기적으로 만나서 유럽연합을 위한 전략적 리더십을 제공한다.

• 유럽의회European Parliament

유럽의회는 785명의 유럽의회 의원—영국에서는 78명의 의원을 선출한다—으로 구성된다. 이 기관의 의원은 5년마다 직접선거로 선출된다. 유럽의회는 입법부가 아니라 조사위원회이다. 이 기관의 주요 권한—유럽연합의 예산을 거부하고 유럽협의회를 해산한다—은 행사하기에 너무 광범위하다.

• 유럽사법재판소European Court of Justice

유럽사법재판소는 유럽연합법을 해석하고 판결을 내린다. 각 회원국으로부터 1명씩 27명의 판사와 재판소에 조언을 하는 8명의 대변인advocates general이 있다. 유럽연합법은 유럽연합 회원국의 법보다 우선하기 때문에 법정은 국내법을 적용할 수 없다. 제1심 재판소는 개인과 기업에 의해 발생한 소송들을 다룬다.

국가가 가지는 단점이 점점 더 명백하게 나타날 때, 유럽통합은 결국 세계적인 추세인 하나의 정치조직 모델을 제공한다는 점이 종종 시사되었다.

이 과정은 1945년 이후 불가항력적으로 강력하게 발생한 일련의 유럽의 역사적 환경에 의해 촉진되었다는 점이 명백하다. 이 중에서 가장 중요한 것은 다음과 같다.

① 협력과 더 큰 시장의 건설을 통해 전후에 폐허가 된 유럽 경제의 재건 필요성.

② 프랑스-프러시아 전쟁(1870~1871)의 원인이 되었고, 1914년과 1939년에 전쟁을 초래하였던 프랑스-독일의 쓰디 쓴 경쟁을 영구적으로 해결함으로써 평화를 유지하고자 하는 희망.

③ '**독일문제**'는 오로지 독일을 더 넓은 유럽으로 통합시킴으로써 해결될 수 있다는 인식.

④ 소련의 팽창주의 위협으로부터 유럽을 안전하게 보호하고 유럽을 위해 양극적 세계질서 속에서 독립적 역할과 정체성을 설계하고자 하는 요구.

⑤ 미국 상품을 판매하기 위한 시장으로서, 공산주의에 대항하여 하나의 요새로서, 부유하고 통합적인 유럽을 확립하고자 하는 미국의 소망.

⑥ 주권적 국민국가는 평화와 번영의 적이라는, 특히 유럽대륙에서 확산된 생각.

유럽통합으로의 경향은 국제주의에 대한 이상주의자들의 언질과 국제 조직들은 국민국가가 명령할 수 있는 것보다 더 높은 도덕적 권위를 구현한다는 믿음을 통해 어느 정도 가열되었다. 하지만 특히 경제적 문제와 연

장 모네(Jean Monnet; 1888~1979)

프랑스의 경제학자이자 행정관. 모네는 대부분 독학하였다. 그는 제1차 세계대전 시기에 통합적인 프랑스-영국의 군수품회사에서 일하였고, 나중에 국제연맹의 사무부총장(Deputy Secretary-General)에 임명되었다. 그는 1940년에 윈스턴 처칠이 제안한 영국과 프랑스 연합의 발기인이었다. 물론 이 제안은 페텡(Petain)의 비시(Vichy)정권이 들어서자마자 포기되었다. 모네는 1945년에 드골 통치 하에서 이루어진 프랑스의 근대화계획의 책임을 맡았고, 1950년에 슈만플랜(Schuman Plan)을 만들었다. 이 슈만플랜으로부터 유럽석탄철강공동체(ECSC)와 유럽경제공동체(EEC)가 발전하였다. 모네는 초국가적 정부를 지지하기 위해 정부간주의를 거부하였지만, 그는 유럽연방주의의 공식적인 지지자는 아니었다.

정치연합

Political union

이 단어는 분명하지 않지
만 하나의 공동정부하에
서 수많은 국가들이 함께
하는 것을 언급한다. 그
리고 이 단어는 초국가적
거버넌스를 함축한다.

통화연합

Monetary union

수많은 국가들을 포함하
는 하나의 지역 내에서의
단일통화의 확립.

결된 좀 더 실천적인 고려가 궁극적으로 더 큰 중요성을 가진다는 점이 판
명되었다. 유럽석탄철강공동체가 프랑스 외무부 고문이었던 장 모네Jean
Monnet와 로버트 슈만의 발의로 1952년에 설립되었다. 로마조약(Treaty of
Rome, 1957)으로 유럽경제공동체가 존재하게 되었다. 유럽석탄철강공동체,
유럽경제공동체, 유럽원자력공동체(European Atomic Energy Community,
Euratom: 핵에너지의 평화적 사용과 연관된 기관)는 형식적으로 1967년에 합병
되었고, 유럽공동체(European Community, EC)가 되었다. 원래 '여섯'이었던
공동체 – 프랑스·독일·이탈리아·네덜란드·벨기에, 룩셈부르크 – 는 1973
년 영국·아일랜드·덴마크의 가입으로 확대되었지만, 1970년대는 침체의
시기였다. 그러나 통합과정은 1986년에 단일유럽협정(Single European Act,
SEA)이 조인됨으로써 다시 착수되었다. 이 단일유럽협정은 유럽에 걸쳐 재
화, 서비스, 인민의 무제한적 유입('단일시장')을 계획하였고, 1993년에 도입
되었다. 1991년에 협정되고 1992년에 비준되었으며 1993년에 효력을 발생
한 유럽연합조약(TEU 또는 마스트리히트조약)은 유럽연합(European Union,
EU)의 창설을 결정하였다. 이것은 유럽연합의 15개 회원국 – 그리스·포르
투갈·스페인·오스트리아·핀란드·스웨덴 가입 – 에게 **정치연합**과 **통화연
합** – 스웨덴·덴마크·영국은 통화연합에 참여하지 않기로 하였다 – 에 서
명하게 했다. 이 제안에서 핵심적인 사항은, 유럽연합조약에 따르면, 1999
년에 효력이 발생하는 단일유럽통화, 즉 유로Euro화를 확립하는 것이었다.
유로화는 2002년에 지폐와 동전이 유통되었다. 2004년에 유럽연합은 가장
급진적인 확대단계에 돌입하여 중유럽 및 동유럽와 지중해의 10개 국가가
가입하였으며, 이는 철의 장막 이후 수십 년 후에 유럽의 재통일을 가져다
주었다. 불가리아와 루마니아가 2007년에 가입하였고, 크로아티아·마케도
니아·터키가 회원국 가입을 위해 협상 중에 있으며, 알바니아·보스니아
헤르체고비나·몬테네그로·세르비아가 잠재적인 후보국가로 남아 있다.

유럽연합은 범주화하기에 매우 어려운 정치기구이다. 엄격한 의미에
서 유럽연합은 더 이상 독립국가의 연합confederation이 아니다 – 유럽경
제공동체와 유럽공동체가 시작되었던 것처럼 – . 회원국의 주권은 1966년

동의를 거부함으로써 어떤 결정 혹은 행동을 저지하는 형식적인 힘을 의미한다.

정부간주의
Inter-governmentalism
초국가주의
Supranationalism
정부간주의는 주권 독립의 토대 위에서 일어나는 국가들 간의 어떤 상호작용형태를 언급한다. 정부간주의는 연맹과 연합뿐만 아니라 조약과 동맹들을 포함한다. 주권은 중요한 국가문제들에 대해 각 국가에게 거부권을 주는 만장일치의 결정과정을 통해 유지된다. 초국가주의는 국민국가의 권위보다 더 상위이고 국민국가에게 자신의 의사를 강요할 수 있는 한 권의 존재이다. 따라서 초국가주의는 국제연합에서 발견될 수 있는데, 여기서 주권은 중앙기관과 지방기관 간에 배분된다.

가중다수결
Qualified majority voting
거칠게 표현하면, 국가가 크기에 따라 조정된 투표권을 가지고, 다른 문제들에 대해 상이한 다수제가 요구되는 투표권 제도를 의미한다.

의 이른바 '룩셈부르크 절충안Luxembourg compromise' 속에 안치되었다. 이것은 장관협의회에서 만장일치투표라는 일반적 관습을 수용하였고, 각 국가에 중요한 국가이익을 위협하는 문제에 대해서는 즉석에서 **거부권**을 보장하였다. 하지만 단일유럽협정SEA과 유럽연합조약TEU의 결과로서, 가장 큰 국가로 하여금 투표로 이기게 하는 **가중다수결**의 실행이 광범위한 정책영역에 적용되었다. 이로써 국가 거부권의 운용범위는 협소해졌다. 이 추세는 유럽연합법이 모든 회원국들을 구속하며, 유럽연합의 어떤 조직들이 국가의 정부들이 가지고 있는 권한을 축소시켰다는 사실에 의한 것이다. 이 결과는 정부간 그리고 초국가적 특징을 가진 하나의 정치단체의 탄생이다. 정부간 특징을 가진 정치단체는 각료협의회Council of Ministers에서 명백하게 드러나며, 초국가적 특징을 가진 정치단체는 주로 재판소 Court of Justice에서 명백하게 나타난다. 유럽연합은 아직 하나의 연방적 유럽을 탄생시키지 못했다. 그러나 회원국의 국법에 대해 유럽법이 우위이기 때문에 유럽연합은 '연방화하는 중'이라고 말하는 것이 아마도 정확할 것이다. 유럽연합의 다양한 법적 규칙들을 성문화하는 시도가 이루어졌는데, 일반적으로 유럽 헌법으로 알려진 법조약의 도입을 통해 특히 확대의 관점에서 그렇다. 그러나 이 시도는 2005년 네덜란드와 프랑스에서 실시된 국민투표에서의 패배로 인해 유럽 헌법을 인준하는 데 실패하였다. 하지만 헌법적 조약의 많은 요소들이 2009년 리스본조약으로 구체화되었지만 이 사건은 수십 년 간의 제도적인 심화에도 여전히 국가이익의 문제들을 둘러싸고 유럽연합 회원국들이 계속적으로 국가로서 기능하는 정도를 부각시킨다.

경제적 통화연합과 상당한 정도의 정치적 연합은 국가들 사이에서 자발적인 협력을 통해 이루어졌다는 점에서, 유럽연합은 유일한 정치적 단체이다. 즉 유럽연합은 초국가적 거버넌스에 있어 세계에서 유일하게 진정한 시도인 것이다. 유럽연합조약TEU을 통해 이루어진 공동체에서 연합으로의 이행은 정부간 협력을 외교·안보정책, 국내문제, 사법, 이민과 치안과 같은 영역으로 확대하였을 뿐만 아니라, 어떤 국가에서 거주하고 노동하고 정치적으로 활동할 권리를 통해 유럽연합 시민권이라는 관념을 확립시켰다.

이러한 통합 수준이 가능했던 것은 몇몇 논자들의 지적대로, 민족주의로부터 협력으로 향하도록 대중의 태도를 바꾸고, 독립적인 것보다는 협력적 행동이 국익에 기여한다는 사실을 엘리트들로 하여금 확신하도록 만든, 1945년 이후 유럽에서 발생한 통합 압력에 의해서였다. 종종 유럽의 '다루기 힘든 동반자'로 불렸던 영국의 경우처럼, 이러한 전제들이 약하게 작용하였던 곳에서, 통합과정에 대한 참여는 마지못해 하거나 아니면 주저하면서 하는 것이었다 ─ 영국은 1957년에 유럽경제공동체에 가입하는 것을 거부하였고, 1991년에 통화연합과 유럽연합의 사회헌장Social Charter에서 자발적으로 물러나기로 결정하였다 ─.

그럼에도 유럽연합은 샤를르 드 골Charles de Gaulle이 내린 독립국가연합으로서의 유럽이라는 미래를 넘어서 '항상 변함이 없는 더 긴밀한 연합'을 확립하고자 하는 로마조약의 목표를 실현하는 데 많은 일을 하였다. 그러나 유럽연합은 초기에 일어났던 연방주의적 꿈, 즉 하나의 유럽인의 '초국가'를 실현하는 데는 아직 역부족이다. 이 점은 부분적으로 유럽연합조약에서 구체화된 보완성 원칙principle of subsidiarity의 존중과 프랑스와 독일과 같은 핵심국가들이 채택한 통합에 대한 실용적인 접근법을 통해 확실하게 나타난다. '새로운 유럽New Europe' 내에서의 결정은 점점 더 다중적인 수준의 거버넌스를 토대로 이루어진다. 이 다중적인 수준의 거버넌스 내에서 정책과정은 하위국가적, 국가적, 정부간 그리고 초국가적 수준을 연결하였다. 부언하면, 이 거버넌스에서 정책과정은 다양한 주제와 정책분야와의 연관성 속에서 이동하는 수준들 사이의 균형을 통해 일어난다. 복합적인 정책입안에 대해 가지는 이러한 이미지는 국가주권과 유럽연합의 지배 사이에서 벌어지는 전쟁이라는 무익한 개념보다 더 유익한 것이다.

유럽연합, 위기인가?

유럽연합은 발전을 이루었으면서도 수많은 문제에 직면하였다. 혹자들에게 유럽연합의 실패는 다름 아닌 시간의 문제였다. 이러한 관점에서 볼 때 역사·전통·언어·문화의 의미에서 유럽연합 내에 존재하는 다양성의 수준

유로존 위기: 한계를 넘어선 지역주의인가?

사건: 유로euro는 공식적으로 1999년 1월 1일에 성립하였다. 그 당시의 15개 회원국 중에서 영국·스웨덴·덴마크만이 이 통화에 가입하지 않기로 결정하였다. 그 후에 유로존은 17개 회원국으로 늘어났다. 이 새로운 통화는 2002년 11월에 미국 달러와 등가를 이루어졌고 그 후에 꾸준히 증가하여 2008년 7월에 1.59달러의 가치로 정점에 달하였다. 하지만 2007~2009년 지구적 금융위기의 시작과 지구적 경기침체로 인해 심각한 문제가 발생하였다. 성장은 둔화되었고 조세수입이 감소됨에 따라 유로존에서 상당히 부채를 안고 있는 국가들, 즉 포르투갈·아일랜드·그리스·스페인 그리고 어느 정도 이탈리아에 대한 관심이 일어났다. 그리스의 위기는 너무 심각해서 2010년 5월에 독일이 이끄는 유로존에 대한 대규모 긴급지원이 초래되었고 게다가 2011년 7월에 국제통화기금이 긴급지원을 하였다. 유사한 긴급지원들이 스페인·이탈리아 그리고 이를 넘어선 국가로 확산될지도 모른다는 염려 속에서 2010년 11월 아일랜드에, 2011년 5월에는 포르투갈에 이루어졌다. 이들 각각의 국가들에서는 지출삭감과 세수입의 증대가 예산적자를 감소시키고 금융시장의 신뢰를 회복시킬 것이라는 희망을 안고 혹독한 긴축정책이 도입되었다.

의의: 유럽의 단일통화는 유럽연합 내에서 성장과 번영을 촉진시키는 중요한 방법으로 간주되었다. 유로에 대한 중요한 매력은 이 통화의 도입이 거래상에서 발생하는 비용과 위험을 감소시킴으로써 무역을 증진시킬 것을 약속하였다는 데 있었다. 통화간 거래는 외국통화를 사거나 팔거나 할 필요성으로 인해 비용을 초래한다. 그러한 거래는 위험과 불확실성을 포함하고 있는데, 그 이유는 예기치 않은 환율 움직임이 기대하였던 것보다 거래를 더 비싸게 하거나 덜 비싸게 만들 수도 있기 때문이다. 따라서 단일통화는 단일시장에 완벽할 것이고 무제한적 노동과 자본이동을 보장하는 데 도움을 줄 것이다. 게다가 유럽연합 내에서 재화와 인력의 자유로운 이동에 대한 많은 장벽들이 단일유럽협정Single European Act(1986)과 유럽연합조약Treaty of European Union(1993)에 의해 제거되었기 때문에 유로화의 성공을 보장하기 위해 이미 많은 것들이 행해졌다. 이로 인해 다음과 같은 견해들이 장려되었다. 즉 유럽연합은 시간이 흐름에 따라 단일통화의 작동이 더 큰 경제적 조화를 촉진시킬 것이라는 확신을 가지고 적절한 통화영역을 구성하였다는 점이다. 이에 첨가되는 장점은 단일통화가 유럽연합에게 유익한 경제적 훈련, 그중에서도 특히 1997년 안정과 성장협약에서 계획하였듯이 예산적자와 국가부채 규모의 제한을 가져다줄 것이라는 점이었다.

그럼에도 유로존 위기는 단일통화 기획이 지니는 한계와 결점들을 부각시키고 있다. 혹자는 심지어 다음과 같이 주장한다. 통화연합은 원칙상 경제적으로 실행 불가능하고 그 한계를 넘어서서 유럽지역주의로 확대하였다는 것이다. 어떤 초국가적 통화 영역은 다른 경제주기에 따라 작동하는 다른 종류의 경제들을 포함할 가능성이 있으며, 그래서 실패할 운명인지도 모른다는 것이다. 특별한 관심은 통화연합이 기대치 이하인 유로존 회원국들로 하여금 성장을 촉진시키는 세 가지 전통적인 전략—평가절하, 이자율 인하 그리고 케인즈주의 양식의 적자예산—중 하나를 사용하지 못하게 한다는 점이다. 혹자들이 볼 때 유로존이 안고 있는 주요한 문제는 통화연합이 재정연합 혹은 '재정 연방주의'의 부재 속에서 확립되었다는 데 있다. 안정과 성장협약이 간단하게 집행될 수 없다는 점을 인정하고서 이것을 시정하는 주요한 진전이 이루어졌다. 이것이 곧 재정안정조약 혹은 재정협정이었고 2012년 3월에 25개 유럽연합국이 이에 서명하였다. 하지만 재정협약은 적어도 두 가지 주요한 결점들을 안고 있다. 첫째, 실제적으로 정치연합을 강화함에 있어 이 재정협약은 주민들이 '재정주권'을 상실하는 것이 '통화주권'을 상실하는 것보다 더 중요하다는 점을 인식하자마자 반발을 초래할지도 모른다는 점이다. 둘째, 재정협약의 약정들은 금융시장에서의 신뢰를 회복하기 위하여 고안되었다. 하지만 이 약정들의 순수한 효과는 유럽연합에 걸쳐 긴축을 초래할지도 모르며 경제성장의 달성을 불가능하게 할지도 모른다.

은 다음의 사실을 의미한다. 즉 유럽연합은 충성심과 시민적 소속감을 확대할 수 있는 국민국가의 능력이나 세계무대에서 효과적으로 행위하는 국민국가의 능력과 결코 조화될 수 없다는 점이다. 특히 유로화의 장기적인 생존 가능성에 대한 긴장들이 확대되었고, 그래서 혹자들은 다음의 사실을 논의하였다. 즉 2010년 이후 유로존의 위기는 유럽지역주의가 너무 멀리 진행되었다는 것이다. 반면에 또 다른 사람들은 유럽지역주의가 충분할 정도로 진척되지 않았다고 믿었다.

도전들은 또한 특히 2004년에서 2007년 동안에 진행된 확대과정, 특히 유럽연합의 동쪽으로의 팽창으로부터 발생하였다. 이 점은 유럽연합이 15개의 회원국에서 27개의 회원국으로 증대하였다는 점을 보여 주었다. 어떤 점에서 2004년에서 2007년 동안의 확대들은 유럽연합의 최고의 위업이었다. 즉 이 확대들이 전 유럽에 걸쳐 자유민주주의의 승리를 나타내는 중유럽과 동유럽의 정치경제적 전환을 지지하였다—어떤 의미에서는 이행하였다—는 점에서 그렇다. 하지만 점진적 확대들은 유럽연합의 '확대'와 '심화' 일정 간에 긴장을 만들어 내었다. 더 많은 수의 국가들과 이해관계들이 유럽연합의 정책과정에 포함되었기 때문에 의사결정은 점점 더 어려워졌고 불가능하게 되었다. 이 점은 하나의 유럽연합 헌법을 채택하는 것에 대한 압력들을 산출하였다. 하지만 리스본조약을 통해 거부된 헌법조약의 요소들 중에서 몇몇 요소들이 부활하였음에도 유럽연합은 제도적인 경화증에 대한 예상에 계속 직면하고 있다. 마지막으로 이른바 유럽연합의 '민주주의 결핍'이라는 문제가 있다. 이것은 일반적으로 유럽연합의 민주주의 책임성의 결핍

을 의미하는 것으로 이해되었다. 이 결핍은 다음의 사실에서 유래한다. 즉
단지 직접 선출된 유럽연합기관인 유럽의회가 리스본조약에 의해 강화되었
음에도 상대적으로 허약하다는 점이다. 사실상 이 점은 단지 모든 형태의 초
국가적 거버넌스에 존재하는 더 심오한 결핍을 강조할지도 모른다. 그리고
이 점은 정책입안의 장소가 국민들로부터 점점 더 멀리 떨어지기 때문에 정
치적 정당성이 아마도 치명적으로 손상된다는 것이다.

요약

(1) 정치는 항상 공간적이거나 혹은 영토적 범위를 가지고 있다. 그러나 이
것은 영토적 주권에 대한 이념의 출현과 함께 더 공식화되고 명백하게 되
었다. 하지만 영토적 정치는 정치적 결정이 '상위의' 국가적 정부와 '하위
의' 국가적 정부로 이동함에 따라 그 모습을 변화시켰다. 그래서 다차원
적 거버넌스가 발생하게 되었고 정치적 권한이 수직적으로 그리고 수평
적으로 배분되는 복합적인 정책과정이 초래되었다.

(2) 가장 일반적인 형태의 영토적 조직은 연방제도와 중앙(집권)제도이다. 연
방주의는 주권의 공유 개념에 기초를 두고 있다. 연방제도에서 권한은
중앙정부와 지방정부 사이에 분배된다. 하지만 중앙(집권)제도는 주권을
단 하나의 국가기관에 부여하며, 이것은 중앙정부로 하여금 국가의 영토
적 조직을 결정하게 한다.

(3) 지역적 분할에 영향을 주는 다른 요소는 정당제도, 정치문화, 경제제도,
물질적 발전의 수준, 국가의 지리학적 크기, 문화적·인종적·종교적 다
양성의 수준을 포함한다. 모든 제도는 아니지만 대부분의 제도에서 중앙
집권화를 향한 경향이 존재했다. 이 점은 특히 중앙정부가 홀로 경제생
활을 관리하고 포괄적인 사회복지를 제공하는 자원과 전략적 견해를 가
지고 있다는 점을 반영하고 있다.

(4) 지역주의는 하나의 과정이다. 그리고 이 과정을 통해 지리학적 지역들이

중요한 정치적·경제적 단위가 되며 협력과 아마도 정체성을 위한 기초로 기능한다. 초국가적 지역주의는 협력의 일차적 영역이 경제적이거나 안보와 연관되거나 아니면 정치적인 것에 의존하는가에 따라 다양한 형태를 취한다. 주요한 지역통합 이론들은 연방주의, 기능주의 그리고 신기능주의이다.

(5) 지역통합은 유럽에서 가장 멀리 진척되었다. 그럼에도 이 과정의 산물인 유럽연합은 범주화하기에 매우 어려운 정치기구이다. 유럽연합은 정부간 특징과 초국가적 특징을 동시에 가지고 있다. 유럽연합이 직면하는 도전 중에서 '확대'와 '심화'의 목표, 유럽연합의 '민주주의 결핍'에 관한 지속적인 염려 그리고 장기적인 통화연합 실현성을 위협할지도 모르는 유로존에서의 위기 간에 긴장들이 존재한다.

토론사항

(1) 왜 그리고 어느 정도로 정치는 영토와 연관되어 있는가?

(2) 연방제도 원칙은 단지 몇몇 국가 혹은 모든 국가에 적용될 수 있는가?

(3) 연방제도와 이양이 가지는 장점은 각각 어떤 것인가?

(4) 현대 국가에서 중앙집권화를 향한 경향은 방해받을 수 있는가?

(5) 왜 경제적 지역주의는 안보 지역주의나 정치적 지역주의보다 더 많은 발전을 하였는가?

(6) 지역주의는 민족주의를 대체할 능력을 가지고 있는가?

(7) 지역주의와 지구화의 관계는 무엇인가?

(8) 유럽연합은 어떤 종류의 정치단체인가?

(9) 유럽통합과정은 해체될 위험에 처해 있는가?

더 읽을 거리

- Burgess, M., *Comparative Federalism: Theory and Practice*(2006). 연방주의와 연방의 연구에 대한 포괄적이고 접근하기 용이한 서적.
- Denters, B. and L. E. Rose(eds), *Comparing Local Governance: Trends and Developments*(2005). 뉴질랜드·호주·미국뿐 아니라 유럽에 걸친 지역 거버넌스의 변형에 대한 성격과 범위에 대해 유용한 설명을 담고 있는 서적.
- Fawn, R.(ed.) *Globalising the Regional, Regionalising the Global*(2009). 6개의 지역연구를 포함하여 지역주의에 대한 이론적이고 주제별 접근을 설명하고 있는 권위 있는 논문 모음집.
- McCormick, J., *Understanding the European Union: A Concise Introduction*, 5th edn(2011). 유럽연합의 작동과 발전 그리고 유럽통합의 의미에 대해 간결하고 선명하며 읽기 쉬운 소개서.

안전: 국내와 국제

"인간의 상태는…… 만인에 대한 전쟁 상태이다."

Thomas Hobbes, *Leviathan* (1651)

개관

안전은 정치에서 가장 심오하고 가장 지속적인 문제이다. 이 문제의 핵심에는 다음과 같은 질문이 있다. 즉 사람들은 위협·협박·폭력으로부터 벗어나 어떻게 품위 있고 가치 있는 삶을 영위할 수 있을까? 따라서 안전을 위한 추구는 질서의 추구와 연관되며, 그리고 다양한 욕구와 이해관계들을 가진 개인과 집단들 사이에서 상대적 평화와 안정의 추구와 연관된다. 이러한 관심사들은 일반적으로 국가의 경계선 내에서 모든 집단과 기관들에게 국가의 의지를 강요할 수 있는 기관인 주권국가의 존재를 통해 국내영역에서 해결되는 것으로 간주되었다. 그럼에도 국내안전은 중요한 문제, 특히 '강제적인' 국가의 기관들, 즉 경찰과 군부의 역할에 관한 문제를 야기한다. 하지만 안전문제는 종종 국제정치에서 특히 강조되는 것으로 간주된다. 왜냐하면 국내영역과는 달리 국제영역은 무정부적이고 따라서 그 본성상 위협적이고 불안정하기 때문이다. 이 점이 국제갈등과 전쟁이 세계적 문제의 필연적인 특징인가에 관한 격렬한 이론적 논의가 있었고, 또한 어느 정도로 국가들이 협력을 통해 전쟁을 저지할 수 있는지에 관한 격렬한 논의가 있었다. 이 논의들은 초국가적 테러의 부흥과 핵무기의 확산과 같은 국제안전에 대한 새로운 도전의 출현으로 인해 점점 더 강조되었다. 마지막으로 '인간안전' 개념에 대한 점증하는 관심으로 인해 국가의 안전에서 개인의 안전으로 관심사가 이동하였으며, 그 과정에서 가령 경제적 안전, 식량안전 그리고 개인적 안전을 포함하기 위하여 안전에 대한 관념의 폭이 확대되었다.

쟁점

---

(1) 어떤 점에서 시민치안은 정치적 치안과 다른가?

(2) 경찰을 공적으로 책임질 수 있게 하기 위해 어떤 장치들이 사용되는가?

(3) 언제, 어떠한 방식으로 군부는 국내정치에 개입하는가?

(4) 국제안전에 대한 중요한 이론들은 무엇인가?

(5) 국제안전에 대한 의제가 최근에 어떻게 변화하였는가?

(6) 인간안전 관념의 의미들은 무엇인가?

개념설명

안전Security
해 혹은 위협으로부터 안전하게 되는 조건. 일반적으로 물리적인 해를 의미하는 '공포로부터의 자유'로 이해된다.

질서Order
일상어에서 질서라는 단어는 옷들이 '질서 있는' 패션 속에서 배열되는 것처럼, 정기적이고 잘 정돈된 유형들을 언급하고 있다. 하나의 정치원칙으로서 질서는 안정적이고 단정할 수 있는 행위형태와 연관되며, 무엇보다도 개인적 안전을 인도해 주는 형태와 연관된다. 따라서 무질서는 혼란과 위반을 의미한다. 질서는 보편적으로 가치가 있는 것이지만, 질서는 두 가지 매우 다른 정치적 연관을 가지고 있다. 가장 일반적으로 질서는 정치적 권위와 연관되며, 법체계를 통해 '위로부터' 강요될 경우에만 달성될 수 있는 것으로 생각된다. 그리하여 '법과 질서'는 하나의 융합 개념이 된다. 대안적인 견해는 질서를 평등과 사회적 정의와 연결시키며, 안정과 안전은 자연적으로 협동과 상호존중을 통해 '아래로부터' 발생할 수 있다는 점을 강조한다.

경계선을 초월하는 안전인가?

위험, 공포 혹은 걱정의 부재로서 **안전**은 공통의 성격을 가지고 있지만 관습적으로 국내영역에서의 안전유지와 국제영역에서의 안전유지 사이에서 기인하는 차이도 존재한다. 이 점은 다음의 사실을 함축한다. 즉 국내/국제 혹은 '내부/외부' 구분(1장에서 논의되었듯이)은 이 구분이 안전문제가 될 때 특별한 중요성을 가진다는 점이다. 정치의 '내부'에서 볼 때 안전은 국가의 경계선 내에서 **질서**를 유지하는 국가의 능력과 관련된다. 국가는 강제적 국가의 도구들인 경찰 그리고 때때로 군부를 사용한다. 이러한 의미에서 안전은 국가와 다양한 종류의 비국가행위자들 간의 관계를 다룬다. 다양한 종류의 비국가행위자들은 범죄조직에서 의견을 달리하는 집단과 시위운동들을 포괄하고 있다. 이러한 관점에서 국가는 큰 이점을 누리는데, 그것은 대부분의 경우에 국가의 주권적 힘이 국가에게 사회의 다른 결사체나 집단보다 위에 서 있게 한다는 점이다. 다시 말해 궁극적으로 국가는 막스 베버가 '정당한 폭력'이라 불렀던 수단을 독점함으로써 사회의 다른 결사체나 집단보다 우위에 선다는 점이다.

정치의 '외부'에서 볼 때 안전은 국가의 경계선을 넘어서는 위협들에 대항하여 그 자신을 보호하는 능력과 관련된다. 이 능력은 특히 전쟁을 하고 군사적 공격에 저항하기 위한 군사력의 능력을 의미한다. 이러한 의미에서 안전은 전통적으로 다른 국가들과의 국가적 관계를 다루었다. 이 점은 다음과 같은 관습적인 가정을 반영하고 있다. 즉 국가들만이 전쟁에 참여할 수 있는 물질적이고 군사적인 자원들을 소유하고, 그럼으로써 국제무대에서 강제적인 영향력을 상당히 가진다는 점이다. 하지만 국가주권은 '내부' 안전의 유지를 지원하는 반면에 '외부' 안전의 유지를 상당히 불확실하게 만든다. 주권이 국가보다 더 높은 권위가 없다는 점을 의미하기 때문에 국제정치는 강제적인 법규나 우세한 힘이 없다는 점에서 무정부적인 환경 속에서 이루어진다. 그래서 일반적으로 국제정치는 안전보다는 불안전에 편든다는 국제적인 문제에 있어서의 선입견을 만들어 낸다는 점이 논의되었다.

그럼에도 안전문제에 있어 '내부/외부' 분리는 점점 더 지탱되기 어렵게 되었다. 이것은 특히 지구화와 연관된 최근 추세와 발전의 결과였다. 지구화는 경계선을 초월하거나 혹은 사람·재화·화폐·정보·이념들의 초국가적인 이동에 있어서의 실질적인 성장을 보여주었다. 국가 경계선들이 중요하지 않게 되지는 않겠지만 기술시대에 있어 경계선들은 확실히 좀 더 무너지기 쉽거나 침투적이 되었다. 이 점은 일반적으로 9.11로 칭해졌던 2001년 9월 11일에 뉴욕과 워싱턴에 대한 테러 공격에 의해 극적으로 입증되었다. 만약에 세계에서 가장 강력한 세력이 가장 큰 도시와 국가자본에 대해 그러한 황당한 일격을 당하게 될 수 있다면, 다른 국가들은 어떠한 기회를 가졌는가? 더군다나 이 경우에 '외부' 위협은 다른 국가에게 왔던 것이 아니라 비국가행위자로부터 발생하였다. 이 비국가행위자는 테러조직인데, 이 테러조직은 국가에 토대를 둔 조직보다는 지구적 네트워크로서 작동하였다. 혹자가 볼 때 9월 11일은 안전이 국내문제나 국제문제가 아니라 지구적 문제가 되었다는 시점을 명시하였던 것이다.

더욱이 국내/국제 구분의 불투명성으로 인해 정치적으로 혹은 이데올로기적으로 이로운 방식으로 안전문제를 만들기 위해 정부에 다가갈 수 있는 기회들이 확대되었다. 가령 9.11 사건에 대해 조지 부시는 그 공격들을 '테러와의 전쟁'의 부분으로 묘사하였다. 이 '테러와의 전쟁'은 그 공격 자체의 성격과 미국과 다른 국가들이 어떻게 이 공격들에 대응해야만 하는지에 관해 그 이후에 이어지는 담화를 지배하였던 단어이다. '범죄'와는 대조적으로 '전쟁'행위로 9.11을 표현함으로써 그것은 국내안전의 틀을 벗어나게 되었고 국제적 틀 내에서 나타나게 되었다. 아마도 이 점은 더 넓은 국제사회뿐 아니라 미국의 여론으로 하여금 요컨대 아프가니스탄에서의 군사적 개입과 같이 분명하게 국제적 차원을 가졌고, 그 점에 관해 '테러'와 연관된 것으로 간주되었던 다른 국가에 대항하기 위한 대응을 준비하는 데 사용되었다. 9.11을 범죄행위로 묘사하였던 것은 좀 더 온건하고 초점을 맞춘 대응을 시사하기 위해서일 것이다. 즉 이것은 비난을 받은 국제적인 살인들에 대항하는 하나의 보안행위였다.

'테러와의 전쟁'

미국의 정책집단에서 테러와의 지구적 전쟁Global War on Terror, 혹은 GWOT로 알려진 '테러와의 전쟁'은 지구적 테러에 책임이 있는 집단과 세력들을 근절하고 파괴하기 위하여 미국과 미국의 중요한 동맹국들에 의한 노력을 언급한다. 9.11의 여파로 시작된 테러와의 전쟁은 아마도 21세기 세계질서의 1차적 안보위협들에 역점을 두어 다루는 '장기전'을 위한 하나의 전략을 계획하였다. 테러와의 전쟁은 특히 비국가행위자들과 특히 테러집단, 이른바 '깡패국가', 대량살상무기와 급진화된 이슬람의 호전적 이론들에 의해 야기된 역사적으로 새로운 조합의 위협들에 대항하는 것을 목표로 한다. '테러와의 전쟁'에 대한 비판가들은 다음과 같이 주장하였다. 이 개념이 가지는 본질적인 모호함이 거의 무제한적 범위의 대외 및 대내 정책 간섭을 정당화하고 있다는 점, 그리고 공포와 불안의 분위기를 고조시키는 데 있어 이 개념은 미국과 다른 정부들로 하여금 여론을 조작하게 만들고 (어쩌면) 제국주의적·비자유 주의적 행동들을 위한 동의를 만들어 내게 한다는 점이다. 또 다른 사람들은 추상명사를 배경으로 하여 하나의 '전쟁'을 가지는 것이 가능한지에 대해 의문을 제기하였다.

국내안전

경찰과 정치

경찰은 강제적 국가의 핵심이다. 경찰의 중심적인 목적은 국내질서를 유지함에 있다. 경찰은 대개 산업화가 풀어놓았던 더 높은 수준의 사회적 불안과 정치적 불만의 결과로 19세기에 성립되었다. 가령, 영국에서 급료를 지급받고 유니폼을 착용한 특별히 훈련받은 경찰은 1829년 런던에서 로버트 필Robert Peel에 의해 확립되었는데, 이것은 1819년에 노동자계급의 대규모 평화적인 시위를 진압하기 위해 동원되었던 기병대가 맨체스터의 페터루Peterloo에서 대량학살이 이루어진 이후였다. 이 유형의 경찰제도는 1856년에 영국에 도입되었고 나중에 다른 많은 국가도 이 유형의 경찰제도를 채택하였다. 경찰과 군부는 기율화되고 유니폼을 착용하고 무장한 기관이라는 점에서 유사하지만, 중요한 차이점도 확인된다.

첫째, 군부가 가지는 본질적으로 대외적인 정향이 전쟁·국가비상사태·국가적 재난의 시기에 행동을 취하는 것인 반면에, 경찰이 가지는 국내질서에 대한 관심은 공공의 생활에서 일어나는 일상사에 대한 관심을 의미한다. 또한 경찰은 군부보다 사회와 더 긴밀하게 통합되어 있다. 아래에서 논의될 것처럼 특징적인 경찰문화가 종종 발전되지만, 경찰의 구성원과 그들의 가족은 일반적으로 그들이 일하는 공동체 속에서 생활하고 있다. 더욱이 경찰은 전형적으로 비군사적 전술을 사용한다. 즉 적어도 동의와 정당성의 정도에 의존하기 때문에 경찰은 일반적으로 비무장－영국에서처럼－이거나 무기를 가졌어도 그것은 일차적으로 자기방어의 형태이다. 하지만 현대의 발전양상은 경찰과 군부의 차이를 모호하게 하는 경향이 있었다. 1992년에 일어난 로스앤젤레스 폭동 때에 군대는 국내의 무질서를 다루기 위해 소환되었고, 경찰은 또한 증대하는 준군사적paramilitary인 성격을 발전시키는 경향이 있었다. 이는 경찰이 점점 더 정교한 무기를 사용하고 있다는 점에서, 많은 국가에서 경찰이 준군사적 작전유형을 채택하고 있다는 점에서 나타나고 있다.

경찰이 가지는 성격과 사회에서 행하는 역할에 대해 세 가지 대조적인 접근법이 있다.

① 자유주의적 관점은 경찰을 본질적으로 중립적 기관으로 간주하며, 경찰의 목적은 개인의 권리와 자유를 보호함으로써 국내질서를 유지하는 데 있다는 것이다. 이 관점에서 볼 때 경찰은 광범위한 합의 내에서 임무를 수행하며, 치안유지가 사회안정과 개인의 안전을 증대시킨다는 인식에 기반을 둔 상당한 수준의 정당성을 누린다. 또한 경찰은 본질적으로 시민을 보호하는 데 관심을 가지고 있다. 치안유지는 엄격하게 법의 지배를 유지하는 데 관여하기 때문에 더 광범위한 정치적 기능을 가지고 있지 않다.
② 보수주의적 관점은 국가의 권위를 보존하고 국가의 사법권이 공동체 전역에 확대되는 것을 보장하고자 행하는 경찰의 역할을 강조한다. 인간

범죄 Crime
범죄는 형법의 위반이다.
형법은 국가와 개인 사이
의 관계를 확립하는 법이
며, 그리하여 질서정연하
고 평화로운 사회적 상호
작용을 위한 조건을 만든
다. 범인들(어떤 범죄에
대해 판결을 받은 개인들)
은 시민불복종의 경우에
서처럼 노골적인 정치적
혹은 도덕적 고려보다는
일반적으로 어떤 종류의
이기적인 획득에 의해 동
기를 부여받는 것으로 간
주된다. 범죄는 종종 사회
적 무질서와 개인적 불안
정에 대한 일반적인 정도
를 나타내는 지표로 간주
된다. 하지만 범죄에 대한
원인과 치료는 상당한 논
쟁거리가 되고 있다. 일반
적으로 개인적 타락을 비
난하고, 죄를 범한 개인에
게 벌을 가해야 한다는 사
람과 박탈을 책망하고 그
리하여 사회적 개혁을 통
해 범죄를 감소시키는 데
주의를 기울이는 사람 사
이에 의견 차이가 있다.

본성에 대한 좀 더 비관적인 견해에 뿌리박고 있는 이 관점은 사회불안과
시민의 무질서를 통제할 수 있는 집행기관으로서 경찰이 가지는 중요성
을 강조하고 있다. 이러한 관점에서 경찰력은 불가피하게 정치적 통제의
메커니즘으로 간주된다.

③ 급진적 관점은 경찰의 권한에 훨씬 더 많은 비판적 견해를 표명하고 있
다. 이 관점은 경찰을 국민을 위해서보다는 국가의 이해관계를 위해 행
동하며, 대중보다는 엘리트를 위해 봉사하는 억압도구로 묘사하고 있다.
이 이론에 대한 맑스주의적 해석에서 볼 때 경찰은 특수하게 재산의 방어
자이며 자본주의의 계급적 이해관계의 옹호자로 간주된다.

경찰의 역할은 또한 경찰력이 작동하는 정치제도의 성격과 정부가 경찰
을 사용하는 방식에 의해 형성된다. 민간에 대한 치안유지는 정치적 치안유
지와 구별되는 경향이 있으며, 일반적으로 자유주의 국가와 이른바 경찰국
가 사이에 존재하는 차이가 확인된다.

경찰의 역할

민간치안은 공중이 일반적으로 가장 친숙하며, 경찰에 대해 대중이 가지는
이미지를 지배하고 있는 경찰이 행하는 업무의 모습이다. 즉 경찰은 '범죄와
싸우기 위해' 존재한다. 이 과정은 점점 더 특히 마약밀매와 인신매매와 연
관된 주요한 다국적 범죄조직의 출현에 의해 초래된 국제적 성격을 가진다.
하지만 시민질서 유지의 틀에 박힌 과정은 뉴욕·파리·상트페테르부르크
같은 현대적인 도시와 현대화가 덜 된 인도에서는 매우 다르다. 작고 상대
적으로 동질적인 공동체는 상당한 수준의 자율적 치안유지를 통해 특징화
되는 반면에, 치안유지는 사회가 점점 더 문화적·사회적으로 파편화되고
대규모 조직이 관계와 상호작용을 탈인격화함에 따라 변한다는 점이 널리
받아들여졌다. 따라서 20세기에 발생한 산업화의 확산으로 인해 세계의 각
지에서 경찰조직과 전술은 수렴되는 현상을 보여 주었다. 경찰은 어느 곳에
서나 비슷한 문제에 직면한다. 예를 들면 교통위반, 차량절도, 밤도둑질, 노

지역치안
Community policing
지역에서 항구적인 경찰
의 존재가 주민과의 신뢰
와 협동을 형성하고자 하
는 치안 유형.

부서진 유리창 이론
Broken windows theory
한 지역이 무방비상태에
있고 그래서 더 많은 심각
한 범죄를 초래한다는 광
고를 신속히 다루지 않은
깨진 유리창 이론.

상범죄, 조직적 범죄 등이다.

하지만 민간치안을 유지함에 있어서 대조적인 유형들이 채택되었다. 다른 한편으로 **지역치안**이라는 개념이 있다. 이 제도는 전통적으로 일본에서 작동하였다. 일본의 경찰은 자신들이 담당하고 있는 여러 가정과 작업장소를 잘 알고 방문한다. 이 치안유지는 파출소(police box: koban) 혹은 거주지 경찰서chuzaisho를 통해 임무를 수행한다. 하지만 이 방법의 성공 여부는 자신들의 생활이 밀접하게 감시되는 것을 받아들이는 시민과 경찰이 지역공동체에서 존경받는 구성원으로 간주되는가에 달려 있다. 공동체 치안유지는 효율성과 비용절감에 대한 압력으로 인해 1960년대와 1970년대에 영국과 다른 곳에서 서서히 사라지게 되었고 '소방대fire brigade' 치안유지라고 불렸던 것으로 이동하였다. 이 치안유지는 범죄가 경찰이 대응하는 능률성으로 인해 저지당할 것이라는 바람에서 위반이 발생할 경우, 법의 위반에 반응할 수 있는 경찰의 능력을 강조한다. 소방대 치안유지 혹은 반응적reactive 치안유지는 더 강한, 심지어 준군사적인 전술을 요구하며, 그래서 기술과 무기를 더욱 강조하고 있다. 뉴욕에서 1990년대 초에 도입된 '무관용zero tolerance' 혹은 적극적positive 치안이 공식적으로 혹은 비공식적으로 세계의 많은 지역에서 널리 도입되었다. 이른바 **'부서진 유리창 이론** broken windows theory'에 기초를 둔 이 치안은 심각한 범죄수준들을 줄이기 위하여 보다 더 중요하지 않은 공격에 관하여 엄격한 집행전략(그래서 '무관용')에 의존한다. 이 치안은 억제되지 않은 경범죄가 '그 어떤 사람도 통제 속에 있지 않다'는 효과를 만들어 낸다는 근거를 이유로 작동한다.

그럼에도 치안은 두 가지 의미에서 '정치적'일 수 있다. 첫째, 치안유지는 특정한 집단 혹은 이익집단에 유리한 정치적 성향 혹은 사회적 편견에 따라 이루어질 수 있다는 점이다. 둘째, 치안유지는 시민의 문제를 넘어서 확대될 수 있고, 특별하게 정치적 분쟁에 영향을 줄 수 있다는 점이다. 첫 번째 관심사는 전통적으로 급진주의자와 사회주의자에 의해 제기되었다. 그들은 경찰－혹은 어떤 다른 국가기관－이 중립적이며 비당파적으로 행동한다는 것을 부인한다. 이 관점에서 볼 때 경찰의 교육과 기율, 경찰업무 자체

제도적 인종주의

Institutional Racism

개인의 편견과는 다른 것
으로 문화나 한 조직의 절
차상의 규칙들을 통해 작
동하는 인종주의 형태.

시민적 자유 Civil liberty

시민적 자유는 국가가 아
니라 시민에 속하는 사적
인 생활영역에 연관된다.
따라서 시민적 자유는 '소
극적(negative)' 권리의
범위를 에워싸고 있다. 이
권리는 일반적으로 인권
이라는 교리에 뿌리를 두
고 있으며, 정부의 불간섭
을 요구한다. 고전적인 시
민적 자유는 일반적으로
언론·출판·종교·양심·
결사의 자유 등을 포함하
는 것으로 간주된다. 이
자유들은 일반적으로 자
유민주사회의 중요한 기
능이다. 왜냐하면 이 자유
들은 개인에게 자의적 정
부에 대한 방어를 제공해
주기 때문이다. 많은 경우
에 시민적 자유에 관한 원
칙은 권리장전과 같은 문
서를 통해 헌법으로 표명
된다.

의 본성은 사회적으로 권위주의적이며, 정치적으로 보수적인 문화를 낳는
경향이 있다. 따라서 노동자계급, 불평주의자들, 여성 그리고 소수인종들
은 집단 사이에서 경찰에 의해 덜 공감적으로 다루어질 가능성이 있다.

공적 책임의 메커니즘과 비당파적이라는 주장에도, 적어도 특정한 상황
에서 이러한 주장을 지지하는 증거들이 명백하게 존재한다. 가령 1967년의
'긴 더운 여름' 동안에 미국에서 발생하였던 도시의 소요를 조사하기 위해
린든 존슨Lyndon Johnson이 만든 '시민무질서에 대한 미국국가자문위원
회US National Advisory Commission on Civil Disorders'는 많은 소요들
이 욕을 해대거나 차별적인 경찰의 행동에 대해 흑인 빈민가 거주자들이 가
지고 있는 불만과 연관되어 있다는 점을 발견하였다. 4명의 백인 경찰관에
의해 저질러진 로드니 킹Rodney King에 대한 공격―이들의 무죄방면은
1992년에 2일 동안의 폭동에 불을 붙였다―은 이러한 생각을 끊이지 않게
했다. 마찬가지로 영국에서 스테판 로렌스의 살인에 대한 맥퍼슨 보고(1999)
는 런던경찰청이 **제도적 인종주의**institutional racism를 범했다고 결론지
었다. 시민의 도구라기보다는 하나의 정치적 도구로서 경찰의 사용을 의미
하는 정치적 치안유지의 수준은 사회가 더 복잡해지고 파편화됨에 따라 증
가하였다. 몇몇 관찰자들은 경찰업무의 시민적 영역과 정치적 영역 사이에
존재하는 차이점에 이의를 제기하고 있다. 이들은 모든 범죄가 부, 권력 그
리고 사회에 존재하는 상이한 자원의 배분에서 발생한다는 점에서 '정치적'
인 것이라고 주장하고 있다. 공중이 보기에 경찰의 중립성은 사회에 존재하
는 심각한 분열로부터 유래하는 파업, 시위, 시민적 동요를 통제하기 위해
사용될 때 특히 손상당하게 된다. 특히 2001년 9월 11일의 사건 이후로 테러
의 위협은 치안을 특별하게 어려운 분야로 구별짓게 하였다. 많은 국가들이
국가안전입법을 강화하였고, 그 과정에서 경찰의 권한들을 확대하였다. 미
국, 영국 그리고 다른 국가들에서 치안전략들은 테러에 의해 야기된 특별한
위협들에 더 잘 주의를 기울일 수 있도록 개조되었다. 이러한 발전 모두는
시민적 자유들이 국민적 안전국가의 출현으로 인해 손상되었다고 하는 주
장을 초래하기에 이르렀다.

경찰국가

하지만 경찰력의 확대는 이른바 '**경찰국가**police state'로 더 진전되었다. 경찰국가에서 경찰력은 합법적인 틀 밖에서 작동하며, 법정이나 대중에게 책임을 지지 않는다. 경찰국가는 경찰에 부여된 과도하고 통제받지 않는 권한이 공포와 협박 분위기를 조성하도록 고안되었다는 점에서 전체주의적 특징을 가지고 있다. 공포와 협박 분위기 속에서 모든 사회생활은 정치적 통제를 받게 된다. 하지만 어떤 경찰국가는 군사정권이 군사력을 통해 통제를 받는 것과 동일한 방식으로 경찰에 의해 관리되는 것은 아니다. 오히려 경찰은 통치엘리트에 의해 통제받으며, 통치엘리트의 이해관계를 대변하는 하나의 개인적 군대로 행동한다.

이 점은 나치 독일에서 명백하게 나타났다. 나치 독일은 방대한 정치적 협박장치와 비밀스러운 치안장치를 만들었다. 나치돌격대SA 혹은 '갈색셔츠'는 정치깡패와 거리의 싸움꾼으로 행동하였고, 게슈타포Gestapo는 비밀경찰이었으며, 안전기관(Sicherheitsdienst, SD)은 정보와 안전임무를 행하였고, 나치친위대SS는 힘러Himmler의 통솔하에서 하나의 국가 내에 존재하는 또 다른 국가였다. 러시아도 비밀경찰의 활동에 상당히 의존하였다. 레닌은 정치적 반대자를 제거하기 위해 1917년에 체카Cheka를 만들었다. 이 조직은 국가정치보안국OGPU—이 조직은 다른 것 중에서도 강제적 집단화에 책임이 있었다—으로 변형되었고, 그런 다음에 내무인민위원부(NKVD: 스탈린의 개인적 테러 수단)로, 마침내 1953년에 국가안보위원회KGB로 변형되었고 1991년 이후 연방안전기관(Federal Security Service, FSS)으로 되었다.

동시에 '자유주의적' 국가로 분류된 몇몇 국가들도 일반적으로 비밀경찰의 역할을 하고 있었다. 미국에서 중앙정보국은 확실히 일련의 대외비밀공작에 관여하였는데, 이 기관이 행한 임무로는 1973년 칠레에서의 피노체트 쿠데타, 쿠바의 지도자인 피델 카스트로에 대한 암살기도, 1980년대 니카라과에서 산디니스타 정부에 대항하여 싸웠던 반군에 대한 무기지원 등을 들 수 있다. 또한 중앙정보국이 국내문제에도 간섭했다는 주장이 있었다. 아직 입증되지 않은 주장이지만 중앙정보국이 1963년에 일어난 케네디 대통령의 암살에 개입했다는 것이다. 폭력적 치안형태는 B-특수대B-Specials의 형태로 1960년대 후반에 북아일랜드에서 사용되었다. 이 조직은 민간인의 데모를 통제하고 아일랜드공화국 군에 대항해 싸우기 위해 형성된 영국 북아일랜드 경찰대Royal Ulster Constabulary의 보조기관이었다. B-특수대는 가톨릭 공동체의 당파적이며 일상적인 협박에 관여하였고, 영국 군대가 '분쟁들'을 다스리는 데 있어서 더 중요한 역할을 하였을 때인 1969년에 해산되었다.

군부와 국내정치

현대적 군대의 발전은 유럽 열강이 표준적인 군사조직의 형태, 즉 일반적으로 상비군을 발전시키기 시작하였던 중세 이후 시기로 거슬러 올라갈 수 있다. 19세기에 군부는 사회와는 독립적인 직업적 리더십을 가진 전문적인 제도가 되었다. 또한 유럽 국가가 추진한 식민지주의로 인해 이 군사모델은 세계에 걸쳐 채택되었고, 군대는 국가조직에서 거의 보편적인 구성요소로 전환되었다. 푸에르토리코는 때때로 이 규정에 대한 고전적인 예외로 확인된다. 그러나 푸에르토리코에서 군대가 존재하지 않는 것은 미국 군대에 의한 안전보장을 통해서만 가능하다.

군부는 매우 특별한 종류의 정치제도이다. 군부는 네 가지 요소를 통해 다른 제도와 구별되며, 이 네 가지 요소로 인해 군부는 다른 기관들과 구분되며, 때때로 시민조직에 대해 압도적인 장점을 가지게 된다. 첫째, 전쟁의 도구인 병기류의 사실상의 독점과 실질적인 강제력을 누린다. 군부는 어떤 정권을 지탱하거나 무너뜨릴 수 있는 능력을 가지고 있기 때문에 군부의 충성은 국가생존을 위해 중요하다. 둘째, 군부 세력은 긴밀하게 조직되고 상당히 기율화된 단체이다. 이 단체는 계급적 위계질서와 엄격한 복종의 문화를 통해 특징지워진다. 그러므로 이 단체는 베버적 의미에서 관료제에 대한 하나의 극단적인 사례이다. 비록 이러한 극단적인 관료제도가 경직성을 낳고 발의와 혁신을 방해한다고 하지만, 그것은 군부에 상당한 정도로 조직상의 능률성을 가져다준다. 셋째, 군부는 항상 특징적인 문화, 일련의 가치 그리고 군인에게 싸우고 죽이고 아마도 죽을 각오가 되어 있는 단체 정신을 요구한다는 점을 통해 특징지워진다. 때로는 암묵적으로 우파적이며 상당히 권위주의적인 것 – 리더십, 의무와 명예를 강조하는 전통에 의해 – 으로 묘사되는 군사문화는 또한 중국에서처럼 혁명적 사회주의, 혹은 이란에서처럼 이슬람적 근본주의와 같은 교의에 토대를 둘 수 있다. 넷째, 군부세력은 국가의 안전과 통합을 보장하고 있기 때문에 그들이 국가이익의 창고라는 점에서 종종 정치 '위에' 존재하는 것으로 간주된다.

특정한 군부세력이 가지는 성격은 내적·외적 요소를 통해 형성된다. 이 요소로는 군부의 역사와 전통, 특수한 연대나 단위, 광범위한 정치제도의 본질, 정치문화 그리고 정권 자체의 가치들을 들 수 있다. 예를 들면 중국의 인민해방군(People's Liberation Army, PLA)의 정치적 정향은 이 군대가 1949년에 공산주의 정권을 확립할 때 행한 결정적 역할과 중국 군부 수준에서 엄격한 당통제를 통해 상당한 영향을 받았다. 서부독일에서 군부세력은 나치에 대한 공감과 가치를 근절하고, 정치적 민주주의 원칙에 대한 지지를 건설하기 위해 행한 체계적인 정치적 교화과정에 예속되었다. 마지막으로, 모든 군부들이 전쟁의 도구로 이용되지만(이 장에서 나중에 검토된다) 몇몇 군부들은 또한 국내정치에서 중요한 역할을 수행한다.

국내질서의 보장

군사력은 일반적으로 다른 정치사회로 향하지만, 이것은 또한 국내정치에서 결정적인 요소일 수 있다. 하지만 군사력이 전개되는 환경과 사용은 제도와 국가마다 다르다. 군사력이 담당하도록 요구되는, 가장 논쟁의 여지가 적은 비군사적인 임무는 자연재해나 다른 재해가 발생한 경우에 비상기관으로서 행동하는 것이다. 국내문제에서 이러한 유형은 예외적인 것이며, 일반적으로 정치적 의미를 가지고 있지 않다. 하지만 군사력이 국내의 불안 혹은 분쟁을 다스리기 위해 사용되는 환경에서는 이야기가 달라진다.

가령, 미국의 군대는 1950년대와 1960년대에 발생한 시민권 투쟁기간에 연방의 인종적 차별대우폐지를 이행하기 위해 투입되었다. 유사하게 1970년대와 1980년대에 영국에서 군대는 산업분쟁 동안에 비상화재와 구호봉사를 제공하기 위해 투입되었다. 이러한 행위들은 비판을 유발하였다. 왜냐하면 군부가 일반적으로 경찰의 임무에 속하는 책무를 침범하는 방식으로 사용되었기 때문이고, 또한 이 행위들은 군부의 전통적인 중립성을 손상시켰기 때문이다. 이는 국가의 이익에 봉사하는 '공적' 도구로서 군대의 사용과 현 정부의 당파적 목적을 진전시키는 '정치적' 무기로서 군대의 사용 사이에 존재하는 구별을 찾기 어렵다는 점을 부각시킨다. 이 차이점은 군부가 시민의 소요를 진압하거나 대중의 폭동에 대해 역습을 가하기 위해 사용될 때 훨씬 더 모호해진다.

어떤 국가는 경찰력의 범위를 훨씬 넘어서는 수준의 정치적 긴장과 불안에 직면한다. 이는 특히 심각한 종교적·인종적·민족적 갈등의 경우에 발생한다. 이러한 상황에서 군대는 국가보존의 유일한 보장이 될 수 있고, 이 목적을 달성하기 위해 내전이랄 수 있는 상황으로 이끌어질 수 있을 것이다. 1969년에 영국 군대는 처음에는 소수 가톨릭 단체를 보호하기 위해 북아일랜드에 급파되었다. 그러나 이 군대는 점점 더 아일랜드공화국 군대, 아일랜드수호협회(Ulster Defence Association, UDA)와 아일랜드수호세력(Ulster Defence Force, UDF)과 같은 반영국집단에 의해 수행된 분리파의 폭력운동에 연루되었다. 인도 군대는 많은 경우에 시민 소요를 진압하고 정치적 질서를 회복하기 위해 사용되었다. 1천 명의 목숨을 희생시키면서, 암리짜르Amritsar에 있는 황금사원으로부터 시크Sikh파 분리주의자들을 축출시켰던 일과 고대의 바브리 마스지드Babri Masjid 회교사원을 파괴하고, 1992년에 힌두교 근본주의자로부터 아요드야Ayodhya의 점령 등과 같은 경우에 군대가 사용되었다. 러시아 군대는 작전임무를 띠고 1994년에 체첸Chechenia공화국의 독립을 방해하기 위해 급파되었다. 이 작전임무는 전면전으로 전환하였고, 나중에는 지속적인 게릴라 투쟁으로 발전되었다.

정치적 정당성이 붕괴하였던 경우에 군부는 정권의 유일한 버팀목이 될 수 있으며, 정권을 대중의 **반란** 혹은 혁명으로부터 안전하게 지켜 줄 수 있을 것이다. 하지만 이러한 일이 발생할 경우 정부는 노골적인 독재정이 됨에 따라 모든 입헌주의 제도와 동의는 중단된다. 1989년 5월 중국의 공산주의정권의 생존은 군부가 천안문 광장으로 돌격함으로써 겨우 유지되었다. 그리고 이것은 점증하는 민주주의 운동을 효과적으로 무력화시켰다. 이러한 상황들은 민간인 출신의 시위자에 대해 폭력을 가하기 위해 요구되는 공무원의 충성과 군대의 복종을 강조하고 있다. 곤란한 일이 베이징에서 발생하였는데, 그것은 정치적 충성을 기대할 수 있었던 시골지역에서 발생한 인민해방군PLA의 분열이었다. 2011년 이집트혁명 동안에 군부가 카이로와 그 밖의 다른 곳에서 폭도들을 저지하기 위해 행동을 취하는 것에 대해 주저함으로써 마침내 무라바크 대통령은 사임을 강요당하였고 권력을 군최고평의회에 이양하였다. 군최고평의회는 선거를 준비하였다.

민간통치에 대한 대안

국내정치에 직접적으로 개입하는 군부의 능력은 극단적인 경우에 군부통치의 확립을 초래할 수 있다(12장에서 논의되었듯이). 군부가 비대중적인 정부 혹은 정권을 지탱해 줄 수 있는 것처럼 군부는 또한 통치엘리트를 교체하거나 제거할 수 있으며, 정권 자체를 무너뜨릴 수 있다. 군부통치에 대한 규정적인 특징은 군부를 구성하고 있는 구성원이 민간정치가를 대신한다는 점이다. 이는 정부에서 지도적 직위가 군부 내에서 존재하는 명령 계통에서 차지하고 있는 개인의 직위를 토대로 충원된다는 것을 의미한다.

군부통치에 대한 하나의 해석은 군평의회military junta(junta는 스페인어에서 유래한 단어이며, 협의회council 혹은 평의회board를 의미한다)이다. 가장 일반적으로 라틴아메리카에서 발견되는 군평의회는 장교들의 명령협의회command council에 집중된 집단적 군사정부 형태이다. 이 명령협의회의 위원들은 육군·해군·공군을 대변하고 있다. 예를 들면 이 통치의 고전적 형태로는 1978년부터 1983년 사이의 아르헨티나를 들 수 있으며, 민간인은 통치엘리트에서 배제되었고, 노동조합활동과 광범위한 정치활동은 금지되었다. 하지만 군부 사이에서의 경쟁과 지도적 인물 사이에서 일어나는 경쟁은 일반적으로 권력의 형식적 위치를 상대적으로 자주 변화시킨다. 다른 경우, 군부독재의 형태는 1974년에서 1980년까지 그리스의 콜로넬 파파도포로스Colonel Papadopoulos, 1973년 군사쿠데타 후의 피노체트Pinochet 장군, 1993년부터 나이지리아의 아바차 장군처럼 군사평의회 내에서 단 한 명의 개인적인 권력의 증대가 두드러지게 나타난다.

하지만 안정적이고 지속적인 정치형태에서 군부통치가 존재하기란 어려운 일이다. 군부지도자는 만성적인 허약성, 즉 민간정부가 가지는 처리하기 어려운 분열과 특유한 부패를 부각시킬 수 있을 것이다. 그러나 이 문제를 해결하거나 국가위기 혹은 정치적 비상사태라는 일시적 기간 동안을 제외하고는 군부통치가 정당한 것으로 생각되는 일은 별로 일어날 것 같지 않다. 이것이 군부정권이 전형적으로 시민적 자유의 중단과 정치에서 모든 대중적 잠재세력을 포함시키는 것을 억압한다는 점을 통해 특징지워지는 이유이다. 항의와 데모는 축소되고, 야당과 노동조합은 금지되며, 대중매체는 엄격한 검열을 받게 된다. 그 결과, 군부는 종종 배후에서 통치하기를 좋아하며, 문민화된 리더십을 통해 은밀하게 권력을 행사하는 것을 선호한다. 이 점은 모투부Motubu 통치하의 자이레에서 발생하였다. 모투부는 1965년에 군사쿠데타로 권력을 장악하였지만, 1967년에 창당된 대중혁명운동당 Popular Movement of Revolution을 통해 통치함으로써 군부로 하여금 실제적인 정치에서 점차 물러나게 하였다. 1960년대와 1970년대 이집트의, 군사정부에서 권위주의적 민간통치로의 이행은 군부의 인물인 가말 나세르 Gamal Nasser와 안와르 사다트Anwar Sadat의 지휘하에서 이루어졌다. 민간 내각의 임명, 정당과 이익집단 정치의 출현은 정권의 정당성을 강화했을 뿐만 아니라 나세르와 사다트에게 군부로부터 벗어나서 활동할 수 있게 하는 더 큰 자유를 부여해 주었다.

현실주의Realism
지방의 자율성에 관한 현실주의는 국제정치에 대한 하나의 이론으로, 이 이론의 핵심적 주제는 다음과 같이 요약될 수 있다. 즉 이기심 더하기 무정부상태는 패권정치와 같다는 것이다. 그럼에도 혹자는 다음과 같이 주장한다. 즉 이 공식은 현실주의 내에서 기본적인 이론적 결점을 드러내고 있다는 것이다. 그리고 이 공식은 현실주의를 두 개의 학파로 나누고 있다. 고전적 현실주의는 패권정치를 일반적으로 인간 이기심 혹은 이기주의의 의미에서 설명하며, 국가들은 이기심과 생존을 우선시하며, 국제영역은 끊임없는 갈등으로 나아가는 경향이 있다고 시사한다. 신현실주의(혹은 구조적 현실주의)는 패권정치를 국가에게 군사적 자력에 의존하도록 강요하는 무정부적 국제제도의 의미에서 설명하고 있다.

국제안전보장

국제안전보장은 국제관계IR라는 더 넓은 학문분야에서 중요한 위상을 점하고 있다. 사실 국제관계에서 최근의 주제는 때때로 국제체계 그 자체에 뿌리를 두고 있다고 믿는 위험, 불확실성 그리고 심각한 불안전을 계산하는 방식에 대한 연구였다. 위에서 언급하였듯이 이러한 생각은 국가주권 원칙에 그 기초를 두고 있다. 이 원칙은 국내영역에서 질서와 안정 – 어떠한 집단이나 단체도 국가의 최고권위에 도전할 수 없는 것처럼 – 을 의미하지만 국제영역에서 무질서와 어쩌면 혼란 – 어떠한 단체도 국가 위에 설 수 없고 국가에 질서를 강요할 수 없는 것처럼 – 을 함축하고 있다. 하지만 국제영역에서 안전문제는 상당한 이론적인 논의의 주제였다. 그리고 현실주의적 이론가, 자유주의 이론가 그리고 비판적 이론가들이 발전시킨 국제안전을 위한 전망들에 대한 아주 다른 접근법들이 존재한다. 더욱이 냉전이 끝난 이후로 특히 문제의 소지가 많은 일련의 새로운 안전에 대한 노력들이 나타났는데, 그 이유는 다양한 방식으로 이 노력들이 현대세계의 더 큰 연관성을 이용하고 있기 때문이다. 이 노력들은 전통적인 국가간 전쟁에서 이른바 '신' 전쟁, 초국가적 테러의 부흥 그리고 핵무기확산의 증대로의 이동을 포함한다. 또 다른 연관된 발전은 훨씬 더 깊은 수준에서 안전 개념을 다시 생각하는 경향이었다. 이것은 일반적으로 '국가적' 혹은 '국가'안전과는 대조적으로 '인간안전'으로 불렸던 것에 대한 관심을 통해서였다.

국제정치에 대한 접근법들

현실주의 접근법

현실주의 – 때때로 '정치적 현실주의'로 불림 – 는 제2차 세계대전 이후로 국제정치에서 지배적인 관점이었다. 현실주의는 국제정치에 대한 '현실주의적' 설명을 제공해 준다고 주장한다. 다시 말해 현실주의가 실제적이고 현실주의자들이 이해하는 것처럼 소망스러운 생각이나 현혹적인 도덕적 교화가

패권정치 Power politics
권력추구가 일차적 인간
목표라는 가정에 기반한
정치에 대한 접근법. 이
단어는 때때로 기술적으
로 사용된다.

이기주의 Egoism
그 자신의 이익, 복리 혹
은 이기심에 대해 더 큰
관심을 나타냄. 자신의
이해관계들이 도덕적으
로 다른 사람의 이해관
계보다 우월하다는 믿
음.

국가이익
National interest
아마도 전체로서의 사회
에 혜택을 가져다주는
대외정책 목표, 목적 혹
은 정책선호도.

없다는 점에서 현실주의적이라는 점이다. 현실주의자들이 볼 때 국제정치는 무엇보다도 힘과 이기심에 관한 것이다. 이것은 현실주의가 종종 세계적 문제들에 대한 '**패권정치**' 모델로 묘사되는 이유인 것이다. 한스 모겐소(Hans Morgethau, 1948)가 언급하였듯이 '정치는 사람들에 대한 권력투쟁이며, 이것의 궁극적인 목표가 무엇이든지 권력은 직접적인 목표이고 이 권력을 획득하고 유지하고 입증하는 양식이 정치적 행동의 기술을 결정한다'.

패권정치에 대한 이론은 두 개의 중요한 가정들에 기초를 두고 있다. 그 첫째는, 사람들이 본질적으로 이기적이고 경쟁적이라는 점이다. 이 점은 **이기주의**가 인간 본성을 규정하는 특징이라는 점을 의미한다. 이것은 니콜로 마키아벨리와 토마스 홉스의 정치이론에 토대를 제공해 주는 이념이다. 하지만 마키아벨리와 홉스가 일차적으로 개인이나 사회적 집단의 행위를 설명하는 데 관심을 가졌던 반면에, 현실주의 국제이론가들은 무엇보다도 세계무대에서 가장 중요한 행위자로 간주된 국가의 행위에 관심을 가졌다. 국가들이 천성적으로 이기적이고 탐욕적이며 권력을 추구하는 인간들로 구성되고 이끌어진다는 사실은 국가행위가 동일한 특징을 나타낸다는 점을 의미한다. 그래서 인간 이기주의는 곧 국가 이기주의를 함축한다. 국가 이기주의는 국제갈등을 초래하며 전쟁도 일으키기도 하는데, 그 이유는 각 국가가 그 자신의 **국가이익**을 추구하고 국가이익은 그 본성상 양립하지 않기 때문이다.

1970년대부터 현실주의 전통 내에서 새로운 생각이 나타나기 시작하였고 이 새로운 생각은 '초기' 혹은 '고전적' 현실주의에 대해 비판적이었다. 케네스 왈츠의 영향을 받아 '신현실주의적' 혹은 '구조적' 현실주의자들이 국제체계라는 구조에 관한 가정을 토대로 국가행위를 설명하기 시작하였다. 특히 세계정부의 부재로 국제체계가 무정부상태로 특징화된다는 사실을 토대로 해서 신현실주의적 혹은 구조적 현실주의자들은 국가행위를 설명하였다는 점이다. 사실상 국제적 '자연상태'인 국제체계는 갈등, 피할 수 없는 전쟁 가능성으로 나아가는 경향을 띠는데, 그 이유는 국가들이 어떤 형태의 외부 지원보다는 그들 자신의 능력과 자원에 의지함으로써 생존과 안전을 보장

개념설명

국가안전

National security
일반적으로 공격을 저지
할 수 있는 군사력의 증
강을 통해 특정한 국민
혹은 국가의 생존과 안
전이 보장되는 조건.

세력균형

Balance of power
어떠한 국가도 다른 국
가를 압도하지 못하는
조건으로 일반적 균형을
만들어 내고 국가의 헤
게모니적 야망을 저지하
는 경향을 나타냄.

하도록 강요받기 때문이다. 이로 인해 '자립'체계가 만들어졌고, 이 체계 안에서 국가들은 생존을 보장하는 유일한 전략으로서 군사력의 증강을 필연적으로 우선시한다.

국제정치에 대한 현실주의 접근법은 안전을 위해 중요한 의미를 가지고 있다. 사실상 왈츠(1979)는 안전을 국제정치의 '가장 높은 목적'으로 표현하였다. 현실주의 관점에서 볼 때 국가는 '**국가안전**'이라는 관념에서 나타나듯이 안전을 유지함에 있어 일차적인 책임을 지고 있다. 따라서 안전에 대한 주요한 위협들은 다른 국가로부터 발생한다. 이러한 점에서 폭력의 위협과 다른 형태의 물리적 강제는 본질적으로 국가간 전쟁의 가능성과 연결된다. 그리하여 국가안전은 일반적으로 잠재적인 공격자를 저지할 수 있는 군사력의 증강을 통해 그러한 전쟁들을 저지하는 것과 밀접하게 연관된다. 하지만 국가가 다른 국가들을 적으로 취급하려는 경향이 있다는 사실로 인해 유혈사태와 노골적인 폭력이 필연적으로 발생하는 것은 아니다. 오히려 현실주의자들은 다음과 같이 믿고 있다. 갈등이 **세력균형**에 의해 저지될 수 있다는 것이다. 그리하여 고전적 현실주의자들은 세력균형이 국제체계에서 어떤 국가가 압도적인 위치를 차지하지 못하도록 방해하기 위해 외교를 사용하는 하나의 정책으로 채택되어야만 한다는 점을 지지하였다. 신현실주의자들은 세력균형을 하나의 정책으로 간주하기보다는 하나의 체계로 간주한

케네스 왈츠(Kenneth Waltz; 1924년 출생)

미국의 국제관계 이론가. 『인간, 국가 그리고 전쟁*Man, the State, and War*』(1959)에서 개설된 왈츠의 국제관계에 대한 초기의 기여는 전통적인 현실주의 접근법을 채용하였고 전쟁 연구를 위한 기본적인 출발점으로 남아 있다. 그의 『국제정치론*Theory of International Politics*』(1979)은 그 세대에서 가장 영향력 있는 국제관계 문헌이었다. 인간 본성과 정치윤리를 무시하면서 왈츠는 국제적인 무정부상태가 국가들 간에 그리고 국가들 사이에서의 능력배분에서의 변화를 통해 발생하는 국제체계에서의 변화로 인해 국가행위를 어떻게 효과적으로 결정하는지를 설명하기 위하여 체계이론을 사용하였다. 왈츠의 분석은 밀접하게 냉전과 연관을 맺었고 양극체계가 다극체계보다 평화와 안전의 보장에 더 좋다는 믿음을 가지고 있었다.

정의로운 전쟁Just war
전쟁의 목적과 내용에서
확실한 윤리적 기준에
일치하고 그래서 (주장
하는 바에 의하면) 도덕
적으로 정당한 전쟁.

다. 즉 세력균형은 어떠한 국가도 다른 국가들을 지배하지 못하는 조건, 그래서 일반적 균형을 만들어 내고 어떤 국가가 헤게모니적 야망을 추구하지 못하도록 조장하려는 경향을 가진 조건인 것이다.

자유주의 접근법

자유주의 이데올로기의 핵심적 이념과 주제는 2장에서 검토되었다. 하지만 자유주의는 또한 국제관계 분야에 좀 더 중요한 영향을 미쳤다. 자유주의 접근법은 '보편적·영구적 평화'의 가능성에 대한 칸트의 믿음을 경유하여 중세시대와 토마스 아퀴나스(1225~1274)와 같은 초기 '정의로운 전쟁just war'에 대한 이념으로까지 거슬러 올라가는 이른바 '이상주의' 이론화라는 훨씬 더 오래된 전통에 의존하고 있다. 자유주의는 궁극적으로 인간의 합리성과 도덕적 선에 대한 믿음을 토대로 국제관계에 대한 낙관적인 견해를 제공하고 있다 ─ 자유주의자들 역시 인간이 자연적으로 이기적인 생명체라고 믿고 있기는 하지만 ─ . 이로 인해 자유주의자들은 균형 혹은 조화가 모든 형태의 사회적 상호작용에서 작동한다고 믿으려는 경향을 띠고 있다. 개인들, 집단들 그리고 그 문제에 대해 국가들은 자신의 이해관계를 추구할지도 모른다. 그러나 자연적 균형이 나타나는 경향이 있을 것이다. 자유주의 관점에서 볼 때 자연적 혹은 통제되지 않은 균형이 경제생활에서도 나타나는

임마누엘 칸트(Immanuel Kant; 1724~1804)

독일의 철학자. 칸트는 전 생애를 쾨닉스베르크Königsberg(그 당시에 동프러시아 있었다)에서 보내었고 1770년 쾨닉스베르크 대학의 논리학·형이상학 교수가 되었다. 그의 '비판'철학은 다음과 같이 주장한다. 지식은 단지 감각표현들의 총합이 아니며, 지식은 인간 오성understanding의 개념적 기관에 의존한다. 칸트의 정치사상은 도덕의 중심적인 중요성에 의해 형성되었다. 그는 다음과 같이 믿었다. 이성의 법은 범주적 정언들을 명령하며, 이것의 가장 중요한 정언은 타인들을 단지 '수단'이 아니라 '목적'으로 다루어야 하는 의무였다. 칸트의 가장 중요한 연구로는 『순수이성비판Critique of pure Reason』(1781), 『실천이성비판Critique of Practical Reason』(1788), 『판단비판Critique of Judgement』(1790) 등을 들 수 있다.

국제레짐

International regime
특정한 문제영역에서 국가와 비국가행위자들의 상호작용을 다스리는 규범 혹은 규칙의 기구.

집단안보

Collective security
간단히 기술하면 집단안보 이념은 공격은 수많은 국가에 의해 취해진 연합적 행동에 의해 가장 잘 격퇴될 수 있다는 것이다. 집단안보는 다음의 사실을 말해 준다. 국가들이 서로 방어하려고 하는 한에서 국가들은 우선적으로 공격을 저지할 능력을 가지거나 아니면 국제질서가 무너진다면 그 위반자를 처벌할 능력을 가진다는 점이다. 성공적인 집단안보는 (1) 대략 동등한 국가들에 의존하며, (2) 서로를 방어할 비용을 가지는 모든 국가들에 의존하며, (3) 효과적인 행동을 취하기 위한 도덕적 권위와 군사력을 가지고 있는 국제단체의 존재에 의존한다.

것과 마찬가지로—아담 스미스의 자본주의의 '보이지 않는 손'—이해관계들의 균형이 세계의 국가들 사이에서 발전한다는 것이다. 이 점은 자유주의자로 하여금 국제주의를 믿게 하려는 경향을 보여 주며, 현실주의자들이 실제적으로 국제체계 내에서 발전하는 협력과 신뢰의 범위를 과소평가한다고 주장한다.

그럼에도 자유주의자들은 평화와 국제질서가 단순히 전적으로 혼자 힘으로 발생한다고는 믿지 않는다. 대신에 주권국가들의 야망을 저지하기 위하여 장치들이 필요하다고 한다. 그리고 이 장치들은 **국제 '레짐'**이나 국제기구의 형태를 띤다. 이 점은 '자유주의적 제도주의'로 불리는 것에 대한 이념을 반영한다. 이러한 견해에 대한 기초는 '국내적 유추domestic analogy'에 있는데, 이 이념은 국제정치에 대한 통찰이 민주주의 정치의 구조를 반영함으로써 획득될 수 있다는 것이다. 홉스와 존 로크 같은 사상가들이 발전시킨 사회계약론에 대한 특별한 설명을 취하면서 이 이념은 다음의 사실을 강조한다. 즉 어떤 주권적 권력의 건설만이 '자연상태'의 혼란과 야만성으로부터 시민들을 안전하게 인도할 수 있다는 것이다. 만약에 질서가 국내정치에서 '위로부터' 단지 강요될 수만 있다면, 동일한 것이 국제정치에도 해당된다. 이러한 생각은 어떤 국제적인 법의 지배를 확립하기 위한 기초를 제공해 주었다. 국제법의 지배는 미국 대통령 우드로 윌슨(1856~1924)이 제시하였던 것처럼 국제정치의 '정글'을 '동물원'으로 전환시킬 것이다. 따라서 자유주의자들은 일반적으로 긍정적 의미에서 지구적 거버넌스를 향한 추세를 이해하였다(19장에서 논의되는 것처럼). 국가안전에 대한 현실주의적 지지에 대항하여 자유주의자들은 또한 **'집단안보'** 이념을 지지하였다. 이 이념은 국제연맹의 건설을 지지하였고 나중에는 유엔UN을 지지하였다.

비판적 접근법들

1980년대 후반 이후 국제정치에 대한 비판적 접근법들의 범위가 상당히 확대되었다. 그 시점까지 맑스주의는 주류인 현실주의 이론과 자유주의 이론에 대한 주요한 대안을 형성하였다. 맑스주의 접근법을 차별성 있게 만들었던 것은 다음과 같았다. 맑스주의 접근법은 국가들간의 갈등과 협력의 유형들을 강조하는 것이 아니라 세계적 문제에 있어 경제적 권력구조와 국제자본에 의해 행해진 기능을 강조하였다는 점이다. 그리하여 맑스주의 접근법은 때때로 국제관계 내에서 하위분야로 간주되는 국제 정치경제에 주목하게 되었다. 하지만 냉전의 종식으로 인해 폭넓은 범위의 '새로운 목소리들'이 세계정치 연구에 영향력을 발휘하기 시작하였다. 이에 대한 실례로 구성주의·비판이론·후기구조주의·탈식민주의·여성해방주의·녹색정치 등을 들 수 있다. 다양한 철학적 토대와 대조적인 정치적 관점에서 이 '새로운 목소리들'을 통합하는 유일한 것은 주류적 생각에 대한 반감을 공유하고 있다는 점이 더 논의된다는 점이다. 하지만 두 가지 넓은 유사성들이 확인될 수 있다. 그 첫째는 다음과 같다. 다른 방법과 다른 정도 차이에도 이 새로운 목소리들은 주류 이론의 실증주의를 넘어서려고 하였으며, 그 대신에 사회행위와 세계문제들을 형성하는 데 있어 지각의 기능을 강조하였다. 둘째, 비판이론들은 '비판적'인데, 그들의 특별한 방식으로 현대의 세계문제에 있어 지배적인 세력에 반대하고 그래서 일반적으로 주변집단 혹은 반대집단과 동맹함으로써 국제적인 현상 status quo에 이의를 제기한다. 그리하여 이들 각각은 주류 이론들이 무시하려는 불균형과 비대칭을 폭로하고자 한다.

　안전문제에 가장 분명하게 착수하였던 비판이론들은 구성주의와 여성해방주의이다. 구성주의는 국제이론에 가장 영향력 있는 탈실증주의 접근법이었고 냉전의 종식 이후로 상당히 더 큰 주목을 받았다. 알렉산더 벤트(Alexander Wendt, 1999)의 전통을 따르는 구성주의자들은 다음과 같이 주장한다. 국가들간의 상호작용들은 믿음, 가치 그리고 가정들에 의해 중재된다는 것이다. 이러한 믿음, 가치 그리고 가정들은 국가들이 그들 자신을 어떻게 이해하고 그들이 작동하고 있는 구조를 어떻게 이해하고 반응하는지를 구성한다. 가령 이 점은, 국가행위가 신현실주의자들이 주장하는 것과 같이 국제적 무정부상태의 구조적 동력에 의해서가 아니라 그들이 이 무정부상태를 어떻게 보는가에 따라 결정된다는 점을 의미한다. 벤트(1992)가 적었

국가들 사이의 평화와 협력은 파악하기 어려운 것인가?

국제관계는 기본적으로 세계문제에 있어 협력과 갈등 사이의 균형과 연관되어 있으며, 전통적으로 전쟁과 평화의 문제와 연결되어 있다. 현실주의자들은 국제갈등의 경향과 아마도 전쟁은 궁극적으로 피할 수 없다고 주장하는 반면, 자유주의자들과 다른 사람들은 국가들 사이의 신뢰와 협력의 가능성을 강조한다. 국가관계들은 아주 종종 공포와 적대감에 의해 특징지워지는가, 그리고 이 공포와 적대감은 극복될 수 있는가?

찬성

세계정부의 부재. 국제정치의 비극은 다음과 같다. 즉 지속적인 평화와 질서를 보장하는 유일한 방법 −세계정부의 확립− 은 아주 비현실적이거나 −국가들은 더 상위의 기관에 자신들의 주권을 결코 주지 않을 것이다− 아니면 상당히 달갑지 않다 −세계정부의 확립은 지구적 전제정치를 초래할 것이다− 는 것이다. 신자유주의자들이 지적하였듯이 국제적 무정부상태는 갈등으로 나아가는 경향을 보이는데, 그 이유는 국가들은 군사적 자립을 통하여 생존하도록 강요받고, 이것은 항상 일시적이고 우연적인 세력균형에 의해서만 견제되기 때문이다. '공격적' 현실주의자들이 볼 때 −이들은 국가들은 단지 안전만이 아니라 힘을 극대화하고자 추구한다고 믿는다− 세력균형이 붕괴될 때 전쟁이 발생할 가능성이 있다는 것이다(Mearsheimer, 2001).

안전 딜레마. 갈등과 심지어 전쟁은 불가피하다. 왜냐하면 국가들간의 관계는 항상 불확실성과 의심에 의해 특징지워지기 때문이다. 이 점은 안전 딜레마를 통해 가장 잘 설명되었다. 이것은 한 국가에 의해 방어적인 이유로 군사력의 증강이 항상 다른 국가들에 의해 공격적인 것으로 해석되기 쉽다는 사실에서 발생하는 딜레마이다. 이 문제들에 관한 해결할 수 없는 불확실성으로 인해 군비경쟁과 국가들간의 긴장이 증대되는데, 특히 국가들은 이러한 점에서 오해가 국가적 재앙을 일으킬 위험이 있어서 다른 국가들의 행동이 공격적이라고 가정할 가능성이 있기 때문에 그렇다.

상대적 이익들. 국제갈등은 국가의 일차적 관심이 다른 국가들에 대해 상대적으로 자신의 위상을 유지하거나 개선하는 것이라는 사실에 의해 장려된다. 즉 국가들의 일차적 관심은 '상대적' 이익들을 얻는 것이다. 어떤 다른 것은 별개로 하고 이 점은 협력을 방해하고 국제기구들의 능력을 감소시키는데, 그 이유는 모든 국가들이 특정한 행동이나 정책으로부터 이익을 얻을 수도 있지만 각각의 국가는 실제로 다른 국가들이 자신보다 더 많은 이익을 얻는다는 것을 더 염려하고 있기 때문이다. 이러한 점에서 국제정치는 제로섬 게임이다. 즉 국가들은 다른 국가의 희생을 대가로 권력 위계질서 내에서 단지 그들의 위상을 향상시킬 수 있을 뿐이다.

반대

상호의존적 세계. 국제정치의 군사적·외교적 차원에 대한 현실주의의 협소한 편견, 즉 이른바 안전과 생존에 대한 '높은high 정치'는 잘못 놓여졌다. 대신에 국제적 의제는 복지, 환경보호 그리고 정치적 정의라는 '낮은low 정치'에 점점 더 광범위하고 더 큰 관심을 기울이고 있다. 국가들이 전쟁보다는 무역을 더 우선시하고자 하는 경향이 증대하는 것은 특히 중요하다. 국가들은 이것이 국가발전에 대한 비군사적 길을 연다는 점, 그리고 경제적 상호의존성을 심화함으로써 전쟁을 아마도 불가능하게 만든다는 점을 인식한다. 국가들은 '상대적' 이익을 위해 파멸적인 투쟁보다는 진정한 의미에서 이전보다 더 잘 지내기 위하여 협력함으로써 '절대적' 이익을 얻는 데 관심이 있다.

국제사회. 패권정치에 대한 현실주의자의 강조는 상호작용하는 국가들이 단지 하나의 '체계'가 아니라 하나의 '사회'를 구성한다는 인식으로 인해 변형되었다. 국제사회는 점점 더 규칙에 의해 지배받고 위험과 불확실성보다는 질서와 예견을 선호한다. 이 점은 국가들이 서로 상호작용함에 따라 이들은 신뢰와 협력을 출현시키는 규범과 규칙들을 발전시키기 때문이다. 이것은 국제법, 외교 그리고 국제기구들의 활동에 의해 지원받는 하나의 경향이다.

민주적 평화 명제. 자유주의자들은 오랫동안 다음의 사실을 주장하였다. 국가관계들은 국제제도의 구조적 역학관계와 같은 외적 요소들만큼이나 국가의 내적인 입헌적 구조에 의해 구조화된다는 점이다. 특히 민주주의 국가들이 다른 국가들에 대항하여 전쟁을 일으키지 못한다는 강력한 경험적 증거는 평화와 민주주의 간의 관계를 시사한다. '민주적 평화Democratic peace'는 여론이 일반적으로 전쟁을 피할 것을 선호한다는 사실로 인해 지지되었다. 다시 말해 민주정들은 모든 문제들의 갈등을 해결함에 있어 비폭력적인 형태를 사용하는 경향이 있다는 점, 그리고 문화적 연대들이 민주정들 사이에서 발전하고 그럼으로써 서로를 적이 아닌 친구로 보려는 분위기가 조장된다는 점이다.

던 것처럼 '무정부상태는 국가들이 이 상태를 만드는 것이다'. 몇몇 국가들은 무정부상태를 위험하고 위협적인 것으로 보는 반면, 다른 국가들은 무정부상태를 자유와 기회를 위한 기초로 이해할지도 모른다. 그리하여 '친구들의 무정부상태'는 '적들의 무정부상태'와 아주 다른 것이다. 구성주의자들은 다음과 같이 주장한다. '친구들의 무정부상태'는 국가들이 자기 이해관계라는 협소한 개념을 초월하여 지구적 정의라는 주의, 심지어 세계주의를 포용할지도 모른다는 가능성을 열어 두고 있다고 말이다. 다른 한편으로 여성해방주의자들은 두 가지 다른 이유에서 현실주의적 안전 개념을 비판하였다.

진 베트케 엘쉬테인(Jean Bethke Elshtain; 1941년출생)

미국의 정치철학자. 엘쉬테인의 『공적 남성, 사적 여성Public Man, Private Woman』(1981)은 정치이론에서 공적 영역과 사적 영역 간의 분리를 행하는 방식에서 젠더의 역할을 검토함에 있어 여성주의 학문에 주요한 기여를 하였다. 『여성과 전쟁Women and War』(1987)에서 그녀는 남성들은 '정의로운 전사들'이며, 여성들은 구제되어야 하는 '아름다운 영혼들'이라는 신화를 부각시키기 위하여 개인적인 이야기와 역사적 분석을 뒤섞어 가면서 전쟁에서 남성과 여성의 역할을 결정하는 지각 있는 수정체들을 논의하였다. 『테러에 반대하는 정당한 전쟁Just War against Terror』(2003)에서 엘쉬테인은 '테러와의 전쟁'이 정당하다고 주장하였는데, 그것은 그 전쟁이 전투원과 비전투원 간의 구별을 하지 않았던 전투형태로서 '대참사를 예고하는' 테러의 대학살적인 위협에 대항하여 싸웠다는 점에서 그렇다는 것이다.

개념설명

안전역설

Security paradox
국가안전을 강화하기 위해 만들어진 군사력의 증강이 다른 국가들로 하여금 좀 더 위협적이고 적대적인 자세를 취하게끔 조장할지도 모른다는 점에서 반생산적 counter-productive 일지도 모른다는 역설.

첫째, 현실주의적 안전 개념은 적수, 경쟁 그리고 필연적인 갈등에 관한 남권주의적 가정들을 전제하고 있으며, 일련의 패권을 추구하는 자율적 행위자들 사이의 상호작용의 의미에서 세계를 이해하려는 경향으로부터 발생한다. 둘째, 여성해방주의자들은 다음과 같이 주장하였다. 즉 관습적인 국가안전 개념은 **안전역설**security paradox의 결과로 자멸해 가는 경향이 있다는 것이다. 이러한 현상은 '안전의 불안전'으로 불렸던 것을 만들어 낸다. 많은 여성해방주의자들이 보기에 안전의 젠더적 성격은 또한 무엇보다도 진 베트케 엘쉬테인 Jean Bethke Elshtain이 강조하였듯이 전쟁과 무력적 갈등의 젠더적 성격에서 나타난다.

신안전 도전들

전통적 전쟁에서 '신'전쟁들로

국제안전은 일반적으로 전통적이고 국가간 **전쟁**들이 종식되고 저지될 수 있는 조건들을 위한 추구를 의미하였다. 베스트팔렌 평화조약(1648)을 통해서 현대의 국제체계가 탄생된 이후로 전쟁은 국가정책의 하나의 도구로 이해되었다. 이 도구는 국가들이 다른 국가에 대하여 주도권을 획득하거나 주

전쟁War

전쟁은 두 개 혹은 그 이상의 부분들(일반적으로 국가들)간의 군사적 갈등의 상황이다. 조직적이고 목적지향적인 활동으로서 현대적 형태의 전쟁의 출현은 초기 현대 시기에서 유럽 국가제도의 발전에서 비롯된다. 전쟁은 공식적 혹은 준합법적quasi-legal 성격을 가지는데, 그것은 전쟁상태의 천명이 필연적으로 적대감의 돌발에 의해 동반되는 것은 아니라는 점에서 그렇다. 냉전후 시기에 '새로운' 전쟁들을 언급하는 것이 공통적이었다. 이 새로운 전쟁들은 국가간 종족적 갈등, 발전된 군사기술의 사용 그리고 테러적·게릴라적 전략의 사용에 의해 다양하게 특징지워졌다.

내전Civil War

한 국가 안에서 정치적으로 조직된 집단들 간의 무력충돌. 일반적으로 국가에 대한 통제권을 획득·보유하거나 혹은 새로운 국가를 확립하기 위한 충돌.

도권을 위하여 다른 국가의 시도에 저항하고자 하였던 하나의 수단이었다. 프러시아의 널리 알려진 군사이론가인 칼 폰 클라우제비츠(1780~1831)가 적었듯이 '전쟁은 단지 다른 수단에 의한 정치(혹은 정책)의 연속일 뿐이다'. 하지만 전쟁과 전투행위가 변하였다. 제2차 세계대전 이후 1년에 20명 혹은 그 이상의 사망자들을 가진 국가간 전쟁들의 수는 1987년에 9건이 발생하였고 그런 다음 2001년에는 1건으로, 2003년에는 2건 그리고 2004년에는 0건으로 떨어졌다. 알제리아·베트남·팔레스타인과 같은 곳에서 민족해방운동에 의해 1950년대와 1960년대에 사용된 전술로 출발해서 소말리아·리베리아·수단·콩고와 같은 나라들에서 갈등으로 확대된 새로운 유형의 전투행위가 발전하였고, 그래서 어쩌면 전쟁 그 자체를 다시 정의해야 할 상황에 이르렀다. 1990년대 소련과 유고슬라비아의 붕괴에 이어 이라크와 아프가니스탄뿐 아니라 보스니아, 코카서스, 특히 체첸에서 일어났던 그러한 '신'전쟁들은 종종 더 광범위한 '테러와의 전쟁'의 부분으로 이해되었다.

'신'전쟁들은 국가간 전쟁이라기보다는 오히려 **내전**의 추세를 띤다. 1990년대 중반 이후로 발생하였던 무장충돌의 약 95퍼센트가 국가간에 일어났던 것이 아니라 국가들 내에서 일어났다. 내전들은 탈식민지 지역에서 공통적으로 되었다. 이 지역들에서 식민지주의는 종종 인종적 혹은 지역적 경쟁, 경제적 저발전 그리고 약화된 국가권력의 유산으로 남아 있었다. 그리하여 '유사 국가들' 혹은 '실패한 국가들'이 출현하였다. 이 국가들은 국가권력의 가장 기초적인 시험에 실패하고 있다는 점에서 허약하다. 즉 이 국가들은 국내질서와 개인의 안전을 유지할 수 없다. 이것은 시민분쟁 그리고 심지어 내전조차도 일상이 된다는 것을 의미한다. 하지만 이것은 국내안전이 국제안전과 얽히게 되는 바로 그 지점인데, 그 이유는 국내 주민을 위한 유일하게 효과적인 보호가 인간주의적 개입의 형태로 외부에서 올 수도 있기 때문이다. 복잡하고 문제의 소지가 많은 그러한 개입의 성격은 2011년 리비아에서의 간섭을 통해서 검토될 수 있다.

하지만 '신'전쟁들은 이전의 국가간 전쟁들이 행하였던 것보다 민간인에 대해 더 넓고 더 심오한 위협을 종종 야기하였다. 민간인/군부 구분 — 이

리비아 간섭: 보호하기 위한 책임?

사건: 아랍의 봄의 부분으로서 2011년 2월, 가다피 대통령에 반대하여 대중소요가 발생하였다. 하지만 튀니지아나 이집트에서의 초기 사건들과는 다르게 가다피 정권은 가차없는 공격을 감행하였다. 친가다피 세력들은 동쪽으로 진군하기 시작하였고, 벵가지의 반란거점을 위협하였다. 대학살을 염려하면서 국제공동체는 즉각 대응하였다. 2월말경에 유엔안전보장이사회는 리비아에 대한 무기수출금지와 자산동결이라는 제재를 가하였다. 그리고 안전보장이사회는 인간성에 반하는 가다피의 범죄들을 헤이그에 있는 국제범죄재판소에 회부하였다. 3월 17일에 안전보장이사회는 1973 결의안을 가결하였는데, 이 결의안은 '모든 필요한 조치들'이 민간인들을 보호하기 위하여 취해져야 한다고 요구하였다. 2일 후에 미국이 이끄는 연합군은 리비아 세력에 대항하여 전투기와 미사일 공격을 가했다. 연합보호군Operation Unified Protector으로 칭해졌던 책임은 재빠르게 나토로 이전되었다. 친가다피 세력과 군사시설에 대한 영공에서의 공격을 통하여 무기수출금지를 감시하고 리비아에 대한 비행금지구역을 순찰함에 있어 나토의 개입은 리비아의 반대세력에 유리하게 싸움에서의 균형을 이루는 데 기여하였다. 10월 초, 리비아의 국가이행협의회는 국가에 대한 통제를 확고히 하였고 반란세력들은 체포되었고 가다피를 죽였다. 연합보호군은 임무를 시작한 지 222일 후인 10월 31일에 그 임무를 끝내었다(Daalder and Stavridis, 2012).

의의: 주요한 인간주의적 간섭이 1999년 코소보와 동티모르에서 그리고 2000년에 시에라 레온 이후로 발생하지 않았다는 사실로 인해 혹자는 인간주의 간섭의 시기가 끝났다고 믿게 되었다. 그리고 이것은 탈냉전 초기에 유행하였던 평범하지 않은 분위기를 반영한다는 것이다. 이라크와 아프가니스탄에서 오래 끈 반폭동 전쟁들에서의 미국의 간섭은 특히 이른바 '시체운반용 부대효과body bag effect'가 국내지지를 약화시키는 경향이 있기 때문에 군사적 간섭에서 곤란해진 국가들의 위험성을 강조하는 데 기여하였다. 그럼에도 2011년 리비아 간섭은 두 가지 중요한 이유로 추진되었다. 첫째, 간섭의 핵심적인 지지자들인 미국·프랑스·영국의 정치적 리더십은 리비아에서 광범위한 학살이 일어났다는 것에 수동적인 자세를 취함으로써 이들이 입게 되는 정치적 대가를 염려하였다는 점이다. 특히 이들 국가가 초기의 아랍의 봄 봉기에 대해 명백한 지지를 보내었기 때문에 더욱 그러하다. 둘째, 결정적으로 이 개입은 친가다피 세력들이 그들의 공습 능력을 빼앗김으로써 상대적으로 약해졌고 또한 개입이 육상침입―육지에서의 구조들―이 회피될 수 있었기 때문에 최소한의 나토 손실로써 달성될 수 있다는 점에서 군사적으로 실행 가능한 것이었다.

리비아 개입에 대한 핵심적인 도덕적 정당화는 '보호할 책임(R2P)'원칙으로부터 발생하였다. 물론 이 관념이 특별하게 1973 결의안에서 인용되지는 않았지만 말이다. R2P의 핵심주제는, 국제공동체는 현실적이거나 염려되는 대규모의 인명손실 혹은 대규모의 인종청소라는 사건에 있어 그렇게 할 자원들이 있고 그 비용이 불균형적이 아니라고 한다면 민간인들을 보호하기 위하여 간섭할 인간주의적 명령으로 묶여 있다는 것이다. 도덕적 책임들이 잠재적으로 인간 전체로 확대됨에 따라 우리는 '이방인들을 구할' 의무를 가진다. 리비아의 경우, 이 도덕적 정당화는 그 간섭이 안전보장이사회의 권위와 아랍연맹과 걸프협력협의회Gulf

Cooperation council와 같은 핵심적인 지역기구들의 지지에서 비롯되었던 정당성에 의해 강화되었다. 그럼에도 불구하고 이 개입을 비판하는 사람들은 리비아를 신식민주의에 대한 하나의 실례로 기술하였는데, 그 이유는 이 개입이 상당 부분 석유와 다른 자원들에 대한 통제권을 얻기 위한 바람에서 동기화되었고 또한 개발도상국가들의 운명을 통제할 서구 열강들에 의한 지속적인 시도를 반영하였기 때문이다. 이러한 점에서 R2P는 자기 이익을 추구하는 행위를 위한 도덕적 구실만을 제공할 뿐이고 개입은 그 개입이 서구열강들의 목적에 일치할 때에만 유발된다는 것이다. 2011~2012년 동안의 시리아와 같은 경우에 개입은 형편에 맞게 무시되었다. 다른 사람들은 리비아 개입을 국제법 위반으로 기술하였는데, 이 개입이 국가주권원칙을 침해하였기 때문이다.

개념설명

게릴라 전쟁 Guerrilla war
사전적 의미로 '작은 전쟁', 반란 혹은 '인민들'의 전쟁. 지역에 적합한 전술을 사용하고, 우세한 화력보다는 이동성과 기습을 강조하는 비정규 군대의 싸움.

폭동 Insurgency
기존의 정권을 전복하고자 하는 비정규 군인들을 포함하는 무장 소요.

구분은 전통적인 전쟁들이 군복을 입고 조직화된 남성 단체들(국민군, 해군과 공군)에 의해 이루어졌다는 사실로 인해 상징화되었다 — 은 다양한 방식으로 희미해졌다. **게릴라** 전술의 폭넓은 사용과 주민저항에 대한 강조 혹은 **폭동**은 현대의 교전상태에 확산적인 성격을 부여해 주었다. 현대의 교전상태가 군사전략, 좀 더 중요한 전투들이라기보다는 일련의 소규모의 참여를 포함하는 경향이 있기 때문에 전쟁터라는 관습적인 이념은 거의 쓸모없게 되었다. 전쟁은 '인민들 사이의 전쟁'으로 발전하였고(Smith, 2006), 이것은 때때로 반폭동 임무들로 야기되었던 '부수적인 손상'에 의해 심화되었던 하나의 경향이었다. 이러한 민간인/군부 구분의 희석화는 또한 민간인들이 점점 더 군사적 행동의 목표물이었기 때문에 발생하였다 — 지뢰, 폭탄자살 vehicle bombs, 그리고 일반적으로 테러를 사용함으로써 — . 이 군사적 행동의 목표는 경제적·사회적 혼란을 만들어 내고 전쟁을 위한 적의 결의와 욕망을 분쇄시키는 것이었다. 따라서 현대의 교전상태는 종종 난민위기를 수반하였다. 이 난민위기로 인해 갈 곳을 잃은 수천 혹은 때때로 수백만의 사람들이 일시적이거나 영구적으로 피난처와 안전을 찾고 있다.

민간인/군부 구분은 군대와 안전세력의 성격이 변화함에 따라 더욱더 희미해졌다. 가령 게릴라 군대는 비정규적인 군인이나 혹은 무장한 지원병집단으로 구성되며, 폭동은 종종 대중적 반란의 성격을 취한다. 마지막으로 '신'전쟁들은 종종 이전의 전쟁들보다 더 잔인하고 무서워졌는데, 그 이유

테러리즘Terrorism

가장 넓은 의미에서 테러리즘은 공포, 불안 그리고 불확실성의 분위기를 만들어 냄으로써 목적을 달성하고자 의도하는 정치적 폭력형태이다. 9.11과 지구적 범위의 테러리즘의 출현으로 인해 테러리즘 현상이 재정의되어야 할 상황에 있었지만 가장 평범한 형태의 테러 행위로는 암살, 폭격, 인질 그리고 비행기 납치 등을 들 수 있다. 이 단어는 상당히 경멸적이며 선택적으로(한 개인의 테러주의자는 다른 사람의 자유를 위한 투사이다) 사용되는 경향이 있다. 종종 특별하게 반정부활동으로 기술된 어떤 것들은 정부 자신의 주민이나 다른 주민에 반대하여 테러의 정부에 의한 사용을 '국가테러리즘'으로 묘사한다.

IRA

Irish Republican Army. 아일랜드 공화국 군으로 반영지하조직.

ETA

1959년 결성된 스페인의 민족주의 조직. 바스크 지역의 분리독립 주장.

는 전통적인 국가간 교전상태들을 제어하였던 규칙들이 일반적으로 무시되었기 때문이었다. 유괴, 고문, 체계적인 약탈 그리고 지뢰, 자동차 폭탄 그리고 자살 공격들로부터 발생하는 무차별적인 살인 등과 같은 행위들이 현대의 교전상태의 일상적 특징으로 되었다. 이러한 현상은 때때로 호전적인 정체성 정치가 지니는 의미에 의해 설명된다. 호전적인 정체성 정치를 통해 적은 역할이나 행동의 의미에서라기보다는 특정 집단의 구성원이라는 의미에서 정의된다. 따라서 전체 인민, 인종 혹은 문화들이 '적'으로 정의될 수도 있을 것이며, 이는 이것들이 가치가 없거나 혹은 근본적으로 사악한 것으로 간주되며, 군사적 목표와 민간인의 목표가 동등하게 정당하다는 점을 의미한다.

초국가적 테러

1945년 후의 많은 기간 동안에 테러는 일반적으로 민족주의 정향을 가졌다. 1940년대와 1950년대에 테러는 아프리카·아시아·중동에서 제3세계 반식민지투쟁들과 연관이 있었고, 나중에는 팔레스타인해방기구PLO와 같은 민족해방운동과 검은 9월단Black September과 같은 집단들에 의해 테러가 자행되었다. 테러는 또한 선진 서구사회에서 불만을 품은 민족적 혹은 인종적 소수자들에 의해 사용되었는데, 예를 들자면 북아일랜드와 영국 본토에서 IRA, 스페인 바스크 지역에서 조국 바스크와 자유(ETA, Euzkadi ta Askatsuna) 그리고 퀘벡에서 FLQ(Front de liberation du Quebec) 등을 들 수 있다. 그럼에도 9월 11일 테러 공격들은 많은 사람들에게 다음의 사실을 확신시켜 주었다. 즉 테러는 새롭고 좀 더 위험한 형태로 다시 등장하였다는 점이다. 이러한 사실로 인해 혹자는 테러가 국제평화와 안전에 대한 일차적인 위협이 되었다고 결론짓기에 이르렀다.

테러가 좀 더 중요하게 되었던 가장 명백한 길은 테러가 초국가적이고 심지어 지구적인 범위를 획득하였다는 것이다. 테러의 국제적인 성격이 팔레스타인해방기구와 같은 단체들에 의해 수행되었던 1960년대 후반의 비행기 납치 사건의 등장으로 거슬러 올라갈 수 있지만 9.11과 다른 알카에다, 혹은

개념설명

대량살상무기

WMD, Weapons of mass destruction

핵무기, 핵방사선, 화학적·생물학적 무기를 포함하는 무기의 범주. 이 무기들은 대규모적이고 무차별적인 파괴력을 가지고 있다.

알카에다와 연결된 마드리드, 영국 그리고 그 밖의 지역에서 일어난 공격들은 테러 과정을 새로운 수준으로 이끌었다. 초국가적 테러는 일반적으로 지구화의 출현과 연관이 있었는데, 그것은 초국가적 테러가 국경을 초월하여 이루어지는 사람, 상품, 화폐 기술 그리고 이념의 증대를 손쉽게 이용할 수 있고 그럼으로써 테러주의자들이 언제 어디서든 타격을 가할 수 있다는 그러한 인상을 준다는 점에서 그렇다. 이러한 테러는 또한 이에 대항하는 데 더 큰 어려움에 직면할 뿐만 아니라 급진적이고 망연자실한 충격이 두드러지게 나타난다는 점에서 '재앙적' 테러 혹은 '과도한 테러hyper-terrorism'로 불렸다.

이 점은 적어도 세 가지 이유에서 적용된다. 첫째, 실례를 들자면 자살테러에 대항하는 데 있어 특별하게 어려운 테러 전술이 더 강조되었다. 다른 사람들을 죽이기 위하여 자신의 생명을 기꺼이 헌신하고자 하는 공격자들에 대해 방어가 어떻게 이루어질 수 있는가? 이 점은 다음과 같은 생각을 제공해 주고 있다. 즉 테러 공격의 가능성을 감소시키는 것이 가능할지도 모르겠지만 그 위협은 결코 뿌리채 뽑을 수는 없다는 점이다. 둘째, 테러의 잠재적인 범위와 규모가 현대기술의 결과, 특히 테러주의자들의 수중에 들어갈 수 있는 **대량살상무기**WMD의 기대로 인해 상당히 증대하였다. 9.11 이후 정부들은 더 이상 공상적인 생각이 아닌 핵무기 공격의 가능성과 함께 화학적 혹은 생물학적 무기를 사용하는 테러주의자들의 공격의 가능성에 대한 계획을 세우기 위하여 노력하였다. 셋째, 현대의 테러주의자들은 대량살상무기에 더 쉽게 접근할 뿐만 아니라 이 무기들을 사용하고자 하는 더 큰 의지를 가지고 있다는 점이 종종 주장되었다. 진위가 의심스럽기는 하지만 이 주장은 현대의 테러주의자들이 이전의 테러주의자 세대들보다 도덕적이고 인간주의적 원칙에 의해 덜 제약을 받을지도 모른다는 이유 때문일 것이다. 이슬람 테러의 경우에 이 점은 어쩌면 테러를 고무시키는 급진적인 정치적·종교적 이데올로기를 통해 설명된다. 이 이데올로기에서 서구사회와 이 사회와 연관된 가치들은 사악하고 본질적으로 퇴폐한 것으로 간주되며, 그래서 화해할 수 없는 이슬람의 적인 것이다.

초국가적 테러의 시대에 국제안전을 유지하는 것은 특별히 어려운 과제였다. 세 가지 주요한 반테러전략들이 현대 시기에 도입되었다. 첫 번째 전략은 일반적으로 정부의 법적 권한들을 확대함으로써 국가안전을 위한 수정과 기구들의 강화를 들 수 있다. 예를 들어 국가들은 지구적 금융유통에 대한 통제를 주장하였고, 특히 경계경보 발령 기간 동안에 입국제도들이 좀 더 엄격하게 만들어졌다. 국내 주민에 대한 감시와 통제, 특히 '극단주의' 집단이나 테러에 공감하는 사람들에 대한 감시와 통제가 상당히 강화되었다. 그리고 많은 경우에 테러 혐의자들을 체포할 수 있는 권한이 강화되었다. 하지만 국가안전기준들이 종종 초법적이거나 기껏해야 유사법적인 성격을 가졌다. 9.11 이후의 초기에 미국에서 부시 행정부는 이 전략을 가장 강도 높게 사용하였는데, 그중에서도 특히 쿠바에서 관타나모 만Guantánaumo Bay 구치소를 세우고, '특별 인도extraordinary rendition'와 같은 수단들을 실시함으로써 이 전략을 사용하였다.

두 번째 전략은 힘에 기반하거나 혹은 억압적인 반테러의 사용이다. 이 전략은 최근에 '테러와의 전쟁'과 연관을 맺게 되었다. 테러에 대한 군사적 대응들은 이전에 지원해 주었던 정권의 지지나 '지원'—수단과 아프가니스탄과 같은—을 테러주의자들에게 주지 않거나 혹은 테러주의자들의 훈련 캠프와 테러적 지도자들에 대한 직접적 공격을 감행하기 위해 만들어졌다. 그럼에도 미국이 행한 '테러와의 전쟁'에서 입증되었듯이 군사적 억압은 때때로 반생산적인 대응일 수도 있는데, 특히 테러에 반대하는 군사적 행동이 민간인들의 인권과 이익에 무감각하게 보일 때 그렇다. 세 번째 전략은 테러주의자들을 협상과 외교의 과정으로 끌어들임으로써 테러주의자로 하여금 폭력을 포기하도록 조장하기 위하여 정치적 거래들을 사용하는 것이다. 이 전략은 때때로 위협과 폭력에 직면하여 도덕적 퇴각인 유화의 한 보기로서 이해되지만 가장 테러적인 행동들이 정치적 결말을 가진다는 사실이다. 부분적으로 이것은 일단 테러운동에서 지도적 인물들이 테러적 전술이 일반적으로 비효과적이라는 사실을 인정하자마자 이들은 존경과 합헌적인 정치로 나아가려는 경향이 있기 때문이다.

핵무기 Nuclear weapons
폭발, 열 그리고 방열의
효과를 통해 목표물들을
파괴하고자 핵분열(원자
폭탄) 혹은 핵융합(수소
폭탄)을 사용하는 무기.

전쟁억제력 Deterrence
유사한 군사적 대응의 규
모를 강조함으로써 공격
을 방해하기 위하여 고안
된 전술 혹은 전략(공격
의 비용이 그것이 가져다
주는 혜택보다 더 클 것이
다).

상호보증파괴
Mutual Assured Destruction
국가들이 공격을 견디어
낼 수 있는 2차 타격 능
력을 보유하고 있기 때문
에 각각의 국가에 의한
핵무기 공격은 단지 그
자신의 파괴만을 보장할
것이라는 상황.

핵무기 확산

'핵무기 시대'는 1945년 8월 6일에 등장하게 되었다. 이때 미국은 일본 히로
시마에 핵폭탄을 투하하였다. 두 번째 폭탄은 3일 후에 나가사키에 투하되
었다. **핵무기**들의 선례가 없는 파괴적인 잠재력은 핵무기 확산의 문제가 2
차 세계대전 이후 국제안전 의제의 중심이 되었던 이유를 설명해 준다. 종
종 '제1차 핵무기 시대'로 불렸던 냉전 동안에 핵무기 확산은 '수평적'─더 많
은 국가나 다른 행위자들의 핵무기 보유─이라기보다는 주로 '수직적'─핵
무기 국가들에 의한 핵무기들의 축적─이었다. '핵무기 클럽'은 단지 유엔
안전보장이사회의 상임이사국(미국·소련·중국·프랑스·영국)만을 보유하였
다. 그러나 이 기간 동안에 미국과 소련은 세계를 여러 번 파괴할 수 있는 능
력을 증강하였다. 2002년에 미국과 러시아의 핵무기 능력은 이미 만들어졌
던 모든 핵무기탄두의 98퍼센트에 달하였다. 이 핵무기 경쟁은 특히 핵무기
의 상당한 **전쟁억제력**에 의해 가속화되었다. 핵무기들의 재앙을 초래하는
잠재력으로 인해 핵무기에 대한 공격은 거의 생각할 수 없다. 따라서 핵무
기의 세력균형이 전개되었고, 이 세력균형 속에서 미국과 소련은 이른바 '제
2차 타격' 핵무기능력을 수중에 넣었다. 이 능력으로 인해 미국과 소련은 적
의 공격에 잘 버틸 수 있었고 나아가 주요한 전략목표와 인구 밀집지역들을
파괴할 수 있었다. 1960년대 초에 두 개의 초강대국은 반격할 수 없는 제2차
타격 능력을 가졌고, 이 능력은 다음의 사실을 보장하였다. 즉 핵무기 전쟁
은 종종 '테러의 균형'으로 이해되는 **상호보증파괴**MAD를 초래할 것이라는
점이다.

하지만 냉전의 종식과 동-서 경쟁의 중단이 핵무기 확산에 관한 초기의
낙관주의적 기대를 만들어 내거나 혹은 핵무기 확산에 관한 관심을 감소
시켰지만 '제2차 핵무기 시대'는 어떤 점에서 제1차 핵무기 시대보다 더 많
은 어려움을 안고 있다는 점이 드러났다. 한 가지 이유로 기존의 핵무기 국
가들은 핵무기 전략을 계속해서 사용하고 있다. 그리하여 미국과 러시아가
2010년에 서명한 새로운 전략무기감축회담START 조약은 전략핵무기 미사
일 발사장치의 수를 반으로 줄이는 것에 동의하였지만 이들은 여전히 1,550

깡패국가 Rogue state
대외정책이 침략적 의도,
무기증강 혹은 테러를 통
하여 인접 국가나 다른
국가들에 대한 위협을 야
기하는 국가.

개의 핵무기탄두를 소유할 것이다. 그럼에도 가장 큰 관심이 지역적 경쟁과 특히 소련의 붕괴 이후 핵무기와 핵기술을 점점 더 빠르게 이용할 수 있다는 사실로 인해 가속화된 수평적 핵무기 확산에 대해 일어났다. 인도와 파키스탄은 1998년 '핵무기 클럽'에 합류하였고, 북한도 2006년에 '핵무기 클럽'에 합류하였다. 이스라엘은 아마도 1979년 이후로 공표되지 않은 핵무기 국가였다. 그리고 이란이 독립적인 핵무기 능력을 발전시키는 과정에 있다는 점이 널리 유포되었다.

핵무기 확산에 대한 우려들은 핵무기 능력을 획득할지도 모르는 국가와 다른 행위자들의 성격으로 인해 증대하였다. 이 점은 특히 소위 말하는 '깡패 국가들rogue states'의 경우에 해당된다. 이 국가들에서는 특히 지역적 불안정의 맥락에서 공격적인 대외정책을 지시하기 위하여 군대에 기반한 독재정부가 인종적 갈등과 사회적 갈등 그리고 경제적 저발전과 같은 요소들과 결합되어 있다. 북한은 잠재적인 핵무기 국가로 널리 기술되었다. 이 국가는 남한에 대한 위협뿐 아니라 일본과 심지어 미국에 대해서도 위협을 야기하고 있다. 이란의 핵무기 획득은 여러 가지 이유로 국제안전에 대한 심각한 위협으로 간주되었다. 이 이유 중에는 다음의 가능성도 포함되는데, 그것은 이란이 핵무기 능력을 획득하기 전에 이스라엘이 이란에 대해 선제 핵무기 공격을 할 수도 있다는 것이다. 또한 이란도 이스라엘에 대해 비도발적인 핵무기 공격을 할 수 있다는 것이다. 이란의 핵무기 보유는 사우디 아라비아와 터키 같은 국가들에게 핵무기를 보유하도록 하는 압력을 증대시킴으로써 중동지역 전체에 걸쳐 불안정한 핵무기 경쟁을 유발시킬 수도 있을 것이다. 하지만 다른 사람들은 다음의 사실을 주장하였다. 그러한 관심들은 인심을 소란하게 하는 자이며, 핵무기의 획득이 주의를 조장하는 경향이 있다는 것이다. 왈츠(2012)에 따르면 핵국가 이란은 중동지역에 안정을 가져다줄 것이라고 한다. 왜냐하면 그 지역에 있는 다른 국가들로 하여금 그들 자신의 핵무기 능력을 획득하고자 하는 더 큰 동기를 제공하지 않으면서 이스라엘과 이란은 서로를 저지할 것이기 때문이라는 것이다.

인간안전

인간안전

Human security
인간안전은 국가안전보
다는 개인의 안전을 언급
한다. 그러한 것으로 인
간안전은 '공포로부터의
자유'와 '궁핍으로부터의
자유'라는 관념을 포함한
다. 그럼에도 인간안전
은 다양한 차원을 가진
다. 이 차원들로는 경제
적 안전(확정적인 기초소
득), 식량안전(기초식량
이용), 건강안전(질병과
건강하지 못한 생활양식
들), 환경안전(인간이 유
발한 환경오염으로부터
의 보호), 개인적 안전(모
든 형태의 물리적 폭력으
로부터의 보호), 공동체
안전(전통적인 정체성과
가치의 보호), 정치적 안
전(정치적 권리와 시민의
자유 유지) 등을 들 수 있
다.

인간발전

Human development
완전한 잠재력을 발전시
키고, 욕구와 이해관계
에 따라서 성취적이고 창
조적인 삶을 이끌기 위한
인간의 능력을 고려하는
인간복지의 기준.

탈냉전 기간은 국제적·지구적 안전에 대한 새로운 위협의 등장을 보았을 뿐만 아니라 또한 안전의 성격에 관한 새로운 사고의 출현을 목격하였다. 안전을 본질적으로 한 국가의 속성 – '국가안전'이나 '국민안전'에서처럼 – 으로 보려는 것에서 '**인간안전**' 이념에 함축된 것처럼 개인의 문제로 보고자 하는 중요한 변화가 있었다. 인간안전은 **인간발전**이라는 이념에 승선시킴으로써 안전 개념을 재조명하였다. 이 인간발전이라는 이념은 1994년 이후 유엔의 인간발전보고서에서 사용되었다. 이 이념은 경제에 기반을 둔 빈곤 개념들 – 예를 들어 빈곤의 기준으로 '하루에 1달러'의 수입을 사용 – 에서 지식습득 능력, 자원활용 능력, 성평등 등등을 달성하는 능력과 같은 인간 능력들을 둘러싸고 형성된 개념들로 전환하였다. 그리하여 인간안전은 군사적 충돌에 의해 야기된 위협들이 변화시켰고 어떤 의미에서 강화시켰던 – 앞서 토론했듯이 '신' 전쟁들과 관련하여 – 그 범위뿐 아니라 현대의 무력갈등이 빈곤과 저발전의 문제들과 얽혀 있는 그 정도를 고려하고 있다. 무엇보다도 지구적 무역체계에서 존재하는 불균형으로부터 비롯되는 경제적 혼란과 불평등의 확대는 내전, 테러 그리고 군벌 갈등에 대한 국가의 취약성을 증대시킨 것으로 보였다. 반면, 동시에 군사적 충돌은 경제와 무역을 혼란스럽게 하였고 다른 형태의 인간적 고통을 초래한다. 이에 덧붙여 인간안전은 불안전의 비군사적 자원들을 고려하는데, 이는 국제안전 의제 내에서 확정적인 기초소득의 부재, 기본 식량의 불충분과 환경오염 등과 같은 문제들을 들 수 있다.

인간안전에 대한 관심의 증대는 또한 때때로 국제공동체로 하여금 좀 더 개입주의적인 자세를 취하도록 조장하였다. 이 점은 1990년대 초 이후로 인간주의적 개입을 취하고자 하는 더 큰 의지가 나타났으며 국제재판소의 확립과 2002년 이후 국제범죄재판소(ICC)의 건설을 지지한 것에서 알 수 있다. 그리하여 찰스 테일러에 대한 유죄판결 – 이전의 리베리아 대통령으로 그는 살인, 강탈, 노예화 그리고 어린아이를 병사로 사용했다는 이유로 시에

라리온의 특별재판소에 의해 2012년에 유죄판결을 받았다－은 정부와 국가의 또 다른 수장이 미래에 그러한 행동을 할 가능성이 별로 없다는 점을 보장했다고 할 수 있다. 마찬가지로 지뢰조약(1997)은 반인간적 지뢰의 사용, 비축, 생산 그리고 이전을 억제하기 위하여 만들어졌다.

하지만 인간안전 개념은 또한 비판을 받았다. 가령, 혹자는 다음과 같이 주장하였다. 인간안전이 사실상 의미가 없게 되었던 그 정도로 안전 개념을 심화시키고 확대하였다는 것이다. 이 점은 특히 인간안전이 안전을 '공포로부터의 자유'라는 전통적 이념을 넘어서서 '궁핍으로부터의 자유'라는 훨씬 더 넓은 관념을 포함하는 것으로 확대시키고 있기 때문에 적용된다는 것이다. 게다가 이 관념은 폭력과 불안전을 추방하고자 하는 국제공동체의 능력에 관해 잘못된 기대들을 양산시킬 수도 있을 것이다. 하지만 다른 경우에 인간안전을 증진시키고자 의도된 국제공동체의 개입은 흔히 '신식민지주의'라는 비난을 불러일으키면서 상당히 문제의 소지가 많은 것으로 판명되었다. 예를 들어 2012년 국제범죄재판소는 단지 아프리카인들만을 체포하였다.

요약

(1) 경찰이 행하는 중심적인 역할은 형법을 시행하고 시민질서를 유지하는 것이다. 그럼에도 사회적 혹은 다른 성향들이 경찰 내에 작동하거나, 시민소요나 정치적 분쟁의 경우에 경찰이 투입되거나, 경찰이 단지 통치엘리트의 이익을 위해 봉사하는 개인적 군대로 변형될 경우, 경찰은 정치적 성격을 가지게 된다.

(2) 군부의 중요한 목적은 다른 정치사회에 대항하는 것으로 향해질 수 있는 전쟁의 도구라는 점이다. 군부는 또한 민간기구들이 행할 수 없고, 기꺼이 행하지 않을 때 국내질서와 안정을 유지하는 데 기여할 수 있다. 그리고 군부는 특별한 상황에서 민간정부를 군부지배의 형태로 교체할 수 있

다. 그럼에도 군부정권은 단명하는 경향이 있는데, 그 이유는 이 정권이 정당성의 부재로 강제적인 권력에 의존하기 때문이다.

(3) 현실주의자들은 세계문제들에 대해 패권정치 모델을 제시한다. 이 모델에서 안전은 주로 '국가안전'이라는 관점에서 이해되며, 전쟁은 세력균형에 의해 견제된다. 세계문제에 있어 상호의존과 균형에 대한 자유주의 믿음으로 인해 현실주의자들을 '집단 안전'에 대한 신뢰로 나아가는 경향이 있다. 반면에 비판적 이론가들은 국가의 상호작용들이 믿음, 가치 그리고 가정에 의해 매개되는 정도를 강조하거나 아니면 전통적인 현실주의 패러다임에서 표현된 남권주의적 선입견들을 폭로하였다.

(4) 신안전에 대한 다양한 요구들이 냉전 후에 발생하였다. 이 요구들은 다음과 같다. 즉 전통적인 국가간 전쟁에서 '신' 전쟁으로의 변화를 들 수 있는데, 이 변화에서 민간인/군부 구분은 전형적으로 희미해졌다. 그리고 언제 어디서든지 공격으로 위협할 수 있고 어쩌면 재앙적인 효과를 가진 초국가적 테러의 등장을 들 수 있다. 또한 수평적인 핵무기 확산의 증대를 들 수 있는데, 이것은 특히 핵무기들이 '나쁜' 사람들의 수중에 들어가는 것을 걱정하는 것과 연관이 있다.

(5) '인간안전' 개념은 안전에 관한 생각을 국가에서 벗어나 개인에게로 향하게 하였다. '공포로부터의 자유'를 넘어서서 '궁핍으로부터의 자유'로 안전 관념을 확대함으로써 인간안전은 안전 관념을 심화하고 확대하였다. 그럼으로써 인간안전은 잠재적으로 국제공동체의 책임을 확대하였다. 하지만 비판가들은 다음과 같이 주장하였다. 즉 이로 인해 안전 개념이 사실상 무의미하게 될 위험성이 있으며, 폭력과 불안전을 척결할 국제공동체의 능력에 관해 잘못된 기대감이 양산되었다고 말이다.

토론사항

(1) 미국은 왜 국제 살인자들에 대해 치안적 행동으로 대응하기보다는 '테러

와의 전쟁'으로 대응하였는가?

(2) 모든 치안은 정치적인 것인가?

(3) 모든 국가들이 강제력에 의존한다면, 무장된 힘이 직접적으로 정치에 왜 간섭하지 않는가?

(4) 국내정책의 도구로써 군대를 사용하는 것은 언제 정당화될 수 있는가?

(5) 국제정치에 대한 어떠한 접근법이 국제안전의 기대를 이해하기 위한 가장 견고한 토대를 제공해 주는가?

(6) '신'전쟁들은 전통적 전쟁들보다 정말로 더 잔혹하고 공포스러운가?

(7) 초국가적 테러는 핵무기 확산보다 국제안전에 더 큰 위협을 주는가?

(8) '인간'의 의미에서 안전에 관한 생각의 의미는 무엇이었는가?

더 읽을 거리

- Brewer, J., A. Guelke, I. Hume, E Moxon−Browne and R. Wilford, *The police, public order and the State*(1996). 8개 국가들에 있어 경찰의 기능에 대한 유용한 비교서.

- Kaldor, M., *Human Security: Reflections on Globalization and Intervention*(2007). 경제관계들의 변화하는 성격과 무력적 갈등의 맥락에서 인간안전에 대한 폭넓고 고무적인 토론서.

- Silva, P.(ed.) *The Soldier and the State in South America: Essays in Civil−Military Relations*(2001). 과거와 현재의 남아메리카에 있어서 군부의 정치적 영향을 검토하는 논문 모음집.

- Smith, M. E., *International Security: Politics, Policy, Prospects*(2010). 국제안전에 대한 현대의 위협들과 그러한 위협들이 어떻게 관리되는지에 대한 분명하고 포괄적인 설명서.

세계질서와 지구 거버넌스

"우리는 당신이 좋아하든 그렇지 않든 간에 정복이나
동의에 의해 세계정부를 가질 것이다."
미국 대외관계협의회의 진술, 1950년 2월

개관

세계질서의 문제는 국제정치를 이해하는 데 핵심적인 것이다. 세계질서의
형성은 지구체계 내의 안정 수준과 갈등과 협력 사이에 있는 지구체계 내에
서의 균형에 영향을 준다. 하지만 냉전의 종식 이후 세계질서의 성격은 상
당한 토론과 의견불일치의 주제였다. 평화와 국제협력에 의해 특징화된 '신
세계질서'의 확립에 대한 초기의 천명들은 세계에서 유일하게 초강대국으
로서의 중심적인 무대를 취하는 미국으로 인해 일극적인 세계질서에 대한
좌담으로 즉각 대체되었다. 그럼에도 이 '일극적 시기'는 짧았다. 9월 11일
에 뒤이어 오는 어렵고 오래 끈 반폭력에 있어서의 미국의 개입이 미국의 쇠
퇴라는 인상을 강화시켰던 것만은 아니다. 출현하는 강국들, 그중에서도 특
히 중국은 세계무대에서 더 큰 영향력을 행사하기 시작하였다. 게다가 일극
체계가 다극체계에 자리를 내어주고 있다는 생각이 국제기구들의 증대하는
중요성이 입증됨에 따라 호응을 얻게 되었다. 이것은 때때로 출현하고 있는
'지구 거버넌스'로 해석되는 하나의 추세였다. 지구적 경제거버넌스의 주요
제도들―국제통화기금IMF, 세계은행WB과 세계무역기구WTO―과 지구

거버넌스 제도의 중심인 유엔은 이러한 점에서 특히 중요하다. 혹자는, 지구 거버넌스를 지지하는 추세가 상호의존적 세계에서 국가들은 자신들이 직면하는 도전들에 함께 대처하기 위해 행동해야만 하는 사실을 반영하고 있다고 주장하는 반면, 다른 사람들은 지구 거버넌스를 하나의 신화로 생각하고 국제기구들의 효과성에 심각한 의문을 제기한다.

쟁점

---

(1) 세계질서에 있어 냉전의 종식이 지니는 함의들은 무엇인가?

(2) 미국은 헤게모니 국가인가, 아니면 쇠퇴하고 있는 국가인가?

(3) 부상하는 다극체제는 세계정치에 어떻게 영향을 끼칠 것 같은가?

(4) 지구 거버넌스는 하나의 신화인가 아니면 현실인가?

(5) 지구적 경제거버넌스 제도는 얼마나 효과적인가?

(6) 유엔은 현대의 국제제도에서 필수불가결한 요소인가?

21세기 세계질서

세계질서 World order
국가들간의, 그리고 다른 주요 행위자들간의 세력 배분. 이는 상대적으로 안정적인 관계 및 행위유형을 야기한다.

초강대국 Superpower
초강대국(이 말은 1944년 윌리엄 폭스에 의해 처음 사용되었다)은 전통적인 '강대국'보다 더 큰 힘이다. 폭스가 볼 때, 초강대국들은 큰 힘에 더하여 힘의 큰 이동성을 소유하였다. 이 단어는 특히 냉전 동안에 미국과 소련을 언급하기 위하여 사용되는 경향이 있기 때문에 개념적인 중요성보다 역사적인 중요성이 있다. 그럼에도 초강대국들은 일반적으로 첫째, 세계의 어느 곳에서나 기능하는 지구적 범위를 가지는 것으로 간주되며, 둘째, 이데올로기적 블록이나 영향력의 국면 내에서 압도적인 경제적·전략적 역할을 하는 것으로 간주되며, 셋째, 특히 핵무기의 의미에서 압도적인 군사력을 가지는 것으로 가정된다.

양극체제 Bipolarity
두 개의 극(주요한 권력 블록)으로 순환하는 국제체제의 경향. 양극체제는 균형과 안정을 내포한다.

'신세계질서'와 그 운명

21세기 세계질서의 성격에 관해 상당한 논의가 있지만 냉전기간 동안에 **세계질서**의 형성에 관해서 상당한 동의도 있다. 이 기간 동안에 가장 두드러진 특징은 두 개의 주요 세력, 즉 미국이 지배한 서구와 소련이 지배한 동구가 서로 대결하였다는 점이다. 제2차 세계대전에서 독일·일본·이탈리아가 패배한 결과로, 그리고 전쟁과 장기간의 상대적인 경제적 쇠락으로 고통을 받은 영국의 약화로 미국과 소련이 **초강대국**으로 등장하였다. 냉전 **양극체제**는 경쟁적인 군사동맹의 형성 — 1949년 나토NATO와 1955년 바르샤바조약기구 — 으로 인해 공고하게 되었고, 이 양극체제는 유럽의 분할로 나타났다. 이 체제는 1961년 베를린장벽으로 상징화되었던 것이다. 적대세력들이 직접적인 대결을 회피하였다는 점에서 냉전은 '차갑게' 머물러 있었지만 이 시기는 장기화된 — 때때로 극단적인 — 긴장 상태였다. 이 긴장상태는 은밀한 임무와 대리전쟁 그리고 가장 극적으로는 '테러의 균형'을 만들어 내는 대량의 핵무기 제조의 증강에서 나타났다.

하지만 냉전이 종식에 이르렀을 때 이 종식은 극적이었고 재빠르게 진행되어서 전혀 예상하지 못하였다. 정확하게 2년 만(1989~1991)에 70년 동안의 공산주의가 붕괴하였고 중국과 같이 공산주의 정권이 생존하였던 곳에서도 급격한 변화가 일어났다. 1989년의 중대한 해 동안에 동유럽의 공산주의 통치는 일련의 대중혁명으로 인해 소련의 국경으로 되돌아갔고, 1990년에 나토와 바르샤바조약기구의 대표자들은 파리에서 공식적으로 냉전의 종식을 알렸다. 그리고 1991년에 소련 그 자체는 붕괴하였다. 대부분의 사람들은 소련 양식의 공산주의가 가진 구조적 허약성의 의미에서 이 발전들을 설명하였다. 반면에 1985년부터 고르바초프에 의해 시작되는 경제적·정치적 개혁의 프로그램으로 인해 소련에서 야기된 와해라는 점 역시 강조되었다. 그리고 1980년대 레이건의 이른바 '제2차 냉전'도 강조되었다. 레이건의 1980년대의 '제2차 냉전'으로 인해 증강된 군사비 지출은 허약하고 비효율적인 소련 경제에 상당히 큰 압력을 행사하였던 것이다.

냉전의 종식은 자유주의 국제주의 이념들에 대한 열광을 만들어 내었다. 탈냉전시기가 '신세계질서'에 의해 특징지워질 것이라는 생각은 1988년 유엔총회의 연설에서 고르바초프에 의해 처음으로 토의되었다. 유엔을 강화하고 유엔의 평화수호 역할을 소생시키고자 하는 제안에서 고르바초프는 국제문제에 있어 더 큰 협력을 이루고 무력사용을 감소시키기 위하여 국가들 사이의 관계들에서 '탈이데올로기화'를 요구하였다. 1990년 9월에 부시 대통령은 '신세계질서를 향하여'라는 의회 연설에서 탈냉전세계에 대한 모습을 그렸다. 이 세계에 대한 특징들로는 법에 의한 국제통치를 보장하기 위한 미국의 리더십, 소련을 세계경제기구로의 통합을 포함하여 미국과 소련의 동반자관계 그리고 집단안전의 증진에 의한 무력사용의 견제 등을 들 수 있다. 이 탈냉전 세계질서는 첫 번째 일련의 주요 시험들을 쉽게 통과한 것처럼 보였다. 1990년 8월에 이라크의 쿠웨이트 합병은 서구와 이슬람의 광범위한 동맹을 초래하였던 것이다. 이 동맹은 1991년의 걸프전을 통하여 이라크 세력들의 추방을 가져왔다. 대외문제에 있어 새로운 도덕적 양심의 출현은 또한 '인간주의적 개입'의 더 폭넓은 사용에서 분명하게 드러났는데, 그중에서도 특히 1999년 코소보로부터 세르비아 세력을 제거하였던 나토의 비행폭격이라는 군사행동에서였다.

하지만 탈냉전세계를 환호하였던 낙관주의와 이상주의의 물결은 오래 지속되지 않았다. '신세계질서'를 편안한 표어로 처리하기에는 민감한 문제들이 많았고 이것은 발전된 전략비전에서 확실하게 그 토대를 두지 않았다. 이 '세계질서'가 어떻게 작동할 것인가에 대해 많은 것들이 애매모호한 상태로 남아 있었다. 게다가 탈냉전 세계질서의 대안적인 설명들은 등장하는 데 그렇게 늦지 않았다. 혹자는 하나의 세계질서의 부상이 아니라 오히려 신세계무질서를 예고하였다. 이에 대한 이유는 냉전으로 인해 통제가 가능하였던 스트레스와 긴장이 풀어졌다는 것이다. 외부의 위협에 대한 이미지를 유지함으로써 ─ 국제공산주의나 자본주의적 포위 ─ 냉전은 내적인 응집성과

인도주의 개입

인도주의적 개입Humanitarian intervention은 전략적인 목표를 추구하기보다는 인도주의적인 목표를 추구할 때 수행되는 군사적 개입이다. 인도주의적 개입의 증대는 인권과 같은 보편적인 교리들을 광범위하게 수용하고 있다는 점을 반영하며, 전쟁에 대한 민주적 지지가 점점 더 어떤 도덕적인 동기를 토대로 할 때만 동원될 수 있다는 사실을 반영하고 있다. 인도주의적 개입을 지지하는 사람들은 지구적 시대에서 국가가 자신의 도덕적 책임들을 단지 자기 국민들에게만 제한할 수 없다는 것에 대한 증거로 파악한다.

인도주의적 개입은 다음과 같은 상황에서 정당한 것으로 파악되었다.

① 인간의 권리가 상당히 남용될 경우(방어능력이 없는 수많은 사람들에게 행하는 추방이나 몰살.
② 이러한 남용들이 이웃 국가들의 안전을 위협할 때.
③ 민주주의의 부재가 민족자결원칙을 약화시킬 때.
④ 외교적 수단들이 더 이상 없고, 개입으로 인해 지불하는 인간적인 비용이 비개입으로 인한 인간적 비용보다 적을 때.

하지만 인도주의적 개입을 비판하는 사람들은 다음과 같은 점을 지적하고 있다.

① 국가주권에 대한 침해는 확립되어 있는 세계질서의 규칙들을 약화시킨다.
② 공격은 거의 항상 인도주의적 정당화를 통해 정당화되었다(예를 들면 무솔리니와 히틀러).
③ 군사적 개입은 문제들을 개선시키기보다는 더 나쁘게 하거나 혹은 개입 세력들을 장기적으로 연루되게 한다.

대량학살Genocide
대량학살, 강제이주, 강제적인 불임을 포함하는 행동을 통해 국적, 인종, 종족 혹은 종교로 확인된 국민을 제거하려고 하는 시도.

기존의 사회에 목표의식과 정체성을 장려하는 데 기여하였다. 하지만 외부위협의 와해는 원심적인 압력들을 풀어 주는 데 기여하였는데, 이 원심적 압력들은 일반적으로 민족적·인종적·지역적 갈등의 형태를 띠었다. 이러한 현상은 많은 지역에서 일어났지만 1990년대에 이전 유고슬라비아의 세르비아인, 크로아티아인 그리고 무슬렘 사이에서 장기화된 유혈참사에서 나타났듯이 특히 동유럽에서 분명하게 나타났다. 정의와 인간권리들에 대한 존중에 기초한 세계질서의 확립과는 거리가 멀게 이전의 유고슬라비아에서 그리고 코소보 위기까지 국제공동체는 세르비아로 하여금 전쟁의 확대를 허용하였고 제2차 세계대전에서 사용된 것들을 회상하게 하는 **대량학살**정책들을 범하게 하였다.

개념설명

초강국Hyperpower
잠재적인 경쟁자의 힘보
다 훨씬 더 큰 힘을 명령
하는 힘이며, 그래서 세계
정치를 지배한다.

일극체제Unipolarity
하나의 우세한 국가가 있
는 국제체제. 단 하나의
강대국이 존재.

문명의 충돌 테제
Clash of civilizations
thesis
21세기 갈등은 주로 이데
올로기적이거나 경제력이
아니라 오히려 문화적이
라는 이론 즉 이것은 '다
른 문명들'로부터 국가들
간의 갈등일 것이다.

그럼에도 출현하는 자유주의 세계질서에 대한 이념이 가지는 가장 큰 약점은 미국의 변화하는 역할과 위상을 고려하는 데 실패하였다는 점이다. 냉전 종식의 주요한 의미는 미국에 대한 중요한 도전자인 소련의 붕괴였고, 이로 인해 미국은 세계에서 단 하나의 유일한 **초강국**hyperpower 혹은 '지구적 패권국'이 되었다는 점이다. 사실 '신세계질서'에 대한 논의는 미국에 의한 권력의 지구적 행사를 정당화하기 위한 하나의 이데올로기적 도구였을지도 모른다. 달리 표현하면, 세계문제에 있어 '자유주의적 계기'는 '일극적 계기'라는 점이 판명되었다. 하지만 일극적 세계질서의 함의들은 시간에 걸쳐 나타났을 뿐이다.

'테러와의 전쟁'과 이를 넘어서

2001년 9월 11일은 세계사에서 종종 규정적인 순간으로 이해된다. 즉 이 순간은 탈냉전시기의 진정한 성격이 폭로되고 예상하지 못하는 지구적 싸움과 불안정의 시기의 시작이었다는 바로 그 시점인 것이다. 이러한 의미에서 공산주의의 붕괴보다는 오히려 '테러와의 전쟁'의 출현이 '진정한' 21세기의 탄생을 특징지웠다. 다른 한편으로 9월 11일 사건의 충격을 과장하는 것도 가능하다. 로버트 캐이건(Robert Kagan, 2004)이 적었던 것처럼, '미국은 9월 11일 사건으로 변하지 않았다. 미국은 단지 좀 더 그 자신의 모습대로 되었을 뿐이다'.

다양한 이론들이 지구적 혹은 초국적 테러의 출현과 '테러와의 전쟁'의 성격을 설명하기 위해 개진되었다. 이 이론 중에서 가장 영향력 있고 광범위하게 논의된 이론은 **'문명의 충돌'**이라는 사무엘 헌팅턴의 이론이다. 그는 주요한 문명들 – 서구문명, 중국문명, 일본문명, 힌두문명, 이슬람 문명, 불교문명, 라틴아메리카 문명 그리고 그리스 정교 문명 – 이 지구화에 대응하여 세계문제들에 있어 주요 행위자들이 될 것이라고 주장하였다. 그러한 분석은 세계의 모든 지역들이 자유민주주의 가치와 믿음들을 지지하는 쪽으로 수렴되어 감에 따라 정치적·문화적 구분들이 줄어들고 궁극적으로 사라질 것이라고 하는 '역사의 종말' 이론가들의 '순진한' 기대들과는 완전히 대조를 이루었다. 헌팅턴은 특히 중국 — 급속한 경제성장이 이루어졌음에도 독특한 중국 문화적 가치들로 맺어진 — 과 서구, 그리고 서구와 이슬람 사이의 갈등 가능성에 관해 경고하였다.

그럼에도 헌팅턴의 테제는 광범위하게 비판받았다. 가장 공통적인 비판은 이렇다. 헌팅턴의 테제는 지구화와 다른 힘들이 세계의 많은 지역들에서 이미 문화적 차이들을 지워냈다는 사실을 인식하지 못했다. 가령 '이슬람문명'이나 '서구문명'이라는 관념들은 각각의 '문명' 내에서 존재하는 정치적·문화적·사회적 구분들에 대한 정도나 이슬람과 서구가 서로에 대해 영향을 미쳤고, 지속적으로 영향을 미치고 있는 정도를 고려하는 데 실패하였다는 것이다. 더욱이 문화적 차이와 정치적 적대 사이의 관계는 기껏해야 의심스러울 뿐이다. 왜냐하면 대부분의 전쟁들이 다른 문명들이 아닌 같은 문명을 가진 국가들 사이에서 일어나고 있기 때문이다. 마지막으로 문명들 사이의 갈등은 문화적 경쟁의 표현이라기보다는 오히려 감지된 경제적·정치적 불공평의 표현일지도 모른다. 가령 정치적 이슬람의 증대는 서구의 가치체계와 이슬람의 가치체계 사이의 문화적인 대립에 의해서보다는 식민지 유산, 이스라엘과 팔레스타인 간의 갈등, 비대중적이지만 종종 풍부한 석유를 가진 전제정권, 도시의 빈곤·실업 등과 연관된 중동의 일반적인 긴장 및 위기들과, 특별하게는 아랍세계의 긴장 및 위기들에 의해 더 잘 설명될 수도 있

사무엘 P. 헌팅턴(Samuel P. Huntington; 1927~2008)

미국 학자이자 정치평론가. 헌팅턴은 세 개의 분야들에서 영향력 있는 기여를 하였다. 그것은 군사정치, 전략 및 민간인-군부 관계 그리고 미국과 비교정치 그리고 정치발전과 덜 발전된 사회들의 정치 등이다. 『제3의 물결The Third Wave』(1991)에서 그는 '민주화의 물결'이라는 관념을 만들었고 1975년 이후의 민주화 과정을 두 개의 초기의 물결들, 즉 1828~1926년과 1943~1962년의 물결들과 연결시켰다. 가장 널리 논의된 연구인 『문명의 충돌과 세계질서의 형성The Clash of Civilizations and The Making of World Order』(1996)은 21세기에 세계의 주요한 문명들간의 갈등은 전쟁과 국제적 무질서를 초래할 것이라는 논쟁적인 주제를 발전시켰다.

을 것이다.

대안적인 설명들은 세계질서에서 변화의 의미를 부각시키고 있다. 로버트 쿠퍼(2004)에 따르면, 이전 세계질서의 동--서 대립은 이제 세 개의 지역으로 구분된 세계로 되었다는 것이다.

①'전근대적' 세계이다. 그는 이 세계를 정치안정이나 경제발전으로부터 혜택을 받지 못했던 탈식민지 국가라고 주장하며, 그곳에서는 명령과 무질서가 위세를 부리고 있다고 한다. 그러한 국가들의 보기로는 소말리아·아프가니스탄·콩고민주공화국 같은 국가들을 들 수 있으며, 이 국가들은 때때로 '약한 국가', '실패한 국가' 혹은 '깡패국가rogue state'로 간주된다.

②'근대적' 세계에서 국가들은 효과적이며, 그들 자신의 주권을 맹렬하게 방어하고 있다. 그러한 세계는 여전히 세력균형의 토대 위에서 작동하고 있는데, 그 이유는 한 국가의 이익과 야망이 오로지 다른 국가들의 능력에 의해 제지당할 뿐이기 때문이다.

③쿠퍼가 주로 유럽 및 유럽연합과 연관이 있다고 하는 '탈근대' 세계에서 국가들은 패권정치를 초월하여 발전하였으며, 다자간의 협정, 국제법 그리고 초국가적 거버넌스를 옹호하면서 안전을 유지하는 하나의 수단으로서의 전쟁을 포기하였다.

하지만 출현하는 세계질서에 대한 이러한 견해는 도전과 새로운 위협들을 강조하고 있다. 이 도전과 위협들의 상당 부분이 대량살상무기(WMD, weapons of mass destruction)의 확산으로부터 발생하며, 이 무기들은 전근대적 세계에서 깡패국가나 테러조직과 같은 비국가적 행위자들의 수중으로 쉽게 들어갈 수 있다. 핵확산에 대한 특별한 관심이 표현되었는데, 이른바 '핵클럽'이 5개국(미국·러시아·영국·프랑스·중국)에서 인도, 파키스탄, 이스라엘 그리고 북한이 핵무기를 획득함으로써 9개국으로 늘어났고 이란과 같은 다른 국가들도 핵무기를 개발하는 데 근접한 것으로 생각된다(18장에

제국주의

Imperialism

넓게 보아 제국주의는 한 국가의 세력이나 지배를 국경을 초월하여 확대하고는 정책이다. 제국주의는 가장 초기의 용법에서 왕조의 권위를 확대하거나 민족주의적 야망들을 진전시키고자 만들어진 정복과 팽창의 이데올로기였다. 이 단어는 이제 좀 더 일반적으로 어떤 형태의 외부의 지배를 기술하기 위해 사용되며, 식민지주의를 통한 직접적인 정치적 통제의 강요나 정치적 지배의 부재 속에서 경제적 착취 혹은 신식민지주의를 포함한다. 맑스주의자와 현실주의자들은 제국주의가 본질적으로 하나의 경제적 현상이거나 아니면 하나의 정치적 현상이라는 점에 대해 동의하지 않는다.

부시 독트린

Bush doctrine

2002년 조지 W. 부시 대통령에 의해 행해진 교리로서 미국은 테러자들에게 은신처를 제공하거나 지원해 주는 국가들을 테러주의자 그 자체로 취급할 권리를 가진다는 교리.

서 논의되었듯이). 유럽이 '안전지대'일지도 모르겠지만 유럽 밖에 있는 국가들은 '위험과 무질서의 지대'이다. 이 지대에서 전근대적 세계의 불안정들이 현대세계와 심지어 탈근대적 세계로 위협적으로 흘러나가려 한다. 쿠퍼(2004)는 다음의 사실을 인정하였다. 즉 일종의 '신'**제국주의**가 혼란에 대해 질서를 가져다주는 유일한 길일지도 모른다는 것이다

그러한 분석은 중요한 점에서 신보수주의적 – 혹은 '네오콘neo-con' – 이념과 부분적으로 중첩된다. 이 이념은 9월 11일 사건 이후에 미국의 부시 행정부에 특별한 영향을 미쳤고, 2002년 6월에 만들어진 이른바 **부시 독트린**에 반영되었다. 그리하여 신보수주의자들은 미국의 '자선적인 세계패권'으로 이해되었던 것을 유지하고 강화하고자 하였다(Kristol and Kagan, 2004). 이것의 핵심적인 특징들로는 '도전을 초월하는 강력함'의 위상을 이룩하기 위하여 미국의 군사적 강력함의 증대, 필요하다면 군사적 수단에 의해 달성되는 '정권교체'의 과정을 통하여 자유민주주의 통치를 촉진시키고자 하는 간섭주의적 대외정책 등을 들 수 있다.

9월 11일 사건 후에 미국의 '테러와의 전쟁'에 대한 접근법은 재빠르게 구체화되기 시작했다. 이것의 시초 행동은 미국이 주도한 아프가니스탄에 대한 공격이었고, 이로 인해 수주일 내에 탈레반 정권은 무너졌다. 하지만 '테러와의 전쟁'은 좀 더 급진적이고 문제의 소지가 많은 방향으로 움직였다. 왜냐하면 이 전쟁은 사담 후세인의 이라크에서의 정권교체가 다음 목표였다는 점이 명백하게 되었기 때문이다. 이로 인해 2003년 이라크전쟁이 일어났고 미국과 '자발적 연합coalition of the willing'이 이 전쟁에 참여하였다. 이라크전쟁을 문제의 여지가 많게 만들었던 것은 다음의 사실이었다. 즉 아프가니스탄에 대한 공격이 자기방어의 형태로 널리 이해되었던 반면 – 아프가니스탄은 알카에다에게 본루에 가장 구입하기 어려운 물건을 제공하였다 –, 이라크에 반대하는 전쟁은 **선제공격**이라는 정책을 사용함으로써 정당화되었다는 것이다. 부시행정부가 별다른 증거 없이 사담 후세인과 알카에다 간에 관계가 있었다고 단언하고 – 차후의 증거와는 반대로 – 이라크가 대량살상무기를 소유하고 있다고 주장하였지만 핵심적인 정당화는 다음의

Pre-emptive attack

선제공격(혹은 선제전쟁)은 군사적 행동으로 이는 미래에 일어날 것 같은 침략에 대해 기선을 제압하거나 방지하기 위해 고안되었다. 따라서 이 공격은 예전에 의한 자기방어 형태이다. 이것은 '먼저 당신의 보복을 얻는 것'을 포함한다. 그러한 것으로서 이 공격은 잠재적인 공격자들을 다루는 수단으로서 '저지', 견제 그리고 '건설적 개입'과 같은 전략들에 대한 하나의 대안인 것이다. 선제공격은 1990년대 이후로 '악한 국가와 테러주의로부터의 위협들과 관련하여 특별한 주목을 받았다. 선제공격의 매력은 잠재적 공격자들이 너무 강해지기 전에(예를 들어 이들이 대량살상무기를 획득하기 전에) 군사행동이 발생할 수 있다는 점이며, 이는 군사적 갈등의 전체적인 희생이 감소된다는 것을 의미한다. 더욱이 대안적인 전략들은 타협을 만들어 낼 수도 있으며, 도전받지 않은 잠재적인 공격자들을 대담하게 할 수도 있다. 하지만 선제공격의 약점은 선제공격이 그 토대를 두고 있는 미래의 행동이나 위협에 대한 계산들이 잘못될 수도 있다는 가능성이다. 이에 덧붙여 실제적인 공격보다 예상 공격에 근거를 두고 있는 까닭에 선제공격은 그러한 공격들에 대한 국내적 혹은 국제적 지지를 확립하거나 유지하는 것이 어려울 수도 있을 것이다.

사실이었다. 즉 사담과 같은 '깡패' 정권들이 활발히 추구하였고 획득했을 것이다. 대량살상무기는 21세기에는 관대히 다루어질 수 없을 것이다.

초기에 상당한 성공―탈리반과 사담 정권의 전복―을 거두었음에도 아프가니스탄과 이라크에서 미국과 미국의 동맹국들은 예상했던 것보다 문제의 소지가 많고 더 장기적이 되었던 호전적인 전쟁을 치르고 있다는 것을 알게 되었다. 이 전쟁들은 적들에 대항하여 복합적인 반폭동으로 전개되었는데, 여기서 게릴라 전투, 테러 그리고 폭탄자살 전술들의 사용으로 인해 압도적인 미국 군사력의 한계들이 드러나게 되었다. 베트남전쟁(1959~1976)에서처럼 게릴라 전투전술은 훨씬 더 강력하고 더 좋은 무기를 가진 적에 대항하여 상당히 효과가 있는 것으로 판명되었다. 그러나 군사적 수단의 사용은 또한 미국의 '연성적'인 힘을 약화시켰고 중동 지역에서 미국의 명성을 손상시켰다. 이러한 의미에서 미국은 그 자신이 파괴하고자 하였던 바로 그 '극단주의의 호형arc of extremism'를 만들어 내는 위험에 빠졌던 것이다. 이에 덧붙여 '위로부터의 민주주의'를 강요하는 전략은 기껏해야 고지식한 것임이 판명되었다. 이 전략은 특히 '국가건설'의 과정에 연루되는 어려움들을 인식하는데 실패하였다(3장에서 토론되었듯이).

오바마 대통령이 2009년 1월에 취임하자 중요한 변화가 '테러와의 전쟁'에서 일어났다. 그것은 부시 집권 2기인 2005~2009년 동안에 다변화를 향한 추세를 토대로 이루어졌다. 미국을 위해 '협력하고 경청하는 것을 배우고자' 하는 연성적 권력 이론가들의 조언에 따라(Nye, 2004) 오바마는 일반적으로 세계문제에 대해 미국 개입의 논조를 변경하였고, 특별하게는 이슬람세계에 대한 미국 개입의 논조를 변경하였다. 2009년 6월 카이로의 기조연설에서 그는 미국과 세계에 걸친 이슬람세계 간의 '새로운 시작'을 요구하였고 '그 어떤 통치제도도 다른 국가에 의해 한 국가에 강요될 수 없고 강요되어서도 안 된다'는 점을 인정하였다. 하지만 '테러와의 전쟁'이라는 수사가 재빠르게 약화되고 곧 포기되었으며, 이에 대한 전략적 접근이 수정되기는 하였지만 군사적 개입은 오바마 정권하에서도 중요한 역할을 계속해서 하였다. 이 점은 정책의 강조점이 이라크에서 'Af-Pak' 정책으로 알려진 것의 형

패권국 Hegemon
선도적이거나 최고의 세
력.

다극성 Mutipolarity
하나의 국제체계로서 이
체계에 있어 3개 혹은 그
이상의 세력 중심이 존재
하며, 유동성 그리고 아마
도 불안정성이란 성향을
만들어 낸다.

태로 아프가니스탄과 파키스탄으로 상당히 옮겨 갔다는 사실에서 나타났
다. 이라크에서 민간인 투쟁과 민간인의 사망의 수준이 감소함에 있어 2007
년 시작된 미국 군대들의 격한 감정으로 인해 이라크의 도시와 시골에서 안
전을 유지하기 위한 책임이 2009년에 미국과 동맹군에서 이라크의 세력들
로 넘어갔으며, 이라크에서의 미국의 전투임무는 2010년 8월에 끝났다. 아
프가니스탄에 대한 오바마의 새로운 전투전략하에서 유사한 동요가 2010년
초에 상당히 문제가 많은 나토의 많은 임무들을 재검점하고 다시 활기를 불
어넣고자 하는 시도를 하면서 일어났다. 동시에 2011년 7월은 2014년 말경에
미국의 전투임무가 종결될 것이라는 약속으로 아프가니스탄에서 미국의 세
력이 사라지기 시작하는 날로 정해졌다.

일극체제에서 다극체제로?

아프가니스탄과 이라크에서의 전쟁들은 미국의 지구적 리더십의 성격과 범
위에 관해 중요한 문제들을 야기하였다. 평화와 번영을 가져다주었던 자비
로운 **패권국**이라는 '절대 필요한 국가'로서의 미국의 이미지와는 아주 대조
적으로 노암 촘스키와 같은 급진적 이론가들은 미국을 전 지구에 걸쳐 테러
와 폭력의 주요한 원천인 '불량한 rogue 초강대국'으로 묘사하였다. 미국의
패권이 자비로운 것인지 아니면 유해한 것인지 간에 '테러와의 전쟁'을 통하
여 미국의 군사적 · 정치적 목표들을 달성함에 있어 미국이 체험하였던 어
려움은 많은 사람들에게 다음의 사실을 확신시켜 주었다. 즉 미국의 지구적
리더십은 비틀거렸다는 것인데, 이 점은 2007~2009년의 지구적 재정위기에
의해 지지되었던 결론이었다(6장에서 논의되었듯이). 사실 이러한 발전들은
요컨대 일극체제가 **다극체제**에 자리를 물려주는, 지구적 권력의 상당한 재
분배라는 더 광범위한 과정의 부분으로 이해되었다. 다극체제의 부상은 세
가지 주요한 추세들과 연관되었다.

① 미국의 쇠퇴

제국의 과대팽창

Imperial over-reach
더 폭넓은 군사적 책임들
이 국내의 경제성장을 능
가 할때 제국의 팽창이
지속될 수 없는 경향.

비대칭적 전쟁

Asymmetrical war
명백하게 불평등한 수준
의 군사적, 경제적·기술
적 힘을 가진 적들간에
행해진 전쟁. 이러한 상
황에서 교전전략들은 약
한 자의 요구들에 적응하
려는 경향을 보인다.

② 중국의 부상과 '출현하는' 다른 세력들

③ 권력과 권력관계의 변화하는 성격

미국의 쇠퇴?

미국의 지구적 패권의 쇠퇴에 관한 논의들은 이제 새로운 것이 아니다. 이 논의들은 1950년대 후반과 소비에트연방공화국의 스푸트닉 위성의 발사로 거슬러 올라간다. 1970년대와 1980년대 동안에 미국은 부활하는 일본과 독일에 의해 그 명성이 실추되었고 이전의 강대국들 사이에서 공통적으로 **제국의 과대팽창**이라는 추세에 미국이 굴복하게 되었다는 점이 공공연하게 회자되었다(Kennedy, 1989). 하지만 이 문제는 21세기 초에 새롭게 개신된 설득력을 가지고 다시 부상하였다. 하나의 위계질서 내에서 국가의 등급에 관한 판단들이 지구적 권력의 복잡하고 다면적인 성격으로 인해 혼란스럽게 되었지만 미국 쇠퇴라는 생각은 수많은 발전들과 연결되었다. 다른 국가들에 대한 미국의 군사적 우세는 분명히 막대하다. 2007년에 미국은 세계 군사비지출의 46퍼센트에 달하였고, 이는 두 번째로 큰 군사비 지출국가인 중국의 9배에 해당하였다. 미국은 첨단기술의 무기와 항공력에 있어 압도적일 뿐만 아니라 100개 국가에 약 700개의 군사기지를 가지고 있다. 그러나 이제 더 이상 압도적인 군사력이 패권을 위한 안정적인 토대가 아닐지도 모른다. 미국의 군사력의 파괴적 능력과 이 군사력이 정치적으로 달성할 수 있는 것 사이에는 거대한 간극이 있다. 1984년 레바논과 1993년 소말리아로부터의 미국의 강제 철수와 이라크와 아프가니스탄에서의 **비대칭적인 전쟁**들에서 승리하는 데 있어 나타난 어려움은 테러전술, 게릴라전술 그리고 폭동적인 전술들의 사용이 가장 발전된 힘조차도 좌절시킬 수 있다는 점을 보여 주고 있다.

미국의 힘에 관한 논의의 주요한 구성요소는 미국의 상대적인 경제적 쇠퇴에 초점을 맞추는 것이다. 미국이 여전히 세계에서 가장 큰 경제로 남아있기는 하지만 중국·인도와 같은 미국의 경쟁국가들은 최근 수십년 동안에 훨씬 더 빠르게 성장하였다. 중국 경제는 아마도 2020년쯤에는 미국 경제를 앞지를 것으로 예상된다. 2007~2009년의 지구적 금융위기는 미국을 더욱더 약화시켰을지도 모른다. 이 위기로 인해 미국 경제모델의 약점이 노출되었고 세계의 선도적 통화로서의 달러의 위상에 의문이 제기되었다. 다른 한편으로 미국은 계속해서 연구와 개발에 세계지출의 약 40%를 차지하였다. 이 지출은 다른 국가들이 거의 따라잡을 수 없는 기술적인 지위를 미국에게 가져다주었고 또한 높은 생산성 수준을 보장하게 해 주었다. 중국은 기술적으로 발전된 경제부문에서 미국에 필적하지는 못한다. 더군다나 경제적 의미에서 영국이 19세기 말에 미국과 독일에 추월당했음에도 20세기 중반까지 지구적 패권국가로 남아 있었듯이, 미국도 이제 더 이상 경제적인 넘버 원이 아니기는 하지만 세계에서 지구적 리더십을 계속해서 보유할지도 모른다.

그럼에도 미국의 힘은 '강성hard' 권력의 의미에서보다는 '연성soft' 권력의 의미에서 좀 더 쇠퇴하였을지도 모른다. 이 점은 다양한 방식으로 발생하였다. 미국의 평판은 회사조직의 권력과 결합, '미국화로서의 지구화'로 간주되었던 것에 대항하는 개발도상국들의 분노를 담고 있는 지구적 불평등의 확산으로 인해 손상을 당하였다. 위에서 토론하였듯이 심각한 손상이 또한 일반적으로 '테러와의 전쟁'에 의해 그리고 특별하게는 이라크전쟁으로 인해 미국의 도덕적 권위에 가해졌다. 이라크전쟁에서 아부 그라이브Abu Ghraib와 관타나모Guantánamo 구금 수용소에서 죄수들에 가한 행위는 미국의 도덕적 권위를 더 나쁘게 만들었다. 그럼에도 그러한 사실들은 미국의 지속적이고 경쟁할 상대가 없는 구조적 권력에 의해 상쇄되었다. 미국은 지구적 경제거버넌스와 나토에 대해 불균형적인 영향력을 행사하였다. 개발도상국가와 부상하는 경제들의 영향력이 점증하는데도 그 어떤 국가도 지구적인 경제적 결정에 대한 미국의 영향력에 도전하기에는 역부족이다. 사실 2011년 리비아에 대한 개입에서 입증되었듯이 미국의 지구적 리더십이 더 이상 그렇게 견실하거나 똑바르지는 않지만 개입과 경제적·군사적·정치적 문제들과 연관된 문제들에서의 미국의 개입은 불가피하다. 미국이 없다면 아무 것도 일어나지 않는다.

지구적 권력의 차원들

국가와 다른 핵심적 행위자들로 하여금 세계무대에서 영향력을 행사하게끔 하는 정확한 요소들에 대해 의견의 일치는 없다. 그럼에도 지구적 권력은 수많은 차원들을 가지는 것으로 이해될 수 있다.

- **군사력:** 많은 논평가들이 보기에 국제정치에서 권력은 군사력으로 요약된다. 예를 들어 현실주의 이론가들은 전통적으로 권력에 대한 '기본적 힘' 모델을 선호하였는데, 그 이유는 군사력이 한 국가로 하여금 자신의 영토를 보호하고 외부의 공격으로부터 국민들을 보호하며, 정복과 팽창을 통하여 대외적으로 자신의 이익을 추구할 수 있게 하기 때문이다. 따라서 핵심적인 요소들은 군사력의 크기이며, 정신무장, 훈련, 기율 그리고 리더십 그리고 결정적으로 현대적인 무기와 장비라는 의미에서의 군사력의 능률성인 것이다. 그럼에도 대부분의 환경에서 핵무기들이 사용될 수 없기 때문에 군사력은 진정한 정치적 효력으로 이전되지 않을지도 모른다.
- **경제력:** 국제문제에 있어 국가의 '비중'은 국가의 부와 경제자원들과 밀접하게 연결되어 있다. 이 점은 부분적으로 경제발전이 군사력을 받쳐 주고 있기 때문이다. 부는 국가로 하여금 대규모의 무력을 발전시키고 현대무기들을 획득할 수 있게 하며 희생이 크거나 지속적인 전쟁을 수행할 수 있게 해 준다. 현대기술과 광범위한 산업시설 역시 동반자들과의 관계에 있어 국가에게 정치적 힘을 제공해 준다. 특히 국가의 화폐가 강력하고 안정적이어서 이 화폐가 국제교환의 수단으로 사용될 경우에는 더욱 그러하다. 자유주의자들은 다음과 같이 주장하려는 경향이 있다. 즉 지구화의 시대에 무역이 국제정치의 주요한 전달수단으로서 전쟁을 대신하였다는 점이다.
- **'연성'권력:** 지구적 권력에 관한 생각은 전통적으로 '강성'권력 – 유인책(당근)이나 위협(채찍)의 사용을 통하여 다른 사람의 행위에 영향을 미치는 능력 – 에 초점을 맞추었다. 이 권력은 사실상 경제력과 군사력의 조합을 의미한다. '연성'권력은 '호선적co-optive' 권력인데, 이 권력은 강제보다는 흡인에 의해 다른 사람의 선호를 형성할 수 있는 능력에 의존한다(Nye, 2004). 강성권력이 힘·제재·지불·뇌물 등과 같은 자원들에 의존하는 반면에, 연성권력은 대개 문화, 정치적 이상 그리고 대외정책 – 특히 도덕적 권위에 고취된 정책들 – 등을 통하여 작동한다. 하지만 연성권력 전략들은 혼자서는 좀처럼 효과적이지 않다. 강성적이고 연성적 권력이 전형적으로 '재치있는smart 권력'으로 칭해졌던 것을 통하여 서로를 강화한다(Nye, 2008).
- **구조적 권력:** 구조적 권력은 '사건들이 어떻게 행해졌는가'를 결정하는 권력이고 국가들이 서로 연관되고, 국가들이 국민과 연관되거나 혹은 국가들이 법인기업들이 연관되는 틀을 형성하는 능력에서 나타난다(Strange, 1996). 이러한 점에서 국가들이 레짐과 국제기구 내에서의 참여를 통하여 행사하는 영향력이 특히 중요하다. 덜 실체적이긴 하지만 이러한 영향력은 국가들로 하여금 금융과 무역에서 안전과 발전에 걸치는 문제들에 더 광범위한 영향력을 행사하게 한다. 그럼에도 구조적 권력은 일반적으로 '상대적' 권력 – 한 행위자가 다른 행위자에 대해 미치는 직접적인 영향력 – 에 따라 작동하며, 국제정치에서 결과물들이 어떻게 결정되었는지를 설명해 주는 대안적인 길을 제공해 준다.

중국과 '그 외 지역'의 부상

기후변화

Climate change

장기적인 혹은 우세한 날씨 조건의 변화. 이 단어는 '지구 온난화' 현상을 언급하기 위해 거의 항상 사용된다.

브릭스 국가들

BRICs countries

브라질·러시아·인도·중국이라는 4개의 규모가 크고 빠르게 성장하고 있는 경제에 대한 집합적 의미.

미국과 경쟁할 수 있거나 심지어 미국을 쇠퇴시킬지도 모르는 모든 세력들 중에서 가장 중요한 국가는 분명히 중국이다. 사실 많은 사람들은 다음의 사실을 예견하고 있다. 20세기가 '미국의 세기'였던 것과 마찬가지로 21세기는 '중국의 세기'가 될 것이라고 말이다. 중국의 상당한 권력위상의 토대는 덩샤오핑(1904~1997)의 통치하에서 1978년에 진행된 시장개혁의 도입 이후로 일어난 급속한 경제발전이고, 이 경제발전은 1990년대에 시작되었던 가장 극적인 국면을 맞이하였다. 거의 30년 동안 8%에서 10% 사이의 연성장률―미국과 다른 서구 국가들이 달성한 수준의 약 두 배―은 중국이 2009년에 세계에서 가장 큰 수출국이 되었고 2010년에는 중국이 세계에서 두 번째로 가장 큰 경제대국이 되기 위하여 일본을 앞지른다는 점을 의미하였다. 세계에서 가장 많은 인구를 가진―2007년 기준 13억―중국은 외견상으로 소모될 수 없는 값싼 노동력을 공급하고 이로 인해 점점 더 지구경제에서 제조업의 심장으로 될 것이다. 중국의 부상하는 지구적 역할은 중국이 세계무역기구WTO 내에서 그리고 아프리카, 오스트레일리아 그리고 중동지역과 라틴아메리카와 같은 국가들과의 신흥자원에서의 **기후변화**와 같은 문제들에 대해 G20에 대해 행하는 영향력에서 분명하게 드러난다. 종종 무시되었던 중국의 증대하는 영향력의 관점은 중국이 가지는 '연성' 권력의 놀랄만한 부상이다. 이 점은 아시아에서의 협력을 위한 문화적 기초를 제공함에 있어 유교의 중요성과 아프리카와 많은 지구적 남반구에 걸쳐 있었던 반제국주의적 유산에 대한 흡인력을 나타낸다.

그럼에도 중국의 부상은 종종 서양에서 동양으로, 특히 아시아로 그리고 어쩌면 미국에서 종종 '세계의 그 외의' 지역으로 불리는 **브릭스BRICs 국가들**로의 지구적 권력균형의 더 큰 이동의 부분으로 이해된다. 브릭스 국가들의 증대하는 경제적 힘에 대한 원래의 예견들은 다음의 사실을 시사하였다. 즉 이 국가들이 21세기 중반에 가서 산업화된 G7 국가들의 연합된 힘을 능가할 것이라는 점이다. 물론 이 점은 반복적으로 수정되었고 2021년에는 일어날 수 있을 것이지만 말이다. 대안적인 시나리오는 다음과 같다. 즉 21세

중국의 부상은 평화롭게 계속될 것인가?

중국의 부상은 관례상 중국 당국에 의해 '평화로운 부상'으로 언급되었다. 이것은 부상하는 세력들이 대개 군사력의 증강에 의해 그리고 전쟁의 사용을 통하여 강대세력으로 된다는 관습적인 기대를 깨트린다. 이 관점에서 볼 때 세계질서의 주요한 변화는 좀처럼 평화롭게 이루어지지 않았고, 그래서 전쟁. 특히 '부상하는' 중국과 '쇠퇴하는' 미국 간의 전쟁이 필연적이지는 않다 할지라도 일어날 가능성이 있다는 점을 시사한다. 중국은 다른 종류의 부상하는 세력인가? 군사력은 세계문제에서 별로 쓸모없게 되었는가?

찬성

상호의존성의 함의들. 중국의 부상이 평화로웠고 평화롭게 계속될 것이라는 핵심적인 이유는 다음과 같다. 즉 중국의 부상은 지구화에 의해 형성된 국제체계 내에서 일어나고 있다는 것이다. 지구화는 두 가지 주요한 관점에서 전쟁의 발생을 감소시킨다. 첫째, 중국과 같이 부상하는 국가들은 정복을 통해 경제적 이익들을 만들 필요가 더 이상 없다. 왜냐하면 지구화는 무역의 형태로 국가번영에 대한 더 값싸고 더 용이한 길을 제공해 주기 때문이다. 둘째, 경제적 상호의존성이 상당히 증대하는 수준으로 인해 지구화는 중국이 전쟁에 의존한다는 생각을 거의 할 수 없게 만든다. 이 점은 전쟁으로 인해 발생할 경제적 비용—무역동반자의 소멸, 외부투자의 손실 등등—때문이다.

'연성적' 균형화. 신현실주의 이론가들은 다음과 같이 주장한다. 즉 부상하거나 주요 세력들에 직면한 다른 국가들이 '우세한 세력'—그 세력의 편, 즉 '우세한 세력의 편에 서는 것'—보다 균형—자신을 노출되게 했다는 두려움으로 인해 그 세력에 반대하거나 도전—을 취하는 경향이 있을 것이라는 점이다. 하지만 미국에 대해 균형을 취하려는 중국의 경향은 '연성적'(비군사적) 균형화 전략의 도입에 한정될 것이다. 왜냐하면 미국의 거대한 군사적 우월이 가까운 장래에 포기되지는 않을 것이기 때문이다. 마찬가지로 미국이 중국에 대해 '강성적'(군사적) 균형화 전략들을 채택할 가능성은 '테러와의 전쟁'을 수행함에 있어 겪었던 어려움으로 인해 크게 감소하였다.

중국-미국 양극체제적 안정. 21세기가 진행됨에 따라 세계질서는 다극체제보다는 양극체제의 토대 위에서 형성될지도 모른다. 미국의 군사적·경제적·구조적 강점들이 금방 약해질 것 같지는 않다. 그리고 이미 경제적 초강대국인 중국이 분명하게 '그 외의' 지역의 유일한 국가는 아니다. 중국-미국 관계는 그 결과 냉전기간의 '긴 평화' 동안에 미국-소련 관계들을 반복할지도 모른다. 달리 표현하면, 양극체제는 다시 한 번 경쟁이나 적대감을 공격으로 치닫게 하는 것을 방해하는 가장 확실한 방법이라는 점이 입증될 것이다. 왜냐하면 양극체제는 안정적인 세력균형을 위한 가장 유리한 조건들을 제공해 주기 때문이다.

반대

다극체제적 불안정. 중국의 부상은 세계질서의 더 폭넓은 재구조화의 부분이다. 이 재구조화 속에서 지구적 세력은 좀 더 폭넓게 분배되고 있다. 신현실주의자들은 다음과 같이 주장한다. 즉 그러한 다극체제는 본질적으로 갈등과 불안정을 초래하는 쉬운 조건들을 만들어 내며, 그래서 중국이 '평화로운 부상'을 유지할 것이라는 전망을 점점 더 불확실하게 만든다는 것이다. 다극체제는 유동성과 불확실성, 동맹의 변화와 권력불균형을 촉진하기 때문에 이 체제는 야망에 찬 국가들로 하여금 정복과 팽창을 통하여 권력에 호소할 기회들 — 제1차 세계대전과 제2차 세계대전으로의 전 단계에서처럼 — 을 만들어 낸다는 것이다. 국가들이 단지 안전만이 아니라 권력을 극대화하고자 하기 때문에 그러한 환경들은 강대국들로 하여금 규율이 없고 위험을 무릅쓰게 한다(Mearsheimer, 2001).

문화적·이데올로기적 경쟁. 중국과 미국의 양극체제는 냉전시대의 양극체제보다 지구적 평화에 더 큰 위협을 야기할지도 모른다. 미국과 소련 간의 적대감은 그 성격상 주로 이데올로기적이었던 반면, '자유민주주의' 미국과 '유교적' 중국의 경우에 이데올로기적 차이들은 더 깊은 문화적 분할에 그 뿌리를 두고 있다. 이 점은 '문명의 충돌' 테제와 나란히 증대하는 불화와 오해의 토대를 제공할지도 모른다. 그리하여 19세기의 대영제국에서 20세기 미국으로의 헤게모니 이전은 단지 문화적 유사성으로 인해 평화롭게 이루어졌다. 이 문화적 유사성으로 인해 영국은 '부상하는' 미국을 본질적으로 위협적이지 않은 것으로 파악하였다.

발화점. 긴장과 적대감을 공격으로 전환시키기 위한 잠재성을 가진 다양한 발화점들이 있다. 이 중에서 주요한 발화점은 타이완인데, 이곳에서 독립적이고 '친서방적'인 타이완에 대한 미국의 지지는 타이완을 '더 큰 중국'으로 합병시키려는 중국의 추구와 충돌한다(Carpenter, 2006). 중국-미국 관계에 불을 지피는 또 다른 문제로는 티벳을 들 수 있는데, 이곳에서 베이징의 공격적인 '중국화'는 티벳의 독립을 위한 워싱턴의 비공식적 지지와 갈등을 겪고 있다. 또한 일반적으로 인권, 특별하게는 민주주의를 지지하는 반체제인사에 대한 중국의 행동, 동남 중국해에 있는 분쟁적인 섬들의 미래도 중국-미국 관계에 불을 지피는 문제들이다.

기는 '중국의 세기'라기보다는 차라리 '아시아의 세기'가 될 것이라는 점이다. '아시아의 세기'에는 인도·일본·한국이 또한 중요한 행위자가 될 것이다. 부상하는 세력으로의 인도의 전환은 중국보다는 중요하지는 않지만 경제성장률에 그 기초를 두었다. 최근의 추세들이 유지된다면 2020년에 중국과 인도는 합산하여 세계의 국내총생산의 1/2에 달할 것이다.

그러나 중국이 선도하는 아시아의 지속적인 전진이나 브릭스 국가들의 지속적인 전진이 당연한 것으로 간주될 수는 없다. 2011년과 2012년의 경제적 경기후퇴가 나타나는 조짐에 덧붙여 중국 경제는 압도적으로 값싼 노동력의 공급에 의존하고 있고, 그래서 발전된 숙련과 생산기술에 기반한 좀 더 높게 기술화된 경제로의 이행은 여전히 이룩해야만 하는 과제이다. 하지만 중국이 직면하고 있는 가장 심각한 도전은 정치적 구조와 경제적 구조 간에 발생하는 긴장들을 어떻게 완화시켜야 하는 문제일지도 모른다. 중국의 정치제도가 중국공산당CCP의 일당통치에 기반을 둔 확고하게 스탈린주의적인 것에 머물고 있는 반면에, 중국의 경제제도는 점점 더 시장지향적이고 지구적 자본주의 체제에 확고하게 포함되었다. 권위주의가 대규모의 경제변화를 관리한다는 점에서, 가령 대담한 기간시설 계획들을 밀어붙인다는 점에서 장점들을 가지고 있을지 모르지만 권위주의는 시장자본주의 체제에 의해 발생된 다원적이고 자유주의적 압력들에 잘 대처할 수 없을지도 모른다.

더군다나 중국이나 다른 브릭스 국가들 중에서 어떤 국가도 노골적으로 미국에 도전하는 정치적 혹은 외교적 리더십을 보여 줄 능력이 없거나 그 의지도 없다. 이러한 현상은 이들 국가들이 다음과 같은 사실을 인정하고 있기 때문이다. 즉 미국의 패권은 다양한 장점들을 가지고 있고—특히 미국은 이들 국가들이 점점 더 많은 영향력을 행사하는 국제적인 틀을 불균형적으로 유지하는 데 기여하고 있다—, 또한 경제발전을 위한 이들 국가의 열망이 지정학적인 리더십을 행사하는 것보다 우선한다는 점이다. 마지막으로 하나의 통일체로 행위할 수 있는 브릭스 국가들의 능력은 이들 국가들간에 존재하는 정치적·이데올로기적·경제적 차이점으로 인해 상당히 제한당하고 있다. 사실 브릭스 국가들의 제1의 중요성은 이들 국가들이 '그 외의' 국가들의 공동의 이해관계를 덜 반영하며 오히려 이들 국가들은 중국이 '평화로운 부상'을 위험하게 할지도 모르는 직접적인 대결 없이 미국과의 관계에서 그 입지를 강화할 수 있는 방책들을 더 대변할지도 모른다는 점이다.

세력과 세력관계의 성격 변화

국제기구

International organization
공식적인 절차와 때때로
'국제정부기구IGO'로 불
리는 세 개 혹은 더 많은
국가들로 구성되는 회원
들을 가진 제도.

다극적 추세들은 이전 세력들의 쇠퇴와 새로운 세력들의 성장에서만 명백하게 드러나는 것이 아니다. 이 추세들은 또한 어떤 국가의 통제를 넘어서서 세력의 더 넓은 확산에서도 드러난다. 이것은 비국가행위자들의 역할을 강화하는 지구화의 경향에서 명백해졌다. 예를 들어 초국적 기업들TNCs은 점점 더 지구경제를 지배하고 있다. 그래서 이 기업들은 세계 제조업생산의 약 50%와 세계 무역의 70% 이상을 차지하고 있다. 게다가 초국적기업들은 자신들이 투자와 생산을 어느 곳에서든 할 수 있다는 용이함으로 인해 정치적 통제를 벗어날 수 있다. 마찬가지로 비정부기구들도 1980년대 이후로 급격히 늘어났고 유럽연합과 유엔 등과 같은 **국제기구** 내에서 강력한 영향력을 행사하기에 이르렀다.

세계의 국가들 사이에서 그리고 국가와 다양한 종류의 비국가행위자들 간에 다시 배분되는 세력뿐 아니라 세력의 성격이 점점 더 유지하기가 어렵게 작은 수의 수중으로 집중되게 하는 방식으로 변하고 있다고 생각하는 이유들이 있다. 이 현상은 두 가지 주요한 방식으로 발생하였다. 첫째, 기술로 인해 그리고 지구적 소통의 세계에서 교육률과 교육수준의 증대로 인해 정치적 산출에 영향을 끼침에 있어 '연성' 권력이 '강성' 권력만큼이나 중요하게 되었다. 세계정치의 전통적인 수단인 군사력이 확실히 중요하지 않게 되었다는 것은 아니다. 그러나 군사력의 사용은 '심장과 마음' 전략과 일치되지 않게 되었을 때는 크게 손상을 당하였다. 가령, 이라크에서 미국군부에 의한 '충격과 두려움shock and awe' 전술의 사용과 미국 강제력의 또 다른 사용은 반생산적인 것으로 입증되었는데, 그것은 이 사용들이 특히 아랍과 무슬림세계에 걸쳐 미국의 평판과 도덕적 권위를 훼손시켰다는 의미에서이다.

둘째, 수많은 점에서 신기술은 사회 내에서 그리고 사회간에 권력균형을 변화시켰고, 종종 전통적으로 힘이 없는 세력에게 세력을 부여해 주었다. 가령 9.11 이후에 세계정치에 대한 알카에다의 영향은 이 조직이 지니는 조직상의 강력함과 경제적인 강력함을 초월하였는데, 그 이유는 폭탄과 비행

지구 거버넌스는 지구적 수준에서 상호의사결정의 넓고 역동적이며 복잡한 과정을 언급한다. 이 지구적 거버넌스는 정부기관과 비정부기관뿐 아니라 공식적·비공식적 기구를 포함한다. 지구 거버넌스는 다중심주의 polycentrism(다른 제도적 틀과 의사결정 기구들이 다른 문제영역에서 작동한다), 정부간주의 intergovernmentalism(국가와 국가의 정부들이 지구 거버넌스 체계 내에서 상당한 영향력을 보유하고 있다) 그리고 혼합적 행위 당사자 mixed actor involvement(공·사 분리는 비정부기구, 초국적 기업 그리고 그와 유사한 기구들이 연류됨으로써 희석화되었다)에 의해 특징지워진다.
intergo

기의 형태로 현대기술은 이 조직에게 지구적 범위의 테러활동을 부여해 주었기 때문이다. 통신기술의 발전, 특히 이동전화와 인터넷의 사용 역시 테러집단에서 집단과 사회운동에 이르기까지 느슨하게 조직화된 집단들의 전술적인 효과성을 향상시켜 주었다. 마지막으로 세계에 걸친 여론과 그리하여 정부의 행위는 TV와 위성기술의 폭넓은 사용에 대한 접근의 용이성으로 인해 영향을 받았다. 예를 들어 이것은 다음의 사실을 보장한다. 즉 참화와 인간 고통 – 전쟁이든 기근이든 자연재해이든 – 의 사진들이 거의 동시다발적으로 지구로 전송된다 – 새로운 형태의 정보와 통신기술의 정치적 영향은 8장에서 더 상세하게 검토되었다 – .

지구 거버넌스

지구 거버넌스의 부흥

세계질서에 대한 쟁점은 국제정치의 이미지에 초점을 두려는 경향이 있다. 국제정치에서 국가들은 주요 행위자로 간주된다. 그리고 세계에서 일어나는 문제들은 대개 – 때때로 이동하는 – 국가들 사이의 세력배분에 의해 결정된다. 하지만 이 점은 단지 우리에게 현대 국제제도의 작동에 대한 부분적 통찰만을 제공해 준다. 또 다른 주요한 요소는 **지구 거버넌스**의 틀인데, 이 틀은 다소 국가들 사이의 상호작용들을 형성하는 데 기여한다. 그러나 지구 거버넌스란 무엇인가? 왜 지구 거버넌스는 발전하였는가? 그리고 이 거버넌스는 얼마나 중요한가? 지구 거버넌스는 '공식적이든 비공식적이든 오늘날 세계에서 다양한 수준으로 존재하는 거버넌스와 관련된 활동, 규칙 그리고 기구의 집합'(Karns and Mingst, 2009)으로 묘사되었다. 지구 거버넌스는 국제적 무정부상태에 대한 전통적 이념 – 국제적 무정부상태에서 국가들은 최고권위의 부재 속에서 상호작용한다 – 과 세계정부에 대한 환상적인 이념 – 세계정부에서 모든 인간은 하나의 공동의 정치권위에 통합된

상호의존성

Interdependence

상호의존성은 각 부분이 다른 부분에 의해 이루어진 결정에 영향을 받는 관계를 말한다. 상호의존성은 상호간의 영향을 의미하며, 심지어 관련 당사자들간의 조야한 평등을 의미한다. 일반적으로 조야한 평등은 상호취약성을 안고 있다는 생각에서 발생한다. 커해인과 나이(Keohane and Nye, 1977)는 현실주의적 국제정치모델에 대한 하나의 대안으로 '복합적 상호의존성' 이념을 발전시켰다. 이 이념은 (1) 국가들이 자발적 국제행위자이기를 중지하였던 그 정도를 강조하며, (2) 다른 쟁점들이 세계의 문제에 있어 더 두드러지게 되었던 정도를 강조하며, (3) 군사력이 덜 확실하고 덜 중요한 정책선택이 되었다는 점을 부각시킨다.

절대적 이익

Absolute gains

다른 국가들에 대한 영향에 상관없이 어떤 정책이나 행동으로부터 국가들에 생기는 이익.

다-사이의 어딘가를 맴돌고 있다. 그러한 것으로서 지구 거버넌스는 상호작용적인 의사결정이며, 이 의사결정을 통해 여전히 주권국가들이 승인된 협력들에 참여하고 때때로 집단행동을 취한다. 지구 거버넌스가 때때로 사실상 현재 존재하는 국제기구들을 설명하는 집합적 의미로 사용되는 그와 같은 정도로 국제기구의 수와 중요성의 증대는 확실히 지구 거버넌스 체계의 출현에 중요한 요소였다. 하지만 지구 거버넌스와 국제기구는 동의어가 아니다. 왜냐하면 지구 거버넌스는 혼합적인 행위당사자를 가지고 있으며, -국가와 국제기구들에 덧붙여 -비정부기구, 초국적기업 그리고 지구시민사회의 다른 제도들의 특색을 묘사하기 때문이다.

그럼에도 국제기구들의 부흥은 지구 거버넌스의 증대하는 중요성의 징후를 제공해 준다. 제2차 세계대전의 종식은 유엔과 브레튼우드제도의 기구들의 창설-다음 절에서 검토된다-과 함께 지구 거버넌스 제도의 출현을 명시하였다. 1914년의 49개와 비교해 볼 때 1949년에 국제기구들의 수는 123개였다. 1980년대 중반에 그러한 단체들은 총 378개에 달하였고, 각 기구당 평균적으로 40개가 넘는 회원국을 가졌다-1945년에 18.6개국 그리고 1964년에는 22.7개국-. 국제기구들의 수가 냉전의 종식에 따른 소비에트 블록기구들의 해체로 인해 그 후에 줄어들었지만 이것은 국제기관과 다른 기구들의 실질적인 증대를 은폐하고 있다. 왜냐하면 국제기구 그 자체에 의해 야기된 단체들의 수는 계속 증대하였기 때문이다. 로버트 커해인Robert Keohane과 같은 자유주의자들은 패권정치, 경제위기, 인권침해, 불균형 발전과 환경오염에 대한 관심과 관련된 국가들 사이에서의 **상호의존성**의 증대라는 의미에서 그러한 발전들을 설명하려 한다. 따라서 국제기구들은 지구체계에서 상호의존성의 정도를 반영하고 있는 것이다. 즉 이 점은 점점 더 국가들이 홀로 일하기보다는 함께 일함으로써 더 많은 것을 이룩할 수 있다는 것을 인정한다는 것이다. 이러한 관점에서 국가들은 **'절대적' 이익**을 만들 수 있을 것이라고 생각할 때 협력할 것이다.

이와는 대조적으로 현실주의자들은 미국의 부상하는 패권적 역할의 의미에서 지구 거버넌스의 성장을 설명하려는 경향이 있다. 이 견해는 미국의 국익추구와 국제적 협력의 증진을 상호간에 지지하는 목표로 보았다. 국제기구는 패권과 연결되어 있는데, 그 이유는 단지 헤게모니 국가만이 다른 국가들이 만들지도 모르는 '**상대적**' 이익들을 너그럽게 봐주는 힘을 가지고 있기 때문이다. 물론 다른 국가들이 '**절대적**' 이익 자체를 만드는 한에서 말이다. 이러한 관점에서 패권국가는 '게임규칙'을 강요할 뿐만 아니라 다수의 국강들에게 이익을 가져다주는 하나의 체계를 약속할 필요가 있는 것이다. 비판이론가들은 국제기구를 지구체계의 지배적인 이해관계에 봉사하기 위해 — 패권세력, 즉 일반적으로 서구의 산업화된 국가들, 지구 북반구에 걸친 초국적 기업과 사회적, 인종적 그리고 젠더 엘리트들의 — 만들어진 장치로 보려는 경향이 있다. 이 관점에서 볼 때 국제기구들은 지구적 불평등과 불균형을 강화하는 것을 나타내고 어느 정도 강화하기 위하여 존재한다는 것이다.

그럼에도 현대세계가 하나의 지구 거버넌스 체계의 모습에 일치하는 그 범위는 논의의 근원이다. 특히 자유주의 이론가들은 지구 거버넌스가 의미 있는 발전이며, 이 발전은 이전의 국제적 무정부상태에 대한 대안을 제공한다고 논의한다. 나아가 자유주의 이론가들은 이러한 추세는 명백하고 아마도 저항할 수 없는 것이라고 주장한다. 이 견해는 두 가지 요소들에 그 기반을 두고 있다. 첫째, 지구화와 일반적으로 좀 더 상호 연결된 세계로 인해 국가들은 점점 더 도전에 직면하게 되었다. 이 도전은 홀로 행위할 경우에는 다루기 힘든 것들이다. 간단히 말해 지구적 문제들은 지구적 해결을 필요로 한다. 둘째, 국제기구의 성장은 국가들 사이의 신뢰를 강화함으로써 더 진전되는 협력을 촉진시키며, 국가들을 규칙에 지배를 받는 행위에 익숙하게 만든다. 이 점은 다음의 사실을 시사한다. 즉 지구 거버넌스를 위한 경향은 내적인 계기를 야기하며, 지구 거버넌스를 거스릴 수 없게 만든다는 점이다. 하지만 전체로서의 세계가 질서 있고 규범에 지배를 받게 되었던 그 범위가 과장되어서는 안 된다. 확립된 지구 거버넌스 체계보다는 오히려 부상하는 지구 거버넌스 과정을 언급하는 것이 좀 더 정확하다. 게다가 지구 거버넌스의 규범과 규칙들은 세계의 다른 지역에서보다 세계의 몇몇 지역에

개념설명

부랑자 국가 Pariah state
국제공동체의 밖에서 행동하는 국가로, 이로 인해 외교적 고립과 광범위한 비난을 받는다.

서 더 잘 확립되었다. 가령, 유럽은 '공동'주권에서의 유럽연합의 성공과 세력균형정치를 추방함으로써 이른바 '탈근대' 세계의 심장으로 묘사되었다(Cooper, 2004). 그럼에도 유럽은 하나의 예외이며, '깡패' 국가와 **부랑자 국가**pariah state의 존재에 의해 입증되었듯이 세계의 많은 다른 지역은 여전히 국제적인 규범과 규칙들에 영향을 별로 받지 않고 있다.

지구적 경제거버넌스

브레튼 우즈 체계의 발전

지구 거버넌스를 향한 추세는 특히 경제정책 결정 국면에서 명백하게 드러났다. 이것은 경제가 국가들 사이에서 가장 명백한 상호의존성의 영역이기 때문이다. 이 영역은 국제협력의 실패가 가장 분명한 손해를 야기할 수 있는 바로 그 영역이다. 1945년 이후 지구적 경제거버넌스 제도는 제2차 세계대전의 종식 후에 곧바로 협상이 이루어진 브레튼 우즈 협정에 의해 확립된 가장 중요한 제도와 함께 다변적 협정, 공식적인 제도 그리고 비공식적인 네트워크라는 복잡해지는 망을 통해 출현하였다. 집합적으로 적절한 시기에 '브레튼 우즈 제도'로서 알려진 이 기관들은 다음과 같다.

다자주의Multilateralism
다국간 공동정책은 일반
화된 행동원칙을 토대로
세 개 혹은 그 이상의 국
가들 사이에서 행위를 조
정하는 하나의 과정으로
폭넓게 정의될 수 있다
(Ruggie, 1992). 진정으
로 다변적이 되는 하나
의 과정을 위해 세 개의
원칙들에 순응해야만 한
다. 이 원칙들은 비차별
Non-discrimination(모
든 참가국들은 동등하게
대우받아야만 한다), 불
가분성indivisibility(참
가국들은 집단안보에서
처럼 단 하나의 통일체인
것처럼 행동해야만 한다)
그리고 널리 퍼진 호혜주
의diffuse reciprocity(국
가들 사이의 의무는 일회
성 협력의 실례이기보다
는 오히려 일반적이고 지
속적인 성격을 가져야만
한다) 등이다.

워싱턴 합의
Washington Consensus
탈규제·민영화·재정통
제 등의 조치를 통해 시
장에서의 간섭을 줄이고
자 하였던 정책 패키지.

① 국제통화기금IMF

② 세계은행으로 더 알려진 국제부흥개발은행IBRD

③ 관세무역일반협정GATT, 이것은 1995년에 세계무역기구WTO로 대
체되었다.

브레튼 우즈 협정은 **다자주의**의 명백한 실례이다. 다자주의는 1945년 이
후에 점점 더 드러나게 되었다. 하지만 브레튼 우즈 협정을 단지 다변주의
와 상호 이해관계의 인정이라는 의미에서만 기술하는 것은 잘못일 것이다.
이것은 미국이 행한 결정적 역할을 무시하는 처사일 것이다. 미국은 세계의
우월한 군사적·경제적 국가로 제2차 세계대전으로부터 부상하였고, 미국
의 지속적인 번영은 개방적이고 안정적인 국제경제제도의 확립과 연결되
었다. 브레튼 우즈 제도의 핵심에는 국제통화기금이 감시하는 새로운 통화
질서가 있었고, 국제통화기금은 안정적인 환율을 유지하고자 하였다. 이것
은 모든 통화를 미국 달러 가치에 고정시킴으로써 이루어졌으며, 미국 달러
는 '통화 잠금쇠currency anchor'로 기능하였다. 여기서 미국 달러는 온스
당 35달러의 비율로 금으로 교환되었다. 적어도 20년 동안 브레튼 우즈 제도
는 상당한 성공을 거두는 것처럼 보였다. 제2차 세계대전의 말과 그 결과 군
비지출의 감소 그리고 혹자들이 염려하였던 것처럼 대공황의 어두운 시기
로 되돌아가는 대신에 브레튼 우즈 제도는 전후 시기의 '장기적 호황', 세계
경제가 여지껏 경험하였던 가장 장기간의 지속적인 경제성장을 알렸던 것
이다.

하지만 1950년대와 1960년대의 '황금시대' 후에 1970년대에 '경기침체'가
발생하였다. 이 경기침체 속에서 경제적 불황과 증대하는 실업이 높은 인플
레이션과 연결되었다. 이러한 맥락에서 그리고 국내 및 국외의 악순환적인
지출에 대처하기 위해 고군분투하고 있는 미국 경제로 인해 1971년에 미국
은 고정환율제도를 포기하였고, 이것은 사실상 그 원래 형태의 브레튼 우즈
제도의 종말을 알리는 것이었다. '유동'환율제도의 출현은 주요한 정책과 이
데올로기적 변화를 일으켰다. 정책 의미에서 이것은 **워싱턴 합의**를 초래하

개념설명

구조조정

Structural adjustment
programmes

국제통화기금과 세계은
행에 의해 이루어진 대부
들에 부여된 제약을 통해
경제의 시장지향적 '구조
조정'을 가져오기 위해
사용된 계획들.

였다. 이데올로기적 의미에서 국제통화기금, 관세무역일반협정GATT 그리
고 세계은행 등은 1970년대와 1980년대 동안에 자유시장과 자유무역원칙에
기초한 국제경제질서 이념으로 전환하게 되었다. 1995년 관세무역일반협정
이 세계무역기구로 대체됨으로써 자유무역 의제가 강화되었고 경제지구화
의 진전이 가속화되었다.

지구적 경제거버넌스에 대한 평가

환율 안정의 담보자로서 가지는 그 원래의 임무에서 볼 때 국제통화기금은
적어도 20년 간 아주 성공적이었다. 그럼에도 국제통화기금은 1980년대부
터 점점 더 논쟁의 여지가 많은 제도가 되었다. 이것은 국제통화기금이 '**구
조조정**'을 위한 조건으로 개발도상국가나 과도기 국가들에게 대부를 해 주
는 것과 연관되었기 때문이다. 이 '구조적 적응'은 자유시장과 자유무역에
대한 무제한적인 신뢰를 반영하였다. 국제통화기금의 지지자들은 다음과
같이 주장한다. 즉 단기간의 불안정과 불확실성에도, 개방적이고 시장에 기
반을 둔 경제에 대한 적응이 장기적인 경제적 성공에 대한 유일하게 믿을 만
한 길이라는 것이다. 국제통화기금의 또 다른 강점들은 다음과 같은 것이
다. 국제통화기금은 종종 별다른 재정의 원천이 없는 국가들에게 돈을 빌려
준다는 점, 그리고 국제통화기금의 이자율은 이용할 수 있는 다른 것보다
더 경쟁력이 있을 수 있다는 점 등이다. 하지만 비판가들은 국제통화기금과
일반적으로 지구적 경제거버넌스를 가난한 국가와 취약한 국가들에게 미국
의 기업모델을 수용하도록 강요하는 신자유주의 지구화의 정치적 무기로
간주하였다. 미국의 기업모델은 장기적인 발전 요구에 부응하기보다는 서
구 은행과 기업들의 요구에 더 잘 부응한다는 것이다. 비판가들이 주장하였
듯이 국제통화기금의 개입이 종종 문제를 풀기보다는 문제를 야기하였다는
사실은 국제통화기금이 가지는 결함이 있는 발전모델에서 유래한다. 이 결
함이 있는 발전모델은 시장실패의 가능성이나 경제개방의 약점을 인식하지
못한다. 2007~2009년 지구적 금융위기가 오기 전에 국제통화기금은 이 위
기를 만들어 내었던 불안정과 불균형을 부각시킴으로써 이 위기를 방지하

자유무역은 관세 혹은 다른 형태의 보호주의에 의해 제약당하지 않는 국가들간의 무역제도이다. '비교우위'이론과 병행하여 자유주의자들은 다음과 같이 주장한다. 국제무역은 여기에 참여하는 모든 국가들에게 특히 더 큰 전문화를 통해 이익을 가져다준다는 것이다. 자유무역에 찬성하는 정치적 논거는 경제적 상호 의존성을 심화하고 국제교환을 촉진함으로써 자유무역은 전쟁을 덜 발생시키고 아마도 불가능하게 만든다는 데 있다. 비판가들은 다음과 같이 지적한다. 자유무역은 우세한 국가들이 약한 국가의 시장에 접근함으로써 경제적 불평등을 확대하며, 우세한 국가들은 대외경쟁에 별로 걱정을 하지 않는다는 것이다.

지 못하였다는 이유로 가차없이 비판받았다. 이로 인해 특히 지구적 금융제도를 통제할 수 있는 국제통화기금의 능력을 강화해야 한다는 기대감을 가지고 국제통화기금의 개혁을 요구하기에 이르렀다. 하지만 이 점은 지금까지 개발도상국가들에 편들어 별로 중요하지 않은 투표권의 조정만을 가져다주었다.

초기에 세계은행은 전후 복구건설을 장려하는 데 집중하였다. 하지만 시간이 흘러감에 따라 발전을 조성하는 것이 세계은행이 하는 일 중에서 일차적인 초점이 되었다. 1970년대 동안에, 즉 로버트 맥나마라가 의장직을 수행한 1968~1981년에 세계은행은 빈곤의 감소에 더 큰 관심을 가졌다. 예를 들어 이것은 농촌발전의 조성계획과 기본적 욕구들에 대한 대처 등을 포함하였다. 1980년대 초부터 그리고 국제통화기금과 협력하여 세계은행은 '구조적 적응'전략을 받아들였다. 이 프로그램들이 장려하고자 하였던 시장개혁들은 개발도상국가들에게 다시 한 번 빈곤을 벗어나기 위한 싸움에 초점을 두도록 하기 위하여 가능한 빨리 개발도상국가들의 신용도를 재확립하도록 만들어졌다. 1990년대 동안 늘어나는 비판과 많은 구조적 적응 프로그램의 실패에 직면하여 세계은행은 거시적 경제개혁은 덜 강조하고 대신에 발전의 구조적·사회적·인간적 측면을 더 강조하기 시작하였다. 이 새로운 전략은 '탈워싱턴 합의'로 불렸다. 세계은행의 지지자들은 발전프로그램을 통하여 부유한 국가에서 더 가난한 국가로 재원들의 성공적인 이양을 강조한다. 하지만 비판가들은 다양하게 다음의 사실을 주장한다. 즉 세계은행의 발전기금이 불충분하다는 것이다. 그리고 빈곤을 감소시키고자 하는 세계은행의 성과는 종종 빈약하였으며, 국제통화기금·세계무역기구와 함께 세계은행은 지구적 경제질서의 불균형과 불일치에 도전하기보다는 이것들을 지지하려는 경향이 있다는 것이다.

많은 점에서 세계무역기구의 출현은 1980년대에 국제무역제도의 변화하는 규범에 대한 하나의 대응이었다. 신자유주의의 승리와 지구화의 가속화는 더 폭넓은 책임감을 가지고 좀 더 강력한 무역기구를 통하여 **자유무역주**의를 진전시키고자 하는 더 강한 압력을 만들어 내었다. 혹자는 세계무역기

지구적 경제거버넌스Global economic governance

- **국제통화기금The International Monetary Fund, IMF:** 국제통화기금은 일반적으로 화폐를 관리하는 세계적 규칙들을 감독하기 위해 만들어졌으며, 개별적으로는 고정환율제도를 통해 통화안정을 유지하기 위해 만들어졌다. 1971년 이후, 국제통화기금은 신자유주의 경제모델을 수용하였고, 국가들이 이 기구로부터 원조를 받기 위한 조건으로 엄격하게 시장에 기반을 둔 개혁을 이행할 것을 요구하고 있다. 국제통화기금은 회원국이 원래 29개에서 188개로 늘어났다. 이 기구의 본부는 워싱턴에 있다.

- **세계은행The World Bank:** 세계은행 – 이전에는 재건과 발전을 위한 국제은행The International Bank for Reconstruction and Development이었다 – 은 차관의 위험요소를 줄임으로써 경제안정을 유지하기 위해 만들어졌다. 1980년대 이후 이 은행은 '구조조정', 시장원칙으로의 경제의 재정립, 지구경제로의 경제통합 등에 진력하였다. 세계은행의 본부는 워싱턴에 있다.

- **세계무역기구The World Trade Organization, WTO:** 세계무역기구는 GATT를 대체함으로써 1995년에 만들어졌다. '우루과이 라운드Uruguay Round' 협상(1986~1995)을 통해 만들어진 세계무역기구는 GATT보다 더 광범위하고 강한 권한을 가지고 있다. 세계무역기구의 임무는 세계무역을 '자유화하며', '개방적'인 세계무역제도를 만드는 것이다. 하지만 2001년에 시작된 '도하 라운드'는 선진국가와 개발도상국가 간의 의견불일치로 인해 2006년에 붕괴되었다. 세계무역기구는 2012년에 회원국이 157개국이었으며, 27개국이 이 기구에 가입하려고 한다. 이 기구의 본부는 제네바에 있다.

구를 형성과정에 있는 하나의 지구적 경제정부로 파악하고 있다. 세계무역기구의 지지자들은 다음과 같이 주장한다. 무역자유화를 장려함에 있어 세계무역기구는 세계경제에서 지속적인 성장을 증진시키는 데 중요한 기여를 했다는 것이다. 그러한 견해는 일반적으로 자유롭고 개방적인 무역이 이에 참여하는 모든 국가들 서로에게 이익이 된다는 믿음에 그 기반을 두고 있다. 그리하여 무역자유화는 경쟁을 첨예화하고 혁신을 장려하고 모든 국가들에게 성공을 가져다주는 것으로 이해된다. 그럼에도 세계무역기구는 국제통화기금이나 세계은행처럼 여전히 논쟁의 여지가 많은 기구였다.

세계무역기구의 많은 비판자들은 이 기구가 지니는 기본적 원칙들에 주목한다. 그리고 다음과 같이 주장한다. 즉 모든 국가들에게 이익을 가져다

주기는커녕 무역자유화는 구조적 불평등, 노동자의 권리 약화와 환경보호에 책임이 있다는 것이다. 게다가 세계무역기구 내에서의 결정이 합의에 기반을 두고 있지만—미국과 일반적으로 산업화된 국가들에 유리한 국제통화기금과 세계은행이 사용하는 가중투표weighted vote 제도와는 반대로—합의 결정은 세계무역기구의 제네바 본부에 있는 꽤 크고 자원이 풍부한 상임대표단을 가지고 있는 국가들에게 유리하다는 점이 광범위하게 주장되었다. 마지막 비판은 세계무역기구의 허약성을 강조하며, 특히 세계무역기구는 강하게 주장하는 반대의견들을 조정시킬 능력을 가지지 못하고 있다는 점이다. 이 점은 2001년 시작된 무역협정들의 도하 라운드Doha Round의 붕괴상태에서 명백하게 드러난다. 협상들은 주로 개발도상국가들과 중국을 포함하는 경제부상국가와 선진국들 사이의 농업보조금에 대한 의견 불일치로 인해 중지되었다. 그러한 실패로 인해 미국과 유럽연합은 농업보호주의를 유지할 수 있었고, 반면에 농업에서의 장벽과 보조금 감소로부터 가장 많이 혜택을 입을 개발도상국가와 세계의 가난한 국가들은 불리한 환경에 처하게 되었다.

유엔

유엔의 기능

분명히 유엔United Nations은 출현하는 지구 거버넌스 제도의 시대와 중심을 만들어 내었던 가장 중요한 국제기구이다. 1945년 샌프란시스코 회담을 통해 확립된 유엔은 지금까지 건설된 진정으로 유일한 지구적 기구이며, 193개의 회원국을 가지고 있다. 그럼에도 유엔은 제2대 사무총장인 다그 함마르셸드Dag Hammarskjöld가 '불가사의한 피카소 추상'으로 묘사하였듯이 마구 뻗어나간 복잡한 기구이다. 5개 주요기관을 넘어서 유엔은 이른바 '세 명의 자매들'—세계은행·국제통화기금·세계무역기구—과 또한 세계보건기구, 유엔아동기금UNICEF, 유엔 교육, 과학 및 문화기구UNESCO 그리고 유엔 고등 난민위원회UNHCR 등과 같은 기관들도 포함하고 있다. 이 점이 상당히 부담이 되고, 종종 갈등을 안고 있으며, 혹자들이 말하기를 본질적으로 비효율적인 기구를 만들었지만 이것은 또한 유엔으로 하여금 수많은 이해관계에 대응하고 상당히 폭넓은 지구적 의제를 제출할 수 있도록 해 준다.

유엔의 기초헌장에 명시된 유엔의 일차적인 목표들은 다음과 같다.

① '전쟁의 불행으로부터 후세들을 구하기 위하여' 평화와 안전을 인도.
② 기본적 인간권리들에 대한 믿음을 재확인.
③ 국제법에 대한 존중을 지지.
④ 사회진보와 더 나은 생활수준의 향상.

평화와 안전을 유지

유엔의 주요 목적은 국제평화와 안전을 유지함에 있다. 그리고 안전보장이사회가 이 일에 책임을 진다. 사실 유엔의 성과는 유엔이 죽음과 연관된 군사적 갈등으로부터 인간을 구제하였던 그 범위에 의하여 일반적으로 판단될 수 있다. 그럼에도 다른 요소들, 특히 미국과 소련 간의 '테러의 균형' 또한 더 이상의 전쟁이 일어나지 않게 한 것에 기여했다는 점을 감안할 경우 20세기의 두 세계간의 전쟁들이 제3차 세계대전을 초래하지 않았다는 점을 보장한 것에 대한 유엔의 기여의 정도를 평가하기란 어려운 일이다. 하지만 분명한 사실은 이렇다. 즉 회원국들의 산물인 유엔의 집단안보체계를 강화할 수 있는 능력은 상당히 제한되어 있다는 점이다. 유엔은 회원국가들, 특히 안전보장이사회의 상임이사국이 허용하는 것 이상의 것을 할 수 없다. 그 결과 유엔의 역할은 본질적으로 국제갈등의 평화적 해결을 용이하게 해주는 장치들을 제공하는 데 한정되었다. 냉전 동안에 유엔은 초강대국의 경쟁에 의해 일상적으로 마비되었고, 이 초강대국의 경쟁이 안전보장이사회를 정체시켰다. 따라서 유엔은 소련이 헝가리(1956)와 체코슬로바키아(1968) 그리고 아프가니스탄(1979)를 침공하였을 때 힘없는 감시자였다. 그리고 유엔은 1960년대와 1970년대 동안에 베트남에 대한 미국의 증대하는 군사적 개입을 감소시키는 데도 실패하였다. 또 다른 약점은, 유엔이 그 자신의 무장력을 발전시킬 수 없었고 그래서 유엔은 항상 개별적인 회원국가들에 의해 제공된 군대에 의존해야만 하였다.

하지만 냉전의 종식으로 인해 '신세계질서'를 관장할 활동적인 유엔의 능력에 관해 낙관주의가 만들어졌다. 유엔은 1991년 걸프전에서 미국이 선도한 쿠웨이트로부터 이라크의 추방을 승인하였고, 몇 년 뒤에 유엔평화유지 임무들의 수는 2배로 되었고, 평화유지를 위한 1년 예산은 4배로 되었다. 그럼에도 탈냉전시기에 좀 더 효과적인 유엔을 위한 희망은 중립적이고 가변적인 개입을 수용하고자 하는 동·서 경쟁에서 벗어난 국가들의 의지가 감퇴함으로써 그리고 재정적으로 그리고 군사적으로 미국의 지원이 침식함으로써 좌절되었다. 평화유지(모잠비크와 엘살바도르에서처럼)와 평화건설(동티모르)에 있어서 몇 차례 진정한 성공을 거두었음에도 유엔의 평판은 루완다와 보스니아에서 1990년대 중반에 대규모의 학살을 저지하는 데 실패함으로써 상당히 손상당하였다.

경제적·사회적 발전

1950년대와 1960년대에 탈식민화의 결과로서 개발도상국가에게 총회에 대해 더 큰 영향력을 주는 유엔의 회원국이 늘어났을 때, 경제적·사회적 발전의 증진이 유엔의 점점 더 두드러진 관심사가 되었다. 유엔의 경제적·사회적 책임의 주요한 영역들은 인간권리, 발전과 빈곤해소 그리고 환경 등이다. 인간권리의 경우에 그러한 권리들을 증진시키고 보호하기 위하여 제2차 세계대전 이후 발전하였던 국제레짐의 중심적 존재는 1948년에 채택된 유엔의 보편적 인권선언이었다. 이 선언의 법적으로 체결된 인권의 법제화로의 결합 – 사실상 인권법 – 은 1966년 시민적·정치적 권리와 경제적·사회적·문화적 권리에 대한 국제 규약의 채택을 통해 이루어졌다. 집합적으로 1948년 선언과 두 개의 규약들은 일반적으로 '국제적인 권리장전'으로 언급된다. 하지만 독재자에 대항하고 인간권리 침해를 비난하며, 대학살과 다른 비교할 만한 행위들을 저지하고자 하는 개입들에 대한 유엔의 성과는 보

유엔은 어떻게 작동하는가?

- **안전보장이사회The Security Council:** 이것은 가장 중요한 유엔기구이다. 이것의 주목적은 국제화와 안전의 유지를 보장함에 있다. 그래서 이 기구는 협상자, 감시자 그리고 평화유지자로서의 유엔의 역할에 책임을 진다. 안전보장이사회는 15개국이다. 그러나 안전보장이사회는 P-5, 즉 항구적인 '거부권 세력들'(미국·러시아·중국·영국·프랑스)에 의해 지배되고 있다. 이 세력들은 안전보장이사회의 다른 회원국이 만든 결정들을 거부할 수 있다.
- **총회The General Assembly:** 이것은 유엔의 주요 심의기관이며, 때때로 '국가들의 의회'로 불린다. 이 총회는 유엔의 모든 회원국들로 구성되며, 각각의 회원국은 한 표의 투표권을 가지고 있다. 총회는 그 헌장에 의해 보호된 어떤 문제에 대한 해결책들을 논의하고 의결할 수 있다. 그러나 총회는 입법적인 역할을 가지고 있지 않으며 어떤 중요한 의미에서 안전보장이사회나 사무국을 감시하거나 조사하지 못한다.
- **사무국The Secretariat:** 이것은 유엔의 또 다른 주요한 기관들을 위해 일하며 이 기관들이 입안한 프로그램이나 정책들을 관리한다. 사무국의 우두머리는 사무총장이다(2007년 이후 반기문). 사무총장은 사무국의 우두머리뿐 아니라 유엔의 공적 얼굴로서 기능한다. 사무국의 주요한 활동들은 뉴욕에 있는 유엔본부에서 일어난다.
- **경제사회이사회The Economic and Social Council:** 경제사회이사회는 총회에서 선출된 54명으로 구성된다. 이사회의 주요한 기능은 유엔의 경제적·사회적 활동을 조정하는 것이다. 이 기능으로는 수많은 프로그램들, 기금 그리고 국제노동기구와 세계보건기구 등과 같은 전문기관들의 활동을 감시하는 것을 들 수 있다. 경제사회이사회의 주요한 관심영역들은 인권, 발전 그리고 빈곤퇴치 및 환경 등이다.
- **국제사법재판소The International Court of Justice:** 국제사법재판소는 유엔의 제1의 사법기관이다. 이 기관의 일차적 기능은 국제법에 따라 국가들이 제출한 법적 분쟁들을 해결하는 것이다. 네덜란드의 헤이그에 있는 국제사법재판소는 총회와 안전보장이사회에 의해 선출된 15명의 재판관으로 구성되며, 재판관들은 개별적으로 투표한다.

잘것없었다. 이것은 아마도 유엔 회원국이 늘어났을 때 확립되었던 도덕적 상대주의의 산물일 것이다.

발전과 빈곤해소의 경우에 일차적인 수단은 1965년에 만들어진 유엔발전프로그램UNDP이었다. 유엔발전프로그램은 약 177개국에 존재하였고 지구적·국가적 발전요구들에 대한 국가들 자신의 해결책들에 공동으로 활동하였다. 그리고 이 단체는 또한 개발도상국가들에게 효과적으로 원조를 끌어들이고 사용하는 데 기여하였다. '인간발전'과 '인간안전'이라는 관념들

기후변화에 대한 논쟁: 실패할 운명인가?

사건: 1992년 리오 '지구정상회담'(환경과 발전에 대한 유엔 회의)은 기후변화 문제에 상당히 관심을 기울인 첫 번째 국제회의였다. 이 회담은 기후변화에 대한 기본적 협약(Framework Convention on Climate Change, FCCC)을 확립하고 '안전한' 수준으로 안전화되는 온실가스를 요구하였다. 이 회의는 181개 국가들에 의해 수용되었지만 FCCC는 단지 더 진전된 행동을 위한 토대에 불과하였고 법적으로 구속력 있는 목표들을 포함하지는 못하였다. 1997년에 협정된 FCCC에 대한 교토의정서는 더 진척되었는데, 처음으로 법적 구속력이 있는 목표들이 - 2012년까지의 기간 동안 - 국가들로 하여금 온실가스 방출을 제한하거나 감소시키게끔 하였기 때문이다. 이 의정서의 주요한 한계는 미국 - 세계에서 가장 큰 가스 방출자 - 이 이 조약에 비준하지 않았다는 점이다. 이에 덧붙여 목표들이 단지 발전된 국가들에 대해 적용되었기 때문에 중국과 인도와 같은 부상하는 국가들 - 중국은 2008년에 미국을 추월하여 세계에서 가장 큰 가스 방출자가 되었다 - 은 제외되었다. 2009년에 유엔기후변화회담은 교토의정서에 대한 계승자들을 발전시키기 위하여 코펜하겐에서 열렸다. 그럼에도 이 회담은 단지 이른바 '코펜하겐 협정'에 주목하는 데만 동의하였다. 이 협정은 2도 이상의 지구온도 상승을 억제할 것을 약속하였지만 방출가스를 감소시키기 위하여 어떤 국가들에게 법적으로 구속력 있는 새로운 의무들을 만들어 내거나 방출가스 감소를 위한 지구적 목표들을 설정하는 데는 실패하였다. 교토의정서를 확대하기 위한 마지막 기회는 2012년 도하 회담이었다.

의의: 혹자는 다음과 같이 주장하였다. 리오, 교토 그리고 코펜하겐 회담은 돋보이지는 않지만 기후변화 문제에 대해 안전적이고 국제적인 발전을 기록하였다고 말이다. 리오 회담은 기후문제들이 논의될 수 있는 하나의 틀을 만들어 내었다. 교토 회담은 선진 세계에 대해 구속력 있는 목표를 설정하였다. 코펜하겐 회담은 이 회담이 가지는 한계에서도 교토 회담을 넘어서 발전하였는데, 이 회담에 두 개의 가장 큰 행위자들, 즉 미국과 중국이 참여하였다는 점에서 그러하다. 그러나 이 회담들에 대한 지배적인 반응은 좌절과 실망이었고 혹자는 국제공동체가 기후변화에 대해 확고한 행동을 취하는 데 실패함으로써 최후에는 대재앙적인 결과를 가질 것이라고 경고하였다. 혹자들이 기후변화는 국제공동체가 직면하고 있는 가장 시급하며 중요한 도전이라고 주장할 때, 이 문제에 대한 국제협력이 달성하기에 그렇게 어려웠던 것인가? 수많은 장애물들이 기후변화에 대한 국제적인 공동 행동의 도상에 놓여 있다. 무엇보다도 모든 국가들이 기후변화가 초래한 위협을 인정하지만 이 문제를 처리하는 것은 종종 값비싼 전략들에 투자한다는 의미에서 그리고 낮은 경제성장률의 수용이라는 의미에서 개별 국가들에 상당한 비용을 부과한다. 그러한 분위기에서 국가들은 '무임승차자'들이 되기를 원하며, 그 어떤 지불도 하지 않으면서 더 좋은 환경을 향유하려 한다. 두 번째 장애물은 선진국가와 개발도상국가 간의 긴장이다. 이 긴장은 FCCC가 '공동책임을 져야 하지만 그럼에도 차별적인 책임과 개별능력'으로 언급한 것에 기반하고 있다. 많은 개발도상국가들은 다음과 같이 믿고 있다. 선진국가에게 경제변영과 경제성장을 가져다주었던 산업화가 시작된 후로 방출한 탄소의 축적량에 대해 선진국가들이 역사적 책임이 있다는 사실을 반영할 수 있게끔 목표들이 정해져야 한다는 것이다. 따라

서 기후변화를 저지하는 비용들은 지구적으로 분담된다는 점을 확실하게 하기 위한 선진국가의 시도들은 도덕적으로 근거가 없으며 개발도상국가의 번영에 대한 권리를 부정하는 것으로 간주된다. 마지막으로 녹색운동에서 일하는 많은 사람들은 증가된 가스방출량 수준이나 '탄소 산업화'를 조사하며, 이를 위해 이들은 경제제도와 정치제도들이 성장과 생활수준의 향상으로 조정되었다는 점을 확실하게 하는 물질주의 가치와 문화적 소비주의 가치의 확산으로 거슬러 올라간다. 이 문제의 이데올로기적·문화적 차원들이 논의되지 않는다면 국제행동은 허약하고 비능률적이 될 것이다.

에 초점을 둠으로써 유엔발전 프로그램은 빈곤과 결핍에 관한 혁신적인 생각을 조장하였고 협소하게 빈곤의 경제적 의미에서 벗어나 활동하였다. 환경의 경우에 1972년 스톡홀름에서 열렸던 유엔의 인간환경회의는 국제적 수준에서의 환경적 행동을 위한 토대를 놓고 유엔의 환경프로그램UNEP의 착수를 위한 길을 마련하였다. 시간이 흘러 기후변화의 문제는 유엔의 환경의제를 지배하기에 이르렀는데, 종종 실망스러운 회의결과가 있었지만 기후변화 문제에 대한 세간의 이목을 끄는 연속적인 회담이 이루어졌기 때문이다.

필수불가결한 기구인가?

유엔은 자신에 가해지는 논쟁과 비판을 익히 알고 있다. 사실 혹자는 유엔을 근본적으로 결함이 있는 것으로 간주한다. 이러한 견해에서 볼 때 유엔은 최초의proto 세계정부이며 형성되려고 하는 세계정부의 모든 결함들, 즉 정당성의 부재, 책임성의 부재 그리고 민주주의 신임의 부재 등을 가지고 있다. 유엔은 국가의 일에 개입하여 국가의 주권을 침식할 뿐만 아니라 세력균형 체계의 작동을 붕괴시켜 유지하려고 하였던 평화와 안전을 위태롭게 만들기도 한다. 또 다른 사람들은 세계문제에 있어 유엔의 간섭보다는 무능력을 공공연하게 비난한다. 일반적으로 지적되었듯이 유엔이 존재하기 전보다 유엔의 창설 이후에 더 많은 전쟁들이 발생하였다. 그리고 유엔은 세계에서 주요한 사건이 벌어질 때 일상적으로 관여하지 못하였다. 이것은 특히 안전보장이사회가 '5개의 대국Big Five' 사이의 갈등에 의해 아주 쉽게 마비될 수 있기 때문이다. 또 다른 비판들은 '두 개의 유엔'으로 기능하는 한 기관의 역기능성을 강조한다. '두 개의 유엔' 중의 한 기구는 강대국들의 대변인으로 활동하며, 이는 안전보장이사회를 통해 작동한다. 반면에 또 다른 하나의 유엔은 개방도상국가들의 이해관계를 대변하는데, 이는 총회를 통해 작동한다. 전자가 엄청난 잠재적인 힘을 가지고 있지만 이 잠재적 힘을 좀처럼 행사하지 않는 반면, 후자는 토론하는 집단으로 행동한다.

유엔의 결함과 실패에도 하나의 중심적인 사실이 마음 속에 품어져 있음에 틀림없다. 즉 세계는 유엔이 없을 경우보다 유엔이 있음으로써 더 안전한 장소라는 것이다. 유엔이 모든 전쟁들을 결코 억제할 수 없고 모든 갈등들을 해결할 수 없지만 유엔은 협력을 위해 절대 필요한 틀을 제공해주며 국제공동체는 유엔을 사용하도록 선택해야만 한다. 설령 불완전할지언정 유엔은 국제적 갈등이 전쟁에 의지하지 않고 해결될 수 있는 기회를 증대하기 위하여 활동하며, 전쟁이 일어날 경우 군사적 갈등이 재빠르게 평화를 만들고 형성하도록 이끌 기회를 증대하기 위하여 활동한다. 게다가 유엔은 원래의 임무를 저버렸던 것이 아니라 오히려 새로운 지구적 도전들의 관점에서 그 자신을 재규정하는 데 성공하였다. 유엔은 세계에 걸쳐 경제적·사회적 발전을 증진시키는 선도적인 기구로 발전하였을 뿐만 아니라 기후변화와 젠더 평등에서 인구통제와 유행병에 이르기까지 새로운 지구적 문제들이 연관되는 한에서 그 의제를 형성하는 데 기여하였다. 간단히 말해 유엔이 존재하지 않았다고 한다면, 유엔은 만들어져야만 했을 것이다.

요약

(1) 냉전의 종식으로 인해 '신세계질서'의 출현에 관한 선언이 초래되었다. 하지만 이 신세계질서는 항상 부정확하게 정의되었다. 그래서 이 이념은 재빨리 유행하지는 않았다. 대신에 일극체제가 양극체제를 대체하게 되

었다. 유일하게 남아 있는 초강대국으로서 미국은 '지구적 패권'을 쥐게 되었다.

(2) 미국 패권의 의미들은 특히 미국이 소위 말하는 '테러와의 전쟁'을 착수하였을 때인 9월 11일 이후에 특히 분명하게 드러났다. 그럼에도 이것은 미국을 상당히 문제의 여지가 많은 군사적 개입으로 휘말리게 하였고, 이 군사적 개입은 대적할 상대가 없는 미국의 군사적 강점의 한계를 부각시켰다.

(3) 21세기 세계질서는 점점 더 다극적 성격을 가진다. 이 점은 미국의 상대적 쇠퇴와 이른바 '부상하는 세력들', 예를 들면 중국의 부상에서 명백하게 드러난다. 하지만 이것은 또한 지구화와 지구 거버넌스의 출현 그리고 비국가행위자의 중요성 증대를 포함하는 더 넓은 발전의 결과이기도 하다.

(4) 지구 거버넌스는 지구적 수준에서 이루어지는 광범위하고 역동적이며 복잡한 상호적인 의사결정과정이다. 자유주의 이론가들은 다음과 같이 주장한다. 즉 지구 거버넌스에게 유리한 분명한(아마도 저항할 수 없는) 추세가 있다고 말이다. 이것은 점증하는 상호의존성과 집단적 행동에 참여하고자 하는 국가들의 의지 증대를 반영한다. 하지만 국가이익을 이유로 지구 거버넌스를 증진시킴에 있어 미국이 행하는 기능도 중요하였다.

(5) 지구 거버넌스를 행한 추세는 경제영역에서 특히 두드러지게 나타났다. 경제영역에서 지구 거버넌스는 세 개의 기구들과 연관을 맺었다. 그 기구들은 국제통화기금, 세계은행 그리고 세계무역기구였다. 그럼에도 이 기구들은 신자유주의 지구화와의 연관을 통해 각각 다른 방식으로 논쟁에 휩싸이게 되었다.

(6) 유엔은 여태껏 건설되었던 유일하게 진정한 지구적 기구이다. 그리고 유엔은 출현하는 지구 거버넌스 제도의 중심으로 작동한다. 유엔의 일차적 목적들은 국제평화와 안전을 유지하고 경제적·사회적 발전을 증진시키는 것이었다. 유엔에 대해 논쟁과 비판이 있었지만 유엔은 협력을 위해 필수불가결한 틀로 널리 간주되었고 국제공동체는 이를 이용하고자 선택해야만 한다.

토론사항

(1) '신세계질서' 이념은 단지 미국의 패권을 정당화하기 위한 하나의 도구인 가?

(2) '테러와의 전쟁'은 미국의 지구적 위상에 어떻게 영향을 미쳤는가?

(3) 중국은 지구적 패권의 차기주자가 되는 과정에 있는가?

(4) 미국과 '그 외의' 지역 간의 긴장은 세계정치에 있어 증대하는 단층선 faultline인가?

(5) 부상하는 다극체제는 환영할 만한 현상인가 아니면 두려움의 대상인가?

(6) 현대 세계정치는 하나의 기능하는 지구 거버넌스 제도로써 어느 정도로 작동하고 있는가?

(7) 지구 거버넌스는 왜 경제영역에서 가장 많이 발전되었는가?

(8) 유엔은 평화와 안전을 유지하는 데 얼마나 효과적이었는가?

(9) 유엔은 경제적·사회적 문제들에 어떤 영향을 미쳤는가?

더 읽을거리

- Parmar, I. and M. Cox(eds), *Soft Power and US Foreign Policy*(2010). 세계질서의 균형에 영향을 미침에 있어 연성권력의 기능에 대한 광범위하고 통찰력 있는 논문 모음집.

- Weiss, T. G., *What's Wrong with the United Nations (and How to Fix it)*(2009). 유엔과 유엔의 관련기관 제도가 끊임없이 위기에 봉착해 있는 것처럼 보이는 이유를 고려하는 고무적인 진단-치유 접근법을 담고 있는 서적.

- Whitman, J.(ed.), *Global Governance*(2009). 지구 거버넌스의 성격과 의미들을 검토하고 있는 권위적이고 통렬한 논문 모음집.

- Young, A., J. Duckett and P. Graham(eds), *Perspectives on the*

Global Distribution of Power(2010). 권력의 지구적 분배의 변화를 논평하고 핵심적인 주역들의 변화하는 권력자원들을 검토하고 있는 모음집.

정치의 위기인가?

"정치는 경판에 대한 강력하고 느린 천공 작업이다."

Max weber, 'Politics as a vocation'(1919)

개관

이 결론의 장에서 우리는 1장에서 논의된 몇 가지 주제들로 되돌아가면서 이 책의 다른 곳에서 논의하였던 몇몇 주제들을 함께 논의한다. 이 점은 정치 자체의 성격과 활력을 검토함으로써, 즉 정치 — 그리고 특히 관습적이거나 '주류' 정치 — 가 어떻게 그리고 왜 점점 더 비판에 처하게 되는지에 대한 특별한 설명을 함으로써 이루어진다. 물론 부정적 관점에서 고찰되는 정치에 관한 새로운 것은 없다. 정치라는 의미는 '더러운' 단어로 오랫동안 사용되었는데, 이것은 혐오스러운, 혹은 심지어 천한 활동을 함축한다. 그러나 비판은 최근 수십 년 동안에 예기치 못한 수준으로 증대하였던 것처럼 보인다. 새삼 말할 필요 없이 정치가들은 대개 '거짓말쟁이', '타락한', '출세주의자', '신뢰할 수 없는' 등의 용어를 내포하고 있는 정치가에 대한 대중의 생각들을 가지고 일반적으로 이러한 공격에 정면으로 맞섰다. 게다가 정치는 성숙한 민주정에서 가장 많이 공표되었고 특히 젊은이들에게 영향을 미치는 추세인 투표율과 당원의 감소에서 알 수 있듯이 대중의 마음을 끌고 열광시킬 능력을 상실한 것처럼 보인다. 하지만 이 점은 상당히 오해하기 쉬운 모습일지도 모른다. 가령, 점증하는 시민의 불참여에 관한 염려들은 정치참여가 쇠퇴하는 것이 아니라 무엇보다도 여러 종류의 항의운동이나 인터넷에 기반한 활동의 확산을 통해 변화하고 있는 그 정도를 간과하고 있을지도 모른다. 또한 위에서 언급한 추세들이 정치와 정치가의 탓으로 돌릴 수 있다는 점 역시 결코 분명하지 않다. 또 다른 가능한 피의자들로는 대중매체 그리고 아마도 공중 그 자신들을 포함시킬 수 있을 것이다. 그럼에도 정치에 대한 불만족은 정확하게 정치가 위하는 것이 무엇인지 그리고 정치제도들의 성과가 어떻게 판단되어야 하는지에 관해 혼란스러워하면서 심지어 더 심오한 철학적 차원을 가질지도 모른다. 하지만 이 문제들은 그 자체의 분야 내에서 가장 다루기 힘든 규범적인 몇 가지 논의들과 연관을 맺는다.

쟁점

(1) 시민참여는 위기에 빠져 있는가?

(2) '신정치'와 '반정치'의 현상은 우리에게 무엇을 말해 주고 있는가?

(3) 시민의 불참여에 누가 혹은 무엇이 책임이 있는가?

(4) 정치과정의 가장 중요한 결과물들은 무엇인가?

(5) 다른 정치제도들은 이 결과물과 관련하여 어떻게 행하고 있는가?

시민참여

Civic engagement
공동체 생활에서 시민들의 참여. 이 참여는 물론 공식적인 정치참여에서 더 폭넓은 자치활동이나 심지어 '공민의식'까지에 이른다.

참정(정치참여)

Political participation
정치참여는 공공정책들의 형성, 가결 혹은 집행에 참여하는 행위인데, 이 행위들이 성공적이냐 아니면 능률적인가의 문제는 별개의 문제이다. 하지만 정치참여는 아주 다른 수준들로 일어난다. 시민들은 '무관심자'(공식적인 정치에 관여하지 않는 사람), '관찰자'(투표 외에는 좀처럼 참여하지 않는 사람) 그리고 '논객'(정치투쟁을 위해 싸우는 사람)으로 나누어졌다(Milbrath and Goel, 1977). 관습적인 참여는 수많은 '양식들'을 포함하는데 거명하자면 투표, 정당운동, 지방자치 활동 그리고 특별한 개인적 문제에 관해 의원이나 공무원과의 접촉 등이다(Verba, Nie and Kim, 1978).

정치는 비난받고 있는가?

이 문제에 직면하여 정치가 위기에 빠져 있다고 시사하는 것은 이상한 것처럼 보인다. 어떤 점에서 정치는 결코 더 건전한 적이 없었다. 1989~1991년의 동유럽혁명과 아랍의 봄에서 일어났던 것처럼 '인민의 힘'에 대한 극적인 시위들로 인해 권위주의 정권들은 무릎을 꿇었다. 그리고 외관상 냉혹한 민주화의 진전으로 인해 정치적·시민적 권리들의 확산이 초래되었다. 정치가—타협과 합의형성의 의미에서—갈등을 해결하는 독특하게 비폭력적 수단을 구성하는 한에서 서구사회에서 유일하게 일어난 것은 아니고 주로 이 사회에서 발생하였던 장기적이고 단기적인 폭력의 쇠락(Pinker, 2011)은 확실히 정치의 능력과 정치의 폭넓은 사용에 대한 증거를 제공해 준다. 그러나 다른 점에서 상당히 어려운 먹구름이 정치에 잔존하고 있다. 특히 점점 더 많은 사람들이 정치과정에서 유리되고 환멸을 느끼고 있는 것처럼 보인다. 정치는 왜 공격을 받고 있는가? 정치는 하나의 해결책이라기보다 하나의 문제가 되었는가?

시민참여의 쇠퇴인가?

시민참여의 수준은 정치제도의 건전함에 대한 지표이다. 민주주의 이론가들은 확실히 다음과 같이 논의하였다. 즉 민주주의 통치의 핵심적인 강점 중의 하나는 (이 장의 마지막 절에서 더 상세하게 논의된다) 민주주의 통치가 어떤 다른 통치형태보다 대중참여를 위한 더 폭넓은 기회를 제공해 준다는 점이며, 이 점은 단지 국민을 위한 정부뿐 아니라 국민에 의한 정부를 보장해 준다. 그러나 **참정권**, 특히 자유롭고 공평한 선거에서 투표할 권리를 아무리 어렵게 얻었다 할지라도 시민들이 이 권리들을 사용하는 데 별로 관심이 없다는 증거—특히 성숙한 민주주의에서—가 있다.

가령, 1945~1947년에 영국의 총선거에서 평균투표율은 일반적으로 75퍼센트를 상회하였으며, 1950년에는 84퍼센트라는 높은 참여율을 기록하였다. 하지만 2001년 총선거에서의 투표율은 59퍼센트로 하락하였는데, 이는 1918년 이후로 가장 낮은 수치였다. 2005년과 2010년에 투표율이 각각 61퍼센트와 65퍼센트로 약간 올라갔지만 이 수치들은 1945~1947년 평균투표율보다 10퍼센트가 낮았고, 2005년에 부재자투표가 더 광범위하게 사용되었고 2010년에 후보들의 TV토론이 처음으로 방송되었음에도 이러한 저조한 투표율이 발생하였다. 캐나다에서 연방선거들의 투표율은 1990년대 동안에 일반적으로 75퍼센트를 상회하는 수준에서 2000년과 2011년 사이에 치러진 선거에서 평균 61.5퍼센트 수준으로 수직 하강하였다. 다른 곳에서처럼 캐나다의 투표율 하락은 특히 젊은 유권자들 사이에서 명백하게 드러났고, 그리하여 처음 투표하는 유권자의 약 1/3만이 사실상 투표하는 상황이 벌어졌다. 이것은 한 세대 전의 투표율의 1/2에 해당하였다. 유사한 추세가 서유럽에 걸쳐 그리고 일본과 라틴아메리카 지역들에서 발견되며, 투표율은 1950년대 이후 세계적으로 약 5퍼센트가 하락하였다는 평가가 있었다(Lijphart, 1996).

하지만 시민의 불참여는 비투표라는 범위를 넘어서 진행된다. 10장에서 토론했던 것처럼 세계의 많은 지역에서 정당들은 대중동원과 정치참여의 대리자로서의 전통적인 역할을 제대로 행하지 못하는 것처럼 보인다. 이 점은 수많은 수준에서 명백하게 드러났다. 한 정당을 향한 심리적인 애착감이나 충성심의 의미에서 자신을 정당과 '일치'시키는 사람들은 이전보다 그 수가 아주 적다. 이 경향은 당파적 탈편성으로 불리며, 좀 더 폭발하기 쉬운 투표행위와 '과격파' 정당들에 투표하려는 의지의 증대와 연관을 맺게 되었다. 확립된 민주정에 있어 당원수에 있어 주요한 장기적인 쇠락의 증거 역시 있다. 1980년대와 1990년대 동안에 당원수는 이탈리아, 프랑스 그리고 영국에서 100만 명 혹은 그 이상이 줄어들었고 독일에서는 약 50만 명이 줄어들었으며, 오스트리아에서는 50만 명 가까이 떨어졌다. 노르웨이와 프랑스는 1980년대 이후 당원수의 반 이상을 상실하였고 영국에서 성인의 1퍼센트가 정당에 속하였는데, 이는 약 50년 전과 비교해 볼 때 7퍼센트가 하락하였다.

당원수의 감소는 또한 정당활동 수준에서의 쇠퇴와 일치하였다. 당원들

주류정치
Mainstream politics
정상적 혹은 관습적인 것
으로 간주되는 정치활동,
과정 그리고 구조. 정치
에서 지배적인 경향.

시민권Citizenship
시민권은 개인과 국가 간
의 관계이다. 이 속에서
개인과 국가는 상호권리
와 의무들로 결합되어 있
다. 시민들은 기본적 권
리들을 소유함으로써 정
치공동체나 국가의 완전
한 구성원이라는 점에서
신하와 외국인과는 다르
다. 자유주의자들은 사적
인 자격과 자발적 행위자
로서의 개인의 위상을 강
조하는 '권리들의 시민권'
원칙을 제시한다. 이와
는 반대로 공동체주의자
들은 도덕적 대리자로서
의 국가의 기능과 공동체
혹은 사회적 존재의 중요
성을 부각시키는 '의무의
시민권' 원칙을 제시한
다.

은 점점 더 '수표책 당원들'로 되었는데, 이 당원들은 사례를 받았으며, 정기 모임에는 별로 참석하지 않거나 특히 선거유세나 선거운동에 가담하였다. 그럼에도 시민불참여는 투표·당원·선거운동과 같은 관습적인 정치참여 형태들을 벗어날지도 모르며, 교회 참석, 전문집단의 회원, 스포츠 클럽, 청년집단과 부모-학생 모임 그리고 그와 유사한 모임의 형태로 더 광범위한 시민참여에 영향을 미칠 수도 있을 것이다. 로버트 푸트남은 이러한 경향들을 미국과 다른 산업국가들에서 나타나는 '사회자본'의 쇠퇴와 '탈시민' 세대의 출현의 증거로 해석하였다.

하지만 현대사회들이 '참여위기'로 고통을 겪고 있다는 생각 역시 비판을 받았다. 문제는 전반적인 정치참여 수준이 하락했다기보다는 어떤 참여에서 다른 참여로 이동했을지도 모른다는 점이다. 특히 **주류정치**에 대한 환멸과 냉소가 증대하였기 때문에 압력집단정치, 시위운동 그리고 정치적 논의와 정치활동을 용이하게 해 주는 '신매체'의 사용에 대한 관심이 증대하였다. '신정치'라고 불린 것의 증대 ― 좀 더 유동적이고 참여적이며, 비위계적이고 어쩌면 더 자발적 양식의 정치참여 ― 가 다양하게 탈산업사회의 출현(7장에서 논의하였듯이) 과 '탈물질주의적' 가치들의 확산과 연결되었다(8장에서 논의하였듯이). 그러한 것으로서 신정치의 부상은 전통적인 **시민권** 개념에서 일종의 '반성적' 시민으로의 이동을 나타낼지도 모른다. 이러한 일종의 '반성적' 시민을 통해 시민들은 권력구조와 좀 더 비판적이고 상호적인 관계를 추구하게 된다.

'반정치'의 정치

정치가 위에 빠져 있다는 인식은 단지 시민불참여에 관한 관심에서만 일어나는 것이 아니라 주류정당과 정치가들에 관한 냉소의 증대와 심지어 분노에서 발생한다. 때로는 공중과 정치계급 일반 간에 신뢰의 붕괴인 것처럼 보이고 때로는 '반정치'의 증대로 이해되는 것처럼 보이는 것이 단지 시민들을 정치에서 벗어나서 사적인 생활로 후퇴하게끔 조장하지는 않는다. 그 대

정치참여는 언제라도 가능하다면 폭넓게 심화되어야만 하는가?

정치참여와 민주주의 지배 간의 연결이 폭넓게 수용되었지만 정치에서 시민참여에 대한 바람직한 수준에 관한 의미 있는 토론이 있다. 혹자는 왜 참여가 낮은 사회들에서 장점을 보았고 심지어 '과도한' 정치참여의 위험성들을 경고하였는가? 그러나 또한 '참여민주주의'의 옹호자들은 왜 참여를 그 자체로 좋은 것으로 보았고 정치참여가 언제라도 가능하다면 넓고 심도 있게 될 것을 요구하였는가?

찬성

더 좋은 시민들의 양산. 정치참여는 종종 교육적이거나 발전적인 이유에서 옹호된다. 존 스튜어트 밀과 좀 더 최근에는 페이트맨(Pateman, 1970)과 같은 참여민주주의자들은 다음과 같이 주장한다. 즉 정치적 결정을 하는 데 있어 직접적으로 연루된 시민들의 큰 혜택은 이 참여가 시민들의 도덕적·사회적·정치적 의식과 심지어 지적 발전을 넓혀 준다는 것이다. 사람들이 그들의 공동체생활에 참여하기 때문에 이들은 그들 자신과 다른 사람의 시민적 권리와 책임들에 대해 더 나은 판단을 할 뿐만 아니라 종종 복잡한 도덕적 문제들에 대해 곰곰이 반성하고 자신의 사회가 기능하고 있는 방법에 대해 더 나은 이해를 가지도록 고무된다.

의미 있는 민주주의. 정치참여 수준과 민주주의 제도의 번영 간에는 직접적인 관계가 만들어질 수 있다. 이 점은 참여를 지지하는 데 유용한 논쟁에 기초하고 있다. 이것은 참여가 평범한 시민들의 이해관계를 증진시키거나 아니면 변호하는 하나의 수단이라는 점이다. 아주 간단히 말하면 사람들이 정치에 참여하면 할수록 그들의 목소리가 더 크게 된다는 것이다. 따라서 강한 참여문화는 정치가로 하여금 대중의 이해관계를 위해 행동하게끔 강요한다. 그 증거로 낮은 참여수준은 '속이 빈' 민주주의 제도를 초래하며, 이 제도에서 정치가들은 자기 잇속만 차리고 점점 더 여론에 무관심하게 된다.

사익에 앞선 공공선. 정치참여는 또한 공동체주의적이라는 이유에서 정당화될 수 있다. 공동체를 위하여 집합적 결정을 만드는 데 참여함으로써 사람들은 더 강한 소속감을 얻고 그들 자신의 협소하고 이기적인 존재의 생활 이상의 것을 인식하게 된다. 이러한 논의는 인간이 '정치적 동물'이라는 아리스토텔레스의 주장으로 거슬러 올라간다. 이 '정치적 동물'은 정치공동체의 구성원으로서만 단지 '행복한 생활'을 영위할 수 있다. 루소의 견해에서 볼 때 정치생활에 직접적이고 지속적인 참여야말로 국가로 하여금 공공선을 행하게 하는 데 기여한다.

반대

무관심의 미덕. 높은 수준의 대중참여는 불화, 무례함 그리고 사회질서의 붕괴를 위한 하나의 처방일지도 모른다. 이 점은 사람들이 정치에 점점 더 많이 연루됨에 따라 그들은 점점 더 진지하게 충성과 신의를 취하고 더 큰 열정과 결정을 가지고 자신들의 견해를 추구하기 때문이다. 따라서 높은 참여사회는 정치적 열광자의 사회일 수도 있을 것이다. 그리하여 무관심과 정치적 수동성이 가지는 큰 미덕은 이것들이 시민들이 동의하거나 그들의 이해관계와 갈등을 빚고 있는 정치적 결정들을 제출할 가능성을 증대시킨다는 점이다. 다시 말해 무관심과 정치적 수동성이 어떤 안정적이고 평화로운 정치제도의 본질적인 어떤 것이라는 점이다.

관리하기 쉬운 민주주의. 민주주의 제도들은 정치참여가 몇 년마다 투표하는 행위를 넘어서서 확대되지 않을 때 가장 잘 기능할지도 모른다. 슘페터와 같은 이론가들이 볼 때 민주주의의 본질은 대중참여가 아니라 권력을 장악한 사람들에게 공중의 이익에 따라 광범위하게 행동하도록 강요하는 리더십을 위한 경쟁이다. 비슷한 생각이 민주주의 이론의 '잠자는 개들' 이론에서 분명하게 드러난다. 이 이론은 다음의 사실을 함축한다. 즉 낮은 참여는 정부에 대한 광범위한 만족을 나타낸다는 것이다(Almond and Verba, 1989). 그리하여 특히 경제성장의 증진을 통해 정부의 성과가 향상됨에 따라 참여율은 하락할 가능성이 있다.

벗어날 권리. 낮은 참여 혹은 불참은 관심에 대한 원인이 아니다. 왜냐하면 이것들은 자유로운 개인들이 만든 선택에서 비롯되기 때문이다. 가령, 비투표는 완전하게 합리적일지도 모른다. 그 이유는 비투표가 다음의 사실을 반영하기 때문이다. 즉 단 한 표의 투표가 선거의 결과에 상당히 영향을 끼칠 것 같지는 않다는 점이다. '민주주의에 대한 관심 부재'로 불렸던 드물고 간단한 시민의 관여(Berger, 2011)는 단지 사람들이 정치에 관여하는 것보다 그들의 시간과 에너지를 더 좋은 일에 사용한다는 것을 계산하고 있기 때문에 일어날지도 모른다. '사적' 생활이 활력이 넘치고 고무적인 반면, '공적' 활동들은 가치는 있지만 본질적으로 따분한 것으로 간주된다.

신에 새로운 정치형태가 발생하게 되었다. 이 새로운 정치형태는 다양한 관점에서 관습적인 정치구조들에 대한 분노나 적개심을 표현하려 한다. 이러한 적개심이 기존의 정치엘리트들이 '대중과 접촉하지 않고', '특권화되고', '부패하거나', '자기 잇속만 차린다'는 공통의 인식에 기초하고 있지만 반정치집단과 운동들은 아주 다른 형태들을 취하였다. 1990년대 말 이후 반자본주의 혹은 반지구화 데모들이 급증한 경우처럼 특정한 형태의 반정치는 분명히 '신정치'와 중첩된다. 반자본주의 운동은 행동에 기반한 연극과 같은 스타일의 정치를 포함하였는데, 이 정치스타일은 때때로 '신'무정부주의로 불렸다. 특히 젊은 세대에게 이 정치가 지니는 매력은 정치적 편의주의를 위한 타협에 저항함에 있었고, 이것은 모든 종류의 구조와 위계질서 – 정부 기구와 관습적인 정당들을 포함하여 – 에 대해 회의적인 생각을 가졌다는 점이다. 그리고 이 정치스타일은 확실히 '계기가 있는' 정치형태를 제공해 주고 있다는 사실이다.

하지만 반정치는 또한 최근 수십 년 동안에 일어났던 우파 집단과 운동들에서도 표현되었다. 예를 들어 유럽의 많은 지역에서 극우 혹은 '신파쇼주의' 집단들이 출현하였고, 이 집단들은 '타락한' 경제엘리트와 정치엘리트에 대항하여 '보통인간'에 대한 지지를 공언함으로써 이민, 다문화주의 그리고 지구화에 대해 반대할 것을 호소하였다. 유사한 경향들이 2009~2010년 이후 출현하였던 미국의 차모임Tee Party 운동에서 명백하게 드러났다. 1773년 보스톤 차 사건 – 식민지 시대의 영국의 조세정책들에 대항한 정치시위로서 이 사건에서 차가 보스톤 항구로 내팽겨쳐졌다 – 에서 이름을 딴 이 차모임은 조세감면, 연방정부의 지출감소, 규제받지 않는 시장, 제한적 정부 그리고 엄격하게 미국 헌법에 대한 정확한 해석에 대한 지지 등의 약속을 둘러싸고 그 자체로 분리되고 차별적인 정치적 정체성을 형성하였다. 차모임의 압력단체와 운동의 압도적인 목표는 오바마 행정부와 이 행정부의 '큰 정부'에 필요한 과세와 의회와 국가에서 공화당 내에 '약한 의지를 가진' 보수 당원들에 의해 대변되는 '워싱턴'이었다. 그럼에도 차모임이 진정하게 자발적이고 풀뿌리적인 '반정치' 운동으로 혹은 미국에서 소수의 부유한 개인들의 의제를 발전시키기 위해 대중추수주의를 이용하려는 의도를 가진 부유한 집단의 고안물로 간주되어야만 하는가에 대한 그 범위에 관해서는 의견이 일치하지 않았다.

시민 불참여에 대한 설명

진행 중에 있고 어쩌면 해결할 수 없기는 하지만 투표자 **무관심**의 증거로서
전반적인 정치참여 수준이 쇠퇴하였는지에 관한 논의는 쉽게 결말을 내버
릴 수는 없다. 현대의 모든 민주정들이 대의민주주의이기 때문에 선거는 민
주정의 핵심에 놓여 있다. 따라서 투표율 수준은 더 큰 민주주의 제도의 활
력의 중요한 징표임에 틀림없다. 그러나 누가 혹은 무엇이 참여율의 하락에
책임을 져야 하고 특히 투표율의 하락에 책임을 져야 하는가? 다음과 같은
수많은 피의자들이 확인되었다.

① 정치
② 정치가와 정당
③ 매체
④ 공중
⑤ 현대사회

정치의 책임

시민불참여가 정치가들의 걸음걸이에 놓여 있다는 것이 일반적이지만—
정치가들은 결국 대부분의 비판과 남용의 표적이다—주요한 피의자는 정
치 그 자체일지도 모른다. 아리스토텔레스를 따르면서 정치사상가들이 시
대를 통해 했던 것처럼 정치를 아름답고 교화적인 활동으로 옹호하는 것은
쉬운 일이다. 정치의 다른 미덕과는 별도로 정치는 사람들이 다른 견해, 가
치, 이념 그리고 이해관계들을 가졌음에도 사람들을 적어도 상대적인 평화
속에서 더불어 살게 한다. 정치가 실패할 때, 그 결과는 공포·죽음·파괴·
폭정이 될 것 같다. 이러한 상황인데도 정치는 '시종일관 실망스럽다'(Dunn,
2000). 정치는 애초부터 실망스러운 것이다. 즉 사람들은 그들이 적용받고
타협하는 일반적 규칙들을 만들고, 유지하고 수정하는 그러한 활동—따라
서 불만족—이 바로 정치의 중심에 놓여 있기 때문이다. 사실 정치는 이 불

만족이 보편화될 때, 가장 효과적일지도 모른다. 사회에 존재하는 어떠한 집단도 정확하게 정치가 원하는 것을 얻지 못한다. 게다가 경쟁적인 주장과 수요들이 논의되고 평가되는 정치과정은 필연적으로 귀찮고 성가시다. 그럼에도 이 점은 정치가 지루하고 심지어 혐오스러운 것으로 간단히 처리될 수 있는 이유를 설명하는 데 보탬이 될 수도 있지만, 적어도 그 자체가 시민 불참여를 지지하는 그러한 경향을 설명해 주지는 못한다. 왜냐하면 정치의 본질은 시간을 초월하여 변하지 않았기 때문이다. 그렇다면 다른 요소들이 고려되어야만 한다.

정치가와 정당의 책임

정치가의 평판이 하나의 활동으로서 정치에 필연적으로 붙어다니는 좌절과 실망에 의해 손상될 수도 있지만 적어도 정치가들이 별로 존경받지 못하는 또 다른 세 가지 이유들이 있다. 그 첫째 이유는 그리고 어떤 의미에서 정치가들에 대한 '전통적'인 공격은 권력과 부패 간의 연결을 강조하고 있다. 이 점은 '권력은 부패하는 경향이 있고, 절대적인 권력은 절대적으로 부패한다'는 액튼 경의 격언에 널리 표현되었다(Lazarski, 2012에서 인용). 그러나 권력은 어떻게 부패하는가? 블로그(Blaug, 2010)에 따르면, 권력은 다음과 같은 방식으로 사람들의 지각을 왜곡시킴으로써 부패한다는 것이다.

① 점증하는 개인의 지위 확대와 교만 그리고 통제상실
② 부하에 대한 점진적인 경멸, 의심과 자의적인 잔인함
③ 다른 사람들로부터의 점차적인 분리와 항상 동의하는 조언자의 선택
④ 어떤 부패가 일어나고 있다는 것에 대한 완전한 자각 부재

액튼이 보기에 권력과 부패의 결합은 자연적으로 인간 본성에 대한 자유주의적 가정들에서 비롯되었다. 무엇보다도 인간은 어떤 다른 사람의 이해관계보다 자신의 이해관계를 먼저 생각하는 경향이 있는 개인이라는 점이다. 따라서 권력을 장악한 인간은 다른 모든 것을 희생시키면서 자신의 이

익을 위해 지위나 공직을 사용할 것이다. 간단히 말해, 이기주의와 권력의 결합은 곧 부패와 같다는 것이다. 액튼의 논리에 따르면, 부패는 정치가의 권력의 폭이 증대함에 따라 증대할 것이라는 점이다. 이 분석은 다음의 사실을 시사한다. 즉 모든 정치가들, 특히 정치지도자들은 믿을 수 없다는 점, 그리고 토마스 페인이 제시하였듯이 정부는 '필요악'이라는 점이다. 정치가들로부터 우리를 보호하는 유일한 길은 정치권력을 분해하거나 아니면 견제하는 입헌적 장치에 있는 것이다. 무정부주의자들은 입헌적 통치를 포함하여 모든 형태의 정치지배를 이해함에 있어 자유주의자들보다 이러한 생각을 노골적으로 압제적인 것으로 간주한다.

둘째, 정치가들은 '더러운dirty' 손을 가지고 있다는 점을 피할 수 없다. 이 점은 정치가들이 공중이 생각하지 않거나 분명히 공중들 자신이 만들기를 원하지 않는 그러한 어려운 결정들을 해야 하기 때문이다. 정치 영역에서 결정은 불가피하게 실제적이고 도덕적인 딜레마들을 해결해야 하는 그러한 것들을 포함하며, 기껏해야 윤리적으로 불완전한 거래들을 만든다(Flinders, 2012). 그리하여 정치생활에 깊이 묻혀 있는 것은 위선, 사기 그리고 표리부동이며, 공중은 이 모든 것들을 일상적으로 룬시만(Runciman, 2008)의 표현을 빌면, '다른 종류의 거짓말과 다른 종류의 진리' 사이의 선택으로 남겨 놓았다는 것이다.

셋째, 민주주의 제도들은 정치가들로 하여금 각 개인들이 다른 사람보다 더 비싼 값을 가지도록 노력하는 하나의 시장에서 기능하도록 강요함으로써, 기대감을 부풀게 함으로써 그리고 실망을 시키면서 점점 더 확실히 그들을 더 어렵게 만든다. 간단히 말해, 민주적 정치가들은 항상 자신들이 제공해 줄 수 있는 것보다 더 많은 것을 약속할 것 같다. 이러한 관점에서 볼 때 이탈리아에서 일어났던 것처럼 이따금 정치를 **테크노크라시**technocracy로 대체하고자 하였던 시도들이 있었다는 점은 놀라운 사실이 아니다. 하지만 다시 한 번 말하자면 이러한 경향과 압력들의 변하지 않는 성격은 다음의 사실을 시사한다. 즉 정치가들이 시민불참여라는 현대의 경향의 원인이 아니라는 점이다. 그럼에도 그들의 공적인 명성이 최근 수십 년 동안에 더 하락하였을지도 모른다는 것에 대한 수많은 이유들이 있다. 이 이유들로는 다음과 같은 것들이 있다.

① 비전의 부재: 강령적 정당에 이른바 '범국민' 혹은 '탈이데올로기' 정당 (10장에서 토론하였듯이)으로의 변화는 현대의 정치가들이 종종 비전과 도덕적 목적의식이 부재한 것처럼 보이는 이유를 설명하는 데 도움을 준다. 현대의 정치가와 정당들이 선출되는 것을 제외하고는 어떠한 것도 점점 더 믿지 않으려는 것처럼 보이기 때문에 정치는 그 자체가 목적이 된다. 그리고 정치가라는 것은 다름 아닌 또 다른 전문적 직업이 되었다.

② 여론몰이의 시대: 현대의 매체에 사로잡힌 시대의 결과 중 하나는 정치가들이 보도와 뉴스관리(8장에서 토론하였듯이)에 과도하게 관심을 가지게 되었다는 점이다. 이른바 '홍보'로 불리는 것의 증대는 정치가들이 이전보다 덜 믿을 만하고 점점 더 진실을 말하기 꺼려 한다는 인상을 만들어 낸다.

③ '아무래도 상관없음': 좌/우 구분의 중요성의 쇠퇴와 이데올로기 정치를 대신하여 들어선 관리적 정치의 출현은 정당에 대한 충성과는 상관없이 모든 정치가들이 동일한 것을 보고 동일하게 말하게 되었다는 점을 의미한다. 이로써 발생하는 문제는 주요 쟁점과 '큰' 선택들을 포기함으로써 선거전쟁들이 주위의 시선을 별로 끌지 못하고 중요하지 않게 되었다는 점, 그리고 정치가들이 별로 중요하지 않거나 기술적인 구분들을 극적으로 과대 포장함으로써 광고적인 수사학을 주장하였다는 점이다. 이것은 심리학적인 경향인데, 지그문트 프로이트는 이것을 '작은 차이들의 자기도취증'으로 표현하였다.

④ '그들 자신을 위하여 그 속에': 최근 수십 년 동안에 전문적인 압력단체의 성장은 원외세력의 정치가들과 이들이 정치에서보다는 다른 것에서 자신들의 수입을 얻는 원천에 대해 더 큰 시선이 모아졌다. 이 점은 자기 이익을 위해 일하고 정직하지 않은 정치가의 이미지를 강화시켰

고 일반적으로 공적 생활에 존재하는 기준들의 쇠퇴에 관해 염려를 자아내었다.

매체의 책임

8장에서 논의하였듯이 매체는 때때로 공중 사이에서 존재하는 냉소적 분위기를 만들어 내었다는 데 책임이 있다. 이러한 냉소적 분위기는 일반적으로 정치에 대해 대중들로 하여금 점점 더 환멸을 느끼게 하며, 정부와 모든 형색의 정치가들에 대한 신뢰의 부재를 초래한다(Lloyd, 2004). 대부분 이러한 현상은 점점 더 강렬해진 상업적 압력들이 매체로 하여금 정치보도를 '자극적으로' 그리고 시선을 집중시키게끔 강요하기 때문에 발생하였다. 따라서 매체가 다양한 종류의 스캔들이나 부적당한 근거 없는 주장, 정책 실패 혹은 단순한 무기력에 초점을 둠에 따라 판에 박힌 정치토론과 정책분석은 점점 덜 주목받게 된다. 여기서는 이제 더 이상 정치에 있어 '문제', '도전'이나 '어려움들'이 존재하지 않는다. 모든 것은 하나의 '위기'이다. 영국의 타블로이드 신문은 종종 매체가 몰고 온 '경멸의 문화'에 대한 가장 발전된 실례로 간주되었지만 비슷한 경향들이 어디에서든 나타난다. 그리하여 민주주의와 자유라는 관심사에 기여하는 건전한 회의론이 정신적으로 좀먹고 공격적인 부정성으로 전환되었을지도 모른다.

공중의 책임

'우리'가 문제인가? 시민의 불참여는 — 정치나 정치가의 성과에서 비롯되는 — '공급 측면의' 문제라기보다는 — 공중의 태도와 행위에서 비롯되는 — '수요 측면의' 문제인가? 보통 시민들이 시민의 불참여에 대해 더 많은 책임을 초래한다는 논의는 이미 사회에서 널리 나타난 소비자주의적인 태도와 본능이 점점 더 정치에 적용되고 있다는 주장에 그 뿌리를 두고 있다. 즉 사람들이 가능한 많이 얻으려고 추구하고 그 대가로 가능한 적은 것을 지불하려고 하는 소비자주의의 성격에 있다는 것이다. 시민권이 소비자주의 노선에 따라 개조되는 과정에 있는 한에서 이 점은 다음의 사실을 의미한다. 즉

무임승객 Freerider
연관된 비용들을 지불하지 않으면서 집단적으로 제공된 혜택들을 향유하는 개인이나 집단. 연관된 비용들은 다른 사람들이 짊어진다.

시민들이 정치와 정치가들에게 더 많은 요구를 하게 되는 반면에, 그들이 생활하고 있는 정치제도의 유지에 기여하고자 하는 마음은 점점 더 적어지고 있다는 것이다. 우리는 그 어떤 대가를 치르지 않으면서, 특히 투표에 신경을 쓰지 않으면서 모든 시민권 혜택 — 학교, 도로, 자유로운 연설, 경제발전, 공중질서 등등 — 을 향유하는 정치적으로 반감적인 **'무임승객'**의 사회로 되어 가고 있는가? 만약 이것이 사실이라면, 사람들이 정치가의 행위에 관해 혹은 단언적으로 공적 생활의 기준이 쇠퇴하였다고 불만을 말할 수 있는지를 이해하기란 어려운 일이다. 우리는 우리가 주목할 만한 정치가들을 가진다. 전적으로 혹은 부분적으로 그러한 의미에서 시민의 불참여를 설명하는 사람들은 두 가지 해결책 중에서 하나의 해결책을 지지하려는 경향이 있다. 즉 이들은 소비자주의에 대항하기 위하여 더 나은 교육 — 예를 들면 학교에서 의무적인 시민권 학습 — 을 요구하거나 아니면 이들은 정치참여가 더 쉽고 더 간편하게 — 부재자 투표 혹은 'e-투표 — 이루어질 수 있는 방법을 지지하는 것이다.

현대사회의 책임

시민불참여의 책임이 공중에 있다는 생각이 지니는 약점은 이렇다. 즉 이 생각은 대중들이 중요한 관점에서 현대사회의 성격에 의해 형성될 때, 대중의 태도와 인식들이 진공상태로 출현한다는 것이다. 현대사회의 사회적·경제적 환경들은 두 가지 주요한 관점에서 시민의 불참여를 조장했을지도 모른다. 첫째, 정치에 대한 소비자주의적 태도의 확산 — 그리고 그 문제에 관해서는 다른 것들 — 은 독립적인 시민들에 의해 만들어진 합리적 결정의 결과이기보다는 현대기술과 연관된 소비자자본주의의 성장의 부산물이라는 점이다. 포부와 개인의 자기이익 추구를 강조하는 신자유주의 경제구조 — 6장에서 논의하였듯이 — 의 발전은 집합적으로 생각하는 인간들의 능력을 약화시키고 자치활동의 형태 — 시민참여의 토대 — 를 점진적으로 의미 없게 만드는 경향이 있다. 게다가 신자유주의의 확산은 적어도 두 가지 점에서 정치의 이미지를 손상시켰다. 첫째, 경제와 사회변화의 문제에 대한

이탈리아 정부: 테크노크라시가 정치를 대신해서 들어서는가?

사건들: 2011년 11월 12일에 마리오 몬티는 이탈리아 수상으로 임명되었다. 하지만 실비오 베르루스코니의 사임에 이어 들어선 몬티는 정치가가 아니었고 결코 선출직 공직을 가져본 적이 없었다. 그는 1994년에서 2004년까지 유럽연합 위원이었던 존경받는 경제학자였고, 그의 마지막 5년 동안에 그는 그 위원회에서 가장 강력한 지위 중의 하나인 경쟁위원Competition commissioner으로 일하였다. 몬티는 그처럼 전적으로 기술관료들로 구성된 내각에 임명되었다. 그럼에도 몬티 정부는 이탈리아 상원과 단지 반대투표를 한 북리그Northern League의 의원들이 있었지만 하원의 동의를 편안하게 받아내었다. 2011년 12월 동안에 몬티 정부는 긴축정책들을 내놓았다. 이 정책으로는 증세, 연금개혁 그리고 탈세를 줄이고자 하는 조치들을 들 수 있다. 2012년 1월에 특히 노동시장 유연화를 다루는 또 다른 정책들이 행해졌다.

중요성: 이 예외적인 사건은 아주 강제된 분위기 속에서 일어났다. 이 사건의 배경은 2007~2009년 지구적 금융위기였고 이 금융위기를 재촉하였던 유로존의 위기였다. 이미 그리스와 아일랜드에 동의를 하였던 유럽 국제통화기금의 긴급지원과 함께 이탈리아의 10년 이자율은 7퍼센트 이상으로 올랐고 유로존의 세 번째 큰 경제에 대해 '생각할 수 없는' 긴급지원이라는 전망이 초래되었다. 이러한 맥락에서 테크노크라시에 대한 의존은 많은 장점들을 가졌다. 몬티 임명에 대한 핵심적인 정당화는 아주 간단히 말해서 '표준적인 것으로서 정치'는 기능하기를 멈추었다는 점이다. 오랫동안 역기능적인 것으로 간주되었던 이탈리아의 아주 파편화된 정당제도가 그러한 정치적 무능력을 초래하였고 - 몬티는 '정부의 결핍'으로 언급하였다 - 베르루스코니 정부는 증대하는 재정적·경제적 위기에 직면하여 필요하다고 생각되는 대담한 정책을 취할 능력을 가지고 있지 않았다. 동시에 그 어떤 대안적인 정당들의 연정도 대중의 지지나 이것을 차지할 충분한 목적의 통일도 없는 것처럼 보였다. 몬티의 임명으로 인해 금융시장들은 평온을 찾았고 선출정부와는 달리 기술관료적 정부는 정치싸움에 방해받지 않고 단기적인 비대중성에 상관하지 않으면서 '행해져야만 했던 것'을 한다는 사실로 인해 몬티의 임명은 재보증을 받았던 것이다. 게다가 기술관료적 정부는 이탈리아가 직면하였던 위기의 심각성을 강조하였고 그리하여 예외적이고 - 그리고 불가피하게 고통스러운 - 정치행동들에 대해 이탈리아 공중에게 준비하도록 하였다. 혹자는 심지어 다음의 사실을 시사하기까지 하였다. 즉 테크노크라시는 대중의 환상과 '군중들의 광기'를 한쪽으로 밀어붙임으로써 당파적이기보다 이성적으로 제공되는 공공정책을 행하게끔 한다는 더 깊은 장점을 가질 수 있다는 것이다. 이 점은 국가이익이 정당의 이해관계보다 우선한다는 점을 보장해 준다.

그럼에도 몬티의 임명과 민주주의를 테크노크라시로 대체한 이탈리아에 관해 심각한 관심들이 제기되었다. 이 중에서 가장 분명한 관심은 대중통제원칙과 공적 책임성이 효과적으로 포기되었다는 것이다. 유럽중앙은행에 의해 견제당하지 않았던 금융시장들로부터의 압력에 의해 이탈리아에 부과되었던 일종의 '정권교체'로 몬티의 임명을 이해하는 것이 가능하다. 이러한 관점에서 유럽중앙은행은 선출된 정치지도자의 추락을 획책하였고 이 과정에서 이탈리아 유권자의 기능을 침해하였던 것이다. 어떤 민주주의 권위가 부재한 유럽중앙은행은 다루기 힘든 시민들을 조작함에 있어 중앙은행의 정당한 기능을 벗어났다. 게다가 기술관료들이 민주적 정치가보다 더 합리적이거나 더 계몽된 결정을 내린다는 생각은 상당히 의심스럽다. 이 점이 사실이었다면, 기술관료와 다른 전문가들은 비슷하게 생각하는 경향이 있고 이들의 견해는 일련의 일치되고 현명한 믿음들로 수렴될 것이다. 명백히 이 점이 특히 경제학 분야에서 사실이 아니다. 경제학은 이론적인 문제와 정책적인 문제에 의견일치가 존재하지 않는 것으로 악명이 높은 학문이다. 유럽중앙은행과 금융시장에서 볼 때 몬티의 임명을 매력적으로 만들었던 것은 그가 가진 전문적 능력이라기보다는 유럽중앙은행과 금융시장이 지지하였던 정책선택, 즉 대담한 긴축정책을 몬티가 지지하였기 때문이다.

정치적인 간섭이 정당하지 못하다고 암시함으로써 신자유주의는 정치토론을 사회변환의 주요한 기획들이라기보다는 기술적이거나 경영적인 문제로 행해지도록 강요하였다. 둘째, 신자유주의는 확실히 어쩌면 민간기업의 '더 높은' 국면과 비교함으로써 정치를 비효율성과 부당한 간섭과 연관을 지었다. 현대의 정보기술들은 특히 인간들의 직접적인 상호작용 없이 소통을 하게 함으로써 그러한 경향들에 기여하였다. 가령, 로버트 푸트남(2000)은 사회자본의 쇠퇴를 특히 TV의 성장과 연관시켰다.

시민의 불참여와 연결되었던 두 번째로 중요한 사회경제적 추세는 지구화이다. 지구화는 종종 소비자자본주의 문화의 발전에 기여하였다고 언급된다. 위에서 논의하였던 것처럼 소비자자본주의 문화는 시민권을 속이 비게 도려내었다. 하지만 '재화들을 공급하는' 정치행위자의 능력을 감소시키려는 지구화의 경향은 확실히 중요하다. 이러한 경향은 정치적 심의 과정에서 정당성과 신뢰에 심각한 위기를 초래한다(Hay, 2007). 그리하여 국가의 정치가들은 불편한 위상을 점하게 되었다. 즉 정치가들은 일반적으로 주민들의 요구와 기대감이 증대하고 있다는 현실과 대면하게 되었던 반면에, 국내의 환경들이 점점 더 자신들의 통제를 넘어서는 사건에 의해 형성됨에 따라 이러한 요구와 기대감에 대응할 수 있는 자신들의 능력은 줄어들었다. 지구적 시장들이 국가의 경제적 결정에 대해 행사하는 것처럼 보이는 '폭정'이 이 점에 대한 가장 분명한 실례일지도 모른다. 하지만 이 폭정이 확실히 이에 대한 유일한 실례인 것은 아니다.

정치적 성과 평가

시민불참여의 경향과 누가 혹은 무엇이 책임이 있는가에 관한 물음에서 유래하는 정치에 관한 염려는 현대정치가 일어나는 환경들에 대한 관심을 반영한다. 하지만 이 문제들에 깔려 있는 것은 정치의 목적에 대한 더 심오하게 남아 있는 물음이며, 따라서 정부와 정치제도들이 어떻게 평가되어야만 하는지에 관한 물음이다. 간단히 말해 정치과정은 무엇을 위한 것인가? 그러한 물음들은 정치이론에서 가장 다루기 힘든 문제 중의 몇 가지 문제들을 규명한다. 예를 들어 정의의 문제와 자유와 권위 사이의 바람직한 균형 등과 같은 문제를 이해하지 않고, 달리 표현하면 '좋은 사회'에 대한 비전을 가지지 않고서 정부가 무엇을 위해 존재하는가에 대해 파악하는 것은 불가능하다.

이러한 문제에 관한 견해가 근본적으로 다르기 때문에 정부와 정치제도가 판단될 수 있는 기준도 크게 달라진다. 하지만 네 가지 대조적인 기준이 확인된다. 각각의 기준은 정치목적과 정치적 성과평가에 대해 매우 특별하게 설명한다. 이 기준들은 다음과 같다.

① 안정과 질서
② 물질적 번영
③ 시민권
④ 민주주의 지배

안정성 성과

안정과 질서를 유지하는 일이 정치의 가장 중요한 기능이라는 것은 합리적으로 주장될 수 있다. 사회질서는 자유로운 개인의 자발적인 행위로부터 이루어질 것이라고 주장하는 무정부주의자를 논외로 하면, 모든 정치사상가와 철학자는 정부를 혼란과 불안을 막는 유일한 수단으로 인정하였다. 토마스 홉스의 말로 표현하면, 정부가 부재할 경우 생활은 '고독하고 초라하며, 추잡하고 잔인하며, 단명할' 것이다. 이러한 관점에서 볼 때 정부의 핵심적인 목적은 권위를 행사함으로써 안전을 보장하기 위해 통치하고 지배한다는 점이다. 이것은 다시 정부가 그 자신의 존재를 영속시키고, 더 넓은 정치제도의 생존을 보장할 수 있다는 점을 요구하고 있다. 그리하여 생존이라는 단순한 사실이 갈등을 억누르고 조정하는 어떤 정권의 능력을 나타내는 것과 같이, 조직성과는 수명과 내구성과 같은 기준을 토대로 판단될 수 있다.

그러나 이러한 목표가 어떻게 가장 잘 달성될 수 있는가 하는 문제에 관해서는 다른 견해들이 존재한다. 이 견해는 두 가지 폭넓은 범주로 나뉜다. 첫 번째 범주는 안정적 정부는 합의와 동의에 기초해야 한다는 본질적인 자유주의 믿음에서 유래한다. 이러한 관점에서 볼 때 어떤 정권의 장기적인 생존을 보장하는 것은 대중적 요구와 압력에 대해 정권이 민감하게 대응하는 것이다. 이 점은 다양한 '투입'에 상응하여 정부가 '산출'을 초래하는 능력으로서 체계이론의 용어로 표현되었다. 이것은 종종 서구 자유민주주의가 가지고 있는 특별한 강점으로 확인되었다. 자유민주주의를 옹호하는 사람들은 이 체제가 동의에 근거하고 있기 때문에 여론에 민감하게 반응하는 것을 보장해 주는 메커니즘을 구현하고 있으며, 그런 까닭에 높은 수준의 체제균형을 보장한다고 강조한다. 정부의 힘은 대중선거에서 승리하기 위한 경쟁적 투쟁을 통해 획득되고, 지지가 감소할 때 상실하게 된다. 활기찬 시민사회는 시민으로 하여금 자발적 집단과 단체를 통해 영향력을 행사하려고 한다는 점이다.

어느 정도 탈공산주의적이며 발전하는 세계에서 선거민주주의와 정당경쟁과 같은 자유민주주의적 실천의 형태로 이루어진 폭넓은 수용은 정치적 안정을 산출하는 자유민주주의가 지닌 능력 덕분이었다. 그럼에도 자유민주주의는 또한 이러한 점에서 약점을 가지고 있다. 이 약점 중에서 중요한 것은 대응성이 정부에 대한 대중적 기대를 높이고 정치제도가 모든 요구를 충족시킬 수 있고, 모든 '투입들'을 조정할 수 있다는 환상을 장려하는 한에서, 이 대응성이 불안정을 초래할 수 있다는 점이다. 이러한 관점에서 볼

상대주의Relativism
상대주의는 객관적·절대적 기준의 존재를 부정하는 태도이다. 따라서 상대주의는 진술들이 가진 의미맥락에서만 판단될 수 있다고 주장한다. 도덕적 상대주의는 보통 개인은 도덕적으로 자율적인 존재라는 점을 들어 권위적인 윤리적 원리가 있다거나 혹은 있을 수 있다는 생각을 거부한다. 인식 혹은 인식론적으로 상대주의는 다른 지식유형들이 동등하게 유효하다고 주장하며, 말·과학에 대한 보편적 주장을 거부한다. 상대주의는 사회의 도덕적 유대를 약화시키고 '길 없는 사막'을 만들며 또한 지적으로 자기패배적인 동시에, 객관적 기준들을 부정함으로써 그 자체로 상대적일 수 있다는 이유로 비판받았다. 상대주의는 모든 형태의 근본주의(fundamentalism)와 전적으로 대립한다.

때 안정적인 정부가 직면하게 되는 중요한 딜레마는 대응성이 능률과 균형을 이루어야 한다는 것이다. 정부는 외부의 압력에 민감하지만, 그러한 압력이 조화시키기 어려운 갈등을 산출할 우려가 있을 때 정부는 또한 자신의 의지를 사회에 부과할 수 있어야 한다.

후자에 대한 두려움은 안정과 질서에 대한 대안적인 견해를 지탱해 주고 있다. 보수주의 사상가는 전통적으로 안정과 질서를 대응성이 아니라 권위와 연결시켰다. 토마스 홉스는 이 이념을 절대주의와 무정부 상태 사이에서, 말하자면 확실한 독립적 힘의 수용과 자연상태의 혼란과 무질서의 하락 사이에서 발생하는 강력한 선택으로 표현하였다. 그러나 보수주의자는 정치적 권위가 공통된 가치와 문화에 의해 지탱되는 정도를 강조하는 데 특히 관심을 가졌다. 보수주의 관점에서 안정과 질서는 일반적으로 사회·문화적 응집력, 즉 권위에 대한 존중을 일으키고, 확립된 제도에 대한 지지를 유지시키는 사회가 지닌 능력의 산물이다.

이 입장은 명백하게 허용과 도덕적·문화적 **상대주의**에 대한 신보수주의적 두려움 속에서 반영된다. 이 두려움은 '전통적', '가족적' 혹은 '그리스도교적' 가치의 복구를 요구하게 된다. 이러한 관점에서 볼 때 이슬람 국가뿐 아니라 어떤 유교주의 형태에 동의한 동아시아 국가는 서구의 자유민주주의 정권보다 정치적 안정을 유지할 수 있는 더 큰 능력을 가지고 있다고 말하는 것도 가능하다. 그러나 안정에 대해 이러한 견해가 갖는 약점은 안정이 위로부터 행사된 권위에 의존하고 있기 때문에 정부권력의 행사에 대해 효과적인 억제를 하지 못할 수 있다는 것이다. 안정이 민주주의 정당성, 사회정의, 인간권리에 대한 존중과 같은 고려들과 분리된 목적 그 자체로 간주된다면, 그 결과는 폭정과 억압뿐일 것이다. 사담 후세인은 경제적 제재, 그리고 시아Shi'a 무슬림과 쿠르드족Kurds의 반대가 있는데도 미국의 개입이 2003년에 이 정권을 붕괴시키기까지 체계적인 폭력과 잔인한 억압을 수단으로 이라크 정권의 존재를 영속시킬 수 있었다.

물질적 성과

정치제도가 물질적 성과에 따라 판단될 수 있고, 되어야 한다는 생각은 친숙하다. 예를 들면 선거정치는 경제적인 쟁점과 이른바 '좋다고 느낄 수 있는' 요소에 의해 필연적으로 지배당하게 된다. 정부는 보통 성장과 폭넓은 번영의 시기에는 재집권하고, 후퇴와 경제위기 동안에는 패배한다. 이와 유사하게 더 넓은 정치제도의 성공이 '재화를 제공하는' 정부의 능력과 연결된다는 점은 의심할 여지가 별로 없다. 개발도상국가에서 광범위하게 존재하는 빈곤과 낮은 수준의 경제성장은 사회적·인종적 긴장을 심화시켰고 부패를 들끓게 했으며, 입헌적·대의제적 정부를 확립하고자 하는 시도를 방해하였다. 동유럽과 소련의 국가사회주의 체제의 붕괴는 또한 중앙계획의 실패와 연관되었고, 특히 서구 자본주의 국가에서 이용할 수 있는 소비재상품과 물질적 번영의 수준을 제공하는 데 나타났던 무능력과 연결되었다. 더욱이 발전된 산업국가가 세계에서 가장 큰 수준의 정치적 안정과 가장 높은 생활수준을 향유하였다는 점은 결코 우연이 아니다.

부를 산출하고 물질적 번영을 이룩하기 위해 가장 신뢰할 만한 수단에 관해 중요한 논의가 일어났다. 몇 가지 경우에 이러한 논의는 자본주의와 사회주의 사이에 존재하는 전통적인 이데올로기적 분열을 반영하고 있다. 자본주의는 시장과 경쟁에 대한 믿음을 가지고 있으며, 사회주의는 국유화와 계획에 의존하고 있다. 하지만 1989년에서 1991년 사이에 동유럽 국가에서 일어난 혁명은 시장자본주의와는 질적으로 구별되는 어떤 사회주의 형태의 유효성을 (분명하게) 손상시키면서 이 논의가 가지는 의미를 극적으로 변화시켰다. 달리 표현하면, 사회주의자조차도 시장 혹은 적어도 어떤 시장경쟁 형태가 부를 산출하는 유일하게 신뢰할 만한 메커니즘이라는 점을 수용하게 되었다. 따라서 '자본주의냐 아니면 사회주의냐?' 하는 논의는 5장에서 검토하였듯이 '어떤 종류의 자본주의인가?'라는 논의로 발전하게 되었다. 하지만 이 논의는 어떻게 부가 창출될 수 있는가에 관한 것일 뿐만 아니라, 부가 어떻게 분배되는가, 즉 누가 무엇을 얻는가에 관한 것이다. 이것은 시장

평등Equality

평등은 균등한 분배원리이며, 동일성(identity) 혹은 같은 것(sameness)을 함축하지 않는다. 평등 개념은 다른 함의들을 가지고 있으며, 무엇이 분배되는가에 의존한다. 형식적 평등(formal equality)은 합법적·정치적 권리를 의미하며, 일반적으로 인간이 평등하게 태어났다는 가정에 기초하고 있다. 기회의 평등(equality of opportunity)은 모든 사람이 동일한 출발점을 가지고 있다거나 동등한 삶의 기회를 가지고 있다는 점을 의미한다. 그러나 기회의 평등은 사회적 불평등을 정당화할 수 있을 것이다. 왜냐하면 힘든 일에 대한 재능과 능력이 불평등하게 배분되기 때문이다. 산출의 평등(equality of overcome)−평등에 대해 가장 논란의 여지가 있는 표명−은 소득, 부 그리고 다른 사회적 재화에 대한 평등한 분배가 존재한다는 점을 의미한다. 이 평등의 옹호자들은, 이것이 정의와 공동체를 증진시킨다고 주장한다. 비난하는 사람들은 이 평등 개념을 '수준을 떨어뜨리는(levelling downwards)' 사회적 획책의 형태(a form of social engineering)로 간주한다.

과 국가 사이의 균형과 밀접하게 연결되며, 정부가 할 수 있고, 해야만 하는 정도는 더 큰 **평등**을 이룩하기 위하여 시장의 산출물들을 변형시킨다.

하나의 성과지표로서 물질적 번영을 사용할 경우에 발생하는 중요한 딜레마는 성장이 공평과 균형을 이루어야 한다는 점이다. 이 점은 케이크의 크기와 어떤 방식으로 케이크를 잘라야 하는가와 연관되어 있는 어려움을 의미한다. 이 문제에 대해 두 가지 대조적인 견해가 있다. 하이에크와 프리드만 같은 이론가들이 발전시킨 자유시장 관점은 공공의 번영이 통제되지 않는 자본주의 체제를 통해 가장 잘 달성될 수 있다고 주장한다. 이것은 티트무스(Titmuss, 1968)가 '산업적 달성industrial-achievement' 성과모델로 언급하였던 것이다. 이러한 관점에서 볼 때 경제성장은 기업과 노력을 격려하고, 게으름에 대해서는 벌을 가하는 물질적 동인을 통해 가장 잘 증대된다는 점이다. 따라서 복지국가는 개인이 기본적 생존수단을 결핍하고 있다는 의미에서 개인을 절대적 빈곤으로부터 보호하는 하나의 안전망으로만 활동한다. 자유시장제도가 사회적 불평등을 증대시킬 수 있지만, 이 이론은 자유시장제도가 훨씬 더 큰 케이크에서 조그만 몫을 받는 덜 부유한 사람에게도 이익을 주며, 그리하여 결국에는 더 잘 살게 된다고 주장한다. 자유시장경제론자는 이 이론을 '물방울trickle down' 효과로 부르고 있다. 이러한 정책선호는 '복지국가의 재정적 위기'로부터 탈출하기 위해, 1970년대 이후 신우파 정부에 의해 이루어졌다. 이 관점에서 볼 때 사회예산의 지출은 세금부담을 증대시키고, 세금부담의 증대는 부의 창출과정을 단지 방해하였을 뿐이라고 한다. 티트무스가 '제도적 재분배' 모델이라고 불렀던 경쟁적인 사회민주주의 관점은 평등이 가지는 도덕적·경제적 혜택을 강조하였다. 통제되지 않은 경쟁은 탐욕과 갈등을 촉진시킨다는 이유로 비난받았으며, 또한 비효율적이며 비생산적인 것으로 간주되었다. 사회정의라는 덕목은 부의 분배를 시장의 몹쓸 장난으로부터 끄집어냄으로써, 사회정의가 모든 시민이 사회에서 이해관계를 가지고 개인은 사회에 기여할 동기를 갖게 된다는 점을 보장하는 데 있다. 그리하여 광범위한 사회적 불평등을 허용함으로써 자유시장정책은 사회적 배제를 증진시키는 위험을 안게 된다는 것이다. 이 사회적 배제는 범죄와 사회적 불안을 낳는 토대인 하층의 성장 속에서 반영되었다는 것이다. 그러므로 장기적이며 지속적인 번영은 물질적 동인이 더 넓은 공정한 분배와 효과적인 복지의 틀 내에서 작동할 것을 요구한다.

시민권 성과

시민권이 정부의 적절한 목적이라는 생각은 고대 그리스의 정치사상에서 그 흔적을 찾을 수 있다. 예를 들면 기원전 431년에 행한 유명한 추도연설에서 페리클레스Pericles는 다음과 같이 진술하였다.

> 아테네 시민은 자신의 가계를 돌본다는 이유로 국가를 무시하지 않습니다. 우리들 중에 사업에 종사하는 사람들조차도 정치에 대해 매우 공정한 생각을 가지고 있습니다. 우리는 공적 문제에 관심을 가지지 않는 남자를 해롭지 않은 것으로 간주하는 것이 아니라, 쓸모없는 인물로 간주합니다. 그리고 우리들 중에 몇 사람이 창시자라면, 우리 모두는 정책의 심판관입니다.

시민은 일련의 권리와 의무를 지니는 정치공동체 혹은 국가의 구성원이다. 따라서 시민권은 개인적 존재의 '공적' 얼굴이다. 사람들은 그들이 권리와 책임을 가지고 있는 정도로 그들이 속한 공동체의 생활에 참여할 수 있다. 시민참여는 정치적 권리와 시민적 자유의 확대에서 반영되는 것과 같이 입헌정부의 발전과 연결된다.

시민적 권리에 대한 고전적 연구에서 마샬(T. H. Marshall, 1950)은 세 가지 '권리의 묶음', 즉 공민권·정치권·사회권을 구별하였다. 마샬은 공민권을 '개인의 자유를 위해 필요한 권리'로 정의하였다. 이 권리로는 표현의 자유, 집회의 자유, 운동의 자유, 양심의 자유, 법 앞에서의 평등권과 재산권 등을 들 수 있다. 따라서 공민권은 시민사회 내에서 행사될 수 있는 권리이다. 공민권은 정부권력의 행사를 제한하거나 견제한다는 의미에서 '소극적' 권리이다. 정치권은 개인에게 정치생활에 참여할 기회를 제공한다. 그리하여 중요한 정치적 권리로는 투표할 권리, 입후보할 권리, 공적인 직책을 차지할 권리 등이다. 정치적 권리의 제공은 분명히 보통선거권, 정치적 평등, 민주주의 정부의 발전을 요구한다. 마지막 권리이자 가장 논란의 여지가 많은 권리로 마샬은 시민권이 개인에게 최소한의 사회적 지위를 보장하고 공민적·정치적 권리를 행사하기 위한 토대를 제공해 주는 사회권을 내포하고 있다고 논의하였다. 마샬은 이 '적극적' 권리를 애매모호하게도 '사회에서 통용되고 있는 기준에 따라 문명화된 인간의 생활을 영위할' 권리로 정의하였다.

시민권 개념이 보통 특수하게 서구의 창안물로 간주되기 때문에 자유민주주의가 이 점에서 특히 잘 수행되고 있다는 점은 그리 놀라운 일이 아니다. 공민적·정치적 권리는 명백하게 보통 산업화된 서구에서 발견되는 입헌적·대의제적 정부형태를 내포한다. 하지만 사회적 권리에 대한 이념은 의미 있는 분배를 자극하였는데, 그 이유는 이 권리가 고전적 자유주의자와 신우파가 보기에 정당하지 못하며, 경제적으로 손해를 입히는 것으로 간주하였던 복지제공과 재분배의 수준을 포함하고 있기 때문이다. 맑스주의자와 여성해방주의자는 시민권에 대한 이념을 비판하였는데, 전자는 이 이념이 불평등한 계급적 권력을 무시하고 있다는 이유에서였으며, 후자는 이 이념이 가부장적 억압을 고려하지 않고 있다는 이유에서였다.

그럼에도 시민권을 하나의 성과기준으로 채용하고 있는 사람들은 중요한 딜레마에 직면하게 된다. 요컨대 이 중요한 딜레마는 의무와 권리의 균형에 관한 요구와 이로 인해 일어나는 개인과 공동체 사이의 책임감의 할당에 관한 요구이다. 1980년대 초 이후 이 문제는 자유주의와 공동체주의 사이에서 활발한 논의가 이루어졌다. 앨리스데어 맥킨타이어(Alisdair MacIntyre, 1981)와 마이클 샌델(Michael Sandel, 1982) 같은 공동체주의 이론가들은 방해받지 않는 자아an unencumbered self에 관한 이념을 거부하면서, '권리의 정치'는 '공동선의 정치'에 의해 대체되어야 한다고 논의하였다. 이러한 관점에서 볼 때 자유주의적 개인주의는 사실상 그 자신을 파괴하고 있다. 개인에게 권리와 자격을 부여함으로써 자유주의적 개인주의는 단지 원자화와 소외를 초래할 뿐이며, 사회를 더불어 유지하게 하는 공동의 끈을 약화시킨다는 것이다. 이러한 관점에서 볼 때 시민권의 지표와 관련하여 불충분하게 행해지는 듯 보이는 비서구사회는 강한 공동체의식과 사회적 소속감을 만드는 데 성공할 수 있을 것이다.

민주주의 성과

안정, 물질적 번영, 시민권이 정부의 결과물 혹은 산물인 반면에 민주주의는 본질적으로 과정 그 자체, 즉 어떤 결정이 만들어졌는가의 문제보다는 어떻게 결정이 이루어졌는가의 문제와 연관된다. 민주주의는 대중지배를 의미한다. 거칠게 표현하면 민주주의는 가장 광범위하게 일어날 수 있는 정치권력과 영향의 분산을 의미한다. 민주주의 관점에서 볼 때 정치의 목적은 개인에게 권한을 부여하고 개인 자율성의 영역을 확대하는 데 있다. 자율성은 그 자체로 목적이며, 동시에 목적을 위한 수단으로 간주되었다. 루소와 밀과 같은 고전적 민주주의 이론가는 정치참여를 개인의 발전과 자아실현의 원천으로 서술하였다. 따라서 민주주의는 자유의 요소이거나 루소가 진술하였던 것처럼 자유는 '그 자신의 주인이 되는 것'을 의미한다.

그 논리를 끝까지 밀고나가면, 대중자치정부에 대한 이념은 어떤 직접민주주의 형태를 확립시킴으로써 국가와 시민사회의 차이를 폐지하는 것을 의미한다. 가령 4장에 기술된 아테네 민주주의는 대중집회에 의한 정부형태에 해당하며, 이 속에서 시민은 자신이 생활하고 있는 폴리스 혹은 도시국가의 생활에 직접적이며 지속적으로 참여하도록 장려되었다. 하지만 현대의 민주주의 개념은 이러한 이상향적인 비전에서 멀어졌고, 대신에 민주주의를 목적을 위한 하나의 수단으로 더 많이 받아들이고 있다. 예를 들면 더 친숙한 대의제 민주주의 기구—보통선거권, 무기명 투표, 선거경쟁—는 투표권의 존재가 정부권력의 남용을 견제하고 정당경쟁이 사회적 동의를

자율성Autonomy

자율성이라는 개념 – 그리스어에서 유래하며, '자신에 대한 법(law to oneself)'을 의미한다 – 은 문자상으로 자치(self-rule)를 의미한다. 국가, 기관 혹은 집단은, 이것들이 실질적인 독립성을 향유할 경우, 자율적이라고 말할 수 있다. 이러한 맥락에서 자율성은 때때로 최고의 독립성(sovereign independence)이라기보다는 높은 정도의 자치(self-government)를 함축하고 있는 것으로 여겨진다. 개인에 적용시켜 볼 때, 자율성은 자유와 밀접하게 연관되어 있다. 하지만 자율성이 단지 '홀로 내버려두는 것'을 암시하는 것이 아니라, 합리적으로 자기주장을 하는 것을 함축하기 때문에, 자율성은 적극적 자유의 형태로 분류된다. 내적 혹은 '진정한' 충동에 반응함으로써 자율적인 개인은 진정함(authenticity)을 달성하는 것으로 이해된다.

만들어내는 데 기여한다는 이유로 방어되었다. 따라서 '불량배들을 쫓아내는' 사람들의 능력은 정부가 제한되고, 적어도 공적 책임의 척도가 존재한다는 점을 보장하는 데 기여한다는 것이다.

하지만 대부분의 정치제도가 개인의 **자율성**과 대중지배를 통해 원활히 이루어지고 있지는 않다. 현대세계에서 민주주의라 불리고 있는 것은 제한적·간접적 민주주의 형태, 즉 자유민주주의 형태를 띠게 된다. 이 형태는 조셉 슘페터가 '정치적 결정에 이르기 위한 제도적 배열'이라고 언급한 것과 거의 동일한 방식으로 작동한다. "이 제도적 배열 속에서 개인은 국민투표를 위한 경쟁적 투쟁에 의하여 결정할 힘을 획득한다."(Schumpeter, 1942: 269) 이 '제도적 배열'은 대중참여를 거의 의미 없는 의식으로 환원시킨다는 이유로 급진적 민주주의자에 의해 비판받았다. 다시 말해 급진적 민주주의자는 이 제도적 배열을 또 다른 일련의 정치가로 대체함으로써 제거될 수 있는 정치가들을 위한 몇 년마다 치르는 선거에 단지 투표하는 것에 불과하다고 주장하였다. 간단히 말해, 국민은 결코 지배하지 못하며, 정부와 국민 사이에 증대하는 균열은 무력감과 무관심의 확산, 공동체의 붕괴로 나타나게 된다.

따라서 이 관점은 급진적 혹은 혁명적이기까지 한 정치·사회적 변화를 요구하게 된다. 예를 들면 정부권력은 권력을 국민에 더 가까이 가져다 놓기 위해 탈중앙화되어야 한다. 가령 이것은 실제적인 의미에서 하나의 공동체가 어떻게 현대국가의 규모를 직접적이고 지속적인 참여를 통해 다스릴 수 있는지를 파악하는 것이 어려운 까닭에, 국민국가의 해체를 요구할 수 있을 것이다. 유사하게 민주주의 원칙이 현대사회에 적용되는 한에서, 이 원칙은 일련의 협소한 정치적 결정에 한정된다. 민주주의가 극기로 이해된다면, 어떤 사람의 생활에 영향을 미치는 결정을 형성하는 능력인 경제적 힘은 또한 노동자의 통제와 자치기구를 통해 민주화되어야 한다.

위에서 언급한 성과기준으로 볼 때 민주주의는 또한 그 자신의 딜레마를 안게 된다. 그중 가장 중요한 딜레마는 국민에 의한 정부와 국민을 위한 정부라는 한 쌍의 목표 사이에 나타나는 균형에 대한 요구이다. 이것은 대중참여라는 경쟁적인 덕목과 공적 이해관계 속에서의 지배 사이에 발생하는 긴장관계를 강조하고 있다. 참여에 대한 가장 근본적인 거부, 그리하여 모든 직접적인 형태의 민주주의에 대한 거부는 단지 평범한 국민이 자신들을 위해 현명하게 통치할 시간, 성숙, 전문적인 지식을 가지고 있지 않다는 점이다. 이러한 논의에 있어서 나타난 가장 초기의 해석은 플라톤에 의해 이루어졌다. 그는 덕에 의한 지배, 즉 철인왕이라는 계급에 의한 정부에 관한 이념을 발전시켰다. 이 형태에서 국민을 위한 정부에 대한 논의는 계몽전제 정부를 지지하는 논의에 해당된다. 하지만 평범한 국민의 능력에 관한 관심은 정치생활에 업무분배를 허용하는 대의제적 과정을 제공함으로써 좀 더 온건하게 다루어질 수 있다. 더 깊은 딜레마는 개인에 대한 권한부여가 공동체에 대한 권한부여와 균형을 이루어야 한다는 점이다. 개인의 자율성에 우선순위를 두는 것은 필연적으로 공적 권위에 대해 제한을 가하는 것이다. 하지만 대중지배의 덕목을 격찬하는 것은 개인을 공공의 의지 혹은 다수의 의지에 종속시키는 위험을 무릅쓰는 것이다. 개인과 사회 사이에 발생하는 긴장은 중요한 실제적인 어려움들을 야기할 뿐만 아니라, 몇몇 사람들이 논의한 것처럼 정치이론에서 항상 중심적인 문제였고, 또한 중심적인 문제로 남아 있는 것을 부각시키고 있다.

요약

(1) 정치위기에 관한 관심들은 일반적으로 점증하는 시민불참여의 증거에서 유래하며, 특히 투표율의 하락과 당원수와 당원 활동수준의 하락에서 나타난다. 하지만 그러한 추세들은 정치참여의 위기의 징조라기보다는 항의 운동들의 중요성이 증대되고 '신매체'가 정치토론과 정치활동을 용이하게 하기 위하여 좀 더 널리 사용됨에 따라 한 종류의 참여에서 다른 종류의 참여로의 이동을 나타낼지도 모른다.

(2) 주류 정당과 정치가들에 대한 점증하는 냉소주의와 심지어 분노는 '반정

치'의 현상에서 표현되었다. 그럼에도 '반정치'는 시민들을 정치에서 멀어져서 사적 생활로 되돌아가게 하는 것을 조장하지 않는다. 그 대신에 반정치는 확립된 정치구조에 대한 분노나 적개심을 표현하는 새로운 집단과 운동들을 야기하는 경향이 있다. 물론 이 집단과 운동들이 반자본주의 시위에서 극우적인 반이민운동에 걸쳐 분포하기는 하지만 말이다.

(3) 투표자들의 증대하는 반감의 증거는 쉽게 무시될 수 없다. 왜냐하면 현대민주주의는 선거가 중요한 역할을 행하는 대의제 민주주의이기 때문이다. 하지만 쇠퇴하는 공식적인 정치참여 수준을 설명하는 일은 특히 수많은 피의자들로 인해 어려움이 많다. 이 피의자들 중에서 가장 중요한 피의자들은 정치, 정치가 그리고 정당, 공중, 매체 그리고 현대사회이다.

(4) 정치제도들은 더 큰 사회에 대한 영향이라는 의미, 즉 좋은 것인가, 아니면 나쁜 것인가의 의미에서만 판단될 수 있다. 하지만 이 판단은 규범적인 문제를 야기함에 따라 정치과정의 바람직한 '산출'에 관한 합의가 없다. 어떤 정부나 제도의 성과에 대해 가장 일반적으로 사용된 지표들은 안정과 질서의 유지능력, 물질적 번영의 공급, 시민권의 촉진과 민주주의 지배를 조장하는 능력 등을 포함한다.

(5) 정치체계를 평가하는 것은 어려운 일이다. 왜냐하면 각각의 성과지표는 복합성을 표현하고 있기 때문이다. 안정은 동의와 대중적 반응 혹은 권위에 대해 공유하고 있는 문화와 존경을 통해 증대될 수 있다. 부의 창출은 부가 좀 더 평등하게 배분되는 것을 보장하기 위해 고안된 정책에 의해 방해받을 수 있을 것이다. 시민권의 확대는 시민적 의무와 공동체의식을 해칠 수 있을 것이다. 민주주의 지배의 확대는 단순히 개인의 자유 혹은 자율성을 억제할 수도 있을 것이다.

토론사항

(1) 현대정치의 '참여위기'는 대개 하나의 신화인가?

(2) '반정치' 집단과 운동의 부흥이 가지는 중요성은 무엇인가?

(3) 왜 정치는 '실망스러울 운명인가'?

(4) 우리는 우리가 존경할 만한 정치가들을 취하는가?

(5) 비참여권과 같은 그러한 것이 있는가?

(6) 소비주의와 시민권은 양립할 수 없는가?

(7) 민주주의와 자유 사이에는 필연적 긴장관계가 존재하는가?

(8) 국민은 자신을 위해 좋은 것이 무엇인지에 관해 가장 좋은 심판관인가?

(9) 어떤 정치제도가 '좋은 사회'를 달성하는 데 있어 가장 근접한 제도인가?

더 읽을 거리

- Bauman, Z., *In Search of Politics*(1999). 무상함과 불안전에 대한 늘어나는 생각이 어떻게 중요한 사회적 연대를 해치고 '사적/공적' 공간을 위협하는가에 대한 검토서.

- Flinders, M. *Defending Politics: Why Democracy Matters in the 21st Century*(2012). 정치지배의 성격과 정치지배의 핵심적 위협들에 대항하는 정치의 방어에 대한 신선하고 매력적인 분석서.

- Hay, C. *Why We Hate Politics*(2007). 정치에 관한 점증하는 냉소주의와 소극성의 기원에 대한 연구서.

- Stoker, G., *Why Politics Matters: Making Democracy Work*(2006). 민주주의 정치가 왜 실망스럽고 시민참여가 어떻게 부활되는지에 대한 고무적인 분석서.

참고문헌Bibliography

Abercrombie, W., S. Hill and B. Turner (1980) *The Dominant Ideology Thesis* (London: Allen & Un-win).

Albritton, R., B. Jessop and R. Westra (eds) (2010) *Political Economy and Global Capitalism* (London and New York: Anthem Press).

Albrow, M. (1970) *Bureaucracy* (London: Macmillan).

Alexander, L. (ed.) (2001) *Constitutionalism: Philosophical Foundations* (Cambridge and New York: Cambridge University Press).

Allison, G. (1971) *Essence of decision* (Boston: Little, Brown).

Almond, G. (1989) *A Discipline Divided*: Schools and Sects in Political Science (Newbury Park, CA: Sage).

Almond, G. A. and S. Verba (1963) *The Civic Culture: Political Attitudes and Democracy in Five Nations* (Princeton: Princeton University Press).

Almond, G. A. and S. Verba (eds) (1980) *The Civic Culture Revisited* (Boston: Little, Brown).

Alter, P. (1989) *Nationalism* (London: Edward Arnold).

Anderson, B. (1983) *Imagined Communities: Reflections on the Origins and Spread of Nationalism* (London: Verso).

Anderson, J. (1984) *Public Policy—Making* (Orlando, FL: Holt, Rinehart & Winston).

Appiah, K. A. (2007) *Cosmopolitanism: Ethics in a World of Strangers* (London and New York: Penguin)

Arblaster, A. (1984) *The Rise and Decline of Western Liberalism* (Oxford: Basil Blackwell).

Arblaster, A. (1994) *Democracy* (2nd ed.) (Milton Keynes: Open University Press; Minneapolis: University of Minnesota Press).

Arendt, H. (1958) *The Human Condition* (Chicago: University of Chicago Press).

Aristotle (1948) *Politics* (Oxford: Clarendon Press) (ed. E. Baker).

Arrow, K. (1951) *Social Choice and Individual Values* (New York: Wiley).

Axford, B. and R. Huggins (eds) (2001) *The New Media and Politics* (London and Thousand Oaks, CA: Sage)

Babbington, A. (1990) *Military Intervention in Britain* (London: Routledge).

Bachrach, P. and M. Baratz (1962) 'The Two Faces of Power', in F. G. Castles, D. J. Murray and D. C. Potter (eds) *Decisions, Organisations and Society* (Harmondsworth: Penguin).

Bagehot, W. ([1867] 1963) *The English Constitution* (London: Fontana).

Balaam, D. N. and M. Veseth (2001) *International Political Economy* (Basingstoke: Palgrave Macmillan).

Ball, A. and F. Millward (1986) *Pressure Politics in Industrial Societies* (London: Macmillan).

Ball, A. and G. Peters (2005) *Modern Policis and Government* (New York: Palgrave Macmillan).

Barber, B. (1995) *Jihad ve McWorld: How Globalism and Tribalism Are Reshaping the World* (New York: Ballantine Books).

Barber, J. (1988) *Politics by Humans: Research*

on American Leadership (Durham, NC: Duke University Press).

Barrett, S. and C. Fudge (1981) Policy and Action (London: Methuen).

Barry, Brain (2002) Culture and Equality (Cambridge: Polity Press).

Barry, N. P. (1987) The New Right (London: Croom Helm).

Bartle, J. and D. Griffiths (eds) (2001) Political Communications Transformed: From Morrison to Mandelson (London: Palgrave).

Bauman, Z. (2000) Liquid Modernity (Cambridge and Malden, MA: Polity Press).

Bauman, Z. (2004) Identity (Cambridge: Polity Press)

Baylis, J. and S. Smith (2005) The Globalization of World Politics: An Introduction to International Relations (Oxford and New York: Oxford University Press)

Beard, C. (1913) Economic Interpretation of the Constitution of the United States (New York: Macmillan).

Beck, U. (1992) Risk Society: Towards New Modernity (London: Sage).

Beck, U. and E. Beck-Gernsheim (2001) Indivi- dualization : Institutional Individualism and its Social and Political Consequences (London and Thousand Oaks, CA: Sage Publications)

Beer, S. (1982) Britain Against Itself (London: Faber).

Beetham, D. (1987) Bureaucracy (Milton Keynes: Open University Press).

Beetham, D. (1991) The Legitimation of Power (London: Macmillan).

Bekke, H., J. Perry and T. Toonen (eds.) (1996) Civil Systems in Comparative Perspective (Bloomington, IN: Indiana University Press).

Bell, D. (1960) The End of Ideology?: On the Exhaustion of Political Ideas in the 1950s (New York: Free press).

Bell, D. (1973) The Coming of Post-Industrial Society: A venture in Social Forecasting (New York: Basic Books).

Bell, D. (1976) The Cultural Contradictions of Capitalism (London: Heinemann).

Bentham, J. ([1776] 1948) Fragments on Government and an Introduction to the Principles of law and Legislation (Oxford: Blackwell) (ed. W. Harrison).

Bentley, A. ([1908] 1948) The Process of Government (Evanston, IL: Principia).

Berger, B. (2011) Attention Deficit democracy: The Paradox of Civic Engagement (Princeton, NJ: Princeton University Press)

Berger, S. (ed.) (1981) Organising Interests in Western Europe: Pluralism, Corporatism and the Transformation of Politics (New York: Cambridge University Press).

Berlin, I. (1958) Four Essays on Liberty (Oxford: Oxford University Press).

Bernstein, E. ([1898] 1962) Evolutionary Socialism (New York: Schocken).

Bertsch, G., R. Clarke and D. Wood (1992) Comparing Political Systems: Power and Policy in Three Worlds (4th ed.) (New York: Macmillan).

Bhagwati, J. (2008) Termites in the Trading System (Oxford: Oxford University Press)

Birch, A. H. (1972) Representation (London: Macmillan; New York: Praeger).

Birch, A. H. (2007) *The Concepts and Theories of Democracy* (Londo: Routledge).

Birkland, T. (2011) A*n Introduction to the Policy Process: Theories, Concepts and Models of Public Policy Making* (Armonk, NY and London: M. E. Shape).

Blau, P. and M. Meyer (eds) (1987) *Bureaucracy in Modern Society* (3rd edn) (New York: Random House).

Blaug, R. (2010) *How Power Corrupts: Cognition and Democracy in Organisations* (Basingstoke: Palgrave Macmillan).

Blondel, J. (1973) *Comparative Legislatures* (Englewood Cliffs, NJ: Prentice Hall).

Bobbio, N. (1996) *Left and Right : The Significance of a Political Distinction* (Cambridge: Polity Press).

Bobbitt, P. (2002) *The shield of Achilles: War, Peace and the Course of History* (Harmondsworth: Penguin).

Bodin, J. ([1576] 1962) *The Six Books of the Commonweal* (Cambridge, MA: Havard University Press) (trans. R. Knolles).

Bogdanor, V. (1979) *Devolution* (Oxford: Oxford University Press).

Bogdanor, V. (ed.) (1988) *Constitutions in Democratic Politics* (Aldershot: Gower).

Bogdanor, V. and D. Butler (eds) (1983) *Democracy and Elections* (Cambridge: Cambridge University Press).

Bookchin, M. (1989) *Remaking Society* (Montreal: Black Rose).

Bottomore, T. (1991) *Classes in Modern Society* (London: Allen & Unwin).

Boulding, K. (1956) *The Image: Knowledge in Life and Society* (Ann Arbor, MI: University of Michigan Press).

Boulding, K. (1989) *Three Faces of Power* (Newbury Park, CA: Sage).

Brandt Commission (1980) *North—South: A Programme for Survival* (Cambridge, MA: MIT Press).

Brandt Commission (1983) *Common Crisis: North—South Cooperation for World Recovery* (London: Pan).

Braybrooke, D. and C. Lindblom (1963) *A Strategy of Decision: Policy Evaluation as a Political Process* (New York: Collier Macmillan).

Breitenbach, H., T. Burden and D. Coates (1990) *Features of a Viable Socialism* (London and New York: Harvester Wheatsheaf).

Bretherton, C. and G. Ponton (eds) (1996) *Global Politics: An Introduction* (Oxford: Blackwell).

Brewer, J., A. Guelke, I. Hume, E. Moxon—Browneand R. Wilford (1988) *The Police, Public Order and the State* (London: Macmillan).

Brittan, S. (1977) *The Economic Consequences of Democracy* (London: Temple Smith).

Brooker, P. (2009) *Non—Democratic Regimes: Theory, Government and Politics* (Basingstoke and New York: Palgrave Macmillan).

Brown, D. (2000) *Contemporary Nationalism* (London and New York: Routledge).

Brown, M. B. (1995) *Models in Political Economy: A Guide to the Arguments* (2nd edn) (Harmondsworth: Penguin).

Brownmiller, S. (1975) *Against Our Will* (New York: Simon & Schuster).

Bryson, V. (2003) *Feminist Political Thought: An Introduction* (Basingstoke: Palgrave Macmillan).

Budge, I. and D. Mackie (eds) (1994) *Developing Democracy* (London: Sage)

Bull, H. (2002) *The Anarchical Society* (Basingstoke: Palgrave Macmillan).

Burchill, S. and A. Linklater (2005) *Theories of International Relations* (3rd edn) (Basingstoke: Palgrave Macmillan).

Burgess, M. (2006) *Comparative Federalism: Theory and Practice* (Oxford and New York: Routledge).

Burgess, M. and A.-G. Gagnon (eds) (1993) *Comparative Federalism and Federation* (London and New York: Harvester Wheatsheaf).

Burke, E. ([1790] 1968) *Reflections on the Revolution in France* (Harmondsworth: Penguin) (ed. C. C. O Brien).

Burke, E. (1975) *On Government, Politics and Society* (London: Fontana) (ed. B. W. Hill).

Burnham, J. (1941) *The Managerial Revolution* (Harmondsworth: Penguin).

Burns, B. (1978) *Leadership* (New York: Harper & Row).

Burton, J. (1972) *World Society* (Cambridge: Cambridge University Press).

Butler, D. and D. Stokes (1969) *Political Change In Britain* (2nd ed.) (London: Macmillan).

Butler, D., H. Penniman and A. Ranney (eds) (1981) *Democracy at the Polls* (Washington DC: American Enterprise Institute).

Butler, D., A. Adonis and T. Travers (1994) *Failure in British Government: The Politics of the Poll Tax* (Oxford: Oxford University Press).

Caldwell, C. (2009) *Reflections on the Revolution in Europe: Immigration, Islam and the West* (New York: Doubleday).

Calvocoressi, P. (2001) *World Politics 1945–2000* (London and New York: Longman).

Campbell, A., P. Converse, W. E. Miller and D. Stokes (1960) *The American Voter* (New York: John Wiley).

Capra, F. (1983) *The Turning Point: Science, Society and the Rising Culture* (London: Fontana).

Carothers, T. (2004) *Critical Mission: Essays on Democracy Promotion* (Washington, DC: Carnegie Endowment for International Peace).

Carpenter, T. G. (2006) *America's Coming War with China: A Collision Course over Taiwan* (Basingstoke: Palgrave Macmillan).

Carr, E. H. (1939) *The Twenty Years' Crisis, 1919–1939* (London: Macmillan).

Carr, N. (2008) 'Is Google Making Us Stupid?', *Atlantic Magazine*, July/August.

Carr, N. (2010) *The Shallows: What the Internet is Doing to our Brains* (New York: Norton).

Castells, M. (1996) *The Rise of Network Society* (Oxford: Blackwell).

Castle, B. (1980) *The Castle Diaries 1974–1976* (London: Weidenfeld & Nicolson).

Castles, F. and R. Wildmann (eds) (1986) *The Future of Party Government– Vol. 1* (Berlin: Gruyter).

Chamberlain, H. S. ([1899] 1913) *The Foundations of the Nineteenth Century* (New York: John Lane).

Charvert, J. (1982) *Feminisim* (London: Dent)

Chomsky, N. (1994) *World Order, Old and New*

(London: Pluto Press).

Chomsky, N. (2004) *Hegemony and Survival: America's Global Quest for Dominance* (The American Empire Project) (New York: Owl Books).

Chomsky, N. and E. Herman (1994) *Manufacturing Consent* (London: Vintage).

Chua, A. (2003) *World on Fire* (London: Heinemann).

Cigler, C. and B. Loomis (eds) (2011) *Interest Group Politics* (Washington DC: Congressional Quarterly Press).

Clarke, S. (ed.) (1991) *The State Debate* (London: Macmillan).

Cohen, A. (1975) *Theories of Revolution: An Introduction* (London: Nelson).

Connolly, W. (ed.) (1984) *Legitimacy and the State* (Oxford: Blackwell).

Cooper, R. (2004) *The Breaking of Nations: Order and Chaos In the Twenty–first Century* (London: Atlantic Books).

Cox, A. (1987) *The Court and the Constitution* (Boston: Houghton Mifflin).

Cox, R. (1987) *Production, Power and World Order* (New York: Columbia University Press)

Crewe, I. and D. Denver (eds) (1985) *Electoral Change in Western Democracies* (Beckenham: Croom Helm).

Crick, B. ([1962]2000) *In Defence of Politics* (Harmondsworth and New York: Penguin).

Crosland, C. A. R. (1956) *The Future of Socialism* (London: Jonathan Cape).

Crossman, R. (1963) 'Introduction to W. Bagehot', in *The English Constitution* (London: Fontana).

Crossman, R. (1979) *The Crossman Diaries* (London: Methuen) (ed. A. Howard).

Crouch, C. (2009) 'Privatized Keynesianism: An Unacknowledged Policy Regime', *British Journal of Politics and International Relations*, 11(3).

Curran, J. and J. Seaton (2009) *Power Without Responsibility* (London: Routledge).

Daalder, I. and J. Stavridis (2012) 'NATO's Triumph in Libya', *Foreign Affairs* (March/April).

Dahl, R. (1956) *A Preface to Democratic Theory* (Chicago, IL: Chicago University Press).

Dahl, R. (1961) *Who Governs? Democracy and Power in an American City* (Newhaven, CT: Yale University Press).

Dahl, R. (1971) *Polyarchy: Participation and Opposition* (Newhaven, CT: Yale Unversity Press).

Dahl, R. (1984) *Modern Political Analysis* (4th ed.) (Englewood Cliffs, NJ: Prentice Hall).

Dahl, R. (1985) *A Preface to Economic Democracy* (Cambridge: Polity Press).

Dahl, R. (1989) *Democracy and its Critics* (New haven, CT: Yale University Press).

Dahl, R. and C. Lindblom (1953) *Politics, Economics, and Welfare* (New York: Harper & Row).

Dahl, R. and D. Farrell (2011) *Political Parties and Democratic Linkage: How Parties Organize Democracy* (Oxford and New York: Oxford University Press).

Daly, M. (1978) *Gyn/Ecology: The Mathematics of Radical Feminism* (London: The Women's Press).

Davidson, R. (ed.) (1992) *The Post-Reform Congress* (New York: St Martin's Press)

Davidson, R., W. Oleszek and F. Lee (2009) *Congress and Its Members* (4th edn) (Washington DC: Congressional Quarterly Press).

Davies, J. (1971) *When Men Revolt and Why* (New York: Free Press).

Davis, R. (2005) *Electing Justice: Fixing the Supreme Court Nomination Process* (Oxford and New York: Oxford University Press)

Decalo, S. (1976) *Coups and Army Rule in Africa* (Newhaven, CT: Yale University Press).

Denver, D., C. Carmen and R. Johns (2012) *Elections and Voters in Britain* (Basingstoke: Palgrave Macmillan).

Devlin, P. (1968) *The Enforcement of Morals* (Oxford: Oxford University Press).

Diamond, L., J. Linz and S. Lipset (eds) (1989) *Democracy in Developing Countries* (Boulder, CO: Lynne Rienner) (4 vols).

Dicey, A. V. ([1885] 1939) *Introduction to the Study of the Law of the Constitution* (London: Macmill- an) (ed. E. C. S. Wade).

Djilas, M. (1957) *The New Class: An Analysis of the Communist System* (New York: Praeger).

Dobson, A. (1990) *Green Political Thought* (London: Routledge).

Downs, A. (1957) *An Economic Theory of Democracy* (New York: Harper & Row).

Drewry, G. (ed.) (1989) *The New Select Committees* (rev. ed.) (Oxford: Oxford University Press).

Dryzek, J. and P. Dunleavy (2009) *Theories of the Democratic State* (Basingstoke: Palgrave Macmillan).

Duchacek, I. (1973) *Power Maps: The Politics of Constitutions* (Santa Barbara, CA: ABC Clio).

Duncan, G. (ed.) (1983) *Democratic Theory and Practice* (Cambridge: Cambridge University Press).

Dunleavy, P. (1991) *Democracy, Bureaucracy and Public Choice: Economic Explanations in Poli-tical Science* (Hemel Hempstead: Harvester Whe-atsheaf).

Dunleavy, P. and C. Husbands (1985) *British Democracy at the Crossroads* (London: Allen & Unwin).

Dunleavy, P. and B. O'Leary (1987) *Theories of the State* (London: Macmillan).

Dunn, J. (ed.) (1992) *Democracy: The Unfinished Journey 508 BC to AD 1993* (Oxford: Oxford University Press).

Dunn, J. (2000) *The Cunning of unreason: Making Sense of Politics* (London: Harpercollins)

Duverger, M. (1954) *Political Parties* (London: Methuen).

Dworkin, R. (1986) Law's Empire (London: Fontana).

Dye, T. (1995) *Understanding Public Policy* (London: Prentice Hall).

Easton, D. (1979) *A Framework for Political Analysis* (2nd ed.) (Chicago, IL: University of Chicago Press).

Easton, D. (1981) *The Political System* (3rd ed.) (Chicago: University of Chicago Press).

Eccleston, B. (1989) *State and Society in Post-War Japan* (Cambridge: Polity Press).

Elgie, R. (1995) *Political Leadership in Liberal Democracies* (London: Macmillan).

Elgie, R., S. Moestrup and Yu-shan Wu (eds) (2011) *Semi-Presidential Systems and Democracy*

(Basingstoke: Palgrave Macmillan).

Engels, F. (1972) *The Origins of the Family, Private Property and the State* (London: Lawrence & Wishart).

Etzioni, A. (1967) 'Mixed Scanning: A Third Approach to Decision Making', *Public Administration Review*, vol. 27, pp. 385–92.

Etzioni, A. (1995) *The Spirit of Community: Rights Responsibilities and the Communitarian Agenda* (London: Fontana).

Eysenck, H. (1964) *Sense and Nonsense in Psychology* (Harmondsworth: Penguin).

Fanon, F. (1968) *The Wretched of the Earth* (Harmondsworth: Penguin).

Farrell, D. M. (2011) *Electoral Systems : A Comparative Introduction* (Basingstoke: Palgrave Macmillan).

Fawn, R. (2009) *Globalising the Regional, Regionalising the Global* (Cambridge: Cambridge University Press).

Fenton, S. (2003) Ethnicity (Cambridge: Polity Press)

Finer, S. (1975) *The Man on Horseback: The Role of the Military in Politics* (Harmondsworth: Penguin).

Finn, J. E. (1991) *Constitutions in Crisis: Political Violence and the Rule of Law* (New York: Oxford University Press).

Fish, M. Steven (2005) *Democracy Derailed in Russia: The failure of Open Politics* (New York: Cambridge University Press).

Fish, M. Steven and M. Kroenig (2011) *The Handbook of National Legislatures: A Global Survey* (New York: Cambridge University Press).

Flinders, M. (2012) *Defending Politics: Why Democracy Matters in the 21st Century* (Oxford and New York: Oxford University Press).

Foley, M. (2000) *The British Presidency* (Manchester: Manchester University Press).

Forsyth, M. (1981) *Union of States: The Theory and Practice of Confederation* (London and New York: Leicester University Press).

Freud, S. and W. Bullitt (1967) *Thomas Woodrow Wilson: A Psychological Study* (Boston: Houghton Mifflin).

Friedan, B. (1963) *The Feminine Mystique* (Harmondsworth: Penguin).

Friedman, M. (1962) *Capitalism and Freedom* (Chicago, IL: Chicago University Press).

Friedrich, C. J. and Z. Brzezinshki (1963) *Totalitarian Dictatorships and Autocracy* (New York: Praeger).

Friedrich, C. J., M. Curtis and B. Barber (1960) *Totalitarianism in Perspective* (New York: Praeger).

Fromm, E. *The Fear of Freedom* (London: Ark).

Fukuyama, F. (1989) 'The End of History?', *National Interest*, Summer.

Fukuyama, F. (1992) *The End of History and the Last Man* (Harmondsworth: Penguin).

Fukuyama, F. (1996) *Trust* (Harmondsworth: Penguin).

Fukuyama, F. (2005) *State Building: Governance and World Order* (London: Profile Books)

Fukuyama, F. (2006) *After the Neocons: America at the Crossroads* (New York: Profile Books)

Fukuyama, F. (2011) *The Origins of Political Order: From Prehuman Times to the French Revolution* (London: Profile Books)

Galbraith, J. K. (1992) The Culture of Contentment (London: Sinclair Stevenson).

Gallagher, M. and P. Mitchell (2008) *The Politics of Electoral Systems* (Oxford and New York: Oxford University Press).

Gallie, W. B. (1955/56) 'Essentially Contested Concepts', *Proceedings of the Aristotelian Society,* vol. 56, pp. 167–97.

Gamble, A. (1981) *An Introduction to Modern Social and Political Thought* (London: Macmillan and New York: St Martin's Press).

Gamble, A. (1988) *The Free Market and the Strong State* (Basingstoke: Macmillan).

Gardner, H. (1996) *Leading Minds* (London: HarperCollins).

Gellner, E. (1983) *Nations and Nationalism* (Ithaca, NY: Cornell University Press).

Gibbins, J. (ed.) (1989) *Contemporary Political Culture: Politics in a Post-Modern Age* (London: Sage).

Giddens, A. (1994) *Beyond Left and Right: The Future of Radical Politics* (Cambridge: Polity Press).

Giddens, A. (ed.) (2001) *The Global Third Way Debate* (Cambridge : Polity Press).

Gill, S. and D. Law (1988) *The Global Political Economy: Perspectives, Problems and Policies* (Bri−ghton: Harvester Wheatsheaf).

Ginsberg, B. (1982) *The Consequences of Consent* (Reading, MA: Addison−Wesley).

Glazer, N. and D. Moynihan (1975) *Ethnicity: Theory and Experience* (Cambridge, MA: Harvard Uni- versity Press).

Gobineau, J. −A. ([1855] 1970) *Gobineau: Selected Political Writings* (New York: Harper & Row) (ed. M. D. Biddiss).

Goldman, D. (2005) *Emotional Intelligence* (New York: Bentam Dell).

Graham, B. D. (1993) *Representation and Party Politics: A Comparative Perspective* (Oxford: Bla−ckwell).

Graham, C. and T. Prosser (1988) *Waiving the Rules* (Milton Keynes: Open University Press).

Gramsci, A. (1971) *Selections from the Prison Notebooks* (Chicago, IL: International Publishing Corporation) (ed. Q. Hoare and G. Nowell−Smith).

Grant, W. (1989) *Pressure Groups, Politics and Democracy in Britain* (Hemel Hempstead: Philip Allan).

Gray, J. (1993) *Post-Liberalism: Studies in Political Thought* (London: Routledge).

Greenstein, F. (2009) *The Presidential Difference: Leadership Style from FDR to Barak Obama* (Princeton, NJ: Princeton University Press).

Greer, G. (1970) *The Female Eunuch* (New York: McGraw−Hill).

Griffen, R. (1991) *The Nature of Fascism* (London and New York: Pinter).

Griffiths, J. A. G. (2010) *The Politics of the Judiciary* (5th ed.) (London: Fontana).

Groz, A. (1982) *Farewell to the Working Class* (London: Pluto Press).

Gurr, T. (1970) *Why Men Rebel* (Princeton, NJ: Princeton University Press).

Habermas, J. (1973) *Legitimation Crisis* (Boston: Beacon).

Hague, R. and M. Harrop (2013) *Comparative Government and Politics: An Introduction* (9th ed.) (Basingstoke and New York: Palgrave Macmillan).

Hailsham, Lord (1976) *Elective Dictatorship* (BBC Publications).

Hall, P. and D. Soskice (eds) (2001) *Varieties of Capitalism: The Institutional Foundations of comparative Advantage* (Oxford and New York: Oxford University Press).

Halliday, F. (1986) *The Making of the Second World War* (2nd ed.) (London: Verso).

Halpern, d. (2005) *Social Capital* (Cambridge: Policy Press)

Hamilton, A., J. Jay and J. Madison ([1787–89] 1961) *The Federalist Papers* (New York: New American Library) (ed. C. Rossiter).

Hampden-Turner, C. and F. Trompenaars (1993) *The Seven Cultures of Capitalism* (New York: Doubleday).

Hann, A. (1995) 'Sharpening up Sabatier: Belief Systems and Public Policy', *Politics*, February.

Harrop, M. and W. L. Miller (1987) *Elections and Voters: A Comparative Introduction* (Basingstoke: Macmillan).

Hart, H. L. A. (1961) *The Concept of Law* (Oxford: Oxford University Press).

Hartz, L. (1955) *The Liberal Tradition in America* (New York: Harcourt Brace Jovanovich).

Hawksley, H. (2009) *Democracy Kills: What,'s So Good About the Vote?* (Basingstoke: Palgrave Macmillan).

Hay, C. (2002) *Political Analysis: A Critical Introduction* (Basingstoke and New York: Palgrave Macmillan)

Hay, C. (2007) *Why We Hate Politics* (Cambridge and Malden, MA: Polity Press).

Hay, C. (ed.) (2010) *New Directions in Political Science: Responding to the Callenges of an Interdependent World* (Basingstoke and New York: Palgrave Macmillan).

Hay C., M. Lister and D. Marsh (2006) *The State: Theories and Issues* (Basingstoke and New York: Palgrave Macmillan).

Hayek, F. (1948) *The Road to Serfdom* (Chicago, IL: University of Chicago Press).

Hazell, R. (ed.) (2008) *Constitutional Futures Revisited: Britain's Constitution to 2020* (Oxford: Oxford University Press).

Heady, F. (1979) *Public Administration: A Comparative Perspective* (New York: Marcel Dekker).

Hearn, J. (2006) *Rethinking Nationalism: A Critical Introduction* (Basingstoke and New York: Palgrave Macmillan).

Hegel, G. W. F. ([1821] 1942) *The Philosophy of Right* (Oxford: Clarendon Press) (trans. T. M. Knox).

Heidenheimer, A., H. Heclo and C. T. Adams (1990) *Comparative Public Policy* (3rd ed.) (New York: St Martin s Press).

Held, D. (1993) *Prospects for Democracy: North, South, East, West* (Oxford: Policy Press).

Held, D. (1995) *Democracy and the Global Order: From the Modern State to Global Governance* (Cambridge: Polity Press).

Held, D. (2006) *Models of Democracy* (3nd edn) (Oxford: Policy Press; Stanford, CA: Stanford University Press).

Held, D. and A. McGrew (eds) (2000) *The Global Transformation: An Introduction to the Globalization Debate* (Cambridge and Malden MA: Polity Press).

Helms, L. (2004) *Presidents, Prime Ministers and*

Chancellors (Basingstoke and New York: Palgrave Macmillan).

Hennessy, P. (1986) *Cabinet* (Oxford: Blackwell).

Hennessy, P. (1990) *Whitehall* (rev. ed.) (London: Fontana).

Herder, J. G. (1969) *J. G. Herder on Social and Political Culture* (Cambridge: Cambridge University Press) (ed. F. M. Barnard).

Herrnstein, R. and C. Murray (1994) *The Bell Curve: Intelligence and Social Class in American life* (New York: Free Press).

Hertz, N. (2001) *The Silent Take-over: Global Capitalism and The Death of Democracy* (London: Heinemann).

Hess, S. (1988) *Organising the Presidency* (Brookings Institution).

Heywood, A. (2000) *Key Concepts in Politics* (Basingstoke: Palgrave Macmillan).

Heywood, A. (2004) *Political Theory* (3rd edn) (Basingstoke and New York: Palgrave Macmillan).

Heywood, A (2011) *Global Politics* (Basingstoke and New York: Palgrave Macmillan).

Heywood, A. (2012) *Political Ideologies: An Introduction* (5st edn) (Basingstoke: Macmillan).

Hill, R. and P. Frank (1983) *The Soviet Communist Party* (London: Allen & Unwin).

Himmelveit, H. T., P. Humphreys and M. Jaeger (1985) *How Voters Decide* (Milton Keynes: Open University Press).

Hirst, P. and G. Thompson (1999) *Globalization in Question: The International Economy and the Possibilities of Governance* (Cambridge: Polity Press).

Hitler, A. ([1925] 1969) *Mein Kampf* (London: Hutchinson) (trans. R. Mannheim).

Hobbes, T. ([1651] 1968) *Leviathan* (Harmondsworth: Penguin) (ed. C. B. Macpherson).

Hobsbawm, E. (1983) *'Inventing Traditions'*, in E. Hobsbawm and T. Ranger (eds) *The Invention of Tradition* (Cambridge: Cambridge University Press).

Hobsbawm, E. (1993) *Nations and Nationalism since 1780* (2nd ed.) (Cambridge: Cambridge Unive-rsity Press).

Hocking, B. and M. Smith (1995) *World Politics: An Introduction to International Relations* (London: Harvester Wheatsheaf).

Hogwood, B. And l. Gunn (1984) *Policy Analysis for the Real World* (Oxford: Oxford University Press).

Holden, B. (1993) *Understanding Liberal Democracy* (2nd ed.) (London and New York: Harvester Wh-eatsheaf).

Holmes, J. S. (2000) *Terrorism and Democratic Stability* (Manchester: Manchester University Press).

Hondrich, T. (1992) *Conservatism* (Harmondsworth: Penguin).

Hood, C. C. (1976) The Limits of Administration (London: John Wiley).

Hough, J. (1977) *The Soviet Union and Social Science Theory* (Cambridge, MA: Harvard University Press).

Huntington, S. (1957) *The Soldier and the State: The Theory and Practice of Civil-Military Relations* (Cambridge, MA: Harvard University Press).

Huntington, S. (1991) *Third Wave: Democratization in the late Twentieth Century* (Norman, Okla.

and London: University of Oklahoma Press).

Huntington, S. (1996) *The Clash of Civilizations and the Making of World Order* (New York: simon & schuster).

Hutchinson, J. and A. D. Smith (eds) (1994) *Nationalism* (Oxford and New York: Oxford University Press).

Hutton, W. (1995) *The State We're In* (London: Jonathan Cape).

Hyman, H. (1959) *Political Socialisation: A Study in the Psychology of Political Behavior* (New York: Free Press).

Inglehart, R. (1977) *The Silent Revolution: Changing Values and Political Styles Amongst Western Publics* (Princeton: Princeton University Press).

Inglehart, R. (1990) *Cultural Shift in Advanced Industrial Society* (Princeton: Princeton University Press).

Inter-Parliamentary Union (1986) *Parliaments of the World* (Aldershot: Gower) (2 vols).

Janis, I. (1972) *Victims of Groupthink* (Boston: Houghton Mifflin).

Jenkins, H. and D. Thorburn (eds) (2004) *Democracy and New Media* (Cambridge, MA: MIT Press).

Jenkins, S. (1995) *Accountable to None* (Harmondsworth: Penguin).

Jervis, R. (1968) 'Hypotheses on Misperception', *World Politics*, vol. 20, pp. 454–79.

Jessop, B. (1982) *The Capitalist State* (Oxford: Martin Robertson).

Jessop, B. (1990) *State Theory: Putting Capitalist States in Their Place* (Oxford: Polity Press).

Johnson, C. (1966) *Revolutionary Change* (Boston, MA: Little Brown).

Johnson, C. (1982) *MITI and the Japanese Miracle: The Growth of Industrial Policy, 1925–1975* (Stanford, CA: Stanford University Press).

Jones, G. (ed.) (1991) *Western European Prime Ministers* (London: Frank Cass).

Jordan, G. and W. Maloney (2007) *Democracy and Interest Groups: Enhancing Democracy?* (Basingstoke and New York: Palgrave Macmillan).

Kagan, R. (2004) *Paradise and Power: America and Europe in the New World Order* (London: Atlantic Books).

Kaldor, M. (2007) *Human Security: Reflections on Globalization and Intervention* (Cambridge and Malden, MA: Polity Press)

Kant, I. (1970) *Political Writings* (Cambridge: Cambridge University Press) (ed. H. Reiss).

Karns, M. and K. Mingst (2009) *International Organization: The Politics and Processes of Global Governance* (Boulder, CO: Lynne Rienner Publisher).

Katz, R. (1997) *Democracy and Elections* (Oxford & New York: Oxford University Press).

Katz, R. and W. Crotty (eds) (2006) *Handbook of Political Parties* (London and Thousnad Oaks, CA: Sage Publications).

Keating, M. (1988) *State and Regional Nationalism: Territorial Politics and the European State* (London and New York: Harvester Wheatsheaf).

Kegley, C. W. and E. R. Wittkopf (2001) *World Politics: Trend and Transformation* (Boston and New York: Bedford/St Martin's Press).

Keith, M. (1993) *Race Riots and Policing* (London: UCL Press).

Kellas, J. (1991) *The Politics of Nationalism and Ethnicity* (London: Macmillan).

Kellner, P. and Lord Crowther-Hunt (1980) *The Civil Servants* (London: Macdonald).

Kennedy, P. (1989) *The Rise and Fall of the Great Powers* (London: Fontana).

Keohance, R. and J. Nye (1977) *Power and Interdependence: World Politics in Transition* (Boston: Little Brown).

Key, V. O. (1966) *The Responsible Electorate* (New York: Vintage).

Keynes, J. M. ([1936] 1965) *The General Theory of Employment, Interest and Money* (San Diego: Harcourt Brace).

Kim, H. -l., M. Muramatsu and T. J. Pempel (eds) (1995) *The Japanese Civil Service and Economic Development: Catalysts of Change* (New York: Oxford University Press).

King, A. (1975) 'Overload: Problems of Governing in the 1970s', *Political Studies*, vol. 23, pp. 284–96.

King, A. (ed.) (1985) *The British Prime Minister* (2nd ed.) (London: Macmillan).

Kirchheimer, O. (1966) 'The Transformation of the Western European Party Systems', in J. la Palombara and M. Weiner (eds) *Political Parties and Political Development* (Princeton, NJ: Prin–ceton University Press).

Klein, N. (2000) *No Logo* (London: Flamingo).

Kneopfel, P., C. Larrue, F. Varone and M. Hill (2007) *Public Policy Analysis* (Bristol: The Policy Press).

Knott, J. and G. Miller (1987) *Reforming Bureaucracy: The Politics of Institutional Choice* (Eng-lewood Cliffs, NJ: Prentice Hall).

Koh, B. (1989) *Japan's Administrative Elite* (Berkeley, CA: University of California Press).

Kolko, G. (1968) *The Politics of War* (London: Weidenfeld and Nicolson).

Kolko, G. (1988) *Restructuring the World Economy* (New York: Pantheon Books).

Kressel, N. J. (ed.) (1993) *Political Psychology: Classic and Contemporary Readings* (New York: Paragon House).

Kristol, I. (1983) *Two Cheers for Capitalism* (New York: Basic Books).

Kristol, W. and R. Kagan (2004) 'National Interest and Global Responsibility', in I. Stelzer *Neoconservatism* (London: Atlantic Books).

Kropotkin, P. (1912) *Fields, Factories and Workshops* (London: Nelson).

Kuhn, T. (1962) *The Structure of Scientific Revolutions* (2nd ed.) (Chicago: Chicago University Press).

Laclau, E. and C. Mouffe (1985) *Hegemony and Socialist Strategy: Towards a Radical Democratic Politics* (London: Verso).

Lafont, R. (1968) *Sur la France* (Paris: Gallimard).

Lane, J. E. (2011) *Constitutions and Political Theory* (Manchester: Manchester University Press).

Laqueur, W. (ed.) (1979) *Fascism: A Readers Guide* (Harmondsworth: Penguin; Berkeley, CA: University of California Press).

Lasswell, H. (1930) *Psychopathology and Politics* (New York: Viking).

Lasswell, H. (1936) *Politics: Who Gets What, When, How?* (New York: McGraw-Hill).

Lazarski, C. (2012) *Power Tends to corrupt: Lord Action's Study of Liberty* (Chicago, IL: Chicago University Press).

Le Bon, G. ([1895] 1960) *The Crowd* (New York: Viking Press).

Le Grand, J. (1982) *The Strategy of Equality: Redistribution and the Social Services* (London: Allen & Unwin).

LeDuc, L., R. G. Niemi and P. Norris (eds) (2010) *Comparing Democracies 3: Elections and Voting in the 21st Century* (London: Sage).

Lees, J. D. and M. Shaw (eds) (1979) *Committees in Legislatures: A Comparative Analysis* (Durham, NC: Duke University Press).

Leftwich, A. (ed.) (2004) *What is Politics? The Activity and Its Study* (Cambridge: Polity).

Lehmbruch, G. and P. C. Schmitter (1982) *Patterns of Corporatist Policy-Making* (London: Sage).

Leigh, D. and E. Vulliamy (1997) *Sleaze: The Corruption of Parliament* (London: Fourth Estate).

Lenin, V. I. ([1902] 1968) *What is to be Done?* (Harmondsworth and New York: Penguin).

Lenin, V. I. ([1916] 1970) *Imperialism: The Highest Stage of Capitalism* (Moscow: Progress).

Lichtheim, G. (1961) *Marxism* (London: Routledge & Kegan Paul).

Lijphart, A. (1990) 'Democratic Political Systems', in A. Bebler and J. Seroka (eds) *Contemporary Political Systems: Classifications and Typologies* (Boulder, CO: Lynne Reinner) pp. 71–87.

Lijphart, A. (ed.) (1992) *Parliamentary Versus Presidential Government* (Oxford: Oxford University Press).

Lijphart, A. (1996) 'Unequal Participation: Democracy's Unresolved Dilemma', *American Political Science Association*, 91(1)

Lijphart, A. (1999) *Democracies : Patterns of Majoritarian and Consensus Government in Thirty Six Countries* (New Haven, CT: Yale University Press).

Lijphart, A. and B. Grofman (eds) (1984) *Choosing an Electoral System* (New York: Praeger).

Lindblom, C. (1959) 'The Science of Muddling Through', *Public Administration Review*, vol. 19, pp. 79–88.

Lindblom, C. (1977) *Politics and Markets* (New York: Basic Books).

Lipset, S. and S. Rokkan (eds) (1967) *Party Systems and Voter Alignments* (New York: Free Press).

Little, R. And M. Smith (1991) *Perspective on World Politics* (London: Routledge).

Lively, J. (1975) *Democracy* (Oxford: Blackwell).

Lloyd, J. (2004) *What are the Media Doing to Our Politics?* (London: Constable).

Lloyd, J. and J. Seation (eds) (2006) *What Can Be Done? Making the Media and Politics Better* (Oxford: Blackwell).

Locke, J. ([1690] 1965) *Two Treatises of Government* (New York: New American Library).

Loewenberg, F. and S. C. Patterson (1979) *Comparing Legislatures* (Boston, MA: Little, Brown).

Lovelock, J. (1979) *Gaia* (Oxford: Oxford

University Press).

Lovelock, J. (2002) *Revenge of Gaia* (Santa Babara, CA: Allen Lane).

Lukes, S. (2004) *Power: A Radical View* (Basingstoke and New York: Palgrave Macmillan).

Machiavelli, N. ([1531] 1961) *The Prince* (Harmondsworth: Penguin) (trans. G. Bau).

MacIntyre, A. (1981) *After Virtue* (Notre Dame, IL: University of Notre Dame Press).

Mackintosh, J. P. (1977) *The British Cabinet* (London: Stevens).

Macpherson, C. B. (1962) *The Theory of Possessive Individualism* (Oxford: Oxford University Press).

Macpherson, C. B. (1972) *The Real World of Democracy* (New York and Oxford: Oxford University Press).

Macpherson, C. B. (1977) *The Life and Times of Liberal Democracy* (Oxford: Oxford University Press).

Mair, P. (1990) *The West European Party System* (Oxford: Oxford University Press).

Mann, M. (1993) *The Source of Social Power, Volume 2: The Rise of Classes and Modern States, 1760–1914* (Cambridge: Cambridge University Press).

Mao, Z. (1971) *Selected Readings from the Works of Mao Zedong* (Peking: Foreign Language Press).

Marcuse, H. (1964) *One-Dimensional Man: Studies in the Ideology of Advanced Industrial Society* (Boston, MA: Beacon).

Marquand, D. (1988) *The Unprincipled Society* (London: Cape).

Marsh, D. and R. A. W. Rhodes (eds) (1992) *Policy Networks in British Government* (Oxford : Oxford University Press).

Marsh, D. and G. Stoker (eds) (2010) *Theory and Methods in Political Science* (Basingstoke: Palgrave Macmillan).

Marshall, P. (1991) *Demanding the Impossible: A History of Anarchism* (London: HarperCollins).

Marshall, T. H. (1950) 'Citizenship and Social Class', in T. Marshall (ed.) *Sociology at the Crossroads* (London: Heinemann).

Marty, M. E. and R. S. Appleby (1993) *Fundamentalisms and the State: Remaking Polities, Economies, and Militance* (Chicago, IL: University of Chicago Press).

Marx, K. ([1845] 1968) 'Theses on Feuerbach', in *Selected Works in One Volume* (London: Lawrence & Wishart), pp. 28–31.

Marx, K. ([1852] 1963) *The Eighteenth Brumaire of Louis Bonaparte* (New York: International Publishers).

Marx, K. ([1867, 1885, 1894] 1970) *Capital* (London: Lawrence and Wishart) (3 vols).

Marx, K. and Engels, F. ([1846] 1970) *The German Ideology* (London: Lawrence & Wishart) (ed. C. J. Arthur).

Marx, K. and Engels, F. ([1848] 1967) *The Communist Manifesto* (Harmondsworth: Penguin).

Mayes, P. (1986) *Gender* (London: Longman).

Mayo, H. (1960) *An Introduction to Democratic Theory* (New York: Oxford University Press).

McCauley, M. (1983) *The Origins of War* (London: Longman).

McCormick, J. (2011) *Understanding the European Union: A Concise Introduction* (Basingstoke and New York: Palgrave Macmillan).

McDowell, L. and R. Pringle (eds) (1992) *Defining Women: Social Institutions and Gender Divisions* (Cambridge: Polity Press).

McGrew, A. G. et al. (eds) (1992) *Global Politics: Globalisation and the Nation-State* (Oxford: Policy Press).

McKenzie, R. T. (1955) *British Political Parties* (London: Heinemann).

McLellan, D. (1986) *Ideology* (Milton Keynes: Open University Press; Minneapolis: University of Minnesota Press).

McLennan, G., D. Held and S. Hell (eds) (1984) *The Idea of the Modern State* (Milton Keynes and Philadelphia, PA: Open University Press).

McQuail, D. (1992) *Media Performance* (London: Sage).

Mearsheimer, J. (2001) *The Tragedy of Great Power Politics* (New York: W. W. Norton).

Meinecke, F. ([1907] 1970) *Cosmopolitanism and the National State* (Princeton: Princeton University Press).

Menon, A. and M. A. Schain (2006) *Comparative Federalism* (Oxford and New York: Oxford University Press).

Meny, Y. and V. Wright (eds) (1985) *Centre-Periphery Relations in Western Europe* (London: Croom Helm).

Mezey, M. (1979) *Comparative Legislatures* (Durham, NC: Duke University Press).

Michels, R. ([1911] 1962) *Political Parties: A Sociological Study of the Oligarchical Tendencies of Modern Democracy* (New York: Collier).

Milbrath, L. and M. Goel (1977) *Political Participation: How and Why Do People Get Involved in Politics* (Chicago, IL: Rand McNally).

Miliband, R. (1972) *Parliamentary Socialism* (London: Merlin).

Miliband, R. ([1969] 2009) *The State in Capitalist Society* (London: Merlin).

Mill, J. S. ([1859] 1982) *On Liberty* (Harmondsworth: Penguin).

Mill, J. S. ([1861] 1951) Considerations on Representative Government, in H. B. Acton (ed.) *Utilitarianism, Liberty, and Representative Government* (London: Dent).

Millett, K. (1970) *Sexual Politics* (London: Granada).

Mills, C. W. (1956) *The Power Elite* (New York: Oxford University Press).

Modood, T. (2007) *Multiculturalism: A Civic Idea* (Cambridge: Polity Press).

Monbiot, G. (2001) *Captive State: The Corporate Take-over of Britain* (London: Pan).

Monbiot, G. (2004) *Age of Consent: A Manefesto for a New World Order* (London: Harper Perennial).

Montesquieu, C. -L. ([1748] 1949) *The Spirit of the Laws* (New York: Hafner) (trans. T. Nugent).

More, T. ([1516] 1965) *Utopia* (Harmondsworth: Penguin) (trans. P. Turner).

Morgenthau, H. (1948) *Politics Amongst Nations: The Struggle for Power and Peace* (New York: Kno−pf).

Mosca, G. ([1896] 1939) *The Ruling Class* (New

York: McGraw-Hill) (trans. A. Livingstone).

Murray, C. (1984) *Losing Ground: American Social Policy* (1950–80) (New York: Basic Books).

Murray, C. and R. Herrnstein (1995) *The Bell Curve: Intelligence and Class Structure in American Life* (New York: Free Press).

Neumann, S. (1956) *Modern Political Parties* (Chicago, IL: University of Chicago Press).

Neustadt, R. (1991) *Presidential Power and the Modern President: The Politics of Leadership from FDR to Reagan* (New York: The Free Press).

Nietzsche, F. (1982) *Thus Spoke Zarathustra* (New York: Random House) (trans. R. J. Hollingdale).

Niskanen, W. A. (1971) *Bureaucracy and Representative Government* (Chicago: Aldine_Athe-rton).

Nordlinger, E. (1977) *Soldiers in Politics: Military Coups and Governments* (Englewoods Cliffs, NJ: Prentice Hall).

Nordlinger, E. (1981) *On the Autonomy of the Democratic State* (Cambridge, MA : Harvard University Press).

Norton, A. (1994) *International Handbook of Local and Regional Government* (Aldershot and Brookfield, VT: Edward Elgar).

Norton, P. (ed.) (1990a) *Legislature* (Oxford: Oxford University Press).

Norton, P. (ed.) (1990b) *Parliaments in Western Europe* (London: Frank Cass).

Norton, P. (1993) *Does Parliament Matter?* (London: Harvester Wheatsheaf).

Nove, A. (1983) *The Economics of Feasible Socialism* (London: Macmillan).

Nozick, R. (1974) *Anarchy, State and Utopia* (Oxford: Basil Blackwell).

Nugent, N. (1991) *The Government and Politics of the European Community* (2nd ed.) (Basingstoke: Macmillan).

Nye, J. (2004) *Soft Power: The Means to Succeed in World Politics* (New York: Public Affairs).

Nye, J. (2008) *The Powers to Lead: Soft, Hard and Smart* (New York: Oxford University Press).

Oakeshott, M. (1962) *Rationalism in Politics and Other Essays* (London and New York: Methuen).

Oates, S. (2005) 'Media and Political Communication', in S. White, Z. Gitelman and R. Sakwa (eds) *Developments in Russian Politics 6* (Basingstoke and New York: Palgrave Macmillan).

O'Brian, D. (2000) *Storm Center: The Supreme Court in American Politics* (5th ed) (New York: Norton).

O'Brien, R. and M. Williams (2010) *Global Political Economy* (3rd edn) (Basingstoke and New York: Palgrave Macmillan).

O'Donnel, G. (1999) *Counterpoints: Selected Essays on Authoritarianism and Democracy* (Notre Dame, IL: Notre Dame University Press).

OECD (1995) *Globalization : What Challenges and Opportunities for Governments?* (Paris : OECD)

Offe, C. (1984) *Contradictions of the Welfare State* (London: Hutchinson).

Ohmae, K. (1989) *Borderless World: Power and*

Strategy in the Interlinked Economy (London: HarperCollins).

Olson, D. (1994) *Legislative Institutions: A Comparative View* (Armonk, NY: M. E. Sharpe).

Olson, M. (1968) *The Logic of Collective Action: Public Goods and the Theory of Groups* (Cam-bridge, MA: Harvard University Press).

Olson, M. (1984) *The Rise and Decline of Nations* (Newhaven, CT: Yale University Press).

Osborne, D. and T. Gaebler (1992) *Reinventing Government* (New York: Addison-Wesley).

Ostrogorski, M. (1902) *Democracy and the Organisation of Political Parties* (London: Macmillan).

O'Sullivan, N (1976) *Conservatism* (London: Dent).

Paddison, R. (1983) *The Fragmented State: The Political Geography of Power* (New York: St Martin's Press).

Paine, T. ([1776] 1987) 'Common Sense', in M. Foot (ed.) *The Thomas Paine Reader* (Harmondsworth: Penguin).

Pakulski, J. (1990) *Social Movements: The Politics of Protest* (Melbourne: Longman).

Pape, R. A. (2005) 'Soft Balancing: How States Pursue Security in a Unipolar World', *International Security*, 30(1).

Parekh, B. (2006) *Rethinking Multiculturalism in Cultural Diversity and Political Theory* (2nd edn) (Basingstoke and New York: Palgrave Macmillan).

Parekh, B. (2008) *A New Politics of Identity: Political Principles for an Interdependent World* (Basingstoke and New York: Palgrave Macmillan).

Parmar, I. and M. Cox (eds) (2010) *Soft Power and US Foreign Policy* (London: Routledge).

Parry, G. and M. Moran (eds) (1994) *Democracy and Democratization* (London: Routledge).

Parsons, A. (1995) *From cold War to Hot Peace: UN Interventions, 1945–1994* (London: Michael Joseph).

Parson, W. (1995) *Public Policy: Introduction to the Theory and Practice of Policy Analysis* (Aldershot: Edward Elgar).

Pateman, C. (1970) *Participation and Democratic Theory* (Cambridge: Cmabridge University Press).

Peele, G., C. Bailey, B. Cain and B. G. Peters (eds) (1994) *Developments in British Politics 2* (London: Macmillan).

Peters, B. Guy (2009) *The Politics of Bureaucracy* (London: Routledge).

Philo, G. (ed.) (1999) *Message Received* (London: Longman).

Pierson, C. (2000) *The New Politics of Welfare* (Oxford and New York).

Pierre, J. and B. Guy Peters (2000) *Governance, Politics and the State* (Basingstoke: Palgrave Macmillan).

Pinker, S. (2011) *The Better Angels of Our Nature: The Decline of Violence and Its Causes* (New York: Viking Penguin).

Pinkney, R. (1990) *Right-Wing Military Government* (London: Pinter).

Piore, M. J. and C. Sabel (1984) *The Second Industrial Divide: Possibilities for Prosperity* (New York: Basic Books).

Plant, R. (1991) *Modern Political Thought* (Oxford: Oxford University Press).

Plato (1955) *The Republic* (Harmondsworth: Penguin) (trans. H. D. Lee).

Poggi, G. (1990) *The State* (Cambridege: Polity Press).

Poguntke, T. and P. Webb (2007) *The Presidentialization of Politics: A Comparative Study of Modern Democracies* (Oxford and New York: Oxford University Press).

Polsby, N. (1963) *Community Power and Political Theory* (Newhaven, CT: Yale University Press).

Poulantzas, N. (1968) *Political Power and Social Classes* (London: New Left Books).

Pressman, J. an A. Wildavsky (1973) *Implementation* (Berkeley, CA: University of California Press).

Proudhon, P. –J. ([1840] 1970) *What is Property?* (New York: Dover).

Przeworski, A. (1991) *Democracy and the Market: Political and Economic Reforms in Eastern Europe and Latin America* (Cambridge and New York: Cambridge University Press).

Pulzer, P. (1967) *Political Representation and Elections in Britain* (London: Allen & Unwin).

Putnam, R. (1993) *Making Democracy Work: Civic Traditions in Modern Italy* (Princeton, NJ: Princeton University Press).

Putnam, R. (1996) 'Who Killed Civic America?', *Prospect*, March, pp. 66–72.

Putnam, R. (2000) *Bowling Alone: The collapse and Revival of American Community* (New York: Simon & Schuster).

Raadschelders, J., T. Toonen and F. Van der Meer (eds) (2007) *The Civil Service in the 21st Century: Comparative Perspectives* (London and New York: Palgrave Macmillan).

Randall, V. (ed.) (1988) *Political Parties in the Third World* (London: Sage).

Rawls, J. (1971) *A Theory of Justice* (Oxford: Oxford University Press).

Reiner, R. (1993) *The Politics of the Police* (2nd ed.) (Hemel Hempstead: Harvester Wheatsheaf).

Rex, J. and D. Mason (eds) (1992) *Theories of Race of Ethnic Relations* (Cambridge: Cambridge University Press).

Rhodes, R. (1996) 'The New Governance: Governing without Government', *Political Studies*, vol. 44, pp. 652–67.

Rhodes, R. and P. Dunleavy (eds) (1995) *Prime Minister, Cabinet and Core Executive* (London: Macmillan).

Rhodes, R. A. W. (1988) *Beyond Westminster and Whitehall* (London: Unwin Hyman).

Richardson, J. (ed.) (1984) *Policy Styles in Western Europe* (London: Allen & Unwin).

Richardson, J. (ed.) (1993) *Pressure Groups* (Oxford and New York: Oxford University Press).

Ritzer, G. (2000) *The McDonaldization of Society* (Thousand Oaks, CA: Pine Forge Press).

Roach, J. and J. Thomaneck (1985) *Police and Public Order in Europe* (London : Croom Helm).

Robins, L., H. Blackmore and R. Pyper (eds) (1994) *Britain's Changing Party System* (London and New York: Leicester University Press).

Rokkan, S. (1970) *Citizens, Elections, Parties* (New York: McKay).

Roler, E. (2005) *The Performance of Democracies* (Oxford and New York: Oxford University Press).

Rose, R. (ed.) (1980) *Challenge to Governance: Studies in Overloaded Politics* (London: Sage).

Rose, R. (1987) *The Postmodern Presidency: The White House Meets the World* (New York: Chartham House).

Roszak, T. (1994) *The Cult of Information: The Folklore of Computers and the True Art of Thinking* (London: Paladin Books).

Rousseau, J. -J. ([1762] 1913) *The Social Contract* (London: Dent) (trans. G. D. H. Cole).

Rowat, D. (ed.) (1988) *Public Administration in Developed Democracies: A Comparative Study* (New York: Marcel Dekker).

Ruggie, J. (1992) 'Multilateralism: The Anatomy of an Institution', *International Organization*, 46.

Runciman, D. (2008) *Political Hypocrisy: The Mask of Power from Hobbes and Orwell to Beyond* (Princeton, NJ: Princeton University Press).

Rush, M. (1992) *Politics and Society: An Introduction to Political Sociology* (Hemel Hempstead: Harvester Wheatsheaf).

Russell, M. (2000) *Reforming the house of Lords: Lessons from Overseas* (Oxford and New York: Oxford University Press).

Sabatier, P. (1988) 'An Advocacy Coalition Model of Policy Making and Change and the Role of Policy Orientated Leading Therein', *Policy Sciences*, Vol. 1, pp. 129–68.

Said, E. (1978) *Orientalism: Western Conceptions of the Orient* (New York: Vintage Books).

Sandel, M. (1982) *Liberalism and the Limits of Justice* (Cambridge: Cambridge University Press).

Sartori, G. (1970) 'Guidelines for Conceptual Analysis', *American Political Science Review*, 64.

Sartori, G. (1987) *The Theory of Democracy Revisited* (Chatham, NJ: Chartham House).

Sartori, G. (2005) *Parties and Party Systems: A Framework for Analysis* (Cambridge: Cambridge University Press).

Saunders, P. (1990) *Social Class and Stratification* (London: Routledge).

Savage, S., R. Atkinson and L. Robins (1994) *Public Policy in Britain* (London: Macmillan).

Savigny, H. and L. Marsden (2011) *Doing Political Science and International Relations: Theories in Action* (Basingstoke and New York: Palgrave Macmillan).

Scammel, M. (2000) 'New Media, New Politics' in Dunleavy, P., A. Gamble, I. Holliday and G. Peele (eds) *Developments in British Politics 6* (Basingstoke: Palgrave Macmillan).

Schlesinger, A. (1974) *The Imperial Presidency* (New York: Popular Libarary).

Scholte, J. A. (2005) *Globalization: A Critical Introduction, 2nd edn* (Basingstoke and New York: Palgrave Macmillan).

Schumacher, E. F. (1973) *Small is Beautiful: A study of Economics As If People Mattered* (London: Blond & Briggs).

Schumpeter, J. (1942) *Capitalism, Socialism and Democracy* (London: Allen & Unwin).

Schwarzmantel, J. (1991) *Socialism and the*

Idea of the Nation (London: Harvester Wheatsheaf).

Schwarzmantel, J. (1994) *The State in Contemporary Society: An Introduction* (London and New York: Harvester Wheatsheaf).

Sedgemore, B. (1980) *The Secret Constitution* (London: Hodder & Stoughton).

Self, P. (1994) *Government by the Market? Politics of Public Choice* (London: Macmillan).

Seliger, M. (1976) *Politics and Ideology* (London: Allen & Unwin).

Sen, Amartya (2006) *Identity and Violence* (New York: W. W. Norton).

Sennett, R. (2004) *Respect: The Formation of Character in an Age of Inequality* (Harmondsworth and New York: Penguin).

Shapiro, M. and A. Stone Sweet (2002) *On Law, Politics and Judicialization* (Oxford: Oxford University Press).

Silva, P. (ed.) (2001) *The Soldier and the State in South America: Essays on Civil−Military Relations* (Basingstoke and New York: Palgrave Macmillan).

Simon, H. (1983) *Models of Bounded Rationality − Vol. 2* (Cambridge, MA: MIT Press).

Skocpol, T. (1979) *States and Social Revolutions* (Cambridge: Cambridge University Press).

Smith, A. ([1776] 1930) *The Wealth of Nations* (London: Methuen).

Smith, A. D. (1986) *The Ethnic Origins of Nations* (Oxford: Basil Blackwell).

Smith, B. C. (1985) *Decentralisation: The Territorial Dimension of the State* (London: Allen & Unwin).

Smith, M. (1995) *Pressure Groups* (Manchester: Baseline Books).

Smith, M. E. (2010) *International Security: Politics, Policy, Prospects* (Basingstoke and New York: Palgrave Macmillan).

Smith, R. (2006) *The Utility of Force: Theories, Actors, Cases* (Oxford: Oxford University Press). Social Trends, 2005 (London: HMSO).

SØrenson, G. (2004) *The Transformation of the State: Beyond the Myth of Retreat* (Basingstoke and New York: Palgrave Macmillan).

Soros, G. (1998) *The Crisis of Global Capitalism: Open Society Endangered* (New York: BBS/Public Affairs).

Spencer, P. and H. wollman (eds) (2005) *Nations and Nationalism* (Edinburgh: Edinburgh University Press).

Stilwell, F. (2011) *Political Economy: The Contest of Economic Ideas* (3rd edn) (Oxford: Oxford University Press).

Stoker, G. (2006) *Why Politics Matter: Making Democracy Work* (Basingstoke and New York: Palgrave Macmillan).

Strange, S. (1986) *Casino Capitalism* (Oxford: Basil Blackwell).

StrØm, K., W. Müller and T. Bergman (eds) (2006) *Delegation and Accountability in Parliamentary Democracies* (Oxford and New York: Oxford University Press).

Suleiman, E. (ed.) (1984) *Bureaucrats and Policy Making* (New York: Holmes & Meier).

Sun Tzu (1963) The Art of War (New York: Oxford University Press) (trans. S. B. Griffith).

Talmon, J. L. (1952) *The Origins of Totalitarian Democracy* (London: Secker & Warburg).

Tarrow, S. (2011) *Power in Movement: Social Movements and Contentious Politics* (Cambridge and New York: Cambridge University Press).

Thatcher, M. (1993) *The Downing Street Years* (London: HarperCollins).

Tilly, C. (1975) 'Reflections on the History of European State-Making', in C. Tully (ed.) *The Formation of Nation-States in Europe* (Princeton, NJ: Princeton University Press).

Tilly, C. (1990) *Coercion, Capital and European States, AD 900–1990* (Oxford: Blackwell).

Titmuss, R. M. (1968) *Essays on the Welfare State* (London: Allen & Unwin).

Tocquebille, A. de ([1856] 1947) *The Old Regime and the French Revolution* (Oxford: Blackwell) (trans. M. W. Patterson).

Trotsky, L. (1937) *The Revolution Betrayed: What is the Soviet Union and Where is it Going?* (London: Faber).

Truman, D. (1951) *The Governmental Process* (New York: Knopf).

Verba, S., N. Nie and J. Kim (1978) *Participation and Political Equality: A Seven-Nation Comparison* (Cambridge and New York: Cambridge University Press).

Verheijes, T. and D. Coombes (eds) (1998) *Innovations in Public Management: Perspectives from East and West Europe* (Cheltenham & Northampton, MA: Edward Elgar).

Wachendorfer-Schmidt, U (ed.) (2000) *Federalism and Political Performance* (London & New York: Routledge).

Waldron, J. (1995) 'Minority Cultures and the Cosmopolitan Alternative', in W. kymlicka (ed.) *The Rights of Monority Cultures* (Oxford: Oxford University Press).

Wallerstein, I. (1984) *The Politics of the World Economy* (Cambridge: Cambridge University Press).

Waltman, J. and K. Holland (eds) (1988) *The Political Role of Law Courts in Modern Democracies* (New York: St Martin's Press).

Waltz, K. (1979) *Theory of International Politics* (Reading, MA: Addison–Wesley).

Waltz, K. (2012) '*Why Iran Should Get the Bomb*', Foreign Affairs 91 (July/August).

Wattenberg, M. (2000) 'The Decline of Party Mobilization', in R. Dalton and M. Wattenberg (eds) *Parties without Partisans* (Oxford and New York: Oxford University Press).

Weber, M. (1904–5) *The Protestant Ethic and the Spirit of Capitalism* (London: Allen & Unwin).

Weber, M. (1948) *From Max Weber: Essays in Sociology* (London: Routlege & Kegan Paul).

Weiss, T. G (2012) *What's Wrong with the United Nations* (And How to Fix It) (Cambridge and Maldon, MA: Polity Press).

Weller, P. (1985) *First Among Equals: Prime Ministers in Westminster Systems* (Sydney: Allen & Unwin).

Wendt, A. (1992) 'Anarchy is What States Make of It: The Social Construction of Power Politics', *International Organization*, 41.

Wendt, A. (1999) *Social Theory of International Politics* (Cambridge: Cambridge University Press).

White, S., J. Gardner, G. Shopflin and T. Saich (1990) *Communist and Postcommunist*

Political Systems (London: Macmillan).

Whitman, J. (ed.) (2009) *Global Governance* (Basingstoke: Palgrave Macmillan).

Wildavsky, A. (1980) *Art and Craft of Policy Analysis* (London: Macmillan).

Wilkinson, R. and K. Pickett (2010) *The Spirit Level: Why Equality is Better for Everyone* (Harmondsworth: Penguin).

Willner, A. R. (1984) *The Spellbinders: Charismatic Political Leadership* (New Haven, CT: Yale University Press).

Wilson, G. (1990) *Interest Groups* (Oxford: Blackwell).

Wilson, W. ([1885] 1961) *Constitutional Government: A Study in American Politics* (New York: Meridian).

Wolinetz, S. (ed.) (1997) *Political Parties* (Aldershot and Brookfield, VT: Ashgate).

Wollstonecraft, M. ([1792] 1985) *A Vindication of the Rights of Women* (Harmondsworth: Penguin).

World Bank (2012) *World Development Report 2012* (Washington, DC: World Bank).

Wright, A. (1987) *Socialism: Theories and Practices* (Oxford: Oxford University Press).

Wright, V., B. Guy Peters and R. Rhodes (eds) (2000) *Administering the Summit: Administration of the Core Executive in Developed Countries* (London: Macmillan).

Yergin, D. (1980) *Shatterd Peace: The Origins of the Cold War and the National Security State* (Harmondsworth: Penguin).

Young, A., J. Duckett and P. Graham (2010) 'Perspectives on the Global Distribution of Power', *Exceptional special edition of Politics*, 30(1).

Zakaria, F. (1997) 'The Rise of Illiberal Democracy', *Foreign Affairs 76* (November-December).

Zald, M. N. and J. D. McCarthy (1987) *Social Movements in an Organization Society: Collected Essays* (Piscataway, NJ: Transactional Publishers).

Zimmerman, J. F. (1992) *Contemporary American Federalism* (London and New York: Leicester University Press).

찾아보기